독일 문학과 사상

독일 문학과 사상

안진태 지음

이 책은 실로 꿰매는 정통적인 사철 방식으로 만들어졌습니다.
사철 방식으로 만든 책은 오랫동안 보관해도 손상되지 않습니다.

들어가는 말

　17세기의 30년 전쟁, 근대 이후에도 오랫동안 지속된 중세적 잔재, 지체된 시민 계급의 성장과 좌절된 혁명, 세기 전환기의 혼동, 두 번에 걸친 세계 대전, 분단과 냉전, 과거 극복과 통일 이후 동서 통합의 문제 등 독일은 정치·사회·경제·문화적으로 여타의 서구 유럽 국가들과는 상이한 길을 걸어왔으며, 그 와중에 다양한 범위와 층위에서 비참하고 우울한 역사적 국면들을 맞거나 만들어 냈다. 이런 배경에서인지 유럽의 중심에 위치한 독일의 문학은 일반적으로 음울한 이미지와 관련되어 있는 인상이 짙다. 어딘가 북유럽적인 분위기가 독일 문학에 드리워져 있는 것이다. 괴테가 그토록 남쪽 나라 이탈리아의 밝은 하늘을 그리워했듯이 확실히 독일 문학에는 밝음 대신 어둠의 그림자가 드리워져 있다. 이러한 음울함 혹은 어둠은 낮의 이미지가 아니므로 사물은 실제로 파악되는 대신 어떤 종류의 영상으로 바라보는 비현실성을 연상시킨다. 그런데 이 음울함의 문학, 혹은 어둠의 문학이 본질인 독일 문학은 읽으면 읽을수록 역설적으로 매력을 느끼게 하여 우리의 흥미로운 연구의 대상이 되고 있다. 이는 독일 문학이야말로 우리 자신의 삶을 너무도 심층적으로 나타내기 때문이다. 다시 말해서 독일 문학 작품들은 바로 우리 자신을 나타내고 있다. 현대인들은 물질적 만족을 얻고자 악마와 거래한 파우스트의 후예들이다. 파우스트가 꿈꾼 낙원이 한낱 신기루로 판명된 것처럼, 현대인 역시 세계 상실, 가치의 총체적 몰락이라는 묵시록적 상황과 마주하고 있다. 따라서 파우스트의 후예들은 다시 괴테로 돌아가고 있는데, 이는 괴테가 종말론적 전환기를 사랑으로 풀었기 때문이다. 결국 이러한 괴테처럼 많은 독일 작가들은 세기말적 혼돈의 시대에 빛을 던져 주는 상징적 지성이 되고 있다. 따라서 괴테가 『파우스트』에서 신의 입을 빌려 〈인간은 노력하는 한, 방황하기 마련이다〉라고 말했듯, 그리고 〈자유도 생명도 날마다 싸워서 얻는 자만 누릴 자격이 있는 것이다〉라고 한 파우스트의 깨달음이 영원히 인간들의 진리인 것처럼, 괴테 등 많은 독일 문학 작가들이 던진 화두는 21세기를 맞이한 우리에게 새로운 문화 지표가 되고 있다. 이러한 배경에서 이 저서는 집필되었다. 이제 세기 전환의 상징적 시점에서 주요 독일 작가들을 다시 태어나게 하고자 한 것이다. 하지만 마음먹기는 쉬워도 행동하기는 어려운 법이다. 따라서 먼지 쌓인 서가에서 이들 많은 독일 작가들의 작품을 꺼내 읽거나 연구하자니 예상외의 너무나도 많은 어려움이 따랐다. 이러한 어려움을 딛고 이 저서를 집필한 이상, 이제 이 저서가 우리들의 정신 발달에 조금이라도 밑거름이 되었으면 하는 간절한 마음뿐이다. 참고로, 이 저서 속의 일부 장은 전에 단편 논문으로 발간 된 내용을 대폭 수정 보완하여 실었음을 밝혀 둔다.

   책을 집필하고 나면 독자의 평가를 기다릴 수밖에 없다. 그러나 본인의 학문적 한계성으로 아직 미비한 점이 많으리라 생각되며, 뒷날 보다 나은 저술을 위해 여러 선·후배님들의 아낌없는 지적과 편달을 바란다. 끝으로 이 책의 출판을 위해 수고해 주신 열린책들의 홍지웅 사장님과 편집부, 그리고 원고 정리에 헌신적으로 협조해 주신 주위 여러분께 글로나마 심심한 감사를 드린다.

동해 바닷가에서
안진태

차례

들어가는 말 ··· 5

제1부 신화의 문학적 수용 ·· 11

제1장 신화와 문학 ·· 13
1. 문학의 요소로서 신화 ··· 16
2. 슐레겔의 신화적 문학론 ·· 21

제2장 그리스 비극 ··· 35
1. 그리스 비극의 개념 ··· 35
2. 아리스토텔레스 ··· 60
3. 역사적 관점의 그리스 비극 ·· 62

제3장 그리스 비극과 문학에 반영된 엘렉트라 ································ 67
1. 엘렉트라 신화 ·· 68
2. 아이스킬로스의 엘렉트라 – 도시와 종교 결합 시대의 비극 ········· 70
3. 소포클레스의 엘렉트라 – 페리클레스 시대의 구속에서 해방 ······· 75
4. 에우리피데스의 엘렉트라 – 강력한 개인주의 시대의 비극 ·········· 82
5. 일반적인 경향 ·· 85
6. 독일 문학에서 엘렉트라의 변형 ·· 86
7. 결론 ··· 94

제4장 **볼프람의 『파르치팔』에서 성배 개념** ················· 99
   1. 볼프람의 성배 개념 ······································· 99
   2. 성배의 형태와 본질 ····································· 108
   3. 현자의 돌 ··· 113
   4. 성배의 영역 ··· 129
   5. 성배의 의식 ··· 122
   6. 성배의 성유물적 특징 ································· 127
   7. 결론 ··· 129

제2부 **헤르만 헤세의 문학 분석** ······························· 133
제1장 **헤르만 헤세의 니체 사상** ······························ 135
   1. 『데미안』 ··· 136
   2. 『차라투스트라의 회귀』 ······························ 142
   3. 『황야의 늑대』 ··· 146
   4. 『유리알 유희』 ··· 151
   5. 결론 ··· 156
제2장 **『수레바퀴 밑에서』에서 학교와 사회 비판** ······ 161
   1. 작품의 요약 ··· 161
   2. 세기 전환기의 교육 소설 ···························· 163
   3. 작가의 자기 투영 ······································· 171
   4. 동기와 인물 ··· 175
   5. 결론 ··· 180
제3장 **『황야의 늑대』에서 에로스와 입문 과정** ········ 183
   1. 작품의 장르적 분류 ···································· 184
   2. 번뇌와 에로스 ·· 186
   3. 자아의 입문 ··· 198
   4. 결론 ··· 209

제4장 『데미안』에서의 도교 사상 ········· 212
    1. 양극 사상 ········· 212
    2. 음과 양 ········· 221
    3. 명상적 요소 ········· 227
    4. 결론 ········· 237

제3부 토마스 만의 문학 분석 ········· 243
  제1장 윤회 사상 ········· 245
    1. 쇼펜하우어의 영향 ········· 247
    2. 니체의 윤회 사상 ········· 253
    3. 괴테의 윤회 사상 ········· 258
    4. 토마스 만의 영원 회귀 사상 ········· 277
  제2장 토마스 만의 휴머니즘 추구 ········· 294
    1. 삶과 예술적 갈등의 극복 ········· 295
    2. 양극의 조화를 통한 인간애 추구 ········· 301
    3. 삶과 죽음의 조화 ········· 306
  제3장 『파우스트 박사』에서 독일적 요소 ········· 310
    1. 토마스 만과 독일의 관계 ········· 311
    2. 토마스 만의 독일 소설 『파우스트 박사』 ········· 318
    3. 결론 ········· 344

제4부 토마스 만과 카프카 문학의 비교 분석 ········· 353
  제1장 자전적 작가로서 아버지상의 비교 ········· 355
  제2장 마적 시간과 공간 ········· 369
  제3장 소외적 요소 ········· 395
  제4장 남방의 동경 ········· 421
  제5장 삶과 죽음의 친근성 ········· 465
  제6장 이념적 해석 ········· 488
  제7장 시간의 불일치 ········· 516
  제8장 동물의 비유 ········· 529

제9장 **이름의 속성** ·········· 544

제5부 기타 작가의 문학 분석 ·········· 555

제1장 괴테의 『파우스트』에서 어머니상 ·········· 557
1. 그레트헨의 어머니상 ·········· 559
2. 헬레나의 어머니상 ·········· 581
3. 결론 ·········· 597

제2장 가족극 관점에서 본 레싱의 「에밀리아 갈로티」 ·········· 601
1. 「에밀리아 갈로티」는 가족극인가? ·········· 601
2. 18세기의 결혼과 가정 ·········· 608
3. 갈로티 가족 ·········· 613
4. 결론 ·········· 622

제3장 카프카의 「유형지에서」에서 부친 콤플렉스 ·········· 625
1. 부친과 아들의 갈등 ·········· 625
2. 카프카의 희망과 불안 ·········· 631
3. 아들로서 희망과 불안의 상징적 묘사 ·········· 637
4. 언어와 의사소통 ·········· 649
5. 결론 ·········· 651

제4장 하우프트만과 자연주의 ·········· 655
1. 자연주의의 사조적 특징 ·········· 655
2. 하우프트만 문학에서 자연주의적 경향 ·········· 678
3. 결론 ·········· 698

참고 문헌 ·········· 702
찾아보기 ·········· 711

제1부 신화의 문학적 수용

제1장 신화와 문학

〈신화란 과연 무엇인가?〉에 대한 학문적 논쟁은 여전히 종결되지 않았지만, 문학적 상상력이 동원된 서사적 형태의 이야기로 세계 상태, 인간의 실존적 상황을 설명하는 장치가 신화라는 데는 이론이 없다. 그리스에서는 세계 상태에 대한 두 가지 담론이 대립했는데, 이는 자연이나 신에 대한 합리적 설명을 추구한 자연 철학적, 논증적 담론과 문학적 상상력의 담론의 대립이었다. 자연 철학자들은 당시 정확한 관찰에 기반한 세계의 합리적 설명을 시도하면서, 신들의 세계를 부정하거나 우의적인 해석을 가했는데, 신화에 반대 입장을 표명하면서 철학의 우위를 주장한 플라톤의 논증적 담론이 이에 해당되었다. 하지만 문학적 상상력에 의해 그려지는 그리스 신들의 세계는 〈탈주술화된 세계 인식〉을 보여 주기도 하지만, 인간의 이성으로 완전히 해체될 수 없는 불가해한 자연(운명)의 힘과 인간 능력의 한계에 대한 증언도 담고 있다.

따라서 인간사(人間事)에 대한 경고가 신화의 곳곳에서 들린다. 고대 그리스인들이 트로이 성문 밖에 목마를 남겨 두고 사라졌을 때, 예언자 카산드라는 위험을 경고했지만 비웃음만 샀다. 로마 시인 베르길리우스는 장편 서사시 『아이네이스』에서 노래했다. 〈무기들이 부딪치는 소리가 들린다 / 목마 안에서 신음 소리가 메아리친다 / 거짓 승리에 도취하고 저주의 운명에 눈먼 트로이인들은 목마를 성안으로 끌어들인다 / 카산드라는 울부짖었다 / 불행한 시간을 저주하고 트로이의 운명을 예언했다 / 모두가 들었지만 아무도 그 말을 믿지 않았다.〉 이후 트로이는 참패한다. 결국 재앙이 내려앉고 나서 깨달아야 무슨 소용 있으리. 이는 늦기 전에 서둘러야 한다는 인생사의 경고이다. 또 헤시오도스의 『신통기』나 『노동과 나날』에서 묘사된 인간의 실존적 삶은 첨단 과학 시대를 살고 있는 우리에게도 친숙한 세계이다. 특히 프로메테우스 신화와 판도라 신화의 주제들은 〈철의 종족〉에 부과된 노동/생존 투쟁의 필요성, 출생과 사망, 미래에 대한 불안과 희망 등 모호하고 이중적인 삶을 여실히 보여 준다. 호메로스의 『일리아드』나 『오디세이아』는 영웅들의 세계와 더불어, 인간의 삶에 개입하고 결정하는 존재들로서 신들의 세계를 묘사하고 있다. 신과 인간의 관계는 유럽 문화의 기원에서부터 이처럼 문학적 상상력의 대상이 되었다. 특이한 것은 호메로스에서부터 에우리피데스, 이오니아 출신의 계몽주의자들에서부터 플라톤, 아리스토텔레스에 이르기까지 전 시기를 통해서 이러한 문학적 상상력이 자연 철학적 사고와 긴장과 대립의 구도를 형성했다는 사실이다. 중세의 문학에서는 비가시적이고 초월적인 세계에 속하는 신의 영역이 현실 세계의 비유를 동원한 알레고리 내지 상징의 형식을 통해 표출되었다. 중세적 이념의 대단원에 해당되는 단테의 『신곡』에서는 인간이 자연계와 초자연계에서 신이 정한 목적을 추구하며 살아야 한다는 종교적 사고와 세속적 사고의 종합이 잘 표현되고 있다.

한편 르네상스 이후 근대적 의미의 과학이 등장하면서, 문학(세르반테스, 셰익스피어)에서 인간의 현세는 혼란스럽고 신의 영역과 동떨어진 것으로 묘사되기 시작하였다. 하지만 계몽주의에서 이성 중심의 낙관주의적 세계관이 확고해지면서, 독일 문학에서는 〈범신론〉 내지 〈이신론(理神論)〉[1]에 기반을 둔 인간관이 다양한 형태로 표출되었다. 18세기 유럽의 시대정신으로 통하는 계몽주의는 빛으로 표상되는 인간 이성에 대한 무한한 믿음을 바탕으로 한다. 과거에 〈빛〉은 오직 신에게서 오는 것이었으나, 이제 신의 자리를 변방으로 밀어내고 세계의 중심적 지위를 차지하게 된 인간 자신이 빛의 원천으로 떠오르게 된다. 인간이 이성을 앞세워 마침내 빛의 주체임을 선언하고 나선 것이다. 따라서 18세기 후반에는 계몽주의에 의한 신화적인 것의 해체, 국가 권력의 익명성 증대, 자연 과학에 의한 세계의 탈주술화, 기독교적 유일신에 관련(關聯)해서 출발한 추상적 신 개념에 대한 반발을 바탕으로 하는 ― 신화적 세계나 자연과 같은 ― 원초성에 대한 동경이 다시 일어났다. 이런 배경에서 낭만주의자들은 정치적 후진성, 산업 발달, 합리주의 등이 팽배한 당대의 산문적인 현실에 등을 돌린 채, 공간적으로는 머나먼 타국과 전설, 동화 속의 나라를, 시간적으로는 중세, 고대, 신화의 세계 등을 동경하면서 현실과 대립되는 환상 세계의 왕국을 건설하였다. 이성적 합리성을 바탕으로 신화의 진실성에 회의를 표명했던 계몽주의의 비판적 신화 이해와는 달리 낭만주의 시대에 신화는, 자아를 절대적인 위치에 올려놓은 피히테, 자연 철학에서 모든 대립을 통합하려 시도하고 실재와 이상의 동일성을 추구한 셸링 등의 영향을 받아 주관적으로 타당한 문학적 표현 형식으로 인정받았다. 따라서 낭만주의 문학에서의 상상력, 광기, 꿈의 세계로의 도피나 〈새로운〉 신화의 창조는, 과학적 이성으로 인간의 삶이 완전히 해명될 수 없음을 보여 주는 문화적 대응이라고 할 수 있다.

이런 배경에서 뷔히너의 「보이체크」에서부터 시작해, 리얼리즘과 자연주의 예술에서는 신의 초월적인 영역이 부정되고, 인간의 사회적·환경적 제약이 강조되었다. 인간은 더 이상 신의 창조물로 간주되지 않고(오히려 신이 인간의 창조물로 간주되고), 성적 충동과 감정, 감각, 무의식적 욕망 등이 인간적인 것을 이루는 구성 요소들로 부각되었다. 세기말 문학과 모더니즘 문학에서는 바로 이러한 전통적인 인간상과 새로운 인간상의 공존 내지 충돌이 그려지고 있다. 그러나 이성의 빛으로 세상의 모든 어둠을 몰아내고, 장밋빛 이성 제국을 세우고자 한 계몽주의의 야심찬 근대 프로젝트는, 이성에 대한 믿음이 흔들리게 되면 좌초의 위기를 맞을 수밖에 없는 운명이었다. 인간은 빛의 존재가 되기에는 어둠의 구석이 너무 많은 존재이기 때문이다. 일례로 18세기 말에 이미 이성에 대한 믿음은 칸트의 이성 비판을 통해 의심과 불신에 노출되고 만다. 그런 점에서 칸트의 비판 철학은 계몽주의의 완성이자 계몽주의의 동요의 시작인 셈이었다. 따라서 형이상학적이고 초월적인 차원의 부정은 삶의 방향성 상실, 정신적인 〈노숙자 상황〉(G. 루카치)으로 나아가는데, 카프카 문학에서 보듯, 신의 영역이 인간 실존에 대한 비유로 동원되는 것은 우연이 아니다. 아울러 현대 문학에서는 사적 세계를 역사화하면서 현실에 대한 비판의 기능을 갖는다는 점에서 고대의 신화적 세계와는 거리가 있다.

전체적으로 보면, 자연 과학적 도전에 따라 신과 인간의 관계도 변천을 겪는데, 이는 직접적으로 문학에 투영되기도 하지만, 자연 과학에 의해 신관이 도전을 받는 상황에서 종합적으로 인간의 모습을 파악하려는 문학은 다른 대응 양상을 보이기도 한다.

1. 문학의 요소로서 신화

아리스토텔레스의 『시학 *Poetica*』 이후 신화는 문학의 중요한 요소가 되었다. 따라서 신화 역시 종교에서 벗어난 의미로 이해되었다. 다시 말해 『시학』에서 신화와 종교의 결별이 완성된 것이다.[2] 신화는 예술적 표현으로서 종교성을 상실하는 동시에 허구화되고 현실의 반대가 되면서 문학과 신화의 연결 고리가 마련된다. 오토 Walter F. Otto는 〈문학은 아직도 신화적으로 이야기한다〉[3]라고 말하여 고대 신화는 문학의 내부에서 계속 생존한다고 하였다. 즉 문학은 신화적 형상을 계속하고, 신화는 창작술을 매개로 다시 꽃피게 된 것이다. 니체는 신화의 〈영원 회귀성〉을 강조했으며, 토마스 만은 신화의 본질을 〈항상 존재하는 현재 *zeitlose Immer-Gegenwart*〉로 규정했다. 이러한 정의는 신화가 불변의 형태로 고정되어 반복적으로 등장한다는 뜻이 아니라, 시대적 맥락과 현실의 요구에 따라 언제나 다양한 의미로 재해석되고 변용되어 나타난다는 것을 의미한다. 말하자면 신화는 이미 있었던 〈실체〉가 아니라, 여기 지금 항상 생성되는 〈과정〉으로, 부단히 해석·변형·재생산되는 것이다. 따라서 〈다양한 신화적 요소들이 문학적인 요소들과 결합되어 새로운 신화가 창조되거나〉, 〈서로 다른 문화권에서 유래된 상이한 신화적 소재나 모티프가 서로 융합되기도 하고〉 또 〈신화의 중심인물이 새롭게 형상화되어 신화의 서사 구조가 근본적으로 수정되기도 한다〉.

신화는 인간의 사고가 깨어나기 전의 선사 시대에 이국적인 문학의 소산이기 때문에, 표시하는 내용과 대상이 일상적인 차원을 뛰어넘는다. 그리고 우리는 참된 신화와 접촉하지 못하므로, 신화를 믿기 위해서 우리 자신이 계몽되어야 한다는 의견도 있다. 이러한 주장을 한 바인리히 H. Weinrich는 나아가 신화의 정의를 위해서, 과거와 현대의 차이점을 서술의 어법에서 찾으려고 하였다. 즉 현대는 공간에, 과거는 결정적 순간에 그 중점을 두고 있다. 이렇게 시간의 흐름에 따라 신화 역시 다른 장르에 등장하게 되었다. 즉 작가들은 각 시대의 지배적 신화 담론의 자장(磁場) 안에서 신화를 각기 달리 이해하고 수용했다. 예컨대 계몽주의는 〈이성과 신화〉의 대립 관계를 바탕으로 신화를 허구적 〈우화 Fabel〉로 이해했으며, 초기 낭만주의 작가들은 신화를 〈시 문학 Poesie〉의 원형으로 파악했다. 19세기에 전개된 다양한 신화 이론들만큼 낭만주의 작가들은 독일 신화를 비롯한 북구 신화와 동양의 신화에도 적극적인 관심을 표명했다. 한편 현대 독일 작가들은 냉혹한 자본주의의 논리를 비판하고, 현실 사회주의의 모순을 폭로할 수 있는 효과적인 문학적 장치로서 신화를 활용했다.

신화의 전체 역사는 탈신화의 과정을 겪게 되어, 높은 의미의 신화는 오늘날 더 이상 생각될 수 없게 되었다. 브로흐 Hermann Broch는 종교적인 것, 우주적인 것, 그리고 총체적인 것에서 신화의 가장 본질적인 요소를 찾고 있으나, 태고의 신화까지 거슬러 올라가지 않고 문학적인 것을 통해서 신화적인 변천을 추적하고 있다.[4] 그에 의하면, 신화는 문학의 원형으로, 그 원형 속에 우주 창조론, 즉 인간과 세계에 대한 모든 지식이 내포되어 있다. 그는 시대를 초월한 신화적인 것을 요구하며, 삶의 근원으로 거슬러 갈 수 있는 새로운 신화를 희망한다.

오늘날 학문이 신화를 추방하였다. 〈이성〉을 전면에 내세우며 자율적 존재로서 스스로를 구축해 온 인간의 자기 이해는 19세기에 들어서면서 새로운 변화를 겪게 되었다. 이것은 한편 사회적, 경제적, 물질적 조건 등 인간의 외적 조건의 변화에 따른 것이고, 다른 한편으로는 유물론, 진화론, 생물학, 심층 심리학 등 형이상학적 전통을 근본적으로 부정하는 학문적 성과에 따른 것이다. 적자생존이라는 기계론으로 종의 다양성을 설명하고자 하는 다윈의 진화론의 기계론적인 인간 이해를 극단적으로 보여 주는 것이다. 과학이 모든 것을 할 수 있다는 생각은, 인간 존재에 있어 신의 영역의 완전한 배제로 나타났다. 인간은 더 이상 신의 피조물이나 신을 닮은 고귀한 이성을 지닌 자율적이고 특별한 존재가 아니라, 유전인 조건이나 사회적인 환경 등에 지배되는 타율적으로 규정되는 존재가 된 것이다. 아울러 고전 물리학에 기초한 기계적인 세계상이 무너지고, 상대성 이론과 양자 물리학이 그 자리를 대체하였다. 결국 포이어바흐와 같은 유물론자, 프로이트와 같은 심리학자들은 〈만들어진 신〉의 개념을 표방하고, 니체는 전통적인 기독교적 초월자로서의 신의 죽음을 선언하였다. 최근 들어 진화 생물학자 도킨스Richard Dawkins가 신은 인간이 필요에 따라 만들어 낸 단순한 허구일 뿐만 아니라, 매우 해로운 망상이라고 주장하면서 신 개념의 폐기를 역설한 것은 바로 근대 이후 과학이 종교에 대해 던져 온 문제 제기의 역사에서 극단적인 사례에 속한다. 이런 배경에서 철학도 종교도 새로운 신화를 만들어 낼 수 없으며, 신화의 힘은 실증주의에서 소멸되어 문학만이 신화에 대한 동경을 실현시킬 수 있었다.[5] 따라서 뤼드케 W. Martin Lüdke는 탈신화 문제의 해결을 문학에서 찾고 있다. 그에 의하면, 신화는 참된 사실의 이야기로 이미 문학에 근접해 있는 것이다.[6] 왜냐하면 참된 사실의 서술·설명이 또한 문학의 과제이기 때문이다.

신화는 점점 허구적으로 창작해 낸 문학적인 개념이 주된 요소가 되어, 사실 보고라는 본래의 의도는 미약하다. 이것은 플라톤의 이론으로, 그는 모든 신화야말로 작가에 의해 쓰인다고 주장했다.[7] 뿐만 아니라 아리스토텔레스도 이런 맥락에서 신화를 문학의 가장 중요한 요소로 파악하여, 자신의 『시학』에서 신화는 〈극예술 dramatische Kunst〉의 중요한 요소로 설명된다.[8] 이렇게 이미 고대에서부터 모든 소설과 단편, 민담 그리고 유사한 기이한 이야기를 신화적으로 불러 왔던 것이다. 플라톤의 말대로 문학이 신화에 뿌리를 두고 있는 반면, 철학은 이성인 로고스에 굳건히 뿌리를 박고 있다. 철학은 궁극적으로 인간 영혼의 완성에 목표를 두고 이를 위하여 로고스를 수단으로 삼는다. 말하자면 이성이라는 날카로운 칼의 힘을 빌리는 것이다. 한편 문학은 신화라는 날개로 하늘을 날려고 한다. 이성의 칼날과 비교해 보면 깃털의 날개는 너무나 무력하기 짝이 없다. 플라톤이 시인을 우습게 여긴 까닭을 알 만하다. 그에 따르면, 시인이란 좋게 말해서 〈무사 신한테서 영감을 받은 사람〉, 나쁘게 말해서 〈귀신들린 사람〉, 더 나쁘게 말하자면 〈미치광이〉와 다름없다. 그러나 문학가에게는 철학가에게서는 볼 수 없는 상상력이라는 마력이 있다. 바로 이 상상력으로 문학가는 황홀한 우주를 빚어내고 찬란한 꽃을 피워 낼 수 있는 것이다.

철학과 종교는 한때 신화 창조에 영향을 주었으나, 오늘날은 그렇지 못하기 때문에 문학이 그 과제를 떠맡게 되었다. 신화는 대답할 수 없는 문제에 대해 어떤 대답도 줄 수 없으며 스스로 문제를 제기한다.[9] 이야기로 전래되어 온 진짜 신화적 사건들이 변천되면서 그 자리에 문학이 들어선 것이다. 이러한 과정에서 신화는 신이나 영웅적 존재에 대한 우화적 소설로서 더 많이 이해된다. 이미 고대 문학은 이미지에 따라 신화를 재구성하였다. 신화는 기본 특징이 유지된 채 여러 문학 장르에 등장하는데, 이 경우 호메로스의 유명한 서사시 『일리아드』와 『오디세이아』를 들 수 있다. 이 작품의 테마 역시 작가가 스스로의 창작이 아니고, 이미 존재했던 영웅 노래와 신화의 모음으로서 집대성된 것이다. 개개의 신화가 취급되면서 작가 자신의 작품으로 개작된 것도 있다. 시대는 고대를 모범으로 삼아 단순히 문학에 한정되지 않고, 조각·음악·미술에 도입된 신화적 소재를 작가 자신의 작품으로 발전시킨 것도 있다. 신화는 학문적으로 연구·분석된 결과로 수백 년이 지나면서 개개의 신화는 본래의 의미로 더 이상 해석되지 않고 개작되면서, 〈탈신화〉가 등장한 것이다. 신화 개념의 변천에 따라 고대 신화를 찾는 소리가 점점 높아져 갔으며, 다른 한편으로는 고대와 결부된 새로운 신화 작품에 대한 동경이 점점 커지고 있다.[10]

이런 배경에서 신의 이미지는 독일 문학 작품에 다양하게 나타난다. 신화적 상상력과 시적 상상력이 탁월하게 결합된 쉴러 Friedrich Schiller의 비가 「그리스의 신들 Die Götter Griechenlands」이나 횔덜린 Friedrich Hölderlin의 찬가 「에게 해 군도 Der Archipelagus」는 신화 변용 과정의 작동 원리를 분명하게 보여 준다. 괴테의 작품에는 〈신〉의 개념이 무의미해 보일 정도로 신의 이미지가 다양하게 나타나고 있다. 『젊은 베르테르의 슬픔』에서 베르테르는 자연에서 신을 느껴 그것을 그림으로 재현하고자 하는데, 이러한 신의 존재는 그의 주관적인 내면 상태에 달려 있다. 『빌헬름 마이스터』에서 묘사되는 신의 존재는 더 이상 주관적 동일시의 대상이 아니다. 「아름다운 영혼의 고백 Bekenntnisse einer schönen Seele」에서처럼 신에 대한 이야기는 자주 등장하지만, 신은 주인공과 직접적으로 소통하지 않고, 주인공이 겪게 되는 인간 사회와 자연 세계를 통해서 간접적으로 관계를 맺는다. 빌헬름 마이스터에게 있어 신은 궁극적으로는 항상 인간 사회의 지향점 역할을 하는 존재인 것이다. 베르테르가 느끼는 신이 주관주의의 산물이라면, 빌헬름 마이스터의 세계에서 연상되는 신은 세속화된 경건주의의 대상이다.

신의 존재가 가장 뚜렷하게 등장하면서도, 가장 파악하기 어려운 존재로 묘사되는 작품은 『파우스트』이다. 파우스트는 작품 초반부에 베르테르적 주관성에서 출발하면서, 〈신과 인간의 본질적 동일성〉을 갈구하다가 좌절하게 되지만, 빌헬름 마이스터처럼 〈세속화된 경건주의〉에 머물지도 않는다. 〈보이지 않는 신〉에 대한 좌절은 〈신에 대한 망각〉으로 극단화되기 때문이다. 파우스트 자신은 죽기 직전까지 신에 대한 동경을 거부하지만, 작품 전체에서 그의 행로는 궁극적으로 〈신으로 가는 길〉임을 보여 준다. 물론 그렇게 해서 도달하고자 하는 〈신〉이 무엇이냐는 수용자의 관점에 따라 천차만별의 모습으로 규정된다. 이는 무엇보다 괴테의 문학과 사유 안에서 신의 존재는 고정된 존재가 아니라, 끊임없이 변형을 겪는 이미지의 연속으로서 표현되고 있기 때문이다. 아울러 지상에서의 인간 활동이 갖는 의미를 묻는 『파우스트』는 인식에의 충동에 사로잡혀 무제한적인 것을 추구하면서, 신적인 구도 내에 통합되어 있는 전형적인 근대적 인간상을 보여 주지만, 그와 동시에 근대적 인간상에 내재된 파괴의 위험성에 대한 경고도 담고 있다는 점에서 근대 과학이 가져온 인간관에 대한 종합적인 이해를 제시해 준다.

이러한 근대 과학의 사고는 18세기에 이어 19세기에도 승리의 행진을 계속하지만, 독일 문학에서는 이성과 진보에 대한 회의가 18세기 후반부터 본격적으로 나타나기 시작한다. 지진과 같은 자연재해나 세상에서의 악의 존재와 관련해, 이 세상이 〈가능한 세계 중의 최상의 세계〉라는 라이프니츠Gottfried W. Leibniz의 신학적 합리주의, 즉 〈변신론〉을 문제 삼는 작품도 등장했다. 따라서 클라이스트 Heinrich Kleist의 「칠레의 지진」은 지상에서의 인간의 운명을 좌우하는 사건들이 과연 신에 의해 정해진 길이냐에 대한 질문을 던짐으로써 무신론과 회의론의 시각을 예시한다.

횔덜린의 초기 시는 대개 조화, 자유, 아름다움 등 추상적인 개념들에 대한 찬가들로, 거기에 추상적인 개념이나 이상들이 신들로 의인화되어 나타난다. 후기 작품인 비가 「빵과 포도주Brot und Wein」에 나오는 도래하는 신이나, 「평화의 축제Friedensfeier」에 등장하는 〈평화의 군주Fürst des Festes〉는 미래 지향적 역사 발전의 담지자로서 나타난다. 「평화의 축제」에서는 1801년의 뤼네빌 Lunéville 평화 협정이라는 역사적 사실을 토대로 〈평화〉라는 보편적 개념이 신화적으로 형상화되고 있다. 뿐만 아니라 횔덜린의 「편력Die Wanderung」이나 쉴러의 「산책Der Spaziergang」은 시인의 상상적 여행이나 방랑을 통해서 과거와 현재,

그리고 미래의 역사 발전을 해석하여 현재의 시대적 당면성의 내용을 밝히고, 동시에 유토피아적 미래상을 제시한다.

노발리스의 「밤의 찬가 Die Hymnen an die Nacht」에서 밤은 더 이상 자연 현상으로서의 밤이 아니라, 미래의 〈낮〉을 예비하는 〈성스러운 밤〉으로 변모되어 당대에 대한 비유가 된다. 태초부터 역사를 신화적 언어로 묘사하고 있는 이 작품에서 〈고대〉는 만물에 생기를 부여하는 〈빛〉의 시대이며, 신들과 인간이 〈영원히 다채로운 축제〉를 벌였던 시대였다. 그러나 〈죽음〉의 등장으로 이 축제는 중단되었고, 〈현재〉는 〈차가운 북풍〉만이 지상을 뒤덮고 있는 〈밤〉의 세계이다. 노발리스는 이러한 두 세계의 화합과 새로운 〈기쁨의 밤〉의 도래를 그리스도에게서 보고 있다. 그리스 신화의 인물인 오르페우스와 그리스도의 제자인 사도 요한을 동시에 연상시키는, 시인 자신의 변용이기도 한 어느 가인(歌人)이 묘사하는 그리스도의 삶과 죽음을 통해 노발리스는 생명과 죽음, 이별과 재회, 이교도와 기독교의 화해를 형상화하고 있다.

2. 슐레겔의 신화적 문학론

독일 문학의 경우도 계몽주의 이후부터 수많은 작가와 이론가들이 고대 신화를 소재로 하여 많은 작품과 비평을 썼다. 그것은 신화 자체가 최고의 문학 작품이라 믿었기 때문이다. 쉴러는 「그리스의 신들」이라는 시에서 사라진 신화의 재복원이 예술을 다시 살리는 방법임을 암시하고 있다. 이렇게 독일 문학에서도 계몽주의 이후부터 수많은 작가와 이론가들이 신화 자체가 최고의 문학 작품이라 믿었기 때문에, 고대 신화를 소재로 많은 작품과 비평을 썼다. 따라서 17세기의 계몽주의 시대에 배척되었던 신화가 18세기에 접어들면서 신화에 대한 향수로 반전되었다. 이 사실을 잘 보여 주는 횔덜린의 안티케 Antike에 관한 시 하나를 음미해 볼 필요가 있다. 안티케 문화는 그리스 신화 세계에 사상적 기초를 둔 헬레니즘 문화로서, 그 바탕은 제우스를 정점으로 한 여러 신들에 대한 믿음이다.

아버지 헬리오스여!
당신은 내 가슴을 즐겁게 해줬소.
거룩한 루나여! 엔디미온처럼
나도 당신이 사랑하는 소년이었소.

오 그대들 충실하고
친절한 모든 신들이여!
내 영혼이 얼마나
그대들을 사랑했는지 아시겠지요!

그 시절 나는 아직
그대들 이름을 부르지 못했다오.
인간들이 마치 서로를 잘 아는 듯이 이름들을 서로 부르지만,
그대들 역시 내 이름을 부르지는 못했다오.

그러나 나는 인간들보다도
그대들을 더 잘 알게 되었소.
나는 에테르의 정적을 알지만
인간들의 말은 잘 이해하지 못한다오.

속살거리는 숲의 아름다운 소리가
나를 키웠고,
꽃들 속에서
배우는 걸 더 좋아했지.

여러 신들의 팔에서 난 성장했다오.

이 시는 그리스의 고대 문화를 풍성하게 해준 여러 신으로 신화의 세계를 나타낸

다. 쉴러의 「그리스의 신들」에서처럼, 아름다웠던 고대 그리스의 세계와 인간에게 행복을 베풀었던 그리스의 신들이 찬미되고 있다. 이렇게 쉴러는 예술이 다시 살아나려면 사라진 신화를 예술이 복원시켜야 한다고 생각했고 그 사라진 신화에 대하여 최초로 향수를 느낀 작가 중 하나였다. 1790년대에 쓴 시 「그리스의 신들」은 이교적 정신에 대한 그의 공감을 너무나 적절히 나타내고 있어서, 엘리자베스 배릿 브라우닝이 〈감동하여〉(이것은 그녀 자신의 표현이다) 「죽은 판 The Dead Pan」이라는 평범하지만 열정이 담긴 시로 응답했을 정도였다. 쉴러는 예술을 미와, 그리고 미를 이교적 삶과 동일시한다. 그는 신들이 박탈당한 세상 *Die entgötterte Natur*에서 찬란한 아름다움이 사라진 것을 애도하며 세상이 이제 쓸모없다고 버린 신들의 피난처를 문학 속에 제공하고 있다. 쉴러의 3부작 「발렌슈타인 Wallenstein」 중 두 번째 희곡의 한 구절에 이와 같은 회한의 어조가 흐르고 있다.

이성에 대한 신앙 속에 이제 살고 있지 않다!
그러나 아직도 마음은 표현할 말을 필요로 하고
아직도 오랜 본능은 옛 이름들을 상기한다.

보다 현실적으로 말하면, 이것은 신들의 이름이 살아 있기 때문에, 신들이 살아 있다는 말이 된다. 그렇다면 새로운 신화적 주제가 생겨난다. 그것은 신들이 지금 어디에 있고 그동안 무엇을 하고 있었느냐는 것이다.

사라진 신화의 재복원으로 예술은 다시 살아난다. 신들에 의해 지배되었다고 생각했던 세상은 합리적이고 규칙적으로 제어된 자연으로 변해, 이제는 삶의 현실에서 이야기될 수 없게 된 버림받은 신들의 생명을 문학에서 미적인 허구를 이용하여 유지하도록 하는 것이다. 신들에 의해 지배되었다고 생각하였던 세상은 합리적이고 규칙적으로 제어된 자연으로 변해, 이제는 삶의 현실에서 신이 이야기될 수 없게 되었지만, 문학에서 미적인 허구를 이용하여 버림받은 신들이 생명을 유지할 수 있도록 하자는 것이다. 낭만주의가 도래하면서 작가들은 문학에서 신화가 무시할 수 없는 존재임을 재인식하게 되었다. 그 예로 니체가 그리스 비극의 디오니소스적인 기원을 강조한 것은, 원시적인 것에 대한 계몽주의 시대인의 경멸이 사라지고 칭송으로 바뀌는 것을 의미한다. 이렇게 독일의 많은 작가들이 신화를 소재로 작품을 썼는데, 이러한 경향에 많은 영향을 미친 작가로 독일 낭만주의의 이론가인 슐레겔Friedrich Schlegel을 들 수 있다. 슐레겔은 자신의 저서 『신화의 견해 *Rede über die Mythologie*』에서 고대 제신들의 찬란한 군집(群集)보다 더 훌륭한 상징을 보지 못했다고 전제하면서, 시대인들에게 위대한 고대의 이 찬란한 형상들을 다시 새롭게 살려 내려고 노력해야 한다고 했다.[11] 슐레겔은 신화를 인위적인 문학으로 본 것이다. 슐레겔은 『신화의 견해』에서 다음과 같은 의견을 보여 주고 있다. 〈우리 문학에는 고대인의 문학에서 보는 신화 같은 중심점이 없다. 근본적인 모든 것은(이 점에 있어서 현대의 시 문학이 고대의 것에 비해 뒤떨어지는데) 다음과 같이 요약될 수 있다. 우리는 신화를 가지고 있지 않다. 여기에 덧붙여 말하고 싶은 것은, 우리도 신화를 가질 때가 거의 되었다는 것이다. 아니, 오히려 이제 신화를 하나 만드는 데 진지하게 참여해야 할 때가 되었다.〉[12]

 이렇게 슐레겔이 제시한 〈새로운 신화〉는 계몽주의의 도구적 이성과 상징적 세계상의 해체로 인해 야기된 삶의 통일성의 결핍을 독특한 시적 방법을 통해서 상쇄하고자 한 이론적이고 실천적 시도로 해석될 수 있다. 즉 그가 시도한 신화 작업의 목표는 시적인 형식으로 통일적인 세계상을 기획해 내는 것이다. 물론 가치관과 생활 영역이 세분화되기 전의 보편적인 통일된 세계상을 보여 주는 전승된 신화와는 달리, 근대적 주체의 사유 행위를 통해 만들어지는 새로운 신화는, 〈옛〉 신화와 〈새로운〉 신화라는 대립성에서 알 수 있듯이, 〈고대〉와 〈근대〉의 관계를 역사 철학적으로 해석해 내면서 미래의 세계상을 제시하고자 한다.

 결론적으로 〈새로운 신화〉를 통해 얻고자 하는 〈중심점〉은 상상적인 문학의 정수로서 바로 최고의 모범적 예술 작품을 의미한다. 이러한 점에서 슐레겔은 〈새로운 신화〉를 〈무한한 문학〉[13]이라 칭했으며, 〈이러한 신비스러운 문학〉[14]은 신화로서 정신적 사고의 모체가 되는데, 이는 〈신화와 문학은 하나이며 서로 분리할 수 없기 때문이다.〉[15] 새로운 신화는 계몽주의의 도구적 이성과 상징적 세계상의 해체로 인해 야기된 삶의 통일성의 결핍을 독특한 시적 방법을 통해 상쇄하고자 한 이론적·실천적 시도이다. 계몽주의의 신화 비판에 맞서 새로운 신화는 그리스 신화에서 새로운 알레고리 개념을 정립하려는 빙켈만Johann J. Winckelmann, 기존 신화를 〈시적 발견술 poetische Heuristik〉의 도구적 대상으로 사용할 것을 주창한 헤르더, 신화에서 예술 작품으로서의 자율성을 밝혀낸 모리츠 Karl Philipp Moritz에 의해서 시작되었다. 이러한 신화의 재발견을 토대로 〈새로운 신화〉는 『독일 관념론의 가장 오래된 체계 강령 Das älteste Systemprogramm des deutschen Idealismus』(1796/1997)에서 이론적으로 전개되었으며, 슐레겔의 『신화의 견해』에서 가장 정교한 모습으로 구체화되었다. 이러한 이론적 논의들을 바탕으로 〈새로운 신화〉는 ① 통일적인 세계상을 시적으로 기획해 내고, ② 역사의 목적 Telos을 제시하며, ③ 새로운 공동체를 수립할 것을 시대적 과제로 제시했다. 이러한 새로운 신화는 고대 그리스 신화의 단순한 재생이나 답습이 아니다. 옛 신화가 문학에서 차지했던 비중이나 수준, 그리고 그 특성에 걸맞은 새로운 신화라 불리는 당대 문학의 창조이지, 옛 신화의 복원을 주장하는 것이 아닌 의미에서 슐레겔은 이렇게 말했다. 〈옛 문학이 유일하고 불가분한 완성이라는 것은 허상이 아니다. 이전에 한 번 존재했던 것이 왜 새로이 다시 되면 안 되는가? 다른 방법으로 당연히 가능한 일이다. 더 아름답고 더 큰 방법으로 하면 되지 않겠는가?〉[16] 〈완전한 문학〉으로 존재했던 옛 신화처럼 슐레겔은 자신의 시대에 맞는 신화적인 문학을 새로 만들 것을 주장하지만, 이 〈새로운 신화〉의 발생은 옛 신화처럼 자연 발생적이 아니라, 〈다른 방법〉으로 만들어져야 한다고 주장한다.

> 새로운 신화는 반대로 정신의 가장 깊은 심연에서 만들어져야 하고, 모든 예술 작품 중에서 가장 인위적이어야 한다.[17]

신화가 인간의 상상이 아닌 정신에서 나온다는 것은 모순적으로 들리지만, 슐레겔의 〈새로운 신화〉 개념은 정신과 상상의 잃어버린 통일을 겨냥하고 있다. 인위적인 정신에서 생겨나는 이 〈새로운 신화〉는 정신과 상상의 종합을 암시하나, 언뜻 보기에 상반된 이 두 요소의 공존은 하나의 무질서로 보인다. 〈정신의 가장 깊은 곳〉에서 나오는 〈가장 인위적인〉 예술 작품인 〈새로운 신화〉가 주는 〈무질서〉[18]를 슐레겔은 혼돈의 의미인 카오스 Chaos의 개념으로 보았다. 전통 사회의 특징 중 하나는 그들이 사는 영역과 그 영역을 둘러싼 미지의 불확정적인 공간 사이의 대립을 상정한다. 그들이 사는 영역은 세계(더 정확히 말하면 우리의 세계)이자 코스모스(우주)이다. 그 이외에는 코스모스가 아니라 일종의 〈다른 세계〉이며, 유령과 악마와 외인(外人)들(이들은 악마와 죽은 자의 영들과 동일시되고 있음)이 살고 있는 이질적인 혼돈의 공간이다. 일견 이 공간의 단절은 사람이 거주하는 질서 있고 우주화된 영역과 그 영역을 벗어난 미지의 공간의 대립이다. 즉 한편에는 코스모스가 있고 다른 한편에는 카오스가 있다.

다른 면에서 보면 이러한 코스모스도 다름 아닌 인간 자체라는 이론이 있다. 여기에 〈대우주〉와 〈소우주〉의 이론이 적용된다. 고대 사회의 종교적 인간의 관점에서 우리 자신을 위치시킬 때 발견하게 되는 것은, 〈세계는 신에 의해 창조되었기 때문에 현존한다〉는 사실이다. 세계는 말이 없거나 불투명한 것이 아니고, 목적도 의미도 없거나, 생명이 없는 것도 아니다. 종교적 인간에게 우주는 〈살아 있고〉, 〈말을 한다〉. 우주가 살아 있다는 것은 그 자체가 이미 신성성(神性性)의 증거가 된다. 왜냐하면 우주는 신이 창조하였고, 신은 우주적 생명을 통해 자신을 계시하기 때문이다. 이런 배경에서 인간은 어떤 문화 단계 이후부터 자신을 하나의 소우주로 보기 시작하였다. 인간은 신의 창조물 가운데 한 부분을 이룬다. 달리 말하면, 인간은 우주 가운데서 인식하는 신성성을 자기 자신의 내부에서 발견함으로써 그의 생명은 우주적 생명과 일치하게 되었다. 신의 작품으로서 우주는 인간 존재의 모범적인 현상인 것이다.

삶은 이중의 지평에서 영위되는 생활로 인간적 생존의 길을 밟아 가는 동시에 초인간적 생명, 우주, 혹은 신의 생명의 일부를 공유하는 측면을 갖게 된다. 아마 아득한 과거에는 모든 인간의 기관, 생리학적 경험, 그리고 모든 행동이 다 종교적 의미를 가졌을 것이다. 이것은 모든 인간적 행동이 그때 신이나 문화 영웅에 의해 창시되었다는 사실로 이해될 수 있다. 그들은 노동의 다양한 종류, 식량을 획득하고, 먹으며, 사랑을 나누고, 사고의 감정을 표현하는 다양한 방법을 확립하였을 뿐만 아니라, 일견 의미가 없는 것 같은 행동까지도 규정해 놓았다. 말할 나위도 없이 삶의 속된 경험이라는 차원에는 이의 대응이 존재하지 않는다. 따라서 비종교적 인간에게는 모든 생활 체험(성행위, 식사, 노동, 유희 등)이 탈신성화되고 말았다. 그것은 무엇보다도 그러한 생리적 행위가 모두 정신적 의미를 상실함으로써 진정한 인간적인 차원을 상실하였다는 사실을 의미한다.

  그러나 생리적 행위가 종교적 의미를 가지는 것은 단지 그것이 신적인 모델을 모방하였기 때문만은 아니다. 신체 기관이나 그 기능들은 다양한 우주적 영역 및 현상과의 동일시를 통하여 종교적 가치를 부여받고 있다. 즉 여성은 토지 및 대지모(大地母)와 동일시되고, 성행위는 천지의 성혼 및 씨뿌리기와 동일시되었다. 인간과 우주 사이에 성립되는 이 같은 상동성은 훨씬 많다. 저절로 마음에 떠오르는 것도 적지 않다. 예를 들면 눈과 태양, 두 눈과 일월, 두개골과 만월, 혹은 호흡과 바람 등의 상동성이 그러하다. 또 사람에서 나무의 역할까지 볼 수 있다. 한의학에서는 오장 중에 물[水]을 상징하는 신장(腎臟)이 뿌리에 해당하고, 꽃과 잎에 해당하는 장부는 심장이다. 심지어는 우리가 항상 밟고 사는 흙도 인간의 어머니의 몸에 해당된다. 따라서 흙에서 자라는 풀은 인간의 머리카락에, 또 흙에 있는 돌은 인간의 뼈에 해당된다고 보아서 여기에 관련된 종교까지 생겨났다. 와나품족 출신의 스모할라라는 인디언 예언자는 흙의 경작을 거부했다. 경작이 모두의 어머니인 흙을 절단하고 찢는 죄악이라고 생각했기 때문이다. 그는 이렇게 말했다. 〈나에게 토지를 경작하라고 요구하는가? 칼을 가지고 나의 어머니 가슴을 찢으라는 말인가? 그러면 내가 죽었을 때 어머니는 나를 그녀의 품에서 쉬게 하지 않을 것이다. 그대는 나에게 땅을 파서 돌을 캐내라고 요구하는가? 그것은 살갗 밑에 있는 뼈를 파내라는 것이다. 그런 짓을 한다면 나는 그녀의 몸 안에 들어가 다시 태어남이 불가능할 것이다. 내가 풀을 베어 건초를 만들고, 그것을 팔아 백인처럼 부자가 되란 말인가? 내가 어찌 감히 내 어머니의 머리카락을 잘라 버릴 수 있으랴?〉[19]

  이 말이 나온 것은 불과 50년도 안 되지만, 아주 오랜 옛날부터 전해 내려온 말이다. 이 말의 감동은 어머니인 흙의 원초적인 이미지를 비할 바 없는 신선함으로 계시해 준다. 이러한 흙의 어머니에 대한 신비적 신앙은 위의 예뿐이 아니다. 인도 중부의 원시 드라비다족의 일원인 바이가족은 유목 농경을 하였는데, 숲의 일부가 타 버려서 생긴 재에만 씨를 뿌렸다. 그들은 밭을 갊으로써, 어머니의 가슴을 찢게 되어 죄가 된다고 생각했기 때문에, 이렇게 어려운 길을 택한 것이다. 알타이족과 핀 우그르족도 풀을 뜯는 것은 대죄가 된다고 생각했다. 왜냐하면 그렇게 했을 때 마치 사람의 머리털과 수염을 잡아 뽑아 해를 주는 것과 똑같은 피해를 안겨 주기 때문이다. 보탸크족은 공물을 굴에 갖다 놓는 풍습이 있는데, 가을이 되면 그것을 하지 않는다. 1년 중 이때가 되면 대지가 잠들어 있을 때라고 생각하기 때문이다. 체레미족은 이따금 대지가 병들어 있다고 믿고, 그때에는 대지 위에 앉는 것을 피한다. 농경 민족, 비농경 민족을 불문하고 산발적이긴 하지만 우리는 대지의 어머니에 관한 이와 같은 속신을 보존한 곳을 많이 볼 수 있다.[20]

종교학자는 이러한 대지인 자연을 나무, 불, 흙, 쇠, 물의 오행으로 이루어진 상동 관계로 발전시킨다. 이 중에서 물과 불이 주요 요소를 형성한다. 물은 고산준령의 신비스러운 바위틈 샘에서 솟아나지만, 그것은 단순히 땅에서 솟는 것이 아니라, 하늘에 떠 있는 구름의 끊임없는 공급에 의한 것이다. 이 구름은 결국 또다시 물에서 생겨나게 되는바, 이 물의 영원한 아버지는 〈대양〉이다. 조그만 샘이 발생하여 많은 다른 물줄기를 끌어들여 불어나 강이 되고, 이것이 유기적 생명체인 꽃과 초원을 만들고, 인간들로 하여금 그 힘을 이용하여 문화를 발전하게 한 다음, 바다로 흘러가 결국은 하나로 되고, 이 바다가 또 구름이 되는 과정이 영원히 계속되는 것이다. 자연의 이런 전진 운동과 영원한 순환 운동의 사상은 계몽주의의 자연관에 비해 볼 때 큰 차이점을 알 수 있다.[21] 이러한 물의 원천이 괴테의 『서동시집』 속 「배화교도 시편 Buch des Parsen」에 잘 나타나 있다.

> 대지와 물을 그대들이 정결히 하면,
> 태양은 기꺼이 바람으로 비춰 줄 것이다.
> 태양이 그 품위에 맞게 영접을 받을 때,
> 생명은 움직이고 축복을 받을 것이다.[22]

항상 흐르는 물은 어떤 물체와 접촉했을 때, 그 물체를 생기 있게 만드는 힘을 지니고 있는데, 이는 물 자체가 순수하기 때문이다. 이러한 연유에서 배화교도들은 물이 정결하게 흐르도록 노력해야 할 의무를 지닌다.[23] 노자(老子)의 『도덕경(道德經)』에도 〈상선약수(上善若水)〉라는 말이 있다. 세상에 가장 훌륭한 일은 물처럼 사는 것이라는 의미이다. 그것이 『도덕경』의 핵심이다. 물은 자신의 형상을 고집하지 않고 주변의 모든 형상을 감싸 안으며 변화무쌍하고 무한한 포용력을 지닌다.

뿐만 아니라 자연의 이치를 거슬러 역류하는 일이 없고, 자기 이외의 모든 것을 섬기는 일을 근본 덕으로 삼는다. 섬김의 미덕으로 물만 한 게 없으니 군주의 도가 되고 지도층의 덕이 된다. 그래서 〈윗물이 맑아야 아랫물이 맑다〉는 상징적인 경구가 탄생했다. 물은 만물을 이롭게 하고 생장하게 하면서도 자신을 내세우지 않고 낮은 곳으로만 흐른다. 물이 없어진다면 이 세상 모든 생명이 사라질 것이다. 이는 물이 곧 생명이라는 의미다. 물은 자신을 내세우지 않고 태초부터 지금까지 인류의 생명에 이바지했다. 하지만 인류는 물길을 끊어 물을 오염되게 만들고, 물이 고갈되게 만드는 데 앞장섬으로써 인류의 생명을 스스로 위태롭게 만들었다. 21세기 물의 오염과 고갈을 해소하지 않는 한 인류의 앞날은 암울할 수밖에 없다. 인간이 물의 마음과 물의 자세를 회복하지 않는 한 다른 대안은 없다.

이러한 물을 괴테는 불과 연결시켜 신화의 소재로 자주 다룬다. 그런데 그 당시 유행하던 물과 불의 논쟁에서 괴테는 물을 선호하고 있었다. 즉 괴테는 수성론자(水成論者)와 화성론자(火成論者)의 싸움에서 수성론을 택했다. 이 땅의 삶이 물로 이루어졌는가, 또는 화산이 터져서 되었는가 하는 의문에 대해서, 그는 수성론의 입장에 있었던 것이다. 괴테가 수성론자가 된 배경에는 훔볼트 Wilhelm von Humboldt의 영향이 컸다고 볼 수 있다. 훔볼트는 당시 프로이센령인 안스바흐의 광부 감독관이며 그 사이에 파리에서 불행한 죽음을 당한 포르스터 Forster의 친구이고 제자였다. 그의 형과 마찬가지로 넓은 지식을 가진 흥미 있는 사람이라는 소문을 가진 그는 프라이베르크의 우두머리인 베르너의 제자로 들어가게 되어 있었는데, 괴테는 이 베르너를 지질학의 최고 권위로 평가하고 있었다. 왜냐하면 특히 베르너가 주장한 지층의 생성 이유가 해저에 있었기 때문이다. 바다의 신 넵투누스 Neptunus가 이 학파가 추종하는 신인데, 그 반대자, 즉 불의 신인 불카누스 Vulcanus 숭배자들은 그들을 매우 멸시하여 넵튠주의자 Neptunist라고 불렀다. 괴테는 열성적인 넵튠주의자로 생애가 끝날 때까지 화성론자들을 미워하였다. 이리하여 괴테는 넵튠주의, 즉 수성론에 있어서 광대한 층을 구축했다.[24] 이런 배경에서 물이 불에 대한 우위성을 묘사하는 장면이 괴테의 작품에 자주 나타나는데, 그중 하나가 『파우스트』에서 물이 불을 압도하는 장면이다.

> 떠나시오! 고귀한 손님네들,
> 즐거운 바다의 축제로.
> 금물결 반짝이며,
> 넘쳐흘러 언덕 적시는 곳으로.
> 그곳엔 루나 여신이 더 밝게 비춰,
> 우리들을 거룩한 이슬로 적셔 준다오.
> 그곳엔 자유의 삶이 있고,
> 여기엔 무서운 지진이 있네.
> 현명한 자는 모두 떠나시오!
> 이곳은 무서운 곳이기에. (7509행 이하)

위의 세이렌 Sirene[25]들의 노래에서 고귀한 손님들에게 불의 지진 지역을 떠나 즐거운 축제가 열리는 바다로 갈 것을 권유하는 대목은 『파우스트』의 〈고전적 발푸르기스의 밤 Klassische Walpurgisnacht〉과 다음에 이어지는 〈에게 해의 축제〉와 관련하여 매우 중요하다.

종교학자는 이러한 물과 불 등의 자연을 좀 더 발달된 상징인 소우주와 대우주라는 상호 조응의 관계로 발견한다. 자연은 나무, 불, 흙, 쇠, 물의 오행으로 이루어져 있듯이, 사람도 나무 닮은 간과, 불 닮은 심장과, 흙 닮은 비장과, 쇠 닮은 폐와, 물 닮은 신장으로 태어난다. 지구가 5대양 6대주로 이루어졌듯이 사람은 오장육부로 이루어졌고 자연은 대우주, 인체는 소우주라고 한다. 예를 들어 배 혹은 자궁과 동굴, 장(腸)과 미궁, 호흡과 베짜기, 정동맥과 일월, 척추와 세계의 축 등이 상호 조응한다. 물론 인체와 우주 사이의 이 같은 동일시가 원시인들 가운데서 발견되는 것이 아니고 고차적인 문명에서 발견되는데, 그 출발점은 고대 문화에 이미 나타나 있다.

우리가 이러한 인간-우주적 상동 관계에 흥미를 보이는 것은 무엇보다도 그것이 여러 실존 상황의 징표이기 때문이다. 종교적 인간은 열린 세계 가운데 살고 있으며, 그의 실존은 세계를 향해 열려 있다. 이것은 종교적 인간이 우주적인 무한한 경험에 접근할 수 있다는 사실을 의미한다. 그러한 체험들은 언제나 종교적인데 세계는 신성하기 때문이다. 그것을 이해하기 위해서는 중요한 생리적 기능이 성례(聖禮)가 될 수 있다는 사실을 기억해야 한다. 식사는 하나의 의례이며, 식물은 다양한 종교 및 문화에서 다양한 가치를 부여받는다. 식물은 성스러운 것이거나, 신의 선물이거나, 혹은 체내의 신들에게 바치는 공물로 간주된다. 성생활도 역시 의례가 되어 신의 행위(하늘과 땅의 성혼)와 동일시된다. 때때로 결혼은 개인적 차원, 사회적 차원, 우주적 차원이라는 삼중의 차원에서 가치를 지닌다. 이 모든 것은 말하자면 인간이 자신에게 운명 지어진 모범적 상황에 의식적으로 순응함으로써 스스로를 우주화한다는 말이 된다. 달리 말하면, 세계를 특징짓고 구성하는, 즉 모든 우주를 규정하는 주기적이고 상호 의존적인 체계를 인간적 척도로 재현하는 것이다.[26]

간단히 말해서 소우주인 인간에게 일어나는 모든 것은 대우주에서 일어나는 일의 상징으로 생각되기 때문에, 금속에서 지하 세계의 천체 요소가 발견되는 반면, 천체에서는 하늘의 금속을 볼 수 있게 된다. 이것은 하나의 상응 관계를 이루어, 토성에는 납과 자수정이 대응되며, 목성에는 주석과 사파이어, 화성에는 철과 루비, 태양에는 금과 다이아몬드, 금성에는 구리와 에메랄드, 수성에는 수은과 철반석류석, 그리고 달에는 은과 월장석이 관계한다. 어머니-대지의 품 속에서 성숙하며 이들 천체의 영향 아래 형성된 광물들은 모태 속에서 인식 자체를 표현하는 광물의 빛, 그러니까 황금의 완벽함에 이르기까지 질적 성장을 하는 태아로 간주된다.[27] 따라서 여기에서 천체, 금속과 인간의 심리적 연관이 이루어진다. 이를테면 〈태양-황금-행복-심장〉, 혹은 〈달-은-정서-두뇌〉, 〈금성-동(銅)-사랑-성기(性器)〉 그리고 〈목성-주석-간〉 등 일련의 연관이 성립되는 것으로, 이 내용은 괴테의 『파우스트』에도 나타나 있다.

> 태양만 하더라도 그 자체가 순금인 것입니다.
> 그 사자(使者)인 수성은 총애와 급료 때문에 따라다니고,
> 금성으로 말하자면 여러분을 유혹하여,
> 아침부터 밤늦게까지 사랑스러운 눈짓만 보내고 있습니다.
> 정절을 지키는 달님은 시름에 젖어 변덕을 부리고,
> 화성은 벼락을 내리진 않아도 그 힘이 위협하고 있지요.

그리고 목성은 언제나 가장 아름다운 빛을 내고 있으며,
토성은 크기는 하나 안계(眼界)에는 멀어 작게 보이지요.
그것은 금속으로서 별로 환영을 받지 못하고 있으니,
무게는 대단하면서도 그 값어치는 없단 말입니다.
그렇소이다! 해와 달이 정답게 어울리기만 한다면!
금과 은이 화합하는 것이니 즐거운 세상이 되며,
그 나머지는 모두가 소원 성취하게 되리라. (4955행 이하)

천체와 고대 그리스의 제신(諸神), 광물과 인간의 신체 기관 및 인간 유형의 마적인 연관, 혹은 자연의 원소와 「요한의 묵시록」의 모티프와 인간 속성의 연관은 원(圓)이나 정방형의 형태 속에서 상호 작용의 선(線)으로 결합되어 도식으로 기술된다. 성좌의 위치나 운행을 관측하여 인간의 운명을 점치는 점성술도 이런 근거에서이다.

천체와 인간의 심리적 연관이 이루어지는 배경에는 화학적인 요소도 있다. 인체의 화학적 구성이 별을 닮았기 때문이다. 사람 몸은 수소와 산소·탄소·질소·인의 순서대로 채워져 있다. 헬륨을 제외하면 태양과 같은 구성이다. 지구는 이에 비해 산소와 철·규소·마그네슘·황의 순서다. 사람이란 생명체가 태양과 같은 항성, 즉 별에서 비롯했을 것이라고 보는 유력한 증거다. 이런 배경에서 사람이 하늘의 별로 노래되는 경우가 많은데, 김광섭 시인은 「저녁에」라는 시에서 별을 이렇게 그렸다. 〈저렇게 많은 중에서 별 하나가 나를 내려다본다. / 이렇게 많은 사람 중에서 그 별 하나를 쳐다본다. (……) 이렇게 정다운 별 하나 나 하나는 / 어디서 무엇이 되어 다시 만나랴.〉 이 시에서 별은 영원한 그리움이다. 헤어진 옛 애인일 수도 있겠고, 저세상으로 멀리 떠난 육친일 수도 있다. 세상 사람끼리의 길고 긴 헤어짐 속 슬픔과 아쉬움을 천체에서 멀리 빛나는 별로 승화한 작품이 김광섭의 시다. 인간의 고독이 한 차원 너머의 것으로 옮겨 가, 또 하나의 별처럼 빛난다.

앞에서 언급된 슐레겔의 이론을 다시 정리해 보면, 〈새로운 신화〉의 근본은 바로 카오스이다. 그의 저서 『신화의 견해』가 나오기 1년 전에 이미 슐레겔은 한 단상에서, 〈신화적인 문학의 본래 근본 형식은 절대적인 카오스이다〉[28]라고 말한 적

이 있다. 슐레겔은 〈카오스〉라는 초기 낭만주의적인 문학의 화신이며, 동시에 최고의 아름다움을 구체화한 인물로, 곧 완성의 경지에까지 이른 문학의 형식을 말해 준다. 그는 〈카오스〉 개념에 대해 다음과 같이 설명하고 있다. 〈최고의 아름다움, 즉 최고의 질서는 바로 카오스의 질서이다. 이것은 조화로운 세계로 나아가기 위해서 사랑의 접촉만을 기다리는 것의 질서이며, 옛 신화와 문학이 했던 바로 그 질서이다.〉[29] 여기서 말하는 〈카오스〉의 아름다움이란, 단순히 혼돈스러운 무질서 상태가 아니라, 모순적이고 반대적인 요소들이 서로 혼합되어 조화를 이루고 있는 상태를 말한다.

주

1 세계의 창조자인 신은 세상일에 관여하거나 계시를 보이지 않으며, 세계는 독자적인 법칙에 따라 움직인다고 하는 이성적인 종교관. 18세기 계몽주의 시대의 대표적인 기독교 사상이다.
2 Ernesto Grassi, *Kunst und Mythos*(Hamburg, 1957), S. 82.
3 Walter F. Otto, *Mythos und Welt*(Darmstadt, 1962), S. 269.
4 Hermann Broch, Geist und Zeitgeist, in: *Schriften zur Literatur* 2. Theorie(Frankfurt., 1981), S. 193 f.
5 같은 책, S. 194 f.
6 W. Martin Lüdke, Mit Speck fängt man Mäuse oder Notizen zur Frage nach dem 〈wahren Sachverhalt〉 in Mythos und Literatur, in: *Akzente* 26, 1979, S. 487.
7 Platon, *Sämtliche Werke*, Bd. 3(Hamburg, 1958), S. 114와 비교하라.
8 Aristoteles, *Poetik*(Stuttgart), 1981, S. 32.
9 H. Weinrich, *Erzählstrukturen des Mythos*(Berlin, Köln, Mainz, 1971), S. 146와 비교하라.
10 한석종, 「프란츠 카프카의 단편 〈사이렌의 침묵〉에 나타난 신화적 요소」, 『독일어문학』 제11집, 제8권 1호, 2000, 352면 이하.(이하 『독일어문학』으로 줄임)
11 Friedrich Schlegel, Die Rede über die Mythologie, in: Kerényi(Hg.), *Die Eröffnung des Zugangs zum Mythos*, 5. Aufl.(Darmstadt, 1996), S. 11.
12 Friedrich Schlegel, Rede über die Mythologie, in: E. Behler(Hg.), *Friedrich Schlegel, Kritische Ausgabe seiner Werke*, 35. Bd.(Paderborn/München/Wien, 1958), S. 311~322.(이하 *Mythologie*로 줄임)
13 같은 책, S. 312.
14 같은 곳.
15 같은 곳.
16 같은 곳.
17 같은 곳.
18 같은 곳.
19 James Mooney, The Ghost-Dance Religion and the Sioux Outbreak of 1890, in: *Annual Report of the Bureau of American Ethnology*, XIV, 2(Washington, 1896), p.721, 724.
20 M. 엘리아데, 『종교 형태론』, 이은봉 역(한길사, 1997), 331면 이하.
21 『독일문학』 제40호, 한국독어독문학회 편, 212면.
22 J. W. von Goethe, *Goethes Werke in 14 Bänden*, Bd. 2, hg. von Erich Trunz(München, 1988), S. 105.
23 『독일어문학』 제3집, 406면.
24 Richard Friedenthal, *Goethe, Sein Leben und seine Zeit*(Frankfurt/M., 1978), S. 436 f.
25 『오디세이아』 속에 나오는 물의 요정으로, 아름다운 노래로 선원들을 유혹하여 난파시킨다. 여자의 머리와 새와 같은 몸을 가졌으나, 점점 여자의 모습으로 변해서 최후에는 날개만이 새의 모습을 남기게 되었다. 사람을 유혹해서 파멸시키는 위험한 여성적인 존재로서, 로렐라이의 전설도 여기에서 연유한다.
26 M. 엘리아데, 『성과 속』, 이은봉 역(한길사, 1998), 156면 이하.
27 뤽 브느와, 『징표, 상징, 신화』, 윤정선 역(탐구당, 1988), 124면.
28 Friedrich Schlegel, *Literary Notebooks 1797~1801*, edited with introduction and commentary by Hans Eichner, University of London: The Athlone Press, 1957, Nr. 1897.
29 *Mythologie*, S. 313.

제2장 그리스 비극

1. 그리스 비극의 개념

비극 이론은 아리스토텔레스에 의해 말끔하게 정리되어, 그 덕분에 비극 이론이 다른 영역들보다도 한층 낯익어 보다 더 간결하게 취급될 수가 있었다. 비극이 없으면 모든 문학적인 허구는, 그것이 욕구 충족의 표현이든 꺼림칙한 것의 표현이든 간에, 감정 그대로의 표현이 될 것이다. 비극적인 허구는 말하자면 문학적인 경험에 있어서 사심 없는 성질을 보증하는 것이다. 결국 인간의 성격을 꾸밈없이 그대로 진실하게 이해하는 그런 의식이 문학 속에 들어오게 된 것은 주로 그리스 문화의 비극을 통해서였다.

비극은 윤리적인 세계 질서나 운명과 갈등을 느끼는 인간의 개체 문제를 취급한 장르다. 〈비극적인 것 *das Tragische*이란 화해될 수 없는 대립 *unausgleichender Gegensatz*에 기인한다〉라는 말은 1824년 괴테가 한 말이다. 종교, 윤리 및 정치 문제에 대한 의견이 근본적으로 일률적이고 폐쇄적인 사회가 있다. 또 다른 한편으로 특출한 개성으로 기존 법칙에 거역하여 독자적인 별[星]을 지향하는 용기를 보여 주는 개인이 있을 때, 화해할 수 없는 대립의 사항이 되는데, 이를 괴테는 〈존재가 원초적인 것에서 벗어나는 것〉으로 표현하였다. 즉 괴테는 〈모든 존재는 원초적인 것에서 벗어났다가, 다시 원초적인 것으로 되돌아간다〉고 묘사했는데, 여기에서 원초적인 것에서 벗어남은 개인의 독립인 진취이며, 다시 되돌아감은 개인의 헌신이다. 괴테는 이를 심장의 〈수축Systole〉과 〈팽창Diastole〉의 양극적 운동으로 나타내고 있다. 그의 시 「부적 Talismane」의 짧은 시연 속에 〈자아로 수축 Systole〉과 〈세계로 확대 Diastole〉 개념이 삶의 근본 현상으로 나타나고 있다.

> 호흡에는 두 가지 은총이 깃들어 있어
> 숨을 들이쉬고 내쉬는 것이라,
> 한쪽은 압박하고 다른 쪽은 상쾌하게 하니
> 인생이란 그렇게도 절묘한 혼합이로다.
> 신이 그대를 압축할 때 신에게 감사하고,
> 다시 그대를 풀어 줄 때도 신에게 감사하라.[1]

위 시에서 괴테는 호흡이라는 현상을 인생의 양극적인 기본 현상의 상징이자, 신의 절묘한 창조의 상징으로 나타내고 있다. 그는 인간 존재의 기본 구조로서의 양극 현상을 심장 수축Systole(자아로 오므라듦)과 심장 이완Diastole(세계로 뻗어 나감)의 말로 표현하는 것이다. 〈합일된 것을 양분하고, 양분된 것을 합일시키는 것이 자연의 삶이다. 이것은 영원한 심장의 수축과 팽창이고, 영원한 결합과 분리이며, 우리가 살고, 엮고, 존재하고 있는 세계의 호흡이다.〉[2] 심장의 팽창은 개인의 독립인 진취를 상징하는데, 괴테는 이 내용을 시 「프로메테우스Prometheus」에서 보여 주고 있다.

> 제우스여, 그대의 하늘을
> 구름의 안개로 덮어라!
> 그리고 엉겅퀴를 꺾는
> 어린이와 같이
> 떡갈나무에, 산봉우리에 힘을 발휘해 보아라!
> 하지만 나의 대지만은
> 손끝 하나 안 되니,
> 네 힘을 빌리지 않고 세운

내 오두막에,
그리고 네가 시샘하고 있는
내 가마의 불은
손대지 말지어다.

너희들 신들이여, 태양 아래서
너희보다 더 불쌍한 자 어디 있으랴!
너희들은 기껏해야
희생으로 바친 제물이나
기도의 한숨으로써
위엄을 지탱할 뿐이니,
철없는 애들이나 거지 같은 인간이
어리석은 기원을 드리지 않으면
너희는 망하게 되리라.

내가 어릴 때,
철부지여서 아무것도 모르던 때,
나의 비탄을
들어줄 귀가 있고,
나처럼 괴로워하는 자를
불쌍히 여길 심정이 있겠지 해서
방황의 눈이 태양을 향했었노라.

거인족의 교만으로부터
나를 구해 준 자 누구였던가?
죽음과 노예 상태로부터
나를 도와준 자 누구였던가?
그 일을 해준 것은

거룩하게 불타는 나의 마음이 아니었더냐?
그런데 젊고 착했던 나는
완전히 속아서 천상에서 잠이나 자고 있는
너희들 신에게 감사한 마음을 작렬시키지 않았던가?

너를 숭배하라고? 어째서?
너는 한 번이라도 번뇌자의
고통을 경감해 준 일이 있는가?
너는 한 번이라도 고뇌자의
눈물을 감해 준 일이 있었느냐?
나를 인간으로 단련시킨 것은
전능의 세월과
영원의 운명으로
그것이 나의 지배자지, 너희들이겠는가?

어린이 같은 싱싱한 꿈의 이상이
열매 맺지 않았다 하여
내가 인생을 증오하고
사막으로 도망칠 거라고
망상이라도 한단 말인가?

나는 여기 앉아서
내 모습의 인간을 만드노라,
나를 닮은 종족으로,
괴로워하고 울고
즐거워하고 기뻐하지만
너 따위를 숭배하지 않는
나와 같은 인간을 창조하리라.

프로메테우스는 군림하는 올림포스 신들에 대한 최초의 대항의 예를 제공해 주었다. 그 자신이 제1왕국의 후예로 종족에 대한 싸움터에서 신들의 편에 섬으로써, 제2왕국을 도와 승리를 달성시켜 준다. 그러나 그다음에는 맹목적인 복종을 요구하는 독재자로서의 올림포스 신들에게 등을 돌리고 인간과 더불어 제3왕국을 만들었다. 이 시는 심장의 팽창인 자신의 상승, 즉 진취를 상징하고 있다. 따라서 코르프 Hermann A. Korff는 이 작품을 이념사의 측면에서 〈형이상학적인 자유를 얻기 위한 인간의 투쟁〉³으로 보는데, 이러한 내용이 괴테의 『파우스트』에 묘사된 다음과 같은 자유의 열망 사상과 일치하고 있다.

> 지혜의 마지막 결론은 이것이다.
> 자유도 생명도 날마다 싸워서 차지하는 사람만이
> 그것을 누릴 만한 것이다.
> 그래서 여기서는 위험에 에워싸여도
> 어린이, 어른, 노인 모두 보람 있는 세월을 보낸다.
> 나는 그런 사람을 보고 싶고,
> 자유로운 땅에서 자유로운 민중과 함께 살고 싶다. (11574행 이하)

프로메테우스는 자신이 진흙을 빚어 창조한 인간에게 올림포스의 불을 훔쳐다 준 죄로 혹독한 대가를 치른 인물이다. 그리스 신화에서 프로메테우스 신화가 유명한 이유는 무엇보다도 〈인간 창조〉로 볼 수 있다. 따라서 이 「프로메테우스」시에서 마지막 저항 행위가 인간 창조의 행위로 나타나고 있다.

> 나는 여기 앉아서
> 내 모습의 인간을 만드노라,
> 나를 닮은 종족으로,
> 괴로워하고 울고
> 즐거워하고 기뻐하지만
> 너 따위를 숭배하지 않는

나와 같은 인간을 창조하리라

태고에 카오스(혼돈)가 정리되어 하늘과 땅, 그리고 바다가 생성된 후 하늘에는 새, 바다에는 물고기, 땅에는 네 발 달린 짐승들이 각각 터전을 잡아 살아가고 있었다. 그러나 좀 더 고상한 동물이 필요하여 티탄족인 프로메테우스가 대지에서 흙을 취해 물로 반죽하여 신들의 형상과 비슷한 인간을 만들었다. 그런 다음 프로메테우스는 이 인간에게 직립할 능력을 부여하여 다른 동물들은 모두 고개를 숙여 땅을 내려다보는데, 인간만은 고개를 들고 하늘을 바라볼 수 있었다.

이런 배경에서 〈나 여기 앉아서 인간을 만들고 있다〉(52행)는 흙을 빚어 인간을 만들었다는 인간 창조자로서의 프로메테우스가 돋보인다. 그러나 여기서 프로메테우스는 화자의 얼굴을 가리고 있는 〈탈〉일 뿐, 이 〈탈〉 이면의 실제 화자는 기독교의 창조 신화를 비판하고 있는 18세기 독일 계몽주의의 시대를 배경으로 하는 세대의 인간임을 제2행의 〈나의 모습대로〉가 증명하고 있다. 〈내 모습대로 인간을 만든다〉(52~53행) 함은 하느님이 〈자기 모습대로 인간을〉 창조하셨다는 성서 구절의 인용이 분명하고, 이러한 인용은 기독교적 창조 신화에 대한 합리적 비판을 전제로 하는 화자의 입장을 충분히 알리는 신호이기 때문이다.

그뿐 아니라 〈나 여기 앉아 인간을 만들고 있다〉는 선언은 표현상으로는 분명 신화상의 프로메테우스의 모습을 보여 주고 있으나, 실제로는 신화와 같이 인간을 문자 그대로 창조하는 것이 아니다. 이미 제2절, 제3절, 제5절에 여러 유형의 인간들, 즉 어린애들, 거지들, 쫓기고 있는 자, 고통받고 있는 자, 불안에 눈물 흘리고 있는 자 등이 언급되고 있다. 따라서 〈인간을 만들고 있다〉 함은, 제3행에 명시되어 있듯이, 〈나를 닮은 종자〉의, 하나의 새로운 유형의 인간을 만들어 낸다는 것을 의미하며, 이때 〈만든다 *formen*〉의 동사는 인간성의 개조, 또는 오히려 상실된 인간성의 회복을 위해 노력하는 모든 활동을 포함시키는 넓은 의미로 확대 해석된다.

신화에서 프로메테우스는 인간의 형상만을 빚어 놓을 뿐인데, 괴테의 프로메테우스는 생명을 지니고 활동하는 인간을 만들어 자기 자신을 재생산하는 독창적인 면모를 보여 주고 있다. 따라서 프로메테우스는 자기 형상을 닮은 인간을 창조하는 것이다(52~58행).

그러나 52~53행의 시행은 프로메테우스가 성서의 내용처럼 흙에서 인간을 창조한다고 볼 수 없다. 오히려 지금까지 알려지지 않았던 인간 존재의 전형의 영향력을 나타내고 있다. 여기에 바로 예술가 천재를 상징하는 프로메테우스가 기존의 모든 형상을 거부하고, 자기의 모습대로, 즉 인간으로서 가질 수 있는 모든 감정과 함께 지금까지는 어떤 인간도 가져 보지 못한 저항하는 정신을 지닌 인간을 창조한 근거가 있다. 프로메테우스가 제일 먼저 감행했던 독립은 다른 사람이 뒤따르도록 선동하는 것이다.

이렇게 인간이 창조되는 내용을 괴테는 『서동시집』에서도 묘사하고 있다. 〈신비의 혀 mystische Zunge〉[4]라 불린 14세기 페르시아 시인 하피즈는 술, 사랑, 자연의 미, 생의 기쁨 등을 7~19구의 짧은 시 형식인 가자르로 심오하고 신비롭게 노래한 반전통 종교의 가인이었다. 그는 사랑을 신적인 행위, 술을 신성한 도취로 고양시켜, 아담의 창조 과정을 회화적인 방법으로 묘사하고 있다.

창조와 생기

한스 아담은 흙덩이였다.
신은 그것을 인간으로 만들었다.
그런데 어머니의 자궁에서 아담은
여러 가지 흉한 모습을 붙이고 나왔다.

엘로힘[5]이 아담의 코에
훌륭한 정신을 불어 넣자,
아담은 재채기를 시작하더니
모습이 좀 나아진 것 같았다.

그러나 뼈대와 팔다리, 머리만 달렸을 뿐
절반은 아직 흙덩어리였다.
마침내 노아는 이 흉한 존재를 위해

찾아내었다. 진실을— 큰 술잔을.

술이 몸을 적시자마자
흙덩어리는 움직임을 느꼈다.
마치 밀가루 반죽이 효모의 힘으로
움직이듯이.

하피즈여.
그대 사랑스러운 노래, 성스러운 시와
술잔을 부딪치는 소리와 더불어,
우리를 주의 성전으로 인도하라.[6]

이 시에서 아담은 인간의 형태를 갖추고 있지만 활동은 못하는 상태이다. 노아의 술을 한잔 마시고 나서 아담은 움직이기 시작한다. 술은 이 부분에서는 진실이라 칭한다. 이것은 술의 속성으로, 술을 마심으로써 인사불성이 되는 것이 아니라, 오히려 진실을 맛보게 된다. 진실이란 곧 속성[7]이다. 결국 술은 순수하여 아담을 움직이게 하는 것은 진실의 힘인 것이다.[8]

이러한 프로메테우스나 엘로힘이 창조한 인간은 현대의 개념으로도 고찰할 여지를 남긴다. 즉 이들이 창조한 인간이 오늘날 불고 있는 〈생명 복제〉나 〈인조인간〉 개념의 시초로 볼 수 있지 않을까. 〈생명 과학의 신대륙을 연 위대한 과학자인가? 신의 영역을 침범한 생명 윤리 파괴자인가?〉라고 복제 양(羊) 〈돌리 Dolly〉의 아버지 윌머트 Ian Wilmut 박사에 대해 많은 대립적인 의견들이 있었다. 그가 1996년 인간과 생식 과정이 유사한 포유동물에서 세계 최초로 〈돌리〉를 탄생시켰을 때 인류는 과학사를 고쳐 써야 했다. 우리 몸을 이루는 각종 세포는 난자와 정자가 만난 수정란이 여러 세포로 쪼개지고 자라서 만들어진다. 그 과정은 여성과 남성, 암컷과 수컷이 만나는 유성(有性) 생식만 가능하다는 것이 〈불변〉의 상식이었고 신의 섭리였다. 하지만 그의 시도로 그것은 일순간에 뒤집혔다. 윌머트 박사의 행위는 수컷이 관여 안 된 무성(無性) 생식이었던 것이다. 그 순간부터 인류는 남성과

정자 없이도 난자와 자궁만 있으면 번식이 가능한 존재가 됐다. 복제라는 방식으로 말이다. 이런 분위기 속에 복제 인간을 대리모의 자궁에서 키우고 있다고 주장하는 사교(邪敎) 집단도 등장했다. 돌리가 탄생한 이후 세상은 많이 변했다. 이제 인간을 제외한 거의 모든 포유동물은 복제됐다. 생명체 복제의 기원이 된 돌리가 훗날 〈프랑켄슈타인〉의 얼굴을 가질지, 꿈의 치료제를 잉태한 모체로 추앙될지는 아직 그 누구도 예측할 수 없다.

이런 배경에서 오늘날의 인조인간으로 로봇이 탄생하고 있다. 인간의 형체와 지적 능력을 갖춘 로봇은 20세기 중반 이후 수많은 대중 소설과 영화에서 다뤄 왔고, 또 일부는 실제로 생산되었다. 이들 작품에서 로봇은 때로는 인간을 돕는 존재로, 때로는 인간을 위협하는 존재로 그려져 왔으며, 기계 기술과 인공 지능, 사이버네틱스의 눈부신 발달로 인조인간의 실현이 점차 현실화되면서, 로봇의 묘사와 그에 대한 문제의식도 보다 정교해지는 양상을 보이고 있다. 아이작 아시모프는 이미 20세기 중반에 인간이 정한 법칙에 따라 행동하는 로봇 때문에 오히려 인간이 위기에 빠지는 상황을 묘사하였으며, 리들리 스콧의 영화 「블레이드 러너」(1982)에서는 로봇이 인간보다 더 〈인간적〉일 때, 과연 인간의 정체성을 어디에서 찾아야 할 것인가에 대해 진지한 질문을 던지고 있다. 또한 스티븐 스필버그의 「에이 아이」(2001)는 인간의 감정과 지성을 완벽하게 시뮬레이션할 수 있는 로봇이 스스로의 정체성에 대해 고민하는 모습이 〈사실적〉으로 묘사되고 있다.

이러한 SF 소설 및 영화에서 인간의 육체는 기계적으로 완벽하게, 혹은 그보다 더 뛰어난 형태로 재현될 수 있는 것으로, 또 인간의 감정과 지적 능력도 인공 지능에 의해 역시 완벽하게 대체 가능한 것으로 이해된다. 이와 같은 인조인간의 모습은 기본적으로 인간이 육체와 정신의 이원적 구조로 이루어져 있다는 전통적인 인간관을 바탕으로 하고 있다. 그러나 그것은 인간의 정신을 오로지 논리적 연산의 집합체인 인공 지능으로 파악한다는 점에서, 인간 정신의 초월적 잠재력을 전제로 하는 전통적 인간관과는 상이한 모습을 보인다. 예를 들어 최초의 인조인간이라 할 수 있는 헤파이스토스의 〈황금으로 만든 하녀들〉 역시 살아 있는 소녀들과 똑같은 육체를 가지고 있고, 이해력과 학습 능력, 즉 지성을 가지고 있었으나, 이들은 그저 하나의 도구일 뿐 인간처럼 살아 있는 존재로 묘사되지 않는다. 또한 호프만 E.

T. A. Hoffmann의 「모래 사나이」에 등장하는 인조인간 올림피아 역시 지적 능력이 아니라, 인간의 정신과 영혼을 상징하는 〈눈〉을 통해서만 올바른 인간의 모습을 갖게 되는 것으로 묘사된다.

인조인간에 대한 관심은 기계 기술이 고도로 발달된 오늘날에 새롭게 생겨난 것이 아니다. 생명의 창조를 통해 신의 마지막 영역에 도전하려는 욕망은 이미 고대로부터 존재해 왔으며, 이는 그리스 신화에서부터 중세의 맨드라고라(맨드레이크) 전설, 골렘[9] 및 〈말하는 머리〉의 전설, 괴테의 『파우스트』에서 〈호문쿨루스〉 또한 낭만주의의 문학 작품 등에서 끊임없이 등장하고 있다. 그리고 이러한 전설 및 문학 작품들에 등장하는 인조인간들은 모두 당대의 인간관을 전제로, 그 구체적인 형상을 획득하게 된다.

다시 프로메테우스로 돌아가자. 프로메테우스가 인간에게 올림포스의 불을 훔쳐다 준 죄에 대한 벌로 제우스는 그를 코카서스 바위산에 결박하고 독수리로 하여금 간을 쪼아 먹게 했다. 이런 연유에서 프로메테우스는 인간의 창조자나 인류 문명의 창시자로 숭배되거나, 신으로부터 독립된 자율적인 주체, 모든 사회적 족쇄에서 해방된 개체의 전형으로 여겨 왔다. 따라서 괴테의 시 「프로메테우스」에서 인간의 자율성은 확대되고, 인간의 존재와 의지는 신의 영역에 이를 정도로 고조된다. 이런 배경에서 문학에서도 창조하는 주체, 절대성을 추구하는 인간인 〈천재로서의 예술가〉 개념이 한층 더 강조된다. 당시에 〈천재〉의 개념은 요즘처럼 머리가 똑똑하거나 지능이 남달리 뛰어난 사람을 가리키는 것이 아니라, 사회적인 규범이나 규칙, 관습 등에 얽매이지 않고 자신의 천부적이고 독자적인 재능과 개성을 창조적으로 발휘하는 사람을 의미하였다. 그 당시 사람들은 개성이 뛰어난 인물의 역사를 발굴하고, 민중 문화의 통일체로서 민족 개념을 발전시키며, 자기의 의식을 고양함으로써, 신분제 연방 국가의 억압에 맞섰다. 새로운 세계상과 인간상을 표출하며, 계급 사회의 좁은 울타리에 순응하거나 결코 타협하지 않았다. 프랑스 혁명의 영향을 받아 시민적이고 지적인 저항은 독서계에 두루 스며들었으나, 독일 시민계급의 미성숙과 자본주의의 미발달로 그들의 요구는 한계에 직면한다. 프랑스 혁명의 영향에서 시민적이고 지적인 저항은 인간이 신으로부터 완전히 해방되어, 더 이상 신에 의해 결정되는 존재가 아니라, 자신의 삶과 세계를 능동적으로, 스스로의 행동을 통해 만들어 가는 위치에 들어섰음을 의미한다. 이런 맥락에서 프로메테우스는 프랑스 혁명의 영향하에 있다고도 볼 수 있다. 신적이든 세속적이든 간에 상부에 대한 경멸이나 자유에 대한 열망은 작품 중반에 수정되어, 프로메테우스는 자신의 불손함으로 처벌을 받는다. 여기에서 괴테가 프랑스 혁명의 과정을 비난하는 암시를 느낄 수 있다. 괴테는 프랑스 혁명을 어느 정도 근심으로 주시하고 있었다. 1830년, 그는 혁명의 극단을 걱정하여 에커만에게 다음과 같이 말하고 있다.

극단은 어떤 혁명에서나 결코 피할 수 없다. 정치적인 혁명에 있어서 맨 처음에는 모두 부정부패 일소밖에 바라는 것이 없다. 그러나 사람들은 자기도 모르는 사이에 유혈과 공포에 깊이 빠지게 된다. 이와 같이 프랑스인들은 현재의 문학 혁명에 있어서 처음에는 좀 더 자유로운 형식 외에 다른 것을 원치 않았다. 그러나 그들은 거기에서 멈추지 않고, 형식과 더불어 전통적인 내용도 배격한 것이다. 그들은 고상한 정서와 행위의 묘사를 지루하다고 말하고, 가증스러운 모든 것들을 취급하기 시작한다. 그리스 신화의 아름다운 주제 대신에 악마와 마녀와 흡혈귀를 다룬다. 고대의 고상한 영웅들은 요술쟁이와 노예선의 노예들에게까지 자리를 양보하지 않으면 안 된다. 업적을 쌓아 인정을 받은 젊은 재사, 자기 자신의 길을 개척할 수 있을 만치 훌륭한 젊은 재사가 시대의 취미에 영합해야만 한다. 아니, 소름 끼치게 하고 무시무시한 것을 묘사하는 데 있어서 그의 선배를 능가해야 한다.[10]

이 혁명적 물결이 괴테의 마음에 들지 않자, 그는 자신의 자유 열망과 불손으로 처벌을 받는 프로메테우스로 수정하였다. 카뮈도 『반항적 인간』에서 〈혁명적 반항아의 조상〉으로 프로메테우스를 꼽고 있다. 하지만 브라운Volker Braun의 시 「프로메테우스」에서는 이 티탄족 청년이 인간에게 불(문명)을 전해 주기 위해 천상의 불씨를 훔친 영웅으로 묘사되지 않고, 오히려 신전으로 불을 가져가는 〈불 도둑〉으로 나타난다. 즉 이 시에서 〈불 도둑〉인 프로메테우스는 오히려 신전으로 불을 가져간다. 프로메테우스 신화의 핵심 서사를 굴절시킨 것이다. 그렇다면 왜 브라운의 프로메테우스는 불을 자진 반납한 것일까? 이 작품은 1970년 출간된 브라운의 두 번째 시집 『우리들이지 그들이 아니다 *Wir und nicht sie*』에 들어 있다. 이 시집 제목은 수정된 신화의 의미를 당대의 사회적, 역사적 맥락에서 새롭게 해독할 수 있는 중요한 단서이다. 이 시집의 제목은 프랑스 혁명에 대한 독일 지식인의 부러움과 동경을 다룬 클롭슈토크Friedrich G. Klopstock의 시 「그들이지 우리들이 아니다 Sie und nicht wir」의 패러디이다. 브라운은 이 시집에서 새로운 국가 동독을 세운 반파시즘 투사들(그들)의 업적에 위로받지 못하는 새로운 세대(우리)의 등장을 선포하고 있다. 따라서 이 시집 도처에는 이상 사회주의와 현실 사회주의 사이에서 갈등하는 동독 제2세대 작가의 성찰이 어른거린다. 이와 같은 작가의 고민은 「프로메테우스」에서 발견된다. 이 작품에서 시인은 갈수록 이상과 멀어지는 동독의 실상을 고발하기 위해 프로메테우스 신화를 교정한다. 시인에게 프로메테우스의 불, 비유하자면 희망의 약속이자 구원의 선물인 사회주의라는 유토피아는 점점 유효하지 않아 보인다. 〈맹목적인 희망〉으로 전락한 〈불〉을 하늘에 반납하는 프로메테우스의 행동에서 교조주의적 스탈린주의로 왜곡된 현실 사회주의에 대한 시인의 〈회의〉와 그럼에도 결코 포기할 수 없는 이상 사회주의에 대한 시인의 〈소망〉이 겹쳐 읽힌다. 이렇게 프로메테우스 신화의 핵심 서사를 굴절시키는 문학 속에서의 신화의 재해석 작업이 갖는 의의는 카프카의 문학적 에세이 「프로메테우스」에 잘 나타나 있다.

프로메테우스에 관해서는 네 가지 전설이 전해진다. 첫 번째 전설에 따르면, 그는 신의 비밀을 인간에게 누설하였기 때문에 코카서스 산에 쇠사슬로 단단히 묶였고 신이 독수리를 보내어 자꾸자꾸 자라는 그의 간을 쪼아 먹게 했다고 한다.

두 번째 전설에 의하면, 프로메테우스는 쪼아 대는 부리가 주는 고통으로 자신을 점점 바위 속 깊이 밀어 넣어, 마침내는 바위와 하나가 되었다고 한다.

세 번째 전설에 의하면, 수천 년이 지나는 사이에 그의 배반은 잊혔고, 신도 잊었고, 독수리도, 그 자신도 잊었다고 한다.

네 번째 전설에 의하면, 한도 끝도 없이 되어 버린 것에 사람들이 지쳤다고 한다. 신이 지치고, 독수리가 지치고, 상처도 지쳐 아물었다고 한다.

남은 것은 수수께끼 같은 바위산이었다— 전설은 그 설명할 수 없는 것을 설명하려고

한다. 전설이란 진실의 바탕에서 비롯되는 것이므로 다시금 수수께끼 가운데서 끝나야 한다.[11]

앞의 괴테의 시 「프로메테우스」의 내용처럼, 인간에게 주어진 모든 한계로부터 해방되어 무한대로 자아를 확장시키려는 욕구는 괴테의 초기 작품들의 구조적 특색이다. 이렇게 시 「프로메테우스」가 자신의 상승, 즉 자아의 독립성을 강화한다면, 이와 반대로 심장의 수축을 상징하며 자신을 버리는 헌신을 나타내는 내용을 괴테는 시 「가니메데스Ganymed」로 묘사하고 있다.

> 아침노을 속에서
> 그대는 나를 둘러싸고 타오르는 불빛을 발하는 듯,
> 봄이여, 사랑스러운 그대여!
> 한없는 사랑의 환희와 더불어
> 그대의 영원한 온기의
> 성스러운 감정이
> 내 가슴으로 밀려드는구나,
> 무한히 아름다운 자여!
>
> 내가 그대를
> 이 팔로 껴안았으면 좋으련만!
>
> 아, 그대의 가슴속에
> 누워 있으면서도 애를 태우노라.
> 그대의 꽃들과 그대의 풀이
> 내 가슴에 밀려드는구나,
> 그대는 내 가슴의
> 타는 갈증을 식혀 주는구나,
> 사랑스러운 아침 바람이여,

그 안에서 밤꾀꼬리는 안개 낀 골짜기 속에서
사랑하는 손짓으로 나를 부르는구나.

내가 가리다! 내가 가리다!
어디로? 아, 어디로?
위로, 위로, 들려 올라가도다,
구름은 아래로
떠내려오도다, 구름이
그리워하는 사랑을 향해 기우는구나.
내게로, 내게로!
그대들의 품에 안겨
위로,
얼싸안으면서 얼싸안기면서!
위로
그대의 가슴에 안기도다,
만유를 사랑하는 아버지여!

괴테의 『시와 진실 *Dichtung und Wahrheit*』 제8권에 〈모든 창조물은 원초적인 것에서 《벗어났다가 *Abfallen*》, 다시 그리로 《되돌아가는 것 *Zurückkehren*》일 뿐이다〉라고 언급되어 있다. 여기에서 〈벗어남〉과 〈되돌아감〉의 개념을 괴테는 각각 〈자아의 독립 *sich verselbsten*〉과 〈자아의 해체 *sich entselbstigen*〉로 바꾸어 말하고 있다. 이의 의미가 같은 해(1774)에 동시에 생성된 찬가 「프로메테우스」와 「가니메데스」에 문학적 형상으로 묘사되고 있다. 프로메테우스는 제우스 신에서 벗어나 자신의 독립을 주장하는 반면에, 가니메데스는 신의 자연에 하나로 합치면서, 즉 원초적인 것에 되돌아가면서 자신을 해체시킨다. 결국 진취를 나타내는 「프로메테우스」와 헌신을 보여 주는 「가니메데스」는 양극성을 나타내고 있다. 하나의 극점은 제우스에 대하여 자기의 업적을 지키면서 자기에게 아무런 도움도 주지 않는 제우스에 대하여 완강히 반항하는 것이며, 다른 극점은 제우스의 팔을 향해 올라가려는 무한한 헌신이다. 전자를 〈자기중심점〉이라고 한다면 후자를 〈자아 확대〉라고 할 수 있다.[12] 인간을 예찬한 프로메테우스나 자연을 예찬한 가니메데스는 인간 자아에 있어서 볼 수 있는 이원성 또는 양면성과 마찬가지로 공통점을 갖고 대조를 이루고 있다. 괴테는 어느 한쪽을 부정하지 않고, 쌍방의 태도를 수용하는 입장이며, 가능하면 서로 융합시키려고 한다.

그런데 프로메테우스적 대립적 관계에 헤벨 Friedrich Hebbel의 유명한 범비극론(汎悲劇論, *Pantragismus*)의 이론도 연관된다. 헤겔 철학의 영향을 받은 헤벨은 〈자아(自我)〉, 즉 〈개인〉의 활동을 중시하였다. 그의 세계관에 의하면, 〈개인〉의 존재와 활동은 항상 〈전체〉의 의지에 대한 반항을 의미한다. 그래서 개인의 의지는 세계정신에 대한 반항이고 죄과인 것이다. 결국 그 세계정신은 개인을 굴복시키고 자기의 걸음을 걸어가려 한다. 왜냐하면 개인도 그 전체의 일부이기 때문이다. 거기에 비극의 싹이 트는 것이며, 시인은 이와 같은 우주의 진리를 〈세계정신의 대표자〉로서 반영해야 하는 사명을 띠고 있다. 이 원리를 구체적으로 설명하면, 위대한 개인들이 각기 자기 시대에 자기들의 의지를 달성하려고 한다. 거기서 시대의 정신과 알력이 생겨 비극이 일어나기 마련인데, 그것이 역사의 전개인 것이다. 따라서 헤벨이 그리는 비극은 주로 문화적 사상적 전환기에 해당하는 역사상의 시기를 택하게 된다.

대체로 비극이 발생하려면 그 원인으로 어떠한 비극적 동기=죄과가 있어야 하는 것으로 생각되는데, 헤벨에 있어서는 〈개인〉의 존재 그 자체가 이미 〈전체〉에 대한 반항이기 때문에, 그것은 도덕적으로나 종교적으로 아무런 잘못이 없으면서 항상 비극의 요소가 되는 것이다. 이것이 범비극론의 시초이다. 〈개인〉의 존재 자체를 죄로 규정하는 사상은 쇼펜하우어 철학의 영향을 보여 주는 것이지만, 그는 쇼펜하우어와 달리 세계 전체를 부인하지 않고, 보다 높은 차원에서 형상화하려 하고 있다. 그에게는 어느 의미로 보아 남녀의 성별도 대립과 비극의 시초이며, 사회 계급의 대립, 종교의 대립 등 모든 대립이 비극으로 통하게 된다.[13] 결국 인간은 분명히 〈개인〉의 존재로 〈전체〉에 대립되는 상태이고, 여기에서 인간적 폭력과 결점이 권세를 떨쳐 왔는데, 이 내용이 헤르더의 담시 「에드워드 Edward」에 암시되어 있다.

네 칼이 피로 물들어 있으니 어쩐 일이냐?
에드워드, 에드워드야!
네 칼이 피로 물들어 있으니 어쩐 일이냐?
어찌해 그리도 슬퍼하며 오고 있느냐? － 오!
오, 제가 독수리를 쳐 죽였어요.
어머니, 어머니!
오, 제가 독수리를 쳐 죽였어요.
그런 독수리는 더 이상 가질 수 없어요 － 오!

네 독수리의 피가 그렇게 붉을 리 없다.
에드워드야, 에드워드야!
네 독수리의 피가 그렇게 붉을 리 없다.
내 아들아, 솔직히 고백해라 － 오!
오, 제가 붉은 말을 쳐 죽였어요.
어머니, 어머니!
오, 제가 붉은 말을 쳐 죽였어요.
그리도 당당하고 충실했는데 － 오!

네 말은 늙어서 쓸모가 없다.
에드워드야, 에드워드야!
네 말은 늙어서 쓸모가 없다.
네 마음 아픈 것은 다른 일 때문이다 － 오!
오, 아버지를 쳐 죽였어요.
어머니, 어머니!
오, 아버지를 쳐 죽였어요.
제 마음 괴로워서 견딜 수 없어요 － 오!

너 이제 어떻게 속죄를 하려느냐?

에드워드야, 에드워드야!
너 이제 어떻게 속죄를 하려느냐?
내 아들아, 좀 더 털어놓아라 - 오!
이 세상엔 제가 설 자리가 없어요,
어머니, 어머니!
이 세상엔 제가 설 자리가 없어요,
바다 너머 먼 나라로 가겠어요 - 오!

네 궁성은 어떻게 하고서?
에드워드야, 에드워드야!
네 궁성은 어떻게 하고서?
그리고 훌륭하고 아름다운 궁성인데 - 오!
허물어져 내릴 때까지 두겠어요,
어머니, 어머니!
허물어져 내릴 때까지 두겠어요,
다시는 더 보지 않겠어요 - 오!

네 처와 자식은 어이하란 말이냐?
에드워드야, 에드워드야!
네 처와 자식은 어이하란 말이냐?
네가 바다 너머로 가버린다면? - 오!
세상은 넓어요, 동냥질할 데 없겠어요?
어머니, 어머니!
세상은 넓어요, 동냥질할 데 없겠어요?
그들도 다시는 안 보겠어요 - 오!

네 사랑하는 엄마에겐 뭘 남길 테냐?
에드워드야, 에드워드야!

네 사랑하는 엄마에겐 뭘 남길 테냐?
내 아들아, 그걸 말해 다오 ─ 오!
저주와 지옥의 불을 남겨 드리겠어요,
어머니, 어머니!
저주와 지옥의 불을 남겨 드리겠어요,
어머니가, 어머니가 시키신 일이에요! ─ 오!

이 담시에서는 〈태어났다는 것〉이 〈개인〉의 창조로, 결국 이 개인이 〈단체〉인 삶과 대립되어 궁극적인 비극의 본질이 되는 배경에서, 주인공 에드워드는 결국 자신을 낳아 준 부친을 살해하고, 모친에게는 저주를 남기는 비극을 야기시킨다. 이와 유사한 내용이 괴테의 『파우스트』에도 나타나 있다.

나는 항상 부정하는 정신이다.
그렇게 하는 것은 당연하다.
생기는 것은 의당 망해 버리기 때문에.
그러고 보니 아무것도 생기지 않았다면 더 좋았을 것을.(1339행 이하)

따라서 비극은 일종의 필연적인 충돌, 즉 주인공의 파멸로 귀결되는 숙명적인 투쟁을 그려 보인다. 이러한 투쟁의 독특한 형식들이 그리스에서 헤벨에 이르는 고전극의 핵심을 이룬다. 비극에는 언제나 인류의 종국적인 현존 문제, 자유와 필연, 성격과 운명, 죄와 벌, 자아와 세계, 인간과 신에 대한 문제들이 다뤄진다. 비극은 관중으로 하여금 동정과 슬픔으로 심령에 파멸을 불러일으켜 순화 작용 *Katharsis*이 가능한 것이다.[14]

그리스어로 비극이란 뜻의 단어 *Tragoidia*는 〈산양(山羊)의 노래(산양*tragos* + 노래*oide*)〉의 뜻으로, 주신(酒神) 디오니소스 *Dionysos* 축제에 산양을 제물로 바쳤다는 설에서 비극의 개념이 생겼다. 구체적으로 설명할 때 〈그리스 비극〉이란 주인공이 죗값으로 신에게 바치는 제물 봉헌의 극이다. 희생 제물의 제식의 필연적인 결과가 〈속죄양 *Sündenbock*〉의 원형이었다. 이 모티프는 성스러운 동물이나 사람에게 종족의 부패를 전가한 후에, 이 속죄양을 죽임으로써 그 종족은 본래의 영혼의 재생에 필요한 정화와 속죄를 성취할 수 있다고 믿는 데 그 중점을 둔다. 먹이와 어린이가 인간의 되살아남을 위해 본래 필요했음을 지적하고, 피의 희생제와 정화가 식물과 인간에게 다 같이 회춘의 마법적 보증이 되고, 생명의 보증이 되는 것으로 옛사람들은 생각했다. 이 같은 관습은 믿을 수 없을 만큼 원시적인 것으로 충격을 주지만, 문명화된 오늘날의 세계에도 그 자취가 남아 있다. 예를 들면 어떤 국민이 흑인 또는 유대인과 같은 소수 민족을 희생물로 박해함으로써 얻는 불합리한 만족감 같은 것, 그리고 오늘날에도 이 같은 풍습의 자취는 남아 있는데, 그 예로는 신년 축제와 그 결의, 봄철 대청소, 부활절의 축하, 그리고 성체 배수(聖體拜受, Eucharist) 등에 연유하는 건전한 갱생의 느낌에서 그 자취를 보게 된다.

그리스 비극에 연관된 산양의 노래는, 그리스 초기에 비극 경연이 끝나고 수상자에게 상품으로 준 산양을 노래한 합창과, 주신 디오니소스의 축제 때 산양의 꼬리를 달고 제단 주위를 돌며 부르는 합창에서 유래했다는 설이 있다. 또 사티로스 Satyros[15]극과 함께 술의 신 디오니소스와도 깊은 관계가 있었던 것 같다. 그러나 이 연극 형식에 정신을 불어넣은 것은 아테네의 시인들이었으며, 비극의 참된 창시자는 아이스킬로스 Aeschylos였다. 비극 시인들은 오직 1회의 상연을 위하여 비극 세 편과 사티로스극 한 편을 써서 매년 당국에 제출했다. 심사 결과 세 명의 시인을 선정, 이들에게는 각각 합창대가 예속되고 4부작(비극은 3부작)의 연극이 상연되었다. 상연 비용은 각 시인을 후원하는 유지가 부담하였고, 시인은 작곡까지 포함해 모든 연출을 맡았다. 매년 오직 한 번, 3일간의 비극 상연을 위해 아테네는 막대한 정력을 쏟았다. 그리고 3일에 걸친 경연 후 심사관이 등급을 정하여 1등을 한 시인이 우승자가 되었다.

그런데 비극 시인의 눈앞에는 서사 시인 호메로스가 노래한 새로운 인간상이 있었다. 그것은 아킬레우스 등 영웅들의 모습이었다. 이들 영웅들은 자기 책임하에 결단하고 독자적으로 행동할 수 있는, 즉 고도의 질을 갖춘 훌륭한 인격이었고, 그리스 문화가 최초로 이 세상에 선물한 것이라고 할 만한 존재였다. 그러나 이러한 영웅들을 그린 서사시나 신화·전설 등은, 모든 것이 이미 끝나 버린 사실로서 이야기하고 숱한 파란(波瀾)까지도 조용하게 수용하고 있다. 이러한 서사적 세계의 영웅들에게 비극 시인이 생명의 숨결을 불어넣는 것이다. 모든 행위는 합창대의 주시(注視) 아래 그들의 압력을 견디며 전개되어야 한다는 것이 그리스 비극의 근본 구조이다. 항상 현재의 입장에서 사물을 판단해 가는 합창대의 면전에 일단 극의 등장인물로 불려 나가게 되면, 지금까지 조용히 잠들어 있던 영웅들은 곧바로 미래와의 긴장에 살아 숨쉬는 격렬한 모습으로 바뀌어, 여기에 후세의 연극사를 촉발케 하는 극적 존재가 성립된다. 이러한 극적 존재가 어떠한 의미를 전할 수 있는가를 아테네 사람들은 잘 자각하여, 시민과 시인이 똑같이 비극의 상연에 열의를 쏟아붓지 않았나 생각된다. 기원전 406년에 에우리피데스 Euripides와 소포클레스 Sophocles가 잇따라 세상을 뜨면서, 비극은 실질적으로 종말을 고하지만, 이때는 도시 국가 아테네도 이미 쇠퇴의 길을 걷고 있었다. 그 후 상연 자체는 계속 이어지고, 헬레니즘 시대에도 각지의 극장에서 성행했으나, 남아 있는 희곡은 전술한 3대 시인의 작품에 한정되어 있었다.

이를테면 소포클레스와 아이스킬로스의 비극은 옛 그리스인이 재생된 삶을 축하하는 동안의 해마다, 식물 성장의 의식인 〈디오니소스 제(祭)〉 기간에 공연하려고 쓰였다. 이 비극의 주인공들은 높은 지위에 있는 사람(왕이나 귀족)으로, 예를 들면 아가멤논, 오이디푸스 Oedipus, 오레스테스 Orestes[16] 등이다. 그나 그의 선조가 신 혹은 국가의 도덕률을 범했다는 것이 그 발단으로서, 극 자체에는 그가 그 위반의 결과로 일어나는 일을 피하려고 고투한다.

이런 배경을 가져서인지, 그리스 비극은 그야말로 엽기적이다. 아버지를 때려죽이고 어머니와 동침하는 아들, 아들을 맨손으로 갈가리 찢어 죽이는 어머니 등, 그리스 비극은 사회적 인습과 제도가 송두리째 파괴된 세계를 보여 준다. 기원전 5세기 아테네인은 이런 끔찍한 이야기를 즐겼다. 이 모진 얘기들이 아직도 우리 마음을 사로잡아, 그리스 비극이란 이름으로 자리 잡고 있다.

그리스 비극은 페르시아, 펠로폰네소스 전쟁을 잇달아 치르면서, 〈그리스의 기적〉을 이룬 기원전 5세기 아테네 민주정의 역사와 분리될 수 없다. 아테네 디오니소스 제에서 상연된 그리스 비극은 시민들이 서로 자신과 자기 사회에 대해 논하는 장이었다. 그러나 아테네인이 무대에 올려 함께 구경한 세계는 그들의 조국이 아닌 〈타자〉의 세계였다. 그리스 비극은 거의 모두 영웅 시대를 배경으로, 다른 도시 국가에서 일어난 사건을 다루고 있다.

오이디푸스의 얘기는 테베, 오레스테스의 얘기는 아르고스, 메데이아의 얘기는 코린트에서 펼쳐진다. 타자의 비극적 세계는 아테네인에게 자기 문명의 우월성을 말해 주는 동시에, 조국을 잃으면 그들에게도 어떤 재난이 닥칠지 모른다고 경고했을 것이다. 결국 그리스 비극은 아테네인이 자신의 행운을 자축하고, 바깥 세계의 야만적 어둠에 대항할 수 있는 힘을 다지는 의식이었던 것이다.

그러나 그리스 비극이 자기 찬양과 자기 무장만을 설교했다면, 만년 히트작이 되기는 어려웠을 것이다. 그리스 비극의 위대함은 시민 교육이라는 역사적 테두리에서 벗어나, 인간 존재에 대한 근원적 질문을 던진다는 데 있다. 그리스 비극은 국가 수호의 중요성을 역설하는 순간에도 국가주의의 모순을 폭로하며, 국가와 가족의 요구가 상충할 때 전자를 따르는 게 얼마나 어렵고 도덕적으로 위험한지 보여 준다. 〈부동의 신념〉이나 영웅주의에 감춰진 독선과 국가주의의 허구성을 간과하지 않는 것이다. 이러한 예로 이피게네이아 신화를 예로 들어 설명해 보자.

그리스와 트로이 사이에 전운이 감돌던 때였다. 그리스 연합군의 사령관으로 아가멤논이 나섰다. 아우 메넬라오스의 아내를 트로 왕자 파리스가 훔쳐 갔기 때문이다. 이 일로 그리스 곳곳에서 군대가 모였다. 항구 아울리스에 집결한 연합군은 사기가 하늘을 찔렀다. 그런데 출정이 자꾸 미루어졌다. 돛 포를 부풀릴 바람이 없었던 것이다. 사제에게 물었더니 엉뚱한 대답이 돌아왔다. 바람이 안 부는 것은 아르테미스 여신의 뜻이란다. 처녀를 제물로 바쳐서 여신의 심기를 달래면 바람을 부를 수 있단다. 논의 끝에 제비를 뽑기로 했는데, 딱 하나 들어 있던 붉은 실을 이피게네이아가 뽑았다. 하필 아가멤논의 딸이었다.

이런 선택이 그리스 비극에는 자주 나온다. 대개 공과 사의 가치를 저울 양쪽에다 매달아 놓고 경중을 묻는 내용이다. 인생은 〈탄생과 죽음 사이의 선택이다〉라는 사르트르의 말처럼, 우리 삶은 〈선택〉의 연속이다. 입을 옷이나 점심 메뉴를 고르는 사소한 일부터, 진로를 결정하고 배우자를 선택하는 중대사, 또는 삶과 죽음의 선택까지. 이러한 선택도 〈후회〉와 〈미련〉에서 자유로울 수 없다. 〈두 선택을 다 하지 못하는 것이 안타깝기〉 때문이다. 이러한 선택의 어려움을 프로스트Robert Frost는 자신의 시 「가지 않은 길 The Road Not Taken」에 잘 보여 주고 있다.

노란 숲 속에 두 갈래 길이 있었습니다.
나는 두 길을 다 가지 못하는 것을 안타까워하며,
오랫동안 서서 한 길이 굽어 꺾여 내려간 데까지,
바라다볼 수 있는 데까지 멀리 바라다보았습니다.

그리고 똑같이 아름다운 다른 길을 택했습니다.
그 길에는 풀이 더 있고 사람이 걸은 자취가 적어,
아마 더 걸어야 될 길이라고 생각했지요.
그 길을 걸으므로, 그 길도 거의 같아질 것이지만.

그날 아침 두 길에
낙엽을 밟은 자취는 없었습니다.
아, 나는 다음 날을 위해 한 길은 남겨 두었습니다.
길은 길에 연하여 끝없으므로
내가 다시 돌아올 것을 의심하면서……

훗날에 훗날에 나는 어디선가
한숨을 쉬며 이야기할 것입니다.
숲 속에 두 갈래 길이 있었다고,
나는 사람이 적게 간 길을 택했다고,
그리고 그것 때문에 모든 것이 달라졌다고.

이러한 프로스트의 시 내용처럼, 영국 시인 밀턴 John Milton은 〈인간은 어떤 선택을 해도 후회하게 마련이며, 이것을 극복하는 것이 곧 성공〉이라고 했다. 훗날 〈가지 않은 길〉을 바라보며 한숨 쉬지 않으려면 자신이 선택한 길에 최선을 다해야 한다. 비록 험난할지라도, 그 길을 택한 용기의 의미와 〈선택의 가치〉를 아는 사람만이 인생의 길 끝에서 환하게 웃을 수 있다. 소포클레스의 비극 「안티고네」에서도 딸이 아버지의 죽은 시신을 거둘 것이냐를 두고 선택의 기로에 선다. 안티고네는 결국 국법을 어기면서까지 자식의 도리를 다하지만, 아가멤논은 어디까지나 아버지로서의 감정을 누르고 공적인 책무를 지킨다. 이런 선택은 늘 어렵다. 지금도 중요한 결정을 앞두고 핏줄에 끌리는 일이 다반사인데, 하물며 혈연주의로 엉켜 있던 2천5백 년 전 그리스에서랴! 그때는 또 공공 의식과 사적 행위 규정의 한계에 대한 자각이 막 싹트기 시작하던 시기였다. 그래서 비극 작가들은 공과 사를 선택하는 소재를 비극의 줄거리에 엮어서 사회적 반성의 화두로 제시하곤 했다. 이피게네이아가 아버지 아가멤논의 명예욕에 제물로 바쳐지는 것을 보면서, 아테네 시민은 전쟁과 폭력이 애국심이나 희생의 논리로 둔갑하는 과정을 목도하고 영웅주의의 비겁하고 기회주의적인 얼굴을 발견했을 것이다.

그리스 비극은 우리가 당장의 정치적 상황을 이해하려 할 때조차, 〈나는 누구이며 인간은 무엇인가〉를 묻지 않을 수 없다고 말한다. 니체가 지적하듯, 그리스 비극은 관중으로 하여금 인간이란 노쇠와 죽음의 운명을 타고났을 뿐 아니라, 비이성적 세계에 내던져진 존재임을 새삼 깨닫고 통곡하게 하는 통찰의 순간을 담고 있다. 이 순간을 통해 관중은 인간 존재의 진실과 대면하고, 그 대면의 고통을 받아들임으로써, 필멸의 존재인 자신을 긍정할 수 있게 된다. 그리스 비극이 인간이라는 존재에게 던지는 엄중한 질문인 〈너는 누구인가〉야말로, 동서양을 막론하고 오이디푸스와 이피게네이아의 격렬한 비극이 아직도 사람들의 마음을 움직이고, 그들을 〈통곡〉의 순간으로 이끄는 이유라 해도 좋을 듯하다. 이러한 비극의 결과를 피할 수 있다고 생각하는 편이 잘못인지도 모른다. 즉 그것은 치명적인 자만을 나타낸다. 그는 자기 밖의 여러 가지 힘과 싸우나 마침내 지고 만다.

소포클레스의 「오이디푸스 왕」은 신화와 문학이 두드러진 예이다. 소포클레스와 아이스킬로스가 아테네 청중들을 위해 그들의 비극을 제작할 무렵에는, 이 같은 희생제는 이미 문자 그대로 이루어진 것이 아니고, 원형 극장의 무대에서 상징적으로 공연되었다. 그렇지만 비극의 신화적 중요성은 마찬가지였다. 소포클레스는 훌륭한 극작품을 써냈지만, 오이디푸스의 줄거리는 그의 창안이 아니고, 그가 작품화하기 전에 이미 잘 알려진 신화였다. 또 다른 〈그리스 비극〉으로, 지위가 높은 인물이 자기의 근친자들을 파멸시키는 상황에 있는데, 자기 자녀를 살해한 어머니인 메데이아 Medeia,[17] 딸을 살해한 아버지인 아가멤논, 어머니를 살해한 아들인 오레스테스 등이 여기에 해당된다. 괴테의 『파우스트』에서 헬레나 비극인 제3막이 시작되면서 이러한 〈그리스 비극〉을 구경하는 듯한 인상을 받는다.

> **헬레나** 칭찬도 많이 받고, 욕도 많이 먹은 헬레나입니다.
> 간신히 우리가 상륙한 바닷가에서 오는 길입니다.
> 아직도 거센 파도에 뒤흔들리는 듯 취해 있습니다.
> 프리기아의 평야를 떠나, 머리가 곤두서는 높다란 등을 타고
> 포세이돈의 은덕과 오이발로스의 힘을 빌려,
> 간신히 조국의 후미에 당도하게 되었습니다.
> 저 밑에서는 지금 메넬라오스 왕이 그의 전사들 중에서
> 가장 용맹스러운 장수들과 개선을 축하하고 있습니다.
> 하지만 거룩한 궁전이여, 그대는 나를 반겨 맞아 다오.
> 이것은 부왕 틴다레우스가 이국 땅에서 돌아오셔서,
> 팔라스의 언덕 비탈진 근처에다 세우신 것입니다.
> 이곳은 자매인 클리타임네스트라와,
> 그리고 카스토르나 폴리데우케스와 즐겁게 노닐며 자라날 때,
> 스파르타의 어느 집보다도 찬란하게 단장을 했습니다.
> 그대들 청동의 문짝이여, 내게 인사를 해다오.
> 옛날에 많은 사람 속에서 간택이 된 내 앞에
> 메넬라오스 님께서 신랑의 모습으로 눈부시게 나오셨을 때,
> 너희들은 손님을 맞아들이려는 듯 활짝 열었지.
> 자, 이번에도 나를 위해 문을 열어 다오. 왕비의 몸에 어울리게
> 내가 급한 분부를 충분히 수행할 수 있도록
> 나를 안으로 들게 해다오! 그리고 여태껏 불길하게
> 나를 싸고 괴롭히던 것은 모조리 밖에 남아 있으라.
> 그럴 것이 내가 이 궁전의 문턱을 멋모르고 넘어서
> 거룩한 의무를 다하고자 키타라 섬의 신전을 찾아갔다가
> 거기서 프리기아의 도둑한테 유괴를 당한 후,

여러 가지 일이 일어났는데,

그것이 자기에 관해서 있는 일 없는 일

마구 늘여서 이야기가 소설처럼 되어 버리면

누구나 듣기 싫으니까요.

합창 업신여기지 마세요. 오오, 훌륭하신 왕비시여!

님이 지니신 그지없이 좋은 보배를!

가장 큰 복은 님 한 분에게 주어졌어요.

미인이란 명성은 무엇보다 뛰어난 것입니다.

영웅들은 이름을 자자하게 앞세우며

뽐내고 길을 걷지만,

모든 것을 무찌르는 미인 앞에서는

고집 센 사나이도 뜻을 굽힌답니다. (8488행 이하)

괴테는 이 헬레나의 서사적 독백으로 엄격한 비극의 형식을 지키는데, 이는 그리스 비극과 비교해서 차이점을 보여 주고 있다. 그리스 비극이 승산 없는 운명과의 대결에서 절대적인 비극 상황을 보여 주는 데 비해, 괴테의 고전 비극은 인간성의 이상이 유도하는 화해의 지고한 결론으로 끝나는 것이다. 특히 합창은 그리스 비극의 모방으로, 그 운율의 격조가 높다고 평가되고 있다.

그리스 비극은 기원전 6세기 중반 테스피스에 의해 원형적(原形的)인 극 형식이 갖추어지고, 그 후 고대 그리스의 3대 비극 작가인 아이스킬로스, 소포클레스와 에우리피데스에 의하여 대화 형식인 그리스의 전통적 연극으로서의 비극이 완성되었다. 이들 아이스킬로스, 소포클레스, 에우리피데스가 끼친 영향을 괴테의 말을 통해 알아보자. 그는 제자 에커만에게 다음과 같이 말하고 있다. 〈인간은 단순하네. 그리고 인간이 아무리 풍부하고 다채롭고 깊이를 알 수 없다고 하더라도, 그의 상태의 테두리는 한 바퀴 도는 데 그리 길지 않네. 레싱이 두세 편, 내가 서너 편, 그리고 쉴러가 대여섯의 훌륭한 작품을 썼다고 하더라도, 네 번째 다섯 번째 여섯 번째의 비극 시인이 존재할 여지는 충분히 있네. 그러나 저 위대한 그리스의 세 작가들이 백여 편의, 혹은 백 편에 육박하는 작품을 써내었던, 희곡의 풍요한 생산을 경험한 그리스인, 내가 그들의 그러한 풍요를 생각해 보고 하는 말이네만, 우리는 다음처럼 생각해도 되지 않겠나? 주제로 삼을 재료와 내용이 점점 고갈되어서, 저 세 명의 위대한 작가들 이후에 작품을 쓰는 시인들은 그다음에 무엇을 해야 할지 진정 알 수 없었다고. (……) 어쨌든 우리에게 전해져 온 이 작은 관점들은 몹시 중요하고 차원 높기 때문에, 가난한 유럽 사람들은 수 세기 동안이나 거기에 몰두해 오고 있었고, 아직도 2∼3세기 동안은 충분한 식량과 일거리를 지니게 될 걸세.〉[18]

니체는 아이스킬로스가 비극의 〈개화·정점〉이며, 소포클레스에서 서서히 〈타락〉이 시작되어 디오니소스적 기반이 붕괴되기 시작하고, 에우리피데스에 이르러서 비극의 〈종언〉을 맞이한다고 보았다.[19] 비극은 대부분 그리스 신화나 영웅 전설을 소재로 하여 신과 인간의 대립·갈등을 통한 장중한 드라마를 전개하여 유럽 연극에 하나의 원류(源流)를 이루었다. 그러나 종교적 의식에서 탈피할 수 없고, 국가적 제한으로 그리스 비극은 크게 발달할 수 없었다.

음악가 바그너 Richard Wagner는 자신의 대표적 논문 「예술과 혁명 Die Kunst und die Revolution」에서, 〈그리스인은 비극 속의 자기 자신을 재발견하고, 더구나 그 국민 전체의 모든 본성 중에서도 가장 고귀한 부분을 재발견했기 때문에〉[20]라고 말했는가 하면, 〈소크라테스를 그리스의 해체의 도구〉[21]로서 해석하였다. 또한 소크라테스의 등장은 비극의 종말을 초래했다고 말한 니체의 말과 거의 유사하게, 〈아테네 국가의 붕괴와 정확히 관련되는 것은 비극의 쇠멸이다〉[22]라고 단언하고 있다. 니체는 힘과 건강의 충일에서 필연적으로 탄생한 비극, 그리고 소크라테스의 등장으로 인한 비극의 종말은 결국 모든 그리스 문화에 일대 붕괴를 가져왔다고 주장하였고, 따라서 자연적이고 본능적이며 비합리적인 〈디오니소스적인 것〉은 철저히 부정되었다고 주장하였다.[23]

2. 아리스토텔레스

오랫동안 그리스 비극은 주로 시대를 초월하는 인간 문제를 관찰하는 최선의 예술적 묘사였지만, 이 비극의 역사적 관계나 조건 등에 대해선 관심이 거의 없었다.

순수 미학적 관찰법은 멀리 아리스토텔레스까지 거슬러 올라간다. 문학 비평서가 아리스토텔레스의 『시학』처럼 훌륭하게, 혹은 아주 오래 지속되기를 바랄 수는 없다. 드라마와 서사시의 이론, 한 문학 작품의 연구 방법으로서 장르의 인식, 그리고 하나 혹은 몇 작품의 연구로 실제로부터 이론을 유도해 내는 방법론 등은 모두 『시학』에서 출발점을 찾을 수 있다. 더 명확하게 말하면, 『시학』으로부터 카타르시스 *Katharsis*[24] 같은 기본 개념, 비극 주인공의 특징(고귀한 인물, 비극적인 자만심이나 지나친 오만 *Hybris*, 비극적인 결함), 드라마 형식상의 구성 요소(행위나 플롯, 인물, 사상, 대사, 멜로디, 장면), 플롯의 필수적인 통일성, 그리고 가장 명확하게 말하자면 모방 *Mimesis*의 기본 개념, 문학 작품은 행위의 모방이라는 관념, 수단, 목적, 방법에 의해 야기되는 차이점 등의 개념을 얻을 수 있다.[25] 이 중에서 카타르시스의 개념은 현대에도 널리 응용되고 있다. 카타르시스란 〈마음에 쌓인 응어리와 상함을 깨끗이 씻어 낸다〉는 의미로 사용하는 말이다. 친구들과 어울려 잡담을 나눈 후에 〈아! 카타르시스했다〉고 말하기도 하고, 전쟁 영화나 액션 영화를 보고 나서 〈카타르시스가 되었다〉고 하기도 한다. 이렇게 마음에 쌓인 응어리들과 한(恨)을 제때에 해소하고 나면, 정서적 갈등이나 울적함이 사라져 정신 건강의 유지에 큰 도움이 된다. 이 카타르시스의 어원은 헬라어로 카타로스 *Kataros*이며, 이 말은 원래 〈청결〉을 의미했다. 이 단어는 불순물이 없는 물, 포도주, 금 등을 말할 때 사용되었고, 흠과 티가 없는 동물을 가리킬 때에도 사용되었다. 결국 〈청결하다〉는 의미인 〈카타로스〉는 잡된 것이 섞이지 않은 순수함이다. 오염되지 않은 물, 물이 섞이지 않은 우유와 포도주, 불순물이 섞이지 않은 금 등이 카타로스이며, 또 생각과 동기가 순수한 사람, 하늘을 우러러 부끄럼 없는 사람이 카타로스한 사람이다. 이렇게 마음에 쌓인 응어리와 상함을 깨끗이 씻어 낸 경지가 카타르시스인 것이다.

아리스토텔레스는 저서 『시학』에서 다음과 같이 기술하고 있다. 〈시인의 임무는 실제로 일어난 일을 이야기하는 데 있는 것이 아니라, 일어날 것으로 예측되는 일, 즉 개연성 또는 필연성의 법칙에 따라 가능한 일을 이야기하는 데 있다. 역사가와 시인의 차이점은 운문을 쓰느냐, 아니면 산문을 쓰느냐 하는 점이 아니라(헤로도토스의 작품은 운문으로 고쳐 쓸 수도 있을 것이다. 그러나 운율이 있든 없든 그것은 역시 일종의 역사임에는 변함이 없을 것이다), 한 사람은 실제로 일어난 일을 이야기하고, 다른 사람은 일어날 것으로 예측되는 일을 이야기한다는 점에 있다. 따라서 시(詩)는 역사보다 더 철학적이고 중요하다. 왜냐하면 시는 보편적인 것을 말하는 경향이 더 많고, 역사는 개별적인 것을 말하기 때문이다.〉[26]

역사적인 인물의 이름을 인용할 때까지 현실의 모방으로 볼 수 있는 비역사적인 행동도 받아들이지만, 보편적인 것을 중재하기 위해서, 이 모든 수단들은 환상을 강화시키도록 이용된다. 이때 이 보편적인 것이 특별한 시대의 보편성을 나타내는지, 혹은 아리스토텔레스가 자신의 단편적인 〈시학〉을 지나쳐 버리고 자세히 언급하지 않았는지 의문이 간다.[27]

3. 역사적 관점의 그리스 비극

비극을 역사적 관점에서 벗어나게 한 요소는 아마도 다음의 사실이다. 즉 비극적 기본 상태가 거의 없어서, 한 소재의 다양한 변형은 연극적 기교의 향상이나 연극의 갈등의 가장 가능한 해결로 간주되어 괴테의 『파우스트』 같은 예로 발전해 왔다. 바인슈토크Heinrich Weinstock는 그리스 비극에 관해 다음과 같이 논하고 있다. 〈그리스 비극의 본질은 이 비극이 제한이 없다는 것이다. 이 비극의 오직 한 번뿐인 유일성이 영원한 삶을 선사하지만 그것의 제한성이 수천 년 동안 타당성을 유지해 왔다. (……) 그 비극은 문제를 과격하게 취급하므로 항상 영원한 질문이 관심을 갖는다.〉[28] 이러한 역사적 근거가 오랫동안 관심받지 못한 이유를 지금까지 언급된 예들이 설명하고 있다. 그러나 이제는 이러한 배경이 설명되어서 다른 텍스트의 이해에 접근해야 한다. 이러한 이해는 고대를 정확하게 알게 된 이후 폴렌츠Max Polenz[29]의 그리스 비극의 보충처럼 지금까지 해설의 보충에 필수적이다. 그러나 이것이 텍스트에 내재된 해석을 불필요한 것으로 유도해서는 안 되고, 요지경 *Guckkasten* 극장의 틀을 초월하는 그리스 비극의 다른 양상의 이해에 이바지해야 한다. 이러한 극에는 정치적이고 사회적 배경 외에 신화적 배경도 해당되는데, 이는 응용된 역사적 관점이 신화와 비극의 상호 작용을 보여 주기 때문이다.

1) 당대의 그리스 비극

그리스 비극은 역사적 산물이므로 여기에도 역사적 내용이 있을까?[30] 베르낭 Jean-Pierre Vernant,[31] 뢰슬러 Wolfgang Rösler[32]나 신들러 Wolfgang Schindler[33]의 말에 따르면, 그리스의 비극(더 자세히 말해서 아티카 비극)은 기원전 5세기에서 3세기 사이의 특수한 현상으로 주로 아테네에서 공연되었으므로 아티카 비극으로 나타나고 있다. 그리스에서 이 시기는 다른 곳에서는 볼 수 없는 특징을 지닌다.

클레이스테네스의 개혁과 페리클레스의 시민 *Demos*의 요구를 근거로 볼 때 아테네에는 도시 문화가 크게 발달하였다. 도시에는 모든 사회적 단체가 있어서 극장도 있고 도시적 분위기가 형성되어, 개인성이 의식화가 되었다. 이러한 개인성은 우선 대중 집회에서 강력한 영향력을 띠는 언어의 사용에서 나타나는데, 이유는 좋은 연설이 대중의 의사를 유리하게 변형할 수 있기 때문이다.

앞에 언급된 도시적 삶과 반대로 시골의 삶은 오직 전통에만 얽매여 있었다. 즉 대부분의 도시인과 반대되게 개인성이 아닌 공동생활 감정의 신비적이고 종교적인 세계상이 시골 의식이 되었다. 그러나 도시인은 하루아침에 그들의 전통에서 벗어날 수 없어서, 그들의 의식은 얼마 동안은 자기 책임과 종교적 개념 사이의 불일치를 띠거나, 혹은 카머벡 J. C. Kamerbeck의 표현대로 아티카 비극을 일으키게 하는 〈개인과 규범 *Individuum und Norm*〉[34]의 불일치의 특징을 지녔다.

2) 신화에서 그리스 비극의 기원[35]

그리스 비극은 그들 작가의 자유로운 환상에서 벗어나지 않고 소재 면에서 자기 민족의 신이나 영웅 전설, 중세 기독교의 성서 이야기 같은 종교적 믿음에 귀결되거나 세계관의 근본을 유지하는 신화에 연결되었다. 따라서 신화는 그리스 정신의 영적인 단위를 창설하고 유지하기 때문에 이 그리스 정신은 신화의 해체로 붕괴되지 않을 수 없었다. 즉 소포클레스 시대에 계몽주의에 의해 그리스 정신이 붕괴되자 그는 또 다른 신화의 형성으로 이 붕괴를 극복하려고 하였다.[36]

이러한 신화의 규정이 그리스 신화를 취급하는 이 연구의 토대가 되는데, 이는 〈조화로운 세계와 갈등으로 찢긴 세계의 이러한 종교 개념은 그리스인의 비극의 착상과 관련된 게 틀림없다〉[37]라는 베르낭의 언급으로 확인될 수 있다.

지금까지 언급된 내용에서 두 가지 사실을 확인할 수 있는데, 하나는 비극의 소재가 신화에서 발생하고, 또 하나는 이 신화의 개작은 전통적 전설에서 해체되는 시대의 세계상에 좌우된다는 사실이다.

3) 정치적 · 사회적 요소

공연에 관련된 가장 중요한 규정이나 규제를 하는 자는, 첫째로 연극이 공연되는 축제의 개최자인 국가였고, 둘째로는 아테네의 가장 명성 있는 시민들인 스폰서로서, 이들은 제출된 작품들을 심사하고 선발하였다. 이들 두 그룹은 대부분 부유하고 명성 있는 귀족의 상인이나 수공업자 가정이었으나, 가끔 이들 둘은 하나가 되는 수도 있었다. 즉 오늘날 민중 개념의 사람들은 거의 작품의 선발이나 심사에 고려되지 않았다. 셋째로는 각각 2월과 3월에 디오니소스 신의 숭배를 위한 연극 공연의 동기가 있었다. 이는 디오니소스 숭배가 대중의 환희인 숭배이기 때문에, 후에도 작가 하우프트만Gerhart Hauptmann의 개작으로 특별한 관심을 띠게 되었다.

이 디오니소스의 숭배는 여기서 다뤄진 비극에서 신적인 형태로 인정된 아폴론적 문화의 전향을 나타낸다. 이 아폴론 숭배와 디오니소스 숭배의 차이에서 중요한 점은, 델피의 피티아Pythia와 그의 신탁으로 대표되는 아폴론의 숭배는 〈신의 망상〉의 예언적 형태를 나타내며, 여기에는 매개체가 필요하다. 이와 반대로 디오니소스의 숭배는 앞에서 언급된 대중의 환희에 의한 신적인 것을 대중적으로 전시하여 보여 준다.[38]

주

1 J. W. von Goethe, *Goethes Werke in 14 Bänden*, Bd. 2, hg. von Erich Trunz(München, 1988), S. 10.(이하 *Goethes Werke*로 줄임)

2 J. W. von Goethe, *Zur Farbenlehre*, Nr. 739, in: *Goethes Werke*, Bd. 13, hg. von Erich Trunz(München, 1986), S. 488.

3 Hermann A. Korff, *Geist der Goethezeit*. Ⅰ. Teil(Darmstadt, 1979), S. 273.

4 *Goethes Werke*, Bd. 2, S. 24.

5 히브리어로 강자(强者)를 의미하는 신인 엘로아의 복수형. 구약에도 신의 의미로서 이 복수가 사용되고 있다.

6 *Goethes Werke*, Bd. 2, S. 12 f.

7 같은 책, S. 55.

8 안진태, 『괴테 문학의 신화』(삼영사, 1996), 99면.

9 유대교 신화에 등장하는 인조인간. 흙으로 빚어 사람 형상으로 만들어 일을 시키지만, 제대로 통제되지 않으면 주인을 공격하기도 하는 힘센 피조물이다.

10 Johann P. Eckermann, *Gespräche mit Goethe*, 14(März, 1830).

11 Franz Kafka, *Hochzeitsvorbereitungen auf dem Lande und andere Prosa aus dem Nachlaß*, hg. von Max Brod, Lizenzausgabe mit freundlicher Genehmigung von Schocken Books Inc.(New York, USA, 1986), S. 74.

12 V. J. Günther, *Johann Wolfgang von Goethe. Ein Repräsentant der Aufklärung*(Berlin, 1982), S. 31.

13 박찬기, 『독일 문학사』(일지사, 1984), 324면.

14 이유영, 『독일 문예학 개론』(삼영사, 1986), 96면 이하.

15 본시 산짐승의 정령(精靈)으로 그 수가 많은데, 산림에서 사니까 자연 디오니소스 신과 인연이 생겼을 것이고 차차 그 시종으로 인정되었다. 생김새는 보통 뿔과 귀와 다리는 염소요, 털이 많고 기다란 꼬리가 달리고, 코는 원숭이 모양이었다. 입이 크고 가끔 성기가 빳빳하게 선 자도 있다. 놀기를 무척 좋아하고, 또 술과 색을 좋아하여 산속의 요정들에게 장난을 잘 치지만 악의는 없다. 늘 피리를 불며 신을 따라다니고, 특히 디오니소스 축제에는 신나게 끼어들어 한바탕 잘 논다. 밀턴은 풍자 Satire가 목양신 사티로스 Satyros의 말에서 유래했다고 생각했다. 목양신이면 비극으로 연결된다. 그러나 풍자의 어원은 satura(잘게 썬 조각)이다. satura라는 말을 처음 쓴 사람은 일반적으로 로마 시인 호라티우스라고 인정되고 있다.

16 그리스 전설의 왕으로 아가멤논의 아들. 아버지를 암살한 어머니와 그 정부를 죽이고 아버지의 원수를 갚았으나, 자기 자신은 어머니를 죽인 죄 때문에 미쳐서 사방으로 방황한다.

17 에우리피데스가 다룬 그리스 신화에 나오는 공주. 사랑하는 남자를 위해 금양털을 훔치고, 동생 압시르토스 Apsyrtos와 자식을 죽이고, 애인의 백부까지 죽인 〈복수의 화신〉이다.

18 Johann P. Eckermann, *Gespräche mit Goethe*, 1(Mai, 1825).

19 F. W. Nietzsche, *Das griechische Musikdrama*, in: G. Golli und M. Montinari(Hg.), *Nietzsche Werke*, Kritische Gesammtausgabe, Bd. Ⅲ 2, 1973, S. 41.

20 R. Wagner, *Die Kunst und die Revolution*, 1849, 北村義男 譯(日本 岩波書店, 1849), 47면.

21 F. W. Nietzsche, *Ecce homo*, *Gesammelte Werke* in drei Bänden, Bd. Ⅱ, hg. von Karl Schlechta(München, 1960), S. 1109.

22 R. Wagner, *Die Kunst und die Revolution*, a.a.O., 48면.

23 정동호 편, 『니체 철학의 현대적 조명』(청람, 1984), 142면.

24 아리스토텔레스가 사용한 말로, 비극을 보는 데에서 결과로 나타나는 연민·공포와 정화의 정서에 말미암는 정화(淨化)와 청결화(淸潔化)를 의미함. 그 자체가 비유인 이 용어는 다양하게 해석된다. 아마도 비극의 효과는 관람자의 도덕적·정서적·지적 총체를 유익하게 고양시키는 데 있다고 할 수 있을 것이다.

25 윌프리드 L. 게린 외 공저, 『문학의 이해와 비평』, 정재완 역(청록출판사, 1984), 246면.

26 아리스토텔레스, 『시학』, 천병희 역(문예출판사, 1988), 58면 이하.

27 Albin Lesky, *Die griechische Tragödie*, 4. erweiterte Aufl.(Stuttgart, 1968), S. 11~68과 비교하라.

28 Sophokles, *Die Tragödien*, übersetzt und eingeleitet von Heinrich Weinstock, 4. Auflage(Stuttgart, 1967), S. 15.(이하 *Die Tragödien*, 으로 줄임)

29 Max Pohlenz, *Die griechische Tragödie*, Bd. 1 u. 2(Leipzig und Berlin, 1930).

30 Heinrich Kuch, Zur Interpretation der griechischen Tragödie, in: *Philologus* 123, 1979, S. 202~215.

31 Jean-Pierre Vernant, *Mythos und Gesellschaft im alten Griechenland*(Frankfurt/M., 1987)(이하 *Mythos und Gesellschaft*로 줄임).

32 Wolfgang Rösler, *Polis und Tragödie, Funktionsgeschichtliche Betrachtungen zu einer antiken Literaturgattung*(Konstanz, 1980).

33 Wolfgang Schindler, *Mythos und Wirklichkeit in der Antike*(Berlin, 1988).

34 J. C. Kamerbeck, Individuum und Norm bei Sophokles, in: *Sophokles*, hg. v. Hans Diller(Darmstadt, 1970), S. 79 f.

35 *Die griechische Tragödie*. u. Gustav Adolf Seek, Die griechische Tragödie, in: G. A. Seek(Hg.), *Neus Handbuch der Literaturwissenschaft*, Bd. 2(Berlin, 1981), S. 142~148과 비교하라.

36 *Die Tragödien*, S. 13.

37 *Mythos und Gesellschaft*, S. 111.

38 Klaus Peter Köpping, Schamanismus und Massenextase, Besessenheitskulte im modernen Japan und im antiken Griechenland, in: Hans-Peter Duerr(Hg.), *Alcheringa oder die beginnende Zeit, Studien zu Mythologie, Schamanismus und Religion*(Frankfurt/M., 1989).

제3장 그리스 비극과 문학에 반영된 엘렉트라

　비극은 신화와 철학의 중개자인데, 여기서 철학은 그리스 계몽주의의 산물이다. 소포클레스는 비극 시인 아이스킬로스와 에우리피데스 사이에 있는데, 아이스킬로스는 신화적 시인이고, 에우리피데스는 계몽주의적 경향이다.[1] 〈소포클레스는 영원한 그리스 정신 같은 역사적인 인물인데, 왜냐하면 그리스 체험의 창조적 핵심인 비극, 세계 해석, 세계 형성은 원래 그리스적인 본질로 볼 때, 소포클레스에서 가장 순수하기 때문이다. 소포클레스는 가장 비극적 인물이기 때문에, 가장 그리스적인 그리스인이다〉[2]라고 고대 연구가이자 소포클레스 번역자인 바인슈토크 Heinrich Weinstock는 이들 세 사람을 구분하고 있다. 고전적 그리스에서 소포클레스의 역할이 너무 과대평가된 것 같지만, 그는 다음의 고찰에서 볼 때, 아이스킬로스와 에우리피데스의 중간 위치를 하여, 엘렉트라의 전개에서 4세기의 그리스 사회의 변화상을 볼 수 있다.
　이러한 배경에서 엘렉트라 Electra 비극의 시대 비평적 동기(動機)를 고찰해 보고자 한다. 따라서 먼저 그리스 비극의 정치·사회적 배경의 고찰 후에, 아이스킬로스, 소포클레스와 에우리피데스의 변형을 근거로 아티카 비극[3]의 정신적 작용을 규명하였다. 이러한 비극이 오늘날에도 수용되는 이유는, 이 비극의 강한 수용력뿐 아니라, 그리스 정신을 제시하기 때문이다. 신화의 선택된 소재가 후에 변형되어 이중적인 관점에서 접근하는 것이다.
　역사적 관점으로 볼 때, 지금까지 비정치적으로 여기던 비극이 정치, 사회, 존재의식 및 종교 의식적 비평을 보여 주고 있다. 이는 사회적이거나 정치적 문제의 관점이 역사적 내용으로 거슬러 올라감을 뜻한다. 여기에 언급된 내용에서는 시대 비평이 목적이 아닌 부수적 관점이 되어,[4] 그리스 신화의 역사적인 배경의 상세한 해설 후에 아이스킬로스, 소포클레스와 에우리피데스의 엘렉트라의 관점의 차이를 자세히 규명하였다.

그리고 제6부에서는 엘렉트라 비극의 독문학 수용을 고찰하였다. 또 피스카토어 Piscator가 자신의 저서 『아트리데의 4부작 Atriden-Tetralogie』에서 언급한 대로, 고대 시대의 문제와 해결의 제시에 적합한 비극 소재가 2천 년이 지난 오늘날에도 중요성을 띠는 이유를 밝히고자 한다.[5] 결국 이 장에서 연구의 목적은 엘렉트라의 근저에 있는 동기의 차이와 유사성을 도출하는 데 있다.

1. 엘렉트라 신화

그리스 신화에 의하면, 제우스Zeus 신의 부인인 레다 Leda는 스파르타의 틴다레우스 Tyndareus[6]의 왕비로서 죽을 운을 타고난 카스토르와 아가멤논 Agamemnon[7]의 아내가 되는 클리타임네스트라 Clytaemnestra 두 자녀를 두었다. 이 아가멤논과 클리타임네스트라 사이에 아들 오레스테스 Orestes와 순진무구한 딸 이피게네이아 Iphigenie[8]와 엘렉트라 Elektra가 탄생한다.

그런데 그리스 신화에는 세 명의 엘렉트라가 등장한다. 첫째는 오케아노스와 테티스 사이에서 태어난 딸로 타우마스의 아내가 되어, 무지개의 여신 이리스와 두 명의 하르피아이, 곧 아에로와 오키페테를 낳았다. 둘째는 아틀라스와 플레이오네 사이에서 태어난 플레이아데스라는 일곱 명의 딸 중 한 사람으로, 제우스와의 사이에서 트로이의 시조(始祖)인 다르다노스와 데메테르의 사랑을 받은 부(富)의 신 플루토스의 아버지가 된 이아시온을 낳았다. 그녀는 제우스에게 겁탈당하게 되었을 때, 아테네의 신상(神像) 팔라디온 곁으로 도망쳤으나, 제우스는 신상을 트로이 지방으로 던져 버리고 강제로 그녀와 정을 통했다. 셋째로 고찰되는 엘렉트라가 여기에서 인용되며, 그 내용은 다음과 같다.

클리타임네스트라와 그녀의 정부(情夫) 아이기스토스가 아가멤논을 암살했을 때, 간신히 죽음을 모면한 엘렉트라는 어린 남동생 오레스테스를 미케네에서 구출해 내는 데 성공했으나, 복수당하지 않을까 두려워한 아이기스토스에 의해서 그녀 자신은 먼 마을의 농사꾼에게 시집을 가게 되어, 오랫동안 고독하고 가난한 생활을 하였다. 어느 날 그녀가 아버지의 무덤을 찾았을 때, 그곳에 어른으로 자란 남동생 오레스테스가 나타나 두 사람은 한 핏줄임을 확인한다. 아버지의 원수를 갚고자 결심을 굳힌 오레스테스는 사촌 동생인 필라데스와 함께 궁전으로 접근하여 자기가 이미 죽었다는 허위 정보를 퍼뜨린다. 궁전 사람들이 좋아하며 마음 놓고 있는 틈을 타, 그는 안으로 숨어 들어가 생모 클리타임네스트라와 아이기스토스를 죽인다.

복수를 하고 왕위를 되찾은 오레스테스는 어머니를 죽인 죄로 에리니에스로 추방당하는 몸이 되었으나, 엘렉트라는 아테네 여신의 도움을 받아 동생의 무죄가 될 때까지 여러모로 그를 지켜 주었다. 오레스테스가 타우리스에서 아르테미스의 희생물이 되었다는 소식을 엘렉트라의 언니 이피게네이아로부터 들은 아이기스토스의 아들 알레테스는 미케네의 왕위를 빼앗았다. 분노한 엘렉트라는 델피에서 언니 이피게네이아를 만나, 그녀를 장님으로 만들려고 했다. 그러나 그때 오레스테스가 나타나, 모든 얘기가 오보(誤報)였음이 밝혀지고, 오레스테스는 왕위를 빼앗은 알레테스를 죽인다. 아테네 여신의 도움을 받아 어머니를 죽인 죄로부터 해방된 뒤, 오레스테스는 떳떳하게 미케네의 왕이 되어 숙부 메넬라오스의 딸 헤르미오네를 아내로 삼았다. 또 엘렉트라는 필라데스와 결혼하여 메돈과 스트로피오스를 낳았다. 이 이야기는 아이스킬로스의 3부작 「오레스테이아 Oresteia」, 소포클레스의 「엘렉트라」 및 에우리피데스의 「엘렉트라」와 「오레스테스」 등에서 다루어지고 있다. 이렇게 여자아이가 어머니를 질시하고 아버지에게 애정을 품는다는 내용에서 〈엘렉트라 콤플렉스 Electra complex〉라는 말이 나왔다.

이렇게 여자아이가 어머니를 증오하고 아버지에 애정을 품는 〈엘렉트라 콤플렉스〉와 반대로, 남자아이가 아버지에 대해 적의(敵意)를 품고 어머니에게 애정을 품는 〈오이디푸스 콤플렉스 Oedipus complex〉라는 심리학적 내용이 유명하다. 이 말은 어머니에 대한 자식의 강한 애모심과 가끔은 망상적인 애모심을 표시하기 위해 프로이트의 심리학에서 사용되었다. 이것은 어떤 경우에는 승화될 수 있고,

관습적으로 용인될 만한 통로를 택할 수 있다. 달리 말하면, 이것은 아버지를 어머니의 사랑에 대한 적수로 질투하는 감정의 원인이 될 수 있고, 그 극단적인 형식으로는 근친상간의 결과가 된다. 이 용어는 오이디푸스의 고전적인 신화에서 온 것으로, 오이디푸스는 부지중에 자기 아버지를 살해하고 어머니와 결혼한다. 프로이트는 이 용어를 주인공이 그의 부친을 살해하고, 그의 어머니와 결혼하는 고전인 소포클레스의 비극에서 빌려 왔다.

프로이트는 소포클레스의 왕의 이름을 빌려 오이디푸스 전설을 모든 사람의 기본적 콤플렉스에 사용하고 있다. 오이디푸스 전설에서, 주인공은 자기 아버지를 죽이고 자기 어머니와 결혼하지만, 자기들의 정체를 모르는 상태이다. 이것은 어른이 자기의 오이디푸스적 경험을 이제는 의식하고 있지 않고 있다는 사실의 시적 표현이라고 프로이트는 말하고 있다. 꼭 같이 오이디푸스가 할 일을 신화가 예언한 것은, 우리 모두 이 경험을 겪지 않으면 안 될 운명의 불가피성을 상징하고 있다. 오이디푸스가 자기 눈을 자기 손으로 멀게 한 것도 〈자기 거세 self-castration〉의 시적 형태로 볼 수 있다.

2. 아이스킬로스의 엘렉트라 – 도시와 종교 결합 시대의 비극

아이스킬로스(B.C. 525~B.C. 456)는 아티카의 지방 연극을 그리스 민족 전체의 고도의 예술로 높인 사람이며, 극작법상의 많은 새로운 기법을 창안했다고 한다. 〈비극은 호메로스의 풍부한 식탁의 찌꺼기로 되어 있다〉라고 한 그의 말이 보여 주듯이, 작품의 소재는 거의 예로부터 전해 오는 신화·전설에서 취하고 있다. 이 신화·전설을 3부작의 형식으로 구성하고, 몇 세대에 걸친 일족의 역사를 죄와 벌의 인과 관계, 인간의 운명과 행위의 관계에서 파악하여 비극 속에 표현했다. 또한 3부작 뒤에 사티로스극을 곁들인 4부작 형식의 비극의 상연은 그로부터 비롯되었다고 한다. 그의 작품에 흐르는 사상은 인간의 행동에 필연적으로 죄가 따른다는 관념을 중심으로 삼고 있다. 어떤 이유이건, 설혹 신의 명령일지라도 인간은 자기의 행위에 책임을 져야 한다고 했다. 신이 명령한 일을 실행하여 문책받는 결과가 되면, 그 인간은 무서운 비극적 딜레마에 빠진다. 이것이 이 시인이 창출한 비극적 상황이며 최종적으로는 제우스의 정의에 의해 인간은 구제되어 신의 지혜를 배운다고 되어 있다.

아이스킬로스의 비극 「오레스테이아Oresteia」는 기원전 458년에 초연되고 〈아가멤논Agamemnon〉, 〈코이포로이 Choephoroe〉,[9] 〈에우메니데스Eumenides〉[10]의 3부작으로 되어 있어 그리스 비극 3부작으로 유일하게 잔존한다. 아버지 아가멤논을 살해한 어머니 클리타임네스트라와 그녀의 정부 아이기스토스를 왕자 오레스테스가 죽여 아버지의 원수를 갚는 이야기가 중심이 되며, 제1부 〈아가멤논〉은 이 비극의 도입부로 어머니가 아버지를 죽이는 경위이다. 제2부 〈코이포로이〉는 어머니를 죽이도록 아폴론 신으로부터 명령받은 오레스테스의 복수가 중심이 되는데, 그가 아이기스토스와 어머니를 죽인 뒤, 죽은 어머니의 혼령을 보고 정신 이상이 될 때까지를 묘사하고 있다. 제3부 〈에우메니데스〉에는 어머니를 죽인 죄로 복수의 여신 에리니에스Erinyes에게 쫓기는 몸이 된 오레스테스가 아폴론의 도움으로 겨우 아테나이로 피신하여 그곳 아레스 언덕에서 여신 아테네의 재판을 받는다. 여신 아테네가 던진 한 표에 의해 유죄를 면하고 구제되는데 이에 복수의 여신이 격노하자 아테네 여신이, 〈당신은 장차 시민들로부터 에우메니데스로 숭앙받게 될 것〉이라는 약속을 함으로써 잘 해결된다는 줄거리이다.

그러나 이 해결은 아테네 여신의 도움이 전제가 되고 있으며, 그 도움이 아니면 오레스테스는 구제될 수 없다는 것, 즉 인간의 비극은 인간의 힘으로는 해결할 수 없다는 것을 작가는 이 작품을 통해서 시사하고 있다.

아이스킬로스의 작품에서 엘렉트라는 오레스테스와 그의 고향의 인연을 유지시키고, 그의 귀향을 가능하게 하는 중개인이다. 〈엘렉트라는 오레스테스의 복수를 실행케 하는 준비인 것이다.〉[11]

특이한 현상은 아이스킬로스의 3부작의 제목이 소포클레스나 에우리피데스처럼 〈엘렉트라〉가 아닌 〈죽은 자의 희사 Totenspende〉이다. 아이스킬로스 작품의 인물들은 스스로 행동하지 않고 출연자나 연주자 같은 느낌을 준다. 델피의 신탁인 아폴론에 의해 알려지는 신의 예견된 시간에 소명 Berufung이 오지 않는 한, 그 인물들은 자신의 소명은 알지만 행동할 수 없는 것이다.

아이스킬로스는 전해 오는 전통과 이념을 연상시키는데, 이를 특히 클리타임네스트라에서 볼 수 있다. 즉 여성들의 행동에 관해 언급하면서, 아이스킬로스가 야성적이고 야만적인 여성을 상기시키는데, 이는 클리타임네스트라에 일치된다.

남성의 대담한 의도를 신물 나게 경험한 사람, 용기 있는 여성의 대담한 욕망을 충분히 향유한 사람은 죽음의 저주와 단둘이 살고 있는가? 사랑 없는 발정이 결혼의 결합을 압도하고, 여성적인 결합이 짐승이나 인간을 강요한다.[12]

여기에서 프로메테우스 신화가 연상된다. 즉 프로메테우스는 대담한 의욕을 가진 남성이며, 판도라는 이 세상에 죽음의 운명을 가져온 여성이다. 이는 두 가지를 시사하는데, 하나는 이 세상의 모든 불행은 여성에게 책임이 있으며, 또 하나는 야만적인 소녀를 개화된 신부로 만드는 결혼의 성스러움에도 여성이 관련되어 있다. 이것은 신화에서 여성 신의 삼위일체상의 변화에서 확인될 수 있다.

아테네 여신은 아직 성에 눈뜨지도 못한 소녀의 편을 드는데, 이 소녀는 자신이 동갑내기 소년으로도 태어났다고 느끼고 있다. 여기에서 그녀는 모권적 신과 일치하나, 아프로디테 Aphrodite에서는 부권적 변화를 볼 수 있다. 아프로디테는 더 이상 출생·번식력의 마력적인 여신이 아니고, 그녀의 외적인 매력으로 문명을 위협하는 존재이다. 그녀의 힘은 단지 결혼에 의해서만 와해된다. 헤라 Hera는 비밀스러운 아궁이를 지키는 여신으로 강등되어 이제 더 이상 그녀 이름이 보여 주는 지배녀가 아니고 제우스의 부인으로 그에게 종속되어 있다.

케레니는 널리 시사되는 여성상에 또 다른 관점을 보여 주는데, 이것은 첫 번째 여성상인 이 세상에 불행을 가져오는 관점이다. 아이스킬로스의 「오레스테이아」에서 클리타임네스트라는 남성 편에서 볼 때 고대의 유혈적 잔인한 모권의 대변자로, 또 엘렉트라는 새로운 부권적 질서의 대리자로 나타나는데, 이 부권적 질서는 오레스테스와의 관계에서 나타난다.[13]

아이스킬로스의 3부작에서 오레스테스는 엘렉트라처럼 매우 연약한 인물로 묘사되는 반면, 클리타임네스트라는 세 종류의 모든 사건을 초월하고 죽음도 초월한 활기찬 인물로 묘사된다. 복수의 여신 에리니에스가 그리스인들이 그리스 땅에 이

주 시까지 모계적 제도의 가장 생생한 예에 속한다.[14] 오레스테스는 그의 형제자매의 행동의 부분으로 그의 행동에 의해 질서가 생겨나고, 그것에 의해서 비로소 재판권의 새로운 형태를 생각할 수 있다.[15]

아이스킬로스의 작품에서는 지금까지의 행동 못지않게 그 장소도 중요한 역할을 하고 있다. 오레스테스와 엘렉트라는 아가멤논의 무덤에서 만나는데, 이 장소는 작품의 첫 문장에서 직접적으로 나타나는 죽음을 암시한다. 오레스테스는 헤르메스를 부친의 힘을 감시하는 자로 불러낸다.[16] 그가 직접 부친과 이야기할 수 없다는 사실이 아가멤논이 널리 알려진 사회 제도를 증명한다. 그가 헤르메스와 이야기한 사실이 오레스테스와 죽은 자의 관련을 보여 주는데, 이유는 헤르메스는 죽은 자를 저승으로 이끄는 존재이기 때문이다. 그리스 신화에서 가장 광범위한 역할을 하는 신 중의 하나로 제우스의 아들 헤르메스가 언급된다. 그는 제우스 신의 심부름꾼이며, 도둑과 상인과 여행자들의 수호신이고, 종종 〈영혼의 인도자 Psychopompos〉[17]라는 별명을 지녀 저승의 신 하데스 Hades와도 연관된다. 헤르메스의 초기 행위와 모험은 호메로스의 「헤르메스에 대한 찬가 Hymnen auf Hermes」에 묘사되어 있다. 이 호메로스의 찬가는 신을 지향하는 시로서 기원전 8～6세기경에 생성되었는데, 그 후 호메로스의 서사시에 배열되어 있다.

오레스테스가 헤르메스와 이야기한 내용에서 오레스테스가 죽은 자와 관련을 갖는다는 배경에서 아가멤논의 무덤 광경, 죽은 자에 대한 제사나 오레스테스와 엘렉트라의 다시 알아봄 등이 작품의 대부분을 차지한다. 〈석조 상처럼 말 없고 소리 없이 죽은 자는 무덤 속에 누워 있다. 그림자 띤 저승이 아닌, 지상에서 신의 정의가 범죄자나 그의 후손에게 재판을 하는데, 이들에게 그 사자(死者)의 요소가 계속 존재하고, 자녀가 없이 이승을 떠난 자는 가장 큰 슬픔으로 저승에 가게 된다〉[18]라고 언급하여 아이스킬로스는 로데 Erwin Rohde가 특징지은 사자 숭배의 중요성을 구체적으로 암시하고 있다.

특히 그리스의 심리와 관련된 로데의 사상이 아이스킬로스에서 직접 사회적인 요소가 되어, 사자 숭배의 등한시가 가장 무서운 범죄의 하나가 되는데, 이 사실이 소포클레스의 「안티고네 Antigone」에도 나타난다. 「안티고네」는 서구 지성사에서 가장 많은 논란을 불러온 비극 작품 중 하나다. 국가의 법과 개인의 윤리 문제가 이 작품에서 갈등으로 전개되고 있다. 먼저 윤리적 문제의 성격을 살펴보자. 단적으로 말해 윤리적 문제는 특히 행동에 관한 선악을 구별하는 문제이다. 일상생활에서 우리는 이런 구별을 해야 한다는, 혹은 하고 있다는 의식조차 하지 않는 경우가 많다. 왜냐하면 우리들의 일상생활에 있어 대부분의 행동은 거의 자동적으로 무의식 속에서 선악을 자명한 사실처럼 구별하기 때문이다. 그러나 종래의 관습적이고 자연스러웠던 선악의 규준에만 따를 수 없는 경우가 생긴다. 예를 들자면 사람을 죽이는 것은 가장 큰 악의 하나인데도 불구하고, 국토를 방위하기 위해서 전장에 나가 사람을 죽이면 죽일수록 선한 행동을 하는 것으로 되어 있다. 한 인간으로 그리고 한 국민으로서의 〈나〉는 이런 경우에 어떻게 행동하는 것이 윤리적일까? 바꿔 말해서 윤리적 문제, 윤리 의식은 가치의 갈등 혹은 충돌 속에서 나타난다. 이러한 행동의 갈등이나 충돌은 수학 문제를 풀 때 갈등을 발견하고, 그것을 풀지 않고 다른 문제를 풀어 보는 경우와는 달리 미해결인 채로 남겨 둘 수 없는 긴박성과 절실성을 갖고 있다. 내가 싫건 좋건, 내가 찬양을 받건 벌을 받건 간에 나는 전쟁에 나가서 사람을 죽이든가, 그렇지 않으면 병역을 거부함으로써 국가의 요청을 저버려야 한다는 결단을 내려야만 하는 것이다.[19]

그러면 여기서 안티고네의 예를 들어 보자. 안티고네는 비극의 대명사인 테베의 왕 오이디푸스와 그의 어머니 이오카스테 사이에서 태어난 딸이다. 출생의 비극을 안고 있는 그녀는 테베에 대한 국가 반역죄로 목숨을 잃은 오빠의 시신을 매장하지 못하도록 한 삼촌 크레온 왕의 명령을 정면으로 거부한다. 크레온은 그런 안티고네를 〈법적으로 존재하지 않는 자〉, 〈살아도 죽어 있는 자〉로 만들어 버린다. 안티고네는 그에 대한 저항으로 목을 매 자살한다.

독일의 철학자 헤겔은 저서 『정신 현상학』에서 이 작품을 다루면서, 크레온이 국가와 이성을 대표하는 〈인간의 법〉을 대표한다면, 안티고네는 자연과 감성을 대표하는 〈신의 법〉을 대표한다고 해석했다. 페미니즘 비평가들은 남성 대 여성의 대결로 이를 풀어냈다. 하이데거는 안티고네를 스스로 죽음을 향해 걸어가는 〈인간 존재의 섬뜩함〉의 표상으로 해석했다. 프랑스 정신 분석학자 라캉은 타인의 윤리에 타협하지 않고 자기 욕망에 끝까지 충실했다는 점에서 안티고네를 〈죽음을 향한 존재의 승리〉로 봤다. 이탈리아 철학자 아감벤은 안티고네를 세속에서 철저히 부정함으로써, 오히려 세속의 모순을 극명히 드러내는 존재 〈호모 사케르〉로 풀어냈다.

지금까지 논의된 해석의 또 다른 단서를 신들러 Wolfgang Schindler가 후기 청동기 시대인의 전쟁과 트로이 전쟁의 연결로서, 즉 아마존[20]족과 미케네인의 전쟁의 연결로서 명백하게 보여 준다. 이렇게 괴물의 적개심에서 인간의 적개심으로의 변화가 새로운 시각을 일깨워 주어 신들러의 의미로 다음과 같이 말할 수 있다. 즉 앞에 언급되었듯이 엘렉트라는 이제 야만성을 벗고 그리스 인간성을 향한 여성이 되었다고 볼 수 있고, 심지어는 여성적 심리를 향한 발걸음으로 볼 수 있다.[21] 여기에서 소포클레스의 관련을 볼 수 있는데, 그는 아이스킬로스가 제시한 엘렉트라, 클리타임네스트라와 크리소테미스 Chrysothemis를 인물로 완성시켰기 때문이다. 따라서 신화적 소재의 변화와 여기에 근거한 비극적 갈등의 해소를 고찰해 보자.

아이스킬로스 작품에서는 모친 살해가 신화에서처럼 불가피하지만, 이러한 비인간성을 재판으로 상정해서 더 이상 피의 보복이 아닌 질서를 암시한다. 오레스테스가 경신감(敬神感), 민중의 편안과 자기 부친의 원한에 대한 합당한 증오에서 죄를 범했기 때문에 그를 마지막에 무죄 석방하는 아레오파고스 Areopagos 회의[22]는 새로운 질서에 대한 아이스킬로스의 제안이다. 그에 의하면, 이러한 피의 재판만이 〈살인은 살인의 복수를 받는다〉는 아트리데 Atride의 저주를 끊을 수 있다고 한다.[23]

3. 소포클레스의 엘렉트라 – 페리클레스 시대의 구속에서 해방

소포클레스(B.C. 496 ~ B.C. 406)는 그리스의 비극 시인으로 아테네의 전성기에 아테네 시 교외 콜로노스의 부유한 가정에서 태어나, 최고의 교육을 받고 29세 때 비극 경연에 처음 나가 우승한 이래 사망하기 직전인 90세까지 창작 활동을 계속하여 123편의 작품이 있다고 전해진다. 정치가로서도 재무 장관·장군·최고 정치 위원 등의 고관 직을 역임하고, 만년에는 신지관(神祇官)도 지내며 인망 높은 행복한 생애를 보냈다. 기원전 480년, 외적 페르시아에 결정적 타격을 가한 살라미스 해전의 승리를 축하하는 행사에 소년 소포클레스는 아름답게 치장하고 소년 합창대를 지휘했다. 선배 아이스킬로스는 병사로서 이 해전에 참가하고, 후배 에우리피데스는 이때 태어났다고 전해지는데, 이것으로 이들 3대 시인을 흥륭·전성·쇠퇴기의 시인으로 각각의 작품을 특징지을 수도 있다. 소포클레스의 작품에서 7편만 완전한 형태로 남아 있는데, 바로 「아이아스」, 「안티고네」, 「트라키스의 여인」, 「오이디푸스 왕」, 「엘렉트라」, 「필로크테테스」, 「콜로노이의 오이디푸스」이다.

소포클레스는 자신의 작품 「엘렉트라」에서 몇몇 근본적인 보충을 하여, 아이스킬로스도 관심을 기울였던 사회적이며 종교적인 면을 언급하고 있다. 그러나 소포클레스가 아이스킬로스에서 취한 근본적인 변화는 인물 엘렉트라에서 나타나는데, 소포클레스의 엘렉트라는 행동할 수 없는 번뇌자가 아니라, 처음부터 자기 아버지의 복수에 참여하는 인물이다. 그녀는 오레스테스를 죽음에서 보호하고, 자신의 부친의 복수 후에 오레스테스를 궁전에서 몰래 빼오는 일을 한다. 그녀는 스스로 저승의 여신 페르세포네와 복수의 여신 에리니에스[24]에게 기도를 하는 데서 그녀의 저승으로의 접근을 보여 주고 있다. 또 신에게 자기 남동생의 귀환을 요청하기 위해서 합창을 필요로 하는 둔한 인물도 아니다.[25] 합창이 그녀가 슬픔으로 절제를 못 지킨다고 비난하자, 그녀는 다음과 같이 합창을 꾸짖는다.

> 비천함의 절제가 있을 수 있는가?
> 사자(死者)를 잊을 수 있다고 생각하는 자는
> 누구란 말이냐?
> 이러한 생각을 가슴에 지닌 인간이 있을 수 있단 말인가?
> 내가 완전히 몰락하지 않은 이상,
> 그러한 인간을 존경할 수 없어.
>   (……)
> 죽은 자는 먼지에 불과하게 가엾고
> 관심도 받지 못한 채 누워 있지만,
> 살해자가 피로 대가를 치뤄서는 안 된다.
> 그러면 지상의 모든 수치와 경건함은 사라지니까.[26]

여기서 두 가지 사실을 볼 수 있는데, 첫째는 피의 복수가 살아남은 자의 합법적인 권리로 여겨지고(아레오파고스 회의가 에피알테스Ephialtes에 의해 폐지됨), 두 번째는 소포클레스가 기존의 질서 유지에 찬성하는 이유이다. 그렇지 않으면 새로운 규범이 작용하지 않기 때문에 어떤 가치도 존재하지 못하여 모든 것은 방종이 된다는 것이 그의 견해이다.

오르테가이가세트Ortega y Gasset를 근거로 하여 케레니는 그리스인이 순수한 신학적 시기가 지난 오랜 후에야 신화를 행동 양식으로 삼은 이유를 논하고 있다. 즉 고대 사람은 신화에 본거지를 두고 있다.

> 잠수기에 뛰어들듯이 뛰어들 수 있는 전형을 그는 과거에서 찾았는데, 이는 기형적이지만 보호석에 현재의 문제로 뛰어드는 것이다.[27]

바로 이러한 전형이 소포클레스의 엘렉트라 형상에 들어 있다. 엘렉트라는 니오베Niobe를 불러내는데 니오베는 자신의 자녀들이 아폴론과 아르테미스에게서 모욕을 당했기 때문에 레토Leto를 비방하자, 레토도 벌로서 니오베의 자녀를 죽게 하고 니오베는 구원을 목적으로 합당한 원한을 품었기 때문에 대리석이 된다.

그러나 니오베와 엘렉트라 사이에 근본적인 차이가 있는데, 엘렉트라는 아버지의 딸로서 자신을 위해서가 아니라, 더 정확히 말해서 자신의 믿음을 위해 싸우는 게 아니라 부계적(父系的) 가정의 옹호자로서 싸운다. ……그녀의 번뇌가 심할수록 그녀의 고차적인 천성이 나타나는데[28] 이는 소포클레스의 비극에서 인간으로선 참을 수 없는 번뇌로서 오레스테스를 기다리는 번뇌, 결혼의 불가, 부정한 어머니와 다투면서 같은 지붕 밑의 거주, 오레스테스의 사망 소식, 혼자서 행동할 수 없고, 자매의 도움을 전혀 받지 못하는 고통 등이다. 따라서 이러한 〈신 같은 처녀의 소포클레스적 환상〉[29]은 합법적인 왕위 계승자 남동생에 의해 구원된다. 엘렉트라 자신이 어머니를 죽인다면, 이는 남성적 지배의 인간성에 대한 범죄가 되는데, 이유는 소포클레스 작품에서 옛날의 부정적 사고를 느낄 수 있기 때문이고 엘렉트라는 권리를 잡으려고 그녀의 어머니에게 접근한다.

더 나아가 엘렉트라에서 그 시대와의 불일치가 보이는데, 첫째 이에 대한 그녀의 의식을 들 수 있다. 〈나 자신이 혼탁되지 않는 것이 내 유일한 즐거움이다.〉[30] 둘째는 그녀가 전파한 권리의 정당성의 주장이다. 〈나는 아버지의 권리를 위해 몰락하지 않을 수 없다.〉[31] 다시 말해서 사자의 숭배나 피의 보복 같은 관습의 의무에 대한 주장이다. 소포클레스가 엘렉트라에서 전개시킨 또 다른 차원은 자기 자매와 어머니의 차원이다.

엘렉트라의 자매인 크리소테미스는 아버지의 죽음에 대한 엘렉트라의 행동의 구체적인 화신이다. 그녀는 상황에 적응하려 하면서 자신의 이익을 위해 강자에게 굽실거리려 한다. 그러나 자신이 옳지 않음을 아는데, 이는 그녀가 어머니를 위해서 아가멤논의 무덤에 가져가야 하는 제물을 그리로 가져가지 않는 데 이의 없이 따르기 때문이다.[32]

애매한 판단으로 아테네 사람 통치의 합법성의 요구로 유도되는 수가 있으며, 그 결과 크리소테미스가 한 것처럼 옳지 않게 비합법적인 통치자에 종속되는 수도 있다.

  작품의 다른 인물들을 고찰해 보면, 그들의 행위나 반응을 볼 때 크레온Creon 정권 같은 데서나 있음 직한 행위의 전형으로 볼 수 있다.[33]

이러한 소포클레스의 〈안티고네 Antigone〉에 대한 뢰슬러의 언급이 〈엘렉트라〉에도 적용되는데, 엘렉트라가 타협하지 않고 자신의 어머니와 정부(情夫) 아이기스토스의 불법 통치에 저항하는 반면, 크리소테미스는 어머니의 통치에 맞는 여성 생활의 영위를 희망하며 자신의 운명에 순응한다.

〈엘렉트라와 합창〉, 〈엘렉트라와 크리소테미스〉에 〈엘렉트라와 클리타임네스트라〉가 뒤따른다. 이렇게 딸과 어머니를 향한 딸의 비난에 대한 어머니의 합리화가 아이스킬로스의 작품에는 없다. 어머니의 완고함 때문에 엘렉트라의 증오는 더욱 강화된다. 클리타임네스트라의 남편 살해에 대한 변론을 엘렉트라는 인정하지 않고, 이피게네이아의 희생을 필연으로 생각하지만, 어머니의 묘사대로 남편 살해의 권리는 없으며, 또 그녀 자신이 이 권리를 변론해도 후에 심판을 받을 각오를 해야 한다.[34] 소포클레스도 클리타임네스트라를 모권적 요소로 여기는 것 같으며, 이러한 모권적 권한을 옳지 않게 드러내지만, 다른 속죄도 없고 처벌을 위한 어머니 살해의 방법을 거치지 않는다.

　앞서 언급했듯이 엘렉트라 자신이 아버지의 복수를 해서는 안 되므로, 이 복수를 해야 할 오레스테스 죽음의 소식을 듣고 실신하여 쓰러진다. 작품에서 그녀의 역할은 논리적으로 진행되어 아버지의 살해자를 죽이려 하는 때, 동생 오레스테스와 다시 알게 되어 세상은 순리적으로 된다. 그녀는 여성의 역할에 충실하고, 행동의 주도권은 오레스테스에게 맡기는 것이다.

　오레스테스는 클리타임네스트라를 죽이고, 엘렉트라는 자신의 고통에서 해방되면서 〈가능하면 다시 한 번 만나자〉[35]라고 소리친다. 오레스테스가 아이기스토스를 죽일 때, 합창은 다음의 말로 끝맺는다.

> 그대 아트레우스 Atreus 같은 여성이여,
> 아마 고통이 많을 것이다.
> 그러나 굴복하지 말고 싸워 헤쳐 나가라.
> 오늘 폭풍이 그대를 목적으로 데려다 줄 것이다.[36]

　뢰슬러가 주장하는 주제, 즉 그리스 비극에서 민주주의 촉진이 다뤄지는데, 이러한 드라마에서 그들의 폴리스 Polis 민주주의와 반대로 독재 국가의 주민들의 고생을 나타내는 뢰슬러의 주제는 이 마지막 문장에서 의심이 간다. 오히려 소포클레스가 작품에서 연극적 관점 외에 〈반계몽주의적 gegenaufklärerisch〉[37] 작용을 시도한 것 같은데, 이는 소포클레스 유작(遺作)의 모든 불행은 주인공이 전통적인 종교·신화적인 법칙에 대항한 독단적인 행동에서 발생하기 때문이다.

　클리타임네스트라는 여성의 역할을 존중하지 않아 파멸하고, 아이기스토스는 자신이 미케네의 왕이 될 수 없는 사실을 인식 못해서 파멸하는 한편, 오레스테스는 신의 말을 들어서 합당한 통치권을 되찾는다. 이러한 사실은 가령 소포클레스의 「오이디푸스 왕」에서 명백하다.

　소포클레스가 이러한 내용을 개인주의에 얽매인 대중에 좀 더 명심시키려는 사실은 그의 행위의 근거와 행동 장소의 변화를 보여 준다. 그의 작품은 더 이상 아가멤논의 무덤에서 시작되지 않고, 또 이러한 장소에서 작용하는 장면도 없으며, 아버지와 유일한 관련은 엘렉트라를 통해서 가능하며, 이미 언급되었듯이 그녀는 저승으로 접근도 할 수 있다. 줄거리 속의 궁전 주위나 그 안에서의 전개는 합법적인 통치로 강조되며, 또 페리클레스[38]의 최고 지위로의 복귀도 합리화된다.[39]

줄거리 전개에서 아이스킬로스의 차이는 엘렉트라가 관련된 부분의 증가와, 또 다른 줄거리 선택으로 크리소테미스를 도입하고, 엘렉트라와 오레스테스가 서로 알아보는 장면의 최소한의 축소이다. 이렇게 함으로써 소포클레스는 공식적인 사자(死者) 숭배의 의미를 감소시켜 인간적인 성향으로 유도하는데, 엘렉트라가 애도하는 방법에서 이 성향을 볼 수 있다. 그녀는 소포클레스가 취한 예전의 방식으로 애도하고, 크리소테미스는 소포클레스의 관점을 명백히 하는 데 공헌하고 있다. 소포클레스는 엘렉트라의 정신적인 면의 자세한 묘사로써 규범을 합법화시키려 하여 다른 인물들은 시야에서 사라진다. 마지막은 이러한 관점에서 의미 깊게 설명된다. 줄거리의 논리상 앞의 언급대로 엘렉트라가 오레스테스의 사망 소식을 듣고 나서 그녀 스스로 클리타임네스트라와 아이기스토스를 죽일 수도 있었을 것이다.

소포클레스의 신화적 배경이 아이스킬로스와 다르다는 처음의 언급을 다시 고찰해 보자. 소포클레스의 엘렉트라에서 그리스인의 세계관의 변화가 명백하게 나타난다. 아이스킬로스는 전 그리스의 신화를 광범위하게 암시하지만, 소포클레스는 오직 엘렉트라에 한정한다. 즉 오레스테스와 필라데스가 등장하는 작품의 처음부터 엘렉트라를 밀접하게 묘사하는 것이다. 아폴론의 명령대로 오레스테스와 필라데스가 아가멤논의 무덤에 제물을 바치러 가려고 할 때, 집 안에서 비탄의 소리가 들려서 오레스테스가 귀를 기울여 들으려 하자 필라데스가 그를 나무란다. 〈안 돼! 우리는 먼저 신의 명령을 수행하여, 무덤에서 자네 아버님의 제사를 거행해야 해, 그래야만 우리 일에 승리와 힘을 얻을 수 있으니까.〉[40] 여기에서 소포클레스 특유의 흥미롭고 중요한 문제를 볼 수 있다. 인간은 항상 선악을 구별해야 할 입장에 서게 될 때 어떠한 합리적인 근거를 밑받침으로 선악이란 윤리적 판단을 내리고 그에 따라 행동해야 할 것인가를 알아낼 필요가 있다. 먼저 윤리적 성격을 살펴보자. 단적으로 말해 윤리적 문제는 특히 행동에 관한 선악을 구별하는 문제이다. 특히 키르케고르가 명확히 한 것처럼 기독교적 해결은 신의 차원과 인간의 차원, 즉 종교와 윤리의 차원이 다르다는 것이 믿음으로써 가능하다. 믿음이 깊은 아브라함은 아무 이유도 없이 자기의 사랑하는 아들을 제물로 바치라는 신의 명령을 들었을 때 종교와 윤리 차원의 사이에서 갈등을 겪는다. 신의 명령인 이상 무조건 들어야 하지만, 만약 신의 명령을 따른다면 윤리적으로 악을 범하게 된다. 왜냐하면 신의 명령은 자기 아들의 이유 없는 희생이기 때문이다.[41] 이 같은 현상이 문학 작품에도 잘 나타난다.

주인공이 두 가지 의무의 결정 앞에 서 있는 경우, 즉 자기 큰아버지인 크레온 왕의 명령에 따라 자기 오빠를 매장하지 않은 채 버려둘 것인가, 아니면 제신(諸神)의 영원한 불문율에 따라서 매장을 할 것인가를 결정해야 하는 소포클레스의 「안티고네」의 경우이다. 신의 명령과 인간의 명령, 다시 말해서 종교와 국가 간의 이러한 대립 상황을 그녀는 피할 길이 없다. 그녀는 원하는 대로 행동할 수가 있다. 그래서 그녀는 죄를 짓게 될 것이다. 만일 오빠 폴리네이케스를 매장하면 국명을 거역하게 되고, 매장을 안 한다면 제신의 분노가 그녀에게 떨어지는 것이다. 이러한 대립 상황은 사랑과 명예 간의 투쟁 형태로 가장 빈번히 나타난다. 이기적인 행동으로 말미암아 보상할 수 없는 비극적인 잘못을 지게 되었을 때에야 비로소 주인공은 법칙을 침해해 버린 초개인적인 행동에 대해 후회하게 된다. 비극적인 주인공이 또한 구질서 대신 수립되어야 하는 미래의 새로운 질서의 전달자 내지는 선구자로 등장하는 경우도 자주 있다.

이러한 의미에서 헤벨은 특히 드라마를 역사 편찬의 최고 형식이라고 했으며, 바로 그것이 희곡이 세계에 존재했던 종교, 윤리 및 정치 형태들의 이완(弛緩) 과정과 점차적인 응집(凝集)을 관조하게 해준다.[42] 위의 「안티고네」에서 안티고네는 국가를 위해 자기 오빠 폴리네이케스를 저버리든지, 혹은 그 반대의 태도를 취해야 한다. 크레온은 자기의 조카딸과 자기 아들을 죽음으로 몰아넣든지, 그렇지 않으면 국법을 저버려야 한다. 한 가치를 취하면 또 하나의 가치를 부정하게 마련인 이율배반의 상황 속에서 어떻게, 어떠한 합리적 근거를 갖고 행동을 택해야 하는가? 문제는 가치의 양자택일을 어떻게 할 것인가를 아는 데 있다. 안티고네와 크레온의 경우를 들어 말하자면, 어떻게 선악을 판단하는가, 윤리적 기준을 어디에 두고 결정을 내리는가를 결정하는 데 있다. 대부분의 판단이 그러하듯이 하나의 가치 판단인 윤리적 판단, 즉 선악의 판단도 반드시 하나의 판단 기준을 전제로 한다.

앞선 인용문의 오레스테스와 필라데스의 태도와 결심과 그에 따라오는 갈등과 충돌은 그들이 각기 윤리적 기준을 갖고 있는 데 기인한다. 오레스테스의 선의 기준과 필라데스의 선의 기준은 같지 않다. 오레스테스에게 최상의 가치는 윤리에 있으며 필라데스에게 최상의 가치는 이승과 저승에서의 의무 수행에 있다. 따라서 오레스테스에겐 윤리가 선의 기준이 되지만, 필라데스에게는 저승적 의무의 수행이 선의 기준이 된다.

4. 에우리피데스의 엘렉트라 – 강력한 개인주의 시대의 비극

에우리피데스(?B.C. 484~?B.C. 406)는 아테네에서 태어나 아들 셋을 두었는데, 그중 하나는 아버지가 사망한 후 아버지와 같은 이름으로 그 유작을 공연하여 1등 상을 탔다. 고대의 전기에 의하면 원래 명상적인 인품이어서, 비사교적이라기보다는 사람을 아주 싫어하는 성격이었다고 한다. 또 그는 당시로서는 상당히 진보적인 사상으로 보수적인 사람에게 반감을 사서 아리스토파네스 등은 그에게 독설을 퍼부었다.

에우리피데스의 「엘렉트라」는 그의 전임 비극 시인 아이스킬로스나 소포클레스의 것과 본질적으로 다르다.[43] 에우리피데스의 비극에는 아이스킬로스의 행동이나 소포클레스의 성격에서 발생하는 모친 살해의 필연성 같은 것이 없다. 그의 작품은 거의 〈비극적 희극 Tragikomödie〉이라고 볼 수 있는데, 이는 그의 시대 상황에 적합한 형태로 생각할 수 있다.[44] 아테네는 더 이상 앞의 비극 시인들이 생존해 있던 시대처럼 존재하지 않지만, 그 도시의 사람들은 세상이 종전과 같이 진행되는 것처럼 행동하고 있다고 생각할 수 있다. 그러나 역사적인 전환은 하룻밤 사이에 이뤄지지 않고, 주의 깊은 사람들, 특히 고대 시인들은 이 역사적 변화를 이미 옛날부터 생각하고 있었다.

에우리피데스의 작품은 시작부터 다르게 진행된다. 엘렉트라는 성에서 살지 않기 때문에 매일 자기 아버지의 살해자들을 만나지 않고 그들의 근황을 보지 않아도 된다. 엘렉트라는 자신의 신분에 맞는 생을 살지 못하며, 그녀의 어머니도 엘렉트라와 그의 남동생보다는 아이기스토스와의 사이에서 낳은 자녀들을 더 사랑하기 때문에 엘렉트라는 연민의 대상이 되었다.

엘렉트라의 복수는 그녀 어머니의 죽음인데 여기에는 여러 가지 이유가 있다. 첫째, 엘렉트라는 확신하기를, 자신이 아이를 갖는다는 것은 클리타임네스트라에게 중요한 일이 아니라고 주장해도 그녀가 이 사실을 알면 이리로 올 것이다. 둘째, 엘렉트라나 오레스테스와 아버지의 관계에 대한 암시가 없다. 무덤에서의 만남이나 사자에 대한 제사가 에우리피데스의 작품에는 없고 제사의 내용만 약간 언급될 뿐이다. 셋째, 에우리피데스의 판에서 클리타임네스트라의 등장이 엘렉트라의 어머니에 대한 증오로 전개되지 않고, 엘렉트라의 어머니에 대한 거부가 도덕적으로 문제없음을 확인시켜 주고 있다. 엘렉트라는 자신의 행위가 딸의 죽음에 대한 정당한 권리로 여기면서도 자신의 행위를 뉘우친다. 에우리피데스는 비인간적인 모권(母權)을 보여 주기 위해서가 아니라, 여성에 대한 비인간적인 지배를 보여 주기 위해 클리타임네스트라를 등장시키고 있다.

> 내가 너의 아버지 틴다레우스에게 바쳐졌고, (……) 이 사람 아가멤논이 배 선원의 생명을 구하기 위해서 클리타임네스트라의 딸(이피게네이아)을 죽였다. 그가 나(클리타임네스트라)를 심하게 괴롭혔지만, 나는 그를 원망하거나 죽이고 싶지도 않았다. 그러자 그는 귀향하면서 신들린 시령자(視靈者)를 여자 정부로 데려와서, 집 안의 한 침대를 두 여성이 사용하게 되었다.[45]

그러자 클리타임네스트라도 똑같은 복수의 시도로 정부(情夫)를 찾았으나, 여성으로서 곧바로 비난을 받자 자신이 받은 수모와 딸의 죽음에 대한 복수로 아가멤논을 죽일 수밖에 없었다.

에우리피데스의 작품에는 앞선 아이스킬로스와 소포클레스의 작품처럼 신들이 지속적으로 등장하지 않는다. 클리타임네스트라의 형제인 반신(半神) 카스토르와 폴리데우케스가 등장하기까지 이들 형제자매들만 등장하며 유일하게 제우스가 오레스테스에게 불려 나오는데, 이것도 아버지들의 승리의 신으로 나온다.[46] 그리고 아무 동기도 없이 오레스테스는 신탁(神託)의 내용에 주저한다. 〈내가 어머니를 죽여야 한단 말인가? ……그러면 그 살인의 죄는 누구의 벌을 받아야 하나?〉⁴⁷ 그러나 엘렉트라의 충동으로 그는 자신의 운명에 순응한다.

내가 들어가지요. 나를 잔인한 곳으로 보내 주면 끔찍한 일도 하겠어요. 신들의 마음에만 든다면 싸움이 달건 쓰건 상관없어요.⁴⁸

다음에 이어지는 어머니와 딸의 만남은 관중에게 다시 한 번 복수 행위가 옳은지에 대한 회의를 불러일으킨다. 에우리피데스 작품의 마지막에서도 복수의 감정의 기미가 보이지 않는다. 엘렉트라와 오레스테스는 자신들이 행한 것의 내용을 명백히 이해하지만, 그들 눈앞에 보이는 것은 그들을 불안하게 하여 공포를 줄 뿐이다.

오레스테스 이승의 모든 것을 쳐다보는
  대지의 여신과 제우스여,
  이 잔인한 행위를 보소서.
  (……)
엘렉트라 슬프도다. 내 동생아. 그러나 내 잘못이다.
  무모하게도 나는 나를 낳아 준
  그녀에게 화마처럼 덮쳤으니까.⁴⁹

따라서 카스토르와 폴리데우케스가 등장하여 다음 사실을 알리면서 무죄를 선고한다. 〈그녀(클리타임네스트라)는 충분히 속죄했지만, 너(오레스테스)는 속죄하지 않았다. 그리고 포이보스 Phoibos, 그는 나의 주인이므로 말하지 않겠다. 그는 현명하지만 너에게는 현명하지 못한 판결을 했다.〉⁵⁰ 그러고 나서 오레스테스는 아테나이로 가서 재판을 받아야 한다고 신들은 말하는데, 이것은 아트리데의 저주를 끊는 아이스킬로스의 해결 방법을 연상시키지만, 아이스킬로스 판의 아레오파고스 회의가 가부동수일 때 판결에 필요한 아테네의 도움이 여기에는 없다. 피고에 대한 의문 시 결정을 내리는 법규가 결정되는데, 이는 동시에 복수의 여신 에리니에스가 이제 필요가 없음을 뜻한다. 왜냐하면 재판권으로 피의 보복은 더 이상 정당하지 않기 때문이다.

전임 비극 시인 아이스킬로스와 소포클레스에 비해서, 에우리피데스의 근본적인 변화는, 신화에서 벗어나 다양한 세계관으로 향한 결과, 신이 확립한 법이 없어져 책임은 인간에게 옮아간다. 즉 인간은 어느 것이 신적인 법인가를 인식하질 못하게 되었다.[51]

여러 가지 점에서 아이스킬로스와 소포클레스의 비극이 전통을 강화시킨 것이 명백하다. 따라서 에우리피데스의 드라마는 다른 합리적인 계몽주의의 현상과 함께 사회와 세상의 비평 의식의 발전에 공헌하였다.[52]

5. 일반적인 경향

아이스킬로스, 소포클레스, 에우리피데스의 그리스 3대 비극 시인의 작품에서는 사회적·정치적 상황의 비평이 다양하게 전개된다. 소포클레스는 공정하지는 않지만 현대성과 과거의 인습을 조정하는 한편, 아이스킬로스는 신의 외경(畏敬)을 옹호하여, 구속력 있는 세계상보다 신화를 더욱더 요구한다. 이와 반대로 에우리피데스는 이들 두 양극의 조정 시도나 직접적인 가담을 하지 않는다. 그는 신을 인간적으로 형성하고, 신도 그릇된 판결을 내리게 하여, 신의 권위를 뒤흔들어 신화에서 종교적 근거의 소멸을 보여 주고 있다. 이것은 또 3세기에 철학의 번영을 증명하는 것이다. 동시에 에우리피데스의 견해에 의하면, 인간은 사물에 대한 판결이 오류가 없을 정도로 완전하지 않아서 결국 갈등의 해결은 불가능하여 더 많은 사고를 일깨우는 문제성의 드라마가 남아 있는 것이다.

6. 독일 문학에서 엘렉트라의 변형

1) 예술의 역사성

위대한 작품에서 중요한 내용은 예술 작품의 역사성이다. 그리고 특이한 점은 위대한 예술 작품이 역사 속에서 위축되는 게 아니며, 또 세월의 경과에 따라서 망각되지 않고 반대로 성장한다는 사실이다. 여기서 성장이라는 말은 그 작품이 살아 있는 객관적 정신을 놓지 않을 뿐 아니라, 또 충실해지며 두고두고 새로운 해석을 의미한다. 이리하여 위대한 예술은 시대가 다르면 또 언제든지 다른 새로운 작품으로 산출된다. 따라서 위대한 작품은 무궁무진한 것이다.

그처럼 작품의 위대한 인물들도 성장한다. 고대의 서사시에 나오는 인물들, 유명한 소설과 희곡 속에 등장하는 인물들이 그렇게 성장하며, 아이스킬로스, 에우리피데스, 소포클레스, 셰익스피어와 쉴러가 묘사한 인물들도 그러한 성장을 보여 준다.

이러한 인물들은 여러 시대를 편력하여 언제든지 새로운 멋으로 무대 위에 등장한다. 작가가 그 인물을 과연 그렇게 생각했는지 않았는지는 중요한 문제가 아니다. 이 인물들은 벌써 그 작가와 그 시대를 넘어서 성장하여 언제나 두고두고 새로운 그 무엇을 제공한다. 그렇기 때문에 이 인물들의 전모는 그 어느 한 시대에서만 드러나는 것이 아니다.

그리스 비극의 조건을 도입한 엘렉트라 소재의 시대 비평을 근거로 동기사(動機史)적인 변화를 지금까지 언급하였으므로, 이제는 이 주제가 오늘날의 독일 문학에 수용되는 내용과 이들 작품에서 시대적으로 비평하는 요소를 고찰하고자 한다. 한 예로 우리 시대의 엘렉트라의 정치적 관련성이 하인리히 뵐 Heinrich Böll의 작품 「연기된 안티고네 Die verschobene Antigone」의 개작에서 고대적 맥락의 시선을 바꾸는 데 공헌하고 있다.[53] 뵐은 「안티고네」를 현재의 비행기 납치의 맥락에서 텔레비전의 극으로 변형시켰다. 이 방송은 방영되지 말아야 했는데, 그 이유는 이것이 테러리스트의 편을 든다고 방송 위원회가 두려워했기 때문이다. 이렇게 전용할 수 있기 때문에 처음 소재는 단지 초역사적 현상의 공급자로 여기면서 이때 본질적으로 고대 신화로서 그리스의 비극 작가와 같은 것을 만들 수 있다고 생각하지 않는다.

또 아이스킬로스, 소포클레스와 에우리피데스의 「엘렉트라」와 그것을 새롭게 해석한 호프만슈탈Hugo von Hofmannsthal과 하우프트만Gerhart Hauptmann의 동명 작품(同名作品) 「엘렉트라」는 각기 강조점은 좀 다르나, 인간의 보편적인 윤리적 갈등을 간결하게 극적(劇的)으로 다룬 작품으로 깊은 감명을 남긴다. 이러한 엘렉트라의 현대적 고찰에 앞서 중요한 형식의 차이를 볼 수 있다. 이는 새로운 모든 개작(改作)에서 합창이 없는데, 이 합창은 기능과 양에서 차이와 변화가 있지만 모든 아티카 비극에서 볼 수 있는 내용이다. 과거의 연극에서 서막 *Prolog*이나 종막 *Epilog* 등을 전달하는 화자보다 고도로 양식화된 대화가 있다. 엘리자베스 시대 연극에서 이런 해설자는 일종의 고전극에서 파생된 합창같이 〈코러스*Chorus*〉라 칭하기도 한다. 그리스 비극의 〈합창〉은 진리를 고지(告知)하고, 생존을 한층 진실되게 묘사하며, 이 합창 악대의 사티로스를 참된 인간이라고 하였다.

그리스 비극에서는 무대 정면 *Proszenium*에 선반처럼 매단 좌석이 설치되어 그 위를 가공의 존재인 산양(山羊) 같은 사티로스들이 걸어 다니고, 춤추며 노래하고, 합창단의 무용수가 되어 디티람보스(주신 찬가)를 노래했다.[54] 게다가 이 사티로스의 입에서 나온 말은 〈비극의 디오니소스적 지혜〉였다. 그 합창단의 주인공이 실은 디오니소스이며, 본래 사티로스가 디오니소스의 추종자였듯이 합창단은 디오니소스에 봉사하였다. 사티로스는 디오니소스적 진리를 말할 때 비로소 참된 인간인 것이다. 셰익스피어도 때로 이 합창을 사용하여 작품 「태풍 Tempest」의 종장을 해석하는 프로스페로 Prospero 같은 중요한 등장인물을 갖는다. 여기에 관해서 케레니는 비극이 그리스인에게 음악으로서 경감되었다고 서술하고 있다.[55]

호프만슈탈은 이 점을 받아들이는데, 이 사실은 자신의 「엘렉트라」를 후기 판에서 오페라를 구상한 데서 확인할 수 있고, 하우프트만은 「델피의 이피게네이아 Iphgenie in Delphi」를 가끔 이러한 내용으로 나타내면서 무게를 잃지 않는다.

2) 호프만슈탈

한 시대의 특징은 대개 그 시대 건축의 전면을 보면 알 수 있는데, 호프만슈탈이 태어난 19세기 후반도 이러한 관점에서 볼 때, 이 시기는 세계사의 가장 빈곤한 시대 중 하나였다. 이 시대는 전기(電氣)의 시대, 모방된 바로크 시대, 모방된 르네상스 시대, 모조된 고틱 시대이다. (……) 가난이 풍요의 껍질로 뒤덮였다면, 이 시대를 두고 하는 말이다.[56]

호프만슈탈도 「엘렉트라」를 처음에는 자신의 비극의 연습작으로 생각했지만,[57] 얼마 되지 않아 그는 스스로 번역을 해보면서 언어와 시대의 차이를 극복하였다. 호프만슈탈은 소포클레스의 「엘렉트라」를 자신의 것으로 만들었는데, 그는 이 작품에서 자아와 세계의 차이를 보여 주어 이 차이가 그의 모든 작품의 사상이 되고 있다.[58]

호프만슈탈은 소포클레스의 엘렉트라적 인물을 패러다임적 성격에서 모두에게 버림받는 특이한 인물로 변경시키는데,[59] 작품 첫 부분의 내용이 이를 보여 준다. 엘렉트라는 자기 주위에서 고립되어 자신만의 구석으로 기어 들어간다. 호프만슈탈은 자신 세대의 문제를 고대 신화에 투영함으로써, 프로이트가 저서 『히스테리 Hysterie』에서 묘사한 심리 분석을 새롭게 과학적으로 응용하고 있다.[60] 호프만슈탈은 그의 첫 장면부터 엘렉트라를 특정한 형상의 본보기로 삼고 있다.

아직 미성년으로 사회생활에 적응하지 못하는 한 어린 소녀가 엘렉트라의 편을 들어서, 엘렉트라의 행위를 뻔뻔스럽게 보는 다른 소녀들에게 엘렉트라를 옹호한다. 그녀는 엘렉트라를 왕처럼 위엄 있게 내세우는데, 곧바로 대중의 정서에 역행되는 이러한 행동을 참지 못하는 후견인이 그녀를 감금하자 이 소녀는 울면서 외친다. 〈이 세상에 그녀만큼 왕같이 근엄한 사람도 없어요. 그녀는 지금 누더기 옷을 입고 문지방에 누워 있지만, 이 집 안에 그녀의 시선과 마주칠 수 있는 사람은 아무도 없어요.〉[61] 호프만슈탈이 그리스 드라마를 자신의 시대에 연결시켜, 거기에 관한 그 자신의 주장은 모순점도 있으나 작품의 내용이 이 문제를 상쇄시킨다.[62] 문학에서 시대적 증인의 언급은 고찰해야 하는데, 이는 후체험에서 불가능한 의미가 담길 수 있기 때문이다. 따라서 호프만슈탈의 작품 「엘렉트라」 초판에서 이러한 내용이 언급되는바, 이 비극의 인물에서 이를 규명해 보자.

엘렉트라의 또 다른 면은 점점 증가하는 망상, 즉 어머니가 살아 있는 한 자신은 살 수 없고 또 어머니가 죽는다면 자신도 죽을 수 있다는 망상으로 나타난다. 이러한 망상에 따라서 엘렉트라는 아버지의 복수를 과업으로 삼고 이 복수가 실현되면 자신도 당연히 죽어야 한다고 믿는다.

엘렉트라는 크리소테미스를 〈나의 어머니의 딸〉[63]이라 부르는데, 이는 그녀가 아버지에게 딸로서 경외심을 보이지 않았기 때문이다. 엘렉트라가 볼 때 그녀는 동물적인 망각증 때문에 단지 〈하나의 얼굴〉[64]이나 〈측은한 피조물〉[65]일 뿐이다.

특히 호프만슈탈의 저서 『친구의 책 Buch der Freunde』에서의 영웅적인 행위와 반대로, 크리소테미스의 행위는 평범한 보통 인간의 행위로 강조된다. 여기에서 호프만슈탈이 그리는 엘렉트라의 많은 예를 볼 수 있다. 예를 들어 모든 곳에서 볼 수 있는 인간의 상스러운 상태의 언급에서[66] 크리소테미스가 연상되는데, 그녀는 〈여자의 운명〉[67]을 서둘러 즐기기 위해서 엘렉트라에게 증오를 버리라고 간청한다. 왜냐하면 엘렉트라의 〈머리는 항상 혼란스러워〉[68] 그녀가 집에서 벗어나면, 즉 사건의 장소에서 멀리 떨어져 살면 그녀의 모든 악몽은 잊히게 된다.[69] 〈사느니 차라리 죽는 게 더 낫다. 그리고 내가 최초의 인용에서 나타내려 시도한 것처럼, 살지 않는다는 것이 시대적 정신의 가장 명백한 상황이다〉[70]라고 엘렉트라는 외친다.

이성이 인간을 세상의 불안에서 해방시키지만 인간은 이 이성에 의해서 폐해를 보게 된다. 이러한 견해의 귀결은 무지나 타락이 되어 종말론적 기분이 든다.[71] 이 내용은 크리소테미스의 다음 말에서 다시 느낄 수 있다. 〈아, 내 영혼은 항상 당신들이 구역질 내는 음식을 먹어야 하다니, (……) 가장 무서운 것은 마음이 아니다. 그 무서움이 오거나 보이면, 저주하지 않을 수 없다.〉[72]

크리소테미스는 자신의 어머니가 아버지를 죽였다는 사실을 알려고도 하지 않고, 소포클레스의 작품에서처럼 항상 자신의 이익만을 향한다. 진실을 밝히는 엘렉트라의 길에 발을 내디딜 용기가 크리소테미스에게는 없는 것이다. 결국 클리타임네스트라는 외적인 사치와 동시에 내적인 부정, 즉 내적인 죽음의 전형이다. 각본에서 그녀의 묘사는 곧 있을 자신의 죽음을 암시한다. 그녀의 얼굴은 창백하고 부어 있어 병을 알려 주고, 붉은색이 아닌 진홍색 옷을 입어 죽음의 느낌을 더 강하게 한다. 그녀는 짙은 자주색 옷을 입은 친구 여성에게 몸을 기대고 있는데 이는 죽음에 기댄 것이다. 그녀는 장식물을 걸친 결과, 타락의 숨이 차서 미신으로 도피하여 여기저기에 부적을 걸치고 있다.[73] 여기에서 호프만슈탈은 그 시대의 위선과 거짓에 관심을 기울여서, 괴테의 인도적인 「타우리스의 이피게네이아 Iphigenie auf

Tauris」에 반대적인 이피게네이아를 집필하여 딸과 어머니의 갈등을 심리적으로 강조한 인간적인 특징을 나타내고 있다.

오레스테스는 이방인이고, 또 고대 작품과 달리 가깝고 위협적인 존재이다. 그는 출생에서부터 아트리네의 집과 인연이 있고, 엘렉트라에 의해 충동을 받아 자기 복수를 마친 후, 다시는 등장하지 않는다. 즉 그의 인물에서 시대의 연관을 볼 수가 없다. 따라서 장소와 줄거리에도 역사적 배경에 적합한 변화가 없다. 다음은 호프만슈탈과 신화의 관계를 고찰해 보자.

> 나도 언젠가 심리학을 통해서 신화에 들어가려고 시도했는데, 그것이 내가 그 당시 경험한 시대였다.[74]

이 시기에 호프만슈탈의 「엘렉트라」가 생겨났고, 그는 이 여주인공을 통해 시대상을 심리적으로 나타내는데, 그 자신이 이 시대상을 혼돈이라 규정하고, 신화의 우주상에 역행되게 보고 있다.[75] 이러한 이율배반이 인물에도 나타나, 정적인 상태의 화신인 클리타임네스트라에서 변하지 않는 존재를 볼 수 있으며, 내일 아침 무엇이 일어날지를 오늘 저녁에 알지 못하는 크리소테미스에게서 영원히 변하는 존재를 볼 수 있고, 마지막으로 오직 자신에 대한 충실에서 오늘을 경험하는 엘렉트라도 어제를 잊을 수 없다. 따라서 그녀는 자신일 뿐으로, 객관적인 것에 대한 식견이 없어서, 개성은 사라지고 교만에 빠진다.[76] 이러한 이상적인 묘사가 어머니에 의한 엘렉트라의 구속을 분명히 보여 준다.

결국 현대의 모순적 삶의 체험과 그리스의 특징으로 보는 고대 시대의 체험을 고대 신화의 근본적인 내용으로 보기 때문에 새로운 삶과 자연 개념은 고대 신화와 직접적인 연관이 있다는 결정적인 인식이 생긴다.[77]

3) 하우프트만

하우프트만 Gerhart Hauptmann의 그리스 정신이 담긴 희곡 작품은 그의 창작 활동의 새로운 시작을 보여 준다. 하우프트만은 그리스 문화에 관심이 많아 브레슬라우, 예나 및 베를린 등지에서 공부할 때부터 이미 호메로스, 아이스킬로스, 소포클레스, 에우리피데스 등의 서적을 통독하여 그들의 영향을 많이 받았다.[78] 그는 대학 시절이던 1882~1883년 겨울 호메로스, 헤시오도스, 헤로도토스, 파우사니아스 Pausanias, 플루타르코스 등의 번역서를 읽으면서, 이들은 〈내가 소유할 수 있었던 모든 그리스적인 것이다〉[79]라고 자서전에 기록하고 있다.

이러한 배경에서 하우프트만의 「엘렉트라」의 개작은 호프만슈탈의 개작과 근본적으로 다르다. 유일한 유사점은 에우리피데스를 작품 「엘렉트라」의 서문에 놓은 점이다. 비극의 기능이 시대에 따라 변형되었지만 인간상을 근본적으로 잘 고찰해 보면 일치함이 명백하다.

> 쫓기면서도 구원받지 못한 인간, 부족함으로 묘사된 번뇌의 인간이 하우프트만의 드라마나 서사시의 대상이다. 이는 그의 사회 비평이 인류학의 불변성에 관련됨을 암시한다.[80]

그러나 어떠한 사회 비평이 하우프트만으로 하여금 자신의 희곡 「직조공 Die Weber」에 상반되고, 첫눈에 비정치적으로 보이는 작품 「엘렉트라」를 쓰게 했을까? 피스카토어는 이 비정치적 작품의 생성 배경을 제3제국 시대로 보면서 끊임없는 공습의 굉음, 억압, 사찰 등의 환경이 아니었다면 하우프트만이 이 드라마를 집필했을까 하는 의문을 제기한다.

그리스의 국가 지도자는 히틀러와 비교해서 약간 보수적 기질이 있지만 앞에서 언급한 대로 그리스의 비극도 국가 지도자의 의도에 의해 생겨났다. 에우리피데스는 추방되었고, 프리니코스 Phrynichos는 자신의 작품 「밀레의 정복 Eroberung Milets」을 공연한 죄로 1천 드라크마의 벌금을 선고받았다고 헤로도토스는 기술하고 있다.[81]

하우프트만의 작품 「엘렉트라」에서도 시대 비평적 요소가 보인다. 『아트리데의 4부작』을 전체적으로 고찰해 보면 피스카토어가 가장 잔인한 부분인 「아울리스의 이피게네이아 Iphigenie in Aulis」를 전면에 배치한 것이 이해할 만하다. 이는 이 줄거리에서 인간 희생의 제물이 전(全) 비극의 근원일 뿐 아니라 비인간적인 야만성의 가장 명백한 예이기 때문이다. 「엘렉트라」도 시대 상황과 연관되므로, 이의 각 사건을 고찰해 보고자 한다.

앞에 서술된 피스카토어의 논제가 사리에 맞지 않는 것 같지만, 여기에서 하우프트만은 극단주의 *Extremismus*나 절대적인 진실의 반대자였다는 사실이 확인된다. 특히 하우프트만의 신화 해석에서 이 사실이 밝혀지는데, 그의 견해에 의하면, 신화적인 요소가 인간에 필요하지만 모든 신화 세계 배후의 상대성을 알지 못하는 사람은 스스로 고차적인 인식에 다다를 수 없다고 한다.[82] 따라서 하우프트만은 자신의 그리스 신화로서 국가 사회주의자들의 신화 선택을 제시하여, 그것의 지향하는 목적을 알리면, 그리스 비극 작품의 각 배우의 행위의 결과나 관계 등을 이해해야 한다고 말했다. 아래의 내용이 독일에서 국가 사회주의 역사의 지식을 알리고 있다.

엘렉트라는 자기 아버지의 살해에 대한 복수의 망상에 빠져 있는데 그녀의 아버지도 역시 살인자였다. 그녀는 아버지가 살해된 허물어진 성에 살면서 신들이 그녀 아버지 살해자들을 자신에게 보내 주길 기다리고 있다. 따라서 「엘렉트라」의 첫 문장에서부터 그녀의 범죄의 망상이 명백하게 나타난다. 그녀는 누구인가의 질문에 아래와 같이 대답한다.

> 인간 찌꺼기요! 살인자의 딸로서
> 전(全) 세계에서 추방된 살인녀의 딸도 되지요.
> 지금 있는 그대로의 나 자신으로서
> 지옥에 거주하면서, 아버지와 어머니와
> 대적하고픈 분노에 가득 차 있지요.
> 당신 세계에서 내 속으로 와서 담겨 있는 것은
> 불꽃과 비명입니다.
> 나는 타면서 소리 지르지요. 〈복수!〉, 〈복수!〉라고요.[83]

그녀의 망상과 더불어 또 다른 관점이 관심을 끄는데, 이것은 이 세상에 없는 것 같으면서도 그녀와 밀접한 장소에서의 엘렉트라의 초인간적 행동이다.

> 운명의 여신이 지금의 이 상태로

변경시키기 전에 이 지옥은 우리에게
사랑스럽고 즐거운 장소였지요.[84]

히틀러의 독일과 연관을 찾는다면, 이는 이러한 변화에서 볼 수 있다. 엘렉트라만이 공포의 인물이 아니라 그녀가 살고 있는 장소도 지옥으로 변하는데, 이 변화는 운명의 여신에 의해 이뤄진다. 이러한 삶의 조건과 연결함으로써 조국에 대한 애정에서 독일을 떠나려 하지 않는 하우프트만의 자서전적인 모습을 확인할 수 있다.[85] 작품에 대한 또 다른 변화는 하우프트만이 작품에서 엘렉트라의 변형을 무대 공연의 염두에 두지 않고, 자기 시대의 비평을 목적으로 삼고 있다는 사실이다. 모든 앞선 작품에서는 오레스테스와 엘렉트라의 외견이나 정신이 늙게 묘사되는데, 하우프트만의 작품에서 오레스테스와 필라데스는 어린아이로, 그들의 〈어린 시절〉[86]은 사원에 들어가는 순간에 사라져 버리는데, 이는 그들이 자신들의 소명을 따라야 하기 때문이다. 오레스테스는 핏속에 지닌 매우 오래된 저주에 의해서 늙는다. 이제는 때가 왔으므로 오레스테스는 세상이 몰락한다 해도 엘렉트라와 함께 아버지 살해에 대한 복수를 해야 한다.

세상의 몰락이 이「엘렉트라」작품에 도입되었는데, 이것은 진리와 이에 관련된 정의에 도달하기 위해서는 비록 전 세상이 관련된다 해도[87] 수단을 가리지 않는 위험스러운 극단주의를 암시한다. 장소의 변화가 간접적인 증거로 하우프트만은 자신의 4부작 이상의 욕망이 있었음을 나타낸다. 즉 이 작품은 더 이상 궁성(宮城)이 아닌 데메테르Demeter 신의 사원에서 진행된다. 그녀는 하우프트만이 작품에서 코레Kore라고 부르는 페르세포네의 어머니로 〈그녀의 숭배는 민속적·신화적 성격이 있다〉.[88] 다시 말해서 하우프트만이 이 대지의 여신 데메테르를 좋아해서 이 변화를 시도했다면, 작품의 다른 변화와 고려해 볼 때 국가 사회주의자의 숭배 묘사가 분명하다. 특히 포이그트 Voigt는 하우프트만의 아트리데를 시대적 사건과 연결하기 때문이다.[89]

다른 이전의 작품처럼 하우프트만의 이 작품도 이러한 전형으로 해석될 수 없지만, 예술적 관점 외에 느낄 수 있는 것은 하우프트만이 자신과 작품에 만족할 뿐 아니라, 정부에 순응한다는 사실이다. 변화의 전형이 명백하지만 공연은 되지 않다가, 제2차 세계 대전이 끝난 후에야 비로소 공연되었는데, 이는 검열 때문이라기보다는, 오히려 엘렉트라가 1946년 하우프트만이 죽기 조금 전에야 완성되었기 때문이다.[90]

7. 결론

이 장에서는 줄거리의 외적에서 내적으로 부각되는 변화를 목적으로 잡았다. 이와 같이 그리스 비극 작가의 주제는 모친 살해의 합법성인 반면, 우리 시대의 개작(改作)에서는 더 이상 자기가 아닌 이방인처럼 느껴지는 세상에서 자신의 갈등에 더 중점을 띠고 있다. 이것은 오레스테스가 엘렉트라 드라마의 확대에서 단계적으로 쇠퇴하는 것에 일치한다. 내적 사건을 잘 묘사하기 위해서 크리소테미스가 엘렉트라의 대화 상대자로 도입되다가 작품의 마지막 판에서 사라지는데, 이는 외적 분위기가 비현실적이 되어 엘렉트라는 더 이상 말할 필연성이 없기 때문이다.

엘렉트라 형성의 시도에서 약간 공통적인 역사 조건을 확인할 수 있는데, 이것이 아이스킬로스 작품에서는 모권 사회와 부권 사회의 갈등, 소포클레스의 작품에서는 개인주의와 규범의 갈등, 그리고 에우리피데스의 작품에서는 믿음과 지식의 갈등으로 묘사된다. 호프만슈탈의 작품에서는 개인이 우주적으로, 세계는 혼돈으로 되어 있는데, 이는 전해오는 전설에 의해서이다. 에우리피데스의 작품처럼 하우프트만의 작품은 신화만을 인정하며 그 외 다른 것은 그릇된 교리로 낙인찍는 극단적인 상대성으로 나타난다.[91] 이것은 엘렉트라의 구현처럼 당위 *Sollen*와 존재 *Sein*의 모순이 극단에 이른 시대의 종말에 주로 있는 대변혁을 나타낸다. 따라서 바인슈토크Heinrich Weinstock에게 소포클레스가 가장 그리스적인 그리스인이 되는 이유가 이해된다. 아이스킬로스는 너무도 옛것을 유지하려 하고, 에우리피데스는 너무 사회적인 면을 중시하며, 소포클레스에서 날카로운 갈등을 겪는데, 이를 호프만슈탈과 하우프트만 두 독일 작가에게서도 보게 된다.

호프만슈탈은 자기가 살고 있는 시대를 비평하면서 전통적 가치에 연결을 맺는 반면, 하우프트만은 종전에는 에우리피데스와 유사하다가 자신의 비극을 소포클레스와 유사하게 창작하여, 호프만슈탈과 하우프트만 사이의 시대가 비교되고 있다.
 따라서 이들 작가들은 정치적 또는 사회적으로 공동 형성을 하는데, 이 기능은 과대평가돼서도 안 되고, 또 작가의 계획으로 알려져서도 안 된다. 그러나 역사가 작가의 의식에 침투하거나 반대로 작가가 역사의식에 침투할 수 있고, 또 작가가 형언할 수 없는 것을 표현하려는 시도로서 역사의 과정에 참여할 수도 있다.

주

1 Cederic H. Withman, *Das Rätsel des Sophokles, Die klassizistische Sehweise, Sophokles*, S. 10 f.
2 Sophokles, *Die Tragödien*, übersetzt und eingeleitet von Heinrich Weinstock, 4. Auflage(Stuttgart, 1967), S. 11.(이하 *Die Tragödien*으로 줄임)
3 Gustav Grossmann, *Prometie und Orestie, Der attische Geist in der attischen Tragödie*(Heidelberg, 1970).
4 Hermann Barnstoff, *Die soziale, politische und wirtschaftliche Zeitkritik im Werk Gerhart Hauptmanns*(Jena, 1938)와 비교하라.
5 Erwin Piscator, Gerhart Hauptmanns Atriden-Tetralogie, in: Hans Joachim Schrimpf(Hg.), *Gerhart Hauptmann*(Darmstadt, 1976), S. 319~327.
6 스파르타의 선왕으로서 그가 아트리엔에 망명해 있는 동안 왕비인 레다는 백조로 모습을 바꾼 제우스 신에게 유혹되어 헬레나·카스토르·폴리데우케스를 낳았다.
7 그리스 아르고스 Argos의 전설의 왕. 트로이 공격군의 총사령관으로 원정 함대의 안전을 위해 딸을 희생 제물로 바쳤다. 트로이 함락 후 카산드라 Cassandra의 예언대로 자신의 아내와 그 정부(情夫)에게 살해 되었다. 아이스킬로스의 동명의 비극이 있다.
8 그리스의 비극 작가인 아이스킬로스의 비극「오레스테이아」의 제1부작〈아가멤논〉에서는 아버지 아가멤논에 의해서 희생 제물로 바쳐지는 등 여러 가지 수난을 겪는다. 역시 그리스의 비극 작가인 에우리피데스는「아우리스의 이피게네이아」,「타우리스의 이피게네이아」, 괴테는「타우리스의 이피게네이아」(1787)에서 그녀를 극화하고 있다.
9 〈공양하는 여자들〉을 뜻함.
10 〈자비의 여신들〉을 뜻함.
11 Wolfgang Leppmann, *Gerhart Hauptmann-Leben, Werk und Zeit*, Bern/München/Wien, 1986.
12 Albin Lesky, *Die griechische Tragödie*, 4. erweiterte Aufl.(Stuttgart, 1968).
13 Gilbert Murray, *Euripides und seine Zeit*(Darmstadt, 1969).
14 Wolfgang Schindler, *Mythos und Wirklichkeit in der Antike*(Berlin, 1988), S. 110.(이하 *Mythos und Wirklichkeit*로 줄임)
15 Kurt von Fritz, *Antike und moderne Tragödie-Neun Abhandlungen*(Berlin, 1962)(이하 *Antike und moderne Tragödie*로 줄임)
16 Aischylos, *Die Orestie*, dt. v. Emil Staiger(Stuttgart, 1987), S. 65, Z. 1.(이하 *Die Orestie*로 줄임)
17 영혼의 인도자는 인간의 영혼을 역경에서 인도하는 역할을 한다. 우리나라에서도 막다른 곤경에 처한 사람이 백발노인이 현몽하여 일러 준 대로 해 역경에서 벗어날 수 있었다는 설화가 많다. 그 백발노인이 영혼의 인도자이다. 이 영혼의 인도자는 사람뿐 아니라 동물, 자연의 의인화된 모습으로 나타나기도 한다.
18 Erwin Rohde, *Psyche-Seelenkult und Unsterblichkeitsglauben der Griechen*, Bd. 2(Tübingen, 1910), S. 199 f.
19 박이문,『문학 속의 철학』(일조각, 1981), 37면.
20 아폴로도로스에 의하면, 아마존 부족은 테르모돈 강변에 사는 여인족으로 이들의 여왕은 펜테실레이아 Penthesileia이다. 여자들만으로 구성된 이 부족은 전설에 의하면 무신(武神) 아레스의 후손으로, 전쟁과 사냥을 일삼고, 창이나 방패 따위의 무기를 휘두를 때 방해가 된다고 해서 모두 오른 젖가슴을 잘라 버리고, 종족 보존을 위해 1년에 한 번씩 옆 지방 부족 남성들과 교합했는데, 거기서 태어난 남자애들은 모조리 죽여 없애고 여자애들만 길러 냈다고 한다.

21 *Mythos und Wirklichkeit*, S. 111.
22 고대 아테네의 아레오파고스 언덕에 있는 최고 법정.
23 *Antike und moderne Tragödie*, S. 150.
24 *Die Tragödien*, S. 128.
25 *Die Orestie*, S. 68 f.
26 *Die Tragödien*, S. 132.
27 Karl Kerényi(Hg.), *Was ist Mythologie? Die Eröffnung des Zugangs zum Mythos*(Darmstadt, 1982), S. 222.
28 Euripides, *Elektra*, hg. v. Karl Kérenyi(München-Wien, 1965), S. 19.(이하 *Elektra*로 줄임)
29 같은 책, S. 18.
30 *Die Tragödien*, S. 136.
31 같은 책, S. 138.
32 같은 책, S. 140.
33 Wolfgang Rösler, *Polis und Tragödie, Funktionsgeschichtliche Betrachtungen zu einer antiken Literaturgattung*(Konstanz, 1980), S. 16.(이하 *Polis und Tragödie*로 줄임)
34 *Die Tragödien*, S. 143 f.
35 같은 책, S. 179.
36 같은 책, S. 182.
37 Jochen Schmidt, Sophokles, König Oedipus, Das Scheitern des Aufklärers an der alten Tradition, in: *Aufklärung und Gegenaufklärung in der europäischen Literatur, Philosophie und Politik von der Antike bis zur Gegenwart*(Darmstadt, 1989).
38 그리스 아테네의 정치가(B.C.499~B.C.429).
39 *Polis und Tragödie und Philologus* 123, 1979.
40 *Die Tragödien*, S. 127.
41 박이문, 『문학 속의 철학』(일조각, 1981), 50면.
42 이유영, 『독일 문예학 개론』(삼영사, 1986), 96면 이하.
43 *Antike und moderne Tragödie*.
44 *Elektra*, S. 74.
45 같은 책, S. 99 f.
46 같은 책, S. 90.
47 같은 책, S. 98.
48 같은 곳.
49 같은 책, S. 103.
50 같은 곳.
51 Euripides, *Helena*, 1137~1143행.
52 *Philologus* 123, 1979, S. 214.
53 *Polis und Tragödie*와 비교하라
54 F. W. Nietzsche, *Die Geburt der Tragödie aus dem Geiste der Musik*, Kröners Taschenausgabe, Bd. 70, 1955, S. 82.
55 K. Kerényi, *Vorwort*, in: Ebd. S. 22.

56 Hermann Broch, *Hofmannsthal und seine Zeit, Eine Studie*(Frankfurt/M., 1974), S. 7.(이하 *Hofmannsthal und seine Zeit*로 줄임)
57 Hugo von Hofmannsthal, *Briefe*, Bd. 2: 1900~1909(Wien, 1937), S. 56, Nr. 40 vom 04. 09. 1901.
58 같은 책, S. 84, Nr. 64 vom 20. 09. 1902.
59 Walter Jens, *Hofmannsthal und die Griechen*(Tübingen, 1955), S. 50.
60 같은 책, S. 8 ff.
61 Hugo von Hofmannsthal, a.a.O., S. 12.
62 Willi Schuh(Hg.), *Richard Strauss-Hugo von Hofmannsthal-Briefwechsel*, 3. erw. Aufl. der Gesamtausgabe(Zürich, 1964), S. 134.
63 Hugo von Hofmannsthal, a.a.O., S. 16.
64 같은 곳.
65 같은 책, S. 19.
66 Huugo von Hofmannsthal, *Buch der Freunde*, 7. Abschnitt, S. 9.
67 Hugo von Hofmannsthal, *Elektra*, a.a.O., S. 19.
68 같은 책, S. 20.
69 같은 곳.
70 같은 책, S. 19.
71 *Hofmannsthal und seine Zeit*.
72 Huugo von Hofmannsthal, *Elektra*, S. 21.
73 같은 책, S. 24.
74 Carl J. Burckhardt, Begegnung mit Hugo von Hofmannsthal, in: *Die neue Rundschau* 65, 1954, S. 365 f.
75 Karl G. Esselborn, *Hofmannsthal und der antike Mythos*(München, 1969), S. 18 f.
76 Walter Jens, a.a.O., S. 49 f.
77 K. G. Esselborn, a.a.O., S. 40.
78 Roy C. Cowen, *Hauptmanns Kommentar zum dramatischen Werk*, München, 1980, S. 172.
79 Gerhart Hauptmann, Das Abenteuer meiner Jugend, *Sämtliche Werke*, Bd. 7(Berlin, 1962), S. 889.
80 Hans Joachim Schrimpf, *Einleitung, Gerhart Hauptmann*(Darmstadt, 1976), S. 32.
81 *Philologus* 123, 1979, S. 213.
82 Hans-Egon Hass(Hg.), *Gerhart Hauptmann, Sämtliches Werke*(Frankfurt/M., Berlin, 1965), S. 753.
83 같은 책, Bd. 3, S. 1001.
84 같은 책, S. 1002.
85 Kurt Lothar Tank, *Gerhart Hauptmann mit Selbstzeugnissen und Bilddokumenten*(Hamburg, 1984).
86 Gerhart Hauptmann, a.a.O., Bd. 3, S. 1002.
87 같은 책, S. 1006.
88 Wilhelm Studt(Hg.), *Antike und antikes Lebensgefühl im Werk Gerhart Hauptmanns*(Berlin, 1965), S. 142.
89 같은 책, S. 143.
90 Wolfgang Leppmann, a.a.O., S. 258~299.
91 Manfred Fuhrmann(Hg.), *Poetik und Hermeneutik*, Bd. 4(München, 1971), S. 12.

제4장 볼프람의 『파르치팔』에서 성배 개념

성배(聖杯, Gral)의 소재를 처음 다룬 작품으로 프랑스의 시인 크레티앵 드 트루아 Chrétien de Troys의 『페르스발 Perceval』을 들 수 있는데, 독일의 볼프람 폰 에셴바흐 Wolfram von Eschenbach이 이 작품을 전형으로 삼아 집필한 장편 『파르치팔 Parzival』에서 아르투스 Artus의 궁정과 기사도적인 동기를 성스러운 내용으로 확산시켰다. 전통적인 가치관과 기준을 갖추는 중세 기사 소설은 귀족의 존재를 기사도적으로 나타내는데, 신에게 죄지은 인간의 자아 발견과 존재를 다루는 볼프람의 〈성배 소설〉은 이 두 발단을 서로 연결시켜 궁중 소설의 새로운 차원을 세우고 있다.

오늘날 집약되는 의견에서 성배는 게르만-켈트족의 영향에서 기원하여, 기독교-비잔틴적 요소와 오리엔트적 성격에 근거하는바.[1] 이 장에서는 이 성배 개념을 규명하여 동시대적인 성유물로 숭배받는 성스러운 관습을 파악하고자 한다.

1. 볼프람의 성배 개념

1) 작품의 요약

고귀한 기사 가하무레트 Gahamuret 왕이 전장에서 배반을 당하여 사망한 지 며칠 후, 슬픔에 잠긴 젊은 왕비 헤르첼로이데 Herzeloyde는 유복자를 낳게 되는데, 그 왕자가 바로 이야기의 주인공 파르치팔이다. 생사가 무상한 기사 생활과 전쟁에 염증을 일으킨 헤르첼로이데 왕비는 귀여운 단 하나의 아들을 고이 길러 내고자, 자기 자신의 여왕 신분마저 희생하고 깊은 숲 속에 들어가 농사를 지으면서 그 아이를 기른다. 그리고 행여 그 애가 기사의 생활과 모험을 알게 될까 봐 염려되었다. 그러나 소년의 체내에 흐르는 아버지의 핏줄기는 어찌할 수 없는 것이어서, 어느 날 찬란한 갑옷 차림의 기사들이 그 숲 속까지 들어온 것을 본 그 아이는 이내 어머니를 졸라서 기사가 되기를 간청하였다. 어머니의 만류도 비탄도 결국은 소용이 없었으며, 그는 결국 아르투스 왕에게 가기 위한 말을 어머니로부터 얻게 되었다. 어머니는 일부러 말라빠진 짐 싣는 말을 골라 주어서, 아들이 기사들로부터 창피를 당하고 그날로 돌아오기만 바랐다.

한편 파르치팔은 공명심과 호기심에 불타면서 아르투스 왕의 거성(居城)까지 도달한다. 그때 마침 성문에서 원탁의 기사에게 도전하는 〈붉은 기사〉 이텔과 만난다. 그는 아르투스 왕이 그 기사를 토벌하면 기사가 될 수 있다는 말을 믿고 기사의 예법도 모르고 곧 그를 창으로 찔러 죽이고서 스스로 붉은 기사가 된다. 다시 그는 수업을 계속하여 백발의 늙은 기사 구르네만츠의 성에 당도해서, 거기에 수 주일 동안 머무르면서 기사로서의 무예와 예법을 다 배운다. 저자 볼프람은 그 늙은 기사를 기사도의 대표로 묘사하고 있다. 그는 파르치팔에게 특히 말조심할 것을 가르치면서, 기사로서 함부로 가볍게 호기심을 일으켜 말을 묻지 말라고 당부하였다. 소년 기사는 이제 갖출 것을 다 갖추고 스승 구르네만츠의 곁을 떠나서 다시 수행을 나갔는데, 해가 질 무렵에 이르러 어느 성시(城市)에 도달하였다. 그때 그 도시의 처녀 왕 콘드비라무르Condwiramur는 집요한 구혼자에게 포위되어 곤란을 당하고 있었다. 그는 즉시 그 구혼자들을 물리치고 아침 이슬에 젖은 장미꽃 봉오리 같은 처녀 왕을 아내로 삼아 자신은 왕이 되었다. 그러나 순진한 파르치팔은 나흘 밤 동안이나 신부에게 손을 댈 줄 몰랐다고 한다. 그리하여 젊은 용사는 권력과 부를 획득하였으나, 본래의 모험욕과 어머니를 그리는 향수로 한자리에 오래 머물러 있지 못하고, 사랑하는 여왕과 잠시의 이별을 고하고 다시 길을 떠났다. 어느 호숫가에 이르러 그는 조각배를 타고 고기를 잡고 있는 고귀한 노인에게 유숙(留宿)할

집을 물었다. 그 노인은 바로 성배를 수호하는 왕 암포르타스Amfortas로 파르치팔을 자기 성으로 데려가 묵게 하였다. 거기가 바로 유명한 몽살바주Montsalvage의 성배 산이었는데, 아무것도 모르는 파르치팔은 그 지명도, 성배에 대한 이야기도 알 도리가 없었다. 다만 그는 그 화려한 광경에 놀라서 바라볼 뿐이었다. 4백 개의 안락의자에는 4백 명의 기사들이 즐비하고, 그 정면에는 성배의 왕 암포르타스가 이상히도 슬픈 모습으로 앉아 있었다. 그 성배의 왕은 바로 파르치팔 어머니의 오빠였는데, 젊은 파르치팔은 물론 그러한 사실도 모르고 그의 옆으로 안내되어 착석하였다. 그러자 철로 된 문이 열리고, 한 시동이 피 묻은 긴 창을 받들고 일순(一巡)하는 것이었다. 모든 기사들은 소리를 내고 슬프게 울었다. 다음에 수많은 미녀들이 가지가지의 보물을 들고 나왔으며, 마지막에 성주의 누이가 절색(絶色)의 비단에 싼 잔을 받들고 나왔는데, 그것이야말로 지상의 이상을 초월하는 것이며 완전한 천국의 이상을 상징하는 성스러운 성배였다.

성배가 왕의 앞에 안치되고 여러 시동들이 큰 연회 준비를 완료하였을 때, 성배의 기적으로서 산해진미의 요리가 솟아 나왔다. 그러나 그것이 축연(祝宴)이 아니라는 것은 거기에 모인 기사들의 얼굴에 감도는 수심(愁心)에서 알 수 있었다. 파르치팔은 처음 보는 신비한 성배에 대해서도, 또한 왕의 고민에 대해서도 한마디의 질문도 하지 않았다. 함부로 호기심을 일으켜 남에게 말을 물어보는 것은 기사로서 삼가야 한다는 것을 늙은 기사로부터 배웠기 때문이다. 연회가 끝난 다음, 암포르타스는 기념물로서 한 자루의 보검을 그에게 주며, 그 검은 자기가 신벌(神罰)로서 부상을 입기 전에 항상 싸움터에 가지고 다녔던 것이라고 말한다. 그래도 그는 침묵이 궁중의 예법이라 생각하고 아무 말도 안 했다. 그날 밤 파르치팔은 융숭한 대접을 받고 잠자리에 들었는데, 다음 날 아침에 그는 썰렁한 성에 자기 홀로 남은 것을 발견한다. 기사들이 이미 그 성을 떠나 버린 것이었다. 그래서 그는 혼자서 말을 타고 길을 떠나는데, 어느 나무 밑에서 애인의 시체를 지키고 있는 지구네라는 여인을 만난다. 그녀는 파르치팔의 사촌 누이이며, 그가 몽살바주의 성에서 묵고 나오는 길이라는 소리를 듣고 외숙 암포르타스에게 그가 병문안을 안 드린 것이 큰 잘못이었다고 가르쳐 준다. 그는 성배의 신탁으로 선출되어 그 성의 후계자가 될 것이었는데, 외숙에게 한마디 동정의 말을 안 했기 때문에 그 기회를 놓쳤으며, 외숙 암포르타스도 그의 말 한마디로써 중상(重傷)이 나을 수 있었다는 것을 이야기해 준다. 그 말을 듣고 크게 낙담한 그는 향방도 없이 숲 속을 배회하는 중에 한 마리의 매가 거위들을 습격하여 거위의 피 세 방울이 하얀 눈[雪] 위에 떨어지는 것을 목격하였다. 그는 마상에서 빨간 선혈을 에워싼 순백의 눈[雪] 빛을 바라보며 집에 남겨 둔 아내 콘드비라무르 여왕의 모습을 생각하였다. 순백의 눈 속의 빨간 두 점은 그녀의 붉은 두 뺨이며, 또 한 점은 그 사랑스러운 턱을 가리키는 것이다. 그는 정신을 잃고 그 설중의 피에 열중하여 아름다운 아내를 생각하고 있는데, 그때 마침 아르투스 왕이 원탁의 기사들을 이끌고 그 지방에 나와 있었다. 붉은 기사 파르치팔을 원탁의 일원으로 맞기 위해서 그를 찾아다니는 길이었던 것이다. 그런데 어느 낯선 기사가 눈 위에 서 있다는 말을 들은 몇몇 원탁의 기사들이 달려가서 상대해 보았으나 파르치팔에게 모두 패하고 말았다. 세 번째로 시합을 나간 기사는 〈원탁의 최고의 기사〉인 영웅 가반 Gawan이었다. 그는 마상의 기사가 여전히 눈 위의 혈흔을 응시하고 있는 것을 보고, 도전치 않고 자기가 입고 있던 망토를 벗어서 눈 위에 가려 폈다. 비로소 제정신을 차린 파르치팔은 그의 기지와 친절에 감사하고 서로 이야기가 통했기 때문에, 파르치팔은 아르투스 왕에게로 안내되고 거기서 기꺼이 맞아들이게 되었다. 그리하여 큰 잔치가 벌어졌는데, 그 연석 상에서 성배의 성으로부터의 사자인 이상하게 생긴 추녀(醜女) 쿤드리가 나타났다. 그녀는 여러 기사들 앞에서 파르치팔의 저주된 운명을 선언하고, 그가 성배 성주의 고통을 눈앞에 보면서도 기사로서 그를 도우려고도 하지 않았다고 맹렬히 공격하였다. 그리고 그의 참석으로 원탁의 명예마저 땅에 떨어진다고 경고하는 것이었다.

　기쁨의 연석은 그녀의 저주로 곧 처참한 결과를 빚어냈다. 파르치팔은 묵묵히 슬픔에 잠겨서 그 자리를 물러났다. 스스로 죄의 의식을 가지지 않는 그로서는 자기를 그렇게까지 혹독하게 대하는 사람들에 대해서뿐만 아니라, 신에 대해서까지 믿음을 가질 수가 없었다. 그의 어머니가 가르쳐 준 것과 같이 〈항상 진심으로 인간들을 돌보아 주시는〉 하느님을 그는 발견치 못했기 때문이다. 이제는 자기 자신의 힘으로 성배의 성을 다시 찾고 자력으로 자기를 구원하여 그 왕위에 올라 보겠다고 결심한 그는 그렇게 하여 5년의 세월을 두고 삼림과 황야 속을 헤맸으나 끝내 성배의 성을 발견하지 못했다. 저자는 여기서 장면을 바꾸어 대조적으로 기사 가반의 모험 이야기를 자세히 서술하여, 그 당시의 기사 생활을 독자 앞에 전개시킨다.

장면은 다시 파르치팔로 돌아와서 5년이 지난 어느 날, 파르치팔은 숲 속에서 아내와 딸들을 데리고 경허한 순례 여행을 하는 어느 늙은 기사와 마주친다. 늙은 기사는 그를 향하여 〈오늘이 예수의 수난일 *Karfreitag*인데 어찌 그 사람은 무장을 하고 헤매느냐〉고 힐난하였다. 파르치팔은 여러 해를 헤매는 가운데 자기는 날짜가 언제인지도 모르거니와, 신은 자기를 돕기는커녕, 오히려 자기를 모욕되게 하였다고 다음과 같이 대답한다.[2]

> 예전에는 하느님을 믿기도 하였다오.
> 그러나 그의 은혜는 모욕이 되었고,
> 나의 명예는 땅에 떨어져 버렸다오.
> 예전에는 그분을 의지하기도 하였다오.
> 그분의 도움이 크리라고 믿었기 때문에 (……)
> 그러나 아무 도움도 끝내 오지 않았다오.[3]

늙은 기사는 신인 그리스도가 인류를 구원하기 위하여 수난의 일생을 보낸 유래에 대하여 상세히 설명하고, 그에게 그 근방에 사는 성스러운 수도자에게 가보기를 권했다. 그곳에 찾아가 보니, 그 성자는 트레프리첸트 Trevrizent라고 하며 파르치팔의 이야기를 듣고 그가 바로 자기의 조카라는 것을 안다. 그래서 또한 파르치팔은 자기가 일찍이 결투에서 죽인 붉은 기사 이텔이 자기의 친척이었다는 것도 알게 되고, 그의 모친도 자기와 작별한 다음에 슬픔을 이기지 못해 사망하였다는 이야기며, 또는 성스러운 성배의 유래에 대한 자세한 내용을 그 수도자인 아저씨로부터 알게 되었다.

즉 성배라고 불리는 신비스러운 돌은 그 옛날에 신이 악마와 싸움을 할 때 중립을 지키고 방관하던 천사들에 의해서 이 지상으로 운반된 것이라고 전하며, 경허한 그리스도 교도의 손으로 수호되고 있는 것이다. 그것은 순결한 처녀의 손으로만 운반될 수 있으며, 그것에 가까이 갈 수 있는 사람은 경허한 그리스도 교도에 한하는 것이다. 그것을 바라보는 사람은 늙지 않고 죽지도 않는다. 성배 위에는 가끔가다가 중대한 신의 명령이 시현되고 거기서는 무한의 음식물이 희망대로 솟아 나온다. 성배를 수호하는 왕은 어느 특정한 가계(家系)에서만 선출되며, 그 사람은 다른 부인에게 사랑의 봉사 Minnedienst를 해서는 안 된다. 그런데 현재의 성배의 왕 암포르타스는 트레프리첸트의 형제로, 그 금지를 범하여 요염한 올게루제라는 부인에게 사랑의 봉사를 하였기 때문에, 역시 그 여자를 사모하고 있는 어느 이교도의 원한을 사서 독창(毒槍)의 중상을 입게 된 것이다. 그것이 성배의 신벌(神罰)로, 그는 일평생 그 상처의 고통을 면할 수가 없다. 그리고 성배의 측근에서 봉사하는 그로서는 죽음으로써 그 고통을 면할 수도 없으며, 다만 가끔씩 그 창을 상처에다 찔러 넣음으로써 약간의 고통을 덜 수 있을 뿐이다. 그 때문에 창은 그렇게 항상 피가 흐르고 있다. 다만 그의 고통을 구하는 길은 한 가지뿐인데, 그것은 훌륭한 기사가 그의 고뇌에 대해서, 그리고 성배의 기적에 대해서 동정과 성의를 가지고 물어보는 것이다. 그렇게 함으로써 그 기사가 성배의 왕을 계승하고 동시에, 암포르타스는 병환이 나아서 건강을 다시 찾을 수가 있다. 그래서 파르치팔이 운명에 의하여 그러한 중대한 사명을 받들게 된 것인데, 그 사명을 스스로 방기(放棄)하고 영광의 기회를 놓친 것이다. 파르치팔은 백부인 수도자 곁에 2주일 동안 머무르면서 하느님의 길을 자세히 배움으로써 차차 그의 마음도 암흑을 벗어나 광명을 찾게 되었고, 신에의 귀의는 이제 그의 마음속에 바위와 같이 굳건하게 되었다. 그래서 그는 이제 기꺼이 백부로부터 떠났다.

여기까지가 제9권을 형성하는 것이며, 볼프람은 제10권부터 제13권까지에 다시 기사 가반의 모험담을 할당하고 있다. 그리고 제14권에 이르러서야 비로소 파르치팔이 다시 등장한다. 즉 가반이 자빈트의 강변에서 어느 용맹스러운 기사와 싸우면서 적에게 눌려 거의 생명을 잃을 지경이었는데, 때마침 그 자리에 당도한 어느 기사가 놀라서 가반의 이름을 부르짖었다. 그래서 시합은 중지되고, 두 사람은 다시 만나게 되었는데, 그 기사가 오랜 행방불명 끝에 나타난 파르치팔이었다는 것이다. 그래서 두 사람은 함께 아르투스 왕의 진영으로 돌아와 원탁에 초대되었다. 가반은 그동안 성배의 왕 암포르타스의 화근이 되었던 올게루제와 결혼했는데, 이제 원탁에서 그 피로연이 개최되었다. 그러나 그 기쁜 잔치 가운데서도 파르치팔은 집에 남겨 둔 아내 콘드비라무르를 생각하는 회정(懷情)에 못 이겨서 남몰래 연회장을 빠져나가 쓸쓸한 밤의 숲 속을 헤맨다.

숲 속에서 그는 이교도 행인을 만나 시합을 하였다. 그 이교도는 인도의 왕이었으며, 사랑하는 자기의 여왕을 염두에 둔 결과, 용기백배하여 강한 파르치팔을 억눌러서 무릎을 꿇게 하였다. 그러나 그때 파르치팔도 자기 처자의 생각을 하여 전신의 힘을 다해 상대에게 강타를 날렸지만, 그 순간 붉은 기사에게서 빼앗은 파르치팔의 검이 부러지고 말았다. 그러나 상대도 그 기회를 이용하는 비겁한 자가 아니었다. 자기도 검을 내던지더니, 통성명을 하고 나서 다시 싸움을 하자고 말했다. 알고 보니 그 이교도는 파르치팔의 부왕 가하무레트가 일찍이 검은색의 여왕과의 사이에서 낳은 이복형 파이레피스였다. 그는 아버지 가하무레트가 그리워 서쪽 나라로 찾아가는 길이었으며, 비로소 아버지가 사망하였다는 이야기를 듣는다. 형제는 서로 껴안고 함께 아르투스 왕의 진영으로 가서 원탁에 참여하게 된다. 마침 그 연회 중에 성배의 성에서 사자(使者) 쿤드리가 찾아와 파르치팔에게 암포르타스의 왕을 구하고 성배 왕위에 오를 것을 요청한다.

마지막 제16권에서는 파르치팔이 파이레피스와 더불어 몽살바주의 성배 성으로 들어간다. 그리고 거기서 격심한 고통으로 죽음만 바라고 있는 외숙의 고통을 묻고, 성배에 대한 자신의 귀의를 선포하자, 외숙의 병은 씻은 듯이 치료되고, 아름다운 건강의 빛이 그 얼굴에 퍼졌다. 파르치팔은 이제 성배의 신탁으로 영광의 왕위에 올랐으며, 그때 아내 콘드비라무르가 그 사이에 낳은 쌍둥이 로엔그린과 카르디스를 데리고 찾아왔다. 그리하여 일가족이 비로소 행복하게 한자리에 모였으며, 파이레피스도 세례를 받아 그리스도 교도로서 암포르타스의 누이와 결혼한다. 파르치팔은 성배의 뜻을 받들어, 카르디스는 자기를 안배하는 속세의 국왕으로 하고 로엔그린을 성배 왕의 후계자로 하였다. 그런데 성배의 법규에는 그것을 섬기는 기사는 타국에 파견되었을 때 자기의 신분을 밝히지 못할 뿐 아니라, 자기의 신분을 남에게 질문받아도 안 되게 되어 있었다. 로엔그린은 브라반트국의 위급함을 구하러 백조를 타고 가서 거기의 여왕과 결혼하였으나, 몇 년 후에 젊은 처가 금(禁)해야 하는 것을 참지 못해 질문을 하였기 때문에, 그는 처자를 버리고 다시 백조가 이끄는 배를 타고 성배의 성으로 돌아간다. 여기서 제16권의 작품이 끝나는데, 이 마지막 부분이 확대되어서 나중에 소위 「백조의 기사」의 전설이 되었고, 후일 바그너

Richard Wagner의 악극 또는 하우프트만Gerhart Hauptmann의 작품으로 남게 되었다.[4]

2) 전형에서 이탈

성배를 추구하는 인물 파르치팔의 형상은 오직 전설이나 동화 속의 나라에만 존재하며, 문학사적으로 프랑스의 시인 크레티앵의 1180~1190년대 작품 『성배 이야기Conte del Graal』에 소급된다.[5] 크레티앵의 『페르스발』 소재의 첫 문학적 형상인 『성배 이야기』를 근거로 볼프람이 창작한 약 2만 5천 행의 독특한 서사시는, 본질적으로 프랑스 판의 전형에서 벗어나거나 이를 초월하고 있다. 즉 볼프람의 작품에 나오는 성배의 돌 형태와 여러 다양한 오리엔트 모티프는 크레티앵의 프랑스 판에서는 볼 수 없는[6] 이탈로 볼프람의 개작 의도와 개념을 추론시켜 준다. 그 외에도 볼프람은 많은 근거와 전례를 명백하게 거론하지 않고, 전체적인 내용에 연결하여 언급하고 있다.[7]

크레티앵은 1180년대에 플랑드르 백작 필리프가 제공한 대본을 바탕으로 『페르스발 혹은 성배 이야기』를 쓰기 시작했지만, 약 9천 행까지 쓰고 미완성으로 마쳤다. 미완성의 작품에서도 크레티앵은 아르투스의 기사인 페르스발을 설정하여 성배를 구한 뒤 다시 봉헌하게 한다. 그의 작품에서는 성배와 성배의 성(城)이 아르투스 기사들에게 알려지지 않고,[8] 성배는 보석이 박힌 황금 그릇으로 성채의 보관에 사용되며, 스스로 빛을 내고 성배 구역에 행운을 가져오며 치료의 효력이 있다.

성배 개념은 기독교적 색채를 띠고, 그것의 유래는 켈트족이나 기독교적인 전통 등으로 논란이 많다. 그러나 관심을 끄는 성배의 기능을 보면, 이것은 탐색되어야 발견되는 기능이 있고, 재난에는 발견되지 않다가 성스러울 때 알려지는 변화의 성격을 지니고 있다.[9]

성체의 보관을 위한 도구인 성배를 보석이 박힌 황금으로 된 그릇으로 다루는 크레티앵과 다르게 볼프람은 사물의 서술을 피하고, 또 이 성배에 대한 독특한 광채 및 교구에서의 신성 불가침적 영향도 생략하고 있다. 이렇게 크레티앵과 일치하지 않는 주요 사항을 들어 보면, 성배의 돌 형태(명칭은 현자의 돌 *lapsit exillis*), 불사조의 명명, 중립적 천사의 개입, 성배에 나타나는 비문, 성배 기사의 묘사와 별에 대한 관련[10] 및 성배는 무지한 자에 의해서만 발견되는 특이한 조건과 마지막으로 다양한 오리엔트의 관계 등이다.

볼프람은 십자군 기사와 상인들의 오리엔트에 대한 소식이 오리엔트의 영향에 대한 근거라는 사실에서 출발하고 있다. 〈볼프람의 내용은 완전히 지적인 십자군 원정자의 관점에서 전개된다. 즉 볼프람 자신의 시대적 체험에 십자군 원정 전성기의 사건 내용이 지배적으로 작용하는 것이다.〉[11] 볼프람이 크레티앵과 다른 또 하나의 개념은 성배의 물질적 성격과 현상뿐 아니라, 이 서사시의 이데아적 · 정신적 · 윤리적 · 신비적이며 종교적인 현상에서도 나타난다. 오리엔트 지식의 유입으로 그 당시 알려졌던 지구의 역사적 개념과 연관되어 성배도 취급되고 있다. 다시 말해서 종교적으로 얽매였던 의식이 극복되고, 천문학의 별과 우주에 대한 양상이 강조되고 있다. 이러한 배경에서 쿠니츠 Paul Kunitzsch는 모든 십자군 원정과 아라비아 천문학의 양상을 연구하여 티루스 Wilhelm von Tyrus를 볼프람의 동시대적 지식으로 나타내고 있다.[12]

3) 동시대의 전통

동시대적인 근원으로는 시인으로도 활동했던 시토 Citeaux 교단의 수도사 헬리난트 Helinand von Freidment의 연대기를 들 수 있는데,[13] 이 연대기는 서기 718년에 성배를 지명 아리마티아 Arimathia(여기에서 기독교 수난이 연상됨)와 연결시켜 〈최후의 만찬의 잔 *atine* (……) *sive paropside*〉과 동일시하는 등 자세히 묘사하고 있다. 헬리난트는 그릇을 *gradalis*로 묘사하는데, 이는 갈리아어 *gallisch*인 *gradale*와 그것의 민중어 *graalz*와 유사하다. 여기에 〈넓고 깊은 접시 *scutella lata et* (……) *profunda*〉란 말이 있는데, 이는 귀중한 음식을 담아서 〈단계적으로 *gradatim*〉 식탁에 올리는 넓고 깊은 그릇을 뜻한다. 이렇게 성배의 음식을 주는 기능이 볼프람의 작품에서 더욱 확대되는 반면에, 크레티앵의 작품에는 성배가 성체를 담아 두는 그릇으로 여기고 있다. 또 헬리난트와 볼프람의 작품에는 은자(隱者)

가 중개의 역할을 하는 데서 두 작품이 유사하다.[14]

헬리난트의 『역사 Historia』 라틴어판은 찾을 수가 없지만, 일련의 민중어 텍스트는 있는데, 이 텍스트의 사실 내용을 보증할 수 없다는 말로 볼프람의 작품은 끝나고 있다. 따라서 그는 유용하게 생각되는 내용을 라틴어로 번역했다고 전해진다. 볼프람의 출처에 대한 혼란은 아마도 이러한 전통적 배경 때문인 것 같다.[15] 13세기 초에 그리스도의 수난에 관련된 성배의 형태와 기능에 관한 다양한 전설이 있었다. 성배의 형상에 관한 한 볼프람이 크레티앵의 이전(以前)이나 동시대적인 근거를 이용할 수도 있었을 텐데, 이를 하지 않았다는 사실이 흥미롭다. 오히려 볼프람은 크레티앵의 전형에 없는 여러 동기인 보석학이며 천문학, 신학에 관한 특별한 지식, 오리엔트 지역에 관한 성서적이거나 아라비아 지식을 성배에 연결시켰다.

천문학에 대한 암시는 라틴어 교본에서 영향을 받았다고 다이네르트 Wilhelm Deinert는[16] 보고 있다. 이러한 특수한 지식을 전달하는 중계자로서의 볼프람의 역할은 자신의 필요에서 번역한 라틴어 자료에서 얻었다고 붕케 J. Bunke는 보고 있다. 직접 또는 간접적인 라틴어 출처 자료나, 볼프람 자신이 자료를 얻은 방법과 누구와 어떻게 협력하였는가 등에 대한 내용은 구체적으로 파악되지 않고 있다.

2. 성배의 형태와 본질

볼프람이 크레티앵의 전형에서 택한 성배 Gral의 이름을 먼저 어원학적으로 규명해 보자. 이 어원이 히브리어나 켈트어에서 유래됐다는 이론은 확실성이 없고, 라틴어·프랑스어적 유래가 가장 가능성이 있다. Gradalis의 어근은 그리스어 crater와 중세 라틴어·프로방스어 garale가 합쳐 cratale를 지나 gradalis로 발전했다고 한다.[17] 이 내용에 의하면, 성배의 단어는 그리스어의 〈포도주를 섞는 그릇〉이나 프로방스어의 Garumtisch의 그릇에서 영향을 받아, 음식을 혼합하고 정화하여 나르는 그릇을 의미한다.[18] 그러나 볼프람의 성배는 이러한 유래에서 벗어나 정화의 성격을 피하고, 크레티앵에서처럼 광채 나는 황금 그릇도 아닌 〈물체 잔 dinc〉이다. 따라서 볼프람은 그 당시까지 관례적이던 성배의 물질적 개념을 초월하고 있다.

작품 제9권에서 볼프람은 〈잔 dinc〉의 출처를 언급하고 나서, 그것에 관해 자세하게 언급한다. 즉 성배 영역의 사람으로 금욕적인 삶을 영위하는 트레프리첸트가 성배의 성을 방문할 때 목격한 것을 파르치팔에게 설명하는데, 성배의 영역은 돌 하나를 감싸고 있으며, 이 돌은 〈현자의 돌 lapsit exilli〉이라 불리고(469, 7), 이 돌의 한쪽 가장자리에 〈마적 글자〉로 신의 의지가 새겨져 있다고 한다. 중세의 연금술사들은 비금속을 황금으로 바꿀 수 있는 물질이 있다고 믿었는데, 이 물질이 현자의 돌이다. 중세의 연금술사들이 현자의 돌을 찾고, 현자의 돌을 가지고 금을 만들어 가는 과정에서 가장 중요한 것은 실험실의 불로 인해 창조되는 변화의 과정이다. 괴테의 『파우스트』 제2부의 시대적 배경은 중세이며, 호문쿨루스가 창조되는 바그너의 연구실도 중세 연금술사의 실험실을 연상시킨다.

볼프람은 성배를 돌로 보아 보석으로 생각하거나 적어도 보석 성격으로 간주하고 있다. 그러나 볼프람이 성배를 보석으로 보지 않고, 단지 〈가장 순수한 근원의 돌〉로 생각한다고 보는 사람도 있는데 리스너 Claus Riessner가 대표적이다.[19]

지금까지 보듯이, 성배의 영향과 성격만 규정될 뿐 더 이상의 언급은 없어 성배는 〈형태 없는〉 상태가 되고 있다. 그런데 이교도인 파이레피스가 이 성배의 종교적 의미를 보여 준다. 즉 진정한 신인 그리스도의 개념이 없는 그에게는 성배가 보이지 않다가, 기독교의 영역인 교회의 세례를 받고서야 비로소 그는 성배를 볼 수 있다. 이런 배경에서 볼프람은 자기의 성배에 전통적인 개념을 피하고 있다. 오히려 성배가 볼프람에게 상징적이 되어, 그는 성배의 영적 정신화에 노력했다고 할 수 있다.[20]

1) 불가사의한 힘

볼프람은 성배의 외견을 묘사하지 않지만, 그것의 불가사의한 힘은 매우 자세하게 나타내고 있다. 〈볼프람은 성배의 효력을 언급하면서, 그 잔의 의미와 본질적인 효력을 제식적 연관성에서 멀리하고 사실상 전통적인 특징을 택하고 있다.〉[21] 여기에서 특이한 사실은 식사를 공급하는 불가사의한 효력으로, 이는 파르치팔이 몽살바주를 처음 방문 시에 목격하게 된다. 행렬 후에, 그리고 요리를 성스럽게 준비한 후에 볼프람이 이 식사에 대해 제일 먼저 묘사한 빵이 상징성을 지닌다. 즉 이 빵 덕분에 성배 영역이 기독교 영역처럼 신의 도움으로 유지되는 신비로운 사상을 불러일으킨다. 마르테 San Marte는 이 식사를 신약 성서의 복음의 말에 연결시킨다. 이 말에 의하면 복음에 의한 영양을 섭취해야 하는데, 이 영양이 생명의 빵이다.[22]

> 식량 자루나 여벌 옷이나 신이나 지팡이도 가지고 다니지 마라. 일하는 사람은 자기 먹을 것을 얻을 자격이 있다.[23]

원하는 모든 음식을 원하는 만큼, 또 원하는 맛으로 제공하는 성배의 능력(238, 21~239, 7)은 어쩌면 동화 속의 장면과 같다. 이 식사는 천국의 풍부성을 연상시키며, 아울러 이스라엘 민족이 이집트를 떠나 사막에서 방황할 때 기적이 일어나 하늘에서 떨어진 음식의 성체적인 예를 연상시킨다. 따라서 켈트족의 불가사의한 마력이 담긴 그릇의 모티프에서 시작되어 이제는 〈식사를 차리다〉의 모티프가 성배에 유입된다.[24] 이외에 여러 가지 사례의 묘사가 있으나, 여기서는 성배 지역에 암시되는 천국의 원형 상태를 규명해 본다.

작품 제9장에서 볼프람은 트레프리첸트를 통해서 불가사의한 힘을 모으게 된다. 볼프람은 식사(469, 3f.)부터 언급하면서, 성배의 두 번째 이름을 〈현자의 돌 lapsit exillis〉이라고 불러 오리엔트의 이교도적 근원을 연상시키고, 생명을 주는 성배의 효력을 묘사하고 있다(469, 15 ff., 469, 18ff.). 볼프람은 불사조의 동기로 고대의 생명의 부활을 암시하면서 성배를 기독교적으로 상징한다. 불사조의 부활 사상은 고대 로마 시대에 흔히 퍼졌고, 또 중세에는 기독교의 동기로 생리학에도 알려지게 되었다.[25] 마지막에 볼프람은 다시 인간 차원, 즉 인간의 불가사의한 영향으로 되돌아오는데, 여기에서 흥미로운 사실은 성배가 불을 일으킬 수는 있으나 자체에는 불의 성격이 없다. 즉 크레티앵의 작품에서도 성배가 광채를 발산하는데, 볼프람의 작품에서 빛을 내는 것은 왕관을 쓴 성배 운반녀 레판제 Repanse de Schoye(235, 25~39)이다.[26]

성배의 불가사의한 힘은 인간의 무능과 손실을 해결하는 능력이다. 성배는 우선 치유력이 있어 성배 영역을 원죄의 결과인 삶의 물질적 강요와 고통으로부터 해방시켜 준다. 죄에 대한 신의 벌로 볼 수 있는 암포르타스의 병에서 볼 수 있듯이, 스스로 지은 죄는 성배에 의해서도 치유되지 않는다. 성배는 마적이거나 암시적인 힘이 없기 때문에 이교적인 불가사의한 돌이나 마적 그릇과 구별되어 기독교적이며 신비적이다. 성배의 불가사의한 힘으로 비문(470, 21 ff.)도 들 수 있는데, 이 비문은 성배 영역의 구조를 암시하고 있다.

2) 별의 의미

볼프람은 성배를 신의 업적인 창조와 연결시켜서, 이 잔의 비이승적이며 비물질적인 근원을 강조하여 우주적인 특징을 보여 준다. 성배의 이러한 우주적인 근원은 다양한 별의 상징으로 나타나 성배의 이름과 영역에 영향을 미친다. 따라서 천문학 지식이 있는 이교도 플레게타니스Flegetanis는 별에서 성배의 이름(*gral* 또는 *lapsit exillis*)을 읽는다. 여기에서 항성이 하늘의 문자로 파악되는데, 이러한 배경에서 다이네르트는 『파르치팔』에서 천문학을 근본적으로 연구하여 이 작품에서 신비스러운 별에 대한 성서적 유사 문구를 찾아냈다.[27] 〈성배의 내용을 이해하려면 이 세상의 태초로 되돌아가야 한다. 즉 태초의 창조부터 변하지 않고 있는 하늘에 성배의 이름과 비밀이 기록되어 있어 성배는 모든 창조를 담고 있다고 볼 수 있으며〉[28] 따라서 신의 이념에서 탄생된 셈이다.

다시 말해서 성배는 별의 움직임과 연관되어 파르치팔의 첫 번째 성배의 방문은 토성의 특이한 위치 때에 이뤄지며, 파르치팔을 왕으로 운명지은 비문도 그의 별자리와 조화로운 상태에서 나타나고 있다. 다이네르트는 성배와 별의 밀접한 관계에 대한 근거로,[29] 성배와 별이 신으로부터 받은 힘을 인간에 작용시켜 신의 은총의 전달자가 되므로 성배는 이 세상에서 신의 영향의 징표가 되고 그 결과 오직 세례 받은 기독교도에게만 인식된다. 따라서 창조가 요약되어 있는 성배야말로 우주·천국의 상징으로, 이것을 통해서 신이 인간에 나타난다. 따라서 성배 주위의 영역은 신의 직접적인 지역으로 볼 수 있어서, 이 영역에 있는 성(城)은 세상의 중심지로 천국 예루살렘의 실제적인 존재이다.

여기에서 성이 세상의 〈중심지〉로 여기는 내용에서 〈중심〉의 내용이 중요성을 띤다. 〈중심〉의 상징은 우주 각 차원의 교차점, 성현인 동시에 현실의 공간, 창조가 시작되는 유일한 〈창조적〉 공간 등 다양한 개념을 포함하고 있다. 따라서 여러 전승에서 〈중심〉에서 시작된 창조에 대해 언급되고 있다. 〈중심〉이란 모든 실재의 원천이자 〈생명 에너지〉의 원천이기 때문이다. 우주론적 전승이 마치 발생학에서 차용해 온 듯한 용어로 중심의 상징을 설명하는 경우도 있다. 〈아주 성스러운 분이 세계를 마치 태아처럼 창조하셨다. 태아가 배꼽으로부터 성장하듯이, 신은 세계를 배꼽에서 창조하기 시작하여, 세계는 배꼽에서부터 사방으로 퍼져 나갔다.〉 여기에서 〈대지의 배꼽〉을 의미하는 옴팔로스 Omphalos의 사상이 연상된다.

따라서 옴팔로스에 관한 신앙관을 언급해 보자. 〈델포이 주민들이 옴팔로스라고 부르는 것은 흰 돌이었고, 이를 대지의 중심〉이라고 생각하였다. 이러한 옴팔로스는 〈세계의 중심〉으로 믿어진다. 〈세계의 중심〉은 무수한 지리상의 지점에서 제의적으로 신성화된다. 그렇다고 해서 각각의 세계 중심의 진정성이 다른 세계의 중심의 진정성을 침해하는 것은 아니다.

『리그 베다』에서 우주는 그 중심점에서 확산되어 간 것으로 생각된다. 불교의 전승(傳承)도 같은 개념을 제시한다. 창조는 정상(頂上)에서, 즉 중심적이고 초월적인 점에서 시작된다. 〈보살은 탄생하자마자 땅에 발을 딛고, 북쪽을 향해서 일곱 걸음 걸어 북극에 도달하여 이렇게 외친다. 《나는 세계의 정점에 있다. 나는 세계의 조상이다.》〉[30] 석가모니는 〈우주 정상〉에 도달하여 〈세계의 시작과 동시대인〉이 된다. 전 우주가 발생된 〈중심〉 속에 들어감으로써, 석가모니는 시간과 창조를 폐기하고 우주 이전의 무시간적 순간에 위치하는 것이다. 세속적 시간의 폐기와 우주 창조의 신화적 〈태초 in illo tempore〉로의 틈입은 모든 〈건축〉에, 〈중심〉과의 모든 접촉에 함축되어 있다. 세계 창조가 어떤 중심에서 시작되면서부터 인간의 창조도 같은 이 지점, 최고도로 현실적이며 살아 있는 이 지점에서만 이루어지게 된다.[31]

동양의 각 도시도 세계의 중심에 있다. 고대 중국의 도시는 천체 자오선에 상응하는 남북 중심축을 따라 건설됐으며, 북극성 자리에 해당하는 중앙에 왕궁이 자리 잡았다. 중국인들은 황제를 중심으로 천상의 질서를 지상에 재창조한 것이다. 멕

시코의 치첸이트사 등 고대 도시들도 한결같이 하늘과 정치권력의 관련성을 보여 주고 있다. 중국 황제가 있는 수도에서 하짓날 정오에 해시계는 그림자를 드리울 리가 없다고 한다. 이와 같은 의미의 수도는 하늘과 땅과 지옥이라는 우주의 세 영역이 교차하는 〈건목(建木)〉이라는 불가사의한 나무 옆, 우주의 중심에 위치하고 있는 것이다.[32]

3. 현자의 돌

1) 돌의 성현

어떤 종류의 돌이 성스럽게 되는 것은 죽은 자(선조)의 영이 거기에 깃들어 있기 때문에, 혹은 그 돌이 성스러운 힘, 성성(聖性)을 표명하거나 표상하기 때문에, 혹은 신성한 약속, 종교적 사건이 그 돌 근처에서 일어났기 때문이다. 그러나 그 밖에도 많은 돌이 간접적인 성현(聖顯)에 의하여, 즉 돌에 종교적인 가치를 부여하는 심벌리즘에 의하여 그 종교적인 특성을 획득한다. 야곱이 베고 잤던 돌은 단순히 〈신의 집〉만은 아니었고 천사의 사다리를 통하여 하늘과 땅 사이의 교통이 생기는 장소이기도 하였다. 따라서 〈신의 집〉으로 볼 수 있는 영석(靈石)인 베델 *Bethel*은 세계의 중심으로 성스러운 곳인데 메카의 카바나 시나이 산, 그 밖의 의례에 의해 성별된 모든 신전, 궁전도 또한 세계의 중심이다.

이러한 돌의 성격이 볼프람의 성배에도 담겨 있다. 볼프람은 성배의 새로운 영역을 개척하여, 이 잔을 별의 모티프에 의한 새로운 창조, 천사의 타락, 중립적 천사에 연결시키고 있다. 이러한 동기는 볼프람이 만든 성배의 두 번째 이름 〈현자의 돌〉에서 절정에 달하는데(469, 7), 여기에서 볼프람은 성배를 돌의 성분으로 하여 크레티앵의 성배와 명백한 차이를 보이고 있다. 먼저 사발이나 잔 등이 기독교 시대에 성찬용 그릇의 기능으로 바뀐 예를 보여 준다.[33]

볼프람이 이렇게 대규모로 개념을 변경시킨 이유에 대한 일치된 연구 결과는 없으며, 이것을 단지 전형의 오해로 보자는 붐케의 제안[34]은 더욱 근거가 없다. 그러나 이러한 볼프람의 변경을 따로 독립적으로 고찰해서는 안 되고, 오직 별, 우주, 창조 개념으로 파악하는 볼프람의 전체적이며 보충적 연관에서 이해되어야 한다. 따라서 천문학, 약초학, 동물학과 더불어 의학적인 돌의 지식까지도 볼프람의 성배 개념에 연결될 수 있다.[35] 볼프람의 묘사도 다양해서 민요적인 개념과 더불어 심오한 지식을 담고 있으나, 이 지식에 대한 명백한 근거는 설명될 수가 없다.

볼프람은 이러한 성격들의 동기를 어디에서 받았는지 알 수 없으며, 성배와 돌의 연결도 그가 창안한 것이 아니고, 단지 성배를 루시퍼의 왕관에서 나온 돌로 보는 중세의 전설에서 이 모티프를 얻은 것이다.[36] 이러한 중요한 모티프를 서사시에 도입하여 성배의 상징에 새로운 해석을 전개시킨 볼프람은 성찬식의 성사(聖事)에 관한 기존의 내용에서 벗어나 기독교·비잔틴적이고 아라비아적이면서 비독단적인 신비 분야를 창안하여 연결시켰다.[37] 참고로, 이러한 비잔틴 교회를 잠깐 고찰해 보자.

비잔틴 교회 내부의 네 부분은 네 개의 방향을 상징한다. 교회의 내부는 세계 전체이다. 제단은 동쪽의 낙원으로 제단으로 향하는 황제의 문은 낙원의 문이라고도 불린다. 제단으로 통하는 큰 문은 부활제 주간 동안 개방되는데, 이 관습의 의미는 〈그리스도는 묘지에서 일어나 우리에게 낙원의 문을 열어 주었다〉라고 부활제 미사에서 명확하게 표현되고 있다. 이와 반대로 서쪽은 어둠과 비탄과 죽음의 영역이고 육체의 부활과 최후의 심판을 기다리는 죽은 자들이 머무르는 영역이다. 코스마스 인디코플레우스에 따르면, 교회의 건물이 있는 대지는 사각형으로 되어 있고 둥근 지붕을 떠받치는 네 개의 벽으로 둘려 있다.[38] 〈우주의 모사〉로서의 비잔틴 교회는 세계를 구현하는 동시에 정화하는 것이다.

2) 색채와 돌의 상징

돌은 원래 고대 유대 민족의 문화권[39]에서부터 상징되어 기독교 전통에서 많은 알레고리로 형상화되었다. 이러한 배경에서 탁스Petrus W. Tax는 성배를 그리스도의 성서에 나오는 모퉁잇돌과 동일하게 본다. 즉 그는 〈현자의 돌〉을 부싯돌에서 점화된 부활절 축화(부활의 상징)인 〈바위에서 창조 inis ex silice〉와 〈모서리

돌 *lapis angularis*〉로 소급시킨다. 부활은 그리스도 수난사의 핵심인데 성배도 부활의 상징으로 나타나는 것이다.[40]

성배의 돌 성격에 대한 전형으로는 성체적 *eucharistisch*인 내용이 담긴 휴대용 제단[41]과 기독교와 오리엔트 전설에 나오는 기적의 돌(마술과 치료력이 있음)을 들 수 있다.[42] 돌의 전형인 보석의 알레고리적 해석은 중세 시대의 자연과 문헌적 해석에서 찾아볼 수 있다.[43] 이에 의하면, 보석은 귀중한 물질에 담긴 신의 창조 사상으로 모든 창조와 직접적으로 연관된 자연물이다. 이렇게 원래는 영지주의(靈知主義)적이며 유대적·그리스적인 사상이 신약 성서에서 특이한 건축 형태인 〈그리스도의 지역 *ecclesia christi*〉으로 발전되어,[44] 그리스도가 건축의 종석으로 비유되는 것이다.[45]

그래서 예수께서는 그들에게 이렇게 말씀하셨다. 〈너희는 성서에서 《집 짓는 사람들이 버린 돌이 모퉁이의 머릿돌이 되었다. 주께서 하시는 일이라, 우리에게는 놀랍게만 보인다》 한 말을 읽어 본 일이 없느냐? 잘 들어라. 너희는 하느님의 나라를 빼앗길 것이며 도조를 잘 내는 백성들이 그 나라를 차지할 것이다. (그리고 그 돌 위에 떨어지는 사람은 산산조각이 날 것이며 그 돌 밑에 깔리는 사람은 가루가 되고 말 것이다.〉 대사제들과 바리사이파 사람들은 이 비유가 자기들을 두고 하신 말씀인 것을 알고 예수를 잡으려 하였으나 군중이 두려워서 손들 대지 못하였다. 군중이 예수를 예언자로 알고 있었기 때문이다. (「마태오의 복음」 21장 42절 이하)

또 예수가 주춧돌로도 간주됨으로써 기독교 교구는 〈하느님의 집〉으로, 그곳의 신자는 〈살아 있는 건축용 석재〉로 묘사되고 있다.[46]

주님께로 가까이 오십시오. 그분은 살아있는 돌입니다. 사람들에게는 버림을 받았지만 하느님께는 선택을 받은 귀한 돌입니다. 여러분도 신령한 집을 짓는 데 쓰일 산 돌이 되십시오. 그리고 거룩한 사제가 되어 하느님께서 기쁘게 받으실 만한 신령한 제사를 예수 그리스도를 통하여 드리십시오. 성서에 이런 말씀이 있습니다. 〈내가 귀중한 돌 하나를 골라 머릿돌로 시온에 두었다. 그를 믿는 사람은 결코 부끄러움을 당하지 않을 것이다.〉 그러므로 이 돌이 믿는 여러분에게는 귀한 것입니다. 그러나 믿지 않는 자들에게는 〈집 짓는 자들에게 버림을 받았다가 모퉁이의 머릿돌〉이 된 돌이며 〈그들을 걸려 넘어지게 하는 돌이요 장애물이 된 바위〉입니다. 그들이 걸려 넘어진 것은 말씀을 순종하지 않은 탓이며 또한 그것이 그들의 운명이기도 했습니다.(「베드로의 첫째 편지」 2장 4~8절)

왜 그렇게 되었습니까? 그들은 믿음을 통해서 얻으려 하지 않고 공로를 쌓음으로써 얻으려고 했기 때문입니다. 이를테면 그들은 그 걸림돌에 걸려 넘어진 것입니다. 성서에, 〈자, 이제 내가 걸림돌 하나를 시온에 놓으리니 사람들이 걸려 넘어질 바윗돌이라. 그러나 그를 믿는 사람은 수치를 당하지 않으리라〉 하신 말씀대로입니다.(「로마인들에게 보낸 편지」 9장 32절)

이러한 돌의 비유를 배경으로 구약 성서의 전형에 따라 돌의 교부 신학적인 알레고리가 형성되어, 12개의 돌과 이에 따른 12선행의 정경(正經)이 규정된다.[47] 벽옥 *Jaspis*이 등장하는 이 정경은 3세기의 기독교적 사상으로 중세기까지 변함이 없었다. 이러한 상징 외에 돌에 의학적인 효력이 가미되어, 볼프람은 병든 성배의 왕의 침대에 치료 효과가 있는 58개의 보석을 박아 둔다(791, 1~792, 5). 이러한 보석의 성격은 특수한 전문서에 들어 있는데, 완전히 일자무식자인 볼프람은 라틴어 실력의 부족 등으로 이들 서적의 이해에 어려움이 많았을 것이다. 이렇게 볼프람이 일자무식자인 사실에서, 문어체보다 구어체가 우위가 될 수도 있다는 언어의 신비를 괴테의 관점에서 고찰해 볼 필요가 있다.

언어적으로 개괄해 볼 때, 글이 아닌 입으로 전해 오는 전통의 『코란』이 괴테의 큰 관심을 끌었다. 『코란』에 서술되어 있듯이, 마호메트는 볼프람처럼 〈읽지도 쓰지도 못하는 문맹자〉였다는 사실이 그의 관심을 끈 것이다.[48] 괴테는 이 사실을 단점으로 보지 않고, 오히려 구어체가 문어체보다 우위를 차지한다는 내용을 『서동시집』의 첫 번째 시 「도주 Hegire」[49]에 언급하고 있다.

도주[50]

북쪽과 서쪽과 남쪽은 흩어지고,
왕좌들은 부서지며, 제국들은 뒤흔들리니
달아나라 그대여, 순수한 동양에서
가부장적 공기를 맛보러.
사랑과 음주와 노래 가운데
히저[51]의 샘물이 그대를 젊게 하리니.

거기 순박한 땅 정의의 땅에서
나는 인간의 종족을
원시의 심연으로 이끌어 보련다.
그들은 아직 신에게서
지상의 언어로 하늘의 가르침을 받는데
머리 쓰는 괴로움이 없다.

그들은 다만 조상을 숭배하며
이교를 거부하는 곳에
젊음의 기쁨이 있다.
말은 구어체이기에
중요한 힘을 지녀
신앙은 넓고 사고는 결속된다.

위 시에서 구어체의 기원이 언급되어 구전(口傳)의 사자(使者)에 의해 직접 옮겨, 하늘의 가르침(11행)과 지상의 언어(11행)의 이원 속에 구어체 언어로 응축된다. 〈머리 쓰는 괴로움〉(12행)의 표현은 유럽의 기독교 문화의 비평으로 볼 수 있다. 그러나 괴테는 〈거기〉(7행), 즉 이슬람에서 구어체를 존경하는데, 이 구어체는 위조되어 불순물이 섞이는 서적과 반대로 근원적인 사상을 전달한다. 『파우스트』에서 파우스트는 〈머리에 들어가는 것을 가리킬 때〉(1952행)나, 그럴 싸한 학술 용어를 붙여 〈말로 훌륭하게 토론을 하고, 말로만 학문의 체계를 조립하는〉(1997행 이하) 지식·학문 세계의 언어적 허구성에 염증이 나서, 이것을 떠나게 되는 것이 파우스트의 첫 출발이며, 비극의 첫 단계라고 볼 수 있다. 메피스토펠레스가 파우스트를 가장해서 〈감정이 중요하다고〉 한 말에 괴테의 구어체인 언어에 대한 비판이 날카롭게 담겨 있다.

> 그것으로 그대 심장을 가득 채워요,
> 그것이 아무리 크다 해도,
> 그래서 그대의 감정이 지극히 행복할 때,
> 그대가 원하는 대로 이름을 붙이지요.
> 행복, 진정, 사랑 또는 신 등으로!
> 그것을 뭐라고 불렀으면 좋을지 모르겠소.
> 느끼는 것만이 전부지요.
> 이름이란 천상의 불꽃을 안개처럼 싸는
> 헛된 울림이요, 연기에 불과한 것이오. (3451행 이하)

위의 마지막 두 행에서 〈이름이란 천상의 불꽃을 안개처럼 싸는 / 헛된 울림이요, 연기에 불과한 것이오〉라고 한 것만 보아도, 언어는 단순한 외형적 형식이며, 실재와는 유리된 것으로 간주되고 있다. 그리하여 〈마음속 깊이 감동하고, 영혼 속에서 우러나와 듣는 사람의 마음을 깊은 흥미로 끌지 못하면, 세상을 손에 넣을 수가 없다〉(535행)는 것을 잘 아는 파우스트는 언어의 피상성이나 형식의 반대인 내용에 치중하고 있다. 다시 말해서 〈마음으로부터 마음으로 통하는〉 것이 중요한 것이다. 따라서 파우스트는 허구적·피상적·형식적 언어의 총집의 지식을 떠나서, 깊은 내용과 진상을 파악하기 위해, 단순한 언어(문어체)가 아닌 〈정신의 힘과 말(구어체)〉에 의존하려고 했다.

이러한 배경에서 볼프람의 『파르치팔』에서 일자무식이 긍정되는 내용이 작품 속에 암시되는 경우도 있는데, 이의 예로 〈성배의 성을 의도적으로 찾으려는 자는 이를 발견하지 못하고, 단지 무지한 자만이 이 성과 마주치게 된다〉(250, 22~30)는 내용을 들 수 있다. 하지만 완전히 일자무식자인 배경에서, 실제로 볼프람의 라틴어 실력 부족 등으로 원고에 〈lapsit〉가 〈iaspis〉로 잘못 기재되고, 〈젊은 티투랄〉편에서 성배가 〈녹색의 벽옥〉을 의미하는 〈iaspis〉로 기록되는 경우도 있다.

〈푸른색-회색-녹색〉이나 〈붉은색-갈색-황금색〉의 색깔을 띠는 보석은 녹색의 홍옥 Sarder에 비교된다. 녹색의 벽옥 Jaspis은 일반적으로 물(정신의 상징), 식물, 번식, 천국, 영원한 생명으로 암시되는데, 특히 색깔 〈초록색〉은 시들지 않는 믿음으로 영적인 힘을 상징한다.[52]

프리스 G. Fries는 고대에서 중세까지 통용된 벽옥의 의미를 종합하여 연구했다.[53] 그와 동시대인인 플리니우스 Plinius의 견해에 의하면 벽옥은 특히 연설가가 부적으로 이용하면 해로운 영향력을 방어해 준다고 하며, 에피파니우스 Epiphanius는 이 돌이 밤에 유령을 물리쳐 환상을 막아 준다고 하고, 이시도르 Isidor는 이 돌 이름(그리스어로 ias는 초록색, pina는 보석을 의미함)의 어원을 설명하여 이 돌의 형태와 보호하는 효력을 규명하였다. 베네라빌리스 Beda Venerabilis는 이 돌의 보호로 악마에 대항할 수 있는 종교적 상징을 강조하고 있다. 이 돌은 성인(聖人)들의 활력소가 되는 그리스도와 하느님 교회의 토대를 상징한다. 전체적으로 보아서 벽옥은 종교적인 효력을 지닌 돌로, 볼프람은 이러한 벽옥의 상징성과 거기에 관련된 연상을 자신의 성배 개념에 도입했다. 따라서 그는 외견 형태를 불명확하게 하여 일반적으로 이해되지 않는 사물로 만들고 있다. 볼프람은 희귀하게 들리는 이름이나 〈마적 글자〉의 비명(碑銘) 등으로 이 돌의 고상한 계통을 암시하여, 신비적이고 미지의 감정을 성배의 진정한 요소로 만든 것이다.

4. 성배의 영역

성배 영역의 중심지는 몽살바주 Montsalvage의 성(城)인데, 마르테는 이 이름을 Mons Salvationis(구원의 산)라고 읽음으로써, 이 성배의 성을 기독교의 상징인 시온Zion 산과 직접적으로 연결시키고 있다.[54] 이 성배의 성을 의도적으로 찾으려는 자는 이를 발견하지 못하고, 단지 무지한 자만이 이 성과 마주치게 된다(250, 22~30). 이 성에 속하는 나라는 〈살바스의 지역 terre de Salvaesche〉이라 불리며(251, 4; 797, 7), 30마일 둘레의 마력의 숲 속에는 건물도 없고, 누구나 이곳에 발을 내디디면 반드시 벌을 받게 된다(443, 12; 426, 5). 이 성은 성배의 왕과 그 지역 주민의 주거지로 현실성과 동떨어져 있다. 성배 영역의 주민은 선발된 자들로 폐쇄된 채 살며, 성배를 돌보고 보호하는 임무를 띠고 있다. 전투 기사, 성배 기사와 제식에 봉사하는 처녀들로 구성된 이들은 대개 어린 시절에 성배의 비문에 게시한 소명에 따라 온 것이다.

성배의 가장자리에 있는 비문에는 마적 글자로 소명된 자들의 이름, 출신과 (남녀) 성이 기록되는데, 이 글은 누군가 읽으면 사라진다(470, 23 ff.). 성배의 봉사자 weriu bruoderschaft(437, 5)에게는 특히 윤리·도덕적 법칙이 요구되고, 왕권이 세습적으로 이어지는 성배의 왕만이 결혼할 수 있으며(495, 9 f.), 모든 다른 인물들은 순종하고 정조를 지키며 살아야 하기 때문에(473, 1 f.; 493, 19~24; 495, 7 f.), 새로운 인원의 충원 계획이 있다. 이 계획은 두 가지 방식으로, 하나는 신 자신의 비문을 통해서 주민들을 심사하는데 이때 사회적 신분이나 귀족 혈통이 아니라 단지 인간의 능력이 중요시되어(470, 20 ff.), 모든 곳에서 가난한 자나 부자들 모두가 선발될 수 있다(471, 5 f.).

또 하나의 계획은 신이 비문을 통해서 지도자인 기사와 성배의 봉사자인 처녀를 다시 돌려보낸다(495, 1f.). 성배 사회의 구조와 조직에 대해서 알려진 것은 거의 없으나, 확실한 것은 이곳이 봉건적 구조와 궁정 양식의 사회라는 사실이다. 제일 위에 왕이 있고 그 옆에는 미혼의 궁녀와 기사들, 시종과 일종의 성직자들이 서열적으로 위치해 있다(817, 8). 왕이 이곳의 가장 높은 자이나 성배의 주인은 아니고, 〈성배의 비밀 des grales tougen〉(470, 23)을 지켜야 하므로, 오히려 종교 단체의 일급 사제로 인식되어 〈왕들은 너의 양아버지가 될 것이다〉[55]의 구약 성서의 구절을 연상시킨다. 그의 성직적 위치는 그의 인사 Gruß가 축복으로 인식되는 사실에서도 볼 수 있다(793, 26). 신이 성배를 〈중립적 천사〉의 보호에서 빼내 이를 관리하도록 불러낸 첫 번째 성배의 왕은 티투렐이었으며, 이 성배의 관리는 그의 가계

(家系)의 남성들에 세습되어 갔다. 신이 첫 번째 천사 루시퍼와 그의 합창단을 내쫓은 이유는 오만과 허영 때문인데, 볼프람은 이러한 성서의 내용을 수용하여 타락한 천사의 내용을 응용하고 있다(463, 15 f.).

흔히 사탄의 대표로 묘사되는 루시퍼는 밀턴의 『실낙원 *Paradise Lost*』에 나오는데, 원뜻은 〈빛을 가져오는 자〉이고, 샛별처럼 아름다운 천사라는 뜻이며, 그리스 신화에서는 별 아래에 있는 아틀라스Atlas의 아들이거나 형제였다. 그는 타락하기 전에는 하느님의 빛을 내는 천사였고, 또 아침의 아들로 어둠의 군주의 반대편이었다. 하느님은 바로 아래 하늘나라의 모든 결정을 처리할 권한을 천사장 루시퍼에게 주었다. 그러나 전권을 가진 루시퍼는 교만해지기 시작하여, 결국 폭동을 일으켰으나 미카엘과 그리스도에 패하여 루시퍼를 추종하는 무리들과 천상에서 쫓겨 내려왔는데, 그 후 하느님에게 추방당한 천사로서 악마의 별명이 된 암흑의 군주이다. 교부 히에로니무스Eusebius Sophronius Hieronymus[56] 이후에 이 이름은 사탄 또는 천국에서 타락한 천사로 이용되었다.[57] 이러한 중요한 모티프를 서사시에 도입하여 성배의 상징에 새로운 해석을 전개시킨 첫 시인이 볼프람이다.

볼프람은 이 신화를 성배의 근원사로 하여, 그의 이야기는 타락한 천사로 시작된다. 루시퍼의 이야기와 신의 근원의 전설을 근거로, 볼프람은 성배를 천국에서 떨어지게 하여 중립적 천사가 보관하게 한다.[58] 이 중립적 천사는 신과 악마 루시퍼의 갈등에서 〈중립적인〉 처신의 죄목으로 지상으로 추방된 천사를 말한다. 따라서 이 잔에 그 중립적 천사의 성격이 담겨 있는데, 볼프람은 이 중립적 천사를 성배의 관리인으로 도입하다가(471, 15~25), 후에 이를 인간으로 대치시킨다(454, 27~30; 471, 26~28). 그는 성배의 역사에서 천사를 인간으로 교체하여, 이 인간 성배 관리인에서 기독교사(基督敎史)의 중심 과제를 보여 준다. 즉 이들이 모범적이며 겸손한 봉사로 〈신의 창조적 조화〉와 〈인간의 기사적 삶〉을 종합하는 것이다.[59] 베른하르트Bernhard von Clairvaux의 저서 『굴종에서 거만까지의 단계 *De gradibus humilitatis et superbiae*』가 볼프람의 천사 개념에 중요한 영향을 끼쳤다고 윌슨은 지적한다.[60] 비스니브스키 Wisniewski는 다른 다양한 모티프를 보아 기독교적 개념에 동의하지 않고,[61] 중립적 천사를 〈순결파*Katharer*〉[62]의 영향으로 보고, 이 순결파 종교의 전설을 루시퍼와 성배의 연관의 전형으로 보고 있다.

그러나 볼프람이 순결과 신앙에서 영향을 받았는지에 대한 명확한 근거가 거의 없다. 어떻든 볼프람은 성배를 신 자체로 보는 창조 개념에 연관시켜, 이 잔의 비이승적이며 비물질적인 근원을 강조하고 있다.

마르테는 역사에 실제로 있었던 성배 기사단의 조직과 성배 지역 계급 제도의 유사성을 지적하는데, 작품의 〈성배 기사〉는 이 말의 명칭과 친족성이 없다. 성배의 영역에서 가장 중요한 사상은 종교적 인간이 실재의 핵심인 성스러움의 중심에 자리 잡으려고 하는 경향이다. 즉 신과의 교류가 가능한 곳, 간단히 말하면 신과 가장 가까운 곳에 머물고자 하는 노력이다. 세계의 중심이라는 상징은 사원, 궁전의 형성 원리가 되고 있다. 다시 말하면, 성배 지역의 사람은 신과의 교류가 가능한 입구에 되도록 몸을 가까이 두려고 하는 것이다. 그러나 성배 지역의 거주는 신의 작업의 모방이므로, 이러한 공간에 접근하려는 실존적 결단은 사실상 종교적 결단이다. 따라서 성배 지역의 사람은 〈신의 세계〉에 깊은 향수를 느끼며, 신의 집과 유사한 집을 동경한다. 이러한 종교적 향수는 태초에 우주가 창조주의 손에서 새롭게 태어났을 때처럼 순수하고 성스러운 성배 지역에 살고자 하는 열망을 나타내는 것이다.

5. 성배의 의식

성배 지역의 주민에게는 공간과 마찬가지로 시간 역시 연속적이다. 성스러운 시간, 축제의 시간이 영속적인 것이다. 성스러운 시간은 원초적인 신화적 시간을 나타낸다. 종교적인 제의의 시간은 모두 신화적 과거인 〈태초〉에 생겨난 성스러운 사건의 재현을 의미한다. 종교적으로 축제의 참여는 일상적인 시간 지속에서 탈출하여, 그 제의에서 재현하는 신화적인 시간으로 되돌아가는 것이다. 그러므로 성스러운 시간은 무한히 회복할 수 있고 반복 가능하다. 성배 지역의 주민에게 있어서 속된 시간은 정지되는데, 어떤 의례는 성스러운 시간의 주기에 의하여 그것을 중단시키는 힘을 가지기 때문이다. 교회가 근대 도시의 속된 공간에서의 지평의 단절을 나타내는 것처럼, 성배 지역에서 이루어지는 의식은 속된 시간을 단절시킨다. 오늘의 역사적 시간이 현존하지 않고 성화된 시간이 존재하는 것이다.

1) 행렬

성배 의식은 다양한 분야로 이루어지는데, 여기에 등장하는 검, 망토, 시녀들과 잔 등의 모티프는 켈트족의 전설과 유사하지만 직접적인 관계는 없다. 코피츠 Hans-Joachim Koppitz는 순결파의 이교도적 영향에 의문을 제기하면서, 이 작품에 역설적인 내용이 있다고 주장하고 있다.[63]

마르테는 이 관점에서 최후의 만찬과 그리스도의 수난의 유사성을 암시하고,[64] 부르다흐Konrad Burdach[65]의 주요 관심은 롱기누스Longinus 창과 동일시되는 성배의 창과 최후의 만찬의 잔으로 인식되는 성배이다.[66] 부르다흐는 볼프람이 기독교적 전통의 성배 개념에서 벗어나지만, 성배 의식의 행렬과 비잔틴식 미사 예배가 유사하다고 주장한다.[67] 볼프람의 내용에 근저를 이루는 그리스의 크리소스토모스Chrysostomos의 미사[68]의 주 행사는, 〈그리스도 희생〉의 연극적 · 알레고리적 묘사나 형성으로, 여기에서 핵심은 대규모의 행렬이다. 이 행진은 제단으로 가져갈 신의 양이 도살된 식탁 앞으로 들어와서, 성대한 제물 봉정식을 거행하고서 다시 철수한다.[69]

제물 봉정식을 위한 이 성스러운 행렬은 고대의 제물 의식의 영향을 받고 있다.[70] 부르다흐가 주장하는 동방 교회(그리스 정교회)의 영향에 반론하는 코피츠는 이 이유를 서양의 동방에 대한 지식의 부족과 1054년의 교회의 분열 이후 증가하는 양쪽 교회의 소원(疎遠)과 서로 다른 예배적 습관으로 돌리고 있다. 따라서 그 당시 지식층이 못 되었던 볼프람이 자세한 지식을 갖지 못해, 비잔틴적인 제식을 전(全) 성배 의식의 전형으로 삼았을 가능성이 있다.[71] 그러나 여기에서 생각할 점은, 그 당시에 궁정의 생활상이 생생하게 알려지고 있으며, 콘스탄티노플은 그곳의 풍요한 유물들 때문에, 중세 후기까지 많은 여행자들의 목적지와 예루살렘 순례자들의 체류지가 되었다. 따라서 오리엔트와 서양의 교역 중심지에서 오는 소식들이 이곳에 많았을 텐데, 볼프람이 여기에서 얼마나 정보를 얻었는지는 알 수 없으나, 기독교 전통의 제식과 관습이 성배 의식(儀式)을 연상시켜, 볼프람이 그것을 묘사하도록(232, 9~240, 22 ; 253행) 자극했음이 틀림없다. 볼프람의 작품에서 관심을 끄는 것이 안으로의 진입을 완전히 균형 있게 구성한 행렬이다. 행렬의 내용은 열리는 철제문(232, 10)으로 시작되는데, 이 문은 행렬이 지나면 닫힌다. 여기에서 볼프람의 깊은 사상을 담은 색채와 숫자가 상징되어 이미 언급된 물질(철)에 영향을 미치고 있다.

이 상징은 벽과 제물(祭物)의 색채와 물질적 성격에서 상승된다. 첫 번째 무리는 붉은 갈색, 즉 어두운 흙의 색채인 옷을 입고 있고, 두 번째 무리가 풀빛인 〈초록색〉 옷을 입고 뒤따른다. 초록색은 갈색 흙에 초록색 풀처럼 살아 있는 식물을 연상시키는데, 이들 두 그룹이 꽃으로 장식되어 이 연상은 더욱더 강렬하다. 생명을 나타내는 초록색은 하늘의 색과 땅의 색이 혼합된 신비의 색이다. 초록색은 지성을 나타내는 푸른색과 온화한 마음을 나타내는 노란색이 혼합된 평등, 예지, 희망, 부활의 색이다.[72] 성배 의식의 소재가 더욱더 상승되는 다음 단계에서 다양한 색상이 혼합되어 여러 색깔의 초원과 비교된다. 네 번째 단계에서 물질적인 비단이 빛과 결합되어 색채에 태양 빛이 작용된다.

왕관을 쓴 성배 운반녀 레판제가 들어오자, 이 행렬은 절정에 오른다. 또 아라비아의 비단에 대한 관심이 고조되는데, 이 경우에 최고 품질의 물건이 오리엔트에서 생산되었다는 사실이 신비로운 경이감을 불러일으킨다. 볼프람은 색채를 언급하지 않으나, 앞에 언급된 다채로운 색상 다음에 특별히 흰색이 나타나, 성배를 담아 들어왔던 아라비아산 초록색 비단 천과 어울린다. 이것은 순수성과 물질의 빛의 표현 방식이다. 처음에는 황금의 촛대가 들어오고, 다음에 흰 상아, 그다음에 촛대에 꽂을 큰 초, 화강암과 석류석으로 만든 쟁반, 투명하고 황금빛과 붉은빛의 다양한 석류석, 마(魔)적 기능이 있다고 생각되는 환한 빛의 은으로 된 칼이 각각 들어온 후, 다시 초가 들어오더니 환한 빛을 내는 레판제가 성배를 운반해 들어온 다음에 여섯 개의 큰 초가 다시 들어온다. 볼프람이 의식적으로 이러한 특이한 순서를 만든 내용이 236, 19행 이하에서 다시 나타난다. 24명의 처녀들이 레판제의 오른쪽과 왼쪽에 똑같이 나뉘어 정렬하여, 색채적 윤무, 즉 이중의 무지개 같은 느낌을 주는 것이다.

2) 제식과 만찬

성배의 제식(祭式)적 숭배는 몽살바주에 한정되어, 이 성(城)의 큰 홀에서 거행된다. 볼프람은 평소에도 관례적인 차원을 타파하려고 한 것처럼, 이 장소를 거대하고 장엄하게 등장시킨다. 이 홀 시설의 〈풍부함〉과 〈궁정의 문화〉를 암시하는 볼프람의 언급은 거의 없다. 세 개의 사각형 대리석 벽난로의 명칭에서 그는 〈빛과 따뜻함〉의 형상을 나타내는데, 이 말은 이미 그가 여러 개의 촛대에서 언급한 적이 있다. 이 벽난로는 실제로 따뜻하게 하는 기능보다도 오히려 상징적인 의미를 지니는 것 같은데, 특히 성배의 왕 암포르타스가 중간의 벽난로 앞에 앉아 있는 장면에서 더욱 그러하다. 세 개의 대리석 벽난로의 숫자 〈3〉은 기독교와 직접적으로 연관되는 〈삼위일체〉 사상이 담겨 있다. 다시 말해서, 숫자 3은 전체를 상징한다. 우리는 삼세번 한다. 우주는 성부, 성자, 성령으로 되어 있어, 셋은 우주의 전체를 상징하는 것이다.[73]

두 번째 성배 축제에서 정취를 높이기 위해서 알로에를 벽난로 안에 태우는데, 이는 그리스도의 첫 만찬 때 향로를 태우는 데서 유래될 수 있고, 향료, 값진 연고, 기름이나 즙액을 사용하는 오리엔트와도 연관이 있다. 몽살바주에서 제식은 한편으로는 행렬이고, 또 한편으로는 이 행렬에서 거행되는 숭배의 만찬이다. 성배의 불가사의함을 보여 주는(470, 9 ff.) 성체 보관식이 성금요일에 이루어져서, 이곳 생의 절정을 이루듯이 많은 중요한 성배 의식은 기독교 축제일에 개최된다(807, 14 ff.). 많은 성체적 모티프(그리스도의 육체를 상징하는 성찬용 떡, 비둘기, 잔, 빵)와 미사의 느낌을 주는 관습(행렬, 석고 달린 접시가 있는 제단, 만찬)이 있지만, 제식 형태는 기독교적이 아니다.[74] 즉 다른 행사처럼 교회당이나 예배당에서 거행되지 않고, 미사의 요소도 없어 기도나 찬송가도 없다. 제식에서 행동의 모습은 오직 여성에서만 볼 수 있다. 즉 여성이 모든 성체적 행위에서 물러난 후에도, 24명의 처녀들이 한 여성직자의 인솔로 순결과 같은 동시대의 이교도적인 영향을 시도한다. 그러나 24가 가장 현저하게 나타나는 것은 하늘의 보좌(寶座)와 그 주위를 묘사하는 제4장에서이다. 24명의 장로들이 보좌 둘레에 앉아 있고, 그 자리에 동석하고 있는 네 생물은 각각 6개의 날개를 가지고 있다. 24라는 수는 하루의 시간의 합계를 나타내고 있는지도 모른다. 그것은 일주일의 7일과 마찬가지로 때때로 역사의 전 과정을 나타낸다. 따라서 볼프람이 구약 성서에서 흰옷을 입고 무지개 위의 왕좌 옆에 배열한 24명의 장로를 인용했을 가능성이 있다. 이 성서 내용 속의 왕좌에 앉은 사람은 벽옥처럼 보이고, 왕좌 주위의 무지개는 비취옥 같다. 그리고 왕좌 주위에는 24개의 보좌가 있고, 여기에 앉아 있는 24명의 장로는 모두 흰옷을 걸치고 머리에는 황금의 화관을 쓰고 있었다는 내용도 몽살바주의 궁정 제식의 성배 의식에 응용했을 가능성이 있다. 이 성배의 마을은 〈돌 하나〉에 의해 살고 있다고 볼프람은 말하는데, 이들이 가끔 거행하는 축제에서 어떻게 식량을 얻는지에 대해서는 불명확하다. 〈최후의 만찬〉과 〈그리스도 수난사〉가 이 작품 전체에 연상되며, 이곳의 성배 의식(聖杯儀式)은 주로 기독교·비잔틴적인 미사의 모티프로 설명될 수 있다. 〈최후의 만찬〉과 〈그리스도 수난사〉와 〈성배 의식〉의 유사성은 이미 마르테[75]와 부르다흐[76]가 언급했는데, 마르테는 성체적 유사성을 강조하여 교의(敎義)적인 관점을 내세우고 있다. 따라서 파르치팔에 제공된 성배 만찬의 축복이 아무 소용 없이 지나간 사실은 성찬이 회개하지 않는 자에게는 아무 의미가 없다는 사실로 암시된다. 볼프람은 성배를 인간을 구원한 그리스도의 의미인 미사로 연상시키면서도, 그것의 구체적이고 명백한 인용을 피하고 있다. 볼프람은 성배 개념을 종교적 형태에서 소외시켜서 새로운 의미를 부여하는 것이다.

이곳 몽살바주 성(城)은 신성하고 신과 가까운 장소이기 때문에 특별한 교회가 필요 없다. 그리고 이곳 성배 지역은 신에 의해 소명되고, 이들 구성원들의 삶은 신의 숭배이기 때문에 이곳의 성배 의식에는 성직자가 따로 없다. 이곳 성배 지역 주민은 최상의 도덕과 윤리적 정신으로 무장되어 있고, 이들 중 이러한 정신이 강한 자가 신성한 성직자 가까이에 배치되지만, 이들에게 일반적인 조건이나 교회의 지위 등은 제공되지 않는다. 볼프람이 성배의 숭배를 교회의 영향력에서 멀리하면서, 이곳 사회의 유토피아적 토대가 되는 성스러운 관계를 유지시키는 것이다.

6. 성배의 성유물적 특징

볼프람의 성배 개념에는 색채와 물질 관계뿐 아니라, 제식과 기능에서도 동시대의 종교적 관습, 특히 성직자와 성유물 숭배의 관습이 담겨 있다. 몽살바주의 사원에 있는 성배는 성스러운 보물처럼 보호되고 지켜야 하는 숭배 지역의 정신적인 지주인 것이다. 특히 성스러운 무덤을 지키기 위해 조직된 예루살렘의 성당 기사단[77]과 유사하며, 그들의 성지의 해방과 보호에 대한 의무도 비교될 수 있다. 성배의 기사들은 그들의 봉사에 대해 특이한 축복을 갖는데, 실제 역사적으로 십자군 원정에 참여했던 기사들도 그들의 봉사의 대가로 교회의 신비로운 축복을 받았다. 사도 바울의 교리에 의하면, 그리스도를 믿는 모든 사람은 교회라는 대규모의 단체에 같은 (신비로운) 육체의 구성원이라고 한다. 성배나 성지는 기독교 수난의 특징을 지닌다. 즉 성지의 장소들은 그리스도 수난에 의해서 성스럽게 되었지만, 성배는 우주적이고 성스러운 수난적 의미와 관계없이 직접적인 사건 및 성인들과 연관을 맺고 있다. 엄격히 말해서 성배를 최후의 만찬의 잔으로 볼 때 성유물의 접촉을 나타낸다.[78] 따라서 성배는 도움이 필요할 때, 중계와 도움을 주는 성직자나 신 대신 등장한다. 볼프람은 성배의 인간적 개념을 숭배에서 탈피시켜, 이 지역 성직자의 인간적인 관점과 구분시키고 있다. 직접 성유물과 접촉하거나, 접촉된 물건(덮개 천이나 꽃 등)에서 생기는 치유력과 성배의 치유력은 같아서, 성배도 생명을 주거나 유지시키는 힘을 지니고 있다. 성유물과 성직자의 이러한 불가사의한 힘은 성직자의 몸과 정신이 하나가 되는 신의 행위로 여겨진다. 이러한 기적의 행위는 신의 전지전능한 힘에 의해서 이뤄지므로 성유물도 이에 관한 정당성을 갖는다. 신의 은총만 있으면 성유물이 아닌 것도 기적을 일으킬 수 있는 만큼,[79] 성배는 신과 가까이 있음으로써(예를 들어 불가사의한 효력, 비문, 성스러운 정신의 비둘기와 성체 등) 어떠한 비평도 받지 않는다.

성유물이건 아니건, 이것이 경건하게 기도로 몰입되면 치료되는 경우가 있듯이, 성배를 응시만 해도 그것의 불가사의한 힘의 영향을 받을 수 있다.[80] 당시의 개념에 의하면, 모든 성직자의 정신은 유산(遺産) 물질의 미소(微小)한 조각에도 나타난다고 한다. 자신의 특이한 신분이나 신의 은총으로 성직자는 시대의 종말 이전에 신 옆에서 자신에 기도하는 자를 옹호해 준다고 하며 심지어 그는 신의 지역적 대표자로 간주된다.[81] 이와 같이 성배를 통해 신이 그 지역에 존재하며 자신에게 행한 부탁 (예를 들어 성배 지역 왕의 선출 등)을 비문으로 답변하고 있다. 그러나 여기에는 신과 지속적이고 직접적인 접촉만 있지 알선하는 관계는 없어서 성배 지역은 성직이 부여되지 못한 감이 있다. 이것이 이미 구원된 성자의 천국적인 분위기와 비교되는 『파르치팔』의 천국의 상태(235, 21; 235, 24; 244, 16)에서 나타난다. 「요한의 복음서」에 나타나는 천국적인 예루살렘도 이러한 개념에 속한다.[82] 이러한 천국적인 예루살렘의 지상적 실현(특히 성배의 왕 암포르타스의 구원)이 성배의 성(城)의 형태로 나타나는 것이다.[83]

볼프람의 『파르치팔』에서 성배는 종교의 중심적 내용을 담지 않고 있는 것이 명백하다. 그가 전형으로 삼았던 크레티앵의 『페르스발』이 지닌 성체적·기독교적 성격을 해체하여 새로운 성스러운 모티프와 해석으로 확산시킨 것이다. 여기에서 그는 전통적인 상징과 일반적인 연상을 응용하였다. 그 당시 평민 사회의 모범이며, 기사의 고귀한 이념이던 수도사의 특징이 성배 지역에서는 교회의 중계 없이 성배를 통해 신과 직접적으로 접촉하여 이 성배가 신의 전형적인 삶으로 규정된다. 이 사회의 유토피아적인 구상은 이승의 기쁨을 주는 아르투스 세계와 오리엔트의 신비적·이국적인 세계의 융합이나, 성배의 세계는 이들 세계의 초월로 다양한 세계를 조화적·보편적인 공동체로 통일시키고 있다. 전체적으로 볼 때, 볼프람의 성배 개념에는 13세기 초의 종교적 관습이 담겨 있다.

이 13세기 초의 종교적 관습은 십자군 원정이 불러일으킨 새로운 경건성과 평신도적 종교의 실용적인 양상이다. 볼프람은 이러한 사상에 관심을 기울여 금욕적인 은자(隱者)인 트레프리첸트에게 성유물을 딸려 암자로 보내고 있다. 이 성유물에 의해서 다시 한 번 성배 개념의 중요한 모티프가 언급되는데, 이것은 초록색 보석의 치유력을 가져다주는 유물로, 가하무레트가 동방에서 가져온 것이다. 이 성유물은 볼프람의 성배에서 파악되는 물질적·신비적·영적이며 서방적인 숭배와 동방적인 근원을 서로 연관시킨다. 볼프람은 사물의 영상을 전개시키면서 형태를 불명확하게 하여, 일반적인 이해의 개념을 피하고 있다. 그는 고귀한 계통과 낯설고 진귀하게 들리는 명칭을 통해서, 신비적이고 미지의 인상을 성배 개념의 진정한 요소로 만드는 것이다.

7. 결론

볼프람의 『파르치팔』은 아르투스 사회를 성스러운 사회의 모델로 만들고 있다. 이 사회에는 궁정의 전통인 사랑의 봉사 *Minnedienst*도 없고, 성배의 성스러움이 핵심을 이룬다. 볼프람의 성배 개념은 이질적인 관계와 서로의 모순성으로 더욱 우리 관심을 끌어 성배 전설을 심도 있게 규명하고 있다. 다시 말해서 성배의 발달과 관점은 종종 서로 배치되고 있다.[84]

성배의 기독교와 마적인 켈트족- 이교도의 역설적인 전설이 볼프람 작품의 근거이다.[85] 이러한 발단이 많은 흥미 있는 연결을 제공하지만, 전체적인 성배의 설명에는 모순점이 많다. 즉 성배의 형상이 너무 다양하고 이질적이어서, 한 가지 근거로 규명될 수 없는 것이다.

이러한 배경에서 볼프람의 성배는 다양한 양상으로 많은 연상을 주지만, 마지막까지도 명백하게 해석되지 않고 상징으로 남아 있다. 즉 성배의 본질은 상징적으로 나타날 뿐, 마지막까지 본질적으로 표현되지 않는 것이다. 따라서 이 성배에 대해 수많은 언급이 있으나, 이것의 본질적인 의미는 밝혀지지 않고 있다. 표현될 수 없는 것의 묘사가 바로 상징의 본질인 것이다.

주

1 Claus Riessner, Überliefertes und Erfundenes in Wolfram von Eschenbachs Vorstellungen vom Gral, in: *Studi Germanici* 21/22, 1983/84, S. 13~30.(이하 *Studi Germanici*로 줄임)
2 박찬기, 『독일 문학사』(일지사, 1984), 52면 이하.
3 같은 책, 56면.
4 같은 책, 57면 이하.
5 Elisabeth Frenzel, *Stoffe der Weltliteratur*(Stuttgart, 1976), S. 581.(이하 *Stoffe der Weltliteratur*로 줄임)
6 Joachim Bumke, *Wolfram von Eschenbach, Realien zur Literatur*(Stuttgart, 1998), S. 52 (이하 *Realien zur Literatur*로 줄임)
7 같은 책, S. 59 f.
8 *Stoffe der Weltliteratur*, S. 582와 비교하라.
9 V. Mertens und U. Müller, *Epische Stoffe des Mittelalters*(Stuttgart, 1981), S. 343.
10 Wilhelm Deinert, *Ritter und Kosmos im Parzival, Eine Untersuchung der Sternkunde Wolframs von Eschenbach*(München, 1960), S. 3 ff.(이하 *Ritter und Kosmos*로 줄임)
11 Hermann Goetz, Der Orient der Kreuzzüge in Wolframs Parzival, in: *Archiv für Kulturgeschichte*, 49/1, 1967, S. 1~42, bes. S. 38.
12 Paul Kunitzsch, Die Arabia im Parzival Wolfram von Eschenbachs, in: W. Schröder(Hg), *Wolframs Studien*, Bd. 2(Berlin, 1974), S. 9~35.
13 Helinandus Chronikon, siehe *Migne*, Pl, Bd. 212, S. 814 f.: anno 718~720.
14 *Studi Germanici*, S. 13~30과 비교하라.
15 같은 책, S. 17과 비교하라.
16 *Ritter und Kosmos*, 1960.
17 Carl T. Gossen, Zur etymologischen Deutung des Grals, in: *Vox Romanica*, 18, ND(New York, 1959), S. 208.
18 여기서 암시되는 사항은 기독교 전통에서 물고기와 포도주는 상징적인 음식이 되고 있다.
19 *Studi Germanici*, S. 22.
20 같은 책, S. 15.
21 W. J. Schröder, *Der Ritter zwischen Welt und Gott, Idee und Problem des Parzivalromans Wolfram von Eschenbachs*(Weimar, 1952), S. 32 f.(이하 *Der Ritter zwischen Welt und Gott*로 줄임)
22 San Marte, *Über das Religiöse in den Werken Wolfram von Eschenbachs*(Halle, 1861), S. 235 f.(이하 *Über das Religiöse*로 줄임)
23 「마태오의 복음서」 10장 10절.
24 H. Hempel, Die Ursprünge der Gralssage, in: Zfd. A, 96, S. 130 ff.(이하 *Die Ursprünge der Gralssage*로 줄임)
25 Konrad Burdach, *Der Gral, Forschungen über seinen Ursprung und seinen Zusammenhang mit der Longinus-Legende*, Bd. 14(Stuttgart, 1938), S. 547 ff와 비교하라.(이하 *Der Gral*로 줄임)
26 *Ritter und Kosmos*, S. 85~98과 비교하라.
27 같은 곳과 비교하라.
28 같은 책, S. 89.
29 같은 책, S. 92 f.

30 『마쥬지마니카야』3장 123절.
31 M. 엘리아데, 『종교사 개론』, 이재실 옮김(까치, 1993), 352면 이하.
32 같은 책, 351면.
33 *Der Ritter zwischen Welt und Gott*, S. 25.
34 *Realien zur Literatur*, S. 82.
35 Hugo Kuhn, *Dichtung und Welt im Mittelalter*(Stuttgart, 1969), S. 159.
36 R. Wisniewki, *Wolframs Gralstein und eine Legende von Luzifer u. den Edelsteinen*(Beiträge, 1979), S. 43~66. (이하 *Wolframs Gralstein*으로 줄임)
37 G. Weber, *Parzival, Ringen und Vollendung. Eine Dichtungs- und Religionsgeschichtliche Untersuchung*(Oberursel, 1948), S. 37.
38 Hans Sedlmayr, *Die Entstehung der Kathedrale*(Zürich, 1950), S. 119.
39 *Die Ursprünge der Gralssage*, S. 143 f과 비교하라.
40 Petrus W. Tax, *Felix culpa und lapsit exillis, Wolframs Parzival und die Liturgie*, in: MLN, 80, S. 454~469.
41 Wolfgang Golther, *Parzival und der Gral in der deutschen Sage des Mittelalters und der Neuzeit*(Leipzig, 1913), S. 206.
42 *Realien zur Literatur*, S. 82 ff와 비교하라.
43 Christel Meier, *Gemma spiritalis, Methode und Gebrauch der Edelsteinlegorese vom frühen Christentum bis ins 18. Jahrhundert*, Teil 1(München, 1977), S. 67 ff.(이하 *Gemma spiritalis*로 줄임)
44 *Gemma spiritalis*, S. 73 ff.
45 「마태오의 복음서」21장 42절 이하.
46 「베드로의 첫째 편지」2장 4~8절, 「로마인들에게 보낸 편지」9장 32절.
47 *Gemma spiritalis*, S. 99 ff.
48 In Sure 7, V. 157 heißtes, Mohammed sei 〈ungelehrt〉, *Der Koran*, übers. von A. Th. Khoury(Gütersloh 1987).
49 Hegire는 〈메카로의 순례〉 뜻의 아랍어 *hadschra*로, 괴테는 이의 불어형인 *Hegire*를 사용하고 있다.
50 〈순수(純粹)의 고향〉인 동방으로의 내적 도주를 뜻함.
51 오아시스의 물을 의신인화(擬神人化)한 것으로 원뜻은 〈생명의 수호자〉.
52 *Gemma spiritalis*, S. 152 f.
53 Gerda Friess, *Edelsteine im Mittelalter, Wandel und Kontinuität ihrer Bedeutung durch 12 Jahrhundert*(Hildesheim, 1980), S. 23 f.
54 「이사야」2장 2~3절.
55 「이사야」49장 23절.
56 라틴의 교부(敎父) · 성서학자 · 성인으로, 영어명은 제롬 Jerome. 달마티아 근처의 스트리돈에서 태어나, 열두 살 때 로마에 가서 문법 · 수사학을 배우고, 열아홉 살에 세례를 받았다. 그 후 갈리아를 여행하고, 그곳에서 수도원 생활을 하기로 결심했다. 아퀼레이아에서 친구와 함께 금욕 생활을 시작했으나, 372년 돌연 여행을 떠나 안티오키아에 머물러 있을 때, 병중에 〈그대는 키케로주의자이지 그리스도인은 아니다〉라는 목소리를 듣고 각성하여, 시리아 사막으로 들어가 4~5년간 수도 생활을 했다. 그 무렵 그리스어와 히브리어를 습득했다. 한때 교황 다마소 1세의 비서가 되었다가, 후일 베들레헴에 정주, 학문에 몰두해서 동방 신학을 서방에 전하였고, 라틴 세계에 큰 영향을 주었다. 그 최대의 불멸의 공적은 성서의 라틴어 번역이다. 해박한

언어 지식과 고전에 정통한 실력, 면밀한 연구 여행과 많은 학자들과의 교류의 성과로서 번역과 저작에 전념한 라틴 교회의 대표적 저술가의 한 사람이다.

57 *Großes Universallexikon für die Familie*(Zürich, 1981)과 비교하라.

58 Anna K. Reither, *Das Motiv des Neutralen Engels in Wolfram von Eschenbachs Parzival*(Mainz, 1965), S. 23 f.

59 Friedrich Ranke, Zur Symbolik des Grals bei Wolfram von Eschenbach, in: H. Rupp(Hg.), *Wolfram von Eschenbach, Wege der Forschung*, Bd. 57(Darmstadt, 1966), S. 327 f.

60 B. Willson, Wolframs Neutrale Engel, in: *Beiträge zur Geschichte der deutschen Sprache und Literatur*, 77, 1955, S. 58 f와 비교하라.

61 *Wolframs Gralstein*, S. 61 f.

62 이단이라고 지목되는 중세의 기독교 일파.

63 Hans-Joachim Koppitz, *Wolframs Religiösität*(Bonn, 1958), S. 218 f. u. 357 f.(이하 *Wolframs Religiösität*로 줄임)

64 *Über das Religiöse*, S. 247 f.

65 *Der Gral*, S. 14와 비교하라.

66 같은 책, S. 115.

67 Joachim Bumke, *Die Wolfram von Eschenbach-Forschung seit 1945, Bericht und Bibliographie*(München, 1970), S. 251.

68 *Der Gral*, S. 130~150과 비교하라.

69 같은 책, S. 130 f.

70 같은 책, S. 140 f.

71 *Wolframs Religiösität*, S. 207 ff.

72 J. C. Cooper, 『그림으로 보는 세계 문화 상징 사전』, 이윤기 역(까치, 1994).

73 Marie-Louse von Franz, *The Interpretation of Fairy Tales*(Boston & London, Shambhala, 1996).

74 *Der Ritter zwischen Welt und Gott*, S. 30 f와 비교하라.

75 *Über das Religiöse*, S. 247 f.

76 *Der Gral*, S. 130 f.

77 중세 예루살렘의 신전 또는 성지 참배의 순례자 보호를 목적으로 하는 기사단.

78 Stephan Beissel, *Die Verehrung der Heiligen und ihrer Reliquien in Deutschland im Mittelalter*, ND(Darmstadt, 1976), Bd. 1, S. 15 ff와 비교하라.(이하 *Die Verehrung der Heiligen*으로 줄임)

79 K. Schreiner, *Discrimien veri ac falsi, Ansätze und Formen der Kritik in der Heiligen- und Reliquiengeschichte*, 48(1966), S. 131~169.

80 *Die Verehrung der Heiligen*, S. 118.

81 H. Fichtenau, *Zum Reliquienwesen im frühen Mittelalter*, in: MIOG, 60, 1952, S. 67.

82 「요한의 복음서」 12장 12~13절.

83 *Wolframs Religiösität*, S. 302와 비교하라.

84 U. Bachofer Pretzel, *Wolfram-Bibliographie*(Berlin, 1968)와 비교하라.

85 Hirschfeld, Burdach, Schwietering, Schröder, Maurer, Weber 등이 기독교적 전통을 지지하고, Hempel, Loomis, Kahane, Ringboom, Bayer 등이 이교도-켈트족의 영향을 연구했다.

제2부 헤르만 헤세의 문학 분석

제1장 헤르만 헤세의 니체 사상

 헤르만 헤세는 니체의 동시대인으로 제국 *Kaiserreich*, 바이마르 공화국, 제3제국과 독일 연방 공화국 초기에 살아서 독일 근대사의 시대적 증인이 되고 있다. 니체는 국가 사회주의자들의 목적에 이용당한 결과, 1945년 이후에 파시즘을 대표하는 사상가가 되었다. 이러한 니체의 파시즘 전위대란 평판에도 불구하고, 헤세는 1948년의 노벨상 위원회에서 〈나에게 가장 강한 영향을 준 서구의 사상가로 플라톤, 스피노자, 쇼펜하우어와 니체 그리고 역사학자 부르크하르트 Jakob Burkhardt 를 들 수 있다〉[1]고 연설하였다.
 헤세는 인도와 중국의 영향이 서양의 영향보다도 더 강했다고 언급하면서, 이 연설을 계속하는데, 여기에서 반파시스트자로 알려진 이 작가의 니체 수용이 의미 깊다. 즉 헤세의 니체 수용은 국가 사회주의 시대의 니체 수용과 구별된다. 헤세는 니체 문학에 심취하는 과정에서 니체에 대한 절대적인 추종자는 되지 않았다. 작가인 니체에 대한 헤세의 열광적인 갈채가 철학자인 니체에 대한 멸시로 변한 것이다. 따라서 이 장에서는 이러한 헤세와 니체의 영향 관계를 헤세의 주 작품인 『데미안』, 『차라투스트라의 회귀 *Zarathustras Wiederkehr*』, 『황야의 늑대』, 『유리알 유희』를 근거로 규명하고자 한다.

1. 『데미안』

1917년에 발간된 『에밀 싱클레어의 젊은 날의 이야기 *Die Geschichte von Emil Sinclairs Jugend*』는 1919년에 〈에밀 싱클레어〉란 가명으로 발간되었다. 『데미안』은 처음에는 헤세의 정치 수상집인 『차라투스트라의 회귀』처럼 헤세의 이름으로 간행되지 못했다. 헤세가 『데미안』과 『차라투스트라의 회귀』를 집필할 때의 시대는 독일 등 유럽과 기타 지역에 정치적으로 중요한 시기인데, 이는 제1차 세계 대전의 말기가 미래 전환의 중심적 시대였기 때문이다. 이때는 니체가 헤세에게 가장 강력하게 영향을 미친 시기이다. 〈세기 전환기의 첫 상면은 정말로 자극적인 체험이었다. 『데미안』의 집필 시기에 니체는 헤세의 생에서 창작 요소로 그의 예술에 강한 자극이 되었다.〉[2] 이러한 관점에서 시대적으로 유사한 두 작품 『데미안』과 『차라투스트라의 회귀』를 같은 관점으로 해석할 수 있으며, 특히 『데미안』에서 싱클레어의 니체 몰입이 돋보인다. 〈그러나 나는 자유였다. 하루 종일 누구의 속박도 받지 않았고, 교외에 있는 폐허와 같은 하숙 생활도 마음이 느긋하고 쾌적한 것으로, 책상 위에는 몇 권의 니체 저서가 놓여 있었다. 나는 니체와 함께 살았고 니체와 함께 괴로워했으며, 그의 영혼의 고독에 공명하고 니체를 끊임없이 채찍질한 문명을 어렴풋이나마 느꼈다. 이제까지 타협을 배격하고 자신의 길을 걸은 사내가 있었다고 하는 사실에 대단히 만족감을 가졌다.〉[3]

싱클레어는 대학에 입학하는데, 자신이 추구했던 것을 거기에서 찾을 수 없자, 매우 낙심하여 니체에 몰입되어 전형적인 형상을 인식하게 된다. 그러던 중 마침내 데미안을 만나게 되는데, 데미안은 싱클레어가 특별히 운명의 표시를 지니고 있다고 상기시키면서, 성서에서 카인의 아벨 살해를 정통파 성서적 해설에서 벗어나게 해설하는데, 이 해설이 싱클레어의 발전과 사상에 중요한 역할을 한다.

불명예나 흠이 아니고 강자의 영예가 될 수 있는 카인 표시의 이야기는 싱클레어에게 가치 전환을 불러일으키는데, 이는 지금까지 몸에 배어 있던 〈선〉과 〈악〉의 구분에 대한 명백성을 상실하기 때문이다. 즉 종교의 신화 속에서 인간의 행위에 절대적인 가치와 규정을 제공했던 전통적인 기독교 도덕이 자신의 운명을 주어진 규정 밖에서 살고자 하는 선택된 자들에게는 이제 시대적으로 맞지 않는다.

자신의 자아(自我) 속의 삶은 자신이 받아들이는 것 이상을 요구한다. 종전의 종교와 도덕에서 벗어나는 일이 개인적 윤리의 장려 못지않게 필요하다. 헤세는 이러한 요구, 즉 그가 튀빙겐에서 철학자로서 인격을 거부하고 군주 도덕 *Herrenmoral*을 비난한 인간의 정신에서 나온 요구에 반응을 나타냈다. 은둔하여 비교적 부드러운 모습을 보이는 전통주의자는 자신과 세상과 불화가 되어 이제 완전한 개인주의자로 변하여 니체 사상의 도덕주의자가 되었다.[4]

니체에 대한 이러한 언급은 『데미안』의 여러 곳에서, 즉 탁월한 자나 일반 대중, 주인과 대중의 무리 등의 지식과 열망 속에서 서로의 비교로 나타난다.

표시를 가진 우리들이 세상의 눈에는 당연히 기묘하고 위험스럽거나 미치광이로 여겨질 것이다. 우리들은 깨어난 사람 내지 깨어나고 있는 사람으로서, 다른 사람들이 자기의 의견, 이상, 의무, 행복 따위를 군중의 그것에 될 수 있는 대로 밀착시켜서 자신의 행복을 발견하려고 하는 것에 반하여 우리들은 우리들의 각성 상태를 더욱더 완전하게 하려고 노력한 것이다. 물론 다른 사람들도 각각 노력은 하고, 힘이나 위대성도 갖추고 있었다. 그러나 우리들이 보기에는, 우리들 표시를 가지고 있는 무리들은 새로운 것, 개별적인 것, 그리고 앞으로 생겨날 것을 목표로 하는 자연의 의지를 대표하는 데 반해 다른 사람들은 현상 유지를 위한 의지의 대표자들이었다. 인류를 사랑하는 점에서는 우리들 못지않더라도 이 사람들은 인류가 이미 완성되어 있어 앞으로는 다만 유지 보호하기만 하면 된다고 생각하고 있었다. 이에 반해서 우리들에게 인류는 우리들 모두가 향하는 먼 미래를 뜻하고, 그것의 형상을 알거나 그 법칙을 분명히 묘사할 수 있는 인간은 없다.(D 142)

싱클레어는 대중이 자신의 이념을 향한 노력을 나쁘게 보지 않지만, 일부 선택된 소수인의 노력을 매우 높게 평가했다. 카인의 표시를 지닌 자는 〈엘리트의 클럽〉의 인물로 니체의 〈초인 사상 *Übermenschentum*〉[5]을 연상시킨다. 이러한 니체의 〈초인 *Übermensch*〉 사상이 그의 신화화의 도정에 중요한 역할을 하므로 이를 고찰해 보자. 퓌츠 Peter Pütz가 1897년에 추적한 바 있는 근·현대 사상에서 이상적인 인간의 모습에 대한 출처를 소개하면서, 초인에 대한 사상은 주관주의의 초기에는 칸트 Immanuel Kant의 철학에서, 뒤에 와서는 피히테 Johann G. Fichte, 슈타이너, 키르케고르, 칼라일, 에머슨 Ralph W. Emerson 그리고 니체 등의 사상에서 발견된다고 쓰고 있다.[6] 그는 또 문학 부분에서도 괴테의 『파우스트』, 임머만 Karl Immermann의 『신화, 메를린 Merlin, eine Mythe』 그리고 바그너의 「로엔그린」 등이 초인 사상의 전형이 되었다고 덧붙이고 있다. 카우프만 Walter Kaufmann도 초인과 같은 비범한 인간이 이미 기원후 2세기 사모사타의 루키아누스의 글에 언급되어 있다고 쓰고 있다.[7] 이암블리코스도 피타고라스 Pythagoras를 〈신적인 사람〉, 〈신, 데몬, 곧 초인간적인 존재〉라고 불렀던 것으로 전해진다.[8] 이상의 인물들이 고대 그리스 문헌 학자 니체에게 적잖은 영향을 끼쳤으리라고 짐작하기는 어렵지 않다.

굴곡이 심한 인간관을 경험하면서, 니체는 비교적 온건하고 비판적인 입장에서 몇 사람의 역사적인 인물을 찾아내어 훌륭한 인간으로 제시하게 된다. 예수 그리스도, 제정 로마의 황제 카이사르 Julius Caesar, 괴테와 나폴레옹 등이 바로 그들이다. 이들은 그 모습과 행동 영역이 서로 다르기는 하지만, 모두 종(種)으로서의 인간의 수준을 뛰어넘는 소수의 선택된 인물들이다. 이들의 언행은 특출하였으며, 그 탁월성 때문에 지금까지 많은 사람들로부터 추앙받아 왔다. 그가 가르친 종교적 교설의 내용을 문제로 삼지 않는다면, 예수 그리스도도 탁월한 능력의 인간이었다.[9] 그러나 니체는 이들이 모두 그들 나름의 훌륭함을 지니고 있기는 하지만, 그들 역시 부분적으로는 취약점이 있다고 생각하였다. 그래서 니체는 이들 가운데 어느 누구도 미래의 이상적 인간이 지녀야 할 모든 요건들을 두루 갖추지 못한 것으로 판단하기에 이른다.

예를 들어 카이사르는 강인한 힘을 바탕으로 한 의지와 결단력을 가지고 있으나, 예수 그리스도가 갖고 있는 순교자적이며 고결한 영혼이 결여되어 있었다. 예수 그리스도는 카이사르와 같은 장군은 아니었으나, 순교자적인 고결한 영혼으로 인류의 구제를 꾀하고, 또 이를 위하여 위선에 차 있는 것으로 판단되는 기성의 종교적 질서에 대항하였다. 이러한 의미에서 그는 새로운 역사를 도모한 인물이며 혁명 투사였다. 그러나 그에게는 강인한 힘의 의지와 전사적인 정복 욕구가 결여되어 있었다. 이들 사이의 관계, 즉 힘에 대한 의지와 고결한 영혼의 관계는 장군 나폴레옹과 시인 괴테의 비교에도 해당된다. 이들 위인들을 따로 떼어 놓고 보면, 각자의 훌륭한 성격과 능력에도 불구하고 새로운 인간상을 찾아 나선 니체를 부분적으로밖에 만족시킬 수 없었다. 니체가 바란 것은 예수 그리스도의 영혼을 지닌 카이사르이며, 괴테와 나폴레옹을 한 몸에 합친 인물이었다. 이렇듯 니체가 꿈꾸고 있는 이상적인 인간은 구체적인 내용이 없는 허구의 존재가 아니었다. 즉 니체는 현실 세계를 그의 사유의 기반으로 삼되, 그것의 한계를 넘어 훌륭한 성품과 능력을 고루 갖춘 미래 지향적인 이상을 제시하고 있는 셈이다.[10]

음악가 바그너도 이러한 니체의 초인을 방불케 하는 개념을 말했는데, 그의 〈아름답고 강한 인간〉[11]이란 바로 그것을 뜻한다. 니체의 초인은 세상에 알려지는 과정에서 크게 왜곡되었고, 특히 1900년 전후로는 초인이 크게 유행하여 초인의 여성형인 *Überweib*가 등장하기도 하였다.[12] 뿐만 아니라 국가 사회주의의 제3제국 통치 시대에 초인은 당시 독일의 정치적 상황과 관련하여 과장되고 일방적으로 해석되었다. 히틀러는 바이마르에 있는 니체 문서 보관소를 방문하여 니체에 대한 그의 깊은 이해를 보였으며, 선전상 괴벨스를 위시한 적지 않은 국가 사회주의 지도자들, 그 가운데 특히 인종주의자들은 니체를 독일 국가 철학자로 추앙하고, 그의 초인 사상을 예찬하였다. 이들은 독일이 니체의 가르침에 귀 기울여, 초인의 출현이라는 역사적 요구에 부응할 것을, 그러기 위해서는 인접의 저급한 민족들과의 피의 유대를 단절할 것을 요구하였다.[13]

헤세 자신의 『데미안』이 니체의 영향을 받았는지에 대한 의문은, 헤세가 니체의 사상을 얼마나 받았는가 하는 데서 답을 얻을 수 있다. 헤세가 『데미안』을 집필할 때, 여전히 회의(懷疑)로 괴로워하고 허무주의의 위험에 노출되었다는 의미 깊은 사실이 이 시기의 니체 사상의 몰두로 볼 수 있다. 이 작품을 자세히 읽어 보면, 니체의 논의로 볼 때 데미안은 초인이나 〈운명적인 것에 대한 사랑 *Amor fati*〉의 대변적 수용뿐 아니라, 허무주의를 대변하는 것이 확실하다. 『데미안』에서 헤세는 니체를 인식하려 했으며, 그 결과 허무주의를 극복하려 했고, 또 초인을 절대적인 세계 질서 속에 융합하려 하였다.[14] 이렇게 자신의 개인적 위기에 선 헤세가 작품 『데미안』에서 니체의 〈초인 사상〉과 〈허무주의 *Nihilismus*〉를 명백하게 나타내는 것이다. 여기에서 보여 주듯이, 헤세는 〈고차적인〉 운명을 타고난 〈초인〉인 싱클레어와 데미안을 더 위대하고 의미 깊은 질서에 맞추려고 시도하였다. 특출한 인간인 초인은 전체에 대한 기능, 즉 세계에 대한 기능을 지니는 것이다.

인류에 영향을 미친 인간은 모두 자기의 운명을 그대로 받아들일 각오가 있었기 때문에 능력 있고 영향력이 있었지. 이는 모세, 부처, 나폴레옹, 비스마르크 등에도 해당되지. 어떠한 조류에 봉사하고 어떠한 극으로부터 지배되느냐 하는 것은 그의 선택 사항이 아니야.(D 146)

운명을 그대로 받아들일 각오는 특출한 인물과 대중을 구분하는 일이라고 데미안은 말하는데, 대중이란 새로운 발전에 반응할 수 없는 존재이다. 단지 소수의 인물들만이 〈새로운 발전에서 자신의 방식을 구하는〉(D 145) 소명을 갖는데, 이들은 강력한 지도자가 아니고, 단지 운명의 변화로 볼 수 있는 자신의 착상을 추구할 준비가 되어 있다. 이는 헤세와 동시대의 작가인 토마스 만의 민주주의에 역행되는 사상과도 일치한다. 토마스 만은 〈정상성〉과 〈평범성〉의 사회적 전형화인 〈시민성〉을 민주주의에 연관시켜 반대하는 견해를 보이고 있다. 즉 토마스 만은 민주주의의 〈자유와 평등〉을 국가 형성의 〈기만적인 원칙 Machtprinzip〉[15]이라고 공격하며, 〈평등〉은 〈자유〉의 이상과 일치하기보다는 〈위대한 인간을 말살하고 평범한 인간〉만을 만들어 내는 〈현자(賢者)에 대한 우자(愚者)의 폭력〉을 의미한다고 보았다. 결국 그는 민주주의는 평균화된 대중을 지배하는 〈권력자나 전제주의자의 각본에 불과하다〉[16]고 비난했다. 〈자유〉는 〈정치적 유미주의자의 방종〉[17]에 지나지 않으며 〈다만 망상의 도취 속에서만 향유될 수 있다고 단정했다〉.[18]

한편 뵈트거 Fritz Böttger는 헤세가 『데미안』에서 니체로의 전향을 이러한 내용과 완전히 다르게 평가한다. 〈『데미안』에서 무산 계급과 억압받는 자들의 사회 세계의 접근으로, 또 소도시의 신분 제도의 극복으로, 그리고 시민 가정의 생활 형태와 거리를 추구함으로써 권위적인 《부친적 자아 Vater-Ich》 의식의 노예 상태에서 해방이 시작되고 있다.〉[19] 1974년에 당시의 동독에서 발간된 뵈트거의 위 저서는 『데미안』 작품 속의 인물 크로머 Franz Kromer를 사회의 하류층인 노동자 계급의 분위기에서 발생한, 즉 착취당하는 자의 신분으로 국민 총생산에서 자기 몫을 투쟁해서 쟁취하려는 인물상으로 구현하고 있다. 싱클레어가 고백한 대로 자신도 공범자라 볼 수 있는 착취가 이런 일의 원인이라는 사실은 〈크로머의 도덕적 타락보다는 그의 계급 상황을 반영한다〉.[20] 크로머의 행동 양식이 사회적 동기이듯이, 데미안 사상의 배후에는 〈1900년이나 1910년의 폭동을 일으킨 젊은 소시민 세계에 전형적이던 파시즘적 니체 사상이 담겨 있는 것이다〉.[21]

이것은 진정한 시사(時事)적인 배경을 지니고 있다. 즉 싱클레어가 어린이에서 성인의 역할로 들어서는 과정의 주된 형태로서, 데미안은 가식적인 귀족 형태의 지식인 겸 상징주의자의 형태로 크로머의 세계에서 발생하는 사회주의자의 형상을 선택하지 않은 이유를 설명해 주고 있다.[22]

이념적이며 계급 투쟁적인 인물상 외에, 뵈트거는 데미안의 강자와 약자의 관계에 대한 언급 방식도 강조하고 있다.

데미안에게 카인은 두려움이나 공포가 없는 종족에 속하는 고상한 인물이지만, 아벨은 겁쟁이다. 그리고 강자가 약자를 때려죽이는 것은 하늘에 저항하는 악한 행동이 아니고 용기와 지조의 표시이다. (……) 정말로 이것은 철학으로 어느 부르주아적 학생에게 명해졌지만 실천되지 않았다. 그리고 어디에도 결정적인 수정은 없다. 어느 날 수많은 데미안이 검은 제복을 입고서 교양 있는 엘리트를 대표하여 원칙을 행동으로 옮기는데 이는 때려죽이는 것이 가장 간단한 일이기 때문이다. 이러한 사태에서는 가장 간단한 것이 항상 최선의 것이다. 물론 여기에서 헤세의 언급이 없고 모든 군사적 반응이 나타나는데, 이 반응은 니체의 『도덕의 계보』에 대한 저술에서부터 좀바르트 Sombart와 셸터 Schelter의 전쟁서(書)까지 호전적인 사람을 고상한 형태로 보고 그들 군국주의의 파괴적 광신주의가 데미안 형상을 돋보이게 했다.[23]

이렇게 니체의 무도덕주의 Amoralismus와 연결된 금지 대상이 된 데미안을 언급하고 나서, 뵈트거는 이제 〈카인의 표시를 지닌 자들의 단체〉[24]를 언급한다. 〈후기 시민 사회적인 냉담하고, 분파적으로 경직되어 전체의 삶에서 고립된 정신적 엘리트로서 그는 신화로 도피하고자, 영지주의(靈知主義), 카발라,[25] 점성학이나 인도의 금욕주의에 열중하여, 일반 사회적 생활을 찾지 못하고 발전의 정체 상태에 빠지게 되었다. 따라서 싱클레어의 책상 위에는 괴테 서적이 없고 니체의 저서가 놓여 있다.〉[26] 뵈트거는 헤세의 『데미안』에 비친 니체의 영향을 완전히 부정적으로 보았다. 헤세가 기독교 사상을 자신의 『데미안』에 불어넣어서 니체의 허무주의를 극복하려 했다는 것[27]은 단지 라이헤르트의 소수적인 의견일 뿐이다.

『데미안』에서 신이 나타나는 방법을 고찰해 보면, 니체의 견해나 기독교의 견해를 화합시키고 싶은 시도를 느끼게 된다.[28]

오늘날의 관점에서 이론의 여지는 『데미안』의 마지막 장에서 전쟁의 역할인데, 싱클레어의 전쟁 체험이 니체의 〈전쟁과 군대 Krieg und Kriegsvolk〉라는 차라투스트라 연설을 연상시킨다. 이 연설에서 차라투스트라는, 〈모든 일을 성스럽게 하는 것은 착한 전쟁이다. 전쟁과 용기가 이웃 사랑 Nächstenliebe보다도 더 위대한 일을 했다〉라고 말하고 있다.

2. 『차라투스트라의 회귀』

『차라투스트라의 회귀 Zarathustras Wiederkehr』는 1919년에 익명으로 간행되었고, 1920년에야 비로소 헤르만 헤세의 이름을 달고 〈독일 젊은이에 대한 연설 Ein Wort an die Deutsche Jugend〉이란 제목으로 다시 출간되었다. 여기에서 차라투스트라의 이름이 니체를 연상시키며, 형태상으로 서로 간의 완전한 모방이 없지만 사건과 여덟 개의 연설로의 구분이 외적인 유사성을 보여 준다.

섬세한 언어 감각을 가진 독자라면, 나의 저서에서 차라투스트라를 연상할 것이며, 나의 이 저서의 어떤 양식도 모방되지 않았다는 것을 알게 될 것이다. 즉 이 저서는 약간 일치하기는 하지만 모방하지는 않았다. 차라투스트라의 모방자라면 많은 양식을 이용했겠지만, 나는 이를 완전히 거부했다. 그리고 니체의 차라투스트라를 거의 10년 동안 손안에 쥐어 본 일이 없다고 고백하는 바이다.[29]

『차라투스트라의 회귀』가 헤세의 이름으로 발간되었을 때, 첫판의 익명성과 니체의 일치를 이 저서의 서문에 설명하면서 헤세는 차라투스트라의 정신을 불러일으킨다. 〈몇 달 전부터, 아니 몇 년 전부터 나의 마음속에 니체의 개념이 형성되었는데, 그의 사상이나 문학이 아니고 한 인간, 한 남성인 니체에 대한 개념이었다. 전쟁으로 우리 독일 정신이 비참하게 거부된 이후 니체는 점점 우리 민족의 사상가들에서 이미 완전히 몰락한 것 같은 독일 정신과 독일의 용기와 독일의 남성다움 등의 마지막 외로운 대변자로 생각되었다.〉[30]

그리고 헤세는 전후 우울한 독일에서 니체와 대화하도록 권고하면서 니체의 독일 정신을 호소하고 있다. 특히 독일의 젊은 층에 영향을 주려는 목적에서 이 저서를 썼는데, 이 저서는 〈많은 부분에서 『데미안』의 사상의 연속이며 보충이 되고 있다고〉[31] 뵈트거가 확인시켜 주고 있다. 그러나 그는 『차라투스트라의 회귀』를 비교적 호의적으로 보지만, 전체적으로는 부정적인 평가를 내린다. 〈헤세가 여기에서 차라투스트라의 역할에 대해 알리는 내용은 인도적이지만, 객관적인 면에서는 반동적이다. 그것은 혁명을 봉쇄하여 모든 사회 변혁을 거부하고 있다.〉[32] 여기에서 헤세의 차라투스트라는 본질적으로 니체의 차라투스트라보다 더 구체적으로 제1차 세계 대전 사건의 실제 상황을 언급하고 있다. 〈당신들 모두는 잠시 동안이나마 러시아인은 적이고 그들의 결과는 악이라고 믿었던 적이 있었다. 그리고 나서 곧바로 이러한 사상이 프랑스인, 그다음에 영국인, 그리고 다른 민족으로 향하며 당신들은 이 사실을 확신하고 있었다. 그러나 그것은 슬픈 코미디로서 비참한 결과를 낳았다. 이러한 결과로 우리 내부의 고통이 치유되지 않고, 또 우리는 이것을 우리의 적의 탓으로 돌리는데, 왜 오늘날에도 당신들은 고통이 있는 그 곳, 즉 당신들의 내부에 그 고통이 있다고 생각하지 않는가?〉[33]

이러한 독일의 우월론에 연결되어 니체의 〈초인 사상〉이 비난받기도 하였다. 토마스 만은 자기 민족이 선택되었다고 보는 일종의 초인 사상을 독일 민족의 재난의 근원이자 제2차 세계 대전의 직접적인 화근으로 보았다. 따라서 토마스 만은 국가적 거만, 즉 자신들의 인종 정신적 우월성이 세계를 지배할 선택된 존재라는 유혹을 재난으로 보고, 또 이 유혹의 근원을 유럽 민족 국가가 번창한 시대인 중세에서 르네상스로의 과도기로 보았다. 이렇게 토마스 만은 독일 민족의 초인적 사상을 독일 민족의 재난의 근원으로 보고, 제2차 세계 대전의 직접적인 화근으로 보았지만, 제3제국의 경험 후에도 결코 니체를 등지지 않았다. 그는 한 서간에서 〈나는 니체를 《나의 독일인들을 추락시켰다》고 해서 나쁘게 생각할 수는 없다. 만일 그들이 그의 악마주의에 빠져들 만큼 우둔했다면, 그것은 그들의 일이고, 만약에 그들이 그들의 위인들을 견뎌 내지 못한다면, 그들은 아무런 위인도 내놓을 수가 없다〉[34]고 말한 적이 있다. 이렇게 토마스 만은 만년에 와서도 니체를 찬양했으며, 그의 바그너 비평으로부터 배울 점이 많다고 했다.[35] 따라서 토마스 만의 니체 수용은 결코 일시적인 발견이 아니었으며, 여러 단계를 거친 것이었다.

이에 상응하여 헤세의 차라투스트라가 처방한 치료제는, 상처받은 독일 젊은이들이 정신적으로 건강하고 새로운 위대함으로 웅비할 수 있도록 번뇌를 배우고, 고독을 견디며, 운명을 받아들이게 하는 태도이다.

> 채색되거나 만들어진 고독이 아니고, 자신의 운명에 결정된 자신 고유의 고독을 발견한 사람은 행복하다. 번뇌를 할 수 있는 자는 행복하다. 마음속에 마술의 돌을 지닌 자는 행복할지니, 그에게 운명이 오고, 그 운명에서 행동이 생긴다.[36]

모든 이익 단체들은 자신들의 미래와 세계의 신념으로 미래, 세계, 권력과 사회의 다른 개념을 억눌러 서로 다른 목표의 세계를 개혁하려는 생각이 헤세의 차라투스트라에서 거부되고 있다.[37] 〈예전에는 세계가 인간에 의해서 향상되고, 더 부유해지고, 생기 있게 되고, 즐겁고, 또 위험스럽게 되었지만, 그것은 혁명가에 의해 이루어지지 않고, 실제적으로 이기주의자들에 의해 이뤄졌는데, 이들은 진지하고 실제적인 사람들로 어떤 목적이나 목표도 없이 자신의 상태로 살아가는 것에 만족하였다.〉[38] 이러한 이기심은 독일을 이념의 틀로 집어넣으려는 계획적인 의도에 역행된다. 모든 사람이 깃발을 앞세우고 달려가며 구호를 외치면서 정치적으로 다른 사상을 가진 사람들을 총으로 쏘는 대신에 누구나 자신의 길을 가며 자신의 운명을 인식하는 것이다.

> 『차라투스트라의 회귀』는 (……) 독일 젊은이들의 정신을 끌어들이려는 수단으로서 완전히 차라투스트라 방식을 모방하고 있다고 인정된다. 헤세가 새로운 양상으로 니체의 논쟁을 수정하여 재창조하지만 기교는 니체의 작품과 매우 유사하다.[39]

이렇게 헤세가 니체의 차라투스트라의 형태를 택한 이유 중 하나는 이 방식이 독일 젊은이들의 사상을 사로잡는 데 적합하다고 생각했기 때문이다. 즉 이러한 차라투스트라의 방식으로 헤세는 젊은이의 사상을 사로잡은 것이다. 따라서 그 당시에 새로운 니체에 대한 동경심이 존재한 것 같다. 헤세는 모조된 〈풍자〉를 이용한 니체 같은 예언자의 역할로 전쟁이 끝나 고향에 돌아온 젊은이들에게 강력한 반향을 일으키리라 믿었다.[40] 뵈트거는 염두에 둔 수용자에 대한 형태의 영향력을 인정하면서, 자신이 볼 때 동독에서 배척된 니체가 반세기 이전에 매우 인기를 끌었던 이유에 대해 설명할 의무를 느꼈다.

> 이상한 현상이지만 차라투스트라의 저자가 그 당시 지성적인 젊은 층의 대다수에게 반동적인 작가가 아니고 중요한 문화 비평가, 대담한 저항가, 현 세상을 폭로하는 분석가로 무엇이 발생할지에 대해 예언가로 생각되었다.[41]

뵈트거가 거리감을 두면서 니체와 헤세에게 품은 반동적 사상은 1927년에 발 Hugo Ball이 저술한 『헤세 자서전』에 완전히 다르게 담겨 있는데, 이 저서는 제3제국의 체험을 담고 있지 않다. 〈이러한 차라투스트라의 부활은 헤세의 혁명의 유작으로 내면적 신의 나라로의 전향이다. (……) 그것은 니체의 숙명적인 것에 대한 사랑으로 차라투스트라― 싯다르타가 예언하는 영원불변하는 것에 대한 사랑이다. 이 책은 죽은 자들과 살아 있는 자들 간의 고차적인 우정이며 공화국의 탄생 시대에 대한 아름다운 추억이다. 새로운 독일 역사서에서 그것은 언급되지 않을 수 없다. 그것은 그 시대의 가장 자랑스러운 정치의 문학적 성과인 것이다.〉[42]
뵈트거와 발의 평가 사이의 모순은 그들이 혁명 개념을 서로 다르게 이해한 데에 근거한다. 마르크스주의자인 뵈트거가 혁명을 권력의 위로부터 아래로의 이동, 즉 반동 세력으로부터 노동자 계급으로 이동으로 이해한 반면, 후고 발, 헤세, 니체의 혁명 이념은 계급이나 단체가 아닌, 즉 대중을 따르지 않는 개인을 향하고 있다.

3. 「황야의 늑대」

『황야의 늑대』 속의 〈하리 할러의 수기 *Harry Hallers Aufzeichnungen*〉는 일종의 경고인 세 단어의 경구 〈광인들을 위하여 *Nur für Verrückte*〉(S 205)로 시작된다. 보잘것없이 작은 글씨로 쓰인 이 문구에서 카를슨Ann Carlsson은 고대 그리스의 디오니소스 제전에서 부르는 열광적 송가와 니체의 관계를 보고 있다.

> 단지 바보일 뿐이로다! 시인일 뿐이로다!
> 　(……)
> 교활하고, 약탈하고 남몰래 기어드는,
> 항상 거짓말을 하지 않을 수 없는,
> 짐짓 거짓말을 하지 않을 수 없는 짐승이다.
> 먹을 것을 갈망하고,
> 여러 가면을 쓰고,
> 자기 자신의 가면으로
> 자기 자신의 먹을 것이 되어
> 　(……)
> 어떠한 황야도 신전보다는 마음이 편하도다.
> 고양이처럼 짓궂고
> 어느 창문에나 뛰어들어,
> 살풋! 어느 우연(偶然) 속에도 뛰어들어,
> 모든 원시림 속에도 뛰어드노라.
> 그대가 원시림 속에서

가지가지 얼룩진 맹수 사이를,

죄악성(罪惡性)의 건강으로 화려하고 아름답게

달리기 위해서

갈망하는 입술로서,

조소(嘲笑)에 기뻐하고, 지옥에 기뻐하고,

참혹(慘酷)에 기뻐하고,

약탈하고, 남몰래 기어들고, 노려보며

달리기 위해서.[43]

니체가 여기에서 본 고양잇과의 육식 짐승인 시인이 『황야의 늑대』에서 헤세의 시인과 여러 면에서 일치된다.

나는 황야의 늑대, 마구 달린다.
　(……)
나는 사슴을 이다지도 그리워한다.
한 마리라도 있어 주었으면!
나는 그것을 이빨로 물어뜯고 손아귀에 움켜쥘 것이다.
더할 수 없는 즐거움이여,
나는 그 귀여운 놈이 정말 그립다.
네 부드러운 허벅살에 이빨을 처박고,
연붉은 피를 흥건히 마시곤
밤새도록 외로이 울부짖을 것을.
　(……)
내 꼬리는 이미 하얗게 바래었다.
눈조차 어두워졌다.
아내도 죽은 지 여러 해 되었다.
　(……)(S 250)

황야의 늑대는 니체의 동물처럼 짐승과 인간의 성격을 갖추고, 니체의 바보 *Narr* 는 헤세의 광인 *Verrückte*과 유사하여 『황야의 늑대』에서 니체의 영향을 볼 수 있다. 이 두 저서의 유사성의 과정에 대한 설명이 필요 없을 정도로 『황야의 늑대』 서문에서 이미 하리 할러와 니체의 관계가 서술되어 있다. 〈니체와 같은 사람은 현대의 비참상을 한 시대 전에 벌써 절실히 느끼지 않을 수가 없었다. 그러나 누구에게도 이해를 받지 못하고, 그 사람 혼자만 겪어야 했던 그 고뇌를 오늘은 무수한 사람이 겪고 있다.〉(S 204)

하리 할러의 수기의 저자가 이 말을 인용하는 데서, 니체뿐 아니라 하리 할러가 현혹 시대, 즉 인간 발전의 두 시기의 틀에 사는 것에 번뇌를 갖는 사실이 확인된다. 할러는 〈인생의 모든 회의(懷疑)를 점점 개인적인 고통과 지옥으로 느끼는 운명을 타고난 것이다.〉(S 203 f.) 그는 니체의 개념인 초인 *Übermensch*이 아니다. 재능 있는 시민이 초인이 되려고 시도했다가 실패한 인물이 바로 황야의 늑대인 것이다.

역시 〈광인만을 위해〉 집필된 〈황야의 늑대 논문 *Tractat vom Steppenwolf*〉(S 222~250) 편에도 하리 할러에 해당되는 황야의 늑대의 특징이 담겨 있다. 황야의 늑대적 인간이란 자신의 독립을 유지하려 하는데, 이 독립을 이룬 사람들은 동시에 외롭게 되기 마련이다. 황야의 늑대는 압박에서 독립한 보답으로 고독을 받은 셈이다.

그런데 할러는 자유를 손에 쥐자마자, 갑자기 다음과 같은 것을 느꼈다. 즉 자유는 죽음이라는 것, 자기는 외로운 존재라는 것, 세상 사람들이 자기를 경원시한다는 것, 사람들은 자기와 하등 관계가 없고 또 자기가 자기와 무관계하다는 것, 그리고 자기는 점점 희박해져 가는 무관계와 고독이란 공기 속에서 질식해 가고 있다는 것 등을.(S 228 f.)

그러나 황야의 늑대는 독립을 한 결과 고독해지자 자살을 감행하게 되는데, 그는 무조건적으로 생명을 끊는 것이 아니라 자살이 삶의 해결적 구원이라는 생각에서 감행한다.(S 229~232) 여기서 중요한 사실은 황야의 늑대와 시민의 관계인데 그는 한편으로 이들을 경멸하지만 그들로부터 완전히 벗어나지도 못한다. 자신과 같은 사람들이 삶을 가능하게 하는 것이다.

그는 사소하지만 죄를 저지르기도 하고 방탕도 해보고, 자기를 비시민적인 변태자, 또는 천재라고도 생각해 보기를 좋아했다. 그러나 솔직히 말해서 그는 시민적인 것이 전혀 존재하지 않은 곳에서는 여태껏 한 번도 생활해 본 적이 없었다. 그는 권세가나 특수 계급 사회에서 살아 본 적이 없고 또한 죄인이나 공민권을 박탈당한 사람들의 세계에서도 살지 않았다. 그는 항상 시민들과 같이 살면서 그들의 풍습과 규범과 분위기와 관계를 맺고 있었던 것이다. 비록 그것이 대립과 반역의 관계였다고 하더라도.(S 233)

황야의 늑대 같은 사람은 국외자 *Außnseiter*로서 기인인데, 그렇다고 해서 비타협적으로 시민적 세계 질서에서 벗어나거나 인간을 극복할 정도로 강하지도 않는다.

수로는 수천을 헤아리지만 인간으로 볼 때 극소수에 불과한 국외자들은 자신의 내적 목소리를 염두에 두며 숙명적인 것에 대한 사랑의 법칙을 따르고 싶어 하지만 청결이나 질서, 사교성이나 예술과 같은 부르주아적 사회 양상을 배척할 수 없는 인물이다. 그들은 분열된 개성에 괴로워하면서 동시에 공민이며 국외자, 반(半)인간이며 반(半)늑대인 것이다.[44]

황야의 늑대는 자기 가슴속에서 두 영혼의 갈등, 즉 늑대와 인간의 투쟁, 그리고 자신의 시민적 관심과 비시민적 관심의 갈등에 번뇌를 가지는데, 이는 괴테의 『파우스트』에서 파우스트의 가슴속 갈등과 일치하고 있다.

내 가슴속에는, 아아! 두 개의 영혼이 깃들어 있으니,
그 하나는 다른 하나와 떨어지기를 원하고 있다.
하나는 음탕한 사랑의 쾌락 속에서,
달라붙는 관능으로 현세에 매달리려 하고,
다른 하나는 용감하게 이 속세의 먼지를 떠나,
숭고한 조상들의 영의 세계로 오르려 하는 것이다.
오오! 이 땅과 하늘 사이를 지배하며,
저 대기(大氣) 속에 떠도는 정령들이 있다면,

황금빛 해미 속에서 내려와,

나를 새롭고 찬란한 삶으로 인도해 다오! (1112행 이하)

황야의 늑대가 초인적인 위대함에 도달할 수 없다는 번뇌는 마침내 유머로 극복된다. 즉 우주적인 세계로의 도약이 이루어지지 않는 경우에 웃음으로 포장(包裝)하여 시민적인 것으로 되돌아감으로써 번뇌는 극복되는 것이다. 삶과 번뇌에서 절망하여 마침내 자신의 목을 자르려는 결심을 하게 된 하리 할러는 어느 날 〈검은 독수리 Zum schwarzen Adler〉(S 271)란 술집에 가게 되는데, 이는 집에서는 항상 자살만 생각되어 집에 머무는 것이 두려워졌기 때문이다. 거기 술집에서 그는 헤르미네란 소녀를 만나 나중에 그녀의 주선으로 춤(S 302~315)과 사랑(S 315~337)과 웃음(S 369~413)을 배우게 되는데, 이 중에서 웃음을 배우는 게 가장 어렵다.

그러나 하리 할러는 웃음을 배워야 한다. 그 자신도 계속 살아가기 위해서, 또 자기 파괴와 자기 파멸을 피하기 위해서 마침내 웃음을 배우고 싶어 한다. 같은 방식으로 니체의 저서 『음악의 정신에서 비극의 탄생 Geburt der Tragödie aus dem Geiste der Musik』의 〈자아 비판의 시도 Versuch einer Selbstkritik〉편에서 차라투스트라와 니체도 웃음과 춤을 요구하고 있다.

> 그대들은 먼저 이승의 위안의 기술을 배워야 한다. 그대들은 웃음을 배워야 한다. (······) 그래서 그대들은 웃는 자로서 언젠가 모든 형이상학적인 위안을 악마에게 보내게 될 것이다. 그리고 형이상학을 먼저 보내게 된다! 또는 차라투스트라라고 불리는 디오니소스적인 요괴의 말을 빌리면 다음과 같다. 즉 나의 형제들아, 그대들의 정신을 높이, 더 높이 끌어올려라! 그리고 발도 잊지 마라! 그대들의 훌륭한 무용수인 발도 더 올려라. 그러면 그대들은 거꾸로 서게 된다! (······) 예언자인 차라투스트라, 진리를 웃는 차라투스트라는 성급하거나 무조건적으로 행하는 자가 아니며, 도약과 선회를 좋아한다. 나 자신이 이 왕관을 쓰게 되었다! 이 웃음의 왕관, 이 장미 화관의 왕관, 나의 형제들아, 그대들에게 이 왕관을 던지노라! 웃음은 성스럽다고 선언하노라. 그대들 고차적인 인간들아, 나에게서 웃음을 배워라![45]

『황야의 늑대』의 작가인 헤세나 니체에서 웃음을 배우는 것은 삶의 과업의 또 다른 조건이다. 그러나 그것이 니체에게는 인간의 극복인 반면, 헤세에게는 웃음을 배움으로써 인간의 자신을 발견하는 것이다.[46] 뵈트거는 『황야의 늑대』에서 웃음의 치료술을 다음과 같이 평가하고 있다. 〈국외자인 주인공을 고독과 심리적 답답함에서 벗어나게 하여 구원의 가능성을 열어 주려는 작가의 의도는 실패했다. 그러나 여기서 암시된 내용은 사회적으로 높게 인식될 가치가 있다. 즉 여기에서 전개는 이교적이고 반항적인 지식인은 시민성에서 벗어나는 출구를 찾지 못해 결국 자신의 모든 반항 시도가 헛되다는 것을 알고 적응을 하게 된다. 헤세가 『데미안』의 개념으로 그 후 계속 추구했던 《내면으로의 길 Weg nach innen》은 이제 곤경에 처하게 되었다. 유머와 웃음이 제시하는 가정적인 해결책은 문제 해결의 불가능만을 확인해 줄 뿐이다.〉[47] 여기에서 뵈트거는 황야의 늑대인 하리 할러와 헤세가 항상 추구했던 올바른 삶의 이상적인 해결 방안을 일찍이 발견한 것이다.

4. 『유리알 유희』

『유리알 유희 Das Glasperlenspiel』는 헤세의 대표적인 교양 소설이다. 독일의 철학자 딜타이 Wilhelm Dilthey가 처음 사용한 용어인 〈교양 소설 Bildungsroman〉에서 교양 Bildung이란 단어는 〈형성하다 bilden〉라는 동사의 명사형이다. 따라서 교양이란 단순히 지식·기술·사회 규범을 익히는 것이 아니라 스스로 인간성을 갖춰 가는 것을 뜻한다. 여기에서는 한 인간의 유년 시절부터 성숙된 장년기에 들어갈 때까지의 영혼과 정신의 성장을 묘사한다. 주인공의 인격이 외부 환경의 영향 속에서 성숙·발전하는 과정을 묘사한다. 주인공들은 학교와 양친의 보호 아래 청년 시절을 보낸 후에 여러 계층의 사람들과 접촉을 하고 또 먼 거리의 모험적인 여행을 함으로써, 점차 그에게 알맞은 세계와 자기 자신에 대한 인식을 얻게 된다. 주인공은 때때로 그의 체험들을 1인칭의 형태로서 이야기한다(1인칭 소설). 그 주인공으로 말미암아 우리는 다양한 표현들을 통일적으로 관망할 수 있게 된다. 따라서 작가의 경험을 자신의 성장 과정에 따라 내면적으로 파악하여, 그 자체에 보편적인 가치를 부여하는 것이 교양 소설의 특징이다. 중세 말 볼프람의 서사시 『파르치팔』, 18세기 독일 시민 사회 성립기의 계몽 사상 등의 영향을 받았다. 괴테의 대작 『빌헬름 마이스터의 수업 시대』를 필두로 노발리스의 『푸른 꽃』, 켈러의 『녹색의 하인리히』, 헤세의 『유리알 유희』 등이 대표작으로 손꼽힌다.

『유리알 유희』는 1943년, 즉 독일 역사의 가장 암울한 시기에 취리히에서 발간되었다. 이 당시 파시즘, 즉 국가 사회주의의 침략 정책에 의한 세계의 위험이 급박하게 되어 갔지만 작품 『유리알 유희』의 내용은 그게 아니었다. 이 대작에 유희의 명인 요제프 크네히트의 생애, 즉 미지의 미래에 이뤄지는 유토피아적인 교육주(州) 카스탈리엔 Kastalien에 거주하는 한 인간의 삶과 영향력이 언급되고 있다. 이러한 요제프 크네히트의 자서전과 유고집은 유토피아적 문학의 결과로서 시기적으로는 약 2400년경에 쓰였다고 생각된다.[48]

공포스럽고 견디기 어려운 독일에서 더 나은 미래의 꿈으로 도피하는 내용은 헤세가 살던 시대의 많은 암시를 담고 있는데, 이 시기는 2400년대의 회고에서 행복으로 극복된 시대인 카스탈리엔의 생성 시대의 시작에 해당된다.

> 무엇보다도 종단의 설립과 유리알 유희를 결실로서 남기게 되었던 그 정신 운동은 문학사가 플리니우스 치겐할스의 근본적인 연구가 있고 난 뒤부터 그가 만들어 낸 〈문예란 시대〉라는 명칭으로 불리고 있는 역사상의 어느 한 시대에서부터 시작한다. 이러한 명칭은 적절하기는 하지만 위험하며, 과거의 인간 생활의 어느 한 상태를 부당하게 고찰하게 할 가능성을 항상 지니고 있다. 사실 그 〈문예란 시대〉도 결코 정신적인 면이 결여되어 있었던 것은 아니며, 또 사실 정신적인 면에 있어 결코 빈곤하지도 않았다. 그러나 치겐할스에 따르면, 이 시대는 정신을 어떻게 다루어야 할지 별로 잘 알지 못하던 것처럼 보인다. 아니, 그 시대는 인생과 국가의 전체 체제에서 정신에 합당한 위상이나 기능을 부여해 줄 수 없었던 것이다. (G 15 f.)

『유리알 유희』에서는 실제 정치적 상황이 구체적으로 언급되지 않고 있지만, 이 작품은 야만과 제3제국의 범죄에 대한 지적인 대체 설계이며, 또 이 시기의 날카로운 분석으로 유토피아를 암시하는데, 이의 미래에 대한 예상은 고전적 유토피아의 내용으로 자연으로의 복귀, 평화의 이상과 계급 없는 사회이다.[49] 이러한 상황에서 사회의 분석이나 문예적 시대 *feuilletonisches Zeitalter*로 논의되는 부분들(G 15~23)은 위기의 원인자로 니체의 이름을 들고 있다. 〈다시 말해서 사람들은 이제 막 우리 문화의 청년기와 창조적인 시기는 지나고 노년기와 황혼기가 시작되었다는 사실을 발견하게 되었다. 이것은 니체 이후 이미 여기저기서 예감되었던 발견이었다. 그리고 모든 사람들이 느끼게 되고 또 많은 사람들이 가차 없이 표현하였던 이런 통찰을 바탕으로 사람들은 그 시대의 그렇게도 많은 불안한 징후들, 다시 말해 생활의 황량한 기계화나 도덕의 심각한 타락, 여러 민족들의 무신앙, 예술의 비순수성을 설명했다.〉(G 22)

전통적인 가치는 가치 조직의 확립점에서 벗어나지만 다시 새로운 질서를 제공하지 않아 이 세상은 무질서로 빠져들었는데, 이는 니체와 니체 이후의 그의 추종자들 때문이라는 것이다. 옛날의 질서는 멸망하고 인간은 무(無)에 직면했다는 확신이 인간의 정신세계를 사로잡고 있는 것이다.

　선한 사람들 사이에서는 조용하면서도 암울한 비관주의가, 그리고 악한 사람들 사이에서는 음흉한 비관주의가 지배하였다. 그래서 문화도 진정한 자기 관찰과 새로운 정돈의 능력을 갖기 위해서는 먼저 폐습의 타파나 정치와 전쟁을 통한 세계와 도덕의 재편 같은 것이 선행되지 않으면 안 된다.(G 23)

5백 년의 거리감에서 20세기의 시작을 되돌아보는 『유리알 유희』의 환상적인 작가 헤르만 헤세는 죄과를 보여 주지 않을까 조심한다. 헤세는 카스탈리엔에서 〈과거〉와 〈카스탈리엔〉의 세계를 확실하게 대조로 나타내고 있다.

　물론 오늘날 우리가 인격이라고 생각하고 있는 것은 옛날의 전기 작가나 역사가들이 생각했던 것과는 상당히 다르다. 그들, 특히 전기적인 것에 대해 뚜렷한 관심을 가지고 있었던 그 이전 시대의 작가들에게 있어서는 인격의 본질이 변칙적인 것이나 파격적인 것, 또는 일회적인 것, 때로는 심지어 아주 병적인 것으로 여겨졌던 것처럼 보인다. 그러나 오늘날의 우리는 모든 독창성이나 특이성을 넘어서 가능한 한 완전하게 자신을 일반적인 것에 편입시키고, 또 가능한 한 완전하게 초개인적인 것에 봉사할 수 있었던 사람들을 보게 될 때야 비로소 중요한 인격에 관해 말하게 된다.(G 9)

이 말은 모든 질서 밖에 존재하며 자신과 자신의 강인함만 확인시키는 니체의 〈초인 사상〉을 거부하고 있다. 오직 인간에 봉사하기 위하여 모든 능력을 발산하는 인간들에 관해 언급하는 것이다.

유희의 명인(유리알 유희)에 관한 장편의 작품으로서 헤세는 종전의 작품 『동방의 여행 Morgenlandfahrt』에서 전개시켰던 관점을 거듭 주장하고 있다. 즉 정신성, 창조성, 지성에 관한 초기의 작품에서처럼 정신 Geist은 인간에 공헌하는 봉사 Dienen로 종속되어야 한다고 주장한 것이다.[50]

『유리알 유희』에서 봉사하는 정신에 대한 이의 언급은 유희의 명인으로 승진한 카스탈리엔 거주자인 요제프 크네히트를 말하는데, 그에게는 카스탈리엔의 봉사가 벌써부터 전개되고 있었다. 요제프 크네히트의 유리알 유희의 명인이란 높은 지위로의 승진은 인정받는 재능을 최선으로 이용한 결과이다. 즉, 이 재능이 카스탈리엔 제도에 가장 우수하고 올바르게 인정될 때 봉사하게 되어 카스탈리엔의 제도에 적합하나 카스탈리엔 밖의 제도에 소명되면 더 이상 통용되지 않는다.
요제프 크네히트는 봉사하지만, 콜럼버스가 그렇게 했던 것처럼 그는 자기가 선택한 주인에게만 봉사한다.(G 437) 따라서 그는 엘리트들 사이에서 다시 기인이 되고 있다.

말과 필체도 얼굴이나 목소리나 걸음걸이와 꼭 같이 이 요제프 크네히트 특유의 본질을 잘 보여 주고 있었다. 당국이 그의 후임자로 그와 같이 훌륭한 사람을 찾기란 어려운 일일 것 같았다. 진실로 주인다운 사람, 진실로 뛰어난 인격자는 그야말로 드문 것이다. 그러나 인물은 모두 하늘이 내리는 혜택이고 선물이었다. 선량들의 주(州)인 여기 카스탈리엔에서도 마찬가지였다.(G 448)

요제프 크네히트는 대중적 인간이 아니고 지배자인 셈인데 권력의 의지 대신 봉사 의지를 지닌 지배자다. 그는 유토피아적 문학의 주인공인 것이다. 헤세에 대한 니체의 영향에 호소력을 미치는 또 다른 인물로서 테굴라리우스 Fritz Tegularius를 들 수 있다. 그는 은둔하여 외롭게 사는 귀족적 천재로 번뇌에 몰두하고, 역사를 경멸하며, 철학적 경향으로 고전 문학을 연구하고, 단체에 관심을 갖지 않는 철저한 개인주의자이고, 모든 지성적인 노력의 문제성을 비극으로 인식하고, 또 건강이 허약하고 감성적으로 불안정하며 논쟁을 추구하는 기인으로 우울과 불면의 발작을 겪는 등 명백한 니체 상이다.

테굴라리우스와 니체의 동일시는 라이헤르트의 저서에도 나오는데,[51] 이 저서의 마지막에 있는 밀레크의 인용문에서 헤세와 니체의 관계는 결국 서로 동조하는 비사교로 전개되어 간다. 〈테굴라리우스는 니체의 사상이며, 처음에는 매력과 혐오감이 있고, 몇 년간 친근과 의지와 마지막의 초월성 등의 접촉으로 볼 때 요제프 크네히트와 테굴라리우스의 교류는 헤세와 니체의 문학적 재현이다. 그리고 테굴라리우스는 높이 평가할 만하나 모방할 가치는 없는 전형으로 볼 수 있으며, 그의 병든 천재성은 자기 파괴적이며 그의 비사교적인 개인주의는 희망보다도 위험성을 야기시킨다고 요제프 크네히트는 최종 확신하는데, 여기에서 비사교적인 개인주의가 희망이 아닌 위험성을 가져온다는 니체의 평가에 헤세도 동조하는 셈이다.〉[52]

니체의 작품을 이념적 근거로 이용한 국가 사회주의자들은 니체 평가를 근거로 헤세의 『유리알 유희』와 토마스 만의 『파우스트 박사 Doktor Faustus』의 유사점을 들고 있다. 히틀러 시대, 전쟁기의 독일, 유럽을 평가하는 이 두 기념비적인 소설은 다음의 성과를 거뒀다. ① 니체를 인정하지 않고 그를 위험한 인물로 선언한다. ② 니체가 증명한 위협을 상징하기 위해 니체를 이용하고 있다. ③ 창조적인 힘으로 이용하여 데카당스 운동에 대항한다. ④ 니체의 천재성은 인정한다.

테굴라리우스— 니체 상이 정신적으로 카스탈리엔의 엘리트에게 중요하지만, 그의 지도가 얼마나 위험스러운가 하는 사실이 요제프 크네히트의 테굴라리우스에 대한 보고서에 잘 나타나 있다.(G 154 f와 비교하라) 마리엔펠스 Marienfels의 수도원에서 테굴라리우스는 로마· 가톨릭교회와의 접촉하면서 종교, 특히 기독교에 매우 불편한 느낌을 갖는데(G 213 f.) 이것은 반기독교적인 저자에게 해당되는 사항이다. 한편 요제프 크네히트는 마리엔펠스 수도원에서 몇 년 동안 체류하며 경의와 흥미를 가지고 종교에 접근하면서 역사의 틈바구니에서 종교의 생존 능력에 경탄한다.

그런데 요제프 크네히트는 이제 베네딕트파 사람들 사이에서 놀라움과 경외심으로 그때까지 이론적으로나 역사적으로만 알고 있던 종교를 아직도 살아 있는 것으로 체험하게 되었다. 그는 많은 예배에 참석했다. 그리고 야코부스 신부가 쓴 몇 권의 책을 접하게 되고, 또 그와의 대화를 통해 많은 영향을 받게 된 이후, 그는 여러 세기를 지내 오는 동안 수없이 비현대적이고, 시대에 뒤지고, 낡고 경직되기는 했지만, 그래도 언제나 다시 그 원천을 생각해 내고, 또 그것에 의거하여 어제의 현대적인 것과 당당하던 것을 물리치면서, 스스로를 개혁하였던 기독교라는 현상을 완전히 뚜렷한 모습으로 그려 볼 수 있었다.(G 185 f.)

기독교적 관점에서 니체는 과도하게 교회로 넘어가지 않는다. 그리고 엘리트와 대중, 초인과 시민의 대립에서 완전히 벗어나지 않는다. 그러나 〈정신의 고상한 상태〉(G 382 ff.)에 대한 호감에 대해서 다음을 명심해야겠다. 즉 카스탈리엔 밖의 세계가 유리알 유희와 순수 학문의 장려를 위해 희생하기 때문에, 정신적 엘리트의 작업이 이루어진다. 정신 *Geist*은 그것을 지니는 육체 *Körper*를 낮게 볼 근거가 없다. 『유리알 유희』에서는 전체에 봉사하는 정신의 유토피아가 관용 *Toleranz*과 권력 추구를 거부하는 요구와 연결되어 있는 것이다.

5. 결론

이 장의 첫 인용문에서 헤세는 니체의 영향을 받았다고 고백하고 있다. 그리고 이 장에서 거론된 헤세의 모든 소설에서 니체의 이름이 등장하고, 『차라투스트라의 회귀』는 니체의 차라투스트라의 환상적인 회귀를 보여 준다. 싱클레어, 데미안, 하리 할러와 요제프 크네히트 등의 주인공들은 제각각의 방식으로 기인(奇人), 즉 국외자로서 운명의 길을 추구하는 역할을 하고 있다. 싱클레어와 데미안은 말기까지 대중 가운데서 자신의 특이한 위치를 의식하여, 이 운명을 받아들이는 특이한 존재로 이해된다. 시민적인 거주 공간과 시민적 삶의 방식을 좋아하지만, 교양 있는 시민 계급의 가치 개념을 경멸한 하리 할러는 춤, 사랑, 웃음으로 자신의 논리적 부족을 방어한다. 그가 모든 규정과 강요에서 벗어남을 견딜 수 없지만, 자신 속의 인간을 극복하지 못하는 자신의 약점을 적어도 웃어 버리면서, 자신의 균열된 개성에 절망하지 않으려고 한다. 요제프 크네히트는 전체에 봉사하기 위해서 자신의 재능과 정신을 이용하는데, 이때 각각의 운명과 이러한 운명의 인식이 더 큰 질서인 세계에 영향을 미침으로써 중요성을 띤다.

지금까지 언급된 헤세의 주인공들의 공통점은 그들은 적어도 비정치적인데, 이는 그들이 법이나 규정으로 이뤄질 수 있는 정치적인 세계 개혁을 추구하지 않기 때문이다. 여기서는 〈내면으로부터의 세계 개혁 *Weltverbesserung von innen*〉, 즉 이념, 전통적인 가치에서 벗어난 개인의 삶, 개념과 기준, 내적 및 외적으로 들어맞는 조건, 각각의 인간을 형상하는 재능 등이 해당된다. 생의 목표인 자아 발견은 국가나 종교, 선이나 악에서 세계 질서의 대안으로 제기되는데, 이 경우 이상이 붕괴될 때 이들 주인공 같은 사람들이 이러한 생의 목표의 스승 역할을 떠맡는다.

많은 헤세의 양식(樣式)적 실험이나 그의 반이성주의 등의 내용은 일부 니체의 사상에서 유래한다고 볼 수 있다. 또 헤세가 허무주의자로 평가한 니체가 헤세의 허무주의적 의구심을 강화시켰다. (……) 간단히 말해서 헤세의 삶은 니체의 허무주의와의 끊임없는 투쟁이었다.[53] 그러니까 헤세는 항상 하나의 개념, 즉 그가 모든 가치를 제거하고 나서 마주치는 무(無)를 피하려 하였는데, 그것이 『데미안』에서는 모든 것을 자신 속에 하나로 합일하는 신인 아브락사스 Abraxas로 전(全) 운명이며, 『황야의 늑대』에서는 유머와 웃음이며, 『유리알 유희』에서는 이 세상의 전(全) 의미를 자체 속에 지니는 유리알 유희의 교훈이다.

헤세는 자신의 생애가 진행됨에 따라, 니체에 대한 개념을 변경해 갔다. 즉 젊었을 때 작품에서는 니체의 철학을 거부하고, 데미안의 시대에는 니체 사상의 추종자가 되다가, 말년에는 인식은 하지만 치료법을 제공하지 못하는 세계 질병을 주장한 니체를 조심스럽게, 그리고 그의 위험성을 헤아리게 되었다. 그러나 헤세는 전체적으로 니체뿐 아니라, 다른 유럽 사상가, 인도 사상가, 중국 사상가에서 인간 미래의 처방을 찾았다.

주

1 Sigfried Unseld, *Hermann Hesse, Werk und Wirkungsgeschichte*(Frankfurt/M., 1985), S. 286.(이하 *Unseld*로 줄임)

2 Joseph Mileck, *Hermann Hesse. Dichter, Sucher, Bekenner*(München, 1979), S. 30.(이하 Mileck로 줄임)

3 Herman Hesse, *Demian, Gesammelte Werke*, Bd. 5, S. 131. 여기에서 가장 빈번하게 이용되는 원전을 기호로 표시하고자 한다. 즉 *Gesammelte Werke*는 GW로, 『데미안』은 D로, 『황야의 늑대』는 S로 그리고 『유리알 유희』는 G로 해당 부분에 표시되고, 이들 표시 다음에 면수를 표시하였다.

4 Mileck, S. 88.

5 F. W. Nietzsche, *Werke* Ⅰ~Ⅴ, Bd. Ⅱ, hg. von Karl Schlechta (Hg.) (Frankfurt/M., Berlin, Wien, 1972), S. 796~805.

6 Peter Pütz, *Friedrich Nietzsche*(Stuttgart, 1967), S. 70 f.

7 Walter Kaufmann, *Nietzsche*(Princeton, 1974), S. 307.

8 Frederick Copleston, S. J., *A History of Philosophy*, vol. Ⅰ, 1960, p. 29.

9 Hermann Wein, *Positives Antichristentum*(Den Haag, 1962), S. 89 f.

10 정동호 편저, 『니체 철학의 현대적 조명』(청람, 1984), 245면 이하.

11 Richard Wagner, *Die Kunst und die Revolution*, 1849, S. 73.

12 Peter Pütz, a.a.O., S. 70 f.

13 같은 책, S. 72 f.

14 Herbert Reichert, The Impact of Nietzsche on Hermann Hesse, in: Herbert Reichert, *Friedrich Nietzsche's Impact on Modern German Literature*(Chapel Hill, 1975), S. 99 f.(이하 Reichert로 줄임)

15 Thomas Mann, *Gesammelte Werke* in 13 Bänden, Bd. 12(Frankfurt/M., 1974), S. 237.

16 같은 책, S. 356 f.

17 같은 책, S. 537.

18 Bernhard Blume, *Thomas Mann und Goethe*(Bern, 1949), S. 74.

19 Fritz Bötger, *Hermann Hesse. Leben-Werk-Zeit*(Berlin, 1974), S. 249 f와 비교하라.(이하 Bötger로 줄임)

20 같은 곳.

21 같은 책, S. 250.

22 같은 곳.

23 같은 책, S. 251.

24 같은 책, S. 252.

25 카발라 Kabala는 어원상 〈전승된 것〉, 〈전통〉을 뜻하며 12세기경에 생겨난 숫자와 문자 풀이를 중심으로 한 유대인의 신비주의적인 비전(秘傳)과 가르침을 가리킨다. 에스파냐에서 발전하였고, 〈영광의 서(書)〉를 뜻하는 『조하르 Sohar』가 가르침을 담은 유명한 경전이다. 카발라는 이후 전 유대인 사회에 널리 퍼졌으며 특히 동구의 하시디즘(*Hasidis*, 경건주의)에 많은 영향을 미쳤다.

26 Böttger, S. 253 f.

27 Astrid Khera, *Hermann Hesses Romane der Krisenzeit in der Sicht seiner Kritiker*(Bonn, 1978), S. 75와 비교하라.

28 Reichert, S. 100.

29 Hermann Hesse, Schriften zur Literatur Ⅰ, in: GW, 11, S. 41.

30 같은 곳.
31 Böttger, S. 259.
32 같은 책, S. 262 f.
33 Hermann Hesse, *Betrachtungen. Aus den Gedankenblättern. Rundbriefe. Politische Betrachtungen.* in: GW. 10, S. 475 f.(이하 *Betrachtungen*으로 줄임)
34 Thomas Mann, *An Maximilian Brantl*, Briefe Ⅱ, S. 581.
35 Thomas Mann, *Briefe* in 3 Bänden, hg. von Erika Mann(Frankfurt/M., 1962) ff.
36 *Betrachtungen* S. 484.
37 같은 책, 488 ff.
38 같은 책, S. 490
39 Reichert, S. 101.
40 Böttger, S. 261.
41 같은 책, S. 259.
42 Ball, Hugo, *Hermann Hesse. Sein Leben und sein Werk*(Frankfurt/M., 1967), S. 161.
43 F. W. Nietzsche, *Also Sprach Zarathustra, Gesammelte Werke* in drei Bänden, Bd. Ⅲ,, hg. von Karl Schlechta(München, 1960), S. 685 ff.
44 Reichert, S. 106.
45 F. W. Nietzsche, *Gesammelte Werke* in drei Bänden, Bd. Ⅰ, hg. von Karl Schlechta(München, 1960), S. 18.
46 Discussion of Herbert W. Reichert, Nietzsche's Impact on the Prose Writtings of Hermann Hesse, in: *Symposium* 28, 1974, S. 54 f.
47 Böttger, S. 341.
48 Unseld, S. 181.
49 같은 책, S. 175.
50 Reichert, S. 111.
51 같은 책, S. 113 f.
52 Mileck, S. 264.
53 Reichert, S. 115 f.

제2장 『수레바퀴 밑에서』에서의 학교와 사회 비판

세계 어느 나라나 청소년 문제가 심각하다. 그리고 이러한 청소년 문제의 근원으로 자주 교육 제도가 지적되고 있다. 전인적인 교육이 아니라 단편적인 실력 위주의 교육 등이 중심이 되다 보니 청소년의 성격 형성에 큰 문제가 발생한다는 비평이 지배적이다. 따라서 이를 규명하고자 헤세의 초기 소설 『수레바퀴 밑에서 Unterm Rad』를 학교와 사회 비판적 관점에서 고찰하고자 한다. 이 장에서는 『수레바퀴 밑에서』의 시대적 배경과 자서전적 요소 등 다양한 동기 Motiv가 고찰된다. 여기서 기벤라트 Hans Giebenrath와 하일너 Hermann Heilner 두 주인공의 관계 구조와 소설의 시도 동기인 이 두 주인공과 작가 헤세 자신의 유년기의 파괴가 서로 비교되어 교육학적·사회학적·심리학적으로 규명되고 있다. 또 이 연구와 연관되어 작품 속에 담긴 빌헬름 2세 시대의 학교와 사회 구조도 비판되고 있다.

1. 작품의 요약

헤세의 초기 소설 『수레바퀴 밑에서』는 1904년에 「새로운 취리히 신문 Neue Züricher Zeitung」에 처음으로 발표되었고, 1906년에 책의 형태로 발간되었다. 이 작품에는 중개업과 대리점을 경영하는 명예욕이 강한 부친의 아들로, 재능 있지만 성격이 매우 섬세한 청소년 기벤라트의 이야기가 전개되고 있다. 해마다 열리는 〈헤카톰베 *Hekatombe*〉[1]는 주(州)에서 특히 머리가 뛰어난 청소년을 선발하는데, 매우 좁은 소도시에서 성장한 기벤라트가 자신의 작은 마을에서 유일하게 이 시험의 응시 자격을 얻게 된다. 그러나 이 치열한 경쟁에 대한 준비로 인해서 신체적으로 허약한 기벤라트의 체력은 더욱더 소모된다. 부친과 마을 교회의 목사, 교사 등의 명예욕에 이끌려서 기벤라트는 이 시험에 2등으로 합격하는데, 그때 그는 신체적으로 탈진 상태에 있다.

   이렇게 우수하게 선발된 기벤라트는 마울브론 신학교 *Klosterseminar Maulbronn*에 무료 장학생으로 공부하는 행운을 획득하게 된다. 그는 처음에는 모범 학생으로 매우 열심히 노력한다. 그러나 일찍이 성숙하고 작가적 재질이 있는 신학교 동급생인 하일너와 교제를 하면서, 기벤라트의 삶의 방식은 변하게 된다. 하일너와 신학교 교장과의 논쟁에서 기벤라트는 불안한 생각에서 본의 아니게 하일너에 반대하는 입장을 취한 결과, 그와의 사이가 멀어지자 심적으로 심한 고통을 겪게 된다. 그러다가 한 동료 학생 힌딩거 Hindinger의 죽음 이후 하일너와의 화해가 이루어진다. 그러나 문학적 소질 등 사고가 깊은 하일너의 영향에서, 또 자신의 사춘기의 시작으로 인해, 기벤라트의 학업 성적은 점차 떨어진다. 교장의 계속적인 압력으로 하일너가 신학교를 떠나게 되자, 혼자 남게 된 기벤라트는 더욱 건강이 악화되어 요양을 위해 집으로 돌아간다. 그는 더 이상 공부를 할 수 없게 되고, 마지막으로 부친의 촉구에 의해 기계공이 되기 위한 실습을 받게 된다. 이렇게 공장 견습공이 된 그를 바라보는 고향 사람들의 눈길은 차갑기 짝이 없다. 궤도에서 이탈한 그에게 돌아오는 건 〈신학교에 합격한 대장장이〉라는 비웃음뿐. 기벤라트는 눈물짓는다. 〈공부에 흘린 숱한 땀과 눈물, 억눌러야 했던 자그마한 기쁨들, 자부심과 공명심 그리고 희망에 넘치는 꿈도 모두 헛된 것이 되고 말았다.〉 따라서 기벤라트의 삶의 불행이 전개된다. 이루지 못한 첫사랑과 기계공 견습생 기간에 갖게 된 동료와의 술자리가 이 청소년을 최종적으로 좌절시켜, 그는 결국 강에서 익사한 시체로 발견된다.

   끊임없는 경쟁에서 밀려나 비극을 맞이한 게 어디 기벤라트뿐이랴. 미국에선 젊은 층 20퍼센트가 일상생활에 영향을 미치는 인격 장애를 겪고, 그보다 훨씬 더 많은 수가 술과 마약을 남용한다는 발표가 있었다. 컬럼비아 대학과 뉴욕 정신 의학 연구소 연구 팀을 이끈 마크 올프슨 박사가 19~25세의 5천여 명을 인터뷰, 분석한 결과다. 미국만 이런 것이 아니다. 서울 시내 중고생 백 명 중 2~3명꼴로 우울증 증세를 보인다는 마당이다. 정신과 치료를 받은 학생도 전국 평균은 백 명당 2.6명인데, 수도권 부동산 버블 지역은 3명 이상이고, 특히 서울 강남구는 3.85명으로 가장 높다고 돼 있다. 게다가 20대에선 자살이 사망 원인 1위다. 서울대생 3~8퍼센트가 정신적 문제로 전문가의 도움을 필요로 하고, 매년 8백 명 정도가 성적 부진으로 학사 경고를 받는다는 통계도 있다. 눈부시게 아름답고 거칠 것 없어야 할 청춘이 경쟁 탈락에 대한 두려움과 공포로 잔뜩 얼룩져 있다는 얘기다.

2. 세기 전환기의 교육 소설

『수레바퀴 밑에서』에서 기벤라트는 학교라는 조직을 구성하는 부속품에 지나지 않는다. 그런데 학교는 그에게 아무런 위안도 줄 수 없고 치유될 수도 없는 강압적인 조직으로 반영된다. 사회도 그에게는 비합리적이어서 어떠한 사회 규범도 납득될 수 없다. 우리의 합리적인 사회 규범이라는 것은 우리 인간 현존재의 모순적 운명의 상황을 은폐시킨 제도에 불과하므로, 사회로 묘사되는 것은 그것의 불합리적이고 비논리적 제도들을 변형시킨 것이다. 헤세는 이렇게 사회적으로는 필연적이지만 본질적으로는 모순적인 논리를 비판하고 있다.

본 작품에서는 헤세의 〈자서전적 삶이 시적 실체로 옮아가거나〉,[2] 자서전적 요소 외에 사회적 및 여러 다른 형식으로 윤곽이 뚜렷한 사건의 개인적인 묘사, 즉 빌헬름 2세 시대의 개인과 사회 사이의 긴장에 찬 관계가 묘사되고 있다.[3] 헤세는 자신의 작품 『수레바퀴 밑에서』에서 이 시대의 교육과 사회 제도 등을 신랄하게 다룸으로써 세기말의 독일어권에서 유행된 〈경향 소설 Tendenzroman〉에 공헌하고 있다.[4] 본래 경향 소설이란 작가가 의도적으로 대중에게 일정한 폐단을 환기시키기 위하여 쓴 작품으로, 고트헬프 Jeremias Gotthelf의 웅대한 소설인 『아네 베비 요베거 Anne Bäbi Jowäger』가 대표적이다. 경향 소설이 그 농도가 짙을 경우 소위 〈참여 소설〉이라 한다. 이는 〈예술을 위한 예술 l'art pour l'art〉에 대립되는 개념으로서 현존하는 사회적·정치적 모순을 공격하고 새로운 정치·사회·종교적 윤리관을 제시하고 사회에 참여하는 문학이다.[5]

1) 학교 제도의 비판

아동 문학에서 학교는 어린이들에게 처음에는 두렵고 불안한 장소로 인식되지만, 차츰 재미있고 즐거운 장소로 변해 가는 반면, 청소년 문학에서 학교는 갈등과 어려움을 주는, 그리고 개성을 말살하는 부정적인 장소로 다루어지곤 한다. 이러한 배경에서 아동 소설들은 초등학교 입학의 불안감, 지각, 상급생의 폭력, 신체적인 왜소함이나 비대함 등으로 인한 왕따, 유급에 대한 공포 등 학교에서 일어날 수 있는 많은 문제들을 다룬다. 이때 예외적인 경우를 제외하고는 거의 언제나 아이들이 결국에는 스스로의 힘이나 친구의 도움으로, 또는 환상적인 존재의 도움으로 문제를 극복하게 된다. 예를 들어 요르크 Sabine Jörg의 소설 『생활의 진지함 Der Ernst des Lebens』에서 주인공 아네테는 초등학교에 입학하면 비로소 〈진지한 생활(생활의 진지함)〉이 시작된다는 이야기를 어른들에게서 듣는다. 아네테는 〈진지함 Ernst〉이 사람 이름이라 생각하고, 누군가 매우 궁금해하는데, 마침 짝이 된 아이의 이름이 실제로 〈에른스트(Ernst, 진지함)〉인데 아주 친절하다. 그래서 아네테는 모든 불안감을 씻고 즐거운 학교생활을 하게 된다. 그런가 하면 코르슈노브 Irina Korschunow의 환상 소설 『하노는 용을 그린다 Hanno malt sich einen Drachen』에서 뚱뚱하고 둔한 하노는 직접 그린 용을 이용하여 자기를 괴롭히는 힘센 상급생을 제압한다. 이처럼 아동 문학에서 아동이 처한 문제적 현실은 유머러스하게 혹은 친구나 환상적인 존재의 도움으로 해결된다.

그러나 청소년 소설에서 학교는 대부분이 권위적인 학교와 교육 체제를 비판하고, 그로 인한 학생의 희생을 다룬다. 이러한 현상에 대해서 다렌도르프 Malte Dahrendorf는 1960년대 말과 1970년대에 일었던 교육 개혁 토론의 열기가 아동·청소년 문학에 적용되지 못했기 때문이라고 한다. 그러면서 이 시기의 교육 문제를 확실하게 다룬 작품으로 노아크 Hans Georg Noack의 『졸업 파티 Die Abschlußfeier』를 들고, 두 작품은 학교에서 발생하는 갈등이 선의에 의해 해결되는 예라고 한다. 그러나 코르슈노브의 『크리스토프 사건』이나 브루지그Thomas Brussig의 『물 색깔 Wasserfarben』에서는 주인공 학생들이 삶의 의미를 잃고 자살한다. 이러한 주제는 19세기에서 20세기로의 세기 전환기의 문학 작품에서도 그때까지 낯설었던 새로운 주제로 형성되고 있었다. 문학의 변두리에서만 존재했던 학생과 학교의 문제가 이 시기에 문학의 중심부를 차지하게 된 것이다. 이 시기에 이러한 내용을 다룬 주요 작품으로 슈트라우스Emil Strauß의 『친구 하인 Freund Hain』(1902), 라이너 릴케Rainer Maria Rilke의 소설 『체조 시간 Die Turnstunde』(1904), 하인리히 만Heinrich Mann의 『운라트 교수 혹은 폭군의 종말 Professor Unrat oder das Ende eines Tyrannen』(1905) 그리고 무질Robert Musil의 군사 학교에 관한 소설인 『제자 퇴를레스의 착란 Die Verwirrungen des Zöglings Törleß』(1906) 등이 있다.

예를 들어 하인리히 만의 소설 『운라트 교수 혹은 폭군의 종말』에서는 성장기의 청소년을 수용하는 시민의 도덕적인 제도가 풍자적으로 비판되고 있다. 세기 전환기 직후의 불합리한 학교 제도가 소설의 주제로 나타나는 것이다. 『운라트 교수 혹은 폭군의 종말』에서 불가해한 인물인 라트Rat 교수는 학생들로부터 〈운라트Unrat〉라는 별명으로 불리는데, 독일어로 Unrat라는 단어는 오물, 배설물, 쓰레기, 폐물 등의 더러운 내용을 의미한다. 마침 그 지방에 흥행단으로 오게 된 여가수가 매혹적으로 학생들을 유혹한다. 라트 교수는 교육자로서 그것을 방지하기 위해서 스스로 그 여가수를 찾아갔다가 〈푸른 천사〉라는 별명으로 불리는 그 여가수에게 자신이 넘어가고 만다. 라트 교수는 자기의 한 학생이 술집에서 그녀와 함께 있는 것을 보고 이들을 떼어 내려 하는 등, 그녀에 대한 집념이 너무 커져서 이윽고 자신이 그녀의 정부가 되고 매음점(賣淫店)까지 여는 등 타락하여 학교에서 쫓겨난 후 자기 학생들의 돈을 빼앗고 그들을 타락시키는 정도까지 이른다. 결국 그는 자기의 영예도 직장도 다 잃고 그녀와 정식으로 결혼을 하였으나 결국 비극으로 그치고 만다. 그녀가 바람을 피우는 데 격분하여 그녀를 목 졸라 죽이려다 체포되는 것이다. 모든 것이 사실주의적인 분위기에서 전개되지만, 또한 미지의 심연에서 태어나는 것으로 정열이 불가해한 것, 근거 없는 것처럼 그려진 점은 거의 환각적인 색채를 띠고 있다. 이 소설은 〈푸른 천사 Der blaue Engel〉라는 제목으로 영화화되어 전 세계에 알려졌다.

헤세의 『수레바퀴 밑에서』도 내용적으로 볼 때 이들 작품군에 속한다. 이들 작품의 내용처럼 헤세의 소설에서는 성장기의 청소년을 수용하는 학교 제도가 비판되고 있다. 세기 전환기 직후의 불합리한 학교 제도가 소설의 주제로 나타나는 것이다.

헤세의 〈학교〉라는 특이한 주제에서 작품 속 각각 인물의 사상과 행동은 그 당시의 일반적인 교육 풍토의 암시로 전개되고 있다. 그 당시 학교의 교육에는 소수의 학생에게만 문제가 있었던 것이 아니라, 그 시대의 교육 제도 전체가 비인간적인 교육 제도로 비평의 대상이 되고 있었다. 원래 인문주의적 교육 humanistische Bildung의 이상을 목표로 했던 학교는 그 전통을 그 시대에 재현할 수 없었다. 모든 분야에서 오직 측정될 수 있는 성과만 인정되어 자연에서 벗어난 성적의 명예욕만 일깨워졌다. 이런 맥락에서 개인의 타고난 개성의 계발은 불가능했다. 즉 모두가 평등(무차별)과 그 결과로 비생산성의 맥락에서 교육된 결과, 개인의 타고난 능력은 계발될 수가 없었다. 헤세는 이러한 양상을 『수레바퀴 밑에서』에서 매우 요약적으로 잘 나타내고 있다.

> 교사는 자기가 맡은 반에 한 명의 천재보다는 차라리 여러 명의 멍청이들이 들어오기를 바라기 마련이다. 어찌 보면 당연한 일인지도 모른다. 왜냐하면 교사에게 주어진 과제는 비범한 정신의 인물이 아닌, 라틴어나 산수에 뛰어나고, 성실하며 고루한 인간을 키워내는 것이기 때문이다. 하지만 누가 더 상대방 때문에 감당하기 힘든 고통을 겪게 되는가! 교사가 학생 때문인가, 아니면 그 반대로 학생이 교사 때문인가! 그리고 누가 더 상대방을 억누르고 괴롭히는가! 또 누가 상대방의 인생과 영혼을 해치고 더럽히는가! 이러한 문제를 곰곰이 생각해 볼 때마다 누구나 분노와 수치를 느끼며 자신의 어린 시절을 돌아보게 될 것이다.(U 97 f)

이 인용 내용은 교육의 본질적인 비판, 즉 개인의 타고난 특이한 능력에 대한 배려 없이 오직 단체를 위한 학습 내용의 전달만을 최우선으로 삼는 교사들을 비판하는 교육의 본질적인 비판이라고 볼 수 있다. 이 속에는 학교의 체험이 강렬한 부정적 추억으로 남는다는 매우 신랄한 내용이 담겨 있다. 학교의 비판으로, 특히 헤세 자신의 체험이 논평적으로 삽입됐다고 볼 수 있는 학교 제도의 신랄한 비판으로 이 소설은 오늘날에도 현실성 있게 수용되고 있다. 이러한 헤세의 교육 비판은 그와 동시대의 작가인 토마스 만 Thomas Mann의 예술가론과도 일치한다. 토마스 만의 소설에서 전형화된 〈시민〉은 〈정상성〉과 〈평범성〉으로 구현되어 있고, 이러한 시민에서 벗어나는 것이 예술가상이다. 「토니오 크뢰거 Tonio Kröger」에서 시민 사회의 전형인 〈정상성〉과 〈평범성〉이 한젠 Hans Hansen이라는 인물에 잘 나타나 있다. 〈너(한젠)처럼 그렇게 파란 눈을 하고 온 세상 사람들과 정상적이고 행복한 관계 속에서 살 수 있다면 얼마나 좋을까!〉[6] 하고 토니오는 생각한다. 〈너(한젠)는 언제나 단정하게 일하고 모든 사람들이 다 인정하는 일을 한다. 학교 숙제를 다 하고 나면 너는 승마 교습을 받거나 톱을 가지고 일을 한다. 방학 중에도, 바닷가에 있을 때조차도, 너는 노를 젓거나 돛배를 띄우거나 수영을 하느라고 여념이 없지. (……) 바로 그렇기 때문에 네 두 눈은 그렇게 맑을 수 있는 것이겠지!〉[7]

시민 사회의 적통인 한젠이 학교에서 모범적인 우등생인 사실은, 그가 기존의 사회가 부여하는 과제를 가장 우수하게 해결한 〈정상성〉과 〈평범성〉의 학생이기 때문이다. 하지만 여기서 주목해야 할 점은 〈정상성〉과 〈평범성〉을 체현하는 이 모범생의 우수함이란 결국 다름 아닌 〈정신성의 부재〉에서 오는 것이라는 사실이다. 이는 사회의 틀에 얽매인 관습으로 사회가 고도화되면 될수록 필수적으로 개인들의 통합인 평범성을 요구한다. 〈노력〉으로 표현되는 사회적 배역은 바로 〈의무〉와 〈긍지〉 그리고 〈유능함〉이다. 결국 사회에서 개개인을 평가하는 규준은 예술성이나 천재성 등 인격이 아니라 이용 가능성인 개성의 통합이다. 인간으로서 실존적 가치를 지닌 어느 개체가 집단 혹은 전체에 대해 소기의 값어치를 지니지 못할 때 그 개체의 배제가 현대 사회의 통념이다. 인간은 사회적 동물이므로 개인적 천재성보다는 전체에 융합하는 평범하고 정상적인 개인이 되어야 하는 것이다.

이러한 배경에서 『부덴브로크 일가 Budenbrooks』에서 한노는 음악에 대한 자신의 재능이 말살되고 그저 평범한 인간으로 교육시키는 학교생활에 염증을 느낀다. 이렇게 학교가 현자를 말살하는 우자(愚者)의 장소라는 개념은 모처럼 학교에서 벗어나 바닷가에서 휴가를 즐기는 한노의 해방감 속에 잘 나타나 있다.

지루하고 근심뿐인 단조로운 학교생활을 마친 후 4주 동안 근심 걱정을 훌훌 털고 평화롭게 세상에서 벗어나 해조 냄새와 부드럽게 부서지며 들려오는 파도 소리에 둘러싸여 있는 기분을 대체 어느 누가 이해하겠는가. 처음에는 기간이 한없이 길고 멀게만 느껴지며 그러한 끝을 입 밖에 낸다는 것은 신을 모독하는 무례하기 짝이 없는 일로 치부되었다. 어린 한노는 선생님이 수업을 끝내며 〈이 부분은 방학을 마치고 나서 계속할 것이다〉라는 말을 어떻게 할 수 있는지 도저히 이해할 수 없었다. 번쩍이는 양모 코트를 입은 그 이해할 수 없는 선생님은 그것을 고대하는 모양이었다! 대체 그게 무슨 생각이람! 이 4주의 저편에 있는 모든 것은 얼마나 멀리 뿌옇게 떨어져 있었던가!(Bd 629)

이러한 토마스 만의 사상은, 결국 개인이 단체에 속함으로써 위대한 인간이 말살되어 평범한 인간이 됨으로써 〈정상성〉과 〈평범성〉의 비극이 야기된다는 헤세의 의미와 일치한다. 여기에 덧붙여 괴테의 교육관도 관심을 끈다. 괴테의 교육관은 여러 방황과 오류를 체험하며 교육의 이상을 얻는 것이다. 이는 〈인간은 노력하는 한 방황한다〉(317행)는 『파우스트』의 이념과 상통하며, 이와 유사한 내용이 『빌헬름 마이스터의 수업 시대』에 다음과 같이 언급되어 있다. 〈방황하지 않도록 하는 것이 교육자의 의무가 아니고, 방황하는 자를 인도하는 것, 그리고 더 나아가서 그로 하여금 방황이 가득 차 있는 잔을 완전히 마시게 하는 것이야말로 교육의 지혜이다.〉[8] 방황을 경험하지 못한 사람은 소망과 동경을 실현하는 과정의 인생이 잘못 인도되기 쉽고, 방황을 충분히 맛본 사람이 정도(正道)를 찾는 능력을 갖게 된다. 깊은 진리를 발견하기 위해서는 활동적으로 방황해야 한다. 방황의 체험은 진리의 길이다. 인간은 방황의 체험을 충분히 함으로써 자기 자신의 능력의 한계를 인식하여, 결국 행복하게 될 수 있다는 것이 괴테의 교육관이다.

이러한 괴테, 헤세와 토마스 만 당시의 상황이 오늘날에는 실제로 또는 피상적으로라도 변화되었는지에 대한 의문이 제기될 수 있다. 어떻든 오늘날에도 입시에 필요한 성적만을 위한 우리나라의 교육 제도는 어떻게 보아야 할까?

2) 사회 규범의 비판

작품에서 교육 제도의 비판은 헤세 자신이 제기한 비판의 반영이다. 그런데 작품에서의 비판은 학교 제도는 물론이고 그 당시 사회적 상황의 비판도 포함하고 있다. 사회에 의해 형성된 교육 이념이 인간 본연의 정서에 부정적 요소가 되기 때문이다. 다시 말해서 일반 공공의 규범이 잘못된 개념을 굳히고 있다. 따라서 학교와 함께 빌헬름 2세 시대의 사회의 형상이 헤세라는 한 대변자에 의해 비평의 대상이 되고 있다. 부모, 교사와 성직자들이 피보호자에 대한 이해나 동감의 부족으로, 또 자만심, 접근 불가능성과 위선 등으로 비난받고 있는 것이다.[9]

따라서 『수레바퀴 밑에서』는 청소년에 대해 필요한 배려가 등한시되어 청소년의 성장이 파괴되는 내용을 실제적으로 제시하는 냉소적인 작품으로 볼 수 있다. 결국 기벤라트의 죽음으로써 이러한 인간성을 등한시하는 속물근성적 형상, 전력을 다해 추구하는 명예욕 등이 비평되고 있다.

〈기벤라트의 죽음에서 신분적 상승은 오직 인간성의 희생에서만 이뤄질 수 있다는 사실이 암시된다.〉[10] 소설의 제목 〈수레바퀴 밑에서 Unterm Rad〉 자체가 이러한 양상을 뒷받침해 주는데, 이는 원래의 독일어 용어 〈수레바퀴 밑으로 가다 unter die Räder kommen〉는 〈파멸하다(영락하다)〉라는 뜻을 지니고 있기 때문이다. 이 제목은 한 미성숙한 소년이 사회의 수레바퀴에 깔려 몰락하는 내용을 나타내고 있는 것이다. 목적이 수단을 정당화시키는 현실이 수레바퀴에 깔리듯이 몰락으로 귀결되는 것이다. 이런 배경에서 〈나〉와 사회의 관계는 대결과 소외의 양상을 띠지 않을 수 없다. 외부 세계, 즉 제2의 자연으로부터의 산업 사회는 고립된 〈나〉에게 늘 소외의 충격을 주면서 〈나〉를 해체시킨다. 이러한 〈나〉와 세계의 관계에서 나타나는 소외의 가장 두드러진 현상은 인간의 사물시(事物視)이다. 결론적으로 목적이라는 행복의 가상이 수단을, 실제로 인간에게 가하는 기형화를 은폐한다. 그런데 이 고통을, 즉 본래의 비인간화를 사람들은 의식하지 못한다.

이렇게 목적이 수단을 정당화시키는 사상이 카프카의 문학에도 잘 암시되어 있다. 그의 「변신 Die Verwandlung」에서 주인공 그레고르는 스스로와 가족의 생활을 영위하기 위해서 회사와 가정의 톱니바퀴가 되려고 영혼을 희생적으로 직장에 팔아 버린다. 「변신」에서 지배인은 아주 경멸적인 언사로 회사의 피고용인이 점점 능률이 떨어지면서 쓸모없이 되어 가는 모습을 다음과 같이 비판하고 있다. 〈이때가 실은 대단한 이익을 남기는 시기가 못 된다는 점을 우리도 인정을 하기는 하네. 그러나 잠자 군, 전혀 이익을 남기지 못하는 시기란 없는 것이며, 또 있어서도 안 되네.〉[11] 이 진술에서 지배인이 그레고르의 직업적 처지를 혹독히 비판하고 있음을 알 수 있다. 그의 주장에 따르면, 그레고르의 판매고는 떨어지고 있어서 회사에서의 그의 처지가 위태롭다. 그레고르는 엄청난 업무량, 진실되지 못한 대인 관계 등 직업에 대한 많은 불만에도 불구하고 5년 동안 성실히 일해 왔으므로 직장에서 자기 위치는 확고하다고 믿고 있었다. 그러나 그레고르가 변신한 후 업무적 수단으로서의 이용 가치를 잃게 되었을 때 보여 주는 회사 지배인의 태도는, 개인과 직업 사회는 상호 간에 유용한 경제 수단으로서만 관계를 맺고 있음을 드러낸다. 선량하고 사심 없는 행동은 기업 세계의 눈에는 악하게 비치는 것이다. 지배인의 언급에서 카프카는 거의 냉소적으로 인간이 얼마나 철저하게 시민 사회의 엄격한 기능주의와 노동 이데올로기에 얽혀 있는가를 보여 준다. 고용주는 피고용인에게 직접적이고 외부적인 권력을 통해서 피고용인을 자신의 통제하에 둔다. 그 때문에 그들 피고용인은 〈외적 권력의 연관 속에서 변형된 정신에 의해 간접적으로 지배된다. 즉 외적 제재가 내적 통제로 대치되는 결과를 초래한다.〉[12] 달리 표현하면 기업 세계가 개인적인 삶 속으로 침입하게 된 것이다.

이러한 카프카의 사상처럼 헤세는 상실에 대한 어떠한 희생을 치르더라도 현대 문명에 대해 반대의 입장을 취하고 있다. 인간성이 없는 발전의 반대 개념인 〈태초적인 것, 원시적인 것, 도시를 벗어난 시골적인 것으로 회귀〉[13]에 대한 열망이 나타나 있다.

결론적으로 학교에 연관된 비난이 마침내 일반적인 사회적 차원으로까지 상승하여 이 소설은 그 당시의 모순된 사회 및 잘못된 교육 제도를 동시에 비평하고 있다. 교육이 사회에 대한 밑거름이 되어야 하는데, 사회의 현실이 교육에 영향을 미쳐 이를 훼손시키기 때문이다.

3. 작가의 자기 투영

헤세 작품의 여러 사건과 인물들을 분석해 보면, 많은 작품들이 그 자신을 나타내고 있다. 헤세에게 이들 모두는 명백히 알아볼 수 있는 동질성을 가지고 있어, 누구나가 다 다른 인물의 형제이며, 모두가 결정을 내리는 주체로서 그를 가리키는 인물과 사건인 것이다. 학교에서 실패하고 비참하게 파멸해 가는『수레바퀴 밑에서』의 기벤라트, 『싯다르타』에서 예지를 찾는 인도의 싯다르타, 『황야의 늑대』에서 자신의 개성화 때문에 괴로워하며 신경 쇠약병에 걸린 하리 할러, 또 『나르치스와 골드문트』에서 삶에 도취된 골드문트 등은 모두 헤세 자신의 〈테마의 변형〉을 의미하며, 그 테마는 바로 그 자신인 것이다.

『크눌프』에서 방랑에 미친 뜨내기 크눌프도 헤세의 방랑벽을 그대로 나타내고 있다. 크눌프처럼 헤세는 방랑의 정신을 실천하고 문학으로 구현한 대표적인 작가이다. 그는 〈인간은 고독하고 무상하다는 숙명을 걸머지고 신과 고향을 구하는 방랑자〉라고 생각하여 그 신이나 고향을 찾아 나섰다. 따라서 헤세의 삶은 방랑의 연속이고 방랑 그 자체였다. 이렇게 헤세는 방랑을 통해 성숙했고, 작가가 되었으며, 수많은 이야기들을 빚어냈다. 따라서 헤세 소설의 주인공들은 대부분 방랑을 통해 내면의 안주를 얻는다. 헤세의 시「흰 구름」에서처럼, 그의 시에서는 바람과 구름 등이 방랑의 상징으로 자주 등장한다.

잊어버린 아름다운 노래
고요한 가락처럼
다시금 푸른 하늘 떠도는
저 흰 구름 보아라!
기나긴 방랑의 길 위
온갖 슬픔과 기쁨
맛본 나그네 아니고서야
저 구름의 마음 알 수 없으리.
태양과 바다와 바람 더불어

나 떠도는 저 구름 사랑하노니
그것은 고향 잃은
누나이고 천사이기 때문…….

방랑을 거쳐 닿는 곳은 고향이며, 만나는 사람은 자기 자신이다. 도달한 목표는 더 이상 목표가 아니며, 방랑자의 사랑은 소유하지 않는다. 집에서는 방랑을 꿈꾸고, 방랑이 지치면 다시 집을 그리워하는 것이 나그네의 삶인데, 그 과정에서 나그네들은 자기도 모르게 글을 잉태하고 낳는다.

이런 배경에서 『수레바퀴 밑에서』의 줄거리도 헤세의 자서전적 요소를 많이 담고 있다. 그 자신의 추억들이 이 작품의 토대가 된 것이다. 작가 자신의 의도가 담긴 『수레바퀴 밑에서』는 결국 괴로운 추억에서 벗어나려는 헤세의 시도로 볼 수 있다. 이러한 배경에서 기벤라트와 하일너 두 인물은 헤세의 영혼 상태를 반영하고 있다. 기벤라트는 헤세의 과거이고, 하일너는 헤세가 자신의 삶에서 무엇인가 행하고자 할 때 피할 수 없는 미래의 형태가 된다. 이러한 자서전적 틀에서 보면 개인을 토대로 한 시대적 비평이 담겨 있다. 이 자서전적 묘사는 19세기에서 20세기로의 세기 전환기에 성인이 되는 첫 문턱에 있는 청소년들이 처한 상황의 적절한 투영인 것이다. 이러한 세기 전환기의 사상에 니체가 서 있었다. 새롭게 건설된 독일 제국이 제국주의적 형세를 갖추기 위하여 다른 유럽 열강들과 앞을 다투는 가운데, 민족 감정과 과학·상업·문명의 진보에 대한 환호는 많은 사람들의 가슴을 벅차게 했다. 이때 니체는 위대한 한 시대의 종말을 알리고 있다. 〈신은 죽었다. (……) 우리는 끝없는 무에 의해 오류를 범하고 있지는 않은가? 텅 빈 공간이 우리에게 입김을 불고 있지는 않은가? 등잔이 오전에 점화되어서는 안 되는가? 우리는 신을 매장했던 묘꾼들의 경고를 아직 듣지 못했는가?〉 니체는 이러한 상황에서 〈모든 가치의 전도〉를 추구하였다. 그는 물질주의, 상대주의의 기반, 회의와 체념의 기반을 내던지고 삶을 신봉하는 세계관을 얻기 위한 하나의 가능성을 보았다. 허무주의 *Nihilismus*는 그의 완벽한 결론 속에서 관철되어야 했으며, 그가 찬미적 산문에서 찬양했던 새롭고 강한 삶의 긍정에서 나아가야 했다.

니체의 작품은 그 시대에 커다란 영향을 끼쳤다. 그는 허구 가치를 여지없이 폭로하고, 이제까지 통용되었던 모든 가치에 대한 급진적인 전도를 꾀했으며 그곳에 힘과 의지를 강조한 인생철학을 대립시켰다. 이를 통하여 그는 20세기 전반의 세계관을 높은 차원으로 끌어올렸다. 문학에 대한 그의 영향력은 상당했으며 주로 새로운 예술 산문의 형식을 통해서, 그리고 제한된 형식과 자유로운 운율로 쓰인 찬미적이고 장중하며 비유적인 서정시를 통해 이루어졌다. 니체는 벤 Gottfried Benn처럼 〈시대의 동요〉를 이야기했으며, 또한 그의 서정시 역시 암시적이고 다양한 면모를 보여 주고 있다.

이러한 세기 전환기의 혼탁한 시대상이 『수레바퀴 밑에서』에서 주인공 개인의 체험을 통해 모순된 교육 사회 제도로 비평되고 있다. 헤세 자신의 독특한 유년기가 그 시대 유년기의 모델이 되는 것이다. 따라서 작가 자신의 독특한 체험 없이 이 소설은 성립될 수 없다는 결론이 생긴다. 그런데 작품에서 두 주인공 기벤라트와 하일너에서 헤세의 다양한 성격의 묘사 후에 작품의 마지막 부분에서 자서전적 방법이 지양되는데, 이는 이들 두 주인공의 운명이 작가의 성장 과정으로 귀결되어서는 안 되기 때문이다. 따라서 작품에서는 고통스러운 추억에서 해방이 전개되고 있다.

1) 헤세와 기벤라트의 유사성

『수레바퀴 밑에서』의 줄거리와 이 작품의 주인공 기벤라트의 삶의 여정을 작가 헤세의 유년기와 비교해 보면 여러 가지 유사점이 있다. 헤세의 학교와 젊은 시절의 경험이 이 소설의 줄거리 틀을 형성하는 것이다. 기벤라트가 어려운 〈헤타콤베〉 시험에 합격하여 마울브론 신학교에 다니듯이 헤세 자신도 주(州) 시험 *Landexamen*에 합격하여 1891년에서 1892년 사이에 마울브론 신학교 Kloster Maulbronn에 다녔다. 이 신학교를 마친 지 11년 후인 1903년 여름에 헤세는 『수레바퀴 밑에서』집필을 시작하였다.

주인공 기벤라트처럼 헤세는 학업을 마친 후 브라질로 이민 가려는 생각에 〈기계 공학〉을 공부했다. 이렇게 헤세와 기벤라트의 비슷한 삶의 여정 외에 또 다른 유사점이 있는데, 이는 신체적 허약성이다. 기벤라트처럼 헤세도 자주 두통을 겪었으며 신체 기능이 허약했다. 또 헤세는 기벤라트처럼 호메로스(U 74)나 역사, 라틴어를 좋아했으며 마울브론 신학교에서도 기벤라트의 침실 이름과 같은 헬라스 Hellas의 이름을 지닌 침실에서 기거했다. 또 기벤라트의 출생 도시의 묘사가 헤세의 고향 칼프 Calw와 유사하다. 기벤라트가 신학교에서 자신의 고향으로 돌아가는 장면은 헤세가 건강을 해친 후에 마울브론 수도원에서 떠나는 모습을 연상시킨다.

2) 헤세와 하일너의 유사성

작품 속의 또 다른 주요 등장인물 하일너와 헤세의 유사성이 돋보이는 내용으로 헤르만 헤세 Hermann Hesse와 헤르만 하일너 Hermann Heilner의 이름이 두운법 *Alliteration*적으로 유사하다는 사실을 들 수 있다. 기벤라트의 이름인 한스 Hans는 헤세의 동생인 한스 헤세 Hans Hesse의 이름과도 일치한다. 헤세의 이 형제는 학교생활에 적응하지 못하고 자살하였는데, 이 내용이 작품 『수레바퀴 밑에서』에 직접적으로 나타나고 있다.

> 매우 드문 경우이기는 하지만, 상급 학년에서는 청춘의 고뇌에 빠져 방황하는 젊은이가 헤어날 수 없는 방황 끝에 권총의 방아쇠를 당기거나 물에 뛰어들어 자살함으로써 짧고 어두운 탈출구를 찾기도 한다.(U 89)

헤세의 언급에 의하면, 자기 형제의 고통과 자신의 체험이 『수레바퀴 밑에서』를 집필하게 된 동기가 되었다. 여기에 더해 헤세의 신학교에서의 이탈이 작품에서 하일너의 신학교에서의 도피로 암시되며, 또 이들 둘의 〈문학적 재능〉(U 7)도 서로 일치한다. 결국 작품 속의 하일너의 성격이 헤세의 성격을 대신하고 이들 두 성격은 그 당시의 교육 제도 등으로 발전하지 못하고 억눌려 있는 젊은이들의 정신세계 일부를 반영하고 있는 것이다.

4. 동기와 인물

1) 등장인물의 분석

작품의 등장인물 중에서 기벤라트와 하일너의 성격만이 자세히 묘사되어 있다. 물론 작품의 전 과정에서 기벤라트가 중심적 인물이다. 그러나 마울브론의 신학교 시절에 이 두 사람은 서로 동등하게 등장하고 있다. 하일너는 〈작가나 문예 애호가〉(U 66)이면서 〈경망스러운 면이 있다〉(U 70)고 묘사되어 있다.

기벤라트도 연약한 신체와 약간의 출세주의 근성이 있으며 또 망상적인 성격도 있다고 묘사되어 있다. 이들 주인공들의 발전해 가는 우정의 대화에 이들의 성격과 성장 내용이 나타나 있다. 여기에서 특이한 점은, 하일너는 기벤라트에게 많은 영향력을 미치는데, 기벤라트는 이 친구의 영향력을 수용하여 적응시키는 능력이 부족하다. 그런데도 이 두 인물의 우정은 매우 두텁게 진행된다. 이 우정이 기벤라트의 전체적 삶에 절대적인 영향을 미치게 되는데, 이는 신학교에서 하일너가 사라지자 기벤라트는 의지할 데가 없어 파멸하는 내용에서 알 수 있다.

이 두 사람은 유년기에서 자신의 입지를 추구하는 성인의 초기 단계에 위치해 있다. 이들 두 주인공은 정신적으로 서로 의지하지만 이들의 성격은 매우 다르다. 즉 하일너는 매우 반항적이며 자신을 관철시키는 성격이지만, 기벤라트는 연약하고 소극적이며 유보적인 성격이다. 따라서 이들 사이에는 〈이중적 자기 투영 *doppelte Selbstprojektion*〉의 법칙이 심리학적으로 적용되고 있다. 이들은 심리적으로 서로 양극적인 성격인 것이다. 이는 작가 헤세의 유년기의 성격 특징이 두 인물로 나뉘어 나타났다고 볼 수 있다.

이러한 양극적 분열 *polarische Spaltung*[14]의 법칙이 헤세 문학의 대표적 특징이다. 예를 들어 『페터 카멘친트 *Peter Camenzind*』에서 주인공 페터 카멘친트와 그의 친구 리하르트의 관계가 양극적 상황이 되고, 『데미안 *Demian*』에서 주인공 데미안과 에밀 싱클레어도 이러한 양극적 관점으로 볼 수 있다. 또 『나르치스와 골드문트 *Narziß und Goldmund*』의 두 주인공 나르치스와 골드문트 사이에도 이러한 이중적 대립 형상이 돋보인다.

『수레바퀴 밑에서』에서 〈양극적 구조〉의 법칙은 두 주인공 기벤라트와 하일너의 구조 관계로 나타나, 헤세의 양극적인 성격의 특성을 지니고 있다. 따라서 이 소설은 기벤라트와 하일너 두 주인공으로 암시되는 자서전적 특징과 이중적 자기 투영으로 이해될 수 있으며, 그 외 다른 등장인물들은 단지 이 구조의 배경을 이루어 이 소설은 성격 심리학적 작품으로 이해될 수 있다. 이러한 이중적 분열은 종종 밝은 세계와 어두운 세계의 구분으로 유도된다. 『수레바퀴 밑에서』에서도 기벤라트는 우선 밝고 건전하고 열심히 노력하는 세계에 속한다. 헤세의 삶에서 죽음과 대립적인 요소가 기벤라트로 변형되어 그는 상징적으로 묘사된 것이다.[15] 이와 반대로 하일너는 어둡고 우울한 세계를 대표한다. 이러한 이중적 구조가 작품에서는 하일너가 사라질 때까지 전개되는데, 그가 사라진 이후에 하일너의 발전 과정은 별로 중요하지 않게 언급된다. 〈이 열정적인 소년은 천재다운 시도와 방황을 거듭한 끝에 엄격하고 정숙한 규율 속에서 삶의 고뇌를 몸에 익혔다. 그래서 비록 위대한 인물은 아니라 하더라도 한 성인은 되었으리라.〉(U 116)

이렇게 기벤라트와 하일너 두 인물은 헤세의 저서전적 영혼 상태를 반영하고 있다. 기벤라트는 헤세의 과거이고, 하일너는 헤세가 자신의 삶에서 무엇인가 행하고자 할 때 피할 수 없는 미래의 형태가 된다. 이렇게 기벤라트와 하일너의 성격은 자세히 묘사되는 반면에 조연적인 인물들은 대강 묘사되고 있다. 즉 조연적인 인물들은 매우 일반적으로 자세하지 않고 대충 개략적으로 묘사되어 성장의 모습이 보이지 않는다. 이들은 다만 어떤 특정한 행동의 전형과 삶의 견해 배경 역할만 할 뿐이다.

> 문예 애호가인 마을 교회의 목사, 편협 고루한 라틴어 교사, 신앙심이 두터운 구두 수선공, 빈곤하면서도 희극적인 면이 있는 부친 등 작품 속의 성인들은 모두 어떤 관심을 보여 주고 있다. 즉 그들은 무엇인가를 논증하기 위해서 등장하며, 망상적이지 않지만 배경이 없다.[16]

예를 들어 구두 수선공 플라이크Flaig는 신앙심이 강한 경건주의자로 기벤라트의 어린 시절에 겪는 삶의 혼란에 이해심 많은 시선으로 대하는 인물로 묘사되고 있다. 부친, 대부분의 교사들과 마을 교회의 목사는 성인(成人)의 강력한 명예욕의 화신으로, 자연을 인식하거나 예술을 실제적으로 즐길 수 있는 삶과 거리가 먼 인물들이다.

따라서 『수레바퀴 밑에서』는 근본적으로 볼 때 개개인의 성격이 비평되는 심리학적 작품으로 볼 수 있다. 이 작품의 외부 세계와 조연적 인물들은 주로 잘못된 길로 인도된 사건의 드라마적 배경을 이룬다. 조연적인 인물들, 특히 성인들의 태도는 기벤라트의 행동과 종말, 그의 체험에 강요되는 배경의 역할을 하고 있는 것이다.

2) 자연의 역할

줄거리의 전개에서 자연은 기벤라트의 성장에 중요한 역할을 한다. 다시 말해서 기벤라트의 유년기에 자연은 그의 정신적 성장에 큰 배경이 되는 것이다. 유년기에 그가 좋아하던 취미는 낚시와 수영으로, 그는 동네의 강에서 이것들을 즐겼다. 또 숲을 산책하면서 그는 다양한 향기를 즐기며, 여러 나무와 덤불들의 모습을 마음속에 간직하고 있었다. 그러나 이러한 즐거운 체험은 모두 기벤라트가 신학교에 들어가기 이전의 유년기에만 존재한다. 다양한 종류의 공부로 가득 찬 신학교의 세월을 보내면서 그의 자연 친화적인 관심은 사라지게 되고 자유스러운 날들의 정서는 결코 되돌아오지 않는다. 따라서 자연의 상실은 유년기의 상실에 결정적이다.

무의식적 삶인 자연이 의식적인 삶인 학교 교육으로 상실되면서 자연의 매력은 기벤라트에게서 사라지는 것이다. 작품 마지막 부분에서 기벤라트의 첫사랑에 대한 추억을 불러일으키는 자연의 수확인 과즙 짜는 일은 이미 상실된 자연을 붙잡으려는 마지막 반항이다. 그러나 전에는 그에게 강한 흥미를 불러일으켰던 과즙 짜기도 이제 자연을 떠난 기벤라트에게 더 이상 활기를 주지 못한다. 상실된 유년기와 인간과 자연의 화합을 위해 노력하는 내용에서 볼 때 『수레바퀴 밑에서』는 낭만주의 문학에 가깝다.

3) 유년기의 상실

앞에서 언급된 하일너와의 우정, 특히 학교생활, 과거에 즐기고 의지했던 자연의 점진적인 배제, 그리고 사춘기의 시작 등은 기벤라트의 몰락에 중요한 계기가 되고 있다. 이들 여러 요소로 인한 유년기의 상실이 이 소설의 중심적 관점이다.

성장기에 있는 한 청소년의 순탄해야 할 성장 과정이 여기서는 인위적인 교육 등으로 매우 부자연스럽게 강요되고 있다. 기벤라트는 모친의 정과 보호 없이 단지 부친 슬하에서만 성장하나, 그의 유년기는 불행하게 전개되지 않는다. 그는 낚시, 수영과 토끼 사육 등 자연과 친근하게 유년기를 보낸다. 그리고 그는 성실하고 부지런한 학생이지만 천재는 아니다.

그런데 마을 교회의 목사, 교사와 부친 등 그의 교육 성과를 중시하는 사람들의 허황된 명예욕이 기벤라트로 하여금 점점 더 좋은 학교 성적을 얻도록 강요된다. 이 결과 자연 친화적인 기벤라트의 성격은 점점 진지하지 않은 망상적 성격으로 변하게 된다. 따라서 눈을 떠 활기를 찾거나 깊이 성찰하는 청소년 대신에 〈먼지 속에 메마른 책의 유령〉[17]의 형상으로 성장하게 된다. 교육적 성과로만 판단하는 성인들이 자연 친화적인 소년의 영혼을 파괴하는데, 이러한 교육적 판단에는 소년의 행위와 미래에 대한 어른들만의 편견이 담겨 있기 때문이다.

이러한 분위기에 병든 기벤라트는 결국 두 번째의 비현실적인 유년기를 겪게 된다. 유년기를 다시 한 번 과거 추억으로 되살려 생기를 얻으려는 것이다. 그러나 이는 이미 파괴된 개인에 대한 짧은 반항일 뿐 과거의 추억은 다시 소생되지 못하는데, 이러한 내용이 작품에선 나무의 비유로 잘 나타나 있다. 〈위 줄기가 잘린 나무는 뿌리 근처에서 다시 새로운 싹이 움터 나온다. 이처럼 왕성한 시기에 병들어 상처 입은 영혼 또한 꿈으로 가득 찬 봄날 같은 어린 시절로 되돌아가기도 한다. 마치 거기서 새로운 희망을 찾아내어 끊어진 생명의 끈을 다시금 이을 수 있기라도 하듯이, 뿌리에서 움튼 새싹은 하루가 다르게 무럭무럭 자라나지만, 그것은 단지 겉으로 보이는 생명에 불과할 뿐, 결코 다시 나무가 되지는 못한다.〉(U 127)

이 나무의 비유처럼 기벤라트의 행복한 유년기는 영원히 회복되지 못한다. 그의 유년기는 너무 일찍이 강압적으로 파손되고, 이에 대한 대체가 형성되지 못하는 상황에서 기벤라트는 성인 세계에 도달하게 된다. 유년기 대신 기계화된 삶과 규범에 얽매인 성인의 삶을 영위하지 않을 수 없게 되는 것이다. 부당한 처지의 소년에게 부과된 성인 세계의 요구들은 너무도 과도했다. 결국 그는 그 요구들을 수용할 능력이 부족하자 죽음을 통해 탈출구를 맞게 된다. 이런 맥락에서 유년기의 상실은 죽음과 동일한 의미를 지닌다.

따라서 이 작품은 사라져 버린 유년기에 대한 그리움, 즉 천진난만성과 무근심과 무지갯빛의 여명에 대한 그리움의 고통으로 가득 차 있다.[18] 결국 유년기의 고통스러운 상실이 이 소설에 대한 해설의 중요한 시금석이 되고 있다. 기벤라트는 자신이 겪어야 할 고통이 엄청나 감당할 수 없게 되자 결국 죽음을 맞이할 수밖에 없는 것이다.

4) 마지막 탈출구인 죽음

작품 줄거리는 기벤라트가 마울브론의 신학교를 떠남으로써 끝나지 않고 그의 죽음으로 연결된다. 결국 기벤라트는 죽음을 통해서만 고통에서 벗어나는 것이다. 이에 대해 작품에 다음과 같이 언급되어 있다. 〈같은 시각, 정신적·신체적으로 위태롭게 된 한스는 이미 싸늘한 시체가 되어 검푸른 강물을 따라 골짜기 아래로 조용히 떠내려가고 있었다. 혐오나 부끄러움이나 괴로움도 모두 그에게서 사라졌다. 어둠 속에서 흘러 내려가는 한스의 메마른 몸뚱이 위를 푸른빛을 띤 차가운 가을밤이 응시하고 있었다. 시꺼먼 강물은 그의 손과 머리 그리고 창백한 입술을 어루만지고 있었다.〉(U 176) 이러한 죽음은 기벤라트가 세상과 이웃들로부터 소외의 마지막 단계를 마치는 논리적 귀결이다. 에마에 대한 첫 성적 충동과 알코올의 영향이 촉매 기능을 하여 강제적으로 움직일 수밖에 없던 기벤라트는 이제 스스로 움직이게 된다. 따라서 기벤라트가 마지막으로 맞이하는 죽음은 결국 번뇌와 의무로부터 해방의 동기로 볼 수 있다. 이 죽음에는 살려는 의지와 삶의 힘겨움이 동시에 담겨 있다고 볼 수 있다. 기벤라트의 경우에 자유를 향한 돌파가 오직 죽음에서 성취될 수 있듯이 모순의 극복은 죽음에서만 가능하다. 죽음은 이성적인 행위이며, 따라서 육체적인 죽음과 동일시될 수 없고 경험적으로 압박하는 한계의 극복을, 보편적인 실존으로의 도약을 의미한다. 작품 제4장의 첫 부분에서 이미 죽음에 의한 마지막 탈출구의 가능성이 암시되고 있다.

> 경험에 의하면 4년에 걸친 수도원 생활에서 각 학년에 걸쳐 한두 명쯤은 중도에 사라지곤 한다. 누군가가 죽게 되면 장송곡과 더불어 땅에 묻히거나 친구들에 의해 고향으로 옮겨지기도 한다. 때로는 제멋대로 수도원에서 도망치는 학생이 있는가 하면, 학칙에 어긋나는 엄청난 죄를 지어 퇴학 처분을 받는 학생도 있다. 매우 드문 경우이기는 하지만 상급 학년에서는 청춘의 고뇌에 빠져 방황하는 젊은이가 헤어날 수 없는 방황 끝에 권총의 방아쇠를 당기거나, 물에 뛰어들어 자살함으로써 짧고 어두운 탈출구를 찾기도 한다. (U 89)

그런데 헤세는 자살인지 사고인지 기벤라트의 죽음의 원인에 대한 답을 주지 않고 있다. 물론 작품에서 그의 죽음에 대한 원인은 중요하지 않다. 중요한 것은 그 자신이 주위로부터 소외되고 파괴되어 미래가 없게 된 개인의 양상이다. 여러 양상에서 볼 때 기벤라트가 자살했다고 하더라도 그의 죽음의 원인에 대한 책임은 다른 사람들에게 있다. 그의 죽음은 한 어린 인간을 학교의 성적 지상주의와 사회의 많은 규범으로 짓누르며 종속시키는 압박에 대한 저항인 것이다.[19] 따라서 이 죽음은 앞선 사건들의 인과적인 결과로 보아야 한다.

5. 결론

헤세의 『수레바퀴 밑에서』는 세기 전환기의 전통적인 학교 제도를 담고 있다. 여기에서 헤세 자신의 체험이 이 작품 줄거리의 틀을 형성하고 있다. 이 작품에선 헤세로 암시되는 성장기의 한 청소년의 삶의 특징이 그려지고 있다. 주인공 기벤라트의 걱정 근심 없는 유년기의 자연 체험, 첫사랑의 충동, 종교적인 사고 과정과 죽음이 언급되고 있는 것이다. 성인들의 잘못된 명예욕에 의한 주인공의 유년기의 상실이라는 동기가 테마로 작용하고 있다. 이런 배경에서 작가는 고통스러운 추억에서 벗어나는 길을 추구하고 있다. 그러나 이러한 내용 외에 또 다른 양상이 있다. 작품 속의 유년기 파괴에 대한 묘사는 헤세 당시의 학교와 사회 제도에 대한 신랄한 비평을 담고 있는 것이다. 자신의 추억과 또 작가 자신의 직접적인 비평 사이의 묘사로 작품의 긴장이 발생하고 있다. 작품 줄거리에서 순수 문학적 장르와 거리가 먼 사건인 자서전과 학교와 사회 비평 사이의 엄격한 구분은 불가능하다는 사실이 암시된다. 물론 이 소설을 완전한 자서전적 양상으로 일방적으로 분류해서는 안 되고, 또 학교와 사회에 대한 순수한 비평만으로 분류되어서도 안 된다. 이 두 양상은 다소간 동등한 가치로 서로 뒤섞여 있다. 결국 작가 헤세 개인의 고통스러운 유년기의 추억 묘사는 오늘날 성인 세계의 몰이해로 파괴된 청소년기의 묘사를 실제적으로 나타낸 것이다.

객관적이고 기록적인 양식으로 묘사된 비감상적인 정직성 때문에 이 작품은 신빙성을 지닌다. 제도에 대해 명백하게 반대하는 논쟁이 아니라, 한 성장기 청소년의 쓰디쓴 학교 체험에 대한 고찰로 이 제도를 비평하는 것이다. 이러한 주제의 묘사는 결국 학교 제도의 비인간성과 일반적으로는 좁은 의미로 생각되는 부모와 교육자들의 명예욕에 대한 비평으로 나타난다. 따라서 이 소설은 오늘날에도 현실적으로 나타나는 성적 제일주의적인 사고에 대한 비평이며, 또한 자녀들에게서 근심 없는 유년기의 권리를 빼앗는 사회에 대한 비난을 담고 있다.

주

1 Hermann Hesse, *Unterm Rad, Gesammelte Werke* in 12 Bänden, Bd. 2(Frankfurt/M., 1970), S. 9.(이하 작품은 U로 줄이고 뒤에 면수 기록함) 〈헤카톰베〉는 수소 백 마리를 제물로 바치는 예식으로 여기서는 힘들고 어려운 시험을 빗대어 이르는 말.
2 Heinz Stolte, *Hermann Hesse, Weltschau und Lebensliebe* (Hamburg, 1971), S. 44.
3 Fritz Böttger, *Hermann Hesse, Leben-Werk-Zeit* (Berlin, 1974), S. 135.
4 Joseph Mileck, *Hermann Hesse-Dichter, Sucher, Bekenner* (München, 1978), S. 37.
5 Hermann Villiger, *Kleine Poetik. Eine Einführung in die Formenwelt der Dichtung*, 3. Aufl.(Frauenfeld, 1969), S. 118.
6 Thomas Mann, *Tonio Kröger, Gesammelte Werke* in 13 Bänden, Band VIII(Frankfurt/M., 1974), S. 276.
7 같은 곳.
8 J. W. von Goethe, *Wilhelm Meisters Lehrjahre*, in: *Goethes Werke* in 14 Bänden, Bd. 7, hg. von Erich Trunz(München, 1988), S. 494 f.
9 Joseph Mileck, a.a.O., S. 37.
10 Fritz Böttger, a.a.O., S. 133.
11 Franz Kafka, *Erzählungen*, hg. von Max Brod(Frankfurt/M., 1986), S. 65.
12 Wilhelm Arnold, Hans Eysenek, Richard Meili, *Lexikon der Psychologie*, Bd. 3(Freiburg, Basel, Wien 1972), S. 376.
13 Heinz Stolte, a.a.O., S. 41.
14 같은 책, S. 44.
15 Joseph Mileck, a.a.O., S. 39.
16 Julie Speyer, Die Schaubühne, Jg. 2, Nr. 27 vom 5. 7. 1906, S. 15 f., in: Adrian Hsia(Hg.), *Hermann Hesse im Spiegel der zeitgenössischen Kritik* (Bern und München, 1975), S. 72.
17 Heinz Stolte, a.a.O., S. 45.
18 Wilhelm Hegeler, Das literarische Echo, Jg. 8, Heft 4 vom 15. 11. 1905, Sp.294 f., in: Adrian Hsia(Hg.), *Hermann Hesse im Spiegel der zeitgenössischen Kritik* (Bern und München, 1975), S. 63.
19 Fritz Böttger, a.a.O., S. 134.

제3장 『황야의 늑대』에서 에로스와 입문 과정

헤세 작품의 주요 주제는 〈자아 das eigene Selbst〉[1]로, 이는 여러 상황에 처해 있는 개인이 취할 수 있는 성장을 의미한다. 이러한 자아의 성장은 『데미안』이나 『싯다르타』에서처럼 결실을 맺기도 하고, 『클라인과 바그너』, 『크눌프』나 『수레바퀴 밑에서』에서처럼 비극으로 끝나기도 하는 등 헤세의 작품에서 작품으로 전개되면서 변화가 생긴다.[2] 헤세의 『황야의 늑대』에서도 이러한 자아의 주제가 큰 변화를 하고 있다. 이 작품에는 새로운 완전성에 도달하려고 분투하는 번뇌적이고 거칠고 갈피를 잡지 못하는 기인의 이야기가 전개되는데, 이러한 완전성에 도달하려는 의지의 파악이 이 장의 주제이다.

이 소설의 주인공인 할러 Harry Haller는 자신의 자아를 추구하는 인물로, 그는 이러한 자아를 다른 인물인 헤르미네 Hermine를 통해 인식하게 된다. 이러한 자아의 추구에서 에로스가 필수적인 중개 수단이 되고 있는데, 이렇게 에로스가 주요 동기가 되는 내용은 헤세 문학에서 매우 이례적이다. 따라서 헤세가 에로스로 자아를 추구하는 과정을, 즉 에로스가 그에게 어떤 의미를 지니는가를 심층 분석하고자 한다. 『황야의 늑대』를 그 작품의 생성 시기와 비교해 보면, 헤세가 에로스를 창조하는 특이한 상황이 돋보인다. 이는 『수레바퀴 밑에서』 등에서처럼 헤세가 『황야의 늑대』에서 주인공을 사회적 파멸로 몰아가지 않고, 또 여러 관련 인물들을 사실적인 죽음으로 몰고 가지 않는다는 사실이다. 단지 작품의 전개에서 상징적인 죽음 (마술 극장에서 할러가 헤르미네를 칼로 찔러 죽이는 장면)만 전개되고 있다.

이 장에서 전개되는 논제로 다음의 사실을 확인시키고자 한다. 즉 헤세는 제1차 세계 대전 이후에 여성상을 새로 정립하는 위대한 작가로 인정받고 있다는 사실이다. 그는 세속적이고 남성적인 개인이 파멸되는 결과를 두려워하지 않고, 또 새로운 여성상에 반작용하지 않고 오히려 할러와 헤르미네의 만남에서 헤세의 남성과 여성 관계의 새로운 시도가 느껴진다.

1. 작품의 장르적 분류

『황야의 늑대』에 대한 연구는 작품의 복잡한 내용만큼이나 다양하게 여러 방향에서 이루어지고 있다. 이런 배경에서 소설 장르의 분류에서도 『황야의 늑대』는 해석에 따라 〈발전 소설 *Entwicklungsroman*〉, 〈교양 소설 *Bildungsroman*〉, 〈시대 소설 *Zeitroman*〉, 〈입문 소설 *Initiation-Roman*〉 등으로 다양하게 분류될 수 있다. 가장 먼저 주인공은 정죄(淨罪)의 불길에 의해 정화되어 말기에는 초기의 자신과 다른 인물이 되는 관점에서 『황야의 늑대』는 〈발전 소설〉로 볼 수 있다.[3] 이러한 발전 소설은 〈입문 소설〉과도 유사한 장르이다. 여기에서 입문을 뜻하는 단어 *Initiation*은 원래 〈통과 의례 *Initiation*〉를 의미한다. 통과 의례는 개인의 생사 또는 그 신분이 바뀌거나 할 때 올리는 의식의 총칭으로 추이 의례(推移儀禮)라고도 한다. 그러나 원래 통과 의례란, 원시 사회에서 성년식을 치를 때 성년으로서의 자질이 있는지를 검증하는 방법을 가리키는 것이었다. 이것은 기존 사회에서 멀리 떨어진 소외된 공간(야생림이나 동굴 등)에 일주일 이상 격리시켜, 그곳에서 극복하면 성년으로서 자질을 인정하는 관습이었다. 인간의 일생은 탄생, 명명(命名), 입학, 성인, 취직, 결혼, 회갑, 사망 등 여러 매듭으로 이루어진다. 그리고 인생에서 이러한 매듭은 개인이 속하는 집단 내에서의 신분 변화와 새로운 역할의 획득을 뜻하므로 어느 사회에서나 다 같이 인생의 매듭을 통과할 때는 그 매듭마다 정해진 조건의 충족을 확인하는 일련의 의식을 올리곤 한다. 이 의식이 곧 통과 의례인데, 개인의 성장 과정에서 갖는 의례뿐 아니라, 한 장소에서 다른 장소로 옮기는 공간적 통과나 생활 조건의 변화, 종교적 집단이나 세속적 집단에서 다른 집단으로 옮겼을 때 올리는 의식도 통과 의례에 속한다. 예를 들어 마을 소년들이 청소년 조직에 입단할 때의 의식, 비밀 결사에의 입회식, 왕·족장의 취임식 등도 통과 의례에 포함된다.

 통과 의례의 전 과정을 통해 개인은 의례적으로 죽고, 출생하고, 양육되고, 단련되고, 새로운 사회적 지위에 앉는다. 나아가 출산 의례, 성인식, 결혼 의례, 환갑 의례 등은 한 집단에서 다른 집단으로의 이동을 안전하게 보호하려는 주술적 잔치일 뿐 아니라, 각각 다른 목적을 가지고 있다. 결혼식은 다산(多産) 의례를 포함하며, 출산 의례는 보호와 점복(占卜) 의례를 포함한다. 환갑의 60세 나이에 대해서는 예로부터 특별한 의미가 부여되어 왔다. 공자(孔子)가 〈예순이면 어떤 얘기에도 귀에 거슬리지 않도록 생각이 원만해져야 한다(六十而耳順)〉라고 가르친 것이 그 대표적인 예다. 다른 나이와 구분지어서 환갑이라 부르는 것도 그렇다. 루소가 〈열 살에는 단맛에, 스무 살에는 연인에, 서른 살에는 쾌락에, 마흔 살에는 야심에, 쉰 살에는 탐욕에 움직인다〉라고 지적한 것도 예순 살 정도가 되어야 비로소 인생의 진정한 의미를 깨닫는다고 여긴 때문일 것이다. 장례식은 방어 의례를, 성인식은 화해 의례를 포함한다. 통과 의례, 예컨대 혼례와 장례 등의 통과 의례는 가장 끈질기게 전통을 지켜 냈다. 그것은 한 민족의 문화, 한 공동체 문화의 전통을 지켜 내는 마지막 보루이기 때문이다. 그것은 세계 어디에서나 마찬가지다.[4]

 헤세의 『황야의 늑대』가 〈통과 의례〉의 의미를 지닌 〈입문 소설〉이 될 수 있다는 사실은 형상의 변화에서 확인될 수 있는데, 여기에서 헤세가 묘사한 주인공이 소설의 실제적 차원을 뛰어넘는 인간학적·마적·기독교적·존재론적 자아의 차원을 나타내고 있다. 『황야의 늑대』의 분위기는 현실을 벗어난 완전한 고립 속에서 번뇌와 죽음과 연관되는 한 기이한 인간으로 나타나는데, 이러한 분위기는 헤세가 제1차 세계 대전 전후의 상태에서 체험한 여러 가지 사상을 단적으로 나타내고 있다. 따라서 『황야의 늑대』에 등장하는 주인공 할러는 독선적이고 밝은 삶을 부정하며 오로지 죽음의 세계를 눈앞에 두고 마적(魔的)인 분위기에 지배되는데, 이는 제1차 세계 대전 전후의 병든 유럽을 상징하는 것이다. 이런 배경에서 이 소설은 이중적 의미에서 교양 소설로 볼 수 있을 뿐 아니라 시대 소설로도 볼 수 있다. 첫째는 이 소설이 한 시대, 즉 유럽의 전쟁 전후 시대의 내면상을 묘사하려고 한 점에서 역사적이고, 다음으로는 순수한 시대 자체가 주인공의 체험뿐만 아니라 소설 자체에서 그리고 소설 전체를 통하여 다루어지고 있는 이 소설의 대상이기 때문에 역사적이다. 제1차 세계 대전 시대의 시민적인 계급 국가와 프롤레타리아 혁명의 갈등 속에서 제기되는 유럽 전쟁 전야의 〈내적 영상〉이 시대 소설로 집약된 것이다. 결국 시대 소설이란 시대의 모사(模寫)를 시도하고, 그러므로 다소간 사실주의의 공준(公準)에 따르는 소설로 간주되는 배경에서 『황야의 늑대』는 제1차 세계 대전을 전후한 헤세 자신의 정치적 개안을 반영하고 있어 시대 소설이 되는 것이다.

2. 번뇌와 에로스

1) 해체 – 인간학적 형상

명백한 개성으로 볼 수 있는 주체의 해체는 일종의 행동적인 카타르시스로 여기는데, 이러한 카타르시스를 주인공은 외부에서 체험하거나 특히 자신에게서 초래하기도 하여, 이러한 동기는 인간학적이라고 해석될 수 있다. 이는 서술된 행동이 현실적 단계의 중심을 이루고 있다는 것을 의미한다. 오이디푸스 왕처럼 할러는 처음에는 눈이 먼 상태로 순수한 오성에 따라 세상을 이해하려 하지만, 이러한 방법으로는 세상의 접근이 불가능한 결과, 순수한 합리성이 차단되어 결국 그는 정신적인 번뇌를 당하게 된다. 그에게 있어 세속적인 시민, 즉 자신과 상반되게 일상적인 사회에 애착하는 사람들은 죄인이 되고 있다.[5] 이렇게 세속적인 시민을 죄인으로 보는 견해는 토마스 만의 작품 속의 예술가상에 잘 암시되어 있다. 토마스 만의 작품에서 예술가를 보통 사람과 거리를 두어 예술가답게 보존해 주는 통념은 그들의 〈차이〉이다. 이에 대해 「토니오 크뢰거」에서는 다음과 같이 언급되고 있다. 〈문학의 저주는 자기 자신을 친절하고 훌륭한 사람들에 대한 기묘한 종류에서 분리시킴으로써 시작된다. 자신과 다른 사람들 사이에는 반어적인 감수성의, 지식과 회의와 불일치의 심연이 가로놓여 있는 것이다.〉[6] 결국 서로 길은 달라도 예술가는 그 탐구의 과정에서 〈시민 계급〉적 삶으로부터 멀리 있는 셈이 된다. 「토니오 크뢰거」에서 주인공 크뢰거는 예술가(작가)의 본질에 관한 리자베타와의 대화에서 소설을 쓰는 어느 은행원의 예를 들면서 극단적이고 도발적인 견해를 계속 피력한다. 이 은행원의 뛰어난 작가적 재능이란 천부의 숭고한 그 무엇이 아니라 그의 범죄적 성향과 관련이 있다고 농담 반 진담 반으로 주장한다. 이 은행원의 작품의 기본 소재가 죄수의 체험이라는 점에서, 그리고 그가 작가적 재능을 발견하게 되는 곳이 감옥이라는 점에서 사람들은 그가 죄수로서 겪은 〈깊은 체험〉이 그를 작가(예술가)로 만들었다고 생각될 수도 있겠으나, 크뢰거는 이 일반적인 소박한 견해에 대하여, 바로 은행원을 감옥에 가게 한 범죄적 성향이 그의 탁월한 예술적 재능의 발원지라는 주장을 펼친다.[7] 이렇게 크뢰거가 예술가의 존재에 관한 질문에 범죄자와 친화력으로 답변한다면, 그것은 무엇보다도 예술가와 보통 사람들의 〈차이〉를 전제하고 있다. 따라서 예술가 천재에 관한 신화들은 모두 그들의 〈차이〉에 대한 관념을 출발점으로 삼고 있어, 토마스 만의 예술가들은 모두 예외 없이 이 예술가의 〈차이〉의 관념을 만드는 데 절대적인 공헌을 하고 있다. 결국 예술가는 신이 창조한 세계의 존재와 같이, 그의 작품 속에서 눈에 보이지 않고 전지전능해야 하는 것이다.

그러나 『황야의 늑대』에서는 이러한 세속에 대한 반감이 헤르미네와 마리아 Maria의 에로스에 의해 해체된다. 이러한 세속의 해체가 동시에 그의 구제가 되는 내용이 이 장의 주제이다. 그런데 이 소설의 시발점이 되는 번뇌는 계속 소설의 주요 국면이 되지만 작품의 마지막까지 이 번뇌가 완전히 극복되었는지에 대한 명확한 언급이 없다. 이렇게 헤세는 작품의 중요성을 띠는 사건의 원인이나 결과를 미정으로 남겨 두는 경우가 많다. 예를 들어 『수레바퀴 밑에서』에서도 마지막에 주인공 기벤라트의 죽음의 원인이 자살인지 또는 사고인지에 대한 답을 주지 않고 있다. 그러면 이러한 할러의 번뇌를 먼저 자세히 규명해 볼 필요가 있다.

상황의 번뇌

작품 시작 부분의 〈편집자 서문 *Vorwort des Herausgebers*〉[8]의 내용에서부터 주인공의 번뇌가 기본 동기가 되고 있다. 할러가 살고 있는 집 주인의 조카가 이 번뇌를 할러 성격의 기본 특징으로 규정한다. 이때 그는 할러의 가치를 정하는 데 어려움을 겪으면서, 할러를 병적인 인물로 보고 있다. 〈나는 (……) 이 사나이(할러)가 정신적으로나 감정적으로 또는 성격상 어디엔가 병적인 데가 있다고 느꼈다.〉(S 191) 그러면서도 그는 또한 할러를 천재로 평가한다. 〈나는 할러가 고뇌의 천재라는 것을 알았다. 즉 니체가 자주 말한 그런 뜻에서. 그는 다년간의 수양 덕택에 아무리 크고 무서운 괴로움이라도 견디어 낼 수 있을 정도라는 것을 알아낸 것이다.〉(S 191) 니체는 기독교의 진리에 대하여 불손한 반역을 시도한 근대 허무주의의 한 사람으로 천재라 불릴 만한 가치가 있다. 그는 천재의 요건으로 확고한 〈정열형 Pathosformel〉을 꼽았으며, 시종일관 이것을 따랐다. 그것은 니체가 보여 준 준엄한 진리애의 열정이라 볼 수 있다.

원칙적으로 할러가 살고 있는 집 주인의 조카는 할러에게서 염세성을 인식하게 되고, 이러한 염세성에서 벗어나기 위해 할러는 자살을 추구하려 한다는 사실을 알게 된다. 〈황야의 늑대의 생활은 자살자의 생활이었다는 것을 나타내는 데 더 이상의 보고나 설명이 필요 없을 것 같다.〉(S 201) 이러한 할러에 대한 염세적 성격에 의한 자살자로서의 평가는 뒤에「황야의 늑대론 *Tractat vom Steppenwolf*」(S 222~250)에서 〈또 하나의 특징은 그가 자살자의 한 사람이란 것이다〉(S 229)라는 언급에서 다시 확인되고 있다. 이러한 자살자의 내용은 다음에 더 자세히 언급되고 있다. 〈이러한 인간의 운명상의 특징은 자살이 그들의 공상 속에서 가장 개연성이 많은, 죽는 방법이다.〉(S 230) 뒤에 〈그런데도 불구하고 우리가 그들을 역시 자살자라고 부르는 까닭은, 그들이 구제를 삶에서 구하지 않고 죽음에서 구하기 때문이며……〉(S 231)라는 언급으로 자살자의 심적 구조까지 뚜렷하게 묘사되고 있다.

할러는 자유를 억제할 수 없을 정도로 요구하는 특성을 드러내며, 이러한 자유의 요구가 자유의 결론으로 귀결될 수 있는 고독을 염원한다. 〈고독은 바로 자유다. 나는 그것을 바란 지 오래다. 그리고 그것도 얻어 내었다. 고독은 쌀쌀한 것이다. 그러나 또 조용한 것이기도 했다. 놀랄 만큼 조용하고 위대한 것이다. 별이 돌고 있는 저 싸늘하고 고요한 공간과도 같이.〉(S 218) 그러나 곧바로「황야의 늑대론」에서 자유는 이와 다르게 부정적으로 묘사되고 있다. 〈그런데 할러는 자유를 손에 쥐자마자 갑자기 다음과 같은 것을 느꼈다. 즉 자유는 죽음이라는 것, 자기는 외로운 존재라는 것, 세상 사람들이 자기를 경원시한다는 것, 사람들은 자기와 하등 관계가 없고 또 자기가 자기와 무관계하다는 것, 그리고 자기는 점점 희박해져 가는 무관계와 고독이란 공기 속에서 질식해 가고 있다는 것 등을.〉(S 228 f.) 결국 오이디푸스가 보면서도 장님이 되듯이, 할러는 살아 있으면서도 죽은 셈인데, 그는 이 죽음의 존재를 내면적으로 보려 하지 않고 외부로, 즉 경직된 세속의 세계에 투사하고 있다. 따라서 이러한 세계에 대한 그의 관계를 규명해 본다.

시민 계급의 순교자

할러와 시민 계급의 관계를 자세히 고찰해 보면, 작품 처음에 언급되었던 것보다도 더욱더 복잡하게 전개된다. 이미 작품 첫 부분에서 가상의 편집자인 할러는 그의 모든 문외한적인 독선적 태도에도 불구하고 시민 세계에서 벗어나지 못할 뿐 아니라, 오히려 그 시민 세계에 우호적으로 대하는 사실을 확인시키고 있다. 〈그러나 차차 나는 알게 되었다. 그는 자기가 살고 있는 공기 없는 세계, 괴팍스러운 황야의 늑대의 세계에서 우리들의 시민적인 세계를 들여다보고 놀라 마지않았고, 그곳을 견고하고 안전하며 멀고 먼 길도 없는 평화의 고장으로 사랑하고 있었다.〉(S 197 f.) 더 나아가 「황야의 늑대론」은 〈할러는 문외한이 아니고, 그러한 문외자의 역할에 동의할 뿐〉이라고 언급한다. 〈그는 사소하지만 죄를 저지르기도 하고 방탕도 해보고, 자기를 비시민적인 변태자 또는 천재라고도 생각해 보기를 좋아했다. 그러나 솔직히 말해서 그는 시민적인 것이 전혀 존재하지 않은 곳에서는 여태껏 한 번도 생활해 본 적이 없었다.〉(S 233)

할러 자신은 이러한 자신의 복합적인 성격을 의식하지 못하고 있다. 따라서 그는 조야한 어조로 시민 세계를 비난한다. 〈그럴 것이 이따위 만족, 건강, 안일, 시민들에게 흔한 낙천주의 범속과 평범을 다칠세라 꺼질세라 소중히 길러 살만 찌고 있는 상태. 나는 이런 것을 마음속으로 미워해 왔고 저주하였다.〉(S 207) 편집자는 이러한 할러의 일면성을 다르게 묘사하는데, 이에 의하면 할러는 비평가, 특히 자신의 비평가이다. 〈그 점에서는 그는 뭐니 뭐니 해도 기독교도였으며 순교자였다. 될 수 있는 대로 비난, 비평, 악의, 증오 따위를 모조리 자기에게로 돌렸다.〉(S 191 f.) 이 내용에서 흥미를 끄는 것은 기독교의 순교 개념이다. 할러는 자신을 희생시킬 용의가 있는, 즉 자신을 부정하는 영혼의 인도자에 배열시킨다.[10] 이러한 평가를 할러 자신이 확인시켜 준다.

> 안개 낀 밤에 라인 강 위를 흐르는 구름의 글자를 읽는 자는 누군가. 그것은 황야의 늑대다. 그는 생활의 폐허에 서서 찢어져 버린 그 의의를 탐구하고, 무의미하게 보이는 것에 애를 태우면서 광기에 찬 생활을 하고 있다. 마음 한구석에는 그래도 자신의 계시와 출현을 바라 마지않는 자가 있으니 그자가 누구인가. (S 217)

여기에서 자연스럽게 할러 스스로가 요구하는 고통의 개념이 중요한 역할을 하게 된다. 〈들어 보시오. 우리는 고뇌를 자랑으로 삼아야 합니다. 고뇌는 우리들의 우월성을 상기시켜 주지요〉(S 197)라고 할러는 말한다. 그다음에서 편집자는 시간의 병리학적인 차원을, 즉 보통 사람들에게는 인식되지 못하고 천재적인 자들의 번뇌를 야기하는 시간의 차원을, 즉 이 시기에 살아가는 사회생활을 보여 주고 있다. 〈왜냐하면 할러의 영혼의 병은 — 지금은 나도 알 수 있지만 — 어느 한 개인의 광상이 아니고 시대, 그 자신의 병이기 때문이다. 그것은 할러가 속해 있는 세대의 신경병인 것이다. 이 병에 걸리는 사람은 반드시 약하고 미천한 인간뿐만이 아니다. 아니, 강하고 사상이 깊은 천재적인 인간일수록 더욱더 잘 걸리는 병이다.〉(S 203)

이렇게 할러는 번뇌를 스스로 수용하는 인물로 묘사되고 있다. 〈할러는 두 시대 사이에 끼여 확신과 순진성을 모조리 잃어버린 한 인간으로서, 인간 생활의 모든 문제를 개인적 고뇌로써, 지옥 같은 고통으로써 몸소 체험하지 않을 수 없는 숙명을 안고 있었던 것이다.〉(S 204)[11] 예수 그리스도처럼 할러는 자신이 접어든 고뇌의 길을 끝까지 가려는 각오가 되어 있다. 그 까닭은 〈그는 가슴속 고뇌의 최후의 한 방울까지 속속들이 맛보고 난 뒤에, 그 고뇌로써만 죽어야 마땅하다는 신념이 아직도 남아 있기 때문이다.〉(S 202) 이러한 삶의 개념에서 — 또는 이러한 삶의 개념에 반대되게 — 헤세가 취급한 에로스가 어떤 역할을 하는지 규명해 보고자 한다.

2) 매개체로서의 에로스 – 존재론 이전과 마술적 형상

우리에게는 사랑의 영역과 전쟁의 영역이 있다. 프로이트는 이것을 에로스(사랑)와 타나토스(thanatos, 죽으려고 발버둥치는 무유애[無有愛])라고 정의한다. 플라톤의 저서 『향연』을 보면 충족과 풍만·부유의 신인 아버지 포로스와 결핍과 부족·빈곤의 신인 어머니 페니아 사이에서 에로스(성욕)가 태어난다. 어머니의 핏줄 때문에 항상 부족과 결핍을 느끼는 동시에 아버지의 핏줄을 따라 늘 풍요와 충족을 갈구한다는 점에서 에로스는 운명적이다. 이러한 에로스는 인간에게 행복, 고통, 괴로움을 동시에 주고 있다. 막시모스 폰 티로스는 『소크라테스의 에로티시즘』이라는 신플라톤적 저서에서, 소크라테스와 사포Sapho도 에로스의 모순된 관점을 언급하고 있음을 설명하고 있다. 왜냐하면 소크라테스는 〈에로스는 풍요로움 속에서 꽃피고 궁핍 속에서 죽어 간다〉고 말하고 있기 때문이다. 그리고 사포는 〈에로스는, 쓰고, 달고, 고통스러운 선물〉이라고 말한다. 에로스의 신이 모순적 힘을 동시에 지니게 된 배경은, 1525년 발표된 프랑스 작가 벨주Jean Lemaire de Belge의 시 「큐피드와 죽음의 여신 아트로포스Cupid und Atropos」에서도 찾아볼 수 있다. 그는 이 두 신을 알레고리적으로 다음과 같이 설명한다.

아모르의 화살이 어떻게 독성을 지니게 되었는가? 이 시에 의하면, 아모르와 죽음의 여신이 어느 날 서로 만났다. 그들은 이야기를 나누다가 가까운 술집에서 술을 더 마시기로 결정하였다. 그들은 술을 너무 많이 마시게 되어 거의 정신을 차릴 수 없을 지경이 되었다. 이 상태에서 그들은 술집을 떠날 때, 자신들의 화살이 든 화살통을 바꾸게 되었다. 가까운 시장에서 그들은 즐거워하는 사람들을 향하여 동시에 화살을 쏘기 시작하였다. 힘이 펄펄 넘치는 젊은이가 ─ 아모르의 화살에 맞아 ─ 죽어 바닥에 쓰러지는 것을 보고 죽음의 여신은 남몰래 즐거워했다. 또한 그의 화살통 속에 있는 화살들은 주위에 있는 사람들 중 노인들까지도 에로스의 불꽃으로 달아오르게 만들었다.[12]

이 신화 이야기가 보여 주듯이, 에로스에는 반대 감정이 양립한다.[13] 즉 에로스는 달콤하기도 하고, 인간에게 생기를 줄 수도 있고, 동시에 치명적인 해를 끼칠 수도 있다. 이런 배경에서인지 프로이트에 의하면, 인간은 궁극적으로 에로스의 만족을 찾으나 현실은 그러한 욕망을 자유자재로 만족시키지 못하게 한다. 사회 질서는 물론 개인의 계속적인 생존을 위해서는 사회적 행동 규범이 필요하게 되고, 그러한 규범으로서 윤리 도덕이 강요되어 왔다. 예술 활동은 이처럼 좌절된 에로스의 욕망을 승화의 형식을 빌려 해결하는 방법이다. 따라서 프로이트는 미(美)에서 느끼는 즐거움도 근본적으로는 성적인 즐거움과 다를 바 없다고 주장한다.

이러한 에로스가 『황야의 늑대』에서 어떻게 나타나며, 이 에로스가 헤세의 사고에 어떻게 영향을 미치고, 또 이 에로스의 핵심과 구조가 무엇인가에 대한 규명이 이 장의 목표이다. 또 작품의 〈마적인〉 요소에 대한 질문도 제기된다. 여기에서 마적인 요소는 존재론 이전의 상태로 해석된다. 이러한 해석의 발단은 헤세가 에로스를 자아 발견의 매체로 이해한 것이다. 따라서 다음에서 이러한 에로스의 정확한 규명을, 다시 말해서 『황야의 늑대』에서 에로스에 대한 자아 발견의 행위를 규명하고자 한다.

에로스적 구제

이 작품에서 제일 먼저 관심을 끄는 결정적인 장면(마지막 절정적인 장면을 제외한 가장 중요한 장면), 즉 첫 번째 정점을 이루는 장면은 할러와 헤르미네의 만남이다. 헤르미네와의 만남 이전까지는 가상의 〈편집자〉와 「황야의 늑대론」에 의해서 할러는 자유를 좋아하여 예속되지 않은 인물로, 그러면서도 이러한 예속되지 않은 자유 때문에 번뇌를 겪어 몰락하는 인물로 묘사되고 있다. 구조적으로 볼 때 그는 자기 자신에 의해, 즉 그를 충족시켜 줄 수 없는 고독으로 몰락하게 된다. 이런 배경에서 만난 헤르미네를 그는 처음에는 아낌없이 주는 자, 적극적인 인물로 느낀다. 〈그러나 이때의 그녀는 나에게 안성맞춤 격인 존재였다. 오오, 그때부터 그녀는 언제나 내게는 없어선 안 될 존재가 되어 버렸다.〉(S 272) 결국 할러의 황량한 고독을 해체시킬 능력을 가지고 있는 사람은 헤르미네인 것이다. 〈갑자기 한 인간, 현실의 산 인간이 나타나서 흐린 유리종 안에 갇힌 나의 무지각 상태를 부수고, 저 아름답고 부드러운 손을 나에게 내밀어 주었다.〉(S 288) 〈그녀는 현존하고 있다. 바로 기적이 일어난 것이다. 나는 또다시 인간 생활에 대한 새로운 흥미를 발견했다. 내가 바라는 것은, 이것이 계속되어 이것이 이끄는 대로 몸을 맡겨 그 운명을 따르는 것이다〉(S 293)라는 할러의 언급처럼, 그녀는 할러를 개인적인 위기에서 구제하는 존재일 뿐 아니라, 더 나아가서 할러 자신의 거울이 되고 있다. 헤르미네에게도 할러는 보이는 것 이상을 의미한다. 따라서 그녀도 할러와의 관계에서 자신의 의도를 나타낸다.

그녀는 말을 계속했다. 「당신은 내가 아까 말씀드린 이유에서, 내가 당신의 고독을 깨뜨리고, 말하자면 지옥의 문 앞에서 당신을 낚아채어 당신의 잠을 깨워 드린 그런 이유에서 당신은 나를 좋아하시는 거예요. 그러나 나는 당신에게서 더욱더 많은 것을, 훨씬 많은 것을 바라고 있어요. 나는 당신이 나를 사랑하게 만들고 싶어요.」(S 297)

이제야 할러는 어느 정도 고독에서 회복되고, 그녀를 (마술 극장에서) 질투에 차서 죽이게까지 될 정도로 사랑에 빠지게 된다. 헤르미네는 할러가 인정하지 않았던 비속한 것, 즉 〈성행위〉를 자신과 친한 친구로 사교적 여성인 무희 마리아를 통해 그에게 성사시키려 한다. 〈마리아는 나에게 — 그 첫날 밤과 그다음의 며칠 사이에 — 많은 것을 가르쳐 주었다. 그것은 단순히 관능의 새로운 유희나 재미만이 아니었다. 그것은 새로운 이해, 새로운 지식, 새로운 애정이었다.〉(S 328) 결국 헤르미네의 노력으로 할러의 구제는 성취되는 것 같다.

나는 고개를 끄덕였다. 「그럴지도 모르지. 이렇게 형편이 좋아 본 적은 이 몇 해 동안 없었으니까. 다 당신 덕택이야, 헤르미네.」(S 338)

할러는 정신적으로뿐만 아니라, 육체적으로도 더욱더 성장한다. 그는 에로스적인 세계관을 즐기게 되어 그의 삶은 세속적인 가벼운 삶의 차원으로까지 확대되는데, 이는 원래 자기 삶의 구상에 상반되는 에로스인바, 이를 아울러 고찰해 본다.

자신의 삶에 상반되는 에로스

할러의 자기 설계는 헤르미네를 만나기 전까지는 무엇보다도 무속박, 독립, 자아와 세계관의 비평을 향한 노력이었다. 그러나 그의 성장 과정에서 자신도 똑같이 다른 사람들이 원했던 것을 원했던 것으로, 또 모든 시대상을 자신의 자아에 일치시키고자 하는 사실이 밝혀진다. 그러나 이러한 염원이 현실적으로 이루어지지 못하므로 그는 파우스트처럼 자신의 구제를 〈마술〉[14]과 〈환상〉에서 찾게 된다. 다시 말해서 그는 자신의 존재론적 실패에서 존재론 이전의 삶으로 도피하게 된다. 가볍고 부담 없는 삶의 대표자 격인 헤르미네는 할러와의 첫 만남에서부터 그의 옛 자아를 파괴한다. 따라서 그녀는 그의 독립, 무속박 등의 의욕을 꺾는 첫 인물이 되고 있다. 〈당신은 점잖으셔. 당신은 아마 오랫동안 남의 말을 잘 듣지 않았을 거예요.〉(S 272) 그녀는 할러의 불완전하고 결함 있는 발전을 주지시킨다. 그는 너무 지식인으로 존재하는 것이다. 〈나는 공부를 했습니다. 음악을 배웠습니다. 책을 읽고 책도 썼습니다. 여행도 했고요.〉(S 274) 이러한 할러를 헤르미네는 높이 평가하지 않는데 심지어 〈당신은 멍청할 정도로 영리한 거예요. 너무 똑똑하세요. 마치 교수님처럼〉(S 274)이라고까지 말한다. 할러의 지금까지의 발전은, 헤르미네가 볼 때 근본적으로 잘못되어서 그녀는 그것을 아직 미성장으로, 다시 말해 그녀의 눈에 보인 할러는 아직 어린 아이로 보인다. 〈당신은 어린애예요. 그래서 누군가가 돌봐줄 분이 있어야 해요.〉(S 275) 따라서 그녀 스스로 그의 정신적인 대리모가 되어 그를 가벼운 삶으로 입문하도록 한다. 할러는 이러한 헤르미네의 접근에 열렬하고 적극적으로 반응하게 되어 모든 면에서 그녀에 종속하게 된다. 〈나는 그녀만을 생각하고 있다. 모든 것을 그녀에게 바치려고 결심하였다. 그랬다고 해서 그녀에게 연정 같은 것을 느낀 것은 아니다.〉(S 291)

할러가 그녀를 묘사할 때 그는 거의 종교적인 차원으로 언급할 정도까지 된다. 〈그녀는 나의 괴로움의 굴속에 뚫린 조그마한 창문, 조그마한 숨구멍이었다. 구원과 해방으로의 안내자인 것이다.〉(S 292) 이러한 할러의 열정에 역행되게 헤르미네 자신은 자신과 그의 관계를 단순하고 객관적으로 본다. 특히 그녀는 할러와의 관계를 그의 유용성에 연관시켜 전개시킨다. 〈당신에게는 현재 내가 필요해요. 그럴 것이 지금 당신은 절망 속에 있기 때문에 당신을 살려 내든지 또는 물속에 집어넣든지 할 어떠한 힘을 필요로 하니까요. 당신은 춤을 배우기 위해서, 산다는 것을 배우기 위해 내가 필요한 거예요.〉(S 298)

〈당신은 지금부터라도 무엇이든지 보통 사람에게는 예사스러운 일이라 하더라도 배워야 되어요. 식사의 즐거움도 그 하나예요〉(S 299)의 언급에서 볼 수 있는 식사라는 기본 동기처럼, 또 〈당신은 한 번 아주 아름다운 처녀 곁에서 자볼 필요가 절대로 있어요. 그래요, 황야의 늑대 씨〉(S 316)라는 언급의 성적인 실존성 Existentialität[15]에서 볼 수 있듯이 가벼운(구속이나 제한 없는) 삶이 사실상 기본 구상이 되고 있다. 여기에서 가벼움의 첫 개념으로 춤이 제안된다. 〈춤이란 사물을 생각하는 거나 마찬가지로 아주 쉬워요. 특히 춤을 배우는 것은 더욱 쉬워요.〉(S 308) 이러한 가벼운 삶의 첫 단계인 춤에서 할러는 처음에는 큰 어려움을 겪는다. 〈그렇다. 춤을 배우려면 내게 없는 그 자격이란 것이 필요하다. 즉 쾌활·천진성·경솔·감각 따위가 그렇다. 진작부터 내가 예감하고 있었던 그것이다.〉(S 308) 따라서 할러는 오랫동안 춤에 대해 의구심에 싸인다. 그러나 헤르미네의 지도의 도움으로 그의 춤에 대한 의구심은 해체되고 거기에 몰입하게 된다.

> 음악이 다시 시작되자, 나는 또다시 연모의 정과 마음을 바쳐 아까와 같은 그 화려한 의례(춤)를 한 번 더 치렀다.(S 311)

마리아와 처음 나누는 사랑의 장면에서 자신의 삶에 상반되었던 에로스의 개념이 가장 강력하게 나타난다. 할러는 마리아에게 존재하는 힘, 즉 무미건조한 시민 계급에 저항하는 힘을 느낀다. 〈이런 처녀들은 대개 가난한 가정에서 태어났다. 그 한평생을 얼마 되지 않는 보수로 근근이 살아가야 하는 이 아름다운 처녀들은 임시적이나마 직장이 없으며 그들이 갖고 있는 미모와 애교를 팔면서 생활해 간다〉.(S 327) 따라서 할러는 이러한 여성들에서 시민 계급이나 지식인들에서 느끼지 못하는 사랑의 법칙을 인식하게 된다. 〈그러나 한편 연애에 비상한 소질이 있는 이로서 적극적으로 구애를 하는 사람도 있었다. 마리아의 경우가 그랬다. 이들은 대부분 이성과의 연애나 동성 간의 연애를 한결같이 경험한 자로서 오직 사랑을 위해서만 살고 있는 것이다.〉(S 327) 이들 여성들은 할러처럼 삶에서 번뇌를 받지 않고, 또 시민 계급처럼 삶에 너무 얽매이지 않는 존재로 여긴다.

> 부지런히 여러 가지 일에 마음을 쓰면서도 경망스럽게, 똑똑하면서도 지각 없이 이들 나비 같은 아가씨들은 순진하면서도 세련된 생활을 꾸려 나가고 있다. 사람에게 의지함도 아니요, 싫은 사람에게 몸을 파는 것도 아니요, 그저 하느님에게 몸을 맡긴 채 삶을 즐기면서도 보통 사람들보다는 집착성이 훨씬 적은 것이다. 언제라도 동화 속의 왕자를 따라서 그 성안으로 들어갈 준비를 하고 있으면서도, 그 반면에서는 어둡고 슬픈 최후를 예감하는 것이다. (S 327 f.)

할러는 곧바로 그동안의 자기 세계관과 반대되었던 세계를 그 세계의 독특한 구조에 의한, 자체적으로 완전한 세계로 느끼게 된다. 〈그녀들은 샴페인이나 그릴룸의 향료 포도주를 우리가 작곡가나 시인을 사랑하듯이 좋아한다. 또 새 무도곡이나 재즈 가수들의 감상적이고 음탕한 노래에 대한 그 감격과 흥분은 우리가 니체나 함순을 대할 때의 그것과 똑같았다.〉(S 328) 결국 할러의 지성적인 교만성은 이러한 세계에서 파괴된다. 〈마리아의 사랑스러운 말. 무엇인지를 그리는 듯한 눈은 내 미학에 커다란 금이 가게 했다.〉(S 328) 따라서 할러는 새로운 삶을 시작한다. 자살이라는 몰락 직전에 그는 헤르미네를 통해 새로운 시작을 발견하는 것이다. 따라서 이러한 몰락과 새로운 시작의 관계를 규명해 본다.

몰락과 시작

이미 「황야의 늑대론」에서 어떤 몰락이 예상되고 있다. 〈제도를 꾸며 낸 자는 제도 때문에 몸을 망치고, 부자는 돈 때문에, 굴종적인 인간은 굴종 때문에, 향락인은 향락 때문에 몸을 망치는 것과 마찬가지로, 황야의 늑대도 자유 때문에 몸을 망쳤다.〉(S 228) 할러는 자신을 — 그의 현재 상황처럼 — 더 이상 삶의 능력 있는 (생명력 있는) 존재로 보지 않고 죽음이든 어떤 것이든 자신의 현 상황의 종말을 원한다.

> 이 황야의 늑대는 죽지 않으면 안 된다. 그는 자기의 손으로 자기의 저주, 서러운 생명

에 종지부를 찍지 않으면 안 된다. 그렇지 않으면 그는 새로운 성찰이란 연옥의 불에 녹아 다른 모습으로 가면을 벗고 새로이 자기완성의 길로 떠나지 않으면 안 된다.(S 251)

할러는 지금까지 〈자기 생성 – 침체 – 자기 생성 – 침체〉라는 주기적 발전을 연상하며 자신의 침체를 예상했다. 〈그래서 내가 지금 다시 겪지 않을 수 없는 무서운 공허와 고요, 죽음과도 같은 극심한 옥죔과 고독, 황량함 다음에는 반드시 하나의 가면이 벗겨지며 하나의 이상이 무너졌다.〉(S 252) 존재의 성취와 자신에게 가장 적합한 정체성을 추구하는 과정에서 할러는 되풀이해서 삶의 흐름의 중단을 겪게 되는 것이다. 따라서 그에게는 가혹한 삶이 전개되는데, 이를 헤르미네가 해체시켜 준다.

그러나 산다는 것은 훨씬 더 어려워요. 얼마나 어려운지는 아무도 모르지요. 그런데 이제부터 그런 삶이 지극히 쉬운 것이라는 것을 알게 될 거예요.(S 273)

1662년 파스칼이 죽은 후, 1670년 유고로 출판된 『팡세 *Pensées*』는 기독교적인 교양인의 관점에서 쓰인 호교론이라 할 수 있다. 글의 전반부는 인간학적인 차원에서 인간의 삶을 고찰하고 있는데, 이에 따르면, 비참함은 인간의 조건이다. 삶은 불확실하고 헛되며, 인간은 변덕과 광기에 휩싸이는 존재로, 고통과 절망 속에서 자신의 종말을 기다린다. 이러한 가운데 우리의 관심을 끄는 부분은, 인간은 의식적이든 무의식적이든 자신에 대해 생각함으로써, 우울해지는 것을 피하기 위해 끊임없이 소란을 원하고 위락을 찾는다는 파스칼의 지적이다. 예를 들어 그는 다음과 같이 말한다. 〈나는 인간의 모든 불행은 단 한 가지 사실, 즉 그가 방 안에 조용히 머물러 있을 줄 모른다는 사실에서 유래한다고 종종 말하곤 했다. (……) 그런데 이 왕이 누릴 수 있는 모든 만족에 에워싸여 있다고 가정해 보자. 만약 그에게 위락이 없다면, 그리고 그가 자기를 바라보고 자기가 무엇인지를 생각하도록 내버려 둔다면, 이 맥 빠진 행복은 그를 지탱하지 못할 것이고, 또 그는 언제 일어날지 모를 반란, 끝내는 피할 수 없는 병고와 죽음 등, 그를 위협하는 이 모든 것들과 필연적으로 마주칠 것이다. 그 결과 위락이라 불리는 것이 없다면, 그는 불행하며,

놀고 즐기는 가장 미천한 신하보다 더 불행할 것이다.〉[16] 이렇게 파스칼은 인간을 〈비참함을 잊기 위해 위락을 찾아야 하는 비참한 존재〉[17]로 파악하고 있다. 이러한 파스칼의 관점과 예증은 할러가 처한 운명을 이해하는 데 중요한 열쇠를 제공한다. 비참함을 잊기 위해 위락을 찾아야 하는 존재인 할러에게 헤르미네가 위락을 중재하는 것이다. 즉 헤르미네는 〈당신에게 춤과 놀이와 미소를 가르치면서……〉(S 315)라고 말하면서, 가벼운 삶이라 볼 수 있는 위락을 그에게 알선한다. 그리고 이러한 위락을 접하게 된 할러는 헤르미네를 자신의 고뇌에서 구원자로 느끼면서 완전히 그녀에게 매혹된다. 〈그녀는 나의 사랑을 받기 위해 더 이상 필요한 것이 없는 존재라는 것을 알게 되었다. 나는 이제 완전히 그녀에게 예속되었다.〉(S 363)

3. 자아의 입문

1) 구제와 신성화 – 기독교적·존재론적 형상

헤세는 『황야의 늑대』에서 주인공의 발단적 동기로 갈등을 묘사하고 있다. 주인공 할러는 분열된 자신의 영혼을 망상으로 나타내면서도 계속 이 분열의 길을 가고 있다. 〈그래도 나의 이 오류의 정정, 내 인격의 해체는 결코 유쾌한 일은 아니었다. 아니, 그것은 때로 견딜 수 없는 고통까지 수반하였다.〉(S 317) 이러한 할러의 발전 과정을 충분히 규명하기 위해, 그의 〈두 영혼의 인간〉상을 자세히 고찰할 필요가 있다. 이러한 동기에는 인간적인 감정이 관련될 뿐 아니라 초월성이 내재되어 있어서 〈두 영혼의 신화〉라고 불릴 수도 있다.

두 영혼의 신화
먼저 인간과 늑대의 혼합된 존재인 황야의 늑대의 개념이 어떻게 헤세에 의해서 정의되어 할러에게서 표명되는지 고찰해 본다.[18] 가상의 인물인 서문 서술자는 먼저 할러의 자아의 성격을 다음과 같이 규명하고 있다. 〈그는 사실 자기 스스로가 종종 부르기도 했듯이, 《황야의 늑대》였다. 우리가 살고 있는 세상과는 딴 세상에서 찾아온 괴팍스럽고 야생적이었던 반면, 무척 수줍음을 타는 사람이었다.〉(S 183) 이러한 주인공의 성격 규정에서 그의 분열성이 나타나고 있다. 〈처음 만났을 때, 그에게서 받은 괴상한, 갈피를 잡을 수 없던 인상을 잊어버릴 수 없다.〉(S 184) 이러한 할러는 〈그는 어딘가 낯선 곳에서 온 것 같은 인상을 보였다〉(S 185)라는 언급에서 알 수 있듯이, 〈단순한〉 인간들의 사회에 속하지 않는 인물처럼 보이다가, 이윽고 「황야의 늑대론」 서문에서 그 자신이 〈황야의 늑대〉로 명명되면서 정체성이 확인되고 있다. 〈그 목적과 그 기쁨에는 아무런 관계도 없는 이 세상의 한가운데서 나는 황야의 늑대인 것이며, 볼품없는 은자 외에는 아무것도 아니라는 것은 당연한 일이 아니겠는가. (······) 나는 스스로 자주 불러 왔듯이, 《황야의 늑대》인 것이다.〉(S 211) 황야의 늑대는 내적 모순의 존재로 한편에서 보면, 이성적·이상적인 동기를 지닌 〈인간〉이고, 또 한편으로 보면, 감성적·충동적인 〈늑대〉의 성격을 지닌 모순적 존재로 규정되는데, 이상론자인 할러에게 이 세상은 불성실하고 허위적으로 여겨, 그가 순수성을 염원할 때 늑대의 성격이 나타난다.

　　　나는 재즈를 싫어했다. 그러나 그것은 요즘은 어떤 아카데믹한 음악보다는 월등히 나았다. 재즈는 그 향락적인 생생한 야만성에 의하여 본능의 세계로 파고들어 솔직하고 거짓 없는 육감을 발산해 준다. 나는 쿵쿵거리면서 그곳에 서서, 이 야만적인 호들갑스러운 음악을 맛보면서, 그 무도장의 공기를 점잖은 호기심에서 맡아 보았다. (S 219)

간단히 말해서, 할러가 사정에 따라 자신의 독립과 절조를 지키려고 할 때, 늑대가 중요한 역할을 한다. 「황야의 늑대론」은 황야의 늑대의 주제를 현상학적으로 *phänomenologisch* 분석하여, 본질적인 구조를 추출하고 있다. 이 「황야의 늑대론」은 동화처럼 시작된다. 〈일찍이 하리라고 하고, 별명을 황야의 늑대라고 하는 한 사나이가 있었다. 그는 두 다리로 걷고, 옷도 입은 사람임에는 틀림없었으나, 그래도 역시 한 마리의 늑대에 지나지 않았다.〉(S 222) 〈황야의 늑대는 사람과 늑대의 두 성질을 지니게 되었다〉(S 223)고, 「황야의 늑대론」은 본질적인 면(인간)과 자연적인 면(늑대)의 양면성의 구조를 언급하고 있다. 이러한 두 성질은 상호적 관계로 더욱더 구체적으로 언급되고 있다. 〈황야의 늑대의 경우 모든 합성적인 생존물의 경우와 마찬가지로, 감성 면에서 어떤 때는 늑대의, 또 어떤 때는 인간의 생활을 해왔다. 그가 늑대가 되었을 경우에는, 그 안에 있는 사람이 반드시 망을 보고, 비평을 하고, 때로는 노리고 있었다. 또 그가 사람이 되었을 경우에는, 늑대가 그렇게 했다.〉(S 224)

결국 황야의 늑대에서 중요한 사항은 인간과 짐승의 두 가지 성질의 구조로, 이 두 성질을 종합하여 할러는 더 고차원적인 존재로 상승한다. 이러한 성질의 인간들은 〈단순하지〉 않고, 그 이상의 것을 지니고 있다. 〈이런 사람들은 대개 두 영혼과 두 성질을 겸유하고 있다. 이들에게는 신적인 면과 악마적인 면, 부성적인 피와 모성적인 피, 행복을 받아들일 수 있는 힘이 서로 마주 서 있거나 뒤섞여 있는 것이다. 흡사 할러 속에 늑대와 인간이 들어 있듯이.〉(S 226) 그러다가 「황야의 늑대론」은 방향 전환을 하여, 황야의 늑대는 할러의 신화적 상상력 속에만 존재한다. 〈요컨대 《황야의 늑대》는 하나의 허구에 지나지 않는다. 할러가 자기 자신을 《늑대 인간 Wolfsmensch》이라고 느끼고, 자신을 두 개의 서로 적대시하는 상반된 존재로 구성되었다고 생각한다면, 그것은 그저 단순화된 신화에 지나지 않는다. 할러는 절대로 늑대 인간이 아니다.〉(S 240) 결국 「황야의 늑대론」의 저자에게 할러는 〈이중성〉 이상의 인간이다.

> 할러는 두 개의 본성으로 된 것이 아니라, 수백 수천의 본성으로 이루어졌다. 그의 생활은 — 모든 인간의 삶과 같이 — 그저 두 개의 극, 이를테면 본능과 정신, 성인과 방탕자 사이를 진동하고 있을 뿐만 아니라, 수천의 무수한 사이를 진동하고 있는 것이다.(S 241)

> 파우스트가 (……) 〈자기 가슴속에는 두 개의 영혼이 살고 있다〉[19]라는 말을 했다면, 실은 그는 메피스토펠레스나 그의 가슴속에 살고 있는 다른 무수한 영혼을 잊고 있는 셈이다.

할러는 그가 황야의 늑대이므로 인간이 아니며, 또한 그는 늑대가 아니고, 모든 세계가 인간에게서 반영하므로 그는 엄밀히 볼 때 모든 존재인 것이다. 그런데 할러로 묘사되는 〈황야의 늑대〉에는 원래 늑대에 대해서 알려진 〈음흉하고 잔인한 야수〉의 성격은 전혀 없고, 〈괴팍스럽고 야생적이었던 반면, 수줍음을 타는〉(S 183) 늑대의 성격으로 긍정적으로 묘사되고 있다. 이는 늑대의 본질적 성격이 그대로 나타나 있다고 볼 수 있다. 일반적으로 늑대에 대한 이미지는 부정적이고 적대적이다. 특히 북미 지역에서 늑대는 순록을 무차별적으로 죽이는 파괴자로 여긴다. 이 때문에 총, 덫, 청산가리를 이용하거나, 심지어 스트리크닌(중추 신경을 자극하는 유독 물질)을 무차별 살포하는 늑대 사냥은 늘 정당화된다. 하지만 캐나다의 작가이자 탐험가인 팔리 모왓이 캐나다 북쪽 한 호숫가에서 1년여간 살면서 관찰한 늑대는 인간의 편견과는 완전히 다른 동물이었다. 캐나다 정부 야생 동물 보호국은 피에 굶주린 늑대가 해마다 수십 명의 인간을 해치며 순록 수천 마리를 도살한다는 제보를 확인하기 위해, 얼어붙은 툰드라 지대에 저자를 파견했다. 그는 어른 늑대 세 마리와 새끼 늑대 네 마리로 구성된 늑대 가족을 만나 가까운 곳에 텐트를 치고 끈질기게 그들을 관찰했다. 늑대는 〈늑대 같은 남자〉라는 의미의 〈음흉함〉과는 전혀 어울리지 않았다. 그들은 일부일처제를 고수하며, 가족과 함께 자신의 영역에서 단란하게 사는 공동체 생활을 영위한다. 배우자가 일찍 죽은 경우엔 다른 가족에 편입돼 마음씨 좋은 〈아저씨〉나 〈아줌마〉 역할을 한다. 순록을 사냥할 때도 배고픔을 면하는 것 이상의 사냥을 하지 않는다. 그들은 순록 떼를 수 마일이나 슬슬 따라가면서, 여러 가지 테스트를 통해 약한 개체라고 확인된 것만을 골라 사냥한다. 늑대는 이 같은 사냥법을 통해 질병에 걸리거나 선천적으로 약한 순록을 제거함으로써, 장기적으로 순록 떼의 건강성을 유지하는 데 도움을 준다. 정작 순록의 수를 격감시키는 장본인은 인간이었다. 이들은 모피나 벽에 거는 순록 머리 장식품을 얻기 위해, 단번에 순록 수십 마리를 무차별 살육한다. 결국 사냥꾼과 장사꾼들이 자신의 죄를 늑대에게 뒤집어씌우고 있을 뿐이었다. 〈늑대가 순록 떼 파괴의 주범〉이라는 소문과 함께 포상금을 걸고 늑대 사냥을 독려한다. 한 사냥꾼은 1년 동안 118마리의 늑대를 사냥했고, 그중 107마리는 그해 태어난 어린 새끼들이었다. 4백 년 전까지 24종의 늑대 가운데 7종은 유럽인의 이주 때 멸종됐고, 나머지도 멸종에 가까운 상태다.[20]

앞에서 언급되었듯이, 할러는 황야의 늑대이므로 인간이 아니며, 또한 그는 늑대가 아니고, 모든 세계가 인간에게서 반영하므로, 그는 엄밀히 볼 때 모든 존재라는 자신을 할러는 에로스의 과정에서 이해하게 되므로, 이러한 에로스를 다음에서 규명해 본다.

에로스의 의미

할러는 행위에서 최대한의 진실성에 가치를 두는데, 이러한 진실성은 다름 아닌 전체성을 의미한다. 즉 그는 인간으로서 부분으로뿐만 아니라 완전성으로 인정받고자 하는 것이다. 〈할러는 누구와 다름없이 전체로서 남의 사랑을 받고 싶었다. 그런데 특히 그가 사랑을 받고 싶어 한 사람에게 늑대인 것을 감추거나 늑대가 아닌 것처럼 꾸며 댈 수가 없었다.〉(S 225) 그러나 인간으로서는 거의 불가능에 가까운 전체성에 대한 요구는 실제로 이뤄질 수 없게 되는 결과, 할러는 정신적·육체적으로 좌절해 파멸해 나가다가 헤르미네와의 만남으로 자신의 방향을 바꾸게 된다. 따라서 그는 더 이상 거대한 전체성에 욕심을 내지 않고, 헤르미네에 대한 복종에서 자신을 버리게 된다. 〈매일, 매년 맡은 일을 깨끗이 정리한다든지, 남의 말을 굽실거리면서 좇지 않으면 안 된다는 것보다 더 싫고 두려운 것은 없었다〉(S 228)의 언급에서 느낄 수 있듯이, 지금까지 어떤 복종도 거부해 온 할러가 헤르미네에게 복종하는 사실은 경이롭다. 이러한 할러가 이제는 자신을 다른 사람(헤르미네) 밑에 종속시키는 것에서 희열을 느끼게 된다. 흥미로운 사실은 이렇게 복종하는 과정에서 처음으로 죽음의 동기가 암시적으로 감지된다는 내용이다. 〈시든 꽃은 동백이었다는 사실을 나는 알게 되었다.〉(S 271) 그런데 할러 자신의 죽음은 다른 사람의 죽음의 조건이 되고 있는데, 이는 전갈 *Skorpion*의 상징에서 확인할 수 있다. 할러의 꿈속에서 헤르미네가 전갈로 나타날 때, 그녀는 죽음의 이중의 의미를 지니는데, 첫째로 (전갈의 찌름으로 인한) 할러의 죽음이요, 두 번째는 (일반적으로 자유스럽게 기어 다니는 전갈을 무해한 존재로 만들어서) 헤르미네의 죽음을 의미한다.

게다가 전갈 한 마리가 내 신경을 건드려 놓았다. 아까부터 내 다리 위로 기어오르려 하였다. (……) 여자 마음과 죄를 아름답고 위험스럽게 장식한 문장(紋章)의 짐승이었

다.〉(S 280)

꿈속에서 할러나 전갈은 죽지 않아서 상징이 변화되는데, 이는 상징의 구체화로도 볼 수 있다. 즉 불안을 주는 전갈이 아무런 공격을 행하지 않는 여성의 육체로 변신하는 것이다. 〈거기에는 검은 벨벳 위에 조그마한 여자의 다리가 하나 놓여 있었다. 아름답고 아늑한 빛을 내며 탐스러웠다. 적당히 무릎을 굽히고 발바닥을 아래로 젖혀 아늑한 발톱 끝까지 보여 주었다.〉(S 284) 헤르미네가 할러를 복종시키는 체험 과정으로 그의 〈영혼의〉 삶에 영향을 미친다면, 마리아는 그의 〈육체적인〉 회복을 맡고 있다. 〈마리아의 애무는 오늘 들은 음악의 기분을 조금도 상하게 하지 않았다. 오히려 그 음악에 어울려서 그 음악을 완성시켰다. 음악의 완성 그것이었다.〉(S 326) 이렇게 헤르미네와 마리아는 할러의 세계와 자아의 변화에 각각 〈영혼적〉이고 〈육체적〉으로 영향을 미친다.

이와 같은 영상이 (……) 이 밤의 사랑의 샘에서 되살아 나와 내 앞에 나타났다. 그리하여 나는 여태까지 내 생애가 비참했기 때문에 오랫동안 잊고 있었던 것을 다시 느꼈다. 이와 같은 영상은 내 평생의 재산이며 보물이어서 부수어 버리지 못하는 것이다. 잊어버릴 수 있어도 없앨 수 없는 별과도 같이 소중한 체험이다. 그것은 내 평생의 전설이며, 지울 수 없는 가치를 갖는 내 존재의 영광이다.(S 331)

할러는 자신의 삶을 다시 한 번 사는 셈인데, 특히 이번에는 더 나은 삶을 영위하게 된다. 따라서 할러는 새롭게 태어난 것처럼 느낀다. 〈내 영혼은 다시 호흡을 하기 시작했다. 내 눈은 다시 물건을 볼 수 있게 되었다. 그리하여 나는 나의 산란한 형상의 세계를 그저 정리만 하면 되었다. 저 할러의 《황야의 늑대》의 생활을 하나의 전체로서 형상에까지 높이면 되는 것이다. 그렇게 하면 저절로 형상의 세계에 들어가서 불멸한 존재가 된다는 것을 잠시나마 느꼈다. 이것이야말로 모든 인간 생활이 구하고 있는 목적이 아니었을까.〉(S 331) 할러는 이러한 감정을 처음에는 단지 수동적으로만 대하다가 이윽고 점점 고무되어 능동적으로 대하게 된다. 〈새로이 복잡하고 간접적인 관계가 나타났다. 그것은 새로운 사랑의 기술과 삶의 기술이었다. 나는 저 「황야의 늑대론」에 쓰여 있던 천의 혼이란 말을 상기해 보았다.〉(S 337) 결국 할러는 한 차원 더 높이 상승하여 자기 영혼의 분열을 극복한 것이다. 〈모든 것이 동화요, 모든 것이 한 차원 더 풍족하여지고, 한 의미에서 더 깊어져서 유희이며 상징이었다.〉(S 359) 그는 지금까지 자신의 비연대감을, 즉 자신의 고유성만을 쌓아 왔지만, 이제는 그와 반대로 〈인간과의 연대 *Verbundenheit mit den Menschen*〉[21]를 추구하게 된다.

50년대 내가 모르고 있던 — 물론 처녀들이나 학생들도 다 알고 있는 것이지만 — 새 체험을 이 무도회의 밤에서 쌓았다. 그것은 축제의 체험이다. 축제의 환락과 도취였다. 군중 속에 개인을 없애 버리는 비결이다. 환락의 신비적 합일이다. (S 359 f.)

따라서 다른 사람을 통해 느끼는 기쁨에서 그의 자아는 해체된다. 〈나는 이미 내가 아니었다. 나의 개성은 소금이 물에 녹아 버리듯 축제의 즐거움 속에 녹아 버렸다.〉(S 360) 앞에서 언급된 다른 사람은 헤르미네로 의인화되고, 이 여성과 함께 그는 새로운 삶을 시작하게 된다. 〈유혹과 권모술수, 방탕이 끝없는 흐름에서 나는 조용히 지식을 쌓고 경험을 얻어 다 큰 인간이 되어 헤르미네 앞에 나타났다. (……) 그녀에게 할러 전부가 속해 있었다. 오오, 나는 지금 내 모습이 장기 놀이 그 일체를 그녀와 관련시켜 그리하여 최후의 성취를 이룰 수 있도록 고쳐 세웠으면 싶었다.〉(S 397) 그러면 이러한 새로운 삶이 무엇에 근거하는지를 고찰해 보고자 한다.

2) 이중적 결말 – 존재론적 형상

할러는 모든 해체와 파괴에서 새로운 건설을 추구하는 인간, 즉 가닥이 풀린 현대인으로 자신을 완전성에 연결시키려고 추구하는 인간이다. 그러나 그에게 이러한 새로운 완전성은 존재론적인 면에, 즉 형이상학적이거나 본질적인 존재 속에 근거를 가질 때 존재한다. 그러면 이러한 의도가 성취되지 못하는 배경과 사실을 규명하고자 한다. 특히 여기서는 할러가 여러 단계에 입문하여 동일성을 획득하는 내용을 근거로 논증하고자 한다.

입문과 동일성

이 부제의 연구를 위해 먼저 『황야의 늑대』의 서술에 여러 단계가 있다는 사실을 인식할 필요가 있다. 이런 단계에서 「황야의 늑대론 Tractat vom Steppenwolf」과 〈하리 할러의 수기 Harry Hallers Aufzeichnungen〉의 내용의 차이가 의미 깊다. 「황야의 늑대론」은 할러를 분열된 인간으로 묘사하지 않고, 그의 긍정성을 묘사하고 있다. 즉 「황야의 늑대론」은 할러를 예외적인 인간, 평범한 인간과 다른 삶을 사는 특이한 운명의 인간으로 묘사하고 있다. 이는 개인의 입문 Initiation의 문제로 나타난다. 할러는 「황야의 늑대론」의 저자 눈에는 소위 자살을 염원하는 자로, 그 시대의 모든 일반적인 진보나 발전을 신봉하지 않는 현실에서 멀리 벗어난 인물이다. 따라서 그의 삶의 목표는 완전히 다른 차원이다.

> 형이상학적인 면에서 볼 때, (자살자에게) 모든 것은 다르게 또는 더욱 명확하게 보인다. 왜냐하면 자살자라고 하는 것은, 개성화의 죄라는 관념에 사로잡혀 있는 사람이다. 즉 인생의 목적은 자기완성이 아니고 자기를 해체하여 어머니에게로, 신에게로, 전체로 되돌아가는 일이라고 생각하는 사람들인 것이다. (S 230)

이러한 관점을 지닌 「황야의 늑대론」의 저자는 할러가 자기 자신을 떠나 밖을 보아서는 안 되고, 오히려 자신의 내면을 관찰해야 한다고 할러를 비평하고 있다. 〈이와 같은 상태에 이르기 위해 (……) 황야의 늑대는 언젠가는 자기와 대결하고, 자기 영혼의 혼돈의 깊이를 측정하고, 완전히 지상의 자각 상태에 도달하지 않으면 안 된다.〉(S 238) 오직 이러한 방법으로만이 그는 — 자신에서 벗어나지 않고 — 자신의 존재에 도달할 수 있다. 〈그의 애매한 존재성은 본질을 드러낼 것이다. 또 본능의 지옥에서 감상적·철학적인 위안으로 도피하지 못할 것이며, 또 이러한 감상적·철학적 위안에서 다시 늑대적 성격의 맹목적인 도취로 도피하지도 못할 것이다.〉(S 238 f.) 그러면 외관적인 분열도 극복될 것이다.

인간과 늑대가 거짓 감정의 가면을 벗고 서로 얼굴을 맞대고 거리낌 없이 시선을 주고받고 할 것이다. 그때 인간과 늑대 사이는 폭파되어 영원한 결별을 하고 황야의 늑대의 존

재가 부서지든지, 혹은 유머의 빛을 쬐고 이성 결혼을 하기에 이를 것이다. (S 239)

「황야의 늑대론」은 해결의 방법으로 가벼운 삶의 상황이라 볼 수 있는 〈유머 Humor〉를 제시한다.[22] 그러나 「황야의 늑대론」의 독자인 할러는 이에 대해 처음에는 동의하지 않는다. 즉 그에게 가벼운 삶의 상황은 맞지 않는 것이다.

거기에서 황야의 늑대와 자살자에 관해서 쓴 내용은 아주 지혜롭고 현명했지만, 그것은 종류와 형상에 관한 언급일 뿐이었다. 즉 교묘한 추상일 뿐이었다. 그러나 나 자신의 영혼, 나 자신의 단 한 번뿐인 운명은 그와 같은 그물로는 도저히 생포될 수 없는 것 같다. (S 256)

사실 그는 삶에서 일반적 – 필수적인 발전을 믿고 있지만, 이것도 지나간 과거의 회고 형태로 인식하고 있다. 〈그와 같은 인생의 충격을 만날 때에도 나는 결국 그 무엇인지를 획득해 왔다. 자유나 사상이나 그 깊이에 있어서나 또는 고독이나 세상 사람의 몰이해나 냉정함에서도 얻어 왔던 것이다.〉(S 252) 「황야의 늑대론」이 할러에게 제시하는 입문을 그는 계속 받아들이려 하지 않다가, 헤르미네를 만나면서 변하게 된다. 자신의 영상(映像)이라 볼 수 있는 그녀에게서 할러는 그의 마음속에 갈등적으로 작용하는 성(聖)과 속(俗)이라는 삶의 두 가지가 유사하다고 인식하게 되는 것이다.

그리고 그녀, 이 이상한 친구는 나에게 또한 성인 이야기를 하면서, 나의 과장되고 허황된 언행이 다른 사람에게 외톨이적이며 이해될 수 없는 병적인 심리가 아니라는 것을 일러 주었다. 또 내게는 자매가 있고, 나를 이해하는 인간이 있다는 것을 보여 주었다. (S 288 f.)

헤르미네는 이를 매우 단호하게 표현한다. 그녀가 볼 때 할러는 사실상 인간이라 볼 수가 없었다. 〈요전번만 해도 당신은 함정에서 겨우 건져 내놓은 짐승과도 같은 모습을 하고 있었는데, 이제야 인간 비슷하게 된 것 같아요.〉(S 294) 이렇게 할러는 동물적 존재에서 인간으로 발전해 가는데, 이는 그가 〈사상〉의 존재에서 〈행위〉의 존재로 변화되는 것을 의미한다. 여기에는 향락의 가벼운 삶이 필요하다. 과거에 할러는 이러한 가벼운 삶과 전혀 동떨어진 삶을 살고 있었으나, 이제는 가벼운 삶인 향락적인 삶이 필요하게 된 것이다.

〈아아, 하느님!〉 하고 마음속으로 부르짖었다. 이렇게 해서 나는 그토록 싫어해 온 한량들과 향락인들의 세계, 대리석 테이블, 재즈, 창부, 행상인들의 세계에 들어왔다.(S 309 f.)

이제야 그는 무엇이 중요한 것인지를 알게 되었다. 즉 인간의 또 다른 면을 양육하는 데 지금까지 경시해 온 디오니소스적 분야의 중요성을 그는 알게 된 것이다. 〈인간의 천 가지의 혼을 가졌다는 「황야의 늑대론」과 헤르미네의 언급은 옳았다. 날마다 내 안에 낡은 영혼 외에 여러 개의 새 혼이 생겼다. 그것들은 여러 가지 요구를 하면서 소동을 일으킨다. 이제야 나는 비로소 인간이란 것에 대한 여태까지의 나의 오류를 똑똑히 깨달았다.〉(S 317) 결국 그의 입문은 성공한 셈이다. 이러한 입문 과정에서 첫 단계인 유아 개념이 나타나고 그의 유희적인 면이 전개된다. 〈아아, 그때 나는 생각해 보았다. 장차 내가 어떻게 되더라도 좋다. 한 번만이라 할지라도 나는 행복을 보았다. 나를 떠나서 환희에 빛나며, 파블로의 형제가 되어 보았다. 어린아이가 되어 보았다.〉(S 361) 이러한 유아 개념에서 시작하여 할러는 그 후 다양한 층의 인간으로 발전한다. 〈나는 (……) 지금의 나의 일부, 즉 내 존재와 생애의 10분의 1, 천분의 1인 이 부분을 나의 자아의 다른 어떤 모습에 의해서도 방해받지 않고, 즉 《사상가》에게도 방해받지 않고 《황야의 늑대》에게서 고생하지 않고, 시인·공상가·도덕가에게도 속박받지 않고 완전하게 키워 낸 것을 자각하고 있다.〉(S 395) 그리고 그는 이러한 생성 과정을 명백하게 바람직한 것으로 평가하게 된다. 〈그러나 이제 그 과실은 충분히 속죄가 되었다. 모든 것이 다르게 되어 행복하게 되었다.〉(S 393)

소설의 시작과 끝

존재론적으로 보면 정체성의 새로운 정립이고, 인간학적으로 보면 인간의 전체성을 향한 입문이 되는 할러의 발전을 우선 작품 속에 전개되는 서술의 내용에 따라 고찰해 보고자 한다. 소설 처음에 서술자는 사건들을 미리 앞당겨 언급하는데,[23] 이때 통시적인 *diachron* 서술 구조(서문 Wort, 수기 *Aufzeichnungen*, 논문 *Tractat*, 중간 부문 및 끝 부분)에 공시적 *synchron* 서술 구조가 대립하고 있다. 통시적과 공시적 두 가지 묘사에서 할러의 노력이 성공할지, 또는 그의 노력이 어떻게 성공하거나 실패할지에 관련된 내용이 담겨 있다. 할러는 자신의 체험을 마술 극장에 기록하고, 서술가가 이들을 연대기적으로 배열하고 있다.

할러의 소설에 나타나 있는 다소 환상적인 사건은 아마도 이곳 체류의 최종기에 입각한 것이겠으나, 그 밑바닥에는 다분히 현실적이고 외적인 체험이 기반으로 되어 있다는 사실에 의심의 여지가 없다.(S 201)

할러에 의해서 확립되는 결말 외에 서문의 저자는 계속 진행되는 할러의 상항을 묘사하고 있다. 〈그리고 얼마 안 가서 심한 저기압이 왔는지 그는 하루 종일 자리에 누워 있기만 하고 식사조차 하려고 들지 않았다. 그가 다시 나타난 그의 애인과, 아주 심한 입에 담을 수 없는 싸움을 벌인 것도 그 당시였다. 그 싸움은 온 집안을 떠들썩하게 했다.〉(S 202) 처음에 할러는 바닥까지 추락하여 주위에 불만을 갖는 등, 입문이 이뤄질 수 없을 것같이 보인다. 그의 모든 사랑의 행복이 존재하지 않는다는 사실을 예감하자, 그의 불만스러운 발전 과정은 서둘러 진행된다. 〈마리아를 알게 된 날부터 가장무도회까지의 짧은 기간은 참 행복했다. 그러나 이것이 구원의 길이며, 최후 최고의 행복의 길이었다고는 생각할 수가 없었다. 오히려 나는 다음과 같은 것을 분명히 예감했다. 이 모든 것은 서곡에 지나지 않으며, 준비에 지나지 않는다고. 일체의 일은 힘차게 앞으로 진행될 것이며, 본질적인 것은 곧바로 일어날 것이라고.〉(S 337)

결국 할러는 자신이 치유 불가능하다고 여긴다. 즉 그의 번뇌는 극복될 수 없어서 운명으로 여긴다. 〈다시 인생의 왕관을 구하고, 무한한 죄를 갚아 가는 것이 나의 운명이다. 가벼운 생활, 가벼운 사랑, 가벼운 죽음, 그것은 하등의 의미도 갖지 못하는 것들이다.〉(S 348) 그러나 이 책의 실제적인 결말에서 긍정적인 감정이 시작된다. 자신의 피할 수 없는 파멸뿐만 아니라, 그에게 필요한 삶의 유희와 예술이 할러에게 기대되는 것이다. 〈언젠가는 그 모습의 유희라는 것을 더 잘할 수 있게 되겠지. 언젠가는 저 웃음도 배우게 되겠지. 파블로가 나를 기다리고 있는 것이다. 모차르트가 나를 기다리고 있는 것이다.〉(S 413) 이는 지금은 아닐지라도 언젠가는 그것이 이루어진다는 내용이다.

4. 결론

이 장에서는 할러와 세계 사이의 번뇌가 다뤄지는 한편, 헤르미네와 마리아가 그에게 미치는 치유적 영향력이 다뤄지고 있다. 여기에서 고찰되는 사항은 다음과 같이 정리될 수 있다. 즉 할러는 자신의 특이하게 번뇌적인 의식 구조로 고난의 심연 속에 빠져들 때 부담 없이 가벼운 삶을 사는 두 여성 헤르미네와 마리아에 의해 구제된다는 사실이다. 따라서 헤르미네와 마리아, 그리고 파블로의 영향을 받아 할러도 부담 없는 가벼운 삶을 영위하면서 그의 자살은 당장은 피하게 된다. 다시 말해 그는 다시 어린아이같이 매 순간을 즐기는 삶을 살게 되는데, 이는 할러와 헤르미네와 마리아가 춤을 추는 장면과, 그와 마리아와의 에로틱한 장면에서 인식된다. 할러의 번뇌적 의식이 다른 사람(헤르미네)의 피어나는 생기와 에로스에 의해서 교환되는 것이다.

원래 에로스의 동기는 대부분의 헤세 작품에서 중요한 동기로 나타나지 않고 있지만 『황야의 늑대』에서만은 예외적으로 에로스가 주요 동기로 다뤄지고 있다. 할러에게는 농담이나 해학 같은 것은 높이 평가되지 않고(따라서 농담이나 해학 등의 개념이 다르게 규정됨), 그가 도달하기 위해 노력하는 전체성이 중요성을 띠는데, 여기에 에로스가 도움이 되고 있는 것이다. 이러한 에로스는 네 가지의 다양한 자아 형태로 할러를 치유하고 있다. 첫째로, 할러가 자신의 삶의 위기를 진정하고 순수한 면으로 극복하는 〈인간학적 *anthropologisch*〉 형상이고, 둘째로, 할러가 인간을 초월한 〈너 *Du*〉를 이해시키는 〈마적 *magisch*〉이며, 셋째는 할러는 모든 인간과의 연대감을 인식하게 되는 〈기독교적 *christlich*〉이며, 넷째는 그는 세계 질서와의 연대감을 알게 되는 〈존재론적 *ontologisch*〉이다.

이미 플라톤이 『향연』에서, 에로스는 육체적 사랑의 충동일 뿐 아니라, 삶의 충동까지도 포함하고 있다고 했는데, 이는 에로스 속에 보편적으로 화합하여 연결시키는 법칙이 들어 있다는 의미다. 즉 모두는 사랑으로 보충시켜 주는 짝을 추구하기 마련이다. 성서에서도 사랑이 가장 최상의 법칙이 되고 있으며, 이 사랑이 없으면 모든 것은 허무하고 무의미하게 된다고 서술되어 있다. 〈내가 인간의 여러 언어를 말하고 천사의 말까지 한다 하더라도 사랑이 없으면 나는 울리는 징과 요란한 꽹과리와 다를 것이 없습니다. 내가 하느님의 말씀을 받아 전할 수 있다 하더라도 온갖 신비를 환히 꿰뚫어 보고 모든 지식을 가졌다 하더라도 산을 옮길 만한 완전한 믿음을 가졌다 하더라도 사랑이 없으면 나는 아무것도 아닙니다. 내가 비록 모든 재산을 남에게 나누어 준다 하더라도 또 내가 남을 위하여 불 속에 뛰어든다 하더라도 사랑이 없으면 모두 아무 소용이 없습니다.〉[24]

할러는 처음에는 모든 사랑에서 멀리 떨어진 인물로 묘사되고 있다. 그의 결혼은 파혼되었고, 어느 여성과도 지속적으로 사귀기 어려운 성격이다. 따라서 그는 자신만의 고독으로 빠져 들어가서, 이 고독의 가치를 정신적인 엘리트들, 불멸의 인물들, 두 세계의 신화 등의 초월적인 차원에서 상승시킨다. 이러한 그의 성향이 그를 자살이라는 마지막 방법으로 몰아가는데, 이러한 자살을 헤르미네의 에로스가 저지시킨다. 이러한 헤르미네와의 관계 후, 사랑이 그 자신과 세계를 화해시켜, 그의 상처 난 자아가 치유되고, 특히 사랑으로 성스럽게 되어 그는 모든 면에서 향상된다. 소설 초기의 불운한 내용이 작품이 진행되면서도 계속 묘사되지만, 헤세는 여기에서 ― 기존의 그의 작품에서와 다르게 ― 사랑을 해결로, 즉 사랑을 다른 사람을 자신에게 끌어당기는 해결로 전개시키고 있다.

주

1 Kurt Tucholsky, Der deutsche Mensch, in: Volker Michels(Hg.), *Materialien zu Hermann Hesses Steppenwolf*(Frankfurt/M., 1972), S. 291.(이하 *Materialien zu Hermann Hesses Steppenwolf*는 MHS로 줄임)

2 Oskar Loerke, *Der fünfjährige Hermann Hesse*, in: MHS, S. 278.

3 Egon Schwarz, Zur Erklärung von Hesses Steppenwolf, in: *Monatshefte*, 53. Jg. 1961, S. 191~198.

4 반 게넵, 『통과 의례』, 전경수 역(을유문화사, 2000), 7면 이하.

5 Alfred Wolfenstein, *Wölfischer Traktat*, in: MHS, S. 274.

6 Thomas Mann, *Gesammelte Werke* in 13 Bänden, Bd. 8(Frankfurt/M., 1974), S. 297.

7 같은 책, S. 298 f.

8 Hermann Hesse, *Der Steppenwolf, Gesammelte Werke* in 12 Bänden, 7. Bd.(Frankfurt/M., 1970), S. 183~222.(이하 작품의 원문은 S로 줄이고, 다음에 바로 면수를 표시함.)

9 Peter de Mendelssohn, *Die unheimliche Kreuze- und Querspinne*, in: MHS, S. 254.

10 Oskar Loerke, *Oskar Loerke an Hermann Hesse*, in: MHS, S. 264.

11 여기에서 편집자가 할러를 묘사하듯이, 헤세 자신도 자신의 친구 중 한 사람을 묘사하고 있다. Heinrich Wiegand, *Lärm und Stille um Hermann Hesse*, in: MHS, S. 283.

12 Ernst Bäumler, *Amors vergifteter Pfeil, Kulturgeschichte einer verschwiegenen Krankheit*(Frankfurt/M., 1997), S. 21.

13 Edgar Wind, *Heidnische Mysterien in der Renaissance. Mit einem Nachwort von Bernhard Buschendorf*. übersetzt von Christian Münstermann unter Mitarbeit von Bernhard Buschendord und Gosela Heinrichs(Frankfurt/M., 1981), S. 188.

14 Hugo Ball, *Ein mythologisches Untier*, in: MHS, S. 270.

15 여기서의 실존성은 철학적인 배경을 지니지 않고, 삶의 사실적인 근본성을 의미한다.

16 블레즈 파스칼, 『팡세』, 이환 역(민음사, 2003), 137~138면.

17 같은 책, 83면 참조.

18 Werner Deubel, *Hermann Hesses Steppenwolf*, in: MHS, S. 300 f.

19 J. W. von Goethe, *Faust*, V. 1112.

20 팔리 모왓, 『울지 않는 늑대』, 이한중 옮김(돌베개, 2003) 참조.

21 Marga, Lange, Daseinsproblematik in Hermann Hesses Steppenwolf, in: *Queensland Studies in German Language and Literature*, vol. 74~79.

22 Kurt Tucholsky. a.a.O., S. 290.

23 Stefan Grunwald(Hg.), *Theorie und Kritik*(Bern/München, 1974), S. 149~158.

24 「고린토인들에게 보낸 첫째 편지」 13장 1~3절.

제4장 『데미안』에서의 도교 사상

1. 양극 사상

서양의 신비적이며 기독교적인 경건주의(敬虔主義)에 뿌리를 두고, 그곳으로부터 출발한 헤세는 일생 동안 동양적 분위기 속에서 정신적 고향을 찾았다. 따라서 헤세의 인생에서는 물론 문학적 창작 활동에 있어서도, 모든 것을 동양적 모티프에 전개시키고 있다. 이러한 헤세의 모든 작품들의 공통된 사상은, 모든 대립을 극복하여 조화와 완성으로 향하는 강력한 의지를 보여 주는바, 그의 작품들 밑바닥을 흐르는 근본 주제, 즉 생의 양극성과 모든 대립 저편에 작용하는 단일성 Einheit의 사상이 강렬한 주제를 형성하고 있다.

> 단일성의 체험 — 이것이야말로 헤세의 가장 중요한 주제 중 하나다. 이 체험이 여러 작품에서 형성되어 만들어진 그의 주제와 여러 형태들과 다양하게 관련되어 있지만, 그것들은 모두 꼭 같은 기본 문제의 성취, 즉 주인공들이 여러 가지 방법으로 목표하고 있는 하나의 목표에 관계되는 사실에 의심의 여지가 없다.[1]

이러한 생의 모든 대립 저편에 작용하는 단일성 사상은 괴테의 주된 사상이었다. 괴테는 『시와 진실』에서 전 생애를 통하여 지속적인 영향을 끼쳤던 책으로 아르놀트Gottfried Arnold의 『교회와 이단의 역사 Kirchen-und Ketzerhistorie』(1699~

1700)를 들고 있다. 이 책 덕분에 괴테는 자신의 내면에 완벽한 하나의 세계를 구축할 수 있었다고 고백하는데, 그 이유는 이 책이 당시의 독단적인 교회의 시각에서가 아니라, 중립적인 시각에서 쓰였기 때문이다. 그러한 시각은 모든 것을 통합하고 융합하려는 괴테의 사고방식과도 일치하였기에 그의 양극의 극복 사상에 많은 영향을 끼쳤다.

이러한 모든 양극적 대립, 모든 양극적 인생의 모순들이 헤세의 작품에서 마지막으로 단일 사상에 합일되고 있다. 헤세 당시의 전쟁과 퇴폐 등의 갈등과 이중성이 헤세에게 변증법적으로 작용하여, 오히려 창조적인 힘이 되었다고 볼 수 있겠는데, 이러한 결과로 그의 구조적 특징은 이원론에 근거를 두고 있다. 따라서 헤세에 의하면, 모든 것은 이중의성(二重意性)을 지니고 있다. 그는 이 이중성을 〈이 세상의 것〉과 〈이 세상의 것이 아닌 것〉으로 구분하여 설명하고 있다. 무릇 지상의 모든 것은 이러한 두 형태의 모습을 지니고 있는 것이다. 그러면 이러한 이중성을 헤세의 주요 작품으로 분석해 보고자 한다.

제1차 세계 대전의 종결과 동시에 인간으로서, 예술가로서의 내면성은 격렬한 동요와 자각 속에서 헤맸다. 〈나는 모든 전쟁의 잔학상, 온 세계의 창일(漲溢)하는 대량 살인의 쾌감, 온갖 흉악스러운 향락의 추구, 모든 죄악 등을 나 자신 속에서 다시 발견했다〉[2]고 헤세가 말했듯이, 이후 독일 작가들은 고뇌에 찬 목가적·향토적 작가가 될 수 없었다. 또 과학이 인간 두뇌를 능가하고, 양대 세계 대전으로 인한 모순과 퇴폐 풍조의 만연, 풍요한 문명의 절정기에 인간들은 정신의 결핍을 호소하게 되었다. 이러한 정신적 혼란과 모순 사회 속에서 유럽 현대 작가들은 주로 인간이 세계 속에 존재함으로써 생기는 모순과 당착, 제약이나 질곡 등을 어떻게 해결할 것인가에 관심을 모으게 되고, 또 헤세에게는 〈나는 어떻게 하면 나 자신에게 도달할 수 있는가? 어떻게 보다 깊은 자아를 발견할 수 있는가?〉[3] 하는 자아 추구의 길이었다. 이러한 배경에서 양극의 한편에 머물지 않고 끝까지 양편에 성실하게 임하는 의지로, 현대 역사의 퇴폐와 허무 등의 사상을 극복하려는 의지가 헤세 작품의 특징으로 나타나고 있다.

따라서 『수레바퀴 밑에서』에서도 기벤라트와 하일너 사이에서 양극적 분열 *polarische Spaltung*[4]의 법칙이 적용되는 등 헤세의 많은 작품에 양극적 상황이 전개되고 있다. 예를 들어 『페터 카멘친트 Peter Camenzind』에서 주인공 페터 카멘친트와 그의 친구 리하르트의 관계가 양극적 상황이 되고, 『데미안 Demian』에서 주인공 데미안과 에밀 싱클레어도 이러한 양극적 관점으로 볼 수 있다. 또 『나르치스와 골드문트 Narziß und Goldmund』의 두 주인공 나르치스와 골드문트 사이에도 이러한 이중적 대립 형상이 돋보인다.

『수레바퀴 밑에서』에서 〈양극적 구조〉의 법칙은 두 주인공 기벤라트와 하일너의 구조 관계로 나타나, 헤세의 양극적인 성격의 특성을 보여 주고 있다. 따라서 이 소설은 기벤라트와 하일너 두 주인공으로 암시되는 자서전적 특징과 이중적 자기 투영으로 이해될 수 있으며, 그 외 다른 등장인물들은 단지 이 구조의 배경을 이루어 이 소설은 성격 심리학적 작품으로 이해될 수 있다. 이러한 이중적 분열은 종종 밝은 세계와 어두운 세계의 구분으로 유도된다. 『수레바퀴 밑에서』에서도 기벤라트는 우선 밝고 건전하고 열심히 노력하는 세계에 속한다. 헤세의 삶에서 죽음과 대립적인 요소가 기벤라트로 변형되어 그는 상징적으로 묘사된 것이다.[5] 이와 반대로 하일너는 어둡고 우울한 세계를 대표한다. 이렇게 헤세는 여러 작품들에서 근본 테마, 즉 생의 양극성과 모든 대립의 저편에 작용하는 이원성 Dualismus의 투시와 경험을 주제로 하고 있다. 모든 양극적 대립을 통해 가고, 모든 모순 철학 그리고 이 신비적 경험에서 출발하여 직관적으로 투시된 지식을 문학·예술적으로 형성하려는 작가의 끊임없는 노력이 표현되어 있는 것이다. 따라서 모든 긍정적인 것과 부정적인 것, 모든 아름다운 것과 추악한 것, 모든 죄스러운 것과 성스러운 것, 밝은 것과 어두운 것이 헤세의 작품에서 끊임없이 상호 교체되고 상응하여 서로 보충되고 있다. 그리고 모든 것은 커다란 전일성(全一性)의 일부분으로서 똑같이 좋은 것으로 정당화된다. 존재하고 생성하는 모든 것을 사랑에 찬 헌신과 긍정의 마음으로 체험할 수 있는 이 조화를 이룬 양극의 이원성에 대한 신앙을 헤세는 〈성스럽다 heilig〉[6]고 하였으며, 일생을 통한 그의 시적 형성의 목적은 언제나 이런 테마에 대한, 즉 단일성(單一性)에서의 이중성(二重性) 지양에 대한 새로운 상과 언어로 발전시키는 것이었다.

따라서 동방의 순례자들 Morgenlandfahrer에게 헌납된 대장편 『유리알 유희』를 비롯한 대부분의 작품들에서 헤세는 그의 기본적 신앙, 즉 생의 모든 대립적 다양성을 넘어선 종합적이며 조화적인 이원 사상을 서술하고 있다. 특히 정신과 세상, 혹은 정신과 자연의 양극성을 제기함과 동시에 〈예술과 학문의 단일성뿐만 아니라 모든 인생 영역에 대한 전일성의 상징〉[7]인 채색된 유리알들을 가지고 하는 유희의 이념으로 그의 사상을 묘사하였다.

제1차 세계 대전 중 헤세는 내적 및 외적 생존 위기에 빠져들어 그 위기의 결과를 자기 인생의 거의 완전한 붕괴로 느꼈다. 그러나 그것은 동시에 그의 주창적(主創的) 시기를 열어 주었다. 지금까지 그의 자유와 감정이 슈바벤의 평화로운 고향 세계에 매여 있어 깊은 불안에 빠진 시대를 뚜렷이 묘사할 수 없었다면, 이제 그만큼 더 격렬하게 현대의 모든 문제들에 부각된 새로운 방향을 잡도록 강요된 것이다. 그때부터 그의 문학은 모든 인간 실존의 불확실성에 대해 증언하게 되는데, 그 결과 인생의 의미와 가치를 인정하던 자세가 너무도 교란되어 그 모든 토대가 흔들리는 것처럼 보이는 문화 시대 안에서 인간 실존이 받고 있는 특수한 위협에 대해서 증언하게 되었다.

헤세가 언제나 새롭게 변화된 형식으로 형태화시켜 주는 근본 체험이 무엇인지 알아본다면, 헤세 자신의 자기 해석 그대로 〈종교적 충동〉이 그의 생애와 그의 직업의 결정적 특색을 이루고 있음이 드러난다. 겸허한 가문의 인습적 신앙 형식을 깨뜨리고 나온 후 헤세의 길은 괴로움 속 깊이 빠져들게 된다.

처음부터 자기 자신에 대한 회의와 함께 나타난 종교적 회의는 불안과 고독과 방황의 느낌을 일으켜 주는데, 이러한 감정들은 이미 초기 작품들의 분위기에서도 파악되고 있다. 따라서 그의 시대의 생의 갈등과 여러 대립적 사상들이 그의 전일 사상에 조화되는 과정을 먼저 헤세의 주요 작품에서 간단히 규명해 보겠다.

1) 『데미안』

전쟁 동안 헤세는 개인적인 위기로 인해 정신 분석학과 긴밀한 접촉을 하면서 그의 문학과 사상에 새로운 방향과 깊이를 제시해 주는 중심적 창작기를 도입하게 되었다. 부친의 갑작스러운 죽음, 부인과 막내아들 마르틴 Martin의 발병 등이 헤세를 신경 쇠약으로 이끌어 가, 그는 정신 의학적인 치료를 받게 되었다. 이러한 과정에서 헤세는 정신 분석학에 관해 깊이 이해했을 뿐만 아니라, 자기 자신의 갈등과 문제를 갈파하고 극복하기 시작했다. 따라서 그의 사상과 창작도 새로운 방향과 형성의 면모를 지니게 되어, 그 결과로 작품 『데미안Demian』이 생성되었다. 이 작품에서 헤세는 이전의 〈방랑적 작풍(作風)〉을 지양하고 분석 심리학의 사상과 인식을 문학으로 서술하고, 서로 불가분한 관계로서 하나의 단일성에 속하는 밝고 어두운 두 개의 세계와 신일악마(神―惡魔)적인 아브락사스Abraxas, 남녀와 어머니, 애인의 요소를 한 몸에 지닌 에바Eva 부인 등과 같은 양극적 전일성에 대한 상징적 요소를 시적으로 표현하게 된다.

『데미안』에서 주인공 싱클레어가 예감한 생의 이중성의 두드러진 특징 중 하나는 도덕적이고 사랑에 가득 찬 양친의 밝은 세계이며, 또 하나는 유혹적이고 공포에 가득 찬 범죄의 어두운 세계이다. 이러한 온갖 괴로움에 시달리며 이중생활을 영위해 가는 주인공을 구해 주는 것이 데미안의 양극 극복의 전일 사상이다.

    이 새로운 세계상의 기본은 바로 헤세의 모든 주요 작품 속에 반복되는 양극성의 체험이다. 에밀 싱클레어는 불안에 가득 찬 두 개의 이중생활을 영위한다. 즉 광명과 청결이 지배하는 부친 집안의 도덕적으로 밝은 세계와, 매혹과 죄악이 유혹하는 하녀들과 직공들의 어두운 골목 생활이 두 가지 세상의 삶을 영위한다. 이러한 고뇌에 찬 이중생활로부터 데미안은 그의 친구를 끌어내어 이 두 세상을 단일체로서, 즉 다른 세계와 같이 숭고하게 보도록 그를 가르친다.[8]

이 작품은 세계란 선과 악이 함께일 때 비로소 하나가 되며, 인생의 양면성을 전일적으로 포용하고, 두 개의 세계를 똑같이 신성하게 간주할 것을 가르치고 있다. 모든 양극성을 한 몸에 지니고 모든 대립성을 동시에 창조하는 아브락사스는 신인 동시에 악마이며 남자인 동시에 여자이다. 즉 아브락사스는 인생과 세상의 대립 다양성을 포괄하여 하나로 합일시키는 새로운 신인 것이다. 〈신과 악마의 성질을 포함하고 있는 아브락사스의 영적인 신성 속에서 신과 세상 체험은 상징을 찾는다. 이것이 헤세의 역설적 대립의 단일의 시적 마술이다.〉[9] 그러므로 그들은 이를 전체로 긍정하고 숭배하는 커다란 단일로서 나타나는데, 이는 모든 대립을 조화시키는 일원성에 대한 헤세의 시적 표현으로서, 이러한 주제가 『데미안』에서 새로이 재기되어 헤세의 양극적 전일 사상에 대해 중요한 위치를 점하게 되었다.

2) 『나르치스와 골드문트』

『나르치스와 골드문트 Narziß und Goldmund』는 옛날의 분열된 자아를 극복하고, 무수한 대치적 인자를 관조적으로 인식하여 조화적으로 동감하는 도상에서, 헤세가 모든 양극성을 넘어서 보다 고차원적인 전일성을 시적으로 깊이 관조한 데서 생겨났다.[10] 뿐만 아니라 자신의 체험, 자신의 사상과 문제점들이 상징이며 보유자가 될 수 있는 한 인물에 대한 환상으로 이를 시작했다고 헤세 자신이 말하고 있다.[11] 나르치스와 골드문트의 비유는 별로 뉘앙스가 없는 상징 속에 아주 오래된 의미를 숨기고 있다. 그것은 잃어버린 아들과 고향에 남아 있는 그의 형의 이야기이며, 세리와 바리새인의 이야기로서 그 대립들의 동질성을 조상을 통해 지니고 있는 것이다. 두 사람, 즉 수도원장 나르치스와 예술가 골드문트는 결국 다른 길로부터 성자, 즉 스스로 완성된 자의 목표에 도달한다. 나르치스는 자기 보존을 통해서 금욕적인 훈련으로 거기에 이른다. 골드문트는 자신을 마모시키지 않을 수 없다. 이 세상과 그 가슴의 온갖 위험을 최대한 써버리고 스스로 집으로 돌아갈 길을 찾아내는 것이다.

나르치스와 골드문트의 조화 있는 완성은 『황야의 늑대』적 고민의 이중 현현(二重顯現)을 통해서만 가능하다. 한 사람은 정신과 진리의 세계에 충실한 수도원장 나르치스요, 또 한 사람은 사랑의 세계에 충실한 예술가 골드문트로, 모두가 극에서 극으로 가는 두 운명자이지만 언제나 상호 간의 극을 그리워하게 된다. 냉혹하고 숭고하고 금욕적인 나르치스도 허술한 장삼을 입고 있는 골드문트에 대항할 때 비로소 사랑이 무엇인가를 깨닫게 된다. 『나르치스와 골드문트』가 헤세의 자아 통일성과 하나의 형상에 대한 환상으로 쓰였기 때문에, 대립적인 두 주인공 나르치스와 골드문트도 서로 화해할 수 없는 과격한 두 개의 대극으로서가 아니라, 오히려 보다 고차원적인 전일성의 조화적인 양극 관계에 있다. 〈이 작품에서 헤세의 가장 친숙한 주제가 다시 나타난다. 즉 부친과 모친의 세계, 정신과 삶, 관능의 추구, 영

제4장 『데미안』에서의 도교 사상 217

원한 모친에의 길, 성장, 자아실현, 예술성과 남성의 우월 등 이 세상의 양극성이 나타나고 있다.〉[12] 따라서 나르치스와 골드문트 사이에는 적대 관계와 이원론이 지배하지 않고, 오히려 그들은 서로 보충하고 있다. 이를테면 그들 둘이 함께서야 비로소 이상적 인간을 제시하여 그들은 하나의 전일성에 속하는 양극이다.[13] 정신과 삶은 더 이상 적대적으로 대립되지 않고 나르치스와 골드문트는 친구처럼 긴장감은 있으나 서로 보충되고 있는 것이다.[14]

3) 『싯다르타』

18세기 이후 과학 기술 및 교통과 통신의 발달로 다른 지역 혹은 다른 대륙으로 여행하는 사람들이 기하급수적으로 늘었다. 제임스 쿡을 비롯한 여러 탐험가들은 이미 18세기에 아프리카와 남극과 북극을 제외한 지구 상의 거의 모든 지역을 탐험하였다. 이러한 탐험 여행에는 많은 학자들이 동참하여 각 지역의 동식물, 풍습과 종교, 주민 등에 관한 수많은 보고서를 발표하였는데, 타 문화에 대한 이러한 소개는 특히 낭만주의자들에게 커다란 영향을 끼쳤다. 이를테면 인도의 대서사시 『마하바라다 Mahābhārata』의 가장 중요한 부분인 〈바가바드 기타 Bhagavad Gita〉에 포함되어 있는 인도 신화는 힌두교의 중요한 철학적 진술과 세계관을 담고 있어 세계 문학의 중요한 종교 철학서로 손꼽히고 있다. 〈바가바드 기타〉는 1785년 동양 학자인 윌킨슨 Charles Wilkinson에 의해 번역되어 서구에 알려지게 되었고, 이를 토대로 낭만주의 이론의 창시자 중 한 사람인 슐레겔 August Wilhelm Schlegel이 본 Bonn 대학에서 인도학을 독일 최초로 강의하여 하이네와 같은 낭만주의자들에게 많은 영향을 주었다. 괴테의 『서동시집 West-östlicher Divan』은 이미 시집의 제목 자체가 동양과 서양 문화의 만남을 말해 준다. 이에 앞서 괴테가 고전기에 창작한 담시「신과 무희 Der Gott und die Bajadere」와「파리아 Paria」에서는 인도 신화를 기독교적 유럽인의 시각으로 중첩하여 묘사되고 있다. 이렇게 19세기 독일 작가와 사상가들인 헤르더, 괴테, 노발리스, 슐레겔 형제, 장 파울, 하이네, 프리드리히 뤼케르트, 쇼펜하우어, 니체 등은 모두 인도의 영향을 받았다.

이들처럼 인도의 영향을 받은 헤세는 『싯다르타 Siddhartha』에서 우주의 전체성에 대한 예감과 모든 인생의 비밀스러운 전일성에 대한 예감을 갖게 되고, 또 현상계를 초월한 순수한 존재에 대한 초월적인 견해에 도달하여 〈전체를 하나에서, 하나를 전체에서〉라는 전일 사상을 투시하고 있다.

> 인도의 시(詩)란 부제(副題)의 싯다르타에서 진정한 인간 생성의 주제의 가장 명확한 시적 형태가 세상의 단일성의 체험에서 발견되었다.[15]

싯다르타는 이러한 전일 사상을 강물에서 각성하게 되는데, 이 물은 영원히 지속적으로 변화하며 존재하는 것에 대한 확고한 상징이다. 방랑의 목적지에 도달한 싯다르타에게 정신과 자연, 사상과 육체, 선과 악의 대립은 더 이상 존재하지 않으며 모든 것은 전일성의 한 극으로 똑같이 긍정되는 것이다. 헤세에게 있어 신앙이란 〈인간 자신의 불완전이나 세계의 불합리에 책임질 수 없으며, 자기가 자신을 지배하는 것이 아니라 조종당하고 있다는 사실, 즉 자기 인식의 우위에 신 혹은 초월자 *Es*가 있다〉[16]고 믿는 태도를 말한다. 똑같은 방식으로 헤세는 인간을 두 개의 타인으로 구분하는데, 그것은 〈현실적 인간 *der Vernünftige*〉과 〈종교적 인간 *der Fromme*〉이다.[17] 이 두 인간 형상은 근본적으로 이성이 이루어 놓은 문화와 문명에 그들이 어떻게 처신하는가에서 구별된다. 싯다르타는 새로운 길을 가기 위해 사마나 Samana 생활을 청산하고 초월자이며 완성자인 고타마 Gotama를 찾는다. 첫눈에 그는 이 각성자 부처를 알아보고, 고타마의 온몸에서 싯다르타는 자신이 사마나 수련 기간에 그렇게도 염원해 왔던 평화와 완전함이 풍겨 나옴을 감지하게 된다. 어떤 종류의 선심이나 의욕, 모방이나 억지 없는, 단지 밝음과 평화만을 인식할 수 있는 완전한 정(靜) 속에서 그는 자신의 신앙이 한 인간에 완성되어 있음을 확인하게 된다.

인과응보의 관계에서 설명되는 세상의 전일성과 완전함에 대한 부처의 가르침에서 그는 영원한 세상의 연쇄 작용을 지각하는 동시에, 그는 고타마가 가르침을 통해 부처가 되지 않았다는 것을 인식한다. 싯다르타가 여기서 인식하는 것은 생과 인식 사이의 균열이다. 그는 열반은 〈이성적으로 파악되는 것이 아니라, 한순간의 심오한 통찰 속에서 체험될 수 있다〉[18]고 깨닫게 된다. 헤세는 온 인류의 종교들 배후에 놓인 단일성을 찾는 것이 자신의 신앙이라고 말하고 있다. 그에게 있어 신이란 〈심판자〉 혹은 〈부친〉과 같이 합리적·인격적 성격을 띤 것이 아니라 모든 대립의 최후에 놓인 전일성인 것이다. 계급도 국가도, 유럽도 아시아도 인정하지 않고 오로지 〈하나의 인류, 하나의 정신〉 속에서 그의 전일성에 대한 개인적 신앙이 굳어지는 것이다.

4) 『유리알 유희』

『유리알 유희 Das Glasperlenspiel』는 〈사고(思考)의 유희〉[19]로 음악을 기초로 〈학문과 미의 예찬, 그리고 명상〉[20]의 세 가지 원리가 결합되어 있는 인간 정신사의 총체에 대한 상징적인 표현이다. 이러한 『유리알 유희』의 이상은 수학과 음악 이론을 기초로 인간의 모든 지식 영역을 공통분모로 삼아 서로 연결시키고 관련시키는 보편성의 사상을 나타낸다. 역사상 위대했던 이상은 항상 존재하고 있는 것과 같이, 『유리알 유희』는 국가나 민족적인 경계를 초월한 언어의 본질, 다시 말해서 일종의 세계어로 확대되어 〈정신적인 것과 문예학적인 것의 결합, 숭고한 예배, 문예 대학의 분리된 모든 부분의 신비스러운 총체〉[21]로 헤세는 보여 주고 있다.

그러나 유희의 내용이 형식적으로만 완전한 통일과 조화를 형성하는 위험이 따르기 때문에, 보다 깊고 영적인 헌신을 위해서 동방 순례국의 관습 중에 명상의 개념이 유희 속으로 들어왔다. 즉 유희의 통일과 조화, 우주의 원만함과 완전함을 명상에서 구함으로써 신적인 것을 체험하는 방법으로 종교적인 색채를 띠게 된 것이다. 따라서 『유리알 유희』는 〈고도로 발달된 완전함을 시도하는 정선된 상징적인 형태, 숭고한 연금술을, 그리고 일체의 다원(多元)을 초월해 유일한 정신으로의 접근, 즉 신으로 향하는 것을 의미한다.〉[22]

이와 같이 『유리알 유희』의 본질은 정신적인 이원성과 조화에 대한 상징적인 표현으로, 모든 정신력, 예술적 가치나 개념의 표현과 동시에 공통된 척도로서 나타낼 수 있는 보편적인 언어의 방법[23]이다. 따라서 동방 순례자들에게 헌납된 『유리알 유희』에서도 헤세는 그의 기본적 신앙, 즉 생의 모든 대립적 다양성을 넘어선 종합적이며 조화적인 전일 사상을 서술하고 있다. 특히 정신과 세상, 혹은 정신과 자연의 양극성을 제기함과 동시에 〈예술과 학문의 단일성뿐만 아니라 모든 인생 영역에 대한 전일성의 상징〉인 채색된 유리알들을 가지고 하는 유희의 이념이 헤세의 사상으로 묘사되었다.

그러나 모든 세계와 모든 시간에 언제나 어떤 방법으로든 이미 존재했었고, 또 존재하는 이 전일적인 유리알 유희의 이념이란 형언될 수 없기 때문에, 헤세는 오로지 방법으로 이해시키고 투시하고 있다. 따라서 이 작품에서는 모든 삶이 양극성과 이 모든 대립성 뒤에서 작용하는 전일성의 투시와 체험에 관한 주제를 취급하고 있다.

『유리알 유희』에서는 카스탈리엔의 명상이 세상의 양극을 극복할 수 있게 한다. 헤세는 끊임없이 이 새로운 주제, 즉 단일성에서의 이중성의 지양을 위한 새로운 형태와 언어를 쉬지 않고 찾아낸다. 그에게 인간의 가장 고차적인 말은 마적(魔的)인 현대에서 이러한 이중성의 주장이다. 세상의 단일성은 동시에 인식과 종교적 경험의 목표이다. 나는 이것보다 더 숭고한 것을 볼 수 없어서, 이 세상의 전체는 신의 단일성이라고 정의 내린다.[24]

이렇게 『유리알 유희』는 모든 공간과 시간을 통한 총체적 학문과 전체적 인식과 사상을 주로 음악적·수학적, 즉 일종의 우주적 언어로 표현해 내려고 하는데, 이는 개개의 전문적 학문 분야의 한계를 초월하여 초시간적인 것, 우주적인 합(合, Synthese)에 대한 갈망을 실현하는 것이다. 그러므로 『유리알 유희』는 이미 그 자체로 정신적인 것과 음악적인 것의 종합이 되고 숭고한 예배가 되어 문예 대학의 분기된 모든 분야의 신비적인 종합이 되고 있다.

2. 음과 양

동양의 음양의 법칙과 관련지어 볼 때, 자연은 형이상학적으로 음양오행 사상이다. 하늘의 도리는 자연을 본받으며, 자연의 이법, 다시 말해서 태극(太極)은 음양의 기(氣)로 나뉘어 만물을 만들어 내고 음양 변화의 뿌리가 된다. 모든 만물은 음양의 복합적 구조물이며, 끊임없이 만들어지고 없어지는 변화, 즉 역(易)의 원리에 속한다.

첼러 Bernhard Zeller는 『헤세의 초상화 Portrait of Hesse』에서 헤세의 성격을 음과 양의 요소로 다음과 같이 지적하고 있다. 〈본래 감상적인 성격의 소유자였기에 현실 체험에서 많은 고뇌를 겪었으며, 자연과 영혼의 갈등에서 헤어나지 못했다. 절망 속에서 구제의 길을 찾고 있으며, 심리 분석을 연구하여 동양의 지혜와 대면함으로써, 내면의 길을 찾을 수 있었으며, 내면의 불멸성을 재인식하고, 영원한 재생의 표현으로서의 모성의 원리에서 안식처를 찾았다. 모성의 원리로 표현되는 세계는 자연이요, 부성의 원리를 표상으로 하는 것은 영혼이다.〉[25] 이렇게 헤세는 음과 양의 법칙에 연관되어 논의된다. 이러한 음양 이원 사상은 주역(周易)의 원리에서 성립되었다. 천지만물은 음과 양으로 구분되므로, 모든 것은 음양의 배합으로 이루어지고, 음양의 유전으로 변화한다.[26] 따라서 음양의 배합에서 벗어나면 재난으로 여기는 경우도 있었다.

『시경(詩經)』〈소아(小雅)〉에는 다음의 노래가 한 곡 전한다. 〈시월에 들어선 초하루 신묘일 / 일식이 있었으니, 아주 나쁜 조짐이로다. / 지난달에 월식이 있더니, 오늘 또 일식이니 / 이 백성은 정말로 가엾구나.〉 중국의 옛 기록에는 일식 현상을 〈해가 먹혀 버렸다(日有食之)〉는 말로 대신했다. 달이 해를 먹어 버리는 일은 음양의 원리를 거스르는, 도저히 있을 수 없는 사건이므로 이를 에둘러 표현한 것이다. 이렇게 음양의 법칙에서 벗어난 일식은 하늘이 인간 세상에 보내는 경고 가운데 가장 엄중한 것이었다. 특히 정치 혼란에 즈음해 나타나는 일식은 황제 개인의 부덕을 꾸짖는 최고의 경고장으로 받들었다. 이렇게 음양의 법칙은 우주의 원천 요소로서, 이 말은 특히 중국의 변증법적인 사고방식에서 유래하고 있다.

> 음과 양은 우주의 원천 요소이며, 또 모든 사물의 원천 요소이다. 사물 대상에 대한 중국적 표현은 가령 동서(東西)식으로 불리는데, 이런 명명은 근본적으로 중국의 변증법적 사고방식을 나타낸다.[27]

이러한 음양의 법칙은 동양의 현인들에게, 즉 동양의 많은 사상이나 문학에 지대한 영향을 주었다. 예를 들어 견우와 직녀 이야기는 동아시아에서 가장 널리 전승되는 설화다. 북한의 남포 특급시 강서 구역 덕흥동에 있는 고구려 고분 벽화에서도 견우와 직녀, 은하수를 표현한 그림이 발견되었다. 중국 화상석에도 견우와 직녀 설화가 담긴 장면이 있다. 가운데에는 벽이 있고 좌우에 있는 용과 호랑이가 다투는 모습이다. 견우는 직녀에게 달려간다. 벽은 음양의 일체를 나타내고, 용과 호랑이는 청룡과 백호로 각각 양과 음을 나타내는 존재다. 결국 견우와 직녀의 만남은 양과 음의 결합을 뜻한다.

　이러한 음양의 법칙에 가장 큰 영향을 준 것은 유교 철학이며, 그중에도 성리학의 주체가 되는 이기설(理氣說)이다. 이기설은 송나라 학자 주돈이(周敦頤, 1017~1073)의 『태극도설(太極圖說)』에서 시작되었는데, 이 『태극도설』의 근본 사상은 『주역』에서 나왔다. 태초는 무엇인가? 무인가, 유인가? 『천자문』에 표현된 동양의 〈태초 의식〉은 〈무〉의 공허가 아닌 혼돈이었다. 〈천지현황(天地玄黃)〉이 그것이다. 서양은 어떠한가? 구약 성서도 태초를 무명의 혼돈이라 했다. 곧 천지현황이다. 동서의 태초 의식이 이처럼 같다는 데 사뭇 기이한 느낌이 든다. 더욱 기이한 것은 동서가 모두 우주의 원형을 〈말씀〉이라 했다는 것이다. 동양의 우주론적 철학의 핵을 이루는 『역경(周易)』은 존재하는 만물의 제1원인을 〈무극(無極)〉, 곧 태극(太極)이라 한다. 이 태극에서 〈음양(陰陽)〉이 나오고, 음양에서 금-목-수-화-토의 오행(五行)이 나오고, 오행에서 삼라만상이 생성되었다고 하는데, 태극의 분화적 객체인 음양을 〈도(道)〉라고 규정하고 있다. 따라서 태극의 형상은 아래와 같이 원초 *Uranfang*[28]를 나타내며 도교 사상(道敎思想, *Taoismus*)을 나타내고 있다.

이 태극의 형상에서 검은 반은 음으로 여성의 원리인데 검은 점이 있는 흰 원을 가지고 있다. 흰 것은 양으로 남성의 원리이다. 그러면 〈도(道)〉란 무엇인가?『주역』은 도를 〈말씀〉이라고 풀이한다. 〈한 번 양이 되고, 한 번 음이 되는 것을 일러 도라고 하는데, 도라는 것은 말씀이다(一陽一陰之謂道, 道也者言也).〉한데 신약성서「요한의 복음서」1장 1절과 3절도 같은 이야기를 하고 있다. 태초에 〈말씀〉이 있었는데, 이 〈말씀〉이 곧 하느님이라 했고, 말씀으로 하여 만물이 창조되었다는 것이다.

〈도생일(道生一), 일생이(一生二), 이생삼(二生三), 삼생만물(三生萬物), 만물부음이포양(萬物負陰而包陽), 충기이위화(沖氣以爲和)〉라고 노자(老子)가 말한 것과 같이, 기(氣)의 원천인 하나에서 둘(음과 양)이 생겨 서로 조화됨으로써, 세 번째 화합체인 만물이 생긴다고 만물의 생성 원리는 말하고 있다. 이와 같이 양극을 조화 속에 하나로 통일시키려는 동양의 도 사상(道思想)은 헤세의 단일 사상과 상통하고 있다.[29] 그러면 작품 『데미안』에서 이러한 음양 법칙을 규명해 보고자 한다.

헤세 소설의 여성들은 『나르치스와 골드문트』의 아그네스Agnes에서부터 『데미안』의 베아트리체Beatrice와 에바Eva 부인에 이르기까지 양성적(兩性的)인 요소가 많다. 특히 『데미안』의 에바 부인과 데미안 사이에 서로 음과 양의 관계가 많이 적용되고 있다. 이러한 음과 양의 관계는 고대 중국의 도교에 나오는 태극(太極) 사상에서 처음으로 나타난다. 헤르만 헤세 작품 속의 모성의 원리는 태극 사상에서 음이요, 부성의 원리는 양이라 할 수 있다. 부성과 모성은 조화와 통일의 관계에서 내면의 갈등이 해소되며, 음양의 이원론적 주역 체계를 넘어선 태극의 일원적 세계로 통일되는 것을 볼 수 있다. 앞에서 언급되었듯이, 태극의 형상에서 검은 반은 음으로 여성의 원리이고, 흰 것은 양으로 남성의 원리인데, 이 법칙이 작품 『데미안』에서 에바 부인과 데미안의 관계에 적용된다. 즉 에바 부인은 여성적 요소가 지배적이지만 남성적 요소도 지니고 있고 또 반대로 데미안도 남성으로서 여성적 요소를 지니고 있는 것이다.

이러한 음과 양의 상호 작용이 모든 존재의 창조와 변화에 적용되고 있다. 에바 부인과 데미안이 싱클레어의 내적 세계를 결정하므로, 싱클레어 내부에 음과 양,

즉 전체의 자연이 묘사되어 있다.[30]

헤세는 음과 양을 그림으로 나타냄으로써 외적 *äußerlich*으로 묘사하고 있다. 싱클레어는 자기 생성을 자신의 내적인 이 두 법칙의 그림으로 묘사하는 것이다. 따라서 그가 자기실현 *Selbstverwirklichung*에 더욱더 가까이 접근할수록, 자신과 음양의 자연 사이에 더욱더 완성된 조화 *Zusammenklang*[31]에 도달하게 된다. 그럼 여기에서 데미안과 에바 부인 둘 사이의 음양적 관계를 규명해 보겠다. 싱클레어가 데미안과 함께 학교에 다니는데, 어느 날 데미안의 얼굴에 남성적인 동시에 여성적인 요소가 하나로 되어 있는 걸 보게 된다. 〈나는 데미안의 얼굴을 보고 있었다. 그것은 소년의 얼굴이 아니라, 한 사람의 성인의 얼굴이라는 것을 꿰뚫어 보았을 뿐만 아니라, 한 걸음 더 나아가서 한 사람의 어른의 얼굴이 아니라, 더욱 다른 그 무엇이라는 것을 알아차렸다. 그것은 마치 이 얼굴에는 어느 정도 여자의 얼굴도 섞여 있는 듯한 느낌이었는데, 게다가 내 눈에는 한순간의 일이긴 하지만 남자의 얼굴도 아니고, 아이의 얼굴도 아니며, 더구나 나이 먹은 이의 얼굴이나 젊은이의 얼굴도 아닌, 그 무엇인가 천 년쯤 나이를 먹은 듯한, 시간을 초월해서 우리가 살고 있는 것과는 판이한 시대의 인상이 새겨진 듯한 얼굴로 생각되었다.〉(D 52)

이 내용에서 남성인 데미안의 얼굴에 여성적 요소인 음적(陰的) 요소가 깃들어 있음이 나타나고 있다. 그 후 싱클레어는 한 소녀에게 마음속으로 반하게 되는데, 그는 환상 속에서 그녀를 베아트리체라 부르게 된다. 싱클레어는 그녀의 얼굴을 그림으로 나타내 보려 하나 뜻대로 되지 않아, 무의식적으로 한 얼굴을 그리게 되는데, 그 그림은 반남성적이며 반여성적인 모습으로 음과 양의 두 요소를 담고 있다. 또 연령도 없고 의지가 강하며 또한 몽환적이고, 또 생기 있는 그림이 생겨난다. 〈무언가 하느님의 상이, 신성한 가면과 같이 남자를 닮기도 했는가 하면, 여자와 같기도 했고, 나이도 없이 강한 의지를 나타냄과 동시에, 몽환적이고 무뚝뚝한 반면, 은근한 생기가 넘쳐흐르고 있기도 했다.〉(D 82) 여기에서 싱클레어는 이 〈외적 형태 *äußere Formen*〉에 몰두하여 정신의 집중, 즉 명상의 단계를 경험한다.[32] 이러한 그림을 통한 〈외적 형태로의 침잠 *Versunkung in äußere Formen*〉[33] 상태는 더욱 발전하여 내적 형태의 몰두인 무의식으로 옮겨 간다. 따라서 그 그림은 싱클레어에게 어떤 모성을 알려 주는 듯한 인상을 주고 있다. 〈그 그림은 그에게 어머니같이 알아보는 듯한 인상을 주었다.〉[34] 이렇게 헤세의 작품에서는 모든 것이 어머니와 연상되는 묘사가 많은데, 특히 『나르치스와 골드문트』에 이러한 장면이 자주 묘사되고 있다. 이 작품의 마지막 부분에서 골드문트는 죽어 가면서, 나르치스에게 어머니는 모든 존재의 근원 형상이라고 말하고 있다. 〈전에 나는 나의 어머니를 잊어버리고 있었는데 자네(나르치스)가 이상한 힘을 가지고 불러내 주었네. 그때 동물의 아가리가 내 심장을 물고 늘어진 것처럼 무섭게 아팠어. 그때 우리는 아직 젊었었지. 예쁜 소년이었지. 그러나 벌써 그때 어머니는 나에게 소리치고 있었지. 나는 따르지 않을 수 없었어. 어머니는 어디든지 있다네. 그녀는 집시의 여인 리제였었네. 니콜라우스 스승의 아름다운 마돈나였었네. 그녀는 생명이요, 사랑이요, 쾌감인 동시에, 또한 불안이요, 굶주림이요, 충동이었어. 그녀는 지금은 죽음이며, 손가락을 내 가슴속에 쑤셔 넣고 있네.〉[35]

싱클레어는 앞에서 언급된 외적 형태에 몰두하여 정신을 집중하는 시기에 많은 꿈을 꾸는데, 어느 날 그가 집으로 가는 모습을 꿈꾸게 된다. 여기에서 어머니가 마중을 나오는데, 이 어머니의 모습 속에 보지도 못한 사람의 요소가 들어 있어 싱클레어로 하여금 환희와 전율을 느끼게 한다. 그러나 결국 이 어머니 모습에서, 데미안은 자신의 추억을 느끼게 되어, 결국 어머니 모습이 남성적 요소인 데미안, 즉 양성적인 요소를 나타내어 음과 양의 교체 관계를 보여 주고 있다. 〈집에서는 어머니가 마중 나와 주었다. 그러나 방 안으로 들어가서 껴안으려고 하자, 그것은 어머니가 아니라 보지도 못한 사람이었다. 키가 후리후리하고 다부진 몸매를 하고 있었다. 막스 데미안이나 내가 그린 그림을 닮기는 했으나, 그것과는 달랐고, 그처럼 다부진 몸매를 하고 있었는데도 아주 여성 같았다. 이 사람이 나를 끌어당겨서 깊은 애정을 가지고 안듯이 포옹해 주었다. 몸이 죄어드는 것 같았다. 거기에는 큰 환희와 전율이 뒤섞여 있었다. 이 포옹은 예배인 동시에 범죄이기도 했다. 나를 포옹해 준 이 사람 가운데는 어머니에 대한 추억과 친구 데미안에 대한 추억이 너무나도 짙게 그림자를 던지고 있었다.〉(D 94)

이렇게 양성인 데미안과 그의 어머니인 음성의 에바 부인 사이에 서로 음양 성질의 교체가 주인공 싱클레어를 통해 이루어져, 이 작품 속에 중국 도교 사상의 음양 법칙을 적절히 보여 주고 있다.

3. 명상적 요소

이 세상은 우리의 외부에 있는 것을 의미한다. 우리의 외부에 있는 것은 모두 적이 되고, 위험이 되고, 불안이 되고, 죽음이 된다. 이 〈외적인 것〉은 모두 우리의 지각 대상일 뿐 아니라, 동시에 우리 영혼의 창조물이라는 경험에 의해 외적인 것을 내적인 것으로 변화시킴으로써 세계를 자아로 변화시킨다.[36] 외적인 것을 내적인 것으로 변화시키는 과정에 헤세는 〈정신 집중의 방사(放射) Austrahlung des konzentrierten Willens〉[37]인 명상 Meditation의 요소를 적용하고 있다. 즉 이원론적인 단일 사상의 근본 개념은 동양적 사상, 그중에서도 중국의 도교 사상에 근거를 두는데, 헤세 작품에 나타나는 자연과 인간, 자연과 정신 등의 모든 대립의 이원 사상도 이러한 도교 사상의 소산인 명상의 개념으로 극복되고 있다. 〈자연과 인간의 단일 사상이 헤세에 있어서 동양의 도교 사상의 첫 단계가 되고 있다.〉[38] 따라서 고대 중국의 정신세계에 접함으로써 양극성과 전일성에 대한 태곳적 관념을 인식하게 되고, 드디어는 헤세 자신의 사상에 대한 확신을 얻게 된다. 따라서 〈한편으로만 뛰는 타락된 서양의 곡예적인 사고〉[39]와 서양의 〈정신문화의 고립성〉[40]에서 오는 퇴폐 현상이 명상의 지혜와 모든 존재의 원천적 원리인 도 사상, 그리고 역 사상(易思想)의 치료를 통하여 보완되는 흔적이 헤세 작품에 나타나고 있다. 이러한 의미에서 헤세는 동양이 모든 인간상의 근원이고, 모든 삶의 신비스러운 원천과 신의 영상이 있기 때문에, 동양이 〈빛의 고향〉[41]이며, 〈영혼의 젊음이며 영혼의 고향〉[42]이라고 했다. 횔덜린 Friedrich Hölderlin도 시 「도나우 강의 발원지에서 Am Quell der Donau」에서 문화는 동쪽에서, 즉 아시아에서 그리스와 로마를 거쳐 알프스 산맥을 넘어 유럽에 도달했다고 하는 전통적인 〈문화 이동 translatio artium〉 개념을 토대로 하고 있다. 헤세는 이러한 동양적 사상에 마성(魔性, Magie)의 요소를 가미하여 이 명상적 지혜를 더욱더 숭고하게 하고 있다.

〈헤세의 문학과 기호(嗜好)는 해가 감에 따라 마성이 점점 더해 간다〉[43]라고 발 Hugo Ball이 그의 『헤세 소고 Hesse Monographie』에 언급한 대로, 헤세 작품의 마적인 분위기는 이미 『데미안』에서부터 그 전조를 보이기 시작한다.[44] 그러면 이러한 중국 특유의 도교 사상의 요소인 명상적 개념을 작품 『데미안』을 통해 심층적으로 규명해 보겠다.

명상은 작품 『데미안』에서 최후의 요소로 작품 전체의 주된 사상이 되고 있다. 명상은 『데미안』을 종교적인 방향으로 전환케 하며, 또 영혼을 부여한다. 명상이라고 하면 도가적 수련으로, 『데미안』에서 중국과 인도의 정신세계를 나타내고 있다. 모든 의지를 한곳에 집중시켜 방사(放射)함으로써, 의도하는 것을 정신적으로 실현시키는 이 명상으로, 개인은 중성화될 수 있으며, 본래의 영혼을 찾으려고 자기 자신 속에 몰두할 수 있게 되며, 삶의 통일에도 참여하게 된다.

도(道)로 갈 수 있는 대전제는, 대립하는 극을 통일의 한 극으로 인식하며, 반명제를 그 극과는 객관적으로 관련이 없고 음과 양 사이에 영원히 성스러운 것이 이루어지는 도(道)로 유도할 수 있다는 사실이다. 명상을 통하여 〈내면 깊숙이 원천의 길과 불안에서 안정으로의 길〉[45]을 제시해 준다. 이와 같이 명상은 침잠을 통하여 단순히 정신적인 유희를 충동하는 지적인 망상이나, 기교가 되어 버리는 것을 방지해 줄 뿐만 아니라, 다원(多元)에서 단일(單一)과 조화(調和)로의 길을 인도해 준다. 그럼 작품상의 명상적 요소를 규명해 보고자 한다.

1) 정신 집중

『데미안』의 첫 장에서 싱클레어가 열 살에 라틴어 학교에 입학하는 데서 두 가지 세계가 전개된다. 하나는 낮으로 연상되는 도덕적이고 사랑에 가득 찬 부친의 밝은 세계이며, 또 하나는 밤으로 연상되는 유혹적이고 공포와 범죄 등으로 가득 찬 하녀들과 직공 사내들의 어두운 세계이다.

> 두 개의 세계가 뒤섞여 있었고, 이 두 개의 극(極)으로부터 낮과 밤이 찾아왔다. 하나는 부친의 집이었다. 이 세계는 대부분이 정든 것으로서 부친과 모친이고, 사랑과 엄격이며 모범과 학교였다. 이 세계는 낯익은 빛을 내고 밝고 청결한 세계로서……. (D 9)

> 이 두 번째 세계는 하녀와 견습 직공의 세계이며 괴담과 스캔들이 떠도는 세계이고, 거기서는 쩍 하면 도살장이다. 형무소다. 술주정뱅이다 하는가 하면, 아낙네들의 싸움이다.

암소가 새끼를 낳았다, 말이 쓰러졌다, 강도, 살인, 자살이다 하는 소름 끼치는 일이 일어났다.(D 10)

싱클레어는 이러한 양친의 밝고 정당한 세계로부터 멀어지게 되어, 새롭고 무시무시하게 느껴지며 양심의 가책과 공포를 수반하는 다른 세계로 끌려가게 된다. 악인의 대명사 격인 골목대장 크로머 Kromer와의 관계로 싱클레어는 어두운 세계로 들어서게 되는 것이다. 따라서 자신이 마치 아버지를 가능한 것처럼 느껴지고 잃어버린 아들의 귀향을 칭송하는 성서의 세계를 경멸하기도 한다. 크로머가 괴롭히는 꿈과 함께 아버지를 살해하는 꿈을 꾸는 등 죄악을 통해 그는 자신과 자신의 운명을 예감하려 한다.

어쨌든 술이라든가 난봉꾼들의 생활은 모르긴 하지만 아무에게도 손가락질 당하지 않는 사람들의 생활보다는 활기가 있어.(D 86)

사실 뒤에 가서 예언자가 되기도 하는 것은 정해 놓고 성 아우구스티누스 같은 인간이거든. 그도 역시 성인이 되기 전에는 향락주의의 방탕아였어.(D 86)

이러한 온갖 괴로움에 시달리며 이중생활을 영위해 가는 싱클레어를 구해 주는 것은 단일적 세계의 사자(使者)인 데미안이다. 즉 순진한 싱클레어가 악인의 대명사인 크로머에게 온갖 도덕적·윤리적 괴로움을 당할 때, 데미안이 등장하여 그를 구해 준다. 구원을 받고 난 후 싱클레어가 데미안에게 크로머를 물리친 과정을 물어보는데, 여기서 불가사의한 요소가 나타나고 있다. 싱클레어가 아무리 물심(物心)으로 애를 쓰는 등, 인간의 힘으로 그로부터 벗어날 수가 없던 그 악한의 대명사 격인 크로머를 물리친 과정에서 데미안은 매수나 무력에 의한 싸움이나, 그 외 다른 물리적 수단 등의 아무런 힘도 쓰지 않고 그를 순순히 물러나게 하였다. 그동안 싱클레어가 갖은 수단을 다 해서 그로부터 벗어나려 했지만 허사였던 불가능한 과정을 데미안은 별다른 물리적인 힘도 들이지 않고 해결한 것이다.

여기에 〈의지의 집중적 방사 *Ausstrahlung des konzentrierten Willens*〉,[46] 즉 중

국 고유의 명상적 요소가 작용하고 있다. 아무런 육체의 힘이나 물리적인 힘 없이 불가능한 일을 처리하는 불가사의한 명상적 요소가 작용하고 있는 것이다. 이러한 현상을 싱클레어는 기적 *Wunder*이라고 여기게 된다. 〈기적이 일어난 순간, 나는 그런 결과를 낳게 한 주인공에 대해서는 완전히 무시하고 있었다.〉(D 45) 이는 외적 현상을 내적인 힘으로 해결하는 명상의 한 단계로, 헤세는 『데미안』에서 이러한 데미안의 명상적 행위에 관해 다음과 같이 두 번 서술하고 있다. 〈그 눈은 아무 것도 보고 있지 않았다. 무엇인가를 보고 있는 눈과는 달리 감겨 있는 눈으로 자기의 마음속으로인지, 혹은 어떤 훨씬 먼 곳을 향해 쏠리고 있었다. 데미안은 조용한 채 전혀 꼼짝도 하지 않았다. 숨조차 쉬지 않고 있는 듯했으며, 입은 나무나 돌로 깎아 놓은 듯했다. 얼굴빛은 해쓱했고 대리석처럼 구석구석 핏기가 걷혀 있었으며, 가장 싱싱해 보이는 것은 갈색 머리카락뿐이었다. 두 손은 앞의 책상 위에 놓여 있었는데, 돌이나 과일 따위의 정물과 같이 생기가 없었으며 야위고 창백한 채 꼼짝도 않고 있었다. 그러나 맥이 풀려 있는 것은 아니었고, 마치 숨겨진 강한 생명의 주위를 감싸고 있는 단단하고 강한 껍질 같았다.〉(D 66 f.)

두 번째의 명상적 서술은 다음과 같이 또 다른 작품인 『싯다르타』에서 서술되고 있다. 〈깊은 명상 속에서는 시간은 지양되고, 모든 과거의 삶, 현재의 삶, 그리고 미래의 삶을 동시적으로 볼 수 있는 가능성이 있다. 그러므로 있는 모든 것은 내게는 선으로 보이며, 또한 완성된 것, 그리고 범(梵, *Brahman*)으로 보인다.〉[47] 이러한 명상에서는 신성 이외에는 아무것도 인정하지 않는 끊임없는 변화·생성의 개념 등이 시간과 함께 지양된다. 말하자면 생성도, 시간도 없는 완전한 정재(靜在)와 단일성으로 세상은 파악하는데, 이것이 도(道) 사상이다.

> 명상에 의해서 잡다한 것으로부터 단일(單一)로, 도(道)로, 또 모든 존재와 생성의 길이 명확해졌다.[48]

헤세 자신도 서술하였듯이, 명상은 기독교적 신비교 *Mystik*도 할 수 있었지만, 이는 오직 동양에, 특히 중국과 인도 고유의 정신의 침잠(몰입, *Versenkung*)이다. 이러한 사실은 헤세의 1953년 10월의 한 편지에서도 나타나 있다. 〈침잠이란 독일이나 기독교 같은 존재가 있기 전인 오랜 세기 전에 인도, 중국, 일본의 여러 학교에서 여러 형태로 가르치고 연습되어 왔다. 침잠이야말로 국가나 종교와 관계없이 인간 정신의 근본 가능성 중 하나이다. 그 침잠이 오늘날에도 인도나 일본 그리고 미국에서는 인도 학문으로 가르치고 연습되고 있다.〉[49]

데미안의 명상에 대한 두 가지 서술에서, 명상의 궁극적인 목표는 모든 현실적인 혼란, 복잡한 것들을 초월하여 모든 존재와 의지의 근본에 대한 접근이다. 속세에서 벗어나 무아(無我)의 지경에 이르거나, 정신이 제2의 외계까지 미치는 등의 정도까지의 명상, 이러한 명상은 숭고한 사람만이 도달할 수 있다. 그러면 이처럼 숭고한 사람은 어떻게 형성되는가? 여기에 중국의 도교 사상을 들지 않을 수 없다. 이러한 도교 사상을 요약해 보면 다음과 같다.

수많은 사람들에 의해서 수많은 형태로 인식되고, 수많은 다른 방법으로 표현되고 있지만, 항상 단 하나의 진리가 있을 뿐이다. 그것은 우리들 내부에 있는 생명, 너와 나의 우리들 각 개인 내부에 있는 생명의 인식, 우리들 각자가 마음속에 지니고 있는 비밀의 마법, 비밀의 정신인 인식이다. 그것은 이 가장 심오한 한 점에서 모든 대립의 조성을 시시각각으로 지양하여, 모든 검은 것을 희게, 모든 악을 선으로, 밤을 낮으로 바꾸는 가능성의 인식이다. 인도 사람들은 이것을 〈참 나 Atman〉라 하고, 중국 사람은 이를 〈도(道)〉라 하였다. 그 최고의 인식이 획득될 때, 노자와 같이 기적이 시작되는 문지방을 넘을 수 있는 것이다.[50]

> 아트만이 개개인 자신의 내부 속에 우주와 합일되어 발견된다.[51]

> 자신을 죽이고 더 이상 〈나〉로서 존재하지 않는 것, 텅 빈 마음으로 평정을 찾는 것, 그리고 집념을 버리고 기적에 마음을 해방할 수 있는 것, 그것이 그의 목적이었다.[52]

> 더 이상 내가 아닌 것, (……) 가장 본질적인 것, (……) 대신비(大神秘).[53]

이러한 하나의 진리, 즉 우리들 내부에 있는 생명이라 볼 수 있는 정신의 인식은 서양에서 플라톤의 이데아 사상과 칸트와 쇼펜하우어의 〈물자체(物自體, Ding an *sich*)〉의 사상으로 존재하고 있다. 플라톤은 이데아, 즉 관념 혹은 보편의 세계와 감각적으로 인식되는 경험계를 이원화시켜, 전자는 변치 않는, 그리고 참다운 실재로서 이성 *nous*에 의한 진지(眞知)의 대상이며, 후자는 영원한 이데아의 모사(模寫)이자 그림자로서 참다운 실재가 아니고, 그에 대한 인식 또한 참이 아닌 억견 *doxa*에 불과하다고 생각했다. 그러나 베냐민 Walter Benjamin은 『독일 비극의 원천 *Ursprung des deutschen Trauerspiels*』에서 〈감정은 그것이 아무리 자아에게 애매한 모습으로 나타난다 할지라도, 운동성이 있는 *motorisch* 반사적 태도로서 구체적으로 구조지은 세계에 대답한다〉[54]고 주장하여, 이성과 감각적인 인식의 유사성을 옹호하고 있다. 플라톤과 마찬가지로 쇼펜하우어는 모든 현상 속의 본래적 존재인 〈물자체〉를 의지라 명명하고, 가상적 현실의 우주적인 기만은 진리를 은폐하고 모든 존재자의 동일성을 감추는 마야 Maja의 베일이라고 말했다. 쇼펜하우어에 의하면, 〈참으로 존재하는 유일한 것이라고 부를 수 있으며, 또한 항상 존재하며 결코 생성하지도 소멸하지도 않는 것이기 때문에 그렇게 부를 수 있는 것은 저 영상의 실제적인 원상이고, 모든 사물의 영원한 이념이며 근원 형식이다.〉[55]

데미안은 또 다른 신비적 행동인 의지 집중의 방사(放射), 즉 명상에 대해 다음과 같이 설명하고 있다. 〈동물이든 인간이든 일정한 일에 모든 의지력과 주의력을 집중시키면 성공한다. 나방은 자기에게 절대로 없어서는 안 되는 것만 찾는다. 그 대신에 그 범주에서는 아주 믿을 수 없는 일조차 해치우는 거야. 그러나 그것을 실천으로 옮기고, 필요한 만큼의 강한 의지를 배경으로 그것을 꼭 손에 넣겠다고 생각되기 위해서는, 그 욕망이 백 퍼센트 나 자신의 욕망이고, 나라고 하는 존재가 정말로 그 욕망의 화신처럼 되지 않으면 안 돼.〉(D 57) 데미안의 이러한 주장은 영령이 자신 속에 배제하고 있다는 도교의 주장에 일치하고 있다.

……영령이 자체가 배격되고…….[56]

이 말은 또 〈자기의 의지를 흩어지지 않고 이용하는 자는 정신적 힘이 강해진다〉[57]라고 말하여 정신 집중하는 자만이 정신력이 강해진다고 주장하는 〈도사 쿵 *Meister Kung*〉의 내용과도 일치한다. 쉽게 파악될 수 있는 것에서부터 불가사의

한 것까지 정신 집중에 의해 이룩할 수 있는 많은 기이한 사건들이 중국의 도교 서적들에 숱하게 예시되고 있다. 즉 연금술사들이 아무런 장애도 받지 않고 사물을 뚫고 지나서 불 위에 서는데도 뜨거워하지 않는 등[58]의 사건 등을 보여 주고 있다. 이러한 정신 집중의 예를 『데미안』의 예와 비교해 볼 때, 정신 집중의 전제 조건은 침잠이란 사실을 알 수 있다. 즉 〈정신 집중의 전제 조건은 자기 자신으로의 침잠인 것이다〉.[59] 싱클레어의 발전 과정에서 이러한 침잠의 형성이 나타나고 있다. 이 침잠이란 자기 내면을 인식함으로써 그 자신의 상승 작용을 하는 것이다. 소년 시절부터 싱클레어는 가끔 긴 나무뿌리, 돌에 새겨진 색깔 띤 맥, 물 위에 떠 있는 기름 반점 등 자연의 기괴한 형태를 관찰하지 않고, 그것들의 마법에 몰두하여 주시하는 경향이 있었다.(D 104) 이 중에서도 물과 불, 연기, 구름, 먼지, 특히 눈을 감을 때 보이는 색깔 반점 등이 싱클레어에게 큰 마력을 미쳤다.

이럴 때마다 싱클레어는 무의식적으로 몰입에 들어가곤 하여 침잠의 세계에 빠지곤 하였다. 그 자신에게 어떤 작용이 의식될 때까지 오랫동안 계속 불을 응시한 적도 있었다. 〈내가 생각해도 어쩐지 강해진 듯하여 기쁜 마음이 들었고, 자신이 생긴 듯이 느껴진 것은 오로지 자연 그대로의 불을 오랫동안 물끄러미 바라본 것이 그 원인이라는 것을 깨달았다. 그것이 이상하게도 마음을 느긋하고 풍족하게 해주었다. 자기 자신의 진실한 인생 목적을 향하는 도중에 내가 이제까지 부딪친 얼마 안 되는 경험이 보태진 것이다. 이러한 현상을 관찰하고, 자연이 보여 주는 기묘하고 혼란한 비합리적인 형태에 몰입하면, 우리들의 마음속에는 이러한 현상을 만들어 낸 자연의 의지와 내면적으로 일치하고 있다는 감정이 생겨난다.〉(D 104) 이렇게 하여 〈내부*Innen*〉와 〈외부*Außen*〉 사이의 경계가 제거되고, 싱클레어는 도교 학자들이 말하는 경지에 접근하게 된다.

자신과 자연 사이의 경계가 흔들려서 사라져 버리는 것을 느끼고, 자기 눈에 비친 온갖 영상은 자연 외적인 인상에서 유래하는가, 그렇지 않으면 내적인 인상의 산물인가 하는 것을 모르게 되는 기분을 경험한다. 이 훈련이야말로 우리들에게 자신이 얼마나 큰 창조적 능력을 가지고 있는가, 세계의 부단한 창조에 평소 얼마나 크게 참여하고 있는가를 가장 손쉽게, 가장 간단하게 가르쳐 준다. 더욱 분명하게 말하면, 우리들 가운데서 작용하고 있는 신 같은 것으로 양자를 나누어 생각할 수는 없는 것이다. 그러므로 비록 외계가 멸망해 버리는 일이 있더라도, 우리들의 누군가가 살아 있는 한, 그 재건은 가능하다고 생각해도 좋다. 그 이유는 산천초목이나 뿌리, 꽃, 그 밖의 자연계의 형상은 모두 우리들 가운데 있는 형상의 모방인 것이며, 영원을 본질로 하여 형성된다고 하는 것 — 본질상 우리의 인식을 초월하는 데 사랑 및 창조의 힘이라고 하는 것도 대개의 경우 우리들이 슬며시 감지할 수 있는 영혼이라는 것 — 으로부터 나왔기 때문이다.(D 104 f.)

이 내용에서 전 자연과 전 진화 발전이 우리 자신 속에 형성되어, 우리 자신이 그것들을 창조한다는 도교 사상을 볼 수 있다.[60] 본질 *Wesen*의 힘으로 세상을 다시 창조할 수가 있는 것이다.

2) 외적 형태의 침잠

싱클레어의 외적 형태의 침잠은 내적 형태의 무의식, 즉 명상의 첫 단계라고 볼 수 있다. 그의 이러한 외적 형태의 몰입은 그림의 형태로 이뤄지는데, 이 그림으로 경험하는 무의식, 즉 명상의 세계에 들어간다. 이러한 사실은 데미안의 어머니인 에바 부인의 그림에서 잘 나타나고 있다. 이 그림은 처음에 데미안의 어머니인 에바 부인의 그림으로 여성의 모습처럼 보이다가, 한 남자, 조그만 소년 등으로 보이더니, 다시 조그만 점으로 사라져 꺼져 가다가 다시 커져 명확해진다. 싱클레어는 최후 단계라 할 무의식의 세계인 명상엔 아직 도달하지 못하고, 그의 무의식을 외부의 그림으로 투영하여 환상으로만 경험하는 것이다.

상징적 행동의 마지막 단계에서 싱클레어는 반현실 *Halbwirklichkeit*[61] 상태에서, 그 그림을 태운 뒤 그 재를 먹는다. 도교의 예에서 말하듯이, 싱클레어는 환상이나 꿈이 부족하여 완전성에는 아직 도달하지 못하고 있는데,[62] 이러한 상태를 도교에서는 다음과 같이 말하고 있다. 〈낮의 개념과 밤의 꿈이 육체와 정신에 외적으로 영향을 미친다. 따라서 자신의 정신이 확고한 자는 이념과 꿈이 저절로 사라진다.〉[63] 싱클레어는 이 상태에 도달하려 한다. 그러나 그때까지의 상징적 행동이 부족한 상태에서, 이 상징적 행위는 점점 꿈같은 것이 상실되고 내적인 현실이 되어,

싱클레어는 에바 부인을 만나고 그녀를 사모하게 된다. 따라서 어느 날 싱클레어는 그의 정신력을 집중하여, 즉 명상 상태에서 그녀를 부른다. 〈나는 방 한가운데로 가서 모든 의식을 집중시켜 에바 부인을 생각했다. 자신의 영혼의 힘을 충족시켜서 에바 부인에게 나의 애정을 알리고, 부인을 나한테 끌어당기려 했다. 에바 부인은 오지 않으면 안 될 것이다. 그리고 나보고 제발 안아 달라고 말하지 않으면 안 될 것이다. 그리고 나는 거친 키스를 에바 부인의 성숙한 입술에 아낌없이 퍼부을 것이다. 이처럼 긴장되어 서 있는 동안 나의 몸은 손가락과 발끝부터 차갑게 식어 들어갔다. 몸의 힘이 빠져 버리는 것을 알 수 있었다. 잠시 동안 마음속에서 밝고 시원한 무엇이 꽉 죄어드는 것이 느껴지고, 문득 가슴속에 수정을 안고 있는 듯한 느낌이 들었다. 나는 그것이 자신의 자아라는 것을 알 수 있었다.〉(D 155)

이 내용에서 언급된 〈수정 Kristall〉은 견고해진 정신을 의미한다.[64] 신비적인 명상에서 싱클레어는 그림으로 육체적인 한 아이를 나타내 영적인 재생을 나타낸다. 그의 부름이 이루어지는데, 에바 부인은 오지 않고 대신 그녀의 아들인 데미안이 온다. 다시 말해서 에바 부인이 아닌 데미안이 그 부름에 따라와서 싱클레어에게 자기 또는 자기 어머니를 불렀는지 묻는다. 왜냐하면 데미안에게는 자기와 자기 어머니 사이에 아무런 차이를 느끼지 못하는 음양의 법칙이 존재하기 때문이다. 이러한 동일성은 데미안이 싱클레어에게 행한 이별의 말 속에 잘 나타나고 있다. 〈그때 가서 나를 불러 봤자, 지금처럼 말을 타든지 기차를 타든지 하여 빨리 달려가 줄 수는 없을 거야. 그때는 너 자신의 목소리에 귀를 귀울이는 거야! 그렇게 하면 네 마음속에 내가 들어 있는 것을 느끼게 될 거야. 알겠지? 그리고 또 한마디, 네가 불행하게 되었을 때, 에바 부인의 부탁이라고 하며 키스해 주라는 부탁을 받았어.〉(D 162 f.)

이렇게 데미안과 그의 어머니의 교체가 싱클레어를 통해 그림으로 그려진다. 이윽고 싱클레어는 이 그림을 태워서 그 재를 먹게 되는데, 그가 재를 먹은 그 감각의 그림들은 이미 전에 무의식적으로 환상된 그림으로 볼 수 있고, 이 그림들을 마음대로 처리하는 과정을 보여 주고 있다.[65] 그 후 싱클레어가 에바 부인을 실제로 만났을 때, 그는 이것을 귀향 Heimkehr으로 생각한다.(D 138) 여기서부터 이 작품은 완전히 신화적, 종교적인 상징성을 띤 명상 세계로 들어간다. 이제야 고향으로 돌아왔다는 싱클레어의 첫마디는, 영원한 모성이 자신의 내적 세계의 근원이며, 그녀가 인도하고 있는 내부 세계는 바로 모든 것을 자신 속에 하나로 합일하는 신인 아브락사스Abraxas의 세계임을 뜻한다. 싱클레어는 에바 부인에서 마귀와 모성, 운명과 애인을 동시에 숭배하고 있다. 에바 부인은 이렇게 싱클레어의 명상적 대상이 되는데, 이 명상은 자연력과 마법이며 어두운 생의 행동과의 종합이다.

여기서 싱클레어가 말한 귀향은 앞의 도교 사상의 경우에서 암시하듯이 원인으로 돌아옴을 의미한다. 싱클레어에게 그녀는 모든 존재의 어머니로 느껴지며(D 142), 또 모든 지식의 저장고인 것이다. 〈그녀는 언제나 우리들 두 사람 중 자기주장을 내세우는 사람의 편이 되어 주곤 했다. 그녀는 우리들에게 전적으로 신뢰를 보내고, 우리들을 완전히 이해해 주며 이야기를 듣는 것이었다. 공명에 있어서 우리들이 생각하는 것은 모두 부인에게서 나와 다시 부인에게로 되돌아가는 듯이 보였다.〉(D 145) 여기에서 에바 부인은 도교에서 요구하는 감각을 소유하고 있다. 더욱 구체화시켜 볼 때, 에바 부인 자신이 도인 것이다. 왜냐하면 운명이란 어느 정도 에바 부인의 요소를 지니고 있기 때문이다.[66]

> 그 운명은 베일을 쓴 체하지만, 어딘가 모르게 에바 부인의 모습을 띠고 있었다. — 그리고 부인의 선택은 그렇지 않으면 거절을 당하느냐 — 우리들이 기다리고 있던 운명은 이것이었다. (D 146)

> 에바 부인은 내 마음의 상징으로 나를 더욱 깊이 나 자신 속으로 인도하고 있다. (D 148)

> 그녀는 바다요, 나는 그리로 흘러 들어가는 강이다. (D 149)

전쟁에서 부상을 당하기 전에 싱클레어는 마지막 환상을 갖게 되는데, 이는 죽음과 신의 형태로 다시 태어나는 환상이다. 그런데 이러한 요소를 에바 부인의 모습이 지니고 있다. 결국 데미안이나 에바 부인은 싱클레어 영혼의 명상적 반영이다. 데미안은 마지막으로 싱클레어에게 키스를 하는데, 이 의식이 지나자 데미안과 에

바 부인은 사라진다. 그들은 싱클레어의 마음속, 즉 명상의 마지막 단계인 무의식의 대상으로 들어간 것이다.

그러나 이따금 용하게 열쇠를 발견해서, 캄캄한 거울 속에 나의 운명의 영상이 어른거리고 있는 나 자신의 마음 내부까지 내려가기만 하면, 그 뒤에는 다만 그 검은 거울 위로 몸을 일으키는 것만으로 나 자신의 모습이(지금에 와서는 그 사내 — 나의 친구이자 안내자였던 저 데미안과 흡사하게 닮은 나 자신의 모습이) 보이는 것이다.

4. 결론

헤세는 1962년 82세로 영면하기까지 수많은 작품 활동을 해왔는데, 중국 고유의 명상적 요소를 통한 주인공의 자아실현이 작품의 전체적 주제가 되고 있다. 따라서 헤세의 작품 주인공들은 이름이나 연령, 직업은 다르지만 한결같이 궁극적인 자아에 이르기 위한 도정을 엮어 나가는 점에 귀착된다고 볼 수 있다. 그런데 헤세는 이러한 자아를 둘로 구분하고 있다. 그중 하나는 주관적이고 체험적이며, 개별적인 것으로 항상성(恒常性)을 지니지 못하며 외부의 영향을 강하게 받는 반면, 다른 하나는 전자와 함께 존재하지만 지고하고 성스러운 자아, 즉 불교에서 범(梵, *Brahman*)과 동일시하는 나(我, *Atman*)로, 즉 개별적이 아니고 신에게 속하는 것으로, 이러한 자아를 따르는 것이야말로 생의 가치를 추구하는 일이라고 보았다.[67] 작품 『데미안』에 나타난 자아는 후자에 속하는 것으로서, 이러한 자아실현은 다음과 같이 정의되고 있다. 〈우리는 무장하고, 형성 중이어서 가능성이다. 결국 우리에게는 완전함이나 완전한 존재란 없다.〉

우리가 능력으로부터 행동으로, 가능성으로부터 실현으로 나아갈 때, 우리는 참 존재에 접하게 되며, 이로써 어느 정도 완전한 것, 신적인 것과 비슷해질 수 있다. 따라서 현실주의자는 실현을 최고의 것으로 파악하기 때문에 전력을 다해서 현실 참여를 하지만, 종교적 인간은 이러한 현실을 진지하게 받아들이지 않고 되도록이면 행동하기를 삼가고, 자연 본성에 내재하는 자기 내면세계에서 의식되는 것을,

즉 명상적인 내면세계를 추구한다. 신앙인의 현실이란 따라서 아집 *Eigensinn*에 있는 것이다.

> 작가의 진정한 사명은 단지 자기 자신에 도달하는 일뿐이다. 그러는 동안 시인으로서, 혹은 광인으로서, 아니면 범죄자로서 끝날지라도, 그것은 아무런 문제가 안 되며 중대한 관심사가 될 수 없다.(D 127 f.)

> 〈나〉라는 인간은 자연의 한 설계이며, 그 설계가 어떤 미궁의 것이든 혹은 새로운 어떤 것이든, 심지어 그것이 아무것도 아니든 한 설계이다. 이러한 설계를 원초의 깊이에서 작용하게 하는 것, 그의 의지를 내 속에서 느끼고 자아로 만드는 것, 그것이 나의 소명이다.(D 127)

작품 『데미안』의 자아 추구에서 헤세는 유럽 사상을 전혀 외면한 것은 아니나, 서구와는 종교·사상 면에서 이질적인 동양, 특히 인도와 중국의 오랜 역사와 인식이 담긴 명상적 요소와 음양 법칙을 추구하여, 이 작품에 등장하는 인물들은 모두 이러한 자아를 실현하는 인간형이다. 헤세에게 있어 운명이란 외부의 힘에 좌우되는 것이 아니라, 자기 자신에서부터 우러나오는 내적인 것인 것이다.[68] 따라서 『데미안』에 등장하는 인물들은 개별적으로 성취될 수 있는 자연법칙을 숭앙하여 중국의 도교 사상을 추구하고 있다. 그들은 외계에 대해 낯설고 아무런 참여 의식 없는 이방인으로 과감하게 개체화함으로써 자기 고유의 내면의 길을 걷고 있는 것이다.

> 누구든 자기 운명만을 따르고자 하는 사람들에게는 자기와 비슷한 자를 가질 수 없이, 완전히 홀로이며, 자기 주변에는 차가운 세상만 있을 뿐이다.(D 128)

> 오로지 자신만이 자신을 위해 판단할 수 있고 취사선택할 수 있다.[69]

이처럼 고유한 자아의 길을 추구하는 수단으로 헤세는 도교 사상의 핵심인 명상적 요소와 음양의 법칙을 도입한 사실에 비추어 볼 때, 이를 수용한 작품 『데미안』은 그의 다른 작품들과 구별되는 하나의 특색을 보여 주고 있다.

주

1 Benno von Wiese, *Deutsche Dichter der Moderne*(Berlin, 1965), S. 124.
2 헤르만 헤세, 『지성과 사랑』, 이병찬 역(서문당, 1997), 7면.
3 헤르만 헤세, 『헤세 인생론』, 김영호 역(문학출판사, 1981), 3면.
4 Heinz Stolte, *Hermann Hesse. Weltschau und Lebensliebe*(Hamburg, 1971), S. 44.
5 Joseph Mileck, *Hermann Hesse. Dichter-Sucher-Bekenner*(Münchenm 1978), S. 39.
6 Lotte Köhler, Hermann Hesse, in: *Benno von Wiese*, a.a.O., S. 121.
7 Göpert Spanel, Herman Hesses Werke als Spiegel seiner Seelenentwicklung, in: *Universitas*, Nr. 6, 1951, S. 768.
8 Benno von Wiese, a.a.O., S. 123.
9 같은 곳.
10 Edmund Gnefkow, *Hermann Hesse. Biographie*(Freiburg, 1952), S. 100.
11 Hermann Hesse, *Eine Arbeitsnacht*, in: Ders., *Gesammelte Schriften*.
12 Benno von Wiese, a.a.O., S. 130.
13 Karl Fuchs, *Hermann Hesses Bild des Menschen. Nach dem epischen Werk des Dichters*, Erlangen, 1949, S. 63.
14 Benno von Wiese, a.a.O., S. 130.
15 같은 책, S. 125.
16 Hermann Hesse, Siddhartha, *Gesammelte Werke* in 12 Bänden, Bd. 10(Frankfurt/M., 1976), S. 83.(이하 *Gesammelte Werke*는 GW로 줄이고 뒤에 권수와 면수 기록함)
17 장정자, 「싯다르타, 인간 내면세계로 이끄는 도」, 작가 총서론(문학과지성사, 1980), 121면.
18 Peter Baer Gontrum, *Natur- und Dingsymbolik als Ausdruck der inneren Welt Hermann Hesses*(München, 1958), S. 90.
19 Hermann Hesse, Stunden im Garten, in: Ders., *Materialien zu Das Glasperlenspiel*, GW, 1, 124.
20 GW, 1, 348.
21 같은 책, S. 37.
22 같은 책, S. 40.
23 GW, 9, 120.
24 Benno von Wiese, a.a.O., S. 124.
25 Bernhard Zeller, *Portrait of Hesse, Illustrated Biography*, tr. by Mark Hollebone, p. 156.
26 남만성 역, 『주역(周易)』(성균서관, 1976), 20면.
27 Adrian Hsia, *Text + Kritik, I Ging*, München, 1980, S. 56.(이하 *Text + Kritik*으로 줄임)
28 Adrian Hsia, *Hermann Hesse und China*(Frankfurt/M., 1993), S. 214.
29 권영대 외 편집, 『세계 사상 전집』(삼성출판사, 1978), 136면 이하.
30 같은 책, S. 215.
31 같은 책, S. 214.
32 같은 책, S. 210.
33 같은 곳.
34 같은 책, S. 211.
35 Hermann Hesse, *Narziß und Goldmund*, GW, 8, 318 f.

36 헤르만 헤세, 『헤세 인생론』, 167면.
37 Adrian Hsia, *Hermann Hesse und die ostasiatische Philosophie*, S. 203.
38 Lee Inn-Ung, Hermann Hesse und die ostasiatische Philosophie, in: *Colloquia Germanica*(Bern, 1975), S. 29.
39 GW, 12, 29. (이하 자주 언급되는 『데미안 *Demian*』은 해당 부분에 D로 줄이고 뒤에 면수 기록함)
40 같은 책, S. 20.
41 GW, 9, 329.
42 같은 책, S. 338.
43 Hugo Ball, *Hermann Hesse. Sein Leben und sein Werk*(Frankfurt/M., 1967), S. 181.
44 헤세는 『간결한 이력 *Kurzgefaßter Lebenslauf*』(1925)에서 〈마성이 없으면 이 세상은 견뎌 낼 수 없다〉고 언급하고 있다.
45 GW 9, 86. 여기에서 헤세는 〈명상의 목적은 의식 상태를 밀어젖혀 원천의 상태에 도달해서, 개인의 내면적인 조화와 질서를 유지하는 데 있다〉고 언급하고 있다. 따라서 헤세의 명상은 동양의 지혜에서 착상했다고 볼 수 있다.
46 Adrian Hsia, *Hermann Hesse und China*, a.a.O., S. 203.
47 *Siddhartha*, GW, 5, 464.
48 *Text + Kritik*, S. 58.
49 Hermann Hesse, *Ausgewählte Briefe*(Erweiterte Ausgabe, 1964), S. 409.
50 헤르만 헤세, 같은 책, 166면 이하.
51 *Siddhartha*, GW 5, S. 355.
52 같은 책, S. 364.
53 같은 곳.
54 Walter Benjamin, Ursprung des deutschen Trauerspiels, in: Rolf Tiedemann und Hermann Schweppenhäuser(Hg.), *Gesammelte Schriften* I/1(Frankfurt/M., 1974), S. 318.
55 Arthur Schopenhauer, *Die Welt als Wille und Vorstellung*, 1. Teilband(Zürich, 1977), S. 224.
56 *Text + Kritik*, S. 205.
57 같은 책, S. 206.
58 『도교(道敎)』 제2부 제4장.
59 *Text + Kritik*, S. 206.
60 같은 책, S. 207.
61 같은 책, S. 210.
62 같은 곳.
63 『도교(道敎)』 제3부 제4장.
64 *Text + Kritik*, S. 211.
65 같은 책, S. 212.
66 같은 책, S. 213.
67 Gerhart Mayer, *Die Begegnung des Christentums mit den asiatischen Religionen im Werk Hermann Hesses*(Bonn, 1956), S. 39.
68 Franz Pelz, *Bildungsmächte und Bildungsprinzipien im Werk Hermann Hesses*(Freiburg, 1960), S. 72.
69 *Siddhartha*, GW, 5, 382.

제3부 **토마스 만의 문학 분석**

제1장 윤회 사상

  불교 사상에 의하면, 아무리 오래된 존재와 사건들도 결국은 찰나(刹那)의 순간에 불과하다. 실제로는 어떤 종류의 존재라도 수천 년에 해당하는 생존의 삶은 단지 찰나에 불과한데, 니체도 다음의 구절로 이를 보여 주고 있다. 〈모든 찰나에서 존재는 시작된다. 모든 여기의 주위를 저기의 구체(球體)는 회전한다. 중점은 도처에 있다. 영겁의 길은 만곡(彎曲)돼 있다.〉[1] 이렇게 모든 것을 찰나의 순간으로 보는 불교는 죽음을 정면으로 다루지 않는다. 중요한 것은 삶에도 죽음에도 번민하지 않는 생명에 대한 추구다. 현실의 냉철한 자각을 통해 한층 높은 차원의 진실을 체득하면, 죽음의 문제도 자연스럽게 극복된다는 입장으로 열반·해탈이 그런 상태다. 죽음은 삶의 연장선에 있는 하나의 추이일 뿐이며, 죽음을 내포하는 삶의 진실을 이해하는 것이 바로 죽음을 이겨 내는 것이 된다. 생즉사 사즉생(生卽死 死卽生)의 논리다. 이러한 불교의 사상을 추구한 동양인들은 삶과 죽음을 나눠 보지 않았다. 유가(儒家)는 죽음 자체의 의미나 죽고 난 뒤에 다른 세계에 대해 거의 관심이 없었다. 공자는 〈삶을 모르고서 어떻게 죽음을 알겠느냐〉고 했다. 그는 귀(鬼)와 신(神)에게 제사 드릴 것을 여러 곳에서 말하지만, 근본 뜻은 이런 의식을 통해 사람들의 도덕 심성을 가꾸게 하려는 데 있었다. 이러한 삶의 일과 죽음의 일이 다르지 않다는 태도는, 존재하는 세계의 우위성에 대한 믿음과 일맥상통한다.

  이렇게 삶과 죽음을 같게 보는 내용이 토마스 만의 문학에도 전이되고 있다. 토마스 만에게 있어 삶과 죽음은 공존하며 표리일체(表裏一體)를 이루어 이중적 병립을 형성한다. 삶과 죽음은 대립적 관계이기도 하지만 동일한 공통의 의미적 축(생물학적)의 배경에서 항상 서로를 전제하고 있다. 결국 〈대립적 관계〉에 놓여 있다고 알게 되는 것조차도 이 공통의 의미적 축에 의해서 비로소 가능해지는 것이다. 즉 삶이 등장하는 모든 곳에는 죽음이라는 의미가 발화되든 안 되든 간에 항상 전제되어 있다는 것이다. 삶과 삶이 아닌 것, 또는 죽음과 비죽음의 관계는 각기 모순 관계에 있으면서, 긍정 또는 부정을 통한 하나의 선택을 요구한다. 이러한 삶과 죽음을 동시에 소유하는 모습이 토마스 만 문학에서 자주 암시된다.

결국 토마스 만은 영생·영원에 대한 관심을 버리고 현세에 충실함으로써 더 잘 살 수 있다고 보는 것이다. 여기에서 삶은 과거도 미래도, 따라서 죽음도 모르는 단순한 현재라는 순간의 의식에 불과하다는 결과가 생긴다. 그런 의미에서 그것은 지속되는 순간, 〈정지된 현재 Nunc stans〉라고 볼 수 있다. 이러한 〈정지된 현재〉는 〈객관적으로 무한한 시간의 연속을 이루는 것은 주관적으로는 하나의 점, 불가분이며 항시 현존하는 현재〉[2]라는 쇼펜하우어의 사상으로 연결된다. 사물, 인간, 세계의 가장 본질적인 것은 항상 불변하게 정지된 현재에 있으며 확고부동하고, 또 현상과 사건의 교체는 우리가 시간이라는 직관 형식에 의해 그것을 파악하는 데서 오는 결과에 불과하다는 것이다.

결론적으로 찰나를 순간적인 현재로, 또 죽음을 삶의 연장선으로 보는 불교 사상이나 모든 것을 정지된 현재로 보는 쇼펜하우어의 사상 등은 윤회 사상과 유사하다. 이러한 윤회 사상은 먼저 힌두교에서 파생되었다. 힌두교에 의하면, 인생의 궁극적 의미란 삶의 영원한 윤회의 고리에서 해탈(해방)되어 다시 태어나지 않는 데 있다. 이러한 힌두교의 영향을 받은 듯 토마스 만은 1909년에 발표된 짧은 평론집 『단잠 Süßer Schlaf』에서 자신에게는 〈인도(印度)적인 것, 열반이라고 일컫기도 하고 또 무(無)라고 일컫는 완전한 것의 형식, 또는 무형식에 대한 무거운 타성적인 욕구가 충분히 있다〉[3](G 11, 336)고 말하여 인도의 열반적인 윤회에 대한 동경을 나타내고 있다. 이러한 배경에서 토마스 만은 인도 설화에서 소재를 얻은 「뒤바뀐 머리 Die vertauschten Köpfe」에서 머리를 자르고 다시 소생시키면서 머리가 뒤바뀐다는 일종의 윤회 사상을 묘사하고 있다. 이러한 삶과 죽음의 이중적 시각의 내용을 보면 토마스 만의 사유 방식 또한 불교적 사유 방식에서 출발하고 있다고 볼 수 있다. 토마스 만은 죽음을 삶의 마지막으로 보지 않고 삶의 시작이나 연장으로 보는 것이다. 여기에서 우리는 그의 윤회 *Metempsychose*설의 이론을 접하게 된다.

1. 쇼펜하우어의 영향

쇼펜하우어는 세계를 〈의지 *Wille*〉로 고찰하고 있는 장 4에서 죽음에 관한 유명한 교설을 남겼다. 죽음은 우리가 개체로서 시간과 공간 속에 존재하는 한에서만 관계되는 것이며, 우리들의 진실한 본질, 즉 우리의 내부에 잠재해 있는 〈의지〉와는 관계가 없다는 것이다. 왜냐하면 〈의지〉는 영원한 것으로, 세계로서 직접 나타나기 때문이다. 의지가 지상에서 객관화되는 것은 〈이데아〉로 나타나며, 〈종속(種屬)하는 인간의 각각은 그 개체의 부단한 교체에 조금도 영향을 주지 않는다〉.5 그래서 의지는 시간을 초월한다.

이러한 쇼펜하우어의 영원한 이데아 개념인 종(種)은 불사(不死)로 〈시간 속에서 이데아는 종의 형태로 나타나며 종이란 시간 속에 들어왔기 때문에 분산된 이데아이다. 그러므로 종은 〈물자체 *Ding an sich*〉의 의지이며 생에의 의지는 직접적인 객관화이다.〉6 그래서 〈동물이나 인간의 내오(內奧)의 본질은 종에 있으며, 강렬하게 약동하는 생에의 의지는 이 종에 기반을 둔 것으로서 개체와는 전혀 상관이 없다. 자연에 대해서 개체는 항상 수단에 불과하며 종속이 목적〉7이기 때문이다. 따라서 언제나 살아 있는 것은 종속(種屬)이며, 개체는 종속의 불멸과 동일성을 의식한다.

> 삶에의 의지는 영원한 현재에 나타난다. 현재란 종속의 생의 형식이며, 종(種)은 그러므로 늙는 법이 없이 영원한 젊음을 보지(保持)한다.8

결국 인간과 동물의 사멸은 그렇게 보일 뿐이지 실제로 그들의 진정한 본질은 아무 방해도 받지 않고 존속한다. 〈만일 우리가 무한히 빠른 진동을 하며 교체되는 죽음과 삶을 염두에 둔다면, 의지의 항구적인 객관화, 제 존재의 항시적인 이데아는 명확히 우리 눈앞에 방불(彷彿)하리라〉[9]고 쇼펜하우어는 인간을 종속의 연속체로 파악하였다. 따라서 자연 전체와 죽음의 관계를 볼 때 공명정대한 자연은 개체의 생사 따위는 하등의 문제로 삼지 않는다. 자연은 각 동물의 생명, 인간의 생명까지 아무 의미도 없는 우연한 사건의 희생으로 삼고 구제하지 않는다. 유기체의 생존은 순간에 불과하며, 동식물은 오늘 태어나서 내일 사멸하며, 탄생과 죽음을 급속히 교체한다. 따라서 〈이러한 존재는 피상적인 현상에 불과하고, 부단한 생성과 소멸은 결코 만유(萬有)의 근원에는 도달하지 못하며, 그것은 각 사물의 본질, 신비적인 내적 본질과는 대면할 수 없고 오히려 본질은 타의 방해를 받지 않고 존속된다.〉 이러한 인식은 플라톤 철학의 〈이데아〉적 인식, 즉 개체 중에 보편을 이해하는 인식의 토대 위에 있다. 이러한 맥락에서 쇼펜하우어는 생멸의 부단한 교체를 통한 종적(種的) 역사를 인간의 총체로서 파악하였다. 〈밀랍이 어떤 모양을 하다가 다시 녹아 새로운 모양으로 변해도 밀랍은 항상 동일한 밀랍인 것처럼 영혼도 항상 동일한 영혼이며 때에 따라 여러 가지 상이한 형태를 취하는 것이다.〉[10]

토마스 만은 이러한 쇼펜하우어의 정신적 전통을 계승하여 그의 초기 작품에서 개체의 허무적 죽음에 대한 의식으로 쇼펜하우어의 염세적 성격을 반영하였다. 따라서 토마스 만은 개체적 삶의 허무성이 문제되지 않고 신화 속에서 전해 내려오는 인간의 원형이 문제되어, 초기 작품에 나타났던 염세적 분위기를 탈색시키고 있다.

신화와의 관계에서 우리는 〈형상 Typus〉과 〈삶 Leben〉이란 두 가지 중요한 개념을 볼 수 있는데, 이들 개념은 토마스 만의 후기 작품에서 발견된다. 『마의 산』의 거주자들은 각자 주요한 〈형상〉이 되며, 『고등 사기꾼 펠릭스 크룰의 고백』에서도 많은 역할이 현혹의 〈형상화〉로 모든 인물들에 나타나고 있다. 이는 결국 토마스 만이 쇼펜하우어의 후계자가 되어 〈존재는 오직 하나 nur ein Wesen〉[11]라는 테제, 즉 쇼펜하우어의 〈의지〉로 귀결된다. 이러한 쇼펜하우어의 의지는 다음과 같은 윤회설에 연관된다. 〈예외 없이 그리고 어디를 보아도 자연의 진정한 상징은 원(圓)이다. 왜냐하면 원은 회귀의 도식이기 때문이다. 회귀는 사실 자연 속에 있는 가장 보편적인 형식이며, 자연은 천체의 운행으로 시작하여, 유기체의 죽음과 발생에 이르기까지 모든 것 속에서 회귀하며, 이것에 의하여 시간과 그 내용이 계속되는 흐름 속에 있을지라도, 하나의 항구적인 현재성, 즉 자연이 가능하게 되는 것이다.〉[12] 이러한 윤회 사상을 쇼펜하우어는 다음과 같이 서술하기도 한다.

오직 하나의 현재만 존재하며, 이것은 항상 존재한다. 왜냐하면 현재란 생존의 유일한 형식이기 때문이다. 과거란 그 자체로서는 현재와 구별이 되지 않으며, 단지 우리의 개념적 파악에 있어서만 구별이 된다. 이러한 파악은 시간을 형식으로 가지며, 그것에 의해서만 현재가 과거와 구별되어 나타난다는 사실을 통찰하게 된다. 이러한 통찰을 촉진하기 위해서 우리는 선악, 행불행, 즐거움과 고통 등 시대의 추이와 장소의 차이에 따라 다종다양하게 전이되면서, 계속적으로 우리에게 나타나는 인간 생활의 모든 사건과 정경을 한 번에 그리고 항상 존재하는 것으로서, 즉 정지된 현재에 있어서 외견상으로만 지금은 이렇기도 하고 또는 저렇기도 하다고 생각해 보는 것이 좋다. 그러면 삶에의 의지의 객관화라는 것이 무엇을 의미하는가를 이해하게 되리라. 또한 우리가 깨끗한 정세상(淨世像)에서 느끼는 쾌적감도 주로 그것이 덧없는 삶의 정경을 고정시켜 준다는 데 의거한다. 명백한 진리에 대한 감정으로부터 윤회설이 나온 것이다.[13]

이러한 내용에서 볼 때, 죽어서도 사태가 끝나지 않는다면, 구제의 길은 어디에 있는가? 여기에서 쇼펜하우어의 〈지혜의 교의 *Weisheitslehre*〉가 시작된다. 세계가 의지의 산물이고 표현인 이상, 그리고 의지가 자기 자신을 긍정하고 있는 한에 있어서, 세계의 고뇌는 끝이 없다. 그러나 만일 의지의 자기 부정이 일어난다면, 즉 의지가 의지인 것을 멈춘다면, 세계의 고뇌는 끝날 것이다. 그렇다면 그것은 어떻게 가능할까? 여기에 또다시 지성이 등장한다. 물론 지성 역시 의지의 산물이며 도구이다. 그러나 만일 지성이 의지의 단순한 도구임을 중단하는 때가 있다고 한다면 그때가 바로 구제의 때가 될 것이다. 이와 같은 구제의 가능성으로서 두 가지의 길이 제시된다.

그중 하나는 미적 관조에 의한 예술적 초월의 길이다. 〈미적 상태 *Ästhetischer Zustand*〉에 있어서 주관은 단지 개인적인 주관성을 버리고 의지의 지배를 받지 않고 순수한 인식의 주체로 있다. 이때 의지의 활동은 정지하고, 고뇌의 세계에는 은총과 같은 정숙이 내리고 세계는 투명해져 인간은 고요한 행복에 잠기게 된다. 그러나 이러한 미적 상태는 예외적인 것이며 특별한 순간에만 허용된다. 두 번째 가능성은 천재적인 것이기는 하지만 일시적인 것은 아니다. 그것은 열반(涅槃)의 오인(悟人)에 의한 종교적 초월의 길이다. 인식자는 모든 욕심을 버리고 수수께끼 같은 세상을 버릴 것을 결의한다. 이리하여 그는 스스로 정숙의 경지로 들어감과 동시에 세계의 고뇌를 자기 자신의 괴로움으로 생각하고, 사심 없는 자비의 눈길을 번뇌의 세계에 기울이게 되는 것이다. 이것은 성자의 길이다.[14] 결국 여기에서 윤회 사상이 전개된다. 〈원은 회귀를 나타내는 도식으로 자연을 진정으로 상징하는 것은 보통 어디서라도 원이다〉[15]라는 쇼펜하우어의 자연을 상징하는 〈원(圓)〉[16]의 사상이 탄생하는 것이다.

이런 윤회 사상처럼 토마스 만에서도 상대 개념들이나 상관 구조들의 논리적·인과론적 관계가 직접적인 부정에 의해 파괴되어 통례적인 사유 범주와 세계 관계와 다른 사유 및 세계 관계가 암시되고 있다. 토마스 만에게 있어 사유 과정은 어떤 때는 직접적인 부정에 의해 제거되고, 어떤 때는 그 궤도의 반대 방향으로 전향을 통해 밀려나기도 하고, 어떤 때는 놀라울 정도로 전도된 근본 상황에 속한다.

결국 토마스 만의 윤회 사상의 기초는 쇼펜하우어에게서 영향을 받은 셈이다. 〈언제나 아래로 내려가는 반원은 과거이고, 위로 올라가는 반원은 미래이다. 그리고 상부의 접선에 접하는 분할할 수 없는 점은 연장이 없는 현재이다〉[17]라고 쇼펜하우어는 영원히 회전하는 원을 흘러가는 시간에 비유하여 〈정지된 현재 Nunc stans〉 개념을 내세우고 있다. 이러한 쇼펜하우어의 영향을 받은 토마스 만은 〈회전하는 구체〉라는 세계의 구조 원리를 계승하여 이를 작품의 구조에 도입하였다. 따라서 쇼펜하우어의 〈정지된 현재〉의 개념에 따라 토마스 만은 회귀 사상을 나타내는 〈정지된 현재 ein stehendes Jetzt〉[18] (Zb 757)라는 신화적 시간의 체험을 작품에 묘사하고 있다. 회귀로서의 원은 신화의 시간 형태이다.

원래 회귀는 자연에 있어서의 가장 보편적인 형식이다. 따라서 자연은 성신(星辰)의 운행으로부터 생물의 발생과 사멸에 이르기까지 모든 면에서 이 형식을 따르고, 또 이 형식이 있기 때문에 시간과 그 흐름 중에 항존(恒存)하는 존재, 즉 하나의 본성이라는 것이 가능하다. 죽음은 우리의 불사(不死)의 본질에 대해서는 무력하다는 쇼펜하우어의 교설은 〈정지된 현재〉에 대한 신앙에 바탕을 두고 있다.

이러한 쇼펜하우어의 심리적인 암시가 토마스 만의 작품에 회귀 사상으로 절묘하게 표현되어 있다. 예를 들어 『마의 산』에서 토마스 만은 회귀의 동기로서 원운동의 사고를 심화시킨다. 위험하지만 유혹을 이기지 못한 카스토르프는 스키를 타러 나갔다가 눈 속을 방황하게 되면서 이 원운동을 경험한다.

이것도 역시 바로 책에 쓰여 있는 대로의 일이었다. 악전고투를 하며 제 딴에는 바로 가고 있는 줄 알지만 실은 빙빙 돌기만 하여, 사람을 속이는 1년의 순환과 마찬가지로 다시 출발점을 되돌아온다는 저 광대하기 짝이 없는 호(弧)를 그린 것이다. 〈사람은 이렇게 빙빙 돌며 헤매다가 마침내 집으로 돌아가는 길을 잃어버리게 되는 법이다.〉(Zb 445) 카스토르프는 눈 속에서 길을 잃고 헤매다가 〈자신이 그의 추구의 희망 없는 원점으로 되돌아와 있음을 발견한다〉.[19]

죽음과 대면한 그에게 끝없이 회전하며 삶을 괴롭히던 〈익시온의 수레바퀴 Rad des Ixions〉[20]가 순간적으로 정지하고 원초의 장면을 재현한다. 그는 죽음의 공포 속에서 불현듯 〈인간은 언제나 이 원환을 맴돌며 괴로워한다〉(Zb 513)는 사실을 깨닫는다. 특히 카스토르프가 눈 속에서 잠이 들어 꿈꾸는 내용, 즉 〈하짓날에 원시인들이 불 주위를 춤추며 빙빙 돌고 환호성을 지르는〉(Zb 679) 고대 신비적 세계에 대한 꿈의 내용은 〈모든 것은 다시 돌아오는 원운동이자 순환인 영원성을 기리기 위해서〉[21]라는 것이다.

이렇게 『마의 산』에서 빙빙 돌아 다시 제자리에 오는 것처럼, 원형은 동일한 사물이 원을 그으며 되돌아오듯이, 자연의 반복적인 주기와 일치하는 신화의 시간, 즉 연속성이 지양된 시간 속에서 끊임없이 〈순환〉한다. 따라서 자연에서도 가장 불안전한, 가장 저수준의 무생물이나 가장 완전한 생물, 무한히 복잡하고 절묘하게 살아 있는 유기적 조직은, 새로이 생성되었다가 일정 기간이 지나면 무로 돌아가 계속적으로 무에서 새로이 생겨나는 동류(同類)를 위해 길을 비켜 주지 않으면 안 된다. 존재와 비존재라는 점에 관한 한 생(生)과 사(死)는 대립하지만, 생물 개체의 존재와 비존재(사멸) 그 자체는 윤회적인 것에 불과한 것이다.

이러한 윤회설의 이론이 서구에서는 이미 오래전에 수학자 피타고라스에 의해 수립되었다. 그는 우주의 만물은 신성(神性)이라는 순수하고 단일적인 것에서 시작된다고 여겼다. 신과 악마와 영웅은 이 신성에서 생겨나고, 그다음 네 번째로 생겨난 것이 인간의 영혼이다. 이 영혼은 불멸하고, 육체의 속박을 벗어나 죽은 자의 거처로 가서, 다시 인간이나 동물의 신체 속에 거주하기 위해 이 세계로 돌아오기까지 그곳에 머문다. 그리고 완전히 정화되었을 때 마침내 맨 처음 출발한 근원으로 돌아간다. 이러한 영혼의 전생(轉生)에 관한 교설은 원래 이집트에서 기원하여 인간 행위에 대한 보수와 벌에 관한 교설과 연관이 있는데, 피타고라스학파의 사람들이 절대로 동물을 죽이지 않는 것도 이 교설을 신봉하기 때문이었다. 오비디우스 Publius N. Ovidius는 피타고라스가 제자들에게 다음과 같이 말했다고 전한다. 〈영혼은 결코 죽지 않고, 항상 한 거처를 떠나면 곧 다른 거처로 옮아간다. 나 자신도 트로이 전쟁 때는 판토오스라는 사람의 아들인 에우포르보스였는데, 메넬라오스의 창에 맞아 쓰러진 것을 기억한다. 최근에 아르고스 시에 있는 헤라의 신전을 가본 일이 있는데, 그곳에는 당시 내가 사용하던 방패가 전리품과 함께 걸려 있었다. 이와 같이 모든 것은 변할 뿐이지 사멸하지 않는다. 영혼은 이곳저곳으로 옮겨 가서 이번에는 이 육체, 다음에는 저 육체에 머무는데, 짐승의 몸에서 인간의 몸으로 이행할 때도 있다. (……) 그러므로 너희들의 가슴에 동족에 대한 사랑의 불꽃이 꺼지지 않았다면, 원컨대 동물들의 생명을 난폭하게 다루지 마라. 어쩌면 그것이 너희들의 친척일지도 모르니까〉.[22]

시계가 없던 고대인들은 시간을 순환적 성격을 지닌 것으로 믿었고, 〈영원 회귀〉설을 거부한 아리스토텔레스조차도 역사가 주기적으로 반복된다고 생각하여, 일종의 윤회설을 믿은 셈이다. 셰익스피어도 「베니스의 상인」에서 그라시아노에게 이 전생설(轉生設)에 관해서 이야기하도록 한다. 여기서 그라시아노는 샤일록 Shylock[23]에게 이렇게 말하고 있다.

네놈을 보고 있으면 내 믿음까지도 흔들려 오고
피타고라스처럼 동물의 영혼이
인간의 육체 속에 들어왔다는 생각을 가지고 싶게까지 한다.
네놈의 그 들개 같은 근성은

원래 늑대에게 깃들어 있던 것이다.
인간을 먹어 죽였기 때문에
목이 메고, 그 영혼이 네놈 속에 들어간 것이다.
때문에 네놈의 욕망은 늑대 같고, 피비린내 나고
굶주려 걸근거리고 있는 것이다.[24]

우리나라에도 눈 내리는 겨울에 노래의 씨앗을 뿌리며, 〈다시 천고의 뒤에 / 백마 타고 오는 초인이 있어 / 이 광야에서 목 놓아 부르게 하리라〉고 외치는 일제 말 이육사의 시에 일종의 윤회 사상이 암시되고 있다. 독일에서 영혼 윤회의 사상은 중세 독일의 신비주의 사상가 에크하르트 M. Eckhart와 뵈메 J. Böhme의 영향을 많이 받고 있다. 여기에서 인물의 동일화(同一化) 작용이 일어나며, 현세와 미래의 구별 없이, 한 사람의 인물이 타의 인물이 되고, 또 인간이 돌이나 짐승이나 나무나 별이 되기도 한다. 이는 윤회전생(輪廻轉生)의 사상으로 자연 근친 사상(自然近親思想)이 성취되는 것이다. 이러한 윤회 사상에 심취한 음악가 바그너는 쇼펜하우어의 철학에 빠져들고, 불교에 깊은 관심을 가져 새로운 예술관을 낳았다. 쇼펜하우어의 절대적 염세관에서 탈피하여 추상적, 철학적 사색에서 종교적 예술 체험으로, 개념에서 인간으로, 범(梵) 사상 Brahmanismus에서 불교로, 공허나 니르바나 Nirwana[25]에서 광명의 해탈로, 소승에서 대승으로 바그너의 사상과 예술관은 수많은 변화와 영향을 받았다. 따라서 바그너의 작품 「트리스탄과 이졸데 Tristan und Isolde」에서 해탈의 문제, 『파르치팔 Parzival』에서 윤회 사상, 『마이스터 에크하르트 Meister Eckhard』에서 체념의 문제가 잘 반영되고 있다.

2. 니체의 윤회 사상

토마스 만은 회귀 사상을 니체에게 직접 연결시키지는 않았지만, 그와 결코 무관한 것은 아니다. 니체는 〈만물은 영원히 회귀한다. 우리 자신도 함께. 우리는 이미 영원히 존재해 왔다. 만물도 우리와 함께〉[26]라고 회귀 사상을 나타내고 있다. 〈존재는 그 형태대로 아무 의미도 없이 무로 끝나지 않고, 불가피하게 회귀한다: 영겁 회귀.〉[27] 〈일체가 회전하는 것은 생성의 세계가 존재의 세계로 가장 극도로 접근하는 것이다.〉[28] 이러한 니체의 영원 회귀 사상을 구체적으로 고찰해 보자. 니체는 윤회 사상을 자신의 철학 구조에서 가장 중요한 것으로 여기는 영원 회귀에 연결시켜 1880년대를 이 사상의 분석과 발전을 위해 바쳤다. 서사 문학에서도 신화로 회귀하는 경향이 종종 나타나는데, 이 경향에는 역사의 순환 이론이 수반되는 일이 종종 있다. 이 순환 이론은 회귀 사상의 합리화에 도움을 주고 있다. 랭보 Arthur J. N. Rimbaud가 〈모든 감각의 착란 drglegment de tous les sens〉을 제창했던 것은, 랭보 자신이 인간에게 신성한 불을 훔쳐 준 프로메테우스의 화신이 되어서, 고대 신화의 광기와 예언의 결합을 다시 회복시키려고 하는 데 있다. 시인 릴케 Rainer M. Rilke는 그의 전생을 통해서 자신의 내면적인 신탁의 목소리에 귀를 기울이는 데 전념하여, 젊을 때부터 이미 삶을 〈아직 오지 않은 죽음〉이라고 씀으로써 삶과 죽음을 동일시하였다. 이러한 영혼 회귀 사상을 니체는 철학적으로 정립하고 있다. 즉 바그너의 사상을 답습하여 철학적인 영원 회귀 사상으로 전개시킨 니체는 1881년 8월 14일에 실스마리아 Sils-Maria에서 가스트 Peter Gast에게 보낸 편지[29]에서, 자기에게 새로운 사상이 떠올랐다고 적고 있는데, 이 사상이 다름 아닌 영원 회귀임을 밝히고 있다. 〈나는 이제 차라투스트라의 이야기를 해야겠다. 이 책의 근본 개념인 영원 회귀 사상, 아마도 도달할 수 있는 한 긍정의 최고 형식은 1881년 8월에 생각된 것이다. 이 사상은 《인간과 시대를 떠난 6천 척의 저편》이라는 한 장의 종이 위에 메모되었다.〉[30]

여기에서 짐작할 수 있듯이, 니체는 차라투스트라의 근본 개념을 영원 회귀로 선언하고 있다. 그러나 이 영원 회귀의 각본은 차라투스트라 이전에 등장하고 있다. 즉 『즐거운 지식 Die fröhliche Wissenschaft』에 하나의 경구로 나타나 있다.[31] 〈어느 날, 또는 어느 날 밤, 데몬이 그대의 고독 속에 접근해 와서, 지금 당신이 살고 있고, 그리고 이제까지 살아온 이 삶을 한 번 더, 그리고 수없이 더 살아야만 한다면, 그러나 그 삶에는 아무런 새로운 것도 없으며, 모든 고통과 기쁨과 상념, 그리고 탄식, 헤아리기조차 어려운 삶 속의 사소함과 위대함이 다시 돌아오고야 만다. 모든 것은 연속하고 계속하노니, 나무 사이의 거미와 달빛, 이 순간과 나 자신까지도 존재의 모래시계는 몇 번이고 되돌아오며, 당신도 그와 더불어라고 말하면, 그대는 무릎을 꿇고 이를 갈며 그렇게 말하는 데몬을 저주하지 않겠는가?〉[32] 이 내용 외에 『즐거운 지식』에서 영원 회귀의 설교를 엿볼 수 있는 대목은 더 있다.

더욱 높게! 너는 이제는 결코 기원하지 않을 것이다. 이제는 결코 숭배하지 않을 것이며, 이제는 결코 무한한 신뢰에 안주하지도 않을 것이다. 너는 구극의 지혜, 구극의 선의, 구극의 힘 앞에 멈춰 서서, 그리고 너의 사상의 갑옷을 벗기는 것을 단념하는 것이다. 너는 너의 일곱 가지 고독 때문에 부단한 파수꾼도 친구도 가지고 있지 않은 것이다. 너는 그 정상에 눈이 쌓이고 가슴속에서 작렬하는 불을 태워 버린 산악의 조망도 없이 사는 것이다. 너에게는 이제 구극의 보복자도 수정자도 한 사람도 없는 것이다. 이미 일어난 사항에는 이제 어떤 조리도 없으며, 너에게 앞으로 일어날 사항에는 어떤 사랑도 없다. 네 마음에는, 거기에는 무엇이 발견되어도 상관없으며, 더 이상 탐구할 수 없었던 안식의 장소가, 이제는 어느 하나도 열려 있지 않다. 너는 무엇인가 구극의 평화라고 하는 것에 대해 저항한다. 너는 전쟁과 평화의 영원한 회귀를 바란다. 단념한 인간이여, 너는 일체의 것에 단념하고자 하는가? 그를 위한 힘을 누가 너에게 줄 것인가? 그런 힘을 가진 자는 여태껏 한 사람도 없었다! 하나의 호수가 있다. 이 호수는 어느 날 흐름을 단념하고는, 지금까지 흐르고 있었던 곳에 제방을 쌓았다. 그 후로 호수는 점점 물이 불어났다. 어쩌면 바로 이 단념이 또 이 단념을 견딜 힘을 우리에게 제공할 것이며, 어쩌면 인간은 더 이상 신에게로 넘쳐흐르지 않는 순간부터 한층 더 높은 곳으로 올라갈 것이다.[33]

다음으로 『차라투스트라는 이렇게 말했다』의 제3부 〈회복자 *Der Genesende*〉에서 영원 회귀 사상의 선언이 다음과 같이 발견된다. 〈모든 것은 가고 모든 것은 되돌아오노라. 존재의 수레바퀴는 영원히 굴러가노라. 모든 것은 부서지고, 또 새롭게 이루어지노라. 존재의 똑같은 집이 영원히 세워지노라. 모든 것은 헤어지고, 다시금 만나노라. 존재의 윤환은 영원히 변치 않노라. 모든 찰나에서 존재는 시작하노라. 모든 여기를 돌아 저기라는 공은 굴러가노라. 중심은 도처에 있나니라. 영겁의 궤도는 구부러져 있노라.〉[34] 끝으로 니체의 유고(遺稿)인 『권력에의 의지 *Der*

Wille zur Macht』에서 이 사상의 표현은 다음과 같다.

나의 세계는 어떤 것일까. 나의 거울에 비친 것을 그대들에게 보여 줄까? 그것은 발단도 종말도 없는 힘의 괴물이다. 그것은 증가도 감소도 없고 변화뿐 소멸이 없는, 전체로서의 크기엔 다를 바 없는 여문 구리쇠와도 같은 힘의 양, (……) 힘은 골고루 퍼져 있고, 힘과 힘의 물결이 출렁거림으로써 하나이자 여럿이며, 여기에 쌓이는가 하면 저쪽에서는 줄어드는, 그 스스로의 속으로 흘러 들어오고 그 스스로의 밖으로 넘쳐 나가는 힘의 바다, 영원히 변혁하고 영원히 귀환하는 회귀의 크나큰 세월을 갖고, 온갖 형세의 간만(干滿)을 가지고, 가장 단순한 것에서 가장 복잡한 것을 만들어 내면서, 가장 고요한 것, 가장 단단한 것, 가장 차가운 것에서 가장 뜨거운 것, 가장 사나운 것, 가장 자기모순적인 것으로 나아가고, 다시 풍요로운 것에서 단순한 것으로, 모순된 희롱에서 조화의 즐거움으로 돌아오고, 이와 같은 스스로의 궤도와 세월의 동일성에 있어서 자기 자신을 긍정하면서 영겁으로 회귀하지 않을 수 없는 것으로서, 포만도 권태도 피로도 모르는 생성으로서 자기 자신을 축복하는 것 — 영원히 자기 자신을 창조하고 영원히 자기 자신을 파괴하는 것의, 이 나의 디오니소스적 세계, 이중의 정욕을 지닌 이 비밀의 세계, 원환(圓環)의 행복에 목표가 없다고 하면 목표가 없기도 하는, 자기에게로 되돌아오는 환원에 착한 의지가 없다고 하면, 의지가 없는, 이 나의 선의의 피안 — 이 세계의 이름을 그대들은 듣고 싶은가……[35]

이렇게 니체는 생을 영원히 같은 것이 되풀이되는 힘의 유희로 읊었다. 영원 회귀는 생성되지 않은 원법칙(元法則)으로서 태초에 존재하는 일정량의 힘과 함께 우주 속에 있었다. 천체나 계절과 같은 주기적인 순환과 반복의 자연 현상, 정오와 밤, 간조와 만조의 동일한 교체도 이미 수학적으로 파악 가능한 회귀 법칙의 본질이다.[36] 니체는 늘 되돌아옴이라는 자연의 질서를 높은 하늘에서 뱀과 어울려 둥근 고리를 그리며 날고 있는 독수리의 모습으로 암시하고 있거니와, 이렇게 볼 때 인간은 자연의 영원한 운행 가운데 어떤 확정·고정된 위치를 가질 수 없다. 지나간 어제는 다시 돌아올 내일이며, 내일 또한 한 번 지나간 어제이므로, 이 둥근 모습의 되돌아옴에서는 일상 의미의 과거나 미래는 소멸되고 영원한 현재만이, 즉 과거와 미래의 계기를 안고 있는 현재만 있게 된다. 이처럼 거듭되는 돌아옴의 흐름 속에

서 인간은 어떤 각별한 위치를 갖고 있는 존재도, 또 완성된 어떤 예외적인 존재도 아니다.[37]

이렇듯 니체에 의하면 인간은 자연의 한 부분이며, 자연 속에 있는 거대한 생명체의 가족 가운데 일원일 뿐이다. 들에 핀 꽃들이 그러하고, 높은 산을 달리는 사나운 짐승들이 그러하듯, 사람 또한 자연 속에서 숨 쉬고, 그 숨을 거두게 될 하나의 생명체에 불과하다. 이 점에서 인간은 원숭이나 벌레 등 여타의 생명체와 구별되지 않는다. 니체가 그의 글 여러 곳에서 사람을 짐승이라고 즐겨 표현하는[38] 것도 그 이유의 하나라고 판단돼, 이 경우 사람은 자연의 이치에 따라 진화하고 퇴화하는 피조물에 불과하다. 니체는 그의 이러한 인간 이해를 바탕으로 사람을 아직 확정되지 않은 짐승이라 부르고 있다.[39]

결론적으로 볼 때 인간이 여느 동물과 달리 합리적·논리적 추론을 할 수 있으며, 예술품을 만들고, 윤리적 규범을 구성하는 등 탁월한 능력을 갖고 있는 것은 사실이지만 인간의 마음과 다른 동물의 마음의 차이는 정도의 문제일 뿐 이들 사이에 질적으로 구분되는 정확한 선은 없다고 믿는 사람들이 많다. 따라서 인간의 마음이 우월하다는 생각은 재고의 여지가 있다고 생각된다. 인간은 정신적·지성적 능력을 사용해 다리를 짓고 도시를 건설하고, 문명의 이기와 예술품을 만들었지만 그 〈우월한 마음〉이 전쟁·학살·잔혹 행위를 일삼았다. 따라서 전체적으로 볼 때 인간의 마음과 지능이 세계를 위해 좋은 것인지 아닌지, 축복인지 저주인지가 분명하지 않다. 인간은 자연계의 일부이며, 우리의 능력은 이 세계의 다른 동물의 능력과 연속선상에 있기 때문이다.

이런 배경에서 니체는 세계를 고정성·불변성·일회성·절대 목표를 배제한 하나의 생성으로 파악한다. 모든 생성이 완료되었다면, 또한 모든 사유와 정신도 종말이 된다. 완성되었거나 어떤 목표에 도달된 것은 다시 오지 않을 것이며, 중단되지 않고 계속 지탱하는 것은 아직 아무런 이탈도 없기 때문에 다시 돌아올 수도 없는 것이다. 정신이 생성적이다 함은 세계가 존재의 성격을 가질 수 없다는 사실을 증명하는 셈이다. 이처럼 생성에 대립되는 일체의 존재를 배제하는 데서 오히려 존재의 긍정이 나타난다. 왜냐하면 모든 것은 영원한 지속을 통해, 다시 말해 회귀의 방식으로 존재를 회복하기 때문이다. 이것은 생성에다 존재의 성격을 새기는 것이요, 생성의 세계를 존재의 세계로 접근시키는 것이다. 이렇게 니체는 새로운 세계관을 제시한다. 세계는 중단하지 않고 존속을 계속한다. 세계는 결코 생성한 것이 아니고, 또 아주 소멸해 버리지도 않는다. 오히려 세계는 생성하고 소멸한다. 하지만 세계란 일찍이 생성한 바도 없고 소멸해 버린 적도 없다. 그것은 어떤 상태로든 스스로 유지한다.

3. 괴테의 윤회 사상

로마의 역사가인 타키투스 Tacitus의 『게르마니아 Germania』(B.C. 98)에는 독일 민족의 조상으로 알려진 게르만 민족의 여러 가지 특색이 잘 나타나 있다. 게르만 민족은 유목민으로서 윤리 의식이 강하고, 호전적이며, 목가적인 민족으로 묘사되고 있다. 그런데 이 책에서 흥미 있는 것은 게르만인은 로마인과는 달리 눈에 보이지 않는 신, 즉 신전이나 신상을 마련하지 않고, 자연 자체를 숭배하며, 그 자연 속에 깃들어 있는 초자연적인 힘을 외경시하고 받들었다는 점이다. 이러한 유기적인 자연관에서 나온 신에 대한 관념은 한마디로 〈범신론 Pantheismus〉적 사상의 모태라고 할 수 있다. 독일에서의 범신론은 결정적으로 1770~1780년대에 스피노자를 수용함으로써 자리를 잡게 되었다.

괴테는 신화야말로 집단 사고의 원형이기 때문에, 신화를 통해서 자신의 주장을 지식이 적은 대중에 이해시키려 했는데, 이는 융 C. G. Jung의 심리학적 해석과 유사하다. 즉, 융적인 비평 방법이란 문화 인류학과 융의 연구 결과를 이용한 신화 비평으로, 어떤 작품에 나타난 이미지의 근원이 한 공통된 신화에서 유래되었음을 밝히고, 그 신화가 영향의 원천이 된다는 것이다. 괴테는 스피노자의 영향을 받아, 자연 과학에 몰두함과 동시에 범신론적 종교성을 갖게 되었다. 따라서 괴테는 일면 범신론자 Pantheist로 통한다. 친구 야코비 Jacobi에게 1812년 1월 6일에 보낸 편지에서, 괴테는 자신을 가리켜 〈예술가이며, 문학인으로서는 다신론자, 자연의 탐구자로서는 범신론자〉라고 말하고 있다.

18세기는 유럽 전역에 범신론이 크게 융성하던 시기였다. 그 당시 창조주인 하느님과 그 피조물인 인간과 자연을 완전히 분리하는 전통적인 기독교의 교리와 사상에 비추어 볼 때, 자연과 모든 존재에 곧 신이 존재한다고 하는 범신론적 사상은, 지금까지의 기독교적 세계관의 체계를 완전히 뒤흔들어 버릴 수 있는 것이었기에, 당시 기독교의 완강한 저항을 받았다.[40] 그러나 계몽주의 이후 관용이라는 이름 아래 기독교의 세속화가 한창 진행 중이었고, 스피노자의 범신론이 상당한 영향력을 발휘하고 있는 터라, 범신론은 질풍노도 시대 작가들의 세계관에 상당한 영향을 미쳤다. 이와 궤를 같이해서 유럽의 기독교는 점차 정통적인 교리와 교회 중심의 종교관에서 탈피하여 철학적인 형태로 탈바꿈하고 있었다.[41]

그런데 괴테가 신봉한 범신론은 불교의 윤회나 니체의 영원 회귀 사상과 유사점이 있다. 자연이 괴테에게 어떻게 느껴지고 인식되느냐 하는 사실은 중요한 문제이다. 자연은 〈활동하는 우주〉[42]로 경험된다. 그것은 18세기 초의 시에서처럼 정적인 것이 아니라 동적인 것으로 경험되며, 생명력으로 파악되고, 나아가서는 신=자연으로까지 확대 해석된다. 계몽주의에서 자연은 이성적으로 질서가 잡혀 있는 것, 규칙을 지닌 체계이므로 인간의 이성이 그 자연법칙을 파악해 낸다면, 그것을 지배, 이용할 수 있는 것이었다. 그러나 괴테가 스피노자의 범신론에서 받아들인 자연은 근원에서 살아 있는 것, 즉 유기적인 형상으로서,[43] 제1원인자라는 형이상학적 가설이 없어도 영원한 순환 운동 속에서 끊임없이 새로이 시작되는 것이었다. 따라서 이런 자연은 유한한 사물계를 총괄하는 개념으로서의 죽어 있는 소산적(所産的) 자연이 아니라, 모든 것의 근저에 자리 잡고 있는 포괄적 의미에서 살아 있는 능산적(能産的) 자연인바, 이것은 살아서 창조하며 작용하는 생명력 자체인 것이다. 작은 것에서 큰 것에 이르기까지 모든 것이 이 근원적인 창조력에 의해 생명을 얻어 살아 있는 자연은 곧 신으로,[44] 여기에 괴테의 범신론적 사상이 담겨 있다. 신은 세상을 움직이는 존재로서 자연을 자기 안에 품거나, 또는 자신이 자연 속에 살아 숨 쉬고 있다. 괴테는 『파우스트』에서 이러한 범신론적 사상의 한 면모를 보여 준다.

마르가레테

   (······)

  미사도 안 가시고, 고해도 안 하신 지 오래
되었어요.

  하느님을 믿으세요?

파우스트 이봐요, 누가 감히 말할 수 있겠어요?

  나는 하느님을 믿는다고.

  성직자나 현인에게 물어보기라도 한다면,

  그들의 대답은 마치 묻는 사람을

  조롱하는 것처럼 들릴 것이오.

마르가레테 그럼 믿지 않으세요?

파우스트 내 말을 오해하지 말아요. 이 사랑스러운 사람아!

  누가 감히 하느님을 이름할 수 있을까?

  나는 하느님을 믿는다고

  누가 감히 고백할 수 있을까.

  마음에 느낀다고 해서

  또 누가 감히 나 그를 믿지 않는다고

  잘라서 말할 수 있을까?

  만물을 포괄하는 자,

  만물을 보존하는 자,

  그는 너와 나 그리고 자기 자신을

  포괄하며 보존하고 있지 않은가?(3425행 이하)

  독자적 방법으로 천지 창조의 신에게 접근하여 후일 자연이 신이라는 괴테의 신관이 싹트기 시작했다. 소년 괴테는 신과 자연을 관련시켜 생각했는데, 그에게 자연은 신의 거소이고 신이 사랑하는 곳이다. 자연 속에서 볼 수 있는 일체의 물상(物象)과 현상에 신은 배려를 태만히 하지 않고, 그 거소의 일부인 인간은 신과 직접 교감할 수 있다고 생각했다. 괴테는 『시와 진실』에서 자신의 어린 시절 자연의 신관을 다음과 같이 적고 있다. 〈소년(괴테)은 아무튼 그 첫 번째 신조를 고수했다. 자연과 직접적으로 연결되어 있으며, 자연을 자신의 작품으로 인정하고 사랑하는 신, 이러한 신이 그에게는 진정한 신으로 여겨졌다. 그 신은 정말이지 다른 모든 것들과 마찬가지로 사람들과 어김없이 정확한 관계를 맺을 수 있는, 그리고 별들의 운동, 하루의 시간과 사시사철, 식물과 동물을 위한 것과 마찬가지로 사람들을 위해서도 걱정을 하는 그런 신이었다.〉[45]

소년 괴테가 신에 접근하는 방법은 매우 소박했지만 독자적이었고, 그의 영혼의 욕구를 알려 주고 있다. 그는 물체 속에서 신을 구하려고 했다. 그는 가르침을 받지 않고 직접 만물의 원천적 힘인 신을 인식하려고 했다. 그의 어린 마음을 끈 성서의 부분은, 특히 구약의 소박한 고대인의 종교 생활이었다.

> 광야와 목장의 생활 양식은 그들의 사상에 넓이와 자유를 주고, 밤이면 만천(滿天)의 성두(星斗)에 빛나는 궁륭은 그들의 감정에 숭고성을 부여했다. 활동적인 교묘한 엽사(獵師)보다도, 또 위험 없고 신중한 농부보다도 그들은 신이 그들 곁을 여행하고 그들을 방문하고 그들에게 관여하여 인도하고 구원한다는 부동의 신념을 필요로 한 것이다.[46]

그 장려한 대자연에 감동을 받고 자연 속에 신을 본 마음은 마침내 많은 시련을 겪고 고도의 종교적 의식을 구성하기에 이른다. 클롭슈토크의 문학처럼, 질풍노도에서도 자연은 신의 계시의 수단이 되고 있다. 이러한 범신론 사상은 『젊은 베르테르의 슬픔』에도 잘 나타나 있다. 작품 초반부에 이미 베르테르는 종교적 동경의 성취를 자연 속에서 감지한다. 자연은 베르테르에게 무한한 창조력, 생명력과 함께 한계를 초월하는 영원한 신적 존재로 느껴지는 것이다. 베르테르는 1771년 5월 10일의 서신에 다음과 같이 쓰고 있다.

> 나 같은 영혼에게 어울리는 이 고장에서 나는 홀로 내 삶을 즐기고 있다네. (……) 주변의 사랑스러운 골짜기에 아지랑이가 자욱하게 끼고, 한낮의 태양이 침투할 수 없는 어두운 숲 속에서 다만 몇 줄기의 광선만이 깊숙하고 신성한 숲 속에 스며들 때 나는 흘러내리는 시냇가의 무성하게 자란 풀밭에 누워 본다네. 그리고 대지에 가까이하면 이루 말할

수 없는 여러 종류의 풀들이 진기하게 여겨진다네. 작은 벌레와 모기들 사이의 작은 세계가 꿈틀거리는 것을 내 가슴에 더욱 가까이 느끼고, 우리를 자신의 형상대로 창조한 전능하신 분의 현존을 느낄 때면 우리를 영원한 환희 속에 머물게 하시는 전능하신 분의 숨결을 느낄 때면 친구여! (……) 나는 종종 동경에 사무쳐 이렇게 생각한다네. 아아, 이것을 다시 표현할 수 있을까! 이처럼 가득히, 이처럼 따뜻하게 내 안에 생동하는 것을. 내 영혼이 무한하신 하느님의 거울이듯이, 내 영혼의 거울처럼 이것을 종이에 숨결로 불어넣을 수 있을까![47]

베르테르는 이처럼 자연 속에서 영원한 생명력, 무한하고 전능한 신의 현존을 깨닫는다. 아울러 자기 자신도 이 영원하고 신적인 자연의 일부라고 느끼게 된다. 무엇보다도 자연 속에서 베르테르는 자신의 종교적 동경인 영원한 존재, 영원한 자유에 도달할 수 있는 가능성을 발견하게 된다. 여기에 베르테르의 범신론적인 종교성이 나타난다.[48] 이러한 범신론은 다양한 생명의 소멸과 다시 생성하는 것으로 일종의 영원 회귀 사상을 담고 있다. 예를 들어 나뭇잎이 강물에 떨어져 박테리아에 의해 분해되고, 다시 작은 생물들이 이를 먹고, 물고기가 이 생물들을 먹고 인간이 다시 물고기를 먹는 먹이 피라미드 구조는 생태계의 순환인 영원 회귀를 보여 준다.

괴테의 영원 회귀 사상, 즉 〈재생(再生, *Wiedergeburt*)〉 사상을 문학적으로 잘 나타낸 작품으로 시 「승천의 동경 Selige Sehnsucht」을 들 수 있는데, 이 시에서의 사랑의 모티프는 괴테의 이탈리아 여행(1786~1788) 이후 바이마르에서 나온 2행시 「로마의 비가 Römische Elegien」의 관능적 에로스의 사랑이 아니라, 개인의 희생, 자신의 소멸을 통해 덧없는 이승의 삶에서 무한 속으로의 귀의하는 영원한 사랑으로 발전한다. 결국 「승천의 동경」에는 자신의 소멸을 통해 덧없는 이승의 삶에서 무한 속으로 귀의하는 영원한 사랑이 담겨 있다.

> 현자 외에 누구에게도 말하지 마라,
> 어리석은 민중은 곧잘 조소할 것이니,
> 살아 있으면서 불에 타서 죽기를
> 원하는 자를 나는 예찬하리라.

네가 창조되고 또한 네가 창조하는
서늘한 밤의 사랑의 행위에
희미한 촛불이 빛을 내면
이상한 생각이 너를 엄습한다.

너는 어둠의 그늘 속에
더 이상 가만있을 수 없으니,
욕망이 새로이 거세게 자극하여
너를 더 고차적인 교접에 이르게 한다.

그 어떤 거리에도 방해 받지 않고
마법에 걸린 듯이 날아가,
마침내 불을 열망하여서
나비, 너는 불 속에 뛰어들어 타 죽는다.

죽어서 생성하라,[49] 이 마음을
자신의 것으로 삼아야 하리라!
그렇지 않으면 이 어두운 지상에서
서글픈 나그네에 지나지 않으리.

첫 연 두 행은 〈빛을 그리며〉, 〈촛불〉 속으로 날아들어 타 죽는 나비의 〈불꽃 죽음〉을 칭송한다. 여기서 사랑의 황홀은 죽음과 동질적으로 인식되고 있다. 즉 이 황홀경은 양초가 타들어 가는 것에 비유되며, 마침내 불을 열망하여 불 속에 뛰어들어 타 죽는다는 지상적 지혜와 천상적 구원인 불교 사상을 의미한다. 현세적인 생명의 종말은 천상의 계시라는 대립적 모순 관계에 있다. 따라서 지상에서 한 생명의 사별은 상실된 획득이 되는데, 타 죽은 생명은 신의 은총 속에서 찬미되기 때문이다. 자기희생에 의해 유일의 무한 속으로 완전히 몰입해 들어가는 삶과 죽음의 역학적 관련성은 마지막 연에서 〈죽어서 생성하라 *Stirb und werde*〉라는 유명한 잠언적 시구로 인도되고 있다. 죽음의 변화를 통한 영원한 생성을 향한 동경이 변화의 영속이라는 괴테의 삶의 모토에 연결되면서 그의 변형 *Metamorphose*론과 일치하는 것이다.

이 시를 현대적 개념으로 해석해 볼 때, 신의 사랑과 은총을 받기 위해서는 새롭게 태어나야 하고, 이를 위해서 우선 낡은 자아의 파괴가 있어야 한다. 자아 파괴와 불태워짐은 새롭게 태어나기 위해 불가피하다. 이성은 신을 받아들이는 데 무력하고, 신을 받아들이기 위해서는 지상적인 인연에서 벗어나야 한다. 즉 신의 축복을 받기 위해서는 신에게 귀의해야 한다. 진실한 자유는 죽어서 생성하는 몸이 될 때에만 가능한 것이다. 이슬람 신비교에서는 불꽃이 신의 불빛으로 상징된다. 초의 모습이 시인에게 열망을 불어넣어, 그는 나비처럼 그 불빛의 이끌림을 느낀다. 여기에서 나비는 신을 사랑한 나머지 자기 몸을 고행으로 내던져 죽는 인간을 상징한다. 위 시에서는 〈죽어서 생성하라〉의 내용의 주제로서 괴테는 〈그대가 태어났고, 그대가 생명을 잉태하는〉, 즉 교접과 생성으로 암시되는 자연과 생의 윤회 사상을 묘사하고 있다. 결국 이승과의 하직은 종말이 아니라, 죽음에 대한 온갖 공포에의 해방이요, 배신과 불안에서 벗어나는 피란처이다. 그러나 이는 『파우스트』에서 파우스트의 사상과 반대가 된다. 파우스트는 이에 상반되는 현세만을 긍정하고 있다.

> 나는 내세 때문에 괴로워하지 않는다.
> 네가 이 세상을 산산조각 내도
> 이어서 다른 세계가 생길 것이다.
> 이 땅에서 나의 기쁨이 샘솟고,
> 이 태양이 나의 고뇌를 비춰 준다.
> 내가 이것들과 헤어진 다음에는
> 무슨 일이 일어나도 상관없다. (1660행 이하).

파우스트는 현세의 생만을 긍정하여, 다음 세계에 관해서는 이 연극의 마지막까지 알고 싶어 하지도 않는다.

> 저쪽 높이를 바라보아도 쓸데없는 일이다;
> 바보다. 먼 곳으로 눈이 향하여 깜박이고,
> 구름 위에 자기와 같은 것을 그려 보는 것은!
> 착실하게 발을 디뎌 이 지상의 자기 주위를 둘러보라!(11442행 이하)

그러나 『파우스트』에서 이러한 현세 긍정의 내용과 달리, 괴테의 『젊은 베르테르의 슬픔』에서는 영혼 회귀 사상이 강렬하게 나타나고 있다. 이 작품에서 베르테르의 죽음은 자신의 신비로운 탄생의 전제가 되고 있으며, 이 죽음을 자신에 대한 피할 수 없는 판결로 받아들인다. 따라서 베르테르의 변형은 육체적 삶을 초월하는 변화로, 사후 불멸을 연상시킨다. 이에 대해 작품 제1부의 끝 부분에서 로테는 죽은 후의 영혼의 문제에 대해 베르테르와 이야기를 나눈다. 〈우리들은 저세상에서도 존재할 거예요!〉 진실로 숭고한 감정의 목소리로 그녀는 말을 계속했다. 〈그런데, 베르테르, 저세상에서 우리는 다시 만나게 될까요? 다시 알아보게 될까요? 어떻게 짐작하세요? 어떻게 말씀하시겠어요?〉(W 57) 이때 베르테르가 그녀에게 손을 내밀며 눈물이 가득 고인 채 말했다. 〈로테, (……) 우리들은 다시 만나게 될 거요. 이 땅에서나 저세상에서도 다시 만나게 될 거요.〉(W 57)

베르테르는 마음속에 죽음의 이별을 완전히 결심하고서, 다시 한 번 죽은 후에 영혼의 만남이 이루어진다는 확신을 로테와 알베르트에게 밝힌다.[50] 〈우리는 다시 만나게 될 거요. 우리는 다시 보게 될 거요. 모든 형상들 가운데서 우리는 서로 알아보게 될 거요. 나는 갑니다. 나는 기꺼이 떠나갑니다. 안녕, 로테! 잘 있게, 알베르트! 우리는 다시 만나게 되네.〉(W 59)

이처럼 베르테르는 작품의 중간 부분에서 죽음을 결심할 쯤에 영혼 불멸에 대한 간절한 종교적 소망 내지는 확신을 피력한다. 그런데 이 영혼의 불멸성에 대한 모티프는 작품의 맨 끝 부분, 즉 베르테르가 실제 자살을 행하는 날 아침, 로테에게 쓰는 마지막 편지에서 다시 나타남으로써, 그 의미가 강조되고 있다.[51]

> 마지막 아침입니다. 마지막! 로테, 나는 이 말의 의미를 모르겠습니다. 마지막이라니요. (……) 죽는다는 것, 이것은 무슨 말입니까? 보세요, 우리가 죽음에 대해 말할 때면 우리

는 꿈을 꾸고 있는 겁니다. (……) 어떻게 내가 사라질 수 있는 겁니까? 우리는 진정 존재하고 있는 겁니다. 사라지다니요! 이게 무슨 말입니까? 그것은 단지 말에 불과합니다. 내 마음의 감정이 들어 있지 않은 공허한 울림일 뿐입니다.(W 116)

이윽고 베르테르는 이 마지막 서신에서 로테의 죽은 어머니를 언급하면서, 다시금 사후의 영혼 불멸을 이야기한다. 〈무덤이 가까워 올수록 더욱더 분명해집니다. 우리는 존재하게 됩니다. 당신의 어머니를 만나게 될 겁니다. 나는 그녀를 만나게 되고, 그녀를 발견하게 될 겁니다. 아아, 그리고 그녀 앞에서 나의 온 마음을 털어놓을 거요. 당신의 어머니, 당신의 자화상.〉(W 117) 베르테르는 친구 빌헬름에게도 〈빌헬름! 잘 있게. 우리는 다시 더 기쁘게 만나게 된다네〉(W 121)라고 적고 있다. 이렇게 베르테르는 죽은 후에 영적으로 계속 존재함으로써 다시 만나게 된다는 것을 거듭 강조하며 확신하고 있는 것이다. 베르테르는 로테에게 쓰는 마지막 편지에서 이와 같은 영혼 불멸성에 대한 확신을 기독교적 영생의 표상을 빌려 결정적으로 다음과 같이 말한다.[52] 〈오오, 로테! 나는 먼저 갑니다. 나의 아버지께로, 당신의 아버지께로 갑니다. 그분에게 나는 탄원할 겁니다. 그리고 그분은 당신이 올 때까지 나를 위로해 주실 겁니다. 그러면 나는 날아서 당신을 마중 나가 당신을 붙들고 영원히 포옹하며 무한하신 분의 면전에서 당신 곁에 머물게 됩니다.〉(W 117) 이처럼 이 작품은 괴테의 다른 어느 작품보다도 기독교적 색채의 영혼 불멸성과, 저세상에 대한 표상이 뚜렷하고 강하게 나타나 있다.[53] 따라서 베르테르의 변형은 육체적 삶을 초월하는 변화로 윤회생을 연상시킨다. 결국 인생의 절정기에 맞이하는 베르테르의 죽음은 포물선의 반전인 탄생을 뜻한다. 생성과 소멸은 같은 곡선이다. 불행한 사랑의 관계로 인하여 베르테르는 자살할 생각을 갖게 된다.

자살에 대한 생각은 엄밀히 따져 보면, 그저 불행한 사랑의 관계로부터 도피하려는 소극적이고 부정적인 관점에서가 아니라, 로테의 가정을 위해서 베르테르 자신이 희생해야겠다는 생각에서 구체화된다. 베르테르는 1772년 12월 20일의 편지에서 다음과 같이 쓰고 있다.[54] 〈나는 죽으려고 합니다. 내가 내린 결론, 즉 내가 그대를 위해 희생해야 된다는, 절망이 아니고 확신입니다. (……) 우리 셋 중 하나가 없어져야 하는데 내가 사라지겠습니다!〉(W 104) 여기서 베르테르는 자신의 죽음이 흡사 종교적인 희생양과도 같은 의미를 지니고 있다는 것을 보여 주고 있다. 베르테르는 마지막 편지에서 더욱더 종교적인 색채와 의미를 부각하면서, 자신의 죽음과 예수의 죽음을 대비시키고 있다.[55]

> 그대를 위해서 죽게 되는 그 행복에 내가 참여할 수만 있다면, 로테! 그대를 위해 나를 바칠 수 있다면. 나는 용감히, 기쁘게 죽을 수 있을 거요. 내가 그대에게 안정을, 그대에게 삶의 환희를 다시 가져다줄 수 있다면. 그러나 아아! 그대와 같은 사람들을 위해 피를 흘리고 죽는 것은 단지 몇 안 되는 숭고한 사람들에게만 주어졌던 일이오. 그 죽음을 통해 친구들에게 수백 배의 새로운 생명을 불붙여 주는 것은.(W 123)

이로써 베르테르는 자신의 죽음을 희생양과도 같은 기독교적인 의미와 연결시키고자 한다. 그러나 이러한 베르테르의 죽음에 대해 심층적으로 고찰해 볼 사항이 있다. 〈메멘토 모리(memento mori, 죽음을 기억하라)〉라는 이미지의 죽음은 멸망과 덧없음의 상징이다. 14세기에는 죽음이 초래하는 육체적 파괴의 모습을 상상할 수 있는 한 가장 무시무시하게 드러낸 무덤들이 등장했다. 어떤 무덤의 비석에는 〈이 무덤을 구경하는 사람도 머지않아 악취 풍기는 시체로 구더기의 먹이가 될 것〉이라는 문구가 새겨졌다. 다른 비문은 음산하게 경고한다. 〈지금의 당신 모습은 과거의 내 모습이고, 지금의 내 모습은 미래의 당신 모습이다.〉 죽음 뒤의 육체 분해는 공포를 야기했다. 성모 마리아가 임종한 후 육체와 영혼을 수반하고 천국에 들어 올림을 받았다는 〈성모 몽소승천(聖母蒙召昇天)〉은 그녀의 육체를 썩음에서 건져 냈다는 점에서 가장 소중한 은총으로 여겼다.

저승사자가 낫을 들고 히죽거리며 아름답고 건강한 사람들을 데려가는 모습, 마귀가 지옥에서 고통으로 절규하는 사람들을 불로 지지는 잔혹한 모습을 담은 그림들을 어디서나 흔히 볼 수 있었다. 이러한 죽음에 대한 대비는 삶에 대한 태도를 바꾼다는 점에서 중요하다. 그러나 죽음을 스스로 만드는 자살은 예로부터 큰 죄악으로 여겼다. 『젊은 베르테르의 슬픔』에서 베르테르가 자살하는 마지막 장면은 다음과 같이 묘사되어 있다.

이웃 사람 하나가 화약의 섬광을 보았고 총소리를 들었다. 그러나 모든 것이 조용하게 되었기에 그 이상 별로 마음을 쓰지 않았다. 이튿날 아침 6시, 하인이 불을 켜들고 들어가 보니, 주인은 바닥에 쓰러져 있고, 그 곁에 권총이 떨어져 있으며 피가 흐르고 있었다. 하인은 큰 소리를 지르며 주인의 몸을 붙잡았으나, 아무런 대답도 없이 단지 목구멍을 골골거리고 있을 뿐이었다. 하인은 급히 의사를 부르러 갔고, 알베르트에게도 달려갔다. 로테는 초인종이 울리는 소리를 듣자 온몸에 오싹 소름이 끼쳤다. 남편을 불러 깨워 둘이 일어나 나왔다. 하인은 통곡을 하면서 더듬거리는 목소리로 사건을 전했다. 그러자 로테는 정신을 잃고 알베르트 앞에 쓰러졌다.

의사가 불쌍한 베르테르에게 왔을 때는 베르테르는 바닥에 쓰러진 채였고 살아날 가망이 없었다. 맥박은 뛰고 있었으나 벌써 수족은 모두 마비되어 있었다. 오른쪽 눈에서 머리를 쏘았던 것이다. 뇌수가 터져 나와 있었다. 소용은 없었지만 팔의 정맥을 방혈시켰는데도 피가 솟아 나왔다. 그는 여전히 숨을 쉬고 있었다. 의자의 등받이에 묻은 피로 보아, 아마 책상을 대하고 앉은 채로 자살을 결행한 것 같았다. 그리고 바닥에 떨어져서 몸부림을 치면서 사방을 뒹굴어 다닌 듯했다. 창문 쪽을 향하여 맥이 풀린 채 반듯이 누워 있었다. 목구두를 신었고, 푸른 연미복에 노란 조끼를 입은 단정한 옷차림이었다.

집안사람이, 이웃 사람들이, 온 시내가 발칵 뒤집혔다. 알베르트가 들어왔다. 베르테르는 침대 위에 눕혀 놓여 있었다. 이마에 붕대를 감았고, 얼굴은 이미 죽은 사람 같았으며, 수족은 전혀 움직이지 않았다. 폐만이 아직도 무시무시하게, 때로는 약하고 때로는 강하게 골골 소리를 내고 있었다. 임종이 가까운 듯했다.

포도주는 한 잔을 마셨을 뿐이었다.「에밀리아 갈로티」가 책상 위에 펼쳐진 채로 놓여 있었다. 알베르트의 당황, 로테의 비탄에 대해서는 말을 않기로 하겠다. 노무관은 소식을 듣고 말을 타고 달려왔다. 그는 뜨거운 눈물을 흘리면서 죽어 가는 사람에게 입을 맞췄다. 손위의 아이들도 아버지의 뒤를 이어 걸어서 왔다. 그들은 참을 수 없는 쓰라린 정을 나타내고, 침대 곁에 엎드려서 베르테르의 손에다, 혹은 입에다 입을 맞추었다. 베르테르가 가장 사랑하던 장남은 아무리 해도 베르테르의 입술에서 떨어지지 않아, 결국 베르테르가 숨을 거둔 후에야 여러 사람이 그 애를 억지로 떼어 놓을 정도였다. 정오 12시에 그는 죽었다. 주무관이 있어서 조처를 취해 주었기 때문에 소동 없이 처리가 되었다. 저녁 11시경 주무관은 죽은 사람이 스스로 선택한 장소에 매장하도록 했다. 유해를 뒤따른 것은 그 노인과 사내아이들뿐이었다. 알베르트는 갈 수가 없었다. 로테의 생명이 걱정이 되었던 것이다. 일꾼들이 유해를 운반했다. 성직자는 한 사람도 동행하지 않았다.(W 123 f.)

선한 사람이든 악한 사람이든 일단 죽으면 모두 선하게 대접 받아서 장례식은 모두 엄숙하게 진행된다. 그러나 자살만은 지탄의 대상이 되고 있다. 그런데도 문학에서는 자살을 숭고하게 여기는 경우가 흔했다. 가끔 유명 연예인이 자살한 이후 젊은 층을 중심으로 모방 자살이 성행하는 경우가 있는데, 이를 〈베르테르 효과〉라고 한다. 경기가 급격히 나빠지고 유명 연예인이 자살하면 젊은 층에 〈베르테르 효과〉가 나타나 자살이 급증한다고 한다. 이러한 〈베르테르 효과〉는 괴테의 소설 『젊은 베르테르의 슬픔』에서 유래한 용어로 유명인이 자살하면, 그 유명인과 자신을 동일시해 자살을 시도하는 현상을 뜻한다. 실제로 『젊은 베르테르의 슬픔』에서 베르테르가 자살하자, 그 당시에 모방 자살이 유행했다고 한다. 그러나 이는 이 작품의 진의를 이해하지 못한 현상이다. 괴테는 이 작품에서 자살을 굉장히 저주했기 때문이다. 따라서 베르테르는 죽자마자 장례 기간도 없이, 죽은 날 밤 11시경에 서둘러 장례를 치른다. 그리고 사형수일지라도 죽을 때는 성직자가 동행하여 기도를 받게 되는데, 베르테르의 장례식에는 〈성직자는 한 사람도 동행하지 않는다〉(W 124). 이는 베르테르가 자살을 했기 때문이다. 즉 괴테는 베르테르가 행한 자살을 매우 부정적으로 본 것이다. 따라서 과거 실제로 유행했던 베르테르 모방의 자살이나 오늘날의 〈베르테르 효과〉는 이 작품의 의도를 엄청나게 오해한 것이다. 이런 맥락에서 〈베르테르 효과〉 용어의 의미도 바꾸어야 한다고 생각된다.

다시 윤회 사상으로 돌아가자. 윤회 사상은 과학이 발달된 오늘날에는 〈생태학적 균형〉이라는 용어로 유지되고 있다. 이는 하나가 죽어 없어지면 다른 존재로 탄생해 결국 생태적으로 존재 수는 변하지 않는다는 의미다. 이렇게 우리가 사는 세상은 물질계이건 비물질계이건 질량 불변의 법칙이 지배한다. 옛사람들도 세상을 구성하는 4대 근본 물질(물·불·흙·공기)은 상황에 따라 그 모습을 바꾸기는 하지만, 총량은 결국 같다는 것을 알았다. 그래서 동양에서는 어릴 때 〈해와 달은 차면 기운다(日月盈仄)〉를 배우면서, 순환과 조화, 병존(竝存)의 원리를 일찍부터 체득했다.

이러한 맥락에서 〈죽음〉은 토마스 만이나 노발리스, 쇼펜하우어에게 있어 영혼이 세속으로부터 영혼의 고향으로 복귀를 의미하며, 슬픔과 희열로부터 본래의 고향으로 귀의하려 함을 의미하여 윤회설이 암시된다. 토마스 만은 이러한 죽음에 대한 환상을 『요셉과 그의 형제들』의 서막인 〈명부행(冥府行, *Höllenfahrt*)〉에서 명백히 하고 있다. 〈드디어 영혼의 향수는 세속의 한계에 다다라 육체에게 옛날의 자유를 다시 주고 세속으로부터 죽음을 창조해 내듯이, 어느 날인가는 슬픔과 희열로부터 완전히 떠나서 집으로 날아갈 정도로 강해졌다〉(G 5, 42 f.)고 하면서 죽음이란 시간을 잃는 것이고, 죽음을 통해서 〈비로소 생이라고〉 할 수 있는 〈신의 편재〉와 〈영원성〉을 얻게 되는 것이라고 했다. 뿐만 아니라 〈죽음이 그의 감옥(세속)을 부수고 뛰쳐나올 때 영혼이 편재되어 있는 현세에 생이 귀속된다〉고 했다.[56]

이와 같이 토마스 만은 세속을 제한된 생의 감옥으로 보았고, 하나의 구속으로 보았으며, 내세의 귀의를 통해서 자유로운 생이 영생하게 되는 것으로 보았다. 이는 『실낙원』의 〈종말론 *Eschatologie*〉으로부터 〈창조론 *Kosmogonie*〉에 이르는 하나의 〈신화적〉 생성 과정인 것이다. 죽음을 통하여 내세에 현존하게 되는 개개의 실존은 〈영혼의 화신〉이며, 감옥으로부터 풀려 나온 죽음은 동시에 〈본래의 고향〉으로 복귀함을 뜻하고, 고향으로부터 다시금 〈새로운 세속적인 현존〉으로 탄생함은 쇼펜하우어적인 윤회 사상의 부활인 것이다. 이러한 쇼펜하우어의 윤회설이 『요셉과 그의 형제들』에 다음과 같이 변형되어 나온다.

죽는다는 것은 물론 시간의 상실을 의미하고, 시간의 세계 밖으로 나간다는 뜻이지만, 그 대신 영원과 편재(偏在)를 획득하며 비로소 진정한 삶을 얻게 된다는 뜻이다. 왜냐하면 생명의 본질은 현재이기 때문이다. 생명의 본질이 과거 및 미래라는 시칭으로 표현되는 것은, 그 신비가 신화의 형식으로 나타날 때뿐이다. 신화의 형식으로 나타나는 것은 생명의 자기 계시의 대중적인 수단이다. 신비 그 자체는 특정한 사람들에게 속하는 것이다. 대중은 영혼의 윤회를 믿을지라. 진의(眞義)를 깨닫는 자는 그러한 가르침이 영혼의 편재라는 신비의 외피에 불과하며, 영혼은 죽음에 의해 자기를 가둬 놓았던 개체로부터 해방되더라도 전 생명(全生命)은 영혼에 속한다는 사실을 알고 있다.(G 5, 53)

이렇게 죽으면 영혼이 편재된다는 내용, 즉 영혼이 해방된다는 내용에서 죽어 다른 존재로 변신하는 내용이 성립된다. 따라서 죽음으로써 다른 존재로 변신한다는 내용이 문학에서 묘사되는 경우가 빈번한데, 특히 인간이 새[鳥]로 변신하는 모티프가 여러 나라의 문학에 자주 나타난다. 신화 시대부터 새는 언제나 인간의 영혼(관념)이나 마음을 담은 상징물로 노래되어 왔다. 이런 배경에서 한(恨)을 품고 죽은 영혼이 새로 변하여 해방된다는 내용이 문학에 자주 나타나는데, 이에 대해 괴테의 『파우스트』 속 다음의 민담적 노래가 대표적이다.

> 우리 엄마 창녀라서
> 나를 죽여 버렸단다!
> 우리 아빠 악당이라,
> 나를 먹어 버렸단다!
> 우리 작은 여동생이
> 나의 뼈를 찾아다가,
> 시원한 데 묻었단다.
> 그때 나는 귀여운 숲새 되어,
> 저 멀리 날아가네, 날아가네!(4412행 이하)

살해된 후 뼈가 변하여 숲새가 된 어린아이 같은 한(恨)과 마적이고 민담적인 것이 얼마나 진기하게 이 노래에 뒤섞여 있는가! 광기에서 우러나온 문장이 아니고는 어떤 감각을 동원하더라도 형상성과 음악성이 어우러진 이와 같은 순수한 상징적 표현에 도달할 수 없을 것이다. 아주 우연히 접하게 된 민담 세계로부터 괴테는 다른 어떤 양식으로도 포착할 수 없는 것을 가장 정확하게 그려 내고 있다. 그런데 이러한 내용의 노래가 그림 Grimm 형제의 민담에도 담겨 있다. 그림 형제는 이 형태의 노래를 『어린이와 가정용 민담 Kinder- und Hausmärchen』에 수록했는데, 이는 낭만주의의 민담 찬미 풍조로 볼 수 있다. 그림 형제의 민담 「노간주나무 Von dem Machandelbaum」에 들어 있는 이 노래는 다음과 같다.

우리 엄마는 나를 죽였고,
우리 아빠는 나를 먹었네.
누이동생 마를레니헨이 내 뼈를 빠짐없이 추슬러서
곱디고운 비단으로 정성껏 싸서
노간주나무 밑에 두었네.
짹짹 짹짹! 나같이 예쁜 새가 또 어디 있을까.[57]

이 노래의 배경을 살펴보면 한 사악한 계모가 의붓아이들을 죽여 요리를 한 뒤 이 아이의 아버지인 남편의 식사에 올렸다. 그러고 나서 의붓 자매 마를레니헨 Marlenichen이 먹고 남은 뼈들을 노간주나무 밑에 묻어 주자, 그 뼈에서 아름다운 새가 날아오르면서 이 노래를 부른다. 이 민담 「노간주나무」의 배경을 이루는 의붓 자매의 이름 마를레니헨에서 성서의 내용이 암시되고 있다. 즉 수의(壽衣)를 감싼 예수 그리스도 시신의 매장과 부활 시의 마리아 막달레나 Maria Magdalena의 역할이 연상된다. 결국 마를레니헨은 예수의 매장과 부활 시 중요한 역할을 한 나사로 Lazarus의 자매와 동일시된다. 「노간주나무」 민담은 본질적으로 태고의 신화를 이야기한다고 볼 수 있다. 또 신약 성서에서 유래되는 맷돌의 모티프도 유의할 필요가 있다. 그리스도는 죄지은 자를 맷돌에 매달아서 바다에 빠뜨리는 벌을 내렸다. 마찬가지로 「노간주나무」에서 의붓아이들을 살해한 계모는 이러한 운명을 받아서 맷돌에 맞아 죽게 된다.

앞의 괴테의 『파우스트』의 민담적 노래와 그림 형제의 민담 「노간주나무」에 들어 있는 노래 내용처럼, 한을 품고 죽어서 새가 되는 내용이 다른 나라의 문학에서도 자주 발견되고 있다. 노간주나무 민담에서 자매가 뼈를 모아서 묻어 주는 것처럼, 이미 소포클레스 Sophocles의 「안티고네」에서 안티고네가 당시의 법을 어기고 죽은 오빠를 묻어 주는 장면이 있다. 그리고 『파우스트』의 민담적 노래나 「노간주나무」의 내용처럼, 인간이 계모의 학대에 한을 품고 죽어서 새로 변하는 내용은 우리 문학에도 있는데, 김소월의 시 「접동새」가 대표적이다.

접동
접동
아우래비 접동

진두강(津頭江) 가람 가에 살던 누나는
진두강 앞 마을에
와서 웁니다.

옛날, 우리나라
먼 뒤쪽의
진두강 가람 가에 살던 누나는
의붓어미 시샘에 죽었습니다.

누나라고 불러 보랴
오오 불설워
시샘에 몸이 죽은 우리 누나는
죽어서 접동새가 되었습니다.

아홉이나 남아 되는 오랍동생을
죽어서도 못 잊어 차마 못 잊어
야삼경(夜三更) 남 다 자는 밤이 깊으면
이 산 저 산 옮아가며 슬피 웁니다.

이 시는 설화를 소재로 썼다. 옛날 진두강 가에 10남매가 살고 있었는데, 어느 날 어머니가 죽고 아버지가 계모를 들였다. 계모는 포악하여 전실 자식들을 학대했다. 소녀는 나이가 들어 박천의 어느 도령과 혼약을 맺었다. 부자인 약혼자 집에서 소녀에게 많은 예물을 보내왔는데 이를 시기한 계모가 소녀를 농 속에 가두고 불을 질렀다. 그러자 불탄 재 속에서 한 마리 접동새가 날아올랐는데, 접동새가 된 소녀는 계모가 무서워 남들이 다 자는 야삼경에만 아홉 동생이 자는 창가에 와 슬피 울었다 한다. 이렇게 전설에서 제재를 끌어온 이 시는 민요적인 가락과 정조를 근대시로 살려 놓고 있다. 민요의 대체적인 모티프가 되고 있는 〈불행하고도 비극적인 생활과 사랑의 정한〉, 〈채워지지 않는 사랑과 그리움, 그리고 이별의 정한〉 등이 이 시에 나타나 있다.

그런데 다른 새들보다도 유난히 접동새가 시에 자주 등장하여 우리의 관심을 끈다. 접동새는 자규, 두견, 두우, 촉조, 촉혼, 시조, 소쩍새 등의 다양한 이름으로 불리는 철새로, 고려 시대 문신 이조년이 지은 시조의 한 대목을 보면 다음과 같다. 〈이화(梨花)에 월백(月白)하고 은한(銀漢)이 삼경(三更)인 제 / 일지춘심(一枝春心)을 자규야 알랴마는 / 다정(多情)도 병인 양하여 잠 못 들어 하노라.〉 여기서 접동새인 자규는 그 울음소리가 〈솟적솟적〉, 〈접동접동〉으로 들리기도 하고, 〈어쩜 (……) 어쩜 (……)〉으로 들린다고도 한다. 전설에 의하면, 촉나라에서 쫓겨난 망제의 혼이 고국으로 돌아가지 못해 원한에 사무친 울음이라고 한다. 그래서인지 시 속에 이 새가 등장하는 일도 빈번하다. 이육, 박효관, 단종 등 접동새를 시의 소재로 삼고 있다. 〈소리 멎은 새벽 산에 잔월은 흰데, 피로 흐르는 봄 골짝의 붉은 낙화여.〉(단종)[58]

이렇게 밤에만 우는 접동새처럼 문학에 자주 등장하는 또 다른 새로 나이팅게일 *nightingale*을 들 수 있다. 나이팅게일은 그리스 및 중세의 시인들에 의해 이루어지지 않는 사랑이나 슬픈 노래 등을 얘기할 때 주로 사용되었다. 예를 들어 스물다섯 살의 짧은 생애로 요절한 영국의 낭만파 시인 키츠 John Keats는 시 「나이팅게일에 바치는 시 Ode to a Nightingale」에서 나이팅게일을 통해 기쁨으로 충만된 영원한 세계를 경험하여 영원한 존재로 승화시켰다. 그는 이 새를 미(美)와 영적인 영혼으로 상징하고, 또 불멸의 이미지로 승화시킨 것이다.

이상의 묘사에서 알 수 있듯이, 새는 영적인 동물로 영혼의 모티프를 형성한다. 대다수의 고대 종교에서 비상(飛上)은 초인간적인 존재(신, 주술사, 정령, 저승 등)로의 접근으로, 결국 마음대로 움직일 수 있는 자유, 영의 조건 그 자체의 획득을 상징한다. 이러한 배경 아래 죽었다가 불멸의 존재로 다시 태어나는 동기로 새가 등장한다. 인도 신화에서 가루다 Garuda, 이집트 신화에서 비누 bynw라 불리는 불사조(不死鳥). 이 새는 중국에서는 봉황(鳳凰)으로 알려져 있고, 서양에서는 그리스 신화에 등장하는 피닉스로 유명하다. 이처럼 세계 어디에나 있는 불사조 이야기는 죽음에 대한 삶의 승리를 상징한다. 우주적 순환 속으로의 회귀(윤회)를 기다리는 사자(死者)의 영혼이 새로 나타나는 것이다. 『장자』의 〈소요유(逍遙遊)〉에 등장하는 붕새는 크기가 몇천 리인지도 알 수 없을 만큼 큰 북해의 물고기가 변해서 된 새다. 한번 화가 나서 날면, 날개가 하늘에 구름을 드리운 것 같다고 한다. 이 광대한 상상의 크기는 〈내적 초월성에의 의지〉와 관련되어 있다. 우주적 상상력, 세속을 넘어선 내적 자유의 절대성과 자유분방한 경지에서 기쁨을 느낄 수 있기 때문이다. 마치 〈천 년을 보던 눈〉과 〈천 년을 파닥거리는 날개〉로 하늘을 나는 서정주 시인의 시 「학」에서처럼 말이다.

> 천 년 맺힌 시름을
> 출렁이는 물살도 없이
> 고운 강물이 흐르듯
> 학이 날은다.
> 천 년을 보던 눈이
> 천 년을 파닥거리던 날개가
> 또 한 번 천애에 맞부딪노라…… 울음은 해
> 아니면 크나큰 제사와 같이.

〈『장자』의 붕새나 미당의 「학」은 모두 삶과 죽음, 이상과 저승의 경계를 넘어 현실 저 너머의 세상으로 나가는 해탈의 존재들〉이다. 이렇게 새가 되기도 하는 시인이야말로 변신의 천재들이다. 이런 배경에서 비둘기는 전통적으로 베누스 Venus 뿐만 아니라, 기독교의 성령의 보편적인 조화 또는 사랑을 나타낸다. 미개인의 종교에서 새는 죽은 인간의 변신으로, 이런 새들 중에는 까마귀가 지배적이며, 백조도 종종 나타난다. 검은색과 흰색은 모두 죽음의 색채인데, 이러한 색채를 갖춘 까마귀는 죽음의 전조나 죽음의 신을 동행하는 새로 알려져 있다.

인간이 새로 변신하는 이야기는 이미 오래전에 오비디우스의 『변신 Metamor-

phosen』 속 테레우스Tereus 왕의 신화에 담겨 있다. 다울리스의 테레우스 왕은 자기 부인 프로크네의 자매인 필로멜라를 능욕하고, 그녀가 이 사실을 발설하지 못하도록 그녀의 혀를 잘라 버렸다. 그러나 필로멜라는 자신이 짠 직물의 그림으로 프로크네에게 이 사실을 알려 둘은 공동으로 복수를 하게 된다. 프로크네는 자신의 아들 이티스를 죽여 요리를 하여 아버지 테레우스의 식사에 올리면서, 그 혼자만 이것을 먹어야 한다고 다짐한다. 테레우스는 이 식인적 식사 중에 계속해서 자기 아들에 관해 묻는데, 나중에 이 모든 내막을 알게 되자 그는 칼을 빼들고 잔인한 두 자매를 뒤쫓는다. 그때 테레우스는 한 마리의 화난 후투티 또는 매로 변하고, 프로크네는 항상 슬피 우는 밤꾀꼬리가 되며, 필로멜라는 혀가 없어 더듬더듬 지저귀는 제비가 되었다. 다른 신화에 의하면, 이티스는 꿩으로 변했다고 한다. 로마의 신화에서는 이 순서가 바뀌어 필로멜라가 슬피 우는 밤꾀꼬리가 되고, 프로크네는 혀가 없어서 더듬더듬 지저귀는 제비로 변한다.

여기서 우리는 원인론*Ätiologie*을 고찰해 볼 수 있다. 즉 밤꾀꼬리가 슬피 울고, 제비는 지저귀며, 오디새는 이들 새를 뒤쫓는 내용을 살펴보면 고대 다울리스(테레우스의 왕국)에 제비가 둥우리를 짓지 않는 이유가 이 신화에서 설명되고 있다. 동시에 〈애니미즘적 세계관*animistische Weltanschauung*〉을 볼 수 있는데, 이는 영혼은 죽지 않고 다른 생물로 변한다는 것이다. 이 신화에서 변신의 중점은 아들의 아버지로의 변신이다.[59]

지금까지 언급되었듯이 인간이 새로 변신하는 내용이 문학에 자주 묘사되고 있다. 이렇게 인간의 새로의 직접적인 변신 외에도 토마스 만의 『마의 산』에서는 요양소가 집합적으로 동물로 변신되는 심리적인 가능성을 나타내는 경우도 있다. 즉 인간성이 상실되고 기계화된 일상에서 느끼는 끔찍스러운 사회상이 돼지 등 열등한 동물로 변형되어 나타나는 것이다. 『마의 산』에서 사육제 날 밤에 요양소에서는 눈을 감고 돼지의 모습을 그리는 유희가 벌어진다. 돼지 모티프는 이미 세템브리니가 카스토르프에게 자기 상실을 경고하는 가운데 등장하고 있다.

자부심을 가지고 전혀 다른 이 세계에 휘말려 들지 말아 주십시오. 이 진흙 구덩이에서, 이 마녀의 섬에서 도망쳐 주십시오. 오디세우스가 아닌 이상 당신이 여기서 무사히 지내게 될 리가 없습니다. 머지않아 네 발로 걸어 다니게 될 것입니다. 당신은 벌써 그러한 극단적인 조짐을 보이고 있습니다. 곧 당신은 꿀꿀거리게 될 것입니다. 조심하십시오!〉(Zb 345)

세템브리니의 이러한 암시는 호메로스의 오디세우스와 관계된다. 세템브리니는 이 장면에서 〈신화적이고 알레고리적인 깊은 의미를 지적하는 것이다〉.[60] 세템브리니는 카스토르프의 요양소 체류를 오디세우스와 그의 친구들이 불행하게 마녀 키르케 곁에 있는 것과 비교하고 있다. 친구 중 절반은 키르케에 의해 돼지로 변하지만, 오디세우스 자신은 헤르메스의 약초를 발랐기 때문에 이러한 운명을 모면하게 된다. 카스토르프와 첫 만남에서 세템브리니는 그를 이러한 오디세우스에 비유하고 있다. 〈건강한데 여기는 단순히 청강생으로 오셨다는 말씀이시군요. 저승을 찾아간 오디세우스처럼 참 대담하시군요. 죽은 자들이 취생몽사하고 있는 이 심연으로 내려오시다니요.〉(Zb 84)

4. 토마스 만의 영원 회귀 사상

〈삶〉과 〈죽음〉이라는 말은 정반대인 이질어(異質語)이면서 동시에 동질어(同質語)로 교차되는 경우가 있어, 불교에서 말하는 〈살아 있는 자는 반드시 죽게 되고, 만남은 이별하도록 되어 있다(生者必滅, 會者定離)〉라는 개념과 일맥상통하는 경우가 있다. 이렇게 삶과 죽음을 동질적으로 보는 내용이 『마의 산』에서 카스토르프와 요양소 원장인 의사 베렌스의 대화에서 암시되고 있다. 〈삶이란 죽음입니다. 다른 말로 얼버무려 보았자 아무 소용이 없습니다. 어떤 프랑스인이 타고난 소탈함을 발휘하여 말한 바에 따르면, 삶이란 바로 유기적 파괴입니다. 생명이라는 것은 그런 것입니다. 우리가 그렇지 않다고 생각한다면 그것은 판단이 잘못된 것이지요.〉(Zb 371)

이러한 베렌스의 말에 카스토르프는 〈그러면 삶에 대하여 관심을 가지는 것은 특히 죽음에 대해서도 관심을 가지는 것입니다. 그렇지 않습니까?〉(Zb 371 f.)라고 되묻자, 〈어떤 점에서는 역시 차이가 있습니다. 생명이란 것은 물질이 교체되면서 형태는 그대로 지속하는 것이니까요〉(Zb 372)라고 베렌스는 답변한다.

이러한 삶과 죽음의 동질성을 괴테는 시 「승천의 동경」에서 〈죽어서 생성하라 Stirb und werde!〉라는 어구로 함축성 있게 나타내고 있다. 그런데 토마스 만도 이러한 괴테의 개념을 자신의 문학에 반영하고 있다. 특히 〈죽어서 생성하라〉는 내용이 괴테의 작품의 인물에서 토마스 만의 작품으로 윤회적으로 변형되어 나타나기도 한다. 따라서 괴테의 소설 『젊은 베르테르의 슬픔』의 인물들이 토마스 만의 소설 『바이마르의 로테 Lotte in Weimar』의 인물로 생성되어 나타난다. 약혼자가 있는 로테를 사랑한 청년 베르테르가 그 사랑을 성취할 수가 없어 마침내 자살한다는 불행한 이야기인 『젊은 베르테르의 슬픔』은 작가 괴테의 연애 체험을 소설화한 것으로, 주인공 베르테르는 괴테 자신에 해당되며, 로테의 모델은 부프 Charlotte Buff라는 여성이었다. 스물네 살 때 베르테르의 죽음을 그처럼 상세하게 묘사했던 괴테는 그 후 여든세 살까지 살았고, 괴테의 소설에 의하여 일약 유명해진 부프도 장수하여 그녀의 연인이었던 괴테가 독일뿐 아니라 유럽의 문화와 교양의 중심적인 존재로 성장해 가는 모습을 지켜보았다.

그러나 『젊은 베르테르의 슬픔』에 묘사된 연애 사건 이후 그처럼 사랑했던 관계였음에도 불구하고, 괴테와 부프는 44년간의 장구한 세월을 두고 한 번도 만나 볼 수 있는 기회를 갖지 못하다가, 두 사람은 극적으로 재회하는 기회를 갖게 된다. 부프가 바이마르 시를 방문했기 때문이다. 토마스 만은 이 내용을 포착하여, 지난날 그토록 세계를 감동시켰고, 지금까지 그 감동을 생생하게 전하고 있는 그 유명한 사건을 『바이마르의 로테』에서 재현하고 있다. 따라서 토마스 만이 예순네 살 때 발표한 소설 『바이마르의 로테』는 괴테의 유명한 소설 『젊은 베르테르의 슬픔』의 연애 사건을 영원 회귀한 작품으로 작품 개요는 다음과 같다.

1816년 9월 어느 날 바이마르 호텔 〈코끼리의 집〉의 종업원인 마거 Mager는 놀랍고도 기쁜 체험을 하게 된다. 이날 정기 우편 마차 편으로 어떤 노부인이 젊은 딸과 하녀 한 명을 거느리고 바이마르에 도착하여 방을 찾기에, 여느 손님에게 그러듯이 숙박계를 적도록 청하고 보니, 〈궁중 고문관 케스트너의 미망인 샬로테, 친정성(親庭性): 부프. (……) 1753년 1월 11일 베츨러에서 출생〉이라고 적고 있었다. 꽤 교양을 갖춘 이 호텔 종업원 마거는 베르테르의 로테를 직접 목격하고, 그녀를 자기 손님으로 모실 수 있게 된 뜻밖의 사실에 놀라움과 기쁨을 감추지 못하고, 케스트너 부인에게 과히 밉지 않은 장광설을 늘어놓게 된다. 그 사연인즉, 그는 어릴 때부터 시인 중의 시인인 괴테를 깊이 존경해 왔고, 바이마르의 시민으로서 이 시인의 다스림을 받고 있음을 자랑스럽게 생각하고 있으며, 특히 그의 『젊은 베르테르의 슬픔』이야말로 자기와 자기 아내가 밤마다 즐겨 읽어 오던 작품인 터에, 이제 바로 그 유명한 불후의 여주인공께서 친히 나타나셨으니, 정말 예기치 않은 이 행운에 감동을 감출 수 없다는 것이었다.

　이렇게 비몽사몽 중의 명상과 독백으로 새 아침을 맞이하는 노경의 괴테가 『바이마르의 로테』에서 다시 환생하여 독자에게 접하게 된다. 예순일곱의 괴테는 이미 더 이상 로테가 알고 있는 스물세 살의 괴테가 아니고, 베르테르적 고뇌를 초월하고, 『서동시집』의 폭넓은 위대성 속에 세계 시민으로서의 길을 모색하고 있는 괴테로 나타나고 있다. 괴테는 로테의 방문이 바이마르 사회의 이목을 집중하게 하고 있는 만큼 로테와의 경솔한 접촉이 쓸데없이 사람들의 입에 오르내리게 되지나 않을까 매우 조심하면서, 로테를 대접하되 적당한 절도, 적당한 거리를 지켜야 할 것으로 여긴다. 그리하여 아들 아우구스트에게 명하기를, 적당한 인원의 다른 손님과 함께 로테 모녀를 의례적인 점심 식사에 초대하게 한다. 토마스 만의 작품 평가 역시 작품 속에서 괴테의 육체적·정신적 실체가 얼마나 생생한 현현체(顯現體)로서 독자의 영상에 비치게 되느냐 하는 데 기준을 두고 있다.[61]

　『바이마르의 로테』에서 사나이로 태어나 오직 괴테를 위하여 살아가고 있는 자신의 존재에 대하여 불만을 품고 있으면서, 로슈토크 Rostock 대학의 초빙도 포기해 가며 천재의 마력의 포로가 되어 가는 비서 리머 박사. 또 대시인 괴테의 아들의 경우, 사생아로 태어난 번민을 달래기 위하여 폭음을 일삼으며, 그래도 헌신적으로 부친의 일을 도우며, 새 시대의 정신 운동과 나폴레옹 전쟁에서 부친의 의향에 따라 자기 세대와는 상반된 행동을 하여 완전히 고립되고, 젊은이로서 늙은 괴테의 언행을 계승하며, 부친이 선택해 준 여성에게 열정을 쏟고 있는 아우구스트. 그리고 현재는 기괴하고 불행한 인상을 씻기 어려운 연애의 와중에 있지만, 곧 아우구스트와 결혼하여 괴테가의 3층에 들어가서 살게 될 오틸리에, 이 사람들은 괴테의 시「승천의 동경」에서 위험한 불꽃 속으로 끌려 들어가는 나비와도 같이, 그의 위대성에 희생된 사람들이 아니냐고 로테가 마지막으로 조심스러운 질문을 던지자, 괴테는 「승천의 동경」의 비유와 모티프를 인용하면서, 〈모든 것은 변신한다 Wandlung ist alles〉(G 2, 763)라고, 또 〈모든 삶은 회귀하며 재현된다〉(G 13, 165)라고 말하며, 다음과 같이 피력하고 있다. 〈사물은 변화하고 교체되기 때문에 나는 불꽃이 계속 타오르도록 자신의 몸을 희생시키는 촛불이기도 하고, 또 불꽃 속으로 뛰어드는 도취된 나비이기도 합니다. (······) 나는 옛날 당신을 위하여 연소했지만, 앞으로도 언제나 당신을 위해 연소하여 정신이 되려고 합니다. 그렇습니다. 변신이야말로 당신의 친구가 가장 사랑하고, 마음속 깊숙이 간직하고 있는 것으로 나의 가장 큰 희망이며 가장 심오한 욕구입니다 — 변화의 유희, 노인이 젊은이로, 소년이 젊은이로 변하는 얼굴의 변화, 이것은 전적으로 인간의 용모이며, 각 연령층에 따라 얼굴이 변하고, 청춘이 노년에서, 노년이 청춘에서 마법처럼 나타나는 것입니다. 안심하십시오. 당신이 선뜻 노년의 얼굴을 청춘의 모습으로 단장하여, 이곳의 나를 찾아 준 것은 나로서는 흐뭇하고 매우 친근감이 넘쳐흐르는 일이었습니다.〉(G 2, 763 f.)

그런데 앞에서 〈모든 삶은 회귀하며 재현된다 Alles Leben ist Wiederkehr und Wiederholung〉(G 13, 165)고 하는 괴테의 언급에서, 〈회귀 Wiederkehr〉와 〈재현 Wiederholung〉의 용어가, 특히 이들 단어의 접두어 〈Wieder〉가 영혼 회귀의 주제어가 될 수 있어 이를 언어적으로 고찰해 보고자 한다. 이 두 단어 Wiederkunft와 Wiederkehr는 자주 혼용되어 왔다. 아마도 주기적 운동의 뜻으로는 Wiederkehr를 쓰고, 몇 번이고 반복한다는 의미로는 Wiederkunft를 사용한 것으로 보인다. 〈재발 Wiederkehr〉하는 사건은 언제나 전에 일어났던 일이며, 〈재귀(再歸, Wiederkunft)〉는 무엇이든 그것이 원래 있던 장소나, 원래의 상태로 되돌아감을 의미한다. 따라서 사람이 집으로 Wiederkehr하거나, 사건이 원래의 곳으로 Wiederkunft하는 일은 있을 수 없다. 좀 더 깊이 살펴보면, 재귀 또는 복귀 속에는 원상태, 즉 제 상태로 되돌아감으로써 하나의 운동의 성취를 강조하는 셈이 된다. 또 재발 Wiederkehr이란 어떤 것이 몇 번이고 계속해서 일어나는 현상을 가리키는데, 하나의 다른 운동이 또 시작한다는 의미에서 Wiederkehr보다 〈반복 Wiederkunft〉에 더 가까운 뜻을 가지게 된다.

영원이라는 말은 제쳐 두고라도 접두사 〈Wieder〉 속에는 〈다시〉라는 의미가 들어 있는데, 도대체 무엇이 〈다시〉인가를 묻지 않을 수 없고 여기에서 동일자(同一者)가 등장한다. *Wiederkehr*와 *Wiederkunft*라는 두 단어는 적어도 두 가지 특성을 포함하고 있다. 즉 〈미완〉과 〈중단〉의 뜻이다.[62] 완성되었거나 어떤 목표에 도달된 것은 다시 오지 않을 것이며, 중단되지 않고 계속 지탱하는 것은 아직 아무런 이탈도 없기 때문에 다시 돌아올 수도 없다.[63]

토마스 만은 그가 젊었을 때 가장 문제로 삼았던 인간의 죄악이라든가 품위 문제, 또는 사후에 영혼이 안주할 수 있는 고향 문제라든지, 하느님의 은총을 받을 수 있는 영혼에 대한 축복 문제 등을 생각하며 『부덴브로크 일가』를 집필했다. 이는 모두 쇼펜하우어적인 생의 영생 문제와 직결된다.[64] 『부덴브로크 일가』에서 토마스 부덴브로크의 죽음에 관한 명상이나 한노의 생에 대한 의지의 포기는 내세에 있어서 영혼의 재생을 뜻하는 윤회 사상적 희망이다. 이는 쇼펜하우어의 무아의 경지나 내세를 현세로 보고 내세에서 생을 구하려는 염세주의 사상과도 일치된다. 〈과거 속에도 인간은 살지 않았고, 미래에 있어서도 한 사람도 살지 않게 될 것이다. 단지 현세만이 모든 생의 형태로 존재하게 될 것〉[65]이라고 『의지와 표상의 세계』에서 말한 쇼펜하우어의 사상이 그것이다. 즉 〈생의 본질은 현세인 것이며 (……) 현세만이 모든 생의 형태이므로, 생의 형태는 끝없는 현재로서 동시에 시간 속에 생성하여 소멸되는 이념의 현상이나 개체들과 같은 것이다〉.[66]

「토니오 크뢰거」에서 〈사람은 죽지 않으면 정신의 세계에 도달할 수 없으며, 창조하기 위해서는 죽지 않으면 안 되고……〉[67]의 문장은 이러한 윤회 사상을 잘 나타내 주고 있다. 토마스 만은 『마의 산』에서 〈인간은 대립 위에 서 있는 자이고, 대립물은 인간을 통해서만 존재한다. 그러므로 인간은 고귀한 것이다. 죽음보다도 고귀한 것이다. 죽음과 바꾸기에는 너무나 고귀하다. 이것이 인간이 가지는 지(知)의 자유이다〉(Zb 685)라고 언급하는데, 이렇게 토마스 만이 칭송하는 삶 속에 또 하나의 생의 시작인 죽음이 암시되고 있다.

『마의 산』에서 카스토르프는 테베 Thebe 근교 아프로디테 Aphrodite 사원의 이집트의 천장화(天障畵)에 그려진 십이궁(十二宮)의 수대(獸帶)에서도 〈회귀 사상〉을 인식한다. 그는 〈곡선에는 직선적인 길이가 없고 똑같은 방향으로 달리는 순간이란 존재하지 않아, 영원이란 《곧장 직선으로》가 아니라 《회전목마처럼 빙빙 도는》 것이다》(Zb 515) 라고 생각하며, 〈모든 것이 회귀하는, 방향도 없는 영원과 순환의 오일렌슈피겔(나쁜 장난, *Eulenspiegel*)의 유희〉(Zb 515)에 신비한 매력을 느낀다. 이런 맥락에서 사물의 〈영원한 순환 *circulus vitiosus*〉[68] 중의 〈동일성의 회귀〉라는 사상이 『마의 산』에서 중요한 시도 동기가 되고 있다. 이러한 시도 동기는 〈또 *noch*〉(Zb 752)와 〈어느새 다시 *schon wieder*〉(Zb 754)라는 형태로 나타나, 감정과 의식이 〈시간을 초월한 《항상》과 《영원》〉(Zb 753)이라는 시간 감각의 소멸로 이끌려 간다. 시간 감각의 소멸이란 똑같은 일이 계속 반복될 때 느끼는 현상이다. 〈항상 똑같은 날이라면 《반복》이라는 말은 근본적으로 그다지 정확하지 못하다. 그것은 일양성(一樣性), 정지된 현재 또는 영원이라고 해야 타당하다.〉(Zb 257 f.)

이렇게 카스토르프는 〈초월〉의 문제에 점점 깊이 빠져들며 〈윤회 사상〉을 보여 주고 있다. 특히 그는 〈시간의 초월에 점점 빠져들어 춘분 – 하지 – 추분 – 동지 – 춘분 이렇게 일순간도 멈추지 않고, 더욱이 먼 옛날의 바빌로니아인들의 시대에서부터 조금도 변화하지 않고 순환을 계속하는 《시간 = 영원》을 관조하고 있다〉. 어느 날 산책 도중에 이것이 화제에 오르자, 듣고 있던 사촌 침센은 이것을 〈당연하다 *Selbstverständlich*〉(Zb 514)고 말하고, 카스토르프는 이를 윤회 사상에 연결시켜 열변을 토한다.

> 아니야. 그것은 일종의 나쁜 장난이야. 겨울 동안 낮이 길어지기 시작해 초여름이 제일 긴 6월 21일이 오면 또다시 하강하여 낮은 다시 짧아지고, 그리고 겨울로 향하는 것이야. (……) 마치 오일렌슈피겔이 초겨울에 사실상 봄이 시작되고, 초여름에 가을이 시작되도록 꾸며 놓은 것처럼 생각돼. 이곳은 어떤 것을 목표로 빙빙 돌려 유도되지만, 그곳까지 가보니 그것이 또 회전점인 것이야. (……) 원주상에 있는 회전점인 것이다. 왜냐하면 그것은 모두 연장 없는 회전점이며, 원이라는 것은 그러한 회전점의 집합으로, 그 곡선은 측정할 수가 없고 일정 방향의 지속이 없다. 그러므로 영원이라는 것은 〈똑바로 똑바로〉가 아니라 〈빙빙 도는 것, 빙빙 도는 것〉이다.(Zb 515)

이와 같은 카스토르프의 〈시간＝영원〉의 논리는 쇼펜하우어의 이론에 근거하고 있다. 〈빙빙 돈다〉는 시간상이나 원주상의 〈연장 없는 회전점 andehnungsloser Wendepunkt〉이라는 표현은, 쇼펜하우어의 무한히 회전을 계속하는 순환이라는 시간의 비유와 〈연장 없는 현재〉에 직결되어[69] 윤회를 암시하고 있다. 따라서 산상에서 횃불을 가운데 두고 벌이는 원시인의 하지 축제에 대한 카스토르프의 다음 서술은 쇼펜하우어의 윤회 사상을 담고 있다. 〈원시인들이 무엇 때문에 함성을 지르면서 모닥불 주변을 춤추며 도느냐 하면, 그것은 우수에 젖은 무아경의 상태에서 나온 것이다. 그렇다면 이렇게 말해도 되겠지. 그들이 그런 행동을 하는 것은 양성(陽性)의 절망에서 그런 것이며, 원의 나쁜 장난, 일정 방향의 지속을 가져오는 모든 것을 회귀시키는 영원에 경의를 표시하는 것이란다.〉(Zb 515) 원을 그리면서 무한히 반복하며 회귀하는 시간은 형이상학적인 〈정지된 현재〉 및 계기의 상에 대한 신화적 번역이라고 말할 수 있으며,[70] 하지 축제 이야기는 영원과 회귀의 신화적 확인으로서 축제의 사상을 나타내고 있다.

『마의 산』 제1절 〈이중적 모습의 세례반과 조부〉의 서술에서 유년 시절의 카스토르프가 대대로 전해 내려오는 세례반을 구경하는 장면에서도 〈시간＝영원〉이라는 윤회 사상이 암시되고 있다. 그 세례반에 그려져 있는 것은 일종의 〈영원의 원 체험(圓體驗)〉이다. 이 세례반의 이면에는 세대의 순서에 따라서, 그 소유자였던 가장들의 이름이 각각 다른 서체로 기록되어 있다.

그 수는 벌써 일곱 사람이나 되어 상속한 연대가 붙어 있었다. 그리고 목도리를 두른 할아버지는 반지를 낀 집게손가락으로 그 이름을 하나하나씩 짚어 가며 손자에게 가르쳐 주었다. 거기에는 아버지와 할아버지의 것도, 그리고 증조할아버지의 이름도 있었으며, 그리고 다음부터 이 〈증조 Ur〉라는 전철은 설명해 주는 할아버지의 입속에서 두 개도 되고, 세 개도 되고, 네 개도 되었다. 그래서 소년은 머리를 옆으로 갸우뚱하며 무엇을 생각하듯, 그리고 멍하니 꿈을 꾸듯 눈을 뜨고 열심히 그리고 졸린 듯한 입을 하고서 이 〈증조 증조 증조 증조〉를 듣고 있었다. 그것은 무덤과 매몰의 어두운 소리였다. 그럼에도 또한 현재, 즉 자기 자신의 생명과 깊은 과거로 묻혀 버린 것 사이의, 경건히 보존되어 온 연결을 표현하고 있어 그에게 아주 독특한 작용을 하였다.(Zb 36)

이때 여태까지 느껴 보지 못한 감정이 카스토르프를 엄습하는데, 그것은 나아가는 것 같으면서도 제자리에 있고, 변하는 것 같으면서도 제자리에 있어 현기증을 느끼게 하는 원운동처럼 단조로운 반복, 반쯤은 꿈꾸는 듯하면서도 이상하게 사람을 불안스럽게 만드는 야릇한 감정이었다.

 (세례반은) 진행되면서도 동시에 정지된 듯한, 변전(變轉)하면서도 변함없는 듯한, 반은 꿈꾸는 듯, 반은 불안해지는 특이한 감정이었으며, 회귀와 현기증을 일으키는 단조성이었다.(Zb 37)

이 느낌은 카스토르프가 지금까지 세례반 구경을 할 때마다 느끼는 것으로서, 사실은 이 기분에 이끌려 정지해 있으면서도 움직이고 있는 조상 전래의 이 가보를 자주 보고 싶어 했다.(Zb 37 f.와 비교하라) 여기에서 〈나아가는 것 같으면서도 제자리에 있는 것〉(Zb 37), 〈변하는 것 같으면서도 제자리에 있는 것〉(Zb 37 f.)이라는 말은 형이상학적인 원운동으로 영원인 것이다.
이런 여러 배경에서 작품 마지막에 카스토르프는 벨기에 전투에서 죽어 가는 마지막 순간에 낭만주의의 상징인「보리수 Der Lindenbaum」노래를 부른다. 그는 〈얼어붙은 듯한 머리가 마비된 듯한 흥분 속에서, 자기도 모르게 중얼거리듯, 숨을 헐떡이며 낮은 목소리로「보리수」노래를 부르면서〉(Zb 993) 죽음과의 공감에 이끌려 간다.

 성문 앞 우물 곁에 서 있는 보리수
 나는 그 그늘 아래 단꿈을 보았네

 가지에 희망의 말 새기어 놓고서
 기쁘나 슬플 때나 찾아온 나무 밑

 오늘 밤도 지났네 그 보리수 곁으로
 깜깜한 어둠 속에 눈 감아 보았네

가지는 산들 흔들려
내게 말해 주는 것 같네
이리 내 곁으로 오라
여기서 안식을 찾으라고

찬 바람 세차게 불어와
얼굴을 매섭게 스치고
모자가 바람에 날려도
나는 꿈쩍도 않았네

그곳을 떠나 오랫동안
이곳저곳 헤매도
아직도 속삭이는 소리는
여기 와서 안식을 찾으라

이 노래의 배후에는 금지된 사랑의 세계가 있는데, 그것은 죽음이다. 이 노래는 본질적으로 본다면 죽음에의 공감 같은 것이 아니라, 매우 민중적이며 생명이 넘쳐 흐르는 노래같이 보이지만, 이 노래의 정신적인 공감은 죽음에의 공감이다. 카스토르프가 사랑하는 향수의 노래, 그것이 속해 있는 심정의 영역, 그리고 이 영역에 대한 사랑은 이 세상에서 가장 아늑하고 건강한 것이다. 그러나 그것은 죽음에 의하여 만들어졌으며, 죽음을 그 속에 내장하고 있는 삶의 과일이다. 그것은 흔히 기적인 것이다. 양심이 없는 미의 눈에는 최고의 기적이며, 미로 가득 찬 기적으로 보일지도 모른다. 그러나 책임감을 가지고 숨바꼭질하는 삶에 대한 호의와 유기적인 것에 대한 것을 사랑하는 눈에는 그것이 의심스러운 것으로 반영된다. 그리고 그것은 양심의 최종적인 판결에 의하면, 자기 극복의 대상인 것이다.(Zb 905 f.와 비교하라) 결국 카스토르프는 『마의 산』의 최후 장면에서 「보리수」를 부르며 전장의 포연 속으로 사라져 가지만, 〈화음의 충만 *Fülle des Wohllauts*〉의 장은 다음과 같이 끝난다. 〈이 마법의 노래 때문에 죽는 것은 정말 가치 있는 일이다. 그러나 이 노래 때문에 죽는 것은, 사실상 이 노래를 위하여 죽는 것이 아니라, 사랑과 미래의 새로운 말을 마음속에 품고, 새로운 것을 위해 죽는 것이며, 그럼으로써 이 사람은 영웅인 것이다.〉(Zb 907)

결국 죽음 앞에서 낭만주의의 노래를 부른다는 것은, 사랑과 미래의 정복을 의미하는 것이다. 카스토르프는 죽음을 통하여 또 다른 삶에 접어드는 것이다. 따라서 다음과 같은 말로 『마의 산』은 끝을 맺는다. 〈그대(카스토르프)는 숨바꼭질이란 방법을 통하여, 예감적으로 육체의 방종과 죽음에서 사랑의 꿈이 탄생하는 순간을 체험했다. 세상을 뒤흔드는 죽음의 향연 속에서도, 비에 젖은 밤하늘을 빨갛게 불태우는 저 무시무시한 포화 속에서도 언젠가는 사랑이 소생하는 날이 있지 않을까?〉(Zb 994) 결국 죽음에서 사랑과 생명이 다시 탄생한다는 영혼 회귀적 내용으로 끝을 맺는 것이다. 이와 유사하게 케레니 Karl Kerényi는 결혼과 죽음, 무덤과 신혼 방을 서로 연관시켜 결혼이란 죽음의 성격임을 상기시키는데, 괴테의 『파우스트』의 다음 내용도 이 같은 동기를 잘 나타내고 있다.

> 인생의 밀물 속에서, 행동의 폭풍우 속에서
> 나는 오르락내리락 물결친다.
> 씨와 날로 길쌈하듯!
> 탄생과 무덤,
> 영원한 바다,
> 변화무쌍한 길쌈처럼,
> 타오르는 생명,
> 이렇게 썩썩거리는 시간의 베틀에 앉아
> 나는 신들의 살아 있는 옷을 짠다.(501행 이하)

이렇게 죽음과 새로운 탄생의 개념이 동일하게 취급되는 대표적 작품의 또 하나로 하이네 Heinrich Heine의 시 「슐레지엔의 직조공 Die schlesischen Weber」을 들 수 있다.

음울한 눈 속에는 눈물도 없이
베틀 앞에 앉아 그들은 이를 악물고 있다.
독일이여! 우리는 그대의 수의를 짜노라.
우리는 세 겹의 저주를 짜 넣는다.
　　우리는 짠다, 우리는 짠다!

한 겹의 저주는 신에게,
혹한과 기근 속에서 그에게 빌었네;
우리는 희망을 품고 기대했으나 헛된 일이었다.
그는 우리를 조롱하고, 속이고, 우롱했도다.
　　우리는 짠다, 우리는 짠다!

한 겹의 저주는 왕에게, 부자들의 왕에게,
그는 우리의 비참을 감해 주지 못하고,
마지막 동전 한 닢까지 우려내고
우리를 개처럼 총살시켰지.
　　우리는 짠다, 우리는 짠다!

한 겹의 저주는 거짓된 조국에게,
불명예와 치욕만이 무성한 곳,
모든 꽃이 피기도 전에 꺾이는 곳,
부패와 곰팡이가 벌레를 키워 주는 곳.
　　우리는 짠다, 우리는 짠다!

북이 나는 듯이 움직이고, 베틀이 우지끈거리네.
우리는 부지런히 밤낮으로 짜도다.
늙은 독일이여! 우리는 그대의 수의를 짠다.
거기에 세 겹의 저주를 짜넣는다.

우리는 짠다, 우리는 짠다!

이 시에서 도움을 주지 않는 신, 오직 부유한 자들만 보호해 주는 왕, 국민을 배반한 조국 독일을 향해 세 겹의 저주를 짜 넣고 있다. 그런데 신과 왕은 직조공에 의해 무조건 저주를 받지만, 조국 독일은 〈거짓된〉(16행) 행위에서만 저주되고 있다. 따라서 이 시에서 정치적인 신과 왕에 대해서는 절대적인 절망의 음조가 지배적이지만, 조국 독일에 대해서는 희망의 내용이 담겨 있다. 〈수의〉(23행)의 단어에서 정치적으로 타락한 독일의 죽음의 음조가 들리나, 늙은 독일(23행)의 상황에서 새로운 독일의 탄생이 암시되고 있어,[71] 죽음과 탄생의 동기가 담겨 있다.

결국 『마의 산』에서 삶 자체는 나약한 것으로 불안전하고 모순 속에서 영위될 수밖에 없는 상태를 벗어나 보다 고차원적인 삶의 연속인 죽음으로의 길을 카스토르프는 택한다. 이는 죽음 자체에 자신의 사고의 지배권을 내맡긴 것이 아니라, 인류의 선과 사랑이 담긴 영원한 삶의 세계로의 도전, 즉 영혼의 회귀를 감행한 것으로, 이 내용이 다음의 언급에 잘 나타나 있다. 〈착한 마음씨를 가지도록 힘쓰자. 나는 나의 생각을 죽음에 지배당하지 않도록 하자! 왜냐하면 선의와 인간애는 그곳에만 있고, 다른 어떠한 곳에도 없기 때문이다. (……) 나는 마음속에 죽음에 대한 충성도 계속 유지해 나갈 것이다. 그러나 죽음과 과거에 대한 충성이 우리들의 생각과 술래잡기를 지배한다면, 그 충성은 악의와 음산한 음탕과 반이성으로 바뀐다는 사실도 확실히 기억해 두자. 인간은 사고(思考)를 죽음에 종속시켜 선의와 사랑을 잃어서는 안 된다.〉(Zb 685 f.) 〈영원히 여성적인 것이 우리를 이끌어 올린다〉(12110행 이하)라는 『파우스트』의 마지막 구절의 〈영원한 여성상 *Das Ewig-Weibliche*〉처럼, 카스토르프는 〈사랑은 죽음보다 강하다〉는 체험을 하게 된 셈이다. 따라서 토마스 만은 죽음이 주 동기인 『마의 산』을 퇴폐적이라고 비판하는 소리에 대해서 〈대체 카스토르프는 퇴폐하고 있는 것일까? 그는 하강(下降)의 길을 걷고 있는가? 그 반대로 그는 상승(上昇)하고 있는 것이다. 그의 환경은 연금술사의 시험관이며, 그 속에서 단순한 물질이 향상하여 뜻하지 않은 관념의 순화(醇化)를 받아 증류하는 것이다〉[72]라고 응수하였다.

〈죽음은 삶의 또 다른 시작〉이란 내용은 불교의 윤회 사상으로 동일한 가르침이 선불교(禪佛敎)의 텍스트에 실려 있다.[73] 생의 〈반복성〉은 승천과 지옥의 길, 그리고 부활의 연속이다. 이는 생의 본질이 과거의 전생(前生)에 있어서나 미래의 내세에 있어서도 현세로 실존하기 때문에 모든 개체의 내세에 있어서도 현세로 극복된다는 말이다. 그리고 개체 인간들이 겪는 수난이나 개체 실존들의 우연성들은 〈현세〉의 번복을 통한 영생으로 극복될 수 있다고 보는 것이다. 그렇기 때문에 개체 인간은 항시 번복될 수 있는 신비적인 본질로 여긴다.[74] 여기서 토마스 만의 신화와 윤회의 동일시가 인식된다. 우리는 『요셉과 그의 형제들』에서 토마스 만의 시대 심리적인 해석을 추적해 볼 수 있는데, 여기에서 성서적·계보적인 것과 홍수의 문제를 윤회 사상을 거쳐 형이상학적인 차원까지 이끌어 갔음을 이해할 수 있다.

특히 『요셉과 그의 형제들』 제2부 〈젊은 요셉 Der junge Joseph〉의 〈아도니스의 숲〉에서 이야기되는 타무즈 Tammuz(G 9, 498)의 신화와 아도니스 Adonis의 신화(G 4, 440 ff.)는 요셉 자신의 은밀한 모범으로, 죽음과 소생, 과거와 미래의 영원한 연속의 상징으로 윤회의 전형을 의미한다.[75] 요셉은 타무즈·아도니스·오시리스 Osiris(G 9, 498) 신화를 자기의 범례로 하여 〈죽어 매장된 후에 부활하는 신〉을 연출한다. 이렇게 요셉이 관련되는 이집트의 창세 신화의 내용은 다음과 같다. 이집트의 신화에 의하면, 태초의 세계에는 오직 눈 Nun이라고 불리는 바다만 존재했는데 여기에서 아툼 Atum이 탄생하였다. 아툼은 태양신 라 Ra와 동일시되었으며 때로 눈은 나일 강으로 취급되기도 하였다. 아툼과 라는 스스로의 수정 작용으로 슈 Schu와 테프누트 Tefnut를 낳았는데, 다시 이 둘이 결혼하여 게브 Geb와 누트 Nut를 얻었다. 후에 이들은 세력 다툼을 벌인 끝에 게브는 대지, 슈와 테프누트는 공기와 증기, 그리고 누트는 하늘이 되었다. 게브와 누트는 부부가 되어 〈오시리스 Osiris와 이시스 Isis〉를 낳았다. 여동생 이시스를 아내로 맞이한 오시리스는 28년 동안 이집트를 통치하였다. 그러나 왕위를 노린 동생 세트 Seth가 오시리스를 살해해, 그 시체를 관에 넣어 나일 강에 던져 버렸다. 델타를 지나 지중해로 흘러 들어간 관은 시리아 해안의 비블로스에 도착하여 무화과나무 속에 들어갔다. 이 나무는 비블로스 궁전의 기둥으로 쓰였는데, 비탄에 잠겨 관을 찾아 헤매던 이시스가 이 소문을 듣고 그 관을 되찾아 이집트로 돌아갔다. 그러나 세트는 다시 오시리스의 시체를 14조각으로 찢어 이집트 전국에 뿌렸다. 전국을 돌아다니며 시체 조각을 모은 이시스는 오시리스를 원래의 모습으로 회복시킨 후 생명을 불어넣는 의식을 거행하여 사자(死者)의 왕으로 부활시켰다. 이시스가 오시리스의 시체와 결합하여 낳은 호루스Horus는 마침내 세트를 물리치고 이집트의 왕위에 올랐다. 고대 이집트나 서아시아인들은 타무즈, 오시리스, 아도니스 그리고 아티스의 이름으로 해마다 생의 쇠약과 소생, 특히 식물적 삶을 재현한다. 그들은 한 해 한 번씩 죽고, 또 죽음에서 소생하는 신으로 의인화되었다. 제식의 명칭과 내용은 장소에 따라 달라도, 본질적으로 제식은 동일한 것이었다.(G 9, 498 참조)

그러나 토마스 만의 요셉은 결코 이 신화적 도식에 구속되어 그 도식 한가운데에 자기를 상실하는 일은 없고 일종의 우아한 종교적 사기 수법으로서 그 도식을 방패로 오히려 자기 자신의 생을 장식하기 위하여 이용하였다. 따라서 토마스 만은 요셉을 〈자신을 소설의 주인공으로 생각할 뿐 아니라, 그 위에 자신을 소설의 연출자나 시인으로 생각하고, 스스로 그 소설을 장식하는 자〉(G 11, 666)라 하고, 또 요셉으로 하여금 그가 걸어가는 인간 형성의 길을 다음과 같이 고백시키고 있다. 〈규범으로 계승한 것은 심연에서 우리들을 구속한다. 자아는 신에게서 유래한 것이며, 자유로운 정신이다. 때문에 심연에서 우리들을 구속하는 규범적인 것을 자유로운 자아에 의하여 충만시키는 것만이 문화적인 생활이며, 그 어느 것이 결여되어도 진정한 인간 문화라고는 볼 수 없다.〉(G 5, 1422) 말하자면 신화적 도식을 자유로운 개성적 자아에 의하여 충만시키고, 장식함으로써 자기 자신의 독자적인 새로운 생을 창조해 나가는 것이 요셉의 특수한 경우라고 말할 수 있다.[76]

주

1 F. W. Nietzsche, *Gesammelte Werke* in 3 Bänden, Bd. Ⅱ, hg. von Karl Schlechta(München, 1973), S. 463. (이하 *Gesammelte Werke*는 GW로 줄이고 뒤에 권수와 면수만 기록함)

2 Arthur Schopenhauer, *Die Welt als Wille und Vorstellung*, Sämtliche Werke in 7 Bänden, Bd. 3(Wiesbaden, 1972), S. 3, 560. (이하 *Die Welt als Wille und Vorstellung*으로 줄임)

3 Thomas Mann, *Gesammelte Werke* in 13 Bänden(Frankfurt/M., 1974) (이하 *Gesammelte Werke*는 해당 부분에 G로 줄이고 뒤에 면수 기록)

4 *Die Welt als Wille und Vorstellung*, Bd. 1, S. 323 f.

5 같은 책, Bd. 4, S. 552.

6 같은 책, Bd. 3, S. 554.

7 같은 곳.

8 같은 책, S. 547.

9 같은 책, S. 548.

10 토마스 불핀치, 『그리스― 로마 신화』 하권, 김문 역(청림출판, 1993), 411면.

11 Hans Wysling, Narzissmus und illusionäre Existenzform, Zu den Bekenntnissen des Hochstaplers Felix Krull, in: *Thomas-Mann-Studien*, Band 5, Bern(München, 1982), S. 241과 비교하라.

12 같은 책, Bd. 3, S. 559.

13 같은 책, S. 549.

14 황현수, 『토마스 만의 문학과 사상』(세종출판사, 1996), 48면 이하.

15 *Die Welt als Wille und Vorstellung*, Bd. 3, S. 545.

16 같은 곳.

17 같은 책, Bd. 2, S. 353.

18 Thomas Mann, *Der Zauberberg*, *Gesammelte Werke* in 13 Bänden, Band 3(Frankfurt/M., 1974), S. 757. (이하 해당 부분에 Zb로 기록하고 뒤에 면수 기입함)

19 Erich Heller, *Thomas Mann. Der ironische Deutsche*(Frankfurt/M., 1981), S. 224.

20 익시온의 수레바퀴는 쇼펜하우어가 신화에서 차용하여 사용한 용어로, 고뇌와 번뇌의 수레바퀴가 멈춘다는 것은 형이상학적 차원의 제시로 이해될 수 있다. Thomas Mann, Schopenhauer. in: Ders., *Essays*, *Gesammelte Werke*, Bd. 3(Frankfurt/M., 1978), S. 204, 207.

21 Thomas Mann, *Der Zauberberg*, G. B. Fischer(Frankfurt/M., 1964), S. 445.

22 토마스 불핀치, 『그리스― 로마 신화』 하권, 411면.

23 셰익스피어의 희곡 「베니스의 상인」에 등장하는 인물로 베니스에 사는 유대인 고리대금업자. 그는 기독교인 상인 안토니오로부터 3천 두카트를 빌려 달라는 요청을 받자, 그의 가슴살 1파운드를 담보로 잡고 돈을 빌려 준다. 안토니오는 변제 기일이 다가와도 돈을 갚지 못하게 되어 생명이 위태롭게 되지만 재녀(才女) 포샤가 재판관으로 변장하여 〈살은 베어 내되, 피는 한 방울도 흘려선 안 된다〉는 지혜를 내어 살아난다. 샤일록은 원래 탐욕이 강하고 무자비한 유대인 고리대금업자의 전형으로 묘사되고 있으나, 한편으로는 기독교의 박해에 대해서 자기의 권리를 주장하는 떳떳한 인물로 보는 견해도 있다.

24 W. Shakespeare, The Merchant of Venice, in: Sir Arthur Quiller Couch and John Dover Wilson(ed.), *The Works of Shakespeare*, V. 9(Cambridge University Press, 1985), p. 67.

25 산스크리트어로 윤회를 지속하는 불이 꺼진 상태를 말한다. 타오르는 번뇌의 불꽃을 지혜로 꺼서 일체의 잡념이 사라진 고요한 상태다. 이 고요함 속에 최상의 안락이 실현된다. 이를 한자로 음역한 것이 열반(涅槃)으

로 수행에 의해 진리를 체득하여 온갖 미혹(迷惑)과 집착을 끊고 세속의 속박에서 해탈한 최고의 경지를 의미한다. 불교의 수행자들조차 평생 이르기 어렵다는 이 열반의 경지를 속세의 범인(凡人)들이 삶의 목표로 삼기는 아무래도 무리여서 불교에서도 불자에게 이를 강요하지 않는다. 대중에게 적용될 수 있는 현실적인 기준이 아니라고 보는 것이다. 대신 세상에서 행할 수 있는 〈보살(菩薩)〉의 활동을 강화한다.

26 GW Ⅱ, 466.
27 GW Ⅲ, 853.
28 GW Ⅱ, 895.
29 GW Ⅲ, 1172.
30 *Ecce homo*, GW Ⅲ, 1172.
31 Harold Aldern, *Nietsche's Gift*(Ohio University Press, 1977), p.83.
32 *Die fröliche Wissenschaft*, GW, Ⅱ, 202.
33 같은 곳.
34 *Also sprach Zarathustra*, GW Ⅱ, 463.
35 *Der Wille zur Macht*, Alfred Kröner Verlag(Stuttgart, 1952), S. 696.
36 Karl Löwith, *Nietzsches Philosophie der Ewigen Wiederkehr des Gleichen*(Kohlhammer, 1956), S. 90.
37 정동호, 「위버맨쉬는 누구인가」, 『니체 철학의 현대적 조명』(청람, 1984), 222면.
38 *Die fröhliche Wissenschaft* 346 ; *Also sprach Zarathustra* 〈*Von den Mitleidigen*〉 ; *Jenseits von Gut und Böse* 291과 비교하라.
39 *Die Unschuld des Werdens* 295, GW Ⅱ, 110.
40 H. A. Korff, *Geist der Goethezeit*, Ⅰ (Leipzig, 1966), S. 19.
41 같은 책, S. 17.
42 K. O. Conrady, Zur Bedeutung von Goethes Lyrik im Sturm und Drang, in: Walter Hinck(Hg.), *Sturm und Drang*, Kronberg Ts. 1978, S. 114.
43 Gerhard Kaiser(Hg.), Aufklärung und Empfindsamkeit, Sturm und Drang, *Geschichte der deutschen Literatur*, Bd. 3(München, 1976), S. 183.
44 이정희, 「괴테의 찬가 *Prometheus*와 *Mahomets-Gesang*에 나타난 천재상」, 『독일문학』 제40집(1988), 212면.
45 J. W. von Goethe, *Dichtung und Wahrheit*, in: *Goethes Werke* in 14 Bänden, Bd. 9, hg. von Erich Trunz(München, 1988), S. 43 f.
46 허형근, 「괴테의 종교」, 『독일문학』 제16집(1975), 2면 이하.
47 J. W. von Goethe, *Die Leiden des jungen Werther*, in: *Goethes Werke* in 14 Bänden, Bd. 6, hg. von Erich Trunz, München, 1988, S. 9.(이하 해당 부분에 W로 줄이고 뒤에 면수 표기함)
48 곽복록 엮음, 『울림과 되울림』(서강대학교 출판부, 1992), 201면.
49 괴테는 영혼이 불나비가 되는 심미적 화형을 찬양했다. 그는 이 화형으로 인간의 영혼이 현존의 위치를 떠나는 것이 아니라 그 현존 속으로의 부활이라 생각했다.
50 곽복록 엮음, 『울림과 되울림』, 205면.
51 같은 곳.
52 같은 책, 206면.
53 같은 곳.

54 같은 책, 196면.
55 같은 곳.
56 오한진, 『문명 작가와 문화 작가』(홍성사, 1981), 149면.
57 Jakob und Wilhelm Grimm, *Kinder- und Hausmärchen*, Nr 47, Stuttgart, 1985/6 (1985~1986).
58 손종섭, 『다정도 병인 양하여』(김영사, 2009) 참조.
59 안진태, 『독일 담시론』(열린책들, 2003), 263~278면.
60 Hermann Kurzke, *Thomas Mann, Epoche-Werk-Wirkung* (München, 1985), S. 200.
61 김광규 편저, 『현대 독문학의 이해』(민음사, 1984), 347면.
62 Joan Stambaugh, *Nietzsche's Thought of Eternal Return* (The Jones Hopkins University Press, 1972), p. 30.
63 성진기, 「니체의 영원 회기 사상에 관한 고찰」, 『니체 철학의 현대적 조명』(청람, 1984), 205면.
64 Thomas Mann, *Politische Schriften*, Bd. 1 (Frankfurt/M., 1968), S. 53.
65 Arthur Schopenhauer, *Sämtliche Werke*, Textkritisch bearbeitet und hg. von Wolfgang von Löhneysen, Bd. 1, S. 384.
66 같은 책, S. 388.
67 Thomas Mann, *Tonio Kröger, Gesammelte Werke* in 13 Bänden, Band VIII (Frankfurt/M., 1974), S. 296.
68 Erich Heller, a.a.O., S. 224.
69 황현수, 『토마스 만의 문학과 사상』(세종출판사, 1996), 502면.
70 Manfred Dierks, *Studien zu Mythos und Psychologie bei Thomas Mann*, (Bern, 1972), S. 121.
71 Jörg Hienger u. Rudolf Knauf, *Deutsche Gedichte von Andreas Gryphius bis Ingeborg Bachmann* (Götingen, 1969), S. 106.
72 박찬기, 『독일 문학사』(일지사, 1984), 449면.
73 Buddha, *Panna-, Diawantsutra und Zensprüche* (Frankfurt/M, 1967), S. 76.
74 오한진, 『문명 작가와 문화 작가』, 148면 이하.
75 최순봉, 『토마스 만 연구』(삼영사, 1981), 158면.
76 황현수, 『토마스 만의 문학과 사상』, 368면.

제2장 토마스 만의 휴머니즘 추구

　20세기 소설의 특징은 자연주의와 달리 현실과 사회를 나타낸다 하더라도 있는 그대로 재현하지 않고, 예술적인 형상화를 추구하고, 예술적인 창조와 기교를 거치도록 한 표현주의 현상이 돋보인다. 이러한 표현주의적인 예술화를 꾀한 독일의 대표적 작가 토마스 만은 음악가 바그너 Richard Wagner 예술의 특징인 〈이중 시각 Doppelte Optik〉적 경향에서 영향을 받아, 그의 작품에 양극적 대립 극복의 의지를 작품 주인공들을 통해 보여 주면서, 전후 퇴폐와 모순이 팽배한 사회의 불합리한 면을 이원 사상을 통해 휴머니즘으로의 상승을 추구하고 있다. 따라서 모든 대립적 요소, 즉 상반 병존(相反竝存)적 요소들을 포용할 수 있는 기능을 매체로 전체상을 파악하려는 지향성이 그의 작품의 전체적인 특징이라 할 수 있다. 이러한 토마스 만의 구조적 특징인 이원 사상 Dualismus으로, 그 자신을 대변하고 있는 주인공들로 하여금 극단적인 대치들의 중심적 위치를 모색하는 경향을 강렬히 나타내고 있는 것이다.

　그의 작품들에서 모순적 삶의 극단적 요소들은 죽음을 바라거나 시민적 삶을 포기하는 결과가 되지만, 그러한 삶의 이념들이 서로 하나의 집합체가 되어 주인공의 정신적 승화 과정을 통해 서로 조화되고 종합 완성의 의지를 지향한다.

　특히 후기 작품인 『마의 산』에서 죽음의 기능은 제한된 시민적 삶을 지양하고, 존재의 영원성에 이르게 하는 정신의 상승 작용을 나타낸다. 따라서 그의 초기 작품들에서 보여 주던 구원할 길 없던 우울과 갈등, 환멸 등의 데카당스 사상이 점차 그의 작품의 구조적 특징인 이원 사상의 조화로서 점차 해결과 생을 긍정하게 되는 과정은 토마스 만의 중요한 전환이라 할 수 있다.

1. 삶과 예술적 갈등의 극복

토마스 만의 초기 작품들은 주로 예술과 삶이라는 대립적 주제를 다루고 있는데, 이것은 몰락과 발전에 내존하는 원리로서, 이러한 모순은 이원 극복을 통해서만 극복될 수 있다는 개념이 작품의 사상 구조라고 볼 수 있다. 따라서 그의 작품에서 양극 사상의 극복을 통해 휴머니즘으로 향하는 의지를 살펴봄으로써 토마스 만 문학의 본질을 제시해 보겠다.

토마스 만의 시대적 갈등과 이중성이 그에게 변증법적으로 작용하여 오히려 창조적인 힘이 될 수 있었듯이, 그의 출생의 이중성도 그의 작품 활동에 적나라하게 영향을 미치고 있다. 명료한 분별성과 정확성에 기반한 부친의 〈윤리성〉과 낭만적 기질과 음악성에 기반하는 모친의 〈예술성〉이라는 출생의 이중성이 그의 작품에서 대립 사상의 근거를 이루고 있다. 본래의 의지와 거기에 역행되는 현실, 즉 아이러니 *Ironie* 개념이 그의 작품 인물과 분위기를 구성하고 있는 것이다.

토마스 만에게 있어 예술가가 된다는 것은, 공동생활에서 소외, 분리, 고립을 뜻한다. 즉 예술가는 숙명적으로 평범한 인간과는 다른 존재로서 그들에게는 동화될 수 없다는 것을 의미한다. 이런 배경에서 〈평론가(예술)〉와 〈대중의 평가(삶)〉의 관계를 고찰해 볼 필요가 있다. 한 작가 최고의 예술 작품이 탄생했다고 하자. 이 작품이 시중에 처음 공개됐을 때 나온 전문가의 평가와 일반 독자의 성적이 매우 다른 결과가 흔히 있다. 전문가의 평가가 매우 훌륭했던 작품은 발표 후 상당 기간 독자가 소수에 그쳤지만, 평론가들에게서 형편없게 평가된 작품들이 대박을 맞는 경우가 있어 〈삶과 예술〉의 관계가 상반되게 나타나기도 한다. 이는 평론가들과 독자가 특정 작품에 대해 지지 혹은 반대하는 입장이 180도 다르기 때문이다. 어느 작품이 어느 문학 단체에서 상을 받았다는 내용은 대중들에게 〈작품이 어려운 것 아니냐〉는 인식을 넓히는 역효과를 낳을 수 있다. 노벨 문학상 수상작이 웬만해서는 국내에서 흥행에 성공하기 어려운 건 그 때문이다. 중견 시인 중에는 자기 작품 평가회에조차 얼굴 내밀기를 꺼리는 사람들이 적지 않다. 이들은 대개 평가장 구석에서 평론가들의 반응을 살핀다. 그와 우연히 눈이 마주친 평론가가 엄지손가락 두 개를 쳐들면(작품이 매우 훌륭하다는 의미), 오히려 작가 얼굴이 흙빛이 되기도 한다. 평론가의 반응이 좋으니 작품 흥행은 망할 가능성이 높아졌다고 생각하기 때문이다. 자기는 많이 팔기 위해 작품을 썼는데, 예술 작품으로 인식되거나, 취급받으면 큰일이라는 생각이다. 작품은 어디까지나 소수(평론가·문학 전문 기자·문화 평론가)보다는, 다수(대중 관객)를 위한 예술이라는 생각이 깔려 있는 것이다. 그렇다고 작가와 출판사 등이 평론가들로부터 혹평을 받기를 원하는 것도 아니다. 이는 오히려 큰 〈싸움〉으로 번지기 쉽다. 흔히 일어나는 평단과 작가들의 논쟁으로 인해 평론가가 절필을 선언한 경우도 있다. 평론가와 일반 대중 사이의 간극도 점점 커지고 있다. 영화를 예로 들어 보면, 2007년 「디워」가 개봉된 후, 진중권 씨 등 일부 평론가들로부터 〈쓰레기〉 운운 얘기가 나왔지만, 대중들은 천만 명 이상이나 이 영화를 관람하여 평론가들과 다른 생각을 가지고 있음을 명확하게 드러냈다. 이렇게 평론이 대중들의 시선과 종종 엇갈리는 데는, 평론이라는 글쓰기(혹은 짧은 멘트)가 갖는 속성과 관계가 있다. 글을 쓴다는 인문학적 행위는 작품을 단순한 〈읽기〉의 차원을 넘어 해석하고 분석하여 작품을 하나의 텍스트로 삼는다. 〈장르의 컨벤션〉(상업 작품에서 나타나는 관습적 표현이라는 의미)이니, 〈수사(修辭)로서의 미니멀리즘〉이니, 혹은 〈시퀀스의 충돌〉이니 하는 알쏭달쏭한 얘기들이 난무하는 건 그 때문이다. 작품을 읽는 행위를 휴식과 오락, 인생을 살아가는 데 있어서의 약간의 처방 혹은 도움으로 간주하는 대중들은 그런 얘기에 짜증을 내기 십상이다. 평론가들이 작품을 보는 데는 여러 요소가 동시에 복합적으로 작동한다. 철학 혹은 사회학, 심리학 등 학문적 기초가 결합되고 추구하는 세계관과 계급 의식, 심지어 나이와 성별, 본능과 직관, 생활 습관과 취향에 이르기까지 여러 가지가 씨줄 날줄로 얽힌다. 평론가들의 글 혹은 언변이 일종의 엘리트주의처럼 받아들여지거나, 혹은 더 속물적으로 느껴지는 건 그 때문이다. 사람들은 작품과 관련된 글이 어려운 게 맞다고 생각한다. 하지만 또 어떤 이들은 작품의 글은 대중적이어야 옳다고 생각한다. 같은 평론가이면서도 어떤 작품을 천재적 작품으로 해석하는가 하면, 어떤 이는 단순한 이미지를 위한 작가의 실험에 불과하다고 해석한다. 「스타트렉」을 화려한 특수 효과가 넘쳐 나는 단순한 SF 블록버스터로 보는 평론가가 있는가 하면, 오히려 〈백악관의 정치학〉을 유추해 내는 사람도 있다. 서로 전혀 다른 얘기를 하는 것 같지만, 평론가들이 글을 쓰는 기초는 뭐니 뭐니 해도 작품 읽기의 욕망에 있다. 〈스스로 얼마나 작품을 읽고 싶어 하느냐〉야말로 평론의 핵심이다. 그 욕망의 진정성이 느껴질 때, 대중들은 작품을 넘어 작품 평론에 동조하고 열광한다.

그러면 독자(삶)로부터 거절당한 작품의 주인공들은 삶에 대해 어떤 태도를 취하는가? 개개의 작품 주인공들이 삶을 보는 관점은 작품이 변해 감에 따라 달라져 우리는 삶과 예술이 차츰 그 상관관계를 달리하고 있는 것을 관찰할 수 있으며, 또 갈등을 해소하기 위한 노력의 과정을 볼 수 있게 된다. 초기 단편 「키 작은 프리데만 Der kleine Herr Friedemann」과 첫 장편 『부덴브로크 일가 Buddenbrooks』에서, 우리는 이중적 존재가 어떤 과정을 거쳐 생겨나는가, 다시 말해 그 과정에서 저주받은 예술가가 어떻게 탄생하는가, 즉 삶과 예술의 갈등의 유래가 어떤 것인가를 뚜렷하게 관찰할 수 있다.

> 삶과 예술, 마적 위험과 관행적 질서 사이의 갈등은 예술 창작 일반의 기본 문제의 하나이다.[1]

동시에 여기에서 우리는 실생활에서의 생명력과 예술가 기질에 대립되는 인간 존재의 본질로서 이율배반 Antinomie의 현상 — 어느 한쪽에 기울면, 다른 한쪽은 반드시 약화되거나 멸망하는 현상 — 을 유지하고 있음을 볼 수 있다. 즉 건강한 시민 계급이 정신화됨에 따라, 생명력을 잃고 실생활에서 탈락하여 몰락하는 것이다. 토마스 만은 〈나는 시대나 일반적인 일에 관해서 이야기할 필요가 있을 때도, 나 자신에 관하여 이야기하기만 하면 된다는 신념을 가지고 있다〉[2]고 말한 바 있지만, 그는 바로 자기 자신의 이중적 갈등을 표현하기 위해, 톨스토이와 괴테의 영향을 받아 자서전적 기술 방법을 작품에 도입하였다. 왜냐하면 이중성의 갈등이라는 인간의 복잡한 내면적 현상을 관찰하고 분석하는데, 자기 자신을 본보기로 할 때보다

더 적합한 경우가 있을 수 없기 때문이다.[3]

따라서 초기 단편 「키 작은 프리데만」에서 「배고픈 사람들 Die Hungernden」에 이르는 그의 작품에서는 삶을 의지의 철학으로 파악하여 삶에 대한 긍정적 부정과 이를 극복하는 방법으로서 예술에의 몰입을 통한 인식의 길을 제시하는 쇼펜하우어의 영향이 나타나고 있다. 즉 토마스 만 자신의 모습으로 등장하는 주인공들은 한결같이 삶에 대해 극단적 대립의 태도를 취하고 있는 것이다. 극단의 대립으로 보이는 데카당스의 사상들은 결국 이원 사상의 조화로 극복되려는 피나는 노력의 결과로 토마스 만 특유의 아이러니가 생겨나고 있다. 이러한 토마스 만 본래의 아이러니는 니체와 쇼펜하우어의 정신과 삶에 대한 극단적이고 일방적인 사상을 반대 감정 양립의 관계로 정초가 놓이게 되었다.[4] 이렇게 양자의 대립되는 사상을 자기 것으로 소화시켜 발전해 나간 토마스 만의 아이러니란 대립이 아닌 조화, 중용이 그 본질인 것이다. 〈이미 「토니오 크뢰거」의 후반부에서 종합의 조짐을 느낄 수 있다.〉[5]

중용이란 넘치지도 모자라지도 않은 상태를 말한다. 어느 극단으로 치우치지 않은 상태, 즉 낭비하지도 인색하지도 않은 상태인 절약을 행하면, 이것이 중용이다. 유의할 점은, 중용은 두 극단의 기계적인 중간이라기보다는 균형 잡힌 선택을 의미한다. 절약은 낭비보다는 인색에 가깝다. 우리는 여러 가지 경험을 겪은 후 자신에게 적절한 절약의 상태를 알 수 있게 된다. 이 과정에서 자연스럽게 절제하는 습관이 몸에 밴다. 오랜 시간 노력해서 훌륭한 품성을 갖추게 된다. 아리스토텔레스의 『정치학』에서 중용은 개인적인 차원을 넘어 국가적 차원으로 해석될 수 있음을 보여 준다. 국가의 중용이란 중간 계급이 수적으로 우세한 상태다.

앞에서 언급된 아이러니가 갈등의 해소책으로 「토니오 크뢰거」에 이르러 최초로 그 모습을 드러내는데, 여기에서 아이러니란 〈시민성에 대한 사랑 Bürgerliebe〉으로, 이것을 통해 예술가는 몰락으로부터 빠져나올 수 있고, 또 진실한 문학 세계로의 접근이 가능하게 된다.

투쟁과 추구의 과정으로 빠져들지 않으려는 작가는, 다시 말해서 자신에 관해 이야기하는 작가는 사건의 외부에서, 그리고 그것을 초월하여 서 있어야 한다. 이런 거리가 작

가에게 아이러니를 마련해 준다.[6]

「트리스탄 Tristan」에서는 이런 거리로 인해서 아이러니로 등장하는 작가가 어느 세계에도 빠져들지 않고 관조자의 입장을 취한다. 이렇게 그의 초기 작품의 주인공들은 사회에서 자신의 존재를 의식하지 못하고, 어떤 의지나 책임도 맡지 않고 자신 속으로 침잠하여 자신 속에서만 모든 행복과 가치를 찾음으로써 자기 내면에 대한 동경을 찾고 있다.[7]

비록 초기 작품의 주인공들은 이러한 내용을 동경하면서 자기 내면에 안주하려 하지만, 많은 선행된 인식 및 자신의 상황을 주위 사람과 비교함으로써 「어릿광대 Bajazzo」는 내면적 행복과 내면적 행복의 관념의 차이를 두지 않을 수 없었다. 프리데만은 내면적 행복의 상실에 대해 고통받으면서도 외면의 행복한 사람들과 상반 교류의 결핍에 괴로워하고 있다. 이러한 사실은 어릿광대의 보고의 마지막 부분에서 다음의 언급을 통해 볼 수 있다. 〈나는 사랑했는가? 이러한 물음이 허용된다면 나는 정말로 이 소녀를 사랑했는가? 아마도 (……) 그러나 어떻게, 왜? 이 사랑은 이미 오래전에 자극받아 병든 내 공허감의 소산이 아니었던가? 이 공허감은 얻기 힘든 이 귀중품을 처음 보았을 때 고통스럽게 고개를 들고 일어나서 질투, 증오, 자기변명의 감정을 불러일으켰는데, 이 사랑은 결국 그런 공허감에 대한 변명, 출구, 탈출에 지나지 않았던 것이다.〉[8]

이러한 내면적인 행복으로부터 외면적인 행복으로의 소극적인 변형이 「배고픈 사람들」과 「토니오 크뢰거」에서 좀 더 구체적인 것으로, 즉 잔인함과 위대성과 세련되지 못한 아름다움이나 비범한 것이 아닌 정상적이며 예의 바름, 사랑스러운 것, 즉 평범한 삶에 대한 동경이 나타난다. 우울한 국외자인 야코비 Jacoby도 아름답고 평범한 부인 아르마 Arma에 대한 사랑을 가지고 있으며, 「배고픈 사람들」에서는 한 예술가의 삶이 평범하고 행복한 사람들의 삶과 연결되어 표현되고 있다. 또한 「토니오 크뢰거」의 리자베타에게 이러한 삶을 사랑하며 남들은 그가 삶을 증오하며, 무서워하며, 경멸하고, 기피한다고 말하기도 하고, 또한 글까지 써서 인쇄했다고 하지만 그는 다음과 같이 말한다. 〈나는 삶을 사랑합니다. (……) 그리고 나는 어찌하여 사람들이 비상하고 악마적인 것을 이상으로 숭배하려 드는지 도무지 이해가 되지 않습니다. 정신과 예술에 대해 영원한 대립물로 대치되는 것 같은 삶, 그것은 평범한 사람이 아닌 우리들에게는 잔악한 위대성이나 야성적인 아름다움으로 비범한 것으로 보이지 않습니다. 오히려 우리가 동경하는 왕국은 정상적이며, 단정하며, 사랑스러운 것이며, 매혹적인 그런 평범성 속의 삶인 것입니다.〉[9]

이러한 삶에 대한 동경을 가진 크뢰거는 자기 내면으로의 침잠인 문학을 통한 예술가의 길을 직업이 아닌 저주로 느끼는데, 문학을 인간으로부터 예술가를 소외시키고, 인간과 예술가 사이에 심연을 만들고, 결국 그들 사이에 어떤 이해도 가능하지 않게 만든다. 이러한 데카당스적인 경향으로부터 발전된 의식이「토니오 크뢰거」후반부에 나타난다. 크뢰거는 푸른 눈과 금발에 대한 사랑은 바로 시민성에 대한 사랑을 의미하며, 이러한 시민성은 토마스 만이 어린 시절부터 계속해서 지니고 있던 것이다. 이러한 시민성의 분위기는 주로 초기 작품에 자주 표현되고 있는데, 이러한 것에는 사교적인 살롱, 향락적이며 교양 있는 시민 가정의 분위기와 극장이나 사교적인 승마가 속하며, 이러한 세계는 분명하고, 강건하고, 신사적인 분위기가 감도는 세계이다.[10]

이러한 시민성에 대한 사랑은 크뢰거가 그의 고향으로 돌아가는 여행과, 그의 친우 리자베타에게 보낸 편지에 잘 나타나 있다. 여행 도중에 고향에 도착한 크뢰거는 그의 부친의 환상으로 인해 자신이 걸어온 예술가의 길에 대한 심한 후회와 번뇌에 싸이게 되며, 북구의 해변가에서 옛 친구였으며 금발의 푸른 눈을 가진 두 사람을 만나는데, 이때 향수에 젖어 가슴이 설레고 고통을 느껴 어둠 속으로 물러서서 그들에 대한 그의 사랑이 예술가가 된 지금에도 변하지 않았음을 고백한다. 이러한 크뢰거의 사랑에서 좀 더 나은 것을 할 수 있다는 확신이 예술과 삶 사이를 가깝게 하고, 그 결과 예술을 통해 삶을 좀 더 풍부하고 고귀하게 하는 과제를 인간 사회에서 부여하게 된다. 이와 같은 예술과 삶의 결합으로서 데카당스적인 예술성을 극복하는 하나의 가능성을 제시해 주고 있다.

2. 양극의 조화를 통한 인간애 추구

중세 그리스도교의 호교 신학자인 락탄티우스 Firmianus Lactantius(약 245~325)는 이 세상에서 의로운 자가 부정한 자 못잖은 시련을 받아야 하는 이유를 이해하려 했다. 우주는 지상 대 하늘, 지옥 대 천국, 어둠 대 빛, 죽음 대 삶, 밤 대 낮, 추위 대 더위라는 식의 양극(兩極)으로 가득 차 있다. 이러한 양극의 요소는 사상적 성격뿐만 아니라 과학에서도 유래하고 있다. 독일 낭만주의 시대에 물리・화학 현상에 대한 새로운 과학적 지식의 도움을 받아 인간의 본성을 설명하려 했을 때, 사람들은 주저하지 않고 상이한 성(性)과 전기(電氣) 현상의 극성(極性), 자기(磁氣)의 더욱 신비스러운 극성을 관계 지었다. 괴테도 〈자석은 원형상이다 Das Magnet ist ein Urphänomen〉[11]라고 말하고, 계속해서 〈표현됨으로써 충분히 설명되는 원현상(元現象), 그것은 그래서 모든 다른 현상의 상징이 된다〉[12]라고 말했다. 이처럼 인간 본성에 대한 위대한 관찰자들의 관찰로 가득한 사상을 설명하는 데 소박한 물리학도 적용되고 있었다. 괴테와 같은 사고의 천재도 이 경향을 따랐는데, 거기에 설명되어야 되는 것의 본성은 없었다.

〈왜 신은 악을 만들었을까. 전지전능하다면 선만 만들 수 있지 않았을까.〉 종교 지도자가 자주 듣는 근원적 질문이다. 〈선을 더욱 드러내기 위해서이다.〉 빛이 어둠 속에서 더욱 두드러지듯이, 선은 악과 공존하여 아름다움을 드러낸다. 이는 서로 다름이 공존해야 하는 이유다. 결국 악의 배제는 선을 없애는 것으로, 이는 락탄티우스의 이론이다. 똑같은 방식으로 종교 개혁가 루터 Martin Luther도 개혁가답게 〈용감하게 죄를 지어라. 그리고 투철하게 회개하라!〉고 가르쳤다. 죄를 지을 수 있는 자만이 회개할 수 있다는 논리이다. 아닌 게 아니라 사도 바울은 그렇게도 혹독하게 기독교인을 학대한 경험이 있었기에 그토록 투철한 신앙에 들어갈 수 있었던 게 아닐까. 근대의 악에 대한 합리적인 이론은 라이프니츠 Gottfried W. Leibniz의 악에 대한 철학적 해석을 풍자해 볼 수 있다. 라이프니츠 철학에 의하면, 모든 악은 멀리할 것이 아니라 오히려 반겨야 하는데, 그것은 가장 조화로운 세계에 필요한 요소이기 때문이다. 라이프니츠의 낙관주의가 악에 대한 철학적 이론을 바탕으로 하는 만큼 악에 대한 철학적 고찰은 흥밋거리요 중요한 문제이다. 철학자

고댕 Christian Godin은 선과 악을 뚜렷이 구분할 만한 보편적 기준은 없으며, 그 기준은 시대와 문화권에 따라 상대적이라고 말한다. 이런 배경에서 보들레르 Charles-Pierre Baudelaire는 악이 미의 꽃을 생성시킨다고 믿어, 일탈적인 광기나 추한 것도 이와 반대되는 현상들만큼이나 아름다울 수 있음을 보여 주려 했다. 그는 사드 Marquis de Sade나 포 Edgar A. Poe처럼 미의 가치들을 역설적으로 평가했으며, 공포·고통·성적 횡포·가학성 변태 성욕은 아름다운 것으로 예술의 주제로 적합하다고 주장했다.

결론적으로 악마적인 것은 물론 신적인 것에 대립되지만, 필수 불가결한 요소이다. 그것은 신적인 것뿐만 아니라 진실한 인간성의 일면의 표현으로 정열에 대해서 냉담, 천재성에 대해서 세속성, 진실에 대해서 조롱을 본분으로 하지만, 궁극적으로는 인간성의 일부분이다.

이러한 배경에서 볼 때, 인간은 선과 악을 동시에 지닌 존재다. 이러한 선과 악의 이원적 사상이 많은 작가들의 작품에 담겨 있는데, 이를 철저히 탐구한 작가로 러시아의 작가 도스토옙스키를 들 수 있다. 도스토옙스키가 도달한 결론은 〈인간의 내부에는 선과 악이 공존한다〉는 사실이었다. 『카라마조프의 형제들』의 주인공인 드미트리는 한 인간 속에 〈마돈나의 이상〉과 〈소돔의 이상〉이 나란히 존재한다고 외친다. 신과 악마가 무한히 투쟁을 벌이는 곳이 바로 인간의 마음이라는 것이다. 따라서 도스토옙스키의 소설에는 완벽하게 선한 인간도 별로 없고 완벽하게 악한 인간도 별로 없다. 도스토옙스키는 인간의 모든 것, 모든 일, 모든 사건을 언제나 정반대되는 두 가지 시각에서 동시에 고찰한다. 인물과 사건과 에피소드들은 선과 악을 축으로 거울처럼 서로를 반사한다.

이러한 이원적 사상이 토마스 만의 작품들에도 담겨 있다. 토마스 만은 데카당스 사상을 탈피하여 삶을 긍정하는 의지, 즉 퇴폐와 질병에 지배되는 무력한 고립이 아니라, 서로의 사상적·도덕적 대립에서도 상호 조화를 이루는 숭고한 삶인 휴머니즘으로 돌아가려는 의지를 강렬하게 나타내고 있다. 이러한 사상이 가장 강렬하게 담겨 있는 대표작으로 그의 후기 작품인 『마의 산 Der Zauberberg』을 들 수 있다. 『마의 산』에서 젊은 주인공 카스토르프에 의해 그러한 대립적인 본질들이 지양되고 극복되어, 그 모든 것을 포용한 새로운 종합적 개념, 즉 휴머니즘이 추구되고 있다.

따라서 『마의 산』에서는 의학, 법, 언어, 종교, 예술 등 다양한 삶의 본질들이 대립적으로 광범위하게 다뤄지지만, 그러한 대립적 본질들은 카스토르프라는 젊은 주인공에 의해 지양되고 극복되어, 그 모든 것을 포용한 인간의 종합적 이념, 즉 인류애인 인문주의 이념이 추구되고 있다. 인류애란 형제애요 곧 인문주의이다. 이러한 인문주의의 내용이 『마의 산』 제5장 〈고전 문학 *Humaniora*〉에서 카스토르프가 요양소 원장인 베렌스에게 행한 다음의 서술에 잘 나타나 있다.

> 내가 말하고자 하는 것은 이것입니다. 의학은 무엇을 대상으로 하는 것입니까? 나는 의학에 대해서는 물론 잘 모르겠습니다만, 의학의 대상은 뭐니 뭐니 해도 인간입니다. 그렇다면 입법, 사법, 행정은? 역시 인간이 그 대상입니다. 그리고 언어 연구는? 또 신학, 종교, 성직은? 모두가 역시 인간이 대상입니다. 이것들은 모두 꼭 같은 하나의 중요한 관심, 즉 인간에 대한 관심의 변형에 지나지 않습니다. 이것들은 한마디로 말해서 인문적인 직업입니다. 그리고 이러한 인문학적 직업을 연구하려면 무엇보다도 고대 언어를 기초로 배워야지요. 이는 흔히 말해서 형상의 형성을 위해서입니다. 내가 이러한 이야기를 하는 것에 당신은 아마 의아해할 것입니다. 나는 단지 사실주의자이고 공학도이니까요. 그러나 나는 최근에도 누워서 생각해 보았습니다. 어떤 종류의 인문적인 직업에도 형식적인 것, 형식, 아름다운 형식이라는 이념, 이것이 기본이 되어 있다는 것은 아주 훌륭한 일이며 이 세상에서 매우 훌륭한 장치 중의 하나입니다. (……) 이것을 보더라도 정신적인 것과 미적인 것, 바꾸어 말하면 과학과 예술이 얼마나 밀접히 관계하고 있는지를, 아니 사실은 옛날부터 늘 동일한 것이었다는 것을 알 수 있으며, 따라서 예술의 작업도 무조건 소위 제5분과로서 인문학의 일부이며, 또 예술의 가장 중요한 테마나 관심사가 인간인 이상 예술도 인문적인 작업이며, 인문적 관심의 한 변형에 지나지 않습니다. (Z 362 f.)

이 내용을 보면, 인류애인 인문학, 즉 진리는 한 분야로만 규정할 수 없다는 결론이 생긴다. 바보도 천재도 아닌 단순한 청년 카스토르프는 끊임없이 시간 체험을 하면서 다각적인 대립적 갈등에 부딪히게 된다. 인문주의자 세템브리니 Settembrini와 죽음에 대한 중세적인 신비주의자인 나프타 Naphta는 서로 경쟁적으로 카스토르프를 교육시키는데, 그것은 육체란 자연이며 자연은 정신과 대립된다는 나프타의 이원론과, 자연이나 육체는 바로 정신이라는 세템브리니의 일원론의 대립으로 구분된다. 카스토르프는 이 두 명의 치열한 경쟁의 틈바구니에서 그들에게 휘말려 들지 않고, 항상 제3자적 입장을 취하면서 적절한 조화를 이루려 하여, 그들의 주장과 토론을 경청할 따름이지, 섣불리 판단을 내리기를 꺼리면서도 점차 나름대로의 판단 능력과 비판 의식을 길러 나간다. 삶을 물질로 보는 나프타와 정신으로 보는 세템브리니의 두 이론은 결국 양극을 이루게 되는데, 토마스 만은 이 사상의 중도, 즉 조화를 모색하게 된다.

> 삶은 물질이 아니며, 정신도 아니다. 그것은 둘 사이의 어떤 것이며, 물질에 의해 동시에 폭포 위에 있는 무지개에 의해 지속되는 현상이다.[13]

세템브리니와 나프타가 이성, 자유, 진보 등 서양적 이념의 대변자로서, 즉 서유럽의 대변자로서 카스토르프의 지적인 면을 갈구할 때 여기에 상응하여 동방의 세계를 대표하는 인물인 쇼샤 Chauchat 부인이 등장하는데 카스토르프는 쇼샤 부인에 대한 사랑을 통해 내적 세계를 체험하게 되고 세템브리니와 나프타의 변증법적 논쟁에서 벗어나 새로운 중용적 종합적 인간으로 발전되어 간다. 본질적으로 쇼샤 부인은 흰 팔을 가지고 곁눈질을 즐기는 유혹자이며, 독일의 전통적인 악인으로 연상되는 붉은 머리의 인물로 등장한다.

또 카스토르프의 사촌 침센 Joachim Ziemssen은 그에게 더욱 중요한 역할을 하고 있다. 그는 프로이센의 의무감을 심어 주어 매사에 수동적인 카스토르프에게 세템브리니와 나프타의 서양적 사고방식과 쇼샤 부인의 동양적 미의 융합에 일종의 강건한 남성의 감각을 고취시켜 카스토르프를 더욱더 완성된 인간으로 발전시킨다. 결국 세템브리니와 나프타의 극단적 서구 이론도 삶의 허약자인 카스토르프에게는 너무도 과격하고, 일종의 반대 감정 병존 *Ambivalenz*을 지니고 있는 것으로 드러나게 된다.

어느 날 갑작스러운 눈보라에 의해 카스토르프는 잠에 빠져들어 꿈속에 몰입되어 눈의 하얀색으로 암시되는 무의 상태로 들어가게 된다. 처음에 조용하고 아름답고 우아한 양지의 사람들이 나타나는 꿈은 휴머니즘의 면을 나타낸다고 볼 수 있다. 즉 괴테의 고전적인 헬라스Hellas이며 아폴론적인 그리스를 나타내는 것이다.[14] 꿈속에서 카스토르프는 도릭 Doric 사원을 발견하고 거기에 들어가서 한 아이의 손발을 잘라 먹고 있는 무시무시한 무당을 보게 되는데, 이 장면은 수동적 인간인 카스토르프에게 휴머니즘 사상과 죽음의 숭배를 일깨워 주어 그를 다음의 결론에 도달하게 한다. 즉 이 양지의 사람들은 우아한 휴머니즘과 더불어 살며, 또 삶의 밑바닥에 뿌리박은 잔인성과 불행을 알기 때문에 고귀함을 창조해 낸다는 사실을. 따라서 밝은 세계만을 인정하는 세템브리니는 속물이며, 또 그러한 세계를 반대하는 나프타는 사악한 존재라는 사실을 카스토르프는 인식하게 된다. 〈나는 이곳 산정(山頂)의 사람들에게서 방탕과 이성에 대해서 많은 것을 체험하게 되었다. (……) 이제 나는 인간의 전부를 알게 되었다.〉(Z 684)

모든 이념은 그 상반되는 사실도 아울러 지니므로 서로 조화의 길을 모색하여 더욱더 고귀하고 높은 차원의 이념에 도달해야 한다는 사실을 제시해 주는 것이다. 즉 인간은 이율배반을 지배해야 하고, 서로 대립되는 지식을 통해 더욱더 숭고한 완성으로 접근해 가야 한다는 사실을 보여 주고 있다.

나는 높고 위험한 산맥을 나프타와 세템브리니와 함께 돌아다녔다. 이제 나는 인간의 전부를 알게 되었다. 인간의 육체와 피를 알게 되었다. 인간의 육체를, 생을 인식한 사람은 죽음을 인식한다. 그러나 그게 전부는 아니다. 반대되는 다른 반절 부분을 지녀야 한다. 왜냐하면 죽음과 병에 대한 관심은 생에 대한 관심의 표현에 지나지 않기 때문이다. (Z 452)

이와 같은 카스토르프의 독백은 그의 편력과 체험, 상승 및 교화 과정을 간결하게 압축하고 있다. 결국 인간은 반대되는 다른 부분을 지녀야 하는 것이다. (Z 684)

3. 삶과 죽음의 조화

카스토르프는 허약 체질의 인물이다. 그는 어렸을 때부터 가끔 울혈과 빈혈증을 앓았다. 따라서 카스토르프는 마의 산을 찾아올 때 병자의 신분이 아니라 잠깐 방문객으로 들르지만 그는 선천적으로 죽음의 병을 타고났다고 볼 수 있다. 그는 부모나 조부의 죽음을 지켜보면서 죽음을 본질적이고도 진실한 삶의 한 형태로 체험하게 된다. 그러나 카스토르프는 천부적으로 타고난 죽음에의 몰두를 상실해 간다. 그는 죽음의 개념이나 삶의 모든 어둠, 비밀스러움을 합리주의적 시각으로 간과하고 무시하는 것이 아니라, 그것을 자체 연관적으로 파악하여 그런 것에 지배되지 않는 어떤 인류애를 깨닫게 된다. 결국 토마스 만은 〈미래의 병과 죽음에 대한 가장 깊은 지식을 통해 관찰된 휴머니즘의 개념을 인간의 이념으로 특질화하고 있다. 따라서 인간화란 죽음 및 고뇌 일반과 대면하여 하나의 정화 과정의 체험을 뜻한다.〉[15]

이러한 카스토르프를 통해서 토마스 만은 죽음으로부터 언젠가는 삶, 다시 말해 사랑이 싹트리라는, 또 죽음은 일종의 위대하고 큰 힘이며, 삶과 동일한 비중을 가지고 있다는 사실을 암시해 주고 있다.

> 삶은 죽음이다. 거기에는 말로 더 이상 미사여구적으로 표현할 것이 별로 없다.(Z 371)

죽음의 진가는 삶 속에 있다는 사실을, 즉 죽음의 가치는 삶을 충분히 인식해야만 나타나는 사실을 암시해 주는 것이다. 〈왜냐하면 죽음과 병에 대한 관심은 삶에 대한 관심의 표현에 지나지 않기 때문이다.〉(Z 371) 죽음을 찬양하는 나프타와 삶을 찬양하는 세템브리니, 이들 두 명의 죽음과 삶의 대변자들은 수동적 인간인 카스토르프로 하여금 중용, 즉 조화의 길을 모색하도록 이끌어 준다. 결국 카스토르프는 전쟁에 참여하여 죽음을 맞게 되는데, 마지막 순간의 벨기에 전투에서 낭만주의의 상징인 〈「보리수 *Der Lindenbaum*」〉(Z 993) 노래를 부르게 되는 사실은 사랑과 미래의 정복을 의미하는 것이라고 볼 수 있다. 즉 죽음을 통하여 또 다른 삶에 접어드는 것이다. 삶 자체는 연약한 것으로서 불안전하다. 이러한 모순 속에서 영위될 수밖에 없는 상태를 벗어나 보다 고차원적인 삶의 연속인 죽음으로의 길을 향하지만, 죽음 자체에 자신의 사고에 대한 지배권을 내맡긴 것이 아니라 인류의 선과 사랑이 담긴 영원한 삶의 세계로의 도전을 감행하는 것이다.

> 인간은 선과 인간애를 위해서 죽음에 자기 사고의 자유를 지배하도록 해서는 안 된다.(Z 686)

『부덴브로크 일가』에서 존재의 영원성에 이르게 하는 중개적 기능을 가진 개체의 죽음은 『마의 산』에 오면 기능이 변하여 이중의 성질을 띠게 된다. 그것은 제한된 시민적 삶을 지양하고, 존재의 영원성에 이르게 하는 정신적 상승 작용뿐만 아니라, 동시에 파괴의 무질서에 해체와 공허(空虛)에 이르게 하는 정신의 파괴 작용을 하고 있다. 정신의 상승을 가능하게 하고 동시에 정신의 파괴를 저해하기 위해서는 중도적 거점의 요구가 불가피한 법이다. 말하자면 시민 생활의 합리적 이성과 정신의 창조적 상승을 위한 초개체적인 영원성의 의지에 있는 거점이 그것으로, 아이러니의 거점인 것이다. 따라서 죽음은 삶의 대치도 아니고, 삶의 부분도 아닌 이중적 의미를 갖고 있음을 보여 준다.

여기에 연관하여 모든 도덕과 덕은 그 자체만으로는 무의미하며, 그와 상반된 정열, 즉 죄악의 상호 조화를 이룸으로써 더욱더 강렬하게 상승한다는 사실을 토마스 만은 암시하고 있다. 『마의 산』에서 카스토르프는 쇼샤 부인으로부터 러시아어 수업을 받는데, 거기에서 〈진정한 도덕은 덕에 있는 게 아니라 죄에 있다〉고 배운다. 〈도덕? 당신은 그런 것에 흥미가 있어요? 우리들은 도덕을 덕에서, 즉 이성, 질서, 양풍, 성실 같은 데서 찾는 게 아니라 오히려 그 반대의 것, 요컨대 죄에서 찾아야 할 것이라고요. 위험한 것 속에 몸을 던져서, 즉 우리들을 파멸시키는 것 속에 뛰어들어감으로써 말이에요. 우리들에게는 일신의 안전을 도모하기보다는 일신을 파멸시키고 손상하기까지 하는 것이 훨씬 도덕적이라고 생각되어요. 위대한 도덕가는 덕이 있는 사람이 아니라, 악덕의 모범가로서 비참한 것 앞에 그리스도 정신과 교리 정신(敎理精神)으로 무릎을 꿇는 것을 가르쳐 주는 위대한 죄인이었다고 말예요.〉 (Z 473) 이 주장은 모든 도덕과 덕은 그 자체만으로는 무의미하며, 그와 상반되는 정열, 즉 죄악과 상호 조화를 이룸으로써 더욱더 강렬하게 상승한다는 사실을 암시한다. 따라서 인간은 대립의 중용자이며 이성과 비이성의 중간자여야 한다. 작품 『마의 산』에서는 이러한 도덕과 파멸 등이 주인공의 교육을 위한 불가피한 수단으로 작용하는 가운데 서로 상호 조화 속에 보다 높은 완성의 의지로 향하고 있다.

주

1 Kurt Bräutigam, *Thomas Mann. Tonio Kröger*(München, 1969), S. 8.
2 Thomas Mann, *Gesammelte Werke* in 13 Bänden, Bd. 11(Frankfurt/M., 1974), S. 571.(이하 *Gesammelte Werke*는 GW로 줄이고 뒤에 권수 기입)
3 송동준, 『토마스 만의 생애와 작품』(문학과지성사, 1977), 31면.
4 Kurt Bräutigam, a.a.O., S. 10.
5 같은 책, S. 11.
6 같은 곳.
7 Erdmann Neumeister, *Thomas Manns frühe Erzählungen*(Bonn, 1977), S. 56과 비교하라.
8 Thomas Mann, *Bajazzo*, GW 8, S. 138.
9 Thomas Mann, *Tonio Kröger*, GW 8, S. 302.
10 Helmut Koopmann, *Thomas Mann. Konstanten seines literarischen Werkes*(Göttingen, 1975), S. 82.
11 J. W. von Goethe, *Maximen und Reflexionen*, in: *Goethes Werke* in 14 Bänden, Bd. 12, hg. von Erich Trunz(München, 1988), S. 367.
12 같은 곳.
13 Thomas Mann, *Der Zauberberg, GW* 3, S. 292.(이하 해당 부분에 Z로 줄이고 뒤에 면수 기록함)
14 Ursula Heise u. Dietrich Steinbach, *Texte zur Theorie der Literatur*(Stuttgart, 1970), S. 118.
15 Hans Bürgin(Hg.), *Thomas Mann, Das essayistische Werk*(Frankfurt/M., 1968), S. 337 f.

제3장 『파우스트 박사』에서 독일적 요소

〈독일은 흥분으로 벌겋게 달궈진 뺨을 하고 황폐한 승리의 절정에서 비틀거리고 있었다. 피로 서명하고 지키기로 생각했던 계약에 힘입어 세계를 손안에 넣을 참이었다. 오늘 독일은 악마에게 휘감긴 채 한쪽 눈을 손으로 가리고, 다른 한쪽 눈으로는 잔혹한 광경을 응시하면서 점점 더 깊은 절망으로 추락하고 있다. (……) 한 고독한 사내는 두 손을 모으고 말한다. 신이여, 가련한 영혼에 은총을 베푸소서, 나의 친구와 조국에게.〉(DF 676) 이 말은 차이트블롬이 레버퀸 생애 서술의 마지막에 행한 말로서, 소설 『파우스트 박사』 전체의 감정, 즉 레버퀸 형상이 독일 역사에 용해됨을 보여 준다. 서술자 차이트블롬이 일생 동안 레버퀸에게 품고 있던 무시무시한 사랑이 이 말 속에서 느껴진다. 은총을 빌며 신을 부르는 이 말 속에서 편향적이며 고통스러운 사랑을 느낄 수 있는데, 이런 사랑과 소원이 조국 독일에도 적용되고 있다. 친구와 조국의 죄는 이 세상의 어떤 이성으로도 용서, 구원되지 못하고 오직 신의 은총으로만 구원 가능하다. 토마스 만 초기 작품의 사상이 나선형으로 점점 고상한 방향으로 발전해 가는 반면, 『파우스트 박사』의 나선은 반대 방향, 즉 심연과 암흑, 악마성으로 들어가는데, 이는 국가 사회주의 시대 독일이 깊은 심연 속에서 허우적거리는 것과 같다. 『파우스트 박사』의 이해를 위해서는 이 작품 성립 시의 토마스 만의 생활상뿐만 아니라 그와 국가 사회주의의 독일과 독일 정신의 관계를 보여 줄 필요가 있다. 이것이 이 장 제1부의 내용이며 제2부는 독일적 소설의 시각에서, 다시 말해 토마스 만이 이 작품에서 독일의 마귀성을 아드리안 레버퀸의 인물 속에 어떻게 형성하는가를 분석 규명하고자 한다.

1. 토마스 만과 독일의 관계

1) 『파우스트 박사』 집필 당시 토마스 만의 생활상

영국이나 프랑스의 현대 문학사상에는 없었고, 우리나라에도 없었으며, 오직 독일에서만 존재했던 망명 작가의 대표로 토마스 만을 꼽을 수 있다. 토마스 만은 국가 사회주의가 정권을 장악하여 문학을 정치적으로 이용하려 하자, 이에 절망하여 조국을 떠나 망명 길에 오르게 되었다. 토마스 만은 두 달의 준비도 채 못하고 1943년 5월 23일 『파우스트 박사』를 쓰기 시작했는데, 이때는 40년간 살았던 뮌헨을 떠난 지 10년이 지난 후였다. 그는 1936년 12월 2일에는 독일 국적을, 그리고 1936년 12월 19일에는 본 대학 명예 문학 박사 학위까지도 박탈당하는 등 조국을 빼앗겼다. 또 작품들이 소각, 금지되었지만 토마스 만의 생의 기력만은 꺾을 수가 없었는데, 이 사실은 그의 창작에 대한 끊임없는 집착에서 나타나고 있다. 그의 위대한 4부작 『요셉과 그의 형제들』은 이러한 창작의 집착을 보여 주고 있다. 토마스 만이 16년간에 걸쳐 완성한 4부작 『요셉과 그의 형제들』의 시대적 배경은 파시즘의 대두, 망명 생활, 제2차 세계 대전 등 작가에게는 고난의 시대였다. 이 작품에는 토마스 만의 외적 파산 속에 내적인 균형이 담겨 있으며, 구약 성서의 세계가 신비적으로 정신의 휴식처가 되고 있다. 토마스 만은 『요셉과 그의 형제들』의 사건이 자신의 반영임을 종종 말하는데, 이 작품 서문의 다음 내용이 이를 잘 보여 준다. 〈나는 이 작품에 감사드린다. 가끔 어두운 계곡으로 이끌어 가던 길목에 지팡이가 되어 준 이 작품에, 이 작품은 나의 피난처, 위안, 고향이며 영속의 상징이고 격렬한 변화 속의 나의 끈기의 증명이다.〉[1]

작품 『요셉과 그의 형제들』 대부분이 독일의 국가 사회주의 시대에 쓰였지만, 공화국 시대의 작품이라 말할 수 있고, 이 작품 속의 자기도취적 예술가로 등장하는 요셉은 마지막에 민족의 부양자가 되어 사회적 책임을 떠맡는다. 국가 사회주의의 테마인 『파우스트 박사』는 토마스 만이 제2차 세계 대전의 종식 후인 1947년 말에 완성하여 전후 소설이라 불리며, 또 지난 전쟁의 정치적 자극이 구체적은 아닐지라도 여기에 강렬하게 나타나고 있다. 자신의 고향을 빼앗고 자신을 구렁텅이 속에 빠뜨린 독일을 토마스 만은 극도로 증오하여 이 시기에 그 자신은 독일과 융화되지 못하고 있다. 따라서 1940년 이후 미국에 망명하여 BBC 방송을 통해 독일 국민에게 히틀러 체제를 〈신의 채찍 Gottesgeißel〉,[2] 〈지옥의 악 Bosheit der Hölle〉, 그리고 〈진짜 악마적인 존재 Schlechthin Teuflisches〉[3]라며 강력히 비난하였다.

이러한 정치적인 깊은 원한에도 불구하고, 토마스 만은 독일의 근본적인 선을 믿어 국가 사회주의 지배하의 악한 독일을 〈길 잃은 선, 불행 속의 선, 죄악과 파멸 속의 선〉[4]으로 여겼다. 따라서 그는 신세계인 미국에서도 과거 자신의 삶의 토대와 문화를 일깨워 준 독일의 본질에서 벗어날 수 없다고 생각했다.[5]

> 쇼펜하우어, 니체, 바그너 그리고 그 후에 무엇보다도 괴테, 그들은 모두가 다 매우 초독일적인, 유럽적인 특징을 지니고 있었다. 내가 그들에게서 발견했던 것은 유럽적인 것의 독일화이며, 그것은 나에게 있어서 예전부터 끔찍한 것이었고, 나를 독일로부터 추방한 독일 사회주의와는 반대되는, 나의 소망과 필요성의 목표를 형성했던 유럽적인 독일이었다. (GW 9, 757)

독일이 잔인하게 생각되었지만 토마스 만은 독일 전통문화와 동질성을 유지하려고 애쓰는 것이다. 이렇게 잔인하게 생각된 독일에서도 토마스 만의 독일 전통문화의 동질성에 대한 노력은, 전쟁 후 그가 독일로 다시 귀국할 때 썼던 말들이 증명한다. 〈내가 다시 거기(독일)로 돌아간다면, 다음의 예감, 즉 12년 동안 떨어져 산 결과인 두려움과 소외감도 천 년과도 같은 오랜 추억이 뒷받침한 (독일의) 매력에 물러서지 않을 수 없다는 예감이 든다.〉[6] 이렇게 독일의 본질에서 벗어나지 않은 토마스 만은 자신을 옛 문화의 상속 전달자, 즉 독일의 대표자로 자처했는데, 미국 이주 후에도 간직한 〈내가 있는 곳에 독일 문화가 있다 Wo ich bin, ist deutsche Kultur〉[7]란 좌우명이 보여 주듯이 그는 본질적인 〈독일인〉이었다. 또 그의 독일에 대한 본질은 그의 모국어 사랑에서도 나타나 미국에서의 오랜 생활에도 불구하고 〈영어가 완벽하지 못하고〉,[8] 독일어의 대가로 남아 있는 사실이 이를 증명한다. 스무 살 무렵부터 60여 년간 매일 오전 9시부터 정오까지 집필 작업을 하고, 몇 년 동안 영국 BBC 라디오 논평을 진행하면서 늘 〈독일 청취자 여러분 Deutsche Hörer!〉이라는 독일어로 방송을 시작했다는 일화가 전해진다.

많은 사람들이 다른 망명자들보다 더 깊은 실향의 감정을 체험했다. 독일 무대 없는 독일 극작가가 존재하겠는가? 보들레르 Charles-Pierre Baudelaire나 셰익스피어 언어의 민족 속에서 독일 시를 쓰는 정열적이고 온화한 언어의 시인이 있을 수 있단 말인가? 이 망명의 문학은 외국어의 불충분한 번역용으로, 또는 서랍 속에 처넣거나 미래용으로 쓰였다. 따라서 독일 문학의 대부분은 독자 없는 문학이 되었다. 즉 실향민의 문학은 실향 문학이 된 것이다.[9]

따라서 토마스 만은 망명 중에도 독일어를 풍부하게 하여, 『요셉과 그의 형제들』의 〈헤아릴 수 없이 독특한 독일어〉[10]를 이 망명 시기에 개발했고, 『파우스트 박사』에서 독일 고대의 민속과 루터의 언어까지 응용하여, 이 작품을 내용 및 언어 면에서까지 완전한 독일 소설로 만들었다.

2) 토마스 만과 독일인

토마스 만이 『파우스트 박사』를 독일적 소설이라 부를 때, 이는 작품의 독특한 구조뿐만 아니라 다른 세 관점을 근거로 들 수 있다. 바로 〈예술가의 소설〉, 〈파우스트적 소설〉 그리고 〈사회 소설〉인데, 이 세 분야가 독특한 방법으로 서로 레버퀸이라는 인물 속에 유입되어 토마스 만의 체험 같은 독일의 본질이 되고 있다. 이러한 독일의 본질과 거기에서 발생하는 독일의 악마화와 몰락의 길, 이것이 토마스 만이 자신의 70회 생일을 기념해 워싱턴 국회 도서관에서 행한 「독일과 독일인 Deutschland und die Deutschen」이란 강연의 주제이다. 토마스 만이 제2차 세계대전 직후에 워싱턴에서 행한 강연 「독일과 독일인」은 히틀러가 범한 죄에 대해

한 사람의 독일인으로서 자기비판 형식으로 미국 청중 앞에서 피력된 것으로, 여기에서 토마스 만은 독일 민족의 성격과 운명에 잠재된 수수께끼에 대해 〈의심할 여지 없이 많은 아름다운 것과 위대한 것을 이 세계에 주고 있으면서도 되풀이하여 지극히 비참한 길을 걸어, 세계의 고뇌의 씨앗이 되지 않으면 안 되었던 이 민족의 성격과 운명에 잠재하고 있는 수수께끼〉(GW 11, 1128)라고 밝히고 있다. 다시 말해서 괴테와 칸트 그리고 바흐 등을 배출한 문명의 나라 독일에서 어떻게 6백만 명의 유대인 학살 같은 야만적 사건이 일어날 수 있었을까? 역사는 야만에서 문명으로 발전한다는 계몽 사상가들의 신념이 독일의 국가 사회주의에 나타나고 있던 것이다.

토마스 만은 〈독일의 모든 선이 독일인의 손에서 악이 되는……〉(GW 11, 1128) 민족 재난에 대한 설명을 독일 정신사에서 찾고 있다. 독일 정신의 변질 타락이 처음으로 심리적 및 역사적 차원에서 다뤄진 토마스 만의 「독일과 독일인」 강연에 따르면, 독일 민족은 〈철학적 주지주의 der philosophische Intellektualismus와 계몽주의적 합리주의 Rationalismus der Aufklärung에 낭만으로 대항한 민족, 즉 문학에 음악으로 대항한 민족, 명확성 Klarheit에 신비 Mystik로 대항한 민족이다.〉(GW 11, 1143)

이런 배경하에 토마스 만은 독일 낭만주의를 종교 개혁에서 국가 사회주의로 둔갑한 재난으로, 또 낭만주의에서 독일 정신의 모든 선과 악이 발생한다고 생각해, 독일 내면성을 〈어떤 어두운 권력과 신앙, 다시 말해 삶의 저승적, 비이성적 및 악마적 힘, 즉 삶의 근본에 가깝고 이치적 세계관과 세계사(世界事)에 성스럽고 지적으로 완전히 대립하여 이치적 세계관과 세계사에 역행되는 영혼의 고풍〉(GW 11, 1142 f.)이라고 정의를 내렸다.

낭만주의는 〈감정 더 나아가 신비적 황홀과 디오니소스적 도취를 중요시하여 낭만주의의 심리적 결과를 질병이라고 말하는데, 이는 질병의 매체로 죽음의 천재성에 도달한 후기 낭만주의자 니체가 질병을 인식론에 연결하여 찬양한 예와 같다〉.(GW 11, 1144 f.) 비스마르크에서 히틀러 시대까지 이어지는 〈마키아벨리즘 Machiavellismus〉(GW 11, 1143)과도 같은 〈낭만주의적 질병과 죽음의 씨앗〉 (GW 11, 1146)을 토마스 만은 제2차 세계 대전의 재난의 근원으로 보았다.

역사의 불행, 패전의 번뇌와 굴욕이 그것(낭만주의)에 다가왔다. 히틀러 시대 수준의 열등 속에 독일 낭만주의는 히스테리적 야만, 거만과 범죄 도취 및 발작 속에서 싹텄는데, 이러한 상태는 정신과 육체적인 유례 없는 국가적 재난의 공포의 결말을 보게 되었다.(GW 11, 1146)

토마스 만은 국가 사회주의 등에서 보이는 국가적 거만, 즉 자신들의 인종적·정신적 우월성이 세계를 지배할 선택된 존재라는 유혹을 재난으로 보며, 또 이 유혹의 근원을 유럽 민족 국가가 번창한 시대인 중세에서 르네상스로 가는 과도기로 보았다. 이 과도기를 토마스 만은 무엇보다도 종교 개혁자 루터에서 찾으며, 그를 독일 본질의 위대한 화신으로 보았다.

순수 문명 속의 독일적인 것, 분리적이며 반로마적, 반유럽적, 격앙적인 촌스러움, 욕하고 침 뱉고 광폭하고 억셈, 이러한 것들이 연약한 감성 그리고 악마, 기형아를 믿는 극단의 미신에 연관되어 있다. 루터가 보수적 혁명가로 해방과 격퇴의 이중 구조의 힘을 지닌 독일적인 인물, 또 가장 독일적인 문체를 지닌 위대한 인물이란 사실을 누가 부정하겠는가?(GW 11, 1133)

토마스 만은 농민 봉기를 반대한 루터의 비정치성을 강조하였는데, 이는 자본주의 발전에서 종교의 역할을 강조한 사회학자로 널리 알려진 베버 Max Weber의 사상과 일치한다. 독일은 1871년에 이르러서야 서유럽 국가들 중 마지막으로 통일을 이룬 〈지각한 국가〉였고, 통일의 중심에는 토지 귀족 출신의 비스마르크가 있었다. 베버와 그가 속한 시민 계급은 정치적으로 비스마르크의 〈아들〉이었다. 그들은 비스마르크가 구축한 독일 제국에서 태어났고, 그 기반 위에서 자랐기 때문이다. 시민 계급은 자신을 〈아버지〉인 귀족 계급과 동일시했다. 이는 그들이 문화적·정치적 정체성을 지닌 독자적 사회 집단으로 발전하지 못한 채, 봉건화·귀족화되어 가고 있었기 때문이었다. 베버는 독일 통일의 업적을 결코 부정하지 않았지만, 비스마르크에 대해서는 비판적이었다. 서유럽 여느 나라들과 달리, 독일에서는 시민 계급이 발전하지 못했기 때문에, 귀족 세력이 통일의 주역으로 등장할 수밖에 없었던 현실을 베버는 인정했다. 국가의 통일은 아버지의 업적이므로, 아들은 이를 인정하고 높이 평가해야 한다. 그러나 아버지의 역할은 거기까지였다. 아버지는 역사의 무대에서 내려와야 했다. 만약 무대에 계속 남아 있겠다고 고집을 부린다면, 지금까지의 공로도 퇴색하고 말 것이었다. 이제 아들이 역사의 무대에 설 차례였고, 그 아들이 다름 아닌 시민 계급이었다. 베버는 독일 역사가 종말을 고하지 않으려면, 미숙한 시민 계급을 〈정치적으로 교육〉시키는 것밖에 대안이 없다고 봤다. 눈여겨볼 것은, 베버가 이런 목적을 달성하기 위해 선택한 수단이 〈정치 참여〉가 아니었다는 점으로 루터와 궤를 같이하였다. 베버는 어디까지나 〈학문적 작업〉을 통해 세상을 바꾸고자 하여 그의 대표 저서인 『프로테스탄티즘의 윤리와 자본주의 정신』에서 〈근대 시민 계급의 직업윤리〉를 문화사적으로 추적하였다.[11] 이러한 배경에서 토마스 만은 농민 봉기를 반대한 루터의 비정치성을 강조하면서, 종교 개혁을 독일적 사건으로 생각하고 있다.

> 그것(종교 개혁)은 국가적 충동과 정치적 자유의 이상을 가장 독일식으로 분리시킨 대표적인 기념적 저항의 방법이었다. 왜냐하면 후에 나폴레옹에 대한 항거처럼, 종교 개혁은 국가적인 해방 운동이었기 때문이다.(GW 11, 1136)

토마스 만은 독일의 특성을 독일사의 몇몇 인물로 형상화시킨 결과, 「독일과 독일인」에서 독일 정신의 전형적 인물로 루터와 니체를, 또 다른 저술에서는 뒤러 Albrecht Dürer와 바그너를 들고 있다. 1928년 뒤러에 관한 평론집에서 토마스 만은 독일의 전형적 인물을 뒤러, 괴테, 쇼펜하우어, 니체, 바그너의 서열로 열거하여 〈완전한 운명의 복합체 der ganze Schicksalskomplex〉(GW 10, 231)와 〈별의 상황 Sternstand〉(GW 10, 231), 〈한 세상 eine Welt〉(GW 10, 231), 〈독일적 세계 die deutsche Welt〉(GW 10, 231) 등을 보여 주고 있다. 토마스 만에 의하면, 뒤러는 수공업을 숭상하고 중세의 미신과 신비를 혼합한 인물로 종교 개혁과 계몽주의의 영향을 받지 않고 독일의 낭만주의까지 영향력을 미치고 있다. 토마스 만은 음악가 바그너와 독일 아리아 민족의 초기 역사를 찬미한 작품 「니벨룽겐의 반지」를 근거로 19세기의 독일 민족성을 예술의 차원에 올려놓았다.[12]

토마스 만이 히틀러가 독일 제국의 총리로 선출된 후인 1933년 2월 10일 권력층 이념을 자극하여 언론의 혹독한 비판을 받은 뮌헨에서의 연설 「리하르트 바그너의 번뇌와 위대성 Leiden und Größe Richard Wagners」에서 토마스 만은 당시의 독일 이념에 흡수된 바그너 상에 반대하는데, 그 이유는 그 이념을 바그너의 〈예술적 순수성의 악용〉[13]으로 보았기 때문이다. 바그너는 에로스의 분석자로서 프로이트 Sigmund Freud를 앞서고, 또 문학가로 그의 작품은 어디에서나 〈발원되는 게 entsprungen〉 아니라 천재적인 한 문예 애호가에 의해 〈하나하나 조립된다 Stück für Stück zusammengebaut〉고 토마스 만은 말하고 있다.

또 국가 이념의 열광자인 바그너는 사회주의자이며 문화적 몽상가이지 우익 급진주의자가 아니며, 그의 작품은 독일 본질의 드라마라고 한다. 토마스 만은 바그너를 전체적으로 탁월한 예술가로 보면서도 그가 뿌린 마적인 요소도 부정하지 않았다. 토마스 만에 의하면 바그너가 독일에 퍼뜨린 질병의 씨앗이 있는데, 그것은 1930년대에 「니벨룽겐의 반지」 등이 국가 사회주의에 의해 독일 신비주의 예술의 모범으로 간주되는 점이다. 토마스 만에게 음악은 전형적인 독일적 요소로서 독일의 〈내면성 Innerlichkeit〉(GW 11, 1132)의 표현인데, 이는 〈인간 에너지의 사색적 요소와 사회 정치적 요소의 분리로 여기에서 후자보다 전자의 우월을 의미한다〉.(GW 11, 1132) 따라서 토마스 만이 괴테의 파우스트를 음악과 연관시킨(GW 11, 1131) 이유로, 음악이란 악마성과 부정적 전조를 띤 기독교적 예술, 계산된 질서인 동시에 혼란의 비이성, 마적인 몸짓, 숫자의 마력, 현실에서 벗어난 추상 및 신비적인 정열적 예술로 보기 때문이다. 파우스트가 독일 영혼의 전형자라면 음악가여야 하는데, 그 이유는 〈추상적이며 신비적인 음악성이 세계 속의 독일의 특징이기 때문이다〉.(GW 11, 1132) 토마스 만은 파우스트와 악마의 결합을 독일 본질의 상징으로, 파우스트의 악마를 독일의 전형으로 보았다.

파우스트가 영혼의 구제 대신 이 세상의 모든 보물을 얻게 해주는 악마와의 결합을 토마스 만이 독일의 전형으로 보는 이유는 〈지적 거만 Hochmut des Intellektes〉(GW 11, 1131)이 〈영혼의 고풍과 속박 seelische Altertümlichkeit und Gebundenheit〉과 결합된 곳에 악마가 존재한다고 보았기 때문이다. 〈악마와 결합된 독일이 진정한 독일상이란 말인가?〉(GW 11, 1131)라고 그는 그 당시의 국가 사회주의의 독일에 한계선을 긋는다.

　토마스 만은 앞의 역사적 인물 뒤러, 괴테, 쇼펜하우어, 니체, 바그너에게 그들의 고유 업적 외에도 특별한 상징을 부여하고 있다. 따라서 『파우스트 박사』에서 이들은 질병의 씨앗을 몸속에 지닌 채 세상을 등진 지협적 시야의 독일 형태 외에 넓은 시야의 인본주의가 독일인에 내재해 있음을 보여 주고 있다. 파우스트에 초점을 맞춘 괴테의 고전 인문주의가 여기에 해당되어, 토마스 만의 관점에서 볼 때 괴테는 고전주의와 인문주의를 융합한 위대한 인물이다. 독일을 의인화시켜 역사적 발전을 심리적·병적인 상태 및 악마의 지옥 여행으로 보는 경향이 『파우스트 박사』의 아드리안 레버퀸의 서술에 나타나, 선량한 독일인을 『파우스트 박사』에서 악마화로 만드는 과정을 다음 장에서 규명해 보자.

2. 토마스 만의 독일 소설 『파우스트 박사』

1) 역사의 마귀화

　토마스 만의 소설에서 독일의 내면성을 자주 접하는데, 그의 견해에 따르면, 이 내면성은 삶의 비이성적이며 마귀성이 가미된 신비를 띠고 있다.[14] 『파우스트 박사』에서 아드리안 레버퀸의 부친 요나탄 레버퀸의 파우스트적 명상과 실험, 또 아드리안 부모 집의 몇몇 고유 이름이 악마적 요소를 지녀 레버퀸의 집 근처의 언덕은 시온 산 *Zionberg*이라 불리며 집 지키는 개의 이름은 중세 신비주의자인 주조 Heinrich Suso인데, 그는 14세기에 콘스탄츠와 울름에서 학문을 가르친 학자였다. 차이트블롬이 아드리안의 미래 주거지로 연상된 〈병행주의 *Parallelismus*〉를 묘사할 때 불안감을 보인다. 〈병행주의〉란 두 사람 또는 그 이상 되는 인물들의 각자 모험이나 또는 두 개 이상의 플롯이 숙명(宿命)이나 소설의 종말에 접근해 가며 함께 클라이맥스에 다다르기까지 교대로 나타나게 되는 수법을 말한다. 여기서는 인과율에 의한 정형 플롯이 아니라, 연대기적 순서를 기호로 한 무한히 펼쳐져 확대해 나가는 플롯을 접하게 된다.

슈바게슈틸의 농장은 아드리안의 어린 시절 환경과 유사하며 몇몇 중요한 변화와 일치한다. 시온 산의 이름이 롬뷔헬Rohmbühel로 대치되는데 이 이름은 파우스트 박사의 낡은 민속 책에 들어 있는 이름이다. 이것은 독일 내면성의 변화를 나타낸다고 볼 수 있다.

또 집 지키는 개 이름 주조는 카쉬페를로 바뀌는데, 이것은 악마가 성스러운 신비주의자 형태로 나타난다고 볼 수 있다. 레버퀸은 악마와의 대화에서 악마를 카스파르Kaspar라고 부른다. 레버퀸과 집 지키는 개 사이의 신비한 점은 레버퀸이 슈바게슈틸의 농장에 도착할 때 카쉬페를이 계속 짖어 대는 장면에서 나타난다. 마법사인 레버퀸이 달래는 듯한 목소리로 그 개를 조용하게 하는데, 그 목소리는 후에 인간의 귀에 안 들리는 금속 휘파람 소리로 개를 조용하게 하는 신호가 된다. 이 개 주조는 낯선 사람에게 매우 위험하다지만 사실은 마당을 자유롭게 돌아다니는(DF 30) 고요한 밤에 더 위험스럽다고 한다. 이 사실은 낭만주의에서 언급되는 자연의 암흑면, 또 암흑적 독일 정신의 위험성을 보여 주고 있다. 다시 말해 광명과 이성의 통제 밖에 있는 어둠의 위험성이 토마스 만의 저서 『독일과 독일인』 속의 낭만주의에서 히틀러 현상으로 되는 과정과 일치하고 있다. 이렇게 개가 토마스 문학에서 악마적으로 암시되고 있다. 따라서 토마스 만은 히틀러를 악마 또는 지옥으로 언급하거나 개로 비유하여 1941년 라디오 연설에서 이렇게 말한 적이 있다. 〈세칭 국가 사회주의는 오랜 독일적 삶에 근거를 둔다고 나는 인정한다. 이는 살인적 타락의 씨앗을 잉태하는데, 문명과 교양의 선량하고 오랜 독일에 익숙한 이념에 감염된 변형 타락의 형태이다. 그들(독일인)은 거기에서 고상한 바탕에 살며, 낭만주의로 불리며 이 세계에 많은 매력을 끼쳤다. 그들이 히틀러 체제로 빠졌기 때문에 개 같은 존재가 되고, 또 개의 운명을 갖게 되었다 말할 수 있다.〉[15] 또 다른 연설에서 토마스 만은 히틀러의 목소리를 〈사슬에 매인 사나운 개의 소리〉[16]로 나타내는데, 이 내용은 『파우스트 박사』에서 〈카쉬페를이 짖어 대는〉 장면을 연상시킨다.

2) 신화적 반복

일찍이 베냐민 Walter Benjamin은 현대를 예술품의 아우라가 상실된 복제의 시대라고 정의하였다. 보드리야르 Jean Baudrillard는 한 걸음 더 나아가, 현재 시기를 복제품이 원본을 대체하는 시뮬라크라 *Simulacrum*의 시대, 즉 오리지널이 없는 복제물의 시대라고 정의하였다. 현실은 실재들에 의한 것이 아니라, 모형들에 의해 만들어진 것이다. 그리움의 대상이 된 것은 사라진 원본 예술품만이 아니다. 각각의 모든 개별 가치는 나름대로 의미를 지닌다는 가치 다변화 시대지만, 사람들은 여전히 그 어떤 상황에서도 진리로 간주될 유일한 그 무엇을 동경하고 그리워한다. 예를 들면 아련한 추억 속의 순박한 인간관계에 대한 회상, 그리고 개별적 사고의 모든 가능성을 수렴할 수 있는 총체적인 사고나 모든 사물의 원리의 시원이 될 중심점 등에 대한 동경이다. 이런 배경에서 신화도 동경되고 모방된다.

융 C. G. Jung의 개념인 신화와 〈집단 무의식 *Das kollektive Unbewußte*〉[17]의 이론은 성서적 주제를 다룬 토마스 만에 있어 색다른 시간의 처리에 공헌했다. 융은 마음을 세 개의 층으로 둘러싸인 알과 같은 형태로 보고 맨 바깥은 의식, 그 안쪽이 개인의 무의식, 가장 깊은 곳이 집단 무의식이라고 했다. 그 집단 무의식의 핵이 바로 원형이다. 집단 무의식은 한 집단이 의식하지는 못하지만 공유하는 어떤 이미지 같은 것을 말한다. 그것의 핵인 원형은 한 문화가 공유하고 있는 더 응집된 이미지가 된다. 대표적인 원형으로는 원형(圓型), 아동, 늙은 현인, 영웅, 그림자, 태모(太母), 모녀(母女), 남성의 무의식 속에 있는 〈아니마 *Anima*〉라는 여성성, 여성의 무의식 속에 있는 〈아니무스 *Animus*〉라는 남성성 등이 있다. 이런 원형들은 각 문화의 신화 속에 상징으로 등장하는데, 강한 정서적 효과를 갖고 있다.

신화를 인간화하기 위하여 토마스 만은 프로이트에서 융으로 이어지는 심층 심리학의 정신 분석학적인 수법을 쓰고 있으며, 여기에서 동일시, 모방, 반복, 살아있던 신화에 관한 이론 등을 도출하여 작품을 면밀히 분석, 음미하였다. 이는 전형적인 것이 삶의 본원적인 규범과 형식을 의미하기 때문이다. 따라서 고대를 현대에 재생시킨다는 것이 신화에 있어서의 삶이다. 선인의 모방이라는 것은 신화적 동일화이다. 이러한 신화적 동일화는 고대인에게는 친숙한 것이었으며, 멀리 현대에까지 자취를 이어 와 정신적으로는 어느 시대에라도 항상 가능한 것이다. 따라서 토마스 만은 서술자의 존재로 인하여 취하는 신화의 소재에 대한 태도, 자기 작품에 대한 태도, 또한 독자를 이끌어 가는 태도로 인해 신화의 소재에 현대성을 부여함으로써 〈옛 전설의 장엄한 반복〉(GW 4, 54)을 행하는 것이다.

이런 맥락에서 토마스 만의 『파우스트 박사』에서 차이트블롬이 특이한 사건의 반복을 말할 때 떠오른 〈병행주의〉의 묘사가 매우 흥미로운데, 여기에 신화의 반복이 담겨 있기 때문이다. 토마스 만의 관점에서 신화란 〈형식적인 비개인성 das Formelhaft-Unpersönliche〉(GW 9, 492)이다. 인간의 비이성적 요소에 관심을 기울인 프로이트의 탄생 1백 주년에 토마스 만은 신화적 역할에 관해 다음과 같이 연설했다. 〈삶이란 사실상 형상과 개인적 요소의 혼합으로, 그것은 개인성이 형식 및 비개인성을 능가하는 혼합체이다. 많은 비개인성, 많은 무의식적 동일화, 많은 인습 및 형식적인 것, 이것들은 예술가뿐 아니라 인간의 체험에 결정적이다.〉(GW 9, 492) 어떤 신체가 예기치 않게 등장하거나, 재빨리 그리고 돌이킬 수 없이 사라지면서, 갑자기 아름다운 형태를 띠는 것을 일종의 에피파니(*Epiphanie*, 진리의 순간적이고 예술적인 현현)라고 하는데, 이것이 토마스 만의 작품에서 〈삶의 일회성〉으로 전개된다. 신화에서는 〈삶의 일회성〉이 지난 사건의 반복 및 모방이 되며, 이러한 신화가 의식되고 삶의 전달로 계속될 때 〈체험된 신화 *gelebter Mythus*〉(GW 9, 494)가 되는데, 이러한 성격이 『파우스트 박사』에 나타난다.

> 성격은 환상적 일회성과 독창적 단순 속에 행해지는 역할이나, 그 특징상 근본 합법성을 보이고, 선하든 악하든, 고귀하든 역겹든 간에 자기 딴에 모범적 행동의 깊은 무의식에서 나오는 신화의 역할이다. (GW 9, 494)

『파우스트 박사』의 주인공 레버퀸은 자기 성장에서 이 개념을 따르는데, 그가 음악가라는 사실이 토마스 만의 주장, 즉 예술가의 운명은 신화적이라는 이론과 일치한다. 레버퀸의 일생은 일회적, 즉 현재만의 존재가 아니라 수 세기에 걸쳐 반복된 존재로 나타나, 심해 모험과 같은 신화의 사건에 대한 그의 서술에서 자신이 이 사건 속에 빠지는 듯한 감정을 차이트블롬에게 보여 주고 있다. 차이트블롬은 레버퀸의 이런 모험적 상황에 익숙함을 느끼며, 그의 이야기가 독서 등으로 우연히 습득된 게 아니라, 자신의 전통 체험 등에서 얻은 것처럼 생각된다. 살아 체험된 신화의 공식을 토마스 만은 〈나는 그것이다 Ich bin's〉(GW 9, 496)로 나타내고 있다. 그런데 레버퀸의 신화적 행위의 특징은 특정한 사람의 모방이 아니고 여러 시대의 많은 사람들의 모방으로 역사적으로 특출한 인물들의 요약인데, 이들은 독일의 본질을 구현시킨 뒤러, 베토벤, 니체, 파우스트이다. 따라서 작품에서 이들의 신화적 행위를 규명해 본다.

뒤러

선사 시대부터 근대에 이르기까지의 사람들의 생각이 예술 작품에 투영되어 왔다. 예를 들어 1만 1천~1만 5천 년 전에 그려진 프랑스의 라스코 동굴 벽화에 그려진 짐승들은 실제 짐승들의 비례를 따랐다. 당시 인류는 형상을 사실적으로 재현하는 것을 목표로 삼았기 때문이다. 사실적 이미지를 추구한 인간의 행위는 고대 그리스 시대로 들어오면서 철학적 의미를 지니게 된다. 이 시기의 예술 정신을 단적으로 드러내는 말은 〈모방론〉을 뜻하는 〈미메시스 Mimesis〉. 사람들은 절대 불변의 원형인 이데아(보편적 진리)가 존재한다고 봤으며, 예술은 이데아를 모방해야 한다고 생각했다. 이런 생각이 잘 표현된 작품이 밀로의 「비너스」다. 완벽한 신체 구조를 담은 이 작품은 그리스인들이 강조했던 지고한 아름다움을 표현하고 있다.

중세는 신 중심 사회였다. 이런 분위기를 잘 드러내고 있는 것이 높은 첨탑을 특징으로 하는 고딕 양식의 대성당이다. 첨탑은 하느님에게 더욱 가까이 다가가고자 하는 인간 욕망을 드러낸 것이다. 16세기에 들어 사람들의 생각에 중요한 변화가 일어났다. 세상의 물질들이 결국은 썩어 없어질 것이라는 허무함이 일반화된 것이다. 그래서 〈바니타스 Vanitas〉라는 주제가 유행한다. 라틴어인 바니타스는 허풍, 공허, 헛수고, 무익 등을 의미하는 말. 이 시절 그림에는 해골, 모래시계, 시든 꽃 등 바니타스의 상징물이 많이 등장한다. 18세기에는 프랑스를 중심으로 로코코 Rokoko라는 귀족 문화가 태동하여 화려함, 여성적 이미지, 에로티시즘을 강조하였다. 이 시대에는 삼각관계, 남녀 간 유희 등을 다룬 그림이 많이 나왔다. 1789년 프랑스 대혁명 전후로 등장한 계몽 시대의 예술가들은 서민들의 애환과 삶을 주로 화폭에 담았다. 19세기에 들면서 서구 예술은 고상한 인간성을 표현하는 고전적 이상을 포기하고 환희, 애증, 고통, 광기 등 인간의 극단적인 감정을 여과 없이 표현하기 시작한다. 사람들은 이를 낭만주의 경향으로 부르며 프랑스의 테오도르 제리코를 선구자로 꼽는다. 사람들이 시체와 뒤섞여 뗏목을 타고 표류하는 모습을 통해 공포와 절망을 표현한 제리코의 「메두사의 뗏목」은 당시의 낭만주의 경향을 단적으로 보여 주는 작품이다.

미술이 이러한 시대정신을 가장 강력하게 드러낸 시기로 르네상스 시대를 꼽을 수 있다. 르네상스 시대 예술가들의 관심사는 인간이었다. 르네상스 여명기의 작품으로 알려진 보티첼리의 「비너스의 탄생」은 여신 비너스가 바다에서 탄생하는 이야기를 소재로 한 작품으로 관능과 순결을 동시에 갖춘 비너스의 모습을 통해 인간의 이상적 아름다움을 보여 주고 있다. 레오나르도 다빈치는 「모나리자」에서 여인의 미소를 통해 행복이라는 인간의 본질을 묘사하고자 했다. 그림 속 여인은 어깨가 넓고 손이 커서 남자의 모습을 함께 담은 것으로 해석되기도 하여 이를 두고 〈감정의 보편성뿐 아니라 성별 차이를 초월한 인간의 모습을 드러낸 르네상스 인본주의의 대표 작품〉이라고도 평가된다.[18]

독일에서 이러한 르네상스가 가장 강렬하게 나타난 화가는 뒤러 Albrecht Dürer였다. 다른 르네상스 예술가들과 마찬가지로 그 또한 예술을 학문과 연결시켰다. 그는 화가들에게 수학적 측량의 기술을 갖도록 역설했으며, 원근법의 법칙을 연구했다. 그는 균형의 조화를 인간의 육체에서 발견하여 고딕 양식에서와 같이 예수를 고통으로 일그러지게 그리는 것이 아니라, 고귀하고 아름다운 모습으로 그렸다. 뒤러에 관한 평론집에서 토마스 만은 뒤러를 다음과 같이 언급하고 있다. 〈뒤러를 생각함은 사랑, 미소를 뜻하며, 또 자신의 기억을 뜻한다. 즉 가장 깊숙한 것, 그리고 우리 자아의 육체적 한계 내외에 존재하여, 이 자아를 결정, 배양시키는 초자아의 사상을 뜻한다. 이것은 신화로서 역사이며, 이 역사는 고기 살과 현재인 역사이다.〉[19] 토마스 만의 뒤러 연구가 이런 이유이듯이, 『파우스트 박사』에서 뒤러의 레버퀸에 대한 영향력이 매우 강하다. 뒤러가 레버퀸의 예술에 강한 영향을 미치는 근거로 작품 『형상의 묵시록 Apocalypsis cum figuris』에서 뒤러 목판화의 작곡을 들 수 있다. 레버퀸과 뒤러 두 예술가를 사실적 또는 환상적으로 비교해 보면, 레버퀸 작품에 미친 뒤러의 영향 외에 이 두 독일 예술가의 공통점을 볼 수 있다. 엘레마가 증명하듯 이 소설 속에 담긴 뒤러의 형상을 볼 수 있는 것이다. 〈토마스 만은 레버퀸이 실존 인물이 아니라고 말하지만, 엘레마의 설명에 의하면, 레버퀸의 외형이 뒤러의 자화상과 일치하고 있다.〉[20] 차이트블롬이 약간 그리스도의 얼굴(DF 640)로 묘사한 마흔네 살의 레버퀸을 엘레마는 〈그리스도를 연상시키는 뒤러 상의 변형〉[21]으로 나타내고, 뒤러를 모방하는 레버퀸의 외견이 고통받는 예수와 비슷한데, 여기에서 레버퀸 예술의 특징인 니체의 디오니소스적인 면이 나타나고 있다.

종교 개혁 시대의 대표자인 뒤러는 이 소설에서 루터에 반대 입장을 보여, 기독교적인 인문적 예술가로 나타나고, 루터는 〈국수적 자유주의자의 대표자〉로 비난받는다. 뒤러는 에렌프리트 쿰프와 에버하르트 슐레푸스 두 교수의 형상으로 등장하는데, 이들은 뒤러의 교수로 그는 이들의 가르침에서 인생의 영향을 받았다. 이 관점에서 볼 때, 이 소설 속의 뒤러는 긍정성을 띠어 독일의 타락에 책임이 없고, 부쉬 Arnold Busch는 저서 『파우스트와 파시즘 Faust und Faschismus』에서 이 사실이 토마스 만의 의견임을 보여 주고 있다.

> 루터의 국가주의적 잔해, (……) 이것이 독일 초기 역사에 중요하다. 뒤러의 이론을 수용하여 재난의 길에 영향을 주는 상대적 경향이라 말할 수 있다. 이것을 막을 수 없다는 사실이 토마스 만의 의견대로 국수주의적 루터의 지배 이념이다.[22]

레버퀸의 뒤러에 관한 자료들에서는 그의 인생보다 작품과 환경에 중점이 돋보이는데, 엘레마 Joseph Elema가 저서 『토마스 만, 뒤러 그리고 파우스트 박사』에서 이 사실을 보여 준다.[23] 엘레마는 『파우스트 박사』에서 레버퀸과 뤼디거 쉴드크납이 슈바게슈틸 어머니의 농장 주택의 수도원장 방에 묵으면서 레몬주스 한 잔을 부탁하는 구절을 인용한다. 그는 여기서 뒤러의 작업실 그림을 근거로, 이 수도사의 방과 뒤러 작업실의 일치를 〈목이 말라서라기보다도 바로크의 무게 있고 특색 있게 건축된 농가가 눈에 띄었다〉(DF 273)라는 묘사로 나타내면서, 또한 다음과 같이 서술하고 있다.

수도원장의 방 (……) 그 방은 별로 크지도 않고 호감이 가는 방이었다. 양식상으로 봐서 이 집의 외관보다도 다소 오래된 것 같았다. 18세기라기보다는 오히려 17세기의 특색을 보이는 양탄자 없는 마루가 있었고, 각재 짜임의 평판자 아래에는 압연된 가죽 양탄자가 한 장 걸려 있었으며, 납작하게 둥근 창이 달린 벽감의 벽들에는 성화들이 걸려 있었고, 또 납 창살로 고정된 유리창의 네 모서리에도 성화들이 다채로운 스테인드글라스로 되어 있었다. 그리고 한 벽감에는 황동 물컵 위에 황동 물주전자가 걸려 있었고, 쇠 자물쇠와 쇠고리로 잠긴 벽장이 하나 있었다. 또한 가죽 보를 씌운 구석 의자가 하나, 무거운 참나무 책상이 하나 있었다. 창에서 멀리 떨어지지 않은 그 책상은 궤처럼 만들어졌으며, 반들거리는 윗면 아래에는 깊숙한 서랍이 달려 있었고, 중간 부분은 쑥 들어갔고 가장자리는 다소 튀어나왔으며, 그 위에 독서대가 놓여 있었다. 각재 짜임의 평판자 위에는 커다란 샹들리에가 흔들리며 걸려 있고, 그 안에는 타다 남은 초가 꽂혀 있었다. 그것은 르네상스 시대의 것으로서 소의 뿔, 사슴의 뿔 혹은 그 밖의 환상적인 모양들이 불규칙적으로 사방으로 뻗은 장식으로 달려 있었다. (DF 274 f.)

이 수도원장의 방에 묵은 이후 이 방은 레버퀸의 영혼 속에 〈즉흥이 아닌 지속적인 장소로 기억되어〉(DF 280) 나중에 그의 대작품들이 이 방을 근거로 만들어진다. 〈엘레마는 그 외의 여러 유사점을 보여 주어 카이저자헤른에 있는 삼촌 니콜라우스 레버퀸의 집이 뉘른베르크의 동물원 문 옆에 있는 뒤러의 집과 일치함을 상세히 보여 준다.〉[24] 레버퀸 친척의 묘사에도 뒤러 상의 인용을 볼 수 있다.

레버퀸의 어머니가 상세히도 그 유명한 부인 상의 모습, 또 가슴받이의 모양까지 똑같게 지니고 있을 정도로 레버퀸의 부친 요나탄의 외형 모습도 뒤러의 동판화 「필립 메라호톤」의 모습과 똑같았다. 또 레버퀸의 아저씨도 아우크스부르크풍의 건축가 히에로니무스의 형태를 지니고 있었다.[25]

니체

『파우스트 박사』에는 역사상의 수많은 예술가와 철학자들이 등장하는데, 이 중에서 가장 영향력을 미치며 중요한 역할을 하는 인물이 니체다. 토마스 만은 니체의 인생과 영향력을 다룬 논문에서 그를 다음과 같이 묘사하고 있다. 〈유럽 성질을 개괄하고, 풍부하고 복합 거대한 문화의 현상, 이 문화의 풍부 및 복합성은 많은 과거를 갖는데, 이는 다소 의식적 모방과 계승 속에 위의 형상을 연상, 반복 또 신비적 방법으로 나타낸다.〉[26] 이렇게 작품에서 중요한 영향을 미치는 니체의 이름이 작품에 한 번도 언급되지 않는 것이 특이하다. 이는 유한한 소리인 언어의 한계성을 극복하여, 침묵에서 시공의 영원성과 무한성을 갈구하는 것으로, 〈수개월 동안 내게 가장 적합한 것은 침묵이었을 만큼, 나는 그 특별한 침묵에 의지하였다〉[27]는 릴케 Rainer M. Rilke의 묘사와 일치한다. 또 릴케는 〈침묵한 자에게 모든 사물이 가까이 다가온다〉[28]라고 말하여 고요함 속에서 더 깊은 고독으로 빠져드는 자아를 표현하면서, 〈나의 주는 어두워서 침묵을 들이켜는 수천의 뿌리 조직 같습니다〉[29]라고 침묵을 신비스러운 어둠과 연결시키고 있다. 이는 드러나는 말은 그 내면과 일치하지 않는다는 것을 말해 준다. 고요 속에서 언어를 창조하는 과정이, 또는 침묵 속의 사유의 과정이 분명하고 강해져서, 그 침묵이 충만해졌을 때, 수정 같은 언어의 결정으로 나타나는 것이다. 카프카도 「세이렌의 침묵 Das Schweigen der Sirenen」에서 〈세이렌들은 노래보다 더 무서운 무기를 가졌는데, 그것은 그들의 침묵이다〉라고 표현하였다. 고요는 노래가 생겨날 수 있는 배경이며, 사물이 생겨나는 물질 자체이기도 하다. 릴케의 오르페우스는 나무를 그의 노래로 빚어내고, 또 짐승들을 고요로부터 만들어 냈다.[30] 그의 『두이노의 비가 Die Duineser Elegien』에서 고요가 갖는 힘은 〈슬픈 자는 들으리, 고요 속에서 나오는 끊임없는 메시지를〉로 표현되고 있다. 결국 고요 속에서, 침묵의 공간에서 사유가 완성되는 것이다. 첼란 Paul Celan은 〈문학은 말 없음으로써 강한 경향을 보인다〉고 말했다.[31] 〈침묵은 오늘날 이용당할 수 없는 유일한 현상이다〉[32]라는 피카르트의 말은 오늘날 언어가 얼마나 오용되고, 이용되는지를 말해 준다. 이러한 맥락에서 영국의 낭만주의 시인 키츠 John Keats는 자신의 시「그리스 단지에 대한 송시 Ode on a Grecian Urn」에서 다음과 같이 노래하여 소리의 한계성을 극복하고 있다.

들리는 가락 아름다우나,
들리지 않는 가락이 더 아름답다.

Heard melodies are sweet, but those unheard
Are sweeter. (……)

이러한 언어의 침묵성의 영향은 『부덴브로크 일가』에서 토마스 부덴브로크가 자신의 부인 게르다와 장교 폰 트로타와의 교제에 예민하게 반응하던 중, 그들이 위층에서 음악을 연주하면서 소음을 내다가 갑자기 발생한 침묵에 괴로워하는 내용에 잘 암시되어 있다. 〈그들은 구르고, 날뛰고, 울고, 환호하고, 서로 끓어오르며 껴안는 등 자기들 하고 싶은 대로 이해할 수 없는 행위를 할지 모른다! 그러나 더 고통스러운 것은 그다음에 이어지는 침묵이다. 저 위 사랑채에서 오랫동안, 아주 오랫동안 아무 소리도 나지 않았다. 너무 쥐 죽은 듯이 조용해서 섬뜩한 마음이 일 정도였다. 천장에서 발소리 하나 들리지 않았다. 걸상 옮기는 소리도 들리지 않았다. 그냥 아무 소리도 없는 말 없는, 음험하고 은밀한 정적이었다.〉(Bd 646 f.) 결국 토마스 부덴브로크가 두려워한 것은 소리보다 침묵이다.

이러한 침묵적인 언어는 원래 불교에서 유래되었다고 볼 수 있다. 〈묵묵할 때에도 말하고, 말할 때에도 묵묵하다〉는 언급이 불교 경전에 있다. 부처가 연꽃을 들어 올리자 가섭이 그 뜻을 알고 미소를 지었다는 이야기도 있다. 상대방 침묵의 뜻을 알아낸 것이다. 이렇게 상대방의 침묵의 뜻을 짐작해 조심하는 것이 경애다. 따라서 현명하고 관대하게 민심을 살피는 위정자라면 구태여 민심이 큰 소리로 말하지 않아도 민심의 움직임과 쏠림을 읽어 낼 수 있어야 한다.

이렇게 언어의 한계성을 극복하는 내용이 『마의 산』에서 페퍼코른의 인물상에서도 암시되어 있다. 과거에 동양(자바에서 커피 재배)과 서양(네덜란드인)을 동시에 체험한 종합적인 인물인 페퍼코른의 인품과 교양은 이곳 요양소에서 가장 높은 선망과 위엄의 대상이 되고 있다. 그런데 이렇게 선망과 위엄의 대상인 그가 말더듬이라는 사실이 중요하다. 그는 말이 아니라 비합리적이라 할 수 있는 생명력을 통해 하나의 인격체를 형성하는 것이다. 말로 나타내는 이론이나 견해를 가변적인 것으로 치부하고 본질적인 존재를 중시하는 페퍼코른의 특징이 말이 없는 침묵적인 요소로 나타나는데, 이 같은 내용이 침센이 카스토르프에게 행한 말에 잘 드러나 있다.

> 생각컨대 우리들이 어떠한 견해를 갖고 있느냐 하는 것이 문제가 아니라 신뢰할 수 있는 인간인지의 여부가 중요해. 처음부터 견해 같은 것은 전혀 가지지 말고 할 일을 묵묵히 실행하는 것이 제일 좋은 거야.(Zb 536)

이 내용에 따르면 『마의 산』에서 말이 많은 나프타와 세템브리니의 교육적 실험은 실패로 돌아갈 수밖에 없다. 따라서 카스토르프에게 감명을 줄 수 있는 것은 〈수다스러운〉 지성과는 다른 영역에서 찾아야 하는데, 말을 더듬는 페퍼코른이 주로 침묵으로 카스토르프의 마음을 휘어잡는 것이다. 이는 〈(수다스러운) 말이나 말의 조형력에 대한 거부〉[33]로 카스토르프는 침묵을 지키는 페퍼코른의 인격을 중요한 〈삶의 가치〉(Zb 809)로 인정하게 된다.

이렇게 언어의 한계성을 극복하는 배경에서 토마스 만은 니체의 이름이 『파우스트 박사』에서 언급되지 않은 채 침묵적 성격을 띠는 사실을 〈수미일관되고 konsequent〉,[34] 〈현명하고 wohlweislich〉(GW 11, 165), 〈정당한 근거의 aus guten Gründen〉[35] 사유로 밝히고 있다. 특히 〈소설의 소설 Roman eines Romans〉이라는 부제 아래 소설 『파우스트 박사』의 탄생 과정에 대해 매우 긴 분량으로 상세하게 서술하고 있는 평론집 『파우스트 박사의 생성』에서 토마스 만은 니체의 이름은 〈바로 그 도취적 음악가(레버퀸)가 그(니체)를 대신하고 있어서 더 이상 그(니체)가 있어서는 안 되기 때문에〉(GW 11, 165) 『파우스트 박사』에 등장하지 않는다고 밝히고 있다. 이러한 언급처럼 『파우스트 박사』에서 주요 인물인 레버퀸과 차이트블롬은 니체적 특징을 지닌다.

니체와 레버퀸의 관계는 『파우스트 박사』 해설에 자세히 설명되어 있다.[36] 베르그스텐 Gunilla Bergsten이 이 두 인물의 여러 일치점을 설명하는데, 이 중 하나가 레버퀸이 니체처럼 프로테스탄트 문화의 색채를 띤 고대 독일의 소도시에서 성장한 사실을 들고 있다. 이 둘은 우수한 성적으로 대학에 다니며, 한 선생을 따르기 위해 대학을 라이프치히로 옮기고, 또 매독에 걸리는데, 이 성병은 그들의 정열적 정착기가 지나자 마비증과 정신병으로 변한다. 이들은 친구의 소개로 한 처녀에게 정열적인 청혼을 하지만 실패하고, 또 질병을 앓는 동안 어머니의 간호를 받으며 둘 다 8월 25일, 55세로 죽는다.[37]

1948년에 콜레빌 Maurice Colleville은 니체와 차이트블롬 사이의 전기적 공통점, 즉 그들의 나움부르크에서의 군 복무를 지적하고 있다.[38] 마이어 Hans Mayer는 니체와 차이트블롬의 고전 문헌학 공부를 그들의 공통점으로 언급하고,[39] 퓌츠 Peter Pütz는 그들 두 사람에게 부족한 수학적 재능을 지적한다.[40] 쿤네입슈 Elrud Kunne-Ibsch는 니체의 생애와 성격적 특성들 중에서 레버퀸의 전기와 맞지 않는 점들 — 예를 들자면, 젊은 니체에게서 특징적이었던 우정에 대한 숭배나 나움부르크에서의 군 복무 등 — 은 기묘하게도 대부분 차이트블롬에게 부과되었다는 사실을 관찰하고, 차이트블롬이 젊은 니체라면 레버퀸은 〈정신, 형식, 냉정함, 엄격함, 거리감과 병을 지닌 만년의 니체〉[41]이며, 악마는 〈가치 전도와 완전한 도덕적 비개의성 시기의 니체〉[42]라고 결론짓는다.[43]

이렇게 니체와 차이트블롬과 레버퀸의 생애가 일치하듯이, 그들의 생활과 예술도 같이 평가된다. 니체는 그의 비극적 탄생을 예술 특유의 두 대립으로 나타내는데, 그중 하나가 꿈의 연상인 아폴론이고, 또 하나는 도취에 비교되는 디오니소스이다. 니체는 음악을 디오니소스적 요소로 파악하여 이성의 배제 및 비극의 재생을 열망하는데, 마찬가지로 레버퀸도 음악을 니체의 이론인 디오니소스적으로 도취된 예술로 파악하여, 여기에 악마의 계약이 이뤄진다. 다음에 나오는 악마의 약속이 니체의 디오니소스적 상태를 적나라하게 보여 주고 있다. 〈영감이 무엇이고, 참되고 오래된, 원초적인 열광이 무엇이며, 비판과 마비된 사고와 질식할 듯한 오성의 통제에 전혀 시달리지 않는 열광이 무엇인지, 신성한 광휘가 무엇인지 오늘날 누가 알고 있나?〉(DF 316) 이 내용을 괴테의 『파우스트』에서 파우스트와 악마 메피스토펠레스의 다음 계약 내용과 비교해 보면, 괴테와 토마스 만의 두 파우스트는 결국 디오니소스적인 도취의 열광을 추구하고 있다는 결과가 발생한다.

내가 어느 순간을 향하여
멈추어라! 너는 정말로 아름답다!
하고 소리칠 때, 너의 맘대로 나를 결박하려무나.
나는 즐거이 멸망할 것이고
죽음의 종소리가 울릴 것이다.(1699행 이하)

토마스 만은 니체에 관해 〈그의 삶은 도취와 번뇌, 즉 고상한 예술가의 상태, 신화적으로 말해서 십자가에 못 박힌 예수와 디오니소스가 하나 됨을 뜻한다〉[44]고 서술하는데, 이 내용은 레버퀸에도 일치한다. 선한 인간이 보이지 않는 힘에 의해 악한 인간이 되는 그 내면을 이해하려는 노력이 문학상의 전통이 되었으며, 이러한 전통은 시대가 변하고 사회가 변하면서 새로운 형태로 변형되기도 하고 수정되기도 하는데, 이 내용이 레버퀸에도 해당되고 있다. 낭만주의가 감정을 지향함에 〈심리적 질병과 관련되며〉 이 질병이 국가 사회주의 시대에 나타났다고 토마스 만은 『독일과 독일인』에서 언급하는데, 이 말은 니체의 사상이 될 수도 있다.

베토벤

레버퀸과 작품 속 베토벤의 일치를 슈미트Gerhard Schmidt는 여러 관점에서 증명했는데, 그는 베토벤 작품이 『파우스트 박사』에서 근본적으로 세 관점을 갖는다고 한다. 소나타 「둔주곡을 위한 투쟁 Der Kampf um die Fuge」과 「환희의 송가 Die Ode an die Freude」가 각각 이 세 관점을 대변하는데, 이는 〈표현 관점 Aspekt des Ausdrucks〉, 〈구조 관점 Aspekt der Konstruktion〉과 〈예술의 예배적 경향 Aspekt der kultischen Tendenz von Kunst〉이다.[45] 레버퀸은 베토벤의 후계자를 자처하며 신학에서 음악으로 전향을 서술하고자 한다. 그러나 이러한 음악에는 악마적인 요소가 내재되어 있어, 결국 레버퀸은 악마에게로 향하고 있다.

그(레버퀸)를 막을 도리는 없으며, 사탄에게로 향하고자 하는 것은 멈추지도 않습니다.(DF 661)

독일이 서양 문명을 가장 풍부하게 한 음악성은 독일에서 번창 끝에 이 나라를 비극적 재난 속으로 빠뜨리는 경향을 보이는데, 토마스 만은 『독일과 독일인』에서 이러한 독일 음악의 위험성이 바로 추상적 신비라고 말한다.(GW 11, 1132) 특히 레버퀸을 매료시켜 신학에서 전환하게 한 음악을 묘사할 때, 추상적이고 마술적인 〈숫자 관계 Zahlenverhältnis〉와 〈성좌 Konstellation〉를 강조한다.

신학에서 라이프치히를 거쳐 음악으로 향하는 일은 단시간에 이루어졌습니다. 그리하여 나는 형태나 특성이나 소위 무술, 마법 따위로 불려도 좋을 그런 것들하고만 관련을 맺게 되었습니다.(DF 661 f.)

음악이 부정적 전조의 기독교 예술로 표현되는 『독일과 독일인』은 음악과 신학의 관계, 그리고 이 관계가 독일 내면성의 근원임을 보여 준다. 레버퀸의 음악 접촉은 부모의 부헬 농장에서 시작된다. 슈바게슈틸의 농장에서 발푸르기스 Walpurgis(이 말에서 마력과 요술이 느껴진다)란 이상한 이름을 가진 마구간 하녀는 성악, 정확히 말해 〈돌림 노래 Kanon〉로 시작해 레버퀸을 모방적 다성 die imitatorische Polyphonie의 신비로 이끈다.(DF 43) 레버퀸이 이 돌림 노래의 답변으로 행한 웃음을 차이트블롬이 후에 다시 생각해 볼 때, 그 속의 지식과 노련한 조롱을 알게 된다.(DF 43) 카이저자헤른에 있는 아저씨 집에서 레버퀸은 처음으로 음악을 피아노로 해설하고(DF 47), 차이트블롬은 레버퀸 나이 열네 살의 이 시기를 어린 순진성의 탈피의 시대로(DF 47) 보는데, 이때 부친으로부터 유전된 편두통 발작이 시작되고 이때부터 레버퀸은 더욱 음악에 몰입하여 음악 체계를 피아노로 실험하게 된다.(DF 47)

또한 말 더듬는 피아노 선생인 크레츠슈마르가 레버퀸의 인생에 중요한 역할을 하게 된다. 베토벤 음악의 강연에서, 특히 피아노 소나타 작품 111번에 제3악장을 쓰지 않은 이유의 질문 속에 이 소설의 전체 주제인 〈조화적 주관성 harmonische Subjektivität〉과 〈다성의 객관성 polyphonische Objektivität〉의 구별을 보여 주는데, 크레츠슈마르는 가끔 후자를 객관성 Sachlichkeit 또는 인습 Konvention이라 부르기도 한다. 조화 단음의 원리란 로만틱이 클래식의 상속자로 떠맡은 법칙인데,

이는 단지 하나의 음이 멜로디를 이끄는 악장 방식을 말하고, 이에 반해 다성의 객관성은 여러 음의 법칙으로 여기에서 클래식이 시작되고 중세 시대에 예배 노래에서 독립적 기악으로 발전하였다. 다성 예술의 주요 방식은 모방으로, 이것의 엄밀한 형식은 돌림 노래와 푸가, 즉 둔주곡이다. 푸가란 2성 또는 그 이상의 성부(聲部)로 된 성악의 기악을 위한 다성악적 악전을 말한다. 기술상 객관성은 엄밀한 법칙이나 〈인습〉(DF 73)의 응용에 근거를 두고, 주관성은 확정된 법칙에 반대하여 개인성을 강조한다.

크레츠슈마르에 의하면, 베토벤은 인생 중반기에 〈모든 관습, 형식적인 진부한 것들을 자기의 표현에서 소모시켜 주관 속에 용해시키고자 했다〉(DF 73)고 한다. 한편 베토벤의 후기 작품은 더욱더 인습화되어, 이 인습이 주관성의 변화 없이 황량함, 심지어는 전율과 웅장함을 주는 무아(無我)의 상태가 된다고 크레츠슈마르는 말한다. 주관성과 인습의 관계는 죽음에 의해 결정된다 하여 위대함과 죽음이 만나는 곳에 인습의 객관성이 생기며, 이 객관성은 주권 위에 교만한 주관성을 띠는데, 그 이유는 거기에 최상으로 향하는 전통의 상승, 즉 〈오직 개인성 das Nur-Persönliche〉(DF 74)의 신비적, 집합적인 번창이 있다고 크레츠슈마르는 설명한다.(DF 74) 음악이 종교와 의식의 형태에서 점점 벗어나는 것이 르네상스에서 베토벤 시대까지 음악사의 특징이라고 크레츠슈마르는 말하는데, 이런 예술의 세속화는 결국 〈외로운 개인성 das Einsam-Persönliche〉(DF 82)과 〈문화적 자기 목적 das Kulturell-Selbstzweckhafte〉(DF 82)이 되며, 베토벤의 「둔주곡을 위한 투쟁」은 이러한 고립에서 벗어나려는 노력이다.

다성 Polyphonie — 이 말이 레버퀸의 계속되는 주제이다. 크레츠슈마르의 강연은 효력이 빨라 레버퀸이 귀가 중에 예술이 오늘날 〈검소하고 더 고상한 단체를 위한 봉사 및 더 행복한 역할로의 회귀, 즉 종전 교회가 행했던 직선이 아닌 곳으로〉(DF 82) 되돌아감을 이야기하는데, 여기서 변질 타락을 느낄 수 있다. 〈예술이 교회의 봉사를 하지 않으면 어떤 봉사를 해야 하나?〉라고 신은 말한다. 여기서 우리는 음악을 부정적 전조의 기독교 예술로 본다. 후기의 베토벤은 조화적 주관성과 다성적 객관성의 대립에서 벗어났다고 크레츠슈마르는 말하지만, 베토벤이 작곡한 「환희의 송가」, 즉 교향곡 9번의 내용에서 이 말은 맞지 않는다. 『파우스트 박사』에서 레버퀸의 돌파 Durchbruch는 바로 이 교향곡 9번, 즉 기쁨과 흥분의 테마에서 생겨난다. 그러나 로만틱에서는 주관성과 강한 감정 표출이 점점 약해져 새로운 돌파의 시대, 즉 레버퀸이 베토벤 후임자로 이루고자 하는 새 돌파의 시대가 성숙한다. 작곡가로서 레버퀸은 동시대의 가능성을 재빨리 성취하고, 또 그에 의하면, 지나간 것은 모두 인용이나 패러디에 해당된다. 지금까지의 음악 내용 속에 선 또는 악 지향의 악마성이 잠재하는데, 제25장 악마와의 대화에서 독일 내면성의 변질 타락이 음악의 적으로 나타나고 있다. 이것은 레버퀸과 파우스트의 관계이므로 다음에서 규명해 보자.

파우스트

토마스 만은 파우스트 소재를 괴테의 파우스트보다 오히려 파우스트 박사의 옛 민중본에서 얻고 있다. 그는 이 파우스트 민중본의 중세어 인용으로 그 시대의 정신을 전달하여 독일 민족 정신에 결정적 영향을 준다고 생각하였다. 인식과 향락에 대한 무한한 욕망으로 인하여 악마와 계약을 맺고, 마술의 힘을 빌려 지상에서 정신적·육체적 향락을 누린 후에 계약 기간이 끝나자 악마에게 끌려갔다는 역사적인 파우스트를 소재로 취급한 작가는 괴테와 토마스 만 외에 수없이 많다. 함부르크의 비드만, 뉘른베르크의 의사 니콜라우스 피쳐 등이 파우스트를 주제로 한 작품을 썼으며, 1725년경에는 〈기독교적으로 생각하는 자〉라고 자처한 익명의 작가가 그 시대에 맞도록 이를 다시 요약하였다. 뿐만 아니라 이미 1588년에는 영국의 극작가 말로 Christopher Marlow가 이 소재를 연극화하여 「파우스트 박사의 비극적 이야기 Tragical History of Doktor Faustus」라는 희곡을 썼으며, 17세기에는 민중본에 의한 파우스트 극과 인형극이 자주 공연되었고, 18세기 후반에는 계몽주의 작가 레싱이 선이 얼마나 빨리 악으로 변하는가 하는 것을 모토로 「파우스트 단편 Faustfragment」을 남겼다. 이외에도 파우스트의 소재를 취급한 대표적 작품으로 그라베 Christian D. Grabbe의 『돈 후안과 파우스트 Don Juan und Faust』, 레나우 Nikolaus Lenau의 서사시 「파우스트 Faust」, 피셔 Friedrich T. Vischer의 『파우스트-비극 제3부 Faust. Der Tragödie dritter Teil』, 베를리오즈 Louis H. Berlioz의 「파우스트의 저주 La Dammation de Faust」, 구노 Charles F. Gounoud

의 『파우스트Faust』, 부소니 Ferruccio Busoni의 「파우스투스 박사Doktor Faustus」 등의 오페라 작품이 있다.

이러한 파우스트 전설의 주인공은 역사상 실제 인물인 요하네스 파우스투스(Johannes Faustus, 1480~1540)로서 그는 종교 개혁자 루터 및 후텐(Ulrich von Huten, 1488~1523)[46]과 동시대인으로 전해 온다. 또 한편으론 그를 역사상 실존 인물로 단정하기에는 아직 논란의 여지가 남아 있는, 여전히 신분이 분명하지 않은 전설적 인물이다. 얼마 안 되는 증언에 의하면, 그는 소도시 마울브론 근교의 크니틀링겐에서 출생하여, 1532년까지 뷔르템베르크에 체류하면서 신학과 의학 그리고 자연 과학을 연구하여 이들 학문에 상당한 지식이 있었다고 한다. 그 후에는 크라카우로 도주하여 마술에 몰두하면서 유대계 신비학자들과 교제하였고, 신의 본질이나 세계의 발생 및 점성술 등을 연구하여 예언자적인 역할을 하였다. 당시의 학자들로부터 〈사기꾼·풍속범·엉터리 예언자〉라는 비난을 받았지만, 그는 마술의 힘으로 세계를 여행하면서 베네치아에서는 비행 시도를 하고, 마울브론에서는 금을 제조하는가 하면, 에르푸르트에서는 호메로스의 주인공들을 주문으로 불러내기도 하고, 라이프치히에서는 술통을 타고 달리기도 하였다 한다. 그는 언제나 악마를 개로 변신시켜 데리고 다녔는데, 마지막에는 뷔르템베르크의 한 여관에 투숙했다가 〈오늘 밤 놀라지 마시오!〉라고 예언한 후 그날 밤 악마에 의해 살해되었다고 한다. 악명 높은 마술사 파우스투스는 악마와 결탁해서 제 명에 죽지 못했기 때문에 참된 신앙인에게는 가증스러운 본보기로 매도되기도 한다. 그러나 당시의 규범을 벗어난 그의 반항적인 행동과 과장된 일화는 이미 전설화될 소지가 다분해 독일 각지에 널리 퍼지게 되었다. 이러한 당대의 지식 있고 괴상한 강령술사를 괴테는 『파우스트』에서 〈암흑의 선비 dunkler Ehrenmann〉(1034행)로서 주인공 파우스트의 혈통과 연결시키고 있다.

> 나의 아버지는 암흑의 선비였네.
> 그분은 자연과 그것의 거룩한 작용에
> 대해서 진지하게, 그렇지만 그분
> 방식대로 이러쿵저러쿵 망상적 궁리를 하셨지. (1034행 이하)

이 실제적인 파우스트가 죽은 후 1587년 프랑크푸르트의 출판업자인 슈피스 Johann Spies가 〈지나친 마술사 요한 파우스트 박사의 이야기〉라는 제목의 민중본을 발간하는 등 그에 대한 이야기가 여러 민담으로 전해 왔다. 토마스 만은 이러한 파우스트 전통에 정통해『파우스트 박사』의 주인공 레버퀸의 인생을 민요 책 속 파우스트의 언어와 행동에 모방시켰다. 알브레히트 Jan Albrecht가 논문『레버퀸 또는 운명의 음악 Leverkühn oder die Musik als Schicksal』에서 보여 주듯, 〈레버퀸은 자기 인생을 요한 파우스트의 죄지은 삶의 신비적 반복으로 보고 있다〉.[47]

『파우스트 박사』의 처음에 차이트블롬에게 〈고상한 교육적 세상과 항상 위험스러운 세상의 명확한 구분이 가능한가?〉(DF 17)의 질문, 즉 〈나의 대상인 질문〉(DF 17)이 제기된다. 차이트블롬이 이 질문 직후 레버퀸의 파우스트적 사색과 실험을 묘사할 때, 이 질문의 한계 구분의 어려움이 제기된다. 왜냐하면 매우 정상적인 지식욕과 연구 욕망 속에는 문제가 내포되어 있는데, 이 내용은 〈이 모든 것은 거의 마술적인 유혹자의 작품〉(DF 28)이라는 차이트블롬의 언급 속에 암시되어 있다. 파우스트의 우주 탐구와 자연 신비 추구의 충동은 쉽게 악마의 영감인 대담성과 교만으로 타락하는 것이다. 종전 문학자 형태였던 파우스트 상이『파우스트 박사』의 레버퀸에서 예술가인 음악가가 되어 결국 토마스 만은 파우스트 상에서 그의 주제 〈독일의 본질〉인 음악성을 보여 주고 있다. 〈파우스트와 음악의 미연결이 신화와 문학의 큰 잘못이며 파우스트는 음악성, 즉 음악가이며 음악은 마적 분야이다〉(GW 11, 1131)라고 토마스 만은『독일과 독일인』에서 언급하고 있다. 다시 말해서 파우스트가 독일 정신의 대표라면 음악가가 되어야 하는데, 그 이유는 추상적 신비의 음악성이 세계에 대한 독일 정신이기 때문이라는 것이다. (GW 11, 1131 f.)

이러한 음악성은 풍자란 문제에 봉착하게 되어, 예술의 범례인 음악이 위기 속에 빠지게 된다. 예술을 이 위기에서 구출하는 돌파를 레버퀸은 급진적 혁신에서 찾는데, 이는 작곡의 전통적 한계를 타파하는 정신 능력이다. 음악의 위기를 자세히 설명하기 위해서 지난 음악의 검토가 필요하다. 지난 세기 음악의 근본은 〈개인감정〉과 〈인습과 형상의 일반적인 질서〉의 일치인데, 전자는 표현의 요구이며 후자는 주관적 표현을 지배하는 예술로 가능하게 된다. 이를 크레츠슈마르는 〈조화적 주관성〉이라 부르나 이는 진부한데, 그 이유는 인식이나 지식은 역사 진행에 감정의 중점을 주며 인습을 수용하지 않기 때문이다. 그러나 인습의 표현 수단인 형상의 강요나 법칙이 없다면 예술은 존재할 수 없다. 예술가 고유 영역은 감정의 자유와 개성이므로 이를 외부로 나타내려면 엄격한 질서, 즉 크레츠슈마르가 말한 〈다성의 객관성〉에 예속되게 된다.

크레츠슈마르와 후기의 레버퀸에 의하면, 르네상스에서 베토벤까지 음악사의 특징은 종교 및 의식에서 차츰 벗어나는 성격이다. 따라서 예술의 세속화가 한탄과 함께 위험스럽게 표현되는데, 그 이유는 예술이 고립화되기 때문이며, 이 고립화의 위기에 선 인물이 음악가 바그너이다. 음악이 역사 창조의 풍부하고 섬세한 웅장함으로 발전하고, 역사와 경건 속에 성장하며 원초의 상태를 성스럽고 장엄하게 불러내는 음악의 축복을 바그너가 가장 재치 있게 이용했다는 게 크레츠슈마르의 이론이다. 따라서 바그너의 천지 창조 신화인 「니벨룽겐의 반지」에서 음악의 본질이 세상의 근본 요소와 일치되고 있다.(DF 87) 레버퀸은 처음에는 이 음악의 요소에 집착하나 화음이 그에게 더 이상 조화적 즐거움이 되지 못하는데, 이는 그의 관심사가 〈각 음성의 다성적 우아 *polyphone Würde der Einzelstimme*〉이기 때문이다.

『파우스트 박사』에서 바그너 직후의 음악은 별로 언급되지 않고 있다. 음악은 〈조화적 단음의 형식 *der harmonisch-homophone Stil*〉을 자신의 파멸 단계까지 이끄는데, 음악 비평가의 형상인 악마가 이를 다음과 같이 요약한다.

작품, 시간 그리고 가상은 하나야. 그들은 함께 비평의 손아귀에 걸려들었지. 비평은 더 이상 가상과 유희를, 정열과 인간의 고통을 검열하고 역할로 분할시키며 비유로 전이시키는 허구와 장황한 형식을 용납하지 않는단 말이야. 아직 유일하게 허용되는 것은, 리얼한 순간에 조작되지 않았고, 유희로 오도되지 않았으며, 은폐되지 않았고, 위장되지 않은 번민의 표현이라네. 그 무기력과 궁핍은 그와 더불어 어떤 가상적 유희도 용납되지 않을 정도로 심각하단 말일세. (……) 구성적인 예술 작품으로서의 감정들의 가상, 음악의 자기만족적인 가상은 이제 불가능하며, 더 이상 지탱될 수도 없단 말일세. 그러한 가상의 본질은 으레 미리 주어지고 공식으로 침전된 기본 요소들을 마치 이 요소들이 이 유일한

경우의 무너뜨릴 수 없는 필연성인 것처럼 꾸며 내는 데 있지.(DF 321)

『파우스트 박사』의 독일적 소설의 한 면으로 마르티우스 거리의 지식인 거리 집회가 꼽히는데, 이 거리 집회는 고대 아테네의 광장 아고라를 연상시킨다. 고대 아테네의 아고라 광장은 〈로마 시대의 포럼 *Forum Romanum*〉의 전신으로, 둘은 다 같이 공공 정치의 무대이자 레토릭(*Rhetorik*, 웅변술 혹은 변론술)이 경연을 벌이던 공공 연설의 무대이기도 했다. 아테네의 민주 정치, 로마의 공화정에서 정치 지도자의 리더십은 아고라나 포럼에서 시민 대중을 설득하는 말솜씨에서 나왔다. 소피스트의 레토릭과 그에 대결했던 소크라테스의 다이얼렉틱(*Dialektik*, 문답법 혹은 변증술)이 다 같이 아고라에서 발달한 것이다. 말(로고스)의 능력이야말로 오직 인간만이 누릴 수 있는 특기요, 그렇기에 바로 말이 인간을 인간답게 해주는 인간성(휴머니티)의 본질이라고 그들은 믿었다. 따라서 말을 훌륭하게 구사하기 위해 배우는 문법학, 논리학, 수사학이 무릇 서양 인문학(휴머니티 사이언스)의 기초가 됐다. 혼자서 생각하거나 독백을 하는 데엔 굳이 말을 잘 다듬거나 아름답게 꾸밀 필요가 없다. 그러나 말은 혼자보다도 남과, 더욱 많은 남과 소통하기 위해서 있고 그러기 위해서 한다. 말이 많은 사람이 모인 광장(아고라, 포럼)에 나가면서 서양의 논리학과 수사학은 발달했다.

이러한 아테네의 아고라 광장을 연상시키는 『파우스트 박사』의 마르티우스 거리는 크리드비스 구역 Kridwißkreis이라고도 불리며, 사람들은 거기서 회복 불능에까지 이른 시민 문화의 위기를 토론한다. 다시 말해 미적 교양의 이상이 과도하게 개인주의로 발달한 결과, 교양을 망쳐, 인간과 단체 인연의 파괴 및 예술가의 모든 근원의 격리가 이야기된다. 크리드비스 구역의 일원들은 역사의 몰락만 보고 발전의 단어를 멸시하여, 이 단어 대신 새로운 가치 질서인 〈권력 *Gewalt*〉과 〈독재 *Diktatur*〉를 내세운다.(DF 485) 이에 대해 역사란 맴돌고 맴돌아 중세의 상황으로 되돌아간다고 차이트블롬은 체념적으로 확신한다. 이 집회의 결정적 역할은 소렐 Georges Sorel의 『폭력론 *Reflexions sur la violence*』의 전쟁과 무정부의 잔인한 예언 및 유럽의 〈전쟁 참상의 토대〉의 내용(DF 486)이다. 민중 시대에는 의회 토론이 정치 의사에 적합하지 않아, 미래의 민중에 의회 토론 대신 원시적 함성으로

정치력을 부추기는 신화적 허구와 민중성을 이 책은 보여 준다.(DF 486)

이 책에서 소렐은 전 세계 노동자의 〈총파업〉을 신화라고 말했다. 이러한 이상은 결코 역사적 사실로는 실현되지 않겠지만, 노동자를 자극하고 봉기시키기 위해서 〈총파업〉은 미래의 역사적 사건으로 표현되지 않으면 안 된다는 의미이다. 이렇게 신화는 미래의 프로그램으로 되어 있어 니부어 Reinhold Niebuhr는 기독교의 종말관을 신화적이라고 논하고 있다. 따라서 재림과 최후 심판은 미래의 역사로 현존하는 것, 도덕적인 것이나 정신적 가치 등을 심상(心象)하고 있다.[48]

크리드비스 구역의 모임원들은 병들고 생의 무용한 인종의 요소를 박멸하는 〈민족 우월론〉에 동조하는데, 이는 니체의 초인 사상을 답습하는 것 같다. 니체는 민족적 우월자에 반대되는 약자에 대해 이렇게 말했다. 〈인간에게 가장 커다란 위험은 병자다. 악인이나 맹수가 아니다. 처음부터 실패자, 패배자, 좌절한 자 — 가장 약한 자들인 이들은 대부분 인간 삶의 토대를 허물고, 삶이나 인간이나 우리 자신에 대한 우리의 신뢰에 가장 위험한 독을 타서 그것을 의심하게 만드는 자들이다.〉 이런 맥락에서 니체는 제국주의적 침략과 전쟁을 권하기도 했다. 이러한 제국주의적 침략과 전쟁을 권장하는 니체의 사상을 보여 주는 대표적인 구절로, 그의 말기 저작 『도덕의 계보 Zur Genealogie der Moral』에서 언급되는 〈금발의 야수 Blonde Bestie〉란 단어를 들 수 있다. 이 〈금발의 야수〉에 대해 니체는 다음과 같이 말한다. 〈그들(금발의 야수)은 아마도 소름 끼치는 일련의 살인·방화·능욕·고문에서 의기양양하게 정신적 안정을 지닌 채 돌아오는 즐거움에 찬 괴물이다. (……) 이런 모든 고귀한 종족의 근저에 있는 맹수, 곧 먹잇감과 승리를 갈구하며 방황하는 화려한 금발의 야수를 오해해서는 안 된다. (……) 로마·아라비아·독일·일본의 귀족, 호메로스의 영웅들, 스칸디나비아의 해적들은 이러한 욕망을 지니고 있다는 점에서 모두 같다.〉

이 〈소름 끼치는 야수〉야말로 니체가 지배자 종족의 표상으로 인식하고 옹호했던 대상이다. 니체의 이러한 근본 이미지는 다른 저작에서도 다음과 같이 다양하게 반복된다. 〈세계에 아직 남아 있는 야만적이고 신선한 지역의 주인이 되고, 무엇보다도 나 자신의 주인이 되려 하자. (……) 모험과 전쟁을 회피하지 말고 최악의 경우에는 죽을 각오를 하자. (……) 유럽의 주민 중 4분의 3만큼이 빠져나가면 좋을

것이다.〉

　니체는 노동자들을 노예로 두어야 한다고 생각했다. 그는 노동자들을 교육하고 조직하는 것이 강자의 지배를 무너뜨리는 일이라고 보았다. 〈목표를 원한다면 수단도 원하지 않으면 안 된다. 노예를 원하면서 노예를 주인으로 교육한다면 바보가 아닐 수 없다.〉 니체의 이런 반민중적·반민주적 발언들은 다음과 같은 말로 요약된다. 〈오늘날은 소인배들이 주인이다. 하인의 피를 타고난 자, 그리고 누구보다도 천민 잡동사니, 이제 그런 자들이 인간의 온갖 숙명 위에 군림하려 드니, 오, 역겹도다! 역겹도다! 역겹도다!〉

　이러한 민족 우월론이 토마스 만의 『마의 산』에 간접적으로 나타나 있다. 마의 산의 요양소에는 원장인 베렌스와 환자와 모든 계층의 사회, 즉 가난한 지성인, 상인, 군인 등이 여러 국적을 형성하며 병든 단체와 구성원으로 작용하고 있다. 카스토르프의 사촌이며 군인인 침센(독일), 관능적인 미모로 카스토르프를 유혹하는 쇼샤 부인(러시아), 서구 문명의 낙관적인 진보 및 건강의 중요성을 굳게 믿는 계몽주의자 세템브리니(이탈리아), 질병만이 인간적인 것이므로 그것을 통해 죽음을 추구해야 한다고 주장하는 나프타(유대인), 강한 개성과 유창한 언변을 지닌 퇴역 장교 페퍼코른(네덜란드) 등은 국적이 다른 만큼이나 사상도 다양하다. 그러나 이들 여러 국적의 사상들은 독일인인 주인공 카스토르프에 의해 흡수되어 독일적인 교양으로 종합된다.

　따라서 카스토르프에게 개인으로서뿐만 아니라 유럽 사회의 대표자로서, 나아가 종교적 문제를 짊어진 인간 자체, 〈신적 인간〉의 기능까지 부여되고 있다. 이는 범유럽 사상에서 결국 독일 민족의 우월성의 암시로, 이 내용이 토마스 만의 다음과 같은 글에 나타나 있다. 〈독일인은 개개인이 독특한 정신과 신의 양심을 가지고 있다. (……) 프랑스인처럼 희극적이며 사회적이며 정치적인 동물은 아니다. (……) 우리들(독일인)은 현재에도 미래에도 특별한 의미를 가진 세계적인 민족이다.〉(GW 12, 242 f.) 이는 다른 유럽인들과 독일인의 〈본질적이고도 전형적인 국민적 상위(相違)는 프랑스적 작품의 사회 정신과 독일적 작품의 정신적·원시(原詩, Urpoesie)적 정신〉[49]의 차이에 있다는 의미로, 결국 독일 정신의 우위를 나타낸다. 따라서 『파우스트 박사』는 〈독일의 불행은 결국 인간 비극의 전형이다. 독일이 절실히 필요한 자비심은 우리 모두가 필요하다〉(GW 11, 1148)라는 말로 끝을 맺는다.

이러한 민족 우월론은 국가 사회주의 시대에 번창되는 이념으로, 이 이념의 전제인 문화의 권태가 슈펭글러 Oswald Spengler의 저서 『서양의 몰락 Der Untergang des Abendlandes』에 들어 있다. 예술 및 문명과 사회의 위기가 여기에서 명백히 동일시되는 이 책을 크리드비스 거리의 일반인이 읽고 평가한다. 이러한 위기에의 돌파로 악마와의 계약이 이뤄지는데, 이 계약은 예술가에게 원형적 매혹을 불어넣는다. 레버퀸에 대한 악마의 제안은 다음과 같다. 〈그러면 점점 시간이 흐를수록 모든 불구 증세를 잊어버릴 테고, 높은 지혜로 자신을 초월하여 상승하고 (……) 얼큰하게 자신을 즐기는 가운데 거의 감당할 수도 없는 술잔의 미칠 듯한 희열을 맛볼 것이며, 그러한 술잔은 수 세기 이래 미증유의 것이라고 정당하게 확신하게 될 것이며, 어떤 느긋한 순간에 좋든 나쁘든 자기 자신을 신으로 여기게 될 걸세.〉 (DF 306 f.) 이러한 악마와의 계약 장면을 토마스 만은「마탄의 사수」에서 몽타주하고 있다. 토마스 만은「마탄의 사수」제2막에서 사악한 사냥꾼 카스파르가 막스에게 백발백중의 마탄을 만들어 주기 위해, 한밤중에 무시무시한 〈이리의 계곡〉에서 악마 사미엘과 계약하는 장면을 묘사한다.

> 당신(악마)의 주장대로라면 나는 카스파르와 대화한 것이군. 그래, 카스파르와 사미엘은 같은 존재이지. (……) 사미엘이라, 그것 참 재미있군. 현악기의 트레몰로, 목관 악기, 트롬본으로 된 다단조 포르티시모는 어디에 나오는 것이지? 그래, 그것은 낭만주의의 관객을 놀라게 했던 기발한 장면이지. 당신이 바위에서 나왔듯이, 그것은 계곡의 울림 바단조에서 나온 것이겠군.(DF 303)

악마가 레버퀸에게 제안하는 다음의 내용은 매우 신비적이다. 〈영감이 무엇이고, 참되고 오래된 원초적인 열광이 무엇이며, 비판과 마비된 사고와 질식할 듯한 오성의 통제에 전혀 시달리지 않는 열광이 무엇인지, 신성한 광휘가 무엇인지, 오늘날 누가 알고 있나?〉(DF 316) 이러한 악마와의 계약은 파우스트 박사의 민중본에서 유래하여 괴테의 『파우스트』에서도 파우스트와 악마 메피스토펠레스의 다음 계약 내용으로 전개되어 독일 정신사에 결정적 영향을 미치고 있다.

> 내가 어느 순간을 향하여
> 멈추어라! 너는 정말로 아름답다!
> 하고 소리칠 때, 너의 맘대로 나를 결박하려무나.
> 나는 즐거이 멸망할 것이고
> 죽음의 종소리가 울릴 것이다.(1699행 이하)

레버퀸은 악마의 모든 조건을 예술가에게 보장된 성공의 시상으로 받아들인다. 파우스트가 죽은 후 악마가 영혼을 요구하는 종전의 파우스트 문학과 달리 레버퀸은 위의 시상 조건을 생존 시에 지불해야 하는데, 이 중 하나가 사랑의 금지이며 또 다른 하나는 예술의 자극인 질병을 정신 착란 때까지 수용해야 한다는 것이다. 사랑의 금지는 바그너의 「니벨룽겐의 반지」의 주요 시도 동기이다. 「니벨룽겐의 반지」에서 마법의 반지인 지상에서 최상의 것을 얻기 위해서는 반드시 금욕해야 한다. 사랑의 힘을 거부하는 자만이, 사랑의 쾌락을 거부한 자만이 마법을 지닌 황금 반지를 만들 수 있고, 그렇게 만든 반지를 소유한 자는 세계를 지배하는 절대 권력을 갖게 된다.[50]

사랑의 금지와 예술의 자극인 질병을 정신 착란 때까지 수용해야 하는 자극이 레버퀸에 의해 이뤄지는데, 이는 무력한 지성에도 불구하고 무언가를 보여 주는 『형상의 묵시록』으로, 여기에 있는 〈나보다 더 강한 사람의 눈에서 눈물을 흘리게 할 수 있다〉(DF 501)는 서정적 구절은 영혼을 향한 애절한 호소처럼 들린다. 차이트블롬은 그의 작품을 레버퀸과 역사 과정으로 연관시키며, 『형상의 묵시록』에 관해 〈(『형상의 묵시록』은) 크리드비스의 모임에서 내가 들은 이야기와 독특한 정신적 상응 관계를 이루었다〉(DF 493)고 언급하고 나서, 또 다음과 같이 계속 언급한다. 〈크리드비스의 집회에서 울화가 치밀 정도로 영리한 대화에서 언급되었던 지구를 도는 길, 퇴보와 진보, 옛것과 새것, 그리고 과거와 미래가 하나로 되는 이 길 ― 이 길의 실현을 보았다.〉(DF 494)

『파우스트 박사』의 악마는 예술 작품의 절대적 독창성을 약속하는 한편, 〈오만함의 사치〉(DF 333)도 약속하여 결국 예술가 인생에 해가 되는 시민 규범을 불어넣는다. 파우스트 전통의 새로운 면은 약한 의지가 악마와 쉽게 계약한다는 사실이다. 레버퀸도 악마와 대화를 재생할 때 자신도 악마의 방문을 오랫동안 기다렸다고 말한다.(DF 294) 대화 진행 중 레버퀸은 악마가 자기에게 말한 내용을 오래전부터 아는 듯한 느낌과 함께 악마가 자기 의지의 투명같이 보여 〈내가 아는 내용을 당신이 나에게 말할 수 있다는 사실을 나는 의심하지 않아요〉(DF 320)라고 악마와의 협상에서 말한다. 레버퀸 악마와 명확한 계약을 하지 않지만, 악마가 등장하면서 이미 계약이 집행되어 진행되고 있다.(DF 331) 레버퀸이 창녀와의 경험으로 매독이 걸린 그날이 악마와의 협상 시작의 날이 되어, 창녀와의 경험이 〈세례〉이고, 이 창녀촌 방문이 악마의 말대로 〈견진 성사〉가 되는 셈이다.(DF 331과 비교하라) 현대 예술가에게 제기된 문제의 투영 및 거짓 해결이 바로 악마라고 알브레히트는 그의 논문에서 밝히고 있다.

레버퀸의 파우스트 드라마는 완전히 천재인 정신적 인간 내면 속에 투영된다. 천국과 지옥 사이의 옛날 우주 극이 인간에 도입된 것이다. (……) 신학적 갈등 그리고 신과 악마가 세속화에, 다시 말해 한 몸뚱이에 연결되고 있다.[51]

레버퀸의 작곡 「파우스트 박사의 비탄 Doktor Fausti Weheklag」으로 사실상의 자극이 이뤄진다. 이 작곡의 형식은 〈최후의 가혹성 letzte Rigorosität〉(DF 646)이라 불리며, 물질이 전체적으로 배열돼 푸가라 생각될 수 없는데, 그 이유는 자유 악보가 없기 때문이다.(DF 646) 이것이 레버퀸이 제22장에서 차이트블롬을 서술한 엄격한 악절의 법칙이다.

내가 엄격한 악절에 대해 너에게 말해 주마. 엄격한 악절이란 모든 음악 차원의 완전한 종합이며 또 완전한 조직으로 서로의 공평을 보여 준다.(DF 255)

이 대화에서 레버퀸은 펜실베이니아의 독일인 요한 콘라트 바이셀의 〈주인과 하인 목소리 Herren- und Dienertöne〉로 돌아간다. 크레츠슈마르가 한 강연에서 보여 준 이 〈주인과 하인 목소리〉에 관한 세련되고 원초적인 음악 이론이 레버퀸의 마음을 사로잡아, 신학뿐 아니라 무감정 및 엄격한 법칙의 관심을 불러일으켜 그에게 수학적 경향을 불어넣는다. 바이셀 음악 이론의 유치한 합리주의를 거부했던 차이트블롬은 어리석은 질서라도 없는 것보다 낫다는 레버퀸의 의미를 알게 되어, 〈모든 법칙의 효과는 차갑지만 음악은 고유의 따뜻함, 마구간의 따뜻함, 암소의 따뜻함을 지녀 이 따뜻함의 법칙의 냉각이 필요하다〉(DF 94)고 말한다. 이윽고 레버퀸은 바이셀의 음악 이론으로 돌아간다.

    본능적으로 내 마음에 들었던 것, 그것 자체가 본능적이었어. 음악의 정신과 소박하게 부합하는 것이었어. 말하자면 우스꽝스럽게 거기에서 암시되었던 것은 엄격한 악절을 구성하려는 의지였지. 덜 유치한 다른 차원에서라면 오늘날 그와 같은 사람이 필요할 걸세. 당시의 어린 양들이 그를 필요로 했던 것만큼이나 말이야. 우리는 어떤 체계의 주인을, 객관성과 조직력을 갖춘 명인을 필요로 해. 재생적이고 의고적인 것을 혁명적인 것과 결합시킬 만큼 독창적인 사람을 말이야.(DF 252)

레버퀸은 「파우스트 박사의 비탄」의 작곡으로 이 음악 이론을 세우는데, 여기에선 쾌활하고 구속 없는 방식이 아니라 탄식과 고통스러운 비분의 방식을 사용한다. 이는 베토벤의 교향곡 9번 「환희의 송가」를 부정적으로 패러디한 것으로, 이에 대해 차이트블롬은 「파우스트 박사의 비탄」 마지막에 다음과 같이 묘사하고 있다. 〈피날레는 오케스트라만으로 이루어진다. 지옥으로의 질주에 맞춰 힘차게 등장하는 비탄의 합창은 서서히 아다지오가 붙은 오케스트라를 위한 이 마지막 악장으로 넘어간다. 그것은 마치 「환희의 송가」의 경로를 거꾸로 밟는 듯한 인상을 준다. 교향악이 합창의 환호로 넘어가는 것의 동질적인 부정, 그것은 곧 복귀인 것이다.〉(DF 649) 그리고 얼마 후 레버퀸은 정신 착란에 빠진다.

3. 결론

레버퀸은 「파우스트 박사의 비탄」의 창조를 위한 도취의 영감을 악마로부터 약속받는다. 그는 몰락의 위협에 놓인 음악적 세계에 살면서 기꺼이 지옥에서라도 음악의 구원을 찾으려 하는데, 이는 〈지옥의 불꽃 없이는, 즉 악마의 도움 없이는 예술이 불가능한 시대〉(DF 499)이기 때문이다. 토마스 만의 독일 정신 개념에 의하면, 레버퀸의 작품들은 파시스트적 도취에 관련되는데, 이 의견에 대해 절대적인 일치는 없지만 쿠르츠케Hermann Kurzke의 의견이 강력한 근거를 제공하고 있다.[52] 토마스 만은 건강 아닌 질병이 진정한 작품을 만든다는 데카당스적 주제를 수용하여 악마의 영감과 일치하고 있다. 이렇게 질병이 진정한 작품을 창조한다는 사상을 토마스 만은 『마의 산』에서도 질병을 찬양하는 인물인 나프타의 이론으로 전개하고 있다. 나프타는 육체를 타락하고 부패한 것으로 생각하며, 건강을 비인간적인 것으로 보아 병을 찬양하여, 자신이 불치의 병에 걸려 있으면서도 그것을 슬퍼하지 않고, 오히려 병의 가치를 다음과 같이 찬양한다.

> 병은 지극히 인간적이다. 인간 자체가 바로 병이기 때문이다. 인간은 원래 병을 앓는 생물이며, 병을 앓아야만 비로소 완전한 인간이 된다. 최근 새로운 생활을 제창하는 사람들, 예컨대 생식주의자(生食主義者), 옥외 생활 예찬자, 일광욕 지지자들이 떠들어 대는 것처럼, 인간을 건강하게 하자, 자연과 화목하게 하자는 구호는 한 번도 자연적이 아니었던 인간에게 자연으로 돌아갈 것을 권장하는 것이다. 이런 식의 루소주의는 인간의 비인간화와 동물화를 촉진시키는 것 외에 아무것도 추구하는 것이 없다. (……) 인간의 존엄성과 고귀성은 정신과 병에 있는 것이다. 한마디로 말한다면, 인간은 병을 앓고 있으면 있을수록 더 인간적이며, 병의 수호신은 건강의 수호신보다 더 인간적이다. (……) 세템브리니는 입버릇처럼 진보를 말한다. 그러나 진보라는 것이 있다면, 그것은 오로지 병의, 그리고 천재 덕분이며 — 천재란 병일 뿐이다. (……) 여태까지 인류를 위하여 진리를 인식하려고 의식적으로 스스로 병과 광기에 빠진 사람들이 있다. 이 사람들이 광기에 의하여 획득한 인식은 훗날 건강으로 변하고, 그들의 영웅적인 희생 행위 이후에는 이제 병과 광기의 판결을 받지 않고 그와 같은 인식을 소유하고 활용하게 되는 것이다. 이것이야말로

정말 십자가 위의 죽음이다.(Zb 642 f.)

이렇게 나프타는 병과 비합리의 세계를 긍정하고 대변하는 열광적 성격의 소유자로서, 병만이 인간적이라고 주장한다. 따라서 그는 병을 인간의 본질로 규정하고 병들면 병들수록 그만큼 더 인간적이라고까지 주장한다.(Zb 92) 이런 맥락에서 「베네치아에서 죽음」에서도 아셴바흐가 동성애적으로 반하는 열네 살의 미소년 타치오는 병이 들어 창백하고 허약한 모습으로 나타나는데, 이러한 병적인 모습이 더욱더 매력적으로 아셴바흐의 마음을 휘어잡는다. 아셴바흐는 타치오의 치아가 제대로 만족스럽지 못하다는 것을 알았다. 다소 톱니 같고 파리하며 건강한 광택이 없고, 빈혈증 환자들에게 가끔 있는 것 같은 특이하게 거칠고 투명한 데가 있었다. 〈그는 매우 유약(柔弱)하고 병약(病弱)하다〉(TiV 479)고 아셴바흐는 생각했다. 〈그는 아마도 오래 살지는 못하리라.〉(TiV 479) 이렇게 타치오에게는 치아가 죽음을 암시한다. 〈미의 동기〉가 〈죽음의 동기〉로 나타나는 것이다. 이러한 치아의 허약함 등 병으로 인해 죽음으로 유도되는 타치오의 형상이 아셴바흐를 강렬하게 매혹시킨다.

아셴바흐에게는 저 멀리 있는 창백하고 미소를 띤 사랑스러운 영혼의 인도자가 자신을 향하여 손짓하고 있는 기분이다. 마치 그 영혼의 인도자가 자신의 손을 허리에서 풀어 멀리 가리키고 있는 듯한, 희망에 찬 거대한 물건 속으로 앞장서서 날아가는 듯한 기분이었다. 그래서 지금까지 여러 번 그랬듯이 그의 뒤를 쫓으려고 몸을 일으켜 세웠다.(TiV 525)

여기에서 허약하고 창백한 타치오의 모습으로 인해 아셴바흐의 사고는 신비적이 된다. 정말로 건강하지 못한 허약한 소년의 모습이 예술가 아셴바흐를 다시 한 번 신비적 명상에 잠기게 하는 것이다. 이 내용처럼 「베네치아에서 죽음」에서는 치아가 죽음을 암시하는 경우가 많은데 이에 대한 또 다른 예를 들어 보면 곤돌라 사공의 치아를 들 수 있다. 그의 밀짚모자, 들창코, 불그스름한 눈썹, 그 지방 사람이 아니라 이방인이라는 점, 그리고 노를 젓느라 기를 쓸 때 드러나는 하얀 이빨은 죽음을 암시했던 뮌헨에서 낯선 남자와 흡사하다. 또 베네치아로 가는 배 위에서 아셴바흐가 젊은이로 착각했으나 나중에 술 취한 늙은이로 판명된 인물의 〈위쪽의 의치〉(TiV 460)는 입술 위의 턱에 얹혀 있어 해골 같은 인상을 주고 있고, 콜레라가 만연해 있는 베네치아의 호텔 정원에서 공연하는 유랑 악단 가수의 치아도 죽음을 암시한다.

> 그(유랑 악단 가수)의 입술은 아주 짧고 완전히 치아에서 드러나 있었으며 입술은 잇몸까지 벗겨져 하얗게 길쭉히 트여 나와 핥고 있었다.(TiV 446)

이 내용에서 잇몸까지 벗겨진, 하얗게 트여 나온 치아는 해골을 연상시킨다. 결국 이러한 인물들은 모습은 각각 다르지만 그 치아에 의해 죽음을 암시하는 공통점이 있다. 이렇게 치아가 죽음을 암시하는 내용이 「베네치아에서 죽음」외에 토마스 만의 다른 작품들에서도 자주 묘사되고 있다. 『부덴브로크 일가』에서 부덴브로크 일가의 제4대인 한노의 치아는 어린 시절부터 겪어야 하는 갖가지 고통과 죽음의 위험의 원인까지 되고 있다.

> 한노의 건강은 늘 좋지 않았다. 특히 어릴 때부터 여러 가지 고통스러운 문제를 야기시킨 것은 그의 이빨이었다. 젖니가 날 때 고열과 경련을 동반하는 바람에 거의 목숨을 잃을 뻔했다.(Bd 511 f.)

이제 사람 좋은 그라보 의사가 이루 말할 수 없이 주도면밀하게 섭생을 시키고 보살펴줌으로써 치아로 인해 초래될지도 모르는 심각한 위기에 대한 예방 수단을 강구했다. 그러나 한노는 처음에 나온 흰 송곳니가 잇몸을 파고 들어가려 하자 발작을 일으키게 되었으며, 그러다가 점점 더 심하게 몇 번이나 그런 끔찍한 일이 되풀이되었다. 그러자 그 늙은 의사는 아무 말 없이 가족들의 손만 꼭 잡게 되는 지경까지 이르게 되는 일도 있었다.(Bd 423)

「이를 빼야겠습니다.」이렇게 이다에게 말하면서 그(치과 의사)의 안색이 창백해졌다. 그러다가 한노가 얼굴이 노래져서 식은땀을 흘리며 눈을 동그랗게 뜨고 보니 브레히트(치과 의사)가 소매에 집게를 넣고 자기에게 다가오는 것이었다. 그의 마음 상태는 사형에 처한 흉악범의 그것과 전혀 다를 바 없었다. 그 치과 의사의 벗어진 이마 위에는 조그만 땀방울들이 송골송골 맺혀 있었고 그의 입도 역시 불안감으로 일그러져 있었다. 이제 끔찍한 일이 끝나자 한노는 창백한 얼굴로 오만상을 찌푸리고 울면서 덜덜 떨고 있었다.(Bd 513)

이 내용에서 치아는 몰락을 암시하는 하나의 징후로 나타난다. 왜냐하면 그것은 생물학적인 쇠퇴를 의미하기 때문이다. 한노의 아버지 토마스 부덴브로크의 치아 역시 어린 시절부터 〈그리 좋지 않아서 작고 누르스름했다〉(Bd 18). 그는 기이하게도 치아로 인해 죽게 된다.

> 치아 하나 때문에, 부덴브로크 시 의원이 치아 하나 때문에 죽었다는 소문이 시내에 퍼졌다. 대체 치아 때문에 죽은 사람이 어디 있단 말인가.(Bd 688)

이렇게 치아가 죽음을 암시하는 내용은 『마의 산』에서도 나타나 있다. 마의 산의 요양소 원장인 의사 베렌스의 조수 크로코프스키는 수염 사이로 〈누런 치아〉가 보일 정도로 힘차게 미소 짓는 고정된 모습을 보여 주는데(Zb 319), 이러한 모습의 그는 죽음을 암시하는 역설적인 인물이다.

토마스 만은 1905년에 이렇게 질병이 진정한 작품을 만든다는 소설에 대한 기본 이념을 『파우스트 박사』와 연관시켜 서술한 적이 있다. 〈매독 걸린 예술가상, 악마에게 서술된 파우스트 박사. 그에게 독(毒)이 도취, 자극제와 영감으로 작용한다. 그는 환희의 영감 속에 순수하고 훌륭한 작품을 창조하는데, 여기에 악마의 도움이 있다. 따라서 마지막에 악마가 그를 데려가게 되고, 그 결과로 그는 마비된다.〉[53] 이런 소설에서 음악 이론의 근본 문제는 예술의 허구로부터의 탈피이다. 바그너처럼 모든 수단을 목적과 영향력에 허비하고, 예술가의 신념을 버린다면, 창작의 순수성은 어떻게 될까? 이 경우의 해결이 악마와의 계약이라고 한다. 그러나 『파우스트 박사』에서 아도르노가 이 개념에 제동을 거는데, 그 이유는 아도르노의 음악 철학이 악마와 관계없이 바그너를 능가하는 문제의 해결을 제공하기 때문이다. 이러한 아도르노의 개념에 따라, 음악가 쇤베르크Arnold Schönberg 의 〈12음의 기법 Zwölftontechnik〉이 현실적 해결책이 되고 있다. 따라서 레버퀸의 작곡은 악마 영감의 환상적 상태의 작품이라기보다는, 시대의 새로운 음악적 표현으로 볼 수 있으며, 이는 독일 재난과 일치한다. 『파우스트 박사』의 집필 중 선한 독일과 악한 독일의 관계, 또 이렇게 찢긴 독일과 자신의 동질성이 토마스 만의 문제가 되고 있다. 작곡 「파우스트 박사의 비탄」의 핵심 주제인 〈나는 선하고 악한 그리스도로 죽는다〉(DF 646)의 말처럼, 토마스 만은 무서운 진실, 즉 악한 독일은 선한 독일과 분리될 수 없으며, 이 두 독일의 동일성이 존재하여 자신도 독일의 이 양면성과 일치해야 한다고 『독일과 독일인』에서 다음과 같이 명백하게 고백하고 있다. 〈내가 독일에 관해 말하거나 스치듯 암시하고자 하는 것은 낯설고 냉정하고 무경험의 지식에서 나온 게 아니다. 다시 말해, 나는 그것을 나 자신 속에 스스로 체험한 것이다.〉(GW 11, 1131) 그리고 토마스 만은 〈독일의 불행은 결국 인간 비극의 전형이다. 독일이 절실히 필요한 자비심은 우리 모두가 필요하다〉(GW 11, 1148)라는 말로 끝을 맺는다.

주

1 Thomas Mann, Sechzehn Jahre, Vorrede zur amerikanischen Ausgabe von *Joseph und seine Brüder* in einem Bande, in: Ders., *Altes und Neues, Kleine Prosa aus fünf Jahrzehnten*(Frankfurt/M., 1953), S. 677.
2 Thomas Mann, *Deutsche Hörer, 55 Radiosendungen nach Deutschland*, 2. erw. Ausg.(Stockholm, 1945), S. 47.
3 같은 책, S. 76.
4 Thomas Mann, *Gesammelte Werke* in dreizehn Bänden, Bd. 11(Frankfurt/M., 1974). S. 1146.(이하 *Gesammelte Werke*는 GW로, 『마의 산』은 Zb로, 『부덴브로크 일가』는 Bd로, 『파우스트 박사』는 DF로 해당 부분에 줄여 표시하고, 뒤에 권수와 면수를 표기함)
5 Thomas Mann, *Altes und Neues, Kleine Prosa aus fünf Jahrzehnten*(Frankfurt/M., 1953), S. 417.
6 Thomas Mann, *Warum ich nicht nach Deutschland zurückgehe*. in: *Neue Schweizer Rundschau*. N. F. 13. S. 365.
7 Heinrich Mann, *Ein Zeitalter wird besichtigt*(Berlin, 1947), S. 208.
8 Siehe z. B. Marquis Childs, Thomas Mann, Germany's Foremost Literary Exile Speaks Now for Freedom and Democracy in America, in: *Life* 17, April, 1939.
9 Stephan Hermlin u. Hans Mayer, *Ansichten über einige neue Schriftsteller und Bücher*(Wiesbaden, 1947), S. 22.
10 Thomas Mann, *Briefe 1889~1936*, hg. von Erika Mann(Frankfurt/M., 1961), S. 427.
11 김덕영, 『막스 베버, 이 사람을 보라』(인물과 사상사, 2008), 참조
12 Thomas Mann, Leiden und Größe Richard Wagners, in: *Adel des Geistes, Sechzehn Versuche zum Problem der Humanität*(Stockholm, 1945), S. 399 f.
13 같은 책, S. 461.
14 Thomas Mann, Deutschland und die Deutschen, in: *Sorge um Deutschland*, Sechs Essays(Frankfurt/M., 1957). S. 88.
15 Thomas Mann, *Deutsche Hörer, 55 Radiosendungen nach Deutschland*, 2. erw. Ausg.(Stockholm, 1945), S. 46.
16 같은 책, S. 36.
17 스위스 정신 의학자 융의 심층 심리학 용어. 인류의 먼 태곳적 조상들의 생활에서 반복되던 경험의 유형들의 〈정신적 잔재 psychic residue〉인 〈원형 archtype〉이 인간의 〈집단 무의식〉 속에 유전되며, 문학은 물론 신화, 종교, 꿈, 환상에 표현된다는 것이다. 문학이 우리에게 깊은 공감을 불러일으키는 이유는, 이 원형이 인류에게 공통된 보편적이고 원시적이고 기본적인 패턴이기 때문이라고 한다. 문학에 자주 나타나는 대표적인 원형으로는 죽음 – 재생, 지옥으로의 여행, 천국 방문, 부친 찾기, 천국-지옥, 프로메테우스적인 반항아, 영원의 여성, 요부 femme fatale 등이다. 이와 같이 문학에 자주 나타나는 원형적인 사건, 인물형, 또는 이미지를 찾아내는 비평을 〈원형 비평〉 또는 〈정신 비평〉이라 한다. 대표적인 정신 비평가는 『시원형(詩原型), *Archetypal Patterns in Poetry*)』의 저자인 보드킨 Maud Bodkin을 비롯하여, 『비평의 해부 *The Anatomy of Criticism*』란 20세기의 고전을 쓴 프라이 Northrop Frye 등이 있다. 주목할 점은, 프라이가 융의 〈집단무의식〉은 〈불필요한 가설〉이며 원형은 그저 존재한다는 것이다.
18 권용준, 『테마로 보는 서양 미술』(살림, 2005) 참조.
19 Thomas Mann, *Dürer, Altes und Neues, Kleine Prosa aus fünf Jahrzehnten*(Frankfurt/M., 1953), S. 718.
20 Joseph Elema, Thomas Mann, Dürer und Doktor Faustus, in: Helmut Koopmann(Hg.), *Thomas Mann*,

Wege der Forschung, Band 335(Darmstadt, 1975), S. 325ff. (이하 *Dürer und Doktor Faustus*로 줄임)
21 같은 책, S. 328.
22 Arnold Busch, *Faust und Faschismus*(Frankfurt/M., 1983), S. 29.
23 *Dürer und Doktor Faustus*, S. 320~250.
24 같은 책, S. 324 f.
25 같은 책, S. 320 f.
26 Thomas Mann, Nietzsches Philosophie im Lichte unserer Erfahrung, in: *Essays*, Bd. 3, S. 235.
27 Rainer M. Rilke, *Briefe aus den Jahren 1914 bis 1921*(Leipzig, 1938), S. 60.
28 Rainer M. Rilke, *Werke* in vier Bänden, hg. von Manfred Engel, Ulrich Fülleborn, Horst Nalewski, August Stahl, Bd. 1(Frankfurt/M. und Leipzig, 1966), S. 203.
29 같은 책, S. 170.
30 같은 책, Bd. 2, S. 241.
31 Paul Celan, *Gesammelte Werke* in 5 Bänden, hg. von Beda Allemann und Stefan Reichert unter Mitwirkung von Rolf Böcher, Bd. 3(Frankfurt/M., 1983), S. 186.
32 M. Picard, *Die Welt des Schweigens*, S. 12.
33 Helmut Koopmann, *Der klassisch-moderne Roman in Deutschland*(Stuttgart, 1983), S. 68.
34 Hans Wysling(Hg.), Thomas Mann. in: *Dichter über ihre Dichtungen*, Nr. 14, Bd. 3(München, 1981), S. 243.
35 Thomas Mann, *Briefe*, hg. von Erika Mann, Bd. 3(Frankfurt/M., 1965), S. 61.
36 Siehe z. B. Jonas Lesser, *Thomas Mann in der Epoche seiner Vollendung*(München, 1952), S. 433~442, oder Hans Mayer, *Thomas Mann. Werk und Entwicklung*(Frankfurt/M., 1980), S. 322 f.
37 Gunilla Bergsten, *Thomas Manns Doktor Faustus, Untersuchungen zu den Quellen und zur Struktur des Romans*(Tübingen, 1974), S. 69 f.
38 Maurice Colleville, Nietzsche et le Doktor Faust de Thomas Mann. in: *Études Germaniques*, 3(Jahrgang, 1943), S. 343~354.
39 Hans Mayer, *Thomas Mann. Werk und Entwicklung*(Berlin, 1950), S. 379.
40 Peter Pütz, *Kunst und Künstlerexistenz bei Nietzsche und Thomas Mann. Zum Problem des ästhetischen Perspektivismus in der Moderne*(Bonn, 1963), S. 85.
41 Elrud Kunne-Ibsch, Die Niezsche-Gestalt in Thomas Manns Dr. Faustus, in: *Neophilologus*, 53(Jahrgang, 1969), S. 176~186.
42 같은 책, S. 187 f.
43 장성현, 「파시즘과 니체의 관계에 대한 토마스 만의 견해」, 『독일문학』 제58집(1995), 29면.
44 Thomas Mann, Nietzsches Philosophie im Lichte unserer Erfahrung, in: *Essays*, Bd. 3, S. 235.
45 Gerhard Schmidt, *Zum Formgesetz des Doktor Faust von Thomas Mann*(Wiesbaden, 1976), S. 31.
46 독일의 인문주의자. 출생지인 헤센 주(州) 풀다의 수도원 부속 학교에서 공부하다가 인문주의에 매료되어 이곳을 탈출, 독일 및 이탈리아의 여러 대학을 전전하며, 특히 에르푸르트에서 인문주의자들과 사귀었다. 1517년에는 아우크스부르크에서 막시밀리안 1세에 의해 계관 시인의 칭호를 받았고, 그후 문필 생활을 시작하여 『우자의 서한집 *Episolae obscurorum virorum*』을 통해 교회의 부패, 성직자의 타락을 통렬히 공박했다. 또 종교 개혁 지지자로서 루터를 비호하고 교황 제도를 반대했다. 헤르더에 의한 재발견으로 19세기 청년 독일파에, 특히 3월 혁명 때에는 자유 사상의 상징이 되었다.

47 Jan Albrecht, Leverkühn oder die Musik als Schicksal, in: *Deutsche Vierteljahresschrift für Literaturwissenschaft und Geistesgeschichte*, 45(Jahrgang, 1971), S. 379.
48 Georges Sorel, *Reflexions on Violence*, tr. by T. E. Hulme(New York, 1914).
49 Richard Wagner, *Richard Wagner und der Ring des Nibelungen*, Sämtliche Schriften und Dichtungen in zwölf Bänden, Bd. 9(Leipzig, 1911), S. 526.
50 이신구, 「토마스 만과 헤세의 바그너 음악 수용」, 『헤세 연구』 제14집(2005), 29면 참조.
51 Jan Albrecht, a.a.O., S. 385.
52 Hermann Kurzke, *Thomas Mann, Epoche-Werke-Wirkung*(München, 1985), S. 274.
53 Paul Scherer u. Hans Wysling, *Quellenkritische Studien zum Werk Thomas Manns*, S. 37.

제4부 토마스 만과 카프카 문학의 비교 분석

일러두기

제4부 내용에서 토마스 만과 카프카의 주요 작품은 [ ] 속의 단어로 간단히 줄이고 뒤에 면수를 표시했음.

1. Thomas Mann, *Gesammelte Werke in dreizehn Bänden*, S. Fischer Verlag, Frankfurt am Main, 1974. [GW]. 이다음에 표시된 첫 번째 숫자는 권, 그다음에 오는 숫자는 면수를 나타냄.
2. Thomas Mann, *Buddenbrooks. Verfall einer Familie*, in: Ders., *Gesammelte Werke* in dreizehn Bänden, Band Ⅰ, S. Fischer Verlag, Frankfurt am Main, 1974. [Bd]
3. Thomas Mann, *Doktor Faustus*, in: Ders., *Gesammelte Werke* in dreizehn Bänden, Band Ⅵ, S. Fischer Verlag, Frankfurt am Main, 1974. [DF]
4. Thomas Mann, *Der Tod in Venedig* in: Ders., *Gesammelte Werke* in dreizehn Bänden, Band Ⅷ, S. Fischer Verlag, Frankfurt am Main, 1974. [TiV]
5. Thomas Mann, *Der Zauberberg*, in: Ders., *Gesammelte Werke* in dreizehn Bänden, Band Ⅲ, S. Fischer Verlag, Frankfurt am Main, 1974. [Zb]
6. Thomas Mann, *Bekenntnisse des Hochstaplers Felix Krull*, in: Ders., *Gesammelte Werke* in dreizehn Bänden, Band Ⅶ, S. Fischer Verlag, Frankfurt am Main, 1974. [FK] .
7. Thomas Mann, *Tonio Kröger*, in: Ders., *Gesammelte Werke* in dreizehn Bänden, Band Ⅷ, S. Fischer Verlag, Frankfurt am Main, 1974. [TK]
8. Franz Kafka, *Amerika*, hg. von Max Brod, Frankfurt am Main, 1986. [A]
9. Franz Kafka, *Beschreibung eines Kampfes*, hg. von Max Brod, Frankfurt am Main, 1986. [B]
10. Franz Kafka, *Erzählungen*, hg. von Max Brod, Frankfurt am Main, 1986. [E]
11. Franz Kafka, *Hochzeitsvorbereitungen auf dem Lande und andere Prosa aus dem Nachlaß*, hg. von Max Brod, S. Fischer Verlag, Lizenzausgabe mit freundlicher Genehmigung von Schocken Books Inc., New York, USA, 1986. [H]
12. Franz Kafka, *Prozeß*, hg. von Max Brod, Frankfurt am Main, 1986. [P]
13. Franz Kafka, *Das Schloß*, hg. von Max Brod, Frankfurt am Main, 1986. [S]

제1장 자전적 작가로서 아버지상의 비교

1999년 뮌헨의 『문학의 집』과 베텔스만 출판사가 독일의 소설가와 평론가 및 학자들을 대상으로 〈20세기 최고의 독일어 작품〉 선정을 의뢰한 결과, 오스트리아 작가 무질Robert Musil의 『개성 없는 남자Der Mann ohne Eigenschaften』가 1위를 차지했다. 2위는 카프카의 『소송Der Prozeß』, 3위는 토마스 만의 『마의 산』, 4위는 되블린Alfred Döblin의 『베를린, 알렉산더 광장Berlin, Alexander Platz』, 5위는 그라스Günter Grass의 『양철북Die Blechtrommel』이 올랐다. 「디 벨트Die Welt」 신문이 조사한 독일인이 뽑은 〈금세기 최고의 작가〉로는, 카프카가 1위를 차지했고, 토마스 만, 브레히트, 헤밍웨이, 헤세의 순으로 나타났다. 〈20세기 최고의 독일어 작품〉 선정에서 1위를 차지했던 무질은 14위, 노벨 문학상 수상자 그라스는 15위였다. 이러한 사실들을 놓고 보면, 토마스 만과 카프카야말로 20세기의 세계 문학에서 으뜸가는 작가라고 해도 과언이 아니다.

이러한 토마스 만과 카프카의 노선의 차이를 루카치György Lukács는 양자택일의 문제로 제기하였으나, 오늘 우리에게는 20세기의 가장 위대한 이 두 독일어 작가가 묘사한 서구 문명 전체의 비인간성, 야만적 폭력성과 정신의 불모성, 정직한 작가를 미칠 듯한 질곡으로 몰아넣었던 파괴적 본질과 괴물적 자태, 이 모든 것과 서양의 범위를 멀리 넘어서 존재하는 싱싱하고 풍성한 창조적 가능성 사이의 선택이 문제가 되고 있다. 루카치의 기준에 의하면, 카프카는 퇴폐적이고, 토마스 만은 리얼리즘적이다. 이렇게 토마스 만과 카프카는 너무도 대조적인 삶을 살았지만,

어떤 형태로든 작가의 삶을 반영하게 마련인 작품들은 여러 유사점을 담고 있다. 따라서 토마스 만의 문학을 고찰해 보면, 그와 동시대의 작가인 카프카의 문학과 많은 유사점을 느낄 수 있다. 심지어는 토마스 만의 작품에 〈카프카 Kafka〉(Zb 91)란 이름을 가진 인물이 등장하기까지 한다.

또한 토마스 만과 카프카는 자전적(自傳的) 작가라는 공통점을 가지고 있다. 그런데 실제로 모든 예술가들은 대부분 자전적 요소를 지니고 있다고 해도 과언이 아니다. 천하의 바람둥이 피카소는 1936년 프랑스에서 아내와 정부 외에 또 다른 여인을 만났다. 도라 마르라는 이 여인은 도도한 매력으로 피카소를 사로잡지만, 천재 화가를 혼자 소유할 수는 없었다. 달콤한 것 같은 사랑은 눈물의 연속이었고, 이러한 그녀의 눈물은 「우는 여자」라는 피카소의 그림으로 남았다. 이런 식으로 토마스 만과 카프카의 소설에서는 자전적인 요소들이 자주 발견된다. 토마스 만에게 예술이란 근본적으로 〈문제적인 자아에 대한 정신적·도덕적인 노력〉(GW 12, 20)이므로, 그는 자전적 배경에서 작품을 쓰고 있으며, 이에 대해 〈나는 시대나 일반적인 일에 관해서 이야기할 필요가 있을 때에는, 나 자신에 관하여 이야기하기만 하면 된다는 신념을 가지고 있다〉(GW 11, 571)고 언급하고 있다. 토마스 만은 바로 자기 자신의 갈등을 표현하기 위해, 톨스토이와 괴테의 영향을 받아 자서전적 기술 방법을 작품에 도입하였다. 그런데 여기에서 주목할 사항이 있는데, 이는 수용 연구에 관한 사항이다. 즉 작가 톨스토이가 자신을 수용한 작가 토마스 만에게 번역을 통해 간접적으로 영향을 끼치고 있다는 것이다. 이에 대해 호프만 Alois Hofman은 『토마스 만과 러시아 문학의 세계』에서 다음과 같이 말하고 있다. 〈토마스 만은 개인적 체험으로써 러시아를 알 수 있는 기회를 갖지 못했다. 불리한 사정으로 인하여 러시아 각 도시에서의 강연 여행 계획이 중지되었고, 톨스토이와의 접촉도 이룰 수가 없었다. 러시아 국민의 감각적인 세계가 그에게는 폐쇄되었고, 그들의 언어조차 외면되고 말았다. 따라서 그는 중개자나 비평가들에 의하여 주어진 간접적인 지식이나 통찰에 의존하지 않을 수 없었다. 그러나 이것들은 번역의 과정에서 국민적 특성이나 색채, 뉘앙스 등이 때때로 모호해지는 것을 고려하면, 번역처럼 신빙성이 없는 도구에 지나지 않았다.〉[1]

토마스 만이 자신의 갈등을 표현하기 위해 톨스토이와 괴테 등의 영향을 작품에

도입한 이유는, 갈등과 같은 인간의 복잡한 내면적 현상을 관찰하고 분석하는 데 자기 자신을 본보기로 할 때보다 더 적합했기 때문이다. 토마스 만의 자전적인 요소는 후기 작품에서 더 많이 나타나는데, 이에 대해 토마스 만은 후기 작품인 『파우스트 박사』를 예로 들어 〈『파우스트 박사』는 얼마나 많은 나의 생활 감정을 담고 있는지 모른다. 근본적으로 말해 극단적인 고백이다. 고백이 그 책에서 처음부터 가슴을 설레게 하는 것이었다〉(GW 11, 247)고 언급하고 있다. 이러한 자전적 작가인 토마스 만처럼 카프카의 작품에도 자전적 요소가 많다.

카프카의 작품은 세계와 사물에 관계하지 않고 단지 언어와 연관되어 있다는, 그리하여 경험은 매우 제약적이고 우회적인 방법으로 복잡한 해결을 거친 후에야 문학에의 투여가 가능하다는 주장이 오래전부터 있어 왔다. 그러나 작품 내부의 미학적 구조에 초점을 둔 연구자들의 해석 방법은, 작가와 자기 투영이라는 불가분의 관계를 누구보다 많이 갖고 있던 카프카의 자서전적 요소와 〈소설은 곧 나이고, 나의 이야기는 곧 나다 Der Roman bin ich, meine Geschichten sind ich〉[2]는 카프카의 고백을 너무 경시하는 감이 있다.

〈매일같이 최소한 한 줄의 글이 나에게로 향해 쓰여야 한다. 마치 망원경이 혜성을 향하듯이〉[3]라는 말처럼 카프카는 작품 활동 초기부터 그의 문학이 자기에게 방향이 고정되어 있음을 천명했다. 확실히 카프카의 모든 기록은 〈그로부터 나오고〉, 〈그 자신에게 말을 걸고〉,[4] 〈그를 세계의 모든 방향으로 확장하고〉,[5] 〈그를 위해 하소연하고〉,[6] 〈그와 만나야만 하는〉[7] 전제이다. 요컨대 글쓰기는 카프카에 있어 자기 반영과 자기 성찰의 행위이며, 자기는 저술의 주체이자 객체이다. 이렇게 자신의 창작과 완전히 동일화된 사람은 〈이것이 나 자신이오〉[8]라고 말한다. 따라서 존재의 절망인 출구 부재에 부딪쳐, 〈나는 그러나 나여야 한다〉며 언제나 창작을 강조하는 카프카는 〈소설은 곧 나〉[9]라고 말하고 있다.

나는 글쓰기를 통해 나 자신에게서 달아남으로써 나에 대한 결론 자체를 포착한다. 나는 나에게서 빠져나갈 수 없다.[10]

종국에 가서 나 자신을 포착하기 위해 나는 졸필을 통해 나 자신으로부터 달아나려 하

지만 나를 벗어날 수가 없다.[11]

나는 나와 전혀 관련이 없는 것을 아무것도 쓰지 못한다.[12]

카프카는 「선고 Das Urteil」를 쓴 직후 1912년 9월 23일의 일기에서 자신이 마치 강물 속에 빠져 앞으로 밀려가듯이, 「선고」의 이야기가 그렇게 자기 앞에서 전개되어 나갔다는 사실에 대한 기쁨을 토로한다. 또한 이 이야기가 〈몸과 정신이 완전히 열린 상태〉에서만 성립될 수 있었다고 고백하고 있다.[13] 이렇게 카프카도 토마스 만처럼 전기적으로 해석되는 경우가 많다. 그러면 토마스 만과 카프카 두 작가의 출생 배경을 먼저 비교해 보자. 토마스 만은 시민적 삶을 동경하는 부친과 남방적 예술적 재능을 부여하는 모친 사이에서 태어났다. 명료한 분별성과 정확성에 기반한 부친의 〈윤리성〉과 낭만적 기질과 음악성에 기반하는 모친의 〈예술성〉이라는 출생의 이중성이 변증법적으로 작용하여 토마스 만에게 창조적인 힘이 될 수 있었다. 1930년에 발표한 자전적 평론집 『인생 스케치 Lebensabriß』에서 토마스 만은 자신의 유전적 소질을 언급하며, 부친에게서는 〈진지한 생활 방식〉(GW 11, 98)을, 모친에게서는 〈낙천성과 다변성〉(GW 11, 98)을 이어받은 사실을 드러내고 있다. 이러한 토마스 만의 출생 배경이 작품 「토니오 크뢰거」에서 리자베타에게 보내는 크뢰거의 편지에 잘 나타나 있다.

먼 남쪽 나라에 있는 리자베타, 저는 곧 그곳으로 돌아갈 예정입니다. (……) 아직도 기억하시고 계시겠지만, 당신은 언젠가 저를 길을 잘못 든 세속인이라고 하셨지요. 이번 여행이 이 문제에 대해 곰곰이 생각할 기회를 주었습니다. 아시는 것처럼 저의 부친은 북방인의 기질을 가지고 계셨습니다. 생각이 깊고 철저하고 청교도적으로 정확했으며 좀 우울한 편이셨죠. 그런데 어머니는 아름답고 관능적이며 정열과 충동에 따라 분방하게 사는 분이셨습니다. 이 두 기질을 모두 갖고 태어난 사람이 바로 저였습니다.(TK 337)

이렇게 출생의 배경이 서로 같아서일까, 토마스 만은 자주 크뢰거를 가리켜 자신이 〈문학적으로 가장 사랑하는 아이〉라고 말하곤 하였다. 이러한 토마스 만의 부모의 영향은 괴테의 출생적 배경과도 같다. 괴테가 엄격한 부친으로부터 진지하게 인생을 살아가는 방법을 배우고, 감수성이 풍부했던 모친으로부터는 명랑하고 활발한 성격을 물려받아 자질의 균형이 잡힌 것처럼, 토마스 만도 부친으로부터 시민적인 감각을, 모친으로부터는 예술적 감각을 이어받았다. 결국 명료한 분별성과 정확성에 기반한 부친의 〈윤리성〉과 낭만적 기질과 음악성에 기반한 모친의 〈예술성〉이라는 출생의 이중성이 서로 작용하여 괴테와 토마스 만에게 창조적인 힘이 될 수 있었다. 이렇게 괴테와 토마스 만 두 작가는 부친과 모친으로부터 이어받은 자질의 균형이 잘 잡혀 있었다.

> 부친과의 결합, 부친 모방, 부친 놀이 그리고 일종의 고차원적이고 정신적인 대리로서 아버지상으로의 이행 — 이러한 유아적 행동은 개인의 삶에 얼마나 결정적이고 인상적인 그리고 교육적인 영향을 미치게 하는가. (……) 특히 예술가 — 본래부터 어린아이처럼 유희에 몰두하는 열정적인 인간은 이러한 유아적 모방으로 자신의 생애, 창작자로서의 생활 방식에 대한 은근하면서도 분명한 영향을 마음속 깊이 체험하고 있다.(GW 9, 498 f.)

이러한 토마스 만의 언급처럼 그는 특히 부친으로부터 여러 자질을 이어받은 반면, 헤르만 헤세와 카프카 등은 여러 면에서 부친과 항상 대립되지 않을 수 없었다. 이렇게 부친과 아들의 대립을 다루는 문학사는 대부분 잔혹의 역사로 이어 오고 있다. 일종의 병적인 상태로 볼 수 있는 이러한 양상을 역사적으로 거슬러 올라가면 신화 속의 오이디푸스는 차치하더라도, 소포클레스로부터 셰익스피어, 쉴러를 거쳐 현대 문학에까지 이른다. 부친의 문학에 등장하는 아들들은, 어린 시절 우울하고 억눌린 가정 환경에서 부친으로부터 인정을 받으려고 하지만 늘 거부당하고 결국 부친에 대한 반감을 갖는다. 헤세는 이러한 아버지상을 편지에 이렇게 썼다. 〈불행한 1892년에 (……) 난 모든 것을 잃었습니다. 고향과 부모, 사랑과 믿음과 희망, 그리고 나 자신을. (……) 슈테텐은 나에겐 지옥입니다.〉 나이 든 이후에도 헤세는, 자신이 목사가 되도록 한 부친의 결정을, 자신의 〈자아가 사라지게〉 될 〈단결된 공동체〉를 열망했기 때문이라고 하며, 그러한 열망을 고집한 것에 대해 평생 동안 일관되게 비판하였다. 아들 헤세가 거칠고 상스럽게 반항하자, 부친

요하네스 헤세는 어찌할 바를 모른 채, 그러나 1892년 9월 10일 편지에서 아들의 마음을 이해한다고 말했는데, 그것이 헤세에게는 큰 자극이 된 것 같다. 부친과 온갖 권위, 그를 에워싼 세계 전체에 대한 헤세의 증오가 〈양가감정〉으로 부친에게 편지로 전달되었다.

존경하는 당신께! 당신께서도 유별나게 기꺼이 희생하는 태도를 보이시니, 제가 당신께 7M이나 권총을 부탁해도 되겠지요. 당신께서는 저를 절망에 빠뜨린 이후로 하루빨리 그 절망으로부터 저를 해방시킬 준비가 되어 있으리라 생각됩니다. 사실 저는 6월에 이미 죽었어야 할 목숨이지요. 당신께서는 〈내가 슈테텐에 대해 욕을 한다고 해서 너를 전혀 비난하지는 않는다〉고 편지를 쓰셨습니다. 하지만 그것은 전혀 이해가 가지 않는군요. 욕할 권리는 염세주의자에게 유일하게 남은 마지막 권리이므로 빼앗아서는 안 되는 것이기 때문입니다. 〈아버지〉는 이상한 단어이며, 저는 그 단어를 제대로 이해하지 못하는 것 같습니다. 그것은 정말 진심으로 사랑할 수 있고, 또 사랑하는 누군가를 가리키는 것이겠지요. 그런 사람을 얼마나 갖고 싶었는지! 당신이 제게 조언을 해주실 수는 없는지요. (……) 당신과 저의 관계는 점점 긴장이 더해 가는 것처럼 보입니다. 제가 인간이 아니라 경건주의자라면, 또 저의 모든 성격과 성향을 지금과는 정반대로 바꾼다면, 저는 당신과 조화를 이룰 수 있겠지요. 하지만 저는 결코 그렇게 살 수 없으며, 또 그렇게 살고 싶지도 않습니다. 그리고 제가 범죄를 저지른다 해도, 헤세 선생님, 당신이 제게서 삶의 기쁨을 앗아 가 버렸으므로, 그것은 전적으로 당신의 책임입니다. 〈사랑스러운 헤르만〉이 전혀 다른 사람, 즉 세상을 증오하는 자, 〈부모가 살아 있는 고아〉로 변해 버린 것입니다. 당신께서는 제게 편지를 보낼 때, 〈사랑하는 H.〉와 같은 표현을 한 번도 쓴 적이 없습니다. 설령 그렇게 쓴다 해도, 그것은 뻔뻔스러운 거짓말이겠지요.

헤세의 틀에 박힌 시민적 삶의 형식에 대한 거부도 비난을 불러일으켰다. 즉 부모로부터 안타까운 걱정을 계속 들어야 했고, 『수레바퀴 밑에서』 때문에 당시 학교 교사들로부터 비난을 받았고, 니체처럼 제1차 세계 대전 동안 독일의 국수주의적인 정신에 대해 공공연히 비판하여, 공공 여론으로부터 심한 비난을 받았다. 여기에서 보다 궁금한 점이 제시된다. 우선 유년 시절의 위기 동안 헤세가 부친에게 보인 저항적 태도가 단순히 타고난 기질 때문인가 하는 것이다. 어린 그의 마음속 깊은 곳에서는 어떤 일이 일어나고 있었을까. 부친에 대한 적대는 전형적으로 오이디푸스적 갈등이라 할 수 있는데, 이 갈등에서는 양가감정이 나타난다. 1892년 9월 14일의 편지에서 헤세는 자기 부친을 〈매우 존경하는 나으리〉 또는 〈당신(존칭형)〉이라 불렀는데, 그것은, 프로이트의 정신 분석 이론에 따른다면, 부친에 대한 증오를 뜻한다. 또한 〈사랑하는 어머니〉라는 통상적 표현도 볼 수 있지만, 그의 모친은 그에게 어떤 존재였는지 자료를 찾지 못해 자세히 알기 어렵다. 어쨌든 그는 부친을 극복하고 독자적이기를 열망하였다고 볼 수 있다. 그리하여 끝내 작가로 성공하여 다른 사람들이 알아준다는 것에 흐뭇함을 표시하였다. 그의 죄의식은 부친과 동일시된 기독교의 권위, 학교 교사, 블룸하르트 목사, 슈테텐의 의사들, 독일 황제 등 모든 권위적, 인습적 대상에 대한 적대 의식과 죄의식으로 반복되었다. 이러한 모든 아버지상에 대해 적대적 감정과 죄의식은 부친이 죽었을 때 프로이트가 말한 병적 애도, 즉 우울증이 발생하게 만든 것이 아닐까? 이론적으로나 실제적으로 헤세는 부친에 대한 사랑과 미움의 양가감정을 가졌다. 이 양가감정은 그가 부친에게 보낸 편지에서 잘 드러나고 있다. 즉 부친에 대한 사랑하는 아버지라고 하기도 하고, 당신이라고 비난조로 부르기도 하는 이중성에서 볼 수 있다. 당시 부친으로서는 이런 변덕을 도저히 이해하기 어려웠을 것이다. 부친에 대한 양가적 감정은 이후 학교 교사, 블룸하르트 목사, 슈테텐의 의사 등에서 반복적으로 나타난다.[14] 이러한 부자간의 갈등을 작품의 주제로 삼았던 작가로 메켈Christoph Meckel도 빼놓을 수 없다. 메켈의 『알아맞히기 그림 Suchbild』은 나치 역사에 직·간접적으로 관여했던 부친의 삶을 되돌아보면서 자신의 정체성을 모색하려는 자전적 소설이며, 부자간의 관계 Vater-Sohn-Verhältnis를 테마로 삼는, 일명 〈부친 문학 Vaterroman〉의 대표작으로 꼽히는 작품이다.

놀라울 정도로 늦게 일기 시작하였던 〈부친 세대〉 연구는 1970년대 후반에서 1980년대 초반이 그 전성기를 이루며, 또 대중 매체에서는 〈대학살 Holocaust〉 같은 시리즈물이 방영되기도 했다. 〈내 부친에 대하여 Über meinen Vater〉라는 부제가 붙은 『알아맞히기 그림』은 국내에 거의 소개된 적이 없는 작품으로, 어린 시절을 회상하면서 동시에 제3제국에 속한 부친 세대를 다루고 있다. 부친의 삶이 연대기 순으로 서술되는데, 실제 부친의 〈전쟁 일기〉에서 발췌한 내용이 중간 중간 세 번에 걸쳐서 그리스어 Ⅰ, Ⅱ, Ⅲ으로 쓰인 채 나타나고 있다. 이 작품에서 중심인물로 등장하는 메켈의 부친 에버하르트 메켈 Eberhart Meckel은 나치 시대에 어용 작가였다. 부친이 죽은 지 몇 년 후 부친이 전쟁 중에 썼던 일기를 통해서 메켈은 전혀 몰랐던 사실을 알게 되는데, 그것은 바로 부친이 나치 정권에서 권력을 즐기며, 나치의 범죄에 간접적으로 참여하는 나치의 조력자였다는 것이다. 메켈은 충격을 받고, 자기의 과거는 어떠하였는지 자문하게 된다. 이제 부친의 경우는 더 이상 메켈에게 개인적인 문제가 아니라 전체 세대의 문제를 대변하는 것이었다. 부친의 세 번째 전쟁 일기가 기록된 바로 뒤의 문장은 다음과 같다.[15]

나는 내 아버지에 몰두할 의도는 없었다. 내가 아버지에 관해 글을 쓸 필요는 없어 보였다. 개인적인 경우는 끝났다. 조금이라도 별다른 의도 없이 아버지에 대한 추억을 내가 기록했으면 좋았건만. (……) 아버지가 죽은 지 9년 후 아버지는 다시 돌아오고 그의 프로필이 드러났다. 내가 아버지의 전쟁 일기를 읽은 이후, 나는 그 경우를 방치해 둘 수 없었다. 그것은 더 이상 개인적인 것이 아니다. 나는 내가 알지 못했던 한 사람의 메모를 발견했다. 이 사람을 안다는 것은 불가능했다. 그 사람의 나치 시대에 대해 내가 알고 있는 것은, 그 사람 자신이 말했던 것에서 얻었을 뿐이다. (……) 내가 알았던, 혹은 안다고 생각했던 그 사람은 아무도 알지 못했던 전혀 다른 사람의 일부일 뿐이었다.

특히 전후에 〈자신의 과거를 억압하려고 시도하며 스스로를 역사의 희생자로 간주했던 병적 인물〉이었다는 사실도 알아차리게 되었다. 메켈은 어린 시절의 기억을 〈결핍〉의 경험으로 기록한다.[16]

기쁨도 없었고, 호사도 없었고, 행복도 없었다. 많은 사람들에게도 행복은 없었지만 모두가 그렇지는 않았다. 기쁨의 부재(不在)는 많은 사람들에게 공통적인 일이었지만, 모두가 그렇지는 않았다. 기쁨의 결핍은 ― 전쟁의 결과로 ― 많은 사람들의 병이었지만, 모두가 그렇지는 않았다. 내 아버지 가정에서의 기쁨의 부재는 근본적인 자기기만의 결과였다. 전쟁은 가정을 파멸로 내몰았다.

즉 과거에 대한 반성 없이 침묵에서 기인하는 이 결핍은 개인적인 문제가 아니라 전체 세대의 문제이며, 부친에 대한 거부를 넘어 사회에 대한 인식으로 확대됨을 보여 준다. 이러한 병적인 분위기에서 자식들의 정서적 결핍은 지극히 당연하다. 그래서 슈나이더는 이것을 가리켜 〈독일 전후 가정의 특수한 정신 병리학 eine spezielle Psychopathologie der deutschen Nachkriegsfamilie〉이라고 언급한다.[17]

이렇게 헤세와 메켈이 부친과 대립 관계에 있었듯이, 카프카도 세속적인 출세와 결혼관을 가진 부친과 항상 대립되지 않을 수 없었다. 이러한 부친 콤플렉스가 카프카의 경우에서는 프로이트의 정신 분석의 근거로 해명될 수 있다. 프로이트의 오이디푸스 콤플렉스, 즉 〈나는 너를 생선처럼 갈기갈기 찢어 버리겠다〉(H 97)라는 작품 속 부친의 위협처럼, 실제 부친이 카프카에게 손가락 하나 댄 적이 없음에도 불구하고 카프카와 부친의 갈등이 노출되었다.

> 만일 다음에 내(카프카)가 죽거나, 혹은 전혀 생활 능력이 없어지는 경우에는 (……) 나 자신이 나를 파괴했다고 감히 말하겠다. 옛날에 나의 아버지는 툭하면 〈네놈을 생선처럼 갈기갈기 찢어 버리겠다〉고 하신, 흰소리지만 무서운 협박을 하셨는데, (……) 이제 이 협박이 아버지와는 상관없이 실현되는 것이다.[18]

이러한 배경에서 카프카의 편지나 일기 또 그의 작품을 보면, 사납고 성급한 부친을 집안의 폭군으로 고발하는 장면이 많다. 동료나 가족이나 부하를 능력에 따라 냉혹하게 평하는 엄격한 부친은 물질적 이득을 얻지 못하는 아들 카프카의 생활을 심하게 꾸짖고 비난했다. 이로 인해 카프카는 폭군이 지배하는 생기 잃은 가정에서 도피하려고 여러 번 시도했다.

이러한 부친과 아들 사이의 갈등이 우리나라에서도 실제로 전개된 역사적 사건이 있다. 1735년 1월 조선 왕실에 뒷날의 사도 세자가 태어났다. 태어난 지 백 일 만에 어미 곁을 떠나 내시와 나인들 손에 자라면서 부왕 영조로부터 극심한 불신과 가혹한 꾸중을 들었다. 그의 마음에는 불안과 공포의 그림자가 드리워졌고, 이는 난폭함과 광증(狂症)으로 표출되었다. 뒷날 난폭한 살생에 대해 묻는 영조에게 사도 세자는 〈마마께서 사랑해 주지 아니하시기에 서글프고, 꾸중하시기에 무서워화(火)가 되기에 그러합니다〉라고 대답했다. 혜경궁 홍씨도 남편 사도 세자의 문제점이 모두 어려서 자애를 받지 못한 때문이라고 여겼다. 부자 사이의 어긋난 인연은 끝내 1762년 아버지가 아들을 뒤주에 가둬 죽이는 비극으로 이어졌다. 『한중록』의 근원을 거슬러 올라가면 부자 사이의 대화 불통과 애정 결핍이라는 지극히 일상적인 문제가 놓여 있다.

이처럼 부친과 양면적으로 대립하는 현실이 카프카의 작품과 인생에 크게 영향을 미치고 있다. 카프카는 자기 시대의 부자간의 갈등을 특정 인물의 심리학적 문제로 받아들이지 않고, 부친 세대에서의 유대인 생활 양식의 변화로 받아들였다. 이러한 배경에서 조켈 Walter H. Sokel은 카프카 문학의 주제를 부자간의 갈등에 뿌리박고 있는 카프카 특유의 비극으로 보며, 반항과 처벌 사이에서의 투쟁은 카프카의 잠재된 부친 콤플렉스에서 유래하는 것으로 파악하고 있다. 조켈은 자신의 카프카에 관한 저술 『만년 작의 비극적 반어 Tragische Ironien des Spätwerks』에서, 『성 Das Schloß』의 관료주의는 이전 작품인 「선고」, 「변신 Verwandlung」 및 「유형지에서 In der Strafkolonie」의 아버지상 Vater-Imago 및 주권 사상과 전형적 성격 내지 기본적인 특징을 같이한다고 말하고 있다.[19] 「선고」와 「변신」에 나타난 부친의 모습은 그대로 비유로 발전하여, 『소송』 속의 재판소와 『성』 속의 성의 모습으로 발전한다. 『소송』에서는 익명의 법정이 죄를 제시하고, 유죄를 결정하고, 판결을 내리는 과정에서 가부장적 권력을 행사한다.

조켈에 따르면, 소설 『성』의 핵심은 성과의 투쟁에서 주체의 주관적 요구, 즉 주체의 오만과 고집이다. 특권을 기반으로 세우고자 하는 주인공의 언제나 위협받는 존재론적인 계획으로 조켈 특유의 정신 분석학적인 통찰이 가미되어, 『성』은 가부장적 가족에서 부친의 권위를 의미한다. 카프카의 대표적인 작품인 「변신」은 희귀한 내용으로 시작한다. 이 작품에서 주인공 그레고르는 어느 날 아침 어수선한 꿈에서 깨어나 보니 자기가 한 마리의 갑충으로 변신하여 침대 위에 누워 있어 현실 세계에서 환상의 세계로 변해 있다. 그런데 이렇게 사람 형태를 가진 생물이 하급 곤충으로 변하고도 인간으로서의 기능을 지속하고 있다. 이렇게 인간이 비인간으로 변신하는 내용이 우리나라 작가의 작품에도 나타나고 있다.

어느 날 잠에서 깬 은행원은 〈세상이 커졌다〉고 생각한다. 사실은 자신이 줄어든 것이다. 몸이 작아진 그는 점차 움직일 수 없어지다가 휙 기울었다 제자리로 돌아오는 오뚝이가 돼간다. 결국 그는 인신(人身)상의 이유로 (자의 반 타의 반) 직장을 그만둔다.

이 내용은 황정은의 단편집 『일곱시 삼십이분 코끼리 열차』 속에서 오뚝이로 변해 가는 은행원 이야기를 그린 「오뚝이와 지빠귀」의 한 내용으로, 카프카의 「변신」 내용과 유사하다. 황정은은 〈내 소설은 모두 《어느 날 문득》에서 출발한다〉고 했다. 어느 날 문득 아버지가 모자로 변하고(「모자」), 어느 날 문득 말하는 애완동물이 선물로 들어온다(「곡도와 살고 있다」). 그는 〈내가 대체 뭘 하고 있는지, 내가 왜 사는지에 대한 회의는 순식간에 찾아오는 것〉이라고 말한다.

조켈은 「변신」도 전기적 입장의 부자간의 모티프로 밝혔다. 그는 카프카가 출판업자 볼프 Kurt Wolff에게 보낸 서신을 인용하며 부자간의 갈등에서 이 작품의 모티프를 찾아야 한다고 주장하였다.[20] 「변신」에서 가계를 책임지는 방식으로 자신의 존재를 인정받으려는 노력 역시 좌절되고 만다. 그레고르는 가정과 사회에 자신의 노동력을 전부 제공한 결과, 본래의 자신을 잃어버리는 자기 소외를 겪는다. 그레고르는 부친의 빚을 갚고, 가족을 부양해야 한다는 의무감에 외판원으로 일했다. 이렇게 그레고르가 부친의 빚을 갚는 내용에서 〈부친의 죄를 아들이 갚는다는 서구의 유대교나 기독교 문화〉가 연상된다. 결과적으로 그레고르는 문자 그대로 부친의 〈빚 Schuld〉(E 80)을 갚아야 하는 대리 채무자인데, 아들이 이러한 대리 채무자의 역할을 할 수 없는 〈기식자〉인 갑충으로 전락하는 순간 「변신」에서 부자간의 투쟁은 가시화된다.

그레고르의 부친은 겉으로는 무기력·무능의 권화(權化)처럼 보이지만 사실은 한 가정의 절대적 지배자로 군림하는 카리스마적인 인물로 상징되고 있다. 작품 「변신」에서 아들의 변신에 대한 가족들의 반응 또한 의아함이나 망설임보다는 놀라움과 역겨움으로, 이 변화된 상황에 어떻게 대처하느냐에만 초점을 맞춘다. 모친과 여동생은 변화된 그레고르를 여전히 아들과 오빠로 여기면서 다시 원상 복구를 고대하기도 하지만 부친은 처음부터 냉엄하다. 그레고르가 변신한 다음 처음으로 방문이 열리자 〈처음에 부친은 그레고르를 방 안으로 몰아넣으려는 듯이 자못 증오에 가득 찬 표정으로 주먹을 불끈 쥐고 위협적인 태도를 취하고 있다〉.(E 68) 또 「변신」의 제2장 끝 장면에서 〈부친은 커다란 제복 자락을 뒤로 젖히고 두 손을 바지 주머니 속에 처넣은 채, 분노에 가득 찬 표정으로 그레고르에게 덤벼들 었다. 부친은 일부러 다리를 번갈아 높이 쳐들고 쫓아왔는데, 그레고르는 부친의 장화 밑창의 크기를 보고 기겁을 했다. (……) 이윽고 부친이 사과를 탄환처럼 그레고르에게 던지려고 결심한 듯이 보이는 이 마당에 그레고르는 도망칠 겨를도 없었다. (……) 마침내 부친이 두 번째로 던진 사과가 그의 등의 연한 살에 사정없이 박히고 말았다.〉(E 89 f.) 가족들의 형언할 수 없는 혐기(嫌忌)와 증오, 학대와 박해 끝에 그레고르는 부친이 던진 사과에 얻어맞아 비참하게 죽고 만다.

「선고」에서 카프카는 자신의 작가적 존재를 구원하는 부친 형상에 대한 소망을 나타내고 있다. 「선고」에서 약혼을 해놓고 곧 결혼식을 올릴 예정인 게오르크 벤데만은, 러시아의 친구에게 이 사실을 알리는 서신을 쓴다. 그리고 옆방의 부친을 찾아가 그의 친구와 이 서신에 대해 이야기를 나눈다. 그러나 게오르크 벤데만은 부친과 그의 친구가 자기보다 더 자주 서신을 주고받고 있었다는 사실을 알게 된다. 이 괴상한 부친이 아들에게 사형 선고를 내리자 게오르크 벤데만은 아무 이의나 반항도 없이 다리 난간에서 강물 속으로 뛰어내려 자살한다.

이렇게 카프카 문학에서 부친은 형벌을 내리는 자다. 법원 관리들처럼 죄가 그의 마음을 끄는 것이다. 많은 부문이 관리들의 세계와 부친들의 세계가 카프카에게는 동일한 세계라는 점을 암시하고 있다. 결국 「선고」 속의 부친은 인간의 생활 위에 군림하여 인간을 속박하고, 인간을 소외시키고 다스리는 거대한 존재다. 부친이 아들에게 문책하는 죄는 부친 콤플렉스처럼 일종의 원죄처럼 보인다.

「변신」에서 그레고르의 변신, 「선고」에서 게오르크 벤데만의 사형 선고를 각각 그들의 부친에 의한 가정으로부터의 추방이라고 생각할 때, 이들의 운명은 『아메리카 Amerika』에서 부친에 의해 유럽에서 추방된 카를 로스만의 그것과 동일하다. 『아메리카』에서 아들은 부친의 권위가 미치지 않는 듯이 보이는 새로운 〈꿈의 공간 — 아메리카〉에서 삶의 근거를 확보하려고 시도한다. 부친의 권위로 대표되는 유럽의 구질서에서 벗어나려는 주인공은 결국 자본주의적 기술 문명이 꽃피기 시작하는 신대륙 아메리카에서 개인의 성공이 보장되는 삶을 모색하는 것이다. 그러한 실험은 부친이 아들이 하녀를 유혹하여 임신시켰다는 이유를 들어 아메리카로 추방하는 형식으로 이루어진다.

이 모든 요소들이 카프카의 무의식으로, 이러한 무의식은 「변신」의 주인공 그레고르의 죽음에 이르는 과정에 상세하게 나타난다. 정신 분석학적으로 볼 때, 「변신」에는 「선고」처럼 오이디푸스 콤플렉스(부친 콤플렉스)의 특징이 짙게 나타나 있다. 부모 중에서도 모친은 항상 자모(慈母)의 모습으로 그려져 있는 데 반해서, 부친은 철두철미하게 그레고르 가정의 전제적인 폭군 같은 엄한 아버지상으로 묘사되어 있다.

주

1 Alois Hofman, *Thomas Mann und die Welt der russischen Literatur* (Berlin, 1967), S. 75.
2 Franz Kafka, *Briefe an Felice und andere Korrespondenz aus der Verlobungszeit*, hg. von Erich Heller und Jürgen Born (Hamburg-Wandsbek, 1975), S. 226. (이하 *Briefe an Felice*로 줄임)
3 Franz Kafka, *Tagebücher 1910~1923*, hg. von Max Brod, Lizenzausgabe mit freundlicher Genehmigung von Schocken Books Inc. (New York, USA, 1986), S. 11. (이하 *Tagebücher 1910~1923*으로 줄임)
4 같은 책, S. 10.
5 같은 책, S. 40.
6 Franz Kafka, *Briefe 1902~1924*, hg. v. Max Brod (Frankfurt/M., 1986), S. 100. (이하 *Briefe 1902~1924*로 줄임)
7 *Tagebücher 1910~1923*, S. 178.
8 *Briefe an Felice*, S. 226.
9 같은 곳.
10 Gustav Janouch, *Gespräche mit Kafka, Aufzeichnungen und Erinnerungen* (Frankfurt/M., 1968), S. 243 f.
11 같은 책, S. 201.
12 *Briefe an Felice*, S. 271.
13 *Tagebücher 1910~1923*, S. 214.
14 민성길, 「헤세의 위기적 청춘」, 〈2009년 한국 헤세 학회 봄철 학술 대회〉, 2009년 5월 9일 발표 원고, 26면.
15 윤순식, 「토마스 만과 크리스토프 메켈의 작품 비교」, 〈2009년 한국 헤세 학회 봄철 학술 대회〉, 2009년 5월 9일 발표 원고, 39면.
16 같은 책, 40면.
17 같은 책, 40면.
18 Hartmut Binder, *Kafka Kommentar zu sämtlichen Erzählungen* (München, 1977), S. 250.
19 Walter H. Sokel, *Franz Kafka, Tragik und Ironie zur Struktur seiner Kunst* (München, 1964), S. 393, 395.
20 같은 책, S. 83.

제2장 마적 시간과 공간

토마스 만의 『마의 산』(1924)은 여러 가지 사상이나 세계관에 입각하고 있다. 취급 방법도 묵직하지만 이 작품에는 카프카적인 테마도 담겨 있다. 즉 1914년의 제1차 세계 대전이 시작되기 전, 카스토르프라는 인물은 엔지니어 시험에 합격한 후 자신의 휴양과 사촌 침셴의 문병이라는 두 가지 목적으로 고향 함부르크를 떠나 스위스 산중의 다보스 요양소를 3주 예정으로 방문하는데, 이때 스스로의 병이 발견되어 7년 동안이나 그 곳에 머물게 된다. 평지에서는 거의 드러나지 않았던 그의 병이 해발 5천 피트의 산중에서 급속히 악화된 것이다. 이렇게 카스토르프는 마의 산을 찾아올 때 병자의 신분이 아니라 잠깐 방문객으로 들렀다가 결국 7년이라는 긴 세월을 그곳에서 병자로 머물게 되는 역설적 운명을 지닌 인물이다. 이것이 카프카를 읽는 듯한 착각을 일으키게 한다. 카프카의 『성』의 주인공 측량 기사 K는 잠시 동안의 측량을 하기 위하여 성으로부터 초빙을 받고 왔으나 자신의 의도와는 다르게 성에 도달하여 여러 장애를 만나면서 오랫동안 마을에 머물게 된다. 이러한 내용을 담은 『성』의 첫 구절은 다음과 같이 시작한다. 〈K가 도착한 것은 늦은 밤이었다. 마을은 눈 속 깊이 파묻혀 있었다. 성이 있는 산은 조금도 볼 수 없었고 안개와 어둠으로 에워싸여 그 커다란 성이 있다는 것을 암시하는 그 어떤 희미한 불빛조차도 보이지 않았다. 오랫동안 K는 국도에서 마을로 접어드는 나무다리 위에 서서 외견상 아무것도 없이 빈 허공을 올려다보았다.〉(S 7)

〈이 마을은 성에 속합니다. 다시 말해 이곳에서 거주하거나 숙박을 하는 자는 성에서 거주하고 숙박하는 것과 마찬가지입니다. 어느 누구도 백작의 허가 없이는 그렇게 할 수 없습니다. 그런데 당신은 그러한 허가를 가지지 않으셨습니다. 아니, 적어도 제시하지 않았습니다〉(S 7)라는 첫 언급처럼 성에서는 권력의 관계에 대한 천착이 강력하다. 측량 기사 K는 성에서 잠시 일하기 위해 파견되어 비밀에 가득 찬『마의 산』의 요양소같이 비밀로 가득 찬 성의 마을에 머물게 된다. 그런데 어느 누구도 그를 알아주지 않고 그를 피하고 불쾌하게 행동한다. 따라서 명령을 달성하기 위하여 성으로 들어가려는 K의 시도는 실패하고, 그는 결코 알려지지 않는 목표의 길에 머무른다. 즉 그는 마을 공동체와 아무런 관계도 가지지 못한 채 성에 다다르는데 마을 사람들의 끊임없는 방해를 받는다. 따라서 〈멋진 원을 그리려는〉 토지 측량사 K의 시도는 끊임없는 행진에 그치고 만다. 그는 계속해서 가까워지지만 그런 만큼 멀어지는 꼬불꼬불한 길을 가는 측량 기사인 것이다.

결국 토마스 만의 카스토르프와 카프카의 K의 무제한적이고 끝이 없는 서사의 기획은 근대 소설뿐만 아니라 서구의 전통적 서사 전체에 대한 근본적인 의문을 제기하고 있다. 왜냐하면 끝이 없다는 것은 결말의 부재를 의미할 뿐만 아니라 종말이자 목적, 그리고 기원으로서 기능하는 결정적 고정점을 서사 전체에서 찾을 수 없음을 뜻하기 때문이다. 이는 종말을 통해 모든 사건들을 포섭하고, 거기로 수렴시키는 서술 방식이 근본적으로 전복되는 시도이다.[1]

이렇게 토마스 만과 카프카 소설의 주인공들은 대부분 존재의 위협을 받거나, 혹은 전혀 일상적인 생존권에서 추방된 상태에서 자기의 잃어버린 생존권을 찾으려는 투쟁의 장면으로부터 시작한다. 예를 들어 〈누군가 요제프 K를 밀고했음이 틀림없다. 무슨 잘못한 일도 없는데 어느 날 아침 그가 체포되었기 때문이다. 집주인 그루바흐 부인의 하녀는 매일 아침 8시경에 그에게 아침 식사를 가져다주었지만 이날 아침에는 얼굴도 보이지 않았다〉(P 7)라고 카프카의『소송』은 일반적으로 흔치 않은 특별한 상황에서 시작된다. 요제프 K는 사실 죄를 저지르지 않았고, 이 글의 내용대로 중상모략에 의해 체포된다. 그런데 누가 중상모략했는지에 대한 언급 없이 요제프 K는 체포된다. 주인공과 마찬가지로 독자들도 요제프 K가 왜 체포되는지 작품이 끝날 때까지 알지 못한다. 이렇게 체포된 요제프 K는 작품 마지막에 정체불명의 검은 예복을 입은 신사에 의해 〈마치 개처럼 wie ein Hund〉(P

194) 무참하게 살해당하고 만다. 결국 〈공적〉이란 이름으로 동원된, 즉 공적인 비호를 받으며 자행되고 있는 각종 단체들에 의하여 무고한 시민들은 시대 역행적 만행인 현대판 〈마녀재판〉을 받지 않을 수 없는 것이다.

카뮈의 『페스트』에도 이와 유사한 내용이 담겨 있다. 이 작품에서 장 타르는 의사 뤼를 도와 페스트 환자 구호에 전념하는 한편, 페스트 유행 초기부터 도시 사람들의 미묘한 변화를 예의 주시하여 꼼꼼하게 기록한다. 사람들은 그가 어디서 왔고, 왜 그렇게 구호 활동에 열심인지 모른다. 어느 날 타르는 뤼에게 고백한다. 그는 어린 시절 〈피고〉라는 추상적 이름에 갇히지 않은 〈살아 있는〉 죄인의 모습을 보았고, 아무렇지도 않게 사회의 이름 아래 그의 죽음을 요구하는 검찰 차장 아버지의 목소리를 듣고 충격에 빠진다. 이후 그는 살아 있는 동안 자기도 모르게 수천 명의 죽음에 동의했고, 그러한 죽음을 가져오게 했던 행위나 원칙들을 선(善)으로 인정함으로써 죽음을 야기하기까지 했다는 것을 깨닫고 괴로워한다.

이상의 내용을 종합해 보면 죄를 심사하는 법이 어느 때는 합법적 살인의 도구가 되기도 한다.

그러면 이러한 법의 본질을 고대 사상을 근거로 규명해 보겠다. 법의 이론은 고대 그리스 문학 작품에서부터 유래하고 있다. 아이스킬로스Aeschylos는 소포클레스 Sophocles, 에우리피데스Euripides와 함께 고대 그리스의 대표적인 비극 작가이다. 그의 작품 가운데서도 기원전 458년 공연되었다는 「오레스테이아」 3부작은 오늘날까지 그리스 비극의 원형을 보존하고 있는 유일한 작품이다. 이 작품에는 세 편의 비극, 〈아가멤논〉, 〈코이포로이〉, 〈에우메니데스〉가 내용상 서로 연결되어 있다. 트로이 원정 길에 나선 아가멤논은 아르테미스 여신의 노여움을 풀고 순풍을 얻기 위해 자신의 딸 이피게네이아를 제물로 바친다. 딸을 잃고 남편을 증오하게 된 클리타임네스트라는 아이기스토스와 불륜의 관계를 맺고 남편 아가멤논이 개선 장군으로 귀환하자마자 살해한다. 그들의 딸 엘렉트라는 어머니에게 복수할 것을 결심하고, 동생 오레스테스로 하여금 신들의 보복을 경고하는 어머니를 살해하게 한다. 이제 오레스테스는 복수의 여신들에게 끊임없이 쫓겨 다닌다. 이렇게 죄와 벌의 사슬은 끝이 보이지 않는다. 이에 아테나 여신은 아크로폴리스 맞은편에 있는 아레스의 언덕 위에서 법정을 열고 오레스테스를 재판한다. 여신은 우선 법정을 구성한다.

나는 법을 확립할 것이오. (……) 나는 이 살인 사건을 진실하게 따지기 위하여 시민들 가운데 가장 유능한 자들을 재판관으로 뽑아 가지고 올 것이오.

그리고 그것이 피의 복수를 대신할 정의의 보루로서 상설 법정이 되리라고 선언한다. 〈백성들이여, 그대들은 이제 법을 들어라. 유혈 사건을 최초로 재판하는 자들이여! 이 재판관들의 심의회는 백성들을 위하여 앞으로도 언제까지나 존속하리라.〉 동해(同害) 복수법〈탈리오의 법칙〉이 지배하던 당시에 민주적 법정을 열어 살인에 대한 살인의 연쇄 고리를 끊는다는 것은 무엇을 의미하는가? 이 연쇄 고리에서 살인은 극단의 범죄이자, 극단의 처벌이다. 그러므로 법정을 연다는 건 무엇보다도 극단의 범죄에 대해 반드시 극단의 처벌을 하지 않는 길을 찾겠다는 것을 의미한다.

오레스테스의 살인죄에 대한 재판관들의 투표는 찬성과 반대가 똑같이 나온다. 아테나 여신이 개표 전에 세운 규칙에 따라 가부 동수일 경우는 무죄가 된다. 이에 복수의 여신들은 〈그대들이 옛 법들을 짓밟는구나〉하고 외친다. 마침내 오레스테스는 방면되고 아테나 여신의 설득 덕분에 더 이상 복수의 여신들에게 쫓겨 다니지 않게 된다. 오레스테스의 방면 결정은 또한 죄가 반드시 그에 상응하는 벌로써 탕감되는 게 아니라 합리적 결정에 의해〈면죄〉될 수 있음을 의미한다. 이는 법의 본질적 역할이 벌을 주는 데 있는 게 아니라, 가능한 한 면죄의 합리적 근거를 제공하는 데 있음을 뜻한다. 면죄 가능성이 우선이고, 처벌의 필연성이 차선이라는 것이다. 아테나 여신이 연 법정은 종교적이고 가족적인 차원에서 이루어지는 죄와 벌의 사슬이 정치적이고 법적인 차원으로 대체되는 것을 상징한다. 한편 법은 인간 세상에서 죄와 벌의 문제를〈일단락〉 짓지만,〈해결〉하지는 못한다는 것을 의미한다. 복수의 여신들이 불만을 토했듯이 법은 모두를 만족시키면서 사건을 해결하지 못한다. 다만 사건을 일단락 짓는 합리적 통로일 뿐이다. 이는 법이 모든 것을 해결해 준다는 착각에 대해 고대의 지혜가 발한 첫 경고음이기도 하다. 인간에게는 그때부터 가장 합리적인 자율 규범 체계를 이루어 가기 위한 지난한 역사가 시작되었음을 의미한다. 「오레스테이아」는 오늘날에도 죄와 벌에 연관된 문제들, 예를 들어〈합법적 살인〉이라고 할 수 있는 사형 제도, 형벌과 사면의 문제 등에 관해 법철학적으로 시사하는 바가 크다.

신에게로 걸음을 옮기면 옮길수록 신으로부터 멀어진다는 역설적이며 절망적인 명제를 안고 집필된 카프카의 이른바 〈고독의 3부작 Trilogie der Einsamkeit〉인 장편 『성』, 『소송』, 『아메리카』를 비롯해, 중편 「변신」 그리고 단편 「선고」와 「유형지에서」 등에 나오는 카프카의 주인공들과, 『마의 산』에 나오는 토마스 만의 주인공들의 활동 방향성을 심리학적으로 비교해 볼 수 있다. 『마의 산』의 카스토르프와 『성』의 K의 기본 감정의 방향은 서로 대조적이다. 『마의 산』에서 카스토르프는 비밀스러운 거대 조직인 요양소에서 벗어나려고 하는 반면, 『성』의 K는 거대한 조직인 성에 접근하려고 애쓴다. 『마의 산』의 카스토르프가 자신을 숨기고 도망가려 한다면, 『성』의 K는 스스로 공격적으로 달려들어 서로 역설적인 방향성을 보여 준다.

『소송』에서도 요제프 K가 법원에 접근하고자 애쓰면 애쓸수록 법원은 더욱 멀어져 미로(迷路)적인 성격을 띤다. 마찬가지로 『성』에서는 토지 측량을 위해 K가 끊임없이 접근할수록 성과 마을 사이의 거리는 더욱 〈우회적〉으로 멀어져만 간다. 이는 동양과 서양에서 똑같이 정치 제도에 의해서 국민을 위한 어떤 기관이 존재하지만, 정작 국민 자신이 그곳의 도움이 필요하여 거기에 도달하려 하면, 그곳으로의 길은 미로 상태가 되어 결국 그곳에 도달하지 못하게 되는 상황의 구조를 의미한다. 여기에서 어지럽기 짝이 없던 중국 춘추 시대 말기, 〈주례(周禮)의 단순 이상향〉으로 복귀하자고 외쳤던 공자의 절박한 심정이 헤아려진다. 단언컨대, 제도가 복잡한 이유는 십중팔구 관료들 탓이다. 독재·권위주의 시대의 관료들은 민간의 정보 접근 자체를 차단함으로써 제도를 그네들의 이권 보호막으로 삼았다. 세상이 바뀌고 투명성이 강조되자 그들은 〈문호는 개방하되, 미로를 만드는〉 방식으로 제도를 바꿨다.

『소송』에서 요제프 K의 운명과 『성』에서 토지 측량사 K의 여정처럼 카프카의 작품에서는 〈접근하기가 불가능한〉 내용이 주제를 이루는 데 비해, 토마스 만의 작품에서는 〈빠져나가기가 불가능한〉 내용이 지배적이다. 토마스 만의 『마의 산』의 요양소로부터 밖으로의 통로를 발견하는 길이나 방법은 존재하지 않는다. 요양소에서 병의 치료 또한 단지 〈요양소 효과〉의 본보기로 나타나는 것일 뿐 결코 병이 치료되어 이곳에서 빠져나가는 직접적인 통로는 없다. 요양소는 환자들을 치료한다는 본래의 목적을 망각하고, 이곳이야말로 자기들의 고향이라고 생각토록 하는 마력까지 끼치고 있다. 따라서 〈평지〉의 주민인 카스토르프는 처음에는 요양소의 세계를 단순히 호기심으로 관찰하는 〈청강생 *Hospitant*〉(Zb 84, 103)에 불과하였으나 차츰 요양소의 세계에 깊숙이 빠져들게 된다. 일단 요양소에서 살아 본 사람은 〈이 위〉를 고향이라 부르며 심지어는 평지로 떠났다가도 내 집이라며 다시 돌아오곤 한다. 요양소의 원장 베렌스도 환자들을 요양소에서 내보내려는 의지보다 이곳에 잡아 두려는 경향을 가지고 있다. 그는 카스토르프의 출혈을 계기로 카스토르프에게 무제한의 요양을 지시하고, 카스토르프를 집으로 데려 가기 위하여 요양소를 찾아온 카스토르프의 삼촌 티나펠 영사에게도 카스토르프와 똑같은 판정을 내리지만 티나펠은 마의 산의 마력적 분위기를 눈치채고 간신히 그곳을 도망쳐 내려간다. 베렌스의 진단은 의학적으로 볼 때, 괴기하여 환자들에게 몇 개월의 체류를 선고할 수도 있고, 종신형을 선고할 수도 있으며, 또한 자유를 선고할 수도 있는 카프카의 『소송』 속 재판관과도 같은 인물이다.

 결론적으로 말해서 『마의 산』의 치료 기관인 요양소는 멀리 떨어져 있지 않지만 이곳으로부터 벗어나는 경우는 불가능하여 영원한 길을 가고 있다. 진료소의 성격에도 불구하고 퇴원은 불가능하여 요양소로부터 밖으로 나가는 길이나 방법은 존재하지 않는 것이다. 결국 요양소에서 병의 치료는 단지 〈요양소 효과〉로서의 본보기로 나타나는 것일 뿐, 결코 병이 치료되어 이곳에서 빠져나가는 길은 없고 카프카의 『성』에서 성으로의 길처럼 〈우회〉만 있을 뿐이다. 이렇게 절대적 치료 기관을 상징하는 요양소가 병의 치료로 상징되는 평지로의 접근을 불가능하게 하는 것은, 제1차 세계 대전 직전과 직후의 병든 유럽을 상징하는 것으로, 이에 대해 토마스 만은 다음과 같이 언급하고 있다. 〈제1차 세계 대전이 막 지나갔다. 『마의 산』은 이 세계 대전을 막 빠져나온 것이다. (……) 이 작품은 제2차 세계 대전 14년 전의 서유럽의 모든 정치적·도덕적인 변증법을 포함하고 있다.〉[2]

 이렇게 거듭 좌절하는 삶의 저주스러운 모습을 적나라하게 표출하려는 토마스 만의 의욕이 카프카의 작품에서는 근본적으로 상황의 발전이나 진보 대신 동일한 상황의 반복을 보여 주는 답답한 상황으로 나타나고 있다. 〈소송〉 자체가 끝날 수 없기에 『소송』은 끝이 없는 소설이 된다. 결국 카프카 문학은 『마의 산』의 지연되는 퇴원이나, 『소송』의 지연된 소송과 같이 시작은 있되 끝은 없이 〈중간에 존재함〉에서 주제를 끌어오는 미완성의 글쓰기이다. 그들의 글쓰기는 끊임없이 의미를 생산하면서 동시에, 의미를 지연시키는 의미의 현존과 부재의 경계에서 왔다 갔다 하는 것이다. 결국 카프카의 장편 『성』과 『소송』의 주인공들은 참 존재를 찾아 헤매다가 결국 실패하고 마는 인간상을 보여 줌으로써 실존주의적 경험의 반영으로 해석된다.

마찬가지로 마의 산에 있는 요양소는 시간과 공간적으로 초월되어 멀리 떨어져 있으면서도 인접한 공간으로, 또는 인접한 공간이면서도 멀게 느껴지는 역설적 느낌으로 병자들을 혼동시킨다. 실제로 평지는 도달하기에 그리 멀지 않은 장소인데 카스토르프가 7년을 노력해도 도달하지 못한다는 사실에서 평지는 엄청나게 멀어 요양소는 카프카의 성처럼 역설적인 성격을 지니고 있다. 이리저리 미로처럼 이어지는 요양소는 〈운명〉 밖의 방향으로 향하는 삶을 의미한다. 삶은 그 문을 열려는 사람을 다양한 방향으로 현혹한다. 이런 배경에서 토마스 만 작품의 자연 현상은 결코 단순하거나 명확하지 않고, 항상 불투명하고, 지리멸렬하고, 부분들로 구성되어 있으며, 계절이 묘사될 때에도 과도적 시기가 택해진다. 예를 들어 단편 「묘지로 가는 길 Der Weg zum Friedhof」에는 〈때는 봄, 거의 이미 여름 무렵이었다〉(GW 8, 187)고 묘사되고, 「토니오 크뢰거」에서는 〈겨울 해는 우윳빛으로 뿌옇게 구름층에 싸여 좁은 도시 위에 초라하게 비치며 떠 있었다. 바람에 파손된 기옥들이 들어선 골목길은 질퍽하고 바람이 불었으며 이따금 얼음도 아니고 눈도 아닌, 일종의 부드러운 우박 같은 것이 내렸다〉(TK 271)고 묘사되어 있고, 「베네치아에서 죽음」에서는 〈5월 초였다. 축축하고 추운 날씨가 몇 주 지나고는 그릇된 한여름이 갑자기 들이닥쳤다. 영국 공원은 아직도 겨우 어린잎들로 덮여 있었지만 8월처럼 후덥지근했다〉(TiV 444)고 서술되고 있다. 또 끊임없이 흘러가는 시간 속에서 사건은 비좁은 공간에서 전개되어 기억 속에 응축된 무한한 시간이 도달할 수 없는 공간이 되고 있다. 시간의 공간화와 공간의 시간화가 시공간적 구조로 이루어지는 것이다.

이렇게 토마스 만의 요양소의 행동 공간이 심리학적으로 작용하여 인접한 공간이 멀게, 또는 먼 공간이 가깝게 여겨지는 경우가 카프카 문학의 특성으로 작용하고 있다. 예를 들어 카프카의 단편「이웃 마을 Das nächste Dorf」에 등장하는 한 할아버지의 견해에 따르면, 건강한 젊은이가 평생 동안 말을 타고 가도 이웃 마을에 도착할 수 없다. 그런데 이웃 마을의 〈이웃〉이란 내용을 보면 마을은 가깝다. 결국 가까우면서도 평생 말을 타고 가도 도달하지 못하는 사실에서 역설적인 착각을 불러일으킨다. 이렇게 토마스 만의 요양소나 카프카의 이웃 마을처럼 가까운 듯 보이면서도 끝없이 먼 역설적 공간은 카프카의「황제의 칙명 Eine kaiserliche Botschaft」에서 절정적으로 묘사되고 있는데, 작품이 그리 길지 않아 전문을 인용한다.

  황제가 — 그런 이야기가 있다 — 한낱 개인에 불과한 〈그대〉에게, 그것도 황제의 태양 앞에서는 아주 먼 곳으로 피신한 왜소하고 초라한 신하, 바로 그러한 〈당신〉에게 임종의 침상에서 칙명을 보냈다. 황제는 칙사를 침대 옆에 꿇어앉히고 그의 귀에 칙명을 속삭이듯 말했다. 그 칙명이 황제에게 매우 중요했으므로, 그는 칙사에게 그 말을 자신의 귀에 되풀이하도록 시켰다. 그는 머리를 끄덕여 그 말이 맞다는 것을 시인했다. 그러고는 그의 임종을 지켜보는 모든 사람들 앞에서 — 장애가 되는 벽들은 모두 허물어지고, 멀리까지 높이 뻗어 있는 옥외 계단 위에는 제국의 위인들이 빙 둘러서 있다 — 이러한 모든 사람들 앞에서 그는 칙사를 떠나보냈다. 칙사는 곧 길을 떠났다. 그는 지칠 줄 모르는 강인한 남자였다. 그는 양팔을 앞으로 번갈아 내뻗으며 군중 사이를 뚫고 지나갔다. 제지를 받으면 태양 표지가 있는 가슴을 내보인다. 그는 역시 다른 누구보다도 수월하게 앞으로 나아갔다. 그러나 사람들의 무리는 너무나 방대했다. 그들의 거주지는 끝이 없었다. 거칠 것 없는 들판이 열린다면 그는 나는 듯이 달려갈 것이고 그리고 머지않아 〈당신〉은 그의 주먹이 당신의 문을 두드리는 굉장한 소리를 들었을 것이다. 그러나 그렇게 하는 대신 그는 속절없이 애만 쓰고 있으니, 그는 여전히 심심 궁궐의 방들을 헤쳐 나가고 있다. 그러나 결코 그 방들을 벗어나지 못할 것이고, 그가 설령 궁궐을 벗어나는 데 성공한다 하더라도 아무런 득도 없을 것이다. 계단을 내려가기 위해서 그는 스스로와 싸워야 할 것이고, 설령 그것이 성공한다 하더라도 아무런 득이 없을 것이다. 궁궐의 정원은 통과할 수 있을지 모른다. 그러나 그 정원을 지나면 두 번째로 에워싸는 궁궐, 또다시 계단과 정원, 또다시 궁궐, 그렇게 수천 날이 계속될 것이다. 그래서 마침내 그가 가장 외곽의 문에서 밀치듯 뛰어나오게 되면 — 그러나 그런 일은 결코, 결코 일어나지 않을 것이다 — 비로소 세계의 중심, 침전물들로 높이 쌓인 왕도(王都)가 그의 눈앞에 펼쳐질 것이다. 어느 누구도 이곳을 뚫고 나가지는 못한다. 비록 죽은 자의 칙명을 지닌 자라 할지라도 — 그러나 밤이 오면, 〈당신〉은 창가에 앉아 그 칙명이 오기를 꿈꾸고 있다. 정확히 그렇게 우리네 백성들은 그처럼 희망 없이 그리고 희망에 가득 차 황제를 본다.(E 128 f.)

이 작품에서 칙사는 오직 한 개인인 〈당신 Du〉에게 황제의 소식을 전하기 위하여 간다. 〈그(칙사)는 지칠 줄 모르는 강인한 남자였다. 그는 양팔을 앞으로 번갈아 내뻗으며 군중 사이를 뚫고 지나갔다〉(E 128)라는 칙사(勅使)의 힘에 대한 표현처럼 칙사는 무슨 일이든 할 수 있을 것 같은 자신감에 사로잡힌다. 그러나 임무를 띠고 떠난 칙사는 아무리 쳐부수고 나아가도 무수한 집단을, 끝없이 펴져 있는 그들의 거주지를 뚫고 나아가 임무를 수행하지 못하고 미로 속을 헤맬 뿐이다. 이렇게 황제의 칙명이 도착할 수취인 〈당신 Du〉과 황궁 사이에 놓인 거리는 미로(迷路) 상태이다. 칙사가 헤매듯 내달리면서 거리에 쏟아 부은 시간이 무려 〈수천 년 Jahrtausende〉(E 129)으로 묘사되고 있다. 이는 그림 Grimm 형제의 민담「잠자는 숲 속의 공주 Dornröschen」에서 공주가 백 년 동안 잠을 자며 보낸 세월이 깨어나니 순간처럼 느껴지는 감정과 같다. 백 년 동안의 긴 세월도 잠 속에서는 순간으로 느껴지기 마련이다.

토마스 만의 요양소에서 벗어남의 불가능성, 또 카프카의 성 등의 목적지에 도달할 수 없는 내용은 요양소나 성 등이 현실 세계에 실제로 존재하는 것이 아니라, 신비적 성격을 띠는 마적 장소라는 암시를 함축하는데『성』의 다음 내용이 이를 잘 나타내고 있다. 〈그(K)는 그렇게 다시 앞으로 나아갔다. 하지만 그것은 먼 길이었다. 이 거리라고 하는 것이, 즉 마을의 가장 큰 길이 성이 있는 산으로 통하는 것이 아니었다. 그것은 가까이 다가갔다가는 의도적인 것처럼 꺾여서는, 그 길은 성에서 멀어지는 것도 아니었지만, 그렇다고 그것이 가까워지는 것도 아니었다. 계속해서 K는 이제는 마침내 성으로 접어들 것이라는 기대를 했다. 그리고 그는 기대했기 때문에 계속 걸어갔다.〉(P 21) K는 몸의 기력이 닿는 한도 내에서 계속 나아갔지만 〈끝이 없는 마을의 길이〉(P 21)를 극복할 수 없다. 마찬가지로 『마의 산』의 요양소에서 주인공 카스토르프 역시 현실감을 상실하고 신비적인 분위기에 빠져든다. 결국 요양소는 신비적인 성격으로 인간을 판단의 〈애매성〉으로 빠지게 한다.

결국 토마스 만과 카프카 작품의 주인공들의 자아는 언제나 세계의 문을 찾아 가까이 접근하려고 하면 할수록, 세계는 그에게서 더욱 멀어져 고립으로부터의 극복은 언제나 좌절된다. 토마스 만의 카스토르프나 카프카의 K와 같은 주인공들의 길은 공간적 차원에서 시간적 차원으로 전이되어 이들 주인공들은 단지 제한된 원 안에서 뱅뱅 돌며 오류만 반복할 뿐이다. 『성』에서 성과는 멀리 떨어져 있지 않지만 성에 이르지 못하는 길을 영원히 가고 있는 K와 성 사이에는 신비적인 공간이 자리 잡고 있어, 그가 끊임없이 행동하고 사유하면 할수록 〈참된 길〉에서 점점 멀어져만 가므로, 그는 끊임없이 자신의 목표를 향해 가지만 거기에 이르는 길을 발견할 수가 없다.

이렇게 카프카나 토마스 만의 주인공들의 공간은 매우 제한적이다. 카프카의 「변신」에서 그레고르가 하는 일은 오로지 좁은 방을 기어 다니는 일과 이따금 창문을 내다보는 것에 제한되어 있다. 이와 같이 좁은 공간에서 무의미하게 선회(旋回)하는 행동은 변신에 따르는 그레고르의 공간 상실, 공간적 소외를 의미한다. 장편 『소송』에서도 주인공의 활동 공간은 도시 외곽 지대까지만 해당되고, 『성』에서도 성이 있는 마을 범주를 벗어나지 못한다. 마을과 성의 공간은 K가 투쟁하는 적대적 세계로, 초기 작품에서 볼 수 없는 가공적인 공간 설정으로 실제 지리적인 지식으로는 이해될 수 없다.

이러한 카프카 작품의 공간이 지닌 한계처럼 토마스 만의 『마의 산』의 요양소도 하나의 밀실에 불과하기도 하고 거의 주인공의 방에 한정되기도 한다. 예를 들어 『마의 산』〈눈 Schnee〉의 장면에서 서술되는 요양소 밖의 공간도 내부에서 보면 무한한 장소로 나타나지만 외부에서 보면 여전히 요양소 근처의 숨 막히게 협소한 장소에 감금 상태로 〈광활한 공간〉과 〈밀폐된 공간〉이 동시에 존재한다. 이렇게 마의 산은 모든 현실 세계에서 이탈하여 보통 세계와는 완전히 이질적인 세계가 되고 있다. 요양소와 인간 도시 사이에는 알 수 없는 무한성과 영원성이 끼어들어 서로를 갈라놓고 있는 것이다. 결국 요양소의 인물들의 활동 공간은 요양소 외곽 지대까지만 해당되어 인물들은 이 요양소 범주를 벗어나지 못한다. 평지와 요양소의 공간은 카스토르프가 투쟁하는 적대적 세계이며 가공적인 공간 설정으로 실제 지리적인 지식으로는 이해될 수 없다.

　이런 맥락에서 카프카의 『성』에서 성의 역설적 성격과 토마스 만의 『마의 산』의 요양소의 역설적 성격을 비교해 보자. 일반적으로 〈성〉이란 외부의 적으로부터 보호해 주는 시설이다. 즉 적이나 질병 등을 차단시켜 안전하게 해주는 시설이지만, 카프카의 『성』에서 성은 인간의 접근을 불가능하게 하여 실존을 해치는 벽으로 나타나 역설적이다. 성에 접근하려고 일생 동안 온 힘을 다하다가 온몸이 쇠진한 주인공 K가 결국 죽음을 맞게 되는 사실에서 성은 죽음의 장소가 되는데, 이는 토마스 만의 『마의 산』에서 카스토르프가 마지막으로 전쟁에 참여하여 죽게 되면서야 비로소 요양소에서 나갈 수 있는 역설적 내용과 유사하다. 높은 산 위에 위치한 요양소와 성의 배경은 하늘과 땅의 중간적 공간으로서 하늘로 가는 공간, 즉 죽음의 나라로 가는 공간이 된다. 따라서 질병을 치료하는 요양소 본래의 의미는 퇴색되고, 이와 반대 격인 죽음과 암흑의 본질이 연상되고 있다. 토마스 만은 요양소의 상징적 암시 기능을 죽음과 병의 테마와 관련지어, 〈삶에 적대적인 요양소 세계의 분위기를 이 상투어로 압축시킨다〉.[3] 결국 요양소는 질병의 장소와, 질병으로부터 안전이라는 상반된 이중 의미를 지니고 있다. 또 요양소에 들어오기는 쉽지만 여기에서 벗어나는 것이 불가능하다는 배경때문에 요양소는 죽음의 장소를 암시하고 있다.

　따라서 카스토르프가 도착한 다음 날 알게 된 요양소의 첫 정보부터가 진료소란 개념인 병의 치료 기관과 동떨어진 죽음에 관련되어 있다. 겨울에는 죽은 환자의 시신을 썰매에 실어 평지로 내려보낸다는 것, 카스토르프에게 배당된 방에서 며칠 전에 미국 여성이 죽어 나갔다는 것 등, 여러 죽음에 관한 이야기를 사촌 침셈을 통해 듣게 되며, 첫날 밤 옆방의 러시아 부부의 안하무인적인 애정 행위에 분개하고, 운전기사의 절망적이고 불쾌한 기침 소리에 신경을 곤두세우며, 두 아들을 잃고 광란하는 모친을 보게 되며, 기흉(氣胸)을 피리처럼 불어 대어 사람들을 놀라게 하는 여성을 만나기도 하는 요양소의 환경은 오직 죽음의 인상뿐이다.

이러한 죽음의 분위기는 침센의 생에 대한 강한 의지까지 꺾는다. 이곳 요양소에 입원 중인 침센은 의무와 권위, 즉 생에 대한 헌신의 상징적 역할을 하는 인물이다. 원래 천성적으로 씩씩한 프로이센 군대 기질에 매혹되어 남성의 기질을 군인 생활에서 발휘하고자 열망하는 침센은 매사에 혈기 왕성하게 임하며 또한 자기 인생관에 광적으로 도전한다. 몸은 마의 산에 있지만 마음은 언제나 평지로 향해 있는 그는 마의 산의 마법에 대하여 극히 경계하는 금욕적인 인간이다. 〈병과 죽음이란 사실은 엄숙한 것이 아니라 오히려 빈둥거리면서 지내는 그런 것이다〉(Zb 76)라고 침센은 병과 죽음을 증오한다. 그러나 그는 남성적 군대 생활을 영위하기에는 그의 타고난 허약한 육체가 의지를 따르지 못하고 요양소에 굴복하여 이곳에서 죽게 된다. 그는 권위와 의무의 상징인 군인 생활과는 반대로 허약의 상징인 폐결핵에 걸려 마의 산에서 무기력한 생활을 하다가 죽음을 맞는 것이다. 침센은 의무에의 헌신감에 사로잡힌 나머지 마의 산에서의 생활에 대한 인내를 잃고 탈출하여 평지로 돌아가 군인의 길을 택하지만, 결핵이 악화되자 이 질병을 이겨 내지 못하고 다시 마의 산으로 돌아와 무기력하게 죽음을 맞는 역설적인 인물이다. 원래 씩씩하고 강인한 인물로 전쟁터 등 군무에 충실해야 하는 침센이 요양소라는 죽음의 지역에서 병과 투쟁하다 죽는 사실은 너무나도 역설적이다.

군무에 대단한 열정과 사명감까지 느끼는 침센은, 의지만 강했지 결국은 일종의 직업에 얽매인 기계화된 인물로 볼 수 있다. 이렇게 직업에 얽매인 기계적인 인물인 침센은 무감각하고, 외부에서 일어난 어떠한 변화도 느끼지 못하며, 오로지 주어진 상황에 따라 움직이는 기계처럼 정교하고 철저하게 만들어진 로봇과 같다. 결론적으로 침센은 직업적 인간의 유형인데, 직업적 인간은 사회적 메커니즘이 명령하고 지시하는 기능적 역할을 충실히 이행할 뿐이고 사랑이나 양심 같은 것을 전혀 중요하게 보지 않는다.

이렇게 침센과 같이 직업에 동화되어 기계적 유형이 된 인물상이 카프카의 「유형지에서」에 등장하는 장교 *Offizier*로 나타나고 있다. 이 작품에서 장교는 오직 기계의 작동과 기능에만 오직 흥미를 느낀다.[4] 장교는 인간성을 상실하고 직업화된 인물로, 사랑 따위의 감정도 없다. 장교는 죄수에게 고문의 형벌을 가할 때, 죄수의 몸에서 흐르는 피를 보고도 동정이나 연민을 전혀 느끼지 못하고, 무시무시한 고문

절차인 전율이 끼치는 사형 과정에 대하여 죄의식도 느끼지 않고 오히려 당연한 것으로 여기며, 짜임새 있게 조직적으로 잘 만들어진 기계만을 칭찬한다. 장교의 감정은 무감각하고 외부에서 일어난 어떠한 변화도 느끼지 못하고 오로지 주어진 상황에 따라 움직이는 기계와 다름없다.

결국 유형지에서 재판을 맡고 있는 장교와 『마의 산』의 침센은 비인간적인 사물로 정교하고 철저하게 만들어진 로봇과 같다. 이런 맥락에선 작품에서 장교의 외모에 관한 설명이 별반 없고 복장에 관해서만 비교적 구체적으로 설명되어 있다. 이는 카프카가 장교를 개성 있는 인간으로 나타내려 하지 않고 인간성이 제복으로 가려진 인간의 유형, 즉 동화되어 기계적이 된 인간으로 나타내는 것이다. 마찬가지로 동화되어 기계적이 된 침센의 장교 임관 모습이 다음과 같이 묘사되고 있다. 〈소위가 된 요아힘보다 더 행복한 사람은 없었을 것이다. 그보다 더 군대라는 특수한 생활 양식에 적합한 인간은 없었을 테니까. 그는 의사당 앞을 지날 때, 보초가 부동자세로 자기에게 경례를 올리자, 거기에 대해 머리를 끄덕여 보인 것을 수줍어하면서도 아주 자랑스럽게 알렸다.〉(Zb 689)

이렇게 침센은 의무와 권위, 즉 생에 대한 헌신의 상징적 역할을 하는 인물이다. 침센과 장교처럼, 직업에 얽매이는 인물상은 카프카의 단편 「법 앞에서 Vor dem Gesetz」의 문지기에서도 잘 나타나 있다. 법에 도달하기 위해 평생을 매달리는 시골 남자의 의지를 가로막는 문지기의 행위는 오직 직업관에 얽매인 융통성이 없는 인물상이다. 시골 남자는 온갖 실패에도 굴하지 않고 법으로의 입장을 계속 시도하지만, 융통성 없이 문을 지켜야 한다는 문지기의 직업관 때문에 법 앞에서 기다리다 죽어 간다. 끝까지 출입을 막던 문지기는 시골 남자가 죽자, 〈이 문은 오직 당신만을 위한 것이었다네〉(E 121)라는 말을 남기고 철수한다. 결국 이 문은 시골 남자를 위해 만들어졌기에, 그는 마음대로 들어갈 수 있는 권리가 있으면서도 〈문을 지키는 직업〉에 얽매인 문지기의 직업의식에 패배한 것이다.

이런 맥락에서 페스탈로치 Karl Pestalozzi는 카프카의 단편 「싸구려 관람석에서 Auf der Galerie」에서 인간 범주와 대상 범주를 구별하며, 여자 곡마사와 충동하는 관중과 지배인을 통풍 장치와 증기 장치 같은 기계 장치의 한 부분으로 대상 범주에 넣고 있다. 이 경우에 인간은 하나의 기능 또는 부품의 일종으로 평가 절하

되고 있다.[5]

이러한 카프카의 직업에 얽매인 기계적 인물상이, 토마스 만의 소설에서는 〈시민〉으로 전형화되고 있다. 원래 인간은 평범하게 태어난다. 따라서 토마스 만이나 카프카의 작중 인물들의 원래 삶의 바탕도 평범한 시민이다. 토마스 만의 『마의 산』에서 카스토르프는 평범한 인간으로 엔지니어이며, 이 작품의 첫 문장에서부터 〈단순한 젊은이 *Ein einfacher junger Mensch*〉(Zb 11)로 묘사되고 있다. 그리고 카스토르프의 어린 시절과 그의 〈정신적 상태〉를 서술자가 요약적으로 소개하는 제2장에서, 그는 함부르크의 토박이로서 〈아무리 정중하게 표현하려 해도 역시 평범한 인물〉(Zb 50)이라고 설명된다. 주인공에 대한 〈평범한〉이라는 수식어는 후반까지 지속되어 〈우리의 순진한 주인공〉(Zb 904), 〈단순하기 짝이 없는 우리 주인공〉(Zb 913), 그의 〈단순한 얼굴〉(Zb 990)이라는 표현으로 묘사된다.

이러한 카스토르프처럼 카프카도 원래는 평범한 인간으로 가족 안에서 안정을 갈망했다. 부친에게 보내는 서신에서 카프카는, 〈결혼해서 가정을 세우고, 아이들을 키워 어려운 세상으로부터 지키고 길을 인도하는 것은 세상에서 인간이 이룩할 수 있는 최고의 것〉[6]이라 말하고, 심지어 1911년 11월 24일의 일기에서는 〈아내가 없는 남자는 인간이 아니다〉[7]라는 『탈무드』의 구절까지 인용하면서, 가정적인 평범함을 강조하고 있다. 이런 경향에서 토마스 만의 『마의 산』의 카스토르프와 카프카의 「변신」의 그레고르도 평범한 삶을 추구한다. 즉 평범 속에 행복이 있는 것이다.

이렇게 평범한 삶에서 행복을 추구하는 인간은 평화적 인간이다. 평화적 인간은 크나큰 성취를 염원하지 않고, 어떤 성취를 추진하는 과정에서 행복을 찾는다. 이러한 인간은 주어진 자연의 여건, 더 나아가서 운명과 타협하고 그것에 적응한다. 성취만 염원하면 성취 후에 느끼는 권태로 인해 허무감을 느끼기 마련인데, 이러한 내용은 〈행복과 아름다움은 줄곧 하나가 될 수 없다〉(9940행)는 괴테의 『파우스트』속에 잘 나타나 있다. 따라서 평화적 인간은 자신이 우주의 한 부분에 불과하고, 인간의 가치도 우주적 입장에서만 정당하게 평가된다고 본다. 그는 자연을 정복의 대상으로 삼기는커녕 자연에 귀의코자 하고 운명과 조화를 이루어 평화코자 한다.

이와 반대로 비극적 인간은, 자신을 우주에서 특수한 권한을 가진 존재로 여겨, 운명이나 자연을 그대로 받아들이려 하지 않고 성취나 정복의 대상으로 본다. 따라서 그는 운명과 자연을 정복하여 그 위에 군림하고자 한다. 이 같은 유형의 인간은 운명과 타협하고 조화를 이루려 하기는커녕, 그것과 대립하는 인간이다. 평화적 인간과 비극적 인간은 동양적 인간과 서양적 인간으로 구별되어, 부처와 파우스트의 대조로 나타난다. 부처는 이성으로 얻는 앎과, 모든 욕망의 어리석음과 해로움을 주장했고, 영겁회귀(永劫回歸)의 진리에 동화되기를 권하고 있다. 한편 파우스트는 만족을 모르는 앎과 욕망, 이성으로써 우주를 정복하고 성취하는 데 인생의 궁극적인 의미를 찾는 인물이다. 그러나 이러한 정복과 성취의 결과는 절망뿐으로, 파우스트는 다음과 같이 절규한다.

아아! 나는 이제 철학도,
법학도, 의학도,
유감스럽게 신학까지도
온갖 노력을 기울여 샅샅이 연구하였다.
그 결과 가련한 바보가 된 나는 이제 이렇게 서 있으며,
옛날보다 더 영리해진 것도 없도다!
석사님, 박사님이라는 이름을 들으며,
어언 10여 년이란 세월을
올렸다 내렸다. 이리저리로
내 학생들의 코를 잡아끌고 있는데, ―
우리는 결국 아무것도 알 수 없다는 것만 알게 되었구나!
이런 생각을 하니 정말 내 가슴이 타는 것 같구나.
그러나 나는 박사다, 석사다, 문필가다, 목사다 하는
모든 멍청이들보다는 더 영리할 것이며,
어떤 불안이나 의혹도 나를 괴롭히지 못하고,
지옥이나 악마도 나는 두려워하지 않았다. ―
그 대신에 내게선 모든 즐거움이 사라져 버렸고,

무엇 하나 올바른 것을 알고 있다는 자부심도 없으며,
인간들을 개선시키고 개종시키기 위해
무엇인가를 가르칠 수 있다는 생각도 들지 않는다.
　　(……)
개라도 이렇게는 더 이상 살고 싶지 않으리라!
그래서 나는 마술에 몸을 내맡겼노니,
정령의 힘과 입을 빌려서
상당한 비밀을 교시받지나 않을까 해서이다.(354행 이하)

위 외침의 366행(나는 박사다, 석사다, 문필가다, 목사다)의 형식적인 면을 살펴 보면 점강법 Antiklimax을 쓰고 있는바, 여기에서 파우스트의 자아의 하강적 상실을 엿볼 수 있다. 파우스트는 그것이 불가능한 꿈인 줄 알면서도, 평화와 안이(安易)를 거절함으로써 행복할 수 없는 인간이다. 이러한 파우스트의 성격은 이카로스의 운명과 같다. 높은 하늘에 뜬 태양의 열은 가까이 갈수록 더 강렬하다. 때문에 초로 만든 이카로스의 날개는 그 태양열에 녹고, 그는 마침내 땅에 떨어지게 마련이다. 그래도 이카로스는 그 태양을 향해 날지 않을 수 없는 무모한 내적 욕구를 억제하지 못한다. 이러한 인간에게는 행복이 있을 수 없다. 따라서 행복은 일상적 경험인 평범한 삶에 있다. 즉 행복은 성취에 있는 것이 아니라, 성취하는 과정에 있는 것이다. 인간에게는 성취 후에 권태가 있기 때문이다.

이러한 행복의 조건은 실용주의 철학자인 듀이 John Dewey의 〈미의 조건〉과 유사하다. 즉 듀이는 〈평범 속에서 미〉를 추구한 것이다. 그는 미술관이나 음악당에 존재하는 아름다움보다 일상에서 빛나는 아름다움을 더 소중히 생각하였다. 우리의 일상은 황폐화되어 있는데, 그림과 음악이 아름다움의 향연을 펼친들 무슨 소용 있겠는가. 일상적 경험 속에서 고통과 역경을 딛고 이겨 나가며 완성을 성취해 내기, 듀이에게 아름다움은 그곳에 있다. 케이블카나 곤돌라를 타고 가는 등산보다는, 땀 흘리고 헉헉대며 가는 등산이 훨씬 더 큰 아름다운 경험을 우리에게 제공할 수 있다. 그러나 일상은 간단치 않아, 완성의 성취가 지속될 수는 없다. 우리는 다시 일상을 열어야 한다. 더러워진 그릇을 다시 닦아야 하고, 새로운 공부를 통해 자신을 성숙시켜야 하고, 또 다른 아침 회의를 위해 자료를 준비해야 한다. 고달프고 힘들다. 그렇지만 다시 완성의 성취가 있을 것이다. 아니, 이를 희망해야 한다. 도전과 좌절과 완성의 수레바퀴, 그것이 우리네 일상이며, 그러한 일상 속에 아름다움이 깃든다. 고통만 지속되는 세상에는 아름다움이 없지만, 행복만 지속되는 세상에도 아름다움은 없다. 지옥과 니르바나에는 아름다움이 없다. 아름다움은 고통과 행복이 교차하는 우리의 일상적 삶 속에서 성취될 수 있다. 행복만 지속되는 삶이라면 아름답기보다는 지루하고 단조로울 것이다. 듀이는 말한다. 〈삶의 과정에서 평정한 순간의 성취는 동시에 환경에 대한 새로운 관계의 시작이다. 완성의 시간은 또한 새로운 시작의 시간이다. 완성과 조화의 즐거움을 영속화시키려는 어떠한 시도도 세계로부터의 후퇴이다. 그러한 시도는 생기의 약화와 손실이다.〉 이러한 평범한 행복론은 현대에 〈이스털린의 역설 *Easterlin's Paradox*〉 이론으로 연결된다.

가난했지만 행복했던 나라로 알려졌던 부탄의 1인당 국민 소득은 2000년대 초반 수백 달러에서 5천 달러로 급성장했다. 그런데 그들의 국민 행복도는 점차 떨어지는 추세다. 2006년 영국 신경제 재단의 국가별 행복 지수에서 세계 8위였던 부탄이 올해는 17위가 되었다. 최근 산간 마을까지 보급된 TV 탓이라는 분석이 유력하다. 불교와 농사일만 알며 행복하게 살던 사람들이 TV로 딴 세상을 보게 되면서 하고 싶고 갖고 싶은 게 많아진 것이다. 1974년 미국의 경제학자 이스털린 Richard Easterlin은 소득이 높아져도 반드시 행복으로 연결되지는 않는다는 내용을 발표했다. 1950년부터 1970년까지 일본의 국민 소득은 일곱 배 증가했지만, 삶의 만족도는 국민 소득이 최하위권인 방글라데시와 비슷한 정도로 떨어졌다는 것이다. 또 세계 최고의 부국인 스웨덴이나 노르웨이 등의 나라에 자살률이 세계 최고로 높으며, 세계 최빈국인 방글라데시에는 자살이 전혀 없다는 내용도 시사하는 바가 많다. 이렇게 소득 증대가 국민 행복과 비례하지 않는다는 내용이 〈이스털린의 역설〉로 불린다.

독일의 사회 심리학자 프롬 Erich Fromm도 자신의 저서 『소유와 존재』에서 인간이 행복을 누리며 인간답게 사는 길은 〈소유 *Haben*〉에 있는 것이 아니라, 사람다운 사람으로 〈존재함 *Sein*〉에 있다고 하였다. 2009년 영국 신경제 재단의 국가별 행복 지수 1위를 중미의 코스타리카가 차지했다. 10위권 가운데 도미니카(2위),

자메이카(3위), 쿠바(7위) 등 중남미의 후진국이 아홉 곳이나 됐다. 베트남이 5위로 아시아에서 홀로 10위 안에 들었다. 선진국에선 네덜란드 43위, 독일 51위, 일본 75위, 미국은 최하위권인 114위였다. 한국은 68위였다. 사실 행복감은 남과의 비교에서 오는 경우가 많다. 〈집의 크기 자체는 중요하지 않다. 어느 집 옆에 궁전이 들어서면, 그 집이 오두막으로 변해 버리는 게 문제일 뿐.〉 일찍이 행복의 상대성을 갈파했던 마르크스 Karl Marx의 말이다. 주변의 부자들이 내게 불행의 씨앗이 될 수 있다는 얘기다. 행복은 절대적인 부가 아니라 상대적인 부의 크기에 좌우된다는 말이다. 백만 원짜리 옷을 입은 아이의 만족감은 10만 원짜리 옷을 입은 아이가 느끼는 행복의 질과 별 차이가 없다. 자기가 비싼 옷을 입었다는 것을 이웃들에게 과시하고 싶을 뿐이다. 그러나 다른 아이들도 모두 비싼 옷을 입게 되면, 그 옷을 입은 데서 오는 만족감은 뚝 떨어진다. 과거에 비해 훨씬 잘살게 된 인류가 왜 그만큼 더 행복해지지 않았는지에 대한 해답이 바로 여기 있다. 결국 부자가 될수록 행복해지기 위해선 더 많은 돈이 필요해지는 사회가 된 것이다. 행복은 평범한 것에서 온다. 이렇게 평범한 생활에서 오는 행복이 헤세 Hermann Hesse의 「행복」이란 시에 잘 나타나 있다.

  행복을 바라고 찾고 있는 동안 너는 행복해질 수 없다.
  비록 원하는 것, 사랑하는 것을 다 차지한다 해도 너는 행복해질 수 없다.
  잃은 것을 아쉬워하고 탄식하며 욕심에 매여 집착하는 동안에는
  너는 아직 평화를 누리지 못한다.
  모든 바라는 바를 포기하고 욕심이나 집착을 버릴 때,
  행복이라는 말을 찾지 않게 될 때,
  그때 비로소 너의 마음에 행복과 평안이 온다.

 행복도 평안도 그것을 얻으려고 뛰어다니는 동안에는 얻을 수 없고 누릴 수도 없다. 이러한 평범한 생활에서 오는 행복을 추구하는 것이 토마스 만과 카프카 작품의 주인공들의 염원이다. 그러나 이러한 평범한 행복이 소외 상황에서 깨어지는 내용이 이들 작품의 공통점이 되고 있다. 부득이 억눌린 요양소의 소외된 생활 속에

서 카스토르프 등은 인간 정신의 모든 과민증이나 불안과 접하게 된다. 결국 토마스 만의 작품에서 〈정상성〉과 〈평범성〉은 개인을 희생하고 사회에 영합하는 〈시민성〉으로 나타나고, 반대로 이러한 사회라는 단체를 거부하고 개인의 능력을 지키려는 인간상은 〈예술가〉로 명확히 구분되어 이원성을 형성한다. 이러한 예술가란 카프카에게는 〈실존의 새장 속에 감금된 오색조(五色鳥)〉와 같았다. 카프카는 예술가의 역할, 그의 업적과 영향에 대해 평가하기를, 〈사회적 평균치의 인간보다 훨씬 미소하고 약하다〉[8]고 하고, 〈예술가는 그런고로 다른 인간들보다 유한한 존재의 어려움을 훨씬 밀도 높고 강렬하게 지각한다〉고 덧붙였다. 카프카는 〈예술가는 인간에게 다른 눈을 붙여 주어 현실을 변화시키려고 한다. 이렇게 예술가란 변화를 원하기 때문에 국가에 위태로운 존재들이다〉[9]라고 예술가의 존재에 대해 말하고 있다.

이러한 예술가 이념이 토마스 만에게는 사회적으로 평범한 시민과 〈차이〉를 띠면서 개성을 중요시하는 존재로 나타난다. 따라서 토마스 만 작품 속의 예술가들은 예외없이 세계를 시민성과 예술성이라는 두 대립으로 이분화하고 있다. 「토니오 크뢰거」에서 슈피넬처럼, 그리고 「베네치아에서 죽음」에서 아셴바흐처럼 철저하게 배타적으로 삶과 예술의 이원적으로 살아가는 유형이 있는가 하면, 「토니오 크뢰거」에서 발레 교사인 프랑수아 크나크처럼 시민 사회의 일정한 기능만을 수행하며 안주하여 살아가는 유형이 있다.

이렇게 토마스 만은 〈신적인〉 예술가와 〈일반〉 시민들의 〈차이〉를 대립적으로 논하고 있다. 「트리스탄」의 예술가 유형인 작가 슈피넬은 날카로운 심미안을 갖춘 세련된 〈정신〉으로 나타나고 있는 반면, 허황한 요설을 늘어놓는 〈기이하게 생긴 사람〉(TK 217), 〈괴짜〉(TK 220) 그리고 〈아주 묘한 인간〉(TK 231)으로 묘사된다. 『부덴브로크 일가』에서 게르다의 남자 친구인 음악적 재능이 있는 예술가 트로타 Rene Maria von Throta 역시 〈기인 *Sonderling*〉(Bd 645)으로 통용되며, 다른 사람들과 전혀 어울리지 않고 〈외로운 산책〉(Bd 645)만 하는 인물로 묘사된다. 심지어는 『대공 전하』에서 예술가인 마티니 Axel Martini는 육체적 허약함까지 예술가의 조건으로 이해하고 있다. 이러한 특징은 일반 시민과의 차이의 표현이다. 이에 대해 「토니오 크뢰거」에선 다음과 같이 언급되고 있다. 〈문학(예술)의 저주는 자기 자신을 친절하고 훌륭한 사람들에 대한 기묘한 종류의 대립에서 분리시킴으로써 시작된다. 자신과 다른 사람들 사이에는 반어적인 감수성의, 지식과 회의와 불일치의 심연이 가로놓여 있는 것이다.〉(TK 297)

결국 토마스 만의 소설 속에서 전형화된 〈시민〉은 〈정상성〉과 〈평범성〉으로 체현되는데, 「토니오 크뢰거」에서는 이러한 〈정상성〉과 〈평범성〉이 한젠 Hans Hansen이라는 인물에 잘 나타나 있다. 따라서 〈너처럼 그렇게 파란 눈을 하고 온 세상 사람들과 정상적이고 행복한 관계 속에서 살 수 있다면 얼마나 좋을까!〉(TK 276) 하고 토니오는 생각한다. 그리고 토니오는 〈너는 언제나 단정하게 일하고, 모든 사람들이 다 인정하는 일을 한다. 학교 숙제를 다 하고 나면, 너는 승마 교습을 받거나, 톱을 가지고 일을 한다. 방학 중에도, 바닷가에 있을 때조차도, 너는 노를 젓거나 돛배를 띄우거나 수영을 하느라 여념이 없지. (……) 바로 그렇기 때문에 네 두 눈은 그렇게 맑을 수 있는 것이겠지!〉(TK 276)라고 덧붙인다.

시민 사회의 적통자인 한젠이 학교에서 모범적인 우등생이라는 사실은 그가 기존의 사회가 부여하는 과제를 기계적으로 우수하게 해결했기 때문이지만, 주목해야 할 점은 〈정상성〉과 〈평범성〉을 체현하는 이 모범생의 우수함이란 결국 다름 아닌 〈정신성의 부재〉에서 오는 것이라는 사실이다. 이렇게 토마스 만의 작품에서는 학교나 사회의 모범생이 되려면 정신성이 부재되어야 하듯, 카프카의 「변신」에서도 사회의 우수생은 정신성의 부재에서 오고 있다. 「변신」에서 그레고르는 지금까지 회사와 가정의 톱니바퀴가 되려고 정신을 희생적으로 직장에 팔아 왔다. 그런데도 그의 실적이 조금씩 떨어지자 지배인은 아주 경멸적인 언사로 다음과 같이 비판한다. 〈이때가 실은 대단한 이익을 남기는 시기가 못 된다는 점을 우리도 인정을 하기는 하네. 그러나 잠자 군, 전혀 이익을 남기지 못하는 시기란 없는 것이며, 또 있어서도 안 되네.〉(E 65) 이 진술에서 지배인은 그레고르의 개인적 정신성이 강화되고 직업적 활동이 약화되는 처지를 혹독하게 비판하고 있다. 그레고르는 엄청난 업무량, 진실되지 못한 대인 관계 등 직업에서의 숱한 불만에도 불구하고 5년 동안 성실히 일해 왔으므로 직장에서 자기 위치는 확고하다 믿고 있었다. 그러나 그레고르가 변신한 후 업무적 수단으로서의 이용 가치를 잃게 되었을 때 보여 준 회사의 태도는 개인과 직업 사회는 상호 간에 유용한 경제 수단으로서만 관계를 맺고 있음을 드러낸다. 선량하고 사심 없는 행동이 기업 세계의 눈에는 악하게 비치는 것이다. 따라서 그레고르는 거의 냉소적으로 인간이 얼마나 철저히 시민 사회의 엄격한 기능주의와 노동 이데올로기에 얽매여 있는가를 보여 준다. 고용주는 피고용인에게 직접적이고 외부적인 권력을 통해 피고용인을 자신의 통제하에 둔다. 때문에 피고용인은 〈외적 권력의 연관 속에서 변형된 정신에 의해 간접적으로 지배된다. 즉 외적 제재가 내적 통제로 대치되는 결과를 초래한다〉.[10] 달리 표현하면 기업 세계가 개인적인 삶 속으로 침입하게 된 것이다.

결론적으로 취업이라는 행복의 가상이 고통을, 실제로 인간에 가해지는 기형화를 은폐하여 시민성이라는 명칭으로 나타난다. 그런데 이 고통을, 즉 본래의 비인간화를 사람들은 의식하지 못한다. 따라서 〈가장 중요한 것은 금전과 기계이며, 인간은 자본 증식의 오래된 도구일 뿐이다〉[11]라고 카프카는 말하고 있다.

마찬가지로 「토니오 크뢰거」에서 토마스 만은 고립된 예술가상을 그려, 〈숙명적으로 저주가 걸려 있는 것이 예술가〉(TK 297)라고 크뢰거는 말한다. 〈예술가의 이상한 혈통〉이란 〈녹색의 수레에 탄 집시〉(TK 275, 279, 291, 317)와도 같아서 예술가인 크뢰거에게는 〈무언가 이국적이고 특수한 것〉(TK 279)이 있었다. 이는 예술가란 〈실존의 새장 속에 감금된 오색조〉라는 언급된 카프카의 예술관과도 유사하다. 여기서 비유되는 것은 결국 진정한 의미에서의 예술가는 세속적인 것과는 거리가 먼 고고(孤高)한 존재인 것이다. 예술이란 시민적 존재 형식으로부터 이탈하여 예술가적 생활 형식으로 기울어져 가는 몰락의 과정으로서, 예술가 기질과 시민 기질의 대립이란 단순한 도식적인 것이 아니라 몰락과 발전에 내재하는 기본 원리이다.

이상에서 볼 때, 토마스 만의 〈시민성〉이 체현하는 존재는 무엇보다도 〈차이〉와 동떨어진 〈성찰하지 않음〉, 즉 〈소박함〉이다. 따라서 크뢰거의 의식을 지배하는 것은 이러한 〈시민성〉과 동떨어진 〈차이〉이다.

대체 나는 왜 이렇게 이상하게 생겨 먹어서 모든 사람들과 충동하는 것일까? 왜 선생님들과는 사이가 좋지 않고, 다른 소년들 사이에 있으면 왜 서먹서먹하게만 느껴지는 것일까? 저 선량한 학생들과 건전한 평범성을 갖춘 학생들을 좀 봐라! (……) 그러나 도대

체 나는 어떠하며, 그리고 이런 모든 것들은 앞으로 어떻게 될까?〉(KT 275)

이 독백에서 느낄 수 있듯이, 크뢰거는 〈정상적이고 평범한 시민들로부터 소외되어 있다〉.[12] 따라서 〈그는 자주 생각했다〉(TK 275), 〈나는 왜 이리 유별날까?〉(TK 275), 또는 〈그 당시에는 그의 심장은 살아 있었다〉(TK 281, 287, 319, 325)라고 크뢰거는 이야기하고 있다. 크뢰거의 기본 주제인 〈삶〉과 〈예술(문화)〉은 서술 과정에서 특정한 가치와 분리되면서 자신은 잠재화 또는 실현화할 수 있는 가능성의 심층에 놓여 있다.

토마스 만의 초기 장편 소설 『부덴브로크 일가』에서도 어김없이 예술가가 주인공으로 등장하여 예술가로서의 삶을 고민한다. 이때 소설의 결론은 언제나 〈삶과 예술은 결코 공존할 수 없다〉는 것이다. 다시 말해서 〈개인이나 사회는 예술성을 추구하면 할수록, 삶의 생기가 사라져 끝내 파멸(죽음)에 이르게 된다〉는 암울한 전망이 소설의 뼈대를 이루고 있다. 토마스 만의 「신동(神童, Wunderkind)」에서도 예술가와 시민의 관계가 관찰되고 있다. 신동 피아니스트 비비 Bibi는 청중들이 자기의 최초의 곡이며 또한 제일 하찮은 곡인 「올빼미와 참새」에 매혹되어 있음을 알고 있다. 그러나 비비의 생각에는 「환상곡」이 더 잘된 곡이다. 그래도 비비는 대중들이 원하는 대로 고마워할 뿐이다. 여기에서 비비가 상징하는 것은 〈예술가의 고귀성과 고루함, 그의 도시 근성과 신성한 재능과 지혜 및 그의 경멸과 은근한 도취〉(GW 8, 346)이거나 과대 선전의 효과이다. 의아스러운 존재 형식으로서의 예술가의 존재, 토마스 만이 초기부터 집요하게 추구해 온 예술가 기질의 문제가 만년의 『파우스트 박사』에 와서는 악마와 계약을 맺어 영혼을 매도할 정도의 부정적 존재로 단죄된다.

이러한 배경에서 예술인들은 삶의 의욕을 잃어 가고, 병적이며, 실생활에서 무력한 존재들이다. 만약 예술이 삶을 부정한다면 자기 자신도 부정하는 것이 되어 버린다. 그러나 예술도 삶을 유지하기 위해 삶으로부터 생겨나지 않으면 안 된다. 그러므로 예술에 아름다운 가상이 필요하다는 것은, 삶이 무로 돌아가는 것을 막기 위한 것이며, 예술과 삶의 공존을 의미하는 것이다.[13] 이렇게 예술과 삶의 공존은 카프카의 「변신」에도 잘 나타나 있다. 「변신」에서는 순수 예술이 삶의 세계의 결정체인 상품화, 즉 사물화에 좌우된다. 그레고르는 비록 생계 유지를 위해 자신의 내면생활을 포기하더라도 여동생만은 아무 걱정 없이 자기가 하고 싶은 음악에 정력을 쏟아 붓게 하고 싶었고, 이러한 뜻은 곧 그레고르의 유일한 정신적 힘이었다. 그러나 이렇듯 그레고르가 아끼던 여동생의 음악성은 어느 날 저녁 그의 부모가 하숙인의 환심을 사기 위해 간소한 연주회를 열게 되면서 상품이나 오락으로 전락된다. 딸의 연주회를 마련하는 부모의 행위는 딸의 음악을 사랑해서가 아니라, 음악이라는 수단을 통해 삶을 유지하려는 행위이다. 따라서 그 음악을 감상하는 하숙인들은 음악에 심취하여 음악성의 깊이를 추구하기보다는, 호기심으로 식사 후의 무료와 권태를 달래며, 그리고 경제력으로 그레고르의 가정을 지배하는 권력 의식을 충족시킨다.

이렇게 예술이 상품화되는 내용이 카프카의 문학에서 비인간화나 소외되는 특징으로 나타나고 있다. 분업이 고도화되면 될수록 생산 행위는 필수적으로 일의 직접성과 전문성을 요구한다. 〈일〉로 표현되는 사회적 배역은 바로 〈의무〉, 〈금지〉 그리고 〈유능함〉을 연상시킨다. 결국 산업 사회에서 개개인을 평가하는 규준은 천재성 등 인격이 아니라 이용 가능성, 즉 기능적 업적 등이다. 인간으로서 마땅히 실존적 가치를 지녀야 할 어느 개체가 자신에 대응하는 집단 혹은 전체에 대해 소기의 값어치를 지니지 못할 때 그 개체를 배제하는 것이 현대 사회의 통념이다. 인간은 사회적 동물이므로 개인적인 천재성보다는 기능적인 직업인이 되어야 하는 것이다. 개인과 사회의 관계는 이른바 한 개체의 〈존재〉에서 〈소속〉으로, 〈소속〉에서 〈의무〉라는 3대 원칙이 성립된다. 생계비 지급이라는 사회 개념에서 본래의 인간화는 비인간화로 변한다. 사회는 일단 선행을 베풀고 나서 상대에 대한 지배권을 획득하는 인간 권력의 속성을 대변하는 것이다. 결국 사회는 (삶의 물질을 제공함으로써) 구원이라는 아름다운 허위가 되고 있다. 때문에 삶의 위기에서 벗어난 개인은 사회에 순종하는 객체가 된다. 그는 위기를 느끼지 못하고, 즉 저항하지 않고 사회에 적응하지만, 그 결과는 자신의 황폐뿐이다. 결론적으로 취업이라는 행복의 가상이 고통을, 실제로 인간에 가해지는 기형화를 은폐한다. 그런데 이 고통을, 즉 본래의 비인간화를 사람들은 의식하지 못한다.

이렇게 직업에서 개인이 상실되는 내용이 1907년에 완성된 카프카의 초기 단편 「상인 Der Kaufmann」에서 자기 직업의 노예가 된 한 소상인의 내적 독백을 통해 인간성이 상실되고 기계화된 일상에서 느끼는 끔찍스러운 소외가 강조되고 있다. 이 작품에서 카프카 특유의 정확한 사실주의적 세부 묘사, 고독한 인간의 지친 영혼에서 기인하는 환상과 기술 문명으로 인한 비인간화의 영향 등이 두드러지게 나타난다. 이러한 현대 사회의 비인간화를 잔인하게 보여 주는 카프카의 또 다른 작품으로, 단편 「독수리 Der Geier」를 들 수 있다.

> 한 남자가 지나가다 잠시 나를 보더니, 왜 내가 독수리를 참고 있느냐고 물었다. 「저는 무방비랍니다」라고 나는 대답했다. 「독수리가 와서는 쪼아 대기 시작했어요. 나는 물론 그놈을 쫓으려 했고, 심지어 그놈의 목을 졸라 죽이려고까지 했죠. 그런데 그런 짐승은 워낙 힘이 세고 내 얼굴을 쪼려고 덤벼들어, 나는 차라리 발이 낫다고 생각하고 발을 내놓았죠. 이제 제 발은 갈기갈기 찢어졌답니다.」(B 85)

이 작품에서 독수리는 인간에 대한 경제적인 압박 등을 상징하는데, 이는 내면적인 고뇌와 불안을 상징하는 이미지로도 볼 수 있다. 여기에서 독수리는 인간을 억압하는 모든 힘이다. 권력을 가진 자, 금력을 가진 자, 잔소리하는 강압적인 직장 상사, 사회적인 눈총, 그리고 휴식을 거부하는 경제적인 압박이다. 이 독수리는 이제 인간의 보호 벽을 모두 무너뜨리고, 인간을 정신적으로 피폐하게 만들고 있다.[14] 정신적으로 지친 자, 경제적으로 고통받는 자, 사회적으로 핍박받는 자들의 분노는 그러한 고통을 가져다주는 대상들을 원망하여, 그들을 〈목 졸라 죽이고〉 싶을 정도로 울분에 떨지만, 그러한 동물은 이미 엄청난 힘을 지닌 존재로 그 앞에 버티고 서 있다.[15]

결국 카프카와 토마스 만은 기업 조직의 기구에 의한 인간의 변형을 언급하면서 〈자본주의적 제국주의〉를 비판하고 있다. 〈자본주의〉란 용어는 대체적으로 두 가지 경향으로 이해된다. 마르크스의 『자본론』은 주의 주장 사상의 의미가 담긴 자본주의라는 말 대신, 체제를 가리키는 자본가적(자본제적) 생산 양식이라는 표현을 사용했다. 반면 사회학자 베버 Max Weber에게 자본주의는 금욕과 자기 절제를 수반하며, 무분별한 탐욕과 확연히 구분되는 합리적 정신을 뜻했다. 그에 의하면, 서구의 근대 자본주의의 발생과 그것의 근본 정신은 개신교에 있다. 개신교 윤리는 소위 〈현세적 사람들〉에게 영향을 미쳤는데, 특히 〈일〉과 관련된 분야에서 그 영향이 두드러졌다. 그들은 이러한 개신교 윤리에 따라 자신의 기업 혹은 계약을 발달시킴과 함께, 재투자를 위한 부를 축적했다. 베버는 이런 이유를 들어 개신교 윤리가 자본주의 발전에 영향을 끼쳤다고 주장했다. 다시 말해, 개신교 윤리는 자본주의의 발달을 이끈 비계획적이고 비동력적인 힘이었다는 주장이다.

결국 토마스 만의 작품에서 〈시민과 예술〉, 또 카프카 작품의 인물들의 〈개인과 조직〉 간의 대립적 상황은 실제로 부조리하게 전개되어, 실존주의 주장대로 실존의 관계와 결속을 상실하고 있다. 따라서 이들 주인공들의 생애의 고뇌와 노력은, 어떻게 하면 세계로부터 입장과 소속을 허락받고, 존재의 가치를 획득하는가에 조임을 받고 있다.

주

1 이진경, 「카프카— 큐비즘적 서사 공간과 욕망의 건축술」, 고미숙 외 저, 『들뢰즈의 문학 기계』(소명출판사, 2002), 310면.
2 Thomas Mann, *Meine Zeit*(Amsterdam, 1972), S. 24.
3 André von Gronicka, Ein symbolisches Formelwort in Thomas Manns Zauberberg, in: Helmut Koopmann(Hg.), *Thomas Mann. Wege der Forschung*(Darmstadt, 1975), S. 34.
4 Bert Nagel, *Franz Kafka*(Berlin, 1974), S. 248.
5 Karl Pestalozzi, *Nachprüfung einer Vorliebe*, S. 170.
6 Franz Kafka, Brief an den Vater, in: *Hochzeitsvorbereitungen auf dem Lande*, S. 153.
7 Franz Kafka, *Tagebücher 1910~1923*, hg. von Max Brod, Lizenzausgabe mit freundlicher Genehmigung von Schocken Books Inc.(New York, USA, 1986), S. 128.
8 Gustav Janouch, *Gespräche mit Kafka, Aufzeichnungen und Erinnerungen*(Frankfurt/M., 1968), S. 35 f.(이하 *Gespräche mit Kafka*로 줄임)
9 같은 책, S. 158.
10 Wilhelm Arnold, Hans Eysenek u. Richard Meili, *Lexikon der Psychologie*, Bd. 3(Freiburg, Basel, Wien, 1972), S. 376.
11 *Gespräche mit Kafka*, S. 114.
12 홍길표, 「현대의 예술가상에 관한 소고」, 『독일문학』 제100집(2006), 47면 이하 참조.
13 최순봉, 『토마스 만 연구』(삼영사, 1981), 65면.
14 이규영, 「독일 문학에 나타난 〈프로메테우스〉」, 『독일문학』 제11집(2000), 112면.
15 같은 책, 113면.

제3장 소외적 요소

 사람이 산다는 것은 세계의 이해를 기반으로 하는 것인데, 이러한 이해 작용에 필연적으로 개입하게 마련인 인식 구조는 주체와 대상의 대립 구조를 기본으로 한다. 그런데 예술적 창조의 행위는 세계에 대한 이해의 형상화이다. 따라서 인간의 의지가 외화(外化)되기 위해서는 거기에 맞는 세계가 요구된다. 그러나 세계는 피동적으로 단순한 자료로서가 아니라, 그것 나름으로 사람의 의지를 한정하고 저항하는 반대 의지로 작용한다. 그러므로 인간의 실천 의지는 주어진 가능성 속에서 선택과 결단을 내려야만 한다. 그런데 20세기를 전후해서 일어나는 문학과 예술 운동이 취한 선택과 결단의 형식은 〈부정적인 경험〉의 서술로 나타나고 있다.[1] 이러한 부정적인 경험 중에서 돋보이는 것이 바로 〈소외〉 현상이다.
 조선 시대 화가 김홍도의 그림 「서당」에는 선생과 아이들은 웃고 있는데, 한 아이만 울고 있는 모습이 보인다. 그런데 관습적으로 웃고 있는 아이들이나 선생의 처지가 대부분 주요 관심 대상이었다. 이 그림에서 모두 한패가 되어 울고 있는 학동을 조롱하는 태도가 오늘날 우리 사회의 소외를 반영하고 있다. 연대감이 끊어지고 소속감이 깨지면서 혼자 남는 순간 자신과 세상이 온전한 모습을 드러내는 소외의 현상은 사실상 우리 사회나 자연의 모든 면에서 무의식적으로 전개되고 나타나 있다. 예를 들어 자기 호흡 소리를 벗 삼아 뛰는 마라토너, 외줄기 길, 조각구름 한 점, 들판의 한 그루 나무, 작은 암자의 수행자, 승부의 분수령에서 투수 교체를 고민하는 야구 감독, 수술실에 들어가는 환자, 링 위의 격투기 선수, 여행 가방을 끌고 혼자 내리는 여행객 등은 모두 소외의 표상이다.[2] 그러나 이러한 개인뿐 아니라 단체에서도 소외가 반영되는데, 이는 다수자에 대한 〈소수자〉의 개념으로 나타난다. 소수자란 자신이 지닌 어떤 특징 때문에 사회의 주류·지배 집단으로부터 차별받는 비주류·하위 집단 혹은 그 구성원을 말한다. 이는 사회학적 측면에서 본 소수자 집단, 즉 사회적 소외자이다. 또한 소수자라는 용어는 명백한 사회 집단의 범주에는 속하지 않지만, 역시 주류에 반(反)하는 사상이나 생각을 가진 어떤 개인이나 공동체를 가리키기도 한다. 이는 지적(知的) 이단자로서의 소외자이다. 여하튼 소수자라는 개념은 인종, 민족, 성(性), 경제력, 연령, 신체상의 장애, 사상 등으로 인해 부당하게 〈차별〉받을 때 쓰인다. 〈성적 소외자〉 문제는 주로 동성애와 매춘이 해당된다. 르네상스기 피렌체와 베네치아를 중심으로 성행했던 남성 동성애 현상은 여러 계층의 시각에서 관찰되었고, 근대 국가는 산업 사회에서 필요로 하는 남성성을 강화하기 위해, 남성 동성애자들을 차별화하는 전략을 구사했다. 또 종교적 요인으로 박해를 받은 집단도 소외적 단체이다. 반기독교적 사상을 지녔다는 죄목으로 화형당한 16세기 이탈리아 사상가 조르다노 부르노의 생애와, 훗날 스피노자와 니체에게 영향을 끼친 그의 앞서 간 사상도 지적 소수자가 지닌 소외성을 보여 준다. 이러한 배경하에 문학은 소외에서 태어나는 경우가 많다.

영국 시인 그레이 Thomas Gray는 시 「시골 묘지에서 쓴 비가(悲歌)」에서 다음과 같이 썼다. 〈고요한 맑은 빛을 발하는 수많은 보석들이 / 깊이를 알 수 없는 어두운 동굴 속에 잠겨 있고 / 수많은 꽃들이 아무도 가지 않는 황야에서 그 향기를 헛되이 뿌린다.〉 그레이가 노래한 이렇게 슬픈 현상은 자연에서만 일어나지 않고, 인간 사회에서도 쉽게 찾아볼 수 있는 소외 현상이다. 문화 권력의 장벽 때문에, 능력이 있으나 자의식이 강하고 영악하지 못한 일부 작가는 잠재 능력을 충분히 발휘하지 못하고 스스로 국외자의 길을 걷거나 망각 속에 묻혀 버렸다. 유대인이기 때문에 살아생전에 전혀 빛을 보지 못했던 20세기의 비극적인 천재 작가 카프카가 그러하고, 나치가 통치하던 독일로부터 탈출하려다 실패하자, 자살한 비평가 베냐민 Walter Benjamin도 이와 유사하다. 이러한 배경에서 20세기를 전후한 현대에는 정체성의 상실, 정체성의 위기감, 혹은 인간 생활의 부조리 등으로 인한 소외가 실존주의 문학을 비롯한 세계 문학에서 주요 테마로 등장하고 있다. 소외는 인간 생활의 부조리이며, 무의미성의 징후로서, 이를 경험하는 소외자가 토마스 만과 카프카 등의 주요 작품에서 주인공으로 등장하고 있다.

토마스 만과 카프카 문학의 대립 구조는 진실과 허위의 문제에 깊은 연관을 보이면서 불확실하게나마 현실 극복, 자기 극복을 요구하고 있다. 이들 작품의 주인공들의 절대적 자아, 잠재적 자아는 항상 사회 혹은 그들 스스로가 설정한 가상의 적대자와 부단히 충돌하고 대립하는 가운데 고립감과 좌절감에 휩싸인다. 따라서 그들이 처한 존재 상황에는 세계와의 단절, 세계로부터 격리 등 반사회적인 〈비세계성〉이 끊임없이 나타나고 있다. 그들의 자아와 세계 사이에는 언제나 커다란 심연과 틈이 존재하고 있어, 세계에서 분리된 채 등진 고립이나, 세계에서 폐쇄된 소외 상황이 그들 폐쇄적 자아의 공통된 주제라고 말할 수 있다. 토마스 만도 자신이 출신 계급에서 소외됨으로써 작가가 된 자전적 요소(상인의 가정, 양친의 혈통, 환경, 유산을 가지고 하는 여행 등)를 작품에 자주 묘사하는데, 예를 들어 그의 「어릿광대 Der Bajazzo」의 인물 속에 다음과 같이 회화적으로 나타나 있다. 〈세상에는 어떤 종류의 사람들, 행복이 천부적 재능이고 그 천재성이 행복인 것과 같은 신의 총아처럼 보이는 사람들, 광명의 어린아이들이 있다. 그들은 눈 속에 태양의 반사를 받아 매우 우아하고 사랑스럽게 인생을 가지고 놀고 있다. 다른 사람들은 그들을 둘러싸며 찬미하고 선망의 눈초리로 사랑한다. 질투로 그들을 미워하지 않기 때문이다. 그러나 그들은 어린아이처럼 보이고, 짓궂고 버릇없으며, 아주 교만하면서도 붙임성이 있다. 그들은 자기의 행복을 너무 과신하여 모든 것이 변하리라고는 생각하지도 못하는 것처럼 보인다. (……) 그런데 나는 무엇인가? 나는? 나는 이처럼 낮은 곳에 앉아서 저 소중하고 손에 닿지도 않는 여자가 저렇게도 멍청이 같은 놈하고 지껄이고 웃고 있는 것을 멀리서, 어둠 속에서 선망의 눈초리로 바라보고 있다. 소외되고 묵살당하고 아무런 권리도 없이, 이방인으로서, 이상한 사람으로서, 탈락자로서, 부랑자로서, 나 자신이 가련하다고 생각할 정도로.〉(GW 8, 125 f.)

주인공이 일상적 삶의 세계에서 배제되고 소외됨으로써 작품 내의 공간은 이중화가 된다. 또 토마스 만의 「토니오 크뢰거」에서도 결국 〈성찰하지 않음〉, 즉 〈소박함〉의 형태인 〈시민성〉과 동떨어지는 성격으로 인해 주인공 크뢰거는 소외로 이끌려 간다.

대체 나는 왜 이렇게 이상하게 생겨 먹어서, 모든 사람들과 충돌하는 것일까? 왜 선생님들과는 사이가 좋지 않고, 다른 소년들 사이에 있으면 왜 서먹서먹하게만 느껴지는 것일까? 저 선량한 학생들과 건전한 평범성을 갖춘 학생들을 좀 봐라! (……) 그러나 도대체 나는 어떠하며, 그리고 이런 모든 것들은 앞으로 어떻게 될까?(GW 8, 275)

이 독백처럼 크뢰거가 원하든 원하지 않든, 그에게는 어딘가 특출한 데가 있어, 자신이 〈정상적이고 평범한 사람들로부터 소외되어 있음〉을 잘 의식하고 있다.[3] 따라서 〈나는 왜 이리 유별날까?〉(TK 275)라고 이야기하는 크뢰거의 기본 주제인 〈삶〉과 〈예술(문화)〉은 서로 분리되면서 그를 소외의 심층으로 이끌어 간다. 여기에서 보듯이 토마스 만의 초기 단편 소설에 등장하는 거의 모든 주인공들은 시민성에서 쫓겨난 이방인들이다. 이렇게 20세기 독일 문학에서 토마스 만의 소설은 현대인의 정체성 상실이라는 현대병을 소재로 삼고 있는데, 여기에 동시대의 작가인 카프카가 가세하고 있다.

카프카의 『성』에서 K의 성에 대한 투쟁은 그를 자연스러운 주위 환경에서 국외자로 만든다. 작품에서 K에 관해서 분명하게 서술되지 않아 그에 대해 모호하며, 그의 단편적인 진술은 거짓인지 진실인지 독자로 하여금 판단 불가능하게 한다.[4] 그에 관한 유일하고 확실한 사실은 그가 이야기의 시작과 함께 배경 세계에 막 도착한 이방인이라는 것이다. 그의 의식을 지배하는 것도 이방인으로서의 낯섦이다.

그(K)는 길을 잃었거나 멀리 낯선 곳에 와 있는 것 같았다. 그보다 앞서서 아직 아무도 와보지 않은 타지. 공기마저 고향의 공기와 성분이 전혀 다르고 낯섦 때문에 질식하게 되고 말 곳, 엄청난 유혹 속에 그저 계속 걷고 계속 길을 헤매는 수밖에 없는 곳.(S 69)

K가 성으로 가려 한다는 것을 아는 마을 사람들은 그를 거부하고, 프리다의 관계가 붕괴되면서, 그는 모든 자연스러운 관계로부터 분리된다. 여기에서 성은 현대인의 어두운 자화상으로 현실에 참여하고자 하는 투쟁을 암시한다. 그러나 이들은 변화하고 발전하는 상황이 아니라 이미 변화된 상황에 처해 있다. 따라서 이미 변화된 상황에서 개인의 희망과 투쟁은 어쩔 수 없이 한계를 지니게 되고 때로는

무의미하기까지 하다.[5]

  이렇게 대립적인 세계 인식과 고통스러운 체험이 토마스 만과 카프카 문학의 특징이 되는 배경 아래 토마스 만 문학에서는 〈예술과 삶〉의 대립, 카프카 문학에서는 〈개인과 사회〉의 대립으로 인한 소외의 양상이 묘사되고 있다. 카프카 문학에서 개인과 사회의 관계는 이른바 한 개체의 〈존재〉에서 〈소속〉으로, 〈소속〉에서 〈의무〉라는 3대 원칙이 성립된다. 취업이라는 사회 개념에서 본래의 인간화는 비인간화로 변한다. 사회는 일단 급여를 제공하고 상대에 대한 지배권을 획득한다. 결국 사회는 (삶의 물질을 제공하여) 생활비 지원이라는 아름다운 허위가 되고, 삶의 도움을 받는 개인은 사회에 순종하는 객체가 된다. 그는 위기를 느끼지 못하고, 즉 저항하지 않고 사회에 적응하지만, 그 결과는 자신의 황폐함뿐이다. 이러한 동기는 카프카의 단편 「작은 우화 Kleine Fabel」에서 쥐의 태도에 잘 나타나 있다.

  「아」 하고 쥐가 말하기를, 「세상은 매일 좁아져 가고 있구나. 애초에 세상이 너무 넓어 난 불안했었지. 나는 막 달렸고, 그리고 드디어 멀리 오른쪽과 왼쪽의 성벽을 보았을 때 나는 행복했었다. 그러나 이 긴 두 성벽은 너무나 빨리 마주쳐 나는 벌써 마지막 방에 와 있고, 저기 방 안에는 내가 뛰어들게 될 덫이 놓여 있다.」 ─ 「넌 달리는 방향을 바꾸기만 하면 돼」 하고, 고양이는 말을 마치곤 쥐를 잡아먹었다. (B 91)

  이 텍스트는 어떤 견해와 이에 대한 항변을 나타내는 두 문장으로 이루어져 있다. 쥐와 마찬가지로 독자는 사건을 엿보는 고양이의 출현을 예기치 못한다. 전지적 작가는 이러한 맥락을 간파하고 있다. 이상하게도 고양이는 이 전지성을 공유하고 있는 반면, 아무것도 예감하지 못한 쥐는 죽음을 향해 달려간다. 이야기의 핵심은 쥐의 태도에 이미 예비되어 있다. 쥐는 고양이의 충고에 따라 덫을 피하는 동시에 고양이의 먹이가 된다. 위험을 의도적으로 피하는 쥐의 행위가 오히려 자신의 죽음을 재촉하여 역설적이다.

  이 공허한 〈모델〉을 인간의 운명과의 관계로 전개해 볼 수 있다. 고양이는 인간을 마음대로 주무르는 잔혹한 운명을 대변한다. 운명은 인간의 환상을 파괴하고 인간의 자유가 미리 결정된 것임을 폭로한다.[6] 진퇴양난의 막다른 골목에 다다른 쥐의 모습이야말로 현대인이 처한 상황으로, 사물화된 현대 산업 조직에서 극단적으로 소외된 인간이다. 즉 쥐는 기업처럼 생계의 구원이라는 아름다운 허위를 제공하는 고양이의 충고에 따라 덫을 피하는 동시에 고양이의 먹이가 된다. 위험을 의도적으로 피하는 쥐의 행위가 스스로의 죽음을 재촉하는 것이다. 그러므로 여기에서 고양이는 인간에게 삶의 물질을 주면서 인간을 착취하여 파멸시키는 잔혹한 기업으로 볼 수 있다.

이런 배경에서 〈나〉와 세계의 관계는 소외의 양상을 띠지 않을 수 없다. 외부 세계, 즉 제2의 자연으로부터의 산업 사회는 고립된 〈나〉에게 늘 소외의 충격을 주면서 〈나〉를 해체시킨다. 이러한 〈나〉와 세계의 관계에서 나타나는 소외의 가장 두드러진 현상이 인간의 사물시(事物視)이다. 결론적으로 취업이라는 사회적 행복의 가상이 고통을, 실제로 인간에 가해지는 기형화를 은폐한다. 그런데 이 고통을, 즉 본래의 비인간화를 사람들은 의식하지 못하여 〈가장 중요한 것은 금전과 기계이며, 인간은 자본 증식의 오래된 도구일 뿐이다〉[7]라고 카프카는 말하고 있다.

결국 소원화(疎遠化)는 조직에 의해 개인이 규제되는 현상이다. 세계는 관계 상실에 빠져들어 고유의 근원적인 것을 잃고 말았다. 1903년에서 1904년 사이에 쓴 「어느 투쟁의 기록 Beschreibungen eines Kampfes」에서 카프카는 등장인물들의 실제 경험이 현실성을 상실하는 것을 보여 준다. 이 작품에서 사물의 참모습을 보고 싶어 하는 〈나〉의 주관적인 욕구는 결코 충족되지 않는다. 이 작품은 20세기를 전후한 〈사회적 정치적 여러 경험에 대응하는, 이른바 주어진 현실에 대한 불신감〉의 표현이라고 말할 수 있다.[8] 그러므로 카프카가 진실에 도달하기 위해서는 작가 자신의 표상 세계 및 경험 세계에서 뛰쳐나올 수밖에 없다. 그렇게 함으로써 완전히 새로운 문학적 형상 구조의 전환이 일어나는 것이다.

카프카 문학에서 사회적 관습에서 벗어난 고립된 인간이 토마스 만 문학에서는 예술가상으로 나타나고 있다. 특히 이러한 예술가상의 정립이 「토니오 크뢰거」에서 적나라하게 나타나고 있다. 〈숙명적으로 저주가 걸려 있는 것이 예술가〉(TK 297)라고 크뢰거가 말하듯이 진정한 의미의 예술가는 사회적인 것과는 거리가 먼 고고(孤高)한 인물이다. 예술이란 사회적 존재 형식에서 이탈해 예술가적 생활 형식으로 기울어져 가는 몰락의 과정으로서, 예술가 기질과 사회 기질의 대립은 단순히 도식적인 것이 아니라, 몰락과 발전에 내재하는 기본 원리이다.

따라서 「토니오 크뢰거」에는 자신이 여느 사람들과 다르기 때문에 어울릴 수 없는 데 대한 슬픔, 또 자신이 속할 수 없는 세계에 대한 동경으로 고민하는 예술가 상이 묘사되어 있다. 크뢰거는 자기 내부에 공존하는 시민성과 예술성 때문에 어려서부터 끊임없이 갈등하며 일상인으로서의 삶과 예술가로서의 삶 그 어디에도 속하지 못하는 소외의 삶을 거듭하는 것이다. 언제나 주위 사람들에게서 사랑받는 한스와 잉게에 비해 시를 쓰며 고독을 달래는 크뢰거의 모습은 시민 사회에서 배제된 예술가의 소외를 보여 준다. 크뢰거는 한스와 잉게에게서 작은 관심조차 받지 못하자, 자신이 결코 평범한 사람들과 어울릴 수 없고 그들에게 이해받을 수도 없다는 사실을 깨닫고 슬픔에 빠진다. 그렇다고 해서 보통 사람들과 똑같이 되려고도 하지 않는데, 그러면 예술가의 길을 포기해야 한다는 것을 알기 때문이다.

이렇게 보통 사람들과 똑같이 되면 예술가의 길을 포기해야 한다는 것을 알고 있는 크뢰거는 평범하고 건강한 삶에 대한 미련을 접고 예술적 소외의 길로 들어선다. 고향을 떠나 예술과 자유의 향기가 가득한 남쪽 도시에서 살며 마침내 유명한 작가가 된 크뢰거는 어느 날 친구이자 화가인 리자베타의 화실로 찾아가 마음속에 숨겨 둔 고민, 즉 글을 쓴다는 것이 너무도 소외스러운 고통의 작업이며 결코 생활과 공존할 수 없다는 사실을 털어놓는다. 이러한 고민의 내용이 단편 「베네치아에서 죽음」의 다음의 내용에도 담겨 있다. 〈아셴바흐가 쓰고 있던 원고를 정리하고 해변에서 떠날 때 그는 기진맥진한, 심지어 정신이 멍멍한 기분이 되어 있었다. 마치 무슨 좋지 못한 짓을 하고 나서 양심에 호소를 하고 있는 것 같은 기분이었다.〉 (TiV 493)

작가가 안락한 생활을 누리게 되면 제대로 된 글을 쓸 수 없다는 것을 알기에, 크뢰거는 삶을 위해서가 아니라, 오로지 글을 쓰기 위해 존재하는 소외적 삶을 산다. 이렇게 〈예술가는 세속적인 삶과 동떨어져 고유의 영역을 지켜야 한다〉고 생각하면서도, 평범한 삶에 대한 애착 또한 버리지 못하기에 결코 〈예술 지상주의자〉[9]가 될 수 없는 모순에 괴로워하는 크뢰거를 리자베타는 〈길 잃은 시민〉(TK 305)이라 부른다. 이것은 주인공 크뢰거가 소년에서 30대 초반의 청년으로 성장하기까지 약 16년간에 걸친 정신적인 고뇌로, 이는 토마스 만 자신이 평생을 두고 고민한 예술(정신)과 삶(시민성) 사이의 갈등이다.

이러한 비극적 자아에는 대외 관계의 소외가 늘 배경을 이루고 있어, 토마스 만과 카프카의 창작 세계에서 특별한 의미를 갖는다. 즉 〈모든 타인과의 관계가 전혀 없는 상태〉[10]의 상(像)이 그들의 창작 세계에서 각별한 의미를 갖는 것이다. 인간의 삶 자체는 비합리적이어서 어떠한 규칙으로도 규제될 수 없다. 우리가 합리적이고 규칙적인 삶이라고 보는 것은 우리 인간 현존재의 슬픈 운명의 상황을 은폐시킨 환상에 불과하므로, 인생이나 현실 전체로 묘사되는 것은 그것을 불합리적이고 비논리적 사건들의 연속으로 변형시킨 것이다. 카프카는 이것을 필연적인 논리로써 모호하게 형상화하고 있다.[11]

그런데 「토니오 크뢰거」에서 크뢰거의 삶과 글쓰기의 역설적 관계는 바로 토마스 만 자신이 고민한 정신과 시민성 사이의 갈등, 즉 토마스 만이 직장 생활에서 느낀 글쓰기에 대한 염원을 반영한다. 1894년 4월, 토마스 만은 마지못해 남부 독일의 화재 보험 회사에서 견습생으로 직장 생활을 시작했다. 그 회사의 이사는 뤼베크에 있는 비슷한 기업의 소유자로서 토마스 만의 선친과도 친한 사이였다. 몇 년이 지난 후 토마스 만은 이 경험을 〈특수한 에피소드 *Eine sonderbare Episode*〉 (GW 11, 101)라고 말했다.

> 코담배를 맡는 관리들 속에서 계산서를 베껴 쓰면서, 나는 몰래 나의 비스듬한 책상에서 내 최초의 단편 소설이자 최초의 문학적 결실이었던 연애 소설 「타락 *Gefallen*」을 썼다. (GW 11, 101)

이러한 토마스 만의 직장 생활과 글쓰기의 상반적 관계를 카프카는 더욱 심하게 경험했다. 대학을 마친 후 카프카는 1907년에 보험 회사 〈앗시쿠라치오니 제네랄리 Assicurazioni Generali〉의 직원으로 근무하며 생계를 유지하다가, 1년 뒤에는 〈노동자 재해 보험 공사 Arbeiter-Unfall-Versicherungsanstalt〉에서 근무지를 옮겼다. 이 시절 그는 베르펠 Franz Werfel, 브로트 Max Brod 등 소위 프라하 소설가 그룹과 가까이 지냈다. 그러나 이러한 보험 회사의 직업 생활은 토마스 만의 경우처럼 카프카에게 현실과 비현실의 역설적 관계로 작용했다. 카프카는 관리로서 부득이 낮에는 일하고 밤에만 글을 쓰는 이중의 삶의 방식에서 삶과 문학이 대립적으로 인식되었다. 이러한 배경에서 토마스 만과 카프카는 현실을 대립적으로 인식하여, 직업인의 삶과 문학적인 삶에서 양자택일을 하지 않으면 안 되었다. 이것은 현실적 삶의 극복과 문학의 순수함을 동시에 겨냥하는 크뢰거의 이념과 같은 분열된 시선으로 주체와 현실 간의 이중적 괴리다. 문학적 열정에도 불구하고 토마스 만과 카프카가 관리로서 부득이 낮에는 일하고 밤에만 창작해야 했던 이중의 삶이「토니오 크뢰거」에서 현실의 자신과 작가로서의 자신을 좀처럼 조화시킬 수 없는 크뢰거의 〈이중생활〉에 대한 하소연으로 묘사되고 있다. 토마스 만과 카프카처럼 크뢰거에게도 삶과 글쓰기가 대립적으로 인식된 것이다.

　1923년 3월에 카프카는 클로프슈톡Robert Klopstock에게 〈글쓰기는 이 세상에서 내게 가장 두려울 정도로 중요한 것입니다. 광인에게는 그의 광기처럼, 혹은 임신부에게 그의 임신이 중요한 것처럼요〉[12]라고 쓰고 있다. 문학 작업을 할 수 없을 때, 그는 삶에서 추방된 소외를 느꼈다. 〈내가 문학적 관심을 가지고 있는 것이 아니라, 오히려 문학이 나를 지탱시킨다. 나는 그 이외의 어떤 것도 아니며 될 수도 없다.〉[13] 결국 토마스 만이나 카프카에게 글쓰기는 내적 필연성과도 같은 것이었다. 따라서 토마스 만과 카프카는 자아의 본질인 글쓰기를 겨냥하여 직업 생활을 청산하였다.

　결국 토마스 만과 카프카는 글쓰기를 택해 자신의 내면세계를 해방시킴으로써, 그리고 특히 카프카는 자신의 〈꿈같은 내면적 삶 traumhaftes inneres Leben〉[14]을 표현함으로써 삶의 의미를 찾았다. 이렇게 외부 세계와의 불화로 고통스러워하던 카프카는 글쓰기에서 구원을 찾았기에 자신을 가리켜 〈행복한 탐구자〉라고 불렀다. 토마스 만과 카프카에게 글쓰기는 바로 치료법상의 의미와 효과를 지닌 셈이다. 따라서 토마스 만과 카프카의 현실적 삶의 극복과 글쓰기의 순수함을 동시에 겨냥하는 분열된 시선이 작품에 반영되어, 그들의 문학은 매우 역설적으로 소외 사상을 담고 있다.

　크뢰거에게 조화될 수 없는 〈시민성과 예술성의 관계〉가 토마스 만 문학에서 예술가와 일반 시민들의 관계로 가장 많이 등장하는 표제어다. 〈문학의 저주는 자기 자신을 친절하고 훌륭한 사람들에 대한 기묘한 종류에서 분리시킴으로써 시작된다. 자신과 다른 사람들 사이에는 반어적인 감수성의, 지식과 회의와 불일치의 심연이 가로놓여 있다.〉(TK 297) 「토니오 크뢰거」에서 이러한 시민성과 예술성의 분리와 불일치의 내용처럼, 토마스 만의 많은 작품에서 예술적 인간과 일반 시민의 분리와 불일치가 자주 논의되고 있다. 초기 작품인 『부덴브로크 일가』에서 음악적 재능이 있으며, 다른 사람들과 전혀 어울리지 않고 〈외로운 산책〉(Bd 645)만을 일삼는 트로타는 〈기인 Sonderling〉(Bd 645)으로 시민성에서 벗어난 사람이고, 『대공 전하』에서 육체적 허약함을 예술가의 조건으로 이해하여 보통 사람과의 분리를 주장한 예술가 마티니도 시민성을 벗어난 인물로 통용된다. 이는 정신과 삶, 예술성과 시민성의 갈등이라는 토마스 만 청년기 특유의 과격한 대립 도식을 보여 주는 것이다. 토마스 만은 도덕을 예술에 반대되는 심성으로 보아, 도덕적으로 바람직한 모든 것은 전통적이고 충실한 규범적인 길을 걷는 시민 생활에 집중되어 있다고 생각했다. 시민은 〈전형적〉인 존재이기 때문에 〈시민〉이기를 포기하는 정도만큼 예술가가 된다는 것이다. 따라서 『부덴브로크 일가』의 토마스 부덴브로크나 한노 부덴브로크는 요한 부덴브로크보다도 비교가 안 될 만큼 시민성을 벗어난 관심적인 존재들이며, 『마의 산』의 요양소는 〈단순한〉 청년을 전형적인 평지의 삶으로부터 영구히 멀게 하는 시민성 관심 밖의 지역이다.

결국 토마스 만의 소설에서 〈예술성〉은 전형화된 〈시민〉과 〈정상성〉, 〈평범성〉에서 소외되어야 구현되는데, 이 내용이 카프카의 문학에서는 사회에서 벗어난 개인의 소외 형태로 나타나고 있다. 사회의 틀에 얽매인 관습으로 분업이 고도화되면 될수록 생산 행위는 필수적으로 일의 직접성과 전문성을 요구한다. 이렇게 물질적인 발달만 추구한 나머지 인간을 비참 속으로 몰아넣는 산업 사회의 능률주의와 물질주의에 대해서, 카프카는 다음과 같이 극단적인 공격을 하고 있다. 〈산업에 있어서의 테일러 시스템과 분업은 끔찍스럽다. 거기에는 인간의 노예화 이상의 것이 들어 있다. (……) 모든 창조의 가장 숭고하고 가장 범해서는 안 될 부분, 즉 시간이 불순한 기업적 이해(利害)의 그물 속에 빠져 버리게 된다. (……) 이처럼 심하게 능률화된 삶이란 바라던 부와 이득 대신에 굶주림과 비참만 자라날 수 있는 소름 끼치는 저주로 가득 차게 된다. (……) 인간은 생물이라기보다 오히려 사물, 물건인 것이다.〉[15]

따라서 신적인 재능이 있어도 이를 조직이라는 사회에 맞추어야 한다. 이렇게 신적인 재능을 상실하고 직업인으로 전락하는 인간상이 카프카의 단편「포세이돈 Poseidon」에 잘 암시되어 있는데, 이의 해석을 위해 먼저 해당 작품 전문을 인용한다.

포세이돈이 작업 탁자에 앉아서 셈을 하고 있었다. 모든 하천을 관할하는 당국이 그에게 계속해서 무한한 일거리를 주었다. 그가 원하는 대로 조수를 가질 수도 있었을 것이다. 물론 그 역시 매우 많은 조수들을 가지고 있었지만, 그는 자신의 직무를 매우 신중하게 받아들이고 있었기 때문에, 만사를 다시 한 번 꼼꼼하게 계산했다. 그래서 조수들은 거의 도움이 되지 못했다. 그 일이 그를 기쁘게 했다고는 말할 수 없다. 그는 단지 그 일이 자신에게 부과되었기 때문에 그것을 이행할 뿐이었다. 물론 그는 이미 가끔, 그의 표현을 빌린다면, 좀 더 즐거운 일을 신청하긴 했지만, 사람들이 그에게 여러 가지 제의를 하면 언제나 지금까지의 일만큼 그에게 적합한 일은 정말 없다는 것이 드러난다. 그를 위해 무언가 다른 일을 발견한다는 것은 매우 어려웠다. 가령 그에게 특정한 어느 바다 하나를 지정해 주는 것은 불가능했다. 이곳에서 셈을 하는 일이 단지 아주 귀찮은 일이라는 것을 제외하고, 위대한 포세이돈은 물론 언제나 군림하는 자리를 얻을 수 있었다. 그런데 사람들이 그에게 물 바깥에 있는 일자리를 제공하면, 그는 벌써 그 생각만으로도 불쾌했다. 그의 신적인 호흡은 불규칙해졌고, 그의 단단한 흉곽은 흔들거렸다. 게다가 사람들은 사실 그의 불만을 심각하게 받아들이지 않았다. 만약 강자가 고통을 준다면, 아무리 가망이 없는 경우라 할지라도 겉으로는 그에게 복종하려고 노력하는 척해야만 한다. 아무도 포세이돈이 정말 그의 공직을 떠나리라고는 생각하지 않는다. 태초부터 그는 바다의 신으로 정해져 있었고, 그리고 그것은 유지되어야 한다.

그는 사람들이 그에 대해서 가지고 있는 생각을 알게 되면, 큰 물결들을 삼지창으로 휘몰아 가면서 대체로 화를 냈다 — 그리고 이것은 주로 자신의 일에 대한 불만을 초래했다. 그럼에도 불구하고 그는 여기 대양의 심연에 앉아 쉬지 않고 셈을 하고 있는 것이다. 가끔 주피터에게 가는 여행만이 단조로움을 깨뜨리는 유일한 중단이었다. 그러나 그것은 대개 그가 진노해서 돌아오게 되는 여행이었다. 그런 이유로 그는 바다를 전혀 보지 못했다. 다만 올림포스 산으로 바삐 올라갈 때 슬쩍 지나칠 뿐, 정말 한 번도 바다를 두루 항해해 보지 못했다. 그는 이렇게 말하곤 했다. 자신은 세계가 몰락할 때까지 기다리고 있다고. 그때서야 아마 자신에게 조용한 순간이 생길 것이고, 종말이 오기 바로 직전에 마지막 셈을 죽 훑어보고 나서 재빨리 한 번 작은 일주 여행을 할 수 있을 것이라고.(B 73)

포세이돈은 고대 그리스 신화에서 삼지창을 휘두르며 파도를 타고 대양을 통치하는 바다의 신이다. 이러한 신이 현대 사회의 사무실 곳곳에서 부딪칠 수 있는 서류 더미에 쌓여 일에 몰두하는 회계사로 전락해 있다. 카프카는 이런 〈계산술〉에 찌든 포세이돈을 언급하고 있다. 세계 종말을 좌우지하는 포세이돈은 신의 능력을 지니고 있다. 그를 현대의 체계 속에 편입시키는 현대의 행정 기술은 잔인하다. 바다의 신이 관청에서 처리해야만 하는 업무를 다루는 것은 잔인한 일이다. 포세이돈은 동료 관리들이 끝낸 계산을 확인 차원에서 다시 한 번 검산하는 근면한 회계원이다. 카프카는 이 〈계산의 모티프〉로 조화롭던 포세이돈의 삶의 양식을 해체시킬 뿐 아니라, 그를 삶으로부터 소외시킨다.

1916년 8월 27일의 일기에서 카프카는 〈계산술 Berechnungskunst〉(T 372)을 관료 체계의 주된 특성이자 동시에 〈병폐 Laster〉(T 373)로 규정하였다.[16] 왜냐하면 이것은 행정 체계를 유지하고 발전시키기 위한 기본 전제이면서도 결정적으로 주체로서의 인간 고유의 권한, 즉 자신의 인생을 조망하고 선택하고 결정할 수 있는 능력을 상실하기 때문이다.[17] 이러한 〈계산술〉에 관한 부정적 내용이 생텍쥐페리 Antoine de Saint-Exupéry의 작품 『어린 왕자 Le Petit Prince』에 적나라하게 나타나 있다.

어른들은 숫자를 좋아한다. 새로 사귄 친구에 대해서 말할 때, 어른들은 제일 중요한 것은 묻지를 않는다. 어른들은 〈그 친구의 목소리가 어떠냐? 어떤 놀이를 좋아하느냐? 나비를 수집하지 않느냐?〉 하는 말을 하는 적이 없다. 그들이 묻는 것은 〈나이가 몇 살이냐? 형제가 몇이 있느냐? 몸무게가 얼마나 나가느냐? 아버지는 돈을 잘 버느냐?〉 하는 것 등이다. 그래야만 그 친구를 아는 것으로 생각하는 것이다. 만일 어른들에게 〈창가에는 제라늄이 피어 있고 지붕에서는 비둘기들이 놀고 있는 장밋빛 벽돌로 지은 예쁜 집을 보았어요?〉 하고 말하면, 그들은 이 집이 어떻게 생겼는지 납득을 못한다. 〈나는 백만 프랑

짜리 집을 보았어요〉라고 해야 비로소 그들은 〈거참, 훌륭한 집이구나!〉하고 감탄하는 것이다.[18]

이렇게 〈계산술〉에 찌든 성인들처럼 카프카의 현대판 포세이돈에서 바다를 군림하는 불사신의 모습은 조금도 찾아볼 수 없다. 더욱이 바다를 통치하는 신이 대양을 한 번도 통과해 본 적이 없고, 바다를 볼 수 있는 기회라고는 형 주피터를 방문하기 위해 올림포스 산에 오르면서 슬쩍 곁눈질할 때뿐이란다. 이유는 명백하다. 카프카의 포세이돈은 모든 대양의 수역을 〈계산〉하는 임무를 통해서만 자신의 정체성을 확보할 수 있다는 강박 관념에 사로잡혀 있고, 이 과제는 끝이 보이지 않기 때문이다.

따라서 카프카는「포세이돈」등에서〈관료적 태도〉와 〈계산 기술〉에 대해 자기비판적인 의견을 나타내고 있다. 여기에서 그는 특정한 상황에서 모든 가능한 요소들을 심사숙고하는 자신의 태도를 문제 삼았다. 삶에 중요한 결정을 내려야 할때 이 〈계산 기술〉은 전혀 쓸모없는 것으로 판명된다. 따라서 작품에서도 계산을 통한 하천 관리와 신에게 적합한 바다의 무한함 사이의 관계가 불균형적이다. 카프카는 포세이돈의 형상 속에 자신의 이중적 존재를 표현하고 있는 것이다. 계산에 몰두하는 관리는 생산적이지만 제약을 받지 않는 작가적 존재에 대립적인 풍자화로 나타난다.[19]

강한 의지력을 보이면서 이내 자포자기하고, 반항적으로 도전하는가 하면 또 순응하고, 이렇게 포세이돈의 자아는 분열되어 있다. 해저 깊숙한 곳 어딘가에 사무실을 차려 놓고 ─ 바다는 그의 통치 구역이라는 자부심을 떨쳐 버리지 못한 채 ─ 그렇게 갈망하는 〈바다의 짧은 일주〉조차 미루면서, 잠시 동안의 휴식조차 허락하지 않고 책상 앞에 앉아 다만 한순간을, 즉 그의 일이 끝나는 그 순간을 꿈꾸듯 동경하고 있다. 지구의 종말 앞에 ─ 포세이돈이 희망하듯이 ─ 그가 바다를 일주할 수 있는 행복한 순간이 올 것인가? 결국 지구의 종말이 있어야 포세이돈은 바다를 일주할 수 있다는 결론으로, 여기에 〈종말론〉 사상이 암시되고 있다.

이러한 종말적 현상에 대해 헤겔은 현대에는 객관성의 총체적 세계가 더 이상 존재하지 않으며 기껏해야 그 가능성만 예술의 형상 속에 남아 있을 뿐이라고 보았다.[20] 왜냐하면 현대 시민 사회에서 개인은 국가의 법질서 속에서 하나의 단순한 기능으로 축소되었으며, 개인의 행동은 그가 맡은 업무 분야 내지는 사생활의 영역에만 영향을 미칠 수 있기 때문이다. 예컨대 아킬레우스와 같은 고대의 영웅이 오늘날 행정 임무를 수행하는 관료로 전락한 것이다. 헤겔은 이렇게 관리된 현대 시민 사회를, 〈산문적 상황 *prosaische Zustände*〉[21]에 놓여 있다고 규정했다. 여기서는 더 이상 과거처럼 책임 있는 행동을 하는 영웅도 없으며 중심축도 없다. 그는 이렇게 지리멸렬해진 산문적 상황에서 어떤 작가가 고대 서사시처럼 총체적 세계를 묘사하려 한다면, 그것은 돈키호테처럼 시대착오적인 인물을 낳을 수밖에 없다고 보았다. 헤겔은 쉴러나 괴테의 초기 드라마가 그 좋은 증거라고 보았다. 쉴러의 『군도 *Die Räuber*』의 카를은 시민 사회의 산문성에 저항하지만 효과적인 수단을 발견하지 못해 파멸하며, 중세를 시대 배경으로 하는 괴테의 이상주의적 주인공인 괴츠 역시 이미 산문화된 현실 앞에서 파멸할 수밖에 없었다는 것이다.

이러한 배경에서 볼 때, 카프카의 포세이돈은 신적 천재성을 상실한 직업적 인간의 유형으로, 이러한 인간에서 세상을 상실한 종말 사상이 암시되고 있다. 직업적 인간은 사회적 메커니즘이 명령하고 지시하는 기능적 역할만 충실히 이행할 뿐이고 정의나 양심 같은 것은 전혀 중요하게 여기지 않아 어떤 의미에서 보면 인간의 사물화, 즉 주체의 객체화로 볼 수 있는데, 토마스 만의 문학에서 『마의 산』에 등장하는 카스토르프의 사촌 침센이나 카프카의 「유형지에서」에 등장하는 장교가 대표적이다. 결론적으로, 현대인은 사회적 메커니즘이 명령하고 지시하는 기능적 역할을 충실히 이행할 뿐이고 사랑이나 양심 같은 것을 전혀 중요하게 보지 않는 직업적 인간의 유형이다.

이런 암담한 상황과 연관되어 종말론 사상이 회자되고 있다. 인류는 태생부터 최후를 고민했다. 고대 조로아스터교의 〈불의 정화〉와 유대교의 메시아, 불교의 미륵불은 최후에 대한 고민의 산물이기도 하다. 1990년대 중반 프랑스 등지에서 일어난 〈태양 사원〉 신도들의 떼죽음만 봐도 종말론은 동서고금을 아우른다. 이러한 종말론이 카프카와 토마스 만의 문학에도 자주 암시되고 있다.

카프카의 관점에서 볼 때 인류의 역사는 유대교적인 의미에서 메시아의 출현으로 완성되는 것이 아니다. 그것은 종말이 지연된 채 결코 신적 시간의 충만함으로 채워질 수 없는 〈불완전한 시간의 확장〉으로 나타난다. 다시 말해 카프카가 묘사하는 인류의 역사 혹은 구원사는 〈미완성적인 것의 영원한 반복〉[22]으로 나타난다고 말할 수 있다. 전승된 기독교관이 변증과 회의(懷疑)를 통해 왜곡됨으로써 그것의 확고하던 내용이 카프카에서 수정되거나 해체된 것만은 확실하다. 따라서 카프카 작품에 투영된 신은 은총이나 형벌의 문제를 따지기 전에 우리 인간의 의식으로는 전혀 포착할 수 없는 거리에 머물러 있다. 이런 배경에 관련된 종말(최후의 심판)의 사상이 카프카의 작품에 자주 나타난다.

카프카는 모든 질병도 죄업(罪業)의 현상으로 보아 다음과 같이 언급하며 종말론을 암시하고 있다. 〈그것은 물과 바람의 복수입니다. 우리는 이제 끝장입니다. 그렇습니다. 복수입니다. 왜냐하면 우리는 여태까지 이것들을 괴롭혀 왔기 때문입니다. 나도 그랬고 내 친구인 기도하는 자도…….〉[23] 또한 「유형지에서」에서 죽은 전임 사령관의 부활을 열망하는 그의 추종자들은 찢어진 속옷에 상의를 걸치지 않은 부두 노동자들로서 가난하고 굴종적인 천민으로 묘사된다. 전임 사령관이 일정 햇수의 기간이 지나면 죽음에서 부활하여 자신의 동조자들을 지휘하여 유형지를 재정복한다는 예언(E 177)은 종교 해석에 연관된 카프카의 강력한 공포로 일종의 종말 사상이다. 카프카의 「어느 투쟁의 기록」에 나오는 다음 구절도 종말의 모습을 보여 주고 있다.

대체 나는 어떤 나날을 보내고 있는가! 어째서 모든 것이 이토록 형편없이 구축되어 있단 말인가? 도대체 아무런 외적인 이유가 발견되지 않은 채 이따금 높다란 집들이 무너져 내려앉곤 하지 않는가. (……) 길거리에 가끔 사람들이 넘어져 죽은 채로 있다. (……) 시청 탑 끝은 빙빙 자그마한 원을 그리며 돌고 있다. 유리창마다 덜컹덜컹 소리를 내며 흔들리고 있고, 가로등 지주들은 엿가락처럼 휘어져 있다. 원주 위 성모 마리아 상의 옷깃은 바람에 휘날리다 못해 찢겨 날아가고 있다. 그런데 아무에게도 이런 광경은 보이지 않는 것일까?(E 13 f.)

마찬가지로 토마스 만도 인간의 심리적인 문제를 자연 현상에 결부시키는데, 이러한 자연 현상은 작품에서 결코 단순하거나 명확하지 않고 항상 불투명하고, 지리멸렬하게 구성되어 있으며, 계절의 묘사에도 과도적 시기가 택해져 생태적 종말론의 감정을 야기시킨다. 여기에 대한 예를 제시해 보면 「토니오 크뢰거」에서는 〈겨울 해는 우윳빛으로 뿌옇게 구름층에 싸여 좁은 도시 위에 초라하게 비치며 떠 있었다. 바람에 파손된 가옥들이 들어선 골목길은 질퍽하고 바람이 불었으며 이따금 얼음도 아니고 눈도 아닌 일종의 부드러운 우박 같은 것이 내렸다〉(TK 271)고 묘사되어 있고, 「베네치아에서 죽음」에서도 〈5월 초였다. 축축하고 추운 날씨가 몇 주 지나가고는 그릇된 한여름이 갑자기 들이닥쳤다. 영국 공원은 아직도 겨우 어린잎들로 덮여 있었지만 8월처럼 후덥지근했다〉(TiV 444)고 서술되어 자연과 계절 등이 불투명하고 지리멸렬하여 생태의 종말론적 사상을 느끼게 한다. 여기에서 종말론에 관련된 카프카와 토마스 만 특유의 의식을 추론해 볼 수 있다. 심지어 종말론에 관련된 휴거(携擧) 사상까지도 카프카의 작품에서 암시되고 있다. 일부 기독교 단체의 휴거 사상에 의하면, 어느 정해진 시각에 인간과 건물 등 모두가 공중에 떠올라 구원된다는 설이 있다.

　　밤이 찾아왔다. 그들에게는 〈마지막 밤〉이. 어둠을 밝히는 흰옷들이 모여들었다. 기도와 찬양. 오후 9시경 〈평택에서 예수가 꽃마차를 타고 재림했다〉는 소식이 전해지자 기도는 열광으로 변했다. 이제 곧 〈신성한 육체로 변해 하늘로 올라갈〉 터였다. 서울의 다미 선교회 본부는 벌써 공중에 떠 있었다. 밖에선 20대 청년이 신에게 뺏긴 애인을 찾겠다며 나체 소동을 벌이거나 말거나. 나방이 불빛을 쫓자 〈나방의 휴거〉라고 했다. TV 화면에 잡힌 붉은 조명은 〈종말의 불기둥〉이라며 카운트다운을 했다. 드디어 자정. 벼락 함성과 울음 그리고 다음은……. 시계는 딸깍 넘어갔고 〈우리는 여전히 여기에 존재하고 있다〉.[24]

　이 글은 스티븐 솔하임이 묘사한 휴거 내용이다. 1992년 10월 28일은 그들에게 〈천년 왕국〉의 문이 열린다는 날이었다. 공무원과 교사, 대기업 간부가 직장과 가족을 버렸다. 세계의 눈에 비친 서울은 아마겟돈의 땅이었다. 일종의 종말론이었다. 그러나 휴거(携擧) 신도들은 돌아가 휴거(休居)했다.
　이러한 휴거 내용이 카프카 작품에서도 전개되고 있다. 즉 카프카는 종말론적 현상을 〈공간에서 벗어나 부유(浮游)하는〉 휴거적 동기로 보여 준다. 따라서 카프카 작품의 인물들은 종종 표류하는 모습, 즉 부유하는 형태로 나타나고 있다. 카프카의 「사냥꾼 그라쿠스Der Jäger Gracchus」에서 사냥꾼 그라쿠스의 부유는 성질은 다르지만 해방의 가장 간결한 형태이다. 즉 그라쿠스는 부유하며 이승과 저승을 헤매고 있다. 이는 해체되어 시간적·공간적 바탕으로부터 해방된 세계인 것이다. 그라쿠스는 이 양극 사이를 끊임없이 부동하고 있기 때문에 그의 삶은 부유 그 자체라 해도 지나친 표현이 아니다. 이러한 〈부유하고 있는 세계〉라는 비유를 카프카는 다른 작품에서도 전개하고 있다.

돌로 된 보도 위를 걸어야 하는 신사 숙녀들이 둥실둥실 떠 있다. 바람이 멎으면 그들은 멈춰 서서 서로 말을 서너 마디 건네며 고개를 숙여 인사를 나누곤 하지만 바람이 또 세차게 불면 이것을 견뎌 내지 못하고 일제히 발을 뜨게 된다. 물론 모자를 단단히 짓누르고 있어야 하지만 그들은 아주 즐거운 눈들을 하고 있다. 이런 형편없는 날씨에 불평하지 않는다. (B 34)

여기에 사물이 둥실둥실 떠 있고 인간 역시 둥실둥실 떠 있다. 사물이나 사람들이 둥실둥실 떠 있어서 결코 정태적이지 않고 역동적인 유동 속에 있다. 이렇게 카프카에서 종말론 등 죽음의 주제가 암시될 때 〈둥실둥실〉(B 34) 떠오르는 모습이 전개되는 경우가 많은데, 이러한 동기가 토마스 만의 작품에서도 나타나고 있다. 「베네치아에서 죽음」에서 신비적 사상에 빠진 주인공 아셴바흐에게 미소년 타치오는 죽음의 나라로 영혼을 인도하는 헤르메스의 화신(化身)이 되고 있다. 따라서 작품 마지막에 물을 건너 저쪽 먼 모래톱으로 가는 타치오의 모습은 아셴바흐를 저승으로 이끌어 가는 저승사자의 모습이다. 창백하고 사랑스럽게 생긴 영혼의 인도자가 저 멀리 바다 바깥에서 미소를 지어 그에게 눈짓을 보내는 듯이 생각되자, 아셴바흐는 현실에서 벗어나 광막한 약속의 바다 안으로 〈둥실둥실〉(TiV 525) 떠가는 듯이 느껴진다.

이렇게 미소년 타치오가 에로스와 죽음이 합일된 존재로서 아셴바흐를 죽음의 나라로 초대하는 것처럼 보이자 아셴바흐는 타치오를 따라가려고 일어선다. 이 부분에서 〈영혼의 인도자 Psychagog〉(TiV 525)란 명칭이 구체적으로 명명되면서 타치오는 아셴바흐에게 죽음의 신의 기능을 하게 된다.

> 아셴바흐의 고개는 의자 등받이에 기댄 채 저 멀리에서 걸어 다니고 있던 소년의 움직임을 천천히 좇고 있었다. 이제 그 고개가 들렸다. 말하자면 그는 소년의 시선을 맞이하기 위해서 고개를 든 것 같았다. 그런데 그 고개가 가슴 위로 툭 떨어져서, 그의 두 눈이 아래쪽에서 쳐다보는 꼴이 되어 버렸고, 그의 얼굴에 긴장이 풀리고, 깊은 잠 속에서 무슨 생각에 침잠해 있는 듯한 표정을 띠게 되었다. 그러나 그에게는 마치 그 창백하고 사랑스러운 영혼의 인도자가 저 멀리 바다 바깥에서 그에게 미소를 짓고, 그에게 눈짓을 보내는 것 같은 생각이 들었다. 마치 그 소년이 허리에서 손을 떼어 바깥 바다를 향해 손짓을 해 보이고, 그 광막한 약속의 바다 안으로 자기가 앞서 〈둥실둥실〉 떠가는 것 같았다. 그래서 그는 지금까지 자주 그래 왔듯이 그를 따라가려고 일어섰다. (TiV 524 f.)

그런데 카프카와 토마스 만의 부유는 무차별성이 아니다. 그것이 무엇을 의미하는지는 카프카의 1913년 편지에 분명히 나타나 있다.

> 이따금 나는 이 세상이 살고 있는 것이 아니라, 부유하여 어딘가 저승을 헤매고 있는 것처럼 느껴진다.[25]

이러한 카프카의 부유하는 성격은 기독교적 사상과 상반된다. 소위 무참한 영락의 내부 공간이 원시 기독교적 관념에서 땅속에 설정됐다면 카프카는 그것을 공중으로 들어 올린다. 카프카의 작품 「시골에서 결혼 준비」에서 공중에 둥둥 떠 있는 〈신사 숙녀〉를 상기하면 이해할 수 있을 것이다.

우리는 여기에서 카프카가 야노우흐 Gustav Janouch에게 행한 〈사물들이 공중에 둥둥 떠오른다. 뒤에 남은 것은 회색의 삭막한 독방뿐이다〉[26]라는 말을 회상할 수 있다. 그러나 여기서는 독방도 둥둥 공중에 떠오른다. 그것도 그 〈신사 숙녀〉처럼 지상에서 살짝 떠오르는 것이 아니라, 풀어 헤쳐 놓은 총체적인 공간에 둥실 떠돌고 있다.

그런데 카프카 작품에서 공중에 둥둥 떠오르는 모습은 카프카의 동양적 예술 감각에서도 유래한다. 카프카에 대한 여러 연구들에서 카프카가 동양 사상과 예술에 정통한 작가였음이 밝혀진 바 있다.[27] 실증적인 방법으로 카프카의 청년 시절의 삶과 문학 세계를 제시해 주고 있는 바겐바흐 Klaus Wagenbach는 카프카의 소묘화를 이렇게 묘사하고 있다. 〈위쪽 그림 하나는 여섯 사람이 공중에 떠 있는 듯이 걸어가고 있는 모습을 담은, 포플러가 서 있는 언덕 풍경을 묘사하고 있고, 아래쪽 그림은 이러한 풍경을 배경으로 해서 공중에 둥둥 떠가듯 운반되고 있는 상자 모양의 중국식 여행용 가마를 보여 주고 있다.〉[28] 이 그림 속의 사물들이나 사람들의 모습인 〈공중에 떠 있는〉 또는 〈공중에 둥둥 떠가듯〉이라는 표현은 카프카의 문학 작품에 나오는 〈떠 있는〉 모습의 형상적 표현이다.

카프카는 어느 정도의 거리를 두고 관찰할 때에만 희망이 지속될 수 있다면서 이러한 상상을 다시 상대화한다. 그는 자신이 신으로부터 언제나 멀리 떨어져 있었던 것이 아니라고 펠리체 바우어에게 보낸 편지에 적고 있다. 1916년 7월 20일의 일기에는 자신이 의심하는 신에게 자비를 원하는 기도가 적혀 있다.[29] 〈저를 불쌍히 여기소서, 제 몸의 모든 구석구석에 이르기까지 죄악으로 물들었나이다. 하지만 제가 반드시 경멸스러운 성품만 가지고 있는 것은 아니며 작은 선의의 능력들도 가지고 있었지만, 이제 그 모든 것들은 나에게서 다 소진되었습니다. 만물이 내게 호의를 베풀려는 바로 이 순간, 완고한 존재인 저는 종말에 이르렀나이다. 저를 부디 저를 망자로 생각지 마소서. 죽음이 먼 곳에 있든 이미 가까운 곳에 있든 이러한 바람은 우스꽝스러운 자기 사랑이라는 것을 알고 있나이다. 하지만 제가 한 번 더 생명을 얻게 된다면 생명의 자기 사랑을 가지겠나이다. 생명이 가소로운 것이 아니라면, 생명의 필연적인 연설들도 가소로운 것은 아닐 것입니다.〉[30]

이러한 종말적 사상이 토마스 만의 작품에서는 시대적 사건으로 암시된다. 『마의 산』의 주인공 카스토르프의 죽음으로 인한 은밀한 매혹은 전적으로 제1차 세계 대전 이전의 유럽의 정신 상태를 사실적으로 묘사한 것으로, 이러한 세계 대전에 이미 세계의 종말이 있었다고 해도 지나친 말은 아니다. 따라서 유럽의 퇴폐적 정신 상태를 〈종말론〉 사상으로까지 묘사한 작가들도 있다. 『마의 산』에서 나프타는 세템브리니의 민주주의적 민족 국가관을 〈자본주의적 세계 공화제〉(Zb 531)

라고 단정하면서 〈모든 현세적 형태의 해체 후의 신의 국가 재건〉(Zb 531)을 주장하여 일종의 종말론을 암시하고 있다.

『파우스트 박사』에서도 주인공 레버퀸은 반이성을 나타내는 도취를 통해 〈한계돌파〉로 나아가는데, 그것은 〈태곳적인 것, 원시적인 것〉(DF 316)의 세계이다. 악마가 레버퀸에게 약속하는 〈미래〉는 〈과거〉이고 〈진보〉가 아니라 〈회귀〉이다. 악마는 레버퀸이 불모의 현재를 돌파하는 것은 〈문화의 시대 Kulturepoche〉(DF 324)를 극복하고 〈야만 Barbarei〉(DF 324)으로 돌아가는 것이라고 강조한다. 이것은 동시에 근대의 이념인 휴머니즘의 극복, 즉 휴머니즘의 폐기를 의미하여 시민 시대인 근대로부터 전근대로의 회귀를 의미한다. 인류 역사의 마지막 장을 의미하는 〈순진무구의 상태〉를 레버퀸은 문자 그대로 이해하여 과거의 원시 상태와 동일시한다. 이것은 그의 대표작 중 하나인 『형상의 묵시록(종말론) Apocalipsis cum figuris』에서 분명히 드러난다. 이 작품에서 〈퇴보와 진보, 옛것과 새로운 것, 그리고 과거와 미래가 하나로 되어 버리는 길〉(DF 494)의 이념이 재현되고 있다고 해석한다. 그리고 이러한 맥락에서 레버퀸의 음악 이념은 〈새로움으로 가득 찬 되돌아가기〉(DF 494)로 규정된다. 레버퀸이 이 작품에서 많이 사용하는 〈글리산도(滑奏, Glissando)〉(DF 496)의 주법은 음악이 존재하기 이전의 원시 야만 상태의 흔적을 의미한다. 과거로의 회귀는 단순히 시간적인 퇴보만을 의미하는 것이 아니다. 이 글리산도에서 서술자는 〈반문화적인, 그야말로 반인간적인 악마성〉(DF 497)의 소리를 듣는다. 이는 레버퀸의 음악에 반휴머니즘이 깃들어 있다는 의미다. 결국 〈종말론 Apocalipsis〉이라 이름 붙인 이 작품이 일깨우는 것은 〈인간 안에 있는 짐승〉(DF 496)이다.

토마스 만과 카프카 문학에서는 이러한 종말론에서 벗어나는 것이 소외에서 벗어나는 것으로 묘사되고 있다. 따라서 다양한 소외적인 현상에서 벗어나려는 노력이 토마스 만과 카프카의 작품에서도 강렬하게 나타나고 있다. 예를 들어 『마의 산』의 카스토르프가 폐쇄된 요양소 밖의 세계를 동경하여 기어코 요양소 밖으로 나가려는 의도는 소외에서 해방의 열망을 암시한다. 자신의 병으로 말미암아 7년이란 오랜 세월 동안 요양소는 안전한 공간으로 여겨졌다. 그런데 이 요양소에 들어오는 것은 쉬워도 다시 나가는 길은 엄청나게 힘들어 안전한 공간의 길이 험하다는 것을 암시하는데, 마찬가지로 이 내용이 카프카의 「변신」에서 그레고르의 좁은 방으로 암시되고 있다. 「변신」에서 벌레가 된 그레고르가 방에서 나올 때는 쉽게 나올 수 있었는데, 다시 들어가는 길은 엄청나게 힘들다. 〈너무 작다 싶은 인간의 방〉(E 57)이라 서술된 그레고르의 방에는 창과 문이라는 외부로의 통로들이 있기는 하지만 가족, 구성원들에 의해 둘러싸여 있는 형국으로 결국 탈출구가 없는 셈이다. 이는 그레고르가 평상시와 같이 아침 일찍 일하러 나가지 않은 것을 알게 된 가족들이 저마다 다른 문에서 그의 이름을 부르며 무슨 일인지 묻는 장면에서 알수 있다.(E 59 f.) 지배인이 왔을 때에는 그가 〈왼쪽 옆방〉의 부모와 지배인, 〈오른쪽 옆방〉(E 63)의 누이에게 포위당해 있는 모습이 전개된다. 그리고 방문들이 처음에는 그레고르 자신에 의해 안으로부터 잠겨 있지만 나중에는 가족들에 의해 밖에서 잠기게 된다. 이렇게 그레고르의 사회적 고립은 가족 내에서의 배척 및 배제로 나타나며, 이는 그의 감금 상태를 통해 공간적으로 시각화된다.[31] 이러한 감금 상태를 벗어나려는 그레고르의 노력은 소외에서 해방되려는 노력이다. 다시 말해서 그레고르가 협소한 방에 폐쇄된 채 방 밖의 가족들을 동경하여 자신의 흉측한 모습을 불안해하면서도 기어코 방 밖으로 나가는 것은 소외로부터 해방을 열망하는 경우라 하겠으며, 부친으로부터 무자비하게 사과 세례를 받고 황급히 자신의 방으로 피하는 행위에서 방은 안전한 공간임을 말해 준다.

이러한 공간적 고립의 상황은 토마스 만의 『마의 산』에서 카스토르프의 요양소나 「베네치아에서 죽음」의 아셴바흐의 베네치아 등의 고립 상태를 연상시킨다. 토마스 만의 「베네치아에서 죽음」에서 아셴바흐가 처음에 철저히 닫힌 공간(집, 집필실)에서 열린 공간(뮌헨, 영국 정원)으로, 그리고 무한한 바다가 펼쳐진 베네치아로 옮겨 가서 그곳에서 최후를 맞는다면, 그레고르는 열린 공간(평소에 잦은 외판 여행으로 떠돌아야 하는 외지)에서 집이라는 철저히 닫힌 공간으로, 그것도 사방이 막혀 버린 좁은 자신의 방으로 이동하여 그곳에서 종말을 맞게 된다. 이렇듯 토마스 만과 카프카의 주인공들의 통제된 삶은 공간적으로 대립적인 방향에 놓여 있는 것처럼 보이지만 다른 면에서 보면 베네치아도 바다로 둘러싸인 섬으로 결국은 물에 갇혀 고립된 공간이다. 콜레라가 만연하는 죽음의 도시에 아셴바흐는 갇히고 만다. 인도에서 건너온 무서운 전염병과 마찬가지로 인도에서 온 〈낯선 신〉

(TiV 516)인 디오니소스의 영역에 머물러 있는 것이다.

「변신」의 주인공 그레고르나 『마의 산』의 카스토르프처럼 막다른 골목에 처해 있는 인간 상황, 허위의 세계와의 절망적인 투쟁, 공동체에서 이탈된 인간의 소외를 절망적으로 형상화시켜 놓는 부정성을 통해 토마스 만과 카프카가 추구한 문학적 의도는 인간의 존엄성이다. 이는 자신의 현재 상황에 눈을 뜨라는 그들 자신의 각성인 것이다. 그들 작가가 처해 있던 사회적, 가정적 그리고 민족적인 상황이 그들에게 엄청난 정신적인 고통을 가져다주었다는 사실은 이미 잘 알려져 있다.

그런데 토마스 만은 세월이 지나면서 차츰 예술과 시민성의 세계가 공존과 화해를 모색하며 소외에서 벗어나는 경향을 보여 주는데 「토니오 크뢰거」가 그런 화해의 가능성을 보여 준 첫 번째 작품이다. 이 작품에서 〈예술가는 세속적인 삶과 동떨어져 고유의 영역을 지켜야 한다〉고 생각하면서도, 평범한 삶에 대한 애착 또한 버리지 못했기에, 크뢰거는 결코 예술 지상주의자가 될 수 없다. 리자베타는 이 같은 모순 앞에 괴로워하는 그를 〈길 잃은 시민〉(TK 305)이라 부르는데, 이 별명은 크뢰거가 자신이 가진 시민성을 인정하고 받아들이게끔 방향을 제시해 준다.

따라서 「토니오 크뢰거」의 마지막 장에서 리자베타에게 보내는 편지를 통해 크뢰거는 자신의 예술성은 평범한 삶에 대한 사랑에 바탕을 두고 있으며, 앞으로 그것을 부인하지 않겠다고 말한다. 그리고 삶과 예술의 조화를 추구하는 진정한 예술가가 될 것을 다음과 같이 다짐한다. 〈저는 시민적인 양심 덕분에 예술성, 비상함, 천재성에서 무언가 심각하게 애매하고 불명예스럽고 의심스러운 것을 발견합니다. 또 그 양심 덕분에 저의 마음은 단순하고 소박한 사람, 편안할 정도로 정상적인 사람, 평범하고 점잖은 사람에 대한 애정으로 가득 차 있습니다. 저는 두 세계 사이에 있습니다. 그런데 어느 쪽에서도 살기가 힘듭니다. 예술가는 저를 세속인이라 하고 세속인들은 저를 체포하려 하더군요. 그중 어느 쪽이 더 제 마음을 상하게 하는지 모르겠습니다. 저는 위대하고 악마적인 미(美)의 좁은 길에서 모험을 하고 인간을 멸시하는 저 교만하고 냉정한 예술가들을 감탄합니다. 그러나 그들을 부러워하지는 않습니다. 왜냐하면 문학 애호가를 진정한 시인으로 만드는 무엇인가가 있다면, 그것은 다름 아닌 인간적인 것, 생명이 있는 것, 평범한 것에 대한 저의 시민적 애정 바로 그것이니까요.〉(TK 337)

이처럼 토마스 만은 「토니오 크뢰거」에서 삶(인간)과 동떨어진 예술은 더 이상 발전할 수 없음을 밝히고 있다. 결국 예술은 일반적인 대중이나 민족 속에 내재되어 있다는 결론이 서는데, 이러한 내용이 카프카의 「요제피네, 여가수 또는 서(鼠)씨족 Josephine, die Sängerin od. das Volk der Mäuse」에서 천재의 결별 내용으로 암시되고 있다. 쥐이면서 여가수로 등장하는 요제피네는 자신이 실제로 음악, 예술을 창조한다고 생각한다. 그녀의 노래는 다른 모든 쥐들의 휘파람과 근본적으로 다르다고 주장한다. 민족 가운데 아무도 그녀의 노래를 이해할 수 없을지도 모른다. 게다가 그녀는 동포에게 의존하지 않는다고 주장한다. 심지어 그녀가 동포의 보호를 받고 있는 것이 아니라, 그 반대라고 주장한다. 그녀는 자신이 민족을 보호해 주고 있다고 믿고 있다. 그녀의 노래는 표면적으로는 정치적 또는 경제적으로 어려운 상황에서 우리를 구해 주고 있다고 주장한다. 이러한 것들은 근본적으로는 최고의 목표인 예술을 달성하려는 욕망이다. 그녀가 추구한 것은 예술에 대한 공공연하고 확실한 인정, 시대를 넘어 지속되어 지금까지 알려진 모든 것을 훨씬 능가하는 예술성의 인정일 뿐이다.

그런데 요제피네의 욕망은 민족 전체의 재판관같이 냉정한 태도에 의해 가차 없이 거절되고 오만하고 불가능한 것으로 선언된다. 예술은 그 심오한 의미에서 결코 이해가 불가능하지 않고 대중인 민족의 이해력 바깥에 존재하지 않기 때문이다. 따라서 요제피네의 태도에 대해 민족이 저항하는 것은 당연하다. 민족이 자아를 요제피네의 휘파람 속에서 인식한다면, 요제피네의 휘파람은 그야말로 민족의 휘파람이다. 요제피네가 부르는 노래는 모든 쥐에 의해 불리고, 그녀가 만들어 낸 자유의 환상은 환상으로서 모든 쥐에 내재되어 있다. 사고(思考)를 능가하는 것은 모든 쥐에서 사고를 능가한다. 즉 예술도 민족이라는 대중에 내재되어 있는 것이다.

결국 예술인들은 삶의 의욕을 잃어 가고 병적이며, 실생활에서 무력한 존재들이지만, 예술이 삶을 부정한다면, 또 자기 자신도 부정하는 것이 된다. 따라서 예술도 삶을 유지하기 위해 삶으로부터 생겨나지 않으면 안 된다. 예술에 아름다운 가상이 필요하다는 것은 삶이 무로 돌아가는 것을 막기 위한 것이며 예술과 삶의 공존도 의미하는 것이다.[32]

이에 대해 작가 쿤데라 Milan Kundera의 예술의 가벼움과 무거움이라는 무게의 이론을 고찰해 볼 필요가 있다. 정신과 무거운 영혼이 만나면서 전개되는 사랑, 삶, 그리고 죽음의 이야기를 다룬 쿤데라의 소설 『참을 수 없는 존재의 가벼움』에서 가벼움은 일회성, 가변, 우연을 뜻하고, 무거움은 반복, 고정, 필연을 뜻한다. 그러나 〈배반은 늘 부정한 것이 아니며, 일회적인 사랑은 언제나 부도덕한 것이 아니다. 가벼움은 무거움과 다투고, 농담은 진지함과 겨루며 사랑을 꽃피우고 삶을 풍요하게 할 수 있는 것들이다〉라고 쿤데라는 언급하면서 가벼움과 무거움은 서로 동떨어진 요소가 아니라고 주장한다. 결국 인생은 단지 무거움과 가벼움의 구속에서 벗어난 자유 의지의 환상에서만 가능하며 또한 우리가 미래에 대해 어느 정도의 신뢰를 가질 수 있는 한에서만 가능하다. 토마스 만도 『요셉과 그의 형제들』에서 가벼움과 무거움의 관계를 보여 주고 있다.

> 아, (……) 그것(가벼움)은 너무나 흥분되고 장엄해서 말로 나타낼 수가 없다! 그리고 그것은 너무나 장엄하기 때문에 가벼운 필치로 처리되어야 한다. 왜냐하면 가벼움이란, 내 친구여, 경박함, 교묘한 농담으로, 그것은 인간에게 주어진 신의 최선의 선물이며 우리들이 인생이라고 부르는 그 복잡하고 의심스러운 것에 대해서 우리들이 지니고 있는 가장 깊은 지식이기 때문이다. 신은 인생의 무섭게 진지한 얼굴이 억지로라도 미소를 띠게 되게끔 인간에게 주신 것이다.[33]

원래 가벼움은 인생의 진지성을 느끼지 못하는 능력이지만 반드시 그렇지만은 않고 인생에 압도당하는 것을 거부, 존재에 대한 인간의 정신력을 주장하는 것이 되는 것이다.

주

1 Rudolf Nikolaus Maier, *Paradies der Weltlosigkeit*(Stuttgart, 1964), S. 10.
2 이승우, 「문학이 태어나는 자리」, 경향신문 2008년 7월 19일 자.
3 홍길표, 「현대의 예술가상에 관한 소고」, 『독일문학』 제100집(2006), 47면 이하 참조.
4 Heinz Politzer, *Franz Kafka. Der Künstler*(Frankfurt/M., 1978), S. 346.
5 김용익, 『프란츠 카프카 연구』(삼영사, 1984), 86면.
6 Hartmut Müller, 『카프카 문학 사전』, 권세훈 외 역(학문사, 1999), 201면.(이하 『카프카 문학 사전』으로 줄임)
7 Gustav Janouch, *Gespräche mit Kafka, Aufzeichnungen und Erinnerungen*(Frankfurt/M., 1968), S. 243 f. S. 114.
8 Ferdinand Fellmann, *Phänomenologie und Expressionismus*(Freiburg/München, 1982), S. 11.
9 예술은 정치·철학·종교 같은 다른 분야를 위해 존재하는 것이 아니라, 예술 그 자체가 유일한 목적이자 가치라고 주장하는 사람.
10 Heinz Hillmann, *Franz Kafka, Dichtungstheorie und Dichtungsgestalt*(Bonn, 1973), S. 35.
11 Benno von Wiese, Franz Kafka, Die Darstellung einer modernen dichterischen Existenz, in: Ders. *Zwischen Utopie und Wirklichkeit, Studien zur deutschen Literatur*(Düsseldorf, 1963), S. 233.
12 Franz Kafka, *Briefe 1902~1924*, hg. v. Max Brod(Frankfurt/M., 1986), S. 431.(이하 *Briefe 1902~1924*로 줄임)
13 『카프카 문학 사전』, 198면.
14 Franz Kafka, *Tagebücher 1910~1923*, hg. v. Max Brod(Frankfurt/M., 1951, S. 373 f.(이하 *Tagebücher 1910~1923*으로 줄임)
15 Gustav Janouch, *Gespräche mit Kafka, Aufzeichnungen und Erinnerungen*(Frankfurt/M., 1968), S. 105.
16 *Tagebücher 1910~1923*, S. 262.
17 Hartmut Binder, *Kafka Kommentar zu sämtlichen Erzählungen*(München, 1977), S. 243.
18 생텍쥐페리, 『어린 왕자』, 정소성 역(거암, 1986), 29면 이하.
19 『카프카 문학 사전』, 250면 이하.
20 Georg W. F. Hegel, *Vorlesungen über die Ästhetik* Ⅰ, Werke 15(Frankfurt/M., 1993), S. 258.
21 같은 책, S. 253.
22 Marina Cavarocchi Arbib, Jüdische Motive in Kafkas Aphorismen, in: Karl Erich Grözinger u.a. (Hg.), *Franz Kafka und das Judentum*(Frankfurt/M., 1987), S. 141.
23 R. N. 마이어, 『세계 상실의 문학』, 장남준 역(홍성사, 1981), 25면.
24 동아일보 2006년 10월 28일 「책갈피 속의 오늘」.
25 *Briefe 1902~1924*, S. 122 f.
26 R. N. 마이어, 『세계 상실의 문학』, 77면.
27 Adrian Hsia(Hg.), *Kafka und China*, Peter Lang(Berlin, 1996)과 비교하라.
28 Klaus Wagenbach, *Franz Kafka, Eine Biographie seiner Jugend*(Bern, 1958), S. 113.
29 『카프카 문학 사전』, 213면 이하.
30 *Tagebücher 1910~1923*, S. 370.
31 박은경, 「현대의 고전 마주 읽기 — 토마스 만의 〈베네치아에서 죽음〉과 프란츠 카프카의 〈변신〉」,

『카프카 연구』 제14집(2005), 23면.
32 최순봉, 『토마스 만 연구』(삼영사, 1981), 65면.
33 Thomas Mann, *Joseph, Der Ernährer*, 6. *Hauptstück*, *Joseph and His Brother*, tr. by Helene T. Lowe-Porter(London, 1956).

제4장 **남방의 동경**

    사람들은 서로의 마음을 눈으로 전하기도 한다. 눈은 사람과 사람이 교감하는 주요 통로이기 때문이다. 그래서 눈에 관한 일화와 조어(造語)가 많다. 일자무식이었던 중국 삼국 시대 오(吳)나라의 장수 여몽(呂蒙)이 노력 끝에 수준 높은 학문을 쌓자 선비들이 놀라서 지켜봤다는 〈괄목(刮目)〉의 스토리가 좋은 예다. 눈을 비비고 상대방의 성취를 경탄의 눈으로 바라보는 자세다. 얼굴과 함께 눈이 거론되면서 〈면목(面目)〉이라는 단어가 등장하고, 모든 신경을 집중하면 〈이목(耳目)을 모은다〉고 말한다. 〈반목(反目)〉은 아예 얼굴을 돌려, 상대에게 눈길조차 주지 않는 행위다. 극도의 반감과 미움, 공격성이 담긴 단어다. 눈이 등장하는 단어로 치면 고약하기 이를 데 없는 경우다. 결국 사람의 감각 중에서 가장 중요한 몫을 차지하는 눈은 〈마음의 창〉이라는 말로 자주 듣는데, 이는 사람의 내면 정황이 눈을 통해 외부로 드러난다는 의미이다. 그래서 반짝이는 연인의 눈은 호수에 비유되기도 하는데, 이는 아름다움은 눈으로 느껴진다는 의미이다. 이런 배경에서 괴테의 『파우스트』에서 최상의 아름다움의 상징인 헬레나의 모습은 오직 눈으로만 인식된다. 따라서 그리스 신화에서 나무판도 꿰뚫어 볼 정도로 시력이 좋았다고 전해지는¹ 망루지기 린케우스Lynceus는 헬레나의 아름다운 모습을 본 자신의 축복받은 눈길, 즉 영원한 세계의 조화와 아름다움을 눈으로 볼 수 있다는 행복을 다음과 같이 찬미하고 있다.

보기 위해 태어나
파수의 임무를 띠고
망루지기 노릇을 하니
세상은 좋기도 하다.
먼 곳을 바라보며
가까운 곳도 살펴보고
달과 별도
숲과 사슴도 본다.
만물 속에 보이는 것은
영원한 아름다움이로다.
모든 것이 내 마음에 들듯
나도 내 마음에 흡족하다.
복 받은 두 눈이여,
그대가 본 것은
뭐니 뭐니 해도
모두가 진정 아름다웠다.(1만 1288행 이하)

이 노래는 호프만슈탈Hugo von Hofmannsthl이 〈백조의 노래〉로 제목을 붙인 아름다운 시이다. 괴테는 죽기 1년 전에(1831년 4월) 이 시를 써서 미를 볼 수 있는 시각(視覺)을 찬양하고 있다. 하지만 눈은 반드시 아름다운 정황을 내면으로 받아들이는 기능만 하는 게 아니다. 이 시에서도 린케우스는 시야에 보이는 사물들의 사랑스러운 모습을 보이는 대로 즐거운 기분으로 노래하지만, 이 아름다운 전망은 죄악에 가득 찬 지층 위에 펼쳐져 있다. 시각에는 부정적인 요소도 내재되어 있는 것이다.

사물을 보면 마음이 움직인다는 의미의 견물생심(見物生心)이라는 말이 있다. 이때 눈은 외부의 것을 안으로 받아들여 마음을 움직이는 기능을 한다. 눈으로 무엇인가를 보는 순간부터 마음에 변화가 일어 갖고 싶다, 먹고 싶다, 만지고 싶다, 안고 싶다 등의 욕구를 자극한다. 그래서 욕심을 부리게 되고 욕망에 시달리게 된다.

따라서 선인들은 눈이 우리로 하여금 보게 하는 것을 사실대로 믿지 말라고 가르쳤다. 불교에서 말하는 색즉시공 공즉시색(色卽是空 空卽是色)은 사물이 눈에 보이는 그대로가 아님을 설파하는 말이다. 눈의 기능 중 가장 나쁜 것은 있는 것을 있는 그대로 보지 못하게 함으로써 마음이 일그러지게 만드는 것이다. 세상 사람을 있는 그대로 보고 받아들이지 못하니, 시기하고 질투하고 비판하고 비난한다는 의미다. 그래서 예수는 〈어찌하여 너는 형제의 눈 속에 있는 티는 보면서 제 눈 속에 들어 있는 들보는 깨닫지 못하느냐?〉[2]고 꾸짖었다.

이렇게 시각 때문에 이해 공평이 저해되는 경우가 있는데, 이를 예방하기 위해 스스로 시각을 가리는 경우도 있다. 그리스 신화에서 〈정의의 여신〉 유스티티아 Justitia는 눈을 헝겊으로 가리고, 왼손에는 〈평등의 저울〉 그리고 오른손에는 이성과 정의의 힘을 상징하는 양날의 〈칼〉을 들고 있는 모습으로 묘사된다. 유스티티아는 일반적으로 정의를 나타내고, 오늘날에는 흔히 법원과 법정을 장식하는 도상(圖像)으로 사용된다. 저울은 법의 형평성을 나타내며, 칼은 그 법을 엄정하게 집행하겠다는 강력한 의지인데, 중요한 것은 눈을 가리고 있는 모습이다. 이는 시각에 의한 유혹을 받지 않고 공정한 판결을 하겠다는 의지이다. 이 여신의 특성은 고대 그리스의 법과 질서, 정의의 여신 테미스Themis와 비슷하다. 테미스의 딸인 디케 Dike는 저울을 들고 눈을 가리고 있는 모습으로 상상되었는데, 여기에서 〈저울을 들고 있는 모습〉은 고대 그리스 시인 바킬리데스Bacchylides의 시에 표현된 이미지다. 유스티티아 조각상 뒷면에는 〈설령 하늘이 무너지더라도 정의가 구현되게 하라〉라는 문구가 새겨져 있는데, 이는 고대 로마의 정치가 카이사르Julius Caesar의 장인 루키우스 피소가 한 말을 새겨 놓은 것이라고 한다. 눈을 가린 것은 상대방의 외모나 지위·재산에 관계없이 불편부당한 태도를 굳건히 지킨다는 뜻이다. 한 손의 저울은 잘잘못을 재는 도구로 법을 의미하거나, 법 집행은 형량에 맞게 해야 한다는 뜻이다. 칼은 저울이 잰 법을 정확하고 엄격하게 집행한다는 의미다. 혹자는 이 칼이 정의를 실현하는 국가의 권력, 모든 이가 법을 따르게 하는 힘을 나타낸다고 해석하기도 한다. 우리나라 대법원에도 〈정의의 여신〉 조각상이 있는데, 이 여신상은 유스티티아와는 조금 다르다. 한국 여인의 모습으로 조각돼 한국적인 정의의 여신상으로 형상화돼 있다. 이 여신상은 서 있지 않고 의자에 앉아 있다. 왼손에는 칼 대신 법전을, 오른손에는 저울을 들고 있다. 두 정의의 여신상의 특징을 한마디로 표현한다면, 서양의 유스티티아가 전체적으로 보다 동적인 모습을 하고 있다면, 우리나라 대법원의 여신상은 보다 정적인 형상이다. 결국 정의의 여신 유스티티아 조각상의 포인트는 눈을 헝겊으로 가리고 있는 모습이다. 사람인 이상 눈을 뜨고 세상과 사물을 보게 되면, 자기 생각과 편견을 가질 수밖에 없는데, 눈을 가려 사사로움을 원천적으로 차단하려는 것이다. 우리는 눈에 보이는 모든 것을 판단의 근거로 삼는데, 이는 눈에 보이는 것을 있는 그대로 믿고 액면 그대로 받아들이기 때문이다. 하지만 우리 눈의 망막 한가운데에는 시각 세포가 없어 물체의 상이 맺히지 않는 맹점(盲點)이 있다. 요컨대 맹점은 눈에 보이는 것만이 있는 그대로의 실상이 아니라는 걸 우리에게 일깨워 준다.

  결론적으로 말해서, 눈은 우리를 시험하는 기관이다. 눈에 의해 직접 자극을 받고 변화를 일으키는 건 우리의 마음이다. 눈에 의해 일어나는 마음의 변화를 지켜보노라면, 눈이 얼마나 두려운 유혹의 창인지를 알게 된다. 눈의 유혹에 넘어가 마음의 중심을 잃지 않으려면 다른 눈이 필요하다. 세상의 실상을 있는 그대로 받아들이는 눈, 그것이 곧 〈영혼의 눈〉이다. 영혼의 눈으로 세상을 보는 일은 진정한 세상을 경험하는 일이다. 그것은 지금까지 우리가 늘 보아 왔다고 믿어 온 것을 한 번도 보지 못한 것으로 낯설게 만든다. 단순하게 보는 일이 아니라, 실상을 관조하는 일이기 때문이다. 그래서 겉으로 드러난 형상에 유혹당하지 않고 흔들리지 않게 된다. 결국 영혼의 눈이 중요하다고 볼 수 있다. 이러한 배경에서 눈으로 체험하는 동기가 귀로 체험하는 동기와 함께 문학에서 자주 묘사되는바, 이의 이해를 위해 먼저 우리나라의 박목월의 시 「윤사월(閏四月)」을 고찰해 보자.

  송화(松花) 가루 날리는
  외딴 봉우리

  윤사월 해 길다
  꾀꼬리 울면

산지기 외딴집
눈먼 처녀사

문설주에 귀 대이고
엿듣고 있다.

이 시에 나오는 처녀는 안타깝게도 눈이 멀어 송홧가루가 만들어 내는 자연의 장관을 볼 수가 없어, 하는 수 없이 문설주에 기대서서 귀로 자연의 모습을 보고(?) 있다. 마찬가지로 지드 André Gide의 소설 『전원 교향악』에서 앞을 보지 못하는 소녀 제르트뤼드가 〈정말로 땅은 새들이 노래하는 것처럼 아름다운가요? 사람들은 왜 그 이야기를 더 해주지 않는 걸까요?〉라고 자신을 돌보는 목사에게 간절히 묻자, 목사는 그녀에게 위로하듯 대답한다. 〈눈이 보이는 사람들은 새들의 노래를 잘 듣지 못한단다.〉 즉 육체의 눈으로는 진정한 소리를 듣지 못한다는 말이다. 눈이 먼 제르트뤼드는 목사의 인도를 받으며 전원에 나가, 보통 사람들은 듣지 못하는 영혼의 교향악인 전원의 교향악, 대지의 교향곡을 즐겨 듣는다. 환희와 은총에 젖어 들면서 그녀의 영혼에 은혜의 빛이 깃든다. 결국 육안밖에 갖지 못한, 물질계에 묶여 있는 사람들에게는 보이지 않는 것이 영안을 가진 사람의 눈에는 보이는 것이다. 이렇게 볼 수 없었던 그녀가 수술로 육체의 눈을 뜨면서, 영혼의 눈을 잃고 세속적 눈을 얻게 된다. 눈이 멀었을 때 제르트뤼드는 죄를 모르고 영혼의 희열 속에서 사랑의 충만감을 만끽할 수 있었다. 그런데 눈을 뜨게 된 결과, 그녀는 현실 세계를 알게 되어 사랑의 상실감과 죄의식에 시달리면서, 차라리 〈계속 눈이 멀었더라면〉 하고 역설적으로 소망할 정도가 된다. 눈이 멀었을 때, 그녀는 목사를 진심으로 사랑한다고 생각했었다. 그러나 눈을 뜨고 보니, 그녀가 사랑한 것은 목사가 아닌 그의 아들 자크였다는 사실을 알게 된다. 목사를 사랑할 수도, 이미 가톨릭으로 개종해 성직자가 된 자크를 사랑할 수도 없는 제르트뤼드는 괴로워하다 결국 자살함으로써 목사 곁을 떠난다. 흔히 장님이 눈을 떠 시선을 찾으면 광명을 찾았다고 한다. 따라서 이러한 광명은 모두에게서 추구되고 있다. 고대 그리스에서 디오게네스 Diogenes가 현인을 찾아 낮에도 등불을 들고 다닐 정도로 빛은 추구되는 것이다.

그러나 작품 『전원 교향악』에서처럼 이러한 광명이 때론 저주가 되기도 한다. 광명이 〈집어등(集魚燈)〉이 되는 것이다. 심해의 오징어는 오징어잡이 배에 매달린 집어등의 유혹에서 벗어나지 못한다. 화려한 불빛은 목숨을 바쳐서라도 도달하고 싶은 치명적인 유혹을 안고 있기 때문이다. 현대인을 유혹하는 집어등 역시 도처에 널려 있다. 마네킹을 비추는 불빛, 번개처럼 점멸하는 네온사인의 불빛, 클럽 안의 몽환적 불빛, 섹시한 웨이브와 고혹적 목소리를 발산하는 TV의 불빛 등. 이러한 밝은 불빛, 즉 광명은 우리에게 자유와 기쁨을 주는 것으로 교묘하게 작동한다. 1991년 『바람 부는 날이면 압구정동에 가야 한다』는 시집을 낸 유하는 「오징어」라는 시에서 〈눈앞의 저 빛! / 찬란한 저 빛! / 그러나 / 저건 죽음이다 / 의심하라 / 모오든 광명을!〉이라고 썼다. 소비문화의 광명에 걸려든 인간의 모습을 집어등에 이끌려 포획되는 오징어에 비유한 것이다.[3] 또 닭은 낮에만 알을 낳기 때문에, 일부 양계장에서는 밤에도 전등을 낮처럼 환하게 밝히고 밤에도 알을 낳게 하여, 제대로 잠을 자지 못해 피로에 지친 닭이 조류 독감 등에 걸려 우리에게도 피해를 주기 마련이다. 이렇게 인간이 만든 광명이 다른 동물에는 재앙이 되는 경우가 많다. 요즘은 매미가 밤에도 운다. 밤에도 낮처럼 환하게 밝혀진 전등 빛에 낮으로 착각하고 우는 것이다. 이렇게 밤낮으로 쉬지 않고 우는 매미는 휴식을 취할 수 없어 수명이 단축될 수밖에 없다.

이렇게 급속한 도시화로 인해 칠흑 같은 밤이 드물다 보니 〈국제 어두운 밤하늘 협회 International Dark-Sky Aassociation〉라는 단체가 생겼다. 별이 빛나는 밤을 인류가 지켜야 할 유산으로 보고 인공 조명을 줄이는 게 목표다. 회원 수는 세계 70여 개국에 1만여 명. 이들이 내세운 명제는 〈불을 끄고 별을 켜자〉다. 참으로 한가한 사람들도 있다고 할지 모르지만 꼭 그렇지만도 않다. 인공 조명은 인간에게 다채롭고 풍요로운 삶을 누릴 수 있도록 해줬으나 만만치 않은 부작용도 낳고 있기 때문이다. 과학자들은 이를 〈빛 공해 light pollution〉라 부른다. 과도한 빛과 잘못된 조명 디자인으로 생기는 공해는 광범위하게 생태계를 교란하고 있다. 상당수 새들의 번식기가 빨라진 것은 물론, 철새들의 이동 경로도 달라졌다. 어두운 해변을 좋아하는 장수거북은 알 낳을 곳을 찾기가 어려워 멸종 위기에 놓였다. 곡식 개화기에 건물 불빛과 가로등에 과도하게 노출되면 알곡이 제대로 맺히지 않거나 크기가 작아진다. 결국 긴 세월 낮과 밤의 순환에 길들여진 동식물이 큰 혼란을 겪고 있는 셈이다.

사람도 마찬가지다. 밤새 켜놓은 조명으로 상당수 도시인이 불면증에 시달리고 있다. 밤에 주로 분비되는 수면 조절 호르몬인 멜라토닌을 빛이 억제하는 바람에 수면 리듬이 깨지면서 숙면을 못하는 것이다. 이스라엘 하이파 대학은 밤에 강한 인공 빛이 있는 곳에 사는 여성은 다른 여성에 비해 유방암에 걸릴 확률이 37퍼센트나 높다는 연구 결과를 발표했다. 〈국제 어두운 밤하늘 협회〉는 낭비되는 빛을 내는 데 드는 비용을 미국에서만 연 10억 달러로 추산한다. 사정이 이렇다 보니 애리조나, 텍사스, 콜로라도 등 일부 주와 덴버, 애틀랜타 등 여러 도시에선 이미 빛 공해 방지법을 제정했다. 일본, 영국 등도 빛 공해를 줄이기 위한 권고 지침을 만들었다. 좀 늦었지만 우리도 〈빛 공해 방지 법안〉을 최근 발의했다. 정부와 각 시도는 빛 공해 방지 위원회를 설치하고, 지나치게 밝은 빛을 내면 규제한다는 게 골자다. 빛 공해를 줄이는 방법은 의외로 간단하다. 필요한 곳만 비추도록 조명 방향과 디자인을 바꾸고, 과도한 빛을 내지 않도록 조도를 낮추면 된다.

그런데 『전원 교향악』에서처럼 눈의 시선이 비극으로 이끌어 가 스스로 자신의 눈을 제거하여 장님이 되는 내용도 있다. 이 내용은 심리학에서 〈오이디푸스 콤플렉스 Oedipus complex〉에 적나라하게 나타나 있다. 테베의 왕 라이오스 Laios는 자신이 아들에게 살해된다는 신탁(神託)의 충고에도 불구하고 아내 이오카스테와의 사이에서 아들을 얻었다. 그러나 아들이 태어난 후, 신탁의 실현을 두려워한 그는 아이의 발뒤꿈치에 못을 박아 산속에 버렸다. 아이는 코린토스의 왕 폴리보스의 마부에게 발견되어 오이디푸스(발이 부은 자)라는 이름으로 성장하였다. 어느 날 자신이 폴리보스 Polybos와 왕비 메로페 Merope의 친아들이 아니라는 말을 들은 오이디푸스는, 진상을 알고자 델피의 신전을 찾아가 신탁을 청하였다. 여기서 그는 〈아버지를 죽이고 어머니를 아내로 맞는다〉는 기묘한 신탁을 받는다. 이를 피하려고 오이디푸스는 귀국을 단념하고 테베로 향하는데, 가는 도중에 좁은 길에서 한 노인을 만나 길 다툼을 하다가 그만 그를 죽이고 만다. 한편 테베에서는 날개 달린 사자의 몸에 여자 얼굴을 가진 스핑크스가 나타나, 나그네들에게 수수께끼를 내어 이를 풀지 못하는 사람을 잡아먹고 있었다. 그 수수께끼는 〈목소리는 하나인데 아침에는 네 발, 점심에는 두 발, 저녁에는 세 발로 걷는 것이 무엇이냐〉였다. 오이디푸스는 이 수수께끼를 풀어 스핑크스를 처치하고, 그 공으로 테베의 왕좌와 왕비를 손에 넣어 2남 2녀까지 낳는다. 하지만 그 후 그가 길에서 죽인 사람이 아버지 라이오스이고, 지금의 아내는 어머니 이오카스테라는 사실이 밝혀지면서 이오카스테는 목을 매어 자결하고, 오이디푸스는 〈두 눈알을 뽑고〉 장님이 되어 딸의 인도로 유랑하다 죽는다. 죄지은 자신의 모습을 보지 않기 위해서이다. 이러한 오이디푸스처럼 자신의 육체를 보지 않으려는 동기는 계속 이어지고 있다. 프랑스의 가톨릭 기숙 학교에 다니는 여학생은 목욕할 때 반드시 가운을 걸쳐야 했다. 자기 몸을 볼 수 없도록 하는 학교 규칙 때문이었다. 서양 사회에서 오랫동안 이어져 온 기독교 전통은 육체를 의심하고, 심지어 비난하는 태도마저 갖게 했다. 신체는 영혼의 감옥이었다. 극단적으로 말하자면 육체는 인간의 잠재력을 실현하는 데 방해가 되는 누더기에 불과했다. 물론 육체는 존중돼야 하고 주의를 기울여야 했다. 그러나 신체에 대한 지나친 관심은 죄, 특히 육신의 죄를 범하는 길에 들어서는 것이었다. 따라서 목욕 등 몸단장은 제한적으로 허용됐다. 물이 몸을 허약하게 만든다는 믿음도 널리 퍼져 있었다. 반면 몸의 때를 건강의 상징으로 여겨 티베트 사람들은 더러운 모습으로 살아가고 있다. 또 제1차 세계 대전이 발발한 1914년 이전까지만 해도 프랑스 중·고교 기숙사에는 아예 목욕 시설이 없는 곳도 적지 않았다. 그 후 청결 관습은 사회 계층에 따라 변화를 겪었다. 제1차 세계 대전이 끝난 후, 중산층의 아파트에는 대개 욕조가 딸린 욕실이 있었지만, 서민들이 현대적 편의 시설을 갖춘 아파트에 입주한 것은 제2차 세계 대전이 끝난 뒤였다.

　앞에서 언급된 대로, 자신의 육체를 보지 않으려는 동기가 있다. 그런데 자신의 모습을 보는 기구는 거울이다. 따라서 자신의 모습을 보지 않기 위해 거울이 부정적이 되는 경우가 있었다. 19세기 프랑스 농촌 마을에서 제대로 된 거울은 이발사만 갖고 있었고, 남자들만 볼 수 있게 사용이 국한됐다. 여자들은 행상들이 판매한 작은 거울을 사용했는데, 고작해야 얼굴만 비춰 볼 수 있었다. 농촌 사회에는 거울에 대한 금기 사항까지 있었다. 이를테면 아이에게 거울을 보여 주면 키가 자라지 않으며, 사람이 죽은 다음 날 거울이 펼쳐져 있으면 불행이 온다는 식이었다. 19세기 말에는 부부 침실 장롱 문에 거울이 등장했으나, 규범에 따라 처녀가 알몸을 거울에 비춰 보는 것은 금지됐다. 욕조 물에 비친 나신을 봐도 안 되었다. 이런 〈수치스러운 일〉을 방지하기 위해, 목욕물을 흐리게 만드는 특수한 가루까지 사용됐다. 하지만 이런 금기는 오히려 육체의 이미지가 갖는 관능적 자극을 더욱 고조시킬 뿐이었다.

이런 여러 가지 맥락에서 볼 때 시각에는 부정적인 요소가 많다. 따라서 아르님 Achim von Arnim은 〈세상은 장님이고, 다만 사랑하는 사람들만이 본다. 그것은 사랑 속에서 비로소 눈이 뜨이기 때문이다〉[5]라고 언급하고 있다. 생텍쥐페리도 〈가장 중요한 건 눈에 보이지 않는다〉고 말했다. 〈집이건 별이건 혹은 사막이건 그들을 아름답게 하는 건 눈에 보이지 않는 법이지. 눈은 보지를 못해. 마음으로 찾아야 해〉라고 그는 『어린 왕자』에서 묘사하고 있다. 유로화 통용 이전의 프랑스의 50프랑 지폐에 이러한 생텍쥐페리의 〈가장 중요한 건 눈에 보이지 않는다〉는 의미가 담겨 있다. 이 지폐의 디자인에는 소혹성 B-612 위에 서 있는 어린 왕자와 코끼리를 삼킨 보아 뱀, 그리고 생텍쥐페리의 분신과도 같았던 비행기까지 그의 동화 소설 『어린왕자』의 장면이 고스란히 담겨 있다. 〈중요한 건 눈에 보이지 않는다〉라는 생텍쥐페리의 메시지를 전달이라도 하듯, 프랑스 조폐 당국은 어린 왕자가 키우고 싶어 했던 양 한 마리를 안 드러나게 숨겨 두는 재치도 보였다. 이 양은 지폐 앞면 왼쪽 아래에 자외선을 쬐어야만 볼 수 있다.

생텍쥐페리가 〈가장 중요한 건 눈에 보이지 않는다〉고 말한 배경에서인지, 자신의 시선보다도 타인의 시선에 더 신경을 쓰는 경우가 많다. 이렇게 타인의 눈에 비친 자신의 모습에 지나치게 신경 쓰는 것을 〈자의식〉이라 한다. 인간은 끊임없이 타인의 시선을 의식하고, 타인의 반응에 신경을 곤두세우고, 예상되는 타인의 반응에 방어적으로 대처하는 것이다. 이러한 자의식을 도스토옙스키는 명쾌하게 파헤쳤다. 그의 소설 『가난한 사람들』의 찢어지게 가난한 주인공은 상대방이 묻지도 않는데, 늘 자신의 상태에 대해 구구절절 변명을 늘어놓는다. 자기도 돈이 꽤 있다는 등, 누추한 아파트에 세를 얻은 것은 돈 때문이 아니라 편리함 때문이라는 등, 상대방의 눈에 비친 자신의 초라한 모습을 어떻게 해서든 보호하기 위해 심리적인 방어벽을 친다. 그를 힘들게 하는 것은 돈의 부족에서 오는 궁핍함이 아니라, 타인의 시선, 타인과 자신의 비교에서 오는 좌절감이다. 이렇게 인간은 자신의 눈보다는, 타인의 눈으로 자기를 보려고 한다. 타인의 존재를 전제로 한다는 것이야말로 인간이 사회적 동물이라는 방증이다.

앞서 지드의 『전원 교향악』에서 묘사된 대로, 〈시각이 기쁨을 가져오는 것〉이 아니라, 〈절망을 가져오는〉 내용이 문학에 자주 등장하는데, 이의 이해를 위해 헉슬리 Aldous L. Huxley의 『멋진 신세계 Brave New World』에서의 시각적 작용도 고찰해 볼 필요가 있다. 셰익스피어의 햄릿은 다음과 같이 말한다.

> 인간이란 얼마나 멋들어진 작품인가!
> 그 고상한 이성! 그 무한한 능력!
> 정밀하고 감탄스러운 모양새와 몸놀림!
> 천사 같은 행동! 신과 같은 머리!
> 이 세상의 꽃이요, 동물 중에 일품(逸品)이로다.

이러한 햄릿의 인간 찬양과 마찬가지로, 셰익스피어의 「템페스트 Tempest」에서 미란다도 주위 세계를 찬양하며, 〈아아, 얼마나 신기한가! 여긴 정말 훌륭한 사람들이 많이 있군요! 오, 인간은 얼마나 아름다운가! 이런 사람들이 모여 사는 멋진 신세계여!〉라고 외친다. 이 〈멋진 신세계〉란 말이 오랫동안 사람들의 마음속을 흐르다가, 1932년 헉슬리의 〈멋진 신세계〉란 제목으로 재탄생한다. 어머니의 실족 사고로 자연 보호 구역에서 태어난 존은 곰팡이 핀 셰익스피어 전집을 벗 삼아 고독과 싸우던 중에, 우연히 문명인 관광객의 눈에 띄어 문명 세계에 발을 디딘다. 20년간 어머니에게 말로만 듣던 멋진 신세계가 그의 눈앞에 열리는 순간이었다. 그러나 누군가의 꿈이 반드시 다른 이에게도 꿈이 되는 것은 아니다. 문명 세계를 직접 눈으로 본 존은 〈오, 멋진 신세계여!〉라고 외치더니, 말을 마친 후 미친 듯이 달려가 구토를 한다.

사람은 누구나 이 세상과는 다른 〈좋은 세계 eutopia〉를 마음속에 그리며 산다. 하지만 그런 세계는 〈있을 수 없는 세계 outopia〉이다. 때문에 그것은 〈꿈속의 세계 utopia〉로 존재한다. 이 세상이 〈결함투성이의 세계 dystopia〉일수록 더욱 그렇다. 독일에서 인기를 끈 영화 「위대한 침묵 Die Gro e Stille」에서 한 맹인 수도사는 이러한 〈결함투성이의 세계〉가 보이지 않는 자신의 삶에 대한 행복을 다음과 같이 말하고 있다. 〈나는 맹인이 된 것에 감사드린다. 내가 맹인이기에 하느님께로 더 가까이 갈 수 있었고, 하느님께 가까운 만큼 행복했기 때문이다. 하느님께 가까운 만큼 행복하게 살게 된다.〉 이런 배경하에 눈 또는 귀로 보거나 듣는 감각의 절망적 내용과, 감각이 아닌 영혼으로 보는 기쁨의 내용이 릴케가 자신의 연인 루 살로메에게 보낸 시에서 비교되어 나타나 있다.

> 내 눈빛을 꺼주소서. 나는 당신을 볼 수 있습니다.
> 내 귀를 막아 주소서. 나는 당신의 목소리를 들을 수 있습니다.
> 발이 없어도 당신에게 갈 수 있고,
> 입이 없어도 당신을 부를 수 있습니다.
> 내 팔을 부러뜨려 주소서, 나는 손으로 하듯
> 내 가슴으로 당신을 붙잡을 것입니다.
> 내 심장을 막아 주소서, 그러면 나의 뇌가 고동칠 것입니다.
> 내 뇌에 불을 지르면, 나는 당신을
> 피에 실어 나르겠습니다.[6]

이 시의 내용은 〈눈으로 보고, 손으로 만지고, 귀로 듣고, 혀로 느끼는 그 모든 것은 다 헛된 것〉이라는 불교에서 회자되는 내용과도 상통한다. 예수도 〈들을 귀가 있는 사람은 알아들어라〉(「마태오의 복음서」 13장 9절)라고 자주 말하여, 신약 성서를 펼치면 이 표현이 여러 번 나온다. 귀 없는 이들이 그만큼 많았다는 얘기일 것이다. 이들은 피리를 불어도 춤을 추지 않고, 곡을 해도 울지 않는다. 예수의 시대뿐만이 아니다. 역사책을 펼치면 귀 없는 이들이 수없이 등장한다. 마음이 닫히면 귀도 닫힌다. 세상 소리를 못 알아듣는 것은 마음의 병이어서 고치기가 어렵다. 세상 사람들은 어떤 모양을 보면, 그 모양에서 벗어나지 못하고, 어떤 소리를 들으면, 그 소리에서 벗어나지 못하는 것이다. 따라서 릴케는 위의 시에서 스스로 감각 기관인 눈과 귀의 불구자(?)가 되기를 원할 정도였다.

그러면 어떻게 이에서 벗어날 수 있을까? 결국 마음으로 통하는 것이 최고의 소통이다. 석가모니와 가섭이 연꽃을 두고 이심전심(以心傳心)의 미소를 지었다는 일화가 그 예다. 여기에 칸트의 〈자유〉 개념도 들 수 있겠다. 이 자유 개념에 의하면, 버스에서 자리를 양보한 까닭은 〈자리를 양보하시오〉라는 소리가 들렸기 때문이다. 이는 귀가 아니라 마음으로 들린 것이다. 그에게 자리를 양보하라고 명령한 사람은 다른 누구도 아닌 바로 그 자신이다. 인간은 스스로에게 명령하여 〈자유〉로운 존재인 것이다. 결론적으로, 진정한 것은 영혼적 청각과 시각으로 보고 들을 수 있다. 따라서 릴케는 자신이 좋아했던 레몬도 영혼적 시선으로 보고 있다.

> 당신은 무르익은 과일들을 이해했으니까요.
> 그것들을 당신은 당신 앞의 접시에 놓고
> 색깔로 그것들의 무게를 잡아 봅니다.
> 과일을 보듯 당신은 여인들을 보고,
> 아이들도 그렇게 봅니다. 안에서 밀고 나와
> 제 존재의 형태를 취하듯이 말이에요.
> 그리고 마침내 당신까지도 과일처럼 보아,
> 당신은 옷을 열어 당신을 꺼내, 당신을
> 거울 앞에 가져간 다음, 당신의 눈길만 빼놓고
> 당신을 밀어 넣었지요. 그 앞에 당신의 눈길은
> 큰 모습으로 남아 저게 나라고 말하지 않았어요.
> 아니에요. 바로 그것입니다.
> 마침내 당신의 눈길은 호기심도 버리고
> 소유에서 해방되어 진정 가난해졌으니
> 그 눈길은 당신까지도 탐내지 않아 성스럽군요.[7]

이러한 영혼적 시선은 릴케의 『두이노의 비가 Die Duineser Elegien』에서 더욱 심오하게 전개되고 있다.

> 세계는, 사랑이여, 어디에도 없다. 내면에 말고는. 우리의

인생은 변용하며 흘러간다. 그리고 외면은 점점
더 적게 사라진다. 한때 꿋꿋한 집이 있던 곳에
가공의 형체가 떠오른다. 비스듬히, 생각할 수 있는 것에
완전히 예속되어, 그것이 아직도 전부 뇌 속에 서 있기라도 하듯.[8]

우리의 눈은 〈열린 공간〉을 보지 못한다. 우리의 시각은 이미 어린 시절부터 죽음에 의해 차단되어 있는 것이다. 따라서 릴케의 「제8 비가」는 바깥이 아니라, 거꾸로 안을 향한 눈의 도상으로 시작된다.

모든 눈으로 동물은
열린 공간을 본다. 오직 우리의 눈은
뒤로 돌아간 것처럼 그 둘레를 막고 있다.
마치 덫처럼, 그 자유로운 출구 주위에.

안으로 향한 눈, 죽음에 의해 그 시야가 차단된 눈은 죽음을 의식하는 자의식을 표상한다. 짐승에게 죽음에 대한 자의식이 없음은 당연하다. 따라서 짐승의 삶과 죽음은 대자연의 영원한 순환과 일치된 것으로 여겨진다. 인간과 짐승의 차이를 안과 밖으로 향한 눈의 대비로 표현한 릴케의 시적 발상이 독특하다. 이러한 릴케의 관점에서 볼 때, 〈머리와 손발이 없는 조상(彫像, Torso)〉에서 떨어져 나간 머리와 손발이 육체의 눈에는 보이지 않지만, 영혼의 눈에는 보이는 것이다. 그 조상에는 신이 내재하고 있기 때문이다. 그러나 우리는 인식과 인내의 부족으로 이를 보지 못하고 있다. 따라서 인식의 방법을 바꿔야만, 이 떨어져 나간 머리와 손발을 볼 수 있다. 즉 영혼의 눈으로만 이들을 볼 수 있는 것이다. 이렇게 사물에 내재한 신을 찾으려는 노력이 릴케의 시 「아폴로의 고대 토르소 Archaischer Torso Apollos」에 잘 묘사되어 있다.

그 안에 안구(眼球)가 익어 있는,
한 번도 들어 본 일이 없는 그의 머리를 우리는 모른다.

하지만 그의 토르소는 아직도 촛대인 양 불타고 있다.
그 속에는 그의 관조(觀照)가 죄어 들어가

지속되게 빛나고 있다. 그렇지 않으면 그 가슴의
굴곡이 그대를 눈부시게 할 수 없었으며,
허리의 살몃한 뒤틀림 속에서 한 가닥 미소가
생식(生殖)을 지닌 저 중심에로 이르지는 못하리라.

그렇지 않으면 이지러지고 짤막한
투명하게 떨어져 내린 어깨 바로 아래 놓인 돌덩이에 불과하며,
맹수의 모피인 양 빛나지도 못하리라.

또한 거기에는 그대를 보지 않는 곳이 없으므로,
그의 모든 가장자리로부터 별빛처럼 터져 나오지도 않으리라.
그대는 그대의 생을 바꾸어야 한다.

그런데 이 모든 것을 육체적 눈이 아닌 영혼의 눈으로 보는 실제 인물이 있었으니, 바로 밀턴 John Milton이다. 외모도 그렇거니와 사교와 담 쌓은 채 『일리아드』의 호메로스를 능가하겠다며 용맹전진하던 밀턴의 숨은 열정은 청교도 혁명으로 분출된다. 크롬웰의 비서이자 왕당파의 반격을 격퇴한 대표 논객이었으나, 운명은 그에게서 시력을 앗아 갔다. 하지만 역설적이게도 어둠 속에서 밀턴은 대시인의 혜안을 얻는다. 밀턴은 〈하느님은 낮의 일을 요구하면서 빛은 허락하지 않으시는가?〉라고 안타까워하면서도, 〈내 눈은 가장 좋은 시력을 가진 사람의 눈과 마찬가지로 아무런 혼탁도 없이 맑고 명료하다〉며 운명에 맞섰다. 그 맑은 눈으로 창조주와 타락 천사, 신과 인간의 모습을 들여다본 것이 『실낙원 *Paradise Lost*』이다. 마찬가지로 베토벤은 귀머거리가 되었을 때 그에게 세속적인 음악은 들리지 않고, 영혼의 음악이 들려왔다. 이렇게 세속적인 귀가 아닌 영혼의 귀로 듣는 내용이 릴케의 아래 시에 잘 나타나 있다.

목소리, 목소리들, 들어라, 내 가슴아, 지난날 성자들만이
들었던 소리를, 엄청난 외침 소리가 그들을
땅에서 들어 올렸지만, 그들, 불가사의한 자들은
무릎 꿇은 자세 흩뜨리지 않고, 그에 아랑곳하지 않았으니,
바로 그렇게 그들은 귀 기울이고 있었다. 신의 목소리야
더 견디기 어려우리. 바람결에 스치는 소리를 들어라.
정적 속에서 만들어지는 끊임없는 전언을.
이제 그 젊은 주검들이 너를 향해 소곤댄다.
네가 어디로 발을 옮기든, 교회든 로마든 나폴리든
그들의 운명은 조용히 네게 말을 건네지 않았던가?
아니면 얼마 전의 산타 마리아 포르모사의 비문처럼
비문 하나가 네게 엄숙히 그것을 명하지 않았던가?
그들은 내게 무엇을 바라는가? 내 그들의 영혼의
순수한 움직임에 가끔 조금이라도 방해가 되는
옳지 못한 인상을 조용히 버려야 하리라.[9]

밀턴이나 베토벤처럼 장애 안에서 일종의 세속적 상황을 떠난 신적인 경지가 체험되는 것이다. 이런 배경에서 토마스 만은 영혼적 감각의 인간을 〈눈의 인간과 귀의 인간〉(GW 11, 389)으로 구분하였는데, 이의 내용은 『부덴브로크 일가』에서 게르하르트와 레아라는 쌍둥이 노처녀의 모습에 잘 묘사되어 있다. 〈이들은 내적인 빛과 예감, 이심전심과 감응에 대해 아주 이상야릇한 이론들을 지니고 있다. 특히 레아는 귀머거리인데도 무엇이 문제가 되고 있는지를 거의 항상 알고 있는〉(Bd 281) 영혼의 귀를 지니고 있다.

이런 여러 배경에서 토마스 만은 인간을 〈눈의 인간〉과 〈귀의 인간〉으로, 즉 〈주로 눈을 통해 세상 체험을 하는 인간과 본질적으로 귀로 체험하는 인간으로 나뉜다〉(GW 11, 389)고 말했다. 특히 토마스 만의 작품에서는 〈눈의 인간〉이 중요한 역할을 하고 있다. 따라서 그의 작품에서 다양한 인물의 성격이 〈눈빛〉으로 나타나고 있다. 예를 들어 『마의 산』에서 쇼샤 부인의 눈은 〈푸른빛〉(Zb 130)에

어두운 색채인 〈잿빛〉(Zb 130)이 첨가되어 역설적 미를 암시하고 있다. 이렇게 쇼샤 부인이 〈푸른빛 도는 잿빛〉 눈의 소유자로의 설정이 주목할 사항이다. 토마스 만의 작품에서 예술가 등 다양한 인물의 성격이 〈눈빛〉으로 나타나고 있는 것이다. 「토니오 크뢰거」에서는 시민 사회에서 예술가의 본질 없이 일정한 기능을 수행하며 안주하여 살아가는 발레 교사인 프랑수아 크나크가 물론 예술가의 대열에 포함될 자격이 있다. 춤은 분명 〈예술〉의 한 분야이기 때문이다. 하지만 크뢰거의 눈에 비친 그는 예술가가 아닌 천한 곡마단의 〈원숭이 *Affe*〉(TK 284)로 시민 사회에 뿌리를 내리고 사는 〈직업 예술가〉로서 〈가짜 예술가〉의 전형이다. 이 내용이 프랑수아 크나크의 〈눈빛〉으로 표현되어 있다. 〈크나크 씨의 두 눈은 얼마나 확신에 차 있고 흔들림이 없는지! 그 눈은 사물이 복잡하고 슬프게 되는 곳까지 들여다보지 않았다. 그 눈이 아는 것은 자신이 갈색이고 아름답다는 사실뿐이다.〉 (TK 284)

이런 맥락에서 쇼샤 부인의 동양적 매력 등, 토마스 만 작품에서 고상하고 격조 높은 인물상은 〈푸른 눈〉의 요소로 등장한다. 이는 「토니오 크뢰거」에서 여성 화가 리자베타에게 보낸 크뢰거의 편지 한 부분과 유사하다. 〈리자베타, 푸른 눈에 금발인 사람들에 대한 제 애정을 책망하지 마십시오. 그것은 선량한 것이고 결실을 가져오는 것입니다.〉(TK 338) 또 토니오 크뢰거가 리자베타에게 행한 다음의 말에서 〈푸른 눈〉의 고상하고 격조 높은 경향이 더욱 더 명확하게 나타나고 있다. 〈가끔 나는 연단에 올라서면 나의 말을 들으려고 운집한 사람들과 마주칠 때가 있습니다. (……) 내가 찾고 있는 사람들은 발견되지 않습니다. 발견되는 것은 나와 같은 무리들입니다. 그것은 말하자면 초기 기독교도들의 모임과 같은 것입니다. 서툰 몸짓과 미묘한 혼을 가진 사람들, 즉 언제나 비실비실하는 사람들, 문학을 인생에 대한 은근한 복수라고 생각하는 사람들인 것입니다. 언제나 번민하는 사람들, 동경하는 사람들, 가련한 사람들뿐이며, 푸른 눈을 가진 사람이나, 정신을 필요로 하지 않는 사람들은 한 사람도 와주지 않았습니다.〉(TK 303) 이러한 푸른 눈처럼 토마스 만의 작품에서 예술가 등의 성격은 푸른 눈빛으로 암시된다. 「토니오 크뢰거」에서도 〈너처럼 그렇게 푸른 눈을 하고 온 세상 사람들과 정상적이고 행복한 관계 속에서 살 수 있다면 얼마나 좋을까!〉(TK 276) 하고 크뢰거는 생각한다. 또

이 작품에서 크뢰거는 〈너는 언제나 단정하게 일하고, 모든 사람들이 다 인정하는 일을 한다. 학교 숙제를 다 하고 나면 너는 승마 교습을 받거나 톱을 가지고 일을 한다. 방학 중에도, 바닷가에 있을 때조차도 너는 노를 젓거나 돛배를 띄우거나 수영을 하느라 여념이 없지. (……) 바로 그렇기 때문에 네 두 눈은 그렇게 맑을 수 있는 것이겠지!〉(TK 276)라고 언급한다.

『부덴브로크 일가』에서도 요한 부덴브로크의 심리가 〈푸른 눈〉으로 묘사되고 있다. 〈그(토마스 부덴브로크)는 자기 아버지의 눈보다 더 몽상적인 눈을 가지고 있는 것 같고 아버지의 그 약간 움푹하고 주의 깊은 [푸른 눈]을 그대로 물려받고 있었다.〉(Bd 11) 이 내용은 〈한 가문의 몰락〉을 서술하는 데 중대한 조짐이 되고 있다. 선대(先代)의 푸른 눈이 다음 세대에 이어진다는 것은 실제적이고 건실하던 선대의 시민 정신이 다음 세대에서는 몽상적인 예술적 세계로 다가서는 것을 의미한다. 이 같은 변화는 토마스 부덴브로크를 거쳐 한노 부덴브로크까지 내려오면서 눈 가장자리에 〈푸르스름한 그늘〉(Bd 424)로 나타난다. 이렇게 토마스 부덴브로크의 〈푸른 눈〉이 한노의 〈푸르스름한 그늘〉로 변하는 것은 일견 상징성을 띠면서 세대의 몰락을 내포하고 있다.

이렇게 〈푸른 눈〉이 어두운 색채로 변하여 부정적 의미를 띠는 경우가 많다. 예를 들어 『마의 산』에서 부패하고 무능력한 인물로 구성된 요양소의 수간호사인 폰 밀렌동크von Mylendonk는 푸른 눈이 충혈되어 있고, 한쪽 눈에는 큰 다래끼가 나 있는데, 그것도 번갈아 가면서 다른 쪽의 눈에 생기는 특이한 체질을 보여 준다. 그리고 부패하고 무능력의 정점에 있는 요양소 원장 베렌스는 파리한 볼에 눈은 충혈된 채 항상 젖어 있다.

이처럼 토마스 만의 작품에선 예술가 등 다양한 인물의 성격이 눈빛으로 암시되는 경우가 많은데, 여기에서 부정적인 인물상은 어두운 눈빛으로 묘사되고 있다. 예를 들어 『부덴브로크 일가』에서 1861년에 태어난 한노에 대한 서술은, 〈상속자! 적자! 부덴브로크의 혈통!〉(Bd 396)이라는 기쁨의 탄성으로 시작되지만, 유감스럽게도 유일한 가문의 계승자인 한노는 오히려 병약하고 우울한 아이로 성장해 모친 게르다처럼 〈푸르스름한 그늘이 드리워진 두 눈〉(Bd 424)으로 멍하니 공상에 잠겨서 눈물을 흘리곤 하는 것이 상인의 후손으로 적합하지 않아 부친의 기대를 여지없이 무너뜨린다. 이러한 어두운 눈빛의 부정적인 내용은 「토니오 크뢰거」에서 크뢰거가 리자베타에게 행한 라틴 민족에 대한 경멸적인 언급에도 적나라하게 담겨 있다. 〈리자베타, 이탈리아는 말도 꺼내지 마십시오! 난 이제 이탈리아는 경멸하고 싶을 정도로 무관심해졌습니다. 내가 거기에 속해 있다는 망상을 했던 것도 이미 오래전의 일입니다. 예술의 세계, 그렇지요? 우단처럼 푸른 하늘, 뜨거운 포도주, 감미로운 관능 (……) 요컨대 나는 그것을 좋아하지 않습니다. 난 포기하겠습니다. 그런 남국적 아름다움은 나의 신경을 날카롭게 만들지요. 또한 나는 저 아래쪽에 사는 그 모든 지독하게 생동적인 사람들, 동물적인 검은 시선을 하고 있는 사람들을 좋아할 수 없습니다.〉(TK 305 f.)

토마스 만은 〈눈을 통해 세상을 체험하는 인간과 귀로 체험하는 형으로 인간을 나누면서〉(GW 11, 389) 〈전자는 남쪽의 수용력이요, 후자는 북쪽의 지각력〉(GW 11, 389)이라고 구분하였다. 토마스 만은 이 대치 쌍을 자기 작품의 이원적 배경인 남북 간 대비로 연결했다. 북쪽(뤼베크) 출생인 토마스 만은 눈의 인간이 아니라 귀의 인간이므로 눈의 인간의 배경인 남방을 동경하게 된다. 이런 맥락 아래 『마의 산』 등 토마스 만의 작품에선 북방을 탈피하여 남방을 동경하는 모티프가 자주 나타나, 카프카의 문학과의 공통점이 되고 있다. 결국 토마스 만과 카프카 문학의 공통점으로 남쪽 땅인 이탈리아나 그리스의 동경을 들 수 있다. 따라서 이들의 작품에서 〈북방〉이 부정적인 의미를 띠고, 그와 반대 지역인 〈남방〉이 동경되는 내용이 자주 나타나고 있다. 토마스 만의 『정원의 나무들 Bäume im Garten』이란 평론집에서 올리브 나무와 무화과나무가 비교되면서 전자는 태양의 원리로서 밝은 〈남성적·정신적 원리〉와 결합되는 데 비해, 후자는 신비스러운 달의 원리로서 죽음이나 밤, 혹은 관능이나 성과 같은 모성적·영감적 원리를 상징한다고 지적되어 나무를 가지고도 남방적 요소와 북방적 요소가 구별되고 있다.(GW 11, 863)

『마의 산』에서 세템브리니와 나프타의 극단적 서구 이론은 생의 허약아인 카스토르프에게는 너무나 과격하고 또 역설적이다. 이들 사이의 논쟁에서 소극적이던 카스토르프는 점차 자기 자신의 역량을 깨달으면서 세템브리니와 나프타 두 대립자 간의 반명제적 입장을 얻게 되는데, 이의 내용이 『마의 산』 〈눈〉의 장에서 나타난다. 이 장에서 작품의 양식은 새로운 분위기인 환상, 특히 눈의 하얀색으로 암시되는 무(無)의 상태로 빠져 들어간다. 카스토르프는 강한 눈보라 속에 스키를 타다가 죽을 고비를 넘기면서 죽음과 삶 등을 초월하는 순간을 체험한다. 갑작스러운 눈보라에 의해 카스토르프는 자신도 모르게 잠이 들어, 모험과 위험을 열망하며 눈 경치를 따라 감행한 외로운 여행이 홀로 있다는 두려움에서 벗어나 승화된 평온 속으로 빠져든다. 이제 그의 고립은 완전하며, 그의 교육도 처음으로 완전한 고립에서 이루어지게 된다.

이때 카스토르프는 눈 속에서 꿈을 꾸게 된다. 그는 처음에는 조용하고 아름답고 우아한 양지의 사람들을 꿈꾸는데, 그 꿈은 휴머니티한 면을 나타낸다. 그들은 먼 남쪽 바닷가 산타나Santana의 성스러운 지중해변에 살고 있어 그리스나 이탈리아 등의 남부를 나타내고 있다. 즉 괴테의 고전적인 헬라스Hellas로 아폴론적 그리스나 이탈리아의 남부 유럽을 나타내, 지금까지 북독일적인 성격을 띠던 카스토르프의 북방 기질이 남방 기질과 접하게 된다.

〈카스토르프에게 북독일적인 냉정함, 신중하게 타진하는 리얼리즘의 특징들은 분명한 사실이다〉라는 마이어 Hans Mayer의 말대로, 북방적 인물인 카스토르프는 〈눈〉의 장에서 남방 세계를 동경하게 되는 것이다. 눈의 꿈에서 태양(남방)의 자식들이 제단 옆에서 어린아이에게 젖을 먹이는 어머니 곁을 지나면서 취하는 공손한 태도는 남방 세계의 문명화를 암시한다. 〈소년들은 제단 앞을 지나갈 때, 살짝 무릎을 굽히고 지나가는 예배 참가자들처럼 그것이라고 확실하게 느끼지 못하게 무릎을 굽히고 지나갔다.〉(Zb 407)

눈 속의 꿈에서 중요한 내용은 피(북방)의 향연을 조심스럽게 염두에 두어, 태양(남방)의 자식들이 예의 바르고, 부드럽고, 품위 있다는 카스토르프의 인식에 있다. 〈태양의 자식들은 피의 향연의 무서움을 염두에 두고 있기 때문에 예의 바르고 서로에게 매력적인 것일까? 그렇다면 그들은 정말 우아하고 훌륭한 결론을 끄집어냈다고 할 수 있다.〉(Zb 685 f.) 이렇게 서양 사상에서 북방은 피의 향연으로 연상되는 등 일종의 〈야만스럽고〉, 그리스 등의 남방은 〈문명에 관련된〉 지역으로 묘사되는 경우가 많은데, 이는 신화에서부터 유래한다. 예를 들어 아르고호의 모험담에서 이아손은 그리스 문명권에서 온 영웅이고, 메데이아는 흑해 너머 캅카스 산맥 지역 출신이다. 메데이아는 영웅 이아손의 조력자 신분인데, 에우리피데스의 작품 독분에 이아손보다 주목받는 인물이 되었다. 에우리피데스의 작품은 메데이아의 도움으로 황금 모피를 획득한 이아손의 과업과 아르고호의 모험이 이미 끝난 시점에서 시작되어, 코린트에서 이아손의 배반에 대한 메데이아의 분노와 복수가 작품의 중심이 되고 있다. 메데이아는 이아손이 자신을 속이고 다시 결혼을 하려 할 때, 자신의 이방인 처지를 뼈아프게 느낀다. 이아손은 자기 덕분에 〈야만족 나라 대신 그리스 땅에서〉[10] 살 수 있으므로 자기가 메데이아에게 베푼 것이 더 많다는 입장이다. 메데이아가 복수의 정념에 휩싸여 연적과 아이들을 죽였을 때도 이아손은 〈어떤 여인도 그리스인이라면 그런 짓을 하지 않을 것〉[11]이라며 메데이아의 야만적 출신에서 비극적 참사의 원인을 끌어낸다. 오비디우스의 『변신 이야기』에서도 메데이아는 〈내 나라는 야만국〉이라면서 〈그리스 젊은이를 구했다는 영예〉 운운하며, 〈더 나은 나라와 이곳에서도 그 명성이 자자한 도시들에 대한 견문, 그곳의 문화와 예술〉[12]을 말하면서 그리스의 우월함을 부각시키고 있다. 야만의 나라에서 그리스 문명 사회로 온 메데이아의 존재는 에우리피데스 작품 이후 주요 화두가 되어 왔다. 이는 문명 비판의 테마로 전환되면서 메데이아 신화를 문학 작품화함에 있어 중요한 계기가 된다.

이러한 그리스나 이탈리아 등의 남방 세계의 동경이 『마의 산』 제5장에서도 암시되고 있는데, 이는 〈괴테의 모방〉으로 볼 수 있다. 따라서 토마스 만은 『마의 산』 제5장에서 바이마르 궁정의 작은 세계에서 비약하여, 이탈리아의 푸른 하늘 아래에서 면목을 일신한 괴테, 특히 제2차 로마 체류 시절에 괴테의 조형 미술 및 인체와 경이롭게 접촉한다. 언젠가 〈세계〉에서 〈좁은 장소〉로 도피하려고 생각했던 토마스 만은 〈불결한 것〉을 등지고 괴테에게서 교시(敎示)를 받는 것이다. 이제 〈좁은 장소〉에서 다시 넓은 장소로, 말하자면 그 자신의 고전기를 향하여 출발한 토마스 만은 그 생애의 아주 결정적인 시점에 놓였던 선인(先人) 괴테에게서 교시를 받는데, 이는 질풍노도 Sturm und Drang 시대와 바이마르 궁정 시대를 보내고 드디어 진정한 고전기로 향하여 일대 전환을 시도했던 시절의 괴테의 모방이다. 이러한 괴테로의 길은 쉴러에 대한 접근에서 시작되었는데, 이를 우리는 그의 초기 작품에서 볼 수 있다. 모든 창조적 활동에 수반되는 외로운 고난을 표현하고 있는 「산고의 시간 Schwere Stunde」에서 이미 토마스 만은 필사적으로 「발렌슈타인 Wallenstein」을 집필하고 있는 쉴러로 하여금, 겉보기에 연약하고 유희적으로 창작하는 밝고 실제적이며 감각적이며 신적이며 – 무의식적인 인물, 즉 그가 동경에 가득 찬 적개심으로 사랑하고 있는 바이마르에 있는 사람(괴테)에 대해 생각하게 하였다.(GW 8, 377) 토마스 만은 1905년의 소품「산고의 시간」에서「발렌슈타인」을 구상하면서, 고민하는 쉴러와 대조시켜 〈지중해적·조형적인〉(GW 9, 506) 세계, 혹은 〈빛나는 명랑성〉(GW 9, 506)을 가진, 그러나 동시에 〈북방적·음악적〉이고도 심정과 정신이 융합된 괴테의 작품 세계에 대한 동경을 보여 주고 있다.

쉴러는「발렌슈타인」에서 자기 미학의 핵심 개념인 〈아름다움 das Schöne〉과 〈숭고함 das Erhabene〉을 상호 모순이 아닌, 상호 보완의 관점에서 전개시켰다. 쉴러의 미학은 이 미학의 양대 축을 이루는 〈아름다움〉과 〈숭고함〉 간의 불일치와 상극 관계이다. 〈아름다움〉은 이성과 감성, 정신과 육체라는 인간 본성의 화합과 조화와 균형의 가능성을, 그리고 〈숭고함〉은 바로 이 화합의 근본적인 불가능성을 핵심 내용으로 하고 있다. 〈아름다움의 이념〉은 인간 본성의 이상적 완전함에 대한 믿음을 바탕으로 한 성선설(性善說)에서, 〈숭고함의 이념〉은 인간 본성에 내재하는 추악함과 야만성은 오로지 힘과 강제를 통해서만 억제될 수 있다는 성악설(性惡說)에서 출발하는 것이다.

토마스 만은 자신의 작가로서의 태도를 〈인식의 구토〉로 대변되던 때와는 달리, 인식과 창조, 비판과 조형이 종합을 이룬 괴테와 쉴러에게 귀의하고 있다. 이렇게 토마스 만은 괴테에게 귀의하면서 괴테의 남방의 동경을 답습하는데, 이의 이해를 위해 남방 문학의 동경을 나타낸 괴테의 대표적인 시「미뇽의 노래」를 먼저 고찰해 보자.

> 그대는 아는가, 레몬 꽃 피는 나라,
> 그늘진 잎 사이에 황금빛 오렌지 빛나고,
> 푸른 하늘에선 산들바람 불어오고,
> 미르테 고요히, 월계수 높이 솟은,
> 그대여 그곳을 아는가?

그리로, 그리로!
오, 내 사랑, 같이 가고파라!

그대는 아는가, 둥근 기둥이 지붕 받치고,
홀은 화려하고 방 안은 나지막이 빛나고,
가엾은 아이여, 무슨 일을 당하였느뇨? 라고
대리석 조상(彫像)이 나를 보며 묻는,
그대여 그곳을 아는가?
그리로, 그리로!
아, 나의 보호자, 같이 가고파라!

그대는 아는가, 그 산, 그 구름 길을?
노새는 안개 속에 길을 찾아 헤매고,
동굴에는 해묵은 용들이 살고 있고,
바위는 떨어지고 그 위에 폭포 흐르는,
그대여 그곳을 아는가?
그리로, 그리로!
오, 아버지, 같이 가세요!

 이 시의 제1연에서는 남쪽 나라 고향의 자연이, 제2연에서는 남쪽 나라 고향의 예술이, 제3연에서는 알프스를 넘어 이탈리아로 가는 길이 묘사되고 있다. 결국 이 노래는 남쪽 나라 고향에 대한 동경을 표현하고 있다. 이 시의 첫인상은 맑은 하늘의 따뜻한 남국 이탈리아를 연상케 하는 식물들의 모습에서 볼 수 있다. 이 시는 낭만적이고 환상적인 분위기로 한 번만 읽어도 산뜻하고 아름답게 느껴진다. 미지의 세계를 향한 동경이 가득 담긴 이 시는 괴테가 터득한 시작(詩作) 기술의 전면적 활용이라는 점에서 매우 성공적인 효과를 보여 주는 작품으로 주목된다. 이러한 맥락에서 〈우리는 인간을, 특히 예술가를 눈의 인간과 귀의 인간으로, 즉 주로 눈을 통해 세상 체험을 하는 이와 본질적으로 귀로 체험하는 이로 나누었다〉(GW 11, 389)

고 토마스 만은 말하면서 〈전자는 남쪽의 수용력이요 후자는 북쪽의 지각력〉이라고 명명하여(GW 11, 389) 괴테의 남방적 시를 시각적으로 수용하고 있다.

우선 시의 첫 행을 읽어 보면 아주 담담한 사실적 묘사가 눈에 들어온다. 레몬 꽃이 피고 오렌지가 나무에 달려 있다. 이것은 이탈리아의 봄을 말하는 전형적인 표상이다. 그럼에도 불구하고 여기서는 어떤 특정 계절과 관계가 있다기보다는, 오히려 시간을 초월한 인상이 강하다. 꽃과 열매들이 마치 낙원에서 파우스트와 헬레나가 어울리는 전원적인 동굴에서처럼 서로 얽혀 있다. 어떤 과거도, 어떤 미래도 존재하지 않고, 완전한 순간으로 영원히 투명하게 비치고 있다.[13] 『파우스트』에도 이러한 식물적 천국의 분위기를 보여 주는 장면이 있다. 황제의 궁정에서 벌어지는 가장행렬에 참가하면서 한 무리의 정원사 여성들이 나와 〈정교하게 반짝이면서 우리들 꽃들은 1년 내내 끊임없이 피어난다〉(5098~5099행)라고 꽃들의 아름다움을 읊는 장면이 「미뇽의 노래」와 같은 분위기로 묘사되고 있다.

시적 영감과 영원한 젊음의 상징[14]이자 아폴론의 나무[15]인 미르테와 월계수(4행)는 남녀의 온화한 감정을 나타내는 낭만적 성격을 띠고 있다. 이 두 식물은 고대의 화해를 나타내는 지혜의 상징이다.[16] 미르테와 월계수는 이탈리아의 상징으로 독일 문학과 미술을 지배하고 있다. 따라서 다정한 형태로, 또 신화적 숭배의 대상으로 미르테와 월계수가 「미뇽의 노래」에 등장한다. 괴테는 실제로 사랑의 상징으로 연인들에게 이 미르테와 월계수를 자주 보낸 적이 있다. 한 예로 프랑크푸르트에 있는 그의 연인 마리안네와의 사이에서 편지와 선물이 오갈 무렵 그녀에게도 미르테와 월계수 잎을 보냈는데, 여기서 미르테와 월계수는 행복한 시절의 추억과 〈하이템 Hatem과 줄라이카 Suleika〉 사이에서처럼, 사랑과 시작(詩作)의 상징이 되고 있다.[17] 여기에서 〈하이템과 줄라이카〉는 〈트리스탄과 이졸데〉, 〈로미오와 줄리dpt〉 등 서양의 전설적 사랑의 쌍과 유사하게 중동에서는 〈방랑의 상인 하이템과 그의 연인 줄라이카〉의 전설로 전해 내려온다. 이의 소재가 수용되어 괴테는 자기 연인 마리안네 Mariane Willemer를 줄라이카로 부르고, 그녀는 괴테를 하이템이라 불렀으며, 다음과 같이 「줄라이카」라는 시를 남겼다.

당신은 수많은 시를 지어,

여기저기 그 노래를 보냈군요.
당신의 손으로 지은 아름다운 글을,
철자법까지 잘 다듬어서,
화려하게 묶고 금빛 표지로 둘러,
예쁘게 마음을 끄는 여러 책을 보냈군요.
당신이 시집을 보낸 곳에서는 언제나,
그것은 영락없이 사랑의 담보가 되었지요.

괴테는 이러한 남방의 미를 북방의 정신과 조화시키고 있다. 예를 들어 괴테는 『파우스트』에서 파우스트로 대표되는 북방의 정신과 헬레나로 대표되는 남방의 미를 조화시키고 있다. 즉 고대 그리스와 중세 독일, 고전적인 것과 낭만적인 것의 결합이 이루어지는 것이다. 이러한 남방의 미와 북방의 이념의 상징이 작품 속의 기후에서도 나타난다. 여기에서 흐림의 상징인 〈안개〉의 괴테적 개념을 이해할 필요가 있다. 괴테가 북구를 〈안개의 세계 Nebelwelt〉라고 말했듯이 〈안개〉는 북방적인 경치의 특징이다. 〈독일인은 구름을 사랑하고 모든 불명료함, 어슴푸레함, 눅눅함, 침침함도 사랑한다. 불확실하고, 불명확하고, 희미하고, 형성 중에 있는 모든 것을 독일인은 심오하다고 생각한다.〉[18]

그러나 괴테는 북구의 상징인 안개를 싫어했다. 안개의 혼탁함은 낮과 밤의 분별을 없애 주고, 우울한 기분을 만들며 사물을 삼켜 버리기 때문에 괴테는 안개를 인간과 세계가 차단된 상태, 근심과 걱정, 분별이 없는 혼탁한 상태의 은유로 보았다. 그래서 그는 「로마의 비가 Römische Elegien」에서 〈남쪽의 벼룩〉[19]보다 〈북쪽의 안개〉[20]를 더 싫어한다고 말했다.[21]

이러한 괴테의 안개에 대한 부정적인 이미지를 토마스 만도 이어받은 듯, 그의 작품에도 안개를 부정적으로 보는 내용이 빈번하다. 예를 들어 『마의 산』에서 저녁의 나룻배 놀이 장면을 들 수 있다. 〈저녁 7시경으로 해는 벌써 서산에 지고. 만월에 가까운 달이 동쪽 기슭의 숲 위에 올라 있었다. 한스 카스토르프가 고요해진 물 위를 배로 지나가니 햇빛과 달의 매혹적이고 몽상적인 관계가 하늘을 10분가량 지배하고 있었다. 서쪽 하늘은 아직 낮으로 유리같이 차고 선명한 낮의 빛이 퍼져 있었지만, 눈을 동쪽으로 돌리면 그쪽은 똑같이 선명하고 촉촉한 안개가 낀 아주 마적인 달밤이었다.〉(Zb 218) 여기서 서방은 낮의 빛으로 밝고 긍정적으로 나타나는 반면, 동방은 축축하게 안개 낀 마적인 달밤의 우울한 모습으로 부정적으로 나타나고 있다.

괴테가 안개를 싫어한 이유는, 그가 여러 번에 걸친 이탈리아 여행을 통해 남구의 고전 예술에 접하면서 〈청명한 눈〉을 갖게 되었기 때문이다. 또 그는 북방의 신화와 자연을 주로 문학 대상으로 사용했던 클롭슈토크의 영향에서 벗어나려 했는데 이는 안개 속에 가려진 북쪽의 희미한 상징과 이념의 세계보다 그리스나 이탈리아의 청명하고 조화 있는 미의 세계를 원했기 때문이다.

이러한 괴테의 정신적 갈등과 연관해서 슈트리히 Fritz Strich는 독일 정신사의 비극을 북구의 이념과 상징을 본질 그대로 간직한 채, 이것을 남구의 고전 문화와 예술의 미 속에 표현하기 위한 충동에서 일어나는 내적 갈등으로 보았다. 파우스트 비극의 일면도 역시 북구적인 파우스트의 본질과 동기를 남구의 명료한 표현 속에 나타내려는 충동에서 엿볼 수 있다. 그래서 독일의 정신적 비극의 형태는 북구적 본질인 파우스트가 작품 제2부에서 남구적인 미의 결정체인 헬레나의 결혼식에서 상징적으로 나타나 있다. 결국 남방적인 요소와 북방적인 요소의 대비가 『파우스트』 제2부 전체의 조건이 되어 있다.

이러한 괴테의 사조를 전폭적으로 받아들인 토마스 만은 자신의 독자적인 방법으로 그것을 자기 주인공의 체험으로 재현시킨다. 밝은 지중해의 태양 아래에서 얻은 괴테의 체험이, 『마의 산』에서 알프스 산중의 밀폐된 세계(요양소)와 비교되어 역설적 광경으로 전개되는 것이다. 카스토르프의 인체 연구는 주로 내부 구조와 생리에 치중되고 있으며, 그 계기가 되는 조형 미술도 그곳에서는 장려(壯麗)한 고전적 거장의 작품이 아니라 유치(唯稚)한 여기(餘技)에 지나지 않으며, 그 모델 역시 건강하지 못한 정체 불명의 여인이다. 또 카스토르프가 〈탐구 Forschungen〉의 장에서 〈생의 상〉을 본다든지, 제6장 〈눈 Schnee〉의 장에서 〈신의 아들인 인간〉의 상을 본다든지 하는 것도, 로마의 푸른 하늘 아래가 아닌 엄동설한의 밤의 발코니 위이거나, 눈보라가 몰아치는 첩첩산중이다.[22] 이러한 토마스 만의 분위기에서 주인공들은 남방에 대한 동경을 품지 않을 수 없었다.

토마스 만과 마찬가지로 카프카의 여러 소품도 남방에 대한 동경을 담고 있다. 카프카의 한 소품에서 서술자가 저녁때 집에 돌아왔을 때, 방 한가운데에서 책상과 같은 높이의 아주 커다란 알을 발견한다. 이 알에서 아직 깃도 나지 않은 짧은 두 날개로 파닥거리는 황새 한 마리가 나온다. 서술자는 이 거대한 새가 자신을 저 멀리 〈남쪽 땅 *die südlichen Länder*〉(H 105)으로 운반해 가주었으면 하는 희망을 품어 남방에 대한 동경을 암시하고 있다. 이처럼 카프카의 새에 의한 남국으로의 이동에 대한 동경은 니체의 시에도 나타나 있다. 니체의 시 「남국에서 Im Süden」에서 지향하는 미의 푸른 하늘도 타는 듯한 태양이 내리쪼이는 남국으로의 비약이다.

> 나의 피로를 흔들고 있다.
> 이렇게 나는 굽은 나뭇가지 위에서,
> 나를 이곳에 초대한 것은 한 마리 새,
> 내가 쉬고 있는 곳은 새집이다.
> 그러나 여기가 어딘가? 정말 멀리도 왔다!
>
> 하얀 바다는 잠자는 듯 있고,
> 진홍빛 돛대가 하나 떠 있다.
> 바위, 무화과, 탑 그리고 항구,
> 주위에는 전원, 양들의 울음소리 —
> 남국의 순진이여, 나를 안아 다오.
>
> 오로지 한 걸음 또 한 걸음 떼는 것. — 그것은 결코 삶이 아니지!
> 끊임없이 발걸음을 옮기는 것은 독일적인 힘든 일!
> 바람에게 나를 하늘로 실어 올리라 하고,
> 새의 날갯짓을 배워,
> 바다 건너 남국으로 날아갔다네.
>
> 이성! 그것은 지겨운 일!

그것은 우리를 너무 빨리 목표로 데려가지!
비상(飛翔)하면서 조롱을 배우니 ―
벌써 나는 새로운 삶, 새로운 놀이를 위한
용기와 피와 활력을 느낀다네……

고독한 사색을 나는 지혜라고 부르지.
하지만 고독한 노래는 ― 어리석을지니!
그러니 내 주위에 조용히 둘러앉아,
너희를 찬미하는 노래에 귀를 기울이려무나.
너희들 몹쓸 새들이여!'

그래도 젊고 잘못되고 분주한 새들이여
너희는 오직 사랑을 위해, 모든 아름다운 소일거리를 위해
세상에 나온 것이 아닐까?
망설이며 고백하건대, 나는 ― 북극에서 ―
끔찍하게 늙은 여인을 사랑했었노라.
〈진리〉라는 이름의 노파를……[23]

지금까지의 내용처럼, 괴테를 비롯하여 토마스 만, 카프카, 니체 등 현대 독일 작가와 철학자들은 남방 국가를 동경하였다. 그 이유는, 짐멜 Georg Simmel의 견해에 따르면, 토지의 아름다움과 그것이 제공하는 풍물에 대한 동경뿐만 아니라 북방의 생활과 극단적으로 상이한 남방 생활에 대한 동경이다. 대립을 통하여 미지의 것을 구축하고 갈구하는 것이 바로 진정한 동경인 것이다.

물론 이러한 남방과 반대인 북구의 세계에서 생의 용기를 얻는 모티프가 없는 것은 아니다. 예를 들어 토마스 만의 「토니오 크뢰거」에서 주인공 크뢰거는 남방 세계를 부정하여 그곳과 정반대 방향으로 여행을 떠난다. 그리하여 그는 북구의 덴마크 해변에서 쾌유의 서광을 받아 새로운 삶을 향한 용기를 얻는데, 이 내용을 크뢰거는 리자베타에게 다음과 같이 고백하고 있다. 〈리자베타, 이탈리아는 말도 꺼내

지 마십시오! 난 이제 이탈리아는 경멸하고 싶을 정도로 무관심해졌습니다. 내가 거기에 속해 있다는 망상을 했던 것도 이미 오래전의 일입니다. 예술의 세계, 그렇지요? 우단처럼 푸른 하늘, 뜨거운 포도주, 감미로운 관능 (……) 요컨대 나는 그것을 좋아하지 않습니다. 난 포기하겠습니다. 그런 남국적 아름다움은 나의 신경을 날카롭게 만들지요. 또한 나는 저 아래쪽에 사는 그 모든 지독하게 생동적인 사람들, 동물적인 검은 시선을 하고 있는 사람들을 좋아할 수 없습니다. 그들 라틴족들의 눈에서는 양심을 읽을 수가 없거든요.〉(TK 305 f.)

실제로 역사에서도 남방보다 북방에 호감을 찾는 인물들이 더러 있었는데, 이의 대표적 인물로 종교 개혁자 루터를 들 수 있다. 루터는 종교 개혁에서 인문주의와 그 사상에 일치하는 입장을 가지고 있었지만, 어디까지나 독일적 성격의 소유자로서 남방에 대한 진실한 이해와 동조를 거부하였다. 따라서 루터는 찬란한 르네상스 미술의 본거지인 이탈리아를 가서도 그곳의 예술미에 대해서는 아무런 언급을 하지 않았다. 반면 언어 예술과 음악에서는 특출한 재질을 발휘하여, 토마스 만은 그가 조형적인 남방 예술이 아니라 유동적이고 깊이 있는 독일 고유 정신의 소유자라고 논평하였다.

그런데 토마스 만은 남방 국가의 동경에 상반되는 부정적 대상에 북방 국가뿐 아니라, 동방의 국가도 포함시키는 경우도 가끔 있었다. 신화학자들에 따르면 디오니소스에 대한 숭배는 소아시아, 즉 발칸 반도의 동부 지방인 다울리스에서 그리스로 건너왔으므로,[24] 디오니소스는 〈이방의 신〉이라고 할 수 있다. 디오니소스 숭배의 근원지로 여겨진 아시아는 「베네치아에서 죽음」의 베네치아에서 위력을 떨치는 콜레라의 근원지로 묘사되고 있다. 베네치아에 만연하고 있는 콜레라에 관해 털어놓는 영국인 여행사 직원에 따르면, 이 콜레라는 〈인도의 갠지스 강 삼각주의 더운 늪지대에서 생겨나, 대나무 숲 속에 호랑이가 웅크리고 있는 울창하고 쓸모없는 (……) 원시 세계와 섬의 황무지에서 나오는 독기 서린 숨결을 타고 높이 올라갔다는 것이다〉.(TiV 512)

이렇게 동양과 서양의 대비에서 동양을 부정적으로 나타내는 또 하나의 예로, 『마의 산』에서 세템브리니는 카스토르프가 동양적 자태를 보이는 쇼샤 부인에 대한 사랑에 빠지자 다음과 같이 동양을 비하하는 경고를 하고 있다. 〈당신은 여기에 널리 퍼지고 있는 공기에 영향을 받지 말고 당신의 유럽적인 생활 양식에 적합한 말을 사용하십시오! 여기에는 특히 많은 아시아적인 것이 널리 퍼지고 있습니다. 모스크바계의 몽골인이 우글거리고 있을 뿐입니다! 저 사람들에게 ― 이렇게 말하고 세템브리니는 턱으로 뒤를 가리켜 보였다 ― 기분을 순응시켜서는 안 됩니다. 저 사람들의 사고방식에 감염되어서는 안 됩니다.〉(Zb 339)

『마의 산』의 또 다른 곳에서의 동양의 부정적 암시로 저녁의 나룻배 놀이 장면을 들 수 있다. 카스토르프는 세템브리니 할아버지의 이야기를 듣고 자기 할아버지를 회상하게 된다. 카스토르프는 두 세계를 대변하는 이야기를 듣고, 어린 시절의 체험인 홀슈타인 호수에서의 뱃놀이를 떠올리게 된다.

> 저녁 7시경으로 해는 벌써 서산에 지고 만월에 가까운 달이 동쪽 기슭의 숲 위에 올라와 있었다. 한스 카스토르프가 고요해진 물 위를 배로 지나가니, 햇빛과 달의 매혹적이고 몽상적인 관계가 하늘을 10분가량 지배하고 있었다. 서쪽 하늘은 아직 낮으로 유리같이 차고 선명한 낮의 빛이 퍼져 있었지만, 눈을 동쪽으로 돌리면 그쪽은 똑같이 선명하고 촉촉한 안개가 낀 아주 마적인 달밤이었다.(Zb 218)

여기서 서방은 낮의 빛으로 밝게 나타나는 반면, 동방은 축축하게 안개 낀 마적인 달밤의 우울한 모습으로 비하하듯이 나타나고 있다. 이렇게 토마스 만은 종종 동양과 서양을 대비시키며 동양을 부정적으로 나타내는 경우가 있다. 그러나 대체적으로 토마스 만의 남방의 동경에 상반되는 부정적 대상은 북방 지역이며, 여기에 카프카가 가세하여 카프카 소설에서 〈북방〉이 부정적인 개념으로 비유되는 경우가 많다. 혹한의 북방에서 온 사람들은 카프카에게는 언제나 자유분방하고 광포하여 인간 내부의 안전과 합리적이며 경험적인 이해를 벗어나고 있다. 예를 들어 「낡은 쪽지 Ein altes Blatt」에서 광포한 북방의 유목민은 불결한 종족으로 해석된다. 〈얼굴을 찌푸림으로써 그들은 무엇을 말하고자 하거나 놀라게 하는 것이 아니다. 그들은 그렇게 생긴 사람들이기 때문에 그렇게 할 뿐이다. 그들은 자신들이 필요한 것을 갖는다. 그들은 무력을 사용한다고는 말할 수는 없다. 그들은 거리낌 없이 도시를 더럽힌다. 그들은 거리낌 없이 동물들을 산 채로 잡아먹는다. 그들은

전혀 다른 것, 인간과는 다른 것, 동기 부여된 삶과는 절대적 대조를 이룬다.〉(E 119)

또 한 예로 카프카의 「자칼과 아랍인 Schakale und Araber」에서 〈순수함, 우리들은 순수함 이외에는 아무것도 원치 않는다〉(E 124)라는, 세상을 뼛속까지 정화하고자 하는 자칼의 외침은 북방 민족의 부정적 개념에 대한 반항이다. 자칼들은 모순 속에 있다. 아랍인들에 대한 노골적인 혐오감이 있으나, 자칼들은 아랍인들을 죽일 수 없어, 추운 북방에서 온 이방의 사람들에게 그들의 과업을 대행시킨다. 〈우리는 알고 있소. 당신이 북쪽에서 왔다는 사실을 말입니다. 그리고 바로 거기에 우리는 희망을 걸고 있소〉(E 122)라고 가장 연장자인 자칼이 말한다. 결론적으로 북방에서 온 이방인이 살아 있는 모든 것에서 피를 빨아 먹으며 매우 오래된 싸움을 종식시켜야만 한다. 카프카의 「만리장성의 축조」에서도 성벽 건축의 가장 중요한 목적은 〈북방 민족들 Nordvölker〉(B 51)의 침입에 대한 방어인데, 이에 부합되지 않는 현실이 한탄스럽다.

> 이 성벽은 일반적으로 유포되고 알려진 것처럼 북방 민족들을 막기 위한 발상이었다. 한데 어떻게 한꺼번에 건축되지 않은 성벽이 보호 막이 될 수 있겠는가. 그야말로 그런 성벽이 보호 막이 되지 못한 것은 물론 건축물 자체가 지속적인 위험에 처하게 된다.(B 51)

토마스 만과 카프카는 공통적으로 남방에 대한 동경과 상반되는 북방의 야만적인 내용을 〈고기를 먹는〉 모습으로 극대화시키고 있다. 또 토마스 만과 카프카와 동시대 작가인 헤르만 헤세도 〈고기를 먹는〉 모습을 야만적 행위로 묘사하고 있다. 헤르만 헤세는 그의 『나르치스와 골드문트 Narziß und Goldmund』에서 생선 가게에서 생명을 죽이는 모습의 묘사로 인간의 야만적 내용을 나타내고 있다.

> 그들은 생선전을 벌이고 흥정을 붙이며, 은색의 차디찬 생선을 통 속에서 끄집어내어 손님들에게 권하고 있었다. 생선들은 괴로운 듯 아가리를 벌리고 황금색 눈알을 불안스레 치뜨고 고요히 죽어 가거나, 맥없이 버둥대며 죽음에 거역하고 있었다. 여태까지 몇 번이나 느껴 온 바이기는 하지만, 이들 고기에 대한 동정과 인간에 대한 슬픈 불만이 그의

가슴에 충격을 주었다. 왜 그들은 이다지도 멍청하고 얼간이 같고, 생각이 모자랄 정도로 어리석고 눈이 열리지 않았을까? 왜 생선 장수도, 그 아낙네들도, 또 값을 에누리하는 손님들도 모두 다 눈치를 채지 못할까? 왜 이 생선의 아가리가, 죽음의 공포에 떨고 있는 눈알이, 한없이 버둥대는 꼬리가, 그 처참하고 무익한 절망적 몸부림이, 무어라 말할 수 없이 아름답고 신비에 가득 찬 동물의 참을 수 없는 변화가, 가냘픈 마지막 맥박이, 하나하나 죽어 가는 피부가, 그리고 숨이 끊어져 전신을 뻗고 누워 흐뭇한 대식가의 식탁을 위해 애처로운 토막 신세가 되어 가는 꼴이 그들의 눈에는 비치지 않는단 말인가? 그네들은, 이들 인간은 아무것도 보지 못하고, 아무것도 느끼지 못하고, 아무것도 그들 귀에 들어가지 않는 것일까? 불쌍하고 귀여운 동물이 그들 눈앞에서 죽어 가도, 스승이 성자의 얼굴에다 인간 생활의 모든 희망이나 고귀함이나, 괴로움이나 졸라매는 듯한 어두운 불안을 전신이 오싹하도록 뚜렷이 그들에게 나타내 주어도, 마찬가지로 그들은 아무것도 보지 못하고, 아무것도 그들 마음에 충격을 주지 않는단 말인가?[25]

마찬가지로 토마스 만은 인간의 야만적 내용을 고기를 먹는 모습, 특히 인육(人肉)을 먹는 모습으로, 그리고 카프카는 북방 유목민이 쇠고기를 날것으로 먹는 모습으로 극단적으로 나타내고 있다. 카스토르프는 강한 눈보라 속에서 스키를 타다가 사경을 헤매게 되면서 죽음과 삶 등을 초월하는 순간을 체험한다. 이때 그는 새로운 분위기, 즉 환상, 특히 눈의 하얀색으로 암시되는 무(無)의 상태로 빠져 들어간다. 이 꿈속에서 카스토르프는 도릭 Doric 사원을 발견하고, 거기에 들어가서 한 아이의 손발을 잘라서 먹고 있는 무시무시한 무당들을 보게 된다. 그녀들은 큰 쟁반 위에 놓인 어린아이를 두 손으로 태연하게 갈기갈기 찢어서 그 살점을 탐내어 먹고 있다. 카스토르프는 피투성이가 된 부드러운 어린아이의 금발을 보았다. 아이의 연한 뼈가 그녀들의 입안에서 오독오독 소리를 내며 부서지고, 피가 더러운 입술에서 흘러나왔다. 얼어붙는 듯한 공포가 카스토르프를 엄습하는 바람에 몸을 움직일 수가 없었다.

이렇게 토마스 만이 묘사한 남방에 상반되는 야만적 개념으로 고기를 먹는 모습은, 카프카의 단편 「낡은 쪽지」에서 북방 유목민이 고기를 먹는 모습, 특히 쇠고기를 날것으로 먹는 야만적인 모습과 유사하다. 육식이 반문명적인 야만 행위로 부정적 관점을 띠는 이 단편은 별로 길지 않아 전문을 게재한다.

우리는 조국을 지키는 데 너무 소홀했던 것 같다. 우리는 지금까지 그 일에는 마음을 쓰지 않고, 우리 일에만 몰두해 왔다. 그러나 최근의 사건들은 우리를 근심스럽게 만들고 있다. 나는 황제의 궁궐 앞 광장에 구두 수선소를 가지고 있다. 새벽에 내가 가게 문을 열자마자, 나는 이곳으로 통하는 모든 골목 입구가 무장한 사람들에 의해 점령되어 있는 것을 보게 된다. 그러나 그들은 우리의 군사가 아니라 북방의 유목민들이다. 그들이 국경으로부터 아주 멀리 떨어져 있는 이 수도까지 어떻게 쳐들어왔는지 나로서는 이해가 가지 않는다. 여하튼 그들은 여기에 있고, 아침마다 그 수가 불어나는 것 같다.

그들은 자신들의 천성에 맞게 노천에서 야영을 하는데, 왜냐하면 주택을 싫어하기 때문이다. 그들은 칼을 갈거나 화살을 뾰족하게 만들거나 말을 훈련시키는 일에 전념하고 있다. 항상 지나칠 정도로 청결하게 유지되는 이 조용한 광장을 그들은 하나의 진짜 마구간으로 만들었다. 우리는 이따금씩 우리의 상점에서 뛰어나와 적어도 그 지독한 쓰레기들을 치우려고 노력하지만, 그것도 점차 뜸해져 가고 있다. 왜냐하면 그런 힘든 노력은 아무 소용이 없었고, 그보다도 사나운 말 밑에 깔리거나 채찍에 맞아 부상당할 위험이 있기 때문이다.

유목민들과는 이야기를 할 수 없다. 그들은 우리의 언어를 알지 못하며, 더욱이 그들은 그들 고유의 언어도 가지고 있지 않다. 그들이 서로 의사소통을 하는 모습은 마치 까마귀들과 흡사하다. 언제나 이런 까마귀들의 외침 소리가 들려온다. 우리들의 생활 방식, 우리들의 시설물들은 그들에게는 중요하지 않을뿐더러 이해되지도 않는다. 그렇기 때문에 그들은 모든 기호 언어에 대해서도 거부적이다. 너의 턱이 탈구가 되거나 손목이 뒤틀릴 수도 있다. 그러나 그들은 물론 너를 이해하지 못한 것이며, 결코 이해하지 못할 것이다. 종종 그들은 얼굴을 찌푸린다. 그럴 때면 그들 눈의 흰자위가 돌고, 그들의 입에서는 거품이 인다. 그렇지만 그들은 그것으로 무엇을 말하고자 하거나 놀라게 하려는 것은 아니다. 그들은 그렇게 생긴 사람들이기 때문에 그렇게 할 뿐이다. 그들은 자신들이 필요로 하는 것을 갖는다. 그들이 무력을 사용한다고 말할 수는 없다. 그들이 손을 뻗치면, 사람들은 옆으로 물러서서 모든 것을 그들에게 맡긴다.

그들은 나의 저장물 중에서도 좋은 것을 많이 가져갔다. 그러나 예를 들어서 푸줏간 주인에게 생긴 일을 생각해 보면, 나는 불평할 수가 없다. 그가 물건을 들여놓기가 무섭게 유목민들은 그에게서 전부를 빼앗아 삼켜 버린다. 유목민의 말들도 역시 고기를 먹는다. 가끔 한 기수가 자신의 말 곁에 누워 있고, 그들은 고기 조각의 양 끝에 각각 매달려 먹어 들어가므로 그 사이가 점점 가까워진다. 푸줏간 주인은 겁에 질려 고기 공급을 감히 중단하지도 못한다. 그러나 우리는 그것을 이해하고 있으며, 함께 돈을 내서 그를 보조하고 있다. 만약 유목민들이 고기를 얻지 못하면, 그들에게 무슨 일을 할 생각이 날지 누가 알겠는가. 그들이 매일 고기를 얻는다고 해도, 그들에게 어떤 생각이 떠오를지 아무도 모르는데 말이다. 최근 푸줏간 주인은 적어도 도살하는 수고만은 덜 수 있을지 모른다고 생각했다. 그래서 그는 아침에 살아 있는 황소를 한 마리 가져왔다. 그는 그 짓을 두 번 해서는 안 된다. 나는 한 시간가량 내 작업장 맨 뒤쪽 바닥에 엎드려서 모든 옷가지며 이불, 방석들을 내 위에 쌓아 올렸다. 그것은 황소의 울부짖는 소리를 듣지 않기 위해서였는데, 유목민들이 사방으로부터 그 황소에게 달려들어 이빨로 황소의 따뜻한 살점들을 뜯어냈기 때문이다. 조용해지고 나서도 한참이 지나서야 비로소 나는 바깥으로 나갈 엄두가 났다. 포도주 통 주위의 술꾼처럼 그들은 피곤해진 몸으로 황소의 잔해 주위에 누워 있었다.

바로 그때 나는 황제도 몸소 궁궐의 창문 안에서 바라보고 있으리라고 믿었다. 그는 전에는 한 번도 이 바깥 거처에 나온 적이 없으며, 언제나 가장 깊은 궁궐 안뜰에서만 살아 왔다. 그러나 적어도 내가 보기에 이번에는 정말 그가 창가에 서서, 머리를 떨군 채 자신의 궁궐 앞에서 벌어지는 일들을 바라보고 있는 것처럼 보였다.

〈어떻게 되려나?〉하고 우리 모두 자문해 본다. 〈우리가 얼마 동안이나 이 짐과 고통을 참아 내야 될까?〉 황제의 궁궐은 유목민들을 유혹했지만, 그들을 다시 몰아내는 방법은 알지 못한다. 궁궐 성문은 닫혀 있다. 예전에는 언제나 장중하게 안팎으로 행진하던 보초병도 감옥에 가 있다. 우리 수공업자들과 상인들에게 조국의 구원이 맡겨져 있다. 그러나 우리는 그러한 과제를 감당해 낼 수가 없다. 물론 그럴 만한 능력이 있다고 자랑해 본 적도 없다. 그것은 하나의 오해이며, 우리는 그것으로 인해 몰락해 가고 있다. (E 118 f.)

이 작품을 해석하기 전에 먼저 육식 행위를 종교적·사회학적으로 분석해 볼 필요가 있다. 인간의 육류(肉類) 선호는 문명 진화 과정에서 동물을 도구로 이해했기 때문이라고, 독일의 멜링거 Nan Melinger가 『육류 Fleisch』에서 지적했다. 신석기 시대 사람들은 산 동물을 고기로 만들려면 가죽, 우유, 노동력을 포기해야만 했다. 그래서 신에게 기원을 할 때만 산 동물을 잡았다. 신의 권능을 갖추려는 지배자는 신적 능력을 과시하기 위해 육류를 독점했다. 권력과 결탁한 종교는 특정한 동물을 신성시하거나 먹지 못하도록 강요함으로써, 지배 이데올로기를 정당화시켰다. 육류에 속박당한 인류는 고기 욕구를 문화적으로 제도화했는데, 맥도널드의 햄버거나 치킨 식품 등이 대표적이다.

    토마스 만과 카프카는 삶 자체가 종교임을 보여 주고자 했을까. 인간이 사는 원동력은 대립되면서도 대립되지 않는다. 하나가 다른 하나로 되는 끝없는 변화 과정만 있을 뿐이다. 이는 우리의 일상적 삶 자체가 하나의 종교적 장임을 보여 준다. 따라서 토마스 만과 카프카는 종교를 우리의 일상 자체로 끌어들이고 있다. 최고의 교육자는 자연이다. 인간은 삶에서 구원의 의미를 볼 수 있는 것이다. 세상에서 장수하는 동물, 즉 거북이나 코끼리 등은 모두 초식(草食) 동물인데, 여기에는 다른 생명을 해치지 않아야, 나의 생명도 누릴 수 있다는 상생의 섭리가 담겨 있다. 따라서 세계의 주요 종교와 전설에서 신성시되는 동물을 보면 모두 육식(肉食)이 아닌 초식 동물이다. 꿈에 나타나면 재수가 좋다 하여 복권을 사게 하는 동물을 보아도 돼지나 소 등 육식을 하지 않는 동물이다. 우리 고유의 신화「나무꾼과 선녀」에서 선을 베푸는 것도 초식 동물인 사슴이고, 중국 전설「견우와 직녀」에서도 선을 행하는 것 역시 초식 동물인 소이다. 이러한 성스러운 동물을 괴테도 작품에서 묘사하고 있다. 『서동시집』에서 예언자 마호메트는 〈네 명의 여인〉[26]에게 천국의 자리를 할당하고, 괴테 역시 『서동시집』에서 네 마리의「축복된 짐승Begünstige Tiere」을 성스러운 동물로 묘사하고 있다.

    네 마리의 짐승도
    천국에 들어가도록 허락받았다.
    거기서 그들은 성스럽고 경건한 자와 함께
    영원한 세월을 살 수 있게 된다.

    맨 처음에 유쾌한 걸음걸이로

당나귀가 왔다.
언젠가 예수께서 당나귀를 타고
예언자의 마을로 들어섰던 일 있었기에.

반쯤은 조심스럽게 늑대가 뒤따랐다.
늑대는 마호메트의 명령을 받았다 :
〈가난한 자의 양은 뺏지 마라.
부유한 자의 양은 뺏어도 좋지만.〉

다음엔 강아지가 꼬리를 흔들며 기분 좋게
착한 주인과 함께 왔다.
저 일곱의 잠자는 사람들[27]과 함께
오붓이 잠을 자던 강아지.

아브헤리라[28]의 고양이도 천국에 와
주인 둘레에서 코를 끙끙거리며 재롱을 떤다.
예언자가 쓰다듬어 주곤 하던
고양이는 성스러운 짐승이다.

특히 소는 인도의 힌두교와 불교에서 코끼리와 거북이 등과 함께 최고로 신성시 되는 동물이다. 소는 희생과 자애의 상징으로 지독지애(舐犢之愛)란 말이 있다. 어미 소가 어린 소를 핥아 주는 모습은 한없는 자애로움을 나타낸다는 의미다. 이런 배경에서 우리나라의 법당 외벽에 소와 동자가 그려져 있는 그림을 자주 볼 수 있다. 깨달음의 과정을 10단계의 그림으로 표현해 십우도(十牛圖), 또는 첫 번째 과정인 소를 찾아 나서는 것을 일컫는 심우도(尋牛圖)라고 불리는 그림이다. 소를 찾아 나선 동자가 소의 발자취를 발견하고, 소를 찾고 길들여, 소를 타고 돌아와선, 소와 자기 자신마저 잊고, 있는 그대로의 세상에 대한 깨달음을 얻는다는 내용의 선화(禪畵)다. 이처럼 불교에선 사람의 진면목을 소에 비유하고 있다. 만해 한용운이 만년에 자신의 집을 심우장(尋牛莊)이라 한 것도, 일제하의 엄혹한 현실에서 스스로를 단련하려 한 것이겠다.

이렇게 초식 동물인 소, 코끼리, 거북이, 사슴 등이 신성시되는 것과 반대로, 성서 등에서 사악한 동물로 여겨지는 뱀 등을 보면 모두 육식 동물이다. 이솝 우화나 민담 등에서도 간사하거나 사악한 동물들은 여우나 늑대 등으로 육식성 동물이다. 이는 남의 생명을 해치지 않아야 신성시된다는 상생의 법칙으로, 불교나 힌두교 등에서 주장하는 불살생의 원리에 관련된 업보(業報, *Karma*)를 나타낸다. 인간이 먹고, 자고, 일하며, 사랑하는 일체의 행위를 불교에서는 업(業)이라 부른다. 학업, 개업, 취업, 농업, 생업, 활동에서부터 〈사람이 사람 만나서 사람 만드는〉 가장 큰 업까지 끝이 없다. 이 개념은 훗날 그에 상응하는 보(報)가 뒤따른다는 점에서 중요하다. 콩 심은 데서 콩 나고 팥 심은 데서 팥 난다는 격으로 오늘의 내 행동이 내일의 모습을 결정한다는 것이다. 따라서 풍요로운 미래를 꿈꾸는 사람일수록 죄를 짓지 않는 현재의 습관과 행동의 지혜가 필요하다. 이런 맥락에서 카프카는 모든 질병도 죄업(罪業)의 현상으로 보았다. 〈그것은 물과 바람의 복수입니다. 우리는 이제 끝장입니다. 그렇습니다. 복수입니다. 왜냐하면 우리는 여태까지 이것들을 괴롭혀 왔기 때문입니다. 나도 그랬었고 내 친구인 기도하는 자도…….〉[29]

이렇게 죄업을 모든 질병의 근원이라고 본 카프카는 1921년 4월 브로트에게 보낸 서신에서 자신의 질병에 관해 다음과 같이 적고 있다. 〈폐결핵의 발생 원인은 폐가 아니지요. 그것은 마치 세계 대전의 원인이 최후통첩이 아닌 것과 같습니다. 오직 한 가지 질병이 존재하지 그 이상은 아닙니다. 그런데 이 한 가지 질병은 한 마리 짐승이 광활한 숲에서 쫓기듯이 의학에 의해 맹목적으로 쫓기고 있습니다.〉[30] 이들 내용 속에는 업보 사상이 담겨 있다. 이러한 업보 사상은 카프카의 단편 「프로메테우스」에서 독수리에 쪼여 먹히는 프로메테우스의 간이나, 역시 카프카의 단편 「유형지에서」의 사형 집행 장치에 의해 죄인의 등[背]에 써레로 아로새겨진 상처, 또 「변신」에서 외판 사원인 주인공 그레고르가 벌레로 변신하는 것도 죄의식과 관계되어 있다.[31] 이 세계는 사고와 의지적 행동이 이루어지기 이전의 근원적인 순수 상태의 인간, 즉 〈무위자의 진리〉가 존재하던, 다시 말해 상대적인 진리가 아닌 절대적인 진리의 세계가 존재하던 낙원의 세계에 대립되는 타락한 인간의 세계이다.[32] 〈사냥이나 낚시〉는 교활한 행위로 살생을 일삼는 행위이면서도 〈여가 활동〉 등의 구실로 의지와 이성에 근거한 일종의 〈행동자의 진리〉로 여겨져 상대적인 〈허위적 인식〉을 낳고 있다. 따라서 괴테도 이렇듯 교활한 살생의 행위인 〈낚시〉를 격렬하게 비난하며 이에 대한 업보적 결과를 자신의 담시「낚시꾼 Der Fischer」에서 보여 주고 있다.

물결이 출렁이며 밀물이 차오르네,
낚시꾼 한 사람 해변에 앉아,
조용히 낚시를 지켜보고 있는데,
어느덧 가슴까지 서늘해졌네.
꼼짝 않고 앉아서 귀를 기울이는데,
별안간 파도가 둘로 갈라지며,
요란한 물속에서 한 처녀 물귀신이
흠뻑 젖은 몸매로 나타났다네.

노래하며 그녀가 말을 건다.
〈어찌하여 그대는 내 물고기 새끼들을
인간의 간악한 지혜와 계략으로
낚아서 화염 속으로 보내려 하나요?
아! 그대가 저 깊은 바다에서
고기 떼가 노는 모습 보기만 한다면,
지금 당장 저 속으로 들어가,
그대 심신 온전하련만.

사랑스러운 해와 달이 바다 속에서
생기를 주지 않던가요?
파도를 호흡하는 그녀의 화색이
몇 배나 아름답게 비치지 않던가요?

> 깊은 하늘과 축축한 검푸름이
> 그대 마음 홀리지 않나요?
> 무궁한 이슬에 비친 그대 모습이
> 그대 마음 혹하지 않나요?〉
>
> 물결이 출렁이고 밀물이 차오르며,
> 그의 발목이 젖어 간다.
> 어떤 고운 연인의 인사말도
> 이렇게 그리운 연정 불태울 수 없다오.
> 여자 물귀신이 그에게 말 걸고 노래하니,
> 불행한 고기잡이 운명이 다 됐네.
> 끌려들듯 빠져들듯 하더니,
> 그의 모습 영원히 보이지 않았다네.[33]

낚시 행위처럼 교활하게 생명을 죽이는 행위가 왜곡되는 사회가 문명화된 세계의 질서가 되고 있다. 생명 유지를 위해 고기와 생선을 먹고, 생업을 위해 고기와 생선을 잡는 것은 어쩔 수 없는 일이라 하더라도, 맛이나 멋, 재미를 위해 살생하는 것은 삼가야 하지 않을까? 낚시의 맛은 손맛이라고 하는데, 그 손맛이 물고기의 입장에서는 얼마나 끔찍한 일인가? 자신의 입천장이 쇠꼬챙이에 뚫려 있다고 상상해 보라. 모든 인간을 수단으로 대하지 말고, 목적으로 대하라고 했던 칸트의 말처럼 동물들의 생명도 목적으로 대해야 한다. 인간의 원죄는 에덴동산의 사과를 따먹은 것이 아니라, 다른 생명들을 마구 죽이는 것이 아닐까? 모든 생명을 소중히 대하는 날이 올 때 비로소 인간 세상에도 참 평화가 실현될 수 있을 것이다.

이런 맥락에서 카프카의 「사냥꾼 그라쿠스」가 살생의 죄와 구원이라는 주제로 연구될 수 있다. 이는 〈과연 그라쿠스의 불행을 초래한 죄는 어디에 있는가?〉라는 질문에 신학적 해석을 통해 구원의 의미를 조명하려는 시도로 불교와 힌두교의 관점에서 해석되는 것이다. 그라쿠스는 죽어 있으면서 어느 정도 살아 있는 상태에 있는데, 이는 그의 죽음의 배가 항로를 잘못 들어섰기 때문으로, 잘못의 원인은 명확하게 규명되어 있지 않다. 그러나 이 작품에는 남의 생명을 해치지 않아야 신성시된다는 상생의 법칙이 담겨 있다. 이는 불교나 힌두교 등에서 주장하는 불살생의 원리에 관련된 업보를 나타낸다. 살생의 본질적인 행위인 사냥꾼의 직업을 가진 그라쿠스는 슈바르츠발트에서 살육하지 않는 초식 동물인 영양을 쫓다가 바위에서 계곡으로 굴러 떨어져 피를 흘려 죽게 되는 데서 항로 이탈의 동기가 발생한다. 즉 살생의 직업인 사냥꾼이 초식 동물을 죽이려다 자신이 죽는 업보를 당하는 것이다. 죽음을 당하고서야 비로소 그라쿠스는 〈이승의 살생 도구인 사냥용 물품들을 훌훌 벗어 던져 버리고〉(B 78) 자신을 저승으로 데리고 갈 죽음의 돛단배의 갑판 위에 오른다. 이렇게 죽음으로 인도하는 교통수단이 배로 암시되는 내용이 토마스 만의 작품에도 있다. 「베네치아에서 죽음」에서 베네치아에서 주인공 아셴바흐를 태우고 가는 곤돌라의 떠가는 모습이 다음과 같이 저승을 연상시킨다.

> 난생처음이든 아주 오랜만이든 베네치아의 곤돌라를 타게 될 때, 순간적인 공포나 남모르는 두려움과 당혹감을 이겨 낼 필요가 없을 정도로 대담한 사람이 어디 있을까? 그 기이한 배는 당시가 유행하던 때부터 전혀 변하지 않고 그대로 전해져 내려왔고, 색깔이 너무 검어서 다른 배들 가운데 섞여 있으면 마치 관(棺)처럼 보인다. 그것은 물결이 찰랑거리는 밤에 소리 없이 저지르게 되는 범죄적 모험을 연상시킬 뿐 아니라 죽음 자체와 관대(棺臺), 음울한 장례식 그리고 마지막 떠나는 침묵의 여행을 연상시키기도 한다. 거룻배의 좌석은 관처럼 검게 래커가 칠해진 무광택의 검은색 팔걸이 쿠션 의자인데, 이것이 세상에서 가장 부드럽고 풍성한 자리라는 것을 사람들은 알기나 할까? 아셴바흐는 뱃머리에 가지런히 놓아둔 짐의 맞은편, 곤돌라 사공의 발치에 놓인 좌석에 앉자마자 그 사실을 알아차리게 되었다. (TiV 464)

이러한 곤돌라의 사공도 밀짚모자, 들창코, 불그스름한 눈썹, 그 지방 사람이 아니라 이방인이라는 점, 그리고 노를 젓느라 기를 쓸 때 드러난 하얀 이빨 등으로 죽음의 동기를 지니고 있어, 아이히너 Hans Eichner는 이 곤돌라의 뱃사공을 저승의 나룻배 사공인 카론 Charon[34]이라 부르고 있다.[35] 따라서 아셴바흐의 곤돌라 여행은 일종의 〈지하 세계로의, 즉 죽음으로의 여행〉[36]이다.

그런데 그라쿠스가 저승에 가기 위해 죽음의 배에 타자, 업보가 작용한 것일까? 자신의 돛단배는 — 사냥꾼의 진술에 따르면 — 키잡이의 잘못 돌린 방향키로 인해서, 다시 말해 사공의 순간적인 부주의로 인해서 목적지를 벗어나 〈정말 아름다운 고향〉(B 77)을 빗나가게 된다. 이렇게 저승으로 갈 배가 목적지를 벗어나는 내용이 토마스 만의 「베네치아에서 죽음」에도 언급되어 있다. 아셴바흐가 증기선 정류소로 가려는 자신의 의도와 어긋나게, 곤돌라는 자신을 리도로 태워 가는 것이다. 따라서 그는 곤돌라 사공이 자신을 〈하데스의 집으로〉(TiV 466), 즉 저승으로 보내지 않을까 하는 상상을 한다. 이러한 속성대로 남국의 〈평범한 휴가지〉(TiV 449)인 베네치아 자체가 죽음의 장소가 되어 〈죽음으로 인도하는 신〉인 헤르메스를 상징하고 있다. 마찬가지로 자신의 〈아름다운 고향〉에 머무르려고 했던 그라쿠스는, 이제 바위에서 떨어져 죽은 이래로 저승이 아닌 지상의 모든 나라를 떠도는 신세가 된다.

따라서 이제 이승과 저승 사이에서 떠돌게 된 사냥꾼 그라쿠스의 불행한 운명에 대한 책임 문제가 〈리바〉라는 항구 도시의 시장인 살바토레와 그라쿠스 사이에서 논의된다. 그런데 시장의 이름인 살바토레 Salvatore는 구원자를 뜻하여(라틴어로 살바토레는 구원자를 의미함), 시장이 그라쿠스의 구원자가 될 수 있음을 암시한다. 시장이 이 불행한 사태에 대해 사냥꾼 그라쿠스 자신의 책임은 전혀 없느냐고 묻자, 사냥꾼 그라쿠스는 끈질기게 자신의 죄를 거부한다. 〈없어요. 나는 사냥꾼이었습니다. 그게 혹 죄가 되겠어요? 나는 사냥꾼으로 단지 자리가 주어져 있었습니다. 그때만 해도 (육식 동물인) 늑대들이 돌아다니던 슈바르츠발트예요. 나는 숨어서 기다렸고, 쏘았고, 맞혔고, 가죽을 벗겼습니다. 그게 죄인가요? 나의 일은 축복받은 일이었습니다. 사람들은 나를 슈바르츠발트의 가장 위대한 사냥꾼이라 불렀어요. 그게 죄인가요?〉(B 78)

그때 시장이 〈그렇다면 대체 누구의 책임인가요?〉(B 79)라고 되묻자, 책임은 〈사공 Bootsmann〉(B 79)에게 있다고 사냥꾼 그라쿠스는 대답한다. 그라쿠스는 자기 스스로 책임을 지려 하지 않고, 계속해서 순간적 부주의로 키를 잘못 돌림으로써 아름다운 고향을 빗나가게 한 사공에게 그 책임을 전가시킨다.

그러나 사냥꾼 그라쿠스 자신이 불행한 사태에 책임이 있다. 그는 살육의 도구인 엽총과 기타 사냥 무기를 사용하여 동물들을 마구 사냥하였으며, 특히 순진하고 귀여운 동물인 알프스 영양을 사냥하려 했다. 따라서 그라쿠스는 자신의 폭력인 사냥에 의해서 통일적이고 조화로운 세계로부터 지상의 불행한 세계로 굴러 떨어진 것이다. 그라쿠스가 죽은 후 유일한 행복은 바로 이러한 살생의 도구를 버리는 순간이다.

갑판에 발을 내딛기 전에 내가 항상 자랑스럽게 메고 다녔던 통과 가방과 사냥총의 넝마 무더기를 행복하게 내던져 버렸소. 그러고는 신부복을 입는 소녀처럼 수의로 기어 들어갔다오. 여기에 누워 기다렸는데 그때 바로 불행이 닥쳤소. (B 78)

인위적인 수단으로 자연스럽고 조화로운 세계 질서를 파괴하는 행위야말로 사냥꾼이 잘못 들어서게 된 불행한 사태의 원인이요, 자연스럽고 조화로운 세계 질서 대신 인간의 인위적인 강압적 질서를 대치시키는 행위야말로 바로 카프카가 말하는 낙원으로부터 인간 자신을 스스로 추방하는 행위인 것이다. 인간에 의해서 만들어진 규율에 따라 이루어지는 사냥꾼 그라쿠스의 사냥 활동은 낙원과 같은 자연스러운 상태를 파괴하고, 결국엔 인간의 본래적인 순수한 근원 상태마저도 변질시키는 행위와 다름없는 것이다.[37]

이에 대한 처벌이 그의 여행을 동반하는 쪽배에 그려진 원주민 부시맨으로 암시되고 있다. 웅대하게 그려 놓은 방패에 온몸을 가린 채 그라쿠스를 향해 창을 겨냥하고 있는 야성적 원주민의 모습은 그라쿠스의 죄에 대한 처벌의 암시이다. 결국 그라쿠스는 살육이 직업인 사냥꾼에서 육식 동물도 아니고 초식 동물도 아닌 살육을 초월한 한 마리의 나비로 변신하는데, 이것이 구원일까? 이러한 불살생의 내용이 우리나라에서도 이제하의 단편 소설 「초식」에 잘 나타나 있다.

선거철만 돌아오면 초식에 돌입하면서 선량에 입후보하는 부친의 직업은 얼음 도매상이다. 그의 포부는 터무니없이 거창하다. 그가 선량이 되려는 것은 고기 먹는 자들의 무자비한 폭력을 저지시키고 이 땅에 풀 먹는 자의 평화를 이루게 하기 위해서이다. 결국 상황이 절망적임을 깨달은 그는 막바로 그 폭력의 근원지인 도살장을 찾아간다. 더 이상 소를 죽이지 말라고 그 주인을 설득하기 위해서이다. 물론 그 주인은 콧방귀도 뀌지 않는다. 반만 년 만에 찾아온 민초들의 온전한 축제인 4·19 혁명이 일어났을 때, 부친은 다시 그 도살장 주인을 찾아가 광목에 풀 초(草) 자를 혈서로 쓰면서 설득해 본다. 역시 실패다. 이제 오히려 도살장 주인이 그를 설득시키는 사건이 벌어진다. 5·16 군사 쿠데타가 일어난 직후다. 그 설득은 단 한 번에 이루어진다. 혁명을 축하하기 위해 공민학교 운동장에는 커다란 가마솥이 걸리고 그 도살장 주인이 소 한 마리를 잡는 살육의 잔치가 벌어진다. 모두가 잠든 어둠 속에서 숨죽이며 자행됐던 살육은 이제 천의 시선이 주목하는 대낮에 공공연히 자행된다. 부친이 설득하려 할 때에는 그토록 완고한 몸짓으로 거부하던 민초들이 운동장에 구름처럼 모여 도살장이가 소의 정수리로 날렵하게 내려찍는 도끼 솜씨에 열광한다. 그러고 나서 익힌 고기 한 점과 삶은 국물 한 사발을 얻어 마시며 환호하는 것이다.

이 작품에서는 고기를 먹는 행위가 군사 독재 정치에 연결되어 정치의 부정적 요소로 암시되고 있다. 이처럼 고기를 먹는 행위를 혐오하고 채식을 권장하는 내용이 토마스 만의 『마의 산』의 다음 내용에 간접적으로 담겨 있다. 〈병은 지극히 인간적이다. 인간 자체가 바로 병이기 때문이다. 인간은 원래 병을 앓는 생물이며, 병을 앓아야만 비로소 완전한 인간이 된다. 최근 새로운 생활을 제창하는 사람들, 예컨대 생식주의자(生食主義者), 옥외 생활 예찬자, 일광욕 지지자들이 떠들어 대는 것처럼 인간을 건강하게 하자, 자연과 화목하게 하자는 구호는 한 번도 자연적이 아니었던 인간에게 《자연으로 돌아갈 것》을 권장하는 것이다.〉(Zb 642)

주

1 Hermann Jens, *Mythologisches Lexikon. Gestalten der griechischen, römischen und nordischen Mythologie*(München, 1958), S. 49.
2 「마태오의 복음서」, 7장 3절.
3 강신주, 『상처받지 않을 권리』(프로네시스, 2009) 참조.
4 그리스의 스핑크스는 보통 여자의 얼굴 모습을 지니고, 테베 시 외곽에 있는 높은 언덕에 살면서, 지나가는 행인들에게 수수께끼를 내어 알아맞히지 못하면 잡아먹었다.
5 지명렬, 『독일 낭만주의 연구』(일지사, 1981), 59면.
6 볼프강 레프만, 『릴케』, 김제혁 옮김(책세상, 1997), 140면.
7 같은 책, 218면.
8 같은 책, 325면.
9 같은 책, 458면 이하.
10 에우리피데스, 『에우리피데스 비극』, 천병희 역(단국대학교 출판부, 2004), 34면.
11 같은 책, 67면.
12 오비디우스, 『변신 이야기』, 천병희 역(숲, 2005), 312면 이하.
13 한국 괴테 협회 편저, 『괴테 연구』(문학과지성사, 1985), 301면.
14 Marcel Reich-Ranicki, *Frankfurter Anthologie*, 11. Bd.(Frankfurt/M., 1976), S. 51.
15 같은 곳.
16 같은 곳.
17 Richard Friedenthal, *Goethe. Sein Leben und seine Zeit*(München, 1978), S. 683.
18 F. W. Nietzsche, *Jenseits von Gut und Böse*(München, 1955), S. 244.
19 J. W. von Goethe, *Römische Elegien*, in: Goethes Werke, in 14 Bänden, Bd. 1, hg. von Erich Trunz(München, 1967), S. 167.
20 같은 곳.
21 같은 곳.
22 황현수, 『토마스 만의 문학과 사상』(세종출판사, 1996), 173면.
23 F. W. Nietzsche, *Gesammelte Werke* in drei Bänden, Bd. II, hg. von Karl Schlechta(München, 1960), S. 263 f.
24 Gert Richter und Gert Ulrich, *Der neue Mythologieführer, Götter, Helden, Heilige*(Weyarn, 1996), S. 76.
25 Hermann Hesse, *Narziß und Goldmund, Gesammelte Werke* in 12 Bänden, Bd. 8(Frankfurt/M., 1970), S. 181 f.
26 『서동시집』의 〈선택된 여인들 *Ausgewählte Frauen*〉 편 참조.
27 기독교와 이슬람에서 전해 오는 전설. 데시아누 황제의 여섯 젊은 신하들이 황제의 노여움이 두려워 궁정에서 도망 나와, 어느 목동과 함께 암굴에 숨었는데, 황제가 이를 알고 이 암굴을 막아 버려, 이들은 184년 동안이나 암굴 안에서 잠을 잔다. 이들은 신의 은총을 받아, 천사 가브리엘Gabriel의 보호 아래 젊음을 그대로 유지하며 잠을 잔다. 목동인 주인을 따라서 이들과 함께 잠을 잔 강아지도 신의 은총을 받는다.
28 마호메트의 친우로 〈고양이의 아버지〉란 뜻. 그는 고양이를 무척 사랑했다고 한다.
29 R. N. 마이어, 『세계 상실의 문학』, 장남준 역(홍성사, 1981), 25면.
30 Franz Kafka, *Briefe 1902~1924*, hg. v. Max Brod(Frankfurt/M., 1986), S. 320.

31 김정진, 『카프카 연구』(탑구당, 1996), 311면.
32 Vgl. Ralf R. Nikolai, Kafkas Auffassung von Freiheit, in: *Studia Neophilologica*, hg. v. Bengt Hasselrot, Vol. XLVI(Oslo, 1974), S. 107.
33 J. W. von Goethe, *Der Taucher*, in: *Goethes Werke* in 14 Bänden, Bd. 1, hg. von Erich Trunz(München, 1967), S. 153 f.
34 인간이 죽어서 저승의 신인 하데스 Hades의 나라에 들어가자면, 먼저 아케론 강, 즉 〈비통의 강〉을 건너야 한다. 이 강에는 바닥이 없는 소가죽 배로 혼령들을 강 건너편, 즉 피안으로 실어다 주는 카론이라는 뱃사공이 있다고 한다. 이 사공은 혼령을 저승으로 건너다 주는 대가로 뱃삯을 받는다는데, 이것이 노잣돈이다.
35 Hans Eichner, *Thomas Mann. Eine Einführung in sein Werk*, 2. Aufl(Bern, 1961), S. 34.
36 Rolf Günter Renner, *Das Ich als ästhetische Konstruktion. Der Tod in Venedig und seine Beziehung zum Gesamtwerk Thomas Manns*(Freiburg im Breisgau, 1987), S. 40.
37 이주동, 「〈사냥꾼 그라쿠스〉에 나타난 문명사의 비판과 작가의 사명」, 『카프카 연구』 제10집(한국카프카학회, 2002), 151면 이하.

제5장 삶과 죽음의 친근성

서구 문명은 두 번에 걸친 〈내적 분열〉을 겪었다. 근대가 시작될 무렵의 내적 분열은 기독교의 쇠퇴로 인한 과도기로서의 분열, 즉 근대적 자아가 성립되기 위한 분열이었으며, 19세기 말에서 20세기 초에 이르는 시기에 이루어진 내적 분열은 산업화·도시화에 의한 분열이었다. 그리고 이 두 번째 시기의 총체적인 분열은 니체의 새로운 인간학의 성립을 위한 자극제가 되었다. 이에 관련해서 포이어바흐의 다음과 같은 기독교 비판이 관심을 끈다. 〈기독교, 특히 영원한 삶을 약속해서 현세적 삶을 포기하게 하고, 하느님의 도움에 대한 신뢰를 강조함으로써 자기 자신의 힘에 대한 신뢰를 포기하게 했으며, 천국에서의 보다 훌륭한 삶에 대한 믿음으로 인해 지상에서의 보다 개선된 삶에 대한 믿음과 이러한 삶을 구현하려는 노력을 희생시킨다.〉[1] 이러한 주장은 봉건제 사회에서 인간은 미성년자, 기독교는 후견인이었다는 칸트의 지적을 상기시킨다.

그러나 〈천국〉이라는 말에 가려진 〈죽음〉이라는 것이 그렇게 사소한 일은 아니었다. 따라서 오늘날 〈죽음에 관한 연구 *Thanatologie*〉가 학문적으로도 진행되고 있는데, 그것은 현대 사회가 죽음과 노화를 은폐하고 젊음과 건강을 강조했기 때문이며, 또 늙음과 죽음에 대한 부정과 왜곡된 공포가 인간을 고독과 절망 속에 빠뜨렸기 때문이다. 현대인의 삶이 매일 죽음과 더불어 살아가고 있음을 인식하면, 신체적·정신적으로 아무런 고통 없이 편안하게 죽을 수 있는가에 대한 연구는 나름대로의 가치를 충분히 가진다. 일반적으로 사람들은 삶과 죽음을 정반대의 것으로 생각하기 쉽다. 그러나 사실은 그런 것이 아니다. 우리는 출생과 동시에 죽음을 향해 서서히 접근하게 마련이다. 살면 살수록 죽음이 가까워 오는 것이니 삶과 죽음은 곧 동전의 앞면과 뒷면처럼 둘이 아니라 하나이다. 출생이 없으면 죽음도 없으므로 삶은 곧 죽음의 시작이라고 보아야 한다. 가령 어떤 사람이 70년의 수명을 누릴 운명을 타고 세상에 태어났다고 하자. 그가 10년을 살면 죽음이 60년 앞으로 다가오고 50년을 살면 죽음이 20년 앞으로 다가온다. 그런 관점에서 본다면 산다는 것은 곧 죽어 가는 과정이라고 말할 수 있을 것이다.

　그러나 사람의 수명이 정년 퇴임의 시기처럼 미리 정해져 있는 것이 아니고, 삶의 크기를 시간의 양으로 따질 성질의 것이 아니므로, 삶과 죽음의 관계를 지나치게 단순화해서 말하기는 어렵다. 다만 삶 속에 이미 죽음이 예정되어 있다는 것은 엄연한 사실이며, 출생을 오로지 경사로서 축복하고, 사망을 오로지 흉사로서 애도하는 것은 삶과 죽음이 한 끈으로 연결되어 있음을 망각한 근시안적 반응이라고 할 수 있을 것이다. 이는 〈사는 것이 죽는 것이고, 죽는 것이 사는 것이다〉의 뜻으로, 〈삶〉과 〈죽음〉이라는 대위 관념은 정반대인 이질어(異質語)이면서 동시에 동질어(同質語)로 교차된다. 따라서 죽음 내지 〈죽음에 대한 생각 memento mori〉이 문학의 출발점이자 목적지라고 여기는 작가 베른하르트 Thomas Bernhard는 죽음이라는 거울을 통해 삶의 희극성과 아울러 비극성을 나타내고자 했으며, 또 〈죽음에 대하여 관심을 갖는 자는 죽음에서 삶을 찾는다〉는 쇼펜하우어의 사상을 작품 속에 담아낸 토마스 만에게 죽음이란 결코 부정적인 의미가 아니다. 이렇게 삶과 죽음을 동질적으로 보는 토마스 만의 사상이 『마의 산』에서 카스토르프와 요양소 원장인 의사 베렌스의 대화에서 잘 암시되어 나타나고 있다. 〈삶이란 죽음입니다. 다른 말로 얼버무려 보았자 아무 소용이 없습니다. 어떤 프랑스인이 타고난 소탈함을 발휘하여 말한 바에 따르면, 삶이란 바로 유기적 파괴입니다. 생명이라는 것은 그런 것입니다. 우리가 그렇지 않다고 생각한다면 그것은 판단이 잘못된 것이지요.〉(Zb 371) 이러한 베렌스의 말에 카스토르프는 〈그러면 삶에 대하여 관심을 가지는 것은 특히 죽음에 대해서도 관심을 가지는 것입니다. 그렇지 않습니까?〉(Zb 371 f.)라고 되묻자, 〈어떤 점에서는 역시 차이가 있습니다. 생명이란 것은 물질이 교체되면서 형태는 그대로 지속하는 것이니까요〉(Zb 372)라고 베렌스는 답변한다.

이렇게 『마의 산』은 죽음을 찬미하는 등 시대에 뒤떨어진 것처럼 보이기도 하지만, 자세히 고찰해 보면 그것은 죽음을 찬미한 염세주의가 아니라 오히려 인간으로 하여금 죽음을 극복하게 하는 의지를 보여 주고 있다. 『마의 산』에서 죽음은 위대하고 삶과 연결된 형이상학적 요소를 지니고 있는 것이다. 『마의 산』에서 죽음은 두 가지 양상을 띠어, 카스토르프는 다음과 같이 말하고 있다. 〈삶에 이르는 데는 두 가지 길이 있는데, 한 길은 일상적이고 직접적이며 얌전한 반면, 다른 길은 좋지 않고 죽음을 거쳐 가는 창조적인 길이다.〉(Zb 827) 이렇게 삶에 관심을 갖는 가운데 죽음을 경험하는 역설적인 과정을 통해 〈죽음과 삶이라는 현상 속에서 존재가 총체적으로 모습을 드러낸다〉.² 토마스 만에게는 죽음과의 공감이 결국 〈삶과 인간에 대한 사랑〉으로 나아가는 것이다. 따라서 죽음은 무엇인가 에로스적인 친근감을 가지고 있다. 이런 맥락에서 『마의 산』 후반, 즉 〈변화 *Veränderungen*〉의 제목으로 시작되는 제6장에 이르면, 죽음의 분위기는 완전히 퇴색되고, 카스토르프는 점차 삶을 위한 독자적인 사색을 하게 된다. 그리하여 제6장 〈눈 *Schnee*〉에서 카스토르프는 설산의 꿈속에서 삶과 죽음의 양 요소를 겸비한 인간성의 신비에 눈을 뜨고 변용의 결의에 도달하게 된다.

> 나는 죽음에 대하여 충성을 계속 바칠 것이다. 그러나 (······) 인간은 선의와 사랑을 없애지 않기 위해서는 그의 생각을 넘어서 죽음에 영향을 끼쳐서는 안 된다.(Zb 686)

결국 〈눈〉의 장에서 카스토르프는 죽음과 삶의 동일적 속성을 통찰하게 되는데, 〈죽음과 병에 대한 흥미는 삶에 대한 흥미의 한 형태에 지나지 않기 때문이다〉.(Zb 684) 이는 죽음의 가치야말로 삶 속에 있다는 사실을 나타내 준다. 죽음의 가치는 삶을 충분히, 즉 이성을 충분히 인식해야만 나타난다는 사실을 암시하는 것이다.

> 죽음의 모험은 삶에 포함되며, 그런 모험이 없는 삶은 이미 삶이 아니다. 그 가운데, 즉 모험과 이성 사이에 신의 아들인 인간이 있는 것이다.(Zb 685)

카스토르프는 도취적인 꿈을 통해 죽음과 삶의 모순적 동질성을 체험함으로써, 이제 인간 스스로가 〈대립의 지배자 Herr der Gegensätze〉(Zb 685)임을 통찰한다. 그는 삶과 죽음을 변증법적으로 중재할 수 있는 인간의 능력을 깨닫게 됨으로써, 병과 죽음으로 유혹하는 비합리적 열정을 부정하지 않은 채, 〈삶의 친근성 Lebensfreundlichkeit〉(Zb 804)을 고백하기에 이른다.

결국 『마의 산』에서 대립 관계의 주조를 형성하는 것은 삶과 죽음의 관계이고, 이 중에서 죽음이 작품의 주도 모티프를 형성한다. 죽음이라는 명제는 그 속성상 화려한 낮에 대해 평안한 밤의 세계를 의미하고, 인습적인 질서에 대한 불만으로서의 무질서를 의미하며, 시간성에 대한 영원성의 표현이고, 미래의 불안에 대한 과거 지향을 의미하며, 진보에 대한 보수 안존을 지향하는 등 매우 다양한 의미로 해석될 수 있기 때문이다.[3]

죽음은 삶과 분리되고 시간과 계절의 연속과 유리된다는 점에서 볼 때, 자유의 영역이라 할 수도 있다. 카스토르프가 볼 때는 평지의 책임감으로부터의 해방을 의미하기도 한다. 이러한 관점에서 볼 때, 죽음에서 새로운 탄생 가능성이 보이기도 한다. 카스토르프는 평지와 고립된 연금술적 시험관 같은 상태에서 강렬하게 그의 능력을 촉진시킨다. 이 연금술적 상태는 삶에서 벗어난 지하 혹은 무덤과의 동일시로 죽음을 암시하는데, 이에 대해 나프타는, 〈연금술적 변형의 상징은 특히 무덤이었습니다〉(Zb 706)라고 말한다. 이에 대해 〈무덤이라고요?〉(Zb 706)라고 카스토르프가 의아해하자, 나프타는 다음과 같이 대답한다. 〈그렇습니다. 부패와 분해의 장소입니다. 무덤이란 모든 연금술의 정수, 물질이 마지막 변형과 순화를 하는 용기(容器), 밀봉된 수정 증류기라고 할 수 있습니다.〉(Zb 706)

연금술이 생명을 밀봉하여 보관하는 성격으로 볼 때, 죽음은 탄생의 가능성을 암시하는 것이다. 이런 관점에서 카스토르프의 개성은 평지와 고립된 상태에서, 즉 연금술적 시험관 같은 상태에서 강렬하게 작용되어 그의 능력을 촉진시킨다. 이는 『파우스트 박사』에서 주인공 레버퀸이 고립된 상태에서 침체된 음악을 타개하는 동기와 유사하다. 악마에게 혼을 판, 천성이 냉정한 레버퀸은 누구도 사랑하지 않는다는 조건으로 침체된 음악을 타개하려고 노력한다. 레버퀸은 악마와의 계약 결과인 매독에 감염된 후, 자신은 독이 있으므로 〈누구와도 접촉해서는 안 된다〉는 신념에 타인과는 악수도 하지 않을 정도로 비사교적이며, 고독한 생활을 감수하고, 외부 세계에서 무슨 일이 일어나도 전혀 관심을 가지지 않고, 모름지기 자신의 이론에 따라 내면세계의 음악 창조를 촉진시킨다.

결국 『마의 산』에서는 죽음의 개념 속에 탄생의 의미를 포함하고 있어, 케레니 Karl Kerényi의 이론을 연상시킨다. 케레니는 결혼과 죽음, 무덤과 신혼 방을 서로 연관시켜, 결혼이란 죽음이라는 성격을 상기시킴으로써, 죽음을 탄생의 관계로 전개하고 있다. 즉 결혼이 연상시키는 탄생을 죽음과 연관시키는 것이다. 마찬가지로 『마의 산』 마지막에서 카스토르프는 죽음을 통하여 또 다른 삶에 접어든다. 따라서 다음과 같은 말로 『마의 산』은 끝을 맺는다. 〈그대(카스토르프)는 술래잡기란 방법을 통하여 예감적으로 육체의 방종과 죽음에서 사랑의 꿈이 탄생하는 순간을 체험했다. 세상을 뒤흔드는 죽음의 향연 속에서도, 비에 젖은 밤하늘을 빨갛게 불태우는 저 무시무시한 포화 속에서도 언젠가는 사랑이 소생하는 날이 있지 않을까?〉(Zb 994) 결국 죽음에서 사랑과 생명이 다시 탄생한다는 내용으로 끝을 맺는 것이다.

> 죽음은 경건하고도 명상적이며 비통한 아름다움에 빛나는 이른바 종교적인 면이 있는가 하면, 그와 정반대로 지극히 육체적이며 물질적인 면, 경건하지도 아름답지도 않고 더욱이 슬프다고도 할 수 없는 면이 있다.(Zb 43)

결국 인생의 낙오자인 카스토르프의 입에서 토마스 만의 변용의 비밀이 해명되어, 〈삶에 대하여 흥미를 가지는 것은 특히 죽음에 대해서도 흥미를 가지는 것입니다. 그렇지 않습니까?〉라고 카스토르프는 말하고 있다.(Zb 371 f.) 이렇게 죽음이 해방 등을 포함하는 내용이 카프카의 문학에도 담겨 있다. 카프카의 「변신」에서 딱정벌레로 변신한 그레고르는 부친이 던진 사과에 의한 상처로 죽는다. 그런데 이러한 죽음은 번뇌와 의무로부터 해방의 동기를 담고 있다. 죽음에는 살아남으려는 의지와 삶의 힘겨움이 동시에 담겨 있다고 볼 수 있어 역설적이다. 카프카의 경우에는 항상 자유를 향한 돌파가 오직 죽음에서 완수될 수 있듯이, 모순의 극복은 죽음에서만 가능하다. 죽음은 이성적인 행위이며, 따라서 육체적인 죽음과 동일시될

수는 없고, 경험적으로 압박하는 한계의 극복을, 보편적인 실존으로의 도약을 의미한다.[4]

호네거 Jürgen B. Honegger는 『카프카에 있어 불안의 현상 Das Phänomen der Angst bei Franz Kafka』에서, 카프카의 문학에서 죽음은 불안과 밀접하게 관련을 맺고 있으며, 더 나아가 불안에 대한 긍정적 등가물로서 또한 출구의 가능성으로 암시되고, 죽음 속에는 구원의 가능성이 나타나 있다고 말하고 있다.[5] 카프카 자신도 일기에서, 〈죽음만큼 완전한 신뢰성으로 몸을 바칠 수 있는 것은 없다〉[6]라고 쓰고 있다.

카프카 자신에게도 삶과 죽음 사이에 머물면서, 최종적인 결정을 유보하는 것이 가장 큰 고통이었다. 삶과 죽음 사이에서의 고통과 불안이 크면 클수록, 실제의 죽음에는 해방의 성격이 보다 강력하다. 이런 맥락에서 볼 때, 카프카의 그레고르 및 다른 여러 주인공들의 죽음은 그들을 일생 동안 괴롭혀 왔던 갈등과 모순된 상황에 종지부를 찍는 역할을 한다. 다시 말해, 그레고르의 죽음은 고통스러운 슬픔이 아니라, 오히려 무거운 짐으로부터 해방된 새로운 탄생을 암시하고 있다. 죽음이라는 자기 지양을 통해 주인공과 타자나 공동체 사이의 중재와 화해가 이루어지는 것이다. 다만 현실과의 대결에서 위축되어 죽음으로써 자신의 개인적인 자아와 외부 세계 사이에 생긴 간격을 제거하는 점은 카프카 문학에 내재된 또 하나의 특징인 무력성이다. 이렇게 죽음을 통해 번뇌와 의무로부터 해방되어서인지, 그레고르는 동트는 새벽녘의 한 줄기 밝은 빛을 바라보고 만족스러운 미소를 지으며 마지막 숨을 몰아쉬고 나서 숨을 거둔다.

> 널리 퍼지는 창밖의 여명을 그는 여전히 감지할 수 있었다. 그러고 나서 그의 머리는 의지를 잃고 완전히 아래로 가라앉았다. 그의 콧구멍에서는 마지막 숨이 약하게 흘러나왔다.(E 103)

〈이러한 상황 속에서 탑시계가 새벽 3시를 칠 때까지, 그는 공허하고 평화로운 사고를 하고 있었다〉(E 103)고 그레고르의 죽음의 순간이 묘사되어 있다. 이러한 그레고르처럼 「단식 예술가」에서 주인공 단식 예술가 역시 스스로 자초한 죽음을 맞이하면서, 단식 기록을 새롭게 세운 자신을 몹시 만족해하며 희미한 미소를 짓는다. 특이한 점은 카프카는 실제로 「변신」의 대미(大尾)라 할 그레고르의 죽음을 실재하지 않는 바이올린 소리로 대치했으며, 그가 죽은 뒤의 가족들의 감정도 〈이제는 신에게 감사할 수 있다〉(E 104)고 한 부친의 말로 대변했다.

이러한 죽음을 통한 모순 극복에는 니체의 사상이 담겨 있다. 조켈 Walter H. Sokel은 니체의 역저 『비극의 탄생 Geburt der Tragödie』에 전개되는 디오니소스적 비극 개념을 도입해서 카프카의 중심인물들의 죽음을 해석했다. 그는 비극의 관중들이 등장인물의 죽음과 같은 고통스러운 과정을 통해 기쁨을 누리게 된다는 니체의 특이한 주장에 동의한다. 관중은 〈개별화의 원리 princioium individuationis〉가 가장 잘 나타나 있는 등장인물의 비극적인 죽음을 통해 인간과 세계, 인간과 신 사이에 상실된 통일이 회복될 수 있다는 상징적 가능성을 발견한다. 죽음이 만족과 희열의 원천이라는 것이 니체의 기본적인 생각이다. 조켈은 이러한 역설을 〈비극적인 즐거움〉으로 정의했다.[7]

갑충인 그레고르가 죽자 가족들은 그의 시체를 아무렇지도 않게 쓰레기처럼 빗자루로 쓸어 버리고, 부친은 비애가 아니라 해방과 구제의 안도감이 곁들인 십자(十字)를 그은 다음, 가족들과 함께 이른 봄날의 햇빛을 받으면서 교외로 소풍을 가며, 그동안 몰라보게 성숙한 딸의 새로운 삶에 희망을 건다. 이렇게 그레고르의 가족이 그를 버리는 내용에서, 변신이 되면 주체성을 상실하여 같은 가족이나 종족도 변할 수 있다는 사실을 볼 수 있다. 이는 오랜 병을 앓다가 죽은 아들의 유골을 화장하고 온 직후에, 맛있는 음식을 찾고 내일을 걱정하는 오늘날 인간의 모습을 보는 것과 같다. 여기에서 볼 때, 죽음을 야기시키는 병은 일종의 해방감을 의미한다.

이렇게 병을 일종의 해방감 등 긍정적으로 보는 대표적인 인물로 『마의 산』의 나프타를 들 수 있다. 나프타는 육체를 타락하고 부패한 것으로 생각하고 건강을 비인간적인 것으로 보아 병과 죽음을 찬양한다. 나프타는 불치의 병에 걸려 있으면서도 그것을 슬퍼하지 않고 오히려 병의 가치를 다음과 같이 찬양한다.

> 병은 지극히 인간적이다. 인간 자체가 바로 병이기 때문이다. 인간은 원래 병을 앓는 생물이며 병을 앓아야만 비로소 완전한 인간이 된다. 최근 새로운 생활을 제창하는 사람

들, 예컨대 생식주의자(生食主義者), 옥외 생활 예찬자, 일광욕 지지자들이 떠들어 대는 것처럼, 인간을 건강하게 하자, 자연과 화목하게 하자는 구호는 한 번도 자연적이 아니었던 인간에게 자연으로 돌아갈 것을 권장하는 것이다. 이런 식의 루소주의는 인간의 비인간화와 동물화를 촉진시키는 것 외에 아무것도 추구하는 것이 없다. (……) 인간의 존엄성과 고귀성은 정신과 병에 있는 것이다. 한마디로 말한다면 인간은 병을 앓고 있으면 있을수록 더 인간적이며 병의 수호신은 건강의 수호신보다 더 인간적이다. (……) 세템브리니는 입버릇처럼 진보를 말한다. 그러나 진보라는 것이 있다면, 그것은 오로지 병의, 그리고 천재의 덕분이며 — 천재란 병일 뿐이다. (……) 여태까지 인류를 위하여 진리를 인식하려고 의식적으로 스스로 병과 광기에 빠진 사람들이 있다. 이 사람들이 광기에 의하여 획득한 인식은 훗날 건강으로 변하고 그들의 영웅적인 희생 행위 이후에는 이제 병과 광기의 판결을 받지 않고 그와 같은 인식을 소유하고 활용하게 되는 것이다. 이것이야말로 정말 십자가 위의 죽음이다.(Zb 642 f.)

이렇게 나프타는 병의 세계를 긍정하고 대변하는 성격의 소유자로, 병만이 인간적이라고 주장한다. 심지어 그는 병을 인간의 본질로 규정하고 병들면 병들수록 그만큼 더 인간적이라고까지 주장한다.(Zb 92) 이렇게 병이 창조력에 연관되는 인물로 『마의 산』에서 쇼샤 부인도 들 수 있다. 쇼샤 부인에게 자유를 주는 것은 질병이며, 이 병을 구실로 하여 자유분방하게 여러 곳의 요양소를 전전하며 세월을 보냄으로써 병을 삶의 자극제로 보는 니체의 사상도 지니고 있다. 병을 〈삶의 자극제〉로 보는 니체는 다음과 같이 말하고 있다. 〈얼마나 깊이 병고에 시달리느냐, 이것이 모든 인간의 위계를 결정한다. 나는 병고 덕분에 현명하고 영리한 사람들이 알고 있는 것보다 더 많은 것을 알고 있다는 (……) 가공할 만한 확신 (……) 깊은 병고는 사람을 고귀하게 한다.〉[8] 결국 니체는 병을 〈삶의 자극제〉로도 보았는데 이 내용이 그의 다음과 같은 말에 잘 나타나 있다. 〈병고로 오랫동안 무서울 정도로 곤욕을 치르고, 그럼에도 불구하고 오성을 흐리게 하지 않는 병자의 상태가 인식에는 귀중한 것이다. (……) 중병을 앓고 있는 자의 눈은 그의 상태에서 놀라울 정도의 냉정성으로 외부의 여러 사물로 향한다. 보통 건강한 사람의 눈이 사물을 볼 때는 사물이 그 속에 떠올라 헤엄치는 듯이 보인다. 그러나 자질구레한 허위적인 요술은 병자에게는 모두 소멸되고, 뿐만 아니라 자기 자신까지도 털색체도 없는 발가벗은 모습으로 병자의 눈앞에 드러눕는다.〉[9] 이렇게 병이 삶의 자극제가 된다는 내용에서, 이러한 병을 다루는 의학도 삶의 자극제가 된다는 공식이 성립된다. 따라서 의학이 삶의 자극제인 인문학이 된다는 내용이 『마의 산』에서 다음과 같이 주장되고 있다.

> 의학은 무엇을 대상으로 하는 것인가? (……) 의학의 대상은 뭐니 뭐니 해도 인간이다. 그렇다면 입법, 사법, 행정은? 역시 인간이 그 대상이다. 그리고 언어 연구는? 또 신학, 종교, 성직은? 모두가 역시 인간이 대상이다. 이것들은 모두 꼭 같은 하나의 중요한 관심, 즉 인간에 대한 관심의 변형에 지나지 않는다. 이것들은 한마디로 말해서 인문적인 직업이다. (……) 어떤 종류의 인문적인 직업에도 형식적인 것, 형식, 아름다운 형식이라는 이념, 이것이 기본이 되어 있다는 것은 아주 훌륭한 일이며, 이 세상에서 매우 훌륭한 장치 중의 하나이다. (……) 이것을 보더라도 정신적인 것과 미적인 것, 바꾸어 말하면 과학과 예술이 얼마나 밀접히 관계하고 있는지를, 아니 사실은 옛날부터 늘 동일한 것이었다는 것을 알 수 있으며 따라서 예술의 작업도 무조건 소위 제5분과로서 인문학의 일부이고 또 예술의 가장 중요한 테마나 관심사가 인간인 이상 예술도 인문적인 작업이며 인문적 관심의 한 변형에 지나지 않는다.(Zb 362 f.)

의학 등 여러 내용을 인간적인 면에서 다룬 위 내용을 바탕으로 문학과 의학의 관계를 여러 작가를 예로 삼아 고찰해 볼 필요도 생긴다. 문학과 의학의 공통점은 모두 인간에 대한 학문, 즉 〈인간학〉이다. 왜냐하면 문학은 인간에 대한 심오한 이해의 표현이기 때문에, 궁극적으로 사람의 이야기일 수밖에 없고, 또 의학은 생화학적 요소가 복잡하게 결합된 살아 있는 유기체로서의 인간을 대상으로 하고 있기 때문에 역시 인간에 대한 학문이다. 일찍이 괴테는 『시와 진실』에서 〈의학이란 인간 모두에게 관심의 대상이다. 왜냐하면 의학은 인간 전체를 다루는 학문이기 때문〉[10]이라고 말했다. 문학과 의학의 역사 또한 공통적으로 인간의 역사와 더불어 생겨났다. 문학은 인간 감정의 표현으로서 문자 이전에도 인간의 감정을 충분히 표현하였는데, 그 매개체는 물론 언어다. 마찬가지로 의학에 관한 한, 의학이라는 용어가 생기기 전에도 질병은 존재했고, 그로 인한 고통과 죽음, 때로는 치유도 있었다. 고대 원시 시대에는 주술적 치료로 신에게 올리는 기도가 질병 치료의 수단으로 사용되기도 했었다. 여기에서 알 수 있듯이, 문학과 의학은 공히 인간의 역사와 더불어 생성, 발전하고 있다.

문학과 의학 관계가 그러하듯, 역사적으로 볼 때 문학가 중에 의학 전문가들도 상당히 있었고, 심지어 작가이면서 의사인 경우도 있었다. 괴테는 『빌헬름 마이스터』와 『파우스트』에서 의학이나 의사에 대해 자주 언급하고 있다. 주인공 벨헬름 마이스터는 마지막에 외과 의사 직업을 선택할 결심을 하며, 〈아아! 나는 이제 철학도, / 법학도, 《의학》도, / 유감스럽게 신학까지도 / 온갖 노력을 기울여 샅샅이 연구하였다〉(354행 이하)는 외침에서 알 수 있듯이 파우스트는 의학을 공부한 학자이다. 24세에 패혈증으로 요절한 뷔히너 Georg Büchner는 해부학 연구로 의학박사 학위를 받았는데, 그의 작품 「렌츠 Lenz」에서 주인공은 정신병을 앓으며, 「보이체크 Woyzeck」에서는 의사가 등장하여 생체 실험을 한다. 한편 카로사 Hans Carossa, 슈니츨러 Arthur Schnitzler, 벤 Gottfried Benn은 원래 직업이 의사였다. 그들은 환자 치료를 직업으로 하면서 그 치료 과정에서 얻게 된 생명의 의미, 즉 삶의 의미를 문학 작품으로 형상화시켰다. 병과 죽음을 통한 자아 정체성의 탐색을 하기에는 의사라는 직업이 말 그대로 적격이었던 것이다. 왜냐하면 의사들이야말로 삶과 죽음의 문턱에서 방황하는 인간들의 고통을 가장 가까이에서 지켜보기 때문이다.

문학 작품에서 의학적 용어나 질병의 증세를 백과사전을 빌려 묘사하는 경우가 자주 나타나는데, 대부분의 경우 이러한 주제를 더욱 현장감 있게 보여 주고 싶을 때인 것이다. 카로사의 「아름다운 유혹의 시절 Das Jahr der schönen Täuschungen」에서는 마치 임상 실험을 하듯 환자를 의과 대학 강의실로 데려와 학생들에게 증세를 설명하는 장면이 묘사되고 있다. 최면술과 암시 효과에 뛰어난 능력을 보여 주었던 슈니츨러는 그의 희곡 「베른하르디 교수 Professor Bernhardi」에서 자신의 인간적인 생각 때문에 보수적인 주위 세계와의 갈등에 빠지는 의사의 모습을 묘사한다. 의사는 아니지만 작품 속에 의학에 관한 내용을 담은 대표적 작가로서 폰타네, 토마스 만, 베른하르트 T. Bernhard, 바이스 Peter Weiss 등을 들 수 있다. 특히 토마스 만의 『마의 산』의 배경을 이루는 요양소의 의료진은 부패하고 무능력한 인물들로 묘사되고 있다.

　　카프카 의사는 매년 퇴원 신청 환자가 많은 해빙기(解氷期)가 가까워 오면, 급한 용무가 생겼다는 핑계로 일주일가량 여행을 떠나 버린다. 여행에서 돌아와 퇴원 수속을 해주겠다면서 피해 버리는 것이다. 그런데 그 일주일이 6주가 되는 수도 있다. 불쌍한 것은 환자들이어서 카프카 선생이 돌아오기를 기다리는 동안에 입원비는 사정없이 올라간다. 또 피우메가 카프카 선생에게 진단을 청해 오면, 스위스 화폐로 5천 프랑을 다발로 묶어 지불하겠다는 보증을 받기 전에는 절대로 엉덩이를 떼려고도 하지 않는다. 그럭저럭하다 2주일쯤 지나 버리며, 이 선생께서 도착하고 이틀 뒤에 환자는 죽고 만다. 잘츠만 박사의 말에 의하면, 카프카 교수는 주사기를 절대로 소독하지 않아서, 환자에게 합병증을 일으키게 한다고 한다. 카프카 교수가 늘 고무신을 신는 까닭은, 자기 손에 걸려 죽은 환자들에게 발소리가 들리지 않게 하기 위한 것이라고 잘츠만이 비방하면, 카프카 교수는 이에 맞서 잘츠만의 요양소에서는 환자에게 거의 강제적으로 기분 풀이용 포도주를 너무 많이 마시게 해서 — 물론 이것은 환자들의 돈을 더 긁어내기 위해서 — 환자는 파리처럼 죽어 간다고 응수한다. 그것도 결핵 때문이 아니라, 알코올 중독에 의한 간경변증(肝硬變症)으로 죽고 만다고 응수하는 것이다.(Zb 91)

　　또한 바이스의 희곡「마라―사드 Marat-Sade」에서는 연극에 나오는 모든 배우가 샤랑통 정신 병원의 환자들이다.[11] 벤의 『시체 공시장 및 기타 시 Morgue und andere Gedichte』라는 연작 시에서는 시체에서 나타나는 죽음의 현실과 죽음 의식 등이 기묘한 분위기로 묘사되고 있다.

　　삶과 메커니즘

　　어느 창녀의 외로운 어금니
　　그녀는 어떻게 죽었는지 모르겠다.

금니 하나만 있고
나머지는 조용히 약속이라도 한 듯
빠져나갔다.
시체 운반원이 그것을 빼내어
전당포에 맡기고 춤추러 갔다.
왜냐하면 그가 말하기를
흙은 흙으로 돌아가야 되므로.

서양의 하느님은 자신의 피조물인 인간의 반항에 대하여 죽음의 벌을 주고 구원의 약속을 했다. 서양의 세계관으로 볼 때, 인간은 죽음의 절망과 구원의 희망에서 방황하지 않을 수 없다. 인간은 흙으로 빚어졌기 때문에 흙으로 돌아갈 것이며, 영원한 생명을 위하여 메시아를 기다리지 않을 수 없다. 이러한 신화에서는 죽음이 바로 허무주의를 의미하지 않는다. 그러나 여기서 메시아를 빼면 인간은 자연의 기계적(메커니즘적) 순환에 지나지 않는다. 위 시에서 이름도 주소도 모르는 여자 변사체의 입에서 시체 운반원이 금니를 빼서 전당포에 맡기고 그 돈으로 술집에 놀러 간다고 해도 문제가 되지 않는다. 즉 그가 도덕적 감정을 느끼지 않는다고 해서 전혀 비난받을 일이 아니다. 왜냐하면 죽은 것은 그냥 흙이 되는 것이기 때문이다.[12] 이와 연관해서 벤의 또 다른 시 「해산부의 방 Saal der kreisenden Frauen」도 고찰해 보자.

베를린의 가장 가난한 여자들이
— 하나 반의 크기의 방에 13명의 아기,
창녀, 죄수, 버림받은 자 —
몸을 뒤틀면서 신음하고 있다.
어디에 이렇게 많은 아우성이 있을 수 있겠는가.
어디에도 이곳과 같은
아픔과 고통을 생각할 곳은 없을 것이다.
여기는 끊임없이 무엇인가 비명 지르고 있으니.

〈힘 좀 주세요, 아주머니! 알아듣겠어요, 예?
쾌락을 얻으려고 여기에 누워 있는 것이 아니에요.
일을 오래 끌지 마세요.
이 어려운 때에는 똥도 나옵니다!
쉬기 위해서 여기 있는 게 아니에요.
저절로 되지 않아요. 힘 좀 쓰세요!〉
마침내 나온다: 창백하고 작은 것이.
오줌과 똥을 바르고.

눈물과 피로 얼룩진 열한 개의 침대에서
인사하듯 신음 소리가 들린다.
단지 두 개의 눈동자에서만
하늘을 향하여 환호의 합창이 터져 나올 뿐.

모든 것은 이 작은 고깃덩어리를 통과할 것이다.
고통도 행복도.
그리고 언젠가는 가래를 끓이며 괴로워하면서 죽겠지,
이 방에는 또 다른 열두 명이 누워 있겠고.

    해산실에서 가난하고 힘난한 운명을 타고난 창녀나 부랑자들이 낳는 신생아가, 4연 1행에서 보듯이, 작은 고깃덩어리라고 생각된다면 인간은 이보다 더 평준화될 수 없을 것이다. 이들 임신부의 신음 소리는 우렁차게 들리나, 이들 소리를 들어주는 구원자는 없다. 따라서 이들의 고통이나 죽음은 운명으로 받아들여진다. 왜냐하면 벤의 시 「삶과 메커니즘」에서 언급되었듯이 인간은 흙이기 때문이다. 흙에 지나지 않는 것들이 1연 4~8행에서 보면, 작은 고깃덩어리를 출생시키기 위해서 세상 끝까지 들릴 정도로 고통스러운 비명을 지른다. 그러나 시체는 사물과 위상이 바뀌어도 말이 없다. 벤의 또 다른 시 「작은 과꽃 Kleine Aster」은 이러한 위상의 전도를 적나라하게 보여 주고 있다.

익사한 술 배달원이 수술대 위에 누워 있다.

어떤 사람이 그의 이빨에

짙은 자줏빛의 과꽃을 끼웠다.

내가 긴 메스로

피부 아래

흉곽을 열고

혀와 위턱을 잘라 낼 때,

그 꽃을 건드리게 되어,

그 꽃은 옆에 있는 머리로 미끄러져 들어갔다.

텅 빈 그의 가슴을 대팻밥으로 채워

시체를 꿰맬 때,

나는 그 사이에 그 꽃을 싸넣게 되었다.

네 화병에서 실컷 마셔라!

편안히 쉬어라,

작은 과꽃이여.

과꽃은 경건한 상가(喪家)에서 사용하는 시민 사회의 꽃이다. 그런데 이 시에서 과꽃은 죽은 자의 이빨에 끼어 있다. 이러한 가치 전도의 현상을 보고도 술 배달원을 위해 아무런 항변을 할 수 없다. 인간에게는 이미 위생학적이고 사회적인 문제만 남아 있지, 다른 어떠한 가치도 중요하지 않기 때문이다. 이러한 가치 전도 현상과 가치의 평준화에서 허무주의가 유래됐다.[13] 한편 〈내가 긴 메스로 / 피부 아래 / 흉곽을 열고 / 혀와 위턱을 잘라 낼 때,〉의 내용에서 문학과 예술에서 자주 나타나는 〈피부에 상처 내기〉의 동기가 담겨 있다. 옐리네크Elfried Jelinek의 『피아니스트 Die Klavierspielerrin』에서 에리카는 면도칼로 자신의 몸에 상처를 내는 데, 이는 〈존재에의 확인〉을 위한 행위로 볼 수 있다. 출구 없고 착종된 현대 사회에서 자신의 욕망을 억압당하고 봉쇄당한 여성에게 자해와 그것이 주로 행해지는 피부는 곧 〈자아가 명백하게 드러나는 장소〉, 즉 동일성을 형성하는 장소로 피부야말로 〈나는 피를 흘린다, 고로 존재한다 Ich blute, also bin ich〉[14]는 감정을 갖게 되는 무대인 것이다.

슈트라우스Botho Strauß의 『마를레네의 언니 Marlenes Schwester』에서 마를레네와 그녀의 언니도 손목을 칼로 그어 피를 나눠 마시는데, 여기에서 존재의 확인에 대한 또 다른 변형을 엿볼 수 있다. 마를레네와 그녀의 언니가 서로 하이킹용 나이프로 팔의 살갗을 째는 행위는 1970년대 페미니즘 행위 예술에서 많이 장면화되고 있음을 알 수 있다. 예를 들어 마를레네 언니의 비현실적인 정체성은 상상적인 통합에 근거하며, 따라서 마를레네 언니는 마를레네를 자기 객체로 간주하여 자기 체험의 일부로 받아들이고, 끊임없이 객체와 융합하고자 한다. 그것을 위한 수단이 바로 피부를 칼로 째는 행위이다. 현대 예술에서는 앞서 언급한 피부를 째어 상처를 내는 것에서 한 걸음 더 나아가, 몸의 안과 밖을 지탱해 주던 경계인 피부 자체가 허물어지거나, 〈완전히〉 사라져 몸 안의 것들이 외부의 표면을 형성하고 있음을 보여 주기도 한다.

특히 현대 예술에서도 피부만으로 이루어진 육체 이미지를 묘사하고 있는 작품들이 많다. 피부가 느끼는 고통은 카프카의 「유형지에서」와 하인 Christoph Hein의 『용의 피 Drachenblut』 그리고 옐리네크의 『스포츠극 Ein Sportstück』에 잘 나타나 있다. 피부는 고통을 느끼고 나아가 고통의 흔적을 몸에 고스란히 간직한다. 카프카의 작품에서는 고통의 흔적인 상처나 상흔, 낙인이나 문신의 모티프가 자주 등장하는데, 「변신」에서는 아버지가 던진 사과가 박혀 생긴 〈상처〉로, 「학술원에 드리는 보고 Ein Bericht für eine Akademie」에서는 인간의 폭력에 의해 원숭이 가죽에 남은 〈흉터〉로 나타난다. 피부와 관련하여 시사하는 바가 많은 「유형지에서」는 처형 기계에 장착된 바늘이 피고의 몸을 찔러 형벌의 내용을 새겨 넣는 일종의 문신에 대해 묘사한다. 여기서 피부는 상징 질서의 문화적 기호가 등록되는 표면이 되며, 이 과정은 엄청난 고통을 수반한다. 또한 장교가 가지고 있는 형벌이 쓰인 종이와 달리 피부는 단순히 글자를 써넣는 매끄러운 표면이 아니다. 또 여기서 주목할 것은, 장교의 주장대로라면 죄수가 처형을 당하면서 고통스러운 〈피부 경험〉을 통해 어떤 초월적인 변용의 지경에 도달한다는 사실[15]이다. 이것은 마치 피부 감각의 특수한 감수성과 능력이 어떤 초월적 체험으로 연결될 수 있다는 식으로 이해될 수 있다. 그러나 작품의 결말이 보여 주는 것은, 문화적 기호화가 야기하는 과도한 폭력이 견딜 수 있는 고통의 정도를 넘어서 인간의 몸을 파괴하고 결국 죽음으로 귀결된다는 사실이다. 여기서 인간의 피부는 단순히 투과성 있게 — 그래서 외부와 소통할 수 있도록 — 열리는 것이 아니라, 완전히 관통된다. 「유형지에서」의 결말은 피부가 지니는 문화적 기호화와 피부 경험, 접촉과 파괴, 고통과 쾌감, 죽음과 초월의 역설적이고 양가적인 문제들을 복잡 미묘하게 엮어서 보여 준다. 여기서 피부는 한편으론 고통스럽고 치명적인 길들이기를 드러내는 장소로, 다른 한편으론 피부의 감각·지각적 체험을 통한 해방의 가능성으로서, 인간의 문화적 정체성이 가늠되는 지점으로 나타난다.[16] 한편 「변신」에서처럼 딱딱한 피부 역시 외부의 폭력적 접촉에 의해 금방 상처가 나거나 구멍이 나서, 결국엔 내부의 유동적인 물질이 경계 밖으로 흘러내린다. 여기서 피부의 열림은 소통을 위한 것이 아니라, 폭력적인 상해나 침입에 의한 것이지만, 여기서의 그로테스크한 묘사는 몸의 이분법적 표상을 해체한다. 즉 몸의 내부와 외부를 가르는 견고한 경계를 허물고, 경계선을 흐리게 만들어 피부가 단지 내부를 감싸는 단지 껍데기에 불과한 것이 아니라는 사실을 드러낸다.

앞의 시 「작은 과꽃」에서처럼 낱낱이 해부되어 피범벅이 된 채 해부대 위에 놓인 인간의 몸, 피부 안의 모든 오장육부를 드러내는 묘사 등은 내장이 드러난 짐승의 형상, 즉 신체 기관이 파열되고 분리된 짐승의 모습과 다를 바 없는데, 이의 이해를 위해 벤의 또 다른 시 「진혼곡Requiem」도 응용해 본다.

> 모든 수술대 위에 시체가 둘씩 놓여 있다. 남녀 구별 없이
> 포개져 있다. 가까이 붙어서 발가벗고, 고통도 없이.
> 두개골은 열린 채, 가슴은 갈라져 있다.
> 육체는 마지막으로 모든 내장을 밖으로 분만한다.
>
> 뇌에서 고환까지 모든 것은 세 통에 가득 찬다.
> 그리고 이 신전과 악마의 외양간은
> 물통 바닥에서 뒤섞여
> 골고다와 인간의 원죄를 비웃고 있다.

관 속에 남은 것. 이 순수한 신생아:
남자의 다리, 유아의 가슴, 그리고 여자의 머리카락.
나는 보았다. 전에 서로 간음하던 두 사람에게서
쏟아져 나온 내장이 마치 자궁에서 태어난 것처럼 여기 놓여 있는 것을.

정신세계를 고려하지 않고 수술대 위에서 인간을 완전히 해부하고 분해하여 빈 껍질로 만들어 놓고 사물로 관찰하면 인간은 무엇으로 보일까. 벤은 이 시에서 시체를 해부하면서 내장을 다 들어내 놓고 들여다본다. 이 장면에서 인간을 정신 구조와 물질 구조로 해석했던 인문학적인 관습이 갑자기 무너지는 감이 느껴진다. 시체들이 남녀 구별 없이 마치 창고의 화물처럼 쌓여 있듯이 놓여 있다. 의사는 이 시체실에서 시체를 부검하면서 내장을 하나하나 밖으로 내놓는다. 그리고 그는 내장 하나하나를 밖으로 들어낼 때마다 그 내장을 신생아로 비유한다. 그는 시체에서 인간을 영적인 세계가 없는 단순한 조직이거나 사물이라는 것 이상의 의미를 발견하지 못한다. 벤은 이 시에서 한때 원죄나 골고다의 비극과 구원의 약속을 믿고 있었던 것을 비웃고 있다.[17] 이 시에 나타난 〈뇌에서 고환까지〉, 〈두개골은 열린 채, 가슴은 갈라져 있다〉 등의 형상에서, 진정한 것은 〈피부 아래에〉 존재한다고 여기고, 피부 깊이의 것을 읽어 내고 해독하려 했던 고전주의적 동일성 형성에 대한 표현주의의 예술적 저항을 읽어 낼 수 있다. 즉 몸 안의 것들이 몸의 외부로 나와 더럽고 거부감을 주는, 〈비천한〉 형상으로 새롭게 경계면을 이루고 있는 것이다.

벤의 또 다른 시 「암 병동을 걸어가는 남과 여 Mann und Frau gehen durch die Krebsbaracke」는 아름다운 서정시라는 형식으로 표현되어 있지만, 그 내용은 병과 죽음의 실존철학적 의미를 담고 있다.

남자의 설명:
여기 이 줄은 허물어진 자궁들이고
그리고 이 줄은 허물어진 유방들입니다.
침대마다 악취가 풍기지요. 간호사들이 시간마다 교대합니다.

오셔서 이 이불을 조용히 들춰 보세요.
보세요, 이 지방 덩이와 썩은 체액을.
이것이 전에는 어떤 남자에게 멋져 보였지요.
또한 도취시키고, 고향을 느끼게 했지요.

오셔서 유방에 있는 흉터 좀 보세요.
염주 같은 물렁한 혹을 느낄 수 있어요?
안심하시고 만져 보세요. 그 살은 물렁하여 아픔도 못 느낍니다.

여기 이 여인은 30명의 몸에서 나오는 것처럼 하혈을 합니다.
그렇게 많은 피를 가진 인간은 없습니다.
여기 암에 걸린 이 자궁에서
조금 전에 태아를 잘라 냈지요.

그녀들을 밤낮으로 잠들게 합니다. ― 새로 오는 환자들에게는
여기서 잠을 자면 낫는다고 하지요 ― 일요일에만
문병객을 위해 약간 정신이 들게 하지요.

음식은 별로 먹지 않습니다.
등창이 났지요. 파리들을 봐요.
간호사들이 의자를 씻듯이 이들을 씻어 줍니다.

여기 모든 침대 주위에는 벌써 묘지가 솟아오르고 있습니다.
육체는 땅으로 돌아가고, 생기는 사라지고 있습니다.
체액은 멈추고 있습니다. 땅이 부르고 있지요.

위의 시 「암 병동을 걸어가는 남과 여」는 도입부부터 대화 형식으로 시작되며 담시 *Ballade* 형식을 띠고 있다. 서정적 자아는 의사이고, 장소는 여자 환자들의 병실이다. 서정적 자아는 병실을 방문한 여자에게 환자의 상태를 설명해 주면서, 영

적인 고통이 아니라 단순히 육체적인 고통을 받고 있는 인간의 더러운 일면을 자세히 설명하면서 보여 준다. 이 병실의 비참한 상황은 제2연 3행에서 〈간호사를 시간마다 교대합니다〉라는 표현과 제6연의 1~3행의 〈등창이 났지요. 파리들을 봐요〉라는 표현에 잘 나타나 있다. 의사는 환자에게 깊은 연민의 정 같은 감상적 감정을 가지고 있지 않다. 유방암이나 자궁암으로 신음하는 환자에 대한 설명을 듣고 있는 방문객 여성도 이 시가 끝날 때까지 단 한마디의 대답도 하지 않을 정도로 전혀 감정을 표현하지 않는다. 처음부터 끝까지 의사와 환자, 그리고 방문객들 사이에 정신적 교감은 없는 것이다.

　이 시는 서정적 자아의 태도를 통해서 잘 이해된다. 그는 의사로서의 임무에만 충실하다. 제2연의 지시 대명사 〈이것〉은 침대의 줄을 지시하는 것이지, 환자를 가리키는 것이 아니다. 즉 환자들은 한 줄의 침대로 지칭되고 있다. 다시 말하면, 썩어 가는 죽음을 앞두고 있는 환자들은 사물로 비하되고 탈인간화된 것이다. 이러한 현상은 제6연에서 사람들이 의자를 씻듯이 환자들의 등을 닦아 준다는 표현에서 더 잘 드러난다.[18] 위의 시 「암 병동을 걸어가는 남과 여」처럼, 벤의 「의사 Der Arzt」도 병과 죽음의 실존 철학적 의미를 보여 주고 있다.

> 만물의 영장: 돼지, 인간 ─
> 다른 동물과 함께 교제한다.
> 17세가 되면 여기저기 음담을 지껄이며
> 성병을 옮기며 여자와 절충류 사이를 헤매다
> 위장병 치료비를 내고 위자료를 지불한다.
> 40세가 되면 방광염이 시작하지 ─:
> 이 더러운 인간을 위하여
> 지구는 태양과 달 사이에 생겼다고 생각하는가?
> 당신들은 도대체 왜 짖어 대는가?
> 당신들은 심령을 말한다 ─ 당신들의 심령은 무엇인가?
> 노파는 밤마다 침대에 똥칠을 하고
> 늙은이는 흐물흐물한 허벅다리에 똥을 싸 뭉개고 있다!

그리고 당신은 내장에다 사정없이 처넣고 있다.
당신들은 별들을 행복해서 뿌렸다고 생각하는가 (……)?
에! 지구가 분화구에서 불을 뿜어내듯
주둥아리는 썩어 가는 내장에서 피를 토해 낸다 ─:
인간은 구부정하게
독선에 젖어
어둠 속으로 걸어 들어간다.

이 시는 의사로서의 직업적인 체험을 많이 반영하고 있는데, 창녀들과 군인들의 성병을 치료하면서 느낀 삶의 무의미를 시 「암 병동을 걸어가는 남과 여」와 같은 분위기로 전해 주고 있다. 이 시는 인생의 긴 과정을 무의미한 생로병사의 순환으로 의사의 입장에서 해석하고 있다. 이 시에서 시인은 창조의 최고의 위치(만물의 영장 Die Krone der Schöpfung)에 있는 인간의 일생을 의사의 입장에서 바라본다. 제1행은 신과 인간의 관계가 아니라, 인간을 단순히 생물학적 관점에서 해석하여, 창세기의 패러디 정신 ─ 하느님께서는 〈우리 모습을 닮은 사람을 만들자! 그래서 바다의 고기와 공중의 새, 또 집짐승과 모든 들짐승과 땅 위를 기어다니는 모든 길짐승을 다스리게 하자!〉 하시고, 당신의 모습대로 사람을 지어 내셨다(「창세기」1장 26~27절) ─ 에 정면으로 맞서고 있다.

돼지와 인간이 똑같은 위상에 있다면, 또한 만물의 영장이 일반 가축과 똑같이 살아가는 동물이라면, 이것은 실낙원에 이어 두 번째의 전락을 의미한다. 이 전락은, 오늘날의 관점에서 본다면, 어느 정도 진부한 패러디가 되었지만, 그 당시로는 라스커쉴러 Else Lasker-Schüler의 말대로 시의 혁명이었다. 공창가 의사인 시적 자아는 성(性)에서 고등한 동물이나 하등한 동물이나 종족 번식 이외의 의미를 발견하지 못하였다. 2행에서 7행으로, 11행과 12행으로 시행이 넘어가면서 인생의 생로병사가 적나라하게 드러난다. 10행에서 보면 의사는 인간의 영혼을 의심한다. 그리고 13행에서 인간은 살기 위하여 먹지만, 20행에서 결국 노쇠 앞에서 구원을 상실한 존재로 표현되었다.

마찬가지로 벤의 시 「아름다운 청춘 Schöne Jugend」도 아름다운 서정시 같은 제목으로 표현되어 있지만, 그 내용은 「삶과 메커니즘」이나 「암 병동을 걸어가는 남과 여」, 「의사」처럼 병과 죽음의 실존 철학적 의미를 담고 있다.

> 갈대숲에 놓여 있던
> 소녀의 입은 갉아 먹힌 것처럼 보였다.
> 가슴을 열어 보니 식도는 구멍이 숭숭 뚫려 있었다.
> 횡격막 아래 정자에서
> 드디어 젊은 들쥐의 둥지를 발견했다.
> 작은누이 하나는 죽어 있었다.
> 다른 놈들은 간과 신장을 먹고
> 차가운 피를 마시며
> 여기서 아름다운 청춘을 보냈다.
> 그놈들의 죽음도 빨랐고 멋졌지:
> 그놈들이 모두 물속에 던져지니
> 아, 그 작은 주둥이들의 찍찍거리는 소리!

이 시에서 시적 자아는 강가로 내려가 젊은 처녀를 수술대 위에 올려놓고 검시를 한다. 〈아름다운 청춘〉이라는 시의 제목과 달리, 시체는 오랫동안 방치되어 식도가 썩을 정도로 부패되어 있고, 거기에 서식한 들쥐들이 내장을 갉아 먹었다. 우리는 이러한 시체의 모습을 보고 시의 제목과 상반된 현실에서 충격을 받지 않을 수 없다. 시의 제목은 고전적 여인상을 연상하게 해주지만, 내용상의 여성은 들쥐의 먹이이며 서식처에 지나지 않는다. 갈대밭에서 썩고 있는 여성이나 수술하는 의사는 익명이다. 이 시의 마지막 행에서도 서정적 자아만이 살아 있는 유일한 생명체로 등장한다. 그는 죽은 처녀와는 아무런 감정적 인간관계를 맺고 있지 않다. 그리고 연민의 정도 전혀 없이 아름다운 청춘의 모습을 죽은 처녀로부터 들쥐로 옮겨 놓는다. 그는 여기서 정신적 삶이 없는 시체를 통하여 육체적 삶의 연장을 배척하고 있다.[19]

이 시의 모티프는 하임 Georg Heym의 시와 비교해 볼 때 많은 유사점이 느껴진다. 하임의 시 「오펠리아 Ophelia」에서는 장마에 쓸려 내려온 한 처녀의 시체가 동물의 시체 같은 모습으로 나타나, 「아름다운 청춘」 속의 처녀 시체와 유사한 동기를 보이고 있다.

> 머리카락에 어린 물쥐들의 둥지
> 강물에 떠 있는 반지 낀 손들은
> 지느러미 같고, 그녀는 물에 쉬고 있는
> 거대한 원시림의 그늘을 헤치며 떠다닌다. (제1연)
> (……)
> 길고 하얀 뱀장어 한 마리가
> 그녀의 가슴 위로 미끄러져 지나간다. 개똥벌레 한 마리가
> 그녀의 이마 위에서 반짝인다. 버드나무 한 그루
> 그녀 위에 그녀의 소리 없는 고뇌의 눈물로 잎을 떨어뜨린다. (제4연)

벤의 시 「아름다운 청춘」은 하임의 시 「오펠리아」에서 시어나 시적 분위기의 영향을 많이 받은 것 같다. 머리카락에 쥐들이 집을 지었다는 표현이나, 횡격막 아래 집을 지었다는 표현이 유사하며, 뱀장어가 시체의 유방 위를 미끄러지며 헤엄쳐 가는 장면이나, 쥐들이 간과 콩팥을 파먹고 살았다는 표현은 똑같은 징그러운 감정을 일으킨다. 이러한 표현은 물에 투신한 셰익스피어의 오필리아에게 햄릿이 〈아름답고 깨끗한 몸에서 오랑캐꽃이 피어나기〉를 기원하는 것과는 너무나 대조적이다.[20]

주

1 L. Feuerbach, *Gsammelte Werke*, Ⅷ(Stuttgart, 1960) f.
2 Helmut Jendreiek, *Thomas Mann. Der demokratische Roman*(Düsseldorf, 1977), S. 286.
3 Joseph Kunz, Thomas Mann, in: Hermann Friedmann und Otto Mann(Hg.), *Deutsche Literatur im 20. Jahrhundert*, Bd. Ⅱ(Heidelberg, 1961), S. 104.
4 빌헬름 엠리히, 『카프카를 읽다』, 편영수 역(유로, 2005), 213면.
5 Jürgen Beat Honegger, *Das Phänomen der Angst bei Franz Kafka*(Berlin, 1975), S. 70.
6 Franz Kafka, *Briefe 1902~1924*, hg. v. Max Brod(Frankfurt/M., 1986), S. 171.
7 Walter H. Sokel, *Franz Kafka, Tragik und Ironie*(Frankfurt/M., 1976), S. 75.
8 F. W. Nietzsche, *Gesammelte Werke* in drei Bänden, Bd. Ⅱ, hg. von Karl Schlechta(München, 1960), S. 263 f. S. 1057 f.
9 같은 책, S. 1088.
10 J. W. von Goethe, *Dichtung und Wahrheit*, in: *Goethes Werke* in 14 Bänden, Bd. 9, hg. von Erich Trunz(München, 1988), S. 361.
11 윤순식, 「토마스 만과 크리스토프 메켈의 작품 비교」, 〈2009년 한국 헤세 학회 봄철 학술 대회〉, 2009년 5월 9일, 34면 이하 참조.
12 손재준 외 지음, 『독일 문학의 흐름』(솔, 1999), 120면.
13 김인수, 『독일 니힐리즘 문학』(강원대학교 출판부, 1989), 239면 참조.
14 Kristin Teuber, *Ich blute, also bin ich. Selbstverletzung der Haut von Mädchen und jungen Frauen*(München, 1998), S.57
15 장교는 죄수에게 바늘로 판결문을 새기기 시작해서 여섯 시간째가 되면 죄수의 얼굴에 〈신성한 변용의 표정〉이 나타나며, 〈분별력〉이 온몸에 퍼지면서 상처로 판결문을 해독하기 시작한다고 설명한다.
16 Gerhard Meisel, Transplantation und Metamorphose. Das Motiv der Haut bei Musil und Kafka, in: Josef Strutz u. Endre Kiss(Hg.), *Genauigkeit und Seele. Zur österreichischen Literatur seit dem Fin de siècle, Musil-Studien*, Bd. 18(München, 1990), S. 185.
17 김인수, 같은 책, 61면 이하.
18 같은 책, 42면.
19 같은 책, 58면 이하 참조.
20 같은 책, 57면.

제6장 이념적 해석

아도르노 T. Adorno에 따르면, 문학적 주체는 그 본질에 있어서 결코 사(私)적이지 않고 사회적이어서, 문학 작품의 형식 구조에서 보여 주는 의미 내용에 사회적 요인이 결정적이라고 한다. 문학 작품의 역사적 평가의 기준을 정하는 데 있어서 단지 그 문학 작품에 테마화되어 있는 사회적 발전 과정(소재의 선택)만이 아니라 매개 시도 및 그 처리(형식) 역시 평가되어야 한다는 주장이다. 이는 방법론적 자유와 표현의 무한한 가능성을 시사하는 예술의 유희적 성격이 결코 현실 차원을 무시하는 독아론에 빠지는 오류를 범해서는 안 된다는 현대 작가의 권리와 의무의 역설이기도 하다. 이러한 시각으로 사회적 이데올로기적 배경을 통해 토마스 만과 카프카의 작품을 분석하는 사례가 많은데 이의 대표적인 사람으로 마이어 Hans Mayer와 루카치를 꼽을 수 있다. 그들은 주로 심리학·정신 분석적 해석을 단연히 거부하고 역사 철학적 상을 포함하는 이데올로기적 역사의 틀을 만들었다. 마이어와 루카치에게 문제되는 토마스 만과 카프카의 중심 문제는 인간 사회에서 삶과 노동의 조직 문제이며, 이러한 조직 속에서 운명, 즉 이들 작가 작품의 타고난 숙명이 지적되고 있다. 그들에 의하면 토마스 만과 루카치는 역사 이전 세계에서 감춰진 면과 우리들 시대에 훼손된 면, 즉 〈이데올로기〉라는 인간 최고의 소외 상태를 보여 주고 있다.

이러한 이념을 나타내는 〈이데올로기 Ideologie〉라는 용어는 약 2백 년 전 프랑스 혁명과 거기서 태동된 유럽 시민 사회가 성립되던 시기에 등장했다. 프랑스 혁명 뒤 설립된 〈프랑스 국립 학술원〉에서 데스튀트 드트라시 Destut de Tracy 등의 학자들은 계몽주의 정신에 입각해서 인간의 인식 문제 내지 관념의 형성과 작용 등을 연구하는 새로운 학문을 창시하였다. 이 〈아이디어(관념)에 관한 과학 science des idees〉의 이름이 〈이데아 idea〉와 〈로고스 logos〉를 합친 〈이데올로기 ideologie〉였다. 이 〈관념학〉이 등장한 지 얼마 안 된 1800년대 초 프랑스에서는 혁명적 이상의 일관된 실현을 요구하는 〈관념학파(이데올로기 학파)〉 학자들과 구세력, 특히 가톨릭 세력과의 타협을 통해 권력을 구축하려는 나폴레옹 사이에 갈등이 벌어졌다. 나폴레옹은 자신의 정책을 비판하는 관념학파 학자들, 즉 〈이데올로그〉들을 〈현실 정치에 도무지 이해가 없는 몽상가〉라고 비난했다. 이 과정에서 〈이데올로기〉 용어의 본래 의미는 퇴색되고 논쟁에서 상대방의 생각을 허황된 것으로 몰아붙이기 위한 용어로 부각됐다.

요즘 우리가 사용하는 사회 과학적 차원의 〈이데올로기〉 개념이 형성된 것은 마르크스에 이르러서다. 그는 프랑스 혁명과 그 뒤의 프랑스 역사를 연구하는 과정에서 시민 사회의 형성과 함께 새로운 지배 메커니즘의 등장을 발견했다. 〈자유·평등·박애〉의 구호 아래 사회 전체의 이익인 양 포장된 채 지배 계급의 특수한 이해 관계를 반영하는 기만적 의식을 마르크스는 〈이데올로기〉로 명명했다. 그 뒤 엥겔스와 레닌을 거쳐 이 개념은 〈계급 의식〉 또는 〈계급 의식을 반영하는 정치적 이념〉의 의미로 확대됐고, 정신 분석학·지식 사회학·신실증주의 등 여러 입장들이 이데올로기 논의에 개입하면서 이데올로기 현상은 현대 사회 분석의 중요한 요소로 자리 잡았다. 그러나 현대에는 이러한 이데올로기로 무장했던 러시아의 붕괴로 이데올로기도 붕괴되고 새로운 이념이 등장하고 있다. 바로 문명의 갈등이다.

1993년 여름, 학술지 『국제 문제 Foreign Affairs』에는 정치학자 헌팅턴 Samuel Huntinton의 「문명의 충돌?」이라는 논문이 실렸다. 이 한 편의 논문은 1940년대 이후 이 잡지에 수록된 그 어떤 논문보다도 뜨거운 논란을 불러일으켰다. 논문의 주요 내용은 〈새롭게 태동하는 세계 정치 구도에서 핵심적이고 가장 위험한 변수는 이데올로기가 아니라 상이한 문명을 가진 집단들 사이의 갈등이 될 것〉이라는 예측이었다. 여기에서 헌팅턴이 전제한 〈새롭게 태동하는 세계〉란 냉전이 종식된 뒤의 세계를 가리킨다. 1980년대 말 공산주의가 붕괴되고 탈냉전 시대가 오자 사람들은 혼란에 휩싸였다. 사람과 사람, 국가와 국가를 이데올로기로 가르던 세계 질서가 어떤 양상을 띠게 될지 궁금해하던 차에 〈문명〉을 화두로 내세운 헌팅턴의 예측은 큰 충격파를 던졌다. 3년 정도 논란을 지켜보던 헌팅턴은 이 논문에서 스스로 물음표를 찍으며 제기했던 질문에 대한 대답을 위해 저서 『문명의 충돌 The Clash of Civilizations and the Remaking of World Order』을 펴냈다. 1996년에 출간된 이 저서에서 그는 냉전 종식 이후 세계 정치를 〈다극화〉와 〈다문명화〉로 특징지었다. 이데올로기가 차지하던 자리를 문명이 대신하고, 문명에 기반을 둔 세계질서가 태동한다는 것이 그가 강조한 저서의 요지다. 국가들이 문명을 중심으로 뭉친다는 것이다.

헌팅턴은 서구, 라틴 아메리카, 아프리카, 이슬람, 중화, 힌두, 정교, 불교, 일본권 등 주요 문명권으로 세계를 구분했다. 그는 문명권으로 구분된 세계에서 서로 다른 문명에 속하는 국가들과 집단들의 관계는 우호적이지 않고 대립적 경향을 띨 것이라고 내다봤다. 그는 문명의 갈등이 두 가지 형태로 나타날 것으로 예측했다. 우선 국지적이고 미시적 차원에서 〈단층선 분쟁〉이 일어날 것이라고 그는 예상했다. 각각 다른 문명에 속한 인접국들 사이에서, 또는 한 국가 내에서도 다른 문명에 속한 집단들끼리 분쟁이 일어난다는 것이다. 그다음으로 세계적, 거시적인 차원에서 서로 다른 문명에 속한 주요 국가들 사이에 〈핵심국 분쟁〉이 발생할 것이라고 지적했다. 예상되는 거시적 분쟁의 하나로, 그는 서구 대 비서구의 양상을 꼽았다. 더 나아가 이슬람 사회와 아시아 사회, 이슬람 사회와 서구 사회 사이에 가장 격렬한 대립이 예상된다는 게 헌팅턴의 시각이었다. 이 책에서 헌팅턴이 얘기한 내용의 상당 부분은 이미 현실로 나타나 곳곳에서 대립과 갈등이 계속되고 있다.

그러나 엄밀하게 볼 때 오늘날 일어나는 수많은 갈등을 종교나 문화 간의 충돌로 보는 것은 불합리한 면도 많다. 니체의 말대로 신은 죽었고 종교는 무력해졌다. 우리는 더 이상 중세 시대에 살고 있지 않은 것이다. 진정한 갈등은 이슬람과 기독교 사이에서 종교와 문화의 갈등보다도 미국과 서방을 중심으로 하는 고삐 풀린 자본주의와 가난하고 헐벗은 인민대중 사이에서의 갈등이다. 이런 충돌은 때로 종교적 성향의 집단들에 의해 조정되기도 한다. 하지만 전 세계에 걸쳐 자본주의에 의해 창조된 여러 가지 거대한 불평등이 없다면 이 집단들은 아무런 힘도 가질 수 없을 것이다. 결국 문화의 영역은 어떤 문화가 다른 문화를 공격하여 삼키는 전쟁의 과정이라기보다는, 서로 뒤섞여 보편과 특수의 영역의 조화를 이룬다. 일견 세계화론자들의 논리를 정당화시켜 주는 것으로 비치기도 한다.

헌팅턴은 나라 간의 문명의 갈등을 주장한 데 비해 토마스 만은 미국과 독일 사이의 문명의 차이에 순응해 나갔으나, 그는 문화적인 면에서는 심한 갈등을 겪기도 하였다. 그는 민주주의의 인도성과 이와 결부된 문명을 동시에 존경하여 자신의 저서 『서구 세계의 인식 Bekenntnis zur westlichen Welt』에서 미국의 민주주의를 찬양하는 동시에, 최소한 문화적 유산에 대한 독일의 옛 향수를 아울러 동경했다. 결국 토마스 만은 미국으로의 망명 생활에서 민주주의의 문명을 철저히 신봉하면서도 문화적 보수주의를 그대로 유지했으며, 폭력과 비인도적인 국가 사회주의에 철저히 저항한 이민 작가였던 것이다.[1] 따라서 토마스 만은 자신을 독일 문화의 상속 전달자, 즉 독일의 대표자로 자처하여 미국 이주 후에도 〈내가 있는 곳에 독일 문화가 있다 Wo ich bin, ist deutsche Kultur〉[2]라는 좌우명을 늘 마음속에 품고 있을 정도로 본질적인 〈독일인〉이었다. 이러한 독일 문화의 상속자인 토마스 만은 오랜 미국 생활에서도 모국어를 끔찍이 사랑하여 〈영어가 완벽하지 못하고〉[3] 독일어의 대가로 남아 있었다. 몇 년 동안 영국 BBC 라디오 논평을 진행하면서도 〈독일 청취자 여러분! Deutsche Hörer!〉이라는 방송 첫 구절을 독일어로 시작했다는 일화는 유명하다. 이렇게 토마스 만은 미국 망명 중에도 독일어를 계속 사용하여 〈헤아릴 수 없이 독특한 독일어〉[4]를 개발하여 『요셉과 그의 형제들』과 『파우스트 박사』 등을 내용 및 언어 면에서 완전한 독일 소설로 만들었다.

이렇게 토마스 만이 추구한 인간 본연의 가치가 중시되는 것보다도, 현대에는 전체적인 이데올로기나 문명의 갈등이 강하게 지배되어 개인적 가치가 상실되고, 그 결과로 소외 개념이 발생하는 경향이 있다. 현대의 사회는 공업 Technik과 자본주의로 지배되어 급격하게 변화된 결과, 개인 역시 급진적으로 변하게 되었다. 이 공업과 과학적 개념으로 볼 때, 세상은 계산·예측 가능하여 예언될 수 있는 것으로 파악되고, 자연은 물질로 강등(降等)되어 인간처럼 대용(代用)적인 대상이 되었다. 인간이나 자연은 더 이상 실제적인 가치로 인정받지 못하고, 개인적으로나 사회적으로 수익의 열망만이 합리화되어, 개인이나 세상 등의 본래 차원은 완전히 억제되는 결과가 되었다.

이런 배경에서 인간성을 체념시키는 새로운 세력 균형이 형성되어 소외가 발생한다. 여기에서 발생한 〈소외〉 문제에 대한 관심은 1932년 마르크스의 초기 저작 『경제학·철학 초고』(1883)가 출판됨으로써 촉발되었다. 그는 자본주의 사회에서 가장 핍박한 상황에 처한 노동자들의 참상을 소외라는 개념으로 정리했다. 그는 자본주의 사회의 노동자는 자기의 생명을 대상화한 〈노동 생산물〉로부터 소외되고, 가장 인간적이어야 할 노동이 외적 강제에 의해 이뤄지므로 〈노동 활동〉에서 소외되고 있다고 주장한다. 나아가 인간은 유적(類的) 존재를 구현하는 노동을 개인적 생존의 수단으로 전환시킴으로써 〈유적 존재〉로부터 소외되고, 이처럼 외화(外化)되고 소외된 노동이 현실에서 구체화되는 생산자와 비생산자(자본가)의 적대적 관계를 통해 〈인간〉으로부터 인간의 소외를 겪게 된다고 설파하고 있다. 시인 벤 Gottfried Benn은 이러한 사상을 자신의 문학에 접목시키고 있다. 사회의 차별과 같은 소외 이론이 그의 시 「젊은이 Ein Jüngling」에 영향을 끼친 것이다.

> 나는 외친다: 정신아, 너를 벗겨 봐라!
> 두뇌도 궁둥이처럼 썩지 않는가!
> 내장이 더듬거리며 이미 그것을 형제라고 부른다 –
> 고환이 이미 사촌이라고 한다 – (썩은 시체 위로 쓰러지면서)
> 나는 다시 한 번 이 경건한 시체의 머리를 쪼개 보겠다.
> – 나와 봐라– 이 오물 덩어리야!
> 소멸을 거부했던 이 오물!
> 신이 거닐었던 오물……!
>
> 이빨이 만물의 영장에서 빠져나온다.
> 언어의 중심은 이미 흐물흐물하다.
> 사고의 중심은 허둥지둥거린다 …… 붕괴와 파멸……
> 그 고깃덩어리에서 분노의 폭소도 나오지 않는다:

냄새나는 노란 두뇌가 우리들에게 신을 생각나게 했지!
화려한 여름, 푸른 하늘
이방과 고향 같은 것을 꽃피웠지 ―
방금 열두 마리의 죽은 개를 여기에 던지고 간다.
우리들처럼 냄새나겠지.

벤은 1914년 7월 뮌헨에 머무른 적이 있었다. 그곳에서 여덟 살 연상의 미망인 여배우 브란트 Eva Brantdh와 결혼하고 다시 베를린으로 돌아왔다. 그녀는 드레스덴의 세습 귀족 출신으로, 그녀의 삼촌 중에는 장교, 지방 장관 그리고 궁정의 관리도 있었다. 그녀는 우아하고 귀족적인 분위기를 지녔었다고 한다. 하지만 그는 그녀를 통하여 부르주아 *bourgeois* 계급의 생활을 모방하려고 하지 않았다. 그의 시에 부르주아의 세속적이고 안락한 분위기를 동경하는 작품이 없는 것에서 알 수 있듯이, 오히려 그러한 분위기에 항상 이방인 같은 기분을 느꼈다고 한다.5 「젊은이」에서 시적 자아는 지하 시체실에서 부르주아와 프롤레타리아 *prolétariat* 등 다양한 계층의 육체들이 이야기하는 소리를 들으면서, 궁둥이 등 하급 계층의 육체에 제왕 역할을 하는 인간 두뇌(부르주아)의 허상을 폭로하고 있다.

이러한 육체 안에서의 상하 계급 관계는 과거 프랑스군의 원수(元帥)였던 보방(1633~1707)이 집필한 조세 문제의 해결 방안을 논한 책의 다음 내용에도 잘 나타나 있다. 〈팔다리의 상처로 인해 몸이 고통받으면, 머리(즉 국왕) 또한 고통받지 않을 수 없다. 만약 고통이 재빨리 머리에 이르지 않으면 괴저병에 걸린 것과 같다. 그 병은 조금씩 신체(국민)를 잠식해서 온갖 부위를 부패시키다가 심장에 이르러 목숨을 앗아 갈 수도 있다. 국왕은 백성에게 필수품을 박탈할 정도의 과중한 부담을 안겨서는 안 된다.〉 벤의 시 「젊은이」에서 육체는 부부 싸움도 하고, 고상한 언어를 사용하는 교양인(부르주아), 천박한 언어를 사용하는 하층 계급(프롤레타리아) 등 다양하게 이루어져 있지만, 시체실에서는 모두가 썩어서 냄새나는 고깃덩어리들일 뿐이다. 이곳에서는 위신도 품위도, 즉 계급적 차이도 다 없어지고 죽은 개들과 함께 썩어 갈 뿐이다. 특히 마지막 장면에서 〈방금 열두 마리의 죽은 개를 여기에 던지고 간다. / 우리들처럼 냄새나겠지〉처럼, 동물의 시체나 도살된 동물의 내장을 잔혹하게 드러내는 장면들이 벤의 시에 자주 나타나는데, 이는 인간 내면의 폭력성을 드러내기 위해 동물을 배치하는 벤의 시의 특징이다. 낱낱이 해부되어 피범벅이 된 채 해부대 위에 놓인 인간의 몸, 피부 안의 모든 오장육부를 그대로 드러내고 있는 묘사 등은 내장이 드러난 짐승의 형상, 즉 신체 기관이 파열되고 분리된 동물의 모습과 다를 바 없기 때문이다.

〈만물의 영장 Schöpfungskrone〉이라는 인간이 죽어서 시체실에 있을 때, 두뇌(프롤레타리아)도 내장이나 생식 기관(부르주아)과 똑같은 조직으로 썩어 없어진다.(제1연 3행) 그러나 인간은 두뇌에 의지하여 영원성(신)을 상상하고 소멸을 거부하며 아름다운 세계를 구상한다.(제1연 6~7행) 뇌를 밖으로 드러내 놓고 보다가 벤은 언어의 중심이고 사고의 중심인 이 두뇌에 항상 의지하였다는 생각에 자신을 견디지 못하고 침을 뱉는다.[6]

벤처럼 마르크스도 이러한 사회적 소외 사상을 문학에 접목시키고 있다. 마르크스의 경제 및 사회 이론이 문학 이론에도 영향을 끼친 것이다. 마르크스는 문학도 다른 모든 문화 현상과 마찬가지로 사회의 기본 경제 구조의 반영이라고 주장했다. 서사시, 서정시, 희곡은 사회 계급을 낳은 바로 그 힘에 의해 생산되기 때문에 이 힘에 관련시키지 않고는 그것을 완전히 이해할 수 없다는 것이다. 『정치적 경제 비판 Critique of Political Economy』에서 마르크스는 이렇게 썼다. 〈그리스 예술, 그다음에는 셰익스피어와 그 당시 물건들의 관계를 예로 들어 보자. 그리스 신화는 그리스 예술의 무기고였을 뿐만 아니라, 그리스 예술이 자라난 바로 그 토양이었다. 그리스적 환상, 따라서 그리스 예술의 기초를 이룬 자연에 대한 태도와 사회적 관계가 자동 노새, 철도, 기관차 그리고 전신(電信)이 있으면 존재할 수 있었을까? 불카누스는 어떻게 로버츠 회사에 대항할 수 있었으며, 제우스는 피뢰침에, 헤르메스는 《Crédit Mobilier》(저당을 잡고 금전을 대출해 주는 금융 기관 ― 필자 주)에 어떻게 대항할 수 있었을까? 신화는 그 어느 것이나 상상 속에서 그리고 상상력의 도움으로 자연의 힘을 정복하고 굴복시키며 구상화(具象化)한다. 따라서 실제로 이러한 자연의 힘을 정복하면 신화는 사라진다.〉[7]

마르크스의 일부 추종자들은 경제 분야에 있어서의 발전이 보다 높은 형태의 문학을 산출한다는 관념을 가지고 있었다. 그러나 마르크스는 굉장히 훌륭한 문학적 상부 구조는 원시 경제 체제 밑에서 발전했다는 점을 인정하였다. 예를 들어 그리스 서사시는 훨씬 더 발전한 경제를 반영하는 19세기 소설보다 열등하지 않을 뿐만 아니라 분명히 더욱 우월하다. 마르크스는 문화적 형태가 고르지 않게 발전한다는 것을 알았다.

> 예술에 관하여 알려진 사실은 예술의 위대한 발전의 정해진 시기가 사회의 일반적 발전, 말하자면 사회 조직의 골격을 이루는 사회의 물질적 기초의 발전과 상응하지 않는다. 예를 들면, 그리스인들과 셰익스피어를 그들이 살고 있던 시대의 사물과 비교하여 보라. 여러 예술의 형태(예컨대 서사시)에 관하여 다음과 같은 사실까지 인정되고 있다. 즉 이러한 예술의 형태(세계사의 한 시기를 이루는 그 고전적 형태에 있어서)는 명실상부한 예술 창작의 시작과 더불어 생겨날 수 없었으리라는 것과, 이와 같이 문학 분야 자체에 있어서 이 특수하고 대단히 의미심장한 형태는 예술적 발전이 비교적 낮은 단계에서만 가능하다는 것이다.[8]

그렇지만 이제 정말 문제가 제기되었다. 인간 의식은 인간 사회의 산물인데, 『일리아드』나 『오디세이아』에서 어떻게 아직도 예술적 쾌감을 얻을 수 있을까? 이 문제에 대한 마르크스의 해답은 다음과 같다.

> 어른은 다시 어린애로 변할 수 없다. 그렇게 되면 유치하게 된다. 그러나 어른이 어린애의 순진성을 보고 즐거워하지 않는가? 그리고 어른이 좀 더 높은 단계에서 자기 자신의 진정한 본성을 드러내려고 이 목표(순진성)를 향해 전진하지 않을 수 없지 않는가? 모든 시대에 있어서 이 시대의 성격이 그 꾸밈없는 진실성으로 어린이의 본성 속에 재생되지 않느냐? 그렇다면 모든 발전 중에서 가장 아름다운 발전을 한 인간 사회의 유년기가 결코 다시 반복되지 않는 발전 단계로서 왜 우리에게 영원한 매력을 가지지 않겠는가? 교육받지 못한 어린이들이면서도 노인의 지혜를 가진 어린이들이 있다. 많은 고전 작가들이 이 범주에 속한다. 그리스인들은 정상적인 어린이들이었다. 그들의 예술이 우리들에게 주는 매력은, 그 예술이 자라난 저 사회의 미발달 단계를 부정하는 데 있는 것이 아니라, 그와는 반대로, 그 예술은 그 사회 단계에서 생긴 것이며, 예술을 발생시켰고, 또 그것만이 예

술을 발생시킬 수 있었던 그 미성숙한 사회적 관계가 절대 다시는 반복될 수 없다는 사실과 불가분의 관계를 가지고 있는 것같이 보인다.⁹

이 내용은 마르크스주의를 인문주의적 전통과 결합하고, 마르크스의 문학적 추종자들을 경제학뿐만 아니라 감식안(鑑識眼)에 의해서도 판단하게 하는 장점을 가졌다. 전 세계에 마르크스주의 정치학이 급속히 파급되었기 때문에 마르크스의 문학 이론은 모든 나라에 들어갔다. 마르크스주의는 많은 문학 연구의 영향을 사회적 관점을 창조하는 데 기여했다. 따라서 미국에서 특히 대공황기에 윌슨Edmund Wilson, 아빈Newton Arvin, 매티슨F. O. Matthiessen 같은 저명한 비평가들은 미국의 문화적 유산을 풍부하게 하기 위하여 마르크스의 방법을 분별력 있게 사용하고 있다.

힉스Granville Hicks는 『위대한 전통 The Great Tradition』에서 미국 문학사를 마르크스주의의 테두리 속에 맞추려는 야심적인 시도를 했다. 미국 사회에서 비판할 점을 발견한 작가는 모두 미국 공산주의자들과 정신적인 친척이며 그들의 문학적 동조자라는 가정으로 그는 성공할 수 있었던 것같이 보인다. 맹목적 심미주의에 만족하는 미국 작가들은 『위대한 전통』에 가담할 자격이 없는 자들로 여겨졌다. 마르크스와 달리, 마르크스주의의 미국 동조자들은 미학과 정치학을 동일화하는 데 주저하지 않았다. 이에 대해 힉스는 다음과 같이 말하고 있다. 〈우리가 보아 온 바와 같이, 산업주의가 미국 생활에 있어서 점점 중요성을 띠게 되었고, 자본주의가 함축하고 있는 의미가 점점 더 분명해졌고, 계급 투쟁의 경계선이 점점 더 뚜렷이 그려졌기 때문에 회유(回遊)의 대가는 점점 다 커졌다. 워튼Edith Wharton과 주윗 Sara Orne Jewett, 프로스트Robert Frost를 디킨슨Emily Dickenson과 비교해 보고, 산업주의를 경시하는 사람들이 생명에 넘치는 문학을 창조하기가 점차로 어렵게 되었다는 것을 깨달았다.〉¹⁰

자기 시대 작가들의 입장을 평가할 때 그는 〈미국 생활에 있어서 중요한 사실은 계급 투쟁〉이며, 무산대중(無産大衆)과 인연을 맺는 작가는 사회를 형성하는 근원적인 힘을 똑똑히 볼 수 있고, 예술 지상주의 작가들처럼 자기기만에 빠지지 않을 것이므로, 더 훌륭한 작품을 쓸 수 있을 것〉이라는 점을 발견했다. 마르크스주의 문학 이론을 과장한 『위대한 전통』은 문학이 사회적인 힘에 의해 형성되기는 하지만 사회적인 힘과 동일한 것은 아니라는 사실을 결코 잊지 않는 장점을 가지고 있다. 그러나 이 장점은 다른 마르크스주의의 비평가들에게는 부족했다. 예컨대 자신을 공산주의자로 공언하고 있는 프리먼 Joseph Freeman은 『미국의 무산대중 문학 Proletarian Literature in the United States』 서문에서 문학 자체에 대한 관심을 보이지 않았다. 그에게 시나 소설은 〈혁명을 증진시켰느냐, 시키지 않았느냐?〉라는 정치적인 과정에서만 평가될 수 있는 것이었다. 그는 이렇게 썼다. 〈우리의 이전 시대에는 그것이 어떠한 역할을 했건, 미래의 계급 없는 사회에서는 그것의 기능이 무엇이든, 오늘날의 사회적 투쟁은 그것을 당파적 논쟁의 재료로 만들었다. 논쟁의 형태는 비평가의 개인적 지능, 정직, 용기에 따라 다를 뿐만 아니라, 비평가가 변호하고 있는 사회 계급에 따라 다르다. 공산주의자는 솔직하게 말한다. 계급 투쟁의 도구인 예술은 무산 계급의 무기로 무산 계급에 의하여 발전되어야 한다고. 파쇼주의자들은 똑같이 솔직하게 말한다. 예술은 자본주의 국가의 목표를 증진시켜야 한다고. 독점 자본과 무산 계급, 파쇼주의와 공산주의 사이에서 결단을 내리지 못하는 중산 계급의 대변자인 자유주의자들은 다른 모든 사회 논쟁에 있어서와 마찬가지로, 이 문제에 있어서도 《공평한》 중재자로 자처한다. 자기만이 투쟁에서 초연하여 《과학적》 정신으로 이야기할 수 있다고 생각한다.〉[11]

프리먼은 인간의 경험을 불변하거나 보편적이라고 생각할 수 있는지에 대해 의문을 던짐으로써 고전 작품이 우리 인간 구조의 어떤 근본적인 것에 호소한다는 마르크스의 이론까지 간접적으로 배격하는 셈이 되었다. 서로 다른 역사의 시기에 살고 있는 사람들은 저마다 다른 경험을 가지고 있다. 또 같은 역사의 시기라 하더라도 다른 계급에 속한 사람들의 경험, 즉 인간성이 다르다는 것이다. 사실 프리먼은 플라톤과 거의 같은 방식으로 문학의 내용을 동일시하고 있다.

    시나 희곡이나 소설이 정치적 주제를 취급하고 있을 때 예술이 계급에 기초하고 있다는 사실은 분명하다. 그때 독자와 비평가는 실생활에서 그렇듯이 문학에 대해서도 분명한 태도로 반응한다. 그러나 어떤 〈생물학〉 경험은 계급 요소를 초월한다는 일반적 가정이 있다. 사랑, 분노, 증오, 공포, 남을 즐겁게 하려는 욕구, 잘난 체하고, 남을 어리둥

절하게 하고 싶은 욕망, 그리고 허영심과 자애까지도 보편적 동기라 할 수 있겠다. 그러나 그 동기들이 취하는 형태, 그리고 무엇보다도 그들을 유발시키는 요소는 계급 문화에 의하여 좌우되고 또 결정되기 까지 한다. 사양(斜陽) 귀족 계급과 한창 꽃핀 부르주아 계급에 관한 프루스트의 뛰어난 연구를 생각해 보라. 샬뤼나 마담, 베르뒤랭 같은 사람들에게 자만과 질투와 수치를 불러일으키는 것이 무엇인가를 살펴보라. 이러한 일들, 즉 공작(公爵) 댁에서 베푼 파티에의 초청, 긴 족보 같은 것들이 노동자를 움직여 게르망트 댁이나 베르뒤랭 댁 사람들의 자랑에 가득 찬 열변을 토하게 할 것이라고 제정신 든 사람이라면 누가 말할 수 있겠는가? 샬뤼 모렐이 파리 여점원으로 자기를 속였다고 샬뤼는 화를 낼 수도 있다. 해고당한 데 대하여 십장에게 분노를 터뜨리는 것이 어떤 것인지 그 남작이 상상이나 할 수 있겠는가?[12]

문학과 문학의 정치적 윤리적 내용이 동일하다는 생각을 했기 때문에, 플라톤까지도 정부가 문학의 내용을 규정해야 할 뿐만 아니라, 누구에게 글을 쓰게 할 것인가, 누구에게 글을 쓰지 못하게 할 것인가도 결정하도록 제안하는 최종 조치를 취하게 되었던 것을 우리는 기억하고 있다. 특히 스탈린 공포 시대의 소비에트 러시아에서 플라톤의 제안이 문자 그대로 채택되었다. 문학에 관한 당 노선이 크렘린에서도 나와서 당이 원하는 대로 작품을 쓰도록 시인과 소설가에게 온갖 압력이 가해졌다. 당의 어용(御用) 작가들의 작품이 인쇄되었을 때에는 이미 당 노선이 바뀌어 그들이 쓴 내용은 〈객관적으로 반혁명적〉이 되는 경우도 빈번했다. 크렘린 당국은 경찰의 공포를 사용하여 가장 극적인 방법으로 자주, 아무도 모르게 해치우는 방법을 사용하여 누가 글을 쓸 것인가를 결정했다. 또 국가가 모든 서적의 인쇄와 배포를 관장하였으므로 누가 작가로 간주되고, 누가 작가로 간주되지 않을 것인가를 결정하기 위하여 완전한 상벌 제도가 마련되어 있었다. 이러한 제도 속에서 문학 비평은 나락에 이르렀다. 「프라우다」지에 실린 1951년에 출판된 새 책에 대한 서평에 이와 같은 말이 들어 있다. 〈이 선집 속에 중편 소설이나 단편 소설이나 팸플릿으로 미국 제국주의의 야수적인 본질을 폭로하는 단 한 명의 현대 소련 작가도 들어 있지 않은 것은 유감스러운 일이다.〉[13] 같은 해에 「이즈베스티야」지는 어떤 시집을 평하여 〈아름다움〉이 너무 많고 소비에트 산업을 찬양하는 말은 일언반구도 없다고 평했다. 그 신문은 계속해서 〈단 한 번만, 이 시인은 소녀 건축 노동자에 대해 언급하고 있다〉고 말하고 있다. 마르크스는 그의 문학 이론을 소비에트 전체주의자들이 이렇게까지 극단화시킬 줄은 미처 생각하지 못했을 것이다. 예컨대 그의 동료 엥겔스가 자기 소설을 대중화시키는 데 엥겔스의 도움을 요청한 초기의 〈프롤레타리아〉 소설가에게 보낸 편지에서 다음과 같이 썼다. 〈변증법적 유물론자의 눈과 경제적 결정론자의 코와 잉여 가치의 입을 가진 자네의 여주인공을 보게. 자네나 그녀를 포옹하고 키스하게, 나는 싫네.〉[14]

그런데 이러한 마르크스의 문학 이론을 문학 연구에 응용하는 학자들이 많다. 한 예로 마이어 Hans Mayer는 마르크스의 문학 이념을 토마스 만의 『마의 산』에 접목시켜 연구하였다. 그는 『마의 산』에 짙게 덮여 있는 여러 사상을 무시하고, 그 속에 있는 정치성만 보려고 하였다. 그에 의하면, 〈베르그호프〉의 요양소는 러시아 혁명(1917) 이전 시대의 부르주아 Bourgeoisie 계급의 병(病)과, 그 병자들의 표본실이라는 것이며, 이 병자들은 세템브리니를 제외하면, 모두 〈삶과 노동과 세계에 대한 생산적 관계〉[15]를 지니지 못한 〈병든 시민 계급적 기생충들〉[16]이라는 것이다. 마이어에 의하면, 이런 기생충들로 들끓는 〈마의 산〉의 세계는 치유 불가능한 세계이므로, 〈건강하게 되고 싶은 자는 누구나 이 마의 산을 떠나라는 권고〉[17]가 바로 시대를 진단하는 작가 토마스 만의 〈처방〉이라는 것이다.[18] 이렇게 마이어는 토마스 만의 비유 언어 형식을 통해 나타난 인간의 자기 소외를 마르크스주의적으로 분석하고, 순수 문학적 관찰이나 평가는 대상으로 삼지 않았다. 이렇게 『마의 산』을 사회주의적 관점으로 평가한 또 다른 인물로 루카치를 들 수 있다. 1945년 토마스 만 탄생 70주년을 기념하여 발표한 저서 『시민을 찾아서 Auf der Suche nach dem Bürger』에서 루카치는 토마스 만을 다음과 같이 평했다. 〈토마스 만은 시민 사회의 양심이다. 그는 평생 동안 시민적 문화의 위기에 철저히 대결하여, 이제 멸망해 가고 있는 자본주의적 질서의 문제를 특수한 정열로써 파헤쳐, 그것을 자기류의 훌륭한 사실주의로 선명하게 묘사한 사람이다. 토마스 만은 데카당스 시대에 태어나, 시대와 자기 자신 속에 있는 데카당스의 극복이 그의 사명이었다. 이 사명을 그는 훌륭히 달성했다. 제1차 세계 대전 중 사상적인 악전고투를 거쳐 그는 크게 성장했다. 그는 여기에서 데카당스와 인연을 깨끗이 끊고, 민주주의의 옹호자가 되었다. 이리하여 암흑에 대한 광명의, 병에 대한 건강의, 죽음에 대한 삶의 투쟁이 전개된다. 이 투쟁은 드디어 국가 사회주의에 대한 투쟁으로 연결되어 가지만, 그 가운데서 새로 부르주아적 민주주의를 초월한 사회주의에의 전망이 나타난다.〉[19]

이렇게 루카치는 토마스 만 작품을 당시의 계급 투쟁에 대한 반영으로 이해하였다. 토마스 만을 자본주의적이고 데카당스적인 면에서 해석한 것이다. 그의 이러한 해석은 스탈린 체제하의 문화 정책에서 공식적이고 지배적인 기능으로 작용했다. 이 시기에 부르주아 계급은 착취자에 맞서 투쟁한 조직화된 노동자 계급에 대해 제국주의적인 정책을 관철시키려고 시도했다. 이런 배경에서 루카치는 『마의 산』의 정치성을 독특하게 첨예화시키면서 또한 『부덴브로크 일가』를 자본주의 사회의 몰락의 필연성을 예시한 작품으로 보고 토마스 만을 좌파적으로 해석하는 하나의 본보기로 만들었다.

이미 오래전에 브레히트가 지적했듯이 루카치는 형식주의와 싸우기 위해 새로운 형식주의를, 이데올로기와 싸우기 위해 새로운 이데올로기를 불러들이고 있다. 토마스 만의 사실주의적 묘사는 〈19세기 유럽 소설의 위대한 사실주의의 유산〉[20]으로 여겨진다. 이러한 토마스 만의 사실주의는 누구보다도 특히 루카치에 의해 옹호되었다. 루카치는 토마스 만 작품에 대해 정통 공산주의의 입장을 취한 것이다. 브레히트가 토마스 만을 인위적이고 허영적이고 무익한 글을 쓰는 부르주아 작가로 폄하하는 반면, 루카치는 토마스 만의 문학을 〈현실에 대해 보기 드물게 충실한 진정한 비판적 사실주의〉[21]라며 찬사를 아끼지 않았다. 루카치에 있어서 토마스 만은 가장 진보적인 독일 시민 문화의 최대 계승자이자 최후의 완성자였던 것이다. 루카치에 의한 토마스 만 문학의 해석과 평가의 특징은, 이 부르주아 작가가 시민적 휴머니즘의 전통과 시민적 사실주의의 변증법을 계승·발전시켜 드디어는 사회주의적 휴머니즘과 사회주의적 리얼리즘의 길로 나아갔고, 이로써 과도기의 문학사 발전에서 징검다리 역할을 수행했다는 것이다. 이러한 토마스 만 해석은 완전히 그의 독일 고전주의 문학관과 19세기 독일 시민 문학의 해석과 평가에 바탕을 두고 있다.

이렇게 토마스 만의 작품을 사회주의 관점에서 해석한 루카치는 카프카의 문학도 사회주의에 대한 반영으로 이해했다. 루카치는 저서 『오해된 사실주의에 대한 반론』(1958)에서 카프카 작품에 대해 정통 공산주의의 입장을 취했다. 그는 카프카 작품을 당시의 계급 투쟁에 대한 반영으로 이해한 것이다. 루카치는 저서 『토마스 만이냐 카프카냐』에서 카프카를 가장 자본주의적이고 데카당스적인 작가로 해석했다. 그의 이러한 해석은 스탈린 체제하의 문화 정책에서 공식적이고 지배적인 기능으로 작용했다. 이 시기에 부르주아 계급은 착취자에 맞서 투쟁한 조직화된 노동자 계급에 대해 제국주의적인 정책을 관철시키려고 시도했다. 정통 마르크스주의의 관점에서 볼 때, 소시민의 처지에 대한 카프카의 고양된 사회적 감정은 인정받을 만하다. 이렇게 루카치는 토마스 만과 카프카를 모두 사회주의적인 면으로 해석했다.

이러한 여러 배경에서 볼 때 『마의 산』은 제1차 세계 대전 이전의 유럽 자본주의 사회의 추악한 이면과 모순점을 간접적으로 냉혹하게 폭로, 비판했다고도 볼 수 있다. 예를 들어 영리 추구에 급급한 요양소의 경영 방식과 환자를 잡아 두는 의사들의 태도, 온도계를 강매하는 간호사의 형태 등은 분명 자본주의 질서에 대한 비판을 띠고 있다. 카스토르프가 7년 동안 요양소에 머무르게 되는 것도 이 때문으로도 볼 수 있다. 따라서 가난한 나프타는 요양소에 머물지 못하고 요양소 근처의 재단사인 루카세크 집에 기거하며, 돈이 떨어진 세템브리니도 더 이상 요양소에 머물지 못하고 요양소 밖에서 생활하고 있다.

이런 배경하에 『마의 산』에서 세템브리니에 대한 연구도 이데올로기적 성격을 띤다. 세템브리니를 토마스 만의 정신적인 발전과 새로운 이데올로기적 입장을 반영하는 정치적, 정신적 태도의 대변자로 서술하는 비(非)마르크스적 시각과, 세템브리니의 이중성을 토마스 만이 처해 있던 역사적, 사회적 상황의 미학적 반영으로 보는 마르크스적 시각으로 대별된다. 마르크스주의자들에 의하면 세템브리니라는 인물의 반어 *Ironie*화는 토마스 만의 역사적인 딜레마와 『마의 산』 집필 기간 동안 이데올로기적으로 해명되지 않은 그의 입장을 반영하고 있다. 무엇보다도 루카치에게 세템브리니의 이데올로기는 반동적 반자본주의적 선동가와의 대결에 있어 평균적인 근대적 시민적 민주주의의 중심적 약점을 반영하고 있다.

이러한 세템브리니와 대립적인 위치에 있는 나프타는 병과 비합리의 세계를 긍정하고 대변하는 열광적 성격의 소유자로 열렬한 공산주의자이다. 나프타는 유대계의 금욕주의적 예수회 회원이고 공산주의자이며 동시에 그리스 정교주의자로서 극단적인 경향을 대변하며 테러를 옹호한다. 그는 전래의 인문주의가 갖는 천박성과 정신적 변질을 이데올로기적으로 폭로하면서 기독교적 신국을 주장하여 카스토르프에게는 죽음과 몰락의 히스테리, 전쟁, 테러 등의 필연성을 역설하는 급진적 배타주의자가 된다. 마이어는 카스토르프가 평지로 귀환하는 것이 나프타와 세템브리니의 투쟁에서 세템브리니의 승리를 의미한다고 보았다.

이렇게 토마스 만과 카프카의 작품은 사회주의적 이념으로 분석되는 사례가 많다. 특히 카프카 작품을 사회적 이데올로기적 사상을 중심으로 분석하는 사례가 많은데, 이의 대표적인 사람으로 베냐민 Walter Benjamin을 들 수 있다. 베냐민은 종교적 알레고리적 해석은 물론 심리학·정신 분석적 해석도 단연히 거부하고 역사 철학적 상을 포함하는 이념사적 틀을 만들었다. 베냐민에게 문제되는 카프카의 중심 문제는 인간 사회에서 삶과 노동의 조직 문제이며, 이러한 조직 속에서 운명, 즉 카프카 세계의 타고난 숙명이 지적되고 있다. 그에 의하면, 카프카는 역사 이전 세계에서 감춰진 면과 우리들 시대에 훼손된 면, 즉 인간 최고의 소외 상태를 보여 준다. 베냐민은 카프카의 비유 언어 형식을 통해 나타난 인간의 자기 소외를 마르크스주의적으로 분석하고, 순수 문학적 관찰이나 평가는 대상으로 삼지 않는다.

이러한 베냐민의 해석은 설득력 있게 수수께끼, 비밀, 설명할 수 없는 것으로 보였던 작품의 핵심, 즉 카프카 세계의 특징이었던 현존의 훼손을 날카롭게 밝혀 주고 있다. 베냐민은 예를 들어 카프카의 『소송』의 주제를 〈인간 사회의 노동과 생활의 조직 문제를 비유적으로 형상화시킨 것〉이라고 했다. 사실 『소송』의 주인공 요제프 K는 어느 날 아침 아무 이유도 없이 체포되는 몸이 되고, 이때부터 그는 철저히 소외된다. 그가 〈알 수 없는 힘〉과 대적하면 할수록 그는 더욱 더 국외자로 멀어져 그의 소외는 심화된다.

마르크스에 의하면 개인의 사회적 역할은 물질의 관계로 규정된다고 한다. 따라서 인간은 소비 형태의 관점에서 파악되고, 이 소비 형태가 그 신분을 결정한다. 이러한 소비 형태에서 벗어난 인간은 소외되기 마련이다. 「변신」에서 그레고르가 갑충으로 변한 이후 그의 가족에 대한 헌신은 망각되고, 계속 (가계 재정에 도움이 되지 못하는) 동물로 존재하자, 마침내 가족들은 짜증을 내며 그를 인간이 아닌 물건으로 취급하여 인간의 사물화 *Verdinglichung*가 묘사되고 있다. 그러다 아버지가 던진 사과에 맞아 그가 죽자, 가족들은 벌레와 그레고르를 동일시할 것인가를 놓고 곤혹해하던 갈등을 버리고 벌레로 죽은 그레고르의 시체를 단순한 사물로 간주한다. 시중드는 할멈이 옆방에 있는 〈물건 *Zeug*〉(E 106)을 치워 버릴 걱정은 말라고 하며, 집을 떠날 때 가족의 어느 누구도 섭섭하다는 눈치조차 보이지 않는다. 어머니 역시 마찬가지다. 결국 그레고르 자신으로 볼 때 벌레로 되어서도 계속해서 자신의 완전히 무의미한 직업 생활의 실체, 인간적 따뜻함의 결여를 보게 되어 메마른 일상생활 그리고 특히 자신의 육체와 욕구로부터 철저히 소외된다.

「변신」에서처럼 인간에서 벌레를 거쳐 하나의 사물로 이어지는 한 인간의 운명은 사회주의적 관점에서 볼 때 인간의 사물화이다. 이에 관한 마르크스의 이론에 의하면, 상품의 경제적 품질이 아니라 교환 가치에 의해 개인의 사회적 지위가 상징되고 그다음에 인간의 물질화가 시작된다고 한다. 따라서 카프카의 단편 「싸구려 관람석에서 *Auf der Galerie*」에서는 인간 범주와 대상 범주가 구별되는데, 여기에서 여자 곡마사와 관중과 지배인이 통풍 장치나 증기 장치와 같은 기계 장치의 한 부분에 포함되고 있다. 인간이 하나의 기능, 또는 부품의 일종으로 평가 절하되는 것이다.[22]

이러한 이데올로기 개념과는 거리가 멀지만, 카프카의 다른 인물에서도 인간의 사물화가 나타나고 있다. 예를 들어 『성』의 경우에 클람의 비서 모무스는 한낱 클람의 〈도구 *Werkzeug*〉(S 112)로, 올가는 〈성의 하인들의 장난감〉(S 213)으로 매도당한다. 또 프리다는 K의 기만성을 비판하는 장면에서 그녀 자신을 하나의 〈저당물 *Pfand*〉(S 149)로 소유하려 든다고 힐난한다. 이렇게 인간이 소비 형태로 소외되는 내용이 카프카 작품에 자주 암시된다. 따라서 아도르노는 카프카 작품의 소재(내용) 자체가 이미 〈신의 섭리〉뿐 아니라 〈은폐되어 있는 국가 사회주의(나치즘)〉와 〈사물화된 사회주의〉를 인용하고 있음을 지적하고 있다.[23] 카프카의 문체가 보여 주는 현상은 일견 소위 〈독점 자본주의〉의 모습과는 동떨어진 것처럼 보이지만 사물화된 사회에 대한 미메시스 *Mimesis*라는 것이다.[24]

이렇게 인간이 사물화되는 카프카 문학에서는 프로메테우스적인 천재가 존재할 수 없다. 괴테의 프로메테우스가 의미하는 인간의 〈거룩하게 불타는 마음 *heilig glühendes Herz*〉[25]은 이미 〈금속의 마음〉(트라클)으로, 〈안개의 마음〉(바흐만)으로, 〈코크스로 된 마음〉이나 납덩어리(엔첸스베르거)로 변해 버렸다.[26] 이런 식으로 카프카의 세계에서 기계화된 산업 사회에서 천재성은 상실되고 모두가 일반화된 현대 인간의 처지가 된다. 마르크스는 『경제학·철학 초고』(1844)와 같은 시기에 쓰인 『제임스 밀 평주』에서 소외되지 않은 완벽한 노동의 모습을 예술가의 창조 활동과 그에 의해 만들어진 예술품, 그리고 그것을 감상하는 이와 예술가의 교감에 비견되는 완벽한 인간의 노동으로 묘사하고 있다.

결국 사회는 기술 진보 이외의 다른 생활 목적을 알지 못하고, 이데올로기 즉 마르크시즘, 파시즘, 종교 정신 등을 이용하여 인간을 동화시킨다. 이러한 이데올로기의 사회 즉 마르크시즘, 파시즘, 종교 정신 등에 의한 인간 동화의 결과는 인간의 착취이다. 카프카의 유작(遺作)「어느 개의 연구 Forschungen eines Hundes」에서 1인칭 설화자인 개가 내뱉는 다음의 불만 토로가 개인이 직면한 착취의 현실을 대변해 준다. 〈내가 일생 동안 정직한 노동을 통해서도 원하는 바를 달성할 수 없었다면 내가 원하던 것은 불가능하고, 그리하여 완전한 절망이 따르게 된다는 사실이 증명된 셈이다.〉(B 193) 이러한 사회처럼 〈일차원적〉이 되어 버린 인간은 소외된 자, 톱니바퀴의 부속과도 같이 관리되고 조작되는 자의 역할 속으로 깊이 들어간 결과, 그의 본질에 진정 적합한 것이 무엇인가를 통찰하지 못하거나 역전을 시도할 수 없게 된다.

마르크스는 여기서 한 걸음 더 나아가 자본주의 사회에서 인간의 소외된 제반 욕구가 화폐에 대한 강한 욕구를 자극함으로써 결국 〈화폐〉의 물신성(物神性, *Warenfetischismus*)을 확고히 한다고 말하였다. 근대 산업 사회에서 인간의 욕구는 점차 증가하는데, 이를 만족시켜 줄 수단이 바로 화폐다. 인간의 노동과 그의 현존재의 소외된 본질인 이 화폐는 인간을 지배하고 인간은 그것을 숭배하지 않을 수 없다. 여기에서 마르크스는 인간의 소유욕과 화폐의 물신성의 폐기를 위한 인간의 자기 귀환, 즉 사랑과 신뢰의 회복을 주장했다. 이러한 맥락에서 카프카는 기업 조직의 기구에 의한 인간의 변형을 언급하면서 〈자본주의적 제국주의〉를 비판하고 있다.

이렇게 화폐에 대한 강한 욕구 등으로 인해 인간이 사물화로 소외되는 내용이 카프카 작품에 자주 암시되고 있다. 단편 「양동이를 탄 사나이 Der Kübelreiter」에서 여자 석탄 장수는 곧장 값을 지불할 수 없는 고객에게 〈아무것도 아니에요 Nichts〉(B 93) 혹은 〈정말 아무것도 아니에요. 아무것도 보이지 않고 아무 소리도 들리지 않아요〉(B 93)라고 말한다. 고객은 인간적인 관계에 기초해야 하지만 이 작품에서는 즉시 지불이냐 아니면 사후 지불이냐 하는 화폐의 지불 방식에 따라 고객 접대의 기준이 결정되므로, 곧장 가격을 지불하지 못하는 옛 고객은 석탄을 얻지 못하고 〈영원한 작별 Nimmerwiedersehen〉(B 94)로 사라져 버린다. 따라서 「양동이를 탄 사나이」에서 우리는 자본주의 시장 경제의 객체에 대한 인간의 사물화를 볼 수 있다.[27] 이 작품에서 인간의 관계는 오직 객체의 교환 가치를 통해 결정되는 〈사물 숭배〉 때문에 옛 고객에 대한 인간적 관계가 무시되어 버린다. 이렇게 화폐만을 숭배하는 자본주의 형태에 대한 비판이 토마스 만의 『마의 산』에서 카스토르프의 다음과 같은 언급에도 적나라하게 나타나 있다. 〈부자가 아니면 또는 부자가 아니게 되어 버린 경우 — 그러면 비참합니다!《그자? 그자는 아직도 돈이 있는가?》라고 그들은 묻습니다. (……) 오찬에 제일 좋고 제일 비싼 포도주를 내놓지 못하는 집과는 아무도 교제하려 하지 않고 그 집 딸은 시집을 가지 못하게 됩니다.〉(Zb 277)

이 내용처럼 결혼까지도 화폐의 숭배에 의해 좌우되는 배경에서, 토마스 만의 『부덴브로크 일가』에서 토니 부덴브로크의 결혼은 파경을 맞는다. 토니의 부친은 자본만을 염두에 두고 자기 딸과 결혼한 사위 그륀리히를 다음과 같이 비난한다. 〈아무런 잘못도 없는 내 딸을 불행 속에 방치할 수 없다고. 덧붙여 말하지만 자네도 어쩔 수 없어. 아니 자네는 내 딸의 지참금을 날려 버렸어. 그리고 이 아이의 가슴을 이토록 순수하고 곱게 만들어 주어서 아무런 혐오감도 없이 자네와 헤어지는 데 대해 자네의 창조주에게 감사해야 돼. 잘 있게!〉(Bd 231) 이에 대해 사위 그륀리히는 〈갈 테면 가라지! 내가 말릴 줄 알았나, 이 멍충아? 아, 그래, 넌 속았어. 난 돈 때문에 결혼했어. 하지만 그것으로 턱없이 모자랐어〉(Bd 231)라고 답변하여 그와 토니와 결혼도 사랑이 아닌 자본에 의해 이뤄진 사실을 암시하고 있다.

이러한 화폐의 숭배가 「변신」에필로그에 해당되는 그레고르의 사후에 보인 가족들의 태도에서 정점으로 나타난다. 갑충으로 변신한 후 처음 얼마 동안은 가계 수입에 공헌하는 인간의 흔적을 아직도 느껴서인지 가족들은 그레고르를 계속 인간으로 취급했다. 인간 그레고르와 갑충으로서의 존재 사이에는 그 어떤 상응점이 있어 실질적으로는 그 어떤 변신도 일어나지 않은 것이다. 변신 이전과 이후의 생활이 너무나 일치하기 때문이다. 이러한 시민 사회의 이데올로기적 노동 윤리는 「어느 투쟁의 기록」에서 〈인생은 사실 누구에게나 짧다. (……) 이 짧은 인생에 자신과 가족을 잘살게 하기 위해 모두가 온통 일로 분주해야만 한다〉(B 250)라는 구절에 확연히 설명되어 있다. 의무와 혐오감, 이 양자의 어느 것도 자의로 선택할 수 없는 상황에서 그레고르는 자신의 실체가 은폐되는 벌레로 변신한다.

이러한 화폐 숭배는 어린 시절에는 느끼지 못하다가 성인이 되면서 발달하게 된다. 스티븐 킹의 소설 『드림캐처』는 〈아이〉와 〈어른〉의 대립 구도로 이루어진다. 아이는 순수와 동의어이며, 어른은 순수를 잃어버린 모든 인간이다. 다시 말해 어른은 아이에게서 귀양당한 사람이다. 이러한 내용은 워즈워스William Wordsworth의 시 「무지개」에 잘 나타나 있다.

> 저 하늘 무지개를 보면
> 내 가슴은 뛰노라
> 내 어릴 때도 그러했고
> 지금도 그러하고
> 늙어서도 그러하리
> 그렇지 않다면 차라리 죽는 게 나으리
> 아이는 어른의 아버지
> 내 하루하루가
> 자연의 숭고함 속에 있기를

무지개를 보고 감동이 없으면 죽는 게 낫다는 감정에 대한 솔직한 믿음이 이 시에 나타나 있다. 그 도도하고 숭고한 믿음은 자연과 한 몸에서 우러난 것이다. 동심은 삼라만상을 낳고 기르고 거두고 다시 낳는 대자연의 마음이다. 이 시인이 자연,

초원의 빛의 숭고함이 곧 우리들 마음이라고 한 연 낭만적 순수 서정 세계는 〈아이는 어른의 아버지〉로 각인돼 있다. 하지만 아이가 어른이 되는 건 반항하거나 발뺌한다고 하여 거부될 수 있는 것이 아니다. 아이에게 어른은 숙명이다. 『드림캐처』에서 스티븐 킹은 성장이란 부도덕한 경험에의 반복이며, 이것의 행위가 아무렇지 않게 익숙해졌을 때 아이는 비로소 어른이 된다고 단정한다. 결국 어른은 〈무수한 나쁜 꿈의 덩어리〉일 뿐이다. 스티븐 킹이 전하고 싶었던 메시지는 한 가지로 압축되는데, 이는 〈순수했던 시절의 기억을 잃게 되면 현실은 악몽〉이라는 것이다. 이런 배경에서 볼 때 일반적으로 어린 시절에는 모든 것의 아름다움 자체를 음미할 수 있으나, 성인이 되면서 오직 화폐에 의해서만 모든 것을 인식하려 한다. 철이 들기 전에는 우리네 삶이 얼마나 아름답게 변화될 수 있는지가 감동적으로 느껴진다. 이러한 어린이들의 눈에는 사막도 아름답게 보이는데, 이는 어딘가에 샘을 감추고 있다고 생각되기 때문이다. 이것이야말로 번뜩이는 삶의 지혜일 수 있다. 그러나 철이 들게 되면서, 즉 성인이 되면서 화폐 등의 타산적인 세계만 보게 된다. 마음의 눈을 잃어버린 어른들은 모든 일에서 돈에 너무 얽매이기 때문에 삶에 있어 진실로 중요한 것과 그렇지 않은 것을 가려내지 못하게 되는 것이다. 이와 같은 내용으로 과거에 필자도 수필 하나를 집필한 적이 있어 이를 수록해 본다.

    어렸을 때의 한 기억이 문득 떠오른다. 내가 살던 시골 동네에 한 풍선 장수가 온 적이 있었다. 붉은색, 노란색, 줄무늬의 혼합 색 등으로 하늘을 수놓을 듯 떠 있는 풍선들은 나와 동네 아이들의 호기심과 시선을 잡아끌어 우리 모두는 넋 잃고 구경하고 있었다. 그러던 중 이웃집 아주머니가 나오더니 울며 보채는 어린 아들에게 화려한 색깔의 풍선 하나를 집어 주어 우리 모두의 부러운 시선을 휩쓸어 갔다. 풍선을 받고 울음을 그치는 그 아이에 대한 부러움과, 우리도 이 보물을 가져 봤으면 하며 유심히 쳐다보고 있노라니 나의 눈앞에는 희한한 광경이 벌어지고 있었다. 그 아주머니가 치맛자락 속에서 구겨진 지폐 한 장을 꺼내 풍선 장수의 손에 쥐어 주지 않는가? 화려한 색상을 지닌 부푼 풍선 하나를 저런 볼품없는 누더기 같은 지폐 한 장과 바꾸다니. 따라서 그 풍선 장수야말로 얼마나 어리석게 보였던지. 어떻든 세월이 지나 성인이 된 지금 돈의 가치를 모른 채 단순하기만 했던 어린 시절의 나의 사고방식에 웃음이 나온다.

인간은 누구나 어린 시절을 동경한다. 아무리 고생스러워도 어린 시절은 그립고 되돌아가고 싶어 한다. 요사이 국내 및 서구 국가에서 어른을 위한 동화가 베스트셀러 위치를 차지하는 경향도 이러한 인간 본연의 어린 시절의 발로이리라. 어린 시절에는 그 풍선과 같이 사물 자체에 아름다움을 느끼며 산다. 그러나 성장하면서 보이는 아름다움보다도 돈의 가치를 나타내는 숫자에 지배되어 간다. 어른은 집을 볼 때 값만 묻는 등 그 집의 아름다움을 모르지만, 어린이는 그 집의 꽃 한 송이 풀 한 포기에도 아름다움을 느낀다는 생텍쥐페리의 『어린 왕자』의 한 구절이 나의 어린 시절 우둔했던 가치 판단 방식을 생각나게 한다. 값으로만 환산하는 성인의 가치 판단과, 자연 그대로의 아름다움을 판단하는 어린이의 가치 기준으로 볼 때 전자는 서울 등 대도시의 미적 감정이요, 후자는 시골의 미적 감정 방식으로 정의를 내리고 싶다. 빌딩 숲 대도시의 아름다움이란 돈의 숫자적 값어치에 얽매이고 있다. 잠깐 쉬었다 가는 몇천 원의 카페에서, 연주 며칠 전부터 매진되는 몇십만 원의 오케스트라 등 모두가 성인을 연상시키는 숫자적 값어치의 인위적인 아름다움이다.

그러나 우리의 한적한 시골을 보자. 값어치를 초월한 자연의 아름다움이 얼마나 우리를 반기는가? 전국 제일 소도시에 위치한 나의 대학 정문을 벗어나면 휘황찬란하고 인위적인 도시의 아름다움 대신에 푸른 대자연의 웅장함이 우리를 맞이해 주고 있다. 도시의 비싼 입장료의 오케스트라 대신에 이곳에는 훌륭한 자연의 음악인 온갖 새소리가 매일 들려오지 않는가? 우리 시골 사람들은 여기에 긍지를 가져야 하겠다. 숫자적 값에 지배되는 도시의 소란한 미에 도취되어 서두르는 도시인들보다, 자연 그대로의 미를 향유하는 우리는 좀 더 마음의 여유를 가져야 하겠다.

이러한 인간의 화폐 숭배에 의한 물질화는 현대적 개념이 되기도 한다. 이 과정에서 공교롭게도 루카치, 하이데거, 듀이 사상의 유사점이 발견된다. 예를 들어 루카치는 〈일종의 사고 습관, 즉 습관적으로 고착된 일종의 관점〉도 사물화로 호명하는데, 여기서 관점이란 〈그 관점을 취함으로써 사람들이 사람과 사건에 대한 관심과 공감을 잃어버리는 것〉을 의미한다. 카프카의 마르크스주의적 해석에 부응하여 루카치는 카프카의 작품에 나타난 개성의 해체, 작품 세계의 비현실성, 세계관적 시각의 결여 등을 비판하였다. 카프카는 소외를 확실히 표현했지만 그 원인을 규명하지는 못했기 때문이다. 아도르노가 볼 때도 카프카 문학의 인물들은 강력한 순응 압박에 시달리는 인간의 변형을 나타내며, 카프카는 작품에서 인간의 부패와 허위의식을 그리고 있지만, 이 상황에서의 탈출구를 제시하지 못한다고 지적하였다.[28] 염세주의적 세계관을 지닌 카프카는 자신과 독자들에게 프롤레타리아를 지지하는 길을 막아 버렸다. 따라서 시민 사회의 위기를 표현한 그의 작품은 사회주의적 리얼리즘의 윤리와 일치하지 않는다는 것이다.

실제로 카프카 자신도 한때 사회주의 이념에 호감을 가진 적이 있었는데, 이는 그가 릴리 브라운의 『어느 여성 사회주의자의 비망록』을 높이 평가하고, 나중에 이 책을 친구와 친지들에게도 추천한 사실에서도 확인된다. 1910년과 1911년에 카프카는 체코의 정치가 토마스 G. 마자락(1850~1937)이 창간한 현실주의자 정당의 기관지 『시대』를 정기 구독하였다. 지식인들을 망라한 이 정당은 평민에 대한 보통 선거권 및 자유 민주주의를 토대로 한 민족 문제 해결을 요구하였다. 1910년부터 카프카는 현실주의자 정당의 집회에 빈번하게 참석하여 사회주의 이념에 접했다.

카프카는 특히 1908년부터 1912년까지의 시기에 사회주의 등 정치에 보다 많은 관심을 보였다. 당시 그는 유명한 체코 정치가들의 발표회와 선거 집회에 참석하여 민족 민주주의자 크라마르 박사, 국가 사회주의자 클로파, 사회 민주주의자 수쿠프 박사의 정치적 이념을 접했다. 수쿠프는 보헤미안 지방이 독일인들에 의해 지배되는 것에 대해 반대했다. 1912년 6월 1일, 이 체코 정치가가 행한 미국의 선거 제도에 관한 강연은 카프카의 장편 『아메리카』에 나오는 선거 장면에 영향을 미쳤다.

카프카는 사회주의 경향의 〈클럽 믈라디치 Klub Mladych〉[29]와 노동자 계급에 대한 정치 경제적 억압에 대항하여 투쟁한 정치 단체 〈빌렘 쾨르버〉의 집회에도 참석했다. 클럽 믈라디치는 〈자유 학교〉의 설립자인 프란시스코 페러의 처형에 반대하는 집회를 개최하였다. 카프카를 개인적으로 알고 있는 카차라는 사람이 기록한 바에 따르면, 카프카는 1909년 10월 13일에 있었던 시위에 참가했다. 〈군국주의와 애국심〉이라는 주제로 모임을 개최한 후, 이 클럽은 반군국주의와 기타 반국가적인 이념을 유포했다는 이유로 프라하 총독령에 의거하여 해체되었다.

카프카는 야노우흐 Gustav Janouch에게 〈자본주의란 내부에서 외부로, 외부에서 내부로, 상부에서 하부로, 하부에서 상부로 향하는 종속 체계이다. 모든 것은 종속적이며 얽매여 있다. 자본주의는 세계와 영혼을 지배하는 상태다〉[30]라고 비판하고 있는데, 이러한 자본주의의 비판이 카프카의 작품에 자주 반영되고 있다. 예를 들어「변신」에서는 어느 날 갑자기 벌레로 변신한 주인공의 개인적인 삶을 통해 다가오는 후기 자본주의의 물신화되고 기능화된 인간의 일그러진 모습이 정확하게 요약되어 있다. 그레고르는 가족 구조 내에서뿐만 아니라 산업 경영 구조 내에서도 오직 그의 기능 역할로만 필요한 존재가 된다. 그는 절대로 인격으로서 필수적이 아니라 일정한 기능의 수행을 위해 필수적이다. 그는 후에 〈도대체 아침에 두서너 시간만 일을 하지 않아도 양심의 가책을 받아 멍하게 되어서, 곧 침대에서 빠져나오게 되고 마는 그런 충실한 인간은 존재하지 않는단 말인가〉(E 62 f.) 하고 의문을 표한다. 자신의 기능 역할을 수행해야만 비로소 사회적 유기체의 건강이 가능해지는데, 이는 가족과 경영에 대한 〈효용성〉을 의미하며, 이런 경우 자신의 인격은 병들게 된다.[31]

1917년의 세 번째「8절지 노트의 기록 die acht Oktavhefte」에서 카프카는 〈억압받는 계층을 배려함으로써 짐을 벗으려는 특권 계층의 태도야말로 자신의 기득권을 보호하려는 것일 뿐이다〉[32]라고 기술하는데, 이는 〈나는 민주주의란 무엇보다도 하층으로부터의 권리 요구와 스스로를 동렬에 올려놓는 따위가 아니라, 위에서 베푼 관용, 공평, 호의로 이해한다〉(GW 12, 933)는 토마스 만의 언급 내용과 유사하다.

그러나 스탈린 체제의 사회주의적 현실주의 독트린이 선언된 이후 카프카는 〈제국주의 세계의 반동적이고 데카당스적인 작가〉의 본보기가 되었다. 왜냐하면 그의 작품이 지닌 구상이 스탈린주의에 입각한 사회주의적 현실주의의 규범에 부합되지 않았기 때문이다.[33] 하지만 그렇다고 해서 카프카의 문학이 이른바 발전을 방해하는 비현실적이고 반동적인 것으로 치부될 수 없음은, 제2차 세계 대전이 끝난 후 많은 독자와 비평가들이 그의 작품에서 형상화되었던 권력과 공포의 기억을 파시즘과 연관하여 해석하고 이해했다는 점에서도 드러났다. 심지어 출판사의 편집인이었던 막스 슈뢰더는 실제로 히틀러에 대항하는 책을 쓴 망명 작가보다도 카프카의 책을 더 추천하고 싶다고 밝히고 있다.[34] 실제로 히틀러에 대항하는 한 줄의 글

도 남기지 않은 카프카의 작품이 오히려 파시즘적 세계를 더 잘 기억하게끔 했다는 이야기다.[35]

1963년 5월 27일과 28일 양일간 체코의 수도 프라하 교외에 있는 리블리체 Liblice에서 앞으로 있을 카프카의 탄생 80주년을 기념하는 〈카프카 토론회 Kafka-Konferenz〉라는 국제 토론회가 개최되었다. 여기서 〈프라하 시점에서 본 카프카 *Franz Kafka aus Prager Sicht*〉라는 주제로 당시 동독 작가 제거스 Anna Seghers 등 많은 학자들이 다양한 카프카 상(像)을 제시했다. 이들 27명의 체코와 외국 학자들이 토론한 내용은 카프카 문학의 마르크스주의적 해석이었다. 이 토론회를 주최했고, 그 후 1968년 프라하의 봄 이후 영국에서 망명 생활을 했던 골트슈튀커 Eduard Goldstücker는 〈한계 없는 리얼리즘〉이라는 용어로 카프카 문학을 〈반동적이고 퇴폐적〉이라고 몰아붙이는 데 대해 거부감을 보이면서, 사회주의권에서의 카프카에 대한 새로운 평가를 요구했다. 프라하의 〈카프카 회의〉가 끝난 후 11년이 지난 후 골트슈튀커는 다음과 같이 회고하였다. 〈그것은 카프카의 작품과 인간을 마르크스적 관점에서 조명하려는 시도였다. 하지만 스탈린의 소련 권력이나 위성국들에 의해 지시된 모든 독선적 선입견적 관점을 배제한 것이다. 그것은 카프카를 위대한 작가로 증명하는 시도였다. 자본주의 체제에서 살든 사회주의에서 살든 간에 현대 인간에게 항상 많은 시사성을 갖고 있는 위대한 작가임을 증명하는 시도였다.〉

이 토론회에서 아주 상이하고 다양한 카프카 조명이 이루어졌다. 카프카는 여기에서 소설 세계의 날조를 통해 사회 현실의 날조를 제시한 아방가르드 리얼리즘의 대표자로 간주되는가 하면, 다른 한편으로는 작품의 풍자성과 비유적인 현실 묘사로 관료주의자에 대한 비평가로 평가되기도 하고, 또 다른 한편에서는 모든 산업국가들과 사회주의 국가에도 상존하는 소외의 소설가로 규정되기도 하였다.

헤름린 Stephan Hermlin은 동독의 예술원 문학 분과 위원장 재직 시절인 1960년대 초, 비어만 Wolf Biermann 등 일군의 비판적 젊은 문인들을 등장시켰을 뿐 아니라, 사회주의 리얼리즘의 단선적 문화 정책이 경직되게 추진되는 와중에서도 〈더 나은 사회주의 문학을 위해서는〉 카프카를 읽어야 한다고 주장했다. 동독 창립 제1세대 작가로 영향력 있는 제거스는 그때까지 사회주의적 리얼리즘의 공적(公敵)으로 선고되었던 카프카를 드디어 환상적 리얼리즘 *Phantastischer Realismus*의 작가로 전향시킬 전환점을 마련하였다.

그러나 카프카의 사회주의적 개념의 연구에 대해 비판적 요소도 적지 않다. 사회주의・마르크스적 관점의 해석은 카프카가 소외당했던 현실과 사회, 그리고 그가 희망했던 또 다른 은밀한 사회에 관심을 가졌다는 점에서 긍정적인 면을 지니지만, 문학 작품이 지니는 인간적이며 문학적인 가치를 주의(主義)라는 틀 속에 밀어 넣는 우를 범하고 있다고 비판되기도 한다. 따라서 카프카는 자본주의에 대해서, 그리고 이것과 결부되어 있는 〈분업〉과 〈소외〉에 대해서 그렇게 크게 반응하지 않았다는 주장도 있다. 예를 들어 자본주의 체제의 본질을 보여 주는 소설 『아메리카』에서 카프카는 우울의 원인으로서 사회학적으로 자본주의적 경제 건설을 엄밀하게 제시해 보이는 표현에는 놀랍게도 미미하다고 마렌그리제바흐 Manon Maren-Grisebach는 진단하고 있다. 카프카에게 그것은 보편적인 인간적 우울이라는 것이다.[36]

실제로 말년에 가까워질수록 카프카는 정치적인 사건들을 멀리했다. 다시 말해서 카프카는 앞의 몇몇 정치적 활동 외에는 결코 정치에 참여하지 않았다. 작가란 카프카에게 거인이라기보다 〈실존의 새장 속에 감금된 오색조(五色鳥)〉와 같았다. 카프카는 작가의 역할, 그의 업적과 영향에 대해 평가하기를, 〈사회적 평균치 인간보다 훨씬 미소하고 약하다〉[37]고 했다. 물론 카프카는 여기에 〈작가는 그래서 다른 인간들보다 유한한 존재의 어려움을 훨씬 밀도 높고 강렬하게 지각한다〉는 말을 덧붙였다. 카프카는 야노우흐와의 대화에서, 〈작가는 인간에게 다른 눈을 붙여 주어서 현실을 변화시키려고 하지요. 그런 까닭에 작가란 국가에 위태로운 존재들이랍니다. 변화를 원하기 때문이지요〉[38]라고 작가의 존재에 대해 말하고 있다.

경험에서 우러난 언어로 인하여 작가란 존재는 시종 어떤 영향력을 행사해 왔지만, 그렇다고 해서 그 영향력이 직접 그의 현실 참여와 일치하는 것은 결코 아니다. 현실 참여는 지극히 자기중심적인 반면, 작품의 지향성은 보편타당하고 객관적으로 나타날 수 있다. 이런 배경에서 카프카는 물론 국수주의나 군국주의적 색채를 띤 문필가가 아니며 그렇다고 평화주의적 작가나 반전 작가도 아니다. 그는 어떤 정치적 이념에 따라 글을 쓰는 작가도 아니며 오로지 진실을 말하는 작가였다. 이는 괴테의 문학관에도 접근한다. 예술을 국가 정책의 수단으로 사용하도록 하자는 작가에 대한 정치가의 잦은 요구를 괴테는 받아들이지 않아서 이렇게 말할 정도다. 〈만일 작가가 정치적으로 작품을 쓰려면 당(黨)에 헌신해야 한다. 하지만 그렇게 하는 순간 그는 작가로서는 끝장이다. 그는 그의 자유정신과 편견 없는 견해에 작별을 고하고 옹고집과 맹목적인 증오의 모자를 귀 밑까지 푹 눌러써야 한다.〉[39] 왜냐하면 〈작가는 타고난 대로 되는 것이지 그 이외의 다른 존재로 만들 수는 없기 때문이다〉. 그러므로 비평가와 서평가가 작가에게 작시법(作詩法)을 말해 주려고 하는 것처럼 어리석은 짓은 없다. 그렇게 하려고 하면 작가를 파멸시킬 뿐이다.[40] 카프카에게는 진실이야말로 삶 자체였기 때문에 자기 보존을 위해서 그는 진실을 만들어 내지 않으면 안 되었다. 그는 글을 씀으로써 자신의 내면에 진실을 만들어 내고자 했다. 따라서 그의 문학은 진실 탐구의 성격을 띠게 되어 정치 이념이나 인위적인 사건과의 처절한 투쟁이었다.

그렇다고 카프카의 작품이 세계와 대립된, 고립된 개인의 욕망을, 결국은 혼자일 수밖에 없는 실존적 고통을, 근본적으로 비정치적인 혹은 반정치적인 삶을 그리려 했다고 말해서도 안 된다. 카프카는 삶 자체가 정치임을 보여 주고자 했다. 인간이 살아가는 원동력인 욕망과 권력은 대립되면서도 대립되지 않는다. 하나가 다른 하나로 되는 끝없는 변환 과정만 있을 뿐이다. 이는 욕망의 장인 우리의 일상적 삶 자체가 하나의 정치적 장임을 보여 주는 것이다. 따라서 카프카는 정치를 우리의 일상 자체로 끌어들이고 있다. 그리하여 우리를 사로잡고 있는 현재적 삶의 권력 바로 그것이 우리를 가로막고 있는 벽돌이라면, 그것을 벗어나는 욕망을 창출하는 것이 바로 우리가 선 자리에서 다른 삶으로 나아가는 출구를 만드는 것이라고 말하고 있다.

주

1 오한진, 『문명 작가와 문화 작가』(홍성사, 1981), 61면 이하 참조.
2 Heinrich Mann, *Ein Zeitalter wird besichtigt*(Berlin, 1947), S. 208.
3 Siehe z. B. Marquis Childs, Thomas Mann, Germany's Foremost Literary Exile Speaks Now for Freedom and Democracy in America, *in: Life* 17(April, 1939).
4 Thomas Mann, *Briefe 1889~1936*, hg. von Erika Mann(Frankfurt/M., 1961), S. 427.
5 Gottfried Benn, *Gesammelte Werke* in vier Bänden, hg. von Dieter Wellershoff, Bd. 3, Wiesbaden u(München, 1977), S. 231.
6 김인수, 『독일 니힐리즘 문학』(강원대학교 출판부, 1989), 151면 이하 참조.
7 Vernon Hall, Jr., *A Short History of Literary Criticism*(New York University Press, 1963), p. 141.(이하 *A Short History of Literary Criticism*으로 줄임)
8 같은 책, 142면.
9 같은 곳,
10 같은 책, 143면.
11 같은 책, 143면.
12 같은 책, 144면.
13 같은 책, 145면.
14 같은 곳,
15 Hans Mayer, *Thomas Mann*(Frankfurt/M., 1984), S. 135.
16 같은 책, S. 137.
17 같은 책, S. 146.
18 강두식 편저, 『독일 문학 작품의 해석 2』(민음사, 1987), 643면.
19 Georg Lukács, *Auf der Suche nach dem Bürger*(München, 1971), S. 214 ff.
20 Bede Allemann, *Ironie und Dichtung*(Pfullingen, 1956), S. 141.
21 Georg Lukács, *Probleme des Realismus*. 1. Bd. 4(Neuwied und Berlin, 1971), S. 550.
22 Karl Pestalozzi, *Nachprüfung einer Vorliebe*, S. 170.
23 한기상 편저, 『독일 소설 문학 강독』(학연사, 1987), 185면.
24 Theodor W. Adorno, *Ästhetische Theorie*(Frankfurt/M., 1992), S. 342 f.
25 괴테의 시 「프로메테우스」의 34행.
26 R. N. 마이어, 『세계 상실의 문학』, 장남준 역(홍성사, 1981), 55면.
27 Joachim Israel, *Der Begriff Entfremdung*(Reinbek bei Hamburg, 1972), S. 380.
28 T. W. Adorno, Aufzeichnungen zu Kafka, in: Ders. *Prismen, Kulturkritik und Gesellschaft*(Frankfurt/M., 1976).
29 체코어로 〈청소년 클럽〉이라는 뜻을 지닌 여러 청소년 단체들의 연맹체로서 사회주의 이념을 전파하기 위해 1909년에 결성되었다.
30 Gustav Janouch, *Gespräche mit Kafka, Aufzeichnungen und Erinnerungen*(Frankfurt/M., 1968), S. 243 f. S. 102.(이하 *Gespräche mit Kafka*로 줄임)
31 Vgl. Wilhelm Bernsdorf, *Wörterbuch der Soziologie*(Frankfurt/M., 1972), S. 836.
32 Hartmut Müller, 『카프카 문학 사전』, 권세훈 외 역(학문사, 1999), 211면.
33 Eberhard Bahr, Kafka und der Prager Frühling, in: Heinz Politzer(Hg.), *Franz Kafka*(Darmstadt, 1980),

S. 519 f.

34 Manfred Behn, Auf dem Weg zum Leser, Kafka in der DDR, in: Heinz Ludwig Arnold(Hg.), *Text + Kritik*, Sonderband, Ⅶ(München, 1994), S. 318.

35 박은주, 「기억과 망각의 〈역설적 결합〉으로서의 글쓰기」, 『뷔히너와 현대 문학』 제21호(2003), 486면.

36 Manon Maren-Grisebach, *Methoden der Literaturwissenschaft*(München, 1976), S. 86.

37 *Gespräche mit Kafka*, S. 35 f.

38 같은 책, S. 158.

39 *A Short History of Literary Criticism*, p. 92.

40 같은 곳.

제7장 **시간의 불일치**

　시간의 본성의 철학적 문제를 차치하고, 인간의 실제적 관점에서 본 시간의 특질이나 영향은 똑같은 정도의 개인적 왜곡을 면할 수 없다. 우리는 시간의 경과를 계측할 타당성 있는 기준을 가지고 있지 않아서, 그것을 오직 관례에 따라, 즉 가변적 관례에 따라 시(時), 일(日), 월(月), 년(年)으로 구분할 수 있을 뿐이다. 그런데 이러한 관례적인 시간을 벗어난 시간관이 있어 문학 등 여러 분야에서 영향을 미치고 있다.

　과학적, 철학적, 형이상학적 시간 이론들이 소설가가 직면하는 문제들에 적용되지 않는 상황에서, 소설가의 관심을 깊이 사로잡는 또 다른 국면의 시간이 우리의 행동이나 사고나 감각의 방식에 영향을 끼치고 있다. 종래의 문학은 일반적으로 시간을 동적으로 생성하는 것으로 파악하였다. 즉 시간을 논리적·인과적으로 분해할 수 있는 계기, 또는 역사적 진행 과정이라고 본 것이다. 이 시간 개념의 근저에는 서구 문화가 오랜 세월 동안 배양해 온 존재의 질서에 대한 확신이 깃들어 있다. 따라서 소설의 주제는 시간 속에서 행동하고, 느끼고, 생각하기 때문에 시간의 변형으로부터 자유로울 수 없는 인간 행동을 다루어야만 했다. 그러나 토마스 만의 『마의 산』 등과 카프카의 여러 작품들은 이러한 시간 개념을 파괴하여 허구적 시간을 적용하고 있다.

　사건의 발전과 시간적 범위 사이에는 그 기능의 상호 관계가 직접 존재하기 마련이다. 그러나 토마스 만과 카프카의 작품에서는 시간의 발전이 전제되지 않는 만큼 포괄적이고 연관적인 시간의 흐름을 기대할 수가 없다. 또한 시간적인 범위 역시 한마디로 확정될 수 없으며, 시간의 길이도 줄거리에 대해 별다른 의미를 갖지 않아서, 현재가 과거로 물러나고 과거가 현재로 다가오는 과거 · 현재 · 미래를 동일 시점으로 보려는 토마스 만과 카프카의 정열과 감정이 반영되고 있다. 여기에서 과거와의 결합을 강조하는 내용이 토마스 만의 『마의 산』 머리말 내용에 다음과 같이 잘 나타나 있다. 〈이야기란 과거의 것이어야만 하고, 과거의 것일수록 이야기 특유의 성격에도 어울리며 또한 속삭이듯이 과거를 불러내 보여 주는 이야기꾼에게도 유리하기 때문이다. (……) 한 이야기의 과거적 성격은 그 이야기가 《옛날》의 것일수록 한층 깊고 한층 완전하며 한층 동화적이지 않을까?〉(Zb 9 f.)

이러한 『마의 산』 머리말 내용처럼 카프카의 단편 「낡은 쪽지 Ein altes Blatt」에서도 과거적 시간 감정을 함축하고 정확한 시간을 명시하지 않아서 시간 감정이 파기되고 있다. 이야기는 옛날부터 전해져 카프카적 현재에 전형적인 사건으로 묘사된다. 서술자는 과거 시제로 이야기하고 있지만 그는 어느 곳에도 서술된 것 이상으로 나아가지 않는다. 사건은 순간적으로 역설적인 과거형으로 서술된다. 사건은 일반적인 시점에서 그리고 전적으로 통일된 시점에서 이야기되며, 그와 같은 시점에 있을 법한 피치 못할 오류도 시정되지 않는다. 마르티니는 〈카프카는 과거형으로 서술하지만 그의 서술은 직접적인 현재성을 달성한다〉[1]고 말하여 유사한 견해를 보인다. 즉 의무를 지우는 구속력 있는 사고(思考) 조직의 해체인 것이다. 이런 식으로 일반적인 소설의 흐름도 여러 가지로 정도의 차이가 나는 과거성을 포함하고 있다. 사건이 서술되는 대부분의 과거 시제는 독자에 의해 허구적 현재로 전환되는 한편, 설명된 부분은 그 허구적 현재에 대해서 과거로 느껴진다. 의식의 흐름의 소설은 주로 작중 인물의 과거를 과거로 다루면서도, 그 과거를 작중 인물의 직접적이고 허구적인 현재의 의식 속에서 현재처럼 표현한다.

이런 맥락에서 토마스 만과 카프카의 소설에는 사건 진행의 밑받침이 되어 이야기 구조를 형성하는 시간의 합리적 흐름이 결여되고, 별 연관성도 없는 〈순간〉만 존재한다. 이들의 작품에서는 단지 그때그때 주인공의 순간적인 해석이나 감지가 나타나는데, 이러한 주인공들의 해석이나 감지는 변화무쌍하고 전지적 서술자가 출현하지 않기 때문에 서술의 현재적 성격이 불가피해진다. 하나의 상황이 종결되지 않은 채 새로운 장이 시작되고 그 이전 장의 서술 내용이 그 어떤 연관성을 띠지 않아서 독자가 읽고 있는 대목은 언제나 현재적 사실로 체험되는 것이다. 다시 말해 토마스 만과 카프카에게는 과거에 존재했던 것, 그러나 더 이상 존재하지 않는다고 믿어지는 것이 불현듯 현재 속에서 얼굴을 내밀고 또한 미래를 예시한다. 여기서 그들이 꿈꾸는 것은 아름다운 유토피아가 아니라, 과거 언젠가 그리고 현재 어느 순간인가 존재할 수 있는 것으로서 미래에도 존재 가능한 디스토피아적 백일몽으로 구체화된다. 반복적인 것을 현재적으로 또는 일회적인 것을 반복적으로 뒤섞어 서술함으로써 현재적 상황의 효과를 발생시키는 것이다. 따라서 현재 기술되는 것들은 일회적이지 않고 계속 반복되는 습관일 수 있는 일상이다. 독백하는 나는 지금 행동이나 사건을 서술하면서 과거의 일들에 대해 항상 숙고하기에 행위와 사건들은 현재에서 과거로, 또는 반대로 과거에서 현재로의 이동이 가능하다. 행위를 하면서 동반되는 생각들을 지금 동시에 일어나는 것처럼 서술하는 표현 방식은, 이것이 단순히 생각인지, 반복되는 행위들인지, 혹은 계속되는 사건 과정인지를 알 수 없게 한다. 이것은 또한 아직 실행 여부가 불투명한 일종의 소망 행위나 소망 사건으로 간주될 수도 있다. 현재 시제형 표현으로 발언과 경험적 사건의 구분이 없어지면서 동시에 서술자는 사건을 앞으로 어떻게 진행될지에 대해 전혀 모른 채 현재만을 서술할 뿐이다.

이렇게 토마스 만과 카프카의 작품에 현재 시제형 표현으로 회상(과거)과 예견(미래)이 결여되어 있다는 것은, 그들의 서술이 〈현재에 대한 경험〉[2]이고 체험임을 단적으로 말해 준다. 이는 토마스 만과 카프카의 서술이 〈시간을 단축하는 서술 *zeitraffendes Erzählen*〉이나 〈시간을 확장하는 서술 *zeitdehnendes Erzählen*〉이 아니고 〈시간의 흐름과 일치하는 서술 *zeitdeckendes Erzählen*〉임을 말한다.[3] 바꿔 말하면, 하나의 인간이 과거와 미래가 없이 비참한 현실에 〈있음 *Dasein*과 예속 *Ihmgehören*〉(H 33) 자체를 경험하고 체험할 수밖에 없다는 사실의 강조이다.[4]

결국 토마스 만과 카프카의 인물들은 자기 자신의 시간 체계를 몸에 지니고 있는 것이다. 그들의 시간 체계의 중요한 특징은 항상 순간에 살고 있어 시간의 합리성에서 벗어나고 있다는 점이다. 이는 토마스 만과 카프카가 시간 체험을 정신의 이완과 긴장, 즉 정신의 균열과 통합하는 기능으로부터 도출하여 기억과 기대라는 심리적 범주와 결합하는 작법이다. 카프카는 1922년 1월 16일의 일기에서 외부 세계와 자신의 내면생활의 불일치로 생겨난 붕괴를 시간의 개념으로 묘사하고 있다.

> 파탄이다. 잠을 잘 수도 없고 깨어날 수도 없고 삶을, 삶의 연속을 견뎌 낼 수도 없다. 시계들은 일치하지 않는다. 내면적인 시계는 진저리 치도록 악마적으로 경우에 따라서는 비인간적 방식으로 질주하고, 외면적인 시계는 자신의 쉬엄쉬엄 보통의 속도를 유지한다. 이 두 상이한 세계가 분리될 때 무엇이 일어날 수 있는가. 그리고 그들은 서로 분리되거나 혹은 적어도 무서운 방식으로 서로를 파괴한다.[5]

여기에서 이야기하는 내면의 시계와 외면의 시계 사이의 불일치는 비록 두 시계가 카프카 자신의 사무실 일과 작가로서의 이중생활을 의미하긴 하지만, 어떤 특정 상황에 한정된 암시가 아니라 현대 사회의 일반적 상황과 관련된다.[6]

토마스 만의 『마의 산』이 형상화하는 세계 역시 무엇보다도 시간이라는 근대의 주술어에서 깨어난 유럽 사회임은 주지의 사실이다. 문학은 끊임없이 근대화라는 시대를 표현해 왔고 동시에 그것에 대답을 해왔다. 이와 같은 맥락에서 우리는 근대의 이념에 대한 근본적인 회의를 바탕으로 하는 토마스 만과 카프카의 〈지연의 시학〉을 반근대적인 표현이 아닌 근대성에 대한 성찰로, 다시 말해 근대 문학의 자기 성찰로 읽고자 한다.[7]

토마스 만과 카프카 문학에서 지속과 종결의 표현 요소로 사용되는 관례적인 시간은 무의미하다. 이들은 줄거리의 시작, 전개, 종결에 집착하지 않는다. 예를 들어 일주일의 짧은 허구적 시간은 연속성을 가질 수 있지만, 본질적인 발전 요소로서 묘사된 종래의 시간 개념으로는 분석하기가 곤란하다. 따라서 독자들은 시간 지속이 길이나 속도와 분리되어, 오직 그 강도에 의해서만 표시되는 일종의 악의(惡意) 같은 시간 연속에서 시간이 진행되고 있다는 느낌을 갖는다. 시간 폭이 밀도가 있느냐 허술하냐 하는 것을 평가하는 표준으로서의 외적인 시점을 찾아보아야 허사다. 보통 기준으로부터 얼마나 변형되었는가를 사정(査定)하기 위해서는 어떤 외적인 기준이 있어야 한다. 관념적 시간에서 시간 기준은 아무런 기능이 없고 사실상 자취를 감춰 버린다. 따라서 거기에는 시계가 없고 그 자체 이외에 어느것도 필요로 하지 않는 감정의 기복(起伏)이 있을 뿐이다.

이렇게 토마스 만과 카프카의 문학에서 관례적인 시간을 벗어난 시간관이 바로 심리적 시간이다. 지금까지 오랜 세월을 두고 문학에서 광범위하게 추구되었던 심리적 시간의 시간가(時間價)는 통계적으로 정상적인 인간사의 수준에서는 아무런 의미가 없고 우리로 하여금 공허한 일반론의 단계에 머물게 할 뿐이다. 이러한 심리적 시간은 완전히 연대기적 시간에서 분리되어 속된 시간을 타파하고, 〈의미 깊은 사건의 연속〉의 근거가 되는 절대적인 시작을 설정한다.

심리적 시간은 토마스 만과 카프카 소설의 모든 국면, 즉 주제, 형식, 매체(언어)에 영향을 미쳐, 루이스 Percy Wyndham Lewis는 이러한 작가들을 〈현대 소설의 시간파(時間派)〉로 명명하고 있다. 특히 신화적인 순환적 시간성 묘사는 토마스 만과 카프카의 문학의 특색으로, 그들의 작품에서 시간의 개념은 우리의 일상적이고 상식적인 개념과 달리 초월적이다. 이러한 초월적인 시간 개념을 가장 잘 반영한 토마스 만의 대표적인 작품은 장편 『마의 산』으로, 이 작품의 주제는 시간 경과에 대한 감각의 부재가 되고 있다. 『마의 산』에서 주인공 카스토르프가 8월의 어느 날 저녁 8시경에 도착한 요양소는 단조로운 흑백의 색채로만 표현될 뿐, 수목도 적고 대기는 무미건조하며 무엇보다도 사물의 움직임이 인식되지 않는다. 이는 이 세계가 시간 관념을 변화시키는 마력을 가지고 있기 때문이다. 카스토르프는 알프스 산중의 요양소 환자들에게 생기는 사건 외에는 관심이 없고 그들의 사상이나 견해에 대해서도 관심이 없다. 환자들의 관심사는 그들의 외계(外界)로부터의 격리 또는 고립으로 변화가 중지된 분위기 속에 정체되어 있다. 그들을 그렇게 붙잡아 두는 것은 〈신비적 마술, 실생활에 있어서의 어떤 비정상적이고 초자연적인 경험과 방불한 시간적 원근법의 왜곡〉[8]이다. 환자들의 정신에 아무 흔적도 남기지 않는 규칙적인 식사나 체온 측정 등 감각을 마비시키는 일상사 외에 발생하는 외적 사건은 거의 없고, 있다고 해도 환자들에게는 거의 아무런 느낌을 주지 못하고 기껏해야 제각기 다른 속도로 지리멸렬하게 흐르는 시간의 간격을 연결하는 고정된 시점이 되어 줄 뿐이다. 따라서 시간의 폭은 넓어지기도 하고 줄어들기도 하는 분위기에서, 병자들이 침대에서 시간을 보내는 긴 나날이 순식간에 지나가 버리는 현상은 당연한 이치이다.

매일은 같은 나날의 반복이다. 하지만 근본적으로 볼 때, 매일이 똑같은 나날이기 때문에 그것을 반복이라고 표현하는 것은 사실 옳지 않다. 단조롭다든지 언제나 계속되고 있는 현재 또는 영원이라고 불러야 할 것이다.(Zb 257 f.)

이러한 『마의 산』의 시간 개념처럼 카프카의 작품에도 심리적 시간이 암시되고 있다. 특히 카프카의 잠언과 일기 곳곳에서 묘사되는 시간에 관한 형이상학적 관념과 이미지들에서는 당대를 풍미한 역사주의와 다원주의의 중요한 시간 관념인 진보적 시간 의식이 해체된다.[9] 다시 말해 카프카의 서사 텍스트에서는 관습적이고 통속적인 시간관과 충돌을 일으키고, 전통적인 서사 텍스트의 시간 구조나 시제 체계를 해체하는 특이한 시간 표현들이 발견된다. 이러한 시간 개념은 곧 반복성과 거기서 일탈하는 갑작스러움이나 돌발성의 역설적 결합인 것이다.

따라서 토마스 만과 카프카의 소설 속 인물들의 행동은 그 전행동(前行動)으로부터 유기적으로 이어지는 것이 아니라 항상 새로이 시작되고, 이러한 시작의 순간은 과거와 미래를 지양하고 연속되는 시간의 점(點)으로 집약되어 초시간성(超時間性)이 개재되어 있는 것처럼 느껴진다. 이들의 서술된 것에 대한 과거적 회상도 거의 나타나지 않으며, 그때그때의 사건이 앞으로 어떻게 진전되리라는 예견도 철저하게 피하기 때문에 과거와 현재, 미래의 시간적 개념이 없다. 다시 말해 사건 진행이 회상과 예시에 의해 방해를 받지 않는다. 결국 토마스 만과 카프카는 심리학적 시간을 이용하여 시간의 개념을 자유롭게 활용한 셈이다.

이러한 심리학적 시간을 이용한 카프카는 자신의 내면 상황과 외면 상황의 불일치를 자신의 문학에서 시간의 불일치로 나타내고 있다. 이러한 시간 관념은 상태의 불연속성에 따른 자아 정체성의 해체이다. 카프카는 진보나 미래를 거짓되고 불가능한 것으로 묘사함으로써, 자아 감정과 정체성에 내재하는 목적론적 구조를 간과하고 미래를 차용하는 희망의 원리를 비판한다.[10] 이런 맥락에서 카프카의 작품에는 미래적 시점의 개입이 거의 없다. 따라서 카프카 작품의 특징은 이야기의 발전적 계기의 결핍이며, 인물은 〈영원한 행동〉에서 〈순간적 포착〉으로 바뀐다. 〈인간사는 한 방랑자의 두 발자국 사이의 순간이다〉(H 54)라는 카프카의 언급처럼, 긴 시간의 지속이 순간으로 전도되어 나타나는 것이다. 이러한 시간관에 따르면,

인류의 역사는 결정적 사건 내지 순간의 반복과 지속으로 채워지는데, 그럼에도 불구하고 그러한 지속은 또 하나의 새로운 결정적 순간인 지금의 시점에서는 아직 아무런 일도 일어나지 않은 것처럼 되어, 인류의 긴 역사는 방랑자의 두 발자국 사이에 끼일 만큼 짧은 순간과 역설적으로 일치한다. 이렇게 정신의 이완과 긴장으로부터 도출된 시간 체험은 기억과 기대라는 심리적 범주와 결합하여 설명되는데, 이 내용이 『마의 산』에 잘 나타나 있다. 〈시간의 체험은 (……) 생활 감정의 그것과 매우 밀접한 관계를 가지고 있어서, 한쪽이 약해지면 그에 따라 다른 쪽도 처참한 피해를 입게 된다. (……) 생활 내용이 흥미롭고 참신하면 시간도 빠르게 지나간다. 이에 반해 단조롭고 공허하면 시간의 흐름은 느리고 지루하게 된다. (……) 공허함과 단조로움이 한순간이나 한 시간이라는 정도의 시간이라면 그것을 연장시켜 지루하게 만들 수도 있을지 모르지만, 매우 많은 시간, 끝없이 긴 시간인 경우 그것을 오히려 단축시켜 무에 가까운 것으로까지 변화시키기 때문이다.〉(Zb 147)

이렇게 토마스 만과 카프카의 시간의 개념은 허구적 시간과 작중 인물의 심리적 지속 두 가지가 어떤 고정적 표준으로 잴 수 없는 일종의 신화적 리듬에 속해 있다. 예를 들어 『마의 산』 제4장을 끝맺는 〈체온계 *Das Thermometer*〉의 내용에서 생의 요소인 동시에 심리적 요소이기도 한 시간이 암시되고 있다. 카스토르프 자신의 체온 측정에서 7분이라는 시간을 1초도 어기지 않겠다고 결심하며 체온계를 집어넣는다.

> 시간의 진행은 이러한 것으로 정해진 시간은 끝없이 긴 것처럼 생각되었다. 무심코 그 순간은 지나쳐 버린 것이 아닌가 하고 걱정이 되어 시계 침을 보았을 때 겨우 2분 30초가 지났을 뿐이었다. 시간을 보내려고 여러 가지 동작을 하고 난 다음, 또다시 시계를 보니, 그렇게도 고생하고 노력하여, 말하자면 밀어붙이기도 하고 찌르기도 하고 차버리기도 한 결과 겨우 6분이 지났을 뿐이었다. (Zb 237 f.)

마찬가지로 카프카의 『성』을 예로 들어 볼 때, 실제로 주인공 K가 마을에 머문 시간은 정확하게 계산될 수가 없다. 성과 마을 안에는 아침 식사 후 두 시간이 지나면 어둠이 깔린다. 카프카는 시간의 자연적 경과에 대해 전혀 무관심한 태도를 취했다. 즉 K가 마을 체류 둘째 날에 벌써 나흘째 머문다고 생각할 정도로 카프카의 정확하고 구체적인 시간 묘사는 보이지 않는다. 이렇듯 토마스 만이나 카프카의 작품에는 심리적 주관적 시간 감각이 잘 나타나 있다.

다시 말해서 토마스 만의 『마의 산』 혹은 『요셉과 그의 형제들』이나 카프카의 『성』이나 『소송』 등의 장면 간의 정확한 시간 측정은 불가능한 경우가 허다하다. 작품 전체의 의미는 모든 순간 속에 포함되어 있어서 시작부터 종결에 이르는 발전은 찾아볼 수 없다. 이들의 작품에서 연관성이 없는 시간 개념이 지배하다 보니, 시간의 단위인 계절 등도 법칙에서 벗어난다. 따라서 토마스 만의 자연 현상은 『마의 산』 외에 다른 작품에서도 결코 단순하거나 명확하지 않고, 항상 불투명하고, 지리멸렬하고, 부분들로 구성되어 있으며, 계절이 묘사될 때에는 으레 과도적 시기가 택해진다. 예를 들어 토마스 만의 단편 「묘지로 가는 길 Der Weg zum Friedhof」에서 〈때는 봄, 거의 이미 여름 무렵이었다〉(GW 8, 187)로 묘사되고, 「토니오 크뢰거」에서는 〈겨울 해는 우윳빛으로 뿌옇게 구름층에 싸여 좁은 도시 위에 초라하게 비치며 떠 있었다. 바람에 파손된 기옥들이 들어선 골목길은 질퍽하고 바람이 불었으며, 이따금 얼음도 아니고 눈도 아닌 일종의 부드러운 우박 같은 것이 내렸다〉(TK 271)고 묘사되어 있고, 「베네치아에서 죽음」에서는 〈5월 초였다. 축축하고 추운 날씨가 몇 주 지나고는 그릇된 한여름이 갑자기 들이닥쳤다. 영국 공원은 아직도 겨우 어린잎들로 덮여 있었지만 8월처럼 후덥지근했다〉(TiV 444)고 서술되어 있다. 마찬가지로 카프카의 『성』에서도 계절들은 아주 단조롭다. 봄과 여름이 불과 이틀 동안처럼 짧게 느껴지고, 아주 좋은 날씨에도 종종 눈이 온다는 것은 시간이 다른 법칙에 지배되고 있음을 의미한다. 이렇게 토마스 만과 카프카의 주인공들의 계절은 순환의 영속성을 띠지 않고 압축되거나 확대된다. 그것은 이들 작가가 자기 자신의 실존에 관한 어떤 확신, 즉 〈인간의 성장 중의 결정적 순간은 영속적이다〉[11]라는 확신을 갖고 있었기 때문이다.[12] 이는 〈그리스 비극〉[13]에서 운명에 해당하는 것으로, 현대인에게는 시간이 순간화되어 있어 운명도 상황 속에 집약된다. 그러나 독자나 관중은 이 비통일적이고 비합리적인 시간에 대해 하등의 의식을 하지 못하는데, 이는 그들이 직접적이고 현재적인 사건에 완전히 매혹되기 때문이다.

결국 독자의 시계 시간(時計時間)과 달리 토마스 만과 카프카의 허구적 시간은 사물이 지속되거나, 사건이 발생하는 실제 시간의 경과가 해체되는 것이다. 예를 들어 카프카의 단편 「포기하라 Gib's auf」에 다음과 같은 일화가 있다. 〈나〉라는 인물이 아침 일찍 호텔에서 나와 역으로 가는 도중에 광장의 시계탑을 바라보았다가 자기 시계가 탑에 걸린 시계보다 늦은 것을 알고 당황하게 된다. 제3의 인물이 있어서 정확한 시간을 확인할 수 있는 처지도 못 된다. 이른 아침이라 거리에는 인적이 없기 때문이다. 그러자 역으로 가는 길마저 잃어버리게 되는 불안에 싸이는 순간, 마침 교통을 정리하는 경찰관이 눈에 띄어 그에게 다가가 역으로 가는 길을 물었다. 그랬더니 경찰관은 〈나에게서 길을 알려고 해요? 그만둬요, 그만둬!〉(B 87) 하고 깔깔대며 획 돌아서 버리는 것이다. 이러한 카프카의 이야기를 검토해 보면 다음과 같은 결론에 도달한다. 〈나〉라는 인물은 자기가 차고 있는 시계의 인격적 시간이 아니라, 시계탑이 상징하는 비인격적 시간에 굴복하여 드디어는 자기의 존재 가치를 상실하는 것이다.

결국 시계 시간과 달리 토마스 만과 카프카의 허구적 시간에서는 사물이 지속되거나 사건이 발생하는 실제 시간의 경과가 해체되어, 몇 시간에 걸쳐 독서를 하는 동안이 단 몇 분이 될 수도 있거나 때로는 수 세기에 걸칠 수도 있는 연속된 시간의 상상 속에서 산다. 결국 토마스 만과 카프카는 시간을 정적인 존재로 파악한 것이다. 예를 들어 『마의 산』에서 외부의 시간, 즉 평지의 시간은 흐르지만 요양소의 시간은 사실상 정지해 있어 시간 지속의 감각이 희박해졌기 때문에 며칠이나 몇 달, 몇 해라는 세월은 모두 독자적인 가치를 잃고 시간의 의미를 갖는다거나 존재하기를 그침으로써 공백 속으로 용해되어 소산된다. 한 예로 〈내가 침대에 누워 유성을 보고 있으면 3천 년도 최근으로 되어 버려〉(Zb 514)라고 말하듯이, 카스토르프는 사촌 침센에게 120년 전의 사건뿐만 아니라 심지어는 3천 년 전의 사건도 〈최근에 *neulich*〉(Zb 514)라고 표현하고 있다.

여기에서 시간적인 연속을 공간적으로 병렬시켜 원형적으로 배열하여 표면상으로 〈연속적인〉 발전이 동시성으로 파악된다. 그들의 관심사는 동시적(공시적)이 아니고 동일 의미인 것이다. 이들은 이러한 시간의 동시성에서 영구 무한성을 포착하고 창작과 활동의 무한한 가능성과 의의를 발견하여 활용하였다. 이러한 정적인 시간은 토마스 만의 『부덴브로크 일가』에서 한노가 해변에서 상념하는 내용에 잘 나타나 있다.

> 눈은 초록색과 푸른색의 무한대를 넘어서 아무런 근심 걱정 없이 멍하니 바라보고 있다. 거기서 자유롭고 방해받지 않고 부드러운 소리를 내어 강하고 신선하고 사납고 향기로운 바람이 불어온다. 바람은 귀를 휩쓸고 유쾌한 현기증을 일으켜 희미한 몽롱함을 일으키게 한다. 이때는 시간과 공간과 모든 한계에 대한 의식이 고요히 사라져 간다.(Bd 632)

이러한 토마스 만의 작품처럼 카프카의 단편 「밤에 Nachts」에서도 과거와 역사적 시간을 바라보는 카프카의 시각이 아주 요약된 형태로 나타나고 있다. 이 단편에서 서술자는 아주 일상적인 밤의 정경인 잠자리에 든 사람들의 모습을 인류사의 과거와 미래로 확장된 시각에서 서술한다. 현재 자신의 집에서 편안하고 안정된 잠자리에 있는 사람들은 실제로는 〈예전에 언젠가는 그랬고 이후에도 그렇듯이〉(B 88) 황야에 이전의 그 자리에 내던져진 채 잠을 자고 있었고 미래에도 똑같이 그럴 것이라고 묘사하고 있다. 단지 한 사람만 깨어 여기에 남아 파수꾼으로서 그것을 기억하고 서술하는 것이다. 이 작품에서는 이른바 역사의 진행이 〈과거·현재·과거의 귀환〉이라는 세 단계의 순환으로 묘사된다는 것을 알 수 있다. 여기서 과거에의 기억은 미래에 대한 예견으로 다시 복귀한다. 현재 속에서 과거가 기억되고, 현재 속에서 과거가 미래에 다시 도래할 것이 예감된다. 한 사람의 깨어 있는 파수꾼에 의한 〈현재 시점의 성찰〉 속에서 역사의 과거로 향하는 시각과 미래로 열리는 시각이 한데 모인다. 현재의 〈순간〉에 과거와 미래의 모습이 하나가 되고, 미래는 과거의 반복으로, 즉 망각되었던 것의 귀환으로 나타난다. 그리고 여기서 현재의 경험적 사실은 역사적 시각의 확장 속에서 상대화되고 확고부동한 사실성을 잃어버려 가상적 성격을 띠게 된다. 현재의 가상성은 역사 과정의 과거와 미래적 계기의 동시적 순간 포착으로 야기되며, 이러한 순간은 과거의 기억과 미래의 예감 위에서 부유하는 〈공시적 순간〉이기도 하다. 이러한 〈공시적 현재의 순간〉을 통해 서술자는 연대기적이고 인과론적 시간에 속하는 경험적 현재로부터 거리를 취하고 〈메타 역사적 시점〉을 구성해 낸다. 이러한 점에 대해 슈테판Jürgen Steffan은 〈카프카의 소설에 있어서 현재성은 항구적이다. 그것은 절대적인 해석을 통해 현재를 과거로 만들 가능성이 존재하지 않기 때문이다〉[14]라고 설명하고 있다.

결국 토마스 만과 카프카는 관습적이고 통속적인 시간 개념을 해체하여 과거와 미래를 현재형으로 표현한 것이다. 헤넬Heinrich Henel에 따르면 〈현재형〉은 다섯 가지 기능을 수행한다. ① 원래적인 현재로서 현재 일어나는 사건, ② 역사적 현재로서 이전의 사건, ③ 반복적 현재로서 현재의, 그러나 동일하거나 비슷하게 일어나는 사건, ④ 점진적 현재로서 동시에 현재의, 그러나 미지의 미래로 끝없이 이어질 수도 있는 사건, ⑤ 현재는 내적 독백 형식으로 쓰인다고 규정한다.[15] 작품에서 하나의 사건이 일회적일 뿐만 아니라 반복적으로 기술되거나 사고되는 과정과 실제 일어나는 사건이 서로 구분되지 않게 불명료하게 서술됨으로써, 위와 같은 기능적 효과가 나타나고 있다.

결국 토마스 만과 카프카의 시간관에서 중요한 내용은 순간과 지속이 결합되는 역설적인 시간 이미지이다. 가령 카프카는 〈인간 발전의 결정적인 순간은 지속적이다. 그렇기 때문에 지나간 모든 것을 쓸모없는 것으로 선언하는 혁명적인 정신 운동들은 옳다. 왜냐하면 아직 아무 일도 일어나지 않았기 때문이다〉(H 30)라고 쓰고 있는데, 여기서 순간은 무한한 지속과 역설적인 상응 관계 속에 놓인다.[16] 한슈타인Adalbert von Hanstein은 이러한 서술 양식을 〈순간 묘사Sekundenstil〉라고 불렀다. 한순간에 보고, 듣고, 느끼고, 생각되는 모든 것이, 즉 내·외적 모든 사건이 동시에 문장에 표현되는 것이다. 결국 토마스 만의 『마의 산』에 나오는 인물들이나 카프카 작품의 인물들은 항상 순간에 살고 있으며, 그 순간 속에 개재(介在)해 있는 불확실성을 조감(鳥瞰)하는 능력이 결여되어 있다. 그들은 과거와 미래가 없는 시간의 질서 외부에 살고 있을 것이다. 그들의 시간은 점(點)으로 느껴질 뿐 연속적인 선(線)으로 느껴지지 않는데, 이에 대해 카프카는 다음과 같이 언급하고 있다. 〈모든 순간은 또한 시간 외적인 것과 상응한다. 현세 다음에 피안이 올 수는 없다. 왜냐하면 피안은 영원하고 따라서 현세와 시간적으로 접할 수 없기 때문이다.〉(H 69)

따라서 토마스 만의 『마의 산』이나 카프카의 『성』 등의 현세의 시간성과 피안의 영원성은 시간상 연속적으로 서로 접촉할 수 없는 것으로 표현되어, 영원성은 시간의 타자로 묘사된다. 그럼에도 불구하고 시간 속의 〈매 순간〉이 〈시간 외적인 것〉과 상응함으로써 현세의 시간성은 영원성과 어떤 〈관계〉를 맺게 되는 것으로 나타난다. 여기서 시간과 시간 외적인 것, 순간과 영원은 다른 공간 ― 현세와 피안 ― 에서 동시적으로 존재한다고 볼 수 있으며, 따라서 우리는 어떤 〈한순간〉에 서로 다른 공간에 존재하는 시간 혹은 영원을 경험할 가능성을 가지고 있다.

보러 Karl Heinz Bohrer에 의하면, 이러한 토마스 만과 카프카의 시간 의식은 또한 〈시간을 강조했던 현대의 시기에 정반대로 나타나는 시간의 손실〉[17]을 보여 준다고 한다. 그러나 토마스 만과 카프카의 계기(繼起)가 전후 시간적 관계가 있는 사건으로 전개되는 경우도 많은데, 그때 전후 관계가 있는 시간적인 사건들은 시간적인 진공 속에 멈춰 있어서 음악적 운동이나 정서적 리듬 등의 부분으로 가장 일반적인 방법으로만 서로 관련을 맺고 있다. 이것은 아직도 작용하고 있는 시간을 내포하기 때문에, 시간이 단축된다거나 연장된다든가, 진행한다거나 정지한다는 문제가 아니다. 따라서 이때 시간은 스스로 정복하지도 않거니와 정복당하지도 않은 채, 그저 부재(不在)할 뿐이어서 주제의 처리와는 무관한 외적인 것이다.[18]

주

1 Fritz Martini, *Das Wagnis der Sprache*(Stuttgart, 1970), S. 312.
2 Jürgen Steffan, *Darstellung und Wahrnehmung der Wirklichkeit in Franz Kafkas Romanen*(Nürnberg, 1979), S. 158.
3 Eberhart Lämmert, *Bauformen des Erzählens*(Stuttgart, 1967), S. 100과 비교하라.
4 김용익, 『프란츠 카프카 연구』(삼영사, 1984), 34면.
5 Franz Kafka, *Tagebücher 1910~1923*, hg. von Max Brod, Lizenzausgabe mit freundlicher Genehmigung von Schocken Books Inc.(New York, USA, 1986), S. 345.
6 한석종, 「카프카와 카네티와의 비교 연구」, 『카프카 문학론』(한국카프카학회, 1987), 215면 이하.
7 홍길표, 「우연과 지연의 시학 혹은 근대 문학의 자기 성찰」, 『뷔히너와 현대 문학』제29호(한국뷔히너학회, 2007), 74면 이하.
8 Percy Wyndham Lewis, *Time and Western Man*, Vol. II (Santa Rosa CA, 1927), p. 654.
9 카를 하인츠 보러, 『절대적 현존』, 최문규 역(문학동네, 1995), 258면 이하 참조.
10 Hans-Gerd Koch, Michael Müller, Malcom Pasley(Hg.), *F. Kafka, Tagebücher*(Frankfurt/M., 1990), S. 335 f.
11 Franz Kafka, *Tagebücher*(Frankfurt/M., 1981), S. 199.
12 진영철, 「소외된 실존과 겨울 여행」, 『카프카 문학론』(범우사, 1987), 184면.
13 비극은 일종의 필연적인 충돌, 즉 주인공의 파멸로 귀결되는 숙명적인 투쟁을 그리는데, 이런 투쟁의 독특한 형식들이 그리스에서 헤벨 Friedrich Hebbel에 이르는 고전극의 핵심을 이룬다. 비극에는 언제나 인류의 종국적인 현존 문제, 자유와 필연, 성격과 운명, 죄와 벌, 자아와 세계, 인간과 신에 대한 문제들이 다뤄진다. 비극은 관중으로 하여금 동정과 슬픔으로 심령에 파멸을 불러일으킨다. 이로써 순화 작용이 가능하다.
14 Jürgen Steffan, a.a.O., S. 46.
15 Heinrich Henel, Das Ende von Kafkas DER BAU, in: Heinz Otto Burger(Hg.), *Germanisch-Romanische Monatsschrift*(Heidelberg, 1972), S. 4.
16 Vgl. Bertram Rohde, *Studien zu Franz Kafkas Bibellektüre und ihren Auswirkungen auf sein Werk*(Würzburg, 2002), S. 203 ff.
17 카를 하인츠 보러, 『절대적 현존』, 231면.
18 A. A. 멘딜로, 『시간과 소설』, 최상규 역(대방출판사, 1983), 146면 이하 참조.

제8장 동물의 비유

토마스 만의 『마의 산』 등 여러 작품에서는 〈인간 위주〉의 지식이 중요성을 띠며 전개된다. 이러한 인간 위주의 지식은 〈인문학〉으로, 토마스 만은 인문학의 중요성을 역설한 작가이다. 토마스 만에게 있어 인문학은 과학·정치·사랑 등 보편적 진리의 본질적 유형을 구성하는 기본 요소이다. 따라서 토마스 만의 작품에서는 의학, 법, 언어, 종교, 예술 등 다양한 삶의 본질들이 인간에 대한 종합적 이념, 즉 인류애인 인문학으로 종합되고 있다. 인류애가 형제애요, 곧 인문주의인 것이다. 이러한 인문주의의 내용이 『마의 산』 제5장 〈고전 문학 *Humaniora*〉에서, 카스토르프가 요양소 원장인 베렌스에게 행한 다음의 서술에 잘 나타나 있다.

내가 말하고자 하는 것은 이것입니다. 의학은 무엇을 대상으로 하는 것입니까? 나는 의학에 대해서는 물론 잘 모르겠습니다만, 의학의 대상은 뭐니 뭐니 해도 인간입니다. 그렇다면 입법, 사법, 행정은? 역시 인간이 그 대상입니다. 그리고 언어 연구는? 또 신학, 종교, 성직은? 모두가 역시 인간이 대상입니다. 이것들은 모두 꼭 같은 하나의 중요한 관심, 즉 인간에 대한 관심의 변형에 지나지 않습니다. 이것들은 한마디로 말해서 인문적인 직업입니다. 그리고 이러한 인문학적 직업을 연구하려면 무엇보다도 고대 언어를 기초로 배워야지요. 이는 흔히 말해서 형상의 형성을 위해서입니다. 내가 이러한 이야기를 하는 것에 당신은 아마 의아해할 것입니다. 나는 단지 사실주의자이고 공학도이니까요. 그러나 나는 최근에도 누워서 생각해 보았습니다. 어떤 종류의 인문적인 직업에도 형식적인 것, 형식,

아름다운 형식이라는 이념, 이것이 기본이 되어 있다는 것은 아주 훌륭한 일이며, 이 세상에서 매우 훌륭한 장치 중의 하나입니다. (……) 이것을 보더라도 정신적인 것과 미적인 것, 바꾸어 말하면 과학과 예술이 얼마나 밀접히 관계하고 있는지를, 아니 사실은 옛날부터 늘 동일한 것이었다는 것을 알 수 있으며, 따라서 예술의 작업도 무조건 소위 제5분과로서 인문학의 일부이고, 또 예술의 가장 중요한 테마나 관심사가 인간인 이상 예술도 인문적인 작업이며, 인문적 관심의 한 변형에 지나지 않습니다.(Zb 362 f.)

이 내용을 보면 의학을 비롯한 모든 학문이나 예술이 인간을 대상으로 한다는 점에서, 사실은 〈동일한 것〉으로 모두 인문학에 귀착된다. 따라서 토마스 만 문학의 큰 공적은 인류애인 인문학 이념을 실현한 데 있다.

그러나 카프카는 토마스 만과 달리 이러한 〈인간 위주〉의 학문인 인문학을 비판하고 있다. 인간이 언어로 자신만의 진실을 표현한 것이 학문이다. 그러나 인간의 진실만을 언어로 표출한 학문은 항상 인간만의 개성을 벗어나기 힘들어, 인간 이외의 동물에 공동으로 분할될 수 있는 속성을 지니지 못한다. 따라서 인간의 학문은 자연 고유의 유통을 그르치게 한다. 이러한 배경하에 카프카는 여러 작품에서 인간 위주의 학문을 비판하고 있다. 예를 들어 「어느 개의 연구」에서 자신의 종족 세계를 탐구하는 젊은 개의 — 인간을 비유하고 있는 — 눈을 통해 이러한 학문 체계를 비판하고 있다. 여기에서 학문이란 본질적으로는 죽음과 몰락을 향하여 내달리는 사건으로 비유해 보여 주고 있다.

세월에 따른 개들의 일반적인 진보는 곧 학문의 발달을 의미하는 것으로서, 이것은 흔히 칭찬의 대상이 되어 왔다. 학문은 분명히 발달한다. 그리고 그 발달의 속도는 날이 갈수록 빨라진다. 그런데 여기에 무슨 칭찬받을 만한 것이 있단 말인가? 누구나 해가 갈수록 늙어 가고, 더욱 빨리 죽음에 가까이 다가가는 것은 당연한 일이다. 그러니까 당연한 일을 훌륭하다고 칭찬하려는 것과 다름이 없다. 그것은 당연한 일이며, 또 바람직한 과정이 아니므로, 칭찬할 만한 것이라곤 아무것도 없다. 나는 거기에서 몰락만을 볼 뿐이다.(B 199)

이는 학문의 발전은 순수한 본질을 발전시키는 것이 아니라, 오히려 퇴보시키고 소멸시킬 뿐이라는 문명사적 발전 자체의 비판이다. 따라서 실제로 카프카의 소설이나 이야기 속에 등장하는 인물들은 대체로 학문적인 성격에서 벗어난 〈유럽의 일반적인 교양인〉에 불과하다.[1] 한 예로 『아메리카』에서 직업도 신분 증명서도 없는 카를 로스만은 오클라호마 야외 극장에 취직하기 위해 자신을 〈유럽의 일반적인 학생〉(A 231)이라고 소개한다. 「학술원에 드리는 보고」에서 인간이 된 원숭이도 자신의 변신 목적이 유럽 일반인의 교양을 얻기 위한 욕구라고 설명한다.

이 진보! 깨어 가는 두뇌 속으로 사방에서 밀려드는 이 지식의 빛들! 그것이 저를 행복하게 했다는 사실을 부인하지 않습니다. 그러나 또한 한 가지 고백하자면, 저는 그것을 과대 평가하지는 않았습니다. 그 당시에도 이미 그랬고, 오늘날은 더욱더 그렇습니다. 지금까지 이 세상에서 되풀이된 적이 없는 그런 노력으로 저는 유럽인의 평균 교양에 도달한 것입니다.(E 146 f.)

이렇게 인간 위주의 학문을 비판하는 내용이 「사냥꾼 그라쿠스」에서도 암시된다. 이 작품에서는 신의 숭고성 및 전능성인 자연이 인간의 인위적인 학문과 대립되고 있다. 이는 고대와 현대의 대조에서 신비로운 자연적 사상과 글로 암시되는 인위적 사상의 대립이다. 인간이 언어로 자신만의 진실을 표현한 것이 학문이다. 그러나 인간 개별적인 진실만을 언어로 표출시킨 학문은 항상 인간만의 개성을 벗어나기 힘들어, 인간 이외의 동물에 공동으로 분할할 수 있는 속성을 지니지 못한다. 따라서 인간의 학문은 자연 고유의 유통을 그르치게 한다. 이렇게 학문의 본질인 문자와 자연 고유의 행동 두 개념이 「사냥꾼 그라쿠스」에 서로 대립되는 개념으로 암시되고 있다. 예를 들어 「사냥꾼 그라쿠스」에서 그라쿠스는 자신의 운명과 인류사가 어떤 관계인가를 질문받았을 때, 다음과 같이 대답한다. 〈아, 그 관계 말입니까? 아주 오래된 옛날이야기지요. 모든 책들은 그것으로 가득 차 있습니다. 모든 학교에서는 선생님들이 그것을 칠판에 그리지요. 어머니들은 아이가 젖을 빠는 동안 그것에 대해서 꿈을 꾸지요. 포옹 속에는 속삭임이 있습니다. 상인들은 그것을 구매자들에게 이야기하고, 구매자들은 그것을 상인들에게 이야기하지요. 군인들은 행군 시에 그것을 노래하고, 설교자들은 그것을 교회에서 부릅니다. 역사 서술가들은 자신의 방에서 입을 딱 벌린 채 오래전에 일어난 사건을 바라보며, 그것을 계속해 써나가고 있습니다. 신문에는 그것이 인쇄되어 있고 민중들은 그것을 손에서 손으로 옮깁니다. 그것이 보다 빨리 지상을 돌 수 있도록 전보가 발명되었으며, 사람들은 파묻힌 도시들 속에서 그것을 파내며 승강기는 그것을 가지고 마천루 지붕으로 급히 달려갑니다. 기차를 탄 승객들은 그들이 통과하고 있는 시골에다 차창으로부터 그것을 알립니다. 그러나 예전에는 그것을 야생 동물들이 그들에게 포효로써 알렸으며, 별들에서 그것을 읽을 수 있었고, 호수들은 그 영상을 담고 있었으며, 시냇물들은 산으로부터 그것을 가져오고, 눈들은 그것을 다시금 정상 위에 뿌립니다.〉(B 250)

여기에서 역사의 진보를 나타내는 학문의 발전은 순수한 본질을 발전시키는 것이 아니라, 오히려 퇴보시키고 소멸시킬 뿐이라고, 문명사적 발전 자체가 비판되고 있다. 따라서 신적인 자연성과 글로 암시되는 인위적 사회성이 비교, 대립되고 있다. 인류의 역사가 시작되기 이전만 해도, 인간들은 자연스럽고 조화로운 세계 — 별, 호수, 야생 동물, 냇가와 산 — 속에서 살았지만, 그 세계가 점진적인 학문의 발전으로 점점 낯설게 되고 변질되어 허위의 세계가 되어 버렸다는 것이다.

바로 이러한 학문적 오만이 동물 경시 풍조를 가져온다. 인간이 인간에 적합한 내용으로 학문을 발전시킨 것이다. 이렇게 인간에게 적합한 학문을 추구하다 보니, 동물들은 인간의 보조적인 수단으로 경시되는 경향이 있다. 결국 카프카는 토마스 만이 중시하는 인간 위주의 학문보다 자연성을 중시하게 되어, 니체의 인간과 자연의 관계와도 상통한다. 니체에 의하면, 인간은 자연의 한 부분이며, 자연 속에 있는 거대한 생명체 가운데 일원일 뿐이다. 들에 핀 꽃들이 그러하고, 넓고 높은 산을 달리는 사나운 짐승들이 그러하듯이 인간 또한 자연 속에서 숨 쉬고, 그 숨을 거두게 될 하나의 생명체에 불과하다. 이 점에서 인간은 원숭이나 벌레 등 여타의 생명체와 구별되지 않는다. 니체가 자신의 글 여러 곳에서 사람을 짐승이라고 즐겨 표현하는 것[2]도 그 이유의 하나라고 판단되는데, 이 경우 사람은 자연의 이치에 따라 진화하고 퇴화하는 피조물에 불과하다. 니체는 이러한 인간 이해를 바탕으로 사람을 아직 확정되지 않은 짐승이라 부르고 있다.[3] 이렇게 니체가 인간과 동물을 동일하게 취급하는 내용과 달리, 동물이 비하되는 내용이 토마스 만과 카프카의 작품에 자주 묘사되고 있다. 이들의 작품에서 인간성이 상실되고 기계화된 일상에서 느끼는 끔찍스러운 사회상이 열등적 동물로 변형되어 나타나는 것이다. 예를 들어 토마스 만의 『마의 산』에서 사육제 날 밤에 요양소에서 눈을 감고 돼지의 모습을 그리는 유희가 벌어진다. 돼지 모티프는 이미 세템브리니가 카스토르프에게 자기 상실을 경고하는 다음의 내용에 부정적 의미로 등장하고 있다. 〈자부심을 가지고 전혀 다른 이 세계에 휩쓸려 들지 말아 주십시오. 이 진흙 구덩이에서, 이 마녀의 섬에서 도망쳐 주십시오. 오디세우스가 아닌 이상 당신이 여기서 무사히 지내게 될 리가 없습니다. 머지않아 네 발로 걸어 다니게 될 것입니다. 당신은 벌써 그러한 극단적인 조짐을 보이고 있습니다. 곧 당신은 꿀꿀거리게 될 것입니다. 조심하십시오!〉 (Zb 345)

세템브리니의 이러한 암시는 호메로스의 오디세우스와 관련되어, 〈신화적이고 알레고리적인 깊은 의미를 지적하고 있다〉.[4] 세템브리니는 카스토르프의 요양소 체재를 오디세우스와 그의 친구들이 불행하게 마녀 키르케 곁에 있는 것과 비교하고 있다. 친구 중 절반은 키르케에 의해 돼지로 변하지만, 오디세우스 자신은 헤르메스의 약초를 발랐기 때문에, 이러한 운명을 모면하게 된다. 이렇게 토마스 만은 호메로스의 오디세우스를 영리한 인물로 전개시키는 반면, 카프카는 단편 「세이렌의 침묵 Das Schweigen der Sirenen」에서 영웅 오디세우스를 어수룩한 바보로 전락시키고, 노래하는 세이렌을 침묵시킴으로써, 호메로스의 『오디세이아』에 나오는 세이렌의 이야기를 전도시킨다. 이러한 카프카의 〈전도(顚倒)〉의 눈을 빌려, 브레히트도 자신의 산문 「옛 신화의 교정 Berichtigung alter Mythen」에서 오디세우스를 더 이상 합리적인 인간상의 신화적 원형이 아니라, 〈예술의 자유를 침해하는 독재자〉로 새롭게 해석한다. 그리고 세이렌 역시 오디세우스를 향해 아름다운 노래를 불러 준 반인반조가 아니라, 오디세우스의 잔꾀를 알아채고, 그에게 욕을 퍼붓는 마녀, 말하자면 서슴지 않고 독재자를 비판하는 〈행동하는 예술가〉의 모델로 수정한다. 이처럼 그의 작품 속에서 신화적 인물들은 역사적 현실(반파시즘과 반자본주의 담론)과 구체적인 연관을 맺으며, 현실 비판의 유용한 기제로서 새로운 임무를 부여받는다.

앞에서 묘사된 대로, 토마스 만의 소설에서는 동물이 부정적으로 묘사되는 경우가 많은데, 이때 동물이 비이성적이며 악마성이 가미된 신비를 띠는 경우도 있다.(GW 11, 1143) 많은 동물 가운데 개는 그 습성에 비추어 인간을 충실히 따르는 가축으로서 인간과는 가장 친밀한 관계에 있다. 그런데 이러한 개가 신화와 문학 등에서 죽음이나 악마의 요소 등 부정적 의미로 암시되는 경우가 있다. 원래 개의 부정적 의미는 신화로 올라간다. 신화에 등장하는 개 케르베로스Kerberos는 저승의 신 하데스Hades의 개로 저승을 지키며, 살아 있는 자들이 들어오지 못하게 막는 괴물들 중 하나인데, 특히 아무도 그곳에서 나가지 못하도록 지키는 것이 그의 일이다. 가장 일반적으로 묘사되는 케르베로스는, 개 형상의 머리가 세 개 달려 있고, 꼬리는 뱀이며, 등에는 수많은 뱀의 머리들이 솟아나 있다. 하계의 문에 묶여 있는 그 개는 그곳을 지나는 영혼들에게 공포를 안겨 준다.

이러한 케르베로스처럼, 토마스 만과 카프카의 문학에서 개는 공통적으로 부정적 의미로 암시되고 있다. 원래 문학에서 개의 부정적 의미는 민중본 파우스트 전설로 올라간다. 파우스트 전설의 실제 인물인 파우스투스Johannes Faustus(1480~1540)는 종교 개혁자 루터 및 후텐Ulrich von Huten(1488~1523)과 동시대인으로 전해 온다. 그는 신학과 의학, 그리고 자연 과학을 연구하여, 이들 학문에 상당한 지식이 있었다고 한다. 후에 그는 크라쿠프로 도주하여 마술에 몰두하면서 유대계 신비학자들과 교제하였고, 신의 본질이나 세계의 발생 및 점성술 등을 연구하며, 예언자적인 역할을 하였다. 따라서 당시의 학자들로부터 〈사기꾼·풍속범·엉터리 예언자〉라고 비난받았던 그는 마술의 힘으로 세계를 여행하면서, 베네치아에서는 비행 시도를 하고, 마울브론에서는 금을 제조하는가 하면, 에르푸르트에서는 호메로스의 주인공들을 주문으로 불러내기도 하고, 라이프치히에서는 술통을 타고 달리기도 하였다 한다. 그런데 그는 언제나 악마를 〈개의 모습〉으로 데리고 다녔는데, 마지막에는 뷔르템베르크의 한 여관에 투숙했다가, 그날 밤 악마에 의해 살해되었다 한다. 이렇게 민중본 『파우스트』에서 악마가 〈개의 모습〉으로 나타나듯이, 괴테의 『파우스트』에서도 악마 메피스토펠레스가 〈개(삽살개)의 모습〉으로 등장한다.

난로 뒤에 얽매인 채,
그놈은 코끼리처럼 부풀어 올라
온 방 안을 가득 채우고
안개가 되어 흘러가는구나.
천장으로 올라가지는 마라!
이 스승의 발아래 꿇어앉아라!
내가 쓸데없이 위협하는 것이 아니라는 것을 알게 되리라.
나, 신성한 불길로 너를 지져 주리라!
세 겹으로 타오르는 불길을
기대하지는 말지어다!
내 술법(術法) 중에서 가장 강한 것을
기대하지도 말지어다!

〈안개가 아래로 걷히면서, 여행하는 학생과 같은 옷차림을 한 메피스토펠레스가 난로 뒤에서 나타난다.〉

메피스토텔레스 왜 이리도 시끄럽지요? 무슨 분부라도 있사옵니까?
파우스트 이것이 삽살개의 정체란 말이로군!
여행하는 학생이라? 이것 참 우스운 일이로군.(1310행 이하)

즉 파우스트의 서재에서 안개가 걷히자, 조금 전의 삽살개가 메피스토펠레스로 난로 뒤에서 나타난다. 이렇게 민중본 『파우스트』와 괴테의 『파우스트』에서 악마가 〈개의 모습〉으로 나타나듯이, 토마스 만의 『파우스트 박사』에서도 개가 악마적 요소를 띠며 등장한다. 『파우스트 박사』에서 아드리안 레버퀸의 부친 요나탄 레버퀸의 파우스트적 명상과 실험, 또 아드리안 부모 집의 집 지키는 개의 이름은 중세 신비주의자인 주조Heinrich Suso인데, 그는 14세기에 콘스탄츠와 울름에서 학문을 가르친 학자였다. 이 개의 이름 주조는 카쉬페를로 바뀌어서, 악마가 성스러운 신비주의자로 나타남을 보여 준다. 카쉬페를의 신비한 점은 레버퀸이 슈바게슈틸의 농장에 도착할 때, 계속 짖어 대는 장면에서 볼 수 있다. 마법사인 레버퀸이 인간의 귀에 안 들리는 금속 휘파람 소리로 짖어 대는 개를 조용하게 한다. 이 개 주조는 낯선 사람에게는 매우 위험하다지만, 사실은 마당을 자유롭게 돌아다니는(DF 30) 고요한 밤에 더 위험스럽다고 한다. 이 사실은 독일 정신의 위험성, 즉 낭만주의에서 히틀러 현상으로 되는 과정을 보여 주고 있다. 18세기 독일에서 비롯돼 서구 전역으로 퍼져 나간 낭만주의는 이성적 사유를 강조하는 계몽주의에 반발해 질풍노도의 감정을 강조한다. 이러한 질풍노도의 감정에 꿈, 환상, 무한, 불가해 등이 덧붙여지면서 낭만주의 예술은 이성을 훌쩍 넘어선다.

이러한 낭만주의에서 히틀러 현상을 보여 주는 배경으로, 토마스 만은 히틀러의 목소리를 〈사슬에 매인 사나운 개의 소리〉[5]로 나타내는데, 이 내용이 『파우스트 박사』에서 〈카쉬페를이 짖어 대는〉 장면으로 나타나고 있다. 또 토마스 만은 1941년 라디오 연설에서도 히틀러를 개로 비유하여 비난하고 있다. 〈세칭 국가 사회주의는 오랜 독일적 삶에 근거를 둔다고 나는 인정한다. 이는 살인적 타락의 씨앗을 잉태하는데, 문명과 교양의 선량하고 오랜 독일에 익숙한 이념에 감염된 변형 타락의 형태이다. 그들(독일인)은 거기에서 고상한 바탕에 살며, 낭만주의로 불리며 이 세계에 많은 매력을 끼쳤다. 그들이 히틀러 체제로 빠졌기 때문에 개 같은 존재가 되고 또 개의 운명을 갖게 되었다고 말할 수 있다.〉[6]

〈내가 있는 곳에 독일 문화가 있다 *Wo ich bin, ist deutsche Kultur*〉[7]라는 토마스 만의 말이 증명하듯, 그의 사망 50주년을 맞아 2005년 8월 7일부터 13일까지 〈토마스 만 축제 주간〉이 그의 고향인 뤼베크에서 성대하게 거행되었다. 이 기간에 그의 생가였으며, 이제는 토마스 만의 박물관이 된 〈부덴브로크 하우스〉에서는 그에 관한 특별 전시회, 강연, 학술 회의, 영화 상연, 기념식 등 다채로운 행사가 열렸다. 특히 행사 마지막 날인 8월 13일 기념식에는 토마스 만의 생가 바로 앞, 그가 세례를 받았던 마리엔 교회에서 호르스트 쾰러 독일 연방 대통령, 문학 비평가 마르셀 라이히라니츠키, 슐레스비히홀슈타인 주지사가 참여한 가운데 기념식이 열렸다. 토마스 만의 대중화에 가장 많이 기여한 라이히라니츠키가 주도했던 인기 문학 토론 방송 〈문학 4중주〉는 토마스 만 특별 방송으로 8월 17일에 방영됐다. 〈문학 4중주〉는 이미 종영된 방송이지만 괴테와 쉴러 기념일에도 특별 방송이 나간 적이 있다. 토마스 만 문학의 특징은 반어적, 해학적인데 이런 측면을 풍자 화가인 게르하르트Robert Gerhart가 토마스 만의 축제 주간에 부각시켰다. 부덴브로크 하우스에서 열린 〈토마스 만 박사의 주변 인물관(官)〉 특별 전시회에 그의 풍자화가 전시되어, 토마스 만 애독자들에게 해학적 측면을 시각적으로 즐길 수 있는 즐거움을 선사했는데, 여기에서 그는 〈개 도살자〉 등 작품에 등장하는 기이한 캐릭터를 익살스럽게 그려 내어, 그의 작품에서처럼 〈개〉에 대한 부정적인 이미지를 풍자해 보여 주었다.

토마스 만 작품에서처럼, 카프카 작품에서도 동물 가운데 개가 인격 비하의 비유 등 부정적 이미지로 나타나는 경우가 많다. 따라서 카프카의 작품에는 〈개처럼 순종하는 hündisch ergeben〉(E 151), 〈마치 개처럼 wie ein Hund〉(P 194) 또 〈개 같은 hündisch〉(E 151)의 언급처럼 개의 비유로 인격을 비하하는 경우가 빈번한데, 이러한 개의 비하적 비유는 괴테의 『파우스트』에서도 자주 묘사되고 있다.

> 내게는 또한 재산도 없고 돈도 없으며,
> 이 세상의 명예나 영화도 없으니,
> 개라도 이렇게는 더 이상 살고 싶지 않으리라!(374행 이하)

카프카는 특히 개에 자신을 비유하여 스스로를 비하하는 경우가 자주 나타난다. 예를 들어 작품 「유형지에서」의 내용에 불만족스러운 상황에 대해서, 카프카는 1917년 9월 4일에 볼프Kurt Wolf에게 다음과 같은 편지를 썼다. 〈결말 직전의 두 쪽 내지 세 쪽은 졸렬합니다. 이런 부분들이 있다는 것은 심각한 결함이 있다는 것을 암시합니다. 어딘가에 한 마리의 벌레가 있습니다. 이 벌레 한 마리가 작품의 완전성에 구멍을 냈습니다.〉[8] 같은 시기에, 그러니까 한 달 전인 1917년 8월 5일의 일기에, 카프카는 이 작품의 결말 직전의 두 쪽 내지 세 쪽에 대한 새로운 초안을 만들려고 애썼다는 내용을 기입하고 있다. 이 새로운 초안에 따르면, 탐험가가 죽은 장교의 무덤 옆에 누워서, 〈가능하면 나는 개 같은 놈이 되고 싶다〉[9]라고 소리를 지른다.

〈가능하면 나는 개 같은 놈이 되고 싶다.〉 그러고 나서 그는 이 말을 곧이곧대로 실행에 옮겨, 땅에 엎드려 이리저리 기어 다니기 시작했다. 단지 가끔 튀어 올라, 확실하게 땅에서 몸을 떼어 남자들 가운데 한 남자의 목에 매달려 눈물을 흘리면서, 〈왜 이 모든 일이 하필이면 내게 일어났어요!〉라고 소리쳤다. 그리고 다시 자신의 자리에 급히 돌아갔다.[10]

옛 법을 말살하도록 원인을 제공한 「유형지에서」의 탐험가는 자신의 죄의 장소에 묶여 개가 되고 있다. 카프카의 세 권의 장편 소설 『성』, 『소송』과 『아메리카』에서도 많은 인물들이 개의 특징으로 서술되어 죽음을 당하거나, 제거되거나, 타도되어야 하는 부정적 운명을 나타낸다. 『아메리카』에서 로빈슨은 개처럼 학대를 받고 사회로부터 추방된다. 그의 델라마르헤 Delamarche에 대한 굴종과 브루넬다에 대한 비굴한 욕망과 카를에 대한 가혹한 행동은 개의 속성 바로 그것이다.

『소송』에서 자신의 능력과 권리를 변호사에게 맡겼던 상인 블로크는 변호사 훌트 Huld의 말에 복종하는 〈변호사의 개 Hund des Advokaten〉(P 166)가 된다. 훌트 변호사와 그의 비서인 레니 양은 블로크를 항상 개처럼 다룬다. 따라서 블로크는 소송에 열중하고 항상 자신의 일에 몰두하는 피고로서 훌트 변호사의 고객이 아니라, 한 마리의 개에 불과하다. 훌트 변호사가 그에게 개집에 들어가듯이 침대 밑으로 들어가 그곳에서 짖으라고 명령했다면, 그는 흔쾌히 그 짓을 했을 위인(爲人)이다.(P 144 f.)

블로크의 가망 없는 소송에 대한 집념과, 이로 인한 비굴한 행동은 「법 앞에서」의 시골 남자와 흡사하다. 요제프 K와 동일 인물인 시골 남자는 그의 법정 입장을 가로막고 있는 문지기의 모피 옷깃에서 벼룩을 발견하는데, 이것은 개의 시각의 작용으로, 요제프 K의 개와 같은 삶에 대한 은밀한 암시이다.[11] 작품 마지막에 요제프 K는 정체불명의 검은 예복을 입은 신사에 의해 〈마치 개처럼〉(P 194) 무참하게 살해당한다. 이것은 카프카와 같은 민족인 수많은 유대인들이 제2차 세계 대전 때, 아무 죄도 없이 국가 사회주의 정권에 의해 마구 체포되어 강제 수용소에서 참혹하게 처형당한 사실로 암시될 수도 있다.

이런 배경에서 카프카의 「변신」의 그레고르도 해석될 수 있다. 먼저 이 작품에서 변신된 그레고르가 마지막에 비참하게 죽는 내용은 무엇을 의미하는가. 많은 홀

류한 작품이 획일적인 해석을 불허하듯이 「변신」도 논자(論者)에 따라 다양한 의미를 찾아낼 수 있다.

첫째, 유대인이었던 카프카는 약 1천5백 년에 걸쳐 유럽 각처에 흩어져서 온갖 학대를 받으며 다음 날의 운명을 예측할 길 없이 살아가던 유대인의 운명을 상징한 것으로 해석될 수 있다. 인간은 일생을 통해 항상 내일 자기의 운명이 예측하지 못했던 기괴비참(奇怪悲慘)한 것으로 변할지 모르는 불안감에 싸여 있다. 실제로 우리들은 죽음이란 가장 큰 변화를 눈앞에 놓고 산다.[12] 다시 말해 이것은 카프카와 같은 민족인 수많은 유대인들이 제2차 세계 대전 때, 아무 죄도 없이 국가 사회주의 정권에 의해 마구 체포되어 강제 수용소에서 참혹하게 처형당한 사실로 암시될 수도 있다. 토마스 만도 독일의 민족적 자부심에서 발생한 국가 사회주의의 유대인 학살에 관해서 인간애가 결여되고 인간과 결부된 문화에 대한 사랑이 결여된 폭력 행위로, 이는 〈정신적 무(無)의 혁명 Revolution des geistigen Nichts〉[13]이라고 비난했다. 그리고 이러한 반(反)유대주의는 동시에 기독교를 포함한 종교 일반에 대한 공격이라 했다. 이렇게 제2차 세계 대전 때 유대인이 〈개처럼〉 처형당하는 사실을 증빙하는 카프카의 다음과 같은 기술이 있다.[14] 〈야콥 거리의 어느 집에서 털 뭉치처럼 생긴 작은 개가 한 마리 뛰어나와서, 우리들(카프카와 야노우흐 – 필자 주) 앞을 가로질러 템펠 골목 뒤로 자취를 감춰 버렸다. 내가 그것은 작은 삽살개였다고 말하자, 카프카는 다음과 같이 말한다. 《삽살개라고요! 개일 겁니다. 그러나 어떤 징조일는지도 모르겠습니다. 우리들 유대인들은 가끔 비참한 착각을 일으키니까 말입니다.》〉[15]

둘째, 그레고르의 운명은 한 인간의 인간성보다도, 한 인간의 사회적 기능이 중요시되어 가는 물질적 기계화 속에 살아가는 모든 인간의 상황을 상징한다고 볼 수 있다.

셋째, 「변신」 서두에서 주인공 그레고르가 〈어느 날 아침 어수선한 꿈에서 깨어, 자기가 한 마리의 거대한 갑충으로 변신하여 침대 위에 누워 있음을 발견한다〉(E 57)는 내용은, 카프카 개인의 경우와 마찬가지로, 어느 날 아침 갑자기 객혈 현상을 일으킨 폐결핵 환자가 가족과 타인의 기피, 혐오, 학대 속에서 죽음에 이르는 질병 과정을 상징적으로 묘사한 것이라고 해석될 수 있다. 물론 카프카에게 있어서 「변신」의 성립(1915)과 객혈(1917), 또는 유대 민족의 박해(1933년 이후) 사이에는 시간적 간격이 있지만, 카프카 문학을 〈예언의 문학〉이라고 보면, 이 견해를 무턱대고 견강부회의 이론이라고 단정할 수 없다.[16]

넷째, 시대와 장소를 떠난 보편적 인간 상황의 상징으로 해석될 수 있다. 부유한 유대인이 내일 아침에 개처럼 비참하게 학살당할 수도 있다. 오늘의 도둑이 내일 아침에 영웅이 되고, 오늘의 매국노가 내일 아침에 애국자가 되는 변신의 시대 속에 우리는 살고 있다. 우리의 역사를 돌이켜 보건대, 양심에 따라 변신을 거부하고 끝까지 고려 왕실에 충절을 지키다가 선죽교에서 살해당한 정몽주와 몰살당한 그의 가족들, 한편 그를 죽여 변신한 뒤 왕권을 약탈하고 5백 년 동안 자손을 많이도 번식한 이방원. 어느 쪽이 잘 살았다고 할 수 있을까. 한국 전쟁 때에도 한동네에서 나름대로 똑똑하고 꼿꼿했던 탓에 공산주의자 혹은 국군에게 학살당한 사람이 있는 반면, 머리가 부족했거나 실리에 약삭빨라 변신한 덕분에 살아남아, 면장· 군수· 국회의원이 되어 자손을 번식하고 출세시킨 이들도 있었다. 생존 경쟁의 승리자로서 크나큰 긍지를 느낄 수 있지만, 살아남은 자신에 대해서는 어쩐지 거북하고 계면쩍은 감정이 될 수 있는 것이 변신이다. 치열한 생존 경쟁의 시대, 강하게 살아남는 것이 미덕인 시대에 인간의 마음을 뒤흔들어 놓는 것이 바로 변신이다.

카프카의 개의 체험은 직접적인 관찰 외에 악몽 같은 간접적인 경로를 취하기도 한다. 1911년 12월 13일의 일기는 개와 악몽에 대한 희귀한 체험을 담고 있다. 〈피곤해서 글을 쓰지 못하고 따뜻한 방과 차가운 방을 번갈아 가며 잠자리에 누워 있었다. 다리는 아팠으며 꿈은 혐오스러웠다. 한 마리 개가 앞발 하나를 내 얼굴에 가까이한 채 나의 몸 위에 누워 있었다. 그래서 잠에서 깨어났다. 눈을 뜨고 그 개를 본다는 것이 한동안 겁이 났다.〉[17]

카프카는 1915년 9월 2일의 일기에서 〈어제와 오늘은 개의 이야기를 조금 썼다〉고 기록하고 있는데, 이는 작품과 관련되어 있다고 판단된다. 또 1913년 11월 18일의 일기에선 다음과 같이 적고 있다. 〈나는 지금 이 긴 의자에 누워 있다. 발길질 한 번으로 세계에서 내던져진 나는 결국 무능한 인간이다. 가령 전혀 강요당하지도 않았는데 아무런 고유한 가치도 없이 강요하는 것을 전연 느끼지도 못하고서 학교에 가는가 하면, 개집에 웅크리고 앉아 있다가 먹이를 가져다 놓으면 밖으로 뛰쳐나오고, 먹이를 먹고 나면 도로 기어 들어가 버리는 따위의 인간밖에 되지 않는다.〉[18] 밀레나에게 보내는 편지에서도 자기 비하의 상징적 동물로 개가 반복해서 등장한다. 개를 인간의 친구로 파악하는 대신 완고한 호기심과 육감적 내지는 관능적 행위의 동물로서, 또한 불결하고 탐욕스러운 동물로 파악하는 것은 유대인의 전통적인 사고방식에서 영향을 받은 부정적 측면이다.(H 240)

결국 카프카에게 개라는 존재는 언제나 인간이 출구를 찾지 못하는 단계의 표현이다. 개는 그렇게 진행되어서는 안 되며, 어떤 출구를 찾아야만 한다는 의견을 결코 갖고 있지 않다. 카프카의 유작(遺作)「어느 개의 연구」는 한 마리 개의 고통으로 가득 찬 자기 파괴로 이끄는 실험들이다. 이 개의 조상들은 길을 잃었고, 후손들이 끝없이 헤매게 만드는 원인을 제공했고, 진실을, 명쾌함을, 자백을, 높은 자유를 절망적으로 추구하는 원인을 제공했다.[19]

〈나〉와 〈개〉의 동일시는 모든 사상(事象)을 확실히 붙잡고자 했던 그의 정열로 미루어, 존재의 근원에 대한 확고한 예지적 결론이기도 하다. 결론적으로 카프카에게 있어 개로서의 생활 형식은, 항상 인간이 어떤 탈출구도 찾을 수 없는 것과 같은 단계, 즉 한계 상황의 표현이다. 「어느 개의 연구」에서 개가 〈내가 일생 동안 정직한 노동을 통해서도 원하는 바를 달성할 수 없었다면, 내가 원하던 것은 불가능하고, 그리하여 완전한 절망이 따르게 된다는 사실이 증명된 셈이다〉(B 193)라고 개가 직면한 착취의 불만이 토로되고 있다. 따라서「어느 개의 연구」는 자아 파괴의 극한에 이르도록 고통으로 가득 찬 실험이다.[20] 그러나 개의 모티프가 카프카 문학에서 긍정적 의미를 지니는 경우가 전혀 없는 것은 아니다.

> 상류층 가의 번잡한 한 길가에 마차 두 대야 세울 수 있을 테지. 하인이 긴장되어 문을 열었다. 시베리아산의 멋진 여덟 마리 셰퍼드가 뛰어내렸다. 보도 위를 뛰면서 짖어 댔다. 성장한 파리의 젊은 멋쟁이라고 사람들은 말했다.(B 55)

여기에서 셰퍼드는 멋쟁이 인간의 비유로, 동물에서 인간으로의 심리적인 변신이다. 개의 상(像) 속에서 멋쟁이 인간의 특성이 공개되는 것이다. 이 비유상은 문학적 허구에서 조성된 비유가 아니라, 우리의 현실계에 실체로 등장한다. 정신적인

것, 영적인 것, 심리적인 것이 직관될 수 있는 실재로서 형성되는 것이다.[21]

이렇게 개가 긍정적으로 암시되는 현상이 동양에서도 유행하던 시절이 있었다. 태평세월에 대한 염원은 과거 한국인이나 중국 사람에게 공통적이었다. 전란이 여느 지역에 비해 오래, 그리고 자주 거듭됐던 중국에서는 그에 대한 기대가 훨씬 절절했다. 따라서 중국에는 〈태평 시절의 개가 될지언정, 난세의 사람으로 태어나지 않겠다(寧爲太平狗, 不作亂世)〉라는 말이 유행했는데, 여기에 개의 긍정적 비유의 한 예가 담겨 있다.

주

1 이주동, 「〈사냥꾼 그라쿠스〉에 나타난 문명사의 비판과 작가의 사명」, 『카프카연구』 제10집(한국카프카학회, 2002), 164면 이하.

2 예: *Die fröhliche Wissenschaft* 346, *Also sprach Zarathustra* 〈*Von den Mitleidigen*〉(S. 93), *Jenseits von Gut und Böse* 291 등.

3 F. W. Nietzsche, *Die Unschuld des Werdens, Gesammelte Werke* in drei Bänden, Bd. Ⅱ, hg. von Karl Schlechta(München, 1960), S. 110.

4 Hermann Kurzke, *Thomas Mann, Epoche-Werk-Wirkung*(München, 1985), S. 200.

5 Thomas Mann, *Deutsche Hörer, 55 Radiosendungen nach Deutschland*, 2. erw. Ausg.(Stockholm, 1945), S. 36.

6 같은 책, S. 46.

7 Heinrich Mann, *Ein Zeitalter wird besichtigt*(Berlin, 1947), S. 208.

8 Franz Kafka, *Briefe 1902~1924*, hg. v. Max Brod(Frankfurt/M., 1986), S. 159.

9 Franz Kafka, *Tagebücher 1910~1923*, hg. von Max Brod, Lizenzausgabe mit freundlicher Genehmigung von Schocken Books Inc.(New York, USA, 1986), S. 383.(이하 *Tagebücher 1910~1923*으로 줄임)

10 같은 곳.

11 김용익, 『프란츠 카프카 연구』(삼영사, 1984), 105면.

12 박이문, 『문학 속의 철학』(일조각 1981), 6면 이하.

13 Thomas Mann, *Politische Schriften*, Bd. 3(Frankfurt/M., 1968), S. 19.

14 김정진, 「카프카의 문학 작품에 나타난 동물 군상의 상징적 의미」, 『카프카연구』(범우사, 1984), 266면.

15 Gustav Janouch, *Gespräche mit Kafka, Aufzeichnungen und Erinnerungen*(Frankfurt/M., 1968), S. 243 f. S. 68 f.

16 김정진, 같은 책, 264면.

17 *Tagebücher 1910~1923*, S. 138.

18 같은 책, S. 240 f.

19 빌헬름 엠리히, 『카프카를 읽다』, 편영수 역(유로, 2005), 212면.

20 Wilhelm Emrich, Franz Kafka, in: Otto Mann und Wolfgang Rothe(Hg.), *Deutsche Literatur im 20. Jahrhundert*(München, 1967), S 200.

21 Wilhelm Emrich, *Protest und Verheißung*(Frankfurt/M., 1960), S. 114 u. 120.

제9장 이름의 속성

플라톤의 대화편 『크라틸루스』는 『고르기아스』, 『프로타고라스』, 『파이드로스』 등과 더불어 언어의 문제를 다루고 있다. 『크라틸루스』는 당시로서는 매우 혁신적인 문제인 언어의 기원에 대한 대화편이다. 소크라테스, 헤르모게네스, 크라틸루스 세 사람의 대화로 구성된 이 글에서, 플라톤은 궁극적으로 소크라테스의 입을 빌려 변화하는 현상 세계를 뛰어넘어 불변으로 영속하는 사물의 본질 세계, 즉 이데아의 세계를 주장한다. 이러한 주장의 과정에서 언어의 기원과 본질적인 속성이 무엇인가 하는 문제가 중점적으로 제기되어 있다. 헤르모게네스Hermogenes는 그 이름 자체가 신들의 언어를 인간에게 전달하는 전령의 신 헤르메스Hermes에게서 태어난 사람, 즉 헤르메스의 아들이란 뜻이다.

한자에서도 이름 명(名) 자는 저녁 석(夕)에 입 구(口)를 합친 글자이다. 해가 저물고 어두울 때 상대편을 부르거나, 자신을 알릴 필요에서 〈이름〉이 생겨났다는 주장이 있다. 〈어둠〉 속에서 자기를 밝히는 등불이 이름인 셈이다. 이름을 놓고 〈성명 철학〉까지 펴는 것은 좀 지나치지만 그렇다고 허투루 생각할 일은 아니다. 이러한 이름[名]과 실제[實]의 문제는 아주 오래된 논쟁이다. 고대 중국의 논리 체계의 발전에 크게 기여한 순자는 공자의 정명론(正名論)에 바탕을 둔 〈명실론(名實論)〉을 폈다. 그는 지(知)와 지(智)를 구분하여, 전자는 사람들이 가지고 있는 앎의 능력을 지칭하는 데 썼고, 후자는 사람이 안 것과 실제 대상이 들어맞았을 때 쓰는 용어로 의미를 부여했다. 그에 따르면, 인식 대상을 구분하면서 생기는 것이 명(名)

인데, 이는 약속이고, 따라서 다른 것이며 다른 이름을 붙여야 한다고 했다.

소크라테스에 의하면 처음에 사물에 이름을 붙여 준 사람들은 사물의 속성을 꿰뚫어 볼 수 있었던 입법관들이다. 예를 들어 오레스테스Orestes란 이름은 산중의 사람, 혹은 산(山)사람이란 뜻인데, 처음에 오레스테스에게 이 이름을 붙여 준 사람은 그의 속성이나 성품을 꿰뚫어 볼 수 있던 입법관이자 예언가였다. 소크라테스는 이것에서 〈이름이 곧 사람이다〉라는 극단적인 언어와 사물의 일치를 주장하는 크라틸루스의 언어관을 옹호하는 듯하다. 그러나 다음 순간 소크라테스 특유의 장난기 어린 풍자가 시작된다. 영웅이란 말의 어원을 묻는 헤르모게네스의 질문에 소크라테스는 영웅이란 사랑의 신 에로스Eros의 변형이거나, 아티카 방언으로 영웅이란 수사학자이자 질문을 던질 수 있는 사람으로 판명되기 때문에, 그리스어로 〈질문을 던질 수 있는 능력을 지닌〉이란 뜻의 *erotan*이란 단어에서 유래된 것이 분명하다고 대답한다. 이것은 엉터리 같은 어원 풀이를 일삼으며 사이비 철학자로 자처하는 수사학자들이나 소피스트들의 태도를 비아냥거리는 소크라테스 특유의 화법이다. 바다의 신 포세이돈Poseidon은 발의 족쇄를 뜻하는데, 이 이름을 처음으로 발명한 사람은 산책 길에 물 때문에 발이 묶여서 더 나아갈 수 없게 되자, 바다 혹은 물의 지배자를 포세이돈이라 명명하게 되었다는 소크라테스의 설명이다.

> 이집트의 개에게 맹세코, 바로 이 순간 매우 괜찮은 생각 하나가 내 머리에 떠올랐네. 내가 믿기에, 태초에 사물에 이름을 부여한 명명가들은 틀림없이 수많은 오늘날의 철학자들과 같았을 거네. 오늘날의 철학자들은 사물의 본성을 찾아 끊임없이 돌아다니느라 머리가 어지러울 지경이네. 세상은 돌고 돌고 온갖 방향으로 움직인다고 그들은 상상하네. 자신들의 내적 상태로부터 유래하는 이러한 외관을 그들은 사물의 실재라고 상상하네. 그들은 정지되고 영원한 것은 아무것도 없으며 단지 유동과 움직임뿐이라고 생각하지. 그들 생각엔 세상이 온갖 종류의 변화와 운동으로 항상 가득 차 있네.[1]

이렇게 여러 번 문학에서도 이름에다 의미를 넣어 그 이름 소유자의 성격 묘사로 사용함은 특기할 만한 사실인데, 그 대표적인 이름을 하나 들면 헬레나로, 이 이름은 아름다운 여성으로 알려져 있다. 따라서 문학상 인물의 이름이 종속 명사(種屬名詞)로 사용될 수 있음을 보여 준다. 예를 들어 돈 후안Don Juan이나, 돈키호테 Don Quixote와 같은 인물이 여기에 해당된다. 영어의 뚜쟁이 *pander*는 초서의 작품 『트로일루스와 크리세이드 *Troylus and Cryseyde*』에 등장하는 뚜쟁이 판다루스Pandarus라는 인물의 이름에서 유래하고, 스페인어와 포르투갈어의 영합적인 사람 *pancista*은 산초 판사 Sancho Panza에게서 유래한 것 등을 들 수 있겠다. 괴테의 「판도라Pandora」에 등장하는 에피메테우스Epimetheus에게는 딸 에피멜레이아(Epimeleia, 근심, 시름), 엘포레 Elpore와 트라세이아(Thraseia, 대담한 희망)가 있다. 이들의 이름 속에 상징적으로 표현된 바와 같이, 공상 속에 희망과 시름 · 근심의 요소가 들어 있다. 이러한 배경에서 영국의 문예 비평가 러스킨John Ruskin은 셰익스피어 극의 인물들 이름을 아래와 같이 묘사하고 있다.

셰익스피어 극에 나오는 인물들은 이상야릇하게도 — 때로는 조심스럽게도 — 여러 나라의 다양각색의 전통이나 언어들로 합성되어 있다. 그 의미가 극명한 세 가지 이름에 대해서는 이미 살펴보았다. 데스데모나 — 그리스어 〈디스다이모니아(비참한 운명)〉에서 나온 이름 — 의 경우도 명백하다. 오셀로는 〈조심성 있는 사람〉이라는 뜻으로 생각된다. 이 비극에서 일어나는 모든 참화는 그의 태연자약하고 굳센 기상 속에 있는 단 하나의 성격적 결함과 잘못에서 일어났던 것이다. 햄릿의 연인으로 스스로의 목숨을 끊었던 오필리아 — 〈남 돕기를 좋아하는 사람〉 — 도 그 이름이 그리스 이름이라는 것이 그녀의 오빠인 레이어티스의 이름에서 알게 된다. 그리고 그 의미는 오빠가 그녀에 대해서 마지막으로 하는 말 가운데 교묘하게 암시되어 있다. 그 말에서 오필리아의 우아한 기품이 야비한 승려의 무익한 행동과 대비되어 있다. — 〈네놈이 지옥에서 울부짖고 있을 때, 나의 누이동생은 천국에서 섬기는 천사가 되어 있으리라.〉[2]

괴테도 시 「별명 Beiname」에서 코란을 완전히 암기하여 통달한 14세기 페르시아 시인 하피즈Hafis Harem의 이름을 논하고 있다.

시인
모하메드 솀세딘이여, 말해 주오,
어찌하여 당신의 고귀한 민족이
당신을 하피즈라고 불렀는지를.

하피즈
존경스럽도다,
나 그대의 질문에 답하리라.
신성한 코란의 유언을
행복스러운 기억 속에서
내 변함없이 지키고,
아울러 경건하게 처신하여,
천한 나날의 해악이
나와 예언자들의 말씀과 씨앗을
마땅히 존중할 줄 아는 자들을
건드리지 못하게 하므로,
사람들이 나에게 그 이름을 주었노라.

    이렇게 괴테는 시인의 입을 빌려 하피즈Hafis는 별명이고, 본명은 모하메드 솀세딘 Mohamed Schemseddin이라 보여 주고, 별명의 유래를 하피즈 자신의 대답을 통해 밝히게 했다. 하피즈는 원래 〈기억 속에 간직하고 있는 자〉 또는 〈코란을 외우고 있는 자〉라는 뜻의 페르시아어라고 한다. 따라서 그 이름은 하피즈가 6백 편 가량의 시를 남긴 시인이었을 뿐만 아니라, 14세기에 페르시아에서 코란 학교의 교수로도 활동했음을 보여 주고 있다. 실제로 이 역사적 인물은 하피즈 이외에 〈선생〉을 뜻하는 *Hwage*라는 칭호도 지니고 있었던 것으로 전해지고 있다. 그러나 괴테는 하피즈라는 별명만을 택하여 코란을 외우고 있을 뿐만 아니라, 그 가르침을 실행에 옮기는 언행일치의 경건한 자세를 갖춘 인격자의 뜻으로 확대하고 있는 것이다.

이렇게 문학에서 이름에 의미를 집어넣는 방식은 단순한 관념 연합 작용(觀念聯合作用)에 의해 가능하고, 또 순전히 이름의 뜻 효과만으로도 성과를 거둘 수 있다. 이렇게 이름에 의미를 집어넣는 방식은 카프카와 토마스 만의 작품에서도 작용하고 있다. 따라서 발터 휠러러 같은 학자는 『형식의 묘사 Beschreibung einer Form』에서 카프카 작품의 인물 이름이 K로만 밝혀지는 점에 주목하고, 〈이것은 인간의 비인간화 경향을 간취하기에 충분하다〉는 언어학적 해석을 내리고 있다. 인물의 비인간화를 나타낼 때 이름의 거부 현상이 나타난다는 것이다. 예를 들어 「변신」에서 갑충으로 변하여 직장에서 해고된 그레고르에 대한 부친의 적대적인 입장을 나머지 가족도 이어받을 때 익명 현상이 나타난다. 누구보다도 그레고르에게 동정적이었던 여동생 그레테도 부모에게 〈나는 이 괴물 앞에서 오빠의 이름을 부르고 싶지 않아요. 그래서 하는 말이지만 우리는 그것(이름)을 제거하도록 힘써야 해요〉(E 100 f.)라고 선언하여 이름의 제거로 주인공의 최후를 예고한다.

그런데 이러한 인물의 비인간화에 반대되는 인물의 외경화에도 이름의 거부 현상이 나타나 역설적이다. 『성』에서 브뤼켄 여관의 여주인공 가르데바는 주인공 K에게 성과 마을 주민을 다스리는 권력의 표상인 클람을 묘사할 때, 〈클람의 말을 할 때 클람이라는 이름으로 부르지 마세요. 그분이라든지 그런 어떤 것으로 불러 주세요. 재발 이름으로 부르지 말아 주세요〉(S 84)라고 클람의 이름을 사용하지 말 것을 요구한다. 마을 사람들의 마음속 깊이 자리 잡고 있는 클람의 외경스러움을 나타내기 위해서는 이름을 제거해야 한다는 것이다.

심지어 작품에 등장하는 인물이 모두 익명인 경우도 있다. 예를 들어 「유형지에서」에서는 인물 모두가 익명으로 등장한다. 이들은 〈전임 사령관 *Der alte Kommandant*〉, 〈신임 사령관 *Der neue Kommandant*〉, 〈탐험가 *Der Reisende*〉, 〈죄수 *Der Verurteilte*〉, 〈장교〉 등의 신분으로만 불리고 있다. 이는 작가가 이들을 하나의 통상적인 인간으로서가 아니라, 하나의 특수한 인간 유형으로 나타내는 것이다. 예를 들어 전임 사령관은 권력자를 상징하는 인물이다. 그러나 권력자 존재는 도달할 수도 접근할 수도 없는 다의적인 모습으로 경험된다. 또 장교는 계급과 성명, 기타의 모든 인적 사항이 알려지지 않은 채, 다만 유형지의 재판관으로만 소개되고 있다. 이름 없이 계속해서 〈장교〉라고만 불리는 것은 바로 장교에 대한 카프카의 총체적 선입관, 혹은 총체적 〈이미지〉를 말해 주는 것으로서, 이를 통하여 우리들은 카프카의 장교상을 어느 정도 파악할 수 있다.[3]

이러한 현상은 레싱의 드라마 「에밀리아 갈로티」의 등장인물에서도 잘 나타나고 있다. 모두 10여 명의 인물 중 갈로티 일가의 에밀리아, 클라우디아, 오도아르도는 아무런 직함도 가지지 않은 단순한 사인(私人)으로 소개되지만, 오도아르도와 클라우디아는 〈에밀리아의 부모〉로 표현된다. 반면에 헤토레 곤자가, 마리넬리, 카밀로 로타, 아피아니, 오르시나 등은 〈구아스탈라의 왕자〉, 〈왕자의 시종관〉, 〈왕자의 고문〉, 〈백작〉, 〈백작 부인〉 등의 공식 직함이나 작위를 가진 공인(公人)들로 소개된다. 안젤로를 위시한 하인 몇 명 등 천민층에 속하는 인물들과 소속이 불분명한 화가 콘티를 제외하면, 등장인물들은 개인적, 사적 영역의 인물군과 궁중 세계에 속하는 공적 영역의 인물군으로 뚜렷하게 양분되어 나타난다. 이에 관해 레싱은 『함부르크 연극론 Hamburgische Dramaturgie』에서 다음과 같이 언급하고 있다. 〈우리를 감동시키기 위해서 자연이 신분적 칭호가 필요하다고 생각한다면, 인간은 자연을 모르는 것이다. 친구, 아버지, 연인, 남편, 아들, 어머니, 인간 등의 성스러운 이름들이 다른 칭호보다 더 장중하다. 즉 이 이름들이야말로 자신의 권리를 영원히 주장하는 것이다.〉[4]

데리다 Jacques Derrida의 이론에 의하면, 역설적인 것의 의미란 그것이 말로 표현될 수 있는 정도 내에서 성립되지, 그렇지 못하다면 아무것도 아니라는 사실로, 이와 유사한 내용이 토마스 만의 『요셉과 그의 형제들』에서 잘 암시되고 있다. 〈어떤 물체가 현존한다고 하면, 인간이 언어로써 그것에게 생명을 주고 이름을 붙여 불렀을 때에야 비로소 그것은 현실 속에서 사실상으로 존재하는 것이다.〉(GW 4, 412) 이렇게 물체가 존재하려면, 인간이 그것에 생명을 주고, 〈이름〉을 붙여 불러야 한다는 내용이 우리나라의 김춘수의 시 「꽃」에 잘 나타나 있다.

> 내가 그대 이름을 불러 주기 전에는
> 그는 다만
> 하나의 몸짓에 지나지 않았다.

내가 그의 이름을 불러 주었을 때
　　　그는 나에게로 와서
　　　꽃이 되었다.

　　　내가 그의 이름을 불러 준 것처럼
　　　나의 이 빛깔과 향기에 알맞은
　　　누가 나의 이름을 불러 다오
　　　그에게로 가서 나도
　　　그의 꽃이 되고 싶다.

　　　우리들은 모두
　　　무엇이 되고 싶다.
　　　너는 나에게 나는 너에게
　　　잊혀지지 않는 하나의 눈짓이 되고 싶다.

　존재의 의미를 조명하고 그 정체를 이름으로 밝히려는 의도를 가진 이 시는, 주체와 대상이 주종(主從)의 관계가 아니라, 상호 주체적인 만남의 관계를 형성하고 있다. 이 시에서 화자는 꽃을 비롯하여, 이 세계의 모든 대상은 오직 명명(命名)을 통해서만 존재할 수 있다고 말한다. 꽃에 구체적인 이름을 붙여 주기 전에, 그 꽃은 오직 〈하나의 몸짓〉에 지나지 않을 뿐, 꽃으로서는 아무런 존재 이유를 지니고 있지 않다. 내가 그것을 꽃이라고 명명할 때, 비로소 그것은 꽃으로서의 존재 이유를 부여받는다. 이렇게 주체(나)와 객체(꽃)는 서로 깊이 연관되어 있게 마련이다. 〈내가 그의 이름을 불러 주었을 때 / 그는 나에게로 와서 / 꽃이 되었다〉는 둘째 연은 이 점을 아주 실감 나게 보여 준다.

　이렇게 모든 것이 존재하려면 그것에 〈이름〉이 붙어 불려야 한다. 영·정조 시대 경상도 진주에 살던 한 유생은 쉰 살이 될 동안 이름을 일곱 번 바꾼다. 마지막엔 진주 목사에게 〈이름이 나빠서 과거에 떨어진다〉고 호소하는 진정서까지 냈고, 결국 이름을 바꾼 그는 과거에 합격했다는 일화도 전해진다. 이렇게 모든 것이 존재하려면 그것에 〈이름〉이 붙어 불려야 한다는 배경에서 일제 강점기 때 일본은 우리 민족의 이름을 없애는 〈창씨개명(創氏改名)〉을 단행하여 우리 민족의 존재를 말살하려 했다. 1940년 일제가 조선인을 〈황국 신민〉으로 동화시키기 위해 창씨개명을 단행했다는 사실은 잘 알려져 있다. 그러나 일제가 1910년부터 1930년대 후반까지 조선인이 일본식으로 이름을 바꾸는 것을 금지했다는 사실은 잘 알려져 있지 않다. 창씨개명 이후에도 이름만 보면 그가 조선인 출신이라는 것을 금세 알 수 있는 경우가 많았다. 여기에서 일제의 동화 정책 속에 숨겨진 〈차별〉을 발견할 수 있다. 1911년 10월 공포된 조선 총독부령 제124호 〈조선인의 성명 개칭에 관한 건〉은 조선인들이 일본인으로 혼동하기 쉬운 이름으로 바꾸는 것을 금지했다. 당시는 같은 관리라 할지라도 일본인과 조선인은 급료와 여비 수당 등에서 차별이 있었다. 총독부는 〈일본인과 조선인을 구별하기 위해 이름으로 차이를 알 수 있게 하지 않으면 안 된다〉는 입장을 견지했다. 식민지 지배 질서를 유지하기 위해 지배자와 피지배자를 차별하는 근거로서 이름의 〈차이화〉를 도모했던 것이다. 이는 모든 조선인을 종족 단위의 조상 숭배에서 벗어나게 하여 천황(天皇, 일본인들이 일왕을 부르는 말)의 지배하에 두게 하려는 의도였다.

이렇게 〈이름〉이 존재의 배경을 지닌다는 내용이 토마스 만의 「트리스탄」에서 클뢰터얀 부인의 이름의 동기에서 암시되고 있다. 어느 날 기이한 작가 슈피넬이 〈부인의 원래 이름은 무엇입니까?〉라고 그녀의 이름에 대해 묻는다. 이에 대해 그녀가 〈제 이름은 클뢰터얀이잖아요, 슈피넬 씨!〉라고 응답하자, 〈예, 그것은 알고 있습니다. 하지만 저는 그것을 인정할 수 없습니다. 제가 말하는 것은 당연히 당신의 원래 이름, 부인께서 결혼하기 전에 가졌던 이름입니다. 부인, 당신은 공정한 생각을 갖고 계실 것이며, 당신을 《클뢰터얀 부인》이라고 부르려는 사람 따위는 회초리를 맞아야 된다고 생각하실 것입니다.〉(GW 8, 253) 〈아니, 당치도 않은 소리, 슈피넬 씨! 회초리라뇨? 클뢰터얀이란 이름이 그렇게 싫으세요?〉 〈그렇습니다, 부인. 맨 처음 들을 때부터 저는 그 이름을 마음속에서부터 싫어했습니다. 그것은 우스꽝스럽고 견딜 수 없이 싫은 이름입니다. 당신 남편의 이름을 당신이 사용하는 관습을 그렇게까지 따르는 것은 야만적이고 비겁한 일입니다.〉 〈그러면 에크호프는 어때요? 에크호프가 더 아름다운가요? 제 아버지의 이름이 에크호프지요.〉〈아, 보십시오! 에크호프라면 완전히 다르지요! 에크호프라는 위대한 배우가 있을 정도이니까요. 에크호프는 합격입니다.〉(GW 8, 253) 두 사람의 대화에서 이름이 거론되는 것은 의미심장하다. 가브리엘의 이름은 〈에크호프〉에서 〈클뢰터얀〉이 되었고, 지금은 슈피넬에 의해 지난날의 이름 〈에크호프〉가 다시 환기되고 있다.

이렇게 이름이 존재의 근거를 갖는데, 이 같은 동기가 「베네치아에서 죽음」에서 주인공 아셴바흐가 폴란드의 미소년 타치오 Tadzio의 이름을 확인하는 장면에서도 암시되고 있다. 아셴바흐가 타치오의 이름을 알아맞히려고 숙고를 할 때, 대강 아드지오 Adgio라고 불리는 어떤 이름인가를 추측하고 규명하는 일은 진지한 사람에게는 적절하고도 완전히 메우는 과업이고 일감이라고 생각했다.(TiV 478) 〈아셴바흐는 Adgio 혹은 가끔 그 외에 이름을 부르면서, 확대되는 *u* 끝소리를 가지는 Adgiu 같은 멜로디가 붙은 두 철 이외에는 더 자세한 것은 알 수 없이, 일종의 호기심을 가지고 귀를 기울였다. 그는 이 음을 좋아했고, 듣기 좋은 소리에서 이 이름은 대상에 적합하다고 생각했으며, 조용히 이 이름을 반복했다. 대강 Adgio라고 들리는 이 이름은 무슨 이름인가 추측하고 규명하는 것은 신중한 사람에게 적절하고도 완전히 메우는 과업이고 일감이라고 생각했다. 몇몇 폴란드의 회상 덕택으로 Tadeusz의 약자인데 부르는 소리에서 Tadzu로 소리 내면서, Tadzio를 뜻함이 분명하다고 생각했다.〉(TiV 476 ff.)

그런데 이러한 이름을 부정하는 이론도 있다. 빅셀 Peter Bichsel은 산문집 『나는 시간이 아주 많은 어른이 되고 싶었다』에서 〈아버지들은 팻말에서 팻말로 걸음을 옮기며, 이름을 알아야 할 필요를 느끼지 않고도 이미 동물들에게 감탄하고 있는 아이들에게 지식의 신처럼 동물 이름을 전달한다. 동물들 스스로는 자기 이름이 무엇인지 모른다. 세상은 자기 이름을 모른다. 그런데 우리가 이름을 붙여 부르면서 세상을 멀리하는 것이다〉라고 말하여 〈색다르게 보기〉와 〈일상 주변 사물에 대한 따뜻한 (전혀 억지스럽지 않은) 시선〉의 차이를 묘사하고 있다. 이렇게 이름이 부정되는 내용이 괴테의 『파우스트』에 잘 언급되어 있다.

그것으로 그대의 심장을 가득 채워요.

그것이 아무리 크다 해도,
그래서 그대의 감정이 지극히 행복할 때
그대가 원하는 대로 이름을 붙이지요.
행복, 진정, 사랑 또는 신 등으로!
그것을 뭐라고 불렀으면 좋을지 모르겠소.
내게는 감정만이 전부요.
이름이란 음향이나 연기와 같고,
주위에 안개가 뒤덮인 하늘의 불길과도 같다오. (3451행 이하)

결국 라캉Jacques Lacan의 논리와 마찬가지로, 이름은 단지 언어적 기표일 뿐 아니라, 주체에게 다른 사람들과의 관계를 표상해 주는 역할을 한다. 이름은 인간 주체와 밀접한 관련을 맺고 있는 핵심적 기표인 것이다.[5]

주

1 Edith Hamilton & Huntington Cairns(ed.), *The Collected Dialogues of Plato*, Vol. Ⅰ (Princeton University), 1961, p. 447.
2 Northrop Freye, 『비평의 해부』, 임철규 역(한길사, 1982), 20면 이하.
3 구정철, 「카프카의 〈장교상〉 연구」, 『카프카 연구』(범우사, 1984), 135면.
4 G. E. Lessing, *Hamburgische Dramaturgie*, Stuttgart, S. 77 f.
5 아니카 르메르, 『자크 라캉』, 이미선 옮김(문예출판사, 1994), 137면 참조.

제5부 기타 작가의 문학 분석

제1장 괴테의 『파우스트』에서 어머니상

이 세상은 〈물질〉과 〈정신〉으로 구별된다. 이 중에서 정신은 〈어머니〉와 연관된다고 볼 수 있다. 오늘날 우리들은 물질에 관해 이야기를 하며 이의 물리적 성질을 말하고 그것의 여러 가지 면을 드러내기 위하여 실험을 한다. 그러나 이 〈물질〉이라는 말은 비인간적이고, 심리적 의미도 없는 순전히 지적인 개념일 뿐이다. 어머니의 뜻을 암시하는 〈대지 Mother Earth〉의 심오한 정서적 의미를 내포하고 표현하는 옛날의 물질의 이미지인 태모(太母, the Great Mother)와 너무나도 다르다. 원래 전설에 의하면, 탄생의 모성적 개념은 대지에서 시작되었다.[1]

그리스 신화에는 인류의 시작에 관한 정설이 없다. 인류는 대지에서 자연히 생겼다고 옛 그리스 사람들은 생각한 것 같다. 헤시오도스 Hesiodos의 시를 보아도 대체로 인류는 벌써 자연히 생겨 있던 것 같고, 다만 인류에게 재앙을 주려고 제우스가 여러 신을 시켜 여인을 만들었다는 얘기만 나와 있을 뿐이다. 이렇게 인류 역시 여러 신과 마찬가지로 모신(母神) 대지에서 생겨났으니 따지고 보면 신과 동족이라는 말이 헤시오도스와 핀다로스 Pindaros의 시에 있다. 또 각 지방에서 내려오는 전설을 보아도 그 지방, 그 나라의 시조는 대체로 대지의 아들로 되어 있고, 이런 사람들의 딸, 혹은 하신(河神)의 딸과 신들의 혼인으로 태어난 아들을 가문의 조상으로 삼는 집안이 많았다.[2]

이런 배경 때문인지 그리스 신화나 중국 신화, 아랍 신화, 우리나라 신화 등을 보면 인간의 생명이 흙에서 유래하는 내용이 많다. 『구약 성서』에서 〈하느님은 흙으로 인간을 만들었다〉고 하고, 동양에서도 〈인간은 흙에서 태어나 흙으로 돌아간다〉고 언급되고 있다. 흙은 인간 생명의 모태이면서 동시에 생명이 다한 다음 돌아갈 귀의처인 것이다. 와나품족 출신의 스모할라라는 인디언 예언자는 흙의 경작을 거부했다. 경작이 모두의 어머니인 흙을 절단하고 찢는 죄악이라고 생각했기 때문이다. 그는 이렇게 말했다. 〈나에게 토지를 경작하라고 요구하는가? 칼을 가지고 나의 어머니 가슴을 찢으라는 말인가? 그러면 내가 죽었을 때 어머니는 나를 그녀의 품에서 쉬게 하지 않을 것이다. 그대는 나에게 땅을 파서 돌을 캐내라고 요구하는가? 그것은 살갗 밑에 있는 뼈를 파내라는 것이다. 그런 짓을 한다면 나는 그녀의 몸 안에 들어가 다시 태어남이 불가능할 것이다. 내가 풀을 베어 건초를 만들고, 그것을 팔아 백인처럼 부자가 되란 말인가? 내가 어찌 감히 내 어머니의 머리카락을 잘라 버릴 수 있으랴?〉[3]

이 말이 나온 것은 불과 50년도 안 되지만 아주 오랜 옛날부터 전해 내려온 말이다. 이 말의 감동은 어머니인 흙의 원초적인 이미지를 비할 바 없는 신선함으로 계시해 준다. 이러한 흙의 어머니에 대한 신비적 신앙은 위의 예뿐이 아니다. 인도 중부의 원시 드라비다족의 일원인 바이가족은 유목 농경을 하였는데, 숲의 일부가 타 버려서 생긴 재에만 씨를 뿌렸다. 그들은 밭을 갊으로써 어머니의 가슴을 찢게 되어 죄가 된다고 생각했기 때문에 이렇게 어려운 길을 택한 것이다. 알타이족과 핀 우그르족도 풀을 뜯는 것은 대죄가 된다고 생각했다. 왜냐하면 그렇게 했을 때 마치 사람의 머리털과 수염을 잡아 뽑아 해를 주는 것과 똑같은 해를 주기 때문이다. 이러한 탄생의 원천이 〈어머니상〉이다.

셰러 Scherer는 독일 문학의 전성기를 600년, 1200년, 1800년대로 분류하는데, 앞의 전성기는 뒤의 전성기에 추론되었다. 게다가 셰러는 문학 발전의 전성기가 여성의 주도적인 시대와 일치한다는 사실을 관측하면서, 문학의 개별적 시대를 〈여성적 시기〉와 〈남성적 시기〉로 특징짓는다. 그의 견해에 따르면, 〈남성적 시기〉란 몰락의 시대를 의미하며, 이 시대에는 문화적 발전에 대한 여성의 영향력이 극도로 축소된다.[4]

괴테가 이러한 여성의 힘으로 발전을 거듭한 것은 주지의 사실인데, 이는 게르만의 독일 남성이 고대로부터 항상 〈어머니〉 등의 여성을 통해 정화되고 향상되었던 전통의 계승이라고도 볼 수 있다.[5] 이러한 여성상이 작품 『파우스트』에는 다양하게 나타나 있는바, 특히 이 중에서도 여성의 원천인 〈어머니상〉을 심층 규명하고자 한다.

1. 그레트헨의 어머니상

1) 선한 어머니상

작품을 문예학적으로 분석·고찰할 경우, 대상으로 삼아야 할 몇 가지 기본 요소가 있는데, 그중 중요한 것이 소재이다. 〈문학 작품 밖의 고유한 전승 속에 살아 있다가, 작품의 내용에 작용하는 것을 소재라 한다. 소재는 항상 특정한 인물에 매여 있으며 줄거리를 이루면서, 시간적·공간적으로 많든 적든 고정화되어 있다〉[6]는 카이저 Wolfgang Kayser의 소재의 정의를 근거로 볼 때, 문학적 소재란 자연계의 어느 존재로부터 〈정신적인 과정을 통해 생산된 기본 요소〉[7]이다. 이러한 문학적 소재에 〈어머니〉가 대상이 되는 경우가 빈번하다. 〈나는 어머니의 심부름으로 이 세상에 나왔다가 / 이제 어머님 심부름 다 마치고 / 어머니께 돌아왔습니다〉라는 조병화의 시 「꿈의 귀향」처럼, 문학에 빈번하게 나타나는 어머니의 문학적 소재의 이해를 위해 먼저 우리나라 작가 이청준의 어머니상을 예로 들어 고찰해 보자.

1954년 이청준이 고향 장흥을 떠나 도회지로 유학 가기 전날, 이청준 모자는 개펄로 나갔다. 홀어머니는 몹시 가난했지만, 아들을 맡아 줄 친척 집에 빈손으로 보낼 순 없었다. 모자는 막막하고 애틋한 마음으로 한나절 게를 잡았다. 이튿날 이청준이 긴 버스 길 끝에 친척 집에 닿자, 게들은 상해서 고약한 냄새를 풍기고 있었다. 친척 집 누님이 코를 막고 게 자루를 쓰레기통에 버렸을 때, 이청준은 자신이 버려진 듯 비참한 마음이었다. 궁색한 게 자루와 거기 함께 담겨 버려진 어머니의 정한(情恨)은 두고두고 이청준의 삶과 문학의 숨은 씨앗이 됐다. 그는 〈어머니에게서 깊은 삶의 비의(悲意)와 문학의 자양(滋養)을 얻었고, 당신의 삶을 빌린 글들을 쓰면서 많은 것을 깨쳤다〉고 했다. 따라서 이청준 문학의 출발점은 고향, 어머니, 불우한 유년이 뭉친 원죄 의식이었다. 축축하게 젖은 옷을 입은 듯 남루한 원죄 의식, 그 모든 것을 끌어안은 상징이 어머니였다. 어머니는 가난에 치여 집까지 팔았지만, 그 사실을 고향에 다니러 온 고교생 이청준에게 숨겼다. 어머니는 주인 허락을 얻어 자기 집인 양 아들에게 밥을 해먹이고 하룻밤 잠까지 재워 보냈다. 어머니는 신새벽 눈 쌓인 산길을 걸어 아들을 읍내까지 배웅하고 돌아섰다. 눈길엔 모자가 걸어왔던 발자국이 고스란히 남아 있다. 어머니는 아들의 목소리와 온기가 밴 아들의 발자국만 밟고 왔다. 마을 어귀에 선 어머니는 갈 곳이 없었다. 집이 없었기 때문이다. 이청준은 그 황망한 어머니의 사연을 십 몇 년 뒤에야 알게 되었다. 단편 「눈길」에 쓴 자신의 얘기다. 어머니는 아흔 넘겨 치매를 앓았다. 아들 이름도 잊은 채 〈손님 오셨구마, 우리 집엔 빈방도 많으니께 편히 쉬었다 가시오〉 하곤 했다. 이청준이 전한 〈몸이라는 완벽한 감옥에 갇혀 계신 어머니〉 얘기는 정진규가 시 「눈물」로 썼다. 이청준은 〈내 소설의 기둥은 어머니〉라며, 〈소설을 쓰게 해주는 힘과 인연이 어머니에게서 비롯된다〉고 했다. 어머니는 이청준이 영원히 말리지 못한 젖은 옷 한 벌, 그의 정신의 피륙이었다.[8] 이렇게 자신을 〈희생시키면서〉 자식에게 바치는 어머니상을 〈사랑〉의 형태로 변형시키면 셰익스피어의 「사랑 노래」에 나오는 〈희생적인〉 사랑의 개념과 일치한다.

어떤 허물 때문에 나를 버린다고 하시면
나는 그 허물을 더 과장하여 말하리라.

나를 절름발이라고 하시면
나는 곧 다리를 더 절으리라.
그대의 말에 구태여 변명 아니하며……

그대의 뜻이라면
지금까지 그대와의 모든 관계를 청산하고
서로 모르는 사이처럼 보이게 하리라.

그대가 가는 곳에는 아니 가리라.
내 입에 그대의 이름을 담지 않으리라.
불경(不敬)한 내가 혹시 구면이라 아는 체하여
그대의 이름에 누를 끼치지 않도록.

그리고 그대를 위해서
나는 나 자신과 대적(對敵)하여 싸우리라.
그대가 미워하는 사람을 나 또한 사랑할 수 없으므로.

이 시에는 이별과 실연의 아픔을 상대방에게 돌리지 않고, 그 어떤 다른 구실로도 돌리지 않고, 오로지 자기 내면으로 끌어당겨 그 쓰라린 고통을 순백(純白)한 사랑으로 승화시켜 가는 아름답고도 슬픈 사랑이 고백되고 있다.

이청준의 소설을 쓰게 하는 힘과 인연의 주요 동기가 어머니에게서 비롯되었듯이, 괴테의 문학에도 어머니의 소재가 자주 나타난다. 특히 어머니의 소재는 그의 『파우스트』에 다양하게 전개되고 있다. 괴테는 파우스트를 〈그레트헨 – 헬레나 — 영광의 성모 *Mater Gloriosa* — 영원한 여성적인 것 *das Ewig-Weibliche*〉의 과정으로, 즉 구체적인 여성상에서 점점 추상적이며 고차적인 여성상으로 상승시키며, 여기에 여성의 원천인 〈어머니상〉을 연상시키고 있다.

세상을 다스리는 지고한 여왕이시여!
넓게 펼쳐진 푸른
하늘의 천막 속에서,
당신의 신비를 보게 해주소서.
이 사나이의 가슴을 진지하게
또 부드럽게 요동시키며,
거룩한 사랑의 기쁨을 지니고
당신께 바치도록 허락하여 주소서.
당신께서 숭고한 명을 내리신다면

우리의 용기는 억제할 수 없을 것이며,
당신이 우리를 만족케 하여 주시면
불타는 마음도 당장에 진정될 것이옵니다.
가장 아름다운 의미에서 순결하신 동정녀,
온갖 존경을 받아야 할 〈어머니〉,
우리를 위하여 선택되신 여왕,
모든 신들과 동등한 분이시여.[9]

참회하는 모든 연약한 자들아,
거룩하신 신의 섭리를 따라
감사하며 스스로를 변용시키기 위해,
저 구원자의 눈길을 우러러보라.
보다 선한 뜻을 지닌 사람들이 모두
당신을 받들어 모시도록 하옵시고,
동정녀여, 〈어머니〉여, 여왕이시여,
여신이시여, 길이 은혜를 베풀어 주소서! (1만 2096행 이하)

파우스트의 여성적 영혼상인 그레트헨의 모습에 이러한 여성의 원천인 어머니상이 잘 투영되어 있다. 명랑하고 일 잘하며 소박한 소녀 그레트헨은 『젊은 베르테르의 슬픔』의 로테 Lotte처럼 태어날 때부터 남달리 강렬한 모성애를 가지고 있었다. 『젊은 베르테르의 슬픔』에서 동생들에게 정답게 저녁 빵을 나눠 주는 로테의 모습이 괴테 작품의 대표적 어머니상으로 볼 수 있다.

그런데 집 앞에 있는 계단을 올라가 현관문에 발을 들여놓자, 여태까지 보지 못한 매혹적인 정경이 눈에 들어왔네. 그 현관에 딸린 방에 열한 살에서 두 살까지의 어린이들이 한 처녀를 둘러싸고 우글거리고 있었지. 몸매가 아름다운 중간 정도 키의 처녀로서 팔과 가슴에 담홍색 리본이 달린 청초한 흰옷을 걸치고 있었네. 그 여자는 검은 빵을 손에 들고 빙 둘러서 있는 아이들에게 각각 나이와 식욕에 따라 한 조각씩 잘라서는 정말 정겨운 모습으로

한 사람씩 나누어 주곤 했지. 그러면 어떤 아이건 정말 조금도 꾸밈새 없이 〈고맙습니다!〉 하고 소리를 치는 것이었어. 모두 아직 빵을 자르기도 전에 조그마한 두 손을 치켜들고 기다리고 있다가는, 이윽고 저녁 식사인 그 빵을 받아 들고는 흐뭇해서 어떤 아이는 뛰어나가고, 어떤 아이는 침착한 성격인 듯 조용히 그 자리를 떠서, 누님인 로테가 타고 갈 마차와 손님들을 보려고 문 쪽으로 걸어가기도 했네.

〈실례했습니다〉 하고 그 여자는 말했네. 〈선생님을 이렇게 여기까지 들어오시게 하고, 부인들을 기다리시게 해서 실례했습니다. 옷을 갈아입고, 제가 없는 동안에 해야 할 여러 가지 일들을 하다 보니 어린애들에게 저녁 빵을 주는 것을 잊고 있었어요. 글쎄 빵을 제가 잘라 주지 않으면 받으려 들지 않아요.〉[10]

위의 로테처럼 그레트헨도 어머니를 대신해서 자기의 갓난 누이동생의 양육을 떠맡지 않으면 안 되었으며, 이를 위해서는 어떤 노고도 마다하지 않는데, 이는 친어머니와 같은 모성애로, 괴테가 그레트헨의 영원한 모성애를 나타내는 것으로 볼 수 있다.

> 하녀도 없어서, 제가 요리도 하고 청소도 하고,
> 뜨개질이나 바느질을 하며
> 새벽부터 밤늦게까지 뛰어다녀야만 해요.
> 그런 데다 우리 어머니께선 만사에 있어
> 너무나 꼼꼼하세요!
> 그렇다고 너무나 그렇게 아끼면서 살아갈 필요는 없어요.
> 다른 사람들보다는 훨씬 풍족하게 살 수도 있어요. (3111행 이하)
>   (……)
> 제가 길렀기 때문에 그 아이[11]는 무척 저를 따랐어요.
> 아버님이 돌아가신 다음에 태어난 애였어요.
> 그 당시 어머니는 전혀 가망이 없을 정도로
> 쇠약하여 병석에 누워 계셨는데,
> 그 후 아주 서서히, 차츰차츰 회복하시게 되었어요.

그러니 그 가엾은 어린것에게 어머니께서
젖을 먹인다는 것은 생각할 수도 없는 일이었지요.
그래서 제가 혼자 우유나 물로 아기를 길렀고,
그래서 그 애는 제 아이가 되어 버렸던 거예요.
제 팔에 안기고 제 품에 안겨서
아기는 좋아하고 바동거리며 무럭무럭 자랐어요. (3125행 이하)
　(……)
하지만 정말로 괴로운 시간도 많았어요.
밤이 되면 어린 아기의 요람을
제 침대 옆에 갖다 놓았고, 그것이 조금만 움직여도,
저는 잠을 깨곤 했어요.
우유를 먹이기도 하고, 제 곁에 눕히기도 하고,
그래도 울음을 그치지 않을 때면 자리에서 일어나
아기를 얼러 주며 방 안을 서성거리곤 했어요.
그래도 날이 새면 일찍부터 빨래를 해야 하고,
다음에는 시장에 갔다가 부엌일도 했는데,
오늘이나 내일이나 줄곧 이렇게 지냈어요. (3137행 이하)

그레트헨은 이미 죽은 여동생을 헌신적으로 보살폈고, 집안 살림에도 매우 충실했다. 특히 그레트헨의 아래 말에서 이러한 모성애의 본질을 인식할 수 있다.

그 애 때문에 참으로 애를 많이 태웠지요.
그러나 그런 괴로움을 다시 한 번 맛보고도 싶군요.
그 애는 정말 귀여웠답니다. (3122행 이하)

이러한 어머니상은 그레트헨이 처형당하기 전에 파우스트에게 자신의 묏자리를 알려 주는 내용 속에, 〈어머니〉를 제일 좋은 곳에 묻어 주고, 자기 아기는 자신의 오른쪽에 묻어 달라는 애원 속에 모성애의 절정에 달한다.

〈어머니〉를 제일 좋은 자리에 모시고,
오빠를 바로 그 옆에,
나는 좀 떨어진 곳에 묻어 주세요.
하지만 너무 멀리 떨어지면 안 돼요!
그리고 아기는 내 오른쪽 가슴에 묻어 주시고요.
그 밖엔 내 곁에 아무도 묻어선 안 돼요!(4524행 이하)

그레트헨의 어머니는 직접 등장하지 않지만, 그레트헨은 어머니로부터 선과 악, 정의와 부정에 대한 분별 있는 판단을 내리는 단호한 성격의 영향을 받고 있는 것이다.[12]

2) 악한 어머니상

독일 문학에서는 유아 살해의 끔찍한 내용이 하나의 독특한 소재로 취급되고 있다. 일반적으로 문학에서 유아 살해는 끔찍한 사건으로 불문율(不文律)적으로 금기시되고 있다. 어린아이란 철이 없어 손상되지 않은 인간, 소박하고 자신과 모순 없는 인간이기 때문이다. 괴테의 시 「프로메테우스」에 이렇듯 철이 없어 손상되지 않은 어린아이의 모티프가 잘 나타나 있다.

내가 어릴 때
철부지여서 아무것도 모르던 때,
나의 비탄을
들어줄 귀가 있고,
나처럼 괴로워하는 자를
불쌍히 여길 심정이 있겠지 해서
방황의 눈이 태양을 향했었노라.[13]

이러한 어린이를 상대로 하는 동화에서 어린 주인공들은 어쩔 수 없는 사건으로 죽었다가도 작품 말기에는 다시 살아나는 것이 관례다. 예를 들어 「백설 공주와 일곱 난쟁이」에서 계모가 준 독 사과를 먹고 죽은 백설 공주가 왕자가 입을 맞추자 다시 살아난다. 이렇게 어린 생명이 어쩔 수 없는 사건으로 죽었다가도 다시 살아나는 내용은 원래 신화에서부터 유래되고 있다. 그리스 신화에 의하면, 탄탈로스 Tantalos는 재산이 굉장히 많고 신의 사랑을 받아 늘 제우스 신에게 초대되어 올림포스에 올라가서 신들과 식사를 같이했는데, 어쩌다가 마음을 잘못 먹어 신이 먹는 신찬(神饌) 암브로시아 *ambrosiā*와 신이 마시는 신주(神酒) 넥타르 *nektar*를 훔쳐서 인간 친구와 나누어 먹었다. 이것이 발각되기 전에 또 하나 엉뚱한 짓을 했는데, 그는 리디아 지방의 시필로스 산상(山上)에 음식을 한 상 차려 놓고 올림포스의 여러 신을 초대하여 대접했다. 음식이 모자라자 그는 자신의 아들 펠롭스 Pelops를 죽여 요리를 해 상에 차려 놓았다. 신들은 그것이 인육임을 알고 손을 대지 않았으나, 데메테르 여신만은 너무 배가 고픈 나머지 그것을 먹었다. 왼쪽 어깨 살을 깨끗이 먹어 치웠던 것이다. 제우스 신의 명령으로 아기 펠롭스의 살은 다시 마법(魔法) 가마 속에 넣어 끓여지고, 운명의 여신 클로토 Klotho가 생명을 불어넣어 그 아기는 다시 살아났다. 데메테르 여신은 자기가 먹어 없앤 왼쪽 어깨 살 대신 상아를 그 자리에 메워 주었다 한다. 몹쓸 짓을 한 벌로 탄탈로스의 나라는 망하고, 탄탈로스는 제우스 신의 손에 의해 죽은 후 무한 지옥 타르타로스에 갇혀 두고두고 고통을 받게 되었다. 이렇게 유아가 끔찍하게 살해되는 사건이 독일 문학에는 빈번하다. 시 「유아 살해」를 살펴보자.

〈정원〉이라 부르는 정원 안
〈집〉이라 부르는 집 앞에서
〈아이〉라 부르는 어떤 아이가 앉아
〈사과〉라 부르는 사과를 먹고 있다

아니면 — 자네 생각은?

〈만〉이라 부르는 어떤 사내가 와서

〈요제프〉라 부르는 그 아이를 찌른다
〈칼〉이라 부르는 칼로
〈심장〉이라 부르는 심장 한가운데를

아니면 ─ 자네 생각은?[14]

유아 살해는 원래 성서에서부터 유래한다. 신약 성서(「마태오의 복음서」 2장 16절)에 의하면, 헤롯 왕은 베들레헴에 있는 2세 이하의 모든 어린아이들을 죽이게 했다. 이러한 유아 살해는 종교적 갈등의 사례로 볼 수 있는 〈제례 살해 Ritualmord〉에도 잘 나타나 있다. 종교가 다른 이주 민족의 아이들을 살해하여, 그들의 피를 제례에 사용했다는 유대인 제례 살해 내용은 역사적·지리적으로 널리 퍼진 종교사의 현상이다.[15] 이 전설은 부활절 즈음, 유대인들이 이교도인 기독교도 소년을 납치해, 거꾸로 매달아 고문한 후, 목을 따서 피를 받고, 그 피로 누룩 없는 빵을 만들어 먹는다는 상상 속의 이야기로, 12세기 중반 유럽에서 처음으로 퍼져 나가기 시작했다.

역사적으로 유아 살해는 원래 고대의 〈유아 안락사〉에서 유래하고 있다. 기원전 4세기 무렵 그리스 의학자 히포크라테스는 〈나는 누구에게도 독약을 주지 않을 것이며, 요청을 받더라도 그런 계획을 제안하지도 않을 것〉이라고 언급했다. 당시의 철학자들은 나이 많은 노인이나 병자들이 고통 없이 죽음을 맞도록 하는 문제보다, 생존 가치가 없는 〈유아의 살해〉 문제에 더 많은 관심을 보였다. 플라톤은 의술이란 〈본성적으로〉 몸이 건강하면서 단지 몇몇 특수한 질병을 가진 사람들을 위해 아스클레피오스(그리스 신화에서 의술의 신)가 내려 준 것이라며, 태생적으로 건강하지 않거나, 고질병에 걸린 사람은 치료하지 않는 것이 옳다고 주장했다. 아리스토텔레스는 삶에서 어떤 고통이나 쾌락을 느낄 수 없다면, 살해되는 것이 생존하는 것보다 선한 것이라고 주장했다. 아리스토텔레스는 〈산아 제한〉이라는 개념을 제안한 것으로도 유명하다. 두 철학자는 모두 기형아를 기르지 말고, 탄생 후 즉시 버려야 한다고 봤다. 플라톤은 어머니가 40세 이상이면 (아이가 허약하므로) 낙태 또는 영아 살해를 해야 한다고 쓰기도 했다. 이러한 주장은 아테네와 함께 번창했던 그리스 도시 국가 스파르타에서 실제로 이루어졌다. 로마 시대의 철학자 세네카도 안락사에 찬성했고, 나중에는 정치적 이유로 자살했다. 그러나 기독교가 전파되면서 낙태나 영아 살해, 안락사 등이 모두 금기시되었다. 안락사든 자살이든 인간의 생명은 하느님이 주신 것이므로 인간이 마음대로 결정할 수 없다고 생각한 것이다.

그런데도 문학에서는 이러한 유아 살해가 자주 묘사되는데, 심지어는 이 유아 살해가 인간에 의해서뿐만 아니라 잡귀에 의해 거행되기도 한다. 이렇게 속신적 잡귀가 유아를 유혹하여 저승으로 이끌어 가는 내용이 독일 문학에 종종 나타나는데, 괴테의 담시 「마왕 Der Erlkönig」이 대표적이다.

> 누가 바람 부는 밤, 늦게 달려가는가?
> 그는 아이를 데리고 가는 아버지네;
> 품에 소년을 보듬어 안고,
> 꼭 안아서 소년은 따뜻해지네 —
>
> 아들아, 왜 그렇게 불안하게 얼굴을 감추느냐?
> 아버지, 마왕이 보이지 않나요?
> 왕관을 쓴 긴 옷자락의 마왕을 못 보세요?
> 아들아, 그것은 띠 모양의 안개란다.
>
> 〈사랑하는 아이야, 오너라. 나와 함께 가자!
> 아주 멋진 놀이를 너와 함께하마.
> 수많은 색깔의 꽃들이 해변에 피어 있고,
> 우리 어머니는 많은 금빛 옷을 가지고 있단다.〉
>
> 아버지, 아버지, 그런데 마왕이
> 나지막이 약속하는 저 소리가 들리지 않나요?
> 진정해라, 조용히 있어라, 내 아들아!

그것은 마른 잎새의 바람 소리란다 —

〈고운 아이야, 나와 함께 가지 않으련?
내 딸들이 아름다운 모습으로 기다리고 있단다.
내 딸들이 밤의 윤무로 너를 안내해
요람과 춤과 노래로 잠재워 주지.〉

아버지, 아버지, 저기 음습한
구석에 마왕의 딸이 보이지 않나요?
아들아, 아들아, 잘 보고 있지.
오래된 버드나무가 그렇게 음울하게 보인단다 —

〈나는 너를 사랑한다. 네 아름다운 모습이
날 사로잡네. 네가 싫다면, 난 폭력을 쓰겠다.〉—
아버지, 아버지, 지금 그가 날 붙들어요!
마왕이 나를 해쳐요!

아버지는 소름이 끼쳐, 빨리 말을 달리며,
품 안에 신음하는 아들을 안고서,
간신히 궁정에 이르렀으나
품 안의 아이는 죽어 있었다.

슈베르트의 작곡을 통해 더 잘 알려져 있는 「마왕」은 유혹적인 분위기를 자아내는 음향의 조합이 두드러지며, 잡귀의 폭력 앞에 희생되는 유아라는 점에서 애틋한 감정을 자아낸다. 작품을 분석해 볼 때, 시 「마왕」의 표현은 생생하고 긴장감을 준다. 아버지와 아들의 대화는 줄표(—)로 표시되어 있음에 비해, 마왕의 말은 〈 〉부호를 써서 두드러지게 표시하고 있다. 「마왕」에서 우리는 네 가지 목소리를 듣게 된다. 마왕의 음성은 유혹적이고 음산하며, 아들의 음성은 저항적이고 공포에 질려 있다. 한편 아버지의 음성에서는 아들을 위로하고 보호하려는 태도가 역력하게 보인다. 또한 서사적인 특별 역할을 하는 첫 번째 연과 마지막 연에서 화자의 목소리는 격앙되어 있다. 따라서 세 인물의 삼각 대화는 각기 독백의 효과만을 자아낼 뿐 진정한 의사소통은 이루어지지 않는다. 아버지와 아들의 대화조차 양쪽이 다 일방적이다. 아들은 마왕이 내미는 유혹의 손길을 호소하지만, 아버지는 아들의 불안을 이해하지 못하고 애써 태연함을 가장한다. 자연이 갖고 있는 마적인 힘은 아직도 일그러지지 않은 순진한 마음의 소년에게는 작용하지만, 만사를 오성으로만 재는 계몽주의적 인간인 아버지는 그런 초감각적 자연을 느끼지 못하는 것이다.[16]

바그너 Heinrich Leopold Wagner(1747~1779)의 드라마 「유아 살해모 Die Kindermörderin」는 독일 문학사에서 질풍노도기의 대표적인 작품 가운데 하나로 손꼽힌다. 1904년에 와서 바그너의 원본 「유아 살해모」는 베를린의 신자유 무대에 올려지면서, 초기 자연주의 작품의 의미가 부여되는 대표작으로 가치를 인정받게 되었다. 이 작품에서 영아 살해의 결심이 행동으로 옮아가는 극적 상황이 벌어진다.

> 내 사랑 아가야? 자는 거니? 얼마나 부드러운지! 지금 네가 정말 부럽구나. 이렇게 천사들은 잠들 뿐이란다! (……) 내 아이의 피야! - 그걸 내가 마시고 있는가? - (아이를 침대로 던진다.) 거기서 자라, 그뢰닝젝! 자라! 영원히 잠자라! 곧 나도 잠들 거야. 너처럼 그렇게 부드럽게 잠들기는 어려울 거야. 하지만 그것이 한번 벌어지면 그게 그거지.[17]

그림 Jacob Grimm 사전에 의하면, 독일어에서 〈유아 살해모 Die Kindermörderin〉라는 단어 사용은 기록상 바그너의 드라마 제목 〈유아 살해모〉에서 최초로 시작된다.[18] 그런 만큼 이 작품이 출간되었을 때, 한편으로는 유랑 극단들의 지대한 관심을 불러일으켰는가 하면, 다른 한편으로는 드라마의 형식이나 내용이 관해 여러 기성 작가들이 많은 비평을 가하기도 했다. 그에 대한 가장 대표적인 예로 괴테는 「유아 살해모」가 자신의 『파우스트』 구상을 표절한 것이라고 신랄하게 비난했다.[19] 바그너가 『파우스트』 구상을 표절한 것이라는 괴테의 확고한 생각은 그의 말년 작품 『시와 진실 Dichtung und Wahrheit』에서도 이어진다.

> 그의 이름은 바그너였다. 처음에 (그는) 슈트라스부르크, 나중에 프랑크푸르트 사교계의 일원이었다. (여기서) 그는 정신, 기량, 지식을 갖춘 사람으로서 노력하는 면을 보였던 사람이었기에 환영을 받았다. 또한 그는 성실하게 나를 따랐다. 왜냐하면 나는 내가 구상했던 모든 것에 대해서 결코 숨기는 일이 없었기 때문이다. 나는 그에게 『파우스트』, 특히 그레트헨의 파멸은 물론 다른 계획도 이야기했다. 그는 (내가 구상했던 작품의) 주제를 이해했고, 그것을 그의 비극 「유아 살해모」에 이용했다.[20]

이러한 유아 살해의 내용이 『파우스트』에서 그레트헨의 악한 어머니상의 동기로 나타나 〈그레트헨의 비극〉을 형성하고 있다. 일반적으로 『파우스트』에서는 그레트헨의 비극이 중심적 사건이라고 판단되며, 이 작품을 독자적 견해로 관찰할 수 없는 경우에는 그레트헨 모티프와 파우스트 모티프의 불가분의 관계로 볼 수 있다. 그레트헨의 비극은 『파우스트』의 그레트헨에 한정된 시민 비극을 말한다. 교회의 교리적인 절차, 즉 독실한 기독교인으로서 정식 혼인 없이 잉태, 파우스트의 사랑 때문에 본의 아니게 모친을 사망케 하고, 오빠 발렌틴을 파우스트의 동반자인 메피스토펠레스의 음모적 협공으로 살해케 하고, 사랑의 결정체인 아기를 본의 아니게 살해하는 등 인간으로서 힘겨운 시련 과정에 비극성이 있다. 앞에서 언급한 대로, 그레트헨에게는 헌신적이며 위대한 어머니상이 있지만, 이와 반대로 사악한 어머니상도 있는데, 이 내용이 그녀의 〈유아 살해〉와 관련되어 나타난다.

> 나는 우리 어머니를 죽였고,
> 우리 아기를 물속에 빠뜨려 죽였어요.
> 그 아기는 당신과 내게 주어진 것이 아니었나요?
> 당신한테도요. 정말 당신이겠죠! 믿어지지가 않아요. (4507행 이하)

그레트헨의 오빠 발렌틴은 정의와 의리, 명예와 양심을 소중하게 여기는 군인인

데, 유아 살해 등 여동생의 타락과 부정한 행위에 대한 세간의 소문을 듣고, 그녀를 유혹한 파우스트에게 복수하기 위해 고향으로 돌아온다. 그러나 그레트헨의 치욕에 대한 군인다운 복수를 하려다 메피스토펠레스의 마술에 걸려 무술을 제대로 발휘해 보지도 못한 채 파우스트의 칼에 맞아 쓰러져 죽으면서 하는 말이 그레트헨의 비극을 요약적으로 잘 보여 준다.

봐라! 그레트헨, 너는 아직 어리고,
제대로 철도 나지 않았으니,
네 일조차 그르치고 있단다.
네게는 남몰래 일러 두는 바이지만,
아무튼 이제 너는 창녀가 되어 버렸다.
그게 당연한 노릇인지 모르겠다. (3726행 이하)

점잖은 이 고을의 모든 사람들이
염병에 죽은 송장이나 본 것처럼
창녀가 된 너를 비켜 가는 꼴이 역력히 보이는 것 같구나. (3751행 이하)

제발 눈물을 짜지 마라!
네가 네 체면을 벗어던졌을 때
내 가슴은 가장 심한 타격을 받았었다.
나는 잠들듯 죽어서 군인으로서 씩씩하게
하느님에게로 간다. (3770행 이하)

유아 살해 혐의로 감옥에 갇힌 그레트헨을 파우스트가 사슬에서 풀어 주려고 하자, 그녀는 형리가 자기를 형장으로 끌어내리려는 것으로 착각한다. 옛날 애인도 알아보지 못하는 것이다. 파우스트는 그제야 비로소 그녀의 정신 착란을 알아차리고 절망한다. 이처럼 몽롱한 정신 착란 상태에서도, 그레트헨은 모성애가 강렬하여 곧 어린애를 생각해 내고 제발 젖이나 좀 먹이게 해달라고 간청한다.

> 제발 어린애 젖이나 좀 먹이게 해주세요!
> 밤새도록 이 애를 꼭 끼고 있었는데,
> 날 괴롭히려고 이 애를 빼앗아 갔어요.
> 그리고 내가 그 애를 죽였다는 거예요.(4443행 이하)

여기에서 그레트헨이 〈젖이나 먹이게 해달라고〉 간청하는 내용에서 모성애의 절정에 이른다. 예로부터 어머니의 젖(모유)은 〈신성한 것〉으로 인식돼 왔다. 중세 서양화에서 성모 마리아는 대개 어머니의 젖을 빨려고 하는 아기 예수와 함께 그려졌다. 그리스 신화에서 젖은 불멸을 상징했다. 제우스와 알크메네 사이에서 태어난 헤라클레스는 여신 헤라의 젖을 먹은 덕에 인간이면서도 불사의 존재가 됐다. 헤라클레스가 헤라의 젖을 너무 세게 빨았기 때문에 헤라는 헤라클레스를 떼어 냈고, 그 젖이 하늘로 튀면서 은하수가 생겼다. 현대에도 이런 인식은 별로 변하지 않은 것처럼 보인다. 라레체 연맹(국제 모유 수유 엄마들의 모임)의 표현대로라면 모유는 〈기적의 물질〉이다. 따라서 〈만병통치약〉, 〈궁극적인 생물학적 액체〉, 〈인간의 권리〉 등 무수한 수식어가 따라다닌다.

파우스트가 그레트헨의 이름을 부르고 사슬이 풀어지자, 그레트헨은 제정신을 차리지만 다시 과거의 죄가 상기되고, 파우스트가 자신을 동정만 하지 이젠 사랑하지 않는다고 생각한다. 〈당신의 사랑은 어디로 가버렸나요? 누가 내게서 빼앗아 갔나요?〉(4495행 이하) 과거 일은 과거사로 돌리라는 파우스트의 설득을 마다하고, 그녀는 궤멸된 가족, 즉 어머니, 오빠 그리고 아기에 대해 말한다.

> 나는 우리 어머니를 죽였고,
> 우리 아기를 물속에 빠뜨려 죽였어요.
> 그 아기는 당신과 내게 주어진 것이 아니었나요?
> 당신에게도요. 정말 당신이에요? 믿어지지가 않아요.
> 당신의 손을 이리 내세요! 꿈은 아니군요!
> 그립던 당신의 손! 그런데 손이 축축하군요.
> 어서 닦으세요! 거기 묻은 것이 피 같아요.

아이구, 맙소사! 당신 무슨 짓을 하셨나요!
칼을 집어넣으세요.
제발 소원이에요!(4507행 이하)

이러한 그레트헨의 사악한 어머니상과 파우스트의 사악한 아버지상은 아래의 노래 속에 요약적으로 잘 묘사되어 있다.

우리 엄마 창녀라서,
나를 죽여 버렸단다!
우리 아빠 악당이라,
나를 먹어 버렸단다!
우리 작은 여동생이
나의 뼈를 찾다가,
시원한 데 묻었단다.
그때 나는 귀여운 숲새 되어,
저 멀리 날아가네, 날아가네!(4412행 이하)

이 노래는 룽게 Philipp Otto Runge가 기록하여 1808년 아르님 Achim von Arnim의 『이주자의 신문 Zeitung für Einsiedler』에 실린 저지 독일어 지역의 동화에 남아 있다. 그림 Grimm 형제가 이것을 자신들의 『어린이와 가정용 동화 Kinder- und Hausmärchen』에 재수록하여 낭만주의의 동화를 찬미하고 있다. 괴테는 이 동화를 젊은 시절부터 알고 있었는데, 그림 형제의 민담 「노간주나무 Von dem Machandelbaum」에 들어 있는 이 노래는 다음과 같다.

우리 엄마는 나를 죽였고,
우리 아빠는 나를 먹었네.
누이동생 마를레니헨이 내 뼈를 빠짐없이 추슬러서
곱디고운 비단으로 정성껏 싸서

노간주나무 밑에 두었네.
짹짹 짹짹! 나같이 예쁜 새가 또 어디 있을까.[21]

이 노래의 배경을 보면, 한 사악한 계모가 의붓아이를 죽인 뒤 요리하여, 이 아이의 아버지인 남편의 식사에 올렸다. 그러고 나서 의붓자매 마를레니헨 *Marlenichen*이 먹고 남은 뼈들을 노간주나무 밑에 묻어 주자, 그 뼈에서 아름다운 새가 날아오르면서 이 노래를 부른다. 이러한 사악한 어머니상이 그레트헨의 파우스트와의 맹목적인 사랑 속에서 전개되고 있다. 괴테는 셰익스피어의 「햄릿」속의 오필리아의 광적인 노래에서 위의 『파우스트』 노래의 자극을 받았다.

당신이 정말 사랑하는 사람을
내기 어떻게 찾아낼 수 있을까?
누구나 똑같은 순례 차림,
죽장에 날림 신발 신고 파립 쓴.
죽어 버렸어요, 이미 그이는,
죽어 버렸어요, 네.
머리는 초록 잔디 속에,
발에는 무거운 묘비석,
아, 아!
꽃 속에 파묻혀
무덤으로 그이 혼자 떠나네,
사랑의 눈물을 못 본 체하고.[22]

그레트헨의 충실에서 벗어난 허영, 명예를 지키지 못함 등의 생활 영역의 파괴 등으로 일상생활의 평범한 인간에게는 결코 일어나지 않는 사건 속으로 빠져들게 되어,[23] 여기서 그녀의 죄과가 발생한다. 그레트헨은 견딜 수 없는 고통과 고독 속에 죄인이 되어 희생의 제물이 되지만, 이러한 고통의 상황에서도 그녀의 마음은 영원한 어머니상인 〈수난의 성모 *Mater dolorosa*〉(3588행)로 향한다. 수난의 성모는 고통의 영역을 돌보는 성녀로 그레트헨의 성스러운 어머니상이다. 그레트헨의 수치와 죽음에서 수난의 성모에게 구원의 기도에 대한 대답은 작품 제1부의 마지막에 〈구원을 받았느니라〉(4610행)로 나타난다.

3) 역설적 미

지금까지의 논의에서 드러났듯이, 그레트헨의 선한 어머니상과 사악한 어머니상의 역설적 관점에서 그레트헨의 미를 규명해 볼 수 있다. 명랑하고 일 잘하며 소박한 소녀 그레트헨의 강렬한 모성애는 이미 앞에서 언급되었다. 그녀는 어머니를 대신해서 갓난 누이동생의 양육을 떠맡지 않으면 안 되었으며, 이를 위해 어떤 노고도 마다하지 않았다. 그럼에도 불구하고 그레트헨이 자신의 가장 사랑하는 아기를 제 손으로 죽이지 않을 수 없는 슬픈 사실이 그레트헨이 걸머져야 할 비극적 운명이다. 여기에서 괴테의 역설적인 여성미의 표현 방식을 들 수 있겠다. 가령 그녀에게 마성이 결하였다면, 그 사랑이 그와 같은 비극적인 결말로 끝나지 않았겠지만, 한편 평범한 소녀 그레트헨이 인간 파우스트를 구제할 〈영원한 여성〉(1만 2110행)은 되지 못했을 것이다.[24] 여기에서 괴테의 〈양극성〉의 개념을 볼 수 있는데, 이러한 양극적 개념이 『파우스트』에 내재되어 있다.

토마스 만은 독일과 독일인의 특성을 규명하는 평론집인 『독일과 독일인 Deutschland und die Deutschen』에서 〈파우스트가 독일 영혼의 대표라면, 그는 마땅히 음악적이어야 할 것이다. 왜냐하면 추상적이며 신비적, 즉 음악적인 것이 독일인의 세계에 관계되기 때문이다〉[25]라고 말했다. 여기서 그가 말하는 음악적이라는 단어는 신비적이며 마적인 요소를 지닌 예술의 추상적 표현이다. 즉 직절하고 명랑한 성격을 지닌 아폴론적 예술에 대립되는 디오니소스적인 요소를 의미하는 것으로, 〈이성 중심 logozentrisch〉적인 것과 〈생명 중심 biozentrisch〉적인 두 경향을 보여 주고 있다. 니체에 의하면 전자는 아폴론적이고, 후자는 디오니소스적이며, 그리스 철학사에서는 이를 이성 Logos과 신화 Mythos의 대립으로 분류한다. 이 양대의 인간 정신의 유형이 가장 심각하게 다루어진 것이 괴테의 『파우스트』 비극이며, 슈펭글러 Oswald Spengler는 『파우스트』를 디오니소스적 정신의 대표로 보고 아폴론적인 면과 대립시켜 놓았다. 이 두 유형의 관계는 항상 서로 초월하고 있으며 유동적이고 상호 작용하므로 어느 유기적 생명 현상에서나 문화 현상 속에서도 볼 수 있는 것이다.

이러한 양극성이 괴테의 자연 신비주의에서 이 세계의 상승으로 형성되고 있다. 늘 부정적 가치가 긍정적 가치로 인도되면서, 즉 빛은 어둠에서 발생하고, 혼돈은 질서를 형성하고, 미는 추악의 배경에서 나타나고, 악에서 선으로 유도되고 있다.[26] 이러한 배경에서 두 가지 상반된 힘의 반작용으로부터 완성되고 살아 있는 형상이 생겨난다. 이에 대해 괴테 자신은 이렇게 설명하고 있다. 〈이렇게 하여 나에게는 평온하고 원활한 기분이 생기게 되었다. 그것은 우리가 두 개의 서로 대립하는 의견 사이에서, 이쪽저쪽으로 흔들림을 받아 아마 어느 쪽의 입장도 고집하지 않는다고 하는 쾌적한 감정을 주는 것이다. 이것으로 우리는 우리 인격을 이중으로 하는 것이다.〉[27] 따라서 『파우스트』 각 장면과 줄거리가 극히 단편적이라 할지라도, 전체로서 비극은 대조적인 구성 원칙을 바탕으로 하고 있다. 예를 들어 〈천상의 서곡〉에 등장하는 〈주님 Herr〉과 메피스토펠레스는 또 다른 세계의 이원적 대립의 원형이다. 주님이 창조의 근원적 절대자라면, 메피스토펠레스는 하늘의 수석 천사가 칭송하는 창조의 성업을 부인한다(294행). 또 인간의 자아실현을 부정하고 인간의 노력으로 더 나아질 수 있다는 가능성을 부정하며(312행), 생성하여 존속하는 것의 가치를 부정한다. 주님이 〈인간이란 노력하는 한 방황한다〉(325행)고 전제하며, 착한 인간은 어두운 충동에도 불구하고 바른길을 찾아갈 것(336행)이란 믿음을 갖고 있으나, 메피스토펠레스는 착한 인간도 자신의 악마의 길로 끌어들일 수 있다고 믿는다. 이러한 대립적 구성 원칙은 사건의 장소적인 대립에만 미치는 게 아니라, 개개 장면까지 그 영향력을 미치고 있다. 예를 들어 〈서재〉의 네 벽에 둘러싸인 좁은 장소는 다음 장면인 〈성문 밖에서〉의 광활한 대자연과 대조를 이루며, 이 두 장면의 인물들도 대조적인바, 홀로 독백하는 파우스트 개인이 대자연 속에 음무(飮舞)하는 군중에 맞서 있다. 또 다른 예로서 마지막의 두 장면인 〈밤, 광활한 들판〉과 〈감옥〉을 들 수 있다. 이 장면은 어두운 밤하늘 밑에 펼쳐진 벌판의 장소로, 무한한 광활성을 나타내어 마지막 장의 숨 막힐 듯 협소한 감옥과 좋은 대조를 이루며, 또 인물들이 말을 타고 질주함으로써 속도와 행동의 자유를 나타내어 마지막의 비좁은 감옥에 갇힌 그레트헨의 결박과 대조를 이룬다. 이러한 개개 장면의 대립성이 전 작품을 구성하여 형식적이고 문체적인 연결 방법으로 드라마 전체에 나타나고 있다.

이상과 같은 괴테의 양극성의 배경에서 볼 때, 그레트헨은 유아 살해 등 악인이나 마녀 같은 인간으로 묘사되는 그녀의 존재가 이로 인해 역설적으로 더 아름답게 작용하고 있다. 그녀는 아름다움을 겪게 되므로 죽음을 맞게 되는 것이다. 이러한 그레트헨의 죽음에 아름다운 인간의 현현(顯現)이 나타나고 있다. 이런 맥락에서 토마스 만은 〈아름다움의 축복은 죽음의 축복이다〉[28]라고 쓰고 있다. 이는 미와 죽음은 서로 관련이 있다는 의미로 우리나라의 고사성어 〈미인박명(美人薄命)〉을 연상시킨다. 이러한 죽음과 미의 밀접한 관련성은 플라텐 August von Platen의 시 「트리스탄 Tristan」에 잘 나타나 있다.

아름다움을 눈으로 바라본 자는
이미 죽음의 처분에 맡겨져 있고,
지상의 어떠한 직무에도 쓸모가 없네.
하나 그는 죽음 앞에서 몸을 떠네.
아름다움을 눈으로 바라본 자는.

영원히 사랑의 고통이 그에게 지속되네.
왜냐하면 바보만이 그러한 충동에
만족하기를 지상에서 바랄 수 있기에.
아름다움의 화살을 맞은 자에게
영원히 사랑의 고통이 지속되네.

아, 그는 샘처럼 병들어 눕고 싶어 하며,
대기의 향내에 독을 뿌리고 싶어 하며,
꽃들에게서마다 죽음의 향내를 맡고 싶어 한다.
아름다움을 눈으로 바라본 자는

아, 그는 샘처럼 병들어 눕고 싶어 한다.

이 시에 암시되어 있는 죽음과 아름다움의 결부, 이것이야말로 예술적 유미주의의 기본 공식이다. 파우스트를 사랑한 그레트헨은 방종하고 음탕한 지옥의 비밀을 체험하게 된다. 따라서 그레트헨의 파우스트에 대한 사랑은 사랑의 유미주의이다. 결국 그레트헨의 모습에 청순한 여성상과 마녀상, 유아 살해나 사탄 숭배 등이 서로 역설적으로 뒤섞여 결국 그녀의 근원적 미를 불러일으킬 양극성의 대표적 인물이 되고 있다. 만일 괴테가 처음부터 오직 그레트헨의 아름다움만 묘사했다면 그녀의 근본적 미의 표현에 불완전했을 것이다. 그녀를 처음에 부정적으로 나타낸 것은 〈선은 더 선함의 적이다 Das Gute ist der Feind des Besseren〉[29]라는 괴테의 지혜의 산물이다. 괴테의 『파우스트』가 말하듯 전통적인 미만 추구하는 건 어리석은 일이다.

우리들이 이 세상의 선에 도달하고 나면,
보다 더 선한 것이 허위와 환상이라고 말하는도다. (632행 이하)

위의 파우스트의 말처럼, 아름다움은 영원하지 못한데, 그 이유는 〈아름다움 Ein Schönes〉이 존재하면 〈더 큰 아름다움 Ein Schöneres〉의 존재가 어렵기 때문이다. 따라서 그레트헨의 미가 존재하려면, 그녀의 아름다움은 사라지고 그 자리에 마적 요소인 부정적 요소가 와야 한다. 독일의 중세 신비주의자 에크하르트 Meister Eckhart는 〈신은 선하지 않은데, 그래야 신은 더 선할 수 있기 때문이다 Gott ist nicht gut, denn sonst könnte er besser sein〉[30]고 말한다.

4) 영원한 여성

파우스트의 구원의 절대 조건 중 하나로서 대원(代援)이 필요하다. 이 대원자는 타인을 위해 희생을 감수해야 한다. 그러나 헬레나는 미의 상징이지 희생이 없었기에 적합하지 않다. 그레트헨이 여성의 숙명적인 운명으로 희생을 감수하며 파우스트의 구원을 위한 디딤돌 역할인 대원녀가 되고 있다. 따라서 헬레나의 모습은 사라지지만 그레트헨은 영원한 여성의 상징으로 작품의 처음과 끝까지 존재한다.[31]

즉 괴테는 그레트헨을 시작으로 〈그레트헨 — 헬레나 — 영광의 성모 Mater Gloriosa — 영원한 여성상〉 등을 거쳐 파우스트를 다양한 사랑과 죽음의 전개에 개입시키고 있다. 『파우스트』는 마지막으로 〈영원히 여성적인 것이 우리를 끌어들인다〉(1만 2111행)의 신비한 합창의 구절로 끝나는데, 여기서 〈영원한 여성적인 것〉은 여성의 원천으로 〈어머니상〉의 이데아적 상징으로 볼 수 있겠다.

>일체의 무상한 것은
>한낱 비유일 따름이다.
>일체의 불완전한 일이,
>여기에서는 완전한 사실이 된다.
>형언할 수 없는 것도,
>여기에서는 이루어졌도다.
>영원히 여성적인 것이
>우리를 이끌어 올리도다. (1만 2104행 이하)

결국 파우스트는 가장 높고 가장 청명한 경지로 상승하는데, 이것이 중성 명사의 〈영원한 여성적인 것 Das Ewig-Weibliche〉(1만 2110행)의 경지인 것이다. 여기에서 〈영원한 여성적인 것〉은 성모 마리아나 속세를 떠나 정화된 존재가 된 그레트헨 같은 영원한 사랑을 베푸는 어머니들이다. 그리고 이러한 여성의 어머니같이 몰아(沒我)적이며 영원한 사랑이 남성을 구원할 수 있다는 것이 괴테의 사상이다. 보이틀러 Wolfgang Beutler 같은 사람은 이 영원한 여성에 대한 찬미를 바로 성모에 대한 찬미라고 보았지만, 『파우스트』 전곡과 괴테의 80년에 걸친 일생을 감안할 때, 그것은 지상의 여성 속에 계시되고 있는 영원한 모성애에 대한 찬미라고 생각된다.[32] 시대적으로 볼 때, 당시 3세기 동안의 종교 분파와 학문적 세계 발견 등의 배경에서 괴테는 프로메테우스처럼 신의 거룩함을 위협할 정도로 성장한 파우스트적 인간을 묘사하며, 이런 인물의 비인간성을 느낀 나머지 이를 어머니상의 종교적 형상인 〈영원한 여성〉과 결합시키는 것이다.[33] 작품 제1부에서 파우스트의 애인 그레트헨이 기도를 드리는 장면에서 인간의 어머니 중에서 가장 고뇌적인 〈수난의 성모〉가 등장하는데, 제2부의 끝 장면에서는 이제 온통 광휘로 휩싸인 〈영광의 성모〉가 나타난다.

자, 이리 오라! 보다 높은 하늘로 오르라!
그 사람도 너를 알아차리면 뒤따라오리라. (1만 2094행 이하)

영광의 성모에게 매달린 파우스트의 옛 애인 그레트헨은 파우스트가 완전히 정화되어 옛날 껍질을 벗어던지며 영기(靈氣) 서린 옷을 입고 옛날의 젊음에 넘쳐 나타나게 된 기쁨을 노래하면서 〈승천한 소년들〉이 인도해 온 파우스트를 받아들인다. 〈영원히 여성적인 것이 우리를 끌어들인다〉(1만 2110행 이하)의 말이 대작 『파우스트』의 마지막 구절이거니와, 그레트헨의 사랑은 이제 영원히 여성적인 힘인 어머니상과 합쳐 비로소 그를 무한히 높은 곳까지 인도할 수 있는 것이다. 그레트헨도 여기서는 이미 상징적인 존재가 되어 아직 새로운 날, 즉 가장 은혜로운 햇빛을 받아들일 준비가 되어 있지 않은 파우스트에게 가르침을 베풀기를 원하여 성모에게 기구하는데, 이 모습에서 파우스트에 대한 구원의 어머니상을 연상할 수 있다. 그 결과 파우스트의 소원은 이루어지고 신의 사랑의 비밀이 드러나게 되어 성모는 〈보다 높은 하늘로 오르라! 그 사람도 너를 알아차리면 뒤따라오리라!〉(1만 2094행 이하)라고 말하는 것이다. 그리하여 그레트헨과 파우스트는 어머니의 종교상인 성모의 품 안에서 영광스러운 자리에 올라 천국의 순결 속에 융합된다. 한 사람의 〈착한 영혼〉(1만 2067행)은 이제 현세를 떠나 완전히 정화된 존재로 승화한 것이다.[34]

2. 헬레나의 어머니상

여성의 본질인 모성의 인식은 제2부에서 파우스트 자신이 어머니들의 세계에 내려가 인간 구원의 길을 터놓는 장면과, 대단원에서 모든 모성적인 것이 천상과 지상의 화합을 이룩하는 장면이라 하겠다.[35] 작품 『파우스트』 제2부의 시작과 더불어 유혹자 역할을 하는 메피스토펠레스는 대자연의 소생력으로 원기를 회복한 파우스트를 〈황제의 궁성 Kaiserliche Pfalz〉으로 데리고 간다. 여기서 베풀어지는 축제에서 플루투스 Plutus로 출현한 파우스트는 요술을 부려 황제의 신망을 얻게 된다. 황제는 파우스트가 준비한 〈현혹적인 불꽃놀이〉(5987행)에 자극을 받아, 그와 같이 재미있는 장난을 소망하면서, 〈모든 남자와 여자의 본보기적 모습〉(6185행)인 고대의 헬레나와 그녀를 납치해 간 파리스 Paris를 당장 주문으로 눈앞에 불러낼 것을 요구한다. 이들은 세계 제일의 미남 미녀이다. 그러면 먼저 세계 제일의 미녀로 파우스트의 마음을 끌어당기는 헬레나의 탄생의 신비를 먼저 고찰해 볼 필요가 있다.

그리스 신화에 의하면, 여성의 역사상 가장 아름다운 여성 헬레나는 제우스와 레다 Leda의 딸로 태어났다. 헬레나의 어머니 레다는 틴다레우스 Tyndareus의 왕비로, 그와의 사이에 죽을 운명을 타고난 카스토르 Castor와 아가멤논 Agamemnon의 아내인 클리타임네스트라 Clytaemnestra 두 자녀를 두었다. 이의 자세한 배경은 다음과 같다.

스파르타 왕인 틴다레우스가 한때 고향에서 쫓겨나, 칼리돈 왕 테스티오스 Thestios를 찾아가 신세를 지다가, 그 왕녀 레다와 결혼하고, 후에 영웅 헤라클레스의 조력으로 스파르타로 돌아와서 왕위에 올랐다. 제우스는 결혼 생활을 보호하는 신이면서도, 경우에 따라서는 서슴지 않고 남의 유부녀까지 건드렸다. 그런 제우스가 틴다레우스의 아내 레다도 건드리게 되었다. 어느 날 저녁, 이 젊은 부인이 에우로타스 강에서 목욕을 하는데, 눈부시게 흰 백조 한 마리가 둥실둥실 멋있게 물결을 타고 떠왔다. 제우스 신이었다. 레다는 변한 제우스 신의 사랑을 받고, 또 그날 밤 자기 남편과 동침했다. 그 후 레다는 백조 알 두 개를 낳았는데, 하나는 제우스 신의 씨요, 하나는 남편의 씨였다. 제우스의 알에서 나온 딸이 헬레나, 아들이 폴리데우케스이고, 남편의 알에서 나온 아들이 카스토르, 딸이 클리타임네스트라였다. 아들 두 명을 합쳐 디오스쿠리 Dioscouri 형제라고 부른다. 이렇게 태어난 헬레나와 파리스의 관계도 고찰해 볼 필요가 있다.

그리스 신화에서 영웅 펠레우스와 바다의 여신 테티스가 결혼하게 되었다. 테티스는 미인이었으나 아무도 그녀와 결혼하려는 신이 없었다. 그녀에 대한 신탁(神託)이 불길하기 때문이었다. 신탁이란 〈신이 맡겨 놓은 뜻〉이라는 말로 탁선(託宣)이라고도 한다. 당시 그리스인들은 신들이 인간의 팔자를 주관한다고 믿었을 뿐만 아니라, 무신(巫神) 아폴론의 신전에 가서 그 신전을 지키는 여사제에게 물으면 그 뜻을 미리 아는 것도 가능하다고 믿었다. 이러한 신탁을 들어 보면 어느 신이든 테티스와 결혼하면 태어난 아이가 그 아버지를 죽인다는 것이었다. 따라서 어쩔 수 없이 인간인 펠레우스와 결혼하게 된 것이다. 그런데 결혼 연회식에 올림포스의 모든 신이 초대되었으나 불화의 여신 에리스만 초대받지 못했다. 그것은 에리스가 가는 곳마다 불화를 일으켜 언제나 흥을 깨뜨리기 때문이다. 그러나 한창 잔치가 무르익을 무렵 불화의 여신 에리스가 이 사실을 모를 리 없으므로 잔칫상 위로 높이 날아와서 가장 〈아름다운 여신에게〉라는 글귀를 새긴 황금의 사과를 연회장에 몰래 던졌다. 그러자 이 황금 사과를 둘러싸고 제우스의 부인인 헤라와 지혜의 여신 아테나, 사랑과 미의 여신 아프로디테의 세 여신이 서로 자신이 〈가장 아름다운 여신〉이라고 주장하며 싸우자, 주신 제우스는 그 심판을 인간의 가장 미남인 파리스에게 맡겼다. 파리스는 트로이의 성주인 프리아모스 왕의 아들이었다. 그가 태어나기 전에 프리아모스 왕의 왕비 헤카베가 꿈에 아이를 낳았는데 낳자마자 불덩이로 변하더니 온 나라가 불덩이로 변하였다. 신탁을 하여 보니 이 아이가 태어나면 장차 트로이 성이 화염에 불타 버릴 것이라는 것이다. 왕비는 왕과 의논하여 아이가 태어나자마자 이다 산에 버렸으나, 암곰이 젖을 먹이고 후에 목동이 키워 산에서 살고 있었다.

헤라, 아테나와 아프로디테 세 여신은 제각기 아름답게 치장을 하고 이다 산의 파리스를 찾아가 헤라는 전 아시아 지배권을, 아테나는 모든 전쟁터에서 승리를, 그리고 아프로디테는 인간 중에서 가장 아름다운 여인을 줄 것을 약속하며 자신을 선택해 줄 것을 부탁하였다. 이에 파리스는 아름다운 여인을 약속한 사랑과 미의 여신 아프로디테를 선택했고, 여신은 약속대로 그를 스파르타 왕 메넬라오스의 아내인 헬레나에게 안내했다. 그는 스파르타 주민들의 열렬한 환영을 받았는데, 메넬라오스가 크레타 섬에 가 있는 동안 헬레나를 유혹하여 스파르타를 빠져나왔다. 아내를 빼앗긴 메넬라오스는 형인 미케네의 왕 아가멤논을 총수로 추대하고 그리스의 영웅들을 모아 아내를 되찾기 위해 트로이 원정에 나섰다. 이상에서 보듯이 그리스 신화에서 10년 동안 무수한 전사들이 피를 쏟았던 트로이 전쟁의 빌미를 제공한 것은 남편을 버리고 외간 남자를 따라간 헬레나였다.

여태까지 파우스트는 완전히 수동적인 입장에서 행동했지만, 이제 세계 제일의 미남 미녀인 헬레나와 그녀를 납치해 간 파리스를 당장 주문으로 눈앞에 불러내는 데 성공하면, 공허와 허위의 세계에서 벗어나고 자아 상실의 경지에서 구원받게 된다. 깊은 생각 없이 그 청을 따르기로 한 메피스토펠레스는 파우스트와의 대화에서 자신이 얼마나 어렵고도 무모한 과제를 떠맡았는지를 인식하게 된다.[36]

> 그런 일이 척척 될 수 있다고 망상하시는군요.
> 이번 일은 험준한 단계에 부딪히게 되었소이다.
> 전혀 생소한 영역에 손을 내밀었으니,
> 결국에는 불손하게도 새로운 빚을 지게 될 것이오.
> 대체 헬레나를 금화 대신 쓰는 종이 도깨비처럼,
> 그렇게 쉽사리 불러낼 수 있다고 생각하시다니요.
> 각종 마녀나 바보 년, 엉터리로 만든 도깨비를,
> 목구멍에 혹이 난 난쟁이 같은 것들이야
> 당장 대령시키겠지만,
> 비난할 여지는 없다고 할지라도 악마의 애인 따위를
> 고대의 그 유명한 여자라고 내세울 수는 없는 노릇이외다. (6193행 이하)

북유럽 기질의 메피스토펠레스는 이교도적이며 고전적 미의 전형인 헬레나에게 접근할 수 없고, 그녀는 메피스토펠레스의 영역을 넘어서는 곳에 있다. 이것은 메피스토펠레스의 내면의 한계성을 나타낸다. 이에 비해 파우스트에게는 마성이 이제는 미로 향하고 있다. 파우스트는 관념적인 미를 이제는 가시적인 감각적 현상으로 나타내려는 충동을 억제하지 못한다. 따라서 그는 메피스토펠레스를 어두운 복도로 불러내 도와주기를 간청하지만, 메피스토펠레스는 이교(異教)의 영들에게는 아무런 힘도 쓸 수 없다고 거절한다. 부정의 영인 메피스토펠레스는 브로켄 산의 발푸르기스의 밤에 등장한 그로테스크하고 추악한 귀신들의 세계는 자기의 활동 무대가 될 수 있지만, 고대 그리스 문화의 빛나는 이상미에 대해서는 아무런 흥미를 가질 수가 없어서 어려운 상대일 수밖에 없다. 그래서 몹시 당황한 채 이 사건에 말려든 메피스토펠레스는 파우스트에게 도움을 줄 수가 없어, 다만 헬레나와 같은 고대의 이교도들은 〈어머니들 *Mütter*〉이라는 독자적인 지하의 세계에 살고 있다는 비밀을 폭로할 따름이다.[37]

> 메피스토펠레스   그런 지고한 비밀을 털어놓고 싶지는 않지만,
> 　그 여신들은 적막한 곳에 도도하게 좌정하고 있는데,
> 　그들 주위에는 공간도 없고 시간도 없소이다.
> 　그들에 대한 이야기를 하는 것조차 당황스럽지요.
> 　그것은 어머니들이외다!
> 파우스트   (깜짝 놀라서) 어머니들!
> 메피스토펠레스   소름이 끼치나이까?
> 파우스트   어머니들! 어머니들이라! ─ 이 얼마나 이상한 울림인가! (6212행 이하)

이와 같이 파우스트와 메피스토펠레스는 아이러니가 뒤섞인 설전을 거듭한 끝에, 메피스토펠레스는 할 수 없이 〈어머니들〉의 나라를 〈상기시키고〉 있다. 그런데 이 〈상기시키다〉는 행위 자체가 심리학적으로 〈어머니〉를 암시한다. 〈상기시키다〉는 곧 〈몰입하다〉와 관계되며, 〈기억하다〉의 오늘날 사전상 의미는 지나간 것의 되새김을 뜻한다. 슈타이거 Emil Staiger는 〈상기시키다〉의 의미에 〈정취에 몰입하다〉의 뜻을 부가하면서 〈상기시키다〉는 〈과거, 현재, 그리고 미래에 관계될 수 있다〉[38]고 주장했으며, 동시에 과거적 의미를 특별히 부여했다. 즉 〈상기시키다〉는 모든 것이 발생한 상태로 되돌아간다는 〈어머니의 품에 돌아감 *Rückkehr in den Mutterschoß*〉의 뜻으로 시적인 마력의 힘을 가지고 있다. 정취는 일단 체험했을 때에만 가능한 과거의 것이다.[39] 이러한 배경에서인지, 헤세 Hermann Hesse의 작품에서도 어머니를 상기시키는 묘사가 많은데, 특히 『나르치스와 골드문트』

에 이러한 장면이 자주 묘사되고 있다. 이 작품의 마지막 부분에서 골드문트는 죽어 가면서 나르치스에게 어머니는 모든 존재의 근원 형상이라고 말하고 있다. 〈전에 나는 나의 어머니를 잊어버리고 있었는데 자네(나르치스)가 이상한 힘을 가지고 불러내 주었네. 그때 동물의 아가리가 내 심장을 물고 늘어진 것처럼 무섭게 아팠어. 그때 우리는 아직 젊었지. 예쁜 소년이었지. 그러나 벌써 그때 어머니는 나에게 소리치고 있었지. 나는 따르지 않을 수 없었어. 어머니는 어디든지 있다네. 그녀는 집시의 여인 리제였었네. 니콜라우스 스승의 아름다운 마돈나였었네. 그녀는 생명이요, 사랑이요, 쾌감인 동시에, 또한 불안이요, 굶주림이요, 충동이었어. 그녀는 지금은 죽음이며, 손가락을 내 가슴속에 쑤셔 넣고 있네.〉[40]

이 어머니들의 나라는 일체의 생명의 형상이 생성되는 영역이다. 어머니들의 영역으로 가는 길은 〈영적인 과정이요, 또 영적인 모험〉[41]이다. 이 영역으로 가려는 자는 〈영적인 초감각적 현상〉[42]까지 접근할 수 있어야 한다. 〈아무도 들어가 보지 않은, 발을 들여놓을 수도 없는 이 길은 내면적인 사건을 뜻하며, 최대의 활동력과 동시에 정신적인 결단을 필요로 하는 지각〉[43]을 가지게 되는 것을 말한다.

1) 근원 현상

〈어머니들〉의 말은 파우스트에게 매우 충격적이다. 파우스트는 그 말을 듣고 싶어 하지 않는다. 그것은 괴테가 자기 어머니에 대해 본래부터 전혀 듣고 싶어 하지 않는 것의 반영이다. 그는 자기의 근원을 상기시키는 것을 전혀 원하지 않는 것이다. 즉 괴테는 굳어지려고 하지 않아 실제로 파우스트에게 그렇게 언급시키고 있다. 어머니란 〈고수되는 것 Das Beharrende〉, 〈변화되지 않는 것 Das Unwandelbare〉이다.

『파우스트』에서 어머니가 고수되고, 변화되지 않는 것으로 묘사되는 것은 괴테 자신의 어머니의 변하지 않음을 상징한다. 어머니는 하나의 〈찍힌 형태 eine geprägte Form〉이며 그러한 것으로써 자기 자신의 목적으로 발전해 갔던 것이다. 괴테는 그러한 근원으로 내려가는 것에 몸서리친다. 〈전율이야말로 인간다움의 가장 좋은 천성 Das Schaudern ist der Menschheit bestes Teil〉(6272행)인 것이다.

다시 말해서 파우스트의 어머니상에 괴테의 실제 어머니의 모습을 연상할 수 있다. 인생은 괴테의 어머니에게 이미 독특한 자연, 하나의 괴테적인 형태를 만들어 주었기에 괴테가 만난 여느 사람들의 경우와 달리 이 어머니의 이상은 창작할 수가 없다. 괴테는 자기 자신을 바꾸어 나갈 뿐만 아니라, 동시에 자기의 체험권과 시 작품에 등장하는 모든 사람도 바꾸어 갔다. 그러나 그의 어머니는 바꿀 수 없었고 변용하지도 않았다. 어머니는 하느님이 만들어낸 인간 그대로 머물러 있어야 했으며 실제로 괴테에게 영원한 신비로 남아 있었다. 이윽고 파우스트가 마지막 비밀인 어머니들의 나라로 내려갈 때에도 거기에 어머니들의 말은 없다. 모든 것은 예감뿐이며, 이 심연은 각자가 스스로 메워야 한다.[44]

이러한 괴테의 실제 어머니상처럼 『파우스트』의 〈어머니들〉 역시 어디에도 존재치 않으므로 원형상 *Urphänomen*도 아니고 형태도 없다. 이렇게 어머니들의 대상이 없어 이를 구체화시킬 수 없는 추상적 존재란 내용이 작품의 다음 장면에 나타난다. 즉 무의식적 환상 속에 구름의 형태가 어머니들의 심리적 상태로 나타나고 있는 것이다.

> 이미 생성된 것에서 빠져나와
> 매인 곳이 없는 형상들의 나라로 가시오!
> 이미 오래전부터 존재하지 않는 것을 즐겨 보십시오!
> 이리저리 떠다니는 구름처럼 달라붙는 것이 있을 테니,
> 이 열쇠를 휘둘러 몸에 닿지 않도록 하시오! (6276행 이하)

여기에서 어머니들이 비실체 명사인 구름과 연결되어 추상적 의미를 띤다. 이는 어머니들이 구름으로 체험될 수 없고 예감되기 때문에 어머니들의 마력이 생긴다. 다시 말해 어머니들은 안개나 연기처럼 형체가 없으므로 인간 차원인 파우스트의 현실에서 실현 불가능한데,[45] 이러한 존재상을 『파우스트』의 아래 내용이 나타내 준다.

> 형상이 생기기도 하고, 형상이 바뀌기도 하고,
> 영원한 의미의 영원한 유희를 할 것이오. (6287행 이하)

〈주위에는 온갖 피조물의 영상이 떠돌지만〉(6289행)의 말에서 형태의 유동성을 느낄 수 있다. 괴테의 유기적인 자연관에 따르면 일체 사물의 발생과 생성은 자연의 내부, 즉 그 모태가 지니는 〈원형〉에서 생긴다. 이 원형에서 화목조수(花木鳥獸)뿐만 아니라 인간까지도 생성되며, 동서남북, 과거, 현재, 미래에 걸쳐서 하나하나 다른 형태로, 그러나 근원적으로는 유사한 형태로 나타나게 되는 것이다. 괴테는 이 원형을 〈근원 형상〉이라고 불렀다. 이렇게 파우스트가 전개하여 보여 주는 세계관은 계몽주의 시대의 우주관이라기보다는 오히려 서구 경건주의를 통해 전해 오는 신비주의에 가깝다.

파우스트가 황제 앞에 불러내야 하는 헬레나도 이 근원 현상인 미의 원형이다. 그러나 파우스트는 이 원형을 찾아 어머니들의 나라로 가야 한다. 그런데 그곳은 공간도 시간도 존재하지 않는 세계로, 시공을 초월해 존재하는 절대의 장소이다. 그리고 이미 생성된 것과 생성하는 모든 것의 도식과 원형이 형태 없는 모습으로 보존되는 곳이 어머니들의 나라이다. 가장무도회에서는 모든 것이 알레고리였다고 보겠으나, 이 장면은 모든 것이 상징적이라고 할 수 있다.

어쨌든 자연의 신비로운 창조적 힘의 근원지인 어머니들의 나라에 가면 파우스트의 욕망은 달성될 것이다. 그러니까 어머니들의 나라는 모든 것의 영원불변의 원리인 이데아의 나라이다. 즉 이 세상에서 생명을 갖는 모든 것의 원형, 창조와 유지의 근본 원칙, 정신세계의 나라, 형상을 얻으려고 노력하는 창조 정신의 나라가 바로 눈에 보이지 않는 어머니들의 나라인 것이다. 이는 생존의 기쁨의 본질로 볼 수 있다. 현실적으로 볼 때, 개체의 파괴와 무화(無化)에도 불구하고, 거기는 동요되지 않고, 실로 〈영원의 생명〉, 〈근원 존재자 Urmutter〉, 〈일자이며 살아 있는 것 das Eine Lebendige〉의 작용의 기쁨이다. 다시 말해, 생존을 향한 헤아릴 수 없는 근원적 기쁨인 것이다. 따라서 〈개체화의 주박(呪縛)의 파괴〉는 존재의 어머니들, 즉 사물의 가장 깊숙한 핵심에 이르는 길이다. 결국 개체끼리 갈등으로 이루어지는 〈현상 세계〉의 한계에 이르러 부정되고 파괴된다. 그와 동시에 현상 세계의 근저에 깔려 있는 〈진실하며 유일한 실재〉, 영원히 파괴를 통해 스스로를 유지하는 고갈되지 않는 〈존재의 어머니들〉 또는 〈근원적인 어머니〉, 다시 말해 존재의 생명이 깊은 기쁨과 함께 긍정되고 소생되는 것이다.

그리하여 파우스트는 메피스토펠레스로부터 그 어머니의 나라로 자기를 인도해 줄 열쇠를 받자, 새로운 힘이 솟아 대사업을 시작하는 감격을 맛본다.[46]

   메피스토펠레스 당신 무슨 물건을 갖게 되었는지 아시기나 하오?
     이 열쇠가 올바른 장소의 냄새를 알아낼 것이외다.
     그놈만 따라가요, 그러면 어머니들한테로 인도할 것이오.
       (……)
     그럼 내려가 보구려.
     아니 올라가 보라고 해도 되겠지!
     똑같은 것이니까요, 이미 생성된 것에서 빠져나와
     매인 곳이 없는 형태만의 나라로 가보시구려!
     이미 오래전부터 존재하지 않는 것을 즐기시구려.
     그리고 오락가락하는 구름처럼 얽히고설키는 무리가 있을 것이오.
     그러면 이 열쇠를 휘둘러 그것을 피하도록 하시오!
   파우스트 알았네. 이것을 꽉 쥐니까 새로운 힘이 솟고
     가슴도 활짝 펴지는 것 같다. 자, 커다란 일을 위해 나서 볼까.
   메피스토펠레스 훨훨 불길이 타오르는 삼발이 향로가 보이면
     제일 깊은 밑바닥까지 이른 것이오.
     향로의 불빛으로 어머니들이 보일 것입니다.
     앉아 있는 이도 있고 서성거리거나 거닐고 있는 이도 있을 것이오.
     그때그때의 처지에 따라 다를 것이오.
     모양이 생기기도 하고 모양을 바꾸기도 하니,
     말하자면 영원한 의미로서의 영원한 유희로서
     주위에는 온갖 피조물의 형태가 떠돌고 있소.
       (……)
     곧장 그 삼발이 향로가 있는 데로 가서
     이 열쇠로 그것을 건드려 보시오.
       (……)

> 그러면 향로는 당신에게 붙어서 충직한 하인처럼 따라올 것이오.
> (……)
> 그리고 그것을 한번 이곳으로 가져다 놓기만 하면
> 옛날 영웅이건 미인이건 어둠의 세계에서 불러낼 수 있소이다. (6283행 이하)

파우스트가 헬레나를 불러낼 수 있기 전에 그는 어머니들한테 내려가 땅속에 머물러 있는데, 그들은 〈형편에 따라, 어떤 사람은 앉고, 어떤 사람은 서고, 또 걷는〉 (6286행 이하) 자세이다. 이 〈어머니들〉의 유래나 소재도 알려지지 않고 있다. 그 시공(時空)을 한정하려 한다든지, 〈어머니들〉을 원이나 현상이나 유형의 개념으로 규정하는 시도는 아무 소용이 없다.

2) 원형적 창조

어머니들이란 영원한 황혼과 고독을 참아 견디면서 창조하는 실재이다. 그녀들은 창조하고 보육하는 원체(原體)인 것이다. 지구 표면에서 형체와 생명이 있는 모든 것은 이것으로부터 발생한다. 숨이 진 것은 정령이 되어 그녀들에게로 돌아간다. 그리고 다시 기회를 얻어 새로운 생존이 될 때까지 그녀들의 보호를 받는다. 언젠가 한 번 정신과 형체를 갖추고 있던 것, 그리고 미래에 갖출 것, 그 모든 것이 그녀들의 무한한 공간 속에서 이리저리 떠돌아다닌다. 그것들이 어머니들을 둘러싸고 있고, 따라서 마술쟁이가 마술로 어느 존재물에 위력을 발휘하거나, 또는 이전에 살아 있던 것에 가상적 생명으로 그들을 불러내려면 그녀들의 나라로 가야 한다.

그리하여 이 세상의 생존, 생성과 발육, 파괴와 재건들 사이에서 일어나는 끊임없는 형태의 변화는 어머니들의 쉬지 않는 작업이다. 따라서 이 땅 위에서 끊임없이 낳고 새로운 생명을 길러 가는 모든 경우에 여성이 주동적인 역할을 하는 것처럼, 저 창조하는 하느님을 여성으로 생각하는 것도 정당하리라. 따라서 창조의 하느님을 어머니들을 뜻하는 성모란 존경의 이름을 드리는 것은 일리가 있다.[47]

이를 다시 요약하면, 어머니들의 나라는 시공을 초월한 세계이다. 이렇게 시공을 초월한 세계인 어머니들의 나라를 메피스토펠레스는 영원한 공허·무라고 한다. 그러나 파우스트는 이 무 속에서 전(全)을 찾으려고 한다. 어머니들의 처소인 지하의 나라에서 되돌아온 파우스트는 어머니들의 상을 이렇게 설명하고 있다.

> 끝없는 곳에 좌정하여
> 영원히 고적하게 지내지만, 그러나 한곳에 모여
> 살아가는 어머니들이여, 그대들의 머리 위에는
> 생명의 형상들이 생명 없이 움직이며 떠돌고 있도다.
> 온갖 광채와 가상 속에서 한 번 존재했던 것이
> 거기서 움직이고 있으니, 그것은 영원히 존재하기를
> 원하기 때문이다.
> 만능의 위력을 지닌 그대들은 그것을 갈라놓고,
> 하나는 대낮의 천막으로, 또 하나는 밤의 지붕
> 밑으로 보내는도다.
> 어떤 자는 대담한 마술사가 찾아내리라.
> 마술사는 자신만만하게 누구나가 소망하는 것을,
> 기적 같은 일들을 마음대로 아낌없이 보여 주리라. (6427행 이하)

어머니들에게서 모든 존재의 원상(原象)을 찾아낼 수 있는바, 헬레나와 파리스의 영상 역시 거기에서 발견할 수 있다.[48] 원형(이데아)이 현실적인 모습을 취하려면 두 가지 길이 있다. 첫째는 자연의 변형 *Metamorphose*인데, 이것은 마술사나 예술가, 시인의 창조에 의한 것이다. 인간의 상상력이 이데아를 정신의 눈으로 포착·표현하는 것이다.

> 어머니들이란 창조하고 보지(保持)하는 원칙으로서, 거기에서부터 이 지구의 표면에 형상과 생명을 가진 존재가 출발하고 있다. (……) 과거에 존재했고 미래에 존재하게 될 모든 영혼과 형태들, 이 모든 것이 어머니들이 머무는 무한한 공간 속에 구름과도 같이 이리저리 떠돌고 있으니, 바로 그러한 것들이 에워싸고 있다.[49]

창조라는 점에서 볼 때, 마술과 예술은 본질적으로 공통점을 지니고 있다.[50] 그러나 이러한 예술가의 마술가의 공통점에서 마술가에 내재된 사기성의 내용에 연결되어 예술가까지 비하되는 경우가 있다. 니체는 예술가란 배우이며 원숭이라고 혹평하였다. 〈예술가는 원숭이 흉내와 같은 재능을 가지고 있다. 그것은 아마도 배우의 경우뿐만 아니라, 도처에 존재하고 있는 예술가의 경우이다. 이들은 날카롭고 흥미로운 비판을 받지만 인식을 끊임없이 북돋아 주는 악마와 어릿광대가 결합된 정신적 기반이다.〉[51] 또 니체는 자신의 저서 『인간적인 것, 너무도 인간적인 것 *Menschliches, Allzumenschliches*』의 188번 경구에 다음과 같은 견해를 피력했다. 〈헤시오도스 앞에서 한번은 음악의 신이 《우리들은 많은 거짓을 말하는 데 정통하다》고 노래했다. 이는 예술가를 한때 마술사로 파악하게 하는 근본적인 발견으로 이끈다.〉[52]

3) 낭만주의적 요소

메피스토펠레스가 주장한 대로, 우리에게 알려지지 않은 여신들인 어머니들의 나라에 가려면, 가장 〈깊은 곳〉으로 숨어 들어가야 한다.

> 파우스트 어머니들! 어머니들이라! — 이 얼마나 이상한 울림인가!
> 메피스토펠레스 사실 그렇지요. 죽을 운명의 인간들에겐
>   알려지지도 않았고, 우리도 부르기를 꺼려 하는 여신들이올시다.
>   그들의 처소를 가려면 가장 깊은 곳으로 숨어 들어가야 합지요. (6217행 이하)

하강의 뜻을 암시하는 깊은 곳의 상징적 의미가 신화(神話) 시대의 사고에서 큰 기능을 차지한다. 하강이란 곧 모든 생물의 종국적인 모체요, 보호자인 넓은 관용의 대지, 즉 어머니의 연상으로 향하는 것이다. 상하의 대조적 의미는 하늘과 땅이라는 좀 더 구체적인 관계의 형태를 띨 때 상징될 수 있으며, 그럼으로써 소위 〈신화형 *Mythoid*〉의 정의가 이루어질 수 있다.

이렇게 어머니의 태내(胎內)는 자기가 나온 암흑이다. 그러나 파우스트는 청명

으로 올라갈 것을 원하므로, 괴테는 메피스토펠레스에게 이 부분에서 〈올라오라 Steigen〉(6275, 6295, 6304행)든지 〈높이에로 Hinauf〉라는 말을 하게끔 한다.[53]

> 그러나 사람은 누구나 자기 감정을
> 위로 높이, 앞으로 멀리 이끌어 가도록 타고났으니. (1092행 이하)

이렇게 어머니의 세계는 암흑의 밤을 연상시키는데, 이는 낭만주의 문학의 특색으로 볼 수 있다. 즉 논리적으로 해명하거나 제시할 수 없는 것, 어떤 근원적인 것, 모든 것이 생성되는 원초적인 것, 신비스러운 것을 낭만주의자는 밤이라고 명명하였다. 이러한 밤의 요소들은 오직 죽음 속에서만 경험되는 것으로 보았으며, 이 지점으로부터 낭만주의자는 피상적 세계에 대한 이해를 시도한다. 이러한 낭만주의 문학에서는 꿈이나 수면(睡眠) 등의 무의식에 연관되는 밤의 세계를 어머니의 세계로 규정하고 있다. 꿈에서와 마찬가지로 수면 중에도 인간과 자연의 합치를 볼 수 있다는 관점에서 꿈의 근원적 영역으로 소급하는 것이다. 즉 수면 중에 꿈의 현상이 나타나기 때문에, 수면도 마찬가지로 무의식 상태이다. 낭만주의 심리학자 슈베르트 Schubert가 밤의 휴식은 지상의 생물이 어머니의 품 안으로 돌아가는 것이며, 새로 탄생하는 것이라고 표현한 바와 같이, 수면이라는 무의식 상태로 돌아가는 것은 인간에게 재생의 작용이며, 무의식은 세계 영국(世界靈國)이다. 이와 같은 영역에서 자연과 인간이 초자연적 합치에 달하는 것이라면, 수면의 영속(永續), 즉 무의식 상태의 영속은 죽음이고, 죽음 속에서 인간과 자연의 영원한 합치를 이룩하게 된다고 볼 수 있겠고, 죽음 같은 무의식 상태에서 인간은 모든 생명체의 근원인 모체(母體)로 귀의하는 것이다. 따라서 밤은 모체이며 밤에 대한 동경은 죽음에 대한, 또는 인간 본원에 대한 동경으로 발전해 간다. 그러나 밤은 우주 창조 이전 정돈된 대과거(大過去)이며, 혼돈 Chaos이라는 설은 성서와 고대 그리스에도 있었다.[54] 어두운 혼돈 속에서 신은 세계를 창조해 냈다는 뜻이다.

어둠이 만물의 모체라는 생각은 유럽의 철학과 문학에서 흔히 볼 수 있는 사상이다. 특히 독일 문학 중에서 낭만파의 노발리스 Novalis에게 있어 이 어둠은 중요한 역할을 하고 있다. 메피스토펠레스도 자기 나름의 우주론을 어둠을 중심으로 전개한다.

> 난 당신한테 에누리 없는 진리를 말씀드렸소이다.
> 인간이라는 어리석은 소우주는
> 흔히 자기를 전체로 생각하고 있지만 −
> 나 같은 놈은 처음에는 일체였던 것의 한 부분의 또 한 부분이오.
> 빛을 낳은 어둠의 한 부분이지요.
> 그 교만한 빛은 이제 모체였던 밤을 상대로
> 해묵은 자리와 공간을 서로 뺏으려고 하지만,
> 그러나 될 일이 아니요. 아무리 몸부림쳐 봐도,
> 빛은 물체에 달라붙어 떨어지지 않으니 별수 없소.
> 빛은 물체에서 흘러나와 아름답게 하지만
> 그러나 물체는 빛의 진로를 막아 버리지요.
> 그러니까 오래지 않아 빛은
> 물체와 더불어 멸망하고 말 것이오. (1346행 이하)

악마 메피스토펠레스의 말대로 혼돈된 어둠이 바로 빛의 모체이다. 그러니까 창세기 이전에는 어둠만 있었다. 그런데 빛이 우주의 일부 공간을 앗아 갔기 때문에, 그 후로는 어둠도 전체가 아닌 일부가 된 것이다. 따라서 메피스토펠레스 자신은 그 어둠의 일부의 일부이다. 그러나 어두운 밤은 여전히 자기의 권리를 주장하고 있다. 빛은 항상 어둠의 생산물인 물체에 달라붙어 떨어지지 않는다. 즉 빛은 물체에 의해 그 존재를 나타내게 되니까 언젠가는 그 물체와 더불어 멸망하게 된다는 것이다.[55]

어두운 밤에 대한 친근감과 밤의 〈어머니〉란 환영(幻影)은 일대 가치관의 전도이다. 즉 인류 문화사의 전진이 아니라 과거로의 역행을 의미한다. 여기에 낭만주의가 인류 역사에 역행할 징후가 잠재해 있는 것이다. 즉 시간의 심층(深層)으로 하강함으로써, 인간은 자아 존재, 인간 존재, 실존의 심층부로 침입하는 것이며, 신화적인 것을 발견하여 괴테가 이미 파우스트에서 표명한 〈어머니들〉(6262행)

에게로 가는 것이다. 낭만주의자는 무 Nichtsein 위에 있는 밤을 추구하다가 밤에 둘러싸여 침하(沈下)한다. 노발리스의 「밤의 찬가 Hymnen an die Nacht」 중 제2찬가에서 〈밤〉은 무시간적이고 〈잠〉의 지속[56]은 영원하며, 성스러우나 우매한 자는 〈밤〉과 〈잠〉의 뜻을 모른다고 찬미한다. 밤과 관련되는 것은 〈땅〉이다. 제6찬가 〈죽음의 동경 Sehnsucht nach dem Tod〉[57]에서 낮의 세계를 떠나 대지의 품 안으로 들어가는 것을 승천이라 하고, 제5찬가에서 〈물〉의 어둡고 푸른 심부를 여신의 품 안으로 찬미하고 있다.[58] 이러한 여신의 품 안이 모성의 상징인 것이다.

그러면 어머니들을 찾아가는 파우스트의 길은 무엇을 의미하는가. 메피스토펠레스가 말하는 하강 Versinken(6275행) 내지 상승 Steigen(6275행)이란 작가의 자기 내면으로의 침잠을 뜻한다. 이에 관해 레스케는 〈어머니들로 향하는 파우스트의 길이란 독창적인 순간을 보여 주고 있는데, 이는 자아 침잠을 통하여 작가의 영혼 안에 미의 영상이 일깨워지기 때문이다〉라고 말하여 비제 Benno von Wiese의 해석과 거의 문자 그대로 일치하고 있다. 또한 슈트라이허는 파우스트의 길이 프로그램으로만 초안되었을 따름인데, 그 이유는 어머니들이란 원칙의 대상이 아니므로 이를 구체화시킬 수 없으며, 그저 추상적인 개념으로만 서술할 수 있다고 주장한다. 이 길(Weg 또는 Gang)이란 개념도 어떤 공간적 시간적 병렬 조직에 배열시킬 수 없는 추상적 원칙에 대한 비유적 표현이라고 설명하고 있다.

4) 선의 최상의 경지

〈지상 최고의 선〉으로 평가받는 아름다움의 이상에 대한 괴테의 견해를 종합해 본다면, 그것은 모든 선의 수준 높은 총화이다. 이러한 선의 최상의 수준을 괴테는 〈어머니상〉에 연상시킨다. 이러한 〈어머니상〉은 쉽게 접근할 수 없고, 쉽게 얻을 수도 없기 때문에 〈위험을 내포하는〉 신비스러운 것이기도 하다. 따라서 『파우스트』에서 어머니들은 〈위험한 곳〉으로 상징되고 있다.

> 향로의 불빛을 받아 어머니들을 보게 될 터인데,
> 앉아 있는 이도 있고 서 있는 이도 있으며,

방금 오는 것처럼 걸어가기도 할 것이오.
형상이 생기기도 하고 형상을 바꾸기도 하며,
영원한 의미의 영원한 유희를 하고 있을 것이오.
주위에는 온갖 피조물의 영상이 떠돌고 있지만,
어머니들은 당신을 보지 못할 것이오.
그림자만 볼 수 있기 때문이지요.
그러나 〈위험이 크니〉 마음을 단단히 가다듬고,
저 삼발이 향로 있는 데로 곧장 걸어가서는,
이 열쇠로 그 향로를 건드리도록 하시오!(6285행 이하)

메피스토펠레스의 말에 따라 파우스트는 발을 구르면서 내려간다. 파우스트가 과연 무사하게 돌아오게 될지 악마조차 확언을 못하는 이 어려운 사업은 예술 창조의 고난을 뜻한다. 이 내용의 어머니들의 모습인 〈앉고 sitzen〉, 〈서고 stehen〉, 〈오고 gehen〉 등의 행동은 형태상 돌 Stein, 식물 Pflanze과 동물 Tier의 모습을 각각 상징한다. 이는 어머니들의 모습이 움직이고, 형상화되고, 정지되어 있어, 그들의 모습을 예측할 수 없음을 나타낸다. 위 『파우스트』의 내용처럼 횔덜린의 찬가 「파트모스 Patmos」에서도 〈위험한 곳〉이 〈어머니상〉에 연상되고 있다.

가까이 있으면
붙들기 어려워라, 신은.
그러나 〈위험이 있는 곳〉엔
구원도 따라 자란다.

Nah ist
Und schwer zu fassen der Gott.
Wo aber Gefahr ist, wächst
Das Rettende auch.

이 내용에서 〈위험이 있는 곳〉은 깊숙한 곳을 의미한다. 그곳은 신과 가까운 곳이고 재생의 기원지로서 어머니들의 깊은 곳으로 연상된다. 다시 말해 횔덜린의 시에 나타난 〈위험이 있는 곳〉은 모성의 장소로 어머니를 상징하는 것이다.

3. 결론

작품 『파우스트』의 주인공인 파우스트의 발전 과정을 깊이 연구해 보면, 그는 자신이 접하는 여주인공 그레트헨과 헬레나의 여성적 영향을 강하게 받는데, 여기에서 모성적 현상을 느낄 수 있다. 따라서 작품 『파우스트』에서 첫 번째 주인공인 그레트헨의 모습에서 어머니상으로 시작하여 작품의 마지막 구절인 〈영원한 여성적인 것〉으로 끝나는데, 이는 여성의 원천인 어머니상으로 끝난다고 볼 수 있다. 이러한 배경에서 괴테는 파우스트를 〈그레트헨－헬레나－영광의 성모－영원한 여성적인 것〉의 점점 고차적인 여성의 단계로 상승시키며, 이 여성의 원천으로 〈어머니상〉을 연상시키고 있다. 이는 파우스트 자신이 〈어머니들〉의 세계에 내려가 인간 구원의 길을 터놓는 장면과 대단원에서 모든 모성적인 것이 천상과 지상의 화합을 이룩하는 장면으로 잘 나타나고 있다. 여기에서 어두운 밤에 대한 친근감과 밤의 〈어머니〉로의 환영(幻影)은 심리적인 어머니상을 잘 나타내 준다. 또 시간의 심층으로 하강함으로써 인간은 자아, 존재와 실존의 심층부로 내려가는 것이며, 신화적인 것의 발견 등이 파우스트가 표명한 대로 〈어머니들〉에게 연관된다. 지상 최고의 선으로 평가받는 아름다움은 모든 선의 수준 높은 총화이다. 괴테는 이러한 선의 최상의 수준을 〈어머니상〉에 연관시키는 것이다. 괴테는 나중에 제자에게 한 시사를 준다. 플루타르코스 Ploutarchos나 고대 그리스에서 어머니상을 발견하고 개작을 했다는 것이다.[59]

〈당신에게 이 이상은 더 내용을 밝혀 드릴 수 없소〉 하고 그(괴테)는 대답하였다. 〈어머니들을 신성으로 다루고 있는 이야기는 플루타르코스에서나 고대 그리스에서 볼 수 있습니다. 내가 전설에서 얻은 것은 이것이 전부고, 그 밖은 나 자신의 창안입니다. 이 원고

를 드릴 테니 집으로 가지고 가서 전체를 잘 연구하여 어디까지 소화할 수 있는가 시험해 보시오.〉[60]

거기에는 그러나 〈시칠리아에 있는 어느 거리가, 어머니들로서 존경을 받고 있는 여신들에 의해 유명해졌다 *eine zwar nicht große, aber uralte Stadt in Sizilien, und wegen der Erscheinung der Göttinnen, welche die Mütter heißen, berühmt*〉[61] 라고 쓰여 있을 뿐이다. 이렇게 어머니들이란 말은 이미 플루타르코스에서도 나오지만, 이것은 괴테의 독창적인 신화이며, 또 독자적인 세계관의 표현이라고 할 수 있다. 그러나 괴테는 자기 작품에서의 〈어머니들〉의 문제를 최종적으로 해결시키지 못한 채 남겨 두었다. 제자인 에커만이 〈어머니들〉에 대한 질문으로 이 시적 창조 과정의 비밀이 어디에 있는지를 물었을 때, 괴테는 원고를 읽어 보라고 말없이 그의 손에 쥐어 주고는, 〈자네가 어떻게 해내는지 봤으면 좋겠어! *Mögen Sie sehen, wie Sie zurecht kommen!*〉라고 말하였다.[62] 괴테는 에커만의 질문을 받았을 때, 실제로 아무런 교시도 주려고 하지 않고, 다만 큰 눈으로 그를 쳐다보고 자신의『파우스트』시구를 인용할 뿐이었다. 〈어머니들, 어머니들이라, 이 얼마나 이상한 울림인가! *Die Mütter! Mütter! — 's klingt so wunderlich!.*〉(6217행)

주

1 안진태, 『괴테 문학의 여성미』(열린책들, 1996), 115면.
2 『그리스·로마 신화』, 강봉식 역(을유문화사, 1972), 35면 이하.
3 James Mooney, The Ghost-Dance Religion and the Sioux Outbreak of 1890, in: *Annual Report of the Bureau of American Ethnology*, XIV, 2(Washington, 1896), p.721, 724.
4 Dieter Gutzen 외, 『독일 문예학 입문』, 한기상, 권오현 공역(탑구당, 1990), 178면.
5 박찬기, 『독일문학사』(일지사, 1984), 189면.
6 Wolfgang Kayser, *Das sprachliche Kunstwerk. Eine Einführung in die Literaturwissenschaft*, 8. Auflage(Bern, 1978), S. 56.
7 Elisabeth Frenzel, *Stoff-, Motiv- und Symbolforschung*(Stuttgart, 1987), S. 24.
8 오태진, 「만물상」, 조선일보 2008년 9월 16일 자.
9 J. W. von Goethe, *Faust*, 11997행 이하.(이하 해당 부분에 행수만 기록함)
10 J. W. von Goethe, *Die Leiden des jungen Werther*, in: *Goethes Werke* in 14 Bänden, Bd. 6, hg. von Erich Trunz(München, 1986), S. 21.
11 그레트헨의 죽은 여동생.
12 Albrecht Weber, *Wege zu Goethes Faust*(München, 1968), S. 88.
13 J. W. von Goethe, *Goethes Werke* in 14 Bänden, Bd. 1, hg. von Erich Trunz(München, 1988), S. 45.
14 카를 리하, 『지금 이 순간』, 김광규 옮김(민음사, 1991), 27면.
15 Rainer Erb, Der Ritualmord, in: Julius H. Schoeps u. Joachim Schlör(Hg.), *Antisemitismus. Vorurteile und Mythen*(München/Zürich, 1995), S. 74.
16 황윤석, 『독일 고전주의 시』(탑구당, 1980), 52면.
17 Heinrich L. Wagner, *Die Kindermörderin*, hg. von Jörg-Ulrich Fechner(Stuttgart, 1990), S. 80.
18 〈유아 살해모〉라는 단어는 사실 민중들 사이에서는 이미 오래전부터 사용되고 있었다. Heinrich L. Wagner, a.a.O., S. 165.
19 같은 책. S. 171.
20 J. W. von Goethe, *Dichtung und Wahrheit*, in: *Goethes Werke*, hg. im Auftrag der Großherzogin Sophie von Sachsen, Weimarer Ausgabe(Weimar, 1999), 3. Teil, S. 251 f.
21 Jakob und Wilhelm Grimm, *Kinder- und Hausmärchen*, Nr 47.
22 셰익스피어, 『햄릿』, 이종구 역(한영출판사, 1978), 93면 이하.
23 Benno von Wiese, Faust Tragödie und Mysterienspiel, in: Ders. *Die Deutsche Tragödie von Lessing bis Hebbel*(Hamburg, 1948), S. 141.
24 이명제, 「Gretchen 비극의 의의」, 『독일문학』 제8집(1969), 51면.
25 Thomas Mann, *Gesammelte Werke* in 13 Bänden, Bd. 11(Frankfurt/M., 1974), S. 1131 f.
26 Ernst Busch, *Goethes Religion*(Tübingen, 1945), S. 315.
27 Richard Friedenthal, *Goethe, Sein Leben und seine Zeit*(München, 1963), S. 635.
28 Thomas Mann, *Gesammelte Werke* in 13 Bänden, Bd. 10(Frankfurt/M., 1974), S. 197.
29 Franz Alt, *Das C. G. Jung Lesebuch*(Frankfurt/M.-Berlin, 1986), S. 141.
30 같은 곳.
31 고익환, 「헬레나 비극의 의의」, 『파우스트 연구』(문학과지성사, 1986), 192면.(이하 「헬레나 비극」으로 줄임).

32 괴테, 『파우스트 Ⅰ · Ⅱ부』 대학고전총서 6, 강두식 역주(서울대학교출판부, 1988), 406면. (이하 『파우스트 Ⅰ · Ⅱ부』로 줄임)
33 C. G. Jung, *Welt der Psyche*, Zürich u(Stuttgart, 1954), S. 52.
34 『파우스트 Ⅰ · Ⅱ부』, 401면 이하.
35 「헬레나 비극」, 177면.
36 같은 책, 108면.
37 같은 책, 109면.
38 Emil Staiger, *Grundbegriffe der Poetik*(Zürich, 1955), S. 62.
39 이유영, 『독일 문예학 개론』(삼영사, 1986), 219면.
40 Hermann Hesse, *Narziß und Goldmund, Gesammelte Werke* in 12 Bånden, Bd. 8(Frankfurt/M., 1970), S. 318 f.
41 Benno von Wiese, *Die deutsche Tragödie von Lessing bis Hebbel*(Hamburg, 1958), S. 129.
42 같은 책. S. 149.
43 같은 책. S. 150.
44 Richard Friedenthal, a.a.O., S. 15.
45 안진태, 『괴테 문학의 신화』(삼영사, 1996), 217면.
46 『파우스트 Ⅰ · Ⅱ부』, 227면 이하.
47 Johann Peter Eckermann, *Gespräche mit Goethe*, 10. Oktober 1830.
48 「헬레나 비극」, 111면.
49 J. W. von Goethe, *Gespräche mit Eckermann*, Bd. Ⅱ, 2. Aufl. hg. und eingeleitet von Franz Deibel(Leipzig, 1908), S. 170.
50 『파우스트 Ⅰ · Ⅱ부』, 237면 이하.
51 F. W. Nietzsche, *Gesammelte Werke* in drei Bänden, hg. von Karl Schlechta, Bd. Ⅱ (München, 1988), S. 1197.
52 같은 책, S. 812.
53 Richard Friedenthal, a.a.O., S. 682.
54 지명열, 『독일 낭만주의 연구』(일지사, 1981), 38면 이하.(이하 『독일 낭만주의 연구』로 줄임)
55 『파우스트 Ⅰ · Ⅱ부』, 75면.
56 J. Minor(Hg.), *Novalis Schriften*, hg. v., Ⅰ. Bd. S. 12 f..
57 Hinunter in der Erde Schoß,/Weg aus des Lichtes Reichen,/ (……) Wir kommen in dem engen Kahn/Geschwind am Himmelsufer an.
58 『독일 낭만주의 연구』, 39면.
59 Johann P. Eckermann, *Gespräche mit Goethe*, 10. Januar 1830.
60 같은 곳.
61 Emil Staiger, *Goethe 1814～1832*(Zürich, 1959), S. 300.
62 Richard Friedenthal, a.a.O., S. 705.

제2장 가족극 관점에서 본 레싱의 「에밀리아 갈로티」

레싱 Gotthold Ephraim Lessing의 희곡 「에밀리아 갈로티 Emilia Galotti」는 18세기 희곡 가운데 가장 논란이 많은 작품에 속한다. 논란의 초점은 이 작품의 소재와 직접적인 연관으로 「에밀리아 갈로티」의 갈등을 지배 계급과 피지배 계급 사이의 대립으로 보느냐, 또는 단순히 부도덕과 도덕성의 대립으로 보느냐 하는 문제이다. 즉 이 작품은 정치극인지 또는 가족극인지에 관해서 학계에 많은 논란이 되고 있다. 그러나 필자의 의견으로 볼 때, 레싱은 정치성을 가능한 배제하여 한 가정의 파탄을 내용으로 비극을 만들려고 했던 것 같다. 이 장에서는 이를 규명하기 위하여 갈로티 가족의 특성을 밝힘으로써, 18세기의 가족 구조를 개괄해 볼 뿐 아니라, 가족 서로 간의 관계로 야기되는 재난을 규명하고자 한다. 즉 이 드라마가 정치극인지 가정극인지의 논란에 등장인물 개개인의 심층 분석으로 가정극이란 해답을 내리는 것이 이 연구의 목적이다. 따라서 이 연구에서는 궁정 형태의 정치가 에밀리아의 가족과 대조되는 사실 이외에 작품의 정치적 성격은 취급하지 않고자 한다. 그리고 비극적 주인공의 문제 해결도 이 장의 주제를 벗어난다.

1. 「에밀리아 갈로티」는 가족극인가?

작품 「에밀리아 갈로티」가 가족극인가 혹은 정치극인가 하는 꾸준히 되풀이되는 문제 제기에 대한 명확한 답변은 어렵다. 그러나 「에밀리아 갈로티」는 정치적 관련이 없는 비르기니아 Virginia 모티프의 문학적 개작이다. 로마의 초대 황제 아우구스트 시대의 역사학자 리비우스 Titus Livius가 서술한 바에 의하면, 불행한 비르기니아의 운명은 기원전 5세기의 로마에서 귀족과 평민 사이의 투쟁으로 나타난다. 당시의 권력자 아피우스 클라디우스가 평민 계급의 처녀 비르기니아에게 반해 그녀를 수중에 넣기 위해 권력을 부당하게 휘두르자, 그녀의 아버지는 딸의 순결과 자유를 지키기 위해 딸을 칼로 찔러 죽인다. 이를 본 대중은 격분하여 봉기를 일으켜, 아피우스 클라디우스를 위시한 독재자들은 몰락하고, 민주 제도와 법질서가 다시 회복되었다. 한 처녀에 대한 부당한 횡포가 마침내 국가 전복을 야기한 정치적 사건으로 발전된 것이다.

레싱이 「에밀리아 갈로티」의 소재에 몰두하던 1757년부터 작품을 마친 1772년 3월까지 그 자신이 자주 행한 언급에서 볼 때, 그가 「에밀리아 갈로티」에서 정치적 관심사가 없는 비르기니아 개념을 도입했음을 볼 수 있다. 1758년 레싱은 저술가이자 서적상인 니콜라이 Christoph Friedrich Nicolai에게 보낸 서신에서 다음과 같이 서술하고 있다. 〈딸의 생명보다도, 그녀의 도덕을 더 중시하는 아버지에 의해 살해되는 한 딸의 운명 자체가 비극이 되며, 전 국가의 체제가 전복되지 않지만 영혼에 충격을 주기에 충분합니다.〉[1] 또 레싱은 1772년에 자기 형제에게, 〈보다시피 이것은 모든 국가적 관심에서 벗어난 현대적인 비르기니아일 뿐〉[2]이라는 서신을 보냈고, 브라운슈바이크 Karl von Braunschweig 공작에게도, 〈이것은 전체적으로 비르기니아란 고대 로마 이야기를 현대판 옷을 입혀 등장시킨 것〉[3]에 불과하다는 서신을 보낸 적이 있다.

「에밀리아 갈로티」를 단지 정치적 작품으로 보는 많은 해설가들은 레싱의 이 같은 언급을 간과하고 있다. 예를 들어 슈타인하우어 Harry Steinhauer는 자신의 저서 『에밀리아 갈로티의 죄 Die Schuld der Emilia Galotti』에서 신분과 계급의 갈등에 중점을 두어, 이 작품을 정치적 작품으로 보고 있다. 따라서 그는 레싱의 서신에 대해 다음과 같이 평하고 있다. 〈레싱 자신의 의도에 대한 언급에 위축되어서는 안 된다. 이러한 경우에 작가 자신은 믿을 만한 권위가 될 수 없다는 것이 일반적인 평이다. 버나드 쇼는 이 원칙을 이미 고전적이 된 두 가지의 역설로 파악하고 있다.

즉 그의 작품 「상심의 집 Heartbreak House」의 의미에 관한 질문을 받고서, 그는 《왜 나에게 그것을 묻느냐? 나는 단지 저자에 불과할 뿐이다》라고 답변하고 있다. 또 다른 곳에서 작품의 의도에 관한 설전에서 그는, 《내가 그것을 쓸 때는 단지 자극을 받았을 뿐이다》라고 말하였다.〉[4]

여기에 확실한 사실성이 내재되어, 작가 자신의 언급을 완전히 무시하는 것에 주목해야 한다. 「에밀리아 갈로티」는 시민 비극 *bürgerliches Trauerspiel*에 속한다. 시민 비극을 포함한 시민극은 18세기 이전의 종교적·영웅적·궁정적 삶이 아니라, 시기적으로 계몽주의여서 현세적이고, 시민적 삶이 기본이다. 시민 비극은 중세의 종교극처럼, 기독교적 정화는 물론 바로크 궁정 극처럼 감동을 목적으로 하지 않으며, 현세에서의 시민적 삶을 위한 교훈을 담고 있다.[5] 바로크 시대에 궁정은 축제의 중심이었기 때문에 궁정 극이 성행했다. 군주는 결혼식, 즉위식, 영접, 성인 축제일, 정원 행사 등 계기가 있을 때마다 축제(마상 시합, 사냥, 행진, 불꽃놀이, 사교 춤, 연극, 오페라, 발레, 만찬)를 성대히 벌여 자신의 권력을 과시했다. 화려한 축제를 치르기 위해선 화려한 무대와 무대 배경(궁정, 정원, 분수, 대리석 조각 등)이 필요했으며, 축제에 참가한 사람들은 최신 유행하는 의복과 가발을 착용하여 자신의 외관을 한껏 뽐냈다. 하지만 알레빈 Richard Alewyn은 초기 근대의 궁정 문화를 이해하는 데 매우 중요한 저서 『거대한 세계 극장 *Das große Welttheater*』에서 궁전 축제 및 행사의 공허한 이면을 지적하고 있다.[6] 바로크 시대 사람들은 비어 있는 공간에서 자신의 공허함을 보았으며, 이 공간을 과시욕으로 가득 찬 화려함으로 채움으로써 자신을 바라보아야 하는 고통에서 벗어날 수 있었다. 공허를 메우는 작업, 이것은 우리가 부정하고 싶어 하는 인간의 정신적, 육체적 활동의 본질이며, 바로크 시대의 문화와 예술은 이러한 통찰을 가장 웅변적으로 증거하고 있다. 이러한 바로크 예술에는 결국 감각적 즐거움과 우울, 영원과 허무, 고양과 몰락, 질서와 무질서의 양극단이 공존할 수밖에 없었다. 절대주의와 반종교 개혁에 봉사하는 바로크 예술은 화려하고 과시적인 특징을 지니고 있었다. 그것은 언제나 수용자에게 미치는 영향을 고려하였으며, 역동적이고, 감각적이며, 환상적인 이미지를 만들어 냈다. 이러한 바로크 예술은 화려함과 구원에 대한 열망을 통해 인생에 대한 허무함과 우울함을 덮어 버린다. 하지만 그것은 허무함과 우울함을 노골적으로 드러내기도 한다. 바로크의 회화는 꽃, 양초, 화폐 및 장식품, 왕관, 교황관(冠), 지구의(地球儀), 해골, 거울, 모래시계, 현악기 등 다양한 사물 상징을 통해, 혹은 폐허의 묘사를 통해 인생의 덧없음을 반복해서 주제화하고 있다. 크게 보아 바로크 예술에 삶의 덧없음에 대한 묘사가 기독교적인 구원과 영원의 의미를 강화하는 기능을 맡고 있었지만, 기독교적인 위로 consolatio는 현세의 삶과 우울함의 결합을 떼어 놓지 못했으며, 특히 루터교의 영향하에 이러한 결합은 오히려 강화되었다고 볼 수 있다.

이러한 바로크 예술의 영향을 받은 바로크 궁정 극과는 달리, 시민 비극의 전제 조건은 극중 주인공인 시민 계급의 실재와 비극적 내용을 실체화하는 극 이론의 생성이다. 이러한 관점에서 루카치는 시민극에 대해, 〈시민극은 계급 의식으로부터 나온 최초의 극이다. 그 극의 목적은 자유와 권력을 얻고자 투쟁하는 계급의 감정, 사고방식 및 여타 계급과의 관계를 표현하는 것이다〉[7]라고 정의하고 있다. 그러나 레싱 자신이 〈시민적인 비르기니아 bürgerliche Virginia〉에 관해 언급할 때, 이것을 작품의 정치화로 확대 해석해서는 안 된다. 왜냐하면 〈시민적 bürgerlich〉이라는 말은 동시대적인 단어의 뜻으로 볼 때, 〈일반 사람의 allgemeinmenschlich〉, 〈신분에 얽매이지 않은 nichtstandesangebunden〉, 〈개인적인 privat〉, 〈가정의 häuslich〉 등을 의미하여, 연극 이론적으로 볼 때 〈영웅적인 heroisch〉의 내용에 상반된다.[8] 따라서 오늘날 정치적·사회적으로 사용되는 부르주아적 개념인 〈시민 Bürger〉과는 의미상으로 거리가 멀다. 그렇다고 해서 연극의 정치적 내용이 원래부터 완전히 근거가 없다는 것은 아니다. 1830년대 자유주의자들은 레싱의 정치·사회적 목적 지향설을 부각·강조함으로써 그를 진보적으로 해석하는데, 이의 대표적 인물인 하이네 Heinrich Heine는 「에밀리아 갈로티」의 정치적 내용을 작품 전개의 관점으로 파악하였다.

레싱은 사람들이 알았던 것보다 훨씬 더 정치적이었다. 그의 동시대인들에게서 전혀 볼 수 없었던 특징, 즉 그가 「에밀리아 갈로티」에서 소공국 전제주의의 묘사로써 의도했던 것이 지금 감지된다. 사람들은 그 당시의 그를 정신적 자유의 승리자로서, 또 교회의 독단에 항거한 투쟁자로서만 간주하였다. 왜냐하면 그들은 레싱의 신학적 저술들을 보다 더 잘 이해했기 때문이다.[9]

그러나 레싱은 비르기니아의 소재를 다루면서 점점 소재 대상의 인간적 문제성에 매료되어, 이의 실현을 위해 자기 여주인공의 운명을 정치적 굴레에서 벗어나게 하고 있다. 군인들과 시민들의 봉기로 국가 질서의 전복으로 이끌어 가는 사건 결과는 레싱의 「에밀리아 갈로티」의 비극적 상황과 아무런 관련이 없다. 레싱은 비르기니아 모티프를 역사적 맥락에서 찾지만, 그의 실제적 시대인 18세기에 연결시키지 않고 르네상스 시대의 절대 정치의 소국인 이탈리아에 연결시켜 처음부터 실제적인 사건과 거리를 멀게 하고자 했다. 따라서 이 작품의 해설에서 18세기의 독일적 상황이 이탈리아적 배경을 능가하는 것이 명확하다. 이탈리아의 작은 공국 구아스탈라의 왕자의 신하인 마리넬리 Marinelli와 냉혹한 현실주의자인 마키아벨리 Machiavelli의 이름이 유사한 내용이 관심을 끈다.

15세기의 이탈리아는 〈훌륭한 군주상〉에 대해 고민하기에 적합한 시대였다. 당시의 이탈리아는 주변 국가와 비교하여 월등히 뛰어난 예술, 학문, 정치, 경제적 제도, 생활의 수준을 자랑했는데, 이는 이탈리아가 교황이 머무는 로마를 품고 있는 기독교의 중심이었기 때문만은 아니었다. 이탈리아는 극에 달하는 끝도 없는 영토 싸움과 끊임없는 외부의 침입을 겪고 있기도 했다. 따라서 강력한 군주의 필요성은 이탈리아에 무엇보다 절실한 것이었다. 어떻게 하면 사회가 안정되고 이탈리아는 통일될 수 있을 것인가? 마키아벨리는 가장 적절한 해결책으로 〈마키아벨리즘〉을 내세웠는데, 이의 사상을 담은 저서가 정치적 작품인 『군주론 Il Principe』이다. 무엇보다 〈강력하고 전제적인 군주〉의 필요성을 역설한 마키아벨리가 『군주론』을 쓰면서 염두에 두었던 것은, 악명 높은 인물인 〈보르자 Cesare Borgia〉였다. 교황 알렉산데르 6세의 서자로 태어나 이탈리아 중북부를 통일하겠다고 나섰던 보르자는, 악마와 영웅의 면모를 동시에 갖춘 인물로 당대를 공포에 떨게 만든 뒤, 젊은 나이에 비참하게 최후를 맞이했다. 피렌체의 사절로 그를 가까이서 지켜볼 기회를 가졌던 마키아벨리는 진심으로 그에게 감탄하였고, 그의 최후를 지켜본 뒤 『군주론』에서 그를 부활시켰다. 따라서 1507년 3월 11일 보르자가 비참하게 전사하고, 6년 후에 『군주론』이 나오게 되었다.

마키아벨리에 따르면, 이상적인 군주가 가져야 할 외적인 요건으로 가장 중요한 것이 〈자신의 군대〉이다. 마키아벨리는 그래야만 〈자신의 지위와 국가의 안전을 보장할 수 있다〉고 주장했는데, 이는 보르자가 외교적 능력으로 다른 나라의 군대를 지휘하고 그 와중에 자신의 군대를 키우며 힘을 비축하는 과정을 보면서 느낀 것이었다. 따라서 마키아벨리는, 군주는 〈전사〉이고 자신의 군대를 직접 통솔해야 한다고 말했다. 이는 보르자의 특징이기도 했다. 마키아벨리는 또 〈군주의 인물됨〉에 대해 이야기하면서, 〈군주는 사적 개인이 아닌 공적 개인인 만큼 사적 개인이 가졌을 때 바람직하다고 생각되는 덕을 가질 필요가 없다〉는 논란이 될 만한 주장을 했다. 다시 말해 인자함이나 신의 등 보통 군주에게 요구된다고 생각하는 덕망을 마키아벨리는 경계했다. 이는 오히려 군주에게 커다란 해악을 미칠 수도 있다는 게 그의 주장이었다. 그에 따르면 군주는 잔인해야 했으며, 사랑받기보다 두려움의 대상이 되어야 했다. 또 군주는 과감히 약속을 깰 수 있어야 했다. 자비심을 버리고 인간미를 버려야 하면서도, 사적 개인으로서 바람직하다고 여겨지는 덕을 가지고 있는 것처럼 보이는 〈위장술〉도 가지고 있어야 했다. 바람직한 군주의 특징들은 보르자의 특징들과도 일치하는 것이었다. 때문에 마키아벨리는 서구의 여러 문학과 사상에 독재적 인물로 큰 영향을 미치고 있다. 예를 들어 토마스 만은 비스마르크에서 히틀러 시대까지 이어지는 상황을 〈마키아벨리즘 Machiavellismus〉[10]으로 규정지었다. 따라서 마키아벨리에게 매력적이면서도 무자비한 영향을 미친 보르자를 토마스 만은 단편 「토니오 크뢰거」에서 문학의 부정에 비유해 다음과 같이 묘사하고 있다. 〈그러나 제발 부탁입니다. 제가 지금 말하는 것을 문학이라고 간주하지 말아 주십시오. 체사레 보르자나 그를 추앙하는 그 어떤 도취적 철학을 생각하지는 말아 주십시오. 그는, 저 체사레 보르자는, 내게는 아무런 의미도 없습니다. 나는 그를 조금도 중히 여기지 않으며, 그런 비정상적 마성(魔性)이 어떻게 이상으로서 추앙받을 수 있는지 결코, 영원히 이해할 수 없을 것입니다.〉[11]

구아스탈라의 왕자의 신하인 마리넬리와 마키아벨리의 이름의 유사성이 확실하지만, 사회적이며 정치적 상황의 묘사는 대폭 감소되어, 국가의 제도적이고 조직적인 구조는 왕자와 신하 사이의 인물적인 지배와 복종의 관계에 밀려나게 된다. 이 작품 속에 공공적인 사회는 나타나지 않고, 이미 언급했듯이 국가 구조도 붕괴되지 않는다. 따라서 이 작품을 혁명적인 작품이라고 말할 수 없다. 〈편지와 서류가 가득 찬 탁자가 있는 왕자의 집무실에서〉[12]라는 이 작품의 첫 장면만이 궁정과 국가적인 면을 보여 주는 장소로 전개된다. 그리고 작품 제일 끝의 〈내가 걸어가서 재판관으로서 당신을 기다리겠소〉(EG 83)라는 오도아르도의 외침에서 왕자의 재판권, 즉 공공성의 제시를 볼 수가 있다.

「에밀리아 갈로티」에서 극적인 갈등은 두 관점에서 전개된다. 즉 〈왕자의 사비오네타 지역에 대한 소유권〉(EG 13)이 하나이며, 또 다른 하나는 에밀리아에 대한 그의 접근이다. 여기에서 신하의 재산으로 나타나는 공적인 관심과, 한 여성의 명예로 나타나는 사적인 관심이 절대 국가의 형태로 나타나고 있다. 왕자와 신하 관계의 매우 중요한 이 관점을 이미 마키아벨리는 자신의 『군주론』에서 보여 주고 있다. 지배자의 행동학과 그의 정치학의 인류적 토대를 발전시킨 이 작품의 제17장에서 마키아벨리는, 〈군주가 신하의 재산과 부인에 대한 접촉만 억제하면 자기 신하의 증오를 피할 수 있다〉[13]고 쓰고 있다. 이 드라마의 갈등은 절대 정치에서 나타나는 정치적 비도덕과 개인적 도덕의 대조에서 발생하는 것이다. 따라서 「에밀리아 갈로티」에서는 두 개의 서로 다른 영역 간의 갈등이 작품의 기본 골격을 구성하고 있다. 작품의 모든 사건들이 기본적으로 이 갈등에서 연유하고 있으며, 극중 인물 간의 상호 관계도 두 영역 간의 갈등 구조라는 기본 축을 둘러싸고 전개된다. 즉 이 갈등은 궁정과 가정 사이의 사회적인 대립으로 나타난다. 말하자면 이 두 영역 간의 대립과 갈등이 「에밀리아 갈로티」의 주요 사건인데, 이는 드라마가 시작되기 전 작가의 등장인물 소개에서도 뚜렷하게 드러난다. 모두 10여 명의 인물 중 갈로티 일가의 에밀리아, 클라우디아, 오도아르도는 아무런 직함도 가지지 않은 단순한 사인(私人)으로 소개되지만, 오도아르도와 클라우디아는 〈에밀리아의 부모〉로 표현된다. 반면에 헤토레 곤자가, 마리넬리, 카밀로 로타, 아피아니, 오르시나 등은 〈구아스탈라의 왕자〉, 〈왕자의 시종관〉, 〈왕자의 고문〉, 〈백작〉, 〈백작부인〉 등의 공식 직함이나 작위를 가진 공인(公人)들로 소개된다. 안젤로를 위시한 하인 몇 명 등 천민층에 속하는 인물들과 소속이 불분명한 화가 콘티를 제외하면, 등장인물들은 개인적, 사적 영역의 인물군과 궁중 세계에 속하는 공적 영역의 인물군으로 뚜렷하게 양분되어 나타난다.[14] 이에 관해 『함부르크 연극론』에서 레싱은 프랑스 작가 마르몽텔 Jeon-Francois Marmontel을 묘사하면서 다음과 같이 언급하고 있다. 〈우리를 감동시키기 위해서 자연이 신분적 칭호가 필요하다고 생각한다면, 인간은 자연을 모르는 것이다. 친구, 아버지, 연인, 남편, 아들, 어머니, 인간 등의 성스러운 이름들이 다른 칭호보다 더 장중하다. 즉 이 이름들이야말로 자신의 권리를 영원히 주장하는 것이다.〉[15]

따라서 작품 「에밀리아 갈로티」에서도, 가정 문제로 인한 시민 계급의 사회적이며 정치적인 관점이 주제화되고 있다. 비도덕적인 지배자의 강력한 정치적 제도가 도덕적인 신하의 불안정한 가정으로 침투하는 것이다. 따라서 절대적인 폭군에 의한 가정의 파괴가 이 드라마의 주제이다.

2. 18세기의 결혼과 가정

레싱의 드라마에서 사회 구조를 다룬 노이하우스코흐 Ariane Neuhaus-Koch의 저서에 의하면, 가정이 18세기 시민 사회의 사생활의 핵심을 이루고 있다.[16] 시민은 본질적으로 개인 *Privatmann*과 가장 *Familienoberhaupt*으로 파악된다. 계몽주의에도 불구하고, 즉 인간의 타고난 자유와 평등에도 불구하고, 가정은 가부장적 제도하에 가장인 아버지가 가족의 의사와 관계없이 가사의 모든 결정권을 행사하며 가족을 보호하게 된다. 아버지의 권위는 논란의 여지가 없어, 부인과 자녀, 하인에게까지 미쳤다. 이러한 가장의 권위와 지배에 부인과 자식은 종속되었다. 또한 부부 사이도 애정이나 정감의 일치로 맺어진 관계가 아니라, 집안을 서로 관장하는 일로 교류하는 모습을 보인다. 에밀리아의 아버지 오도아르도도 18세기의 전형적인 가장으로 나타난다. 에밀리아의 어머니 클라우디아는 도시에서의 딸의 교육을 위해 오도아르도와 일시적으로 떨어져 살지만, 기본적으로 오도아르도의 가부장제적 감독과 통제하에 있다. 이러한 독단적인 가장의 전형적 모습은 클라우디아의 자조적인 불평에서 잘 드러나고 있다. 〈어찌 된 사람인지! 저런 태도가 도덕이란 이름으로 불린다면, 오, 거친 도덕! 그런 도덕에는 모든 것이 의심스럽게 보이고 벌 받아야 할 것뿐이야.〉(EG 28) 그 당시 가장은 자기 집안에서 절대적 권위를 지닌 자로서 집안의 경제적, 교육적, 종교적 질서에 대한 감독, 통제 권한을 가지고 있었는데, 오도아르도는 에밀리아의 결혼을 앞두고 모든 일이 순조롭게 되어 가는지를 감독하기 위해 둘러본다. 〈무엇인가 경솔하게 잊고 있지나 않나 하는 생각도 들고, 간단히 말해, 와서 둘러보고 바로 돌아갈 것이오. 에밀리아는 어디 있소? 틀림없이 단장하고 있는 게지?〉(EG 23) 다시 말해서 배우자는 당사자가 자유롭게 선택할 수 없고 가장에 의해 사회, 경제적 기준에 따라 결정되었다.

　이러한 부친의 권위 때문에 부친과 딸의 갈등이 발생하는 경우도 많았다. 1811년에 태어나 1889년에 죽은 독일의 여성 작가 파니 레발트Fanny Lewald의 생애를 부친과의 갈등의 한 예로 들어 보자. 레발트는 조심성 있고 헌신적인 어머니와 진보적인 유대 상인 아버지의 장녀로 일찍이 동급생들 중에서 지적인 재능을 보였는데, 이 사실은 그녀의 선생님이 행한 〈어휴! 네 머리는 오히려 남자 위에 있고 싶은가 보구나! (……) 그러나 얌전한 여성이 되는 것도 바람직스럽지!〉[17]라는 말에서 증명된다. 학교를 마친 후 그녀가 몇 년에 걸쳐 사랑하는 남성을 찾는 동안 활동적인 부친이 매일 아침 7시에서 저녁 8시까지 꽉 짜인 계획을 부과해도 그녀는 무료함을 떨쳐 낼 수 없었다. 이에 대해 그녀는 〈긴긴 날 손에는 바느질거리, 또 각각 60분이란 더딘 시간마다 인간은 늙어만 가고 해가 지날수록 희망이 사라지는 생각이란……〉[18]이라 쓰고 있다. 마침내 그녀가 사랑하는 남성을 발견하는데, 그는 프로테스탄트의 신학도로서 그녀의 배우려는 욕망은 인정하지만 그녀가 좋아하는 정열적인 춤을 금지시킨다. 그는 레발트와 결혼하려 하나 그녀의 부친이 둘의 관계 청산을 요구하며 반대해 마음속의 반항으로 그치고 이를 따른다. 그러나 얼마 후 퇴짜 맞은 신학도가 죽자 그녀는 죄의식에 사로잡혀 그의 종교였던 프로테스탄트로 개종한다. 이는 죽은 청년에 대한 부친의 이해할 수 없는 행위의 속죄였다.

　그 후 레발트는 사촌에게 정열을 바치는 등 환상의 삶에 우울한 세월을 보내게 된다. 결국 그녀는 가정에서도 문외한으로 간주되는데, 그 이유는 독서 및 배움의 욕망 그리고 결혼을 거부하는 강렬한 사랑 때문이었다. 평범한 시민성을 초월하듯 그녀는 〈선량한 인간의 아름답게 타오르는 감동이나 순수한 사랑의 공경함 그 자체가 보답이 되고, 모든 고통에도 불구한 강렬한 사랑은 경건과 행복이다〉[19]라고 말한다. 이렇게 그녀는 고귀한 영혼에 모든 것을 바친 정열의 여성이었다. 그러던 중 레발트의 부친은 그녀가 스물여섯의 노처녀가 되자 그녀를 지방 의원과 결혼시키려 하였다. 그러나 그 남자가 횃불 빛에 게를 잡는 비유의 자기 자랑을 늘어놓는

데 거부감을 느낀 레발트는 부친의 성화와 독촉에 대항하였다. 그녀는 〈자기 마음 속 가장 깊은 의지를 배반하느니 차라리 창녀가 되는 게 낫다〉[20]고 부르짖기까지 하였다. 이것은 그녀의 표현대로 부친을 〈진정한 예술로 사랑하는……〉[21]이라고 한 딸의 비극적 드라마로, 그녀는 〈수많은 여성의 가슴에서 해방의 외침으로 토해 내는 모든 비탄, 고통, 분노의 격앙을 그때부터 끊임없이 느끼게 되었다〉[22]고 적고 있다.

그 당시 가장으로서는 그래도 나은 편에 속했던 그녀의 부친은 마침내 굴복하게 되고 4년 후에 부친에게 창작 활동 허가를 받는데, 거기에는 〈어느 누구에게도 그녀의 창작 내용을 알려서는 안 된다〉는 단서가 붙어 있었다. 이 시기에 고귀한 집안의 딸은 저술 활동이 금지되었기 때문에 창작에는 익명을 썼다. 그녀는 첫 소설을 인쇄하기 전, 평가를 받기 위해 부친과 형제에게 보여 주었다. 이것이 〈예니 Jenny〉라는 제목의 소설인데 레발트는 작품 속 유대인인 여주인공 예니에게 해방의 감정을 불어넣어 의식 있는 여성으로 발전시킨다. 자기 사랑을 파괴한 폭군 같은 부친은 이 소설의 여러 곳에서 신성시되는데, 이는 여성이 예술의 고상한 분야에서 부성적 권위에 침묵해야 하는 증명이다. 예술의 장르가 아닌 생애 이야기에서는 부성적 권위가 언급될 수 있으나, 부친에 좌우되는 예술 형태에서 그것은 나타나지 않았다.

레발트의 소설은 여성 미학의 범위에서 부친과 딸의 존경받는 남성과 여성의 역할로 감동해서는 안 된다. 무엇보다도 바로 이 부친과 딸의 역할이 그 작품에서 경건하게 보호되고 있다. 레발트는 부친을 거리감 있는 성격으로 이용할 수도 있는데, 이 경우 그녀의 의도 중 하나인 가정생활의 전원적 묘사가 실패할 수도 있다.

지금까지 파니 레발트의 이야기를 자세히 언급하면서 여성 미학이나 여성 작법을 역사적으로 평가하였다. 그 당시 극심했던 부친과 딸의 갈등으로 현재까지 오랫동안 여성 작가들이 등장하지 않은 사실을 지적하고 싶다. 이러한 갈등이 남성의 당연한 예술적 모티프라고 생각한다면 놀랄 일이다. 따라서 남성 중심적 가부장적 체계 속에서 거부되고 억압되었던 여성의 신비로운 힘을 부각시키고 활성화시켜 지금까지 파괴된 자연 세계인 여성 세계 회복에 적용해야 한다는 움직임이 문학적으로 일어나기 시작했다. 예를 들어 오스트리아의 여성 작가 바흐만Ingeborg

Bachmann은 소설 『말리나 *Malina*』에서 가부장적 아버지상에게서 벗어나려는 노력을 뷔르거 Christa Bürger를 통해 보여 준다.

특히 영국과 독일의 〈시민 비극〉에 이러한 부친과 딸의 갈등을 다룬 주제가 많은데, 이의 대표적 작품으로 「에밀리아 갈로티」를 위시하여, 릴로 George Lillo의 「런던 상인 The London Merchant」과 쉴러의 「계교와 사랑 Kabale und Liebe」, 헤벨의 「마리아 막달레네 Maria Magdalene」 등을 들 수 있다. 도젠하이머 Elise Dosenheimer에 의하면, 시민 비극은 18세기 이전의 종교적 · 영웅적 · 궁정적 삶이 아니라 현세적이고 시민적 삶을 기본 내용으로 하고 있다. 루카치는 봉건 귀족에 대한 시민 계급의 해방 운동이란 측면에서 시민 비극을 고찰할 경우, 신분 간의 갈등 및 대립이 극 중에서 필연적인 것으로 파악하였다. 쉴러는 「계교와 사랑」만으로도 시민 비극의 가장 뛰어난 작가의 한 사람이다. 작품 「계교와 사랑」속 루이제 밀러린 Luise Millerin은 〈아! 아버지의 상냥함은 폭군의 분노보다 더 야만스러운 강압이다. 나는 어쩌란 말인가? 할 수 없어요. 무엇을 해야만 한단 말인가?〉[23] 라고 부친에 대한 절망을 외치는데, 이를 시민 비극의 모토로 볼 수 있다.

크리스타 볼프 Christa Wolf의 『카산드라 *Kassandra*』도 부친으로부터 벗어나려는 딸의 모습을 다룬 작품이다. 볼프는 부권 사회가 오랜 전쟁의 역사를 통해 모권을 지배, 억압해 왔음을 문학의 영역에서 설명하려고 하였다. 그는 자신의 작품을 통해 가부장적 사회에서 여성의 소외 문제를 끊임없이 추구하고 있으며, 이러한 상황적 어려움에도 여성이 여성적으로 글쓰기에 임할 때 가지는 특유의 성격에 대해 역설하고 있다. 여성들은 부권 사회의 모든 공공 영역에서 설 자리를 잃었고, 이런 방식으로 이질화된 존재는 결국 남성들의 권력에 의해 규정된 것이라면서 볼프는 다음과 같이 주장한다. 〈예전에 수행자였던 여성이 이제는 제외되었거나 객체화되어 버렸다. 객체화, 이는 폭력의 원천이 아닐까?〉[24]

마찬가지로 「에밀리아 갈로티」에서 에밀리아와 아피아니 간의 약혼도 사랑 때문이 아니라 아피아니에 대한 부친 오도아르도의 적극적인 호감 때문이다. 〈그 품위 있는 젊은이를 나의 아들이라 부르게 될 순간을 더 이상 기다릴 수가 없구려. 그의 모든 점이 나를 매혹시키는구려.〉(EG 26) 그 당시 가장의 권위가 딸과 부인에 대한 오도아르도의 태도에 분명하게 체현되어 있다.[25]

이처럼 18세기 가족 공동체의 유지와 안정이 가부장의 가장 중요한 목표였다. 그 당시의 가정 상황은 본질적으로 루터적인 가족 개념이어서 부친에게 육체뿐 아니라 도덕적인 우월감의 의무가 주어졌다. 따라 그에게 가족의 종속이 도덕적인 필연성이었다. 즉 가정은 도덕적이며 종교적 원칙에 따라서 유지되고, 또 가정의 안전이 직업 생활의 본질적 사명이었다. 가정 질서의 목표는 상호 간의 도움과 촉진으로써 공공의 최상을 얻는 것이었다. 이러한 관점에서 볼 때 개인적 발전의 시발점은 당연히 가정으로 한정지을 수밖에 없었다. 가정은 독립적인 삶의 분야로 여겨졌다. 근본적인 사실은 18세기에 가정의 중점이 종전의 경제적인 기능에서 정서적이고 의도적인 인간관계로 옮겨 간 것이다. 이러한 정서적인 인간관계에서 시작되어 결혼의 개념도 점점 바뀌게 되었다. 종전의 개념으로 볼 때 결혼에서 사랑은 별로 중요하지 않았다. 결혼의 사랑은 단지 가정의 의무적 행동에 불과할 뿐, 남편과의 심리적인 완전한 융합이나 정신과 육체를 포함한 사랑은 존재하지 않았다.

그러나 18세기에는 새로운 가정 개념으로, 결혼은 사랑을 근거로 하는 정서가 생겨났다. 〈결혼식이 거행되기 전에 불순물이 섞이지 않은 진실적이고, 굳건한 사랑이 없으면 그 결혼은 적법하지 못하다〉라고 디포 Daniel Defoe가 1727년에 자신의 『결혼서 Ehebuch』에서 언급하는데, 이 책은 독일에서도 여러 판으로 번역되었다.[26] 그럼에도 불구하고 남자와 여자는 오랫동안 동등하지 못했다. 자녀들은 비록 부모 양쪽에 경외심과 순종의 의무가 있지만, 그들은 주로 아버지의 권한 밑에 놓이게 되고, 또 자녀 교육도 아버지의 몫이 되었다. 부모와 자녀 관계가 18세기 후반에 가서는 종속 관계가 되어, 직업 선택이나 배우자 선택에도 복종의 의무가 있었다. 자녀의 교육은 종교적이며 부모의 의무 사항으로, 종교의 현실적이고 도덕적인 면이 이 교육에 사용되었다. 따라서 자녀들의 훈계, 지도와 선례가 담긴 종교적·교화적인 문헌들은 신의 법칙이나 도덕적인 생의 친근감을 일깨워 줘야 했다.[27]

3. 갈로티 가족

레싱의 드라마는 거의 모두가 가정의 분야에서 이뤄진다. 시민 비극이 아닌 작품에서도 항상 소가족이 언급되고 있다. 따라서 레싱의 작품 속 가정은 자신들의 좁은 한계를 넘지 못하고 있다. 이런 배경에서 「현자 나탄Nathan der Weise」이나 「자유 사상가Freigeist」를 제외하고는 조부모나 친척, 형제 자매들의 역할도 볼 수 없다.

에밀리아도 민나와 사라처럼 외동딸이다. 그러나 그녀는 가정의 보호 속에서 성장하지 못하는데, 이는 갈로티 가족의 교육 개념이 일치하지 않아 서로 떨어져 살기 때문이다. 그녀의 아버지 오도아르도는 여러 관점에서 볼 때 전형적인 가부장적 인물이다. 물론 갈로티 가족은 레싱 작품의 다른 가족처럼 한정적으로나마 사회사적인 *sozialgeschichtlich* 전형으로 파악될 수 있다. 그 가족의 경제적인 기능은 거의 알 수 없는 반면, 도덕적인 면은 명확히 파악된다. 아버지 오도아르도는 자기 가족과 멀리 떨어진 사비오네타 근처의 시골 농장에 거주하기 때문에, 가족에 대한 보호 기능을 충분히 수행하지 못한 결과, 왕자의 권력이 자기 신하인 오도아르도의 사생활에 침투하여, 그 가정의 내적 단결을 완전히 파괴하는 동기를 제공하는 셈이 된다.

1) 오도아르도

〈늙은 군인인데 자존심 강하고 거칠지. 다른 점에서는 건실하고 훌륭한 사람이오!〉(EG 13)라는 오도아르도의 첫 번째 특징은 왕자의 입을 통해 알게 된다. 그런데 여기서 드라마의 갈등이 일어나는 첫 번째 그의 단점을 볼 수 있다. 사비오네타에 대한 왕자의 소유권 요구에 〈가장 반발한〉(EG 13) 사람이 오도아르도이다. 사비오네타에 있는 시골 농장은 오도아르도의 도피와 은둔지로서, 궁정에 대한 비판과 사회에 대한 불편한 심기의 표현으로 볼 수 있다. 즉 정치적인 의무에서 벗어나 사비오네타에서 사적인 아르카디아를 형성하고 있는 것이다. 이 드라마의 진행에서 시골과 궁정의 관계가 작품의 되풀이되는 주제가 되고 있다. 궁정과 넓은 세상의 파괴와 소음이 시골 생활의 고요함과 자유와 서로 대조적으로 비교되는 것이다. 따라서 미래의 사위인 아피아니 백작이 오도아르도에 가장 반갑고, 또 자기와 같은 성격임을 알게 된다. 〈그의 모든 점이 나를 기쁘게 하는구려. 무엇보다도 향리로 낙향해 나름대로 살아가려는 결심이.〉(EG 26) 궁정에서의 비도덕적인 생활과 반대로, 도덕적 생활은 시골 분위기의 은둔 생활에서 가능하다고 오도아르도는 믿고 있다. 〈백작이 여기서 무엇을 하겠소? 굽실거리고, 아첨하고, 아부하고, 마리넬리 같은 작자들을 견뎌 내려고 애써야 한단 말이오? 그에게 필요하지도 않은 행운을 마침내 잡기 위해? 그에게는 명예도 아닌 명예를 얻기 위해?〉(EG 27)

그러나 이러한 시골 생활 방식에서도 불평거리가 생기는데, 오도아르도는 무의식적으로 이 불평을 적어도 궁정으로 대표되는 지배층으로 돌리고 있다. 〈거기서 백작이 명령할 수 있는데, 여기서 봉사할 까닭이 뭐란 말이오?〉(EG 27) 따라서 혼자 사는 생활도 다른 편에서는 부자유가 될 수 있다. 그 외에 시골 생활은 개인적인 영역에 속한다. 즉 여기서는 사회적 영역에서 영향력을 미치는 암시가 없다. 이러한 사적인 생활을 마리넬리의 역설이 암시하는데, 여기에서 그는 백작을 비웃는다. 〈그는 부인을 데리고 향리인 피에몬트 계곡으로 갈 계획입니다. 알프스 산맥에서 영양이나 사냥하고 마르모트나 길들이겠지요.〉(EG 17)

아피아니와 에밀리아가 도시에서 서로 알게 되었다는 언급이 이 드라마에 없다면, 독자는 오도아르도 자신이 미래의 사위 아피아니를 찾아낸 것 같은 생각이 들 것이다. 왜냐하면 사위인 아피아니가 그의 마음에 너무도 꼭 들어, 〈이 훌륭한 젊은이를 아들이라 부르게 될 순간을 답답해 기다리지 못할 정도〉(EG 26)이기 때문이다. 한편 아피아니도 오도아르도를 과장하여 칭찬한다. 〈지금 막 그분 오도아르도의 품에서 빠져나오는 길입니다. (……) 에밀리아, 그대의 아버님은 어떤 분이십니까! 모든 남성적 미덕의 귀감이십니다! 그분과 함께 있으면 제 영혼이 얼마나 숭고한 심성으로 고양되는지! 늘 선하고 늘 고결해지려는 제 결심이 그분을 볼 때보다, 그분을 머릿속에 생각할 때보다 더 생생한 적은 없습니다〉(EG 33)라고 말하는 아피아니의 환희에 비해, 그들의 사랑 장면에서 서로 간의 감정은 별로 강하게 나타나지 않고 있다. 연인으로서의 에밀리아와 아피아니보다 오도아르도와 아피아니의 관계가 더 눈에 띈다. 〈이제 천생배필로 정해진 아이들이 서로 짝을 찾았으니 순수함과 평온이 부르는 곳으로 그들이 가게 놓아둡시다〉(EG 27)라고 오도아르도 가 말할 때, 이는 에밀리아의 기쁨과 소망이라기보다는, 오도아르도의 기쁨과 소망을 더 나타낸다. 왜냐하면 적어도 이때까지 에밀리아 자신의 의도는 전혀 안 나타나기 때문이다. 오도아르도 자신이 궁정 생활인 도시 생활을 싫어하면서도, 자기 부인은 도시에서 살도록 허락하는 사실은 이해하기 어렵다. 그는 시골 거주자의 딸이 도시에서 교육을 받음으로써 야기되는 도덕의 위험성을 알고 있다. 이러한 확신에도 불구하고 오도아르도가 자기 부인의 도시 생활을 허용했다면, 이는 마음이 약했거나 너무 온순해서 행한 실수로 나중에 재난의 근거가 되고 있다. 세상의 소란스러움과 궁정에 가까이 접근함으로써, 자신의 부인에게 딸의 교육보다도 궁정 생활의 매력을 불어넣어 준다고 오도아르도는 의심을 갖게 된다.

> 가족을 지극히 사랑하는 남편과 아비와 떨어져서 당신이 딸아이와 함께 여기 도성에 남아 있는 것은 우리 딸에게 훌륭한 교육을 받게 하자는 필요성 때문이라기보다는, 넓은 세상의 소란스러움, 분주함, 궁성이 가깝다는 점이 유혹하지 않았느냐 말이오.(EG 27)

그리고 사실 도시 생활이 배경으로 필요하게 되는 딸의 교육에 관한 언급이 없다. 에밀리아의 신앙심과 사교에 대한 교육 부족으로 그녀는 사회에서 자신 있게 행동한다거나, 이 사회의 관습을 제대로 판단하는 능력이 없다. 따라서 왕자가 교회에서 그녀에게 말을 걸었을 때 그녀는 얼마나 당혹했는가? 만일 좀 더 자기 확신과 성숙함으로 자기 책임감의 교육을 받았다면 그녀는 자기 방어의 판단을 내릴 수 있었을 것이다. 〈설령 영원히 듣지 못해도 좋으니 자신을 귀머거리로 만들어 달라고 자기의 천사에게 간청〉(EG 30)하면서 에밀리아가 도피처를 찾는 곳은 오직 그녀의 경건함뿐이다. 왕자가 미사 후에 뒤쫓아 와서 그녀의 손을 잡을 때, 그녀의 무서움 속 유일한 생각은, 〈그에게서 빠져나오려 하면 지나가는 사람들의 시선을 끌게 된다는 것〉(EG 31)이었다. 오도아르도는 가정의 보호자로서뿐 아니라, 교육자로서도 실패했다. 그는 세상을 등짐으로써 자기 딸과의 적극적인 대화를 피하게 되어, 그 결과 에밀리아는 보호나 도움을 받지 못한 채 남자의 호색적인 친절에 내맡겨진다. 오도아르도는 매번 도시를 방문할 때만 자기 책임을 느낀다. 따라서 자신의 부족함을 느끼게 되어 딸을 사랑하면서도 그녀에 대한 불신을 갖게 된다. 예를 들어 그녀가 보호자를 동반하지 않고 혼자 교회에 간 것을 들었을 때, 오도아르도는 이 불신을 나타낸다.

    오도아르도　혼자서?
    클라우디아　몇 발짝 안 되는데요, 뭘.
    오도아르도　단 한 걸음도 헛디디는 수가 있소. (EG 24)

사실상 그의 의심은 나중에 옳게 판명되는데, 이는 에밀리아가 바로 이 교회에 가는 바람에 왕자를 만나기 때문이다. 그러나 여기에서 〈하지만 여보, 결과가 좋다고 당신이 옳았단 말이오?〉(EG 27)라고 오도아르도가 클라우디아에게 묻는 말이 의미 깊다. 에밀리아에게 생길지 모르는 과오에 대한 걱정은 부친의 사욕 없는 사랑이지만, 또한 아버지 자신의 삶과도 밀접한 관계가 있다. 〈그것이 바로 내게 치명상을 줄 경우겠지.〉(EG 28) 여기서도 클라우디아에 대한 오도아르도의 비난은 자신에게로 향한다. 따라서 〈사랑하는 무남독녀 외딸을 결혼에 의해 완전히 잃어야 한단 말인가〉(EG 27)라고 클라우디아가 불평하자, 〈아이한테서 얻은 당신의 즐거움을 아이의 행복과 혼동하지 마시오.〉(EG 27)라고 오도아르도는 답변한다. 오도아르도의 의지와 행동이 대립되는데, 사건의 심리적 중압감에서 자신의 분열과 동요와 격노가 드러나는 마지막 장면에서 이 대립이 폭발한다. 육체는 정열과 또 영혼은 인식의 관계로 볼 때, 오도아르도의 육체와 영혼은 서로 조화되지 않는다. 그의 인식은 너무 강한 정열을 동반하여, 그의 이성은 나중에 파멸하게 되는 것이다. 따라서 자기 통제의 불가능을 알고, 그 자신은 어쩔 줄을 모른다. 〈그런데 이것 보게! 벌써 또 그러네. 벌써 또다시 분노가 이성과 함께 달려 나가고 있어〉(EG 74) 작품 제5막 6장에서도 이러한 심정 갈등이 나타나고 있다. 〈하, 하, 하, (거칠게 주위를 둘러본다.) 누가 웃지? 맙소사, 나 자신이었던 모양이군.〉(EG 79) 비제 Benno von Wiese는 이러한 오도아르도를 다음과 같이 특징짓는다. 〈그는 아버지인 동시에 신하이다. 그는 아버지로서 시민적이며 가부장적 범위 내에서 권위를 대표한다. 그의 이성적인 도덕주의는 질서와 의무를 중요시하는 가족 사상의 표

현이다.〉²⁸

따라서 이 도덕주의는 오도아르도 자신의 사상이거나, 적어도 그가 추구하는 이념을 나타낸다. 하지만 그것이 아무리 고결해도, 오도아르도는 이를 드라마에서 실현하지 못한다. 이미 앞에서 언급했듯이, 그는 실제적으로 시민적이고 가부장적인 위치를 확보하지 못하고 있다. 그의 도덕 사상은 이성적이지 못하고, 오히려 고집스러우며, 그의 미덕은 삶에 불리할 정도로 도를 넘어선다. 가장이 집안의 평화가 위협받고 있다고 생각하면, 자부심으로 가차 없이 처벌, 징계할 수 있는 도덕적 덕목이 오도아르도에게는 실제로 불가능하다. 사건의 전모를 듣고 복수의 열망으로 충만해 있는 오도아르도의 태도에는 일관성이 없다. 사건의 전모를 파악하고 오도아르도가 추구하는 침착, 태연, 의연함은 가상적이다. 따라서 그는 자신이 애써 침착함을 되찾기를 원한다. 그의 분노도 그의 작위적인 자제 및 침착함과 마찬가지로 과장되고 일관성이 없다. 그는 분노할 만큼 충분한 이유를 가지고 있으나, 분노를 야기시킨 대상에 대해 분노를 폭발시키지 않고, 종국적으로는 딸을 죽임으로써 자신을 파멸시킨다. 즉 그는 마지막에 자기 딸을 지극히 사랑하면서도 죽이는 공포의 아버지상이 되는데, 괴벨 Klaus Göbel은 이를 다음과 같이 요약한다. 〈가부장 법칙은 그의 순박한 무능력에서 명백히 나타난다. 즉 외부에 대한 확고함과 강인함 없이는 손상된 미덕 같은 내적인 것의 구출과 가정의 보호를 할 수 없다. 권력자의 도덕과 양심에 대한 호소는 단지 자신의 약점을 숨기기 위한 자기만족적인 보호 주장일 뿐이다.〉²⁹

에밀리아의 죽음에서 가장 중요한 대목은 에밀리아 자신이 죽기로 한 결심이다. 그녀는 왕자의 유혹이 두려운 것이 아니라, 자신의 몸속에 흐르는 뜨거운 피에 저항할 자신이 없다고 아버지 오도아르도에게 말한다. 〈그러나 어떤 유혹에도 안 넘어가는 것은 아닙니다. 폭력! 폭력! 누가 폭력에 대항하지 못하겠습니까? 폭력이라 불리는 것은 아무것도 아닙니다. 유혹이 진짜 폭력입니다. 아버님, 누구 못지않게 젊고 따뜻한 피가. 제 감각도 역시 감각입니다. 저는 아무것도 장담할 수 없어요.〉 (EG 81)

2) 클라우디아

 신분과 사회적 욕심이 많은 주부 클라우디아는 남편 오도아르도에 상반된 형태로 비교된다. 행실에 엄격한 남편에게 도시에서 살고 싶은 욕망을 관철하는 클라우디아는 결단력 있는 주부와 어머니상으로 볼 수도 있으나 그녀는 개성이 빈약하다. 그녀가 마음속으로는 도시 삶의 사회적인 공명심에 이끌리지만, 다른 한편으로 그녀는 자기 남편과 그의 꾸중을 두려워한다. 그녀는 딸이 오직 도시에서 적합한 신랑을 찾을 수 있다는 사실로 자신을 변명한다. 〈천생배필로 정해진 두 아이가 사랑으로 맺어질 수 있던 곳은 바로 여기예요. 백작이 에밀리아를 찾을 수 있었으며, 찾았던 곳은 바로 여기란 말이오.〉(EG 27) 그녀는 자기 딸의 신랑을 궁전 가까이서 찾을 정도로 허영심이 강하다. 그러나 궁정 지대의 부패에 물들지 않은 고상한 귀족인 아피아니 백작을 신랑감으로 발견하는 것은 결국 클라우디아의 공적이 아니다. 사실 클라우디아는 궁정 가까이에 다가감으로써 상승하고 싶은 시민적인 욕구를 추구하지만, 그녀는 너무 순박하여 왕자의 여자에 대한 엉큼한 친절을 제대로 판단할 능력이 없다. 심지어 왕자가 자기 딸에게 관심을 갖자 자랑스럽게까지 생각한다. 그녀는 세상 경험이 많은 것처럼 보이지만, 실제 있을 위험성을 과소 평가하여 왕자의 엉큼한 접근에 미화적인 말만 하고 있다. 〈왕자님은 여성에게 친절하시다. 너는 의미 없는 의례적인 어법에 너무 무지하다. 그런 어법에서는 예의를 갖추려는 말이 감정의 표현이 되고, 듣기 좋으라고 하는 말이 맹세가 된단다. 착상은 바람이 되고 바람은 의지가 된다. 그 어법에서는 아무것도 아닌 것이 모든 것이 되고, 또 모든 것이 아무것도 아닌 거나 마찬가지이다.〉(EG 32)
 에밀리아가 왕자가 따라오는 것을 알리며, 이로 인해 불안하여 어쩔 바를 몰라 할 때에도 어머니 클라우디아의 첫 반응은 딸에 대한 걱정이 아니라 남편에 대한 두려움이다. 〈아버님께서 조금 전에 오셨다가 너를 기다리지 않고 성급하게 가신 것이 천만다행이다.〉(EG 30) 이외에도 오도아르도와 클라우디아 부부 상호 간의 신뢰가 없다. 특히 클라우디아의 남편에 대한 신뢰 부족은 많은 사건이 증명하고 있다. 그녀는 교회에서 있었던 일을 신랑감인 아피아니에게 알리지 말라고 자기 딸에게 충고함으로써 자기 딸을 부정직으로 유혹하는 것이다. 이외에 그녀는 사람의 마음을 정확히 꿰뚫지 못하는 여성으로 인식된다. 궁정에 대한 아피아니의 입장이 클라우디아에게 알려질 때, 〈왕자와 같은 막강한 연적을 물리쳤다는 사실은 연인의 기분을 흐뭇하게 할 수도 있다〉(EG 32)라고 생각하는 그녀가 아피아니의 성실성을 의심할 수 있을까? 이 〈막강한 연적〉인 왕자가 아피아니의 마음에 부담을 주었다면, 그는 서민적인 에밀리아와 결혼을 원하지 않았을 것이다. 이는 작품 제1막 6장에서 마리넬리가 말한 결혼 내용에서 알 수 있다. 〈평민 계급 출신 아내와 결합하면, 그는 여기 도성에서는 끝장입니다. 그는 이제부터 최고 가문들과 교제할 수 없지요.〉(EG 18) 이러한 잘못된 평가와 또 〈네게 일어났던 일을 꿈이라 생각하라〉(EG 31)고 말하듯이, 그녀는 사건을 더 이상 현실적으로 보지 않아, 재난이 서서히 시작된다. 따라서 클라우디아는 점점 불안을 느끼는데, 이에 대해 다음의 그녀의 독백이 잘 나타내 주고 있다. 〈왕자는 아버지의 적이야. 그래서 왕자가 딸에게 한눈을 판다면, 그것이 단지 아버지를 모욕하기 위해서일까?〉(EG 28 f) 여기에서 그녀는 죄의식을 부정하는데, 이 내용은 에밀리아가 〈아버님께서 제 처신의 무엇을 야단치시겠습니까?〉(EG 30) 하고 말했을 때, 클라우디아가 재빨리, 〈아무것도 없다. 나한테 비난할 것이 없는 것과 같이〉(EG 30)라는 대답에서 암시된다. 따라서 그녀는 새로운 상황을 행동으로 대적·극복하지 않고 자신의 솟구치는 양심을 거역한다.

사실상 자신의 자녀가 위험에 처한 것을 본 어머니는 모든 궁정 관습을 무시하고 (새끼를 빼앗긴 어미 사자가 누구의 숲에서 울부짖는지 알 바 없지, EG 52), 심지어는 마리넬리의 비평에까지 대항하지만(여기가 어딘지 생각해 보시오, EG 52), 정말로 클라우디아가 사자처럼 울부짖는 어머니 역할에 맞는지 의심이 간다. 어떻든 어느 곳에서도 그녀는 자신의 잘못을 인정하지 않는데, 작품 제4막 8장의 왕자의 별장에서 〈저희는 잘못이 없어요. 저는 죄가 없어요. 딸은 잘못이 없어요. 죄가 없어요. 어떤 점에서도 잘못이 없어요!〉(EG 69)라는 그녀의 외침이 이 사실을 잘 나타낸다.

3) 에밀리아

엄격한 도덕성의 아버지와 허영심의 어머니 사이의 정신적으로 혼란스러운 가정 환경에서 자란 에밀리아는 자신의 결단력이 요구되는 순간에 당황하는 경우가 많은데, 이러한 결점을 그녀 자신도 잘 알고 있다. 〈제가 얼마나 어리석고 겁 많은 계집애인가요!〉(EG 32) 이 말은 물론 어머니가 유화를 시도할 때 한 말이다. 자신이 책임지도록 교육을 받았다면, 에밀리아는 자신의 양심과 감정에 따라 왕자와의 만남을 아버지와 자기 신랑에게 알렸을 것이다. 물론 그녀는 무엇이 옳고 그른지를 명확하게 파악하고 있다.

> 하지만 왕자가 오늘 저에게 수작을 부렸다는 얘기를 백작님이 다른 사람한테 들으셨다면서요? 저의 침묵이 조만간 그이의 불안을 가중시키지 않을까요? 그이에게 감출 것이 없는 편이 낫다고 생각되는데요.(EG 32)

그러나 에밀리아는 〈그렇게 하지요, 어머님! 저는 어머님 의사에 거역할 마음이 없습니다〉(EG 32)라고 말하면서 어머니의 소위 남성에 대한 심리를 이의 없이 받아들인다. 그리고 나서 그녀는 〈기분이 다시 가벼워지는군요〉(EG 32)라면서, 이제는 지금까지 책임을 져야 할 필요가 없는 해방을 느끼면서 한숨을 쉰다. 여기에 에밀리아의 운명의 비극적 죄가 담겨 있는 것이다. 에밀리아는 자기 인생과 아피아니와의 미래의 삶에 대한 명백한 목적의식이 없다. 그녀는 아피아니를 도시에서 만났고(이외 자세한 사항은 알 수가 없다), 그에게 존경과 친절함도 소극적으로 보이는 것 같다. 또 왕자와 만나면서도 아피아니에 대한 감정의 변화를 느낄 수가 없다. 그러나 이 왕자와의 만남으로 지금까지의 삶에 엄청난 파손을 가져오게 된다. 즉 그녀는 지금까지 낯설기만 하던 애욕의 감정을 처음으로 느끼게 되는 것이다. 지금까지 혼란된 세상을 경멸하는 아버지의 도덕성에 영향을 받고 있던 그녀에게 낯설고 불안하기만 한 새로운 감정이 엄습하자, 처음에는 몸이 마비되고 자신에게 닥친 사건을 무어라 말할 수 없다. 〈아름답다느니 사랑한다느니 하는 소리가 들렸어요. 그자는 제 행복을 결정짓는 오늘이 바뀌지 않는다면 그의 불행을 영원히 결정짓는

다고 하소연했어요. 제게 애원했습니다. 저는 모든 이야기를 다 듣지 않을 수 없었어요.〉(EG 30)

따라서 에밀리아는 도덕적 이상 때문에 사건을 이성적으로 평가하지 못한다. 자신은 죄지으려 하지 않는다고 하지만(왜냐하면 은총이 저를 그렇게 타락하게 하지는 않았어요)(EG 29), 〈하늘의 이치로는 기도하려는 마음도 역시 기도란다〉(EG 29)라는 어머니 클라우디아의 안심시키는 말에 에밀리아는 〈그리고 죄지으려는 마음도 역시 죄입니다〉(EG 29)라고 대답한다. 드라마의 전개 과정에서 에밀리아는 자신의 운명을 스스로 떠맡는다. 어쨌든 그녀는 후반에 아버지의 원칙을 현실화하는, 아버지의 완전한 딸로 증명된다. 여기에서 그녀 어머니의 영향력은 완전히 상실된 것처럼 보인다. 따라서 그녀의 어머니는 마지막 장면에서 사실상 더 이상 등장하지도 않는다. 그와 반대로 오도아르도와 에밀리아는 가까운 관계를 유지함으로써 서로 공생을 형성한다. 에밀리아는 아버지의 도덕 법칙을 복종할 뿐 아니라, 아버지가 그 법칙을 그녀 자신에게 사실적으로 적용하도록 하여, 그 도덕을 체험하는 것이다. 이는 도덕적 법칙의 삶은 비도덕적 사회에서 계속될 수 없다는 두 사람의 생각이 일치하기 때문이다. 에밀리아는 애욕적 감정이 자신의 도덕적 행동에 위험스럽다고 알고 있다. 〈폭력! 폭력! 누가 폭력에 대항하지 못하겠습니까? 폭력이라 불리는 것은 아무것도 아닙니다. 유혹이 진짜 폭력입니다. 아버님, 누구 못지않게 젊고 따뜻한 피가. 제 감각도 역시 감각입니다. 저는 아무것도 장담할 수 없어요.〉(EG 81)

전에는 어머니에게 자신의 의지를 관철하지 못하던 그녀가 이제는 완전히 환경의 강요에서 어머니가 원하는 것을 따르게 된다. 〈누가 저를 붙드는지, 저에게 강요하는 자가 누군지, 인간을 강제할 수 있는 자가 누군지 보겠습니다.〉(EG 80) 그러고 나서 조금 후에, 〈하려고 한다! 한다! 마치 우리들, 우리들은 의지가 없다는 듯이 말입니다, 아버지!〉(EG 81)라고 외친다. 노이하우스코흐가 설명하듯이, 에밀리아에게는 자신의 법칙을 적극적으로 유지하는, 즉 이 법칙을 자신의 의지대로 관철하는 능력이 없고, 낯선 운명을 참지 못하는 특이한 변증법적 요소가 있다. 이 불일치적 대립 관계를 인식해 볼 때, 그녀의 죽음은 자유와 도덕을 동시에 유지하는 유일한 해결책이다.[30]

아버지는 딸을 정신적인 파멸로부터 구출하기 위해 그녀를 죽인다. 그녀는 왕자와의 만남을 통해 눈뜬 새로운 젊음의 욕구에 저항할 수 없는 예감을 가졌던 것이다. 왕자와의 만남은 도덕적으로 살아갈 것을 요구받는 시민 계급의 순결한 삶에 개인적인 열정과 감정의 새로운 욕구를 일깨워 주었다. 그러나 에밀리아는 마지막 순간에, 가정과 시민 사회 공동체의 일원으로서 도덕적 규범에 따를지, 또는 자신의 내면적 욕구에 따를지를 결단해야 할 때, 결국 시민 사회의 유지를 위해 죽음을 선택한다.

4. 결론

독일 계몽주의의 가장 독특한 장르인 시민 비극은 말하자면 시민적 가치가 형상화된 비극이다. 그러나 시민적 가치의 대변은 시민이 아닌, 하급 귀족인 경우가 대부분이고, 비극성을 구현하는 인물은 시민적 덕목으로 양육된 순결한 딸이다. 그 이유는 우선 새로운 가치를 담당할 시민 계급 형성의 지체를 들 수 있고, 그로 인한 현실 권력에서의 무능력을 지적할 수 있겠다. 따라서 시민 비극이 시민적이라고 할 수 있는 것은 작품 속에서 인간성, 관용, 정의, 동정심, 윤리성, 풍부한 감정 등의 미덕이 서술되었기 때문이지, 엄밀한 의미에서 시민적 주인공이 등장하기 때문은 아니다.

18세기 독일 문학에서 가장 논란이 많았던 레싱의 「에밀리아 갈로티」는 마지막 장면에서 아버지 오도아르도에 의한 딸의 살해 때문에 다양한 해석이 제시된다. 바람둥이 왕자를 죽여야 할 칼로 그에 의해 정조가 유린될 위기에 처한 딸을 죽이는 오도아르도의 행위에 대한 레싱의 창작 의도를 놓고 정치적인 해석과 비정치적인 해석이 분분하다. 그러나 필자는 작품 의도의 정치극과 비정치극의 이론에서 비정치극인 가정극에 무게를 두고 있다. 따라서 가정극 비극의 원인이 에밀리아 가족 개개인의 관계에서 연유하는 사실을 심층 분석하였다.

갈로티 가정은 파멸되었다. 그러나 클라우디아만은 비극적 주인공이 되지 못하는데, 그녀는 어느 곳에서도 비극의 개념을 갖지 못하기 때문이다. 궁정 가까이 다가감으로써 상승하고 싶은 욕구를 추구하는 클라우디아는 너무 순박하여 남자의 엉큼한 친절을 판단하지 못한다. 또 그녀는 사람의 마음을 정확히 꿰뚫지 못하는 여성이다. 그러나 오도아르도와 에밀리아는 다르다. 오도아르도는 한 집안의 가장으로서 철저한 가부장적 면모와 위엄을 보여 주고 있으나, 지배자의 부당한 횡포 앞에서 그의 모습은 매우 감정적이며 일관성 없고 나약하게 나타난다. 그는 자의식, 통찰력, 용기가 결여되어 자기 파멸, 자기희생에 이른다. 레싱은 이러한 오도아르도의 성격 묘사에서 타락, 부패, 환락 등의 온상인 궁정의 부도덕 및 악덕에 대응하여 엄격하고 건전한 시민적 윤리관, 덕목 및 가치관을 구현하는 시민 계급의 대표자로 체현시키지 않았다. 국민 극장의 형성을 위해 노력했던 레싱의 한탄을 떠올릴 때, 극 중에서 독일 시민 계급은 그 당시 사회상을 반영하듯 독자의 도덕, 가치 및 세계관을 지니지 못한 사회적 주체로서 나타나고 있다. 시민 비극 「에밀리아 갈로티」에서 레싱은 오도아르도의 형상을 통해 냉소적이고 무능력한 시민 계급을 시사함으로써, 독일 시민 계급의 자의식을 계몽하고, 긍정적인 방향으로 시민 의식의 형성에 영향을 미치려 했던 것이다.[31] 이러한 오도아르도의 딸 에밀리아는 철저하게 부모의 간섭과 보호 속에 놓여 있다. 그녀는 〈경건성과 복종〉을 최대의 미덕으로 교육받으면서 결혼하는 날까지 부모의 통제를 받는 타율적인 존재이다.

따라서 부녀 오도아르도와 에밀리아는 한계 상황에 있다. 이들은 인간의 약점에 의한 비극의 길을 향하는데, 사건에서 탈출할 수 없는 파멸로 향하는 이 인간의 약점은 국가적 정치에 있는 것이 아니라 가족 개개인의 성격에 있는 것이다. 이 파멸이 약점에서 발생할 때, 모든 죄의 강력한 힘 외에 인간의 근본적인 위협이 예상될 수 있다. 〈절대적인 자유는 비극을 배제한다〉[32]라고 비제는 말하고 있다. 〈주인공에게 항상 곤궁에서 벗어날 수 있는 출구가 열려 있는 드라마의 세계에서는 비극적 필요성의 감정은 생길 수가 없다. (……) 그러나 반대로 인간이 완전히 구속되는 세상도 비극 없이 존재한다.〉[33]

주

1 Paul Rilla(Hg.), *Lessing-Ausgabe, Gesammelte Werke* in 10 Bänden, Bd. 9(Berlin/Weimar, 1968), S. 157.
2 같은 책, S. 502.
3 같은 책, S. 504.
4 Harry Steinhauer, Die Schuld der Emilia Galotti, in: Jost Schillemeit(Hg.), *Deutsche Dramen von Gryphius bis Brecht*(Frankfurt/M., 1965), S. 50.
5 Elise Dosenheimer, D*as deutsche soziale Drama von Lessing bis Sternheim*(Darmstadt, 1974), S. 10.
6 Richard Alewyn u. Karl Sälzle, *Das große Welttheater*(Hamburg, 1959), S. 13.
7 Georg Lukács, Zur Soziologie des modernen Dramas, in: *Schriften zur Literatur-soziologi*e, Neuwied u.(Berlin, 1972), S. 277.
8 Alois Wierlacher, *Das bürgerliche Drama. Seine theoretische Begründung im 18. Jahrhundert*(München-Allach, 1968), S. 74 u. 77.
9 Horst Steinmetz(Hg.), *Lessing-ein unpolitischer Dichter*(Frankfurt/M./Bonn, 1969), S. 260f.
10 Thomas Mann, *Gesammelte Werke* in dreizehn Bänden, Bd. 11(Frankfurt/M., 1974), S. 1143.
11 같은 책, Band 8, S. 302.
12 Gotthold Ephraim Lessing, *Emilia Galotti*(München, 1981, S. 9.(이하 해당 부분에 EG로 기록하고 뒤에 면수 기록함)
13 *Deutsche Übersetzung*, 1745, S. 134.
14 김수용, 『예술의 자율성과 부정의 미학』(연세대학교 출판부, 1998), 72면.
15 G. E. Lessing, *Hamburgische Dramaturgie*, Stuttgart, S. 77 f.
16 Ariane Neuhaus-Koch, *G. E. Lessing. Die Sozialstruktur in seinen Dramen*(Bonn, 1977), S. 10 ff.
17 Gisela Brinker-Gabler, *Deutsche Literatur von Frauen*(München, 1988), S. 487.
18 같은 책, S. 14.
19 같은 책, S. 88.
20 같은 책, S. 156.
21 같은 책, S. 156.
22 같은 책, S. 157.
23 F. Schiller, *Kabale und Liebe, Sämtliche Werke* in 5 Bänden, Bd. 1(München, 1968), S. 384 f.
24 Christa Wolf, *Voraussetzung einer Erzählung Kassandra*(Darmstadt, 1983), S. 144.
25 장순란, 「레싱과 독일 시민 비극 〈에밀리아 갈로티〉」, 『독일문학』 제54집(1994), 52면.
26 Anneliese Mannzmann(Hg.), *Geschichte der Familie oder Familiengeschichten?*(Königsten/Ts., 1981), S. 128.
27 Ariane Neuhaus-Koch, a.a.O., S. 15 ff.
28 Benno von Wiese, *Deutsche Tragödie von Lessing bis Hebbel*(Hamburg, 1973), S. 36.
29 Klaus Göbel, *Gotthold Ephraim Lessing. Emilias Galotti. Offene Dramaturgie. Zur Didaktik des klassischen Dramas*(München, 1984), S. 62.
30 Ariane Neuhaus-Koch, a.a.O. S. 94.
31 장순란, 같은 책, 53면 이하.
32 Benno von Wiese, a.a.O. S. 3.
33 같은 곳.

제3장 카프카의 「유형지에서」에서 부친 콤플렉스

1. 부친과 아들의 갈등

독일 문학에는 〈부친과 아들〉의 갈등이 자주 나타나는데, 이에 대해 괴테와 카프카의 문학을 대표로 들 수 있다. 괴테의 『빌헬름 마이스터의 수업 시대 *Wilhelm Meisters Lehrjahre*』에서 주인공 빌헬름의 부친에 대한 무의식적 저항을 느낄 수 있는데, 이 내용은 그 당시의 시대적 배경으로도 볼 수 있다. 이 소설은 프랑스 혁명(1789)과 쉴러의 결합(1794)이 가능했던 이후에 출간되었는데(1795~1796), 그때는 이미 혁명의 결과가 폭력과 인명의 피해로 인해 혁명 자체에 대한 회의를 갖게 된 시기였기에, 쉴러의 사상(미적 교육 인간론 등)에서 보여 주듯 조화의 사상 속에서 이상적 사회(쉴러의 미적 국가론)를 동경하던 때였다. 이렇게 동경되던 쉴러의 사상에서 주목되는 것은 미학적 쟁점이었다. 쉴러는 자신의 예술론에서 〈아름다움의 이념〉과 〈숭고함의 이념〉을 함께 제출했는데, 이 두 이념의 관계를 어떻게 볼 것이냐 하는 것이 쉴러의 주요 관심사였다. 두 이념은 상극적·모순적 성격을 지니고 있어서, 어느 이념을 본질로 보느냐에 따라 쉴러의 평가가 달라졌다. 쉴러가 말한 〈아름다움〉은 균형·조화·통일의 이념이어서 분열·갈등·대립의 이념인 〈숭고함〉과 사이좋게 놓일 수가 없었다. 그래서 쉴러는 아름다움과 숭고함으로 분열된 모순의 시인, 미학의 핵심을 아름다움에서 찾은 시인, 숭고함이야말로 미학적 결론이라고 본 시인으로 나뉘었다. 그러나 이 세 부류 모두 아름다움과 숭고함을 결합하기 어려운 모순 관계로 인식한다는 점에서는 크게 다르지 않다. 예술을 〈미적 교육〉의 수단으로 인식했던 쉴러는 두 이념을 함께 추구함으로써 교육 효과를 최대치로 끌어올릴 수 있다고 보았다.

그렇다면 쉴러의 미학에서 아름다움과 숭고함은 어떻게 구분되는가. 아름다움은 육체와 정신, 감각과 이성이 온전히 조화를 이룬 상태를 가리킨다. 사회·역사적 차원에서 보면, 유토피아적 이상 상태를 가리키는 말이 아름다움이다. 쉴러는 이 아름다움을 이념으로 제시하기는 했지만, 그 아름다움이 현실에서 그대로 실현될 수는 없다고 보았다. 아름다움은 〈규범적 이상〉일 뿐이라는 것이다. 이상이 곧바로 실현될 수 없는 현실을 설명하는 미학적 이념이 숭고함이다. 숭고함이란 화산 폭발이나 폭풍우 같은 거대하고 위압적인 자연 현상 앞에서 느끼는 감정이다. 압도적인 자연의 힘에 두려움을 느끼는 인간이 자신의 자유 의지로써 두려움을 이겨 낼 때 얻게 되는 것이 숭고함이다. 이런 배경에서 죽음이야말로 숭고함이 드러나는 장소다. 죽음이 피할 수 없는 일로 다가올 때, 그 공포에 짓눌리지 않고, 죽음을 자신의 자율적 의지로 선택하는 도덕적 자살 혹은 순교, 이것이 숭고함이다. 〈모든 것을 파괴하고 다시 창조하는, 파멸의 두렵고도 장대한 광경〉인 역사를 배경 삼아 숭고함은 공동체적 현상으로 드러난다. 모순·대립·분열·갈등에 휩싸인 세계에서 비극적 사건으로 출현하는 것이 숭고함이다. 쉴러에 의하면, 숭고함은 인간의 공동체 의식을 고양하는 기능을 한다. 숭고함의 체험을 통해 인간은 이기적 충동을 억제하고, 자기 내부의 도덕적 의지를 일깨울 수 있다는 것이다. 쉴러가 말하는 숭고함의 이 기능이 바로 예술이 담당해야 할 교육적 기능이다. 〈역사의 끔찍함〉이라는 비극적 현실을 숭고함 속에서 인식함으로써, 아름다움의 이상을 지향하게 만드는 것이 예술의 교육적 힘이라는 것이다. 이렇게 예술의 교육적 성격 안에서 아름다움과 숭고함은 서로 연결될 수 있는 것이다.

이러한 쉴러 사상의 영향을 받은 괴테 역시 저항에서 조화의 시대로 혁명적 기질을 정지시켰다. 이는 『빌헬름 마이스터의 수업 시대』에서 빌헬름이 상업인이 되기를 강요했던 부친에 대해 저항했던 사실로부터 출발하여, 〈시민성과 개혁적 귀족의 종합〉[1]으로 상징된 〈탑의 사회 *Turmgesellschaft*〉로 귀의하는 사실과 맥락을 같이한다. 아들의 만족이 지나치고 오만해지지 않도록 아들이 기쁠 때도 정중하게 보여야 했고, 때로는 아들의 기분을 망쳐 버려야 했던 엄격하고 강력한 아버지상의 모습에 대해 아들은 두려움의 저항을 일삼았다.

〈아버지는 친구에게 모든 것을 마련하도록 허락하셨고 자신도 묵인하시는 태도였지요. 다만 주의시키시기를, 애들에게는 그들이 사랑받고 있다는 것을 눈치채게 해서는 안 된다. 그렇지 않으면 점점 더 큰 것을 탐내게 될 것이라는 말씀이었고, 애들의 만족감이 지나치고 오만해지지 않도록 애들이 즐길 때엔 진지하게 취급해야 하고, 때로는 그만두도록 해야 한다고 생각하셨던 거요.〉[2]

따라서 빌헬름의 첫 번째 슬픔도 부친으로부터 발생한다. 할아버지가 수집한 수많은 값진 미술품이 부친에 의해 팔리는 모습이 빌헬름에게 큰 슬픔을 주는데, 이를 빌헬름은 당시의 인생에서 〈첫 번째로 슬펐던 시대 die ersten traurigen Zeiten〉[3]로 회상하고 있다. 〈그러면 그런 것을 모두 내려다 짐짝을 꾸렸을 때, 우리 아이들이 느꼈던 실망을 상상하실 수가 있겠지요. 그것이 제 생애 최초의 슬픔이었습니다. 어렸을 때부터 그것을 즐겼고, 집이나 도시와 마찬가지로 변할 수 없는 것으로 생각한 것들이 점점 없어져 갈 때 마치 온 집 안이 텅 빈 것 같았던 것을 지금도 기억하고 있어요.〉[4]

뿐만 아니라 다윗과 골리앗의 인형 놀이에서도 빌헬름은 거인 골리앗을 두려운 아버지상에 비유하고 다윗의 편에서 동정했으며,[5] 그의 태도는 〈부친에 대해 공격적〉[6]이었다. 이처럼 주인공의 행위는 모두 부친에 대한 저항과 공격, 증오에서 출발하고 있다. 빌헬름이 서커스단에서 학대받고 있던 미뇽을 사들이는(제2장 4절) 행위도 기존 사회에 대한 저항이며, 「햄릿」 공연의 시도도 「햄릿」에 나타난 의붓아버지 클로디어스에 대한 복수 감정을 빌헬름이 자기 부친에 대한 거부감으로 표현하려 한 저의다.[7] 뿐만 아니라 제1장 17절에서 계모를 사랑함으로써 생부와 적대 관계에 서게 되는 오이디푸스의 소재 〈병든 왕자 der kranke Königssohn〉[8] 역시, 〈참, 그렇습니다. 그것은 자기 부친의 신부를 연모하는 병든 왕자의 이야기를 그린 것이지요〉[9]라는 대화에서 보이듯 부친에 대한 저항적 음호로 보아야 한다.

왕자 안티오쿠스가 계모를 사랑하여 얻은 병은 계모와 결혼해야 나을 것이라는 전설이 담긴 「병든 왕자」 그림이 이 작품의 도처에 재현되며, 이 소설의 여러 곳에서 설명되고 있다. 이렇듯 빌헬름의 부친에 대한 증오심은 「햄릿」과 「병든 왕자」에서의 의부 클로디어스와 생부 셀레우코스에 대한 증오심으로 음호화되고 있다.[10] 여기서 증오스러운 부친의 존재는 빌헬름의 자아 성장에 장애적 요소가 되었다.[11] 따라서 부친에 대한 증오를 빌헬름은 연극으로 해소한다. 이러한 부친과 아들의 갈등은 실제로 괴테 부친의 엄격한 교육의 산물로도 볼 수 있다. 자식 교육에 헌신적이었던 아버지 덕택에 괴테는 어려서부터 그리스어 · 라틴어 · 히브리어 · 프랑스어 · 영어 · 이탈리아어 같은 언어는 물론, 그리스 · 로마 고전과 피아노, 회화와 승마, 펜싱과 양잠(養蠶)까지 두루 익혔다. 괴테는 〈본성, 교육, 환경, 습관이 나를 모든 조야한 것들로부터 떼어 놓았다〉고 말했다. 천연두를 앓고, 까먹은 시간까지 두 배의 학습량을 내주는 아버지를 피해 종종 외가로 달아났지만, 〈문법은 내 눈에 오로지 자의적 법칙으로 보여 마음에 들지 않았다〉고 고백할 정도로 일찍감치 영특함을 보였다. 새 포도주도 시간이 흐르면 똑같이 귀하고 맛있는, 묵은 포도주가 된다는 가르침 덕분에 당대 화가들의 작품에 눈을 돌리게 된 것도 아버지의 영향이었다. 이 문호는 〈자신이 이루지 못한 일을 아들 세대에서 실현하는 것을 보고 싶어 하는 것은 모든 아버지들의 숙원〉이라고 자서전 『시와 진실』에 기록했다. 이렇게 괴테는 부친으로부터 엄격한 교육을 받았는데, 이러한 부친과 아들의 갈등이 카프카의 문학에서는 더욱 적나라하게 나타난다.

프로이트의 정신 분석학적 입장에서 볼 때, 카프카의 부친 콤플렉스 *Vater-Komplex*는 그의 작품을 해명하는 하나의 필수적 방법이다. 왜냐하면 이러한 부친 콤플렉스가 그의 주요 작품인 『성 *Das Schloß*』, 「유형지에서 *In der Strafkolonie*」나 「선고 *Das Urteil*」 등에 반영되기 때문이다. 정신 분석학에서 이른바 부친 콤플렉스가 있다. 이를 이해하기 위해 먼저 〈오이디푸스 콤플렉스 *Oedipus komplex*〉의 이해가 필요하다. 여자아이가 자신과 동성(同性)인 어머니를 증오하고 타성(他性)인 부친에게 애정을 품는 〈엘렉트라 콤플렉스 *Elektra komplex*〉와 반대로 남자아이가 부친에 대해 적의(敵意)를 품고 어머니에게 애정을 품는 〈오이디푸스 콤플렉스〉라는 심리학적 용어가 유명하다. 이 말은 어머니에 대한 자식의 강한 애모심과 가끔은 망상적인 애모심을 표시하기 위해 프로이트 S. Freud의 심리학에서 사용되었다. 이것은 어떤 경우에는 승화될 수 있고 관습적으로 용인될 수 있다. 이것은 아버지를 어머니의 사랑에 대한 적수로 질투하는 감정의 원인이 될 수 있다. 그 극단적인 형식으로는 근친상간의 결과가 된다. 이 용어는 오이디푸스의 고전적인 신화에서 온 것으로, 오이디푸스는 부지중에 아버지를 살해하고 어머니와 결혼한다. 프로이트는 이 용어를 부지중에 주인공이 부친을 살해하고 어머니와 결혼하는 고전인 소포클레스의 비극에서 빌려 왔다.

테베의 왕 라이오스Laios는 자신이 아들에게 살해된다는 신탁(神託)의 충고에도 불구하고 아내 이오카스테와의 사이에서 아들을 얻었다. 그러나 아들이 태어난 후 신탁의 실현을 두려워한 그는 아이의 발뒤꿈치에 못을 박아 산속에 버렸다. 아이는 코린토스의 왕 폴리보스Polybos의 마부에게 발견되어 오이디푸스(발이 부은 자라는 뜻)라는 이름으로 성장하였다. 어느 날 자신이 폴리보스와 왕비 메로페Merope의 친아들이 아니라는 말을 들은 오이디푸스는 진상을 알고자 델피의 신전을 찾아가 신탁을 청하였다. 여기서 그는 〈아버지를 죽이고 어머니를 아내로 맞는다〉는 기묘한 신탁을 받는다. 이를 피하기 위해 오이디푸스는 귀국을 단념하고 테베로 향하는데, 가는 도중에 좁은 길에서 한 노인을 만나 길 다툼을 하다가 그만 그를 죽이고 만다. 한편 테베에서는 날개 달린 사자의 몸에 여자 얼굴을 가진 스핑크스[12]가 나타나 나그네들에게 수수께끼를 내어 이를 풀지 못하는 사람을 잡아먹고 있었다. 그 수수께끼는 〈목소리는 하나인데 아침에는 네 발, 점심에는 두 발, 저녁에는 세 발로 걷는 것이 무엇이냐〉였다. 오이디푸스는 이 수수께끼를 풀어 스핑크스를 처치하고 그 공으로 테베의 왕좌와 왕비를 손에 넣어 2남 2녀까지 낳는다. 그러나 이 후 그가 길에서 죽인 사람이 아버지 라이오스이고, 지금의 아내는 어머니 이오카스테라는 사실이 밝혀짐에 따라 이오카스테는 목을 매어 자결하고, 오이디푸스도 두 눈을 뽑고 딸 엘렉트라의 인도로 유랑하다 죽는다. 그가 이처럼 벌을 받은 뒤에 테베는 건강과 풍요를 되찾게 되었다.

이 이야기는 너무나 유명하여 프로이트는 소포클레스의 왕의 이름을 빌려 모든 사람의 기본적 콤플렉스에 사용하고 있다. 오이디푸스 전설에서 주인공은 자기 아버지를 죽이고 자기 어머니와 결혼하지만 자기들의 정체를 모르고 한다. 이것은 어른이 자기의 오이디푸스적 경험을 이제는 의식하고 있지 않다는 사실의 시적 표현이라고 프로이트는 말하고 있다. 오이디푸스가 할 일을 신화가 예언한 것은 우리 모두 이 경험을 겪지 않으면 안 될 운명의 불가피성을 상징하고 있다. 오이디푸스가 자기 눈을 자기 손으로 멀게 한 것도 〈자기 거세 self-castration〉의 시적 형태로 볼 수 있다. 프로이트가 자신의 이론(오이디푸스 콤플렉스의 보편성)을 발견하도록 이끈 동기는 오이디푸스 신화였다. 프로이트가 자신과 타인의 심리 분석에서 알게 된 소도구의 완전한 형상을 이 오이디푸스 신화에서 얻어 낸 것이다.

나는 어머니에 대한 사랑을, 그리고 아버지에게 질투를 내 마음속에 품고 있다는 것을 느꼈다. 그런데 이제는 이러한 것들이 초기 유년기의 일반적인 결과로 생각된다. (……) 이러한 상태에서 오이디푸스 왕의 강렬한 힘, 즉 운명의 조건에 오성이 제기하는 반론에도 불구하고 오이디푸스 왕의 강렬한 힘을 느끼게 된다.[13]

결국 오이디푸스 신화에서 주목되는 점은 프로이트가 이른바 오이디푸스 콤플렉스의 근거로 거론했던 부자 갈등의 모티프이다. 이러한 오이디푸스 콤플렉스가 카프카의 『성』, 「유형지에서」나 「선고」 등에서 부자 갈등으로 나타나고 있다. 예를 들어 「선고」에서 〈너는 본래 순진한 아이였지. 그런데 좀 더 깊이 들어가면 악마적인 존재였어. 그러니까 알아 둬. 나는 지금 너에게 빠져 죽을 것을 선고한다〉[14]라는 아버지의 선고에 따라 아들 게오르크는 다리 난간에서 강물 속으로 뛰어내려 자살한다. 형벌을 내리는 부친은 동시에 고소인이기도 하다. 부친이 아들에게 문책하는 죄는 부친 콤플렉스처럼 일종의 원죄로 보인다.

카프카는 그의 형상 언어 속에 환시자와 분석가로서의 양면성, 즉 신비주의자와 심리학자로서의 양면성을 합일시켜 다의성을 그의 문제의 기본이 되게 하였다. 말하자면 카프카는 형상들 속에 그가 완전히 측량했던 두 경험 세계, 즉 그의 부친에 의해 지배받았던 유년 시절의 〈유사 신화적 저승 pseudo-mythische Unterwelt〉과 신이 근접할 수 없는 곳에 머물러 한낱 예감으로 그쳐야 했던 환상 속의 〈의사 종교적 우주 das pseudo-religiöse Universum〉를 융해시켰다. 이러한 해석 방법에 의해 전작 비평(全作批評)의 입장에서 카프카 문학의 문제성을 제기하고 연구 방법을 개진한 연구자들로는 엠리히 Wilhelm Emrich, 폴리처 H. Politzer와 조켈 Walter H. Sokel을 들 수 있다. 카프카의 전작 비평에 있어 이들의 견해는 결코 도

외시할 수 없을 정도로 정평이 나 있다.[15]

　카프카의 편지나 일기를 보면 사납고 성급한 부친을 집안의 폭군으로 고발하는 장면이 많다. 동료나 가족이나 부하를 각자의 능력에 따라 냉혹하게 평하는 엄격한 부친은 물질적 이득을 얻지 못하는 아들의 생활을 심하게 꾸짖고 비난했다. 이로 인해 카프카는 폭군이 지배하는 생기 없는 가정에서 도피하려고 여러 번 시도했다. 정신 분석학적 의미에서 작품 「유형지에서」는 폭군적 부친에 대한 고발의 표현이며, 이루지 못한 욕망의 표현이다. 따라서 작품 「유형지에서」의 특이한 잔인성과 절망감은 카프카 자신의 독특한 자서전적 사건의 암시라고 볼 수 있다. 이러한 배경에서 「유형지에서」에서 카프카와 부친 관계의 자서전적 양상을 심리학적으로 구명하고자 한다.

2. 카프카의 희망과 불안

　우리가 카프카의 문학을 대하면, 그의 작품들이 불안 의식과 직접 연관되어 있다는 인상을 받게 된다. 일생 동안 카프카를 그림자처럼 따라다니며, 그의 실제 삶과 문학에 커다란 의미를 부여한 불안 의식은 그의 작품을 해독하고 체험하는 데 없어서는 안 될 핵심적 요소이다. 세계에 〈존재〉 자체에서 비롯한 카프카의 엄청난 불안, 그러나 문학을 위해 한 인간의 존재 방식으로 끝까지 감수해야 하는 불안은 그의 모든 논리적이고 추상적인 사고가 늘 그랬듯이 양면성을 지닌다. 그의 불안은 좁은 의미에서는 모순적인 방향 상실, 기반 상실에 대한 체험으로, 넓은 의미에서는 그와 같은 상황의 출현에 대한 방어로서의 측면을 지닌다. 이러한 불안은 특히 부친과의 관계에서 발생한다.

　「변신」의 주인공 그레고르나 「선고」의 주인공 게오르크와 마찬가지로, 카프카는 부친에 대해 경외심(敬畏心)을 품고 있으면서도, 동시에 부친 가까이 머물러 사랑받기를 동경했다. 그러나 누이는 가깝지 않지만 인접해 있는 반면, 아버지와 어머니는 가깝지만 떨어져 있어 인접하고도 멀다. 카프카는 약혼녀 펠리체에게 이와 같은 양면적 표리(表裏)를 밝힌 바 있다. 〈내가 아버지를 경탄한다고 말한 적이 있지요? 그대는 나의 아버지가 나의 적이고 나는 그의 적이라는 사실을 알고 있습니다. 하지만 그의 인격에 대한 나의 경탄은 아마 그에 대한 불안만큼이나 클 것입니다.〉[16] 어려서 체험한 억압적인 부친의 모습에서 결정적인 영향을 받은 카프카는 작품「유형지에서」등에서 종종 현실의 대표자인 부친과 소외된 자아로서의 아들이 갈등과 대립의 관계를 보여 주고 있다. 이러한 부자간의 갈등·대립의 구조가 후기에 이르러 〈집단과 개체, 종(種)과 예외, 대중과 예술가, 인류와 비인간 간의 대립〉 상태로 변화되어 간다. 이러한 배경에서 먼저 부친 헤르만 카프카의 상이 변화되어 전개되는 방식을 작품「유형지에서」속의 〈유형지〉와 여러 〈인물〉의 형상으로 규명해 본다.

1) 유형지

일반적으로 유형지는 유죄 판결과 말뚝이 박힌 제한된 지역의 개념을 내포하고 있다. 엠리히는 이 유형지 안에 두 개의 서로 다른 세계가 존재한다고 보았다. 즉 전임 사령관 *Der alte Kommandant*과 장교 *Offizier*, 처형 기계로 연결되는 하나의 세계(엄격한 법의 원칙에 따라 통치되는 남성적인 세계)와 신임 사령관 *Der neue Kommandant*과 그를 둘러싼 부인들, 그리고 항만 건설로 이어지는 또 하나의 세계(인간성이 법에 우선하는 부드럽고 인자스러운 여성적인 세계)가 유형지 내에서 서로 대립한다고 보았다.[17]

카프카는 이 모든 개념을 자신의 부친에 연관시킨다. 유형지는 카프카의 부친 헤르만 카프카에 관련되고 그의 지배를 받는 장소로, 여기에서 그의 아들 카프카는 죄수에서 시작하여 탐험가와 신임 사령관을 지나 석방된 죄수까지 발전 과정을 겪게 된다. 부친은 부자간 갈등의 정도에 따라 입법권이 있는 전임 사령관에서 이미 약해져서 마지막에는 파멸하여 죽게 되는 장교로 묘사되고 있다. 그의「부친에게 보낸 서신 Brief an den Vater」에서 카프카는 부친의 나라의 제한을 비교 형태로 언급하고 있다.(B 42)[18] 그리고 계속해서 자신에게 재난이 되는 부친의 영향의 가장 깊고, 엄격하고, 조이는 반지 속에서 살았다고 말하고 있다. 자신에 대한 유형지의 크기에 대해 그는 그 서신의 여러 곳에서 강조하고 있다. 〈가끔 나는 세계 지도가 내 앞에 펼쳐져 있고, 그대가 그 위에 비스듬히 몸을 펴고 있는 모습이 연상된다. 이는 당신이 나의 인생을 덮어 주지 못하거나 또는 당신에 도달할 수 없는 지역에 해당된다.〉(B 68)

2) 전임 사령관과 장교

이 작품에서 전임 사령관은 법, 질서의 구현, 즉 일반적으로 유형지에서 법 제도의 구현이다. 처형 장치는 전임 사령관의 고안물이고, 유형지 전체 기관은 그의 작품이다.(E 10) 공포스럽게도 전임 사령관은 모든 요소를 지닌 군인으로 재판관 *Richter*, 건축가 *Konstrukteur*, 화학자 *Chemiker*, 도안사 *Zeichner*라고 탐험가에게 생각된다. 죽은 전임 사령관의 방침에 무조건 따르는 장교는 (……) 원칙대로 죄는 항상 의심할 여지가 없다고 판결한다.(E 104) 유형지에 관한 앞의 내용에서 언급되었듯이, 전임 사령관과 카프카의 부친 헤르만 카프카 사이에 명백한 유사점이 보인다. 전임 사령관처럼 부친은 〈정신적 최고 통치권 *geistige Oberherrschaft*〉(B 13)을 가지며, 프란츠 카프카에게 〈모든 것의 척도 *Maß aller Dinge*〉(B 12)가 되는 것이다. 부친의 의견은 옳고(B 13), 카프카는 그를 〈재판관 *Richter*〉(B 40)으로 명백하게 묘사한다. 카프카는 『소송』 등의 작품을 통해 재판관은 소속된 법원의 조직과 당시 군주제하에서의 경직된 관료 제도에 대한 비판을 강하게 드러낸다.

부친도 〈우리들(여기서는 어린이)처럼 약하고 현혹되어 편파적〉(B 41)이라는 카프카적 관점은 부친은 외면적으로만 강하지, 전 인간적으로 강하지 못한 법치성을 암시한다. 전임 사령관의 고안이나 계획처럼(E 107) 부친의 법은 〈자기 해방과 독립〉(B 66)에 대한 사상적 제한으로 나타난다.

「유형지에서」는 유형지의 재판관인 장교와 이곳을 찾아온 탐험가 사이의 대화로 엮어지는데, 그것도 대부분 장교의 설명으로 진행된다. 카프카의 장편 서두와 대부분의 단편 서두에서 최초로 등장하는 인물이 중심인물이 되는 경우를 볼 때 작품 「유형지에서」의 도입부부터 독자와 함께하는 장교가 중심인물이 아닌가 생각된다. 그러나 자세히 살펴보면, 장교는 열변을 토하고 행동하고 자멸적 행위까지 하지만 시점 인물이 아니라는 점과 사건의 끝까지 가지 않고 도중에 하차한다는 점에서 중심인물로 보기 어렵다. 특히 〈탄복해 마지않는다는 눈초리를 하고〉[19]라는 구절과 〈평소부터 잘 알고 있는 기구〉[20]라는 구절에 나온 〈어느 정도 gewissermaßen〉와 〈잘 doch〉의 추측 부사는 분명 상대방인 탐험가의 느낌일 수밖에 없다.

장교는 전임 사령관의 유지를 이어받아 폐기될 위험에 놓인 기계를 유지하는 인물이다. 그는 탐험가에게 설명을 하면서도 결코 기계 곁을 떠나지 않고 부단히 나사를 돌리고 기계를 오르락내리락하며 탐험가의 이해를 돕기 위해 구체적인 행동을 한다. 원래 장교는 전쟁터 등 군사 시설에 소속되어야 하나 유형지라는 특수 사회에서 법과 질서를 다스리는 재판관이라는 사실이 역설적이다. 대단한 열정과 관심을 가지고 사형 집행에 참여하고, 비인간적 고문을 행하는 데 조금도 양심의 가책을 느끼지 않음은 물론 오히려 일종의 사명감까지 느끼는 장교의 성격은 일종의 사디스트 Sadist 같다.

그러나 나겔 Bert Nagel은 장교가 사디스트가 아니라고 주장한다. 왜냐하면 그는 사람을 괴롭히는 데 쾌감을 느끼는 것이 아니라, 오직 기계의 작동과 기능에만 흥미를 느끼기 때문이다.[21] 따라서 장교는 직업적 인간의 유형이다. 직업적 인간은 사회적 메커니즘이 명령하고 지시하는 기능적 역할을 충실히 이행할 뿐이고 정의나 양심 같은 것을 전혀 중요하게 보지 않는다. 따라서 〈당신이 입은 그 제복은 열대에서 입기에는 너무 두껍군요〉(E 151)라는 탐험가의 말에 〈그렇습니다. 그러나 이 제복이야말로 바로 고국을 의미합니다. 우리는 고국을 잃고 싶지 않습니다〉(H 151)라고 장교는 대답한다. 장교는 강렬한 햇빛이 눈부시게 내리쬐는 열대의 모래밭 외로운 골짜기에서도 조국에 대한 소속감과 긍지를 느끼게 하는 이 두꺼운 제복을 자랑스럽게, 또한 아무런 불편도 느끼지 않고 입고 있어 어떻게 보면 그는 탐험가가 생각했듯이 〈융통성 없는 사람 beschränkter Kopf〉(E 157)처럼 보일 정도로 맹목적인 애국심에 사로잡혀 있다. 이러한 사상에서 그는 전임 사령관에게 맹목적으로 충성한다. 따라서 그는 전임 사령관이 써준 판결문을 신주 모시듯 가죽 지갑에 싸서 항상 왼쪽 가슴에 간직하고 그것을 꺼낼 때면 으레 손을 깨끗이 씻기까지 한다. 장교가 보여 주는 맹목적인 애국심과 충성심 그리고 신념을 위하여 목숨까지 바치는 용기는 이념 등에 동화된 기능적 인간의 형태이다. 이와 같은 기능적 인간을 대량으로 양성하는 것이 바로 근대의 권력 국가, 그중에서도 특히 나치 독일과 같은 독재 국가 체제이다. 정의와 양심이 없는 곳에 책임 있는 행위란 기대할 수 없다. 따라서 장교는 전적으로 책임을 갖지 않고 지령만 받으면 무엇이든 가차 없이 해치운다.

장교는 『소송』의 주인공 요제프 K와 달리 스스로 죄의식이 없으므로 죄책감도 없다. 그는 사멸된 것이나 다름없는 형벌 제도를 맹목적으로 순종할 따름이다. 그는 자신의 이상에 대해 부정적인 견해를 갖는 탐험가의 힘을 빌려 재래의 제도를 유지하려는 과오를 범한다. 그 결과, 그는 정의를 증명해 보이려다 무의미하게 무참한 죽음을 당한다. 즉 처형 기계에 매혹되어 있는 장교가 죄수를 처형하려다 말고 자기 스스로 그 기계의 가공 대상 내지 재료가 되는 자리로 들어가 죽음을 맞는 것이다. 그 기계의 발명자인 전임 사령관과 점점 설득력을 잃어 가는 그 기계에 대한 모종의 안타까운 향수마저 어린 감응과 무관하지 않지만 어쨌든 그는 처형당하는 위치에서도 이전에 다른 대상들을 처형했던 기계 작동자일 때 못지않게, 아니 어쩌면 그보다 더 그 기계에 매혹되어 있다. 여기서 그가 기계의 일부로 작동하여 죄수를 처형하는가(억압하려는 욕망), 아니면 그 기계의 재료가 되어 처형되는가(억압당하려는 욕망) 사이에 존재하는 차이는 이 매혹된 욕망, 처형 기계로 요약되는 욕망의 배치에 비하면 지극히 사소한 것이다. 이 처형 기계 장치는 기존 질서를 상징하며, 장교의 자살 행위는 이에 대한 반항을 뜻한다고 볼 수도 있다.

결론적으로 「유형지에서」의 장교는 종전에는 절대 변경시킬 수 없다고 인정된 권력에서 발생한 허약성의 전형적 인물이다. 이는 부친의 변화, 즉 그의 위세의 쇠퇴에 대한 카프카의 소망으로 볼 수 있다. 장교는 절망적으로 전임 사령관의 제도에 매달리면서 신임 사령관에 저항하여 탐험가를 자기편으로 끌어들이려고 노력하는데, 이는 그가 카프카의 부친 헤르만 카프카처럼 신체제에서 자신에 대한 반란을 염두에 두어 유형지의 구체제를 믿기 때문이다.(E 112 ff.) 카프카에 의하면 그의 부친은 자신에 관해 자녀들이 불안스럽게 이야기를 하면, 이를 자신에 대한 반항으로 보았다.(B 40) 신임 사령관도 그 기계를 곧바로 대치하려 할 의도가 없어서 찬양받던 고통의 기구를 잃게 되는 장교의 상은 카프카의 희망의 의인화로 볼 수 있다. 이는 자기를 짓누르는 부친의 위세와 외면적인 우월성에서 구원에 대한 희망인 것이다. 그렇다고 해서 장교가 마지막에 절망감에 빠져 자신이 찬양한 기계에서 자발적으로 죽는 사실이 부친이 곧바로 그리고 잔인하고 고통스럽게 죽어야 한다는 카프카의 소원을 드러내는 것은 아니다. 오히려 마지막으로 기계에 행한 〈정당하여라! *Sei gerecht!*〉(E 118)라는 명령은 부친에게 다른 사람이나 자신에게 정의롭게 행하라는 극단적이고 강렬한 호소로 생각된다. 이는 카프카 자신이나 동료에게 기품 있게 행동하라는 호소로, 자신이 필수적이라고 느껴지는 판단력에 대한 현실적인 회의(懷疑)에서 나온 것이다.

3) 전임 사령관과 장교에 나타난 카프카의 불안

부친에 대한 불안이 앞으로 기대되는 발전에 연관된다는 사실이 장교와 전임 사령관에 해당되는 다양한 양상에서 나타난다. 장교는 자발적으로 희생되었지만 〈다짐했던 구원〉(E 121)을 받지 못하는 사실은, 이 희생이 살아 있는 동료들에게 긍정적 의미를 주지 못한다는 암시를 한다. 아직도 전임 사령관을 따르는, 시대에 뒤떨어지고 분별 없는 동조자가 있다는 사실은 부친이 과거에 가졌던 전능함과 정의감의 확신을 극복하지 못한 것에 대한 카프카의 불안을 나타낸다. 전임 사령관이 일정 햇수의 기간이 지나면 부활하여 자신의 동조자들을 지휘하여 유형지를 재정복한다는 예언(E 122)은 종교 해석에 연관된 카프카의 강력한 공포로 볼 수 있다. 카프카가 투쟁 끝에 얻은 자유와 서서히 피어나는 삶의 의욕을 자기 부친이 위세로 다시 뺏지 않을까, 그리고 독단과 자만으로 카프카 자신의 무능(B 60)을 끝없이 납득시키지 않을까 두려웠던 것이다. 이는 「부친에게 보낸 서신」에서 언급된 것처럼, 카프카에게는 〈서로 간의 강한 신뢰감〉(B 59)이 부족하였고, 또 그는 자의적 행동, 예측 불능한 일, 특히 부친의 불가침적인 위세에 대한 두려움을 가지고 있었다. 이러한 부친의 불가침적인 위세에 대해 카프카는 〈그대(부친)에게 무죄인 것이 나에게는 죄가 되고, 반대로 그대에게 아무것도 아닌 것이 나에게는 관 뚜껑이 될 수 있다〉(B 60)고 강한 어조로 묘사하고 있다.

3. 아들로서 희망과 불안의 상징적 묘사

죄수, 탐험가와 신임 사령관은 카프카의 긍정적 발전을 암시한다. 즉 이들은 많은 불안이 연관된 부친으로부터 벗어남을 암시하는 것이다.

1) 죄수, 탐험가와 신임 사령관

죄수

단편 「유형지에서」의 죄수는 『소송』의 주인공 요제프 K처럼 윤리·도덕적인 죄가 아니라, 실존적인 죄를 범한 인물이다. 죄수는 오늘날 살고 있는 우리들 인간을 상징한다. 이들을 억압하고 처형하는 것은 전임 사령관으로 대표되는 과거의 질서와 신임 사령관으로 대표되는 현대의 질서이다. 과거의 봉건적 질서는 강압적이고 무자비했으며, 현대 산업 사회의 질서도 사악하기 이를 데 없다. 카프카는 신구 질서를 둘 다 야만적으로 보고 있다. 원래 인간은 한번 태어나면 반드시 죽기 마련이니까 사형수와 다를 바 없다. 인간 사회 자체는 태어난 그대로의 자연인에게 이유 여하를 막론하고 복종과 인고를 강요하는 고문 장치이다. 종교와 도덕, 철학과 예술도 사형수의 얼굴에 죽음의 변용의 광휘를 주기 위한 써레에 지나지 않는다. 따라서 이 단편에 나오는 장교의 죽음은 성스러운 종교의 죽음을 뜻한다고도 볼 수 있다.[22]

다시 말해 죄수는 현대 산업 사회에서 정체불명의 무자비한 명령자의 지시에 따를 수밖에 없는 소시민의 모습을 상징하고 있다. 그는 신을 상실하여 죄책감도 느끼지 못한다. 장편 『소송』에서는 피고의 범죄가 알려져 있지 않은 데 반해, 이 단편에서는 죄수의 범죄가 상관 모욕으로 분명하게 알려져 있다. 그는 복수라는 차원에서 상대방을 생각하려는 현대인의 죄를 감지하게 한다.[23]

죄와 유죄 판결과 처벌이 있는 유형지의 구제도에서 죄수는 매우 중요한 기능을 한다. 그는 자신의 죄수 역할에 순응하여 모든 제도를 받아들이고 있다. 피고인이 판결을 인정했기 때문에 혹은 판결에 대한 무지(無知) 때문에 유죄 판결이 있는 것이다. 그의 짧은 저항(E 105)이 논리적이라고 하면서도 유죄 판결로 이끄는 법을 인정하는 것이다. 죄수는 〈개처럼 순종하는〉(E 100) 것처럼 보이고, 장교의 말을 알아듣지 못하면서도(E 108) 저항하지 않고 자신에게 처형 장치의 쇠고랑을 채우도록 하며(E 109), 나중에는 별로 깊이 생각하지도 않고 〈자네는 석방이네 Du bist frei〉(E 117)라는 장교의 최종 판결을 받아들인다. 즉 그는 『소송』의 요제프 K처럼 권력에 의해 〈마치 개처럼〉(P 194) 따라야만 하는 희생자에 불과하다.

카프카는 맨 처음의 부친에 관해 무지하고 불안에 차 있던 자신의 시기와 이 죄수를 연결시켰다고 볼 수 있다. 「부친에게 보낸 서신」의 많은 부분에서 카프카는 부친에 의한 자신의 〈유죄 판결 Verurteilung〉(B 20)에 대해 적고 있다. 즉 부친의 견해인 불복종이나 배반에 대해 아들에게 부과되는 유죄 판결인 것이다. 유형지에서 죄수를 상대할 때의 상사들처럼(E 105) 카프카의 부친 헤르만 카프카도 위협적인 태도로 〈한마디의 이의〉(B 20)도 인정하려 하지 않았다. 계속해서 카프카는 자신의 〈죄의식 Schuldbewußsein〉(B 28, B 40)에 관해, 또 부친의 〈판단 Urteil과 유죄 판결 Verurteilung〉(B 35)에 관해 언급하고 있다. 「유형지에서」의 죄수가 죄의식을 느끼는지에 대해서는 알 수 없으나 그는 적어도 판결을 받아들여 〈개처럼 hündisch〉(E 100) 순종한다. 그는 부친 앞의 카프카처럼 자신감을 상실하거나, 그 자신감을 무한한 죄의식과 교환한 것이다.(B 43)

신임 사령관과 탐험가

신임 사령관은 현대인에게 고대의 율법보다도 더욱 강하게 무시무시한 상처를 남겨 주는, 자칭 인도적 사회의 대표자이다. 카프카는 신임 사령관의 모습을 통해 인간의 야만성뿐만 아니라, 점점 퇴락해 가는 인도주의적 개혁을 신랄하게 비판한다. 신임 사령관과 탐험가는 의지할 곳이나 안전과 명백함을 찾는 카프카의 자아상으로 볼 수 있다. 이들 둘은 카프카 자신의 두 가지 상이한 양상을 나타내는데, 그중 하나인 탐험가는 무엇인가를 추구하면서도 확신을 하지 못하여 결정을 내리지 못하는 인물이고, 또 다른 하나인 신임 사령관은 전임 사령관의 규정에 대항하는 결단력 있는 인물로 여성들에 둘러싸여 있다. 그런데 이 여성들의 행위가 작품에서 뚜렷하게 나타나지 않고 있다. 카프카 여성상의 공통점 중 하나는 이처럼 특성 없는 기능과 단순한 관계로 묘사된다는 점이다. 여성들은 경우에 따라서 기능 교환이

가능하다. 그들에게는 정신상의 발전이 없고 다만 지위의 변화와 표현의 변화만 있다. 그리하여 주인공은 자신들의 목적 달성을 위한 도구로서의 효용성을 그들에게서 발견한다.

이러한 여성들처럼 탐험가 역시 무엇을 연구하는지, 또 어디로 여행을 하는지에 대해서도 알 수 없다. 이는 목적 없는 여행이나 연구이거나 또는 〈눈에 띌 정도로 무관심한〉(E 100) 관찰자의 관점으로 자신의 문제점을 없애려는 시도로 볼 수 있다. 멘델존 Leonhard R. Mendelsohn은 〈강요된 자유 enforced freedom〉란 말로 탐험가의 상황을 묘사하고 있다.[24] 탐험가는 사실상 자신이 가고 싶은 대로 갈 수 있을 정도로, 또 사건에 개입되지 않아도 될 정도로 자유스럽다. 그러나 이러한 자유가 그에게 책임감을 주어 결국은 자신이 결정하여 판결해야 했다.[25]

여기에서 카프카 삶의 자서전적 유사성이 있다. 카프카는 해방되어야 하고, 또 자신의 삶에 관계되는 결정을 부친에게 맡겨서는 안 되며, 자기 자신을 믿어야 한다는 사실을 인식하게 된다. 끊임없이 용기를 뺏고(B 49), 자기 불신으로 교육시킴으로써(B 74), 부친은 아들 카프카의 결정하는 능력을 빼앗는다(B 64).

> 당신(부친)은 나의 결정권을 (무의식적으로) 항상 억압하고서, 이제야 그 결정력이 얼마나 가치 있는지 (무의식적으로) 알고 있다고 생각한다.(B 64)

이 언급에서 (카프카가) 불행스럽게 겪어야 하는 부친의 판단력에 대한 카프카의 불신이 보인다. 〈이 불신은 (……) 나 자신에 대한 불신으로 또 모든 다른 사람에 대한 끊임없는 불안이 되어 갔다.〉(B 44) 그의 일기에서 카프카는 〈얽매여 있다 gebunden sein〉는 감정을 토로하고 있으며, 동시에 여기에서 벗어나면 더 좋지 않은 일이 생길 것이라는 감정도 기술하고 있다.[26]

이는 자신에게 주어진 자유를 도리어 부담스럽게 여기는 심리, 즉 늘 자기 결정에 대해 고민하고 책임져야 하는 불안감으로, 이러한 풍조는 여러 역사적 배경을 지니는데, 특히 그 유래로 초기 기독교 급진파를 들 수 있다. 1~2세기 초기 기독교는 결혼이나 가족 제도 같은 인간적인 속박은 불필요하므로, 사회 제도에 얽매이지 않는 삶을 살라고 가르치는 급진적 종파였다. 이들은 아담과 하와가 욕망 때문에 자유를 잘못 사용했을 뿐이라면서, 세례를 받은 인간은 절제와 금욕을 통해 자유 의지를 갖고 스스로를 통제할 수 있다고 여겼다. 하지만 종교 철학자 아우구스티누스는 아담과 하와가 죄를 저지른 이래 인간의 본성은 영원히 타락했고, 따라서 인간은 자신을 통제할 수 없다고 보았다. 이 주장은 5세기 기독교가 〈주류 종교〉로 변모해 〈자유와 저항〉보다 〈체제에 대한 복종〉을 선호하게 되면서 적극적으로 받아들여졌다. 아담의 원죄를 타고난 인간은 무력한 존재이므로 권력자에게 자신의 자유를 의탁하는 것이 옳다는 생각이 이후 기독교 사회가 지배하게 된 배경을 이룬다.

자신에게 주어진 많은 선택의 가능성은 자유를 의미하기도 하지만, 다른 한편으로 자신의 책임하에 하나만 선택하는 것은 마찬가지로 쉬운 일이 아니다. 따라서 자기를 구속해 줄 수 있는 〈유일한 것〉을 사람들은 원하기도 한다. 이처럼 자신에게 주어진 자유를 도리어 부담스럽게 여기는 심리가 카프카의 문학에 자주 나타나고 있다. 즉 늘 자신의 결정에 대해 고민하고 책임져야 하는 불안감이 카프카의 작품에서 자기에게 주어진 자유를 스스로 포기해 버리고 싶어 하는 정서로 나타나는 것이다. 『카프카의 에로틱한 신화 Kafkas erotischer Mythos』라는 저서에서 슈타흐 Reiner Stach는 〈자아가 없는 존재는 죄에 대한 의식이 없고 그와 더불어 죄도 없다〉라고 말하고 있다. 프롬 Erich Fromm은 『자유로부터 도피 Die Furcht vor der Freiheit』에서, 〈인간은 소외되지 않은 상태가 그에게 부과하는 자유와 책임, 그리고 고독을 확실하게 감당할 수 없을 경우, 그 자신을 권위에 복종시키거나, 파괴라는 이차적 창조성, 또는 무비판적인 자동인형적(自動人形的) 동사(同詞)를 통해 해소시킨다〉[27]고 언급하고 있다.

프롬에 의하면 나치즘이 독일을 지배할 수 있었던 것도 이러한 경향, 즉 독일 국민이 자발적으로 자유로부터 도피했기 때문이었다. 따라서 한편으로는 히틀러의 권위에 순복, 그 희생이 되는 것을 기쁨으로 느끼고, 다른 한편으로는 자기보다 못한 사람, 이를테면 유대인을 멸시·학대함으로써 욕구 불만과 열등감을 해소시키려고 한 심리와 행동의 발로가 파시즘 운동이라고 프롬은 묘사하고 있다. 그것은 해방된 노예가 다시 예전의 예속된 삶을 그리워한다는 심리로, 때로 자율이 힘겹다는 것을 말해 주는 사례들이다. 분명 예속이 자유보다, 타율이 자율보다 편할 때가 있다. 어떤 결정을 위한 고심이나 심리적 갈등이 불필요하기 때문이다. 어쩌면 대중은 강력한 리더 밑에서 지시하는 대로 따르고 싶은 본능이 숨어 있는지도 모른다. 이를 사르트르는 이를 〈자기기만(自己欺瞞)〉이라고 하였다.

이러한 프롬의 자유의 도피 이론은 우리나라에서도 몇 가지 사례를 보여 준다. 불과 몇 년 전에 새로 개정된 〈국기에 대한 맹세〉가 우리 국민 대다수의 희망에 따른 〈자발적 복종〉이었다는 사실이 그 하나다. 북한의 개인 숭배와 가족 국가적 이상주의도 마찬가지다. 따라서 정치 종교의 관점에서 보면 독재와 민주주의의 거리는 생각만큼 멀지 않다. 권력을 독점한 사악한 소수가 폭력과 강제를 행사해, 다수의 무고한 민중을 억압하고 지배했다는 흑백 논리나, 폭력과 억압을 통한 강압적 지배라는 단색의 이미지로 포착하기엔 근대 독재의 현실은 몹시 중층적이고 복합적이다.

이런 배경에서 개성의 상실과 획일화가 진행되고 있는 현대 사회에서는 군인, 공무원 등 사회적으로 주어진 역할에 안주한 채 무한한 자유에서 오는 책임을 벗어 버리려 하거나, 종교가 제시하는 삶의 의미를 좇음으로써 스스로 삶을 결단해야 하는 불안에서 벗어나려는 경향이 강하다. 사회 심리학적으로 볼 때, 사람은 고립·고독 그리고 자유로부터 도피하고 어떤 단체·국가 등 한 사회의 어느 부분에 속함으로써, 독립된 개인으로서의 자기 행동에 대한 책임을 벗으려는 심리를 갖게 되는 것이다. 이는 동시에 자아의 부정을 의미한다.

이런 배경 때문에 실제로 카프카도 사회적으로 주어진 역할에 안주하고자, 몇 번이나 군인이 되려는 생각에 사로잡혔으나 자원입대할 결단을 내리진 못했다. 동시대의 수많은 지성인들과 마찬가지로 그는 군 복무를 통해 자신의 삶에 새로운 사회적 의미를 부여할 수 있기를 희망했다. 그는 내적인 긴장을 해소할 방법을 찾고 싶어 한 것이다. 카프카는 야노우흐와의 대화에서 〈우리들은 자유와 책임에 대해 공포감을 지닌다. 그 때문에 우리들은 차라리 공동으로 손질한 울타리 안에서 질식하는 편이 낫다〉[28]고 언급하고 있다. 만일의 경우에 대비하여 미리 무거운 군화를 사 두었던 카프카는 1919년 6월 21일 징병 검사를 받았으며, 〈무장 국민군 복무〉에 적절하다는 판정을 받았다. 그러나 이틀 후 그가 근무하는 노동자 재해 공사가 그에 대한 징집 면제를 청구하여 그는 결국 입대하지 못했다. 따라서 도망 길도 차단

되고 말았다.[29]

　프롬이 주장한 자율보다 권위에 복종하게 되는 이론이 실제로 카프카의 작품에서도 나타나고 있다. 예를 들어 『소송』에서 상인 블로크는 자신의 능력과 권리를 변호사에게 맡긴다. 심지어 그는 변호사의 말에 복종하는 〈변호사의 개 *Hund des Advokaten*〉(P 166)로 묘사될 정도로 개인의 책임과 권리를 포기한다. 따라서 훌트 변호사와 그의 비서인 레니 양은 블로크를 항상 개처럼 다룬다. 블로크는 소송에 열중하고 항상 자신의 일에 몰두하는 피고로서, 훌트 변호사의 고객이 아니라 한 마리의 개에 불과하다. 훌트 변호사가 그에게 개집에 들어가듯이 침대 밑으로 들어가 그곳에서 짖으라고 명령했다면, 그는 흔쾌히 그 짓을 했을 위인(爲人)이다.(P 144 f.)

　이렇게 강력한 리더 밑에서 지시대로 따르고 싶은 본능은 「변신」에서 그레고르가 자신이 근무하는 회사에서 승진을 기피하는 듯한 장면에서도 나타난다. 그레고르는 승진으로 회수금을 거두어들이는 권리를 위임받아 후궁의 궁녀들처럼 살아갈 수 있는 특권을 누린다. 그런데 그는 업무에 있어 어느 정도 게으름을 피웠고, 어쩌면 자신의 처지를 일전(一轉)시켜 자유를 안겨 줄지도 모를 출세 앞에서 오히려 주춤한다. 따라서 그는 성공을 바라면서도, 한편으로는 그것을 피하려고 하며 직업이라는 쳇바퀴를 맴돈다. 그는 가족들이 회사 사장에게서 빌린 돈을 갚기만 하면 곧바로 달성될지도 모를 자신의 독립을 위하여 애쓰면서도, 불만스러운 근무 자세를 취하여 다가올 자유를 두려워함으로써 목표에서 떠나려 한다.

　이에 관한 또 다른 예가 『성』의 마을 사람들의 행위에서도 나타난다. 『성』에서 성 당국은 권력의 중심에 있으며 성 아래 마을 사람들은 자신들의 권리를 포기하고 성의 권위를 무비판적으로 받아들인다. 마을 사람들의 성격적 특성으로 간주될 수 있는 맹목적인 복종 태도는 그들의 외적인 모습을 통해 표현되고 있다. 마을에 도착한 다음 날 이미 K는 마을 농부들의 모습에서 〈고통의 기색이 역력한 얼굴〉(S 26)을 발견한다. 특히 〈두개골은 마치 위에서 얻어맞은 것처럼 납작하게 된 것 같고, 얼굴 생김새는 그렇게 얻어맞은 고통 속에서 만들어진 것 같았다〉(S 26)라는 농부들에 대한 세밀한 묘사 속에는 성에 대한 그들의 종속성이 암시되어 있다.[30]

　그런데 작품을 자세히 살펴보면, 『성』의 주인공 K도 무의식적으로 권력에 대한 종속성을 지니고 있다. 이에 대한 근거로 K가 마을에 도착한 다음 날 성을 향해 길을 떠나기 전에, 시골 주막 주인에게 자신의 은밀한 비밀처럼 행한 다음의 언급을 들 수 있다. 〈당신한테만 털어놓지만 난 사실 힘이 없어. 따라서 권력을 가진 사람들에게 당신 못지않은 존경심을 갖는지도 몰라. 다만 당신만큼 솔직하지 못해서 그런 마음을 숨길 따름이지.〉(S 12)

탐험가는 단지 간접적으로 결정을 내리는데, 이는 장교가 자발적으로 죽어서 탐험가의 결정을 빼앗기 때문이다. 멘델존은 장교의 시신(屍身)에 대해 〈탐험가가 열망했던 자유는 필연적으로 존재하지 않는다〉[31]고 극단적으로 묘사한다. 탐험가는 자신이 얻게 된 (결정할 수 있는) 자유에서 계속 도피하여(E 123), 내적인 평온을 얻지 못한다. 신임 사령관도 획득한 권력과 새로운 개정에 대한 강력한 의지에도 불구하고 유형지의 자유가 아닌 강요성의 범위에서 벗어나지 못한다. 이는 서서히 안전하다고 인정되는 구조에 무의식적으로 사로잡힌 카프카의 형상의 상징으로 볼 수 있다. 또 자신에게 습득된 가치와 자신에 관한 잘못된 판결에 속박된 카프카 형상, 이러한 상황에서 카프카 자신은 또다시 강압의 지배를 받아 한계성에 갇히게 되는 것이다.

「유형지에서」에서 카프카는 탐험가가 결정하도록, 즉 카프카의 약한 존재를 상징하는 죄수가 들어가게 되어 있는 처형 장치에 관해 판결하도록 한다. 여기에는 부친으로부터의 해방이 반영되어 있다. 이는 실제적인 호소로 부친에게서 부여받은 가치 내지 자칭적인 자신의 무가치성 *Wertlosigkeit*[32]에서 해방되어 자신의 행동에 대해 상실된 자신감을 되찾겠다는 호소인 것이다.

카프카가 꿈꾸어 왔던 자신 속의 강인함은 신임 사령관으로 상징된다. 이러한 신임 사령관에 카프카의 여성 관계도 나타나고 있다. 카프카는 여성과의 성교를 〈함께 사는 행복에 대한 벌〉로 보았다. 카프카는 유대 법에서 신성하게 간주되는 성교를 거부하고, 또 완전히 다른 전통에 화답하는 결과가 되어 유대 법과 이중으로 결별하게 된다. 삶의 의미를 풍요롭게 하기 위하여 무엇보다 결혼에 집착하는 것이 모세의 후손임을 말해 주는 것이라면, 성의 거부는 성 바울의 사도임을 의미한다. 위대한 전향자인 성 바울은 늦둥이 유대인이자 과도기를 대표하는 전형적 인물로서, 스스로 선조들의 법을 고치는 임무를 떠맡고 마침내 이 법의 폐지를 선포한 자이기도 하다. 카프카는 혹독한 벌을 피하기 위해 자신에게 〈가능한 한 금욕적으로 살아야 한다. 그것이 명예를 지키는 유일한 길〉[33]이라고 믿었다.

이런 배경에서인지 카프카의 결혼에 대한 태도는 부정적이다. 그와 육체적인 측면에서 가장 긴 관계를 맺어서 결혼을 진지하게 생각하고 두 번이나 약혼을 하였으나, 자신의 창작 활동을 위해 파혼하고 만 펠리체 바우어를 처음 만난 것은 1912년 8월 13일이었다. 그런데 이러한 결혼 문제에는 카프카 부친의 정서가 큰 방해가 되었다.

카프카가 「부친에게 보낸 서신」에서 언급했듯이 그의 비사교성은 부친과의 긴장된 관계에서 점점 심화되었다. 부친의 목표는 아들을 상인으로 만들어 기업가의 딸과 결혼시키는 것이었다. 부친은 아들이 적어도 법률가로 입신출세하기를 원했다. 실패로 끝난 이러한 양육 방침은 카프카가 부친에 대해 증오심을 갖게 되는 요인으로 작용하였다. 결혼하려는 그의 시도는 부친에 의해 주입된 세속적 출세와, 부친과는 달리 자신은 갖지 못한 특징으로 좌절되고 만다.

카프카의 부친은 항상 아들의 문학 작품을 이해하지 못하고 못마땅해하면서 아들의 핵심 문제인 결혼에 대해 장애가 되었다. 「부친에게 보낸 서신」에 의하면 카프카는 여성을 순수성과 상반된 더러운 존재로 보았는데, 이의 동기자는 다름 아닌 그의 부친이었다.(B 62) 카프카는 사랑에 이르는 길은 더러움으로 통하기 때문에 결혼이란 오직 성의 단념에서만 이루어질 수 있다고 믿게 되는데, 이의 동기자는 다름 아닌 그의 부친이라는 것이다. 그는 〈침대 속의 30분〉[34]에 대한 엄청난 두려움을 극복할 수 없었으며, 그래서 결혼이라는 것은 부친만의 독무대이고 자신에게는 끝까지 막혀 있을 수밖에 없다고 생각했다.(B 143)

카프카는 죽음을 몇 주 앞둔 1924년 5월 도라 디아만트의 신앙심 깊은 아버지에게 보낸 서신에서 그녀와의 결혼을 허락해 달라고 간청했다. 그는 편지에서 자신이 신앙심 깊은 유대인은 아니지만 〈회개자, 즉 신에게로 귀의하는 자〉라고 종교적 입장을 밝히고 있다. 이는 신앙심이 깊은 그녀의 부친을 염두에 두고 한 말인 것 같다. 그러나 이러한 결혼 시도도 부친의 반대로 실패한다.

카프카가 율리에 보리체크와 결혼하려 하자, 그녀가 자기 마음에 들지 않는다고 해서 부친은 20년 전이나 마찬가지로, 아들에게 그 여자와 결혼을 하느니 차라리

사창가에서 육체적 문제를 해결하라고 야유까지 했다.

　그 여자는 틀림없이 프라하 유대 여자들이 하듯이 고르고 고른 블라우스를 입었을 테지. 그래서 너는 그걸 믿고 그녀와 결혼하기로 결심했겠지. 그것도 될 수 있는 대로 빨리, 일주일 내에. 내일 아니 오늘이라도 하고 말이야. 나는 너를 이해하지 못하겠다. 넌 어른이 아니냐. 도시에 살고 있고. 그런데도 아무 여자하고나 재깍 결혼해 버리는 것 외에는 다른 방책을 모른단 말이냐. 너 정 겁이 난다면 내가 직접 데리고 가마.[35]

유대인 부르주아에 속하는 유대인 교회당 당지기라는 율리에 부친의 신분은 카프카 부친의 눈에 사회의 최하층으로 보였고, 그런 집의 딸과 혼인 관계를 맺는 것은 치욕으로 생각되었던 것이다. 펠리체 바우어의 경우와 마찬가지로 이번에도 자신의 결혼 계획을 이성적으로 생각하고 있던 카프카는 부친의 이 말에 몹시 의기소침했다. 부친의 이러한 판정으로 카프카는 성(性)에 대해서, 그럼으로써 또한 결혼에 대해서 불결하다는 관념을 떨쳐 버릴 수가 없었으며 자신과 더불어 불결이 시작되었다고 믿게 되었다.(B 62) 카프카는 그의 부친의 가치 척도를 그대로 받아들였기에 그의 결혼과 여자 문제에 관한 그의 부친의 경멸을 당연한 것으로 인정하고 자신을 철저히 불결한 존재로 생각하게 되었다.

이렇게 독선적인 부친이 아들 카프카의 결혼 계획을 조롱하며 방해하는 내용이 작품에 자주 암시된다. 펠리체 바우어를 알게 된 지 40일 만에 쓴 단편 「선고」의 주인공 게오르크의 부친도 아들의 결혼을 반대하며 결혼 문제와 관련된 아들의 모든 계획을 자신과 죽은 아내와 게오르크의 친구에 대한 조소로 받아들인다.

이러한 배경에서인지 카프카의 여성 인물들은 지극히 단순한 사고 구조를 가지고 있으며 도덕적, 성적 수치심이 결여된 비교적 형이하학적 인물로 그려져 있다. 결론적으로, 카프카의 여인상은 말하자면 어느 정도까지는 창녀로 요약된다. 그들과의 결합에서 결혼까지는 도달할 수 없고, 다만 〈정신이 없는〉 상태에서만 이루어지는 낯선 고장의 유혹의 결합인 것이다. 카프카의 많은 작품에서 남성 인물이 결혼을 하지 않은 독신으로 등장하는 것도 같은 맥락에서 이해될 수 있다. 결국 대부분의 카프카 문학의 여성들은 육감적 사랑에 치우쳐 있다. 카프카에게 여성들이란 말하자면 〈유혹의 올가미〉이며 〈남성을 유혹하기 위해 거짓말도 서슴지 않는〉[36] (G 178) 존재로 인식되고 있다. 따라서 카프카의 독신 남자 주인공들이나 카프카 자신의 공통적 심적 상태인 고독, 불안, 우울, 방만, 유아적 특징, 자질구레한 성찰 따위가 일으키는 강박 관념의 소산으로 여성상도 들 수 있다.

따라서 카프카 작품의 주인공들이 겪는 정신적 갈등 과정에는 언제나 애욕적인 여성들이 등장하여 이러한 갈등에 직접 또는 간접적으로 영향을 미친다.

이렇게 카프카의 부친이 항상 아들 카프카에게 나쁜 이미지로 금지시켰던 〈여성 관계〉는 신임 사령관의 〈여성 관계〉(E 113)로 나타난다. 따라서 이 신임 사령관은 카프카의 열망의 일부분으로 유형지의 규정과 법에 저항한다. 그리고 새로운 인물인 장교가 재판에 끼어들려 하고 (E 104), 새로운 방식을 도입하려 하기 때문에 탐험가는 신임 사령관에게 희망을 갖는다 (E 105). 이는 부친에게 빼앗긴 자유를 실제적으로 얻을 수 있고, 이 자유로 인해 자신의 삶이 인도되는 내용이다. 즉 전임 사령관의 질서에 명백히 상반되게 신임 사령관이 유형지를 이끌어 가는 것과 같은 삶의 인도인 것이다.

2) 죄수와 탐험가에 나타난 카프카의 불안

죄수

죄수는 작품 마지막까지 자신의 죄를 모르고, 또 자신에 관한 사건의 복수심 외에는 자기 주위의 일에 별로 관심을 갖지 않는 사실, 또 그에게 주어지는 명목상의 자유 등은 이 작품의 사항이 장교의 죽음으로 결코 해결되지 않는 것에 대한 불만으로 카프카의 불편한 심정을 암시한다. 멘델존의 언급대로 〈기계 시대의 날들은 셀 수 있을 정도로 한정되어 있지만, 기계의 창조로 이끄는 자극은 생기가 넘친다〉.[37] 이 작품에서처럼 현실에서도 옳지 않게 생각되는 것을 헤르만 카프카는 간접적으로 작품 속의 장교가 죄수에게 〈이제 자네는 석방이네 *Jetzt bist du frei*〉 (B 51)라고 말하는 식으로 아들 카프카에게 전달한다. 죄수는 처음엔 자신의 자유를 믿지 않는다. (E 117) 탐험가가 간접적으로 싸워 쟁취한 사면(赦免)에도 불구하고 죄수의 무죄는 인정되지 않았기 때문에 그는 끝까지 죄수로 표현되고 있다. (E 123)

이 내용은 부친의 카프카에 대한 심리이며, 이의 근거로 카프카는 「부친에게 보낸 서신」에서 〈그것은 물론 현혹이었고, 나는 아무리 좋은 경우라도 자유롭지 못하다〉(B 51)라고 언급하고 있다.

탐험가

대개의 작품에는 이른바 주인공이라 할 중심인물이 있다. 그러나 「유형지에서」에는 선뜻 주인공이라고 부를 만한 중심인물이 없다. 물론 중심적인 역할을 하는 탐험가가 있다. 작품에서 여행자 *der Reisende*로 소개되는 이 남자는 여러 나라의 법률 제도를 시찰하러 유럽에서 온 사람으로, 단순히 여행자라기보다는 탐험가라고 불린다. 그가 이곳에 오게 된 경위는 그 자신이 생각하는 바와 같이 이곳 유형지의 법률 제도, 특히 명령 불복과 상관 모독죄로 유죄 판결을 받은 병사에 대한 형 집행 과정에 참관해 달라는 사령관의 요청을 거절할 수 없어 예의상 이 섬을 방문하게 된 것이다. 그는 목적의식이 뚜렷하지 않은 채 이곳에 온 것이다. 따라서 탐험가는 주인공이라 부르기에는 미흡함이 많다. 탐험가는 처음부터 끝까지 이렇다 할 행동을 하지 않고 시종 방관자의 입장을 떠나지 않는다. 독자와 의식을 나누는 시점 인물이라는 점에서만 주인공과 흡사할 따름이다.

그런데도 작중 인물 가운데 그래도 인간적인 표본으로 꼽을 수 있는 인물은 탐험가 한 사람뿐이다. 탐험가는 유형지의 형벌 제도를 장교를 통한 설명을 들음으로써 자신에게 부딪치는 문제의 외부에 서서 비판적으로 판단하는 관찰자로서 사건을 경험한다. 그러나 전체 이야기가 그의 시각에서만 묘사되기 때문에 보고자의 역할이 동시에 주어진다. 그는 독자를 그의 시각에만 관여하게 하여 사건에 직접적으로 연루된 인물인 장교와 독자의 밀접한 관계를 떼어 놓는다. 물론 탐험가는 사건과는 무관한 논평적인 관찰자일 뿐 아니라, 어느 정도까지는 자신에게 제시되는 문제와 갈등의 세계로 이끌려 들어가 바로 그 세계에서 파악되는 이중적인 존재이다. 바로 이와 같은 성격으로 인해서 탐험가는 「변신」, 「선고」 그리고 『소송』, 『성』, 『아메리카』 세 편의 장편 소설의 주인공처럼 〈동일 시점〉에 의한 강렬한 주관을 반영할 수 없으며, 또한 전적으로 객관적인 서술만을 요구하는, 따라서 독자들의 관심을 주인공들에게 묶어 두지 않는 객관적 작품의 주인공들과도 차이를 보인다. 이와 같은 서술 시점의 동요는 탐험가가 그레고르 잠자, 게오르크 벤데만, 카를 로스만, 요제프 K처럼 행동의 주체가 되지 못하고, 실제로는 장교가 행동의 주체가 되기 때문에 발생한다.[38]

탐험가는 장교의 대화 상대자이며 또한 유형지의 재판 제도를 둘러싸고 그와 대립적 위치에 있다. 탐험가와 장교의 대립적 위치를 그 당시의 세계 대전에 연관시키는 바겐바흐 Klaus Wagenbach 같은 학자도 있다. 세계 대전에 대해서는 (카프카는 허약 체질 때문에 군 복무가 보류되었다) 카프카의 편지와 일기에 50줄도 채 기록되어 있지 않다. 하지만 그에 대한 카프카의 견해는 명확하다. 카프카는 〈나는 그들에게 온갖 저주를 보낸다〉고 언급하며 〈싸우는 자들에 대한 증오〉를 보인다. 그리고 전쟁이 발발한 지 8일밖에 안 지났을 때 벌써 〈애국적인 행렬 (……) 이 행렬들은 전쟁의 가장 꺼림칙한 수반 현상의 하나이다. (……) 나는 노여운 시선으로 그 곁에 서 있다〉고 쓰고 있다. 노여운 시선이란 「유형지에서」(전쟁 발발 2주일 뒤에 쓰임)에 나오는 기이한 처형 관습의 설명을 듣는 탐험자의 시선과 같은 성격의 것이다.[39]

탐험가는 분명히 기계라든가 유형지에서 벌어지는 행형 제도(行刑制度)에 대해 반감을 갖고 있으나, 그렇다고 자신의 의지를 적극적으로 내세우지 않는다. 다시 말해 그는 사형 제도의 폐지를 고려하는 신임 사령관을 설득시켜 사형 제도에 적극 협조하도록 하는 데 영향력을 행사해 달라는 장교의 부탁에 대해 〈못해요 nein〉[40]라고 말하지만, 그 말이 나오기까지 한참을 망설인다. 카프카가 탐험가를 등장시킨 것은 순전히 기법상의 이유 때문이다. 기계 장치를 설명해야 할 이유 때문에 그리고 누군가가 끝까지 남아서 작품의 결과를 마무리해야 할 필요성 때문에 기계에 대해서는 완전히 문외한인 탐험가를 등장시킨 것이다. 그 근거로 탐험가로 하여금 배를 타고 도망치게 함으로써 그 인물을 퇴장시키고 작품의 무게, 그 전부를 장교에게 떠맡겨 버린 작가의 의도가 엿보인다. 따라서 탐험가는 어디까지나 부차적인 인물로 생명이 없는 기계 장치에도 미치지 못하는 조연자의 구실을 맡았을 뿐이다.[41] 그의 이러한 모습은 그가 보여 준 행동에서도 잘 나타난다. 그는 장교가 처형 기계 위아래로 올라갔다 내려갔다 하면서 열심히 구조와 기능을 설명하는 동안, 처형 기계에 대해서는 별 관심을 보이지 않은 채 주위를 왔다 갔다 한다. 더욱이 탐험가는 장교의 여러 이야기를 들어 이곳의 형벌 제도에 대한 자신의 발언의 중요성을 알면서도 적어도 외견상으로는 일단 그것을 무시하려고 한다. 그는 장교에게 자기 의견을 솔직하게 털어놓지 못하고, 오히려 장교가 자신의 투쟁이 무의미함을 스스로 깨닫도록 유도한다.

4. 언어와 의사소통

1) 언어와 의사소통의 상징으로서의 처형 기계

「유형지에서」에서 언어적 특징은 장교를 통해 발휘된다. 즉 장교의 언어는 매우 강한 설득력을 발휘한다. 작품 처음의 문장 〈이것은 독특한 기계입니다〉로 시작되는 장교의 언어는 간단명료한 것이 특징이다. 복잡한 기계의 구조와 기능의 설명에서 그는 듣는 사람으로 하여금 이해하기 쉽게 핵심을 빠뜨리지 않고 조리 있게 이야기하며 형벌 제도의 모순성과 그 절차의 잔인성을 무척 침착하게 자신의 감정은 조금도 개입시키지 않고 그 분야의 전문가다운 어조로 열심히 설명한다. 뿐만 아니라 장교는 눈앞에 보이는 사물을 간단하고 정확하게 서술함은 물론이고 앞으로 일어날 일들도 풍부한 상상력을 발휘하여 마치 눈앞에서 전개되는 일처럼 사실적으로 설명하는 뛰어난 표현력을 갖추고 있다.[42]

이렇게 의사소통에서 명료한 장교가 죄수에게는 알아듣지 못하는 말로 말함으로써 역설적 관계가 나타난다. 장교는 탐험가와 죄수가 알아듣지 못하는 프랑스어로 말하는 것이다.(E 102) 이렇게 죄수에게 낯선 언어는 그를 사건에서 제외시키려는 의도이다. 필자는 여기에서 한 걸음 더 나아가려 한다. 카프카는 여기에서 부친이 그에게 가한 언어의 폭력을 실체화한 것이다. 형상적으로 볼 때 카프카는 부친의 언어의 고문에 긴장하여 정신적인 처형을 당하고 있는데, 이는 다음 문장에서 살펴볼 수 있다. 〈저는 아버님 앞에서는 (……) 말이 막히고 더듬거리게 됩니다. 그것도 아주 심해서 결국 저는 입을 다물고 침묵을 지킵니다. (……) 아버님, 당신 앞에서는 생각도 할 수 없고, 말도 할 수 없습니다.〉(B 20) 카프카는 계속해서 다음과 같이 자신의 행동 무능력의 또 다른 결과로 부친을 기술한다. 〈저는 아버님의 마음에 들지 않는 어떤 것을 하려고 하면, 그리고 아버님께서 실패한 저를 위협하신다면 아버님의 견해에 대한 경외심이 너무나 커서 늦게야 나 스스로를 책망한다 할지라도 실패는 제어하기 어려웠습니다. 저는 자신의 행위에 대한 신뢰감을 상실했고, 불안전하고 의심스러운 존재입니다.〉(B 20)

처형 장치가 침대와 제도기, 써레로 되어 있는 사실(E 101)도 의미가 있다. 〈제도기〉는 인간의 삶을 위해 제도하지만, 이 작품에서는 죄수의 죽음을 위해 제도한다. 사형수가 범한 계율이 그의 몸에 쓰이는 것이다.(E 103) 이렇게 죄수의 몸에 쓰이는 것은 카프카의 부친 헤르만 카프카의 계율이 아들 카프카에 각인되는 것과 같다. 원래 흙의 경작에 사용되는 써레가 여기서는 인체에 문자의 파종으로 이용된다. 이러한 문자 형상은 복종되지 않고 죽음 직전에야 인식된다. 형상적으로 영혼이나 정신의 치명적인 상처를 통해 비로소 이해되는 것이다.(E 108) 카프카는 자신의 「부친에게 보낸 서신」에서 〈자신의 두뇌에 형식적인 고랑을 팠던……〉(B 29) 부친의 발언을 기억하고 있다고 언급하는데, 이것이 가공된 써레와 유사하다. 처형 장치의 교시는 모두 명령일 뿐이다. 명령 형태의 판결은 말의 처벌이다. 부친은 말로써 감정을 해치고 처벌하는 것으로 다음 문장에 이 내용이 잘 나타나 있다. 〈당신은 (……) 갑자기 그대의 말로 내리쳐도 누구도 당신을 유감으로 생각하지 않고, (……) 그대에게 전혀 저항할 수도 없습니다.〉(B 16)[43]

부친은 자기 말의 폭력과 잔인성을 느끼지 못한다고 카프카는 기록하고 있다.(B 16) 심리학적으로 볼 때 부친이 자녀들을 모든 사람이 보고 듣는 앞에서 모욕감을 주고 자녀들에게 비난을 퍼붓는 것은 일종의 처형인데, 이는 자녀의 굴욕적인 감각을 그는 느끼지 못한 채 자녀의 문제를 항상 공개적으로 처리하기 때문이다.(B 29) 이는 처형 장치의 침대 위에 혁대로 죄어 매여 저항할 수 없는 죄수의 모습이다. 죄수는 자신의 몸에서 처형 통지를 느끼면서도 이에 반작용을 할 수 없다. 어떤 이의나 항의도 결국에는 죽음에 의해 금지된다. 기계, 즉 기계를 상징하는 제도가 카프카의 부친처럼 결국 옳았음을 강압적으로 증명하는 것이다. 〈당신은 (……) 나에게 정말로 놀라울 만치 옳았다고 특히 대화에서 옳았다고 증명되는데, 이는 대화가 거의 없기 때문이다.〉(B 14)

2) 기계의 붕괴와 파괴

〈기계는 부서지고 있는 것이 분명했다〉(E 121)는 작품 속 기계의 점진적인, 그리고 마지막의 피할 수 없는 붕괴는 부자간 의사소통의 완전한 파괴와 혼란의 형상적 표현으로 볼 수 있다. 아들의 말에 귀를 기울이고 이해하려는 시도의 상실에 대해 작품 속의 기계(E 109)처럼 수선의 대치물을 찾을 수가 없다. 그 결과를 카프카는 「부친에게 보낸 서신」에서 묘사하는데, 처음에 그는 부친 앞에서는 〈생각할 수도 없고, 대화할 수도 없으며〉(B 20) 또 〈대화를 잊어버린다〉(B 20)고 한 뒤 마지막에 〈당신은 불쾌하게 생각되는 저항을 나에게서 침묵시키려 했는데, 그 영향이 나에게 너무 심해서 나는 차라리 고분고분해져 완전히 입을 다물게 되었다〉(B 21)고 언급한다. 이외에도 카프카는 〈당신이 직접적으로, 또 명백한 욕설적 언사로 나를 모욕했다고 기억되지는 않는다. 기억할 필요도 없는 것이다〉(B 21)라고 언급하고 있다. 이러한 언급은 작품에서 기계에 의해 이루어지는 것처럼 흔적이 없으면서도 간접적으로 짓누르는 의사 전달의 잔인성을 명백하게 보여 준다.

5. 결론

카프카의 작품 「유형지에서」에 나타난 많은 다양한 발단을 심도 있게 규명해 보면 서로 의미 깊게 연관되어 있다. 여기에서 해당 사항이 한정적으로 나타나는데, 이 각각의 발단을 고립되게 해석하면 카프카나 그의 문학은 공평하게 평가되지 못한다. 이 장에서는 「유형지에서」에서 규명될 가치가 있는 자서전적 유사성이 규명되었다. 「유형지에서」는 사회적 권위와 제도를 둘러싼 부친 세계의 명확한 확장이라는 의미에서 「선고」 그리고 「변신」 등의 작품과 동일하게 이해된다. 카프카는 추상의 형태로 작품에 내재된 내용 이해의 가능성을 미결로 남겨 놓는다. 왜냐하면 자서전적 유사성에도 불구하고 작품 자체는 당연히 문학 텍스트인데, 카프카는 이 텍스트를 의식적으로 명백하게 표현하지 않고 다양한 층으로 표현하는 것이다.

카프카는 자기 시대 부자간의 갈등을 특정한 인물의 심리학적 문제로 받아들이지 않고, 오히려 부친 세대에서의 유대인 생활 양식의 변화로 받아들였다. 카프카의 실패는 그의 부친에 의한 교육의 결과일 뿐만 아니라, 그 당시 프라하의 역사적 상황과 구조의 결과이기도 하다. 그 때문에 카프카는 역사적 사회화의 희생물이기도 하다.

주

1 Ulrich Stadler, Wilhelm Meisters unterlassene Revolte, in: *Euphorion*, Bd. 74(Leipzig 1980), S. 368.
2 J. W. von Goethe, *Wilhelm Miesters Lehrjahre*, in: *Goethes Werke in 14 Bänden*, Bd. 7, 1988, S. 21 f.(이하 *Wilhelm Miesters Lehrjahre*로 줄임)
3 같은 책, S. 69.
4 같은 곳.
5 같은 책, S. 21.
6 Ulrich Stadler, a.a.O., S. 366과 비교하라.
7 같은 책, S. 371과 비교하라.
8 *Wilhelm Meisters Lehrjahre*, S. 70.
9 같은 곳.
10 Vgl. Ulrich Stadler, a.a.O., S. 360 f.
11 오한진, 『독일 사회 소설론』(전예원, 1985), 158면 이하.
12 그리스의 스핑크스는 보통 여자의 얼굴 모습을 지니고 테베 시의 외곽에 있는 높은 바위 언덕에 살면서 지나가는 행인들에게 수수께끼를 내어 알아맞히지 못하면 잡아먹었다.
13 S. Freud, zitiert nach G. Schmid-Noerr, Mythologie des Imaginären oder imaginäre Mythologie, in: *Psyche*, S. 583.
14 프란츠 카프카, 『카프카 전집 1』, 이주동 역(솔, 1997), 64면.
15 김용익, 『프란츠 카프카 연구』(삼영사, 1984), 10면 이하 참조.(이하 『프란츠 카프카 연구』로 줄임)
16 Franz Kafka, *Briefe an Felice und andere Korrespondenz aus der Verlobungszeit*, hg. von Erich Keller u. Jürgen Born(Frankfurt/M., 1967), S. 452.
17 Wilhelm Emrich, *Franz Kafka*(Wiesbaden, 1975), S. 220 f.
18 여기에서 가장 빈번하게 이용되는 원전을 기호로 표시하고자 한다. 즉 「유형지에서」는 E로, 『부친에게 보낸 서신』은 B로, 『소송』은 P로, 그리고 『성』은 S로 표시되고, 이들 표시 다음에 면수를 표시하였다.
19 Max Brod(Hg.), *Franz Kafka*(Berlin, 1986), S. 151.
20 같은 곳.
21 Bert Nagel, *Franz Kafka*(Berlin, 1974), S. 248.
22 김정진, 『카프카 연구』(탐구당, 1986), 130면 이하.
23 같은 책, 131면 이하.
24 Leonhard R. Mendelsohn, Kafka's In the Penal Colony and the Paradox of Enforced Freedom, in: *Studies in Short Fiction* 8, 1971, S. 313.
25 같은 책, S. 310.
26 Franz Kafka, *Gesammelte Werke* in 6 *Bänden*, hg. von Max Brod, 1935~37, Bd. 7, S. 32, Zit. in: Fritz Keller, *Studien zum Phänomen der Angst in der modernen deutschen Literatur*(Winterthur, 1956), S. 46.
27 정문길, 『소외론 연구』(서울, 1982), 184면 참조.
28 Gustav Janouch, *Gespräche mit Kafka, Aufzeichnungen und Erinnerungen*(Frankfurt/M., 1968), S. 37.
29 Hartmut Müller, 『카프카 문학 사전』, 권세훈외 역(학문사, 1999), 209면.
30 조정래, 「기다림의 미학」, 『독일언어문학』제34집(한국독일언어문학회, 2006), 59면.
31 Leonhard R. Mendelsohn, a.a.O., S. 316.
32 Franz Kafka, *Beschreibungen eines Kampfes*, hg. von Max Brod(Frankfurt/M., 1986), S. 22.

33 Franz Kafka, *Tagebücher 1910~1923*, hg. von Max Brod, Lizenzausgabe mit freundlicher Genehmigung von Schocken Books Inc.(New York, 1986), S. 226.
34 Franz Kafka, *Briefe an Milena*, hg. von Jürgen Born u. Michael Müller(Frankfurt/M., 1986), S. 149.
35 Klaus Wagenbach, *Kafka*(Reinbek bei Hamburg 1964), S. 120.
36 Gustav Janouch, a.a.O., S. 178.
37 Leonhard R. Mendelsohn, a.a.O., S. 315.
38 『프란츠 카프카 연구』, 40면.
39 클라우스 바겐바흐, 『카프카』, 전영애 역(홍성사, 1982), 120면.
40 Franz Kafka, *Sämtliche Erzählungen*(Frankfurt/M., 1973), S. 116.
41 홍경호, 『카프카 연구』(범문사, 1984), 113면.
42 구정철, 『카프카 연구』(범우사, 1994), 142면 이하.
43 이외의 언어에 의한 처벌에 관해서는 「부친에게 보낸 서신」 23면 참조.

제4장 **하우프트만과 자연주의**

1. 자연주의의 사조적 특징

　자연주의는 사실주의만큼이나 다양하고 복잡한 개념을 지니고 있어, 이 장에서 그 정확한 개념을 밝혀내기란 매우 어려운 일이며, 또 그러한 작업은 이 글의 성격상 필요하지도 않다고 사료된다. 따라서 이 글에서는 자연주의의 배경과 그 특징만을 검토하여, 그러한 특징이 하우프트만의 작품에 어떻게 나타나고 있는가를 살피는 데 더 많은 관심을 기울이도록 하였다. 원래 〈자연주의 *Naturalismus*〉라는 용어는 〈유물주의 *Materialismus*〉, 〈쾌락주의 *Epikureismus*〉 혹은 여러 형태의 〈세속주의 *Säkularismus*〉를 뜻하는 것으로 고대 철학에서 사용되었다. 18세기까지도 자연주의는 인간을 가시적인 현상 세계, 즉 자연을 규제하듯이 인간의 삶을 좌우하는 하나의 우주적 기계, 간단히 말하면 경험적·형이상학적·신적인 힘이 존재하지 않는 하나의 우주, 그 안에서 홀로 생을 영위해 가는 것으로 파악하는 하나의 철학 체계[1]로 설명되었다. 이러한 자연주의에 대한 인식은 19세기까지 계속되어, 디드로 Denis Diderot는 자연주의자를, 신을 인정하지 않고, 그 대신 유물적 실체를 신봉하는 사람들로 적고 있으며, 리트레 Littré의 『프랑스어 사전』에도 자연주의는 〈모든 근본적인 원인과 동기를 자연에서 찾는 사람들의 가치 체계〉로 정의되고 있다.[2]

　이러한 〈자연주의〉라는 용어가 철학과 과학의 용어로서만이 아니라, 다른 분야의 용어로 사용된 것은 미술의 경우가 최초이다. 17세기 이래 자연의 실재 대상물을 가능한 한 화폭에 정확히 모사하려는 화가들을 자연주의 화가라 부르게 된 것이다. 그리고 마침내 미술을 통하여 〈자연주의〉라는 용어는 문학 비평 분야에 도입된다. 즉 1860년대 프랑스 인상파 화가들에 대한 당대 미술원의 관습적인 거부에 대항하여 졸라Emil Zola는 정열적으로 그들을 옹호하는 미술평을 썼는데, 여기에서 〈자연주의〉라는 용어가 문학 비평 용어로 비로소 사용되게 되었다. 따라서 자연주의는 졸라에 의해 태동되었다고 볼 수 있다.

이렇게 19세기 중엽, 서구에서 싹튼 자연주의는 이후 전 유럽과 미국에까지 엄청난 충격을 주었다. 자연주의의 새로운 인간관, 문학에 있어서의 과학적인 방법의 도입, 철저한 비도덕성은 당시의 기존 문단에 충격을 주기에 충분한 것이었다. 졸라의 『실험 소설론 Le Roman expérimental』에서 가장 명석하고 극단적인 형태로 전개된 자연주의는 한때 비평과 찬사를 한 몸에 받으며 매우 급속한 속도로 그 영향력을 확대해 나갔다. 자연주의가 본질적으로 지니고 있는 문학 이론으로서의 과오에도 불구하고 많은 위대한 작품들이 탄생한 것이다. 따라서 졸라의 이름은 그의 소설과 비평 덕분에 자연주의라는 용어와 연결되어 있다. 넓은 의미에서 자연주의는 예술, 특히 소설이 〈자연으로 돌아가라〉는 것 이상의 다른 뜻은 없다. 하우얼스 William D. Howells가 자연주의를 본질적으로 인생을 충실하게 다루는 것이라고 정의한 배경에서 보면, 자연주의와 사실주의는 언뜻 보기에 같은 것처럼 보인다. 확실히 자연주의는 일종의 사실주의다. 그러나 졸라에게는 그 이상의 무엇이다. 그는 자연주의를 과학적 사실주의라고 말할 수도 있었을 것이다. 자연주의는 과학적 방법을 받아들이고 사용하는 사실주의다. 과학적인 방법을 철학에 도입한 것이 실증주의라면, 그것을 문학에 도입한 것이 자연주의라고 할 수 있다. 과학과 마찬가지로 우리가 관찰할 수 있고, 우리의 관찰로부터 논리적으로 추론할 수 있는 것만 알 수 있는 것이라는 실증주의는 확실히 철학의 새로운 지평을 열었다. 이러한 과학적·합리적 사고에 힘입어 과학적 방법으로 인간을 탐구하는 것이 바로 자연주의자들의 의도였다. 그들은 인간의 행동을 기계의 동작처럼 이해하기 때문에, 인간의 행동은 도덕적 판단에 영향을 받지 않는 것으로 생각한다.

텐Hippolyte Taine이 인간을 〈엇물려 돌아가는 톱니바퀴 장치를 가진 하나의 기계〉로 본 것도 바로 그러한 태도이다. 이렇게 인간을 기계로 보기 때문에, 선한 사람이나 악한 사람이나 모두 똑같다. 그것은 인간에게 해로운 황산이나, 인간에게 이로운 설탕이 모두 똑같은 것과 마찬가지다. 악한 사람이나 선한 사람은 모두 그들을 둘러싼 유전이나 환경에 의하여 결정되기 때문에, 아무도 스스로에 대해 책임이 없는 것이다. 여기서 자연주의자들의 가장 큰 비난의 대상이 되는 도덕의 타락, 도덕적 불감증이 생겨나게 된다. 즉 그들은 인간을 무기물과 마찬가지로 생각하기 때문에, 인간에게서 도덕이라는 가치를 제거해 버린 것이다.

그리고 인간의 자유 의지는 하나의 환상이며, 인간의 행위는 유전과 환경에 의해 결정된다는 명제에 자연주의가 기초되어 있다. 이렇게 결정론을 강조하는 점이 사실주의와 다른 특징이다. 졸라도 『실험 소설론』에서 〈자연 과학이 지배하는 것과 꼭 같은 과학적 방법으로 문학도 지배되어야 한다〉고 자연주의 이론을 명석하고 극단적인 형태로 전개시키고 있다.[3]

> 실험적 방법으로 물질계에 대한 지식에 도달한다면, 이 방법으로 감정적, 지적 생활에 대한 지식에도 도달하리라는 가설을 증명하려고 한다. 이것은 화학에서 생리학으로, 생리학에서 인류학과 사회학으로 가는 하나의 같은 여정의 문제에 지나지 않는다. 실험 소설이 그 목표다.[4]

과학적 소설을 창조하기 위해서는 베르나르Claude Bernard가 『실험 의학 연구 서론』에서 규정한 실험 방법을 사용하기만 하면 된다고 졸라는 생각했다. 유명한 의사였던 베르나르는 시행착오식의 경험론이나 어떤 의학적 학설이나 철학적 체계에도 반대했다. 실험 과학은 결코 사물의 〈이유〉에 대해 걱정하지 않고 〈방법〉을 설명하는 데 만족한다. 생물도 무생물처럼 자연 현상에 절대적인 지배를 받는다고 베르나르는 주장했다. 따라서 그가 실험에 붙인 이름인 〈도발된 관찰〉은 양자에 꼭 같이 적용시킬 수 있다. 베르나르는 관찰자와 실험자 사이에 중요한 구분을 짓고 있다고 졸라는 말한다. 관찰자는 눈앞에 있는 현상을 기술할 뿐이다. 실험자는 가설 또는 선관념(先觀念)을 가지고 있다. 그다음에는 이 관념을 확인 또는 반복하기 위해 실험을 행한다. 그 후 그는 그의 선관념이 실험 결과에 의해 증명되었는지 증명되지 않았는지 공정하게 판단하기 위해 자기 자신을 관찰자로 둔갑시킨다. 졸라는 이 방법을 소설에도 적용시킬 수 있다고 말했다. 소설가는 관찰자인 동시에 실험자다. 관찰자처럼 그는 자기가 본 대로 사실을 기술한다. 〈다음에 실험자가 나타나서 실험을 한다. 즉 실험 중의 현상의 결정적 조건이 요청하는 바에 따라 사건들이 잇달아 일어나리라는 것을 증명하기 위하여, 어떤 스토리에서 등장인물들을 움직이게 한다.〉[5] 발자크 Honoré de Balzac는 자신의 『사촌 누이 베트 Cousine Bette』에서 이러한 실험을 하고 있다고 졸라는 주장한다. 발자크는 어떤 사람이 호색적인 기질을 가지고 있을 때, 그 사람의 가정과 그의 사회적 지위가 어떻게 되는가를 관찰했다. 그는 윌로 남작이라는 인물로 하여금 일련의 시련을 겪게 하는 실험을 하고 있다. 졸라는 이것을 실험이라고 말했는데, 왜냐하면 발자크는 〈자기가 수집한 사실을 기록하는 데 만족하지 않고, 직접 개입하여 그의 등장인물들을 일정한 조건 속에 넣으며, 이 조건을 주관하기 때문이다〉. 이와 같이 발자크는 이러이러한 상황 속에서 작용하는 이러한 색정이 어떤 결과를 가져올 것인가 하는 문제를 풀었다. 이런 방법을 수용하면 〈그 사람의 개인적, 그리고 사회적 관계에 있어서 그에 대한 지식, 과학적 지식을 소유할 수 있게 된다〉고 졸라는 말한다. 따라서 〈오늘날 우리가 이해하고 있는 자연주의 소설은, 소설가가 관찰의 도움을 얻어 인간에게 행할 수 있는 진정한 실험이라는 사실을 부정할 수 없다〉고 그는 계속해서 말하고 있다.

졸라의 생각에, 실험 방법은 자연주의 소설가가 사진사에 불과하다고 불평하는 비평가에 대한 해답이었던 것이다. 실험이라는 관념 자체가 내포하고 있는 의미는, 소설가가 사실을 단순히 복사하는 것 이상의 일을 하고 있다는 것이다. 왜냐하면 〈사실들의 구조를 보이기 위해서는 우리가 현상이 생기도록 하고, 또 그 현상을 주관하는 것이 필요하다. 이것이 우리가 맡은 창조적 역할이다. 여기에 책 속의 천재가 있다.〉

그러나 베르나르 자신은 예술가를 과학자로 보지 않아서, 예술가는 〈예술 작품 속에 자기의 개인적인 사상이나 감정을 구상화시키는 사람〉이라고 정의하고 있다. 만일 졸라가 베르나르의 이견(異見)을 받아들인다면, 졸라가 말한 것이 모두 무의미하게 될 것이다. 따라서 그가 받아들이기를 거부하는 것은 당연하다. 졸라의 주장에 의하면, 예술가의 개성은 진실과 자연에 종속되며, 실험실의 과학자와 마찬가지로 예술가는 개성이 실험에 개입되지 않도록 한다. 따라서 예술가와 과학자는 똑같다. 예술가는 과학의 발견을 원용(援用)하여 증명된 가설의 굳건한 기초 위에 자기의 과학적 소설을 구축할 수 있도록 과학의 발견을 알고 있어야 한다. 작가가 모험적으로 가설을 세울 수 있는 영역은 아직 사실이 확립되지 않은 영역뿐이다. 〈그러므로 실험 소설가는 증명된 사실을 받아들이고, 과학이 주관하는 인간과 사회 현상의 구조를 지적하며, 결정적 조건이 아직 정립되지 않은 현상 이외에는 자기의 개인적 감정을 개입시키지 않고, 가능한 한 이 개인적인 감정, 이 선험적인 관념을 관찰과 실험에 의해 시험하려고 하는 사람이다.〉 문학은 작가뿐만 아니라 자연에도 의존하므로, 이 실험 방법은 소설뿐만 아니라 역사, 문학 비평, 희곡, 그리고 시에 이르기까지 어디서나 개가를 올릴 것이라고 졸라는 확신했다.[6]

형이상학적 인간은 죽었다. 우리의 전 영토는 생리학적 인간의 강림으로 변모되었다. 〈아킬레우스의 분노〉[7]와 〈디도의 사랑〉[8]이 아름답기 때문에 영속하리라는 것은 의심할 여지가 없다. 그러나 오늘날 우리는 분노와 사랑을 분석하여, 어떻게 이러한 격정이 인간 속에서 작용하는가를 발견해 낼 필요성을 느낀다. (……) 간단히 말하면 모든 것은 이 위대한 사실로 요약된다. 즉 과학과 문학에 있어서 실험 방법은 이제까지 형이상학이 비합리적이고 초자연적인 설명밖에 제공하지 못했던 개인적, 그리고 사회적인 자연 현상을 모두 설명하려 하고 있다.[9]

졸라는 이렇게 말했다. 19세기 비평 사상에 끼친 과학의 영향은 압도적이기 때문에, 이 소설가가 문학은 과학과 다르다는 사실을 부인하고 있음을 우리는 본다. 소설이 실험적이라면, 소설은 과학 그 자체이다. 소설가는 사실을 기록해야 하고, 과학의 진보를 원용해야 하며, 어떤 특정한 상황 속에서 작중 인물들이 (소설가가 정직하게 생각하는 대로 행동하고 있는 것을 묘사한다는 의미에서) 사실적이어야 한다고 졸라가 주장했더라면, 그는 비난을 받지 않았을 것이다. 그러나 그는 그의 주장이 황당무계하게 되기까지 과장했다. 작가는 생리학자가 하는 식으로 실험을 할 수 있다는 것은 자명하다. 작가가 아무리 훌륭하게 기록한다 할지라도 등장인물들과 상황들은 그의 〈창작〉의 산물이다. 이 사실 하나만으로도 실험실적인 어떤 실세 실험도 불가능하다는 것을 알 수 있다. 진짜 실험 소설가가 되려면, 살아 있는 인간을 실험하지 않으면 안 될 것이다.[10]

앞에서 자연주의라는 용어는 졸라에 의해 정립되었다고 언급하였다. 그러나 엄밀하게 볼 때, 〈자연주의〉가 문학 용어로 쓰이게 된 것이 졸라의 개인적인 관심에서만 비롯된 것은 아니다. 실제로 문학 용어로서의 〈자연주의〉의 등장은 19세기 서구 사회의 급속하고 급진적인 사회적, 과학적, 철학적인 여러 변화와 밀접한 관계를 맺고 있다. 즉 산업 혁명의 여파인 산업주의 Industrialismus의 영향에 의한 풍요한 발전 뒤에 숨어 있는 일반 노동자들의 비참한 삶의 모습, 1859년 다윈 Charles Darwin의 『자연 도태에 의한 종의 기원 Origin of Species by means of Natural Selection』을 필두로 하는 과학의 급속한 발전에 따른 충격적인 인간관의 등장, 산업주의의 산물이라 할 수 있는 가시적 가치와 구체적인 실제 결과를 존중하는 밀 John Stuart Mill의 공리주의 Utilitarismus의 등장을 낳게 한 실증주의가 바로 그것들이다.

이러한 19세기 당시의 상황을 밀의 『자유론』을 근거로 알아보자. 『자유론』은 사상의 자유, 개인주의, 작은 국가, 법치주의, 시장 경제, 사유 재산권의 보장을 골자로 하는 밀의 사상을 집대성한 책이다. 오늘날 민주 사회와 자본주의 시장 경제의 이론적 기초를 제공하고 있는 셈이다. 밀이 살던 시대는 산업 혁명이 요동을 치면서, 빈부의 격차가 막 사회 문제로 부각되는 시대이기도 했다. 그는 당시 사회 일각에서 제기되던 사회주의 사상에 대해, 막상 사회주의가 도입되면 권력을 향한 치열한 투쟁이 벌어지고, 사회가 대중의 여론에 휩쓸리면서 개인의 가치가 훼손되고, 결과적으로 이상 사회는 도래하지 않을 것이라며 사회주의의 멸망을 예고하기도 했다. 자유주의는 중세 기독교 사회에서 시민들이 종교의 자유를 주창하면서 싹트기 시작했다. 그 후 산업 혁명으로 재산을 모든 중산층과 상인 계층(부르주아)이 절대 왕권의 부당한 요구에 저항하면서 근대 시민 의식이 확산되었고, 이러한 변화가 제도로 정착된 것이 민주주의와 자본주의 제도이다. 자유주의자들은 사회주의자들과 달리 인간의 불완전성을 인정한다. 인간은 불완전하기 때문에 누구나 비판할 자유가 있어야 하며, 권력자는 비판을 겸허히 받아들일 관용을 가져야 한다고 본다.

자유주의 주창자들은 19세기 후반 빈부 격차 문제가 불거지면서, 경제적 자유를 어느 정도 허용해야 하느냐를 두고 논란을 빚기도 했다. 케인스, 존 롤스 등의 학자들은 정치권력은 물론 가난으로부터도 자유로워야 진정한 자유인이라면서, 빈부 격차를 해소하기 위해선 정부가 나서야 한다고 주장했다. 그러나 하이에크는 정부가 시장에 개입할 경우, 관리들의 정보 부족과 능력의 한계, 즉 불완전성으로 인해 사람들은 다시 노예가 될 것이라고 지적했다. 로버트 노직은 노력한 만큼 소득을 얻는 제도야말로 자유주의의 진정한 결실이자 사회 정의이므로, 빈부 격차 해소를 위한 정부의 재분배 정책은 바람직하지 않다고 강조했다.

앞에서 언급한 산업 혁명의 여파로, 19세기 중엽의 서구는 하루가 다르게 흥분과 팽창이 가능해졌다. 도시의 성장, 공장의 설립, 증기 기관차의 등장 등 이 시기는 실로 풍요와 발전의 시대였던 것이다. 도구적 존재로서의 인간은 기계와 고대로부터 뗄 수 없는 관계를 맺어 왔으며, 기계 문명의 비약적인 발전이 이루어진 오늘날, 기계는 그 의미와 비중이 급속히 확장되고 있다. 그런데 기계는 인간에게 늘 경탄의 대상이자 동시에 두려움의 대상으로 인식되었다. 비행기와 증기 기관 등 인간을 신의 경지로까지 올려놓을 수 있는 기계의 능력에 대한 환호는 최근 생명 공학과 컴퓨터 공학 및 나노 기술에 대한 열렬한 환영에 이르기까지 면면히 이어지고 있다.

이런 배경에서 문학도 기계에 대한 연구가 필요한데, 이러한 연구는 그 주요 관심사에 따라 크게 두 부류로 나뉜다. 그중 하나는 기계의 소재적 특성에 집중하는 소재론적 연구이고, 다른 하나는 산업화와의 연관성 속에서 문학 작품에 묘사된 기계를 연구하는 사회사·문화사적 연구이다. 소재론적인 연구에서는 대체로 산업 혁명기부터 20세기 초반까지 작품에 대한 연구가 주를 이루는데, 특히 이 시기의 기술 문명을 대표하는 기차, 자동차 및 비행기에 대한 연구가 많이 이루어져 왔다. 소재론적 연구가 주로 개별 작가와 작품에 등장하는 소재로서의 기계에 집중하고 있다면, 19세기 후반 이후 본격화된 산업화·자본주의화의 관점에서 기계를 해석하는 사회사·문화사적 연구들은 시대적인 맥락에서 기계의 상징적 의미를 파악하는 데 연구의 중점을 두고 있다. 이러한 연구에서는 기계가 어떤 관점에서 이해되고 묘사되는지에 대한 고찰이 이루어진다. 이와 같은 기존의 연구들은 기계, 기술, 산업이 인간의 내적·외적 삶의 양상에 어떠한 영향을 끼쳤으며, 그러한 영향이 어떠한 방식으로 문학 작품에 묘사되고 있는지에 대해 다양하고 깊이 있는 통찰을 가능하게 해준다.

19세기 중반, 뿌리를 내린 기계 기술에 대한 긍정적 인식은 경제 공황, 자본주의적 산업 사회에 대한 비판적 인식 등 여러 가지 이유로 그 근간이 흔들리게 되었다. 그러한 이유들 가운데 기계에 대한 인식에 가장 직접적인 영향을 끼친 것 중 하나가 바로 기계로 인해 발생한 대재앙들이었다. 이와 같은 대재앙들의 특징은 무엇보다도 그 피해 규모가 이전의 다른 어떤 사고보다 컸다는 점이다. 실제로 1879년 영국 테이 철도교의 붕괴로 75명이 목숨을 잃었고, 1912년 타이태닉호의 침몰은 무려 1503명의 인명 피해를 가져왔다. 테이 철도교의 붕괴와, 특히 당대인들에게 엄청난 충격을 주었던 타이태닉호의 침몰은 여러 작가들에 의해 문학 작품의 소재로도 다루어졌는데, 이들 문학 작품은 인류 문명의 진보에 지대한 공헌을 한 기계와 기술의 발달이 오히려 이전에는 상상할 수 없었던 대재앙의 원인이 될 수 있다는 것, 그러한 대재앙은 궁극적으로 인간의 불확실성 — 완벽하지 못한 설계와 기계 통제의 실패 — 에서 비롯되며, 동시에 〈현대 기술의 성과에 도취된 인간〉에 대한 경고라는 인식을 공유하고 있다. 이러한 배경에서 폰타네 Theodor Fontane(1819~1898)의 담시 「테이 강의 다리 Die Brücke am Tay」는 기계의 발달 뒤에 내재하는 부정적인 면을 잘 보여 주고 있다.

(1879년 12월 28일)

우리 셋이 언제 다시 만날까?
— 맥베스 — [11]

〈우리 셋이 언제 다시 만날까?〉
〈7시에, 다리의 제방에서.〉
〈가운데 교각에서.〉
〈나는 불꽃을 끄지.〉
〈나도.〉

〈나는 북쪽에서 이리로 올 테야.〉
〈나는 남쪽에서.〉
〈나는 바다에서.〉
〈신난다, 윤무[12]를 추게 되겠군.
그리고 다리는 완전히 파괴되는 거야.〉
〈그러면 7시에
다리를 지나가는 기차는?〉
〈물론, 그것도 함께.〉
〈여부가 있나.〉
〈보잘것없지, 보잘것없어,
인간의 손으로 만든 것이란.〉
―

북쪽에 있는 다리 파수막 ―
모든 창문이 남쪽으로 열려 있고,
다리 지키는 사람들이 안절부절
근심에 싸여 남쪽을 바라본다.
한 줄기 불빛이 물 위로 지나오며
〈내가 간다〉고 말하지 않나, 바라보고 기다린다.
〈내가 간다, 폭풍이 부는 밤도 아랑곳없이,
나, 에든버러의 기차가.〉

다리지기가 이제 말한다. 〈맞은편 강변을 따라
불빛이 보입니다. 저것이 기차임에 틀림없어요.
자, 어머니, 근심스러운 꿈은 그만 꾸세요.
우리의 조니가 와서 자기의 나무를 찾을 거예요.
광명의 나무에 아직도 남은 것이 있으면,
성탄절 때처럼 모두 불을 켜세요.
그는 금년에 두 번째로 우리와 함께 있고자 합니다.―

이제 11분만 지나면 그는 이리로 들어올 거예요.〉
―
그것은 기차였다. 남쪽 탑을 지나
기차는 가쁜 숨을 몰아쉬며 폭풍 속을 달린다.
조니가 말한다. 〈이제 다리만 건너면 된다!
하지만 무슨 일이 있어도, 우리는 결국 극복하고 만다.
견고한 증기 기관과 이중의 증기력,
이들이 이러한 투쟁의 승리자가 되리라.
자연의 위력이 아무리 사납게 날뛰고 몸부림치고 달린다 해도,
우리는 그것을 정복하리라.

우리의 다리는 우리의 자랑이다.
옛날을 돌이켜 보면 웃음이 난다.
비참하게 낡은 나룻배를 타고 겪었던
그 숱한 고난과 그 모든 괴로움을 생각하면.
아름다운 성탄절 밤을 얼마나 여러 번
나는 나룻배 막사에서 지새웠고
우리 집 창문의 환한 불빛을 바라보면서도
건너가지 못하고 기다렸던가.〉

북쪽에 있는 다리 파수막 ―
모든 창문이 남쪽으로 열려 있고,
다리 지키는 사람들이 안절부절
근심에 싸여 남쪽을 바라본다.
그도 그럴 것이 바람의 소용돌이가 광포해지더니,
이제 마치 하늘에서 불이 떨어지듯,
아래로 쏟아지는 장관을 이루며 불붙은 그것이
물 위에 이글거린다. (……) 그리고 다시 어두워진다. ―

〈우리 셋이 언제 다시 만날까?〉
〈한밤중에, 산꼭대기에서.〉
〈깊은 늪, 오리나무 밑동에서.〉
〈나는 가겠어.〉
〈나도.〉
〈내가 너희들에게 수효를 알려 주지.〉
〈나는 이름을.〉
〈나는 고통을.〉
〈신난다!
파편처럼 교가(橋架)가 두 조각 났구나.〉
〈보잘것없지, 보잘것없어,
인간의 손으로 만든 것이란.〉[13]

    19세기 중반 이후 산업화는 사회와 인류 발전의 상징으로 인식되어 놀라움과 경탄의 대상으로 자리 잡았다. 이는 당대의 문학 작품에도 분명하게 나타나는데, 이때 특히 자주 등장하는 소재가 바로 기차였다. 독일의 경우 1835년 첫 노선이 완성된 이래 기차는 산업 원료 및 제품의 신속한 운송, 노동력의 대량 공급을 통해 산업 혁명과 현대적 대도시의 형성에 결정적인 토대를 제공해 주었다. 기차가 처음 등장했을 때 많은 학자들은 〈그런 속도라면 승객들이 숨을 쉴 수 없을 것〉이라고 우려했다. 하지만 프로이센은 1866년의 쾨니히그레츠 전투에서 바로 이 기차를 활용해 대규모의 병력을 적보다 훨씬 빠르게 수송함으로써 승리를 거머쥐었고, 유럽 대륙의 강자로 떠올랐다.
    이렇게 산업 혁명의 핵심적 역할을 담당하고 있던 기차는 개인의 일상생활과 밀접한 관련이 있다는 점, 그리고 그 당시로서는 어마어마한 속도와 역동적인 모습이 당대 사회의 변화와 잘 맞아떨어졌다는 점 때문에, 많은 문학 작품에서 19세기 중반 이후 유럽 사회를 뒤덮은 급격한 변화와 발전을 상징하는 존재로 묘사되었다. 그러나 검은 연기를 내뿜으며 질주하는 기차의 역동적인 모습이 긍정적으로만 인식되었던 것은 아니었다. 자연주의자 하르트 Julius Hart의 초기 시 「베를린으로 기차를 타고 가며」에서 기차는 시적 자아를 새로운 삶과 희망으로 인도하는 안내자이면서, 화산처럼 불길을 내뿜는 공장들로 가득 찬 지옥과도 같은 대도시로 이끄는 사자이기도 하다. 또 블라이프트로이 Karl Bleibtreu의 장편 소설 『과대망상』에서는 기차의 연기가 〈전기 기술 증기 시대의 악령〉으로, 기차 바퀴가 굴러가는 소리는 〈도살 음악〉이자 〈생사를 건 전쟁에서의 강력한 목 조르기〉로 묘사되고 있다.

마찬가지로 기차를 소재로 다룬 폰타네의 담시도 스코틀랜드 중부의 테이 강에서 1879년 12월 28일에 실제로 일어났던 기차 사고를 바탕으로 하고 있다. 긴장을 고조시키며 결정적 순간을 인상 깊게 표현한 이 시는 기술 문명의 재난을 비극적 주제로 다룬 첫 번째 담시다. 기계 기술에 대한 회의가 인간의 불완전성에 대한 인식으로 이어지는 이와 같은 양상은 제1차 세계 대전을 통해 더욱 심화되었다. 기계화된 무기, 원거리 폭격, 폭격기, 잠수함, 장갑차 등 기계 산업을 기반으로 개발된 무기들은 전쟁을 인간 대 인간이 아니라, 인간 대 기계의 싸움으로 바꾸어 놓았으며, 원거리에서의 공격이 가능해짐에 따라 전쟁의 비개인적·비인간적 성격이 강화되었다. 그러나 제1차 세계 대전을 기존의 전쟁과 구별해 주는 것은 기계화된 무기에 의한, 기존의 전쟁과는 차원이 다른 대량 살상이었다. 이러한 기술 문명의 재난은 릴케 Rainer Maria Rilke(1875~1926)의 다음과 같은 시에도 적나라하게 나타나 있다.

주여, 들리시나요, 저 새로운 존재가
요란하게 울리며 진동하는 소리가?
그것을 찬양하는
포고자들도 오고 있습니다.

광란하는 소음 속에서는
어느 귀도 온전치 못하련만
그래도 기계의 부품들은
이제 칭찬을 들으려 합니다.

보세요, 저 기계를
뒹굴며 불쾌함을 가져오고
우리를 일그러뜨리고 무력하게 만드는 꼴을.

기계가 우리로부터 힘을 얻었다고는 해도
그것들은 아무 열정도 없이
바삐 움직이며 시중들 뿐입니다.[14]

 기술 문명이 야기하는 풍요 뒤에는 일반 노동자들의 비참한 생활 등 온갖 비극이 숨어 있다. 따라서 산업 혁명의 시기는 풍요와 빈민굴이 함께 존재하고 있어, 이러한 산업 혁명의 모순된 양상이 자연주의 작가들의 중요한 주제가 되고 있는데, 이는 바로 하층 계급인들의 삶에 대한 관심이다. 그런데 이러한 하층 계급을 역사적으로 고찰해 보면, 계급 가치의 역설을 느낄 수 있다. 즉 우리는 귀족의 문화를 동경하고 염원하지만, 본질적으로 볼 때 천민의 문화를 추구하는 결과를 가지고 있다. 예를 들어 우리나라에서 외국에 내세울 수 있는 가장 찬란한 문명을 들자면 〈자기(瓷器)〉를 들 수 있겠다. 즉 고려 시대의 청자(青瓷)나 조선 시대의 백자(白瓷)야말로 우리의 가장 고귀한 문화유산으로 내세울 수 있는 자산이다. 그런데 여기에서 중요한 사실은, 이러한 자기를 제조한 도공들이 그 당시에는 하층 계급인 천민에 속했다는 사실이다. 특히 양반 사회가 중시된 조선 시대에 도공은 사회에서 가장 천한 계급에 속했는데, 이들이 창조한 제품이 오늘날 우리가 내세울 수 있는 가장 귀한 보물이 되는 현실에 가치 판단의 역설이 내재되어 있다. 마찬가지로 서구 문화나 문학에서도 가장 찬란하게 여겨지는 낭만주의와 사랑의 장르인 〈목가(牧歌)〉적 문학의 배경인 목동은 그 나라에서 사회적으로 천민에 속했다. 그런데도 당시 귀족들의 노래보다 천민에 속했던 목동의 노래인 목가적 분위기가 오늘날 서구 문학의 찬란한 문학 장르로, 또 오늘날 우리가 추구하는 전원적 분위기로 자리매김하고 있어, 역시 가치 판단의 역설이 느껴진다. 이런 배경에서 하이네는 과거 천한 계급의 목동을 고귀한 계급으로 다루고 있다.

목동은 왕이다.
푸른 언덕은 그의 왕자요,
머리 위 태양은
무거운 황금빛 왕관이다.

그의 발아래에는
빨간 십자가를 단 아첨쟁이 양 떼들이 누워 있고,
송아지는 기사인 양
뻐기며 거닌다.

염소는 궁중 배우,
새와 소들은
피리와 방울을 가진
궁중 악사.

방울 소리 들리고 사랑스러운 노래 부르면,
폭포도 전나무도
기뻐 설렁거리고
왕은 잠이 드네.

그사이에 대신(大臣)인 저 개가
접근해야 하리.
그의 우렁찬 목소리
사방으로 울려 퍼진다.

어린 왕이 잠꼬대하네.
〈집권하기란 쉽지 않은 일.
아, 여기에 왕비를 맞으면

얼마나 좋으랴!

왕비의 품 속에서
포근히 잠들면,
그녀의 사랑스러운 눈 속에
나의 무한한 왕국이 있으리!〉¹⁵

이 시에서 하층 계급인 목동이 왕이 되고 있다. 부귀영화 속의 왕은 궁궐 속의 한정된 호화를 즐기는 반면, 계급 없는 자연 속의 왕인 목동은 무한한 자연의 왕이 되어 있다. 이 내용에서 보면, 부귀 속의 왕도 오직 하층 계급에서만이 진정한 삶의 맛을 느낄 수 있는데, 이 내용이 베냐민 Walter Benjamin의 에세이 「산딸기 오믈렛 Maulbeer-Omelette」에도 잘 나타나 있다.

옛날 옛적 한 왕이 살았다. 그는 모든 걸 가졌으나 전혀 행복하지 않았다. 우울증에 빠진 왕은 궁정 요리사를 부른다. 「내가 전쟁에서 참패하고 길을 잃어 기진맥진한 채 한 오두막에 도착했을 때였네. 한 노파가 뛰쳐나와 반기며 산딸기 오믈렛을 먹여 주었지. 오믈렛을 먹자마자 난 기적처럼 기력을 회복했고 희망이 샘솟았지. 자네가 그 오믈렛을 만든다면 짐의 사위가 될 것이고 그렇지 못하면 죽음뿐이네.」 충직한 요리사는 말했다. 「폐하! 저를 죽여 주십시오. 저는 오믈렛의 조리법을 훤히 알지만, 폐하가 드신 오믈렛의 재료는 구하지 못합니다. 전쟁의 위험, 쫓기는 자의 절박함, 부엌의 따스한 온기, 뛰어나오며 반겨 주는 온정, 한 치 앞을 예상할 수 없는 어두운 미래. 이 모든 분위기는 제가 도저히 마련하지 못하겠습니다.」

여기에서 산딸기 오믈렛은 하층 계급의 자연 그대로의 음식이다. 이러한 하층 계급만 주요 대상으로 작품 활동을 하는 작가도 있는데, 대표 작가로 브레히트 Bertolt Brecht를 들 수 있다. 1941년 제2차 세계 대전 직전에 스웨덴에서 집필되어 스위스에서 초연된 「용감한 어멈과 그의 아들들 Mutter Courage und ihre Kinder」은 30년 전쟁의 고사를 줄거리로 하여 전쟁과 인생의 뜻을 암시하며, 역시 사회와 권력에 대한 항의를 내포하고 있다. 야전 부대의 주보(酒保)를 하는 여주인공은 군인들에게 〈배짱 좋은 어멈〉이라 불리는데, 부대와 함께 따라다니면서 갖은 경험을 다 하고, 아들과 딸들이 죽은 뒤에도 꿋꿋하게 살아가는 용기와 인간미를 가지고 있다. 이렇게 브레히트는 평생 해맑은 세상을 그린 서정시나 희곡을 쓰지 않고, 하층 계급의 사람들만 대상으로 선택하여 사실적인 작품을 썼다. 이는 그가 세상의 슬픈 사연을 인지하는 데 그치지 않고, 남의 수모를 자기 수모로 받아들이고, 또 사람들의 슬픔을 자기 슬픔으로 느꼈기 때문이다. 1939년 망명지 북유럽에서 브레히트는 다음과 같이 노래했다.

> 해협의 산뜻한 보트와 즐거운 돛단배들이
> 내게는 보이지 않는다. 내게는 무엇보다도
> 어부들의 찢어진 어망이 눈에 띌 뿐이다.
> 왜 나는 자꾸
> 40대의 소작인 처가 허리를 꼬부리고 걸어가는 것만 이야기하는가?

똑같은 바다이건만 어부와 유람객의 세계가 명암으로 나뉜다. 그는 가난한 어부의 찢어진 그물이 눈에 밟혀 돛단배 위의 아름답고 축복받은 세계를 온전하게 받아들일 수 없었던 것이다. 브레히트의 또 다른 시 「어느 독서하는 노동자의 질문 Fragen eines lesenden Arbeiters」은 그의 새로운 역사관을 도식적으로 잘 설명해 주고 있다.

> 일곱 개의 성문을 자랑하는 테베를 누가 지었는가?
> 책에는 왕의 이름들이 나열되어 있다.
> 왕들이 암반을 끌어왔는가?
> 그리고 수차에 걸쳐 파괴된 바빌론,
> 누가 그것을 그렇게 여러 번 재건했는가? 황금빛 찬란히 빛나는
> 리마의 그 어느 집에 인부들이 거주했는가?
> 만리장성이 완성된 그날 밤 성벽을 쌓은 사람들은

어디로 갔는가? 위대한 로마는
개선문으로 가득하라. 누가 이들을 세웠는가? 황제들의
승리는 누구를 대상으로 하였던가? 끊임없이 칭송받는
비잔티움에는
주민들만을 위한 궁전만이 있었는가? 전설적인
아틀란티스에서도
바다가 삼켜 버린 그 밤에
익사자들은 그들의 노예를 찾으며 울부짖었다.

젊은 알렉산드로스는 인도를 점령했다.
그 혼자였을까?
카이사르는 갈리아를 쳤다.
적어도 취사병쯤은 대동하지 않았을까?
스페인의 펠리페는 그의 함대가
함몰되었을 때 울었다. 그 외에는 아무도 울지 않았던가?
프리드리히 2세는 7년 전쟁에서 승리했다. 그 외에
또 누가 승리를 했나?

쪽을 넘길 때마다 승리.
승리의 잔칫상을 누가 차렸는가?
10년마다 위대한 인물이 나온다.
비용은 누가 부담했는가?

하고많은 보고.
하고많은 질문.

이 시에 나오는 질문은 제목이 이미 말해 주고 있듯이 독서하는 노동자가 제기하고 있다. 그는 역사를 읽으며 자기가 읽은 내용에 대해서 질문을 던지는 것이다. 여기서 독서하는 노동자는 역사책을 읽으면서 질문을 통해 역사에 대한 인식에 도달한다. 기념비적 역사의 기술은 어떤 사실과 인물을 절대화하기 때문에, 구체적인 역사의 사실을 도외시하고 있다. 이러한 역사의 기술에 의문을 던지는 태도는 소위 말하는 정사(正史)에서 취급되지 않은 민중의 관점에서 역사를 재조명하기 위한 전제 조건이 된다. 민중은 위대한 역사의 희생자들이며, 정치적으로는 피지배 계층이다.

이러한 브레히트의 사상은 일반 시민에 대한 사랑 없이, 일부 특출한 엘리트와 권력층만을 대상으로 작품을 쓴 괴테의 문학과 상반된다. 사실 괴테는 서민 계급을 생각하는 민주주의 사상을 가진 작가로 보기 어렵다. 따라서 〈괴테 탄생 백 년제(百年祭)〉의 축제가 여러 곳에서 있었으나, 그의 출생지인 프랑크푸르트에서는 군주의 노예였다는 이유로, 그를 위한 축제를 열지 않은 일이 있었다. 그리고 진보적인 사상가들은 그의 사고나 행동이 귀족적 또는 부르주아적이라고 해서 그를 대단히 낮게 평가하고 있다. 실제로 괴테의 일곱 살 생일이 지났을 때, 프로이센 왕 프리드리히 2세가 작센에 침입했고, 유럽 전체가 프로이센과 오스트리아 편으로 나뉘면서 7년 전쟁이 발발했다. 황실 고문을 역임한 아버지는 프로이센에 동조했지만, 프랑크푸르트 시장을 지낸 외조부는 오스트리아 쪽으로 기울었다. 견해차는 가족을 갈라놓았고, 부친 편을 들었던 괴테는 〈나의 영웅(프리드리히 2세)이 잔인하게 비방당하는 것을 들어야 했기 때문에〉 외가에 가기를 꺼렸다. 문호는 이때부터 〈대중에 대한 무시, 대중에 대한 경멸〉이 싹트기 시작했다고 적는다. 이러한 사실은 괴테가 대중적 시민을 위한 민주주의의 사상권 밖에 있다는 것을 잘 보여 준다. 이러한 배경에서 교육 사상가인 페스탈로치 Johann H. Pestalozzi는 자신의 저서 『은자의 황혼 Abendstunde eines Einsiedlers』 끝 부분에서 하위의 대중들을 생각하지 않고 미와 권력만을 추구한 괴테를 다음과 같이 신랄하게 비난하고 있다.

오오, 높은 지위에 있는 군주여!
오오, 힘을 가진 괴테여!
어버이 마음이 그대의 의무가 아닌가?
오오, 괴테여, 그대의 길은 모두 자연이 아님을

나는 유감스럽게 생각한다.
약한 자를 소중히 하고, 자기 힘을 사용하는 데
있어서 어버이의 마음, 어버이의 목적,
그리고 어버이의 희생,
이것이 인간의 순수한 고귀성이다.
오오, 높은 지위에 있는 괴테여!
나는 그대를 내 낮은 지위에서 우러러보고,
무서워 떨며, 침묵하고 탄식한다.
그대의 힘은 나라의 영광을 위해서
몇백만의 국민의 행복을 희생시키는
대군주의 압박과도 같다.

이러한 하층 계급인들의 생활상이 졸라의 『제르미날 *Germinal*』과 하우프트만의 「직조공」에도 잘 나타나 있다. 산업 혁명의 여파인 산업주의가 자연주의와 깊이 관련되어 하층 계급의 생활이 그들 작품에 심층적으로 나타나 있는 것이다. 여기에 자연주의에 깊은 영향을 끼친 다윈의 『종의 기원』도 또 다른 배경을 이루고 있다. 자연주의자들의 전혀 새로운 인간관, 다시 말해 낭만주의자들이 인간을 이상화하여 보다 높은 곳에 머물게 하려는 데 비해, 인간은 하등 동물로부터 진화했다는 다윈의 이론에 영향을 받아, 인간을 높은 곳으로부터 끌어내려 동물적 차원에서 이해하려는 인간관이 자연주의자들이 가장 큰 특징이 된 것이다. 이러한 자연주의자들의 인간관이 졸라의 소설 『수인(獸人)』에 잘 나타나 있다. 즉 어떤 위기에 처하거나, 성적 충동을 받거나, 술에 취할 때, 인간은 자신의 내부에 잠재해 있는 원시적 야수성으로 되돌아간다는 것이다. 자연주의자들의 또 다른 관심사인 〈유전〉의 경우도 다윈 이론의 영향을 받은 것이라 할 수 있다. 졸라의 『루공·마카르 총서 *Rougon-Macquart*』도 한 가문에 나타나는 유전의 법칙에 감화를 받은 작품으로 보인다. 이러한 〈유전적 요소〉를 텐 Hippolyte Taine은 『비평과 역사에 관한 에세이집 *Essais de critique et d'histoire*』에서 강조하고 있다. 실증주의 방법의 창시자 중 한 사람인 텐은 1859년 발자크에 관한 방대한 논문에서 〈생활은 곧 작품〉이라는 원리를 다음과 같이 제창했다. 〈정신만이 유일하게 정신적 작품의 근원은 아니다. 전체로서의 인간이 그 작품의 생성에 관여하고 있다. 작가의 타고난 천성, 교육, 생활, 즉 과거와 현재의 생활, 그의 고뇌와 능력, 그가 지닌 미덕과 악덕, 요컨대 그의 정신과 그 활동이 이루어지는 곳이라면 어느 곳이나 모두 그가 생각하고 기록한 것의 흔적을 남긴다.〉[16] 발자크를 이해하고 평가하기 위해서는 그의 성향과 생활을 알아야 한다는 것이다.

또한 텐은 『영문학사 Histoire de la littérature anglaise』 서론에서 예술 작품과 예술가를 결정짓는 것은 종족 race, 환경 milieu, 계기 moment라고 했다. 첫째로 인간의 성격과 신체 구조에 주어진 차이점에서 생기는 천성 또는 유전된 소질을 연구해야 한다. 둘째로 종족이 살고 활동하는 환경의 연구인데, 인간은 이 세상에 혼자 존재하지 않기 때문이다. 〈조물주의 손에서 나올 때, 모든 것은 선하였으나, 인간의 손에 들어갈 때 타락한다〉는 루소의 말은 타고난 본성은 선하지만, 성장하면서 환경에 의해 악해진다는 성선설을 의미한다. 그래서 루소는 인간의 본성이 타락하는 것을 막기 위해 교육을 강조하였다. 이렇게 자연과 이웃, 즉 환경이 그를 둘러싸고 있으며, 후천적인 감명은 선천적인 것에도 영향을 미친다. 물리적·사회적 환경은 기질을 형성시켜 유전되며, 소질도 넓은 의미에서 같은 영향을 준다. 정치적인 권력도 종족에는 교육, 직업, 거주지, 생활 조건이 개인에게 주는 영향 못지않다. 셋째로 특정한 이념이나 형태에서, 또는 어떤 시대의 무대 관계에서 나타나는 감명을 받은 시대적인 차이를 고려해야 한다는 점에 대해서, 〈오래된 것은 사라지며, 그 계기에서 싹트는 것이 새로운 것〉이라고 했다. 이러한 근거에서 텐은 사회를 제2의 자연이라 보고 사회학적 문학 관찰의 선구자가 되었다.

텐과 비슷하게 셰러 Wilhelm Scherer는 3E의 요인을 내세웠다. 즉 타고난 천성이란 〈상속받은 것 Ererbtes〉이요, 교육이란 〈학습된 것 Erlerntes〉이고, 생활이란 곧 〈체험된 것 Erlebtes〉이다. 이로써 실증주의적 방법상의 세 가지 E가 제시되었다. 이 같은 세 가지 원천적인 것이 탐지되면 작품에 대한 정확한 이해가 가능하게 된다. 이러한 실증적 방법이 작품에 가장 잘 반영된 작가로 괴테를 들 수 있다. 괴테 자신도 〈문학 작품은 생의 서술이며 표현이다. 그것은 체험을 표현하며, 생의 외적 현실을 서술한다. (……) 생 속에는 환상의 작용으로 이끌어 들어가는 힘이 포함되어 있다〉[17]고 서술하고 있다. 특히 그의 자서전적 장편인 『시와 진실』은 이 실증적 방법 예시의 전형으로 꼽는다. 즉 괴테의 자서전은 인과율의 방법으로 설명될 수 있다.[18] 셰러의 저서 『괴테 문학 Goethe- Philologie』을 예로 들면 다음과 같다.

> 괴테의 의도는 〈서술하는 데 sich darstellen〉 있는 것이 아니라, 〈설명하는 데 sich erklären〉 있다. 그는 자신이 다른 사람으로부터 도움을 받는 것을 감추려 하는 것이 아니라 드러내 놓으려 한다. 그는 이 관계를 대규모로 서술하여, 그것을 통해 우리들이 추구하려는 길을 열어 준다. 정확한 분석을 통해 그 속에 내재하는 힘을 분류하고, 〈학습된 것〉, 〈체험된 것〉으로부터 〈상속된 것〉을 분리하고, 개별적 바탕의 미세한 차이와 그것이 어떠한 도움과 어떠한 방해에서 이루어지는지 그 방식을 밝혀내고, 그 속에서 법칙성을 인식하려는 우리들에게 새로운 길을 열어 준다.[19]

괴테는 『시와 진실』에서 천재성에 대해 인과적인 설명을 하기 때문에, 셰러는 괴테를 가장 적합한 예로 인용한다. 물론 이때 『시와 진실』의 〈생의 고찰〉이 어느 정도까지 객관성을 지니며, 또한 어느 정도까지 작가의 미화인지 하는 자연의 보편적인 합법칙성이 시적 산물의 문제가 되고, 혹은 자의적 환상을 위한 우주 계획에 예외적 규정이 있다. 그런데 『괴테 문학』에서 분석을 통해 얻는 인과 관계에 대한 시사와 더불어 엄격한 증명 가능성의 거부가 상치된다. 이러한 관점에서 볼 때, 모든 소설가의 작품은 당시의 상황을 다루는 것이거나, 그 상황으로부터 도피한 것이거나를 막론하고, 그 작품이 쓰인 시대에 대한(명백하게든 암시적으로든) 비평이다. 유토피아 소설조차 본질적으로는 현실의 양화(陽畵)로부터 찍어 낸 음화(陰畵)이기 때문에, 작가가 당시의 세계에서 악으로 간주하는 것을 지적해 내는 것이라고 할 수 있다. 아무리 외부 세계와 무관한 작가라 할지라도, 그 시대의 정신에 강철의 테로 잡아매여 있다. 이런 배경에서 링크 Hannelore Link는 작가를 다음과 같이 세 가지 형태로 나누어 보고 있다.

① 사실적 작가 der reale Autor : 사실적 작가는 일정한 체험과 생의 내용을 갖는, 말하자면 개인적인 삶이 강조된 경우의 작가를 뜻한다. 이때의 작품은 그 나름대로 개성적인 삶의 세계를 갖는 그런 작가의 전기적(傳記的) 자료에 해당된다.
② 추상적 작가 der abstrakte Autor : 추상적 작가는 다른 말로 〈함축적인 작가〉라고도 한다. 이 경우의 작가는 일정한 작품을 생산 창조하는 예술가 혹은 의식의 탐구자로서 강조된다. 또 이때의 작가는 작품을 본질적으로 결정지어 주는 지적 의도를 지닌 존재로 계산된다. 추상적 작가는 한마디로 주제 의식으로서의 작가 혹은 사상가로서의 작가를 가리킨다.
③ 허구적 작가 der fiktive Autor : 허구적 작가는 다름 아닌 내레이터 narrator 로서의 작가를 말한다. 작품 속에 직접 등장하여 일정한 허구적 현장에 대한 진술을 꾀하는 그런 작가를 뜻하는 개념이기도 하다.[20]

링크는 작가를 이렇게 크게 세 가지 유형으로 분류하면서, 어떤 유형의 작가를 만나고 있느냐 하는 관점에 따라 다시 독자를 세 가지 유형으로 나누었다. 독자는 과연 작품을 통해 무엇을 읽으려 하는가? 한 〈개인적 삶의 내용〉의 작가인가, 아니면 그 작품의 밑바닥에 괴어 있는 작가의 〈사상 체계〉인가, 이도 저도 아니라면 작품 표면에 〈내레이터의 모습〉으로 등장하는 작가의 육성 그 자체인가. 이에 대해 링크는 『수용 탐구 Rezeptionsforschung』를 통하여 다음과 같이 흥미 있는 도식을 제공하였다.

① 사실적인 작가와 사실적인 독자 : 이때의 작가는 〈경험적, 역사적〉 인간의 모습으로 드러난다. 그리고 독자는 작품으로부터 작가의 〈전기적 자료〉를 확인하려고 한다.
② 추상적인 작가와 추상적인 독자 : 이때의 작가는 〈윤리적인 구성물(그 신념이나 지성의 체계)〉을 제공하는 존재가 되며, 이에 따라 독자는 작품으로부터 일정한 주제 의식을 도출해 내려는 데 최대의 관심을 기울이게 된다.
③ 허구적인 작가와 허구적인 독자 : 이때의 작가는 작품 속에서 일정한 느낌이

나 스토리를 직접 전달하는 내레이터, 혹은 서술자의 모습으로 나타난다. 독자는 이 경우의 작가를 단순한 내레이터로만 여기려고 한다.

결국 첫 번째의 관계는 〈텍스트 밖의 수준 textexterne Ebene〉에서 처리되며, 두 번째의 관계는 이와 반대로 〈텍스트 안의 수준 textinterne Ebene〉에서 다루어진다.[21] 이러한 링크의 이론에 따라 분류한다면, 자연주의 작가는 첫 번째(사실〔事實〕적 작가)의 부류에 연관되어 해석될 수 있겠다. 이렇게 프랑스에서 졸라 등에 의해 꽃핀 자연주의가 가장 적극적으로 실행된 곳은 독일이었다. 독일의 경우 오히려 프랑스의 자연주의자들의 태도에 미흡함을 느껴 더 철저한 과학적·직관적 태도를 주장할 정도였다. 1880년대 후반, 특히 1890년대는 이론에 있어서나 창작에 있어서 자연주의 운동이 가장 활발한 시기였다.[22] 이러한 독일의 주요 자연주의 작품으로 하우프트만 Gerhart Hauptmann의 「해 뜨기 전에 Vor Sonnenaufgang」가 대표적이다. 하우프트만은 이 밖에도 「직조공 Die Weber」 등을 잇달아 발표하여 독일 자연주의 최대의 작가로 인정받고 있다. 또한 19세기 말과 20세기 초 독일의 산문을 세계 수준으로 끌어올렸다는 평가를 받고 있다. 그의 소설이 꾸준히 사랑받는 이유는 무엇일까? 우선 그의 소설은 주로 작가 자신의 체험을 바탕으로 했기 때문에 이야기 전개가 자연스럽고, 심리 묘사가 뛰어나 읽는 이를 사로잡기 때문이다. 이러한 하우프트만의 영향을 받은 자연주의자들에게, 인간이란 그 삶의 모습이 유전과 환경에 의해 결정되는 하나의 동물에 지나지 않는다. 이른바 〈환경 결정론〉이 자연주의자들의 한 특징인 까닭이 바로 여기에 있다.

지금까지 내용을 요약해 보면, 19세기의 급속한 사회적·과학적·철학적 변화와, 문학에 있어서의 과학적 방법의 도입이 〈자연주의〉라는 새로운 사조를 형성하게 한 주원인이 되고 있다. 자연주의가 과연 성공했느냐의 문제는 이 글의 관심이 아니다. 다만 새롭게 변화하는 시대적 반응의 산물이라는 것만은 틀림없는 사실이다.

이 장은 이러한 사실을 염두에 두고 하우프트만의 작품을 분석하여, 거기에 나타난 자연주의적 요소들을 찾아내려 한다. 그들 작품에서 자연주의의 특질은 무엇이며, 그러한 특질들이 각기 어떻게 나타나는가를 살피려 하는 것이다. 이러한 목적을 위해, 이 글에서는 먼저 자연주의의 발생 배경과 사조적 특징을 간단히 살핀

후 각각의 작품을 분석·검토할 것이다. 이러한 작업을 통해서만 하우프트만의 연구가 가능하다고 믿기 때문이다.

2. 하우프트만 문학에서 자연주의적 경향

앞에서 자연주의의 특징으로 ① 환경 결정론, ② 도덕성의 타락, ③ 인간 탐구에 과학적 방법의 도입 등이 지적되었는데, 이 밖에도 객관적인 묘사, 유전의 문제, 야수적 혹은 충동적 인간관 등이 더 언급될 수 있다. 이러한 자연주의의 특질은 다음과 같이 요약될 수 있다. 〈자연주의는 대체적으로 보아 소설 속에서 ① 객관성의 시도, ② 솔직성, ③ 사상에 대한 비도덕적인 태도, ④ 결정론의 철학, ⑤ 비관주의, ⑥ 야수적 혹은 병리적 본성의 강력한 성격의 투영, ⑦ 유전 등과 같은 기준을 가지고 있다. 따라서 과학의 사고가 사회 혁명에 적용되고 있으며, 이런 자연주의 소설들은 빈민가, 가난, 질병, 오물, 인간의 야수성 등과 깊은 관련을 가지고 있다.〉[23]

그렇다면 과연 하우프트만의 작품에는 이러한 자연주의의 특질이 어떻게 나타나고 있는가를 구체적으로 살펴보기로 하자. 이 글에서는 하우프트만의 「철로지기 틸 Der Bahnwärter Thiel」을 중심으로 「직조공」, 「해 뜨기 전」을 살펴보도록 하겠다.

1) 작품의 소재 면

어떤 소설의 소재가 빈민굴 생활, 알코올 중독, 혹은 성적 타락 등 자연주의와 연관된 종류의 것이라는 이유만으로, 〈자연주의적〉이라는 꼬리표가 너무 쉽게 붙고 있다는 지적대로, 자연주의 소설의 소재는 확실히 독특하다. 하우프트만의 작품 중 이러한 소재적 특징을 보여 주는 것으로는 「철로지기 틸」과 「직조공」, 「해 뜨기 전」 등을 꼽을 수 있다. 이들 작품은 19세기 서구의 자연주의자들이 산업 혁명으로 인한 노동자들의 비참한 삶에서 그 소재를 구한 것과 크게 다르지 않다. 따라서 「철로지기 틸」은 인간 세계와 떨어진, 즉 인간의 정을 느낄 수 없는 삭막한 환경의 막사 생활에서 소재를 취하고 있다.

> 그의 차단봉은 기차가 오기 전이나 지나간 후에 성실하게 열리고 닫혔다. 그런데 기차가 지나는 일은 매우 드물었다.[24]

위 작품의 내용에서 알 수 있듯이, 죄악에 가득 차거나 인간 세계와 결별된 삶의 현장을 작품 소재로 삼은 것은, 자연주의자들의 가장 일반적인 관심사가 바로 비정상적인 환경에 놓인 인간의 변화에 있기 때문이다. 그러나 더 큰 이유는 이들이 비범한 개인보다는 평범한 인간을 묘사하려고 하는 데 있다. 이들은 환경의 지배를 받지 않는 인간보다는 환경 속의 인간에 관심을 쏟았던 것이다.

> 동기가 무엇이었든지 간에 자연주의 작가들은 과거의 그 어느 작가들보다도 가난, 착취, 불결의 문제를 그들의 소재로 즐겨 다루었다. (……) 그러나 자연주의 작가들이 현실과 그들의 사회적 양심에 과감하게 직면하려는 열망에서 인생의 추악함을 지나치게 강조한 것이 아닌가.[25]

따라서 「철로지기 틸」의 경우 그 소재 면에서 자연주의적 특성의 대표 작품으로 볼 수 있다.

2) 유전과 환경

유전과 환경이야말로 자연주의의 가장 핵심적인 요소이다. 자연주의자들의 독특한 인간관, 즉 과학적·생리학적·유물론적 인간관은 모든 인간을 유전과 환경의 압력에 의해 지배되는 생물로 파악하고 있기 때문인데, 이러한 인간관에서 자연주의의 사조적 특징이 비롯되었다. 졸라의 유명한 『루공·마카르 총서』도 루공가와 마카르가의 5대에 걸친 가문의 삶을 유전과 환경이라는 두 가지 측면에서 다루고 있으며, 하우프트만의 희곡 「해 뜨기 전」에도 주인공 로트 Alfred Loth가 청순한 연인 헬레네 Helene의 가족이 알코올 중독자들이라는 사실을 알고, 그런 기질이 유전될까 두려워 그녀와 헤어지는 것도, 자연주의 작가들이 이 유전적 요소를 얼마나 중요하게 다루고 있는가를 말해 준다. 「해 뜨기 전」의 유전적 요소는 알코올에 연결되어 나타난다. 금욕주의자 로트가 자신이 읽은 저서에 기록된 알코올의 병폐를 상세히 나열함으로써, 알코올과 유전 문제는 본격적으로 제기된다.[26] 그리고 크라우스Kraus 역시 주정뱅이라는 칼Kahl의 발언을 통해 알코올의 문제는 크라우스가(家)로 시점이 좁혀진다. 거기에다가 마르타Martha의 세 살 난 어린애가 이미 알코올 중독이었으며, 그로 인한 사고를 당해 죽었다는 이야기를 심멜페니히Schimmelpfennig로부터 듣고 금욕적 이상주의자 로트는 헬레네 곁을 떠난다. 그리고 그로 인해 헬레네가 죽음을 택하는 이 극의 종말은 알코올의 유전성이 작품 전체의 동기로 보이게 한다.

　이러한 유전적 요소는 하우프트만 작품 속에 나오는 알코올의 유전적 요소와 함께 자연주의적 특질이라 할 수 있다. 또 여기에는 환경적 요소의 특성을 들지 않을 수 없다. 「철로지기 틸」은 인간 세계와 너무 결별된 분위기에서 인간 사고성의 상실의 비극을 그린 작품이다. 인간 세계와 결별된 분위기의 막사에서 인간 감정의 둔화의 비극, 즉 자아 상실의 비극을 맛보는 철로지기 틸Thiel은 바로 환경이 인간에 미치는 작용을 보여 주고 있다.

　인간은 자신의 환경과 유전적 산물로서, 그의 운명은 자기 자신에 의해서가 아니라, 외적 환경에 의해 결정된다는 텐의 이론[27]이 하우프트만의 작품에서 주된 역할을 하는 것이다. 「해 뜨기 전」의 슐레지엔 광산촌 노다지가 농부 크라우스를 주정뱅이에 도덕감이 마비된 폐인으로 만들고, 그의 주벽이 딸 마르타에게 유전되고, 그것은 다시 세 살짜리 어린애의 숙명적인 죽음으로 연결됨으로써 되풀이된다. 그리하여 유일하게 순결한 헬레네는 자신의 안타까운 노력에도 불구하고, 그 저주받은 환경 속에서 파멸하고 만다. 그들은 결국 환경의 절대적 지배 속에 내맡겨진 수동적 인물일 뿐이다. 특히 「철로지기 틸」은 인간 세계와 결별된 환경 속에서 자아를 상실한 수동적 인간상을 보여 주고 있다. 이 점이야말로 자연주의의 가장 큰 특징임은 더 말할 나위도 없다.

　19세기 말에서 20세기 초엽 독일에서의 산업 혁명은 독일을 농업국에서 공업국으로 전환시켜, 이러한 공업화로 인한 기계주의가 갑자기 홍수를 이루면서 현대인은 인간과 기계의 주객 관계의 문제에 당면하게 되었다. 따라서 기계의 주인인 인간이 반대로 기계에 예속되어 수동적인 인간, 즉 똑같이 반복되는 기계적 인간이 되어 가는데, 이러한 양상이 철로지기 틸의 모습에 잘 나타나 있다.

> 틸은 평소와 같이 오늘도 철로지기 막사의 좁고 네모난 석조 건물을 자기 성미에 맞도록 밤을 지내기 위해서 정돈하기 시작했다. 그는 그런 일을 기계적으로 하였으나, 한편 그러는 동안에도 그의 정신은 방금 전에 받은 인상을 이리저리 생각하기에 여념이 없었다.(B 146)

이러한 기계적 인간의 자아 확립의 필요성이 「철로지기 틸」에서 주장되고 있다. 주인공 틸의 직업적 측면과 개인적 측면이 나타나고 있으나, 이 두 가지가 일치하지 않고 서로 방향을 달리하고 있다. 여기 표현된 틸의 행위는 그의 내적 관심의 방황과 아무 관련 없이 진행되는 철로지기로서의 직업상 무의식적으로 이루어지는 기계적 행위이다. 이처럼 고정된 행위(지나다니는 사람도 드문 건널목을 지키면서, 기차가 지나갈 때마다 규칙적으로 차단기를 올리고 내리는) 따위의 일생에 갇혀 버린 인간은, 그 기계적 행위에 있어서 마치 물리 법칙이 적용되는 물건의 평면으로 끌어 내려진다. 이처럼 기계적인 단조로운 생활이 철로지기 틸에게 두 번 중단된 경우가 있는데, 이것 자체도 자신의 의지에서가 아니라 문명의 이기인 철도에 관련된 사고에서 비롯되고 있다. 한 번은 석탄차에서 떨어진 석탄 조각에 맞아 뼈가 부러져 철도 옆 도랑에 굴러 떨어지고, 또 한 번은 달리는 기차에서 내던져진 포도주병이 그의 가슴을 내려친 사건이다. 오직 이 부상에 관련된 두 사건 이외에, 그는 기계적으로, 즉 수동적으로 근무하고 있다. 이렇게 기계적으로 영위해 가는 생활 속에 그의 의지력은 무디어져 자아 없는 인간이 되어 간다.

따라서 「철로지기 틸」은 무엇보다 기계주의적 환경의 소산으로 생겨난 자아 없이 사는 인간의 비극이다. 또 틸의 자아 상실이라는 해석에 있어 다른 각도로 볼 때, 무지의 비극이라고도 볼 수 있다. 이렇게 하우프트만은 자아의 상실과 무지를 비극의 주원인으로 인식하여, 이러한 비극을 야기하는 사회적 배경, 즉 뿌리 깊은 인간성의 억압과 격변하는 사회 구조가 가져오는 생활의 결핍에도 관심을 기울이고 있다. 그리고 이러한 약자, 억압되고 무력하게 몰락하는 사람에게 하우프트만은 상당한 동정을 가지고 있음을 알 수 있다. 그러나 그의 동정은 직선적으로 표현되지 않고, 그 비극을 산출하는 원인에 대한 공격의 형태로 나타나기 때문에, 외면적으로는 폭로적·호소적인 색채가 보인다. 그는 비인간적인 대우와 운명의 감수를 강요하는 물질주의를 공격하고, 순진하고 성실한 마음이 오히려 몰락을 초래하는 사회 제도를 공격하기 위해서 인물의 무력함을 강조하고, 무지와 무력함을 미워한 나머지 동정이 분노로 변하기 쉬운 극단성을 보인다. 그러면 작품 속의 사건을 구체적으로 예시해 보겠다.

주인공 틸은 둘째 부인 레네 Lene가 전처의 아들 토비아스 Tobias를 거칠고 교양 없이 학대하는 장면을 목격하고도 부친의 도리를 행하지 못하고 수치스러운 마음으로 피한 이후, 틸은 외진 철도 초소에서 어린 토비아스와 죽은 미나에 대한 양심의 가책으로 괴로워한다. 마침내 어린 토비아스가 기차 바퀴에 깔려 죽은 것이 계모인 레네의 악의적인 계획이었다고 생각하면서, 레네와 그녀의 어린 소생까지도 살육하는 정신 착란 현상을 일으킨다. 이 비극의 원인은 물론 되풀이되는 반복 속에 살아가면서 기계화된, 즉 자아가 상실된 빈곤이며, 주인공이 확고한 주관이 결여된 수동적 인간이 중추적으로 그려져 있는 데서 환경적 요소가 나타나고 있다. 즉 주어진 전통적 관념을 그대로 받아들였을 때의 스스로의 신념의 나약성에 대한 문제가 생겨난다.

하우프트만이 여기서 제기한 문제는, 자기 자신의 선택 없이 주어지는 대로 받아들인 사고방식은 환경의 힘에 의해 쉽게 지배받는다는 사실이다. 살인을 하기 전까지 무엇 하나 스스로 선택한 일이 없이 운명을 감수해 온 틸이 살인을 범함으로써, 처음으로 자기 확신을 행한다는 사실은, 극히 비참하고 왜곡된 형태의 자아 추구인 자연주의의 독특한 특색이기도 하다. 결국 「철로지기 틸」은 환경이 인간을 어떻게 변화시키는가에 대한 냉정한 기록으로, 이 점이야말로 자연주의의 가장 큰 특질임은 더 말할 나위도 없다. 따라서 이 작품 역시 환경 결정론이라는 자연주의적 경향에 영향을 받은 것으로 설명될 수 있다.

3) 작품의 서술 태도

오랜 세월을 두고 많은 이들의 사랑을 받는 예술 중에는 단순한 것들이 많다. 어디 예술뿐이랴. 우리의 일상에서도 단순함은 종종 복잡함을 제압한다. 따라서 얽히고설킨 문제를 해결하는 데에는 아주 단순한 방법이 최선일 때가 많다. 한 마디 말이 수천 마디 말보다 더 많은 것을 얘기해 줄 때도 있다. 예를 들어 산악인 맬러리 George L. Mallory는 1923년 「뉴욕 타임스」와의 인터뷰에서 〈왜 에베레스트를 오르려고 하느냐?〉는 질문에 간단명료하게 〈산이 거기 있으니까 Because it is there〉라고 대답했는데, 이 간단한 말에는 철학·심리학·문학적 가치의 무궁함을 담고 있다. 심지어 제품 하나까지도 디자인이 단순해서 지속적으로 고객을 만족시키는 경우도 있다. 1971년 데이비슨 Caroline Davidson은 나이키의 트레이드마크인 로고를 디자인했는데, 그리스 신화에 나오는 승리의 여신 니케 Nike의 날개를 상징한 이 로고는 선 하나뿐으로 너무도 단순하지만, 신발뿐 아니라 스포츠 용품의 세계적 로고가 되고 있다. 너무도 단순하게 보이는 것 이면에 고도의 기교가 자리 잡고 있는 것이다. 그래서 단순한 아름다움이 더욱 더 위대하게 보인다. 따라서 매년 다이어트와 외모 가꾸기에 수많은 돈이 지출되지만, 각종 통계 자료는 평범하거나 덜 매력적인 외모를 가진 사람이 고위직으로 갈수록 성공한다고 일러 준다. 왜 그럴까. 사회 인류학자들은 이렇게 말한다. 〈우리는 뛰어난 외모의 소유자들이 우리의 생존에 위협이 된다고 생각한다. 그의 아름다움은 우리에게 공포로 다가와, 우리는 그를 끌어내리고 싶어 한다.〉 인간의 뇌에서 안전을 관장하는 부위는 〈파충류의 뇌〉라 불리는 가장 기초적인 부분인데, 여기선 완벽하게 아름다운 사람을 마주치면 무의식중에 불신 경보를 발령한다고 한다. 때문에 완벽하다시피 한 외모와 미는 〈원초적 반감〉을 자아내고, 반대로 〈모습과 행동이 어눌한 사람이 나를 어떻게 하지는 못할 거야〉란 안전감이 집단 무의식에 존재한다. 이는 〈미운 오리 새끼에게 마음을 놓는 관대함〉이란 본능이다. 이런 배경에서 일상의 사소한 것들이 천재의 손을 거칠 때, 진실로 위대한 것으로 변모한다고 『의사 지바고』의 작가 파스테르나크는 말했다.

마찬가지로 단순한, 그래서 소박한 느낌을 주는 문장이나 작품으로 문학사에 길이 남은 작가들이 많다. 대부분의 시인들이 유려한 문체를 미덕으로 여기고 있을 때, 정현종은 너무도 단순하고 평범한 어휘의 시를 쓰고 있다. 〈뭘 하느냐구요? / 빛을 만들고 있어요. / 어두워서, / 자칫하면 / 어두워지니까. / 나의 안팎 / 자칫하면 / 어두워지니까.〉 이 시에는 종교고, 철학이고, 지성이고, 혁명 등의 배후도 없다. 그런데도 문화의 심급이 되는 시다. 후일담이고 뭐고 거창한 것 꿈꾸지 않는, 원초적 삶이 팔딱거리는, 인간의 자유, 자존에 빛을 밝히는 시다.

이렇게 단순·소박하고 평범한 어휘로 불후의 명작을 만들어 낸 세계적 작가로 푸시킨을 들 수 있다. 그의 시 중 가장 널리 알려진 「나는 당신을 사랑했소」를 들어 보자. 〈나는 당신을 사랑했소, 말도 없이 희망도 없이 / 때론 수줍음에 때론 질투심에 가슴 에이며 / 나는 당신을 사랑했소, 그토록 진실하게 그토록 다정하게.〉 이 시에는 단 한 개의 비유도 없다. 소박하고 직설적인 어투는 오랜 세월 동안 러시아인들의 사랑을 받아 왔다. 푸시킨의 작품은 시뿐 아니라 다른 모든 장르에서도 단순미를 자랑한다. 복잡하고 독창적인 은유나 화려한 문체가 아니라, 자연스러움과 단순함이 그의 지속적인 생명력의 본질인 것이다.[28]

토마스 만도 작품에서 이러한 성격을 강조하고 있다. 그의 장편 『마의 산』의 서술자는 이미 머리말에서부터 주인공 카스토르프를 서술하는 데 있어 가감 없이 있는 그대로만 서술할 것을 천명한다. 공평무사한 서술 태도는 주석적 서술자에게 전제되는 소설의 관습이라고 할 수 있는데, 이러한 표명은 『마의 산』 전체에 걸쳐 거듭 등장한다. 〈여러분들이 알듯이, 우리는 그(카스토르프)에 대해 알 수 있는 모든 것을 말하려고 하지만, 결코 과장되게 평가하지 않으며, 그를 더 좋게도 나쁘게도 말하지 않을 것이다.〉(Zb 49) 〈몇 번이나 말했거니와, 우리는 결코 한스 카스토르프를 실제보다도 훨씬 훌륭하게 보이려고 한다거나, 또는 지나치게 보잘것없게 보이려고 하지는 않는데…….〉(Zb 753 f.) 〈그를 실제보다 더 좋게도 나쁘게도 말하지 않는다는 우리의 원칙에 근거해서…….〉(Zb 797)

이런 배경에서 『닥터 지바고』로 노벨상을 받은 파스테르나크는 중년 이후에 비로소 단순함의 미에 눈을 떴다. 그는 〈겸손하고 소박하면서도, 시를 읽고 듣는 사람의 마음이 부지불식간에 그 시의 핵심에 도달할 수 있도록 해주는 그런 문체〉야말로 시인이 도달해야 하는 궁극의 경지라고 생각했다. 그래서일까, 그의 후기 작품 중에는 놀랍도록 단순한, 거의 동시에 가까운 그런 시들이 종종 섞여 있다. 〈눈이 내리네 눈이 내리네 / 온 누리에 눈이 내리네 / 촛불이 타네 책상 위에서 / 촛불이 타네.〉 위대한 시인이 썼다고는 믿어지지 않는 이 소박한 시는, 오늘날 노래로까지 만들어져 애독자의 귀를 즐겁게 해주고 있다. 이러한 시들처럼 단순하고 소박한 것이 아름답고 강력할 수 있다. 여기에는 기교 등이 관련된 의식보다 무의식인 감성이 작용하기 때문이다.

모든 것은 부지불식간에 이뤄지는 것이 많다. 목적을 이루기 위해 최선을 다해 노력하다 보면 잠을 자거나, 다른 일에 몰입하는 등의 무의식중에 우리의 뇌가 난제를 풀고 일을 극적으로 진전시켜 놓는다. 개인이든 역사든 간에 발전은 최선의 노력이 전제된 의식과 무의식 양쪽의 협력으로 이루어진다는 것이다. 그러면 이러한 의식과 무의식 관계를 본질적으로 규명해 보자.

서양 철학에서 형이상학의 절정을 이루는 헤겔에 있어, 모든 존재는 실상 〈정신〉 혹은 〈이데아〉라고 하는 절대적 존재의 변증법적 논리에 따른 전개의 과정으로서, 인간의 의식뿐 아니라 모든 존재도 합리적이라고 믿었다. 이와 같은 합리주의자들의 관점을 따른다면, 결국 인간도 합리적으로 구성된 우주의 한 기능을 담당하는 것으로 해석되고, 따라서 전체로 본 우주에서 인간의 위치, 인간의 행동이 의미를 갖게 된다. 즉 인간의 존재는 다른 사물의 존재와 마찬가지로, 다른 모든 것과 합리적인 관련과 의미를 갖게 된다. 따라서 모든 행동, 모든 존재 그리고 모든 사건에는 뜻이 있게 된다. 이런 사상적 배경에는 플라톤이 있다. 플라톤은 이데아, 즉 관념 혹은 보편의 세계와 감각적으로 인식되는 경험계를 이원화시켜, 전자는 변치 않는, 그리고 참다운 실재로서 이성 *nous*에 의한 진지(眞知)의 대상인 반면 후자는 영원한 이데아의 모사(模寫)이자 그림자로서 참다운 실재가 아니고, 그에 대한 인식 또한 참이 아닌 억견 *doxa*에 불과하다고 생각했다. 간단히 말해서, 플라톤은 감성과 격정을 이성에 대한 위협으로 보았다. 이 사상이 신화에도 반영되어 있다. 그리스 신화에 등장하는 아폴론과 디오니소스는 각각 태양과 술을 관장한다. 아폴론이 빛이라면, 디오니소스는 어둠이다. 여기에 근거해 후대는 아폴론을 이성, 디오니소스는 감성이라는 아우라를 씌웠다. 무엇이 옳고 그른가를 판단하는 것은 이성이었기에, 역사에서 디오니소스는 늘 홀대받는다. 이성은 순수와 대중을 나누고, 신화와 전설을 구분하는 등 모든 것을 둘로 나눠, 어떤 때는 감성의 영역까지 침범할 때가 있다.

그러나 아리스토텔레스는 플라톤의 이데아의 견해를 따르지 않았다. 그는 감성 역시 이성 못지않은 인간의 중요한 일부로, 그 자체는 해로운 것이 아니며, 다만 적절히 제어하지 못했을 때 해로울 수 있다고 보았다. 따라서 감성이나 격정은 적절히 통제되어야 한다고 믿었다. 이렇게 이성에서 벗어난 감성이나 격정이 문학이나 예술에서 중요한 역할을 한다. 예를 들어 19세기 러시아의 소설가 도스토옙스키는 「지하 생활자의 수기」에서, 인간은 근본적으로 비이성적이며, 불합리한 존재라고 못 박는다. 인간은 조화를 추구하는 동시에 조화를 파괴하고, 사랑하는 동시에 증오하며, 때로는 고통 속에서 기쁨을 찾아낸다는 것이다. 인류의 전 역사는 인간 비합리성의 기록에 다름 아니며, 인간은 합리성의 압제에서 벗어나기 위해 어떤 때는 고의로 자신의 이익에 반하는 행동을 하기도 한다는 것이다. 인간이 합리적인 존재냐 불합리한 존재냐 하는 것은 비단 19세기만의 논쟁거리가 아닌 것 같다. 오늘날에도 여전히 합리성인 이성은 인간의 본질 중 많은 부분을 설명하고 있기 때문이다. 그래서 인간을 이성에 불복하는 존재로 바라보는 도스토옙스키의 시각은 오히려 오늘날 더 참신하게 느껴진다.

이러한 의식의 일부로 〈자의식〉이 있다. 자의식이란 타인의 눈에 비친 자신의 모습에 지나치게 신경 쓰는 것을 가리킨다. 인간은 끊임없이 타인의 시선을 의식하고, 타인의 반응에 신경을 곤두세우고, 예상되는 타인의 반응에 방어적으로 대처한다. 이러한 자의식을 도스토옙스키만큼 명쾌하게 파헤친 작가도 드물다. 그의 『가난한 사람들』의 찢어지게 가난한 주인공은 상대방이 묻지도 않는데, 늘 자신의 상태에 대해 구구하게 변명을 늘어놓는다. 자기도 돈이 꽤 있다는 등, 누추한 아파트에 세를 얻은 것은 돈 때문이 아니라 편리함 때문이라는 등, 상대방의 눈에 비친 자신의 초라한 모습을 어떻게든 보호하기 위해 심리적인 방어벽을 친다. 그를 힘들게 하는 것은 돈의 부족에서 오는 궁핍함이 아니라 타인의 시선, 타인과 자신의 비교에서 오는 좌절감이다. 이렇게 인간은 자기의 눈으로 자기를 보는 동시에 언제나 타인의 눈으로 자기를 보려고 한다. 자의식은 인간을 우스꽝스럽게 만들기도 하고, 불행하게 만들기도 하지만, 때로는 인간을 인간답게 만들어 주기도 한다.

타인의 존재를 전제로 한다는 것이야말로, 인간이 사회적 동물이라는 사실에 대한 방증이다.

이렇게 비이성, 즉 무의식이 작용하는 배경에서, 어떤 주제에 대해 즉흥적으로 하나의 묘사가 명문이 되는 경우가 종종 있다. 자신의 생각을 정리하거나 연습하지 않은 내용, 즉 이성이 아닌 감성에서 나온 내용이 기발한 내용이 되는 것이다. 감성, 즉 분노나 슬픔은 정리될 수 없다. 분노나 슬픔은 이성으로 진행되지 않기 때문이다. 감성은 생각과는 그 생김새가 다르다. 감성인 분노나 슬픔은 불쑥 치솟기도 하고, 스멀스멀 밀려오기도 하고, 욱하고 폭발하기도 한다. 때로는 용솟음치고, 때로는 흐느끼고, 때로는 쿵 한다. 이런 생김새의 감성을 원고지에 염주 알처럼 정리하려고 하면, 그 원고지는 찢어지거나, 구겨지거나, 구멍 나기 십상이다. 콜링우드 Robin G. Collingwood에 따르면, 감성에는 그에 걸맞은 생김새의 정리 방식이 있다. 용솟음치고, 흐느끼고, 쿵 하는 감성에는 예술적 언어가 적격이다. 거침없이 용솟음치는 펜, 처연하게 흐느끼는 선율, 격렬히 쿵 하는 춤사위 등이 감성을 정리하는 데 제격인 것이다. 〈당신은 아주 감성적이에요〉라는 말과 〈당신은 참 이성적이에요〉라는 말 중에 우리는 어떤 말을 듣기 좋아할까. 대부분의 사람은 전자의 말에 썩 기분 좋지 않을 것이다. 왜냐하면 감성적이라는 말 속에는 즉흥적이고, 무질서하고, 종잡을 수 없다는 부정적 뉘앙스가 배어 있기 때문이다. 그러나 이 부정적 뉘앙스는 감성을 이성의 잣대로 측량하고 정리할 때 생겨난다. 염주 알처럼 생긴 이성의 잣대로 울퉁불퉁한 감성을 정리하려다 보면, 삐죽삐죽 튀어나오고, 엇박자가 생기게 마련이다. 그러나 감성을 그에 걸맞은 잣대로 정리하면, 나름의 질서와 조화가 드러난다. 얼마나 많은 명작과 명곡과 명화들이 인간의 희로애락을 감성적인 형식 속에 담아내며, 우리에게 큰 감동을 주었던가. 따라서 콜링우드는 예술의 본령을 감성에 두었다. 감성이 목적을 달성하면, 예술 작품은 그 임무를 훌륭히 완성하게 된다.[29]

이렇게 이성을 벗어난 감성의 대표적 현상들 가운데 하나가 꿈이다. 의식이 제거된 무의식, 즉 이성이 제거된 감성의 현상인 꿈인 것이다. 프로이트 학파는 꿈을 내면의 억압된 무의식의 갈등을 표출하거나, 낮에 이루지 못했던 소망을 충족시키고, 꿈꾸고 있을 당시의 감각 상태의 반영으로 보았다. 융 학파는 꿈의 예지력을 인정하고 있다. 삶이 어느 방향으로 너무 치우쳐 잘못되고 있으면, 사람의 무의식이 다양한 방식(꿈)으로 경고 메시지를 알려 준다는 것.

꿈속의 정신 상태는 평상시의 정신 활동과 다른 뚜렷한 특징을 갖는다. 꿈을 꾸는 동안 우리는 엉뚱한 시공간으로 쉽게 이동하거나, 여러 시공간이 겹치고 혼동되는 현상을 겪는다. 연속된 사건들의 원인과 결과를 따지지는 못하지만, 희로애락의 정서는 평상시보다 더 생생하다. 그렇다면 꿈의 기능은 무엇일까. 꿈은 두뇌가 재정렬되는 동안 일어난 정보의 잡음을 우연히 인식한 결과일 뿐이라고 한다. 그러나 꿈이 갖는 기능의 가능성도 배제할 수 없다. 수면 속에서 새로운 모드로 정렬된 뇌가 꿈을 통해 기존의 정보를 재정리하고, 필요 없는 정보를 삭제하여 중요한 새 정보를 기존의 정보 시스템에 통합할 수 있다는 분석이다.

꿈이 가진 정보 정리의 기능은 특히 창의성이 필요한 분야에서 진가를 발휘한다. 〈좀처럼 풀리지 않던 문제가 밤새 잠 위원회의 작업을 거친 후 다음 날 아침이면 쉽게 풀리는 일이 있다〉는 작가 존 스타인벡의 말은 꿈이 가진 창의력을 대변한다. 18세기 이탈리아의 작곡가 타르티니는 꿈에서 악마의 바이올린 연주를 들었다. 그는 잠에서 깨자마자, 꿈에서 들은 소리를 재현해 보려고 애쓴 결과, 그 음악이 바이올린 소나타 「악마의 트릴」로 탄생했다. 초현실주의자들은 꿈에서 많은 영감의 원천을 찾았다. 시인 생폴 루는 매일 밤 침실 문 앞에 〈시인은 시작(詩作) 중〉이라는 글귀를 걸어 두고 잠자리에 들었다. 미술 분야에서는 달리의 「꿈」, 브루벨의 「달아나 버린 잠」 등이 꿈 이미지에서 착안한 대표적 작품으로 꼽힌다. 과학자들도 〈잠든 사이에〉 많은 성과를 이뤘다. 꿈속에서 뱀 또는 원숭이를 보고 벤젠의 분자 구조에 대한 영감을 얻었다는 케쿨레의 일화는 유명하다. 인도의 천재 수학자 라마누잔은 중요한 발견 때마다 힌두교의 여신 나마지리가 꿈에 나타나 수학적 통찰력을 제시해 주었다고 말했다. 잠자는 동안 사람들은 외부 세계에 주의를 기울이지 않기 때문에, 낮 동안 미처 의식에 닿지 못했던 생각들이 자유자재로 조직되어 지적 성취의 원천이 될 수 있는 것이다. 꿈은 아주 독특한 사고 양식이므로, 깨어 있을 때 지니고 있던 우리의 능력을 보완하고, 풍요롭게 만들 수 있다. 꿈이 가진 힘은 거기에 있다. 이렇게 이성보다 꿈같은 감성에 가까운 문학을 보면, 문장들이 매우 단순한 경우가 많다. 즉 이성에서 나온 미사여구가 적은 결과, 단순하고 소박한 문장이 지배적인 것이다.

이와 같은 소박한 문장의 예로 독일 시인 하이네의 시 「세월은 오고 가네 Die Jahre kommen und gehen」를 들어 보자. 〈세월이 오고 가면 / 세대들이 무덤 속으로 들어가네 / 그러나 나의 마음속에 있는 / 사랑만은 사라지지 않는다. / 단지 한 번만이라도 그대가 보고 싶어서 / 그대 앞에 무릎을 꿇고, / 임종하며 말하고 싶구나. /《마담, 나는 당신을 사랑하오》라고〉. 이 시에도 비유나 수식어는 하나도 없다. 또 언어의 시적 변형도 없다. 오히려 이 시에서 상대방인 그대가 전통적인 시어인 〈Du〉 대신에 사회적 존칭 용어인 〈Sie〉로 불리며 시적 관례에서 벗어나고, 연인은 오랜 시적 전통에서 탈피하여 예절의 단어인 마담 Madam으로 호칭되고 있다. 이렇게 시적 성격에서 벗어난 소박한 어투는 오랜 세월 동안 사랑을 받아 오고 있다.

자연주의의 특징 중 하나가 문학에 과학적 방법을 도입한 것이라면, 그 표현 방법에 있어 구체적 실례는 이른바 철저히 객관적인 기술 태도를 갖는다는 것이다. 작가를 해부학자나 내과 의사에 비교한 것은 그들의 철저한 태도를 의미하는 것이다. 그래서 자연주의 소설의 지배적인 톤 Tone은 사상보다는 사물을 중시하고, 인물이나 사건을 객관적으로 그리는, 이른바 사실 보도적 톤인 것이다. 물론 자연주의자들이 주장하는 대로, 철저히 감정을 배제한 객관성이란 불가능하다. 보고문은 문학이 아니기 때문이다. 그러나 어쨌든 그들은 그러한 태도를 취하려고 애썼다. 실제 작품의 경우에서도 지나칠 만큼 많은 전문적 내용을 꼼꼼하고 상세하게 묘사하려 했으며, 설화자 자신의 목소리를 철저히 배제하려고 했다.

하우프트만도 이렇게 소박한 느낌을 주는 문장이나 작품으로 유명하다. 하지만 하우프트만 작품의 서술 태도는 다양하다. 이 중에서도 사건은 상징, 은유적으로 서술하는 하우프트만의 방식이 특이하다고 볼 수 있다. 그의 「철로지기 틸」에 나타난 사물이나 사건 등은 모든 사상적 상징성을 담고 있다. 인간 세계와 떨어져 살아가는 틸의 주위의 사물과 사건 등은 앞으로의 사건의 암시와 상징으로 나타나고 있다. 그럼 이 과정을 하나하나 규명해 보겠다.

이 작품 속에서의 틸은 인간 세계와 결별된 분위기에서 살고 있다. 그의 막사 Wärterhäuschen는 모든 세파로부터 벗어나 고요한 보호의 역할을 하고 있다. 〈여기에서 틸의 종교성 같은 독특한 요소가 나타나고 있다. 즉 그를 끊임없이 감싸고 있는 외로움이 그에게 신비감을 불어넣고 있다.〉[30] 그 자신의 강력한 환상력에 의해 스스로의 경건함을 창출하는 것이다. 따라서 그는 이러한 단조로운 생활을 환상에 의해 벗어나고 있다.

> 이따금 그는 일이 그렇게 돌변한 데 대해 자책감을 느꼈으며, 자책감에서 벗어나도록 자신을 도와줄 특별한 보조 수단을 필요로 했다. 그리하여 그는 자신의 작은 근무 초소와 자신이 돌보도록 되어 있는 철로 구간을 오로지 죽은 여인의 영혼에게 바쳐야 할 일종의 성스러운 구역으로 남몰래 설정했다.(B 136)

그 결과 끊임없이 억누르는 사회 환경의 궁핍한 생활 속에서도 영적인 신비 속에 만족하며 살아가고 있다. 이러한 영적 만족의 요소로, 그의 첫째 부인 미나의 선택을 들 수 있다. 그녀는 영적인 사랑이 혼탁한 사회 환경을 극복하게 하여 틸과 연결되고 있다. 따라서 틸은 모든 사회적·현실적 빈곤과 어려움을 이 영적인 사랑으로 이겨 내며 만족스러운 삶을 영위한다. 따라서 그의 영적인 상상력은 죽은 미나의 추억에 용해되고 있다. 눈보라로 암시되는 모든 세파와 어둠으로 암시되는 암울한 상태를 틸은 미나를 암시하는 독특한 신비감으로 극복하는 것이다.

> 어두워지고, 소나무들 사이를 뚫고 철길 위로 눈보라가 몰아칠 때면, 그의 전등불 빛이 비추는 한밤중의 작은 근무 초소는 예배당이 되었다. 그는 죽은 부인의 빛바랜 사진을 책상 위에 올려놓고, 찬송가 책과 성서를 펼쳐 놓고는 긴 밤 내내 번갈아 읽고 노래했는데, 그것은 시간 간격을 두고 쏜살같이 지나치는 기차들에 의해 중단될 뿐이었다. 그러면서 그는 얼굴들의 환영이 보일 때까지 고조되는 무아경 속에 빠져들어 죽은 부인을 생생하게 살아 있는 듯이 바라보았다.(B 137)

이렇게 환상적으로 나타나는 미나의 신비감이 사회적 현실로부터 피난처를 찾고 있는 틸에게 유토피아를 제공하고 있다. 즉 현실의 위협적인 환경으로부터 벗어날 수 있는 영적인 힘을 제시해 주는 것이다. 따라서 틸의 사회적 현실로부터 벗어나게 해주는 영적 작용 대상으로, 첫째 부인 미나에 대한 종교적 환상 외에 자연 사물의 환상으로도 구분된다.

틸은 첫아들을 낳은 후 사랑의 대상인 미나를 잃고서 이 아이에 대한 걱정에 다시 부인을 얻는다. 즉 미나에게 느꼈던 영적인 사랑의 지속을 그의 아들 토비아스를 통해 이루어 보려고 둘째 부인 레네를 얻는 것이다. 그러나 영적인 고상함과 동떨어진 천민의 상징인 젖소 짜는 처녀였던 이 둘째 부인의 성격은 영적인 사랑을 추구하는 틸에게 완전히 낯선 모습으로 나타나고 있다.

> 그 여자의 얼굴은 또한 남편의 얼굴과 마찬가지로 생김새가 거칠었지만, 다만 다른 점은 철로지기의 얼굴과는 반대로 그 얼굴에 혼이 없었다. 틸이 가슴에 품고 있던 소망은 두 번째 아내가 튼튼한 일꾼이며 모범적인 가정부이기를 바라는 것이었다면, 이 소망은 의의로 여겨질 정도로 쉽게 이루어졌다. 다만 그는 부지중에 아내와 더불어 세 가지 덤을 도맡게 되었다. 즉 거세고 굽힐 줄 모르는 성품, 싸우기 좋아하는 기질, 야수적인 정욕 등이었다. (B 135)

따라서 둘째 부인 레네의 침입으로, 모든 세파에서 벗어난 건널목 막사가 불안의 근원지가 되고 있다.

> 레네가 근무 중에 하루 종일 옆에 있게 되리라는 가망성은, 아무리 그런 것을 무마하려고 힘써 보아도 점차로 참을 수가 없는 일이었다. 그는 누군가가 자기의 신성한 영역을 침해하려고 하는 것같이 생각되었고, 무엇인가 자신의 중요한 것을 방어해야 할 것같이 느껴졌다. 그래서 부지중에 그의 근육이 경미한 경련을 일으켜 굳어졌으나, 입술에서는 도전적인 짧은 웃음이 터져 나왔다. (……) 그러나 갑자기 두껍고 검은 커튼 같은 것이 두 조각으로 갈라져서 흐려졌던 그의 눈은 선명한 조망을 찾게 되었다. 그는 갑자기 죽음과 같은 2년간의 잠에서 깨어난 것 같은 기분이었고, 자기가 이런 상태에서 저질렀으리라고 생각되는 몸서리나는 여러 가지 일을 믿을 수 없다는 듯이 머리를 흔들며 성찰하는 것이었다. (B 149)

미나에 대한 추억이 종교성의 색채를 띠어 가다가 둘째 부인 레네의 등장으로 불안의 시초가 움트는데, 이때부터 모든 자연의 대상은 틸에 재난적인 신비감을 불어넣는다.[31] 틸이 아들 토비아스와 함께 소풍을 가는 묘사에 이러한 자연의 암시적 영감이 나타나고 있다.

　　그(틸)는 자주 토비아스의 손을 잡고 걸음을 멈추어 서서 교회당 안에서 들려오는 낭랑한 찬송가에 귀 기울이듯, 전신주의 나무에서 울려오는 신묘(神妙)한 소리에 귀를 기울였다. 선로 구역 남쪽 끝의 전주는 특히 풍성하고 아름다운 화음을 이루고 있었다. 그 전주의 내부에 여러 가지 음이 뒤섞여 있어서, 그 음들이 중단되지 않고 한꺼번에 연달아 울리는 것 같았다. 그래서 토비아스는 비바람에 휩쓸린 나무 둘레를 뛰어 돌아다니며, 이렇게 듣기 좋은 소리를 내는 주인공을 구멍 속을 들여다보며 찾으려고, 찾아내려고 생각하고 있었다. 철로지기는 교회당 안에 있을 때와 같이 기분이 엄숙했다. 그 외에 그는 시간이 지나감에 따라 죽은 아내를 상기시키는 목소리도 분별하게 되었다. 그런 것은 망령들의 합창이며, 그중에는 물론 죽은 아내의 소리도 섞여 있다고 상상했다. 이런 생각이 그의 마음속에 동경심과 감동을 일으켜 드디어는 눈물을 흘리게 했다. (……) 토비아스가 꽃을 쥐어뜯을 때, 그 부친은 생각에 잠겨 아이를 쳐다보고 있었다. 때때로 아이도 시선을 위로 돌려 나뭇잎 틈새로 하늘을 찾았으며, 하늘은 티 하나 없는 파랗고 거대한 수정 접시같이 태양의 황금색 빛을 담뿍 받치고 있었다.(B 156)

어느 날 감자 밭에 감자를 심으러 가는 가족 야유회에서부터 간접적으로 재난의 전조가 나타나고 있다. 가족 야유회가 결정되던 날, 둘째 부인 레네의 〈애욕적인 요소 erotische Thematik〉[32]가 강렬하고 무서운 공포감으로 나타나기 시작하는 것이다.

　　그녀는 그(틸)에게 등을 돌리고 기름 불빛으로 브래지어를 풀고 스커트를 벗어 내리고 있었다. 돌연 그녀는 자기도 이유를 알지 못한 채, 몸을 홱 돌려 걱정으로 찌푸려진 남편의 검은빛 얼굴을 쳐다보았다.(B 154)

따라서 유쾌한 소풍 길이 전개되지만, 틸의 마음 한구석엔 계속 불안이 남아 있다. 〈그럼에도 불구하고 틸은 숲을 지나 걸어가는 중에도 불안감에서 벗어나지 못했다.〉(B 155) 여기서 토비아스는 즐겁게 꽃과 나비들을 보며 자작나무 숲 속을 지나는데, 이때 다람쥐 한 마리가 나오자 토비아스는 이 다람쥐를 신으로 여긴다. 〈여기서 다람쥐를 신으로 여긴다는 사실에서 토비아스는 죽음의 세계로 들어간다는 사실을 상징적으로 암시하고 있다.〉[33] 천진성과 순진성의 대명사 격인 다람쥐를 신으로 여기는 토비아스의 묘사에서 다음에 다가올 죽음의 재난이 암시되고 있는 것이다. 따라서 여기에서 줄거리는 급진적으로 변하여 열차 재난으로 연결된다. 〈아뿔싸, 그는 눈이 멀었나? 하느님 ― 아 하 하느님 맙소사! 저게 무엇이더라? 저기! ― 저 레일 사이에 ― .〉(B 158) 이때 재난의 열차에 관련해 나타나는 자연 대상들도 하나하나 재난의 상징으로 나타나고 있는데, 그중에서도 철도는 〈육욕적 예속 상태 Zustand der erotischen Hörigkeit〉[34]의 상징으로 나타나면서, 섬세한 거미줄과 철로 된 그물로 표현되고 있다. 이는 철도에 관련되면 빠져나온다는 것은 불가능하다는 상징이다. 여기에서 모든 섬뜩함과 불가사의의 내용이 상징적으로 강력하게 나타나며, 결국 이러한 철도에서 토비아스의 죽음이 이성이나 의지적 행위로 극복될 수 없는 초인간적인 혼돈의 상징적 표현으로 나타난다.

철로 둑 위를 검게 평행으로 뻗어 있는 선로는 전체적으로는 한 줄기의 거대한 철망같이 보였고, 그 좁은 가닥은 남북의 끝에서는 지평선과 한 점에서 마주쳐 오므라졌다.(B 147)

〈이러한 철도의 상징에는 현실을 서술하고 있으나, 이 현실을 초월하여 환상과 위협적인 면이 암시되고 있다.〉[35] 이 같은 철도의 주위에 재난을 암시하는 새 등이 상징의 배경을 이루어, 이러한 감정을 더욱더 강렬하게 드러내고 있다.

거대한 거미줄같이 전주(電柱)에서 전주로 연달아 감긴 철사에는 재잘거리는 새 떼가 빽빽하게 줄지어 달라붙어 있었다.(B 147)

이러한 철도에서 근무하는 보조 간수가 적응하기 힘든 급격한 기온 변화에서 근무한 결과 질병에 걸려 나무줄기만 앙상한 황야를 기침하며 사라지는 모습은 철도의 재난적인 요소를 더욱 강하게 풍기고 있다. 또 이 철도 근처의 풍경이 신비적으로 묘사되어, 상징적 묘사가 더욱 강렬하게 드러난다.

철로 둑 저편 소나무 기둥으로 이루어진 원주(圓柱)의 아치형 회랑은 마치 내부에서 불이 붙고 있는 강철같이 빨갛게 달아 올라왔다. 선로도 빨갛게 달아오르기 시작했고, 불뱀같이 보였다.(B 147)

작열하여 타오르는 나무나 철도 레일이 불붙은 뱀 등에서 불이 붉은색으로 비유되는 것은, 곧 앞으로 닥칠 죽음에 연상되는 사건 전개의 상징적 기법이다.[36] 이처럼 신비적인 분위기는 기차의 접근으로 시작되는데, 열차 소리가 〈숨이 차다 keuchen〉(B 148)란 단어로 표현되어 병들고 나약한 거인의 힘들고 고통에 찬 호흡과 비교되면서, 사회적 기계화의 경멸이 암시되고 있다.[37] 〈헐떡이는 소리와 쐐쐐하는 소리가 합해져 멀리서 공중을 뚫고 커져 갔다. 그러자 갑자기 적막이 깨어졌다. 광적인 노호, 광란의 소리가 공중에 충만하고, 선로는 구부러지고 대지는 떨고 — 심한 기압 — 먼지, 수증기, 짙은 연기의 구름, 헐떡거리는 검은 괴물은 지나가 버렸다.〉(B 148) 이때 기차 소리와 주위 분위기와의 관계도 재난을 암시하고 있다. 고요한 숲 속 한복판에서 내는 강한 브레이크 소리는 음향적으로 불협화음 Dissonanz을 야기시켜 음향적 자연주의의 특색을 나타내고 있다. 음향과 더불어 색깔에 있어서도 재난을 암시하고 있는데, 태양의 붉은색에 열차까지도 피의 상징으로 나타나기 때문이다.

두 덩어리의 붉고 둥근 불이 거대한 괴물의 큰 눈동자 모양으로 어둠을 뚫고 비쳐 왔다. 피 같은 한 줄기 빛이 불덩어리로부터 발산되어 비쳐 왔고, 그 빛이 미치는 범위 내의 빗방울을 핏방울로 변화시켰다. 그 광경은 마치 하늘에서 피비[血雨]가 쏟아지는 것 같았다.(B 152)

이렇게 붉은색을 띤 나무, 철도, 기차 등이 시각적·청각적인 현상으로 마치 하나로 얽매여 전개되는데, 이러한 현상들은 현실적으로 보일지라도 전체적으로 볼 때, 강력하고 마적이며 원초적, 즉 인간의 감정에서 멀리 떨어진 영적인 세계를 신비적으로 보여 주고 있다. 달빛을 빨아들이는 축축한 철로가 있는 무시무시한 자연 한복판에서 꿈과 현실이 틸의 감정을 혼동시키는 것이다. 이때 어린 토비아스의 학대가 무시무시한 꿈으로 전개되어, 죽어서 저주하는 첫째 부인 미나가 이러한 마적인 철로를 타고 멀리서 다가오는 모습이 나타난다.

그녀는 선로 한쪽 위를 따라 어딘지 먼 곳에서 왔다. 그녀의 모습은 참으로 병든 것같이 보였고, 의복 대신 누더기를 걸치고 있었다. 그녀는 틸의 막사 옆을 지나갔으나, 그쪽을 돌아보지도 않았고, 드디어는 — 여기서 기억이 희미해졌다 — 무슨 이유에서인지 매우 애를 써서 겨우 앞으로 걸어갔고, 여러 번 쓰러지기도 하였다.(B 151)

따라서 주인공 틸의 자연적·환경적·영적인 모든 내·외적인 면에 재난의 암시를 불어넣는 자연주의의 특징이 나타나고 있다. 이러한 몽상적 환상은 세 부분으로, 즉 틸의 전생에의 회상, 두 번째 결혼의 저주, 토비아스 재난의 암시 등으로 나타나고 있다. 그런데 이 모든 것들은 실제의 철로가 아닌 영적인 철로에 연결짓는다.

그녀는 무엇인가 축 늘어진, 피투성이가 된 창백해 보이는 것을 보자기에 둘둘 감아서 몸에 지니고 있었다. 그리고 그녀가 그것을 내려다보는 모습은 그로 하여금 과거의 어느 장면을 연상하게 하였다. 이 세상에 남겨 두고 가야만 할 금방 낳은 어린아이를 눈도 깜박하지 않고 바라다보고 있던 죽어 가는 한 여인을 생각하였다. 그때 그녀의 표정은 심한 고통과 알 수 없는 고민 그것이었고, 틸에게 그것은 자기에게 있어 부모가 있다는 것과 마찬가지로 잊을 수 없는 표정이었다.(B 152)

이러한 환상적인 면들은 혼돈 속에서도 정확하게 나타나고 있다. 즉 틸의 과거와 미래를 연결시켜 주고 있다. 첫 번째 부인이 비참한 모습에 헐겁고 피 묻은 꾸러미를 끌면서 어둡고 폭풍우가 몰아치는 밤에 철로 위로 사라지는 모습이 보이는데,

이러한 죄의식과 죽음의 예고로부터 깨어난 꿈이 신비로운 기차로 직접 나타나게 되는 것이다. 이 시기에 신비의 영적인 세계에서 틸은 첫째 부인 미나와의 교류를 갖는데, 이때의 장면에서 세상과의 결별을 암시하는 장면이 나타난다.

〈열차 사고로 토비아스가 죽고 난 후, 틸은 신비의 영적인 세계에 빠져 들어간다.〉[38] 이후 재난에 대한 자연의 신비는 더욱 강렬하게 나타나고 있다. 토비아스의 시체가 열차에서 내려질 때의 장면을 하우프트만은 다음과 같이 나타내고 있다. 〈노루 한 떼가 철로 둑 옆으로 왔다. 수놈이 선로 한복판에 머물러 서 있었다. 그놈은 날씬한 목을 이상한 듯이 돌려 보더니, 기관차가 삑 소리를 내자 저희들 떼와 함께 번갯불같이 사라졌다.〉(B 166) 재난의 상징인 노루 떼가 나타나면서 재난의 분위기는 더욱 강하게 묘사되고 있다. 또 이때 틸이 정신을 잃고 쓰러져 죽은 토비아스를 위해 준비되었던 들것에 실려 집으로 옮길 때, 다음과 같이 자연이 신비적으로 묘사되고 있다. 〈달은 빨갛게 단 거대한 공과 같이 숲 아래 나무 기둥 사이로 보였다. 높이 떠오름에 따라 달은 차차 더 작아지는 것같이 보이고, 또 색깔도 창백해졌다. 드디어는 현등(懸燈) 모양으로 숲 위에 걸쳐서 수관(樹冠)의 모든 틈 사이로 힘없이 몽롱한 빛을 밀어 보내고 있었으며, 그 빛은 터벅터벅 걸어가는 사람들의 얼굴을 시체와 같이 색칠하였다.〉(B 166) 죽음의 상징은 창백하게 비치는 달에서 명백하게 나타나는데, 이 달은 토비아스의 시체, 들것 위에 토비아스를 싣고 나르는 인부들의 얼굴을 하늘에서 시체 같은 색채로 비추고 있다. 이러한 엄청난 재난이 일어나자, 틸은 현실적으로 감당할 수가 없어 꿈속으로 피하려 하지만 길을 찾지 못한다. 지금까지 언급된 장면들을 연관시켜 볼 때, 인간 세계와 동떨어져 죽음과 연결되어 살고 있는 자연주의의 특징이 신비적으로 연상되고 있다.

4) 도덕성의 거세

자연주의자들의 또 다른 특징 가운데 하나는 철저하게 도덕적 기준을 제거하는 것이다. 졸라가 원리의 부도덕성에 대한 비판에 반박하여, 자신의 소설은 하나의 과학적 탐구이며, 부도덕성에 대한 힐난은 과학에 있어 적절치 못한 것이라고 주장한 것이 그 좋은 예이다. 즉 그들은 과학자와 같은 태도로 도덕의 기준을 초월해서,

글이 다루는 대상에 대해 철저하게 중립적인 자세를 취하는 것이다. 때문에 자연주의 작가들은 인간을 〈자유 의지〉가 전혀 없는, 영혼이 없는 피와 살로 이루어진 수인(獸人)으로 생각하게 된다. 졸라의 유명한 『테레즈 라캥 Thérèse Racquin』도 테레즈와 로랑의 불륜, 그녀의 남편 카미유의 살해 등을 통해 사고와 감정과 양심을 지닌 인간이 아니라, 육체와 피와 신경으로 이루어진 하나의 유기물 같은 인간의 모습을 보여 주고 있다. 하우프트만의 「해 뜨기 전」에도 크라우스 부인과 조카 카를의 부정한 관계가 묘사되고 있는데, 이 역시 이러한 자연주의적인 경향으로 볼 수 있다.

「철로지기 틸」에서는 두 가지 여인상이 구분되고 있다. 일반적으로 애욕적 성격의 여성이 천박한 인물로 등장하는데, 「철로지기 틸」에서는 이러한 여성이 우유짜는 하녀로 나타나고 있다. 〈일반적으로 자연주의 문학에서 애욕의 행위가 고상한 사회층의 의식에서 배제되고, 하녀나 바느질공과 창녀들의 사회에 귀속되는 경향은 빌헬름 시대 성 모럴의 소산이라 볼 수 있다.〉[39] 독일 자연주의 문학은 이러한 성적인 충동을 단절시키지 않고, 오히려 기묘한 방법으로 발전시키고 있다.

한편으로는 성스러운 상이 보존됨과 동시에, 자유방임에서 창녀상이 숭배되고 있다. 즉 작품 속의 여성은 남성에 대한 수동적 존재로 나타나지 않고, 여성 자체의 강인한 개성, 즉 남성과 동등하거나 또는 그 이상으로 압권하는 독립적 존재로 나타나고 있다. 이러한 사실의 배경에는 독일에 그 당시 팽배하던 여성 해방 운동의 의지가 잠재해 있다 할 수 있다.

> 여성 해방 운동에 참여하는 대신에, 자연주의 운동의 또 다른 부류는 매춘 문학에 관여했다. 그런데 이들은 눈앞에 보이는 프롤레타리아적 방법만큼이나 진실되지 못했다.[40]

따라서 하우프트만 문학 세계에 사회적으로 해방된 여인상이 직접적으로는 보이지 않지만, 「철로지기 틸」에서는 여성이 군림하고 자신의 존재를 나타내려는 감정이 돋보이고 있다.

자연주의 작가인 하우프트만에게서 결혼이나 가족은 파괴된다. 따라서 그는 다름 아닌

성에 충만된 하위 계층의 여성, (……) 파멸을 연상시켜 준다.[41]

따라서 「철로지기 틸」의 건널목 막사에서 영적으로 지배권을 행사하는 것은, 자기 권한을 행사하려고 하는 육체적, 즉 동물적 여성인 둘째 부인이다. 영적인 전처 미나와 육체적 후처인 레네 사이의 양극적 관계에서 틸의 수동적, 즉 자아가 상실된 남성상의 비극이 전개된다. 여성적 성격의 틸을 강인한 두 여성이 육체적·영적으로 지배하는 것이다. 그런데 이 작품에서는 전처의 영적인 힘이나 도덕적인 힘 대신, 성격 파탄적인 둘째 부인의 힘이 틸에게 더 강하게 작용하고 있다.

〈하우프트만의 견해에 의하면, 모든 갈등의 시발점, 즉 분열된 자아나 이중적 자아는 외부적 세력이나 적대자에 의해 생겨나는 게 아니라, 자기 자신 속의 성격, 소신이 없는 틸 같은 내적 성격에서 생겨난다고 말하고 있다.〉[42] 결국 이러한 작가적 태도와 인간관계에 의해 자연주의자들의 작품에는 도덕성이 제거될 수밖에 없게 된다.

3. 결론

현대 사회에 와서는 남성과 여성의 역할 관계, 또 인관과 기계의 주객 관계 등에서 대립하는 두 요소의 기능이 서로 엇바뀌는 교체 현상이 두드러지게 나타나고 있다. 이러한 교체 현상은 자연주의의 문학 작품에 특이한 상징성으로 나타나고 있다. 따라서 인간은 주객 관계에 대한 중대한 문제에 당면하고 있음을 알게 되어, 주체로서의 자아와 객체로서의 세계의 대립은 새로운 인간 조건으로 받아들여지고 있다. 역사 및 사회와의 투쟁에서 모든 것을 빼앗긴 불쌍한 인간, 그러한 비극적 상황에 대해 그 자신은 도덕적으로 아무 잘못이 없고, 다만 존재한다는 사실 자체가 비극이 되어 정신적으로 분열, 해체의 증세를 보이면서 몰락해 가는 주체가 자아의 새로운 현실상으로 자연주의 문학에 나타나고 있다.

이러한 자연주의 문학의 대표자 격인 하우프트만의 작품 「철로지기 틸」은 내적 관심의 방향과 아무 상관 없이, 철로지기로서의 직업상 거의 무의식적으로 이루어지는 기계화 행위의 산물이다. 일상에 갇힌 인간은 그 기계적 행위에 있어서 물리적 법칙이 적용되는 수동적 인간이 될 수밖에 없다. 하우프트만은 이러한 수동적 인간상인 틸을 중심으로 일어나는 분위기와 인물들을 상징적인 기법으로 묘사하여 작품의 감흥을 강하게 하고 있다. 이러한 배경에서 이 장에서는 하우프트만에 나타난 자연주의적 징후들을 살펴보았다.

주

1 Peter N. Skrine u. Lilian R. Furst, 『자연주의』, 천승걸 역(서울대학교 출판부, 1979), 7면.(이하『자연주의』로 줄임)
2 같은 책, 8면.
3 Vernon Hall, Jr., *A Short History of Literary Criticism*(New York University Press, 1963), p. 218.(이하 *A Short History of Literary Criticism*으로 줄임)
4 같은 곳.
5 같은 책, S. 119.
6 같은 책, S. 120
7 호메로스의 서사시『일리아드』의 주제. 주인공 아킬레우스는 그리스군의 총수인 아가멤논 장군에게 애인(브리세이스)를 빼앗기자 화가 나서 군막 속에 틀어박혀 전투를 거부한다.
8 로마의 대서사시인 베르길리우스의 『아이네이스 *Aeneis*』제4권에 나오는 주인공 아이네이아스와 카르타고여왕 디도와의 비극적인 사랑. 트로이 성이 불탄 후 트로이 왕 프리아모스의 사위인 아이네이아스는 로마 건국의 운명을 걸머지고 이탈리아로 향해 가는 도중, 갖은 고초 끝에 디도 여왕이 통치하는 카르타고에 표착한다. 디도 여왕은 베누스의 힘으로 아이네이아스와 운명적인 사랑에 빠진다. 자기의 운명을 완성하기 위하여 아이네이아스가 디도의 손길을 뿌리치고 떠나지 않을 수 없게 되자 디도는 스스로 목숨을 끊는다.
9 *A Short History of Literary Criticism*, S. 120.
10 같은 책, S. 121.
11 셰익스피어의 비극「맥베스」에 나오는 마녀들의 말.
12 엄청난 재난을 예시.
13 황윤석 편역, 『19세기 독일 시』 탐구신서 173(탐구당, 1990), 338면 이하.
14 볼프강 레프만, 『릴케』, 김제혁 옮김(책세상, 1997), 558면 이하.
15 H. 하이네, 『하르츠 기행』, 조두환 옮김(범우사, 1987), 73면 이하.
16 Hippolyte Taine, *Studien zur Kritik und Geschichte*, Paris, Leipzig(München, 1898), S. 279.
17 W. Dilthey, *Das Erlebnis und die Dichtung*, 13. Aufl(Stuttgart, 1957), S. 113 f.
18 이유영, 『독일 문예학 개론』(삼영사, 1986), 132면 이하.
19 Wilhelm Scherer, *Aufsätze über Goethe*(Berlin, 1900), S. 14 f.
20 Hannelore Link, *Rezeptionsforschung*(Stuttgart, 1976), S. 39 ff.
21 같은 책, S. 25와 비교하라.
22 『자연주의』, 48면.
23 이재선, 『한국 현대 소설사』(홍성사, 1979), 226면.
24 Gerhart Hauptmann, *Bahnwärter Thiel*, in: *Die deutsche Novelle von Goethe bis Böll*(이인웅 편저), 집현사, 1984, S. 147.(이하 해당 부분에 B로 줄여 표기하고 뒤에 면수 표시함)
25 『자연주의』, 64면.
26 Vgl. Gerhart Hauptmann *Vor Sonnenaufgang*(Frankfurt/M., 1959), S. 27 f.
27 Wilhelm Duwe, *Deutsche Dichtung des 20. Jahrhunderts*, Bd. II(Zürich, 1962), S. 29.
28 석영중, 「미니멀리즘의 미학」, 한국경제신문 2009년 6월 5일 참조.
29 김진엽, 「인문학 산책」, 한국경제신문 2009년 6월 26일 참조.
30 Irene Heerdegen, *Gerhart Hauptmanns Bahnwärter Thiel*(Darmstadt, 1976), S. 267.
31 같은 책, S. 269.

32 Benno von Wiese, *Die deutsche Novelle von Goethe bis Kafka*(Düsseldorf, 1982), S. 277.
33 같은 책, S. 278.
34 같은 책, S. 218.
35 같은 책, S. 273.
36 같은 책, S. 280.
37 같은 곳.
38 같은 책, S. 279 f.
39 Herbert Krämer, *Bahnwärter Thiel*(München, 1980), S. 19.
40 같은 곳.
41 같은 책, S. 19.
42 같은 책, S. 11.

참고 문헌

1차 문헌

Aischylos, *Die Orestie*, übersetzt von Emil Staiger(Stuttgart, 1987).
Euripides, *Elektra*, herausgegeben von Karl Kérenyi(München-Wien, 1965).
Goethe, Johann Wolfgang von, *Goethes Werke*, Hamburger Ausgabe in vierzehn Bänden, textkritisch durchgesehen und kommentiert von Erich Trunz(München, 1988).
Hauptmann, Gerhart, *Sämtliche Werke*, herausgegeben von Hans- Egon Hass(Berlin, 1962).
Hesse, Hermann, *Gesammelte Werke* in zwölf Bänden(Frankfurt am Main, 1970).
Kafka, Franz, *Gesammelte Werke*, herausgegeben von Max Brod, Taschenbuchausgabe in sieben Bänden(Frankfurt am Main, 1983).
Lessing, E. Gotthold Ephraim, *Emilia Galotti*(München, 1981).
Mann, Thomas, *Gesammelte Werke* in dreizehn Bänden(Frankfurt am Main, 1974. 2).
Sophokles, *Die Tragödien*, übersetzt und eingeleitet von Heinrich Weinstock, 4. Auflage(Stuttgart, 1967).

2차 문헌

강두식 역주, 『파우스트 Ⅰ·Ⅱ부』, 대학고전총서 6(서울대학교 출판부, 1988).
곽복록 엮음, 『울림과 되울림』(서강대학교 출판부, 1992).
권영대 외 편집, 『세계 사상 전집』(삼성출판사, 1978).
김광규 편저, 『현대 독문학의 이해』(민음사, 1984).
김수용, 『예술의 자율성과 부정의 미학』(연세대학교 출판부, 1998).
김용익, 『프란츠 카프카 연구』(삼영사, 1984).
김윤식, 『반역사주의 지향의 의미』(법문사, 1973).
김정진, 『카프카 연구』(탐구당, 1986).
남만성 역, 『주역(周易)』(성균서관, 1976).
박찬기, 『독일 문학사』(일지사, 1984).
송동준, 『토마스 만의 생애와 작품』(문학과지성사, 1977).
오한진, 『문명 작가와 문화 작가』(홍성사, 1981).
지명열, 『독일 낭만주의 연구』(일지사, 1981).
최순봉, 『토마스 만 연구』(삼영사, 1981).

클라우스 바겐바흐, 『카프카』, 전영애 역(홍성사, 1982).
프란츠 카프카, 『카프카 전집 1』, 이주동 역(솔, 1997).
헤르만 헤세, 『헤세 인생론』, 김영호 역(문학출판사, 1981).
황현수, 『토마스 만의 문학과 사상』(세종출판사, 1996).

Adolf, Helene, Studien zur Gralssage, Eine Zusammenfassung, in: *Archiv für das Studium der neueren Sprachen*, 188, 1951.

Adorno, Theodor W., *Ästhetische Theorie*(Frankfurt/M., 1992).

Albrecht, Jan, Levekühn oder die Musik als Schicksal, in: *Deutsche Vierteljahrsschrift für Literaturwissenschaft und Geistesgeschichte*, 45(Jahrgang., 1971).

Aldern, Harold, *Nietsche's Gift*(Ohio University Press, 1977).

Allemann, Beda, *Ironie und Dichtung*(Pfullingen, 1969).

Alt, Franz, *Das C. G. Jung Lesebuch*(Frankfurt/M.-Berlin, 1986).

Anton, Herbert, *Die Romankunst Thomas Manns*(Paderborn, 1972).

Aristoteles, *Poetik*(Stuttgart, 1981).

Arnold, Heinz Ludwig, *Text+Kritik*(München, 1994).

Ball, Hugo, Ein mythologisches Untier, in: Volker Michels(Hg.), *Materialien zu Hermann Hesses Steppenwolf*(Frankfurt/M., 1972). (이하 *Materialien zu Hermann Hesses Steppenwolf*는 MHS로 줄임)

Ders., *Hermann Hesse. Sein Leben und sein Werk*(Frankfurt/M., 1967).

Barner, Wilfried; Grimm, Gunter E.; Kiesel, Helmut und Krammer, Martin, *Lessing. Epoche-Werke-Wirkung*(München, 1987).

Barnstoff, Hermann, *Die soziale, politische und wirtschaftliche Zeitkritik im Werk Gerhart Hauptmanns*(Jena, 1938).

Bäumler, Ernst, *Amors vergifteter Pfeil, Kulturgeschichte einer verschwiegenen Krankheit*(Frankfurt/M., 1997).

Beicken, Peter U., *Franz Kafka, Eine Kritische Einführung in die Forschung*(Frankfurt/M., 1974).

Beissel, Stephan, *Die Verehrung der Heiligen und ihrer Reliquien in Deutschland*, 2 Bde.(Freiburg, 1890/2, ND Darmstadt, 1983).

Bergsten, Gunilla, *Thomas Manns Doktor Faustus, Untersuchungen zu den Quellen und zur Struktur des Romans*(Tübingen, 1974).

Bernsdorf, Wilhelm, *Wörterbuch der Soziologie*(Frankfurt/M., 1972).

Blume, Bernhard, *Thomas Mann und Goethe*(Bern, 1949).

Böttger, Fritz, *Hermann Hesse. Leben-Werk-Zeit*(Berlin, 1974).

Bräutigam, Kurt, *Thomas Mann. Tonio Kröger*(München, 1969).

Brinker-Gabler, Gisela, *Deutsche Literatur von Frauen*(München, 1988).

Broch, Hermann, *Hofmannsthal und seine Zeit, Eine Studie*(Frankfurt/M., 1974).

Brogsitter, Karl Otto, *Artusepik, Realien zur Literatur*(Stuttgart, 1965).

Buddha, *Panna-, Diawantsutra und Zensprüche*(Frankfurt/M., 1967).

Bumke, Joachim, *Die Wolfram von Eschenbach-Forschung seit 1945, Bericht und Bibliographie*(München, 1970).

Ders., *Wolfram von Eschenbach, Realien zur Literatur* (Sammlung Metzler, Bd. 36), (Stuttgart, 1981).

Burckhardt, Carl J., Begegnung mit Hugo von Hofmannsthal, in: *Die neue Rundschau* 65(1954).

Burdach, Konrad, *Der Gral, Forschungen über seinen Ursprung und seinen Zusammenhang mit der Longinus-Legende*(Stuttgart, 1938, ND Darmstadt, 1974).

Burger, Heinz Otto(Hg.), *Germanisch-Romanische Monatsschrift*, (Heidelberg, 1972).

Bürgin, Hans(Hg.), *Thomas Mann, Das essayistische Werk*(Frankfurt/M., 1968).

Busch, Arnold, *Faust und Faschismus*(Frankfurt/M., 1983).

Busch, Ernst, *Goethes Religion*(Tübingen, 1945).

Carlson, Anni, Zur Geschichte des Steppenwolfsymbols, in: Volker Michels(Hg.), *Materialien zu Hermann Hesses Steppenwolf*(Frankfurt/M., 1979).

Carrère, Jean, *Degeneration in the Great French Masters*(London, 1922).

Childs, Marquis, Thomas Mann, Germany's Foremost Literary Exile Speaks Now for Freedom and Democracy in America, in: *Life* 17(April, 1939).

Cowen, Roy C., *Hauptmanns Kommentar zum dramatischen Werk*(München, 1980).

Croce, Benedetto, *European Literature in the Nineteenth Century*(New York, 1924).

Deinert, Wilhelm, *Ritter und Kosmos im Parzival*(München, 1960).

Deubel, Werner, *Hermann Hesses Steppenwolf*, in: MHS.

Dhority, Lynn, Versuch einer Neubewertung von Stil und Struktur in Hesses Steppenwolf, in: Grunwald, Stefan(Hg.), *Theorie und Kritik*(Bern, 1974).

Dierks, Manfred, *Studien zu Mythos und Psychologie bei Thomas Mann*(Bern, 1972).

Discussion of Herbert W. Reichert, Nietzsche's Impact on the Prose Writings of Hermann Hesse, in: *Symposium* 28(1974).

Dosenheimer, Elise, *Das deutsche soziale Drama von Lessing bis Sternheim*(Darmstadt, 1974).

Doucet, Frederic, *Esthétique de Zola et son application à la critique*(La Haye, 1923).

Duwe, Wilhelm, *Deutsche Dichtung des 20. Jahrhunderts*, Bd. II(Zürich, 1962).

Eckermann, Johann Peter, *Gespräche mit Goethe*(Baden-Baden, 1981).

Eichner, Hans, *Thomas Mann. Eine Einführung in sein Werk*, 2. Aufl.(Bern, 1961).

Elema, Joseph, *Thomas Mann, Dürer und Doktor Faustus*, in: Helmut Koopmann(Hg.), *Thomas Mann, Wege der Forschung*(Band 335, Darmatadt, 1975).

Ellis, Havelock, *Affirmation*(London, 1898).

Emrich, Wilhelm, *Die Symbolik von Faust II*(Wiesbaden, 1981).

Ders., *Franz Kafka*(Wiesbaden, 1975).

Ders., *Protest und Verheißung*(Frankfurt/M., 1960).

Esselborn, Karl G., *Hofmannsthal und der antike Mythos*(München, 1969).

Fellmann, Ferdinand, *Phänomenologie und Expressionismus*(Freiburg/München, 1982).

Field G., W. Hermann Hesse, Kommentar zu sämtlichen Werken, in: *Stuttgarter Arbeiten zur Germanistik* (Stuttgart, 1977).

Frenzel, Elisabeth, *Stoff-, Motiv- und Symbolforschung*(Stuttgart, 1987).

Friedenthal, Richard, *Goethe, Sein Leben und seine Zeit*(München, 1978).

Friess, Gerda, *Edelsteine im Mittelalter: Wandel und Kontinuität ihrer Bedeutung durch zwölf Jahrhunderte*(Hildesheim, 1980).

Fritz, Kurt von, *Antike und moderne Tragödie-Neun Abhandlungen*(Berlin, 1962).

Frye, F. H., *Literary Review and Criticism*(New York, 1908).

Fuchs, Karl, *Hermann Hesses Bild des Menschen. Nach dem epischen Werk des Dichters* (Erlangen, 1949).

Fuhrmann, Manfred, (Hg.), *Poetik und Hermeneutik*, Bd. 4 (München, 1971).

Gnefkow, Edmund, *Hermann Hesse*. Biographie (Freiburg, 1952).

Göbel, Klaus, *Gotthold Ephraim Lessing. Emilia Galotti. Offene Dramaturgie. Zur Didaktik des klassischen Dramas* (München, 1984).

Goetz, Hermann, Der Orient der Kreuzzüge in Wolframs Parzival, in: *Archiv für Kulturgeschichte*, 49 (1967).

Golther, Wolfgang, *Parzival und der Gral in der deutschen Sage des Mittelalters und der Neuzeit* (Leipzig, 1913).

Gontrum, Peter Baer, *Natur- und Dingsymbolik als Ausdruck der inneren Welt Hermann Hesses* (München, 1958).

Gossen, Carl T., Zur etymologischen Deutung des Grals, in: *Vox Romanica*, 18 (1959). ND New York.

Grassi, Ernesto, *Kunst und Mythos* (Hamburg, 1957).

Jakob und Wilhelm Grimm, *Kinder- und Hausmärchen* (Stuttgart, 1985/6).

Grossmann, Gustav, *Prometie und Orestie, Der attische Geist in der attischen Tragödie* (Heidelberg, 1970).

Grunwald, Stefan (Hg.), *Theorie und Kritik* (Bern, 1974).

Günther, V. J., *Johann Wolfgang von Goethe. Ein Repräsentant der Aufklärung* (Berlin, 1982).

Gutzen, Dieter, Oellers, Norbert, Petersen, Jürgen H., *Einführung in die neuere deutsche Literaturwissenschaft* (Osnabrück, 1989).

Hall, Vernon, Jr., *A Short History of Literary Criticism* (New York University Press, New York, 1963).

Hamilton, Edith & Cairns, Huntington (ed.), *The Collected Dialogues of Plato*, Vol. I (Princeton University, 1961).

Harris, Edward P. und Schade, Richard E. (Hg.), *Lessing in heutiger Sicht*. Beiträge zur Internationalen Lessing-Konferenz (Cincinnati Ohio 1976, Bremen, 1977).

Hauptmann, Gerhart, Das Abenteuer meiner Jugend, *Sämtliche Werke*, Bd. 7 (Berlin, 1962).

Heerdegen, Irene, *Gerhart Hauptmanns Bahnwärter Thiel* (Darmstadt, 1976).

Hegel, G. W. Friedrich, *Vorlesungen über die Ästhetik*, Werke 13~15 (Frankfurt/M., 1993).

Heise, Ursula u. Steinbach, Dietrich, *Text zur Theorie der Literatur* (Stuttgart, 1970).

Heller, Erich, Die Zurücknahme der Neunten Symphonie. Zu Thomas Manns Doktor Faustus, in: *Die Wiederkehr der Unschuld und andere Essays* (Frankfurt/M., 1977).

Heller, Erich, *Thomas Mann. Der ironische Deutsche* (Frankfurt/M., 1981).

Hermlin, Stephan u. Mayer, Hans, *Ansichten über einige neue Schriftsteller und Bücher*, Wiesbaden, 1947.

Hinck, Walter (Hg.), *Sturm und Drang* (Kronberg Ts. 1978).

Hofman, Alois, *Thomas Mann und die Welt der russischen Literatur* (Berlin, 1967).

Honegger, Jürgen Beat, *Das Phänomen der Angst bei Franz Kafka* (Berlin, 1975).

Hsia, Adrian, *Hermann Hesse im Spiegel der zeitgenössischen Kritik* (Bern und München, 1975).

Ders., *Text + Kritik, I Ging* (München, 1980).

Ders., *Hermann Hesse und China* (Frankfurt/M., 1993).

Huber, Peter, *Psychische Kur im deutschen Maskenball*, in: *Interpretationen-Hermann Hesse Romane* (Stuttgart, 1994).

Inn-Ung, Lee, *Hermann Hesse und die ostasiatische Philosophie*, in: *Colloquia Germanica* (Bern, 1975).

Israel, Joachim, *Der Begriff Entfremdung* (Reinbek bei Hamburg, 1972).

James, Henry, *Notes on Novelists* (New York, 1924).

Janouch, Gustav, *Gespräche mit Kafka, Aufzeichnungen und Erinnerungen* (Frankfurt/M., 1968).

Jendreiek, Helmut, *Thomas Mann, Der demokratische Roman* (Düsseldorf, 1977).

Jens, Hermann, *Mythologisches Lexikon. Gestalten der griechischen, römischen und nordischen Mythologie* (München, 1958).

Jens, Walter, *Hofmannsthal und die Griechen* (Tübingen, 1955).

Josephson, Matthew, *Zola and His Time* (New York, 1928).

Jung, Carl Gustav, *Welt der Psyche* (Zürich u. Stuttgart, 1954).

Kaiser, Gerhard (Hg.), *Geschichte der deutschen Literatur*, Bd. 3, Aufklärung und Empfindsamkeit (Sturm und Drang, München, 1976).

Kaufmann, Walter, *Nietzsche* (Princeton, 1974).

Kayser, Wolfgang, *Das sprachliche Kunstwerk, Eine Einführung in die Literaturwissenschaft*, 8. Auflage (Bern u. München, 1978).

Keller, Fritz, *Studien zum Phänomen der Angst in der modernen deutschen Literatur* (Winterthur, 1956).

Kerényi, Karl (Hg.), *Was ist Mythologie? Die Eröffnung des Zugangs zum Mythos* (Darmstadt, 1982).

Khera, Astrid, *Hermann Hesses Romane der Krisenzeit in der Sicht seiner Kritiker* (Bonn, 1978).

Koopmann, Helmut (Hg.), *Thomas Mann. Wege der Forschung* (Darmstadt, 1975).

Ders., *Thomas Mann. Konstanten seines literarischen Werkes* (Göttingen, 1975).

Koppitz, Hans-Joachim, *Wolframs Religiosität, Beobachtungen über das Verhältnis Wolframs zur religiösen Tradition des Mittelalters* (Bonn, 1958).

Korff, Hermann August, *Geist der Goethezeit*, 1~3. Teil (Leipzig, 1966).

Krämer, Herbert, *Bahnwärter Thiel* (München, 1980).

Kuhn, Hugo, Parzival, *Ein Versuch über Mythos, Glaube und Dichtung im Mittelalter*, in: *Dichtung und Welt im Mittelalter* (Stuttgart, 1969).

Kunitzsch, Paul, *Die Arabica im Parzival Wolframs vom Eschenbach*, hg. v. W. Schröder (Berlin, 1974).

Kunz, Joseph, Thomas Mann, in: Friedmann, Hermann und Mann, Otto (Hg.), *Deutsche Literatur im 20. Jahrhundert*, Bd. II (Heidelberg, 1961).

Kurzke, Hermann, *Thomas Mann, Epoche-Werke-Wirkung* (München, 1985).

Ders., *Thomas Mann. Das Leben als Kunstwerk* (Frankfurt/M., 2001).

Lämmert, Eberhart, *Bauformen des Erzählens* (Stuttgart, 1967).

Lange, Marga, Daseinsproblematik in Hermann Hesses Steppenwolf, in: *Queensland Studies in German Language and Literature*, Vol. 74~79.

Leppmann, Wolfgang, *Gerhart Hauptmann-Leben, Werk und Zeit* (Bern/München/Wien, 1986).

Lesky, Albin, *Die griechische Tragödie*, 4. erweiterte Aufl. (Stuttgart, 1968).

Lesser, Jonas, *Thomas Mann in der Epoche seiner Vollendung* (München, 1952).

Lewis, Percy Wyndham, *Time and Western Man*, Vol. II (Santa Rosa CA, 1927).

Link, Hannelore, *Rezeptionsforschung* (Stuttgart, 1976).

Loerke, Oskar, *Der fünfjährige Hermann Hesse*, in: MHS.
Ders., *Oskar Loerke an Hermann Hesse*, in: MHS.
Lotte Köhler, Hermann Hesse, in: Benno von Wiese, *Deutsche Dichter der Moderne* (Berlin, 1965).
Löwith, Karl, *Nietzsches Philosophie der Ewigen Wiederkehr des Gleichen* (Kohlhammer, 1956).
Lukács, Georg, *Auf der Suche nach dem Bürger* (München, 1971).
Ders., *Probleme des Realismus*. 1. Bd. 4 (Neuwied-Berlin, 1971).
Ders., Zur Soziologie des modernen Dramas, in: Ders., *Schriften zur Literatursoziologie*, Neuwied u. (Berlin, 1972).
Maier, Rudolf Nikolaus, *Paradies der Weltlosigkeit* (Stuttgart, 1964).
Mann, Heinrich, *Ein Zeitalter wird besichtigt* (Berlin, 1947).
Mann, Otto, u. Rothe, Wolfgang (Hg.), *Deutsche Literatur im 20. Jahrhundert* (Heidelberg, 1957).
Mann, Thomas, *Altes und Neues, Kleine Prosa aus fünf Jahrzehnten* (Frankfurt/M., 1953).
Mannzmann, Anneliese (Hg.), *Geschichte der Familie oder Familiengeschichten* (Königstein/Ts., 1981).
Maren-Grisebach, Manon, *Methoden der Literaturwissenschaft* (München, 1976).
Marte, San, *Über das Religiöse in den Werken Wolfram von Eschenbachs* (Halle, 1861).
Martini, Fritz, *Das Wagnis der Sprache* (Stuttgart, 1970).
Mayer, Gerhart, *Die Begegnung des Christentums mit den asiatischen Religionen im Werk Hermann Hesses* (Bonn, 1956).
Mayer, Hans, *Thomas Mann* (Frankfurt/M., 1984).
Meier, Christel, *Gemma spiritalis, Methode und Gebrauch der Edelsteinallegorese vom frühen Christentum bis ins 8. Jahrhundert*, Teil 1 (München, 1977).
Meisel, Gerhard, Transplantation und Metamorphose. Das Motiv der Haut bei Musil und Kafka, in: Josef Strutz u. Endre Kiss (Hg.), *Genauigkeit und Seele. Zur österreichischen Literatur seit dem Fin de siècle, Musil-Studien*, Bd. 18 (München, 1990).
Mendelsohn, Leonhard R., Kafka's *In the Penal Colony* and the Paradox of Enforced Freedom, in: *Studies in Short Fiction* 8 (1971).
Mendelssohn, Peter de, *Die unheimliche Kreuze- und Querspinne*, in: MHS.
Michels, Volker (Hg.), *Materialien zu Hermann Hesses Steppenwolf* (Frankfurt/M., 1972).
Mileck, Joseph, *Hermann Hesse, Dichter-Sucher-Bekenner* (München, 1978).
Murray, Gilbert, *Euripides und seine Zeit* (Darmstadt, 1969).
Nagel, Bert, *Franz Kafka* (Berlin, 1974).
Neuhaus-Koch, Ariane, *G. E. Lessing. Die Sozialstruktur in seinen Dramen* (Bonn, 1977).
Neumeister, Erdmann, *Thomas Manns frühe Erzählungen* (Bonn, 1977).
Nietzsche, Friedrich, W. Gesammelte Werke in drei Bänden, hg. von Karl Schlechta (München, 1988).
Nikolai, Ralf R., Kafkas Auffassung von Freiheit, in: Hasselrot, Bengt (Hg.), *Studia Neophilologia* (Oslo, 1974).
Otto, Walter F., *Mythos und Welt* (Darmstadt, 1962).
Pelz, Franz, *Bildungsmächte und Bildungsprinzipien im Werk Hermann Hesses* (Freiburg, 1960).
Platon, *Sämtliche Werke*, Bd. 3 (Hamburg, 1958).
Pohlenz, Max, *Die griechische Tragödie*, Bd. 1 u. 2 (Leipzig und Berlin, 1930).

Politzer, Heinz, *Franz Kafka. Der Künstler* (Frankfurt/M., 1978).
Pütz, Peter, *Friedrich Nietzsche* (Stuttgart, 1975).
Raabe, Paul (Hg.), *Franz Kafka, Sämtliche Erzählungen* (Frankfurt/M., 1979).
Ranke, Friedrich, Zur Symbolik des Grals bei Wolfram von Eschenbach, in: Rupp, H. (Hg.), *Wolfram von Eschenbach, Wege der Forschung*, Bd. 57 (Darmstadt, 1966).
Reichert, Herbert W., The Impact of Nietzsche on Hermann Hesse, in: Herbert W. Reichert. *Friedrich Nietzsche's Impact on Modern German Literature* (Chapel Hill, 1975).
Reich-Ranicki, Marcel, *Frankfurter Anthologie*, 11. Bd. (Frankfurt/M., 1976).
Reither, Anna K., *Das Motiv des Neutralen Engels in Wolfram von Eschenbachs Parzival* (Mainz, 1965).
Renner, Rolf Günter, *Das Ich als ästhetische Konstruktion, Der Tod in Venedig und seine Beziehung zum Gesammtwerk Thomas Manns* (Freiburg im Breisgau, 1987).
Richter, Gert und Ulrich, Gert, *Der neue Mythologieführer, Götter, Helden, Heilige* (Seehamer, 1996).
Riessner, Claus, Überliefertes und Erfundenes in Wolfram von Eschenbachs Vorstellungen vom Gral, in: *Studi Germanici*, Bd. 21/22 (1983/84 erschienen in Rom 1986).
Rohde, Bertram, *Studien zu Franz Kafkas Bibellektüre und ihren Auswirkungen auf sein Werk* (Würzburg, 2002).
Rohde, Ertwin, *Psyche-Seelenkult und Unsterblichkeitsglauben der Griechen*, Bd. 2 (Tübingen, 1910).
Rösler, Wolfgang, *Polis und Tragödie, Funktionsgeschichtliche Betrachtungen zu einer antiken Literaturgattung* (Konstanz, 1980).
Schaer, Wolfgang, *Die Gesellschaft im deutschen bürgerlichen Drama des 18. Jahrhunderts. Grundlagen und Bedrohung im Spiegel der dramatischen Literatur* (Bonn, 1963).
Schiller, Friedrich, *Kabale und Liebe, Sämtliche Werke* in 5 Bänden, Bd. 1 (München, 1968).
Schindler, Wolfgang, *Mythos und Wirklichkeit in der Antike* (Berlin, 1988).
Schlegel, Friedrich, Rede über die Mythologie, in: E. Behler (Hg.), *Friedrich Schlegel, Kritische Ausgabe seiner Werke*, 35. Bd. (Paderborn/München/Wien, 1958).
Schmidt, Erich, *Lessing. Geschichte seines Lebens und seiner Schriften* (Berlin, 1892).
Schmidt, Jochen, Sophokles, König Oedipus, Das Scheitern des Aufklärers an der alten Tradition, in: *Aufklärung und Gegenaufklärung in der europäischen Literatur, Philosophie und Politik von der Antike bis zur Gegenwart* (Darmstadt, 1989).
Schoeps, Julius H. u. Schlör, Joachim (Hg.), *Antisemitismus. Vorurteile und Mythen* (München/Zürich, 1995).
Schopenhauer, Arthur, Die Welt als Wille und Vorstellung, *Sämtliche Werke* in 7 Bänden (Wiesbaden, 1972).
Schrimpf, Hans Joachim (Hg.), *Gerhart Hauptmann* (Darmstadt, 1976).
Schuh, Willi, *Richard Strauss-Hugo von Hofmannsthal-Briefwechsel*, 3. erw. Aufl. der Gesamtausgabe (Zürich, 1964).
Schwarz, Egon, Zur Erklärung von Hesses Steppenwolf, in: *Monatshefte*, 53. Jg. (1961).
Shakespeare, William, The Merchant of Venice, in: Sir Arthur Quiller Couch and John Dover Wilson (ed.), *The Works of Shakespeare*, V. 9 (Cambridge University Press, 1985).
Sokel, Walter H., *Franz Kafke, Tragik und Ironie zur Struktur seiner Kunst* (München, 1964).
Spanel, Göpert, Herman Hesses Werke als Spiegel seiner Seelenentwicklung, in: *Universitas*, Nr.

6(1951). Stadler, Ulrich, Wilhelm Meisters unterlassene Revolte, in: *Euphorion*, Bd. 74(Leipzig, 1980).

Staiger, Emil, *Goethe 1814~1832*(Zürich, 1959).

Ders. *Grundbegriffe der Poetik*(Zürich, 1955).

Stambaugh, Joan, *Nietzsche's Thought of Eternal Return*(The Jones Hopkins University Press, 1972).

Steffan, Jürgen, *Darstellung und Wahrnehmung der Wirklichkeit in Franz Kafkas Romanen*(Nürnberg, 1979).

Steinhauer, Harry, Die Schuld der Emilia Galotti, in: Jost Schillemeit(Hg.), *Deutsche Dramen von Gryphius bis Brecht*(Frankfurt/M., 1965).

Steinmetz, Horst(Hg.), *Lessing-ein unpolitischer Dichter*(Frankfurt/Bonn, 1969).

Stolte, Heinz, *Hermann Hesse. Weltschau und Lebensliebe*(Hamburg, 1971).

Taine, Hippolyte, *Studien zur Kritik und Geschichte*(Paris, Leipzig, München, 1898).

Tank, Kurt Lothar, *Gerhart Hauptmann mit Selbstzeugnissen und Bilddokumenten*(Hamburg, 1984).

Tax, Petrus W., Felix culpa und lapsit exillis, Wolframs Parzival und die Liturgie, in: *Modern Language Notes*, 80(1965).

Teuber, Kristin, *Ich blute, also bin ich. Selbstverletzung der Haut von Mädchen und jungen Frauen*(München, 1998).

Tolstoy, Count Leo, *Emil Zola, Novelist and Reformer*(London, 1904).

Tucholsky, Kurt, *Der deutsche Mensch*, in: MHS.

Unseld, Siegfried, *Hermann Hesse. Werk und Wirkungsgeschichte*(Frankfurt/M., 1985).

Vernant, Jean-Pierre, *Mythos und Gesellschaft im alten Griechenland*(Frankfurt/M., 1987).

Villiger, Hermann, *Kleine Poetik. Eine Einführung in die Formenwelt der Dichtung*, 3. Aufl. (Frauenfeld, 1969).

Völpel, Christiane, *Hermann Hesse und die deutsche Jugendbewegung*(Bonn, 1977).

Wagenbach, Klaus, *Franz Kafka, Eine Biographie seiner Jugend*(Bern, 1958).

Wagner, Heinrich Leopold, *Die Kindermörderin*, hg. von Jörg-Ulrich Fechner(Stuttgart, 1990).

Walter Jens(Hg.), *Kindlers Neues Literaturlexikon*(München, 1990).

Weber, Albrecht, *Wege zu Goethes Faust*(München, 1968).

Wein, Hermann, *Positives Antichristentum*(Den Haag, 1962).

Wiegand, Heinrich, *Lärm und Stille um Hermann Hesse*, in: MHS.

Wierlacher, Alois, *Das bürgerliche Drama. Seine theoretische Begründung im 18. Jahrhundert*(München-Allach, 1968).

Wiese, Benno von, *Deutsche Dichter der Moderne*(Berlin, 1965).

Ders., *Die deutsche Novelle von Goethe bis Kafka*(Düsseldorf, 1982).

Ders., *Die deutsche Tragödie von Lessing bis Hebbel*(Hamburg, 1973).

Ders., *Zwischen Utopie und Wirklichkeit, Studien zur deutschen Literatur*(Düsseldorf, 1963).

Wilhelm Studt(Hg.), *Antike und antikes Lebensgefühl im Werk Gerhart Hauptmanns*(Berlin, 1965).

Willson, B., Wolframs Neutrale Engel, in: *Beiträge zur Geschichte der deutschen Sprache und Literatur*, 77(1955).

Wolf, Christa, *Voraussetzung einer Erzählung Kassandra*(Darmstadt, 1983).

Wolfenstein, Alfred, *Wölfischer Traktat*, in: MHS.

Wysling, Hans, Narzissmus und illusionäre Existenzform, Zu den Bekenntnissen des Hochstaplers Felix

Krull, in: *Thomas-Mann-Studien*, Band 5 (Bern, München, 1982).

Zeller, Bernhard, *Portrait of Hesse*, Illustrated Biography, tr. by Mark Hollebone.

Ziolkowsky, Egon, *Hermann Hesses Steppenwolf*, in: MHS.

Zola, Emil, *The Experiment Novel and Other Essays*, tr. by Belle M. Sherman (New York, 1893).

찾아보기

인명

ㄱ

오르테가이가세트 Gasset Ortega y, José 77
고댕 Godin, Christian 302
고트헬프 Gotthelf, Jeremias 163
공자(孔子) 245, 373, 544
구노 Gounoud, Charles F. 333
그라베 Grabbe, Christian D. 333
그라스 Grass, Günter 355
그레이 Gray, Thomas 396
그림 Grimm, Jakob 271, 272, 377, 570, 574
김소월 272
김춘수 549

ㄴ

나겔 Nagel, Bert 634
나사로 Lazarus 272
나폴레옹 Napoleon, Bonaparte 138, 139, 279, 489
노발리스 Novalis 21, 152, 218, 593, 595
노아크 Noack, Hans Georg 164
노자(老子) 28, 231, 224
니부어 Niebuhr, Reinhold 338

니체 Nietzsche, Friedrich 16, 17, 23, 57, 60, 65, 135~148, 150~151, 153~158, 172, 173, 188, 196, 218, 245, 253~259, 298, 312, 314, 316, 318, 322, 324, 326, 328~330, 338, 339, 360, 396, 446, 447, 465, 471, 472, 490, 532, 576, 592

ㄷ

다렌도르프 Dahrendorf, Malte 164
다윈 Darwin, Charles 17, 660, 673
데리다 Derrida, Jacques 549
도스토옙스키 Dostoevsky, Fyodor M. 302, 429, 686
되블린 Döblin, Alfred 355
뒤러 Dürer, Albrecht 316, 318, 322~325
듀이 Dewey, John 384, 385, 508
디드로 Diderot, Denis 655
디오게네스 Diogenes 425
딜타이 Dilthey, Wilhelm 151

ㄹ

라스커쉴러 Lasker-Schüler, Else 484
라이프니츠 Leibniz, Gottfried W. 20, 301
라캉 Lacan, Jacques 74

락탄티우스 Lactantius, Firmianus 301
랭보 Rimbaud, Arthur J. N. 254
레나우 Lenau, Nikolaus 333
레발트 Lewald, Fanny 609, 610
로데 Rhode, Erwin 73
뢰슬러 Rösler, Wolfgang 63, 78, 79
루이스 Lewis, Percy Wyndham 520
루카치 Lukács, György 15, 355, 488, 499~501, 508, 604, 611
루터 Luther, Martin 301, 313, 315, 316, 324, 334, 351, 448, 534, 612
룽게 Runge, Philipp O. 574
리비우스 Livius, Titus 602
릴로 Lillo, George 611
릴케 Rilke, Rainer M. 165, 254, 326, 431~433, 435, 666
링크 Link, Hannelore 675~677

ㅁ
마르크스 Marx, Karl 146, 386, 392, 489, 492, 494~497, 499, 501, 502, 511, 512
마이어 Mayer, Hans 489, 499, 502
막달레나 Magdalena, Maria 252
말로 Marlow, Christopher 333
맬러리 Mallory, George L. 683
멘델존 Mendelsohn, Leonhard R. 639, 643, 646
모리츠 Moritz, Karl Philipp 25
무질 Musil, Robert 165, 355
밀 Mill, John Stuart 660
밀턴 Milton, John 56, 65, 121, 434, 435

ㅂ
바겐바흐 Wagenbach, Klaus 413, 648, 654, 703
바그너 Wagner, Heinrich Leopold 570, 571
바그너 Wagner, Richard 60, 106, 109, 138, 139, 144, 253, 254, 294, 312, 316~138, 336, 341, 347

바이스 Peter Weiss 474, 475
바인리히 Weinrich, H. 16
바인슈토크 Weinstock, Heinrich 62, 67, 94
바흐만 Bachmann, Ingeborg 611
발 Ball, Hugo 145, 146, 227
발자크 Balzac, Honoré de 658, 674
베냐민 Benjamin, Walter 232, 320, 396, 502, 669
베르그스텐 Bergsten, Gunilla 328
베른하르트 Thomas Bernhard 121, 466, 474
베를리오즈 Berlioz, Louis H. 333
베버 Weber, Max 315, 316, 392, 393
베토벤 Beethoven, Ludwig v. 322, 330~333, 336, 343, 434, 435
벤 Benn, Gottfried 474~477, 480, 481, 483~486, 492~494
보들레르 Baudelaire, Charles-Pierre 302, 313
보러 Bohrer, Karl H. 527
보르자 Borgia, Cesare 605, 606
보이틀러 Beutler, Wolfgang 580
볼프 Wolf, Christa 611
볼프 Wolf, Kurt 365, 537
뵈메 Böhme, Jakob 253
뵈트거 Böttger, Fritz 140, 143, 145, 146, 151
뵐 Böll, Heinrich 86
부르크하르트 Burkhardt, Jakob 135
부소니 Busoni, Ferruccio 334
부쉬 Busch, Arnold 324
부프 Buff, Charlotte 278
뷔히너 Büchner, Georg 474
브라운슈바이크 Brausschweig, Karl von 602
브라운 Braun, Volker 45, 46
브레히트 Brecht, Bertolt 669, 670
브로흐 Broch, Hermann 17
브루지그 Brussig, Thomas 165
블라이프트로이 Bleibtreu, Karl 666
비스마르크 Bismarck, Otto von 140, 314, 315, 606

비제 Wiese, Benno von   595, 616, 623
빅셀 Bichsel, Peter   552
빙켈만 Winckelmann, Johann J.   24

ㅅ

사드 Sade, Marquis de   302
생텍쥐페리 Saint-Exupery, Antoine de   406, 429
셰러 Scherer, Wilhelm   558, 674, 675
셰익스피어 Shakespeare, William   14, 86, 87, 252, 291, 313, 359, 430, 486, 494, 495, 546, 560, 575
셸링 Schelling, Friedrich W. J. von   15
소렐 Sorel, Georges   337, 338
소크라테스 Sokrates   60, 191, 337, 544, 545
쇤베르크 Schönberg, Arnold   348
쇼펜하우어 Schopenhauer, Arthur   49, 135, 218, 232, 246~251
쉴러 Schiller, Friedrich   19~21, 23, 59, 86, 359, 408, 441, 484, 536, 611, 625, 626
슈미트 Schmidt, Gerhart   330
슈타이거 Staiger, Emil   585
슈테판 Steffan, Jürgen   526
슈트라우스 Strauß, Botho   478
슈트라우스 Strauß, Emil   165
슈트리히 Strich, Fritz   445
슈펭글러 Spengler, Oswald   340, 576
슈피스 Spies, Johann   335
슐레겔 Schlegel, August Wilhelm   218
슐레겔 Schlegel, Friedrich   21, 24, 25, 32, 33
스탈린 Stalin, Joseph V.   498, 500, 501, 510, 511
스피노자 Spinoza, Benedict de   135, 258, 259, 396
신들러 Schinder, Wolfgang   75

ㅇ

아도르노 Adorno, Theodor W.   347, 348, 488, 503, 509
아르님 Arnim, Achim von   429, 574
아리스토텔레스 Aristoteles   14, 16, 18, 35, 60~62, 66, 252, 298, 567, 686
알브레히트 Albrecht, Jan   335, 342
야노우흐 Janouch, Gustav   412, 510, 512, 539, 641
에머슨 Emerson, Ralph W.   138
에크하르트 Eckhart, Meister   253, 579
엔첸스베르거 Enzensberger, Hans M.   504
엘레마 Elema, J.   324, 325
엠리히 Emrich, Wilhelm   631, 632
옐리네크 Jelinek, Elfriede   478, 479
오디세우스 Odysseus   276, 277, 533
오비디우스 Ovidius, Publius N.   252, 275, 440
오토 Otto, Walter F.   16
요르크 Jörg, Sabine   164
융 Jung, Carl G.   258, 320, 687
임머만 Immermann, Karl   138

ㅈ

정몽주   540
제거스 Seghers, Anna   511, 512
조켈 Sokel, Walter H.   364, 365, 471, 631
졸라 Zola, Emil   656~660, 673, 677, 679, 696, 697
주조 Suso, Heinrich   318, 319, 535, 536
줄라이카 Suleika   443, 444
짐멜 Simmel, Georg   447

ㅊ

첼란 Celan, Paul   326
첼러 Zeller, Bernhard   222

ㅋ

카뮈 Camus, Albert   47, 371
카우프만 Kaufmann, Walter   138
카이사르 Caesar, Julius   138, 139, 423, 671
칸트 Kant, Immanuel   15, 138, 232, 314, 432, 458, 465

케레니 Kerényi, Karl 72, 77, 87, 286, 469
코르슈노브 Korschunow, Irina 164, 165
콜링우드 Collingwood, G. Robin 687
쿠르츠케 Kurzke, Hermann 344
쿤데라 Kundera, Milan 418
클라이스트 Kleist, Heinrich 20
클롭슈토크 Klopstock, Friedrich G. 46, 261
키르케고르 Kierkegaard, Sören 80, 138
키츠 Keats, John 274, 326

ㅌ

타키투스 Tacitus 258
텐 Taine, Hippolyte 656, 673, 674, 680
톨스토이 Tolstoi, Lew Nikolajewitsch 297, 356
트라클 Trakl. Georg 504

ㅍ

파스칼 Pascal, Blaise 197, 198
파스테르나크 Pasternak, Boris L. 683, 684
파우스투스 Faustus, Johannes 334, 534
페스탈로치 Pestalozzi, Johann H. 381, 672
폰타네 Fontane, Theodor 474, 662, 666
폴렌츠 Polenz, Max 62
푸시킨 Pushkin, Aleksandr S. 684
퓌츠 Pütz, Peter 137, 329
프로스트 Frost, Robert 55, 56, 496
프로이트 Freud, Sigmund 17, 69, 70, 88, 191, 192, 317, 320, 321, 361, 363, 628~630, 687
프롬 Fromm, Erich 385, 640~642
플라톤 Platon 13, 14, 18, 135, 191, 210, 232, 248, 497, 498, 544, 567, 685, 686
피셔 Vischer, Friedrich T. 333
피카스토어 Picastor, Erwin 91, 92
피타고라스 Pythagoras 138, 251, 252
피히테 Fichte, Johann G. 15, 138

ㅎ

하르트 Hart, Julius 666
하이네 Heine, Heinrich 218, 286, 604, 668, 689
하이데거 Heidegger, Martin 74, 508
하이템 Hatem 443, 444
하인 Hein, Christoph 479
하인리히 만 Mann, Heinrich 165
하임 Heym, Georg 485~486
하피즈 Hafis Harem 41, 42, 546, 547
한슈타인 Hanstein, Adalbert von 526
한용운 456
헤겔 Hegel, Georg W. F. 49, 74, 408, 685
헤넬 Henel, Heinrich 526
헤르더 Herder, Johann G. 25, 49, 218, 351
헤밍웨이 Hemingway, Ernest 355
헤벨 Hebbel, Friedrich 49, 52, 81, 528, 611
헤시오도스 Hesiodos 14, 91, 557, 592
호네거 Honegger, Jürgen 470
호메로스 Homeros 14, 19, 53, 70, 73, 91, 174, 277, 334, 338, 434, 533, 534, 700
호프만슈탈 Hofmannsthal, Hugo von 87, 91, 94, 95, 422
횔덜린 Hölderlin, Friedrich 19~21, 227, 596, 597
후텐 Huten, Ulrich von 334, 534
훔볼트 Humboldt, Wilhelm von 29
히에로니무스 Hieronymus, Eusebius S. 121, 325
히틀러 Hitler, Adolf 91, 93, 139, 155, 312~315, 317, 319, 510, 511, 536, 606, 640
히포크라테스 Hippocrates 569

용어

ㄱ

가족극 601
강요된 자유 639
개별화의 원리 471
결혼과 죽음 286, 469
경건주의 19, 20, 159, 212, 588
경향 소설 163
계몽주의 14, 15, 17, 21, 23, 24, 28, 40, 64, 67, 79, 85, 259, 314, 316, 333, 339, 489, 536, 570, 588, 603, 608, 622
고독의 3부작 373
고전주의 318, 481, 500
고타마 Gotama 219
골렘 44
공리주의 660
공산주의 489, 496, 497, 500~502, 540
공시적 순간 526
괴테의 모방 440
교양 소설 151, 152, 184, 185
구약 성서 116, 121, 126, 223, 311, 557
국가 사회주의 92, 93, 135, 139, 152, 155, 310~312, 314, 315, 317, 319, 330, 340, 491, 500, 503, 509, 536, 538~539
국가주의 55, 324
국수주의 324, 360, 512
군국주의 141, 509, 512
궁중 소설 99
그리스 비극 23, 35, 52~55, 57~60, 62, 63, 67, 71, 79, 86, 87, 92, 94, 371, 523
그리스 정교회 123
극예술 dramatische Kunst 18
근친상간 70, 629
금발의 야수 338
금성 31

금욕주의 142, 502, 680
기능주의 170, 389
길 잃은 시민 401, 416

ㄴ

나치즘 503, 640
낭만주의 15, 17, 23, 24, 33, 44, 177, 218, 271, 284, 286, 301, 306, 314~316, 319, 323, 326, 330, 340, 536, 574, 592~595, 667, 673
내면성 213, 314, 317~319, 331, 333
농민 봉기 315, 316
늑대 인간 Wolfsmensch 200

ㄷ

다성의 객관성 331, 332, 336
다원주의 521
대립의 지배자 468
대우주 15, 30, 31
대지의 배꼽 112
데카당스 155, 294, 298, 300, 302, 344, 499~501, 510
도교(道教) 212, 223, 224, 226~228, 231~234, 236, 238, 239
도덕성의 타락 678
독일의 불행 339, 348
독점 자본주의 503
동방 교회 123
돼지 모티프 276, 533
두운법 174
디스토피아 518
디오니소스 23, 52~54, 60, 64, 87, 146, 150, 207, 256, 314, 324, 329, 330, 416, 448, 471, 576, 685
디티람보스 87

ㄹ

로고스 18, 337, 489

루시퍼 114, 121, 122
르네상스 14, 88, 144, 315, 323, 325, 332, 336, 396, 448, 605
리얼리즘 15, 355, 439, 500, 509, 511, 512

ㅁ

마야 Maja 232
마키아벨리즘 314, 605, 606
메멘토 모리 memento mori 267
메시아 408, 409, 476
메피스토펠레스 118, 200, 329, 340, 534, 535, 571, 572, 577, 582, 584, 585, 589, 590, 592~596
명상 Meditation 82, 220, 221, 225, 227, 228, 230~232, 234~239, 279, 281, 318, 345, 469, 535
모더니즘 15
모방적 다성 331
모방 Mimesis 27, 59, 61, 62, 88, 122, 142, 145, 155, 219, 234, 269, 320, 321, 324, 326, 332, 335, 359, 440, 493
모성애 562~567, 572, 573, 576, 580
목성 31, 32
몽샬바주 101, 105, 110, 120, 125~127
무도덕주의 Amoralismus 141
무신론 20
무한한 문학 24
물자체 Ding an sich 232, 247
미메시스 Mimesis 322, 503
민주주의 79, 140, 414, 491, 500, 501, 509, 510, 641, 660, 672

ㅂ

바로크 88, 324, 603, 604
반어 Ironie 186, 364, 388, 404, 501, 537
반현실 Halbwirklichkeit 234
발전 소설 184
범비극론 Pantragismus 49

범신론 14, 258, 259, 261, 262
변신론 70
병행주의 318, 321
베르테르 효과 269
부르주아 Bourgeoisie 141, 149, 493, 494, 498~501, 604, 645, 660, 672
부친 콤플렉스 363, 364, 366, 367, 625, 628, 630
부활절 53, 115, 567
부활제 114
불교 112, 237, 245, 246, 253, 259, 263, 277, 292, 288, 289, 327, 385, 408, 423, 431, 455, 456, 459, 490
불사조(不死鳥) 107, 110, 275
비극적 희극 82
비인간화 169, 344, 389, 391, 392, 399, 400, 472, 548
비잔틴 99, 114, 123, 126

ㅅ

사디스트 Sadist 634
사랑의 봉사 Minnedienst 104, 129
사마나 Samana 219
사실적 작가 676
사실주의 165, 186, 392, 499~501, 655~657
사티로스 53, 87
사회 소설 313
사회주의 17, 46, 92, 135, 139, 152, 310~312, 314, 315, 317, 319, 330, 340, 491, 499~503, 509~512, 536, 538, 539, 660
산문적 상황 408
산업 혁명 660, 661, 665, 667, 673~678, 680
산업주의 446, 660, 673
삶의 자극제 472, 473
삶의 친근성 468
삼위일체 72, 125
상선약수(上善若水) 28

상품화 391
새로운 신화 16~19, 23~25, 32
서사 텍스트 521
선불교(禪佛敎) 289
성배 소설 99
성선설(性善說) 441, 674
성악설(性惡說) 441
성체 배수 Eucharist 53
세속주의 655
소우주 26, 30, 31, 594
속죄양 52, 53
수난의 성모 575, 576, 581
수성 31
수성론자(水成論者) 29
순간 묘사 526
순결파 Katharer 122, 123, 125
순화 작용 52, 528
숭고함 441, 506, 507, 625, 626
스탈린주의 46, 510
스파르타 58, 68, 96, 568, 582, 583
스핑크스 427, 428, 629
시계 시간 524
시대 소설 184~186
시뮬라크라 Simulacrum 320
시민 계급 5, 94, 157, 186, 189, 195, 196, 297, 315, 316, 499, 604, 608, 611, 622, 623
시민 비극 571, 603, 604, 611, 613, 622, 623
신비교 Mystik 230, 264
신비학자 334, 534
신약 성서 110, 115, 224, 272, 431, 567
신탁(神託) 64, 71, 83, 101, 105, 254, 427, 583, 629
실존성 Existentialität 195, 211
실증주의 18, 656, 660, 674
심리적 시간 250~521
심우도(尋牛圖) 455

십우도(十牛圖) 455
12음의 기법 348

ㅇ

아방가르드 511
아브락사스 157, 216, 236
아스클레피오스 567
아티카 63, 67, 70, 87, 545
아폴로 433
아프로디테 72, 281, 583
안락사 567, 568
안티케 Antike 21
애니미즘적 세계관 276
애욕적인 요소 692
양가감정 360, 361
양극적 분열 175, 213
업보(業報) 456~457, 459, 460
에피파니 Epiphanie 321
엘렉트라 콤플렉스 69, 628
역사주의 521
열반(涅槃) 219, 245, 246, 250, 291, 292
영웅 전설 60, 63
영웅주의 55~57
영원한 여성상 288, 580
영지주의 115, 142
영혼의 인도자 73, 96, 190, 345, 411, 412
예루살렘 112, 123, 127, 128
예수의 수난일 Karfreitag 103
예술가의 소설 313
예술을 위한 예술 163
예언의 문학 540
오리엔트 99, 106~108, 110, 115, 124, 125, 128
오색조(五色鳥) 387, 389, 512
오이디푸스 콤플렉스 69, 363, 367, 427, 628, 630
옴팔로스 112
요한의 묵시록 32

원형상 *Urphänomen* 301, 587
유머 150, 151, 157, 206
유물주의 655
유전적 요소 673, 680
유토피아 21, 46, 126, 128, 152, 155, 156, 518, 626, 675, 690
이기설(二氣說) 223
이데올로기 170, 389, 454, 488~491, 500~504, 506
아이러니 *Ironie* 295, 298, 299, 307, 585
이스털린의 역설 385
이웃 사랑 142
이원 사상 215, 222, 227, 294, 295, 298
이원성 49, 214, 220, 387
이율배반 81, 90, 297, 305
이중성(二重性) 200, 213, 214, 216, 221, 295, 297, 358, 359, 361, 501
익시온의 수레바퀴 251, 291
인문주의 303
인문학 296, 303, 337, 473, 481, 529, 530
인습 *Konvention* 54, 85, 215, 321, 331, 332, 335, 336, 361, 468
인위적인 문학 24
인종주의자 139
입문 소설 184, 185

ㅈ

자기 거세 70, 630
자기기만(自己欺瞞) 362, 496, 641
자기 투영 171, 175, 176, 214, 357
자본주의 17, 44, 315, 316, 366, 392, 393, 414, 490~492, 496, 497, 499~501, 503~505, 510~512, 660~662
자아(自我) 15, 36, 47~49, 52, 88, 99, 137, 157, 183, 185, 192, 194, 198, 203, 204, 207, 209, 210, 213, 217, 227, 232, 235, 237~239, 264, 290, 323, 326, 356, 359, 378, 384, 397, 402, 403, 407, 417,
465, 470, 474, 478, 482~485, 493, 521, 528, 541, 569, 584, 594, 595, 597, 628, 632, 640, 641, 666, 680~682, 698
자연 근친 사상 253
자연주의 15, 294, 570, 655~658, 660, 666, 667, 673, 677~680, 682, 689, 694~699
자유주의 324, 660, 661
점성학 142
정상성(正常性) 140, 167, 168, 387, 388, 404
정지된 현재 246, 249, 250, 282, 283
정치극 601, 622
제1차 세계 대전 136, 143, 184~186, 213, 215, 360, 369, 374, 413, 428, 499, 501, 666
제2차 세계 대전 94, 143, 144, 311~314, 374, 428, 510, 538, 539, 669
제3제국 91, 135, 139, 144, 145, 152, 361
제우스 21, 36, 44, 48, 68, 71~73, 83, 84, 96, 494, 557, 566, 573, 582, 583
조화적 주관성 331, 332, 336
종말론 5, 89, 270, 407~411, 414
주관주의 19, 137
주지주의 314
주체의 객체화 408
죽어서 생성하라 263, 264, 278
지적 거만 317
질풍노도 *Sturm und Drang* 259, 261, 440, 536, 570
집단 무의식 320, 683

ㅊ

참여 소설 163
창조론 *Kosmogonie* 17, 270
천년 왕국 410
체험된 신화 321, 322
초인(超人) 26, 137~140, 143, 144, 148, 150, 154, 156, 253, 274, 338, 693

추상적 작가 676
추이 의례 184

ㅋ

카발라 142, 159
카오스 Chaos 25, 26, 33, 40
카타르시스 Katharsis 61, 186
케르베로스 534
켈트 99, 106, 108, 110, 123, 129, 132
코러스 87
코레 93
코스모스 26
콘스탄티노플 123
쾌락주의 655
클리타임네스트라 58, 68, 69, 71, 72, 75, 78~80, 83, 84, 89, 90, 371, 582

ㅌ

타나토스 191
탈리오의 법칙 372
태극(太極) 221, 223, 224
토성 31, 32, 111
통과 의례 184, 185

ㅍ

파시즘 135, 141, 152, 311, 324, 504, 510, 511, 640
파우스트적 소설 313
페르세포네 76, 93
폴리스 Polis 79
표현주의 294, 481
풍자 65, 145, 165, 301, 355, 407, 511, 537, 545
프랑스 혁명 44~46, 488, 489, 625
프로메테우스 14, 36, 39~42, 44~49, 72, 254, 349, 456, 504, 565, 580
프롤레타리아 186, 493, 494, 499, 509, 697

ㅎ

하데스 73, 460, 464, 534
합리주의 15, 20, 306, 314, 343
해탈 245, 246, 253, 275
허구적 시간 516, 519, 522, 524
허구적 작가 676
허무주의 139, 142, 157, 172, 188, 476, 478
헤라 72, 252, 573, 583
헤르메스 73, 277, 411, 460, 494, 533, 544
헬라스 174, 305, 439
헬레니즘 21, 54
현자의 돌 lapsit exillis 107, 109~111
호모 사케르 75
화성 31, 32
화성론자(火成論者) 29
화폐 숭배 506, 508
환경 결정론 677, 678, 682
환상적 리얼리즘 512
활동하는 우주 259
휴거 410, 411
휴머니즘 294, 295, 302, 305, 306, 414, 500
힌두교 218, 246, 455, 456, 459, 688

지은이 **안진태** 고려대학교 독어독문학과와 동 대학원을 졸업하고 독일 뒤셀도르프 대학교에서 독문학 박사 학위를 받았으며, 현재 강릉원주대학교 독어독문학과 교수로 재직 중이다. 지은 책으로 『토마스 만 문학론』, 『카프카 문학론』, 『괴테 문학의 신화』, 『괴테 문학의 여성미』, 『베르테르의 영혼과 자연』, 『파우스트의 여성적 본질』, 『신화학 강의』, 『독일 담시론』과 *Östliche Weisheit, Tiefenpsychologie und Androgynie in deutscher Dichtung*(독일 Peter Lang 출판사), *Mignons Lied in Goethes Wihelm Meister*(독일 Peter Lang 출판사)가 있다. 논문으로는 「토마스 만의 소설 〈파우스트 박사〉에 나타난 독일적 요소」, 「헤르만 헤세의 〈데미안〉에 나타난 도교 사상」 등 다수가 있고 옮긴 책으로는 야트로마놀라키스의 『소들의 잠』, 『저녁 바람은 차갑다』 등과 독일어로 번역한 김동인의 『감자』가 있다.

독일 문학과 사상

발행일 2010년 3월 15일 초판 1쇄

지은이 안진태
발행인 홍지웅
발행처 주식회사 열린책들
경기도 파주시 교하읍 문발리 499-3 파주출판도시
전화 031-955-4000 팩스 031-955-4004
www.openbooks.co.kr

Copyright (C) 안진태, 2010, *Printed in Korea*.
ISBN 978-89-329-1038-3 03850

이 도서의 국립중앙도서관 출판시도서목록(CIP) 홈페이지(http://www.nl.go.kr/cip.php)에서 이용하실 수 있습니다. (CIP제어번호 : CIP2010000707)